인강 강사가 떠먹여주는
" 과외식 기출 문제집 "

나기출

7개년
평가원 기출
전문항 수록

2026
수능 국어 대비

문학편

단순 해설이 아니라,
최신 트렌드 설명과 풀이 방법까지 **과외식으로!**

콘텐츠가 강하다!
실전 국어 전형태

메가스터디 **전형태**

수능국어, 전형태로 ALL IN ONE!
전형태의 실전 국어

전형태 실전 국어 커리큘럼

입문	실전 국어 기초 시리즈	수능 국어 입문 강좌 **올인원 베이직**		문학의 기초 확립 **평가원에서 쓰는 문학 개념.zip**
개념	올인원 시리즈	일주일 만에 끝내는 **고전시가 올인원**	해석이 쉬워지는 **문학 올인원**	독해가 쉬워지는 **독서 올인원**
		전형태 시그니처 **언어와 매체 올인원**		화작의 모든 것 **화법과 작문 올인원**
기출	모의평가 분석	6평 상세 해설 및 EBS 연계 분석		9평 상세 해설 및 EBS 연계 분석
연계	나 없이, EBS 하지 마라!	나BS 수능특강 문학	나BS 수능특강 문학 변형문제 N제	나BS 수능완성 문학 스페셜
			나BS 언어와 매체	
심화	클리어 시리즈		언어(문법) 심화 학습 **언어(문법) 클리어**	
파이널	EBS 파이널	일주일 연계 작품 총정리! **나BS 파이널.zip**		EBS 파이널 문법 특강 + 언매 모의고사 10회
	전형태 파이널	수능 시험장의 행동강령 **파이널 최종점검**		전형태 **파이널 모의고사**

교재 전용 커리큘럼

올인원		수능 국어에 필요한 모든 어휘 **어휘 올인원**		
나 없이, 기출 풀지 마라	나기출 베이직		나기출 언어와 매체	
	나기출 문학	나기출 독서	나기출 화작	나기출 고난도
N제 시리즈	문법 N제		매체 N제	

인강 강사가 떠먹여주는
" 과외식 기출 문제집 "

나기출

7개년
평가원 기출
전문항 수록

2026
수능 국어 대비

문학편

단순 해설이 아니라,
최신 트렌드 설명과 풀이 방법까지 과외식으로!

콘텐츠가 강하다!
실전 국어 전형태

메가스터디 **전형태**

단계별 풀이를 통한 기출 분석 효과 극대화

STEP 01

풀이 단계
공부를 위한 준비 단계

실전과 동일하게 지문당 시간을 정해 놓고 풀이해야 한다. 소요 시간은 난이도에 따라 다르지만 보통 한 문제당 90초가 적절하다. 예를 들어 한 지문에 문제가 3개가 달려 있으면, 그 지문은 총 3X90=270초 안에 풀어야 하는 것이다. 다만 너무 시간에 제한을 받지 말고, 본인이 풀 수 있는 최고의 속도로 풀면 된다. 지문과 문제 난이도에 따라 풀이 시간은 크게 차이가 나기 때문이다.

STEP 02

분석 단계
실제 공부 단계

충분한 시간을 갖고 지문을 분석하고, 애매한 선지를 검토해야 한다. **이때 정답을 절대 미리 봐서는 안 된다.** 정답을 보면 학생의 인지 구조가 이미 굳어져 버려 정답의 근거만 신경 쓰게 되고, 본인이 선택한 오답의 근거를 제대로 수정하지 못하게 되기 때문이다. 따라서 정답을 보기 전에 혼자서 본인의 정답(혹은 오답) 도출 과정을 하나하나 검토하고, 문제를 해결하는 시간이 필수적이다. 이때 본인이 생각한 근거를 문제에 간단하게 메모하는 것도 좋다. 메모하는 과정에서 본인의 추상적 사고를 객관적으로 볼 수 있기 때문이다. **실력 향상은 바로 이 시간에 이뤄진다.**

지문 분석

평가원이 자주 출제하는 출제 요소를 지문에서 직접 찾는 것이다.
작품은 바뀌더라도 평가원은 항상 출제하는 요소들이 있다. 이것들을 매 지문에서 직접 찾는 훈련을 해야 독해력과 실전력이 극대화될 수 있다.

[시 문학 출제 포인트]

출제 포인트 1 화자의 상황과 반응(정서/태도)
출제 포인트 2 시간과 공간

시 문학의 경우 화자의 상황과 반응(정서/태도)을 찾고, 시간이나 공간적 배경을 확인해야 한다. 이때 시·공간의 변화와 화자의 태도 변화는 자주 출제하는 요소이니 꼭 체크하는 습관을 들이는 것이 좋다. 그리고 시 해석에 너무 힘을 주지 않아도 된다. 해설지를 읽어 보면 알겠지만, 학생 혼자의 힘으로 해석할 수 없는 부분도 분명 있기 때문이다. 따라서 가볍게 해석을 시도한다는 생각으로 시를 보는 것이 좋다.

[소설 문학 출제 포인트]

출제 포인트 1 **시간과 공간**
특히 현대 소설은 시간, 고전 소설은 공간의 변화가 많다.

출제 포인트 2 **서술자의 관심사**
3인칭 시점에서는 서술자가 누구의 심리를 주로 얘기해 주는지 확인할 것. 인물의 심리가 여러 명 나오는지(분산형), 한 명의 심리가 집중적으로 나오는지(집약형).
1인칭 시점에서는 누구를 중점적으로 서술해 주는지 등을 확인할 것.(고전 소설은 대부분 3인칭 시점이며 초점이 분산되어 있으므로, 신경 쓰지 않아도 괜찮다.)

출제 포인트 3 **서술자의 개입**
고전 소설에서 서술자의 개입은 반드시 출제되는 요소다. 나중에 지문으로 찾으러 가면 보이지 않으니, 지문을 읽을 때 반드시 찾았어야 한다.

문제 분석

문제 분석에서 가장 중요한 것은 본인이 생각한 정답 선지의 근거다. 감으로 풀든, 지문과 보기를 근거로 해서 풀든 정답의 근거가 무엇인지 친구에게 설명할 수 있어야 한다. 그리고 잘 지워지지 않는 애매한 오답 선지의 경우, 본인이 생각한 근거를 아주 간단하게라도 메모해 두는 것이 좋다. 메모를 해야 본인의 사고를 객관적으로 확인할 수 있고, 이후에 정답과 해설지를 보면서 본인의 사고를 교정할 수 있기 때문이다.

STEP 03

정답 확인

드디어 정답을 보면서 채점을 한다. 해설지의 내용이 부족하다면, 메가스터디 QnA에 질문하면 된다. 이때 책 페이지를 명확하게 제시해야만 원하는 답변을 얻을 수 있다.

너의 싸움을 응원한다. 불끈!

전형태

나기출의 특징

| 과외식 기출 분석서, 나기출

POINT
01

단순한 기출 문제 풀이가 아니라,
지문 분석과 문제 분석으로 실전력을 극대화!

2단계 | 문제편의 분석칸

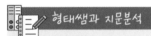 형태쌤과 지문분석

지문분석	
시간	
공간	
서술자의 관심사	

 형태쌤과 선지분석

선지분석	(가)	(나)	(다)
비판적 태도 → 현실의 부정적 측면 부각			
역사적 상황 묘사 → 비극적 현실 부각			
빗대어 표현하는 방식			
영탄적 어조 → 대상에 대한 경외감			
향토적 소재 → 과거에 대한 그리움			

3단계 | 해설편의 상세 설명

지문분석

[지문에서 체크할 것]

※ 시간
　순행

※ 공간
　(중략) 이전 : 집 밖 → 집 안
　(중략) 이후 : 뒷간 안과 밖

※ 서술자의 관심사
　3인칭 서술자가 등장인물들을 초점화하여 전반부에는 '갑득이 어미'의 심리가 잘 드러나고, 후반부에는 '양 서방'과 '갑득이 어미'의 심리가 잘 드러난다.

01

정답설명
③ (가)의 '바람과 물과 세월과 같이 지나가고 없다', (나)의 '마음아, 너도 아직 이 생가에 살고 있는가 / 시린 물속 시린 물고기의 눈을 닮고', (다)의 '가축이 인간에게 의지하여 살아가듯이 늙은 나무도 인간에게 의지하여 살아간다.' 등에서 빗대어 표현하는 방식이 사용되었다. 이를 통해 (가)에서는 예전과는 다른 북방의 현실에서 비롯된 허무함과 상실감을, (나)에서는 유년시절에 살았던 생가에서의 기억을, (다)에서는 늙은 나무도 인간의 도움이 필요하다는 인식을 드러내고 있다.

오답설명
① (가) O, (나) X, (다) X / (가)의 화자는 '부끄러움'을 알지 못했다며 자신의 부정적 모습을 비판적으로 얘기하고 있으며, 이 태도를 견지한 채 '보래구름만 혼자 넋 없이 떠도는' 현실의 부정적 측면을 부각하고 있다. 그러나 (나)와 (다)는 비판적 태도를 드러내고 있지 않다.
② (가) O, (나) X, (다) X / (가)는 화자가 '아득한 옛날 북방을 떠났던 상황과 북방으로 돌아온 상황과 같이 한반도에서 다시 북방으로 유랑을 갈 수 밖에 없는 민족의 역사적 상황을 묘사하여 비극적 현실을 부각하고 있다고 볼 수 있다. 그러나 (나)와 (다)에서는 역사적 상황을 묘사하고 있지 않다.
④ (가) X, (나) X, (다) O / 경외감은 공경하면서 두려워하는 감정을 뜻하지만, 실전에서는 대자연이나 신 혹은 자연의 섭리에 대한 존경, 놀라움, 긍정적 태도 등이 드러날 때 허용해 주면 된다. (가)의 '아,'와 (나)의 '살고 있는가'에서 영탄적 어조가 드러나지만, 둘 다 '나'의 경외감은 나타나지 않는다. 한편, (다)에는 '아'에서 영탄적 어조가 드러나며, 서로 다른 생명체가 도움을 주고받는 자연의 섭리(혹은 조물주)에 대한 '나'의 경외감이 드러나고 있다.

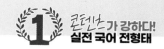

문학

POINT 02

10년 이상의 현장 경력을 책에 고스란히!

과외식 설명으로 개념을 명료하게

▼

 형태쌤의 과외시간

시는 기본적으로 자신의 상황에 대해 진술하는 문학이기에 독백의 문학이다. 다만 간혹 특이하게도 청자를 대상으로 말을 건네는 경우가 있기 때문에 출제를 하는 것이다.

즉, '말을 건네는 방식'은 '청자를 대상으로 한 말투'를 의미한다. 다만 '말을 건네는 방식'에도 화자와 청자가 같이 얘기를 하는 경우가 있고, 화자 혼자만 얘기하는 경우가 있다.

1-1) 청자랑 화자가 같이 얘기를 주고받는 경우는 실질적으로 말을 주고받는 방식으로 '대화의 형식(=대화적 구성)'이라고 한다.
　　ex) 청자 : 저기 가는 님이여, 어디를 가고 계신지요.
　　　　화자 : 아. 자네 아닌가. 내 얘기 좀 들어보시게.

1-2) 화자만 혼자 청자에게 얘기를 하는 경우는 말을 건네긴 했지만, 대화를 주고받는 방식은 아니다. 결국 화자 혼자만 말을 하고 있기에 독백으로 볼 수 있다.
　　ex) 화자 : 백구야 날지 마라. 내가 네 애비다.
　　　　백구 : ...... (청자의 반응 X)

2) 그리고 나머지 대부분의 시는 혼잣말(독백)이라고 보면 되겠다.
　　ex) 평안도 어디에 어떤 여인이 살았다...
　　　　아픔에 하늘이 무너졌다. 나는 어디로 가야 하나...

POINT 03

모든 현대시와 고전시가에 대한 상세한 과외식 해설

현대시 작품 해석

▼

고전시가 작품 해석

▼

지문분석

(가) 청산행

▶ 들어가기 전에 : 이 시는 자연(화자가 현재 있는 공간)과 속세(화자가 과거에 있었던 공간)의 대립이 나타나고 정경 묘사와 화자의 내면 제시를 계속 교차하며 시상을 전개하는 추상적인 작품이야. 이러한 부분을 잘 구분하며 시를 감상하는 것이 중요해.

손 흔들고 떠나갈 미련은 없다
며칠째 청산에 와 발을 푸니

▶ '청산'은 자연을 의미하네. 화자는 현재 자연에서 지내며 속세에 대한 미련이 없다고 말하고 있구나.

흐리던 산길이 잘 보인다.
상수리 열매를 주우며 인가를 내려다보고
쓰다 둔 편지 구절과 버린 칫솔을 생각한다.

▶ 인가(속세)를 내려다본 화자는 속세에서 마무리하지 못한 글과 일상적 소재를 떠올리며 속세에 대한 미련을 드러내고 있어. 속세에 대한 미련이 없다고는 했지만 아직은 속세에 대한 미련이 남아 있음을 알 수 있구나.

남방으로 가다 길을 놓치고
두어 번 허우적거리는 여울물
산 아래는 때까치들이 몰려와
모든 야성을 버리고 들 가운데 순결해진다.

▶ '여울물'과 '때까치' 체크해 보자. 시에서 화자는 자신이 처한 상황에서 대상을 바라봐. 뒤에 나오지만 속세에서의 삶이 너무 힘들었던 화자는 많이 지친 상태에서 자연에게 위안을 받고자 했음을 알 수 있어. 이를 고려해 볼 때 '허우적거리는 여울물'은 과거 속세에서 허우적거렸던, 즉 방황했던 화자의 과거 모습을 드러내는 소재라 할 수 있어. 한편, '순결해진' '때까치들'은 자연에 와서 마음의 위안을 받고 순결해진 화자의 현재 모습을 드러낸다고 할 수 있지.

길을 가다가 자주 뒤를 돌아보게 하는
서른 번 다져 두고 서른 번 포기했던 관습들

▶ '던' 체크해 주자. 화자는 속세에서 자신이 했던 '관습들'을 생각하고 있나 봐.

지문분석

(가) 도산십이곡

이런들 어떠하며 저런들 어떠하료

▶ 이런들 어떠하며 저런들 어떠하랴?

▶ 평가원에서 「도산십이곡」을 출제했을 때, 현대어 풀이를 알고 있다는 전제로 한 문제가 있었기 때문에 해설을 가리고 바로바로 해석할 수 있을 정도로 꼼꼼하게 학습해야 한다.

▶ 「도산십이곡」은 전반부 6수와 후반부 6수의 내용이 달라. 전반부는 자연 친화에 대한 내용이 주를 이루는 반면, 후반부는 학문 수양에 대한 내용이 주를 이뤄. 즉, 전반적으로 자연 속에서 학문을 수양하자는 내용이야.

초야우생(草野愚生)이 이렇다 어떠하료

▶ 시골에 묻힌 어리석은 이가 이렇다고 해도 어떠하랴?

▶ '초야우생'은 화자를 가리켜. 자기 자신을 겸손하게 이르는 표현이지. 평가원에서 이 부분을 두고 '화자가 자신을 드러내고 있다.'라는 적절한 선지를 구성한 적이 있었어.

하물며 천석고황(泉石膏肓)을 고쳐 므슴하료

▶ 하물며 자연을 좋아하는 병을 고쳐서 무엇할까?

▶ '천석고황'은 자연을 병적으로 좋아한다는 소리야. 고전 시가 필수 어휘니 꼭 알아 두자. 즉, 1수에는 자연에서 계속 살길 원하는 화자의 바람이 담겨 있다고 볼 수 있어.

〈제1수〉

연하(煙霞)로 집을 삼고 풍월(風月)로 벗을 삼아

▶ 안개와 노을로 집을 삼고 바람과 달로 벗을 삼아

태평성대에 병으로 늙어 가네

▶ 태평한 시절 자연 속에서 늙어만 가네

▶ 병에 걸려 힘들다는 얘기가 아냐. 이 '병'은 자연을 좋아하는 병이지. 자연에 대한 화자의 지극한 애정이 드러난다.

Contents | 이 책의 순서

Ⅲ ○ 복합

Contents | 이 책의 순서

IV ∘ 현대 산문

V ◦ 고전 산문

VI ◦ 극

Index | 작품 모아보기

나 없이
기출
풀지마라

| 과외식 기출 분석서, 나기출 |

나 없이
기출
풀지마라

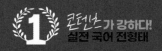

문학

I

현대시

다음 글을 읽고 물음에 답하시오.

(가)

[A]
┌ 검정 포대기 같은 까마귀 울음소리 고을에 떠나지 않고
└ 밤이면 부엉이 괴괴히 울어

남쪽 먼 포구의 백성의 순탄한 마음에도
상서롭지 못한 세대의 어둔 바람이 불어오던
- 융희(隆熙) 2년!

[B]
┌ 그래도 계절만은 천 년을 다채(多彩)하여
│ 지붕에 박넌출 남풍에 자라고
└ 푸른 하늘엔 석류꽃 피 뱉은 듯 피어

[C]
┌ 나를 잉태한 어머니는
│ 짐짓 어진 생각만을 다듬어 지니셨고
│ 젊은 의원인 아버지는
└ 밤마다 사랑에서 저릉저릉 글 읽으셨다

[D]
┌ 왕고못댁 제삿날 밤 열나흘 새벽 달빛을 밟고
└ 유월이가 이고 온 제삿밥을 먹고 나서

희미한 등잔불 장지 안에
번문욕례 사대주의의 욕된 후예로 세상에 떨어졌나니

[E]
┌ 신월(新月)같이 슬픈 제 족속의 태반을 보고
│ 내 스스로 고고(呱呱)*의 곡성(哭聲)*을 지른 것이 아니련만
└ 명(命)이나 길라 하여 할머니는 돌메라 이름 지었다오

- 유치환, 「출생기(出生記)」 -

* 고고 : 아이가 세상에 나오면서 처음 우는 울음소리.
* 곡성 : 사람이 죽어 슬퍼서 크게 우는 소리.

(나)

샤갈의 마을에는 삼월에 눈이 온다.
봄을 바라고 섰는 사나이의 관자놀이에
새로 돋은 정맥이
바르르 떤다.
바르르 떠는 사나이의 관자놀이에
새로 돋은 정맥을 어루만지며
눈은 수천수만의 **날개**를 달고
하늘에서 내려와 샤갈의 마을의
지붕과 굴뚝을 덮는다.
삼월에 눈이 오면
샤갈의 마을의 쥐똥만 한 겨울 **열매들**은
다시 **올리브빛**으로 물이 들고

밤에 **아낙**들은
그해의 제일 아름다운 불을
아궁이에 지핀다.

- 김춘수, 「샤갈의 마을에 내리는 눈」 -

01 (가), (나)의 공통점으로 가장 적절한 것은?

① 시간과 관련된 표지를 제시하여 시적 분위기를 조성하고 있다.
② 과거 시제를 사용하여 서사적 사건을 들려주는 형식을 취하고 있다.
③ 시적 상황의 객관적 관찰에 초점을 둠으로써 주관적 의미의 서술을 배제하고 있다.
④ 암울하고 비관적인 정서를 내포한 시어를 사용하여 비극적 상황을 고조하고 있다.
⑤ 자연물을 살아 있는 대상으로 묘사하여 화자가 느끼는 이국적인 세계의 모습을 담아내고 있다.

형태쌤과 선지분석

선지분석	(가)	(나)
시간 관련 표지		
과거 시제 → 서사적 사건을 들려주는 형식		
시적 상황의 객관적 관찰 → 주관적 서술 배제		
암울하고 비관적인 시어		
자연물을 살아 있는 대상으로 묘사 → 이국적 세계		

02 [A]~[E]에 대한 이해로 적절하지 않은 것은?

① [A] : 청각의 시각화를 통해 음산한 시적 상황을 조성하고 있다.
② [B] : 시대 상황과 대비되는 자연의 모습을 통해 생명력을 표현하고 있다.
③ [C] : 대구 형식을 활용하여 화자의 출생을 앞둔 집안의 분위기를 드러내고 있다.
④ [D] : 화자가 태어난 날의 상황을 구체적으로 서술하여 출생에 대한 감격을 드러내고 있다.
⑤ [E] : 울음소리에서 연상되는 상반된 의미와 연결하여 화자의 이름이 지어진 이유를 제시하고 있다.

03 〈보기〉를 참고하여 (나)를 감상한 내용으로 적절하지 <u>않은</u> 것은?

보기

김춘수는 샤갈의 그림 「나와 마을」에서 받은 느낌을 시로 표현함으로써 상호 텍스트성을 구현했다. 올리브빛 얼굴을 가진 사나이와 당나귀가 서로 마주 보고 있는 그림에서 영감을 받은 시인은, "특히 인상 깊었던 것은 커다란 당나귀의 눈망울이었고, 그 당나귀의 눈망울 속에 들어앉아 있는 마을이었다."라고 느낌을 말했다. 또한 밝고 화려한 색감을 지닌 이질적 이미지들의 병치로 이루어진 샤갈의 초현실주의적 그림에 대한 감각적 인상을, 자신의 고향 마을에 투사하여 다양한 이미지의 병치로 변용했다. 이는 봄을 맞이한 생동감과 고향 마을의 따뜻한 풍경에 대한 그리움을 형상화한 것이라고 할 수 있다.

① '샤갈의 마을'은 시인이 그림 속 마을 풍경에서 받은 인상을 자신의 고향 마을에 투사하여 표현한 것이군.

② '삼월에 눈', '봄을 바라고 섰는 사나이', '새로 돋은 정맥' 등은 시인이 그림 속 이질적 이미지들의 병치를 다양한 이미지들의 병치로 변용하여 봄의 생동감을 형상화한 것이군.

③ '날개', '하늘', '지붕과 굴뚝' 등은 시인이 밝고 화려한 색감을 지닌 그림 속 마을의 모습을 공감각적 이미지의 풍경으로 변용한 것이군.

④ '올리브빛'은 시인이 그림 속에서 영감을 받은 것으로 '겨울 열매들'을 물들이는 따뜻한 봄의 이미지를 표상한 것이군.

⑤ '아낙', '아궁이' 등은 시인이 초현실주의적 그림 속 풍경에 대한 감각적 인상을 고향 마을을 떠올리게 하는 이미지로 전이시킨 것이군.

다음 글을 읽고 물음에 답하시오.

(가)

낙엽은 폴―란드 망명정부의 지폐

포화(砲火)에 이즈러진

도룬 시(市)의 가을 하늘을 생각케 한다

길은 한 줄기 구겨진 넥타이처럼 풀어져

일광(日光)의 폭포 속으로 사라지고

조그만 담배 연기를 내어 뿜으며

새로 두 시의 급행차가 들을 달린다

포플라 나무의 근골(筋骨) 사이로

공장의 지붕은 흰 이빨을 드러내인 채

한 가닥 구부러진 철책이 바람에 나부끼고

그 위에 세로팡지(紙)로 만든 구름이 하나

자욱―한 풀벌레 소리 발길로 차며

호올로 황량한 생각 버릴 곳 없어

허공에 띄우는 돌팔매 하나

기울어진 풍경의 장막 저쪽에

고독한 반원을 긋고 잠기어 간다

- 김광균, 「추일서정」 -

(나)

담쟁이덩굴이 가벼운 공기에 **업혀** 허공에서

허공으로 이동하고 있다

새가 푸른 하늘에 **눌려** 납작하게 날고 있다

들찔레가 길 밖에서 하얀 꽃을 **버리며**

빈자리를 만들고

사방이 몸을 비워놓은 마른 길에

하늘이 내려와 누런 돌멩이 위에 **얹힌다**

길 한쪽 모래가 바위를 **들어올려**

자기 몸 위에 놓아두고 있다

- 오규원, 「하늘과 돌멩이」 -

01 (가)에 대한 설명으로 가장 적절한 것은?

① 수미상관의 기법을 활용하여 구조적 안정감을 얻고 있다.

② 유사한 문장 형태를 변주하여 시간의 흐름을 드러내고 있다.

③ 의도적으로 변형한 시어를 통해 현실 극복 의지를 드러내고 있다.

④ 추측을 나타내는 표현을 통해 대상에 대한 회의감을 드러내고 있다.

⑤ 자연물을 인공물에 빗대어 풍경에 대한 화자의 인상을 드러내고 있다.

 형태쌤과 선지분석

선지분석	추일서정
수미상관	
유사한 문장 형태 변주 → 시간의 흐름	
의도적으로 변형한 시어 → 현실 극복 의지	
추측 → 대상에 대한 회의감	
자연물을 인공물에 비유 → 풍경에 대한 인상	

02 다음은 (나)에 대한 〈학습 활동〉 과제이다. 이를 수행한 결과로 적절하지 <u>않은</u> 것은?

학습 활동

「하늘과 돌멩이」는 사물에 대한 우리의 고정관념을 버리고 새로운 시각으로 사물들을 바라보려고 시도한다. 각 연의 서술어에 주목하여, 이 시에 나타난 새로운 관점을 사물에 대한 고정관념과 비교하여 탐구해 보자.

	사물	사물에 대한 고정관념	서술어	새로운 관점
1연	담쟁이덩굴	담쟁이덩굴은 벽에 붙어 자란다.	업혀	㉠
2연	새	새는 자유롭게 하늘을 난다.	눌려	㉡
3연	들찔레	들찔레의 꽃이 떨어진다.	버리며	㉢
4연	하늘	하늘은 땅에서 멀리 떨어져 있다.	얹힌다	㉣
5연	모래	모래가 바위 밑에 깔려 있다.	들어올려	㉤

① ㉠ : '업혀'에 주목하면, 담쟁이덩굴은 벽에 붙어 자라는 것이 아니라 공기를 누르며 수직 상승하는 강인한 존재로 볼 수 있다.

② ㉡ : '눌려'에 주목하면, 새가 아무 제약 없이 하늘을 나는 것이 아니라 하늘의 무게를 견디며 나는 것으로 볼 수 있다.

③ ㉢ : '버리며'에 주목하면, 꽃이 저절로 떨어지는 것이 아니라 들찔레가 스스로 꽃을 떨어뜨리는 것으로 볼 수 있다.

④ ㉣ : '얹힌다'에 주목하면, 하늘은 땅과 멀리 떨어져 있지 않고 길에 가깝게 내려와 돌멩이 위에 닿는 존재로 볼 수 있다.

⑤ ㉤ : '들어올려'에 주목하면, 모래는 바위 밑에 깔려 있지 않고 자신의 힘으로 거대한 바위를 지탱할 수 있는 존재로 볼 수 있다.

03 이미지의 활용을 중심으로 (가)와 (나)를 감상한 내용으로 적절하지 <u>않은</u> 것은?

① (가)는 '낙엽'을 '망명정부의 지폐'에 연결하여 낙엽의 이미지에서 연상되는 무상감을 드러내고 있군.

② (가)는 '돌팔매'가 땅으로 떨어지는 이미지를 '고독한 반원'으로 표현하여 외로움의 정서를 부각하고 있군.

③ (나)는 '빈자리'를 '들찔레'가 의도적으로 만들어 낸 대상인 것처럼 표현하여 비어 있는 공간의 이미지를 떠올릴 수 있도록 의미를 부여하고 있군.

④ (가)는 '길'을 '구겨진 넥타이'의 이미지와 연결하여 도시에서 느껴지는 소외감을 표현하고, (나)는 '길 밖'과 '길 한켠'처럼 중심에서 벗어난 공간의 이미지를 활용하여 대상들 간의 거리감을 드러내고 있군.

⑤ (가)는 '허공'을 '황량한 생각'이 드러나는 공허한 이미지로 활용하고, (나)는 '담쟁이덩굴'의 움직임을 활용하여 '허공'을 감각적으로 경험할 수 있는 대상으로 묘사하고 있군.

다음 글을 읽고 물음에 답하시오.

(가)

호르 호르르 호르르르 가을 아침

취어진* 청명을 마시며 거닐면

㉠ 수풀이 호르르 벌레가 호르르르

청명은 내 머릿속 가슴속을 젖어 들어

발끝 손끝으로 새어 나가나니

온 살결 터럭 끝은 모두 눈이요 입이라

나는 수풀의 정을 알 수 있고

벌레의 예지를 알 수 있다

그리하여 나도 이 아침 청명의

가장 고웁지 못한 노래꾼이 된다

수풀과 벌레는 자고 깨인 어린애라

밤새워 빨고도 이슬은 남았다

남았거든 나를 주라

나는 이 청명에도 주리나니

방에 문을 달고 벽을 향해 숨 쉬지 않았느뇨

㉡ 햇발이 처음 쏟아오아

청명은 갑자기 으리으리한 관을 쓴다

그때에 토록 하고 동백 한 알은 빠지나니

오! 그 빛남 그 고요함

간밤에 하늘을 쫓긴 별살의 흐름이 저러했다

온 소리의 앞 소리요

온 빛깔의 비롯이라

㉢ 이 청명에 포근 취어진 내 마음

감각의 낯익은 고향을 찾았노라

평생 못 떠날 내 집을 들었노라

- 김영랑, 「청명」 -

* 취어진 : 계절의 정취에 젖어 든.

(나)

뒷동산 청솔잎을 빗질해주던 바람이

무어라 무어라 하는 솔나무의 속삭임을 듣고

㉣ 푸른 햇살 요동치는 강변으로 달려갔다 하자.

달려가선, 거기 미루나무에게 전하니

알았다 알았다는 듯 나무는 잎새를 흔들어

강물 위에 짤랑짤랑 구슬알을 쏟아냈다 하자.

그 의중 알아챈 바람이 이젠 그 누구보단

앞들 보리밭에서 물결치듯 김을 매다

이마의 구슬땀 씻어올리는 여인에게 전하니,

여인이야 이윽고 아픈 허리를 곧게 펴곤

눈앞 가득 일어서는 마을의 정자나무를 향해

고개를 끄덕끄덕, 무언가 일별을 보냈다 하자.

㉤ 아무려면 어떤가, 산과 강과 들과 마을이

한 초록으로 짙어가는 오월도 청청한 날에,

소쩍새는 또 바람결에 제 한 목청 다 싣는 날에.

- 고재종, 「초록 바람의 전언」 -

01 (가)와 (나)에 대한 설명으로 가장 적절한 것은?

① (가)와 (나)는 가정의 진술을 활용하여 현실과 이상의 거리감을 드러내고 있다.

② (가)와 (나)는 각각 동일한 종결 어미의 반복을 활용하여 리듬감을 형성하고 있다.

③ (가)와 (나)는 화자의 시선이 화자 내면에서 외부 세계로 이동하는 방식으로 시상을 전개하고 있다.

④ (가)는 여정에 따른 공간의 이동을 통해, (나)는 계절의 흐름에 따른 대상의 변화를 통해 풍경을 묘사하고 있다.

⑤ (가)는 종교적 관념에 대한 사색을 바탕으로, (나)는 일상생활에서 깨달은 바를 바탕으로 주제를 구체화하고 있다.

형태쌤과 선지분석

선지분석	(가)	(나)
가정 → 현실과 이상의 거리감		
동일한 종결 어미 반복		
화자의 시선 이동 (내면 → 외부 세계)		
(가) 여정에 따른 공간 이동 → 풍경 묘사 (나) 계절에 따른 대상의 변화 → 풍경 묘사		
(가) 종교적 관념에 대한 사색 (나) 일상생활에서 깨달은 바		

1 콘텐츠가 강하다!
실전 국어 전형태

02 ⊙~⑩에 대한 이해로 적절하지 <u>않은</u> 것은?

① ⊙은 청각적 심상을 활용하여 산뜻한 가을 아침에 대한 화자의 인상을 표현하고 있다.

② ⓒ은 청명한 날이 으리으리한 관을 쓴다는 비유를 활용하여 햇빛이 쏟아지는 순간의 아름다운 모습을 표현하고 있다.

③ ⓒ은 청명한 가을날에 느끼는 마음을 고향의 낯익음에 비유하여 지나가는 가을에 대한 아쉬움을 드러내고 있다.

④ ⓔ은 역동적인 이미지를 활용하여 바람이 부는 강변의 풍경을 감각적으로 표현하고 있다.

⑤ ⑩은 청청한 날의 정경에 대한 화자의 반응을 제시하여 시적 상황에 대한 정서를 집약적으로 드러내고 있다.

03 〈보기〉를 참고하여 (가)와 (나)를 감상한 내용으로 적절하지 <u>않은</u> 것은?

보기

자연은 시인에게 상상력의 주요한 원천이 되어 왔다. 그중 생태학적 상상력은 생태계 구성원 간의 관계에 주목한다. 생태학적 상상력은 모든 생태계 구성원을 평등한 존재로 보는 데에서 출발하여, 서로 교감·소통하며 유대감을 느끼는 관계로, 나아가 영향을 주고받는 순환의 관계로 인식한다. 생태학적 상상력을 통해 시인은 자연의 근원적 가치와, 인간과 자연의 조화로운 관계를 드러내며 궁극적으로는 이들을 하나의 생태 공동체로 형상화한다.

① (가)에서 화자가 '온 살결 터럭 끝'을 '눈'과 '입'으로 삼아 자연을 대하는 것은 인간과 자연 간의 교감을, (나)에서 '바람'이 '뒷동산 청솔잎을 빗질'하는 것은 자연과 자연 간의 교감을 드러내는군.

② (가)에서 화자가 '수풀의 정'과 '벌레의 예지'를 '알 수 있다'고 하는 것과 (나)에서 '솔나무'가 '무어라' 하고 '미루나무'가 '알았다'고 하는 것은 구성원들이 서로 소통하는 조화로운 생태계의 모습을 보여 주는군.

③ (가)에서 화자가 '수풀'과 '벌레'의 소리를 듣고 '나도' 청명함의 '노래꾼이 된다'고 하는 것과 (나)에서 '솔나무의 속삭임'을 '바람'이 '미루나무'에게 전하고, 이를 '여인'도 '정자나무'에게 전하는 것은 자연과 인간 간의 유대감을 드러내는군.

④ (가)에서 화자가 '동백 한 알'이 떨어지는 모습에서 '하늘'의 '별살'을 떠올린 것과 (나)에서 화자가 '잎새'의 흔들림에서 반짝이는 '구슬알'을 떠올린 것은 생명의 탄생을 계기로 순환하는 생태계의 질서를 보여 주는군.

⑤ (가)에서 자연을 '온 소리의 앞 소리'와 '온 빛깔의 비롯'이라고 표현한 것은 근원적 존재로서의 자연의 가치를, (나)에서 '오월'에 '산'과 '마을'이 '한 초록으로 짙어' 간다고 표현한 것은 인간과 자연이 하나가 되어 가는 생태 공동체를 형상화하는군.

04
2020학년도 11월

다음 글을 읽고 물음에 답하시오.

(가)

바람이 어디로부터 불어와
어디로 불려 가는 것일까,

㉠ 바람이 부는데
내 괴로움에는 이유가 없다.

내 괴로움에는 이유가 없을까,

단 한 여자를 사랑한 일도 없다.
시대를 슬퍼한 일도 없다.

㉡ 바람이 자꾸 부는데
내 발이 반석 위에 섰다.

강물이 자꾸 흐르는데
내 발이 언덕 위에 섰다.

- 윤동주, 「바람이 불어」 -

(나)

새는 새장 밖으로 나가지 못한다.
매번 머리를 부딪치고 날개를 상하고 나야 보이는,
창살 사이의 간격보다 큰, 몸뚱어리.
하늘과 산이 보이고 ㉢ 울음 실은 공기가 자유로이 드나드는
그러나 살랑거리며 날개를 굳게 다리에 매달아 놓는,
그 적당한 간격은 슬프다.
그 창살의 간격보다 넓은 몸은 슬프다.
넓게, 힘차게 뻗을 날개가 있고
㉣ 날개를 힘껏 떠받쳐 줄 공기가 있지만
새는 다만 네 발 달린 짐승처럼 걷는다.
부지런히 걸어 다리가 굵어지고 튼튼해져서
닭처럼 날개가 귀찮아질 때까지 걷는다.
새장 문을 활짝 열어 놓아도 날지 않고
닭처럼 모이를 향해 달려갈 수 있을 때까지 걷는다.
㉤ 걸으면서, 가끔, 창살 사이를 채우고 있는 바람을
부리로 쪼아 본다, 아직도 벽이 아니고
공기라는 걸 증명하려는 듯.
유리보다도 더 환하고 선명하게 전망이 보이고
울음 소리 숨내음 자유롭게 움직이도록 고안된 공기,
그 최첨단 신소재의 부드러운 질감을 음미하려는 듯.

- 김기택, 「새」 -

01 (가)에 대한 이해로 가장 적절한 것은?

① '불려 가는'이라는 피동 표현을 통해 자신이 처한 현실에 순응하려는 화자의 태도를 강조하고 있다.
② '이유가 없을까'라는 물음의 형식으로 화자의 정신적 고통에 타당한 이유가 없음을 단정하고 있다.
③ '사랑한 일'과 '슬퍼한 일'을 병치하여 화자의 개인적 불행이 시대에 대한 무관심의 원인임을 암시하고 있다.
④ '없다'의 반복을 활용하여 자신의 삶과 내면을 응시하는 화자의 반성적 자세를 드러내고 있다.
⑤ '흐르는데'와 '섰다'의 대비를 통해 변함없는 자연에서 깨달음을 얻으려는 화자의 의지를 드러내고 있다.

02 다음에 제시된 선생님의 안내에 따라, ㉠~㉤을 탐구한 내용으로 적절하지 **않은** 것은?

> 공기와 바람은 눈에 보이지 않지만 사물의 움직임을 통해 지각되고, 계속 움직이며 대상에 영향을 주는 힘으로 인식되기도 합니다. 이런 속성이 시에 어떻게 활용되는지 알아봅시다.

① ㉠에서는 움직임이라는 '바람'의 속성을 '괴로움'이라는 내면의 흔들림을 지각하는 계기로 활용하고 있다.
② ㉡에서는 끊임없이 움직이는 '바람'의 속성을 활용해 '내 발'을 '반석 위'로 이끄는 힘을 보여 주고 있다.
③ ㉢에서는 자유롭게 창살 사이를 이동하는 '공기'의 속성을 '새'가 처한 상황을 부각하는 데 활용하고 있다.
④ ㉣에서는 '날개'를 '힘껏' 떠받치는 '공기'의 속성을 활용해 '새'의 '날개'가 '공기'의 힘을 이용할 수 있음을 암시하고 있다.
⑤ ㉤에서는 보이지 않지만 존재하는 '바람'의 속성을 활용해 '창살 사이'의 빈 공간을 쪼는 '새'의 동작에 의미를 부여하고 있다.

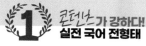
03 〈보기〉를 바탕으로 (나)를 감상한 내용으로 적절하지 <u>않은</u> 것은?

보기

　「새」에서 '새장에 갇힌 새'는 일상의 안온함에 길들어 자유를 억압하는 일상을 벗어나지 못하는 현대인의 알레고리이다. '새'의 행동에 대한 묘사는 일상에 충실할수록 잠재된 힘과 본질을 잃어 가는 아이러니와, 일상에 만족하며 자유로운 삶의 가능성을 외면하는 현대인의 모습을 보여 준다.

① 몸이 창살에 부딪치고 나서야 창살의 간격이 보이는 새는, 일상에 갇힌 자신을 의식하는 현대인의 모습을 보여 주는군.

② 바깥 풍경이 보일 정도로 적당한 간격의 창살로 된 새장은, 안온함과 억압성이라는 양가성을 지닌 일상을 보여 주는군.

③ 닭처럼 날개가 귀찮아질 때까지 부지런히 걷는 새는, 성실한 생활이 잠재력의 상실로 이어지는 아이러니를 보여 주는군.

④ 새장 문이 열려도 날지 않고 모이를 향해 달려갈 수 있을 때까지 걷는 새는, 자신의 본질에 충실하다 보니 오히려 자유를 상실하게 되는 상황을 보여 주는군.

⑤ 하늘을 자유롭게 날도록 날개를 밀어 올리는 공기를 음미할 대상으로만 여기는 듯한 새는, 자유로운 삶의 가능성을 외면하고 일상에 안주하려는 현대인의 모습을 보여 주는군.

다음 글을 읽고 물음에 답하시오.

(가)

[A]
┌ 높으디높은 산마루
│ 낡은 고목(古木)에 못 박힌 듯 기대어
│ 내 홀로 긴 밤을
└ 무엇을 간구하며 울어 왔는가.

아아 이 아침
시들은 핏줄의 구비구비로
사늘한 가슴의 한복판까지
은은히 울려오는 종소리.

이제 눈감아도 오히려
꽃다운 하늘이거니
내 영혼의 촛불로
어둠 속에 **나래 떨던 샛별**아 숨으라.

환히 트이는 이마 우
떠오르는 햇살은
시월상달의 꿈과 같고나.

메마른 입술에 피가 돌아
오래 잊었던 피리의
가락을 더듬노니

새들 즐거이 구름 끝에 노래 부르고
사슴과 토끼는
한 포기 **향기로운 싸릿순**을 사양하라.

[B]
┌ 여기 높으디높은 산마루
│ 맑은 바람 속에 옷자락을 날리며
│ 내 홀로 서서
└ 무엇을 기다리며 노래하는가.

– 조지훈, 「산상(山上)의 노래」 –

(나)

꽃이 피었다,
도시가 나무에게
반어법을 가르친 것이다
이 도시의 이주민이 된 뒤부터
속마음을 곧이곧대로 드러낸다는 것이

얼마나 어리석은가를 나도 곧 깨닫게 되었지만
살아 있자, 악착같이 **들뜬 뿌리**라도 내리자
속마음을 감추는 대신
비트는 법을 익히게 된 서른 몇 이후부터
나무는 나의 스승
그가 견딜 수 없는 건
꽃향기 따라 나비와 벌이
붕붕거린다는 것,
내성이 생긴 이파리를
벌레들이 변함없이 아삭아삭
뜯어 먹는다는 것
도로변 **시끄러운 가로등 곁**에서 허구한 날
신경증과 불면증에 시달리며 피어나는 꽃
참을 수 없다 나무는, 알고 보면
치욕으로 푸르다

– 손택수, 「나무의 수사학 1」 –

01 (가)와 (나)에 대한 설명으로 가장 적절한 것은?

① (가)는 계절의 변화에 따라 달라지는 주변 풍경을, (나)는 공간의 이동에 따른 풍경 변화를 묘사하고 있다.
② (가)는 시각적 이미지를 통해 자연의 위대함을, (나)는 청각적 이미지를 통해 자연에 대한 두려움을 표현하고 있다.
③ (가)는 명령형 어조를 활용하여 대상의 행동을 유도하고, (나)는 단정적 진술을 활용하여 주제 의식을 드러내고 있다.
④ (가)와 (나)는 인격화된 사물을 청자로 하여 화자의 소망을 전달하고 있다.
⑤ (가)와 (나)는 도치된 표현을 활용하여 화자가 처한 부정적 현실에 대한 극복 의지를 강조하고 있다.

형태쌤과 선지분석

선지분석	(가)	선지분석	(나)
계절 변화 → 풍경 변화		공간 이동 → 풍경 변화	
시각 → 자연의 위대함		청각 → 자연에 대한 두려움	
명령형 어조		단정적 진술	
인격화된 청자 → 소망 전달		인격화된 청자 → 소망 전달	
도치 → 현실 극복 의지		도치 → 현실 극복 의지	

02 [A]와 [B]를 이해한 내용으로 적절하지 <u>않은</u> 것은?

① [A]의 '높으디높은 산마루'에서 화자를 울게 한 문제는 [B]의 '여기 높으디높은 산마루'에서의 기다림의 대상이 아니다.

② [A]의 '못 박힌 듯' 기댄 자세는 과거의 고통을, [B]의 '옷자락을 날리며' 서 있는 자세는 미래에 대한 기대를 드러내고 있다.

③ [A]의 '긴 밤'에 담긴 부정적 상황은 '이 아침' 이후 [B]의 '맑은 바람'을 동반하는 새로운 상황으로 변화하고 있다.

④ [A]의 '무엇'이 [B]의 '무엇'으로 이행하는 과정에서 '나래 떨던 샛별'과 '향기로운 싸릿순'은 화자의 지향점으로 기능하고 있다.

⑤ [A]의 '간구'는 '사늘한 가슴'의 생명력 회복을 바라는 기원을, [B]의 '노래'는 '메마른 입술'에 생명력이 회복된 이후의 소망을 표출하고 있다.

03 〈보기〉를 바탕으로 (나)를 감상한 내용으로 적절하지 <u>않은</u> 것은?

> **보기**
>
> 「나무의 수사학 1」의 화자는 도심 속 가로수를 관찰하며 도시를 비판적으로 조망한다. 도시의 가로수는 나무의 푸름이나 아름다운 꽃조차도 도구적 가치에 의해서 평가된다. 화자는 삭막한 도시 환경에도 불구하고 고통을 참아 내며 꽃을 피우는 모습을 나무의 반어법으로 인식한다. 도시에 제대로 뿌리박지 못하면서도 도시 환경에 적응하여 꽃을 피우는 나무에서 치욕을 읽어 낸 것이다. 그것은 도시의 이주민인 화자가 나무에 대해 동질감을 느끼는 이유이기도 하다.

① '들뜬 뿌리'는 나무가 처한 상황에 대한 화자의 동질감을 반영하고 있군.

② '내성이 생긴 이파리'는 나무가 도시에 적응하면서 지니게 된 성질을 보여 주는군.

③ '시끄러운 가로등 곁'은 꽃을 피우며 참아 내야 할 삭막한 도시 환경을 드러내고 있군.

④ '신경증과 불면증'은 나무가 도시에 적응하기 위해 견뎌 내야 할 고통을 보여 주고 있군.

⑤ '치욕으로 푸르다'는 도구적 가치로 평가받아 그 환경에 적응하지 못하는 나무에 대한 비판적 표현이군.

다음 글을 읽고 물음에 답하시오.

(가)

...... **활자(活字)**는 반짝거리면서 **하늘 아래에서**
간간이
자유를 말하는데
나의 영(靈)은 죽어 있는 것이 아니냐

벗이여
그대의 말을 고개 숙이고 듣는 것이
그대는 마음에 들지 않겠지
마음에 들지 않아라

모두 다 **마음에 들지 않**아라
이 황혼도 저 돌벽 아래 잡초도
담장의 푸른 페인트빛도
저 고요함도 이 **고요함도**

그대의 정의도 우리들의 섬세도
행동이 죽음에서 나오는
이 욕된 교외에서는
어제도 오늘도 내일도 마음에 들지 않아라

그대는 반짝거리면서 하늘 아래에서
간간이
자유를 말하는데
우스워라 나의 영(靈)은 죽어 있는 것이 아니냐

- 김수영, 「사령(死靈)」 -

(나)

한강물 얼고, 눈이 내린 날
㉠ 강물에 붙들린 배들을 구경하러 나갔다.
㉡ 훈련받나봐, 아니야 발등까지 딱딱하게 얼었대.
우리는 강물 위에 서서 일렬로 늘어선 배들을
㉢ 비웃느라 시시덕거렸다.

㉣ 한강물 흐르지 못해 눈이 덮인 날
강물 위로 빙그르르, 빙그르르.
웃음을 참지 못해 나뒹굴며, 우리는
보았다. 얼어붙은 하늘 사이로 붙박힌 말들을.

언 강물과 언 하늘이 맞붙은 사이로

저어가지 못하는 배들이 나란히
날아가지 못하는 말들이 나란히
숨죽이고 있는 것을 비웃으며, 우리는
빙그르르. ㉤ 올 겨울 몹시 춥고 얼음이 꽝꽝꽝 얼고.

- 김혜순, 「한강물 얼고, 눈이 내린 날」 -

01 (가)에 대한 이해로 가장 적절한 것은?

① 시간적 표현을 열거하여, 시대에 대한 화자의 인식 변화를 드러낸다.
② 대상에 대한 호칭을 전환하여, 시적 대상에 대한 화자의 경외감을 표현한다.
③ 원근을 나타내는 지시어를 사용하여, 화자의 시선에 포착된 대상의 움직임을 표현한다.
④ 물음의 형식으로 종결하여, 시적 대상에 대한 화자의 깨달음이 부정되고 있음을 나타낸다.
⑤ 동일한 구절을 반복하여, 시적 상황에 대한 화자의 부정적 정서가 심화되는 과정을 드러낸다.

형태쌤과 선지분석

선지분석	사령
시간적 표현 열거 → 시대에 대한 인식 변화	
호칭 전환 → 대상에 대한 경외감	
원근 나타내는 지시어 → 대상의 움직임	
물음 형식으로 종결 → 깨달음 부정	
동일한 구절 반복 → 부정적 정서 심화	

02 ㉠~㉤에 대한 이해로 적절하지 <u>않은</u> 것은?

① ㉠의 '붙들린 배'는 강이 얼었을 때 볼 수 있는 구경거리를 관심의 대상으로 표현한 것으로, 이를 통해 시상 전개의 계기가 형성된다.
② ㉡의 '아니야'는 배가 훈련을 받고 있다는 추측을 부정하는 표현으로, 배가 움직일 수 없는 상황이 배의 내부적 원인에서 기인하고 있음이 이를 통해 드러난다.
③ ㉢의 '시시덕거렸다'는 서로 모여 실없이 떠드는 모습을 표현한 것으로, 배가 질서정연하게 정렬된 모습에 대한 '우리'의 냉소가 이를 통해 드러난다.
④ ㉣의 '흐르지 못해'는 강이 언 상황이 강물의 흐름을 막고 있다고 여기는 것으로, 강물의 자연스러운 흐름을 방해하는 외부의 힘이 이를 통해 강조된다.
⑤ ㉤의 '꽝꽝꽝'은 강추위가 지속되는 현재의 상황을 감각적으로 표현한 것으로, 모든 것을 얼어붙게 하는 현실의 상황이 견고하다는 점이 이를 통해 강조된다.

03 〈보기〉를 참고하여 (가), (나)를 감상한 내용으로 적절하지 <u>않은</u> 것은?

보기

> 자유로운 의사소통이 제한되는 사회에서 개인은 자신의 의사를 온전히 표현할 수 없어서 자유가 억압되고, 그 사회 또한 경직된다. 이런 맥락에서 (가)와 (나)를 해석할 수 있다.
>
> (가)는 활발한 의사소통의 수단이어야 할 언어가 '활자'의 상태로만 존재한다고 표현함으로써 언어가 제 기능을 제대로 하지 못하는 상황에 주목한다. 이러한 상황에서 화자는 위축된 의사소통의 장에 적극적으로 참여하지 못하여, 경직된 사회에 대응하지 못하는 자신을 성찰한다. (나)는 자유롭게 쓰여야 할 언어를 '붙박힌 말'로 표현함으로써 개인의 언어 사용이 제한된 상황을 비판한다. 이러한 상황에서 말을 대체할 수 있는 웃음이나 몸짓과 같은 또 다른 의사소통의 방법을 보여 준다.

① (가)에서 '나의 영'에 대해 '우스워라'라고 자조한 것은 의사소통의 여지가 축소된 상황에서 자신의 참여만으로는 의사소통의 장을 활성화할 수 없다는 성찰을 드러낸다고 볼 수 있군.

② (나)에서 '우리'가 '언 강물' 위에서 비웃는 모습이나 '빙그르르' 뒹구는 장면은 언어 사용이 제한된 상황에서 또 다른 의사소통의 방법을 모색함을 드러낸다고 볼 수 있군.

③ (가)의 '하늘 아래'는 '고요함'이 있는 공간이라는 점에서, (나)의 '맞붙은 사이'는 '배'와 '말'이 '숨죽이고 있는' 공간이라는 점에서, 의사소통이 자유롭지 못한 경직된 사회를 엿볼 수 있군.

④ (가)에서 '자유를 말하'는 것이 '활자'로 한정된 것은 의사소통의 장이 위축된 상황을 나타내고, (나)에서 '말'이 '날아가지 못'한다는 것은 자유로워야 하는 언어 사용이 제한되어 있는 상황을 나타낸다고 볼 수 있군.

⑤ (가)에서 주변 세계를 '마음에 들지 않'아 하는 것은 의사소통이 활발하지 못한 상황에 대한 생각을 드러낸 것이고, (나)에서 강물이 얼어 '배'를 '저어가지 못'하는 상황은 의사소통을 방해하는 환경을 표현한 것이라고 볼 수 있군.

다음 글을 읽고 물음에 답하시오.

(가)

눈이 오는가 북쪽엔
함박눈 쏟아져 내리는가

험한 벼랑을 굽이굽이 돌아간
백무선 철길 위에
느릿느릿 밤새어 달리는
화물차의 검은 지붕에

연달린 산과 산 사이
너를 남기고 온
작은 마을에도 복된 눈 내리는가

잉크병 얼어드는 이러한 밤에
어쩌자고 잠을 깨어
그리운 곳 차마 그리운 곳

눈이 오는가 북쪽엔
함박눈 쏟아져 내리는가

                        - 이용악, 「그리움」 -

(나)

왜 그곳이 자꾸 안 잊히는지 몰라
가름젱이 사래 긴 우리 밭 그 건너의 논실 이센 밭
가장자리에 키 작은 탱자 울타리가 쳐진,
훗날 나 중학생이 되어
아침마다 콩밭 이슬을 무릎으로 적시며
그곳을 지나다녔지
수수알이 ㉠ 꽝꽝 여무는 가을이었을까
깨꽃이 하얗게 부서지는 햇빛 밝은 여름날이었을까
아랫냇가 굽이치던 물길이 옆구리를 들이받아
벌건 황토가 드러난 그곳
허리 굵은 논실댁과 그의 딸 영자 영숙이 순임이가
밭 사이로 일어섰다 앉았다 하며 커다란 웃음들을 웃고
나 그 아래 냇가에 소고삐를 풀어놓고
어항을 놓고 있었던가 가재를 쫓고 있었던가
나를 부르는 소리 같기도 하고
㉡ 쏴르르 쏴르르 무엇이 물살을 헤짓는 소리 같기도 하여
고개를 들면 아, ㉢ 청청히 푸르던 하늘
갑자기 무섬증이 들어 언덕 위로 달려 오르면

들꽃 싸아한 향기 속에 두런두런 논실댁의 목소리와
㉣ 까르르 까르르 밭 가장자리로 울려 퍼지던
영자 영숙이 순임이의 청랑한 웃음소리
나 그곳에 오래 앉아
푸른 하늘 아래 가을 들이 ㉤ 또랑또랑 익는 냄새며
잔돌에 호미 달그락거리는 소리 들었다
왜 그곳이 자꾸 안 잊히는지 몰라
소를 몰고 돌아오다가
혹은 객지로 나가다가 들어오다가
무엇이 나를 부르는 것 같아
나 오래 그곳에 서 있곤 했다

                - 이시영, 「마음의 고향 2 - 그 언덕」 -

01 (가)에 대한 이해로 가장 적절한 것은?

① '오는가'를 '쏟아져 내리는가'로 변주하여 대상에 대한 화자의 거부감을 드러내고 있다.
② '돌아간'과 '달리는'의 대응을 활용하여 두 대상 간에 조성되는 긴장감을 묘사하고 있다.
③ '철길'에서 '화물차의 검은 지붕'으로 묘사의 초점을 이동하여 정적인 이미지를 강화하고 있다.
④ '잉크병'이라는 사물이 '얼어드는' 현상을 활용하여 화자가 처한 현실의 변화 가능성을 암시하고 있다.
⑤ '잠을' 깬 자신에게 '어쩌자고'라는 의문을 던져 현재의 상황에서 느끼는 화자의 애달픈 심정을 드러내고 있다.

02 ㉠~㉤의 의미를 고려하여 (나)를 감상한 내용으로 적절하지 <u>않은</u> 것은?

① ㉠을 활용하여 유년의 화자가 경험한 가을이 단단한 결실을 맺는 시간임을 부각하고 있군.
② ㉡을 활용하여 냇가에서 놀던 유년의 화자가 누군가 자신을 부르는 소리를 물소리로 느낀 경험을 부각하고 있군.
③ ㉢을 활용하여 유년의 화자에게 순간적 감동을 느끼게 한 맑고 푸른 하늘의 색채를 부각하고 있군.
④ ㉣을 활용하여 무섬증에 언덕을 달려 오른 유년의 화자에게 또렷하게 인식된 이웃들의 밝은 웃음을 부각하고 있군.
⑤ ㉤을 활용하여 유년의 화자가 곡식이 익어 가는 들녘의 인상을 선명하게 지각한 경험을 부각하고 있군.

03 〈보기〉를 참고하여 (가)와 (나)를 이해한 내용으로 적절하지 <u>않은</u> 것은?

보기

　이용악과 이시영의 시 세계에서 고향은 창작의 원천이 되는 공간이다. 이용악의 시에서 고향은 척박한 국경 지역이지만 언젠가 돌아가야 할 근원적 공간으로 그려지는데, (가)에서는 가족이 기다리는 궁벽한 산촌으로 구체화된다. 이시영의 시에서 고향은 지금은 상실했지만 기억 속에서 계속 되살아나는 공간으로 그려지는데, (나)에서는 이웃들과 함께했던 삶의 터전이자 생명이 살아 숨 쉬는 평화로운 농촌으로 구체화된다.

① (가)는 '함박눈'으로 연상되는 겨울의 이미지를 통해 '북쪽' 국경 지역의 고향을, (나)는 '햇빛'을 받은 '깨꽃'에서 그려지는 여름의 이미지를 통해 생명력 넘치는 고향을 보여 준다.

② (가)는 '험한 벼랑' 너머 '산 사이'라는 위치를 통해 산촌 마을인 고향의 궁벽함을, (나)는 '소고삐'를 풀어놓고 '가재를 쫓'는 모습을 통해 농촌 마을인 고향의 평화로움을 보여 준다.

③ (가)는 '남기고' 온 '너'를 떠올림으로써 고향에서 기다리는 사람에 대한, (나)는 '밭 사이'에서 웃던 이웃들의 이름을 떠올림으로써 고향에서 함께 살아가던 이웃에 대한 기억을 보여 준다.

④ (가)는 '눈'을 '복된' 것으로 인식함으로써 고향에 돌아갈 날에 대한, (나)는 '무엇'이 '부르는 것 같'았던 언덕을 회상함으로써 고향으로의 귀환에 대한 기대를 드러낸다.

⑤ (가)는 '차마 그리운 곳'이라는 표현을 통해 근원적 공간인 고향에 대한 애틋함을, (나)는 '자꾸 안 잊히는지'라는 표현을 통해 내면에 존재하는 고향에 대한 변함없는 애정을 드러낸다.

다음 글을 읽고 물음에 답하시오.

(가)

무너지는 꽃 이파리처럼

휘날려 발 아래 깔리는

서른 나문 해야

구름같이 피려던 뜻은 **날로** 굳어

한 금 두 금 곱다랗게 감기는 연륜(年輪)

갈매기처럼 꼬리 떨며

산호 핀 바다 바다에 나려앉은 섬으로 가자

비취빛 하늘 아래 피는 꽃은 맑기도 하리라

무너질 적에는 눈빛 파도에 적시우리

초라한 경력을 육지에 막은 다음

주름 잡히는 연륜마저 끊어버리고

나도 **또한** 불꽃처럼 **열렬**히 살리라

- 김기림, 「연륜」 -

(나)

제 손으로 만들지 않고

한꺼번에 싸게 사서

마구 쓰다가

망가지면 내다 버리는

플라스틱 물건처럼 느껴질 때

나는 **당장** 버스에서 뛰어내리고 싶다

현대 아파트가 들어서며

홍은동 사거리에서 사라진

털보네 대장간을 찾아가고 싶다

풀무질로 이글거리는 불 속에

시우쇠처럼 나를 달구고

모루 위에서 벼리고

숫돌에 갈아

시퍼런 무쇠 낫으로 바꾸고 싶다

땀 흘리며 두들겨 **하나씩** 만들어 낸

꼬부랑 호미가 되어

소나무 자루에서 송진을 흘리면서

대장간 벽에 걸리고 싶다

지금까지 살아온 인생이

온통 부끄러워지고

직지사 해우소

아득한 나락으로 떨어져 내리는

똥덩이처럼 느껴질 때

나는 가던 길을 멈추고 문득

어딘가 걸려 있고 싶다

- 김광규, 「대장간의 유혹」 -

01 (가)와 (나)에 대한 설명으로 가장 적절한 것은?

① (가)는 (나)와 달리 과정을 나타내는 시어들을 나열하여 시간의 급박한 흐름을 드러내고 있다.

② (나)는 (가)와 달리 자연물에 빗대어 화자의 움직임을 드러내고 있다.

③ (나)는 (가)와 달리 색채어를 활용하여 공간적 배경이 만들어 내는 분위기를 드러내고 있다.

④ (가)와 (나)는 모두 하강의 이미지가 담긴 시어를 활용하여 화자의 인식을 드러내고 있다.

⑤ (가)와 (나)는 모두 표면에 드러난 청자에게 말을 건네는 방식으로 화자의 정서를 드러내고 있다.

형태쌤과 선지분석

선지분석	(가)	(나)
과정을 나타내는 시어 나열 → 시간의 급박한 흐름		
화자의 움직임을 자연물에 비유		
색채어 → 공간적 배경 분위기		
하강의 이미지가 담긴 시어		
표면에 드러난 청자에게 말을 건넴		

02 (가), (나)의 시어에 대한 이해로 적절하지 <u>않은</u> 것은?

① (가)에서 '열렬히'는 화자가 추구하는 삶에 대한 적극적인 태도를 표방한다.

② (나)에서 '한꺼번에'와 '하나씩'의 대조는 개별적인 존재의 고유성을 부각한다.

③ (나)에서 '온통'은 화자의 성찰적 시선이 자신의 삶 전반에 걸쳐 있음을 부각한다.

④ (가)에서 '날로'는 부정적 상황의 지속적인 심화를, (나)에서 '당장'은 당면한 상황에서 벗어나려는 절박감을 강조한다.

⑤ (가)에서 '또한'은 긍정적인 존재와 화자의 동질성을, (나)에서 '마구'는 부정적으로 취급되는 대상과 화자 간의 차별성을 부각한다.

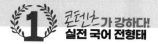
03 〈보기〉를 참고하여 (가), (나)를 감상한 내용으로 적절하지 <u>않은</u> 것은?

보기

　　시인은 결핍을 느끼는 상황에서 새로운 가치를 발견하고 이를 통해 삶을 성찰하는 경우가 많다. 예컨대 「연륜」은 축적된 인생 경험에서, 「대장간의 유혹」은 현대인이 추구하는 편리함에서 결핍을 발견한 화자를 통해 일상에서 경험하는 것들이 재해석된다. 두 작품은 결핍된 상황에서 벗어나려는 의지를 구심점으로 삼아 시상을 전개한다.

① (가)에서 '서른 나문 해'를 '초라한 경력'으로 표현한 것은, 화자가 자신이 살아온 인생을 변변치 않은 경험으로 재해석한 것이겠군.

② (가)에서 '불꽃'을 긍정적인 이미지로 표현한 것은, '주름 잡히는 연륜'에 결핍되어 있는 속성을 끊을 수 있는 수단이라는 의미로 재해석한 것이겠군.

③ (나)에서 지금은 사라진 '털보네 대장간'을 '찾아가고 싶다'고 표현한 것은, 일상에서 결핍된 가치를 찾고자 하는 화자의 열망을 공간에 투영한 것이겠군.

④ (나)에서 '가던 길을 멈추고' '걸려 있고 싶다'고 표현한 것은, 화자가 추구하는 가치를 표상하는 사물의 상태가 되고 싶다고 진술함으로써 결핍에서 벗어나고자 하는 의지를 드러낸 것이겠군.

⑤ (가)에서 '육지'를 지나간 시간을 막아 둘 공간으로, (나)에서 '버스'를 벗어나고 싶은 공간으로 표현한 것은, '육지'와 '버스'를 화자가 결핍을 느끼는 공간으로 재해석한 것이겠군.

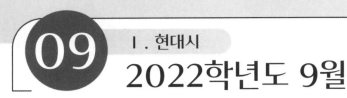
다음 글을 읽고 물음에 답하시오.

(가)

　　돌담으로 튼튼히 가려 놓은 집 안엔 검은 기와집 종가가 살고 있었다. 층층한 울 속에서 **거미 알 터지듯 흩어져 나가는 이 집의 지손(支孫)**들. 모두 다 싸우고 찢고 헤어져 나가도 **오래인 동안 이 집의 광영(光榮)**을 지키어 주는 신주(神主)들은 대머리에 곰팡이 나도록 알리어지지는 않아도 종가에서는 무기처럼 아끼며 **제삿날이면 갑자기 높아 제상(祭床) 위에 날름히 올라앉는다.** 큰집에는 큰아들의 식구만 살고 있어도 제삿날이면 제사를 지내러 오는 사람들 오조 할머니와 아들 며느리 손자 손주며느리 칠촌도 팔촌도 한데 얼리어 닝닝거린다. 시집갔다 쫓겨 온 작은딸 과부가 되어 온 큰고모 손꾸락을 빨며 구경하는 이종 언니 이종 오빠. 한참 쩡쩡 울리던 옛날에는 오조 할머니 집에서 동원 뒷밥을 먹어왔다고 오조 할머니 시아버지도 남편도 **동네 백성들을 곤-잘 잡아들여다 모말굴림**도 시키고 **주릿대를 앵기었다.**고 지금도 종가 뒤란에는 중복사 나무 밑에서 대구리가 빤들빤들한 달걀귀신이 융융거린다는 마을의 풍설. **종가에 사는 사람들은 아무 일을 안 해도 지내 왔고 대대손손이 아-무런 재주도 물리어받지는 못하여 종갓집 영감님**은 근시 안경을 쓰고 눈을 찜찜거리며 먹을 궁리를 한다고 **작인(作人)**들에게 고리대금을 하여 살아 나간다.

- 오장환, 「종가」-

* 지손 : 맏이가 아닌 자손에서 갈라져 나간 파의 자손.
* 신주 : 죽은 사람의 위패.
* 뒷밥 : 고사나 제사를 지낸 후 객귀를 위해 차리는 상.
* 모말굴림 : 곡식을 담는 그릇 위에 무릎을 꿇리는 형벌.

(나)

노래는 심장에, 이야기는 뇌수에 박힌다

처용이 밤늦게 돌아와, 노래로써

아내를 범한 귀신을 꿇어 엎드리게 했다지만

　┌ 막상 목청을 떼어 내고 남은 가사는
[A]
　└ 베개에 떨어뜨린 머리카락 하나 건드리지 못한다

하지만 처용의 이야기는 살아남아

새로운 노래와 풍속을 짓고 유전해 가리라

정간보가 오선지로 바뀌고

이제 아무도 시집에 악보를 그리지 않는다

　┌ 노래하고 싶은 시인은 말 속에
[B]
　└ 은밀히 심장의 박동을 골라 넣는다

그러나 내 격정의 상처는 노래에 쉬이 덧나

다스리는 처방은 이야기일 뿐

이야기로 하필 시를 쓰며

뇌수와 심장이 가장 긴밀히 결합되길 바란다.

- 최두석, 「노래와 이야기」-

---

01 (가)에 대한 이해로 가장 적절한 것은?

① '이 집의 지손들'이 '거미 알 터지듯 흩어져 나'간다는 데서, 종가의 번성에 대한 자부심을 드러낸다.

② '오래인 동안 이 집의 광영을 지키어 주는 신주들'이 '제삿날이면 갑자기 높아 제상 위에 날름히 올라앉는다'는 데서, 종가에 대한 풍자적 태도를 드러낸다.

③ '동네 백성들을 곤-잘 잡아들여다 모말굴림도 시키고 주릿대를 앵기었다'는 데서, 종가의 위세에 대한 시기심을 드러낸다.

④ '종가에 사는 사람들은 아무 일을 안 해도 지내 왔고 대대손손이 아-무런 재주도 물리어받지는 못'했다는 데서, 종가의 내력을 존중하는 태도를 드러낸다.

⑤ '근시 안경을 쓰고 눈을 찜찜거리'는 '종갓집 영감님'이 '작인들에게 고리대금을 하여 살아 나간다'는 데서, 종가에 대한 선망을 드러낸다.

02 [A], [B]에 대한 이해로 가장 적절한 것은?

① [A]는 '노래'와 '가사'의 융합이 가져온 결과를 보여 준 것이다.

② [A]는 '노래'와 '이야기'가 결합되었을 때 나타나는 단점을 설명한 것이다.

③ [B]는 시인의 '말'에 '이야기'가 직접 연결된 상황을 표현한 것이다.

④ [B]는 '노래'의 성격이 약화된 '말'에 '노래'가 주는 감동을 불어넣는 상황을 보여 준 것이다.

⑤ [A]는 '이야기'의 도입이 지닌 한계를, [B]는 '노래'의 회복이 지닌 의의를 설명한 것이다.

03 (가), (나)에 대한 설명으로 적절하지 않은 것은?

① (가)는 '쩡쩡 울리던 옛날'과 '달걀귀신이 융융거린다는 마을의 풍설'을 통해 '종가'에 대한 인상을 감각적으로 나타내고 있다.

② (가)는 '돌담으로 튼튼히 가려 놓은 집'과 '검은 기와집'을 통해 '종가'의 분위기를 드러내고 있다.

③ (나)는 '그러나'라는 시상 전환 표지를 활용하여 '노래'만으로는 화자가 바라는 '시' 창작이 어렵다는 점을 부각하고 있다.

④ (나)는 '처용'이 부른 '노래'와 '처용'에 대한 '이야기'의 성격을 비교하여 주제를 구체화하고 있다.

⑤ (가)는 '지금도'를 통해 '종가'의 불변성을, (나)는 '이제'를 통해 '시'의 영속성을 강조하고 있다.

04 〈보기〉를 바탕으로 (가), (나)를 감상한 내용으로 적절하지 <u>않은</u> 것은?

보기

   (가)에서 화자는 '종가'의 상황을 구체적으로 서술함으로써 종가와 연관된 사람들의 상처를 드러내고, 이러한 종가의 이야기가 현재의 상황과 연결되도록 현재 시제를 주로 사용하여 생동감 있게 표현했다. (나)에서 화자는 '시'가 '노래'의 성격을 되찾아야 할 뿐만 아니라, 감정의 과잉으로 상처가 오히려 깊어지기도 하는 노래의 한계를 극복하기 위해 '이야기'가 요구된다는 점을 강조했다. (가)는 종가에 대한 화자의 경험을 이야기한 산문 형식의 시이고, (나)는 「종가」와 같은, 이야기가 두드러진 시를 짓는 까닭을 제시한 시론 성격의 시이다.

① (가)는 종가 구성원들의 행동을 현재 시제로 생동감 있게 표현함으로써 종가의 이야기와 현실이 연관되도록 서술하고 있군.

② (가)는 '동네 백성들'이 받은 상처를 보여 줌으로써 종가의 부정적 측면을 드러내려는 화자의 의도를 부각하고 있군.

③ (나)는 상처가 노래에 쉽게 덧난다고 말함으로써 시에서 노래의 성격이 분리된 결과를 보여 주고 있군.

④ (나)는 '뇌수'와 '심장'의 결합을 희망한다고 말함으로써 시에 이야기도 필요하다는 생각을 담아내고 있군.

⑤ (가)는 종가에 얽힌 경험과 상처에 대한 이야기를, (나)는 시 창작에서 이야기의 활용이 지니는 의미를 제시하고 있군.

다음 글을 읽고 물음에 답하시오.

(가)

향아 너의 고운 얼굴 조석으로 우물가에 비최이던 오래지 않은 옛날로 가자

수수럭거리는 수수밭 사이 걸찍스런 웃음들 들려 나오며 호미와 바구니를 든 환한 얼굴 그림처럼 나타나던 석양……

구슬처럼 흘러가는 냇물가 맨발을 담그고 늘어앉아 빨래들을 두드리던 전설같은 풍속으로 돌아가자

눈동자를 보아라 향아 회올리는 무지갯빛 허울의 눈부심에 넋 빼앗기지 말고
철따라 푸짐히 두레를 먹던 ㉠ 정자나무 마을로 돌아가자 미끈덩한 **기생충의 생리**와 허식에 인이 배기기 전으로 눈빛 아침처럼 빛나던 우리들의 고향 병들지 않은 젊음으로 찾아 가자꾸나

향아 허물어질까 두렵노라 얼굴 생김새 맞지 않는 **발돋움의 흉낼**랑 그만 내자
들국화처럼 소박한 목숨을 가꾸기 위하여 맨발을 벗고 콩바심 하던 **차라리 그 미개지에로 가자** 달이 뜨는 명절밤 비단치마를 나부끼며 **떼지어 춤추던** 전설같은 풍속으로 돌아가자 냇물 굽이치는 싱싱한 마음밭으로 돌아가자.

- 신동엽, 「향아」 -

(나)

이사온 그는 이상한 사람이었다
그의 집 담장들은 모두 빛나는 유리들로 세워졌다

골목에서 놀고 있는 부주의한 아이들이
잠깐의 실수 때문에
풍성한 햇빛을 복사해내는
그 유리 담장을 박살내곤 했다

그러나 얘들아, 상관없다
유리는 또 갈아 끼우면 되지
마음껏 이 골목에서 놀렴

유리를 깬 아이는 얼굴이 새빨개졌지만
이상한 표정을 짓던 다른 아이들은
아이들답게 **곧 즐거워했다**
견고한 송판으로 담을 쌓으면 어떨까
주장하는 아이는, 그 아름다운

골목에서 즉시 추방되었다

유리 담장은 매일같이 깨어졌다
필요한 시일이 지난 후, 동네의 모든 아이들이
충실한 그의 부하가 되었다

어느 날 그가 **유리 담장**을 떼어냈을 때, ㉡ 그 골목은
가장 햇빛이 안 드는 곳임이
판명되었다, **일렬로 선 아이들**은
묵묵히 벽돌을 날랐다

- 기형도, 「전문가」 -

01 (가), (나)에 대한 설명으로 가장 적절한 것은?

① (가)는 과거를 회상하며 현실을 관망하는 태도를 드러내고 있다.
② (나)는 상징성을 띤 사건의 전개를 통해 주제를 암시하고 있다.
③ (가)와 (나)는 모두 음성 상징어를 활용하여 상상 세계의 경이로움을 나타내고 있다.
④ (가)와 (나)는 모두 동일한 시구의 반복과 변주를 통해 시적 분위기를 고조하고 있다.
⑤ (가)는 위로하는 어조로, (나)는 충고하는 어조로 시적 청자에게 말을 건네고 있다.

형태쌤과 선지분석

선지분석	(가)	(나)
과거 회상 → 현실 관망		
상징성을 띤 사건 → 주제 암시		
음성 상징어 → 상상 세계의 경이로움		
동일 시구 반복, 변주 → 시적 분위기 고조		
(가) 위로 / (나) 충고 → 청자에게 말 건넴		

실전 국어 전형태

02 ㉠과 ㉡을 비교한 내용으로 가장 적절한 것은?

① ㉠은 '향'에게 귀환이 금지된 공간이고, ㉡은 '아이들'에게 이탈이 금지된 공간이다.

② ㉠은 '향'이 자기반성을 수행하는 공간이고, ㉡은 '아이들'이 '그'의 요청을 수행하는 공간이다.

③ ㉠은 '향'이 본성을 찾아가는 낯선 공간이고, ㉡은 '아이들'이 개성을 박탈당한 상실의 공간이다.

④ ㉠은 '향'의 노동과 놀이가 공존하던 공간이고, ㉡은 '아이들'의 놀이가 사라지고 노동만 남은 공간이다.

⑤ ㉠은 '향'과 화자의 우호적 관계가 드러나는 공간이고, ㉡은 '아이들'과 '그'의 상생 관계가 드러나는 공간이다.

03 〈보기〉를 참고하여 (가), (나)를 감상한 내용으로 적절하지 <u>않은</u> 것은?

보기

(가)와 (나)는 모두 부정적 현실을 비판한 작품이다. (가)는 물질문명의 허위와 병폐에 물들어 가는 공동체가 농경 문화의 전통에 바탕을 두고 건강한 생명력과 순수성을 회복하기를 소망하는 작가 의식을 담고 있다. (나)는 환영(幻影)을 통해 대중의 이성을 마비시키고 대중을 획일적으로 길들이는 권력의 기만적 통치술에 대한 비판 의식을 담고 있다.

① (가)에서 '차라리 그 미개지로 가자'라는 화자의 권유는 공동체의 터전을 확장하여 순수성을 지켜 나가려는 의식을 보여 주는군.

② (나)에서 골목이 '가장 햇빛이 안 드는 곳'으로 판명되었다는 것은 '유리 담장'이 대중을 기만하는 환영의 장치였음을 보여 주는군.

③ (가)에서 '기생충의 생리'는 자족적인 농경 문화 전통에 반하는 문명의 병폐를, (나)에서 '주장하는 아이'의 추방은 획일적으로 통제된 사회의 모습을 보여 주는군.

④ (가)에서 '발돋움의 흉내'를 낸다는 것은 물질문명에 물들어 가는 상황을, (나)에서 '곧 즐거워했다'는 것은 권력의 술수에 대중이 길들여지고 있는 상황을 보여 주는군.

⑤ (가)에서 '떼지어 춤추던' 모습은 농경 문화 공동체의 건강한 생명력을, (나)에서 '일렬로', '묵묵히' 벽돌을 나르는 모습은 권력에 종속된 대중의 형상을 보여 주는군.

다음 글을 읽고 물음에 답하시오.

(가)

한여름 채전으로 ⊙ 가 보아라

　수염을 드리운 몇 그루 옥수수에 가지, 고추, 오이, 토란, 그리고 **울타리**엔 덤불을 이룬 **넌출** 사이로 반질반질 윤기 도는 크고 작은 박이며 호박들!

　이 ⓛ <u>지극히</u> 범속한 것들은 제각기 타고난 바탕과 생김새로 주어서 아낌없고 받아서 아쉼 없는 황금의 햇빛 속에 일심으로 자라고 영글기에 숨소리도 들릴세라 적적히 여념 없나니

　ⓒ <u>과분하지 말라</u> 의혹하지 말라 주어진 대로를 정성껏 충만시킴으로써 스스로를 족할 줄을 알라 오직 여기에 목숨의 유열과 천지와의 화합에 있거니

　한여름 채전으로 가 보아라

　나비가 심방 오고 풍뎅이가 찾아오고 잠자리가 왔다 가고 바람결에 스쳐 가고 **그늘**이 지나가고 비가 내리고 햇볕이 다시 나고 …… 이같이 ② <u>많은 손님들</u>의 극진한 축복과 은혜 속에

　이 지극히 범속한 것들의 지극히 충족한 ⑩ <u>빛나는 생명의 양상</u>을 한여름 채전으로 와서 보아라

　　　　　　　　　　　　　　　- 유치환, 「채전(菜田)」 -

(나)

[A] ┌ 우리는 썩어 가는 참나무 떼,
　　└ 벌목의 슬픔으로 서 있는 이 땅

패역의 **골짜기**에서

서로에게 기댄 채 **겨울**을 난다

[B] ┌ 함께 썩어 갈수록
　　└ 바람은 더 높은 곳에서 우리를 흔들고

[C] ┌ 이윽고 잠자던 **홀씨**들 일어나
　　└ 우리 몸에 뚫렸던 상처마다 버섯이 피어난다

황홀한 **음지**의 꽃이여

[D] ┌ 우리는 서서히 썩어 가지만
　　│ 너는 **소나기**처럼 후드득 피어나
　　└ 그 고통을 순간에 멈추게 하는구나

오, 버섯이여

[E] ┌ 산비탈에 구르는 낙엽으로도
　　└ 골짜기를 떠도는 바람으로도

[F] ┌ 덮을 길 없는 우리의 몸을
　　└ 뿌리 없는 너의 독기로 채우는구나

　　　　　　　　　　　　　　　- 나희덕, 「음지의 꽃」 -

01 (가)와 (나)의 공통점으로 가장 적절한 것은?

① 사물의 모습에 대한 긍정적 인식을 바탕으로 중심 제재에 대한 예찬적 태도를 드러내고 있다.

② 주어진 현실에 순응하는 모습을 통해 중심 제재를 바라보는 비관적 태도를 암시하고 있다.

③ 풍경을 관조적으로 응시하는 시선으로 중심 제재의 외적 아름다움을 표현하고 있다.

④ 인간의 행위에 대한 우호적 관점을 토대로 중심 제재의 심미적 속성을 강조하고 있다.

⑤ 장소에 대한 부정적 인식을 심화하여 중심 제재와의 정서적 거리를 부각하고 있다.

형태쌤과 선지분석

선지분석	(가)	(나)
사물 긍정적 인식 → 예찬적 태도		
현실 순응 → 비관적 태도		
풍경 관조적 응시 → 외적 아름다움 표현		
인간 행위 우호적 관점 → 심미적 속성 강조		
장소 부정적 인식 심화 → 정서적 거리 부각		

02 ⊙~⑩의 시적 기능에 대한 설명으로 적절하지 <u>않은</u> 것은?

① ⊙을 반복하고 변주하여 '채전'에서 겪을 수 있는 경험의 소중함을 느끼게 하려는 화자의 의도를 드러내고 있다.

② ⓛ을 수식어로 반복하여 '범속한 것들'로부터 '충족한' 느낌을 받는 화자의 정서를 강조하고 있다.

③ ⓒ에서 부정 명령형을 사용하여 '주어진 대로' '족할 줄을 알'아야 한다는 화자의 인식을 제시하고 있다.

④ ②에서 사물을 인격화하여 '극진한 축복과 은혜'와 대비되는 화자의 시선을 반영하고 있다.

⑤ ⑩에서 관념을 시각화하여 '목숨의 유열과 천지와의 화합'이 이루어진 대상에 대한 화자의 생각을 표현하고 있다.

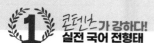
03 [A]~[F]에 대한 이해로 가장 적절한 것은?

① [A]에서 참나무가 벌목으로 썩어 가는 모습은, [B]에서 바람에 흔들리는 나무의 모습과 순환적 관계를 형성한다.

② [B]에서 참나무의 상태에 변화를 가져온 움직임은, [C]에서 버섯이 피어나는 상황과 순차적 관계를 형성한다.

③ [C]에서 참나무의 상처에 생명이 생성되는 순간은, [D]에서 나무의 고통이 멈추는 과정과 대립적 관계를 형성한다.

④ [D]에서 참나무의 모습에 일어난 변화는, [E]에서 낙엽이나 바람이 처한 상황과 인과적 관계를 형성한다.

⑤ [E]에서 참나무의 주변에 존재하는 사물들은, [F]에서 나무를 채워 주는 존재로 제시된 대상과 동질적 관계를 형성한다.

04 〈보기〉를 바탕으로 (가)와 (나)를 감상한 내용으로 적절하지 <u>않은</u> 것은?

> 보기

생명 현상을 제재로 삼은 시는 대체로, 생명체들의 풍요로움을 감각적으로 형상화하거나, 생명 파괴의 현실을 극복하는 모습을 형상화한다. (가)는 만물의 조화로운 성장과 충만한 생명력에 자족하는 태도를, (나)는 인간의 욕망에 의한 상처와 고통으로 황폐화된 현실을 강인한 생명력이 피어나는 공간으로 변화시키는 모습을 드러낸다. 이러한 두 양상은 표면적으로 드러난 생명의 모습에서는 차이를 보이지만, 생명체들이 어우러져 살아가는 모습을 보여 준다는 점에서는 동일한 지향성을 지닌다고 할 수 있다.

① (가)의 '한여름'은 생명체들의 풍요로움을 감각적으로 드러내는, (나)의 '겨울'은 생명 파괴의 현실을 이겨 내는 시간적 배경으로 설정되어 있군.

② (가)의 '울타리'는 만물이 함께 살아가는 공간을 드러내는 경계로, (나)의 '골짜기'는 인간의 욕망이 투영된 장소로 제시되어 있군.

③ (가)의 '넌출'은 어우러진 생명체들이 현실의 삶에 자족하게 되는, (나)의 '홀씨'는 공존하던 생명체들이 흩어지게 되는 계기를 드러내고 있군.

④ (가)의 '그늘'은 만물이 성장을 이루어 가는 배경으로서의, (나)의 '음지'는 현실의 고통을 극복하는 장소로서의 의미를 함축하고 있군.

⑤ (가)의 '비'는 생명의 충만함과 조화로움을 갖게 하는, (나)의 '소나기'는 황폐화된 현실에 생명력을 환기하는 대상으로 표상되어 있군.

다음 글을 읽고 물음에 답하시오.

(가)

만년(萬年)을 싸늘한 바위를 안고도
뜨거운 가슴을 어찌하리야

어둠에 창백한 꽃송이마다
깨물어 피터진 입을 맞추어

마지막 한방울 피마저 불어 넣고
해돋는 아침에 죽어가리야

사랑하는 것 사랑하는 모든 것 다 잃고라도
흰뼈가 되는 먼 훗날까지
그 뼈가 부활하여 다시 죽을 날까지

거룩한 일월(日月)의 눈부신 모습
임의 손길 앞에 나는 울어라.

마음 가난하거니 임을 위해서
내 무슨 자랑과 선물을 지니랴

의로운 사람들이 피흘린 곳에
솟아 오른 대나무로 만든 피리뿐

흐느끼는 이 피리의 <u>아픈 가락</u>이
구천(九天)에 사모침을 임은 듣는가.

미워하는 것 미워하는 모든 것 다 잊고라도
붉은 마음이 숯이 되는 날까지
그 숯이 되살아 다시 재 될 때까지

못 잊힐 모습을 어이 하리야
거룩한 이름 부르며 나는 울어라.

           - 조지훈, 「맹세」 -

(나)

  저기 저 담벽, 저기 저 라일락, 저기 저 별, 그리고 저기 저 우리 집 개의 똥 하나, 그래 모두 이리 와 ㉠ <u>내 언어 속에 서라.</u> 담벽은 내 언어의 담벽이 되고, 라일락은 내 언어의 꽃이 되고, 별은 반짝이고, 개똥은 내 언어의 뜰에서 굴러라. ㉡ <u>내가 내 언어에게 자유를 주었으니</u> 너희들도 자유롭게 서고, 앉고, 반짝이고, 굴러라. 그래 봄이다.

  봄은 자유다. 자 봐라, 꽃피고 싶은 놈 꽃피고, 잎 달고 싶은 놈 잎 달고, 반짝이고 싶은 놈은 반짝이고, 아지랑이고 싶은 놈은 아지랑이가 되었다. ㉢ <u>봄이 자유가 아니라면 꽃피는 지옥이라고 하자.</u> 그래 봄은 지옥이다. ㉣ <u>이름이 지옥이라고 해서 필 꽃이 안 피고, 반짝일 게 안 반짝이던가.</u> 내 말이 옳으면 자, ㉤ <u>자유다 마음대로 뛰어라.</u>

           - 오규원, 「봄」 -

01 (가), (나)에 대한 설명으로 적절하지 <u>않은</u> 것은?

① (가)는 1연과 6연에서 물음의 형식을 활용하여 화자의 상황 인식을 보여 준다.

② (가)는 4연과 9연에서 상황을 가정하는 표현을 활용하여 화자의 의지를 강조한다.

③ (나)는 반복적인 표현을 제시하면서 쉼표를 사용하여 리듬감을 형성한다.

④ (가)는 대비되는 시어를 활용하여 대상의 양면성을 드러내고, (나)는 반복되는 행위를 제시하여 대상의 효용성을 드러낸다.

⑤ (가)는 같은 시구를 5연, 10연의 마지막에서 반복하여 화자의 정서를 강조하고, (나)는 1연 끝 문장의 시어를 2연 첫 문장으로 연결하며 그 의미를 드러내고 있다.

03 다음에 따라 (가), (나)를 감상한 내용으로 적절하지 <u>않은</u> 것은?

선생님 : (가)는 부재하는 임을 기다리며 더 나은 세상에 대한 바람을 드러내고, (나)는 봄과 같은 세계에서, 대상들과 함께 자유를 누리려는 바람을 드러냅니다. 그러나 (가)는 대상에게 의미를 부여하는 화자의 시선이 두드러짐에 비해, (나)는 화자가 주목하는 대상들의 모습이 두드러진다는 차이를 보여요. 이 차이가 주변 존재들을 대하는 태도나 바람을 실현하는 방식에 반영되기도 해요.

① (가)의 화자가 바라는 세상은 '해돋는 아침'과 같이 '어둠'을 벗어나 밝음을 회복한 세상일 거야.

② (나)의 화자가 지향하는 세계에서 대상들은 '자유롭게 서고, 앉고, 반짝이고,' 구를 거야.

③ (가)의 화자는 '꽃송이'를 '창백한' 대상으로 바라보고, (나)의 화자는 대상들 각각의 모습에 주목하여 그 개별성을 드러내고 있어.

④ (가)의 화자는 '피마저 불어 넣는' 희생적 태도를 보이고, (나)의 화자는 대상들이 원하는 바를 실현하게 하여 '자유'를 함께 누리려는 태도를 보이고 있어.

⑤ (가)의 화자는 '붉은 마음'을 바쳐 부재하는 '임'을 기다리고, (나)의 화자는 '담벽' 안에서 '봄'과 같은 세계를 대상들과 공유하려 하고 있어.

02 <u>아픈 가락</u>에 대한 이해로 가장 적절한 것은?

① 임에게 자랑스레 내보일 화자의 자부심을 포함한다.

② 의로운 사람들이 보여 준 희생과 설움을 담고 있다.

③ 대나무에 서린 임의 뜻을 잊으려는 화자를 질책한다.

④ 피리의 흐느낌에 호응하여 화자의 억울함을 해소한다.

⑤ 구천에 사무친 원망을 살아남은 사람들에게 전달한다.

04 〈보기〉를 참고하여 ㉠~㉤의 의미를 설명한 것으로 가장 적절한 것은?

보기

(나)는 언어의 한계와 가능성에 대한 시인의 탐구를 보여 준다. 언어를 사용함으로써 대상을 파악할 수 있지만 그 결과는 다시 언어에 구속된다는 필연적 한계를 갖는다. 그래서 시인은 기존의 언어 사용 방식을 벗어나려는 시도를 한다. 이를 통해 언어와 대상이 기존의 관습에서 벗어나 자유를 향해 나아갈 수 있는 가능성을 모색한다.

① ㉠은 자신의 언어 속에서도 기존의 언어 사용 방식이 유지된다는 생각을 의미한다.

② ㉡은 대상을 파악하는 행위까지 포기하면서 자유를 얻고자 하는 의도를 나타낸다.

③ ㉢은 새로운 표현을 시도하여 언어와 대상이 자유를 얻을 가능성을 모색하는 과정을 나타낸다.

④ ㉣은 대상들을 구속에서 벗어나게 하기 위해 외부 상황에 변화를 주었음을 의미한다.

⑤ ㉤은 언어의 새로운 가능성을 실현하여 자신이 제한한 의미에 따라 대상들이 움직임을 의미한다.

다음 글을 읽고 물음에 답하시오.

(가)

손 흔들고 떠나갈 미련은 없다
며칠째 청산에 와 발을 푸니
㉠ 흐리던 산길이 잘 보인다.
상수리 열매를 주우며 인가를 내려다보고
쓰다 둔 편지 구절과 버린 칫솔을 생각한다.
남방으로 가다 길을 놓치고
두어 번 허우적거리는 여울물
산 아래는 때까치들이 몰려와
모든 야성을 버리고 들 가운데 순결해진다.
길을 가다가 자주 뒤를 돌아보게 하는
서른 번 다져 두고 서른 번 포기했던 ⓐ 관습들
서쪽 마을을 바라보면 나무들의 잔숨결처럼
㉡ 가늘게 흩어지는 저녁 연기가
한 가정의 고민의 양식으로 피어오르고
생목 울타리엔 들거미줄
맨살 ㉢ 비비는 돌들과 함께 누워
실로 이 세상을 앓아 보지 않은 것들과 함께
잠들고 싶다.

　　　　　　　　　　　　　　　- 이기철, 「청산행」 -

(나)

나는 차를 앞에 놓고
고즈넉한 저녁에 호을로 마신다.
내가 좋아하는 차를 마신다.
그러나 이것은 다만 사실일 뿐,
차의 짙은 향기와는 관계 없이
이것은 물과 같이 담담한 사실일 뿐이다.

누구의 시킴을 받아
참새 한 마리가 땅에 떨어지는 것도 아니고
누구의 손으로 들국화를 어여삐 가꾼 것도 아니다.
차를 마시는 것은
이와 같이 ㉣ 스스로 달갑고 가장 즐거울 뿐,
이것은 다만 사실이며 또 ⓑ 관습이다.
나의 고즈넉한 관습이다.

물에게 물은 물일 뿐
소금물일 뿐,

앞으로 남은 십년을 더 살든지 죽든지
나에게도 나는 나일 뿐,
㉤ 이제는 차를 마시는 나일 뿐,

이 짙은 향기와는 관계도 없이
차를 마시는 사실과 관습은
내가 아는 내게 대한 모든 것이다.
그리고 모든 것에 대한 모든 것도 된다.

　　　　　　　　- 김현승, 「사실과 관습 : 고독 이후」 -

01 (가), (나)에 대한 설명으로 적절하지 않은 것은?

① (가)는 인격화한 대상을 통해 화자의 심리를 내포하고 있다.
② (나)는 대상을 한정하는 어휘들을 사용하여 주제 의식을 강조하고 있다.
③ (가)는 (나)와 달리, 공간의 이동에 따라 포착된 사물을 통해 화자의 태도를 드러내고 있다.
④ (나)는 (가)와 달리, 화자를 거듭 명시하면서 시상을 전개하고 있다.
⑤ (가)와 (나)는 모두, 자연물에 화자의 정서를 투영함으로써 대상에 대한 친밀감을 드러내고 있다.

형태쌤과 선지분석

선지분석	(가)	(나)
인격화된 대상 → 화자의 심리 내포		
대상을 한정하는 어휘 → 주제 의식 강조		
공간의 이동에 따라 포착된 사물 → 화자의 태도		
화자를 거듭 명시		
자연물에 화자의 정서 투영 → 대상에 대한 친밀감		

02 ⓐ, ⓑ에 대한 이해로 가장 적절한 것은?

① ⓐ는 '길을 가다가 자주 뒤를 돌아보게' 하는 것이라는 점에서 다시 돌아갈 수 없는 그리움의 대상이다.
② ⓑ는 '호올로' 하는 행위라는 점에서 행위 주체의 사회적 고립을 드러내고 있다.
③ ⓐ는 바라봄의 대상인 '서쪽 마을'과 관련되어 있다는 점에서 피안에 대한 지향을, ⓑ는 일과를 마친 '저녁'과 관련되어 있다는 점에서 안식에 대한 지향을 드러내고 있다.
④ ⓐ는 '서른 번 다져 두고 서른 번 포기'한 것이라는 점에서 내면의 갈등을, ⓑ는 '고즈넉한' 상황에서 이루어지는 '담담한 사실'이라는 점에서 내면의 평정함을 내포한다.
⑤ ⓐ는 사물들을 '내려다보'아 촉발된 것이라는 점에서 자기 연민의 성격을, ⓑ는 '달갑고', '좋아하는' 것이라는 점에서 자기 위안적 성격을 띠고 있다.

03 ㉠~㉤에 대한 이해로 적절하지 않은 것은?

① ㉠은 대상이 이전에는 제대로 파악되지 않았음을 드러내는 표현이다.
② ㉡은 '저녁 연기'의 형상으로 '한 가정'의 상황과 처지를 시각화한 표현이다.
③ ㉢은 '맨살'을 드러낸 '돌들'이 부대끼는 형상으로 세파에 시달리는 모습을 나타내는 표현이다.
④ ㉣은 '차를 마시는 것'이 화자의 선호에 따른 주체적 행위임을 드러내는 표현이다.
⑤ ㉤은 '나'에 대한 현재의 인식이 이전과는 달라졌음을 드러내는 표현이다.

04 〈보기〉를 참고하여 (가), (나)를 감상한 내용으로 적절하지 않은 것은?

보기

자연과 절대자는 각각 인간에게 안식을 주거나 인간과 세계를 규정하는 중요한 준거로 인식되어 왔다. (가)는 세속의 일상을 떠나 자연에 들어온 화자가 점차 자연에 동화되어 가는 과정과 심리 상태를 그리고 있다. (나)는 자신과 세계 인식의 준거였던 절대자와의 관계를 회의하고 자신이 경험한 사실에 기초하여 존재를 인식하겠다는 태도를 표명하고 있다.

① (가)의 '쓰다 둔 편지 구절과 버린 칫솔을 생각한다'는 것은 자연에 온전히 동화되지 못하는 화자의 심리를 보여 주는 것이겠군.
② (나)의 '차를 마시는' 행위가 '내가 아는 내게 대한 모든 것', '모든 것에 대한 모든 것'으로 확장되는 것은 경험적 사실을 '나'와 모든 존재들에 대한 인식의 유일한 근거로 삼겠다는 의식이 반영된 것이겠군.
③ (가)의 '발을 푸니' '잘 보인다'는 것은 화자가 자연에 친숙해지는 심리 상태를, (나)의 '앞으로 남은 십년을 더 살든지 죽든지'는 절대자에 대해 회의하고 현실에 얽매이지 않겠다는 태도를 드러내고 있겠군.
④ (가)의 '여울물'과 '때까치들'에는 자연에 들어와서 느끼는 화자의 심리가 투사되어 있음을, (나)의 '참새'의 떨어짐이 '누구'에 의한 것이 '아니'라는 데에서 절대자와의 관계에 대한 회의가 드러나 있음을 알 수 있겠군.
⑤ (가)의 '이 세상을 앓아 보지 않은 것들과 함께'는 자연에 동화되려는 태도를, (나)의 '물은 물일 뿐'은 경험적 사실로만 대상을 인식하겠다는 태도를 드러내는 것이겠군.

| 과외식 기출 분석서, 나기출 |

나 없이
기출
풀지마라

문학

Ⅱ

고전시가

다음 글을 읽고 물음에 답하시오.

(가)

서경(西京)이 아즐가 서경(西京)이 셔울히마르는
위 두어렁셩 두어렁셩 다링디리
닷곤ᄃᆡ 아즐가 닷곤ᄃᆡ 쇼셩경 고외마른
위 두어렁셩 두어렁셩 다링디리
여히므론 아즐가 여히므논 **질삼뵈** ᄇᆞ리시고
위 두어렁셩 두어렁셩 다링디리
괴시란ᄃᆡ 아즐가 괴시란ᄃᆡ **우러곰 좃니노이다**
위 두어렁셩 두어렁셩 다링디리

〈제1연〉

[A]
┌ 구스리 아즐가 구스리 바회예 디신ᄃᆞᆯ
│ 위 두어렁셩 두어렁셩 다링디리
│ 긴히ᄯᆞᆫ 아즐가 긴힛ᄯᆞᆫ 그츠리잇가 나ᄂᆞᆫ
│ 위 두어렁셩 두어렁셩 다링디리
│ 즈믄 ᄒᆡ를 아즐가 즈믄 ᄒᆡ를 외오곰 녀신ᄃᆞᆯ
│ 위 두어렁셩 두어렁셩 다링디리
│ 신(信)잇ᄃᆞᆫ 아즐가 신(信)잇ᄃᆞᆫ **그츠리잇가** 나ᄂᆞᆫ
└ 위 두어렁셩 두어렁셩 다링디리

〈제2연〉

- 작자 미상, 「서경별곡」 -

(나)

이 몸이 녹아져도 옥황상제 처분이요
이 몸이 싀여져도 옥황상제 처분이라
녹아지고 싀여지어 혼백(魂魄)조차 흩어지고
공산(空山) 촉루(髑髏)*같이 임자 업시 구닐다가
곤륜산(崑崙山) 제일봉의 만장송(萬丈松)이 되어 이셔
바람비 뿌린 소리 님의 귀에 들리기나
윤회(輪廻) 만겁(萬劫)ᄒᆞ여 금강산(金剛山) 학(鶴)이 되어
일만 이천봉에 ᄆᆞ음껏 솟아올라
ᄀᆞ을 ᄃᆞᆯ 불근 밤에 두어 소리 **슬피 우러**
님의 귀에 들리기도 옥황상제 처분이로다
ᄒᆞᆫ(恨)이 뿌리 되고 눈물로 가지 삼아
님의 집 창밧긔 외나모 매화(梅花) 되어
설중(雪中)에 혼자 피어 침변(枕邊)*에 시드는 듯
월중(月中) 소영(疏影)*이 님의 옷에 **빗취어든**
어엿븐 이 얼굴을 너로다 **반기실가**
동풍이 유정(有情)ᄒᆞ여 암향(暗香)을 불어 올려
고결(高潔)ᄒᆞᆫ 이내 생애 죽림(竹林)에나 부치고져
빈 낙대 빗기 들고 빈 ᄇᆡ를 혼자 ᄯᅴ워
백구(白溝) 건네 저어 **건덕궁(乾德宮)**에 가고지고

- 조위, 「만분가」 -

*공산 촉루 : 텅 빈 산의 해골.
*침변 : 베갯머리.
*월중 소영 : 달빛에 언뜻언뜻 비치는 그림자.

01 (가)와 (나)에 대한 설명으로 가장 적절한 것은?

① (가)의 '셔울'과 (나)의 '건덕궁'은 모두 화자가 현재 머무르고 있는 공간이다.
② (가)의 '질삼뵈'와 (나)의 '빈 낙대'는 모두 화자가 현재 회피하고 싶은 대상이다.
③ (가)의 '우러곰'과 (나)의 '슬피 우러'는 모두 임의 심정을 드러내고 있다.
④ (가)의 '좃니노이다'와 (나)의 '빗취어든'은 모두 임의 곁에 있고 싶은 화자의 소망을 드러내고 있다.
⑤ (가)의 '그츠리잇가'와 (나)의 '반기실가'는 모두 미래 상황에 대한 의혹을 드러내고 있다.

02 (나)에 대한 감상으로 적절하지 <u>않은</u> 것은?

① '임자 업시 구닐'던 '이 몸'이 '학'이 되어 솟아오르게 함으로써 상승의 이미지를 구현하고 있다.
② '만장송'과 '매화'라는 소재를 활용하여 임을 향한 화자의 마음을 표상하고 있다.
③ '바람비 뿌린 소리'와 '두어 소리'의 청각적 이미지를 활용하여 임에게 알리고 싶은 화자의 심정을 나타내고 있다.
④ '매화'의 '뿌리'와 '가지'를 활용하여 'ᄒᆞᆫ'의 정서를 형상화하고 있다.
⑤ 'ᄀᆞ을 ᄃᆞᆯ 불근 밤'과 '월중'이라는 시간적 배경을 통해 임과 재회한 순간을 드러내고 있다.

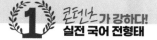
03 〈보기〉를 참고할 때, (가)의 [A]와 〈보기〉의 [B]를 비교하여 이해한 내용으로 적절하지 <u>않은</u> 것은?

> **보기**
>
> 「서경별곡」의 제2연에서 여음구를 제외한 부분은 당시 유행하던 민요의 모티프를 수용한 것으로, 「정석가」에도 동일한 모티프가 나타난다. 고려 시대의 문인 이제현도 당시에 유행하던 민요를 다음과 같이 한시로 옮긴 적이 있다.
>
> [B]
> 비록 구슬이 바위에 떨어져도   縱然巖石落珠璣
> 끈은 진실로 끊어질 때 없으리.   纓縷固應無斷時
> 낭군과 천 년을 이별한다고 해도   與郞千載相離別
> 한 점 붉은 마음이야 어찌 바뀌리오?   一點丹心何改移

① [A]와 [B]에서 '구슬'은 변할 수 있는 것을, '긴'이나 '끈'은 변하지 않는 것을 비유하는 소재로 활용하였군.

② [A]에서는 '신'을, [B]에서는 '붉은 마음'을 굳건한 '바위'로 형상화하였군.

③ [A]와 [B] 모두에서 변하지 않는 마음을 소중한 가치로 여기는 화자의 태도가 나타나는군.

④ [A]와 [B]를 보니 동일한 모티프가 서로 다른 형식의 작품으로 수용되었군.

⑤ [A]와 [B]를 보니 여음구의 사용 여부에 차이가 있군.

다음 글을 읽고 물음에 답하시오.

배 방에 누워 있어 내 신세를 생각하니
가뜩이 심란한데 대풍(大風)이 일어나서
태산(泰山) 같은 성난 물결 천지에 자욱하니
크나큰 만곡주가 나뭇잎 불리이듯
하늘에 올랐다가 지함(地陷)*에 내려지니
열두 발 쌍돛대는 차아*처럼 굽어 있고
쉰두 폭 초석(草席) 돛은 반달처럼 배불렀네
굵은 우레 잔 벼락은 등[背] 아래서 진동하고
성난 고래 동(動)한 용(龍)은 물속에서 희롱하니
방 속의 요강 타구(唾具) 자빠지고 엎어지며
상하좌우 배 방 널은 잎잎이 우는구나
이윽고 해 돋거늘 장관(壯觀)을 하여 보세
일어나 배 문 열고 문설주 잡고 서서
사면(四面)을 돌아보니 어와 장할시고
인생 천지간에 ㉠ 이런 구경 또 있을까
구만리 우주 속에 큰 물결뿐이로다

(중략)

[A]- 그중에 전승산이 글 쓰는 양(樣) 바라보고

[B]
┌ 필담(筆談)으로 써서 뵈되 전문(傳聞)에 퇴석(退石) 선생
│ 쉬 짓기가 유명(有名)터니 선생의 빠른 재주
│ 일생 처음 보았으니 엎디어 묻잡나니
└ 필연코 귀한 별호(別號) 퇴석인가 하나이다

[C]
┌ 내 웃고 써서 뵈되 늙고 병든 둔한 글을
└ 포장(襃奬)을 과히 하니 수괴(羞愧)*키 가이 없다

[D]
┌ 승산이 다시 하되 소국(小國)의 천한 선비
│ 세상에 났삽다가 ㉡ 장(壯)한 구경 하였으니
└ 저녁에 죽사와도 여한이 없다 하고

어디로 나가더니 또다시 들어와서
아롱보(褓)에 무엇 싸고 삼목궤(杉木櫃)에 무엇 넣어
이마에 손을 얹고 엎디어 들이거늘
받아 놓고 피봉(皮封)* 보니 봉(封)한 위에 쓰였으되
각색 대단(大緞) 삼단이요 사십삼 냥 은자(銀子)로다

[E]
┌ 놀랍고 어이없어 종이에 써서 뵈되
│ 그대 비록 외국이나 선비의 몸으로서
│ 은화를 갖다 가서 글 값을 주려 하니
│ 그 뜻은 감격하나 의(義)에 크게 가하지 않아
└ 못 받고 도로 주니 허물하지 말지어다

- 김인겸, 「일동장유가」 -

* 지함 : 땅이 움푹하게 주저앉은 곳. / * 차아 : 줄기에서 벋어 나간 곁가지.

* 수괴 : 부끄럽고 창피함. / * 피봉 : 겉봉.

01 윗글에 대한 설명으로 적절하지 <u>않은</u> 것은?

① 동물의 역동성을 통해 공간의 분위기를 긍정적으로 바꾸고 있다.
② 거대한 자연물에 비유하여 악화된 기상 상황을 표현하고 있다.
③ 식물의 연약한 속성을 활용하여 화자의 위태로운 상황을 드러내고 있다.
④ 상승과 하강의 이미지를 대비하여 목전에 닥친 위기감을 강조하고 있다.
⑤ 인물의 행동을 시간의 흐름에 따라 열거하여 상황을 구체적으로 보여 주고 있다.

 형태쌤과 선지분석

선지분석	일동장유가
동물의 역동성 → 공간 분위기 긍정적으로 전환	
거대한 자연물에 비유 → 악화된 기상 상황 표현	
식물의 연약한 속성 → 화자의 위태로움	
상승·하강 대비 → 위기감	
시간의 흐름에 따른 행동 열거	

02 ㉠과 ㉡에 대한 이해로 가장 적절한 것은?

① ㉠과 ㉡은 모두 화자의 고난 극복 의지를 드러내고 있다.
② ㉠과 ㉡은 모두 화자가 구경하는 대상의 실체를 은폐하고 있다.
③ ㉠은 자연의 풍광에 대한 감탄을, ㉡은 인물의 능력에 대한 감탄을 표현하고 있다.
④ ㉠은 화자의 관찰력에 대한, ㉡은 화자의 창조력에 대한 타인의 평가를 담고 있다.
⑤ ㉠은 대상에 대한 화자의 만족을, ㉡은 대상에 대한 화자의 아쉬움을 드러내고 있다.

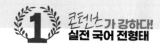
03 〈보기〉를 바탕으로 윗글을 감상한 내용으로 적절하지 <u>않은</u> 것은?

보기

　　사행 가사인 「일동장유가」에는 화자와 일본인 문인 사이의 필담 장면이 기술되어 있는데, 필담을 통한 문답 형식은 일종의 대화의 성격을 지닌다. 필담 속에는 대화가 시작되는 상황, 문답의 주요 내용, 의사소통의 심층적 의미, 선비로서의 예법 등이 자연스럽게 포함되어 있다.

① [A]는 [B]~[D]의 필담이 시작되는 계기를 보여 주는군.

② [B]의 '빠른 재주'는 '나'의 글에 대한 상대의 평가를, [C]의 '늙고 병든 둔한 글'은 자신의 글에 대한 '나'의 입장을 보여 주는군.

③ [B]의 '필담으로 써서 뵈되'와 [C]의 '내 웃고 써서 뵈되'를 통해, 문답의 형식을 활용하여 의사소통 장면을 구체적으로 제시하는군.

④ [B]의 '귀한 별호 퇴석'과 [D]의 '소국의 천한 선비'는 선비의 예법을 동원하여 동일한 사람을 다르게 지칭한 표현이군.

⑤ [D]에는 '나'의 글에 대한 상대의 찬사가 나타나 있고, [E]에는 상대의 글 값에 대한 '나'의 거절이 드러나 있군.

다음 글을 읽고 물음에 답하시오.

(가)

㉠ 홍진(紅塵)에 뭇친 분네 이 내 생애 엇더ᄒᆞᆫ고

녯사름 풍류ᄅᆞᆯ 미츨가 못 미츨가

천지간 남자 몸이 날만 ᄒᆞᆫ 이 하건마ᄂᆞᆫ

산림에 뭇쳐 이셔 지락(至樂)을 ᄆᆞᄅᆞᆯ 것가

ⓐ 수간모옥(數間茅屋)을 벽계수(碧溪水) 앏픠 두고

송죽 울울리*예 풍월주인 되여셔라

엇그제 겨을 지나 새봄이 도라오니

도화행화(桃花杏花)ᄂᆞᆫ 석양리(夕陽裏)예 픠여 잇고

녹양방초(綠楊芳草)ᄂᆞᆫ 세우(細雨) 중에 프르도다

칼로 몰아 낸가 붓으로 그려 낸가

조화신공(造化神功)이 물물마다 헌ᄉᆞ롭다

수풀에 우는 새ᄂᆞᆫ 춘기(春氣)ᄅᆞᆯ 못내 계워 소ᄅᆡ마다 교태로다

물아일체(物我一體)어니 흥이이 다ᄅᆞᆯ소냐

시비예 거러 보고 ⓑ 정자애 안자 보니

소요음영*ᄒᆞ야 산일(山日)이 적적ᄒᆞᆫᄃᆡ

한중진미(閑中眞味)ᄅᆞᆯ 알 니 업시 호재로다

㉡ 이바 니웃드라 산수 구경 가쟈스라

답청(踏靑)으란 오ᄂᆞᆯ ᄒᆞ고 욕기(浴沂)란 내일 ᄒᆞ새

아ᄎᆞᆷ에 채산(採山)ᄒᆞ고 나조ᄒᆡ 조수(釣水)ᄒᆞ새

ᄀᆞᆺ 괴여 닉은 술을 갈건(葛巾)으로 밧타 노코

곳나모 가지 것거 수 노코 먹으리라

화풍(和風)이 건듯 부러 녹수(綠水)ᄅᆞᆯ 건너오니

청향(淸香)은 잔에 지고 낙홍(落紅)은 옷새 진다

㉢ 준중(樽中)이 뷔엿거든 날ᄃᆞ려 알외여라

소동 아ᄒᆡᄃᆞ려 주가에 술을 믈어

얼운은 막대 집고 아ᄒᆡᄂᆞᆫ 술을 메고

미음완보(微吟緩步)ᄒᆞ야 ⓒ 시냇ᄀᆞ의 호자 안자

명사(明沙) 조흔 믈에 잔 시어 부어 들고

청류(淸流)ᄅᆞᆯ 굽어보니 ᄯᅥ오ᄂᆞ니 도화(桃花) ㅣ로다

무릉이 갓갑도다 져 ᄆᆡ이 권 거인고

— 정극인, 「상춘곡」 —

* 울울리 : 빽빽하게 우거진 속.
* 소요음영 : 자유로이 천천히 걸으며 시를 읊조림.

(나)

ⓓ 고산구곡담(高山九曲潭)을 사름이 모로더니

주모복거(誅茅卜居)ᄒᆞ니 벗님ᄂᆡ 다 오신다

어즈버 무이를 상상ᄒᆞ고 학주자(學朱子)ᄅᆞᆯ ᄒᆞ리라   〈1수〉

일곡은 어ᄃᆡ미오 ⓔ 관암에 ᄒᆡ 비췬다

평무(平蕪)에 ᄂᆡ 거드니 원산(遠山)이 그림이로다

송간(松間)에 녹준*을 노코 벗 오ᄂᆞᆫ 양 보노라   〈2수〉

이곡은 어ᄃᆡ미오 화암에 춘만(春晚)커다

벽파*에 곳을 ᄯᅴ워 야외로 보ᄂᆡ노라

㉣ 사름이 승지(勝地)ᄅᆞᆯ 모로니 알게 ᄒᆞᆫ들 엇더리   〈3수〉

오곡은 어ᄃᆡ미오 은병(隱屛)이 보기 됴타

수변(水邊) 정사는 소쇄홈*도 ᄀᆞ이 업다

이 중에 강학(講學)도 ᄒᆞ려니와 영월음풍ᄒᆞ리라   〈6수〉

칠곡은 어ᄃᆡ미오 ⓕ 풍암에 추색(秋色) 됴타

청상(淸霜) 엷게 치니 절벽이 금수(錦繡) ㅣ로다

한암(寒巖)에 혼ᄌᆞ셔 안쟈 집을 잇고 잇노라   〈8수〉

구곡은 어ᄃᆡ미오 문산에 세모(歲暮)커다

기암괴석이 눈 속에 무쳐셰라

㉤ 유인(遊人)은 오지 아니ᄒᆞ고 볼 것 업다 ᄒᆞ더라   〈10수〉

— 이이, 「고산구곡가」 —

* 녹준 : 술잔 또는 술동이.
* 벽파 : 푸른 물결.
* 소쇄홈 : 기운이 맑고 깨끗함.

01 (가)와 (나)의 공통점으로 가장 적절한 것은?

① 과거를 회상하며 현실의 덧없음을 환기하고 있다.
② 음성 상징어의 사용으로 생동감을 부각하고 있다.
③ 점층적인 표현으로 대상과의 거리감을 강조하고 있다.
④ 역사적 인물들을 호명하여 회고적 분위기를 조성하고 있다.
⑤ 자연물을 통하여 시간적 배경을 시각적으로 드러내고 있다.

 형태쌤과 선지분석

선지분석	(가)	(나)
과거 회상 → 현실의 덧없음		
음성 상징어		
점층 → 대상과의 거리감 강조		
역사적 인물들 호명 → 회고적 분위기		
시간적 배경을 시각적으로 드러내는 자연물		

02 〈보기〉를 참고하여 ㉠~㉤을 설명한 내용으로 가장 적절한 것은?

보기

조선 전기의 시조와 가사는 노래로 향유되며, 사대부들이 서로의 문화적 동질성을 확인하는 데 활용되었다. 이러한 갈래적 특성으로 인해 사대부 시가에는 대화 상황이 연상되는 여러 표현으로 공감을 유도하는 방식이 관습화되었다.

① ㉠에서는 청자와 화자가 서로 동질적인 삶을 살고 있음을 질문하기를 통해 확인하고 있다.
② ㉡에서는 청자를 불러들여 함께했던 지난날의 경험을 상기시키며 동질성 회복을 권유하고 있다.
③ ㉢에서는 화자가 상대의 부탁을 수용하며 자신과 뜻을 같이할 것을 청자에게 명령하고 있다.
④ ㉣에서는 사람들을 일깨우려는 화자의 생각을 청자에게 묻는 방식으로 제시해 공감을 유도하고 있다.
⑤ ㉤에서는 눈으로 확인한 사실만을 믿어야 한다고 주장하는 이의 말을 청자에게 전하며 조언을 구하고 있다.

04 ⓐ~ⓕ를 중심으로 (가)와 (나)를 이해한 내용으로 적절하지 않은 것은?

① (가)의 화자는 거처인 ⓐ를 나와 ⓑ와 ⓒ의 장소들로 옮겨 다니고 있다.
② (나)의 화자가 소개하는 ⓔ와 ⓕ는 ⓓ를 구성하는 장소들이라는 점에서 서로 대등한 관계에 있다.
③ (가)와 (나)의 화자는 각각 ⓑ와 ⓔ를 주위에서 가장 빼어난 경치를 볼 수 있는 곳이라고 예찬하고 있다.
④ (가)의 화자는 ⓐ에 인접한 맑은 풍경을, (나)의 화자는 자신이 ⓓ에 터를 정함으로써 생긴 변화를 드러내고 있다.
⑤ (가)의 화자는 ⓒ에서 주변으로 시선을 보내고 있고, (나)의 화자는 ⓕ를 향해 시선을 보내고 있다.

03 (가)에 대한 감상으로 적절하지 않은 것은?

① 자신의 삶을 옛사람과 비교하며 스스로를 풍월주인이라 여기는 데에서 화자의 자부심이 드러나는군.
② 붓으로 그린 듯한 숲 속에서 봄의 흥을 노래하는 새를 바라보는 데에서 새에 대한 화자의 부러움이 드러나는군.
③ 오늘과 내일, 아침과 저녁에 할 일들을 나열하는 데에서 하고 싶은 일에 대한 화자의 기대감이 드러나는군.
④ 맑은 향이 담긴 술잔과 옷에 떨어지는 꽃잎을 주목하는 데에서 자연과 화자의 일체감이 드러나는군.
⑤ 시냇물에 떠내려오는 도화를 보며 이상향을 연상하는 데에서 화자의 고조되는 감흥이 드러나는군.

05 〈보기〉를 활용하여 (나)를 탐구한 내용으로 적절하지 않은 것은?

보기

이이의 생애를 기록한 연보에는, 그가 고산구곡에 정사를 건립한 일이 주자가 무이구곡의 은병에서 후학을 양성한 것을 본받았다는 점과 「고산구곡가」의 창작 이후 이곳을 찾는 이들이 더 많아졌다는 사실이 기록되어 있다. 한편 그가 고산구곡의 곳곳에서 지인들과 교유한 경험을 소개한 「송애기」에는 욕심없는 마음으로 자연과 인간이 별개가 아님을 느끼고, 자연으로부터 마음을 바르게 하는 도리를 찾으면 군자의 참된 즐거움을 누릴 수 있다는 그의 생각이 나타나 있다.

① 고산구곡에서의 생활에 대한 「송애기」의 기록을 참고할 때, 고산구곡이 작자와 '벗님'들의 교유 장소로도 활용되었음을 추리할 수 있겠군.
② 작품 창작 이후와 관련한 연보의 기록을 참고할 때, '학주자'를 하려는 작자의 선택에 대한 사람들의 긍정적 반응을 추측할 수 있겠군.
③ 정사에 대한 연보의 기록을 참고할 때, '은병'이 주자를 학문적으로 계승하기 위해 선택된 공간이기도 했음을 짐작할 수 있겠군.
④ 참된 즐거움과 관련한 「송애기」의 기록을 참고할 때, '강학'과 '영월음풍'이 모순 없이 서로 어울릴 수 있는 행위임을 유추할 수 있겠군.
⑤ 자연의 감상에 대한 「송애기」의 기록을 참고할 때, 바위를 덮은 '눈'에서 자연과 합일을 이루려는 인간의 의지를 엿볼 수 있겠군.

풀이시간   분   초

정답과 해설   p.48

다음 글을 읽고 물음에 답하시오.

금강대 맨 우층의 선학(仙鶴)이 삿기 치니
춘풍 옥적성(玉笛聲)의 첫잠을 깨돗던디
호의현상*이 반공(半空)의 소소 뜨니
서호 녯 주인*을 반겨셔 넘노는 듯
소향로 대향로 눈 아래 구버보고
정양사 진헐대 고텨 올나 안준마리
여산 진면목이 여긔야 다 뵈는구나
어와 조화옹이 헌사토 헌사할샤
┌ 날거든 뛰디 마나 섯거든 솟디 마나
[A] 부용(芙蓉)을 고잣는 듯 백옥(白玉)을 믓것는 듯
└ 동명(東溟)*을 박차는 듯 북극(北極)을 괴왓는 듯
놉흘시고 망고대 외로올샤 혈망봉이
하늘의 추미러 므스 일을 사로려
천만겁(千萬劫) 디나도록 구필 줄 모르느냐
어와 너여이고 너 가트니 또 잇는가
개심대 고텨 올나 중향성 바라보며
만이천봉을 녁녁(歷歷)히 혀여 하니
봉마다 맷쳐 잇고 긋마다 서린 긔운
맑거든 조티 마나 조커든 맑디 마나
뎌 긔운 흐터 내야 인걸을 만들고쟈
형용도 그지업고 톄세(體勢)도 하도 할샤
천지 삼기실 제 자연이 되연마는
이제 와 보게 되니 유정(有情)도 유정할샤
                    (중략)

그 알픽 너러바회 화룡소 되여셰라
천년 노룡(老龍)이 구비구비 서려 이셔
주야의 흘녀 내여 창해(滄海)예 니어시니
풍운을 언제 어더 삼일우(三日雨)를 디련느냐
음애예 이온 플*을 다 살와 내여스라
마하연 묘길상 안문재 너머 디여
외나모 써근 다리 불정대 올라 하니
천심(千尋) 절벽을 반공애 셰여 두고
은하수 한 구비를 촌촌이 버혀 내여
실가티 플텨 이셔 베가티 거러시니
도경(圖經) 열두 구비 내 보매는 여러히라
이적선 이제 이셔 고텨 의논하게 되면
여산*이 여긔도곤 낫단 말 못 하려니

                    - 정철, 「관동별곡」 -

* 호의현상 : 흰 저고리에 검은 치마란 뜻으로 학을 가리킴.

* 서호 녯 주인 : 송나라 때 서호에서 학을 자식으로 여기며 살았던 은사(隱士) 임포.
* 동명 : 동해 바다.
* 음애예 이온 플 : 그늘진 벼랑에 시든 풀.
* 여산 : 당나라 시인 이백(이적선)의 시구에 나오는 중국의 명산.

01 윗글에 대한 설명으로 가장 적절한 것은?

① '금강대'에서 '진헐대'로 이동하면서 자연에 대한 화자의 이중적 태도를 보여 주고 있다.
② '진헐대'와 '불정대'에서는 이미지의 대립을 통해 화자의 내적 갈등이 고조되고 있다.
③ '개심대'에서는 선경후정의 방식으로 화자가 바라본 풍경과 그에 대한 감흥이 서술되고 있다.
④ '화룡소'에서는 화자의 시선이 원경에서 근경으로 이동하며 대상의 특징을 묘사하고 있다.
⑤ '화룡소'에서 '불정대'까지의 이동 경로를 드러내지 않아 시상이 빠르게 전개되고 있다.

02 [A]를 이해한 내용으로 적절하지 않은 것은?

① 봉우리를 '부용'을 꽂고 '백옥'을 묶은 듯한 시각적 형상으로 묘사하여 대상의 아름다움을 표현하였다.
② 봉우리를 '백옥', '동명'과 같은 무생물에 빗대어 대상에서 느낄 수 있는 자연의 영속성을 표현하였다.
③ 봉우리를 '동명'을 박차고 '북극'을 받치는 듯한 모습에 빗대어 대상의 웅장한 느낌을 표현하였다.
④ '날거든 뛰디 마나 섯거든 솟디 마나'와 같이 행위를 부각하는 대구를 통해 봉우리의 역동적인 느낌을 표현하였다.
⑤ '고잣는 듯', '박차는 듯'과 같이 상태나 동작을 보여 주는 유사한 통사 구조의 나열을 통해 봉우리의 다채로운 면모를 표현하였다.

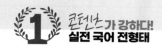
03 〈보기〉를 바탕으로 윗글을 감상한 내용으로 적절하지 <u>않은</u> 것은?

보기

조선의 사대부들은 자연에 하늘의 이치[天理]가 구현된 것으로 보았으며, 그들 중 대부분은 자연의 미를 관념적으로 형상화하였다. 한편 「관동별곡」의 작가는 자연의 미를 현실에서 발견하여 사실감 있게 묘사함으로써 그들과의 차별성을 드러내었다. 또한 그는 자연을 바라보며 사회적 책무를 떠올리고 자연에 투사된 이상적 인간상을 모색하기도 하였다.

① '혈망봉'을 '천만겁'이 지나도록 굽히지 않는 존재로 본 것은, 작가가 지향하는 이상적 인간상을 자연에 투사한 것이군.

② '개심대'에서 '뎌 긔운 흐터 내야 인걸'을 만들'겠다는 의지를 드러낸 것은, 작가가 자연을 바라보며 자신의 사회적 책무를 인식하고 있음을 보여 주는군.

③ '중향성'을 바라보며 천지가 '자연이 되'었다고 본 것은, 자연의 미가 하늘의 이치가 구현된 인간 사회의 영향을 받는다고 생각하는 작가의 인식을 보여 주는군.

④ '불정대'에서 본 폭포의 아름다움을 '실'이나 '베'와 같은 구체적 사물을 활용하여 표현한 것은, 자연을 사실감 있게 나타내려는 작가의 태도를 반영한 것이군.

⑤ '불정대'에서 본 풍경을 중국의 '여산'과 비교하며 우리 자연의 아름다움을 강조한 것은, 관념이 아닌 현실에서 아름다움을 발견하는 작가의 차별성을 보여 주는군.

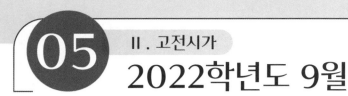
다음 글을 읽고 물음에 답하시오.

(가)

공후배필은 못 바라도 군자호구 원하더니

삼생의 원업(怨業)이오 월하의 연분으로

장안유협(長安遊俠) 경박자(輕薄子)를 ㉠ 꿈같이 만나 있어

당시의 용심(用心)하기 살얼음 디디는 듯

삼오이팔 겨우 지나 천연여질 절로 이니

이 얼골 이 태도로 백년기약하였더니

연광(年光)이 훌훌하고 조물이 다시(多猜)하여

[A] ┌ 봄바람 가을 물이 베오리에 북 지나듯
　　└ 설빈화안 어디 두고 면목가증(面目可憎)* 되거고나

내 얼골 내 보거니 어느 임이 날 괼소냐

　　　　　　　　(중략)

옥창에 심은 매화 몇 번이나 피어 진고

[B] ┌ 겨울밤 차고 찬 제 자최눈 섯거 치고
　　└ 여름날 길고 길 제 궂은비는 무슨 일고

삼춘화류(三春花柳) 호시절(好時節)의 경물이 시름없다

가을 달 방에 들고 **실솔(蟋蟀)이 상(床)에 올 제**

긴 한숨 지는 눈물 속절없이 헴만 많다

아마도 모진 목숨 죽기도 어려울사

도로혀 풀쳐 혜니 이리하여 어이하리

청등을 돌라 놓고 녹기금(綠綺琴) 빗겨 안아

벽련화(碧蓮花) 한 곡조를 시름 좇아 섯거 타니

소상야우(瀟湘夜雨)의 댓소리 섯도는 듯

화표천년(華表千年)의 별학이 우니는 듯

옥수(玉手)의 타는 수단 옛 소리 있다마는

부용장(芙蓉帳) 적막하니 뉘 귀에 들리소니

간장이 구곡되어 굽이굽이 끊쳤어라

차라리 잠을 들어 ㉡ 꿈에나 보려 하니

바람의 지는 잎과 풀 속에 우는 짐승

무슨 일 원수로서 잠조차 깨우는다

　　　　　　　　　　　- 허난설헌, 「규원가」 -

* 다시 : 시기가 많음.

* 면목가증 : 얼굴 생김이 남에게 미움을 살 만한 데가 있음.

(나)

[C] ┌ 재 위에 우뚝 선 **소나무 바람 불 적마다 흔덕흔덕**
　　└ 개울에 섰는 **버들 무슨 일 좇아서 흔들흔들**

　 임 그려 우는 눈물은 옳거니와 **입하고 코는** 어이 무슨 일 좇아서 **후루

룩 비죽** 하나니

　　　　　　　　　　　- 작자 미상 -

---

01 [A]~[C]의 표현상 특징에 대한 설명으로 적절하지 않은 것은?

① [A]는 여성의 생활에 밀접한 소재를 활용하여 흘러가는 세월에 대한 화자의 인식을 시각적으로 표현하였다.

② [B]는 단어를 반복하는 구절을 행마다 사용하여 화자가 주목하는 각 계절의 특성을 강조하였다.

③ [C]는 두 대상을 발음이 비슷한 의태어로 표현하여 움직이는 모습의 유사성을 드러내었다.

④ [A], [B]는 계절적 배경을 알려 주는 시어를 활용하여 시간에 따라 화자의 처지가 달라졌음을 드러내었다.

⑤ [B], [C]는 대구를 활용하여 리듬감을 형성하였다.

 형태쌤과 선지분석

선지분석	[A]	[B]	[C]
여성과 밀접한 소재 → 세월의 흐름에 대한 인식 시각적으로 표현			
단어 반복 구절을 행마다 사용 → 계절 특성 강조			
발음 유사한 의태어 → 움직이는 모습의 유사성			
계절적 시어 → 시간에 따라 달라진 화자 처지			
대구 활용			

02 ㉠, ㉡에 대한 이해로 가장 적절한 것은?

① ㉠은 흐릿한 기억 때문에 혼란스러운 화자의 심정을 나타낸다.

② ㉡은 현실에서는 화자가 문제를 해결할 수 없어서 선택한 방법이다.

③ ㉠은 임과의 만남에 대한 기대에서, ㉡은 임과의 이별에 대한 망각에서 비롯된다.

④ ㉠은 이미 일어난 일에 대해 회상하고, ㉡은 곧 일어날 일에 대해 단정하고 있다.

⑤ ㉠은 인연의 우연성에 대한, ㉡은 재회의 필연성에 대한 화자의 우려를 드러내고 있다.

03 〈보기〉를 참고하여 (가), (나)를 감상한 내용으로 적절하지 <u>않은</u> 것은?

　　(가), (나)는 이별에 대한 서로 다른 대처를 보여 준다. (가)의 화자는 외부와 단절된 채 자신의 쓸쓸한 내면에 몰입하고, 자신의 슬픔을 주변으로 확장한다. (나)의 화자는 외부 대상의 모습에서 자신과의 동질성을 발견하며 슬픔을 확인하면서도, 슬픔을 분출하는 자신의 우스운 외양에 주목한다. (가)는 슬픔을 확장하고 펼쳐 냄으로써, (나)는 슬프지만 슬픔과 거리를 둠으로써 이별에 대처한다.

① (가)에서 '실솔이 상에 울 제'는 화자가 자신의 슬픔을 주변으로 확장한 것을 보여 주는군.

② (가)에서 '부용장 적막하니 뉘 귀에 들리소니'는 화자가 외부와의 교감을 거부하고 내면에 몰입하는 모습을 드러내는군.

③ (나)에서 화자는 '소나무'가 '바람 불 적마다 흔덕'거리는 모습에서 자신과의 동질성을 발견한 것이겠군.

④ (가)의 '삼춘화류'는, (나)의 '버들'과 달리 화자의 내면과 대비되어 외부와의 단절감을 강조하는군.

⑤ (나)의 '후루룩 비쭉'하는 '입하고 코'는, (가)의 '긴 한숨 지는 눈물'과 달리 화자가 자신의 우스운 외양에 주목하여 슬픔과 거리를 두는 것을 보여 주는군.

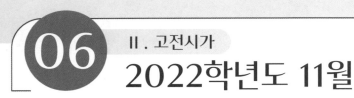

II. 고전시가

2022학년도 11월

다음 글을 읽고 물음에 답하시오.

(가)

춘일(春日)이 지지(遲遲)하여 뻐꾸기가 보채거늘

동린(東隣)에 쟁기 얻고 서사(西舍)에 호미 얻고

집 안에 들어가 씨앗을 마련하니

㉠ 올벼 씨 한 말은 반 넘게 쥐 먹었고

기장 피 조 팥은 서너 되 부쳤거늘

한아(寒餓)한 식구 이리하여 어이 살리

(중략)

베틀 북도 쓸데없어 빈 벽에 남겨 두고

㉡ 솥 시루 버려두니 붉은 빛이 다 되었다

세시 삭망 명절 제사는 무엇으로 해 올리며

원근 친척 내빈왕객(來賓往客)은 어이하여 접대할꼬

㉢ 이 얼굴 지녀 있어 어려운 일 하고 많다

[A]
┌ 이 원수 궁귀(窮鬼)를 어이하여 여의려뇨
│ 술에 후량을 갖추고 이름 불러 전송하여
│ 길한 날 좋은 때에 사방으로 가라 하니
│ 웅얼웅얼 불평하며 원노(怨怒)하여 이른 말이
│ 어려서나 늙어서나 희로우락(喜怒憂樂)을 너와 함께하여
│ 죽거나 살거나 여읠 줄이 없었거늘
│ 어디 가 뉘 말 듣고 가라 하여 이르느뇨
│ 우는 듯 꾸짖는 듯 온가지로 협박커늘
│ 돌이켜 생각하니 네 말도 다 옳도다
│ 무정한 세상은 다 나를 버리거늘
│ 네 혼자 유신하여 나를 아니 버리거든
│ 위협으로 회피하며 잔꾀로 여읠려냐
│ 하늘 삼긴 이내 궁(窮)을 설마한들 어이하리
└ 빈천도 내 분(分)이니 서러워해 무엇하리

- 정훈, 「탄궁가」 -

(나)

서산에 돋을볕 비추고 구름은 느지막이 내린다

비 온 뒤 묵은 풀이 뉘 밭이 우거졌던고

㉣ 두어라 차례 정한 일이니 매는 대로 매리라

〈제1수〉

[B]
┌ 면화는 세 다래 네 다래요 이른 벼의 패는 모가 곱난가
│ 오뉴월이 언제 가고 칠월이 반이로다
└ 아마도 하느님 너희 삼길 제 날 위하여 삼기셨다

〈제7수〉

아이는 낚시질 가고 집사람은 절이채 친다

새 밥 익을 때에 새 술을 걸러셔라

㉤ 아마도 밥 들이고 잔 잡을 때에 흥에 겨워 하노라

〈제8수〉

- 위백규, 「농가」 -

01 (가)에 대한 설명으로 가장 적절한 것은?

① 계절의 변화에 조응하는 여러 자연물을 활용해 화자의 인식 전환을 보여주고 있다.

② 계절감이 드러난 소재를 대등하게 나열해 시상을 전개하고 있다.

③ 특정 계절의 풍속을 화자의 시선 이동에 따라 묘사하고 있다.

④ 특정 계절을 배경으로 제시해 화자의 처지를 부각하고 있다.

⑤ 계절의 순환을 중심으로 자연의 섭리를 드러내고 있다.

형태쌤과 선지분석

선지분석	탄궁가
계절 변화 조응 자연물 → 화자 인식 전환	
계절감 소재 대등 나열	
특정 계절 풍속 → 시선 이동에 따라 묘사	
특정 계절 배경 → 화자 처지 부각	
계절 순환 → 자연의 섭리	

02 [A], [B]에 대한 이해로 적절하지 않은 것은?

① [A]에서 '술에 후량'을 갖춘 화자는 의례를 통해 '궁귀'에 대한 예우를 표하고 있다.

② [B]에서 화자는 시간의 경과를 의식하며 '세 다래 네 다래' 열린 '면화'에 대한 만족감을 드러내고 있다.

③ [A]에서 화자는 '이내 궁'과의 관계를, [B]에서 화자는 '너희'와의 관계를 운명적인 것으로 여기는 관점을 취하고 있다.

④ [A]에서 화자는 '옳도다'라는 응답으로 '네 말'을 수용하는 태도를, [B]에서 화자는 '반이로다'라는 감탄으로 '패는 모'에 대한 기대감을 드러내고 있다.

⑤ [A]와 [B]에서 화자는 각각 초월적인 존재인 '하늘'과 '하느님'을 예찬하는 어조를 취하고 있다.

03 〈보기〉를 참고할 때, ㉠~㉤의 문맥적 의미에 대한 이해로 적절하지 <u>않은</u> 것은?

> **보기**
>
> 「탄궁가」는 향촌 공동체에서 경제적 기반이 취약한 사대부가 가정과 사회에 대한 책임을 다하기 어려운 자신의 궁핍한 삶을 실감나게 그려 낸 작품이다. 한편 「농가」는 곤궁한 향촌 공동체의 발전을 위해 여러 방도를 모색한 사대부가 가난을 벗어난 이상화된 농촌상을 그려 낸 작품이다.

① ㉠은 파종할 볍씨를 쥐가 먹어 버린 상황을 제시해 가난한 향촌 사대부의 곤혹스러운 처지를 실감나게 그려 낸다.

② ㉡은 솥과 시루가 녹슨 상황을 제시해 끼니조차 잇지 못하는 생활이 지속되는 향촌 사대부 가정의 궁핍함을 부각한다.

③ ㉢은 체면을 지키기 어려운 상황을 제시해 취약한 경제적 기반 때문에 사회적 책임을 내려놓는 향촌 사대부의 죄책감을 드러낸다.

④ ㉣은 밭을 맬 때 예정된 차례에 따라야 함을 나타내어 사회적 약속에 대한 존중을 향촌 공동체 발전의 방도로 여기는 관점을 드러낸다.

⑤ ㉤은 먹을거리에 부족함이 없이 즐거운 향촌 구성원의 모습을 통해 가난을 벗어난 이상화된 농촌상의 일면을 보여 준다.

다음 글을 읽고 물음에 답하시오.

(가)

이 중에 시름없으니 **어부(漁父)**의 생애로다
일엽편주를 만경파(萬頃波)에 띄워 두고
인세(人世)를 다 잊었거니 날 가는 줄 아는가

〈제1수〉

┌ 굽어보면 천심 녹수 돌아보니 만첩 청산
[A] **십장 홍진(十丈紅塵)**이 얼마나 가렸는가
└ 강호에 월백(月白)하거든 더욱 무심(無心)하여라

〈제2수〉

청하(青荷)에 밥을 싸고 **녹류(綠柳)에** 고기 **꿰어**
노적 화총(蘆荻花叢)에 배 매어 두고
일반 청의미(一般淸意味)를 어느 분이 아실까

〈제3수〉

㉠ 산두(山頭)에 한운(閑雲) 일고 수중(水中)에 백구(白鷗) 난다
무심코 다정한 것 이 두 것이로다
㉡ 일생에 시름을 잊고 너를 좇아 놀리라

〈제4수〉

- 이현보, 「어부단가」 -

(나)

때마침 부는 **추풍(秋風)** 반갑게도 보이도다
말술이 다나 쓰나 술병 메고 벗을 불러
언덕 너머 어촌에 내 놀이 가자꾸나
흰 두건을 젖혀 쓰고 **소정(小艇)**을 타고 오니
㉢ 바람에 떨어진 갈대꽃 갠 하늘에 눈이 되어
석양에 높이 날아 어지러이 뿌리는데
갈잎에 닻 내리고 **그물로**
잔잔한 강물 속 자린은순(紫鱗銀脣)* 수없이 잡아내어
연잎에 담은 회와 항아리에 채운 술을
실컷 먹은 후에
태기 넓은 돌에 높이 베고 누웠으니
희황천지(羲皇天地)*를 오늘 다시 보는구나
잠시 잠들어 뱃노래에 깨어 보니
┌ 추월(秋月)이 만강(滿江)하여 밤빛을 잃었거늘
│ 반쯤 취해 시 읊으며 배 위로 건너오니
[B] 강물 아래 잠긴 달은 또 어인 달인 게오
└ 달 위에 배를 타고 달 아래 앉았으니

┌ 문득 의심은 월궁(月宮)에 올랐는 듯
└ 물외(物外)의 기이한 경관 넘치도록 보이도다
청경(淸景)을 다투면 내 분에 두랴마는
즐겨도 말리는 이 없으니 나만 둔가 여기노라
놀기를 탐하여 돌아갈 줄 잊었도다
㉣ 아이야 닻 들어라 만조(晩潮)에 띄워 가자
푸른 물풀 위로 **강풍(江風)**이 짐짓 일어
귀범(歸帆)을 재촉하는 듯
아득하던 앞산이 뒷산처럼 보이도다
잠깐 사이 날개 돋아 연잎배 탄 신선된 듯
연파(烟波)를 헤치고 월중(月中)에 돌아오니
㉤ 동파(東坡) 적벽유(赤壁遊)*인들 이내 흥(興)에 미치겠는가
강호 흥미(興味)는 나만 둔가 여기노라

- 박인로, 「소유정가」 -

*자린은순 : 물고기를 아름답게 표현하는 말.
*희황천지 : 복희씨(伏羲氏) 때의 태평스러운 세상.
*동파 적벽유 : 중국 송나라 때 소식(蘇軾)이 적벽에서 했던 뱃놀이.

01 ㉠~㉤에 대한 이해로 적절하지 <u>않은</u> 것은?

① ㉠은 대구를 통해 자연 경물의 모습을 제시함으로써 한적한 분위기를 조성하고 있다.
② ㉡은 자연 경물을 '너'로 지칭하여 관계를 맺음으로써 이들과 동화하려는 의지를 표출하고 있다.
③ ㉢은 자연 경물의 모습을 감각적으로 표현함으로써 물가의 아름다운 풍경을 묘사하고 있다.
④ ㉣은 명령형 어미를 사용하여 '아이'가 해야 할 행동을 제시함으로써 자연 경물에 대한 인식의 변화를 촉구하고 있다.
⑤ ㉤은 유사한 놀이를 즐겼던 과거 인물과 비교함으로써 화자의 자긍심을 드러내고 있다.

02 [A], [B]에 대한 설명으로 가장 적절한 것은?

① [A]에서 화자는 달을 절대적 존재로 인식하고 강호 자연에서 '무심'한 삶을 살 수 있도록 기원하고 있다.

② [A]에서 화자는 달에 인격을 부여하여 '녹수'와 '청산'으로 둘러싸인 강호 자연의 가을 달밤 정경을 묘사하고 있다.

③ [B]에서 화자는 하늘의 달과 강물에 비친 달 사이에 놓임으로써 '월궁'에 오른 듯한 신비로움을 표현하고 있다.

④ [B]에서 화자는 시간의 흐름에 따라 모양을 달리 하는 달의 특성을 활용하여 계절의 변화를 다채롭게 나타내고 있다.

⑤ [A]와 [B]에서 강호 자연에 은거한 화자는 달을 대화 상대이면서 동시에 위안의 대상으로 여기고 있다.

memo

03 〈보기〉를 바탕으로 (가), (나)를 감상한 내용으로 적절하지 <u>않은</u> 것은?

보기

'어부'는 정치 현실과 거리를 둔 은자로 형상화된다. 이때 '어부 형상'은 어부 관련 소재, 행위, 정서 등의 어부 모티프와 연관하여 작품별로 공통적인 속성을 가지면서 다양한 변주를 보인다. (가)는 어부와 관련된 상황의 일부를 초점화하여 유유자적한 삶을 사는 어부를, (나)는 어부와 관련된 여러 상황을 이어 가며 흥취 있는 삶을 사는 어부를 형상화하고 있다.

① (가)의 '어부'는 '십장 홍진'으로 표현된 정치 현실에서 벗어나 뱃놀이를 즐기며 '인세'의 근심과 시름을 다 잊고 한가로움을 추구하려고 하는군.

② (나)의 '추풍'은 뱃놀이의 흥취를 북돋우는 자연 현상이고, '강풍'은 흥취의 대상을 강에서 산으로 옮겨 가는 자연 현상이라 볼 수 있군.

③ (가)의 '일엽편주'와 (나)의 '소정'은 화자가 소박한 뱃놀이를 즐기고 있다는 것을 알려 주는 어부 형상 관련 소재라고 할 수 있군.

④ (가)의 '녹류에 고기 꿰어'에는 어부의 삶과 관련된 일부 행위를 통해 유유자적한 삶이, (나)의 '그물로', '수없이 잡아내어', '실컷 먹은'에는 뱃놀이의 여러 상황들이 연결되어 흥취를 즐기는 삶이 나타나고 있군.

⑤ (가)의 '어부'는 강호 자연의 삶 속에서 홀로 자족감을 표출하고 있고, (나)의 어부는 벗들과 함께한 흥겨운 뱃놀이를 통해 만족감을 표출하고 있군.

다음 글을 읽고 물음에 답하시오.

(가)

청강 녹초변에 소 먹이는 아이들이

석양에 흥이 겨워 피리를 빗기 부니

물 아래 잠긴 **용**이 잠 깨어 일어날 듯

내 기운에 나온 **학**이 제 깃을 던져 두고 반공에 솟아 뜰 듯

소선(蘇仙) 적벽은 추칠월이 좋다 하되

팔월 십오야를 모두 어찌 칭찬하는가

구름이 걷히고 물결이 다 잔 적에

하늘에 돋은 달이 솔 위에 걸렸거든

잡다가 빠진 줄이 **적선(謫仙)**이 헌사할샤

┌ 공산에 쌓인 잎을 삭풍이 거둬 불어

   떼구름 거느리고 눈조차 몰아오니

   천공이 호사로워 옥으로 꽃을 지어

   만수천림을 꾸며곰 낼세이고

   앞 여울 가리 얼어 독목교(獨木橋) 비꼈는데

   막대 멘 늙은 중이 어느 절로 간단 말고

   산옹의 이 부귀를 남더러 자랑 마오

   경요굴(瓊瑤窟) 숨은 세계 찾을 이 있을세라

   산중에 벗이 없어 서책을 쌓아 두고

[A] 만고 인물을 거슬러 혜여하니

   성현도 많거니와 호걸도 하도 할샤

   하늘 삼기실 제 곧 무심할까마는

   어찌한 시운(時運)이 흥망이 있었는고

   모를 일도 하거니와 애달픔도 그지없다

   기산의 늙은 고블 귀는 어찌 씻었던고

   박 소리 핑계하고 지조가 가장 높다

   인심이 낯 같아야 볼수록 새롭거늘

└ 세사는 구름이라 험하기도 험하구나

엊그제 빚은 **술**이 얼마나 익었느냐

잡거니 밀거니 실컷 기울이니

마음에 맺힌 시름 조금은 풀리나다

- 정철, 「성산별곡」 -

* 소선 : 소동파를 신선에 빗댄 말.
* 적선 : 이태백을 신선에 빗댄 말.
* 경요굴 : 눈 내린 성산의 모습을 빗댄 말.
* 고블 : 기산에 은거한 인물인 허유.

(나)

  생매 잡아 길 잘 들여 먼 산 두메로 꿩 사냥 보내고 흰 말 구불구종 갈기 솔질 활활 솰솰 하여 임의 집 송정 뒤 잔디 잔디 금잔디 밭에 말 말뚝 꽝꽝쌍쌍 박아 숭마 바 고삐 길게 늘려 매고

  앞내 여울 **고기** 뒷내 여울 고기 오르는 고기 내리는 고기 자나 굵으나 굵으나 자나 주섬주섬 낚아 내여 시내 동으로 뻗은 움버들가지 와지끈 뚝딱 꺾어 거꾸로 잡고 잎사귀 셋만 남기고 주루룩 훑어 아가미 너슬너슬 꿰어 시내 잔잔 흐르는 물에 납작 실죽 청바둑돌로 임도 모르고 아무도 모르게 가만히 살짝 자기자 장단 맞춰 지근지지 눌러 놓고 동자야 이 뒤에 학 타신 **선관**이 날 찾거든 그물 낚싯대 종이 종다래끼 파리 밥풀통 고추장 **술병**까지 가지고 뒷내 여울로 오라고 일러만 주소

  아마도 산중호걸이 **나**뿐인가 하노라

- 작자 미상, 「사설시조」 -

* 구불구종 : 말 모는 하인.
* 종다래끼 : 작은 바구니.

01 (가), (나)에 대한 설명으로 가장 적절한 것은?

① (가)는 영탄적 표현을 통해 인물에 대한 그리움을 드러내고 있다.

② (나)는 음성 상징어를 통해 인물의 역동성을 드러내고 있다.

③ (가)는 (나)와 달리 공간의 이동을 통해 다양한 대상의 면모를 드러내고 있다.

④ (나)는 (가)와 달리 시간의 흐름에 따라 인물의 심리 변화를 드러내고 있다.

⑤ (가)와 (나)는 모두 대구를 사용하여 대조적 대상의 속성을 드러내고 있다.

형태쌤과 선지분석

선지분석	(가)	(나)
영탄적 표현 → 인물에 대한 그리움		
음성 상징어 → 인물의 역동성		
공간의 이동 → 다양한 대상의 면모		
시간의 흐름 → 인물의 심리 변화		
대구 → 대조적 대상의 속성		

02 [A]에 대한 이해로 적절하지 않은 것은?

① '삭풍'이 가을 잎을 쓸고 간 자리에 구름을 불러와 '공산'을 눈세상으로 만들었다고 한 것에는, 인물이 거처한 공간의 아름다움에 대한 인식이 계절에 따른 자연의 변화를 통해 드러난다.

② '앞 여울'을 건너가는 노승을 발견하고 '경요굴'이 들키지 않기를 바라는 것에는, 빼어난 경치를 소중하게 여기는 태도가, 숨어 있는 세계가 알려질 것에 대한 염려를 통해 드러난다.

③ 만족스러운 외적 풍경에서 눈을 돌려 벗이 없는 '산중'에서 '만고 인물'을 생각하는 것에는, 정신적 세계에 주목하는 태도가, 적적한 상황에 놓인 인물의 행위를 통해 드러난다.

④ 하늘의 이치가 제대로 구현되지 못했음을 '시운'의 '흥망'에서 발견하고도 모를 일이 많다고 한 것에는, 인물의 담담한 태도가, 이상에 미치지 못하는 현실을 수용하는 것을 통해 드러난다.

⑤ 세상을 등진 인물의 삶을 '기산'의 '고블'에 비유한 것에는, 험한 세사와의 단절과 은거 지향에 대한 긍정적 인식이 인물의 선택에 대한 평가를 통해 드러난다.

03 〈보기〉를 바탕으로 (가)와 (나)를 감상한 내용으로 적절하지 않은 것은?

> **보기**
>
> 고전 시가에서 자연은 작품에 따라 다양하게 그려진다. (가)의 자연은 속세와 구별되는 청정한 이상 세계로 그려지며, 신선의 이미지를 통해 탈속적이고 고고한 가치를 추구하는 곳이다. (나)의 자연은 풍요롭게 그려지는 현실적 풍류의 장으로, 활달하고 흥겹게 놀이를 펼치는 곳이며, 신선의 이미지를 통해 멋이 고조된다.

① (가)의 '용'은 피리 소리로 조성된 탈속적 분위기를 환상적으로 표현하는 소재이고, (나)의 '생매'는 고고한 취향을 사실적으로 보여 주는 소재이군.

② (가)의 '학'은 이상적 세계의 아름다움을 구현하는 소재이고, (나)의 '고기'는 풍요롭고 생동하는 세계를 표현하는 소재이군.

③ (가)의 '소선', '적선'은 청정한 강호의 세계에서 떠올린 인물의 이미지이고, (나)의 '선관'은 '나'가 현재의 행위를 함께 하고 싶은 인물을 멋스럽게 표현한 이미지이군.

④ (가)의 '산옹'은 계절에 따른 산의 모습을 바라보며 이상 세계의 삶을 지향하는 인물이고, (나)의 '나'는 사냥과 고기잡이를 통해 현실의 즐거움을 향유하는 인물이군.

⑤ (가)의 '술'은 강호에서 세상에 대한 시름을 달래 주는 소재이고, (나)의 '술병'은 풍류의 장에 흥취를 더해 줄 소재이군.

다음 글을 읽고 물음에 답하시오.

(가)

장풍에 돛을 달고 **육선**이 함께 떠나
삼현과 **군악** 소리 해산을 진동하니
물속의 어룡들이 응당히 놀라리라

[A]
　해구를 얼른 나서 오륙도를 뒤 지우고
　고국을 돌아보니 야색이 아득하여
　아무것도 아니 뵈고 연해 각진포에
　불빛 두어 점이 구름 밖에 뵐 만하다
　배 방에 누워 있어 내 **신세**를 생각하니
　가뜩이 심란한데 대풍이 일어나서
　태산 같은 성난 물결 천지에 자욱하니

크나큰 만곡주가 **나뭇잎** 불리이듯
하늘에 올랐다가 지함에 내려지니
열두 발 쌍돛대는 차아처럼 굽어 있고
쉰두 폭 초석 돛은 반달처럼 배불렀네
　　　　　　　　(중략)

[B]
　날이 마침 극열하고 석양이 비치어서
　끓는 땅에 엎디어서 말씀을 여쭈오니
　속에서 불이 나고 관대에 땀이 배어
　물 흐르듯 하는지라 나라께서 보시고서
　너희 더위 어려우니 먼저 나가 쉬라시니
　곡배하고 사퇴하니 천은이 망극하다

더위를 장히 먹어 막힐 듯하는지라
사신들도 못 기다려 하처로 돌아오니
누이도 반겨하고 딸은 기뻐 우는지라
일가 친척들이 나와서 위문하네

[C]
　여드레 겨우 쉬어 공주로 내려가니
　처자식들 나를 보고 죽었던 이 고쳐 본 듯
　기쁘기 극한지라 어리석은 듯 앉았구나
　사당에 현알하고 옷도 벗고 편히 쉬니
　풍도의 험하던 일 저승 같고 꿈도 같다

손주 안고 어르면서 한가히 누웠으니
강호의 산인이요 **성대**의 일반이로다

　　　　　　　　　　　　- 김인겸, 「일동장유가」 -

(나)

꼬아 자란 층석류*요 틀어 지은 고사매*라
삼봉 괴석에 달린 솔이 늙었으니
아마도 화암 풍경이 **너뿐**인가 하노라

〈제1수〉

막대 짚고 나와 거니니 양류풍 불어온다
긴 파람 짧은 노래 **뜻대로** 소일하니
어디서 초동과 목수(牧叟)는 웃고 가리키나니

〈제6수〉

맑은 물에 벼를 갈고 **청산**에 섶을 친 후
서림 풍우에 소 먹여 돌아오니
두어라 **야인 생애**도 자랑할 때 있으리라

〈제9수〉

　　　　　　　　　　　- 유박, 「화암구곡」 -

* 층석류 : 석류나무로 만든 분재.
* 고사매 : 매화를 고목에 접붙인 분재.

01 (가), (나)의 표현상 특징에 대한 설명으로 가장 적절한 것은?

① (가)는 과거를 회상하는 표현을 통해 현재 상황에 대한 아쉬움을 드러내고 있다.
② (가)는 사물의 형태가 변화한 모습을 묘사하여 외부 환경의 영향력을 부각하고 있다.
③ (나)는 계절을 나타내는 어휘를 활용해 애달픈 정서를 부각하고 있다.
④ (나)는 두 인물의 행위를 대비하여 대상에 대한 평가를 드러내고 있다.
⑤ (가)와 (나)는 모두 영탄적 표현을 통해 대상에 대한 경외감을 드러내고 있다.

형태쌤과 선지분석

선지분석	(가)	(나)
과거를 회상하는 표현 → 현재 상황에 대한 아쉬움		
사물의 형태 변화 모습 묘사 → 외부 환경의 영향력 부각		
계절을 나타내는 어휘 → 애달픈 정서		
두 인물의 행위 대비 → 대상에 대한 평가		
영탄적 표현 → 대상에 대한 경외감		

02 [A]~[C]에 대한 이해로 적절하지 <u>않은</u> 것은?

① [A]에서는 선상에서 불빛 두어 점에 의지해, 떠나온 곳을 가늠하는 행위를 통해 출항 후의 모습이 드러난다.

② [B]에서는 신하들의 고충을 헤아리는 임금의 배려에 감격한 마음이 드러난다.

③ [C]에서는 갑작스러운 상황에 감정을 표현하지 못하고 무심하게 대응하는 가족들의 모습이 드러난다.

④ [A]에서는 포구를 돌아보지만 보고 싶은 것이 보이지 않는 상황이, [B]에서는 격식을 갖추기 위해 뜨거운 땅에 엎드려 있는 일을 힘겨워하는 상황이 드러난다.

⑤ [A]에서는 예기치 않게 맞닥뜨린 여정상의 위험이, [C]에서는 과거의 위험했던 경험에 대한 소회가 드러난다.

03 〈보기〉를 참고하여 (가), (나)를 감상한 내용으로 적절하지 <u>않은</u> 것은?

> **보기**
>
> 　조선 후기 시가에서는 경험과 외물에 대한 관심이 확대되었다. 「일동장유가」는 사행을 다녀온 경험을 생생하게 표현하며 그에 대한 정서를 솔직하게 드러냈다. 「화암구곡」은 포착된 자연의 양상에 따라 강호에서의 자족감, 출사하지 못한 선비로서 생활 공간인 향촌에 머물 수밖에 없는 데 따른 회포, 취향이 반영된 자연물로 구성한 개성적 공간에서의 긍지를 드러냈다.

① (가)는 배가 '나뭇잎'처럼 파도에 휩쓸리고 하늘에 올랐다 떨어지는 것 같다고 하여 대풍을 겪은 체험을 생동감 있게 드러내는군.

② (나)는 화암의 풍경이라 인정할 만한 것이 '너뿐'이라고 하여 자신이 기른 화훼로 조성한 공간에 대한 자긍심을 드러내는군.

③ (가)는 '육선'에 탄 사신단이 만물이 격동할 만한 '군악'을 들으며 떠나는 데 주목해 경험에 대한 관심을, (나)는 꼬이고 틀어진 모양으로 가꾼 식물에 주목해 외물에 대한 관심을 드러내는군.

④ (가)는 배에서 '신세'를 생각하는 모습으로 사행길의 복잡한 심사를, (나)는 '청산'에서의 삶에서 느끼는 자랑스러움을 '야인 생애'로 표현하여 겸양의 태도를 드러내는군.

⑤ (가)는 집으로 돌아와 한가하게 지내며 '성대'를 누리는 삶에 대한 만족감을, (나)는 양류풍에 감응하며 '뜻대로 소일'하는 강호의 삶에 대한 자족감을 드러내는군.

다음 글을 읽고 물음에 답하시오.

(가)

풍파에 **일렁이던 배** 어디로 갔단 말인가

구름이 험하거늘 처음 나왔는가 어찌하여

허술한 배 두신 분네는 모두 조심하소서

- 정철의 시조 -

(나)

　심의산(深意山) 서너 바퀴 감돌아 휘돌아 들어

　오뉴월 한낮에 살얼음 엉긴 위에 된서리 섞어 치고 **자취눈** 내렸거늘 보

았는가 임아 임아

　온 놈이 온 말을 하여도 임이 짐작하소서

- 정철의 시조 -

(다)

아이야 구럭 망태 찾아라 서쪽 산에 날 늦겠다

밤 지낸 고사리 벌써 아니 자랐으랴

이 몸이 이 나물 아니면 조석(朝夕) 어이 지내리　　　　〈제1수〉

아이야 도롱이 삿갓 차려라 동쪽 시내에 비 내린다

기나긴 낚싯대에 **미늘* 없는 낚시** 매어

저 고기 놀라지 마라 내 흥 겨워하노라　　　　〈제2수〉

아이야 죽조반(粥早飯) 다오 남쪽 논밭에 일 많구나

서투른 따비*는 누구와 마주 잡을꼬

두어라 성세궁경(聖世躬耕)*도 역군은(亦君恩)이시니라　　　　〈제3수〉

아이야 소 먹여 내어라 북쪽 마을에서 새 술 먹자

잔뜩 취한 얼굴을 달빛에 실어 오니

어즈버 희황상인(羲皇上人)*을 오늘 다시 보는구나　　　　〈제4수〉

- 조존성, 「호아곡」 -

* 미늘 : 고기가 물면 빠지지 않게 만든 낚시 끝의 안쪽에 있는 작은 갈고리.

* 따비 : 풀뿌리를 뽑거나 밭을 가는 데 쓰는 농기구.

* 성세궁경 : 태평한 세월에 자기가 직접 농사를 지음.

* 희황상인 : 세상일을 잊고 한가하고 태평하게 숨어 사는 사람을 이르는 말.

01 (가)~(다)의 공통점으로 가장 적절한 것은?

① 말을 건네는 방식을 통해 화자의 요구를 전달하고 있다.

② 대상을 의인화하여 화자와 자연의 유대감을 나타내고 있다.

③ 과거와 현재를 대비하여 미래에 대한 전망을 드러내고 있다.

④ 물음의 방식을 활용하여 대상에 대한 친밀감을 표현하고 있다.

⑤ 풍경을 사실적으로 묘사하여 계절의 변화상을 그려 내고 있다.

🔍 형태쌤과 선지분석

선지분석	(가)	(나)	(다)
말을 건네는 방식 → 화자의 요구 전달			
의인화 → 화자와 자연의 유대감			
과거와 현재의 대비 → 미래에 대한 전망			
물음의 방식 → 대상에 대한 친밀감			
풍경 사실적 묘사 → 계절의 변화상			

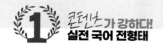
02 (다)에 대한 이해로 적절하지 <u>않은</u> 것은?

① 각 수의 첫 음보를 동일한 시어로 제시하여 시상 전개에 안정감을 부여하고 있다.

② 〈제1수〉와 〈제2수〉에서는 생활 도구를 언급하여 화자가 살아가는 모습을 보여 주고 있다.

③ 〈제1수〉 중장과 〈제3수〉 중장에서 나타나는 화자의 걱정은 각 수의 종장에서 강화되고 있다.

④ 〈제1수〉 종장과 〈제3수〉 초장에서는 간단한 먹을거리를 언급하여 화자의 소박한 생활을 드러내고 있다.

⑤ 〈제4수〉 종장은 첫 음보의 감탄 표현을 활용하여 시상을 집약하고 있다.

03 〈보기〉를 참고하여 (가)~(다)를 감상한 내용으로 적절하지 <u>않은</u> 것은?

> **보기**
>
> 　정철과 조존성이 살았던 16세기 후반~17세기 초반에는 정치 참여 과정에서 당파 간의 대립과 투쟁이 극심해지면서 정치적 공격을 받은 문인들이 벼슬에서 파직, 유배되거나 산림에 은거하는 등 정계에서 소외된 상태에 놓이는 경우가 잦았다. 이 과정에서 문인들은 정치 경험을 바탕으로 정치 현실에 대한 비판과 경계, 처세관, 자연에 몰입하려는 태도 등을 작품에 드러내었다.

① '풍파'가 험난한 정치 현실이고 '일렁이던 배'가 시련을 겪은 관료라면, (가)의 초장은 당쟁에 휘말린 사람이 정치적 소외 상태에 놓인 것을 의미하겠군.

② '구름이 험하거늘'이 정치적 위기의 조짐에 해당하고 '허술한 배 두신 분네'가 신진 관료라면, (가)의 종장은 화자가 정치 경험이 충분치 않은 이들에게 정치의 험난함을 알려 주는 것이겠군.

③ '심의산'이 화자의 심회이고 '오뉴월'의 '자취눈'이 화자의 복잡한 심정을 비유한 표현이라면, (나)의 초장과 중장에서는 당쟁의 상황에서 굳은 마음을 견지하려는 화자의 의지를 드러내는 것이겠군.

④ '온 놈이 온 말을 하'는 상황이 비방과 모략이 난무하는 현실이고 '임'이 임금이라면, (나)의 종장은 온갖 참소를 임금이 잘 판단해 달라는 것이겠군.

⑤ '미늘 없는 낚시'가 욕심 없이 사는 삶을 의미한다면, (다)의 〈제2수〉 종장은 자연과 더불어 지내는 화자의 흥을 드러내는 것이겠군.

다음 글을 읽고 물음에 답하시오.

(가)

어져 어져 저기 가는 저 사람아

네 행색을 보아 하니 군사 도망 네로구나

허리 위로 볼작시면 베적삼이 깃만 남고

허리 아래 굽어보니 헌 잠방이 노닥노닥

곱장 할미 앞에 가고 전태발이 뒤에 간다

십 리 길을 하루 가니 몇 리 가서 엎어지리

내 고을의 양반 사람 타도 타관 옮겨 살면

천히 되기 상사여든 본토 군정(軍丁) 싫다 하고

자네 또한 도망하면 일국 일토(一土) 한 인심에

근본 숨겨 살려 한들 어데 간들 면할쏜가

차라리 네 살던 곳에 아무렇게나 뿌리박혀

칠팔월에 ㉠ 인삼 캐고 구시월에 돈피* 잡아

공채 신역 갚은 후에 그 나머지 두었다가

함흥 북청 홍원 장사 돌아들어 잠매할 때

후한 값에 팔아 내어 살기 좋은 넓은 곳에

가사 전토(家舍田土) 다시 사고 살림살이 장만하여

부모처자 보전하고 새 즐거움 누리려무나

어와 생원인지 초관인지

그대 말씀 그만두고 **이내** 말씀 들어 보소

이 내 또한 갑민(甲民)*이라 이 땅에서 생장하니 이때 일을 모를쏘냐

우리 조상 남쪽 양반 진사 급제 계속하여

금장 옥패 빗기 차고 시종신을 다니다가

시기인의 참소 입어 변방으로 쫓겨 와서

국내 변방 이 땅에서 칠팔 대를 살아오니

조상 덕에 하는 일이 읍중 구실 첫째로다

들어가면 좌수 별감 나가서는 풍헌 감관

유사 장의 채지 나면 체면 보아 사양터니

애슬프다 내 시절에 원수인의 모해로써

군사 강정 되단 말가 내 한 몸이 헐어 나니

좌우전후 수다 일가 차차 충군(充軍) 되것고야

조상 제사 이내 몸은 하릴없이 매여 있고

시름없는 친족들은 자취 없이 도망하고

여러 사람 모든 신역 내 한 몸에 모두 무니

한 몸 신역 삼 냥 오 전 돈피 두 장 의법이라

열두 사람 없는 구실 합쳐 보면 사십육 냥

해마다 맡아 무니 석숭*인들 당할쏘냐

- 작자 미상, 「갑민가」 -

* 돈피 : 담비 가죽.
* 갑민 : 갑산의 백성.

* 석숭 : 중국 진나라 때의 부자.

(나)

　녹양방초 언덕에 소 먹이는 **아희들**아

　앞내 ㉡ 고기 뒷내 고기를 다 몽땅 잡아내 다래끼*에 넣어 주거든 네 소 궁둥이에 얹어다가 주렴

　우리도 서주(西疇)*에 일이 많아 바삐 가는 길이매 가 전할동 말동 하여라

- 작자 미상, 사설시조 -

* 다래끼 : 물고기나 작은 물건 등을 넣는 바구니.
* 서주 : 서쪽 밭.

01 (가)에 대한 설명으로 적절하지 <u>않은</u> 것은?

① 대구 표현으로 외양을 묘사하여 대상의 처지를 드러낸다.

② 행위의 실행을 가정하여 부정적 전망을 제시한다.

③ 의문의 표현을 사용하여 상대의 행적에 대해 의심한다.

④ 과거와 현재를 대비하여 악화된 처지를 보여 준다.

⑤ 구체적 수치를 제시하여 감당하기 힘든 현실을 드러낸다.

 형태쌤과 선지분석

선지분석	갑민가
대구 표현으로 외양 묘사 → 대상의 처지	
행위의 실행을 가정 → 부정적 전망	
의문의 표현 → 상대의 행적 의심	
과거와 현재의 대비 → 악화된 처지	
구체적 수치 → 감당하기 힘든 현실	

02 ㉠, ㉡에 대한 이해로 가장 적절한 것은?

① ㉠은 ㉠을 언급하는 화자가 이주해 가려는 땅에서 재배할 약재이다.

② ㉡은 ㉡을 언급하는 화자가 말을 건네는 상대에게 노동의 대가로 주는 보상이다.

③ ㉠과 ㉡은 모두, 각각을 언급하는 화자가 유흥을 목적으로 구하려는 물품이다.

④ ㉠과 ㉡은 모두, 각각을 언급하는 화자가 획득하려면 상대의 도움이 필요한 대상이다.

⑤ ㉠과 ㉡은 모두, 각각을 언급하는 화자가 보기에 상대가 했으면 하는 행위의 대상이다.

memo

03 〈보기〉를 참고하여 (가), (나)를 감상한 내용으로 적절하지 <u>않은</u> 것은?

보기

조선 후기의 가사나 사설시조에서는 입장이 다른 발화자가 등장하는 대화체를 사용해 작중 상황을 극의 한 장면처럼 만들기도 한다. 대화를 통해 사실성을 추구하는 작품의 경우, 구체적 소재와 다각적인 내용으로 그 시대 삶의 모습을 보여 준다. 대화를 통해 유희성을 보이는 작품의 경우, 대화가 논쟁, 의견 불일치 등 의외의 상황으로 전개되면서 재미가 생겨나며, 때로 등장하는 불완전한 표현은 이러한 작품이 내용 자체보다 대화의 전개 양상에 주목함을 보여 준다.

① (가)의 '그대'가 '자네'의 선택과 다른 권유를 함으로써 '자네'가 풀어낸 사연은, 당시 갑산 백성이 겪었음 직한 고통을 사실적으로 보여 주는군.

② (가)의 '이내' 말씀은 집안의 내력과 사회적 지위를 구체적으로 언급하며 사회의 부조리를 해결하자는 입장으로, '그대' 말씀과 의견이 일치하지 않는군.

③ (나)는 선행하는 화자의 요청에 대해 '우리'가 선행하는 화자의 기대에 어긋난 대답을 하면서 대화가 의외의 상황으로 펼쳐지는군.

④ (나)의 선행하는 화자가 '고기'를 누구에게 주라고 하는지 명시하지 않아 불완전한 표현이 된 것은 이 작품이 내용보다 대화의 전개 양상에 주목한다는 것을 드러내는군.

⑤ (가)의 '그대'는 길 가는 '자네'를, (나)의 선행하는 화자는 소 먹이는 '아희들'을 불러 말을 건네고 있어 작품의 상황이 극 중 장면처럼 보이는군.

| 과외식 기출 분석서, 나기출 |

나 없이
기출
풀지마라

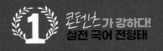

문학

복합

다음 글을 읽고 물음에 답하시오.

(가)

산과 산이 마주 향하고 믿음이 없는 얼굴과 얼굴이 마주 향한 항시 어두움 속에서 꼭 한 번은 **천동 같은 화산**이 일어날 것을 알면서 요런 자세로 꽃이 되어야 쓰는가.

저어 서로 응시하는 쌀쌀한 풍경. 아름다운 풍토는 이미 고구려 같은 정신도 신라 같은 이야기도 없는가. **별들이 차지한 하늘**은 끝끝내 하나인데 …… 우리 무엇에 불안한 얼굴의 의미는 여기에 있었던가.

모든 **유혈(流血)**은 꿈같이 가고 지금도 나무 하나 안심하고 서 있지 못할 광장. 아직도 **정맥**은 끊어진 채 휴식인가 야위어가는 이야기뿐인가.

언제 한 번은 불고야 말 독사의 혀같이 **징그러운 바람**이여. 너도 이미 아는 모진 겨우살이를 또 한 번 겪으라는가 아무런 죄도 없이 피어난 꽃은 시방의 자리에서 얼마를 더 살아야 하는가 아름다운 길은 이뿐인가.

산과 산이 마주 향하고 믿음이 없는 얼굴과 얼굴이 마주 향한 항시 어두움 속에서 꼭 한 번은 천동 같은 화산이 일어날 것을 알면서 **요런 자세**로 **꽃**이 되어야 쓰는가.

    - 박봉우, 「휴전선」 -

(나)

득음은 못하고, 그저 시골장이나 떠돌던
소리꾼이 있었다. 신명 한 가락에
막걸리 한 사발이면 그만이던 흰 두루마기의 그 사내
꿈속에서도 폭포 물줄기로 내리치는
한 대목 절창을 찾아 떠돌더니
[A] ┌ 오늘은, 왁새* 울음 되어 우항산 솔밭을 다 적시고
    └ 우포늪 둔치, 그 눈부신 봄빛 위에 자운영 꽃불 질러 놓는다
[B] ┌ 살아서는 근본마저 알 길 없던 혈혈단신
    └ 텁텁한 얼굴에 달빛 같은 슬픔이 엉켜 수염을 흔들곤 했다
늙은 고수라도 만나면
어깨 들썩 산 하나를 흔들었다
[C] ┌ 필생 동안 그가 찾아 헤맸던 소리가
    └ 적막한 늪 뒷산 솔바람 맑은 가락 속에 있었던가
[D] ┌ 소목 장재 토평마을 양파들이 시퍼런 물살 몰아칠 때
    │ 일제히 깃을 치며 동편제* 넘어가는
    └ 저 왁새들
[E] ┌ 완창 한 판 잘 끝냈다고 하늘 선회하는
    │ 그 소리꾼 영혼의 심연이
    └ 우포늪 꽃잔치를 자지러지도록 무르익힌다

    - 배한봉, 「우포늪 왁새」 -

* 왁새 : 왜가리의 별명.
* 동편제 : 판소리의 한 유파.

(다)

그 바위를 가리켜 어느 건방진 옛사람이 오심암(傲心岩)이라고 이름을 지어 주었다 한다. 그보다도 조금 겸손한 누구는 세심암(洗心岩)이라고 불렀다 한다.

기운차게 일어선 산발이 이곳에 이르러 오심암의 절경을 남기기 위하여 한 둥근 골짜기를 이루어 놓고 다시 다물어졌다.

짙은 단풍 빛에 붉게 누렇게 물든 **검은 절경**의 성장(盛裝), 그것을 선을 두른 동해보다도 더 푸른 하늘빛, 천사가 흘리고 간 형겊인 듯 봉우리 위에 가볍게 비낀 백옥보다도 흰 엷은 구름 조각.

이것은 분명히 자연이 흘려 놓은 예술의 극치다. 그러나 겸손한 자연은 그의 귀한 예술이 홍진(紅塵)에 물들 것을 염려하여 그것을 이 깊은 산골짜기에 감추었던 것인가 보다.

어귀까지 '버스'를 불러오고 이곳까지 2등 도로를 끌어 오는 것은 본래부터 그의 뜻은 아니었을 게다. 오직 사람만이 장하지도 아니한 그들의 예술을 천하에 뽐낼 기회만 엿보나 보다.

둘러보건대 이 골짜기에는 일찍이 먼지를 품은 **미친 바람**과 같은 것은 지나가 본 일이 아주 없었나 보아서 **아득히 쳐다보이는 높은 하늘 아래** 티끌을 품은 듯한 아무것도 없다. 잠깐 내 자신을 굽어보니 허옇게 먼지 낀 의복, 그 밑에 숨은 먼지 낀 내 몸뚱어리, 그리고 또 그 속에 엎드린 먼지 낀 내 마음, 나는 그 틧기 모르는 순결한 자연 속에 쓰레기처럼 동떨어진 내 몸의 더러움을 새삼스럽게 부끄러워하였다.

(중략)

차디찬 **바위** 위에 신발을 벗고 모자를 던지고 외투를 벗어 팽개치고 반듯이 누워서 눈을 감으니 인생도 예술도 다 어디로 사라지고 오직 끝없는 **망각**이 내 마음을 아니 우주를 채우며 온다. 그러나 몸을 식히며 스며드는 **찬기**는 어느새 거리에서 멀리 떨어진 우리들의 위치를 깨닫게 한다. 우리는 채 씻기지 않은 마음을 거두어 가지고 잠시나마 정을 들인 오심암을 두 번 세 번 돌아다보면서 간 길을 다시 내려오기 시작하였다. 좋은 벗 떠나기란 싫은 것처럼, 좋은 자연에도 석별의 정은 마찬가진가 보다. 또한 좋은 음식을 만났을 때 벗을 생각하는 것이 자연스러운 것처럼 떠나고 싶지 않은 자연을 앞에 두고는 멀리 있는 벗들이 갑자기 그리웁다. 나는 마음속으로 어느새 오심암에게 무언(無言)의 약속을 주어 버렸다.

'내년에는 벗을 데리고 또 찾아오마'고.

    - 김기림, 「주을온천행」 -

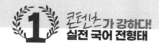
01 (가)~(다)의 공통점으로 가장 적절한 것은?

① 인간의 삶과 공간의 의미를 연결 지어 주제 의식을 구체화하고 있다.

② 갈등과 대립이 없는 화합의 세계를 보여 줌으로써 희망적인 미래를 예견하고 있다.

③ 역사적 상황을 직시함으로써 부정적 현실을 극복하려는 참여 의식을 표방하고 있다.

④ 자연이 인간에게 미친 긍정적인 영향을 강조함으로써 사물에 대한 예찬적 태도를 드러내고 있다.

⑤ 특정한 장소에 대한 직접적인 경험을 바탕으로 인간의 교만한 태도에 대한 비판을 이끌어 내고 있다.

 형태쌤과 선지분석

선지분석	(가)	(나)	(다)
인간의 삶 - 공간의 의미 연결			
갈등 · 대립 없는 화합의 세계 → 희망적 미래 예견			
역사적 상황 직시 → 부정적 현실 극복하려는 참여 의식			
자연의 긍정적 영향 강조 → 예찬적 태도			
특정 장소에 대한 경험 → 교만한 태도에 대한 비판			

02 (가), (나)에 대한 설명으로 적절하지 **않은** 것은?

① (가)는 설의적 표현으로 현실에 대한 화자의 안타까움을 드러내고 있다.

② (나)는 청각의 시각화를 통해 소재의 생동감을 부각하고 있다.

③ (가)는 시간의 흐름에 따라, (나)는 시선의 이동에 따라 시상을 전개하고 있다.

④ (가)는 동일한 시구를 반복하여, (나)는 인물에 대한 이야기를 활용하여 주제 의식을 강조하고 있다.

⑤ (가)와 (나)는 모두 화자의 인식을 자연물에 투영하여 시적 정서를 환기하고 있다.

 형태쌤과 선지분석

선지분석	(가)	선지분석	(나)
설의적 표현 → 안타까움			
		청각의 시각화	
시간의 흐름에 따라 시상 전개		시선의 이동에 따라 시상 전개	
동일한 시구 반복		인물에 대한 이야기 활용	
화자의 인식을 자연물에 투영		화자의 인식을 자연물에 투영	

03 (가)와 (다)에 대한 감상으로 가장 적절한 것은?

① (가)의 '천동 같은 화산'은 신뢰를 잃은 상황이 초래한 불안한 현실을, (다)의 '검은 절경'은 아름다움을 잃은 풍경에서 느껴지는 암울한 심정을 드러내고 있다.

② (가)의 '별들이 차지한 하늘'은 하나로 이어진 세계를, (다)의 '아득히 쳐다보이는 높은 하늘 아래'는 흠결 없는 세계를 그려내고 있다.

③ (가)의 끊어진 '정맥'은 '유혈'을 이겨낸 삶의 의지를, (다)의 엄습하는 '찬기'는 정든 곳을 떠나야 하는 절망감을 환기하고 있다.

④ (가)의 '징그러운 바람'은 미래에 닥칠지 모를 모진 상황을, (다)의 '미친 바람'은 삶에서 지켜야 할 소중한 존재를 상징하고 있다.

⑤ (가)의 '꽃'은 죄 없이 '요런 자세'로 삶에 순응하는 존재를, (다)의 '바위'는 지나온 과거를 '망각'하며 삶을 회의하는 존재를 표현하고 있다.

04 〈보기〉를 참고하여 [A]~[E]를 이해한 내용으로 적절하지 **않은** 것은?

보기

이 시의 화자는 '우포늪'에서 왁새 울음소리를 들으며, 득음을 못한 채 생을 마감했던 한 '소리꾼'을 상상적으로 떠올리고 있다. 화자는 왁새 울음소리에서 고단하고 외로웠던 소리꾼이 평생 추구했던 절창을 연상함으로써, 우포늪의 생명력이 소리꾼의 영혼을 절창으로 이끌었음을 표현하고자 했다. 자연과 인간이 어우러진 세계에서 창조되는 예술의 경지와 우포늪의 아름다움을 조화롭게 형상화한 것이다.

① [A] : 화자는 왁새 울음소리와 우포늪의 풍경을 연결 지어 소리꾼이 추구했던 절창을 상상적으로 떠올리고 있다.

② [B] : 득음의 경지를 찾아 떠돌았던 소리꾼의 얼굴에 묻어나는 삶의 비애를 감각적으로 표현하고 있다.

③ [C] : 소리꾼이 평생 추구했던 절창을 우포늪에서 찾아낸 화자의 정서를 드러내고 있다.

④ [D] : 화자가 상상적으로 떠올린 세계를 우포늪 일대의 현실적 공간과 결부하고 있다.

⑤ [E] : 날아가는 왁새와 완창을 한 소리꾼을 대비하여 자연과 인간이 통합된 예술의 형상을 사실적으로 보여 주고 있다.

05 〈보기〉는 '선생님'의 안내에 따라 학생들이 (다)를 감상한 내용이다. ⓐ~ⓔ 중 적절하지 <u>않은</u> 것은?

보기

> **선생님** : 수필은 글쓴이의 성찰을 보여 준다는 점에서 반성적이고, 깨달음을 전한다는 점에서 교훈적이며, 인생과 사회에 대한 인식과 판단을 드러낸다는 점에서 비판적인 특징을 갖습니다. 글쓴이의 발상과 통찰은 제재에서 새로운 의미를 이끌어 내고, 글쓴이의 문체는 내용을 효과적으로 표현하는 데 활용되지요. 그러면 이 작품에 드러난 수필의 특징을 확인해 봅시다.
>
> **학생 1** : 가을의 풍경을 효과적으로 그려 내기 위해 감각적인 문체를 활용하고 있음을 알 수 있어요. ·· ⓐ
>
> **학생 2** : '예술의 극치'와 '장하지도 아니한' 예술을 대비하는 데에서, 인간에 대한 비판적 인식을 엿볼 수 있어요. ························· ⓑ
>
> **학생 3** : '오심암'의 경치에서 '겸손한 자연', '순결한 자연'을 이끌어내는 데에서, 대상의 새로운 의미에 대한 통찰을 엿볼 수 있어요. ·· ⓒ
>
> **학생 4** : 인간의 삶에서 자연이 '티끌'처럼 작아 보인다고 한다는 점에서, 사색을 통해 교훈을 얻는 수필의 특성을 확인할 수 있어요. ··· ⓓ
>
> **학생 5** : '먼지 낀 의복'을 보고 '몸뚱어리'와 '마음'에 대한 부끄러움을 떠올린 데에서, 스스로를 돌아보는 반성적인 태도를 확인할 수 있어요. ··· ⓔ

① ⓐ   ② ⓑ   ③ ⓒ

④ ⓓ   ⑤ ⓔ

나 없이

기출

풀지마라

다음 글을 읽고 물음에 답하시오.

(가)

생평(生平)에 원ㅎ느니 다만 충효(忠孝)뿐이로다
이 두 일 말면 금수(禽獸) ㅣ나 다르리야
마음에 ㅎ고져 ㅎ야 십재황황(十載遑遑)*ㅎ노라

〈제1수〉

계교(計校)* 이렇더니 공명(功名)이 늦었어라
부급동남(負笈東南)*ㅎ야 여공불급(如恐不及)*ㅎ는 뜻을
세월이 물 흐르듯 ㅎ니 못 이룰까 ㅎ야라

〈제2수〉

강호(江湖)에 놀자 ㅎ니 성주(聖主)를 버리겠고
성주를 섬기자 ㅎ니 소락(所樂)에 어긋나네
호온자 기로(岐路)에 서서 갈 데 몰라 ㅎ노라

〈제4수〉

출(出)ㅎ면 치군택민(致君澤民) 처(處)ㅎ면 조월경운(釣月耕雲)
명철군자(明哲君子)는 이룰사 즐기느니
하물며 부귀(富貴) 위기(危機) ㅣ라 빈천거(貧賤居)를 ㅎ오리라

〈제8수〉

행장유도(行藏有道)*ㅎ니 버리면 구태 구ㅎ랴
산지남(山之南) 수지북(水之北) 병들고 늙은 나를
뉘라서 회보미방(懷寶迷邦)*ㅎ니 오라 말라 ㅎ느뇨

〈제16수〉

성현(聖賢)의 가신 길이 만고(萬古)에 ㅎ가지라
은(隱)커나 현(見)*커나 도(道) ㅣ 어찌 다르리
일도(一道) ㅣ오 다르지 아니커니 아무 덴들 어떠리

〈제17수〉

― 권호문, 「한거십팔곡」 ―

* 십재황황 : 급한 마음에 십 년을 허둥지둥함.
* 계교 : 견주어 헤아림.
* 부급동남 : 책을 짊어지고 여기저기 다니면서 열심히 공부함.
* 여공불급 : 이르지 못할까 두려워하듯 함.
* 행장유도 : 쓰이면 세상에 나아가 도(道)를 행하고 버려지면 은둔하는 것을 자신의 상황에 따라 알맞게 함.
* 회보미방 : 뛰어난 능력을 지니고서 은둔하는 것은 나라를 혼란스럽게 하는 것과 같음.
* 현 : 세상에 나아감.

(나)

진주 장터 생어물전에는
바닷밑이 깔리는 해 다 진 어스름을,

울 엄매의 장사 끝에 남은 고기 몇 마리의
빛 발(發)하는 눈깔들이 속절없이
은전(銀錢)만큼 손 안 닿는 한(恨)이던가
울 엄매야 울 엄매,

별 밭은 또 그리 멀리
우리 오누이의 머리 맞댄 골방 안 되어
손 시리게 떨던가 손 시리게 떨던가,

진주 남강 맑다 해도
오명 가명
신새벽이나 밤빛에 보는 것을,
울 엄매의 마음은 어떠했을꼬,
달빛 받은 옹기전의 옹기들같이
말없이 글썽이고 반짝이던 것인가.

― 박재삼, 「추억에서」 ―

(다)

시의 원심력을 담당하는 비유와 달리 리듬은 시의 구심력을 담당한다. 글자의 개수이건 음의 보폭이건 동일 요소의 반복은 시에 질서를 부여하고 리듬을 형성한다. 그런데 고전 시가의 리듬에는 외적 규율이 전제되어 있는 반면 현대 시의 리듬은 내적 규범을 창출한다. 가령 시조는 4음보를 기본으로 종장 첫 음보는 3음절을 유지하고, 둘째 음보는 그보다 길게 하는 규율을 따른다. 현대 시에서는 따라야 할 규율이 없는 대신 말소리, 휴지(休止), 고전 시가에 없던 쉼표나 마침표 등 모든 요소들의 책임이 더 커졌다. 이들의 반복은 내적 규범을 형성하여 시의 고유한 의미를 만들어 낸다.

"멀더랑 / 드래랑 / 먹고"와 같은 고려 속요의 3음보, "동짓돌 / 기나긴 밤을 / 한 허리를 / 버혀 내여"와 같은 시조의 4음보 등 고전 시가의 리듬은 현대에 이르러 해체되었다기보다는 배후로 물러나 때로는 강하게, 때로는 약하게 압력을 행사하고 있다고 보는 것이 적절하다. 어떤 시는 고전 시가의 리듬이 강하게 감지되어 친숙하지만 어떤 시는 리듬이라고 할 만한 부분이 거의 감지되지 않아 낯설다. 우리는 앞의 예를 김소월의 시에서, 뒤의 예를 이상의 시에서 찾을 수 있다. 한국의 현대 시는 김소월과 이상 사이에서 각각의 좌표를 찍는다.

01 (가)와 (나)의 공통점으로 가장 적절한 것은?

① 의문형 어미를 활용하여 화자의 정서를 강조하고 있다.
② 특정 대상과 대화하는 방식으로 주제를 부각하고 있다.
③ 시적 공간의 탈속성이 시상을 형성하는 데 기여하고 있다.
④ 계절적 배경을 소재로 하여 시적 분위기를 고조하고 있다.
⑤ 의성어와 의태어를 구사하여 화자의 상황을 제시하고 있다.

 형태쌤과 선지분석

선지분석	(가)	(나)
의문형 어미		
특정 대상과 대화하는 방식		
시적 공간의 탈속성		
계절적 배경 → 분위기 고조		
의성어, 의태어 → 화자의 상황 제시		

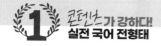

02 (가)에 대한 설명으로 적절하지 <u>않은</u> 것은?

① 〈제2수〉의 '부급동남'은 〈제4수〉의 '성주를 섬기'기 위해 화자가 행한 일이다.
② 〈제2수〉의 '공명'을 이루기 위해 화자는 〈제17수〉의 '성현의 가신 길'을 따르고자 한다.
③ 〈제4수〉의 '강호'를 화자가 선택한 이유 중 하나는 〈제8수〉의 '부귀 위기'이다.
④ 〈제4수〉의 '기로'가 〈제17수〉의 '일도'로 나타난 데에서 화자의 내적 갈등이 해소되었음을 알 수 있다.
⑤ 〈제8수〉의 '빈천거를 ㅎ'면서도 화자는 〈제17수〉의 '도'를 실천할 수 있다고 생각한다.

04 (나)에 대한 감상으로 적절하지 <u>않은</u> 것은?

① '해 다 진 어스름'은 어둠이 깔리는 파장 무렵 '생어물전'의 분위기를 보여 주는군.
② '빛 발하는 눈깔'은 '손 안 닿는' '은전'과 연결되어 '한'의 정서를 유발하는군.
③ '손 시리게 떨던가'에서는 추운 밤 '별 밭' 아래의 '골방' 속에서 느꼈던 행복감이 드러나는군.
④ '진주 남강'은 공간적 구체성을 보여 주는 한편 낮에 강을 보지 못할 정도로 바삐 생계를 꾸려 가던 '울 엄매'를 떠올리게 하는군.
⑤ '글썽이고 반짝이던'은 달빛이 비친 '옹기'의 표면과 '울 엄매'의 눈물을 함께 환기하는군.

03 〈보기〉를 통해 (가)를 감상한 것으로 적절하지 <u>않은</u> 것은?

> **보기**
>
> 조선 시대에 과거 급제는 개인이 입신양명하는 길이자 부모에게 효도하고, 임금을 보필할 수 있는 주된 통로였다. 권호문 역시 이를 위해 과거에 여러 번 응시하였으나 뜻을 이루지 못했다. 모친 사후, "뜻을 얻으면 그 은택을 백성들에게 베풀고, 뜻을 얻지 못하면 자신을 수양한다."라는 유교적 출처관(出處觀)에 따라 은자로서의 삶을 살아가던 그는 42세 이후 줄곧 조정에 천거되어 정치 현실로 나올 것을 권유받았으나 매번 이를 거절했다. 「한거십팔곡」에는 권호문의 이러한 삶과 생각이 반영되어 있는 것으로 보인다.

① 〈제1수〉의 '충효'는 화자가 이루고자 했던 삶의 덕목으로 볼 수 있겠군.
② 〈제1수〉에서 화자가 '십재황황'하는 모습은 과거에 여러 차례 응시했으나 급제하지 못했기 때문으로 볼 수 있겠군.
③ 〈제16수〉의 '행장유도ᄒ니'는 화자가 유교적 출처관을 따르고 있음을 보여 주는 것이라고 할 수 있겠군.
④ 〈제16수〉의 '병들고 늙은 나를'은 화자가 정치 현실로 나오라는 권유를 거절하는 표면적 이유라고 할 수 있겠군.
⑤ 〈제16수〉의 '회보미방'은 조정의 권유에 대한 화자의 답변으로 볼 수 있겠군.

05 (다)를 참고하여 (가)와 (나)를 이해한 내용으로 가장 적절한 것은?

① (가)에서 각 수의 종장 첫째 음보를 3음절로 한 것은 내적 규범을 따른 것이다.
② (가)에서 각 수의 종장 둘째 음보의 글자 수가 첫째 음보의 글자 수보다 많은 것은 따라야 하는 규칙을 위반한 것이다.
③ (나)에서 '울 엄매야 울 엄매'는 울림소리의 반복으로 리듬을 창출하고 화자의 정서를 표출한 것이다.
④ (나)에서 '오명 가명'은 외적 규율에 따라 'ㅇ'을 반복하여 일터의 무료한 삶에 생동감을 불어넣은 예이다.
⑤ (나)에서 1연부터 3연까지 쉼표로 연을 마무리한 것은 고전 시가의 리듬을 계승한 예이다.

다음 글을 읽고 물음에 답하시오.

(가)

문장(文章)을 ᄒᆞ쟈 ᄒᆞ니 인생식자(人生識字) 우환시(憂患始)*오
공맹(孔孟)을 빈호려 ᄒᆞ니 도약등천(道若登天) 불가급(不可及)*이로다
이 내 몸 쓸 ᄃᆡ 업스니 성대농포(聖代農圃)* 되오리라 　　　　〈제1장〉

홍진(紅塵)에 절교(絶交)ᄒᆞ고 백운(白雲)으로 위우(爲友)ᄒᆞ야
녹수(綠水) 청산(靑山)에 시ᄅᆞᆷ 업시 늘거 가니
이 듕의 무한지락(無限至樂)을 헌ᄉᆞ홀가 두려웨라 　　　　〈제3장〉

인간(人間)의 벗 잇단 말가 나ᄂᆞᆫ 알기 슬희여라
물외(物外)에 벗 업단 말가 나ᄂᆞᆫ 알기 즐거웨라
슬커나 즐겁거나 내 분인가 ᄒᆞ노라 　　　　〈제6장〉

유정(有情)코 무심(無心)ᄒᆞᆯ 슨 아마도 풍진(風塵) 붕우(朋友)
무심(無心)코 유정(有情)ᄒᆞᆯ 슨 아마도 강호(江湖) 구로(鷗鷺)
㉠ 이제야 작비금시(昨非今是)*을 ᄭᆡᄃᆞ른가 ᄒᆞ노라 　　　　〈제8장〉

도팽택(陶彭澤) 기관거(棄官去)*ᄒᆞᆯ 제와 태부(太傅) 걸해귀(乞骸歸)*ᄒᆞᆯ 제
호연(浩然) 행색(行色)을 뉘 아니 부러ᄒᆞ리
알고도 부지지(不知止)*ᄒᆞ니 나도 몰나 ᄒᆞ노라 　　　　〈제9장〉

인간(人間)의 풍우(風雨) 다(多)ᄒᆞ니 므ᄉᆞ 일 머므ᄂᆞᆫ뇨
물외(物外)에 연하(煙霞) 족(足)ᄒᆞ니 므ᄉᆞ 일 아니 가리
이제ᄂᆞᆫ 가려 정(定)ᄒᆞ니 일흥(逸興) 계워 ᄒᆞ노라 　　　　〈제11장〉

　　　　　　　　　　　　　　　　　　　　　 － 안서우, 「유원십이곡」 －

* 인생식자 우환시 : 사람은 글자를 알게 되면서부터 근심이 시작됨.

* 도약등천 불가급 : 도는 하늘로 오르는 것과 같아 미치기 어려움.

* 성대농포 : 태평성대에 농사를 지음.

* 작비금시 : 어제는 그르고 지금은 옳음.

* 도팽택 기관거 : 도연명이 벼슬을 버리고 떠남.

* 태부 걸해귀 : 한나라 태부 소광이 사직을 간청함.

* 부지지 : 그만두어야 할 때를 알지 못함.

(나)

　어느 날 나는 잠이 들었는데 비몽사몽간이었다. 정신이 산란하고 병이 아닌데 병이 든 듯하여 그 원기가 상했다. 가슴이 돌에 눌린 것처럼 답답한 게 게으름의 귀신이 든 것이 틀림없었다. 무당을 불러 귀신에게 말하게 했다.

　"네가 내 속에 숨어들어서 큰 병이 났다. …(중략)… 게을러서 집을 수리할 생각도 못하며, 솥발이 부러져도 게을러서 고치지 않고, 의복이 해져도 게을러서 깁지 않으며, 종들이 죄를 지어도 게을러서 묻지 않고, 사람들이 시비를 걸어도 게을러서 화를 내지 않아서, 마침내 날로 행동은 굼떠 가고, 마음은 바보가 되며, 용모는 날로 여위어 갈 뿐만 아니라 말수조차

줄어들고 있다. 이 모든 허물은 네가 내게 들어와 멋대로 함이라. 어째서 다른 이에게는 가지 않고 나만 따르며 귀찮게 구는가? 너는 어서 나를 떠나 저 낙토(樂土)로 가거라. 그러면 나에게는 너의 피해가 없고, 너도 너의 살 곳을 얻으리라."

　이에 귀신이 말했다.

　"그렇지 않습니다. 내가 어떻게 당신에게 화를 입히겠습니까? 운명은 하늘에 있으니 나의 허물로 여기지 마십시오. 굳센 쇠는 부서지고 강한 나무는 부러지며, 깨끗한 것은 더러워지기 쉽고, 우뚝한 것은 꺾이기 쉽습니다. 굳은 돌은 고요함으로 이지러지지 않고, 높은 산은 고요함으로 영원한 것입니다. 움직이는 것은 쉽게 요절하고 고요한 것은 장수합니다. 지금 당신은 저 산처럼 오래 살 것입니다. 경우에 따라서는 세상의 근면은 화근이, 당신의 게으름은 복의 근원이 될 수도 있지요. 세상 사람들은 세력을 좇다 우왕좌왕하여 그때마다 시비의 소리가 분분하지만, 지금 당신은 물러나 앉았으니 당신에 대한 시비의 소리가 전혀 없지 않습니까? 또 세상 사람들은 물욕에 휘둘려서 이익을 얻기 위해 날뛰지만, 지금 당신은 걱정이 없어 제정신을 잘 보존하니, 당신에게 어느 것이 흉하고 어느 것이 길한 것이겠습니까? 당신이 이제부터 유지(有知)를 버리고 무지(無知)를 이루며, 유위(有爲)를 버리고 무위(無爲)에 이르며, 유정(有情)을 버리고 무정(無情)을 지키며, 유생(有生)을 버리고 무생(無生)을 즐기면, 그 도는 죽지 않고 하늘과 함께 아득하여 태초와 하나가 될 것입니다. 내가 앞으로도 당신을 도울 것인데, 도리어 나를 나무라시니 자신의 처지를 아십시오. 그래서야 어디 되겠습니까?"

　이에 나는 그만 말문이 막혔다. 그래서 ㉡ 앞으로 나의 잘못을 고칠 터이니 그대와 함께 살기를 바란다고 했더니, 게으름은 그제야 떠나지 않고 나와 함께 있기로 했다.

　　　　　　　　　　　　　　　　　　　　　 － 성현, 「조용(嘲慵)」 －

01 (가)와 (나)의 공통점으로 가장 적절한 것은?

① 대조적 소재를 통해 삶에 대한 글쓴이의 인식을 드러내고 있다.
② 명령적 어조를 통해 세태에 대한 부정적 시각을 진술하고 있다.
③ 공간의 이동을 통해 주어진 삶에 순응해야 함을 드러내고 있다.
④ 구체적인 청자를 설정하여 자연에서 얻은 깨달음을 진술하고 있다.
⑤ 계절의 변화를 통해 과거와 대비되는 현재의 상황을 드러내고 있다.

형태쌤과 선지분석

선지분석	(가)	(나)
대조적 소재 → 삶에 대한 인식		
명령적 어조 → 세태에 대한 부정적 시각		
공간 이동 → 주어진 삶에 순응해야 함		
구체적 청자 설정 → 자연에서 얻은 깨달음		
계절 변화 → 과거에 대비되는 현재의 상황		

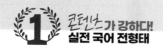
02 〈보기〉를 참고하여 (가)를 이해한 내용으로 적절하지 <u>않은</u> 것은?

> **보기**
>
> 「유원십이곡」은 강호에서의 삶을 추구하는 노래지만, 화자는 강호에 머문 뒤에도 강호와 속세 사이에서 갈등을 반복한다. 이는 강호에서의 만족한 삶이라는 이상에 도달하는 것이 쉽지 않음을 보여 주는 것이다. 그뿐 아니라 화자가 갈등을 반복하면서도 항상 강호를 선택하는 모습은, 결국 자신의 결정이 가치 있는 것임을 드러내기 위한 것으로 이해할 수 있다.

① 〈제1장〉의 초장에는 화자가 강호를 선택하게 되는 동기가 드러난다.
② 〈제3장〉의 중장에는 강호를 선택한 삶의 모습이 긍정적으로 드러난다.
③ 〈제6장〉의 종장에는 화자 자신이 분수에 맞는 선택을 했음이 드러난다.
④ 〈제9장〉의 중장에는 속세에 미련을 갖게 하는 가치를 언급함으로써 화자의 갈등이 드러난다.
⑤ 〈제9장〉의 종장에는 갈등하는 화자의 모습이, 〈제11장〉의 종장에는 자신의 선택에 만족하는 화자의 모습이 드러난다.

03 절교와 위우를 중심으로 (가)를 감상한 내용으로 적절하지 <u>않은</u> 것은?

① 화자가 '절교'하고자 하는 대상은 '인간의 벗'으로 볼 수 있다.
② 화자는 '붕우'를 '절교'하고자 하는 대상으로 인식한다고 볼 수 있다.
③ 화자는 '백운'과의 '위우'를 통해 '무한지락'을 느끼고 있다고 볼 수 있다.
④ 화자가 '위우'하고자 하는 '구로'는 '물외에 연하 족'한 곳에 있다고 볼 수 있다.
⑤ 화자가 '물외에 벗'과 '위우'하고자 하는 이유는 '유정코 무심'하기 때문으로 볼 수 있다.

04 ㉠과 ㉡을 참고하여 (가)와 (나)를 이해한 내용으로 가장 적절한 것은?

① ㉠의 화자는 '공맹을 빅호'기 위해 '성대농포'의 길을 가야 함을 알게 되었다.
② ㉡의 '나'는 '태초와 하나가' 되게 하는 상대방의 제안을 수용하며 '굳센 쇠'와 같은 변치 않는 삶을 다짐하고 있다.
③ ㉠의 화자는 '녹수 청산'에서의 삶을 즐거워하고, ㉡의 '나'는 '깨끗한 것'을 '길한 것'으로 받아들이고 있다.
④ ㉠의 화자는 현재의 삶이 옳음을 '씌 두 론가'로 밝히고, ㉡의 '나'는 반성의 태도를 '고칠 터이니'로 드러내고 있다.
⑤ ㉠의 화자는 '풍우 다'한 현실을 긍정적으로 받아들이고, ㉡의 '나'는 '시비의 소리'에 흔들렸던 자신의 잘못을 고치겠다고 다짐하고 있다.

05 〈보기〉를 참고하여 (나)를 감상한 내용으로 적절하지 <u>않은</u> 것은?

> **보기**
>
> 「조용」에서 필자는 '나'와 '게으름 귀신'의 대화라는 구조를 활용하여 게으름에 대한 사색의 결과를 담아내고 있다. 필자는 게으름의 양면성을 드러내어 게으름의 부정적 측면을 경계하는 한편 게으름의 긍정적 측면을 통해 세태에 대한 비판적 시각을 보여 준다.

① '나'가 무당을 내세워 '귀신'에게 말을 건네는 것에서, 자신의 게으른 생활에 대해 살펴보려는 필자의 모습을 알 수 있겠군.
② '나'가 집안의 대소사를 해결하지 않고 게으름을 피우는 행위를 나열하는 것에서, 게으름의 폐단을 드러내려는 필자의 생각을 알 수 있겠군.
③ '나'가 '멋대로' 행동하는 게으름을 탓하면서도 게으름은 자신의 '허물'이라 여기는 것에서, 게으름의 양면성을 드러내려는 필자의 의도를 알 수 있겠군.
④ '나'가 게으름 덕분에 '물욕'에서 벗어날 수 있다는 '귀신'의 말에서, 게으름의 긍정적 측면을 보여 주려는 필자의 의도를 알 수 있겠군.
⑤ '나'가 게으름 덕분에 세상 사람들과 달리 걱정 없이 살 수 있다는 '귀신'의 말에서, 이익을 얻기 위해 다투는 사람들에 대한 필자의 비판적 시각을 알 수 있겠군.

다음 글을 읽고 물음에 답하시오.

(가)

┌ 동녕 두던 밧긔 크나큰 너븐 들히
│ **만경(萬頃) 황운(黃雲)**이 흔 빗치 되야 잇다
│ 중양이 거의로다 **내노리** ᄒ쟈스라
│ **블근 게 여믈고 눌은 둙기** 술져시니
│ 술이 니글션졍 버디야 업슬소냐
[A] 전가(田家) 흥미는 날로 기퍼 가노매라
│ 살여흘 긴 몰래예 **밤블**이 볼가시니
│ ⓐ 게 잡는 아희들이 그물을 흣텨 잇고
│ **호두포*** 엔 구븨예 아젹믈이 미러오니
│ ⓑ 돗둔비 애내성(欸乃聲)*이 고기 ᄑᆞ는 댱시로다
└ 경(景)도 됴커니와 생리(生理)라 괴로오랴

(중략)

어와 이 청경(淸景) 갑시 이실 거시런들
적막히 다둔 문애 내 분으로 드려오랴
사조(私照)* 업다 호미 거즌말 아니로다
ⓒ 모재(茅齋)*예 빗쵠 빗치 옥루(玉樓)라 다룰소냐
청준(淸樽)을 밧쎄 열고 큰 잔의 ᄀᆞ득 브어
ⓓ 죽엽(竹葉) ᄀᆞ는 술롤 들빗 조차 거후로니
표연흔 일흥(逸興)이 져기면 ᄂᆞ리로다
이적선(李謫仙) 이려ᄒᆞ야 둘을 보고 밋치닷다
춘하추동애 경물이 아름답고
주야조모(晝夜朝暮)애 완상이 새로오니
ⓔ 몸이 한가ᄒᆞ나 귀 눈은 겨룰 업다
여생이 언마치리 백발이 날로 기니
세상 공명은 계륵이나 다룰소냐
ⓐ 강호 어조(魚鳥)애 새 밍셰 깁퍼시니
옥당금마(玉堂金馬)*의 몽혼(夢魂)*이 섯긔엿다
초당연월(草堂煙月)의 시룸 업시 누워 이셔
촌주강어(村酒江魚)로 장일취(長日醉)를 원(願)ᄒᆞ노라
이 몸이 이러구롬도 역군은(亦君恩)이샷다

- 신계영, 「월선헌십육경가」 -

*호두포 : 예산현의 무한천 하류.
*애내성 : 어부가 노를 저으면서 부르는 노랫소리.
*사조 : 사사로이 비춤.
*모재 : 띠로 지붕을 이어 지은 집.
*옥당금마 : 관직 생활.
*몽혼 : 꿈.

(나)

어촌(漁村)은 나의 벗 공백공의 자호(自號)다. 백공은 나와 태어난 해는 같으나 생일이 뒤이기 때문에 내가 **아우**라고 한다. 풍채와 인품이 소탈하고 명랑하여 사랑할 만하다. **대과에 급제**하고 좋은 벼슬에 올라, 갓끈을 나부끼고 인끈을 두르고 필기를 위한 붓을 귀에 꽂고 나라의 옥새를 주관하니, 사람들은 진실로 그에게 원대한 기대를 하였으나, 담담하게 강호의 취미를 지니고 있다. 가끔 흥이 무르익으면, 「어부사」를 노래한다. 그 음성이 맑고 밝아서 천지에 가득 찰 것 같다. 증자가 상송(商頌)을 노래하는 것을 듣는 듯하여, 사람의 가슴으로 하여금 멀리 강호에 있는 것 같게 만든다. 이것은 그의 마음에 **사욕이 없어** 사물에 초탈하였기 때문에 소리의 나타남이 이와 같은 것이다.

하루는 나에게 말하기를,

"나의 뜻은 어부(漁父)에 있다. 그대는 어부의 즐거움을 아는가. **강태공**은 성인이니 **내가 감히** 그가 주 문왕을 만난 것과 같은 그런 만남을 기약할 수 없다. **엄자릉**은 현인이니 **내가 감히** 그의 깨끗함을 바랄 수는 없다. ⓑ 아이와 어른들을 데리고 갈매기와 백로를 벗하며 어떤 때는 낚싯대를 잡고, ⓢ 외로운 배를 노 저어 조류를 따라 오르고 내리면서 가는 대로 맡겨 두고, 모래가 깨끗하면 뱃줄을 매어 두고 산이 좋으면 그 가운데를 흘러간다. ⓞ 구운 고기와 신선한 생선회로 술잔을 들어 주고받다가 해가 지고 달이 떠오르며 바람은 잔잔하고 물결이 고요한 때에는 배에 기대어 길게 휘파람을 불며, 돛대를 치고 큰 소리로 노래를 부른다. ⓩ 흰 물결을 일으키고 맑은 빛을 헤치면, 멀고 멀어서 마치 성사*를 타고 하늘에 오르는 것 같다. 강의 연기가 자욱하고 짙은 안개가 내리면, 도롱이와 삿갓을 걸치고 그물을 걷어 올리면 금빛 같은 비늘과 옥같이 흰 꼬리의 물고기가 제멋대로 펄떡거리며 뛰는 모습은 ⓩ 넉넉히 눈을 즐겁게 하고 마음을 기쁘게 한다. 밤이 깊어 구름은 어둡고 하늘이 캄캄하면 사방은 아득하기만 하다. 어촌의 등불은 가물거리는데 배의 지붕에 빗소리는 울어 느리다가 빠르다가 우수수 하는 소리가 차갑고도 슬프다. … (중략) … 여름날 뜨거운 햇빛에 더위가 쏟아질 적엔 버드나무 늘어진 낚시터에 미풍이 불고, 겨울 하늘에 눈이 날릴 때면 차가운 강물에서 홀로 낚시를 드리운다. 사계절이 차례로 바뀌건만 어부의 즐거움은 없는 때가 없다.

저 영달에 얽매여 벼슬하는 자는 구차하게 **영화**에 매달리지만 나는 만나는 대로 편안하다. 빈궁하여 고기잡이를 하는 자는 구차하게 **이익**을 계산하지만 나는 스스로 유유자적을 즐긴다. 성공과 실패는 운명에 맡기고, 진퇴도 오직 때를 따를 뿐이다. 부귀 보기를 뜬구름과 같이 하고 공명을 헌신짝 벗어 버리듯 하여, 스스로 세상의 물욕 밖에서 방랑하는 것이니, 어찌 시세에 영합하여 이름을 낚시질하고, 벼슬길에 빠져들어 생명을 가볍게 여기며 이익만 취하다가 스스로 함정에 빠지는 자와 같겠는가. ⓑ 이것이 내가 몸은 벼슬을 하면서도 뜻은 강호에 두어 매양 노래에 의탁하는 것이니, 그대는 어떻게 생각하는가?"

하니 내가 듣고 **즐거워하며** 그대로 기록하여 백공에게 보내고, 또한 나 자신도 살피고자 한다. 을축년 7월 어느 날.

- 권근, 「어촌기」 -

*성사 : 옛날 장건이 타고 하늘에 다녀왔다고 하는 배.

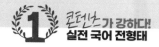
01 ㉠~㉻에 대한 이해로 적절하지 않은 것은?

① ㉠에는 전원에서의 생활상이, ㉾에는 자연과 동화되는 삶이 나타난다.
② ㉡에는 한가로운 자연 속 흥취가, ㉯에는 고독을 해소하려는 의지가 나타난다.
③ ㉢에는 자연현상에서 연상된 그리움의 대상이, ㉼에는 배의 움직임에 따른 청아한 풍경이 나타난다.
④ ㉣에는 운치 있는 풍류의 상황이, ㉺에는 자연에서 누리는 흥겨운 삶의 모습이 나타난다.
⑤ ㉤에는 변화하는 자연에서 얻는 즐거움이, ㉽에는 생동감 넘치는 자연에서 느끼는 만족감이 나타난다.

02 〈보기〉를 바탕으로 [A]를 감상한 내용으로 적절하지 않은 것은?

보기

17세기 가사 「월선헌십육경가」는 월선헌 주변의 16경관을 그린 작품으로 자연에서의 유유자적한 삶을 읊으면서도 현실적 생활 공간으로서의 전원에 새롭게 관심을 두었다. 그에 따라 생활 현장에서 볼 수 있는 풍요로운 결실, 여유로운 놀이 장면, 그리고 생업의 현장에서 느끼는 정서 등을 다양한 표현 방법을 통해 현장감 있게 노래했다.

① 전원생활에서 목격한 풍요로운 결실을 '만경 황운'에 비유해 드러냈군.
② 전원생활 가운데 느끼는 여유를 '내노리 ㅎ쟈스라'와 같은 청유형 표현을 통해 드러냈군.
③ 전원생활의 풍족함을 여문 '블근 게'와 살진 '눌은 둙'과 같이 색채 이미지에 담아 드러냈군.
④ 전원생활에서의 현장감을 '밤블이 블가시니'와 '아젹믈이 미러오니'와 같은 묘사를 활용해 드러냈군.
⑤ 전원생활의 여유를 즐기면서도 생업의 현장에서 느끼는 고단함을 '생리라 괴로오랴'와 같은 설의적인 표현으로 드러냈군.

03 (나)의 '공백공'에 대한 설명으로 가장 적절한 것은?

① 시간에 따른 공간의 다채로운 모습을 제시하며 자신의 감정을 드러내고 있다.
② 상대의 말과 행동이 불일치함을 언급하여 자신의 결백을 입증하고 있다.
③ 상대에 대해 심리적 거리감을 느껴 자신의 생각 표현을 자제하고 있다.
④ 질문에 답변하며 현실에 대처하는 자신의 태도를 밝히고 있다.
⑤ 대상과 관련된 행위를 열거하며 자신의 무력감을 깨닫고 있다.

04 〈보기〉를 참고하여 (나)를 이해한 내용으로 적절하지 않은 것은?

보기

「어촌기」의 작가는 벗의 말을 인용하여 자신의 생각을 드러내고 있다. 작가는 벗에 관한 이야기가 기록할 만한 가치가 있다는 근거를 벗과의 관계와 그의 성품에 대한 평을 통해 마련하고 있다. 이를 통해 작가는 자신이 추구하는 삶의 방향성과 가치관을 드러내며 벗의 생각에 공감하고 있다.

① 벗이 '영화'와 '이익'을 중시하는 삶을 거부한다는 것을 통해 벗의 가치관을 알 수 있군.
② 작가가 벗의 말을 '즐거워하며' 자신도 살피려 하는 것을 통해 작가는 벗의 생각에 공감하고 있음을 알 수 있군.
③ 작가가 벗을 '아우'로 삼고 있다는 것을 통해 벗이 추구하는 삶의 자세가 작가로부터 전해 받은 것임을 알 수 있군.
④ 벗이 '강태공'과 '엄자릉'을 들어 '내가 감히'라는 말을 언급한 것을 통해 그들의 삶에 미치지 못함을 스스로 인정하는 벗의 겸손한 성품을 알 수 있군.
⑤ 작가가 벗이 '대과에 급제'하여 기대를 받고 있는데도 '마음에 사욕이 없'다고 평한 것을 통해 벗의 말이 기록할 만한 가치가 있다고 여김을 알 수 있군.

05 ⓐ와 ⓑ를 비교한 내용으로 가장 적절한 것은?

① ⓐ는 '내'가 '강호'에서의 은거를 긍정하지만 정치 현실에 미련이 있음을, ⓑ는 '공백공'이 정치 현실에 몸담고 있지만 '강호'에 은거하려는 지향을 나타낸다.
② ⓐ는 '내'가 '강호'에서의 은거를 마치고 정치 현실로 복귀하려는 의지를, ⓑ는 '공백공'이 정치 현실에서 신뢰를 잃어 '강호'에 은거하려는 소망을 나타낸다.
③ ⓐ는 '내'가 '강호'에서 경치를 완상하며 정치 현실의 번뇌를 해소하려는 자세를, ⓑ는 '공백공'이 정치 현실과 갈등하여 '강호'에 은거하려는 자세를 나타낸다.
④ ⓐ는 '내'가 '강호'에서 늙어 감에 체념하면서도 정치 현실을 지향함을, ⓑ는 '공백공'이 정치 현실을 외면하면서 '강호'에 은거하려는 염원을 나타낸다.
⑤ ⓐ는 '내'가 '강호'에서 임금께 맹세하며 정치 현실의 이상을 실현하려는 태도를, ⓑ는 '공백공'이 정치 현실의 폐단에 실망하며 '강호'에 은거하려는 희망을 나타낸다.

다음 글을 읽고 물음에 답하시오.

(가)

ⓐ 문학 작품의 의미가 생성되는 양상은 세 가지로 나누어 볼 수 있다. 첫째는 자기의 경험은 물론 자기 내면의 정서나 의식 등을 대상에 투영하여, 외부 세계에 새로운 의미를 부여하는 경우이다. 둘째는 외부 세계의 일반적 삶의 방식이나 가치관, 이념 등을 자기 내면으로 수용하여, 자신을 새롭게 해석함으로써 의미를 만들어 내는 경우이다. 셋째는 자기와 외부 세계를 상호적으로 대비하여 양자에 대한 새로운 해석을 통해 의미를 생성하는 경우이다.

문학적 의미 생성의 이러한 세 가지 양상은 문학 작품에서 자기와 외부 세계의 관계를 파악할 때 적용할 수 있다. 첫째와 둘째의 경우, 자기와 외부 세계와의 거리는 가까워지고 친화적 관계가 형성된다. 셋째의 경우는 자기가 외부 세계를 바라보는 관점에 따라 둘 사이의 거리가 가까워져 친화적 관계가 형성되기도 하고, 그 거리가 드러나 소원한 관계가 유지되기도 한다.

(나)

산슈 간(山水間) 바회 아래 뛰집을 짓노라 ᄒᆞ니

그 모론 ᄂᆞᆷ들은 욷는다 ᄒᆞᆫ다마ᄂᆞᆫ

㉠ 어리고 햐암의 뜻의ᄂᆞᆫ 내 분(分)인가 ᄒᆞ노라

〈제1수〉

보리밥 픗ᄂᆞ믈을 알마초 머근 후(後)에

바횟 긋 믉ᄀᆞ의 슬ᄏᆞ지 노니노라

그 나믄 녀나믄 일이야 부룰 줄이 이시랴

〈제2수〉

잔 들고 혼자 안자 먼 뫼흘 ᄇᆞ라보니

그리던 님이 오다 반가옴이 이리ᄒᆞ랴

말ᄉᆞᆷ도 우움도 아녀도 몯내 됴하ᄒᆞ노라

〈제3수〉

누고셔 삼공(三公)도곤 낫다 ᄒᆞ더니 만승(萬乘)이 이만ᄒᆞ랴

이제로 헤어든 소부(巢父) 허유(許由) ㅣ 냑돗더라

아마도 님쳔 한흥(林泉閑興)을 비길 곳이 업세라

〈제4수〉

내 셩이 게으르더니 하ᄂᆞᆯ히 아ᄅᆞ실샤

인간 만ᄉᆞ(人間萬事)를 ᄒᆞᆫ 일도 아니 맛뎌

다만당 ᄃᆞ토리 업슨 강산(江山)을 딕희라 ᄒᆞ시도다

〈제5수〉

강산이 됴타 ᄒᆞᆫ들 내 분(分)으로 누얻ᄂᆞ냐

님군 은혜(恩惠)를 이제 더옥 아노이다

아므리 갑고쟈 ᄒᆞ야도 ᄒᆡ올 일이 업세라

〈제6수〉

- 윤선도, 「만흥(漫興)」 -

(다)

산림(山林)에 살면서 명리(名利)에 마음을 두는 것은 큰 부끄러움[大恥]이다. 시정(市井)에 살면서 명리에 마음을 두는 것은 작은 부끄러움[小恥]이다. 산림에 살면서 은거(隱居)에 마음을 두는 것은 큰 즐거움[大樂]이다. 시정에 살면서 은거에 마음을 두는 것은 작은 즐거움[小樂]이다.

작은 즐거움이든 큰 즐거움이든 나에게는 그것이 다 즐거움이며, 작은 부끄러움이든 큰 부끄러움이든 나에게는 그것이 다 부끄러움이다. 그런데 큰 부끄러움을 안고 사는 자는 백(百)에 반이요, 작은 부끄러움을 안고 사는 자는 백에 백이며, 큰 즐거움을 누리는 자는 백에 서넛쯤 되고, 작은 즐거움을 누리는 자는 백에 하나 있거나 아주 없거나 하니, 참으로 가장 높은 것은 작은 즐거움을 누리는 자이다.

나는 시정에 살면서 은거에 마음을 두는 자이니, 그렇다면 이 작은 즐거움을 가장 높은 것으로 말한 ㉡ 나의 이 말은 대부분의 사람들의 생각과는 거리가 먼, 물정 모르는 소리일지도 모른다.

- 이덕무, 「우언(迂言)」 -

01 (나)의 시상 전개에 대한 설명으로 가장 적절한 것은?

① 〈제1수〉에서는 경험적 성격과 연결된 공간으로부터, 〈제6수〉에서는 관념적 성격과 연결된 공간으로부터 시상이 전개된다.

② 〈제2수〉에서는 구체성이 드러나는 소재로, 〈제3수〉에서는 추상성이 강화된 소재로 시상이 시작된다.

③ 〈제2수〉에서 설의적 표현으로 제기된 의문이 〈제5수〉에서 해소되었음이 영탄적 표현으로 드러난다.

④ 〈제3수〉에서의 현재에 대한 긍정이 〈제4수〉에서의 역사에 대한 부정으로 바뀌며 시상이 전환된다.

⑤ 〈제3수〉에 나타난 정서적 반응이 〈제6수〉에서 감각적 표현을 통해 구체화된다.

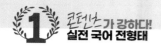
02 (가)를 참고하여 (나)를 감상한 내용으로 적절하지 <u>않은</u> 것은?

① '산슈 간'에서 살고자 하는 마음과 이에 공감하지 못하는 'ᄂᆞᆷ들'의 생각을 병치하여 화자와 'ᄂᆞᆷ들' 사이의 거리가 드러남으로써, 자기와 외부 세계 사이의 소원한 관계가 유지된다.

② '바횟 긋 믉ᄀᆞ'에서 즐거움을 누리는 삶과 '녀나믄 일'을 대비하여 세상일과 거리를 두려는 화자의 태도가 드러남으로써, 자기와 외부 세계 사이의 소원한 관계가 유지된다.

③ '님'에 대한 '반가옴'보다 더한 감흥을 불러일으키는 '뫼'의 의미를 부각하여 화자와 '님' 사이의 거리가 드러남으로써, 자기와 외부 세계 사이의 소원한 관계가 유지된다.

④ '님쳔'에서의 '한흥'이 '삼공'이나 '만승'보다 더한 가치를 지닌다고 강조하여 화자와 '님쳔' 사이의 거리가 가까워짐으로써, 자기와 외부 세계 사이의 친화적 관계가 형성된다.

⑤ '강산' 속에서의 삶이 '님군'의 '은혜' 덕택임을 제시하여 화자와 '님군' 사이의 거리가 가까워짐으로써, 자기와 외부 세계 사이의 친화적 관계가 형성된다.

03 (다)를 이해한 내용으로 적절하지 <u>않은</u> 것은?

① '부끄러움'과 '즐거움'을 조화시킴으로써 더 나은 삶의 방식을 결정할 수 있다.

② '나'는 어디에 사느냐와 어디에 마음을 두느냐를 고려하여 삶의 유형을 나누고 있다.

③ '산림'에 사는 사람들 중에는 '즐거움'을 누리는 경우보다 '부끄러움'을 가진 경우가 더 많다.

④ '큰 부끄러움'과 '작은 즐거움'은 어디에 사느냐와 어디에 마음을 두느냐가 모두 서로 다르다.

⑤ '명리'를 '부끄러움'에, '은거'를 '즐거움'에 대응시킨 것으로 보아 '나'는 '은거'의 가치를 '명리'의 가치보다 높이 두고 있음을 알 수 있다.

04 ㉠, ㉡에 대한 설명으로 가장 적절한 것은?

① ㉠은 자신의 처지를 남의 일을 말하듯이 표현함으로써 자신의 문제를 회피하고 있다.

② ㉡은 자신의 행동을 냉철하게 성찰함으로써 자신의 과오를 인정하고 있다.

③ ㉠은 ㉡과 달리, 자신의 처지를 자문자답 형식으로 말함으로써 자신의 생각을 일반화하고 있다.

④ ㉡은 ㉠과 달리, 자신의 생각을 남의 말을 인용하여 표현함으로써 자신의 신념을 객관화하고 있다.

⑤ ㉠과 ㉡은 모두, 자신이 말하고자 하는 바를 우회하여 표현함으로써 자신의 삶에 대한 자부심을 드러내고 있다.

형태쌤과 선지분석

선지분석	㉠	㉡
자신의 문제 회피		
냉철한 성찰 → 자신의 과오 인정		
자문자답 → 자신의 생각 일반화		
남의 말 인용 → 자신의 신념 객관화		
우회적으로 삶에 대한 자부심 표현		

05 ⓐ를 바탕으로 (나), (다)를 이해한 내용으로 적절하지 <u>않은</u> 것은?

① (나)에서 무정물인 대상에 대해 호감을 표현한 것은 자신의 정서를 대상에 투영한 것이라고 볼 수 있다.

② (다)에서 자연에 의미를 부여하는 것은 자신의 생각을 대상에 투영하여 세계를 해석하는 것이라고 볼 수 있다.

③ (다)에서 삶의 방식을 상대적 기준에 따라 나누어 평가한 것은 자신의 가치관과 세상 사람들의 생각을 비교하여 세계의 의미를 새롭게 파악한 것이라고 할 수 있다.

④ (나)에서는 선인들의 삶의 태도를 자기 내면으로 수용하는 과정을 거쳐, (다)에서는 대다수 사람들의 뜻을 자기 내면으로 수용하는 과정을 거쳐 새로운 의미를 생성한다고 볼 수 있다.

⑤ (나)에서 자기 본성을 하늘의 뜻에 연관 지은 것과, (다)에서 자기 삶의 방식을 일반적인 삶의 방식과 견준 것은 자기 삶의 가치를 새롭게 해석하여 의미를 만들어 낸 것이라고 할 수 있다.

다음 글을 읽고 물음에 답하시오.

(가)

이 몸 삼기실 제 님을 조차 삼기시니

ᄒ 싱 **연분(緣分)**이며 **하ᄂ 룰** 모ᄅ 룰 일이런가

나 ᄒ 나 **졈어 잇고** 님 ᄒ 나 날 괴시니

이 ᄆ ᄋ ᆷ 이 ᄉ 랑 견졸 ᄃ ᆡ **노여** 업다

평ᄉ ᆼ(平生)애 원(願)ᄒ ᄋ 요ᄃ ᆡ ᄒ ᆞ ᄃ ᆡ 녜쟈 ᄒ ᄋ 얏더니

늙거야 므ᄉ 일로 외오 두고 그리ᄂ 고

엇그제 님을 뫼셔 광한뎐(廣寒殿)의 올낫더니

그 더ᄃ ᆡ 엇디ᄒ ᄋ 야 하계(下界)예 ᄂ 려오니

올 저긔 비슨 머리 헛틀언 디 **삼 년(三年)**일쇠

연지분(臙脂粉) 잇ᄂ 마ᄂ 눌 위ᄒ ᄋ 야 고이 홀고

ᄆ ᄋ ᆷ의 ᄆ ᆡ 친 실음 텹텹(疊疊)이 ᄡ 혀 이셔

짓ᄂ 니 한숨이오 디ᄂ 니 눈믈이라

인ᄉ ᆼ(人生)은 유흔(有限)ᄒ ᆞ ᄃ ᆡ 시름도 그지업다

무심(無心)ᄒ ᆞ 셰월(歲月)은 믈 흐ᄅ ᆞ ᆺ 듯 ᄒ ᄂ 고야

염냥(炎涼)이 ᄲ ᆡ 룰 아라 가ᄂ ᆫ 듯 고텨 오니

듯거니 보거니 늣길 일도 하도 할샤

동풍이 건듯 부러 젹셜(積雪)을 헤텨 내니

창(窓) 밧긔 심근 **민화(梅花)** 두세 가지 픠여셰라

ᄀ ᆺ 득 닝담(冷淡)ᄒ ᆞ ᄃ ᆡ 암향(暗香)은 므ᄉ 일고

황혼의 ᄃ 리 조차 벼마틱 빗최니

늣기ᄂ ᆫ 듯 반기ᄂ ᆫ 듯 **님이신가** 아니신가

뎌 믹화 것거 내여 님 겨신 ᄃ ᆡ 보내오져

님이 너룰 보고 엇더타 너기실고

- 정철, 「사미인곡」 -

(나)

창 밧긔 워석버석 **님이신가** 니러 보니

혜란(蕙蘭) 혜경(蹊徑)에 낙엽은 므ᄉ 일고

어즈버 유한(有限)ᄒ 간장(肝腸)이 **다** 그츨가 **ᄒ 노라**

- 신흠 -

* 혜란 혜경 : 난초 핀 지름길.

(다)

　나는 예전에 장흥방의 길갓집에 살았다. 그 집은 저잣거리에 제법 가까워서 소란스러웠다. 문 옆에 한 칸짜리 초당이 있어 볏짚으로 덮고 흙을 쌓았더니 그윽하고 조용해서 살 만했다. 그러나 초당이 동쪽으로 치우쳐 햇볕을 받았기에 여름이면 너무 더웠다. 그래서 '고요함이 더위를 이긴다[靜勝熱]'는 말을 당호(堂號)*로 정해 문설주에 편액을 해 걸어 두고 위안을 삼았다.

　대저 고요함에는 두 가지가 있으니 하나는 몸의 고요함이요, 다른 하나는 마음의 고요함이다. 몸이 고요한 사람은, 앉고 눕고 일어나고 서는 등 모든 행동에 있어 편안함을 취할 뿐이다. 마음이 고요한 사람은, 천하만사가 마치 촛불로 비춰 보고 거북이로 점을 치는 듯하니 시원한 날씨와 더운 날씨가 무슨 상관이 있겠는가? 그러므로 '고요함이 이긴다'고 한 지금의 말은 마음의 고요함을 가리킨다.

　그 집에서 이십 년을 살고 이사하였다. 그로부터 삼 년이 흐른 뒤 옛집을 찾아가 보았다. 그새 주인이 바뀐 지 여러 번이지만 집은 옛 모습 그대로였다.

　은은하게 처마에 들어오는 산빛, 콸콸콸 담을 따라 도는 골짜기 물, 밀랍으로 발라 번들번들한 살창, 쪽빛으로 물들여 놓은 늘어진 천막.

(중략)

　내가 여기에 살던 시절은 집안이 번성하던 때였다. 선친께서 승명전에 봉직하실 때라, 퇴근하신 밤이면 우리 형제들이 모시고 앉아 학문과 예술을 담론하고 옛일을 기록하거나, 시를 읽거나 거문고를 들었으니 유중영의 옛일*과 비슷하였다. 그 즐거움을 잊을 수는 없건마는 다시 되찾을 수는 없다!

　『서경』에 '그릇은 새것을 찾고, 사람은 옛 사람을 찾는다.'라고 했다. 집 역시 그릇과 같이 무언가를 담는 부류이긴 하나, 사람은 집이 아니면 몸을 붙여 머물 데가 없고 집보다 더 거처를 많이 하는 것은 없으므로, 집은 그릇보다는 사람에 가깝다 하겠다. 그러니 어찌 그리워하지 않을 수 있으랴!

　그렇지만 인간사가 벌써 바뀌어, 사물에 닿을 때마다 슬픔만 더하므로 이 집에 다시 살고 싶지는 않다. 마땅히 임원(林園)*에 집터를 보아 집을 지어서 옛 이름의 편액을 걸어 옛집에서 지녔던 뜻을 잊지 않으려 한다.

　누군가는 '임원이 이미 고요하거늘, 지금 다시 '고요함이 이긴다'고 하면 또한 군더더기가 아닌가?'라고 말할 수 있으리라. 나는 답하리라. '고요한데 또 고요하니, 이것이야말로 고요함이라네.'라고.

- 유본학, 「옛집 정승초당을 둘러보고 쓰다」 -

* 당호 : 집에 붙이는 이름.
* 유중영의 옛일 : 당나라 때 문신 유중영이 늘 책을 가까이하며 자식들을 가르치던 일.
* 임원 : 산림.

01 (가)와 (나)에 대한 설명으로 가장 적절한 것은?

① (가)의 '노여'와 (나)의 '다'라는 수식어는 모두 임에 대한 원망의 정서를 강조하기 위해 사용된 것이다.

② (가)의 'ᄒ ᄂ 고야'와 (나)의 'ᄒ 노라'는 모두 화자의 의지를 단정적인 종결형으로 나타낸 것이다.

③ (가)의 '민화'와 (나)의 '혜란'은 모두 화자와 동일시되는 자연물을 의인화하여 나타낸 것이다.

④ (가)의 '므ᄉ 일고'와 (나)의 '므ᄉ 일고'는 모두 뜻밖의 대상과 마주하게 된 반가움을 영탄적 어조로 표현한 것이다.

⑤ (가)의 '님이신가'와 (나)의 '님이신가'는 모두 임을 만나고 싶은 간절함을 독백적 어조로 드러낸 것이다.

02 〈보기〉를 바탕으로 (가)를 감상한 내용으로 적절하지 <u>않은</u> 것은?

보기

　(가)에는 천상의 시간과 지상의 시간이 모두 나타난다. 천상에서는 지상과 달리 생로병사의 과정 없이 끝없는 사랑이 지속된다. 이러한 시간적 질서는 지상에 내려온 화자를 힘겹게 하는데, 이 과정에서 화자는 지상의 물리적 시간을 심리적으로 변형하여 자신의 심경을 드러낸다.

① 임과의 '연분'을 '하ᄂᆞᆯ'과 연결 짓는 것은, 임과의 사랑이 천상의 시간 질서처럼 끝없이 이어지기를 바라는 마음이 반영된 것이라 볼 수 있겠어.

② '겸어 잇고'와 '늙거야'를 통해 화자가 천상의 시간에서 벗어나 지상의 시간으로 편입되었음을 알 수 있겠어.

③ '삼 년' 전을 '엇그제'로 인식하는 것에서, 임과 함께한 기억이 아직도 선명하게 남아 있어 지상의 물리적 시간이 심리적으로 압축되어 나타나고 있음을 알 수 있겠어.

④ '인ᄉᆡᆼ은 유흔'과 '무심흔 셰월'을 통해 지상의 시간적 질서에 따라 소망을 이룰 수 있는 시간이 줄고 있는 것에 대한 불안한 마음을 엿볼 수 있겠어.

⑤ '염냥'이 '가ᄂᆞᆫ ᄃᆞᆺ 고텨' 온다는 인식에서, 임과의 관계 단절에 따른 절망감으로 인해 지상의 물리적 시간이 심리적으로 지연되어 나타나고 있음을 알 수 있겠어.

03 〈보기〉를 바탕으로 (나), (다)를 감상한 내용으로 적절하지 <u>않은</u> 것은?

보기

　고요함은 소리나 움직임이 없이 잠잠한 상태인 외적 고요와 마음이 평온한 상태인 내적 고요로 구분할 수도 있다. 이에 주목하여 (나)를 감상할 때, 화자가 처한 상황과 그에 따른 심리는 고요함의 측면에서 이해될 수 있다. 또한 (다)에서 필자는 고요함에 대한 통찰을 통해 자신이 처한 공간에서 내적 고요를 추구하려 하는데, 이를 통해 삶에서 느끼는 불편이나 슬픔을 이겨 내는 동력을 얻고 있다.

① (나)에서 '낙엽' 소리가 창 안에서도 들린다는 것은 화자가 외적 고요의 상태에 있었다는 것을 의미하겠군.

② (나)에서 '낙엽' 소리를 임이 오는 소리로 착각했다는 것은 화자의 심리가 내적 고요의 상태에 있지 못했기 때문이겠군.

③ (다)에서 '사물에 닿을 때마다 슬픔만 더'한다는 것은 옛집을 돌아본 경험이 필자로 하여금 내적 고요를 이루기 어렵게 만들었다는 인식이 반영된 것이겠군.

④ (다)에서 '옛집'의 '초당'에 붙였던 당호를 '임원'의 새집에서도 사용하겠다는 것은 필자가 외적 고요에 더해 내적 고요를 추구하고 있음을 보여 주는 것이겠군.

⑤ (다)에서 '누군가'가 '고요함이 이긴다'는 당호를 '군더더기'로 본다는 것은 외적 고요만으로는 삶에서 느끼는 불편이나 슬픔을 이겨 내기 어렵다고 여겼기 때문이겠군.

04 (가)와 (다)를 비교하여 이해한 내용으로 가장 적절한 것은?

① (가)와 (다) 모두 인간의 외양이 변화하는 상황에 대한 안타까움이 나타나 있다.

② (가)와 (다) 모두 오래된 것보다는 새로운 것을 더 중시하는 삶의 자세가 나타나 있다.

③ (가)와 (다) 모두 자신이 있는 공간에서 그 공간에 부재하는 대상을 떠올리는 상황이 나타나 있다.

④ (가)에는 인생의 허무함에 대한 순응적 태도가, (다)에는 인생의 허무함에 대한 극복 의지가 나타나 있다.

⑤ (가)에는 과거와 달라진 타인의 마음에 대한, (다)에는 과거와 달라진 자신의 마음가짐에 대한 아쉬움이 나타나 있다.

형태쌤과 선지분석

선지분석	(가)	(다)
인간의 외양 변화 안타까워함		
오래된 것보다 새로운 것을 더 중시		
공간에 부재하는 대상 환기		
(가) 허무함에 대한 순응적 태도		
(다) 허무함에 대한 극복 의지		
(가) 달라진 타인의 마음에 대한 아쉬움		
(다) 달라진 자신의 마음에 대한 아쉬움		

05 (다)에 대한 이해로 적절하지 <u>않은</u> 것은?

① 여름에 더웠던 경험을 바탕으로 옛집 초당의 당호를 정하게 된 내력을 서술하고 있다.

② 과거 인물의 행적에 비추어, 다시 찾은 옛집에서 떠올린 기억에 대한 감회를 드러내고 있다.

③ 새집에 붙이고자 하는 당호의 의미를 통해 옛집에서 다시 살고 싶어하는 마음을 표현하고 있다.

④ 변함없는 옛집의 외양과 달리, 변해 버린 인간사로 인해 새집을 지으려는 마음을 갖게 되었음을 밝히고 있다.

⑤ 집이 그릇과 같은 부류이지만 사람을 담고 있는 존재라는 점에 주목하여 옛집에 대한 그리움을 부각하고 있다.

다음 글을 읽고 물음에 답하시오.

(가)

청평사의 나그네	有客淸平寺
봄 산을 마음대로 노니네	春山任意遊
고요한 외로운 탑에 산새 지저귀고	鳥啼孤塔靜
흐르는 작은 내에 꽃잎 떨어지네	花落小溪流
좋은 나물은 때 알아 돋아나고	佳菜知時秀
향기로운 버섯은 비 맞아 부드럽네	香菌過雨柔
시 읊조리며 **신선 골짝** 들어서니	行吟入仙洞
나의 **백 년 근심** 사라지네	消我百年愁

　　　　　　　　　　　　- 김시습, 「유객(有客)」 -

(나)

도연명(陶淵明) 죽은 후에 또 연명(淵明)이 나다니
밤마을 옛 이름이 때마침 같을시고
돌아와 수졸전원(守拙田園)*이야 그와 내가 다르랴

　　　　　　　　　　　　　　　　　　〈제1곡〉

삼공(三公)이 귀하다 한들 이 강산과 바꿀쏘냐
조각배에 달을 싣고 낚싯대 흩던질 때
이 몸이 이 청흥(淸興) 가지고 만호후*인들 부러우랴

　　　　　　　　　　　　　　　　　　〈제8곡〉

어지럽고 시끄런 문서 다 주어 내던지고
필마(匹馬) 추풍에 채를 쳐 돌아오니
아무리 매인 새 놓였다고 **이대도록 시원하랴**

　　　　　　　　　　　　　　　　　　〈제10곡〉

세버들 가지 꺾어 낚은 **고기** 꿰어 들고
주가(酒家)를 찾으려 낡은 다리 건너가니
온 골에 살구꽃 져 쌓이니 갈 길 몰라 하노라

　　　　　　　　　　　　　　　　　　〈제15곡〉

최 행수 쑥달임 하세 조 동갑 꽃달임 하세
닭찜 게찜 올벼 점심은 날 시키소
매일에 이렇게 지내면 무슨 **시름** 있으랴

　　　　　　　　　　　　　　　　　　〈제17곡〉
　　　　　　　　　　- 김광욱, 「율리유곡(栗里遺曲)」 -

* 수졸전원 : 전원에서 분수를 지키며 소박하게 살아감.
* 만호후 : 재력과 권력을 겸비한 세도가.

(다)

　　오십이 넘은 **판교(板橋)**는 마음에 맞지 않는 관직을 버리고 거리낌 없는 자유로운 심경에서 여생을 보냈다.

　　"**청수(淸瘦)**한 한 폭 대를 그리어 추풍강상(秋風江上)에 낚대나 만들까 보다."

　　㉠ 궁핍을 면할 양으로 본의 아닌 생활을 계속하느니보다 모든 속사(俗事)를 버리고 표연히 강상(江上)의 어객(漁客)이 되는 것이 운치 있는 생활이기도 하려니 얼마나 자유를 사랑하는 청고(淸高)한 마음이냐. 고기를 낚는 취미도 실로 **삼매경**에 몰입할 수 있는 좋은 놀음이다.

　　푸른 물이 그득히 담긴 못가에서 흐느적거리는 낚싯대를 척 휘어잡고 바늘에 미끼를 물린다. 가장자리에는 물이끼들이 꽉 엉겼을 뿐 아니라 고기도 **송사리** 떼밖에 오지 않는지라, 팔 힘 자라는 대로 낚싯줄이 허(許)하는 대로 되도록 멀리 낚시를 던져 조금이라도 큰 고기를 잡을 양으로 한껏 내던져도 본다. 풍당 물결이 여울처럼 흔들리고 나면 거울 같은 수면에 찌만이 외롭고 슬프게 곧추서 있다.

　　㉡ 한 점 찌는 객이 되고 나는 주인이 되어 알력과 모략과 시기와 저주로 꽉 찬 이 풍진(風塵) 세상을 등 뒤로 두고 서로 무언의 우정을 교환한다.

　　내 모든 정열을 오로지 외로이 떠 있는 한 점 찌에 기울이고 있노라면, 가다가 ㉢ 별안간 이 한 점 찌는 술 취한 놈처럼 까딱 까딱 흔들리기 시작한다.

　　'고기가 왔구나!'

　　다음 순간, 찌는 물속으로 자꾸 딸려 들어간다.

　　'옳다, 큰 놈이 물린 게로군.'

[A] ⎡　잡아당길 때 무거울 것을 생각하면서 배꼽에 힘을 잔뜩 주고 행여나 낚대를 놓칠세라 두 손으로 꽉 붙잡고 번쩍 치켜 올리면, 허허 이런 기막힌 일도 있을까. 큰 고기는커녕 어떤 때는 방게란 놈이 달려 나오고, 어떤 때는 개구리란 놈이 발버둥을 치는 수가 많다. 하면 되는 줄만 알았던 낚시질도 간대로 우리 따위까지 단번에 되란 법은 없나 보다. ⎣

[B] ⎡　세상일이란 모조리 그러한 것이랴마는 아무리 내 재주가 서툴다기로서니 개구리나 방게란 놈들도 염치가 있지, 속어에 이르기를 숭어가 뛰니 망둥이도 뛴다는 셈으로 나는 나대로 제법 강상의 어객인 양하고 나섰는 판에, 그래도 그럴 듯 미끈한 잉어까지야 못 물린다손 치더라도 고기도 체면은 알 법한지라, 하다못해 붕어 새끼쯤이야 안 물리랴 하는 판에, 얼토당토않은 구역질 나는 놈들이 제가 젠체하고 가다듬은 내 마음을 더럽힐 줄 어찌 알았으랴. ⎣

　　㉣ 세상이 하 뒤숭숭하니 고요히 서재나 지키어 한묵(翰墨)*의 유희(遊戲)로 폭 박혀 있자는 것도 말처럼 쉽사리 되는 것은 아니라, 그렇다고 거리로 나가 **성격 파산자**처럼 공연스레 왔다 갔다 하기도 부질없고, 보이는 것 들리는 것이 모조리 **심사 틀리는 소식**밖엔 없어 그래도 죄 없는 곳은 내 서재니라 하여 며칠만 틀어박혀 있으면 그만 속에서 울화가 **터져 나온다.**

　　위진(魏晉) 간에 심산벽촌(深山僻村)에 은거하여 청담(淸談)이나 일삼던 그네의 심경을 한때는 **욕**을 한 적도 있었으나, ㉤ 막상 나 자신이 그런 심경에 처해 있고 보니 고인(古人)의 불우한 그 심정을 넉넉히 동감하게 된다.

　　　　　　　　　　　- 김용준, 「조어삼매(釣魚三昧)」 -

* 한묵 : 글을 짓거나 쓰는 것을 이르는 말.

01 (가)와 (나)의 공통점으로 가장 적절한 것은?

① 자연물의 속성에 주목하여 교훈적 의미를 전달하고 있다.
② 설의적 표현을 통해 추구하고자 하는 삶의 태도를 제시하고 있다.
③ 먼 경치에서부터 가까운 곳으로 시선을 옮기며 심리의 변화를 드러내고 있다.
④ 화자가 자신을 객관화하는 표현을 내세워 내적 갈등에 대한 공감을 유도하고 있다.
⑤ 계절을 드러내는 시어를 사용하여 시기에 부합하는 자연의 모습을 구체화하고 있다.

형태쌤과 선지분석

선지분석	(가)	(나)
자연물의 속성 → 교훈적 의미		
설의적 표현 → 추구하고자 하는 삶의 태도		
원경에서 근경으로의 시선 이동 → 심리의 변화		
화자 자신 객관화 → 내적 갈등에 대한 공감 유도		
계절적 시어 → 시기에 맞는 자연의 모습		

02 (나)에 대한 이해로 적절하지 <u>않은</u> 것은?

① 〈제1곡〉에서는 지명에 주목하여 화자의 지향을 드러내고 있다.
② 〈제8곡〉에서는 자연의 가치를 부각하여 화자가 즐기는 흥취를 강조하고 있다.
③ 〈제10곡〉에서는 화자의 현재 상황에 대한 만족감을 바탕으로 자연물에 대한 연민을 드러내고 있다.
④ 〈제15곡〉에서는 다양한 행위를 연속적으로 나열하여 화자가 누리는 생활의 일면을 제시하고 있다.
⑤ 〈제17곡〉에서는 청자를 호명하며 즐거움을 함께하려는 화자의 마음을 전달하고 있다.

03 문맥을 고려하여 ㉠~㉤에 대해 이해한 내용으로 적절하지 <u>않은</u> 것은?

① ㉠ : 생계를 유지하기 위한 생활과 대비되는 낚시의 의의를 드러내고 있다.
② ㉡ : 낚시 도구와 글쓴이의 관계를 설정하여 낚시에 몰입하는 태도를 표현하고 있다.
③ ㉢ : 낚시에 집중했던 글쓴이의 기다림과 기대에 부응하는 순간을 부각하고 있다.
④ ㉣ : 낚시의 대안으로 선택한 것으로서, 글쓴이에게 마음의 안정을 찾게 해 준 방법으로 제시되고 있다.
⑤ ㉤ : 낚시를 해 본 후 달라진 글쓴이의 마음가짐으로서, 은거했던 옛사람들에 기대어 자신의 심정을 드러내고 있다.

04 (나)와 (다)를 비교하여 이해한 내용으로 가장 적절한 것은?

① (나)의 '도연명'과 (다)의 '판교'는 각각 화자와 글쓴이가 행적을 따르고자 하는 인물이다.
② (나)의 '삼공'과 (다)의 '성격 파산자'는 모두 세속에서 높은 지위를 차지하고 있는 이들을 가리킨다.
③ (나)의 '세버들 가지'와 (다)의 '청수한 한 폭 대'는 각각 화자와 글쓴이가 자신과 동일시하는 대상이다.
④ (나)의 '고기'와 (다)의 '송사리'는 각각 화자와 글쓴이가 자신을 보잘것없는 존재로 비유한 표현이다.
⑤ (나)의 '시름'과 (다)의 '욕'은 각각 화자와 글쓴이가 자신을 억압하는 존재를 염두에 둔 표현이다.

05 [A]와 [B]에 대한 이해로 가장 적절한 것은?

① [A]에 나타난 글쓴이의 경이감은 [B]에서 인생에 대한 낙관적 기대로 확장된다.
② [A]에 나타난 글쓴이의 무력감은 [B]에서 과거의 삶에 대한 동경을 통해 해소된다.
③ [A]에 나타난 글쓴이의 실망감은 [B]에서 자신의 손상된 체면에 대한 한탄으로 이어진다.
④ [A]에 나타난 글쓴이의 상실감은 [B]에서 새로운 이상을 품도록 만드는 계기로 작용한다.
⑤ [A]에 나타난 글쓴이의 혐오감은 [B]에서 자신의 능력에 대한 겸손한 반성으로 전환된다.

06 〈보기〉를 바탕으로 (가)~(다)를 감상한 내용으로 적절하지 <u>않은</u> 것은?

보기

문학 작품에서 공간에 대한 인식을 형상화하는 방식은 다양하다. 공간에 대한 인식을 직접적으로 드러내는 표현을 사용하거나, 공간 내 특정 대상의 속성으로써 그 대상이 포함된 공간 전체를 표상하기도 한다. 또한 이러한 인식은 공간 간의 관계를 통해 표현되기도 한다. 이때 관계를 이루는 공간에는 작품에 명시된 공간은 물론 그 이면에 전제된 공간도 포함된다.

① (가)의 '신선 골짝'은 화자가 지향하는 공간으로서, 이에 대립되는 곳으로 '백 년 근심'이 유발된 공간이 이면에 전제된 것이라 할 수 있겠군.
② (나)의 '낡은 다리'는 '주가'와 '온 골'이라는 대비되는 속성을 지닌 두 공간의 경계를 표현하여, 양쪽 모두에 미련을 버리지 못한 화자의 상황을 상징하고 있겠군.
③ (나)에서 화자가 돌아온 곳은 '어지럽고 시끄런 문서'로 표상되는 공간과 대비되는 공간으로서, '이대도록 시원하랴'와 같은 반응을 자연스럽게 이끌어낸 것이겠군.
④ (다)에서 '푸른 물이 그득히 담긴 못가'는 글쓴이가 '삼매경'에 빠지기를 기대하는 곳으로, 글쓴이가 자신의 지향과 직결되는 공간을 직접적으로 드러낸 것이겠군.
⑤ (다)에서 '내 서재'는 '심사 틀리는 소식'을 피하기 위한 곳임에도 불구하고 '속에서 울화가 터져 나온다'고 언급되었다는 점에서, 그 이면에는 새로운 공간에 대한 지향이 있음을 알 수 있겠군.

다음 글을 읽고 물음에 답하시오.

(가)

[A]
┌ 구겨진 하늘은 묵은 얘기책을 편 듯
└ 돌담 울이 고성같이 둘러싼 산기슭

박쥐 나래 밑에 황혼이 묻혀 오면
초가 집집마다 **호롱불**이 켜지고
고향을 그린 묵화(墨畫) 한 폭 좀이 쳐.

띄엄 띄엄 보이는 그림 조각은
[B]
┌ 앞밭에 보리밭에 말매나물 캐러 간
└ 가시내는 가시내와 종달새 소리에 반해

빈 바구니 차고 오긴 너무도 부끄러워
술레짠 두 뺨 위에 모매꽃이 피었고.

[C]
┌ 그넷줄에 비가 오면 풍년이 든다더니
└ 앞내강에 씨레나무 밀려 나리면

젊은이는 젊은이와 **뗏목**을 타고
돈 벌러 항구로 흘러간 몇 달에
서릿발 잎 져도 못 오면 바람이 분다.

[D]
┌ 피로 가꾼 이삭이 참새로 날아가고
└ 곰처럼 어린 놈이 북극을 꿈꾸는데

늙은이는 늙은이와 싸우는 입김도

[E]
┌ 벽에 서려 성에 끼는 한겨울 밤은
└ 동리(洞里)의 밀고자인 강물조차 얼붙는다.

- 이육사, 「초가」 -

(나)

오늘, 묵창을 열어,

장거릴 등지고 산을 향하여 앉은 뜻은
사람은 맨날 변해 쌓지만
태고로부터 푸르러 온 산이 아니냐.
고요하고 너그러워 수(壽)하는 데다가
보옥을 갖고도 자랑 않는 겸허한 산.
마음이 본시 산을 사랑해
평생 산을 보고 산을 배우네.
그 품 안에서 자라나 거기에 가 또 묻히리니
내 이승의 낮과 저승의 밤에

아아라히 뻗쳐 있어 다리 놓는 산.
네 품이 내 고향인 그리운 산아
미역취 한 이파리 상긋한 산 내음새
산에서도 오히려 산을 그리며
꿈같은 산 정기(精氣)를 그리며 산다.

- 김관식, 「거산호 2」 -

(다)

온갖 꽃들이 요란스럽게 일제히 터트려져 광채가 찬란하다. 이때에 바람이 살짝 불어오면 향기가 코를 스친다. 때마침 꼴 베는 자가 낫을 가지고 와서 손 가는 대로 베어 내는데, 아쉬워 돌아보거나 거리끼는 마음도 없다. 나는 이에 한숨을 쉬며 탄식하여 말하였다.

"땅이 낳고 하늘이 기르는바, 만물이 무성히 자라며 모두가 광대한 은택을 입는구나. 이에 따스한 바람이 불어 갖가지 형상을 아로새기고 단비를 내려 온 둘레를 물들이니, 천기(天機)를 함께 타고나 형체를 부여받음에 각기 그 자질에 따라 고운 자태를 드러낸다. 모란의 진귀하고 귀중함을 해당화의 곱고 아름다움에 견주어 보면, 비록 크고 작은 차이는 있겠으나, 어찌 **공교함과 졸렬함**에 다른 헤아림이 있었겠는가?

(중략)

그런데도 **귀함**이 저와 같고 **천함**이 이와 같아, 어떤 것은 **부호가의 깊은 장막 안**에서 눈앞의 봄바람을 지키고, 어떤 것은 짧은 낮을 든 어리석은 종의 손아귀에서 가을 서리처럼 변한다. 이 어찌 된 일인가? 뜨락은 사람 가까이에 있고 교외의 땅은 멀리 막혀 있어 가까운 것은 친하기 쉽고 멀리 있는 것은 저어하기 때문이 아니겠는가? 아니면 요황과 위자*는 성씨가 존엄한데 범상한 화초는 이름이 없으며, 성씨가 존엄한 것은 곱게 빛나는데 이름 없는 것들은 먼 데서 이주해 온 백성 같은 존재이기 때문인가? 그도 아니면 뿌리가 깊은 것은 종족이 번성한데 빽빽이 늘어선 것들은 가늘고 작으며, 높고 큰 것은 높은 자리에 있고 가늘고 작은 것들은 들판에 있기 때문인가?

아! 낳는 것은 하늘에 달려 있으나 **영화롭게** 하는 것은 인간에 달려 있다. 하늘은 사사로움이 없기에 그 **조화(造化)가 균일**하지만, 인간은 널리 베풀지 못하므로 **소원함**도 있고 **친함**도 있는 것이다. 하늘이 이미 낳아 주었는데 또 어찌 사람이 영화롭게 하고 영화롭지 못하게 한다고 원망하겠는가? 나에게는 비록 감정이 있지만 풀에는 감정이 없으니, 그것이 **소의 목구멍**을 채우는 것과 **나비**로 하여금 다투어 찾도록 하는 것을 어찌 달리 보겠는가?"

- 이옥, 「담초(談艸)」 -

* 요황과 위자 : 모란의 진귀한 품종을 일컫는 말.

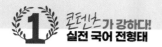
01 (가)~(다)에 대한 설명으로 가장 적절한 것은?

① (가)에서는 현실적인 문제 해결의 실마리로 조화로운 공동체의 모습을 제시하고 있다.

② (나)에서는 현실에 대한 부정적 인식을 바탕으로 앞날에 대한 회의를 드러내고 있다.

③ (다)에서는 자연과 인간의 관계를 살펴 자연을 바라보는 인간의 태도에 대한 성찰을 드러내고 있다.

④ (가), (다)에서는 모두 자연물이 쇠락하는 과정을 제시하여 인생에 대한 무상감을 드러내고 있다.

⑤ (가), (나), (다)에서는 모두 자연과의 교감을 통해 장소에 대한 낙관적 전망을 이끌어 내고 있다.

형태쌤과 선지분석

선지분석	(가)	(나)	(다)
현실적 문제 해결 실마리 → 조화로운 공동체			
현실에 대한 부정적 인식 → 앞날에 회의적			
자연-인간 관계 → 자연에 대한 인간의 태도 성찰			
자연물이 쇠락하는 과정 → 인생무상			
자연과의 교감 → 장소에 대한 낙관적 전망			

02 〈보기〉를 참고할 때, [A]~[E]에 대한 이해로 적절하지 않은 것은?

보기

이육사는 「초가」를 발표하면서 '유폐된 지역에서'라고 창작 장소를 밝혔다. 이곳에서 그는 오래전 떠나온 고향을 떠올려 시로 형상화했다. 계절의 흐름에 따라 낭만적인 봄에서 비극적인 겨울로 시상을 전개하여 악화되어 가는 일제 강점기의 현실을 묘사했다.

① [A] : 돌담 울에 둘러싸인 산기슭을 묘사하여 화자가 고향을 회상하는 장소의 분위기를 나타내고 있다.

② [B] : 봄날의 보리밭 풍경을 제시하여 화자가 떠올리는 고향의 모습을 형상화하고 있다.

③ [C] : 고향 사람들이 기대하던 앞내강 정경을 묘사하여 화자의 소망이 이루어진 상황을 나타내고 있다.

④ [D] : 풍족한 결실을 거두지 못한 상황에서 자신이 처한 현실 너머의 세계를 꿈꾸는 소년의 모습을 보여 주고 있다.

⑤ [E] : 강물이 얼어붙는 삭막한 겨울의 이미지로 일제 강점기의 가혹한 현실 상황을 드러내고 있다.

03 '산'에 대한 화자의 태도를 중심으로 (나)를 감상한 내용으로 적절하지 않은 것은?

① '산'을 수시로 변하는 인간과 달리 태고로부터 본질을 잃지 않는 불변성을 지닌 것으로 인식하는군.

② '산'을 인간의 덕성을 표면화하는 데 집중하는 적극적 의지를 지닌 존재로 여기는군.

③ '산'을 삶과 죽음을 이어 줌으로써 죽음 이후에도 함께할 대상으로 여기는군.

④ '산'을 근원적 고향으로 인식함으로써 그리움의 대상으로 바라보는군.

⑤ '산'을 현재 함께하는 존재로 여기면서도 지속적으로 지향해야 할 궁극적인 존재로 인식하는군.

04 (다)의 '나'에 대한 이해로 가장 적절한 것은?

① 꽃의 '공교함과 졸렬함'을 판단할 때는 꽃의 형체보다는 쓰임새에 기준을 두어야 함을 강조한다.

② 화초의 '귀함'과 '천함'에 대한 평가는 그 본성에 맞게 이름이 부여되었느냐에 달려 있다고 믿는다.

③ 풀을 '영화롭게' 만드는 주체는 인간이 아니라 하늘이어야 한다는 깨달음을 드러낸다.

④ 하늘의 입장에서 보면 모든 풀은 '조화가 균일'한 존재로서 가치의 우열을 가지지 않는다고 생각한다.

⑤ 인간의 감정에는 '소원함'과 '친함'이 모두 있으므로 사사로움을 넘어 균형을 도모할 수 있다고 본다.

05 묵화와 북창을 중심으로 (가)와 (나)를 비교한 내용으로 가장 적절한 것은?

① (가)에서는 '묵화'와 '박쥐 나래'의 이미지를 연결하여 고향의 어두운 분위기를, (나)에서는 '북창'에서 바라본 산의 '품'에 주목하여 산이 주는 아늑한 분위기를 드러낸다.

② (가)에서 '묵화'는 '황혼'이 상징하는 현실적 상황에, (나)에서 '북창'은 '저승의 밤'이 의미하는 절망적 상황에 대응된다.

③ (가)에서 '묵화'에 '좀이 쳐'라고 한 것은 화자가 고향에 대해 느끼는 세월의 깊이를, (나)에서 '북창'을 '오늘' 열었다고 한 것은 산을 대하는 화자의 인식이 변화된 시점을 드러낸다.

④ (가)에서 '묵화'를 '그림 조각'이라고 한 것은 고향의 분절된 이미지를, (나)에서 '북창'을 '열어' 산을 보고 있다는 것은 선망하는 세계와 분리된 이미지를 나타낸다.

⑤ (가)에서는 '묵화'에 그려진 '모매꽃'에 부끄러움의 정서를, (나)에서는 '북창'을 통해 본 '보옥'에 안타까움의 정서를 담아낸다.

06 〈보기〉를 참고하여 (가)~(다)를 감상한 내용으로 적절하지 <u>않은</u> 것은?

보기

　문학적 표현에는 표현 대상을 그와 연관된 다른 관념이나 사물로 대신하여 나타내는 방법이 있다. 여기에는 사물의 속성으로 실체를 대신하거나 대상의 한 부분으로 전체를 대신하는 것 등이 포함된다. 이러한 방법들은 서로 혼재되기도 하면서 구체적이고 생생한 이미지와 분위기를 환기한다.

① (가)에서 저녁이 오는 시간을 그와 연관된 사물인 '호롱불'이 켜진다는 것으로 나타냄으로써, 산골 마을의 저녁 풍경을 시각적 이미지로 보여 주는군.

② (가)에서 고향에 머무르지 못하고 객지로 떠나는 현실을 '뗏목'을 타고 흘러가는 것과 연관 지어 나타냄으로써, 삶의 불안정함을 구체적 이미지로 보여 주는군.

③ (나)에서 세속적인 삶의 공간 전체를 이해관계가 얽혀 있는 '장거리'의 속성을 활용하여 나타냄으로써, 인심이 쉽게 변하는 세속 공간의 분위기를 환기하는군.

④ (다)에서 귀한 대우를 받는 삶을 그러한 속성을 가진 '부호가의 깊은 장막 안'으로 나타냄으로써, 인간과 가까운 공간의 적막한 분위기를 환기하는군.

⑤ (다)에서 풀의 가치를 '소'와 '나비'의 행위와 연관 지어 나타냄으로써, 하찮게 취급되는 풀과 귀하게 여겨지는 풀의 차이를 구체적 이미지로 보여 주는군.

나 없이

기출

풀지마라

다음 글을 읽고 물음에 답하시오.

(가)

강호에 봄이 드니 이 몸이 일이 많다
나는 그물 깁고 아이는 밭을 가니
뒷 뫼에 엄기는 약을 **언제** 캐려 하나니　　　　　〈제1수〉

삿갓에 도롱이 입고 세우(細雨) 중에 호미 메고
산전을 흩매다가 **녹음**에 누웠으니
목동이 우양을 몰아다가 **잠든 나**를 깨와다　　　　〈제2수〉

대추 볼 붉은 골에 밤은 어이 떨어지며
벼 벤 그루에 게는 어이 내리는고
술 익자 체 장수 **돌아가니** 아니 먹고 어이리　　　〈제3수〉

뫼에는 **새** 다 긏고 들에는 갈 이 없다
외로운 배에 삿갓 쓴 **저 늙은이**
낚대에 맛이 깊도다 눈 깊은 줄 아는가　　　　　〈제4수〉

　　　　　　　　　　　　　　　　　　　- 황희, 「사시가」 -

(나)

건곤이 얼어붙어 삭풍이 몹시 부니
하루 쬔다 한들 열흘 추위 어찌할꼬
은침을 빼내어 **오색실** 꿰어 놓고
임의 터진 옷을 깁고자 하건마는
㉠ 천문구중(天門九重)에 갈 길이 아득하니
아녀자 깊은 정을 임이 **언제** 살피실꼬
㉡ 음력 섣달 거의로다 새봄이면 늦으리라
동짓날 자정이 지난밤에 **돌아오니**
만호천문(萬戶千門)이 차례로 연다 하되
자물쇠를 굳게 잠가 **동방(洞房)**을 닫았으니
눈 위에 서리는 얼마나 녹았으며
뜰 가의 매화는 몇 송이 피었는고
㉢ 간장이 다 썩어 넋조차 그쳤으니
천 줄기 원루(怨淚)는 피 되어 솟아나고
반벽청등(半壁靑燈)은 빛조차 어두워라
황금이 많으면 매부(買賦)나 하련마는
㉣ 백일(白日)이 무정하니 뒤집힌 동이에 비칠쏘냐
평생에 쌓은 죄는 다 나의 탓이로되
언어에 공교 없고 눈치 몰라 다닌 일을
풀어서 헤여 보고 다시금 생각거든
조물주의 처분을 누구에게 물으리오

사창 매화 달에 가는 한숨 다시 짓고
㉤ 은쟁(銀箏)을 꺼내어 원곡(怨曲)을 슬피 타니
주현(朱絃) 끊어져 다시 잇기 어려워라
차라리 죽어서 **자규**의 넋이 되어
밤마다 이화에 피눈물 울어 내어
오경에 잔월(殘月)을 섞어 **임의 잠**을 깨우리라

　　　　　　　　　　　　　　　　　　　- 조우인, 「자도사」 -

(다)

　그 집은 **그 집 아이들**에게 작은 우주였다. 그곳에는 많은 비밀이 있었다. 자연 속에는 눈에 보이는 것 말고도 눈에 보이지 않는 무한한 비밀이 감춰져 있었다. 그는 그 집에서 크면서 자연 속에 감춰진 비밀들을 깨달아 갔다.
　석양의 북새, 혹은 **낮게 깔리는 굴뚝 연기**를 보고 그는 비설거지를 했다. 그런 다음 날은 틀림없이 **비가** 올 것이므로. 비가 온 날 저녁에는 또 지렁이가 밤새 운다는 것을 그는 알고 있었다. 똑또르 똑또르 하는 지렁이 울음소리. 냄새와 소리와 맛과 색깔과 형태들이 그 집에서는 선명했다. 모든 것들이 말이다. 왜냐하면 봄과 여름과 가을과 겨울과 아침과 낮과 저녁과 밤이 그 집에서는 뚜렷했으므로. 자연이 그러한 것처럼 사람들의 삶이 명료했다.
　이제 그 집을 떠난 그에게는 모든 것이 불분명하다. 아침과 저녁이 불분명하고 사계절이 불분명하고 오감이 불분명하다. 병원에서 태어나 수십 군데 이사를 다니고 나서 겨우 장만한 **아파트**. 그 사각진 **콘크리트 벽 속**에 살고 있는 그의 아이는 **여름에 긴팔 옷을 입고 겨울에 반팔 옷을 입는**다.
　돈은 은행에서 나고 먹을 것은 슈퍼에서 나는 것으로 아는 아이는, 수박이 어느 계절의 과일인지 분간하지 못하는 아이는 그래서 봄 여름 가을 겨울을 알지 못한다. 아침 저녁의 냄새와 소리와 맛과 형태와 색깔이 어떻게 다른지 알지 못한다.

　어머니의 부음을 듣고 그는 그가 나고 성장한 그 노란 집으로 갔다. 팔 남매를 낳고 기르느라 조그마해질 대로 조그마해진 어머니는 바로 자신의 아이들을 낳았던 그 자리에 자신의 몸을 부려 놓고 있었다.
　그 집, 노란 그 집에 **탄생과 죽음**이 있었다. 그 집 안주인의 죽음 이후 그 집은 적막해졌다. 아무도 그 집에 들어와 살지 않을 것이며 누구도 아이를 그 집에서 낳지 않을 것이며 그러므로 죽음 또한 그 집에서는 일어나지 않을 것이다. 그 집의 역사는 그렇게 끝이 난 것이다.
　우리들의 어머니의 죽음과 함께 조왕신과 성주신이 살지 않는 우리들의 집은 이제 적막하다. 더 이상의 탄생과 죽음이 없는 우리들의 집은 쓸쓸하다.
　우리는 오늘 밤도 쓸쓸한 집으로 돌아들 간다.

　　　　　　　　　　　　　　　　　　- 공선옥, 「그 시절 우리들의 집」 -

01 (가)~(다)의 공통점으로 가장 적절한 것은?

① 어조의 변화를 통해 긴장감을 조성하고 있다.
② 자연과 인간의 대비를 통해 세태를 비판하고 있다.
③ 대상과의 문답을 통해 주제 의식을 부각하고 있다.
④ 초월적 공간을 설정하여 고조된 감정을 드러내고 있다.
⑤ 시간을 나타내는 표현을 활용하여 내용을 전개하고 있다.

형태쌤과 선지분석

선지분석	(가)	(나)	(다)
어조의 변화			
자연과 인간의 대비 → 세태 비판			
대상과의 문답 → 주제 의식 부각			
초월적 공간 설정 → 감정 고조			
시간을 나타내는 표현			

02 (가)의 시상 전개에 대한 설명으로 가장 적절한 것은?

① 〈제1수〉의 초장, 중장은 풍경 묘사이고, 종장은 이에 대한 감상의 표현이다.
② 〈제2수〉의 초장, 중장은 인물의 행위가 순차적으로 나열된 것이다.
③ 〈제2수〉의 초장과 중장에 있는 인물의 행위는 〈제3수〉의 초장에서 그 결과로 나타난다.
④ 〈제3수〉의 초장의 장면은 중장과 인과적 관계로 연결된다.
⑤ 〈제4수〉의 초장의 동적인 분위기는 중장의 정적인 분위기로 전환된다.

03 〈보기〉에 따라 (나)의 ㉠~㉤을 이해한 내용으로 적절하지 않은 것은?

보기

선생님 : 이 작품의 제목에 쓰인 '자도(自悼)'는 '자신을 애도한다'는 뜻으로, 죽음에 견줄 만큼의 극단적인 슬픔을 드러낸 것입니다. 이 점에 주목하여 작품을 읽어 봅시다.

① ㉠을 통해, 임과 만날 가능성이 희박하다는 비관적 인식이 자신을 애도하게 만든 배경임을 알 수 있어요.
② ㉡을 통해, 새봄을 맞이하여 이별의 슬픔을 극복하기 위해 마음을 다잡으려 노력하고 있음을 알 수 있어요.
③ ㉢을 통해, 임에 대한 사무치는 그리움이 너무나 커서 자신을 애도할 수밖에 없는 상황임을 알 수 있어요.
④ ㉣을 통해, 무정한 임 때문에 자신의 처지가 바뀔 가능성이 없음을 깨닫고 좌절감을 느끼고 있음을 알 수 있어요.
⑤ ㉤을 통해, 임을 향한 원망의 마음을 음악으로 표현하여 내면의 슬픔을 토로하고 있음을 알 수 있어요.

04 (가)와 (나)의 시어에 대한 이해로 가장 적절한 것은?

① (가)의 '녹음'은 평온한 분위기의, (나)의 '동방'은 암울한 분위기의 장소이다.
② (가)의 '언제'는 미래의 어느 시기를, (나)의 '언제'는 과거의 어느 시기를 가리킨다.
③ (가)의 '새'와 (나)의 '자규'는 모두 화자의 감정이 이입된 대상물이다.
④ (가)의 '잠든 나'의 '잠'과 (나)의 '임의 잠'은 모두 꿈을 통해서라도 소망을 실현하기 위한 매개이다.
⑤ (가)의 '돌아가니'와 (나)의 '돌아오니'는 모두 화자가 새로운 상황에 기대감을 갖는 계기이다.

05 비밀들을 중심으로 (다)를 이해한 내용으로 적절하지 않은 것은?

① '그 집'을 떠난 후 그의 오감이 불분명한 것은 비밀들이 그의 '아파트'에 감춰져 있기 때문이다.
② '그 집 아이들'은 '그 집'에서 '낮게 깔리는 굴뚝 연기'에 감춰진 '비'에 관한 비밀들을 깨달을 수 있었다.
③ '그의 아이'가 '여름에 긴팔 옷을 입고 겨울에 반팔 옷을 입는' 것은 비밀들을 모르고 살아가는 모습을 보여 준다.
④ '그 집'의 역사가 어머니의 죽음 후 끝났다고 한 것은 비밀들과 함께할 사람들의 '탄생과 죽음'이 사라졌기 때문이다.
⑤ '그 사각진 콘크리트 벽 속'에 사는 '그의 아이'는 비밀들을 알아차릴 줄 아는 감각을 익히지 못해 삶이 불분명하다.

06 〈보기〉를 참고하여 (가)~(다)를 감상한 내용으로 적절하지 않은 것은?

보기

시조, 가사, 수필에서 작가는 대개 1인칭으로 나타나므로 작가 정보를 활용하면 작품을 더 풍부하게 해석할 수 있다. 그런데 작가는 자신을 다른 인물로 상정하여 표현하기도 한다. 이 경우에도 작가를 그 인물에 투영해서 읽을 수 있다. (가)는 작가가 나이 들어 벼슬에서 물러나 전원에서 생활하며 지은 시조라는 점, (나)는 작가가 임금에게 충언하는 시를 쓴 죄로 옥에 갇혔을 때 지은 가사라는 점, (다)는 작가가 시골에서 성장한 경험을 반영하여 쓴 수필이라는 점을 고려하여 작품을 해석할 수 있다.

① (가)의 '저 늙은이'가 작가라면, 전체적으로 이 작품은 연로한 작가가 느끼는 전원생활의 흥취를 드러낸 것이겠군.
② (가)의 '저 늙은이'가 작가가 아니라면, 〈제4수〉는 '낚대'의 깊은 맛에 몰입하며 '나'와는 달리 한가롭게 지내는 인물에 대한 심리적 거리감을 드러낸 것이겠군.
③ (나)의 '아녀자'가 작가라면, 이 작품은 '은침'과 '오색실'로 '임의 터진 옷'을 깁는 상황을 설정하여 임금에 대한 곧은 충심을 표현한 것이겠군.
④ (다)의 '그'가 작가라면, 이 작품은 '그 집'에서 성장하고 떠났던 자신의 경험을 타인의 것처럼 전달함으로써 개인적인 경험에 거리를 두고 객관화하여 표현한 것이겠군.
⑤ (다)의 '우리들'에 작가 자신이 포함되므로, 이 작품은 작가 자신의 개인적 경험을 확장하여 유사한 경험을 가진 독자들의 공감을 이끌어 내려 한 것이겠군.

다음 글을 읽고 물음에 답하시오.

(가)

아아 아득히 내 첩첩한 산길 왔더니라. **인기척 끊**이고 새도 짐승도 있지 않은 **한낮** 그 **화안한 골 길**을 다만 아득히 나는 머언 생각에 잠기어 왔더니라.

백화(白樺) 앙상한 사이를 바람에 백화같이 불리우며 물소리에 흰 돌 되어 씻기우며 나는 총총히 외롬도 잊고 왔더니라

살다가 오래여 삭은 장목들 흰 팔 벌리고 서 있고 풍설(風雪)에 깎이어 날선 봉우리 홀 홀 홀 창천(蒼天)에 흰 구름 날리며 섰더니라

쏴아 — 한종일내 — 쉬지 않고 부는 물소리 안은 바람소리 …… **구월** 고운 낙엽은 날리어 푸른 담(潭) 위에 호르르르 낙화같이 지더니라.

어젯밤 잠자던 동해안 어촌 그 검푸른 밤하늘에 나는 장엄히 뿌리어진 허다한 **바다의 별들**을 보았느니,

이제 나의 이 **오늘밤** 산장에도 얼어붙는 바람 속 우러르는 나의 **하늘**에 **별들**은 쓸리며 다시 **꽃과 같이 난만(爛漫)**하여라.

- 박두진, 「별 - 금강산시 3」 -

(나)

[A] ┌ **사람들**은 자기들이 길을 만든 줄 알지만
   └ 길은 순순히 **사람들의 뜻**을 좇지는 않는다
사람을 끌고 가다가 문득
벼랑 앞에 세워 **낭패**시키는가 하면
[B] ┌ 큰물에 우정 제 허리를 동강 내어
   └ 사람이 부득이 저를 버리게 만들기도 한다
[C] ┌ **사람들**은 이것이 다 사람이 만든 길이
   │ 거꾸로 사람들한테 세상 사는
   └ 슬기를 가르치는 거라고 말한다
길이 사람을 밖으로 불러내어
온갖 곳 온갖 사람살이를 구경시키는 것도
세상 사는 이치를 가르치기 위해서라고 말한다
[D] ┌ 그래서 길의 뜻이 거기 있는 줄로만 알지
   │ 길이 사람을 밖에서 안으로 끌고 들어가
   └ 스스로를 깊이 들여다보게 한다는 것은 모른다
[E] ┌ 길이 밖으로가 아니라 안으로 나 있다는 것을
   └ 아는 **사람**에게만 **길**은 고분고분해서
꽃으로 제 몸을 수놓아 향기를 더하기도 하고
그늘을 드리워 사람들이 땀을 식히게도 한다

[F] ┌ 그것을 알고 나서야 **사람들**은 비로소
   └ 자기들이 길을 만들었다고 말하지 않는다

- 신경림, 「길」 -

(다)

고요하니 즐거운 이 밤 초롱초롱 맑게 고인 샘물 같은 눈으로 나는 지금 **당신**께서 보내 주신 맑고 고운 수선화 한 폭을 들여다봅니다. 들여다보노라니 그윽한 향기와 새파란 꿈이 안개같이 오르고 또 노란 슬픔이 연기같이 오릅니다. 나는 이제 이 긴긴 밤을 당신께 이 **노란 슬픔의 이야기**나 해서 보내도 좋겠습니까.

남쪽 바닷가 어떤 낡은 항구의 처녀 하나를 나는 좋아하였습니다. 머리가 까맣고 눈이 크고 코가 높고 목이 패고 키가 호리낭창하였습니다.

(중략)

어느 해 유월이 저물게 **실비 오는 무더운 밤**에 처음으로 그를 안 나는 여러 아름다운 것에 그를 견주어 보았습니다 - 당신께서 좋아하시는 산새에도 해오라비에도 또 진달래에도 그리고 산호에도……. 그러나 나는 어리석어서 아름다움이 닮은 것을 골라낼 수 없었습니다.

총명한 내 친구 하나가 그를 비겨 수선이라고 하였습니다. 그제는 나도 기뻐서 그를 비겨 수선이라고 하였습니다. 그러한 나의 수선이 시들어 갑니다. 그는 스물을 넘지 못하고 또 **가슴의 병**을 얻었습니다. 이 이야기는 이만하고 나의 노란 슬픔이 더 떠오르지 않게 나는 당신의 보내 주신 맑고 고운 수선화의 폭을 치워 놓아야 하겠습니다.

밤이 **아직 샐 때가** 멀고 또 복밥을 먹을 때도 아직 되지 않았습니다. 이제 나는 어머니의 바느질 그릇이 있는 데로 가서 무새 헝겊이나 얻어다가 알록달록한 각시나 만들면서 **이 남은 밤**을 당신께서 좋아하실 내 시골 **육보름*** 밤의 이야기나 해서 보내도 좋겠습니까.

육보름으로 넘어서는 밤은 집집이 안간으로 사랑으로 웃간에도 맏웃간에도 다락방에도 허텅에도 고방에도 부엌에도 대문간에도 외양간에도 모두 째듯하니 불을 켜 놓고 복을 맞이하는 밤입니다. 달 밝은 마을의 행길 어데로는 **복덩이가 돌아다닐 것도** 같은 밤입니다. 닭이 수잠을 자고 개가 밤물을 먹고 도야지 깃을 들쩍이는 밤입니다. **새악시 처녀들**은 새 옷을 입고 복물을 긷는다고 벌을 건너기도 하고 고개를 넘기도 하여 부잣집 우물로 가서 반동이에 옹패기에 찰락찰락 물을 길어 오며 별 같은 이야기를 **자깔자깔** 하는 밤입니다. 새악시 처녀들은 또 복을 가져오노라고 달을 보고 웃어 가며 살팽이같이 여우같이 **부잣집**으로 가서는 날쌔기도 하게 기왓골의 **기왓장을 벗겨** 오고 부엌으로 솥뚜껑을 들어 오고 곱새담의 짚날을 뽑아 오고……. 이렇게 **허물없는 즐거움** 속에 **끼득깨득** 하는 그들은 산에서 내린 무슨 암짐승이 되어 버리는 밤입니다.

- 백석, 「편지」 -

* 육보름 : 정월 대보름 다음날.

01 (가)~(다)의 공통점으로 가장 적절한 것은?

① 빗대어 표현하는 방식으로 대상의 속성을 드러내고 있다.
② 과거를 회상하는 방식으로 현재의 의미를 나타내고 있다.
③ 영탄적인 어조로 대상에서 촉발된 인상을 표현하고 있다.
④ 예스러운 종결 표현으로 고풍스러운 느낌을 자아내고 있다.
⑤ 계절감을 드러내는 표현으로 시간의 경과를 보여 주고 있다.

형태쌤과 선지분석

선지분석	(가)	(나)	(다)
빗대어 표현 → 대상의 속성			
과거 회상 → 현재의 의미			
영탄적 어조 → 촉발된 인상			
예스러운 종결 표현 → 고풍스러움			
계절감 표현 → 시간 경과			

03 (가), (다)에 대한 이해로 가장 적절한 것은?

① (가)의 '구월'은 화자의 고뇌가 심화되는 시간으로 볼 수 있다.
② (다)의 '고요하니 즐거운 이 밤'은 '당신'과의 재회에 대한 기대감이 고조되는 시간으로 볼 수 있다.
③ (가)의 '어젯밤'은 화자가, (다)의 '복덩이가 돌아다닐 것도 같은 밤'은 글쓴이가 고독감을 느끼는 시간으로 볼 수 있다.
④ (가)의 '오늘밤'은 화자가 고향에 대한 기억을 되살리는, (다)의 '실비 오는 무더운 밤'은 글쓴이가 지난날을 후회하는 계기로 볼 수 있다.
⑤ (가)의 '인기척 끊긴 '한낮'은 화자가 생각에 잠길 만한, (다)의 '아직 샐 때가' 면 '이 남은 밤'은 글쓴이가 이야기를 계속할 만한 시간으로 볼 수 있다.

02 〈보기〉를 참고하여 (가), (나)를 감상한 내용으로 가장 적절하지 <u>않은</u> 것은?

보기

　　(가)에서 화자는 금강산으로 가는 길에서 만난 자연의 모습을 자신의 내면에 투영하여 형상화하고 있다. 자연의 외적 모습을 바라보는 데 그치지 않고 주관적 대상으로 묘사하여, 화자와 자연의 정서적 교감을 드러낸다.
　　(나)에서 화자는 길에 대한 사람들의 생각이 자신의 관점에만 치우쳐 있어서 내면의 길을 찾지 못하고 있음을 일깨우고 있다. '밖'과 '안'을 대비하여 내적 성찰의 중요성을 이끌어 내는 길의 상징적 의미를 진술함으로써, 길에 대해 사람들이 깨달음을 얻어 가는 과정을 보여 준다.

① (가)는 '화안한 골 길'과 '백화 앙상한 사이'를 통해, 화자가 여정 속에서 만난 자연의 모습을 묘사하고 있군.
② (가)는 '바다의 별들'과 '하늘에 별들'을 통해, 화자의 내면에 투영된 자연에 대한 주관적 인상을 형상화하고 있군.
③ (나)는 '벼랑 앞에'서 '낭패'를 겪는 사람들의 상황을 보여 줌으로써, 자신의 관점으로만 길을 이해한 사람들을 일깨우려 하고 있군.
④ (나)는 '세상 사는 이치'에서, 내면의 길을 찾아내어 내적 성찰을 이끌어 낸 사람들의 생각을 담아내고 있군.
⑤ (가)는 '꽃과 같이 난만하여라'에서, (나)는 '꽃으로 제 몸을 수놓아 향기를 더하기도 하고'에서, 대상에 대한 화자의 긍정적인 태도를 엿볼 수 있군.

04 (가)에 대한 이해로 적절하지 <u>않은</u> 것은?

① 1연에서 '아득히', '왔더니라'를 반복하여, '첩첩한 산길'과 '머언 생각에 잠기는 화자의 내면을 조응시키고 있다.
② 2연의 '물소리에 흰 돌 되어 씻기우며'에서, 자연과의 관계에서 느끼는 화자의 정서를 드러내고 있다.
③ 3연의 '오래여 삭은 장목들'과 '풍설에 깎이어 날선 봉우리'를 통해, 자연의 유구함에서 풍기는 분위기를 표상하고 있다.
④ 3연의 '홀 홀 홀', 4연의 '쏴아', '호르르르'와 같은 표현으로, 자연의 풍경을 생동감 있게 형상화하고 있다.
⑤ 5연의 '동해안'과 6연의 '산장'이라는 공간의 대조를 통해, 장소의 이동에 따른 화자의 태도 변화를 부각하고 있다.

05 [A]~[F]에 대한 이해로 적절하지 않은 것은?

① [A]에서 '길'이 '사람들의 뜻'을 좇지 않는다는 진술의 구체적인 양상을 [B]에서 확인할 수 있다.

② [B]에서의 경험을 [C]에서 '사람들'이 어떻게 수용하는지를 밝히고 있다.

③ [C]의 '사람들'이 미처 깨닫지 못한 바가 무엇인지를 [D]에서 밝히고 있다.

④ [E]와 같이 제 뜻을 굽혀 '사람'에게 복종하는 '길'의 모습은 [B]와 대비되고 있다.

⑤ [F]에서 깨달음을 얻은 '사람들'의 태도는 [A]의 '사람들'의 태도와 대비되고 있다.

06 〈보기〉를 참고하여 (다)를 감상한 내용으로 적절하지 않은 것은?

보기

'당신'에게 쓰는 편지 형식의 이 수필에서 글쓴이는 개인적 경험과 공동체적 경험으로 대비되는 두 가지 이야기를 들려준다. 수선화에서 연상된 이야기가 글쓴이에게 슬픔을 환기하는 기억이라면, 고향의 풍속 이야기는 일탈이 용인되는 유쾌한 축제로 그려진다. 이를 통해 독자는 슬픔과 즐거움이라는 삶의 양면성을 경험하게 된다.

① 글쓴이가 '당신'에게 말하는 형식으로 되어 있어 독자는 자신이 편지의 수신인이 된 것처럼 친근함을 느낄 수 있겠군.

② '노란 슬픔의 이야기'는 '가슴의 병'을 얻은 여인과 관련된 개인적 경험으로 볼 수 있겠군.

③ '육보름'에 대한 '당신'과 글쓴이의 경험을 대비한 것은 삶의 양면성을 보여 주려는 의도로 볼 수 있겠군.

④ '부잣집'의 '기왓장을 벗겨 오'는 '새악시 처녀들'의 행동은 축제 같은 분위기 속에 일시적으로 용인된 것이겠군.

⑤ '자깔자깔', '끼득깨득'과 같은 음성 상징어에서 '새악시 처녀들'의 '허물없는 즐거움'과 쾌감을 느낄 수 있겠군.

나 없이

기출

풀지마라

다음 글을 읽고 물음에 답하시오.

(가)

┌ 이런들 어떠하며 저런들 어떠하료

　　초야우생(草野愚生)이 이렇다 어떠하료

└ 하물며 **천석고황(泉石膏肓)**을 고쳐 므슴하료　　　〈제1수〉

[A]

┌ 연하(烟霞)로 **집을 삼고** 풍월(風月)로 **벗을 삼아**

　　태평성대에 병으로 늙어 가네

└ 이 중에 바라는 일은 **허물이나 없고자**　　　〈제2수〉

춘풍(春風)에 화만산(花滿山)하고 추야(秋夜)에 월만대(月滿臺)라

사시 가흥(佳興)이 **사람과 한가지라**

하물며 어약연비(魚躍鳶飛) 운영천광(雲影天光)이야 어느 끝이 있으리

　　　　　　　　　　　　　　　　　　　　　　　〈제6수〉

　　　　　　　　　　　　　　　　　　　－ 이황, 「도산십이곡」 －

(나)

산가(山家) 풍수설에 동구 못이 좋다 할새

십 년을 경영하여 한 땅을 얻으니

형세는 좁고 굵은 암석은 많고 많다

┌ 옛 길을 새로 내고 **작은 연못** 파서

[B] 활수*를 끌어 들여 가는 것을 머물게 하니

└ 맑은 거울 **티 없어** 산 그림자 잠겨 있다

천고(千古)에 황무지를 아무도 모르더니

일조(一朝)에 진면목을 **내 혼자 알았노라**

처음의 이 내 뜻은 물 머물게 할 뿐이더니

이제는 돌아보니 **가지가지 다 좋구나**

백석은 치치(齒齒)하여 은도로 새겨 있고

벽류는 콸콸 흘러 옥 술잔을 때리는 듯

첩첩한 산들은 좌우의 병풍이요

빽빽한 소나무는 전후의 울타리로다

구곡 상하대는 층층이 둘러 있고

삼경(三逕) 송국죽(松菊竹)은 줄지어 벌여 있다

하물며 바위 벼랑 높은 위에 노송이 용이 되어 구부려 누웠거늘

운근(雲根)을 베어 내고 ㉠ <u>작은 정자</u> 붙여 세워

띠 풀로 지붕 이고 자르지 않으니 이것이 어떤 집인가

남양의 제갈려인가 무이의 와룡암인가*

다시금 살펴보니 필굉 위언의 그림의 것이로다

무릉도원을 예 듣고 못 봤더니

이제야 알겠구나 이 진짜 거기로다

　　　　　　　　　　　　　　　　　　　－ 김득연, 「지수정가」 －

* 활수 : 흐르는 물.
* 남양의 제갈려, 무이의 와룡암 : 옛 현인이 은거한 거처.

(다)

　　내 초로의 어느 가을날, 나는 겸재가 동해안을 따라 내려가면서 동해 승경을 화폭에 옮겼던 월송정, 망양정, 청간정, 성류굴을 일삼아 떠돌아다녔다. 망양정은 옛 기성면의 바닷가에서 지금의 근남면 산포리로 옮겨 세운 지가 140여 년이 넘어, 기성면의 ㉡ <u>옛 망양정 자리</u>는 도로 공사로 단애의 허리가 잘리워 나가, 바닷물은 단애 끝으로부터 멀찌감치 쫓겨났고 그 사이는 시멘트 칠갑이 되어 있었다. 정자 터는 사방이 깎여져 나갔고 화폭 속의 소나무 숲도 베어져 버린 채, 그 언덕은 그저 무의미한 흙더미로 변해 있었다. 마을의 고로(古老)들도 그곳에 들어서 있던 정자를 본 일은 없었고, 다만 그들의 증조나 고조로부터 전해 오는 구전에 의해 그 흙더미가 망양정 옛터였음을 옮길 뿐이었다.

　　겸재의 화폭을 마음속에 앞세우고 겸재 실경산수(實景山水)의 자리를 찾을 적에 그곳에 옛 정자가 이미 오래전에 없어져 버린 그 허전한 사태는 그다지 허전하지 않았다. 왜 그런가. 현실 속의 정자에 오르면 화폭 속의 정자는 보이지 않는다. 육신의 눈을 앞세워 정자를 찾아오는 자에게는 풍경 전체 속에서 인간세의 위치와 규모를 대표하는 상징으로서의 정자는 보이지 않는다.

　　　　　　　　　　　　　　　　　　（중략）

┌ **먼 산을 그릴 때** 그는 그 산과 인간 사이의 거리를 그리는 것이 아니라, **그 거리를 들여다보는 시선의 깊이를 그린다.** 먼 것들은 원근상의 거리에 의해 격리되는 것이 아니라, 깊이에 의해 자리 잡는다. 겸재의 화폭 속에서 풍경은 **가깝다는 이유만으로 사실성을 부여받지 않**

[C] 고 또 멀다는 이유만으로 사실성을 박탈당하지 않는다. 대체로 그의 그림 속에서는 **인간과 인간에 직접 관련된 것들** － 정자, 집, 배, 나귀, 가마, 화분, 성곽 같은 것들이 **비교적 명료한 사실성을 띠고** 있지만, 그 사실성은 원근에 의해 정립되는 사실성이 아니라, **세계를 관찰하는**

└ **인간과의 관계 속에서 정립**되는 사실성이다.

　　　　　　　　　　　　　　　　　　　－ 김훈, 「겸재의 빛」 －

01 (가)~(다)의 공통점으로 가장 적절한 것은?

① 대상에 주목하여 대상과 관련된 가치를 추구하는 자세를 나타내고 있다.
② 부정적인 현실을 비판하며 좌절을 극복하려는 의지를 부각하고 있다.
③ 현실을 통찰하며 관용적 삶에 대한 지향을 보여 주고 있다.
④ 계절감을 활용하여 환경의 다양한 변화를 표현하고 있다.
⑤ 가상의 상황을 제시하여 환상적 분위기를 강화하고 있다.

형태쌤과 선지분석

선지분석	(가)	(나)	(다)
대상과 관련된 가치 추구 자세			
부정적 현실 비판 → 좌절 극복 의지			
현실 통찰 → 관용적 삶 지향			
계절감 → 환경의 다양한 변화 표현			
가상의 상황 → 환상적 분위기			

02 [A], [B]에 대한 설명으로 적절하지 않은 것은?

① [A]의 〈제1수〉 초장은 유사한 어휘의 반복을 통해 리듬감을 형성하고 있다.
② [A]의 〈제2수〉 초장은 〈제1수〉 종장의 시상을 이어받아 자연 친화적인 모습을 드러내고 있다.
③ [B]에서는 '산 그림자'가 담긴 '작은 연못'의 경관을 묘사하여 깨끗한 자연의 형상을 보여 주고 있다.
④ [A]의 '집을 삼고'와 '벗을 삼아'는 화자와 대상의 가까운 관계를, [B]의 '끌어 들여'와 '머물게 하니'는 화자가 대상을 가까이하려는 행동을 제시하고 있다.
⑤ [A]의 '허물이나 없고자'는 미래에 대한 화자의 바람을, [B]의 '티 없어'는 대상을 관찰하기 전에 나타난 화자의 심리를 표현하고 있다.

03 〈보기〉를 바탕으로 (가), (나)를 이해한 내용으로 적절하지 않은 것은?

보기

「도산십이곡」에서 강호는 자연의 이치와 인간이 지향하는 이치가 일치된 이상적 공간으로, 「지수정가」에서 강호는 자연에서 생활하면서 자연의 가치를 새롭게 발견할 수 있는 공간으로 나타난다. 「도산십이곡」에서는 조화로운 자연과 합일하는 화자가 등장하며, 「지수정가」에서는 자연의 구체적인 모습을 묘사하며 자연의 가치를 확인한 화자가 등장한다.

① (가)의 '초야우생'은 인간이 지향하는 이치와 자연의 이치가 일치된 공간에 존재하는 화자가 스스로를 이르는 말이겠군.
② (나)의 '내 혼자 알았노라'는 자연에서 생활하면서 자연의 가치를 발견한 화자의 심정을 드러내는 말이겠군.
③ (가)의 '천석고황'은 이상적 공간에 다다르지 못한 것에 대한 화자의 아쉬움이, (나)의 '무릉도원'은 현실적 공간을 이상적 공간으로 바라보는 화자의 인식이 나타난 말이겠군.
④ (가)의 '사람과 한가지라'는 자연의 이치와 인간이 지향하는 이치가 다르지 않음을 확인한 화자의 인식이, (나)의 '가지가지 다 좋구나'는 자연의 가치를 확인한 화자의 심정이 나타난 말이겠군.
⑤ (가)의 '춘풍에 화만산하고 추야에 월만대라'는 계절의 양상을 통해 조화로운 자연을, (나)의 '벽류는 콸콸 흘러 옥 술잔을 때리는 듯'은 화자가 발견한 자연의 아름다운 모습을 드러낸 말이겠군.

04 ㉠과 ㉡을 이해한 내용으로 가장 적절한 것은?

① ㉠은 화자가 노력을 기울여 만든 인공물이고, ㉡은 글쓴이가 의도하지 않게 찾아낸 장소이다.
② ㉠은 현실에서 명예를 실현하려는 의지를, ㉡은 현실에서 편의를 실현한 결과를 보여 준다.
③ ㉠은 화자에게 만족하며 머무르는 삶에 대해, ㉡은 글쓴이에게 허전하지 않은 이유에 대해 생각하게 한다.
④ ㉠은 화자에게 일상적인 유용성을 상실한 공간이고, ㉡은 글쓴이에게 본래적인 유용성을 상실한 공간이다.
⑤ ㉠은 화자에게 자신의 삶을 가다듬는 역할을 수행하고, ㉡은 글쓴이에게 자신의 삶을 비판하는 계기로 작용한다.

형태쌤과 선지분석

선지분석	㉠	선지분석	㉡
화자가 만든 인공물		의도치 않게 찾은 장소	
명예 실현 의지		편의 실현 결과	
만족하며 머무르는 삶		허전하지 않은 이유	
일상적 유용성 상실		본래적 유용성 상실	
자신의 삶 가다듬는 역할		자신의 삶 비판 계기	

05 〈보기〉를 바탕으로 [C]를 읽은 독자의 반응으로 적절하지 <u>않은</u> 것은?

보기

겸재는 산을 그리면서도 뺄 건 빼고 과장할 것은 과장하면서 필요한 경우에는 자리를 옮겨 가면서까지 자신이 생각하는 구도로 풍경을 재구성하였다. 한 폭의 그림 속에서 물과 바다, 하늘과 땅, 그리고 정자와 인간을 포함한 모든 대상이 화가의 시선에 의해 재구성되어 회화의 구도상 의미를 지닌 자리에 놓일 때야말로 진정한 그림의 요체가 드러나기 때문에, 겸재의 그림은 실물과 똑같이 그리는 것이 능사가 아니라는 점을 증명하고 있다.

① '먼 산을 그릴 때' 그 거리에 집착하지 않는 까닭은, 실물과 똑같이 그리는 것이 능사가 아니기 때문이겠군.
② '그 거리를 들여다보는 시선의 깊이를 그린다'는 뜻은, 화가가 자신의 시선으로 풍경을 재구성하는 작업이 중요하다는 의미이겠군.
③ '가깝다는 이유만으로 사실성을 부여받지 않'는 까닭은, 대상을 표현할 때 뺄 건 빼고 과장할 것은 과장할 수 있다는 화가의 생각 때문이겠군.
④ '인간과 인간에 직접 관련된 것들'을 '비교적 명료한 사실성을 띠'도록 그린다는 뜻은, 대상을 회화의 구도상 의미를 지닌 자리로 옮겨 풍경의 원근감을 보이는 그대로 실현해야 한다는 의미이겠군.
⑤ '세계를 관찰하는 인간과의 관계 속'에서 사실성이 '정립'되는 까닭은, 화가의 의도에 따라 풍경을 재구성하는 창작 작업을 통해 그림의 요체가 드러나기 때문이겠군.

나 없이

기출

풀지마라

다음 글을 읽고 물음에 답하시오.

(가)

　㉠ 평생에 원하느니 다만 충효뿐이로다
　이 두 일 말면 금수(禽獸)나 다르리야
　마음에 하고자 하여 ㉡ 십재 황황(十載遑遑)*하노라

　〈제1수〉

　　┌ 비록 못 이뤄도 임천(林泉)이 좋으니라
[A] 　무심 어조(魚鳥)는 절로 한가하였나니
　　└ 조만간 세상일 잊고 너를 좇으려 하노라

　〈제3수〉

　출(出)하면 치군택민* 처(處)하면 조월경운*
　명철 군자는 이것을 즐기나니
　하물며 **부귀 위기라 가난하게 살리로다**

　〈제8수〉

　　┌ 날이 저물거늘 **도무지 할 일 없어**
[B] 　소나무 문을 닫고 달 아래 누웠으니
　　└ **세상에 티끌 마음이 일호말(一毫末)도 없다**

　〈제13수〉

　　┌ 성현의 가신 길이 ㉢ 만고(萬古)에 한가지라
[C] 　은(隱)커나 현(見)커나 **도(道)가 어찌 다르리**
　　└ 한가지 길이오 다르지 않으니 아무 덴들 어떠리

　〈제17수〉

　강가에 누워서 강물 보는 뜻은
　세월이 빠르니 ㉣ 백세(百歲)인들 길겠느뇨
　㉤ 십 년 전 진세(塵世) 일념이 얼음 녹듯 한다

　〈제19수〉

　　　　　　　　　　　　　　- 권호문, 「한거십팔곡」 -

* 십재 황황 : 십 년을 허둥지둥함.
* 치군택민 : 임금에게 충성하고 백성에게 혜택을 베풂.
* 조월경운 : 달 아래 고기 낚고 구름 속에서 밭을 갊.

(나)

　　┌ 　몇 칸의 집을 수선하려 함에, 아내가 취서사로 들어가 겨릅*을 구해
　　│ 오길 권하였다. 유택은 안 된다고 하고, 유평은 해 보자고 하는데, 나
　　│ 도 스스로 생각해 보니, 절은 기와를 쓰기에 겨릅은 그다지 아끼는 것
[D] 　이 아니고, 다만 민간의 요구와 요청에 응하는 것이기에, 이를 요구하
　　│ 더라도 의리를 심히 해치지 않을 듯하였다. 그래서 다시 의견을 널리
　　└ 구해 보지 않았다.

　　마침 처숙부 상사공이 약을 지으려고 취서사로 가게 되었는데, 내가 가
고자 함을 알고 따르게 하였다. 대개 공 또한 안 된다고 생각하지는 않았
기 때문이다.

　　이윽고 취서사에 도착하니 근방 마을에서 모여든 자가 거의 승려들 수

와 맞먹었는데, 모두 겨릅 때문에 온 자들이었다. 좌우에서 낚아채 가며
많이 가지려 다투고, **시끌벅적하게 뒤섞여 밟아 대어** 곧 시장판을 만들었
으며, 가져감이 많고 적음은 그 힘의 강약에 따랐으나 승려들은 참견하는
바가 없었다. 그런데 늦게 도착하여 종도 없는 자는 승려들을 나무라며,
심지어 가혹한 일을 하기까지 했지만 또한 얻을 수 없었다.

　　　　　　　　　　　　　(중략)

　　나는 마음속으로 민망히 생각하였지만, 이미 그 속에 가 있었기에 [의리]
를 [이욕]에 빼앗겨서 초연히 **버리고 돌아오지 못하였다.** 상사공의 힘으로
수십 묶음을 얻어 햇빛에 말려 보관할 수 있었으니, 다 상사공의 도움 덕
분이었다.

　　┌ 　스스로 헛걸음하지 않은 것을 매우 다행스럽게 여겼는데, 집으로
[E] 　돌아오자 멍하기가 마치 술에서 막 깨어난 사람이 잔뜩 취했을 때를
　　└ 되짚어 생각하는 듯하였다.

　　내 아내는 비록 원대한 식견이 있는 사람은 아니지만, 내가 항상 곤궁
함 때문에 치욕을 입을까 걱정하였으니, 가령 이와 같을 줄 알았다면 반드
시 나의 행차를 권하지 않았을 것이고, 유평도 또한 마땅히 찬동하지 않았
을 것이다.

　　상사공은 청렴하고 정직하여 주고받음이 구차하지 않다. 거처하는 집
아래채가 세 칸의 초가집이니, 마땅히 겨릅이 필요하였을 것이다. 그리고
막 삼계 서원 원장이 되었는데, 취서사가 바로 삼계 서원에 귀속된 절이었
다. 그때 서원의 노비가 개인적으로 취서사에 가서 머물고 있는 자가 서너
명 있었으니, 진실로 가지려고 하면 힘이 없을 걱정이 없었다. 그런데 담
담하게 한 마디도 간섭함이 없었으니, 그 마음속으로 반드시 나를 비난하
였을 것이다. 그런데도 애써 나를 위하여 저와 같이 마음과 힘을 써 주신
것은 다만 나의 곤궁함을 불쌍히 여겨서일 뿐이리라.

　　맹자는 **"궁해도 의(義)를 잃지 않는다."** 하였고, 이극은 "궁할 때에 그
해서는 안 될 일을 살펴본다." 하였다. 나는 궁함 때문에 이미 스스로 **의를
잃어서** 평소에 하지 않던 행동을 했고, 또 어른에게까지 폐를 끼쳤으니 참
으로 부끄러워할 일이다. 이미 뉘우칠 줄 알았으니, **이후에는 마땅히 조심
해야겠기에** 이를 갖추어 기록하고, 또 유택이 나를 아껴 약이 되는 유익한
말을 했음을 드러낸다.

　　　　　　　　　　　　　　　　　- 김낙행, 「기취서행」 -

* 겨릅 : 껍질을 벗긴 삼대.

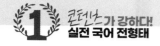
01 [A]~[E]의 표현상 특징에 대한 설명으로 가장 적절한 것은?

① [A]는 자연물을 대상화하여 그 자연물에 역동성을 부여하고 있다.
② [B]는 근경에서 원경으로 시선을 이동하여 인간과 자연의 차이점을 강조하고 있다.
③ [C]는 성현의 말을 인용함으로써 화자가 지닌 궁금증을 드러내고 있다.
④ [D]는 점층적인 표현으로 앞으로 해야 할 일의 중요성을 환기하고 있다.
⑤ [E]는 비유적 표현을 통해 자신의 행동을 돌아보는 글쓴이의 상태를 부각하고 있다.

 형태쌤과 선지분석

선지분석	표현상 특징
[A] : 자연물 대상화 → 역동성 부여	
[B] : 근경에서 원경 시선 이동 → 인간과 자연의 차이점 강조	
[C] : 인물 발화 인용 → 화자의 궁금증	
[D] : 점층적 표현 → 할 일의 중요성 환기	
[E] : 비유적 표현 → 글쓴이의 상태 부각	

02 ㉠~㉤을 이해한 내용으로 적절하지 않은 것은?

① ㉠은 화자의 인생을 포괄한다는 점에서 충효를 중요하게 여겨 온 화자의 생각을 강조한다.
② ㉡은 화자가 돌이켜 보는 삶의 기간을 가리킨다는 점에서 충효를 실현하려고 애쓴 세월을 나타낸다.
③ ㉢은 유구한 세월이라는 의미를 드러낸다는 점에서 성현의 도는 예나 지금이나 변함없음을 강조한다.
④ ㉣은 흘러간 시간이 길다는 의미를 드러낸다는 점에서 세월이 빨리 지나가는 것에 대한 화자의 안타까움을 강조한다.
⑤ ㉤은 과거의 한때를 가리킨다는 점에서 현재 자연에서 여유를 느끼는 상황과 대비되는 시절을 나타낸다.

03 〈보기〉를 참고하여 (가)를 이해한 내용으로 가장 적절한 것은?

보기

  권호문의 「한거십팔곡」은 지향하는 삶을 실천하는 태도의 변화 과정을 형상화한 연시조로, 〈제1수〉부터 〈제19수〉까지의 내용이 긴밀히 연결되어 있다.

① 〈제3수〉의 '임천이 좋으니라'에는 〈제1수〉의 '마음에 하고자 하여'에 담긴 태도와는 다른 태도가 나타난다.
② 〈제3수〉의 '너를 좇으려' 했던 태도는 〈제8수〉에서 '출'하는 모습으로 실현되어 나타난다.
③ 〈제8수〉의 '이것을 즐기나니'에는 〈제1수〉의 '이 두 일'을 더 이상 추구하지 않겠다는 의도가 드러난다.
④ 〈제13수〉의 '달 아래 누운 모습에는 〈제3수〉에서 '절로 한가하였'던 삶으로 되돌아가고 싶어 하는 태도가 나타난다.
⑤ 〈제17수〉에서 '아무 덴들' 상관없다고 하는 화자의 생각은 〈제19수〉에서 '일념'으로 바뀌어 나타난다.

04 의리와 이욕을 중심으로 (나)를 이해한 내용으로 적절하지 않은 것은?

① 글쓴이는 겨릅을 얻은 것을 다행스럽게 여겼던 것은 자신이 '이욕'에 빠졌기 때문이라고 본다.
② 글쓴이는 아내가 자신에게 취서사에 가길 권한 것은 글쓴이가 '이욕'에 빠지게 될 줄 몰랐기 때문이라고 본다.
③ 글쓴이는 겨릅을 얻도록 상좌승이 자신을 도와준 것은 글쓴이가 '의리'를 해칠 것을 걱정했기 때문이라고 본다.
④ 글쓴이는 취서사에 가는 것을 유택이 반대한 것은 글쓴이를 아껴 '의리'를 해치지 않기를 바랐기 때문이라고 본다.
⑤ 글쓴이는 겨릅을 구하러 가는 것에 유평이 동의한 것은 그 일이 '이욕'에 빠지는 것은 아니라고 생각했기 때문이라고 본다.

05 〈보기〉를 참고하여 (가), (나)를 감상한 내용으로 적절하지 <u>않은</u> 것은?

보기

   (가)와 (나)에는 작가가 유학자로서의 신념을 바탕으로 자신이 선택한 가치를 추구하는 삶이 나타난다. (가)에는 출사와 은거 사이에서의 고민과 그 해소 과정이, (나)에는 경제적 문제로 인해 곤란을 겪은 상황에 대한 성찰이 나타난다. 한편 (나)는 세속적 가치를 떨치지 못해 과오를 저질렀던 상황이 나타난다는 점에서 (가)와 차이를 보인다.

① (가)의 '부귀 위기라 가난하게 살리로다'에서 자신이 선택한 가치를 추구하려는 작가의 태도를 엿볼 수 있군.

② (나)의 '궁해도 의를 잃지 않는다.'에서 작가가 추구하는 유학자로서의 신념을 엿볼 수 있군.

③ (가)의 '세상에 티끌 마음이 일호말도 없다'에서 세속적 가치에 구애되지 않은 모습을, (나)의 '버리고 돌아오지 못하였다'에서 세속적 가치를 떨치지 못한 모습을 엿볼 수 있군.

④ (가)의 '도무지 할 일 없어'에서 출사하지 못한 것에 대해 고민하는 모습을, (나)의 '시끌벅적하게 뒤섞여 밟아 대'는 모습에서 경제적 문제로 곤란을 겪는 상황을 확인할 수 있군.

⑤ (가)의 '도가 어찌 다르리'에서 출사와 은거 사이에서의 고민이 해소되었음을, (나)의 '의를 잃'은 것에 대해 '이후에는 마땅히 조심'하겠다는 다짐에서 성찰적 태도를 확인할 수 있군.

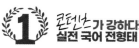

다음 글을 읽고 물음에 답하시오.

(가)

　첩첩산중에도 없는 마을이 여긴 있습니다. 잎 진 사잇길 저 모랫둑, 그 너머 강기슭에서도 보이진 않습니다. 허방다리* 들어내면 보이는 마을.

　갱 속 같은 마을. ⓐ 꼴깍, 해가, 노루꼬리 해가 지면 집집마다 봉당에 불을 켜지요. 콩깍지, 콩깍지처럼 후미진 외딴집, 외딴집에도 불빛은 앉아 이슥토록 창문은 모과빛입니다.

　기인 밤입니다. 외딴집 노인은 홀로 잠이 깨어 출출한 나머지 무우를 깎기도 하고 고구마를 깎다, 문득 바람도 없는데 시나브로 풀려 풀려 내리는 짚단, 짚오라기의 설레임을 듣습니다. 귀를 모으고 듣지요. ⓑ 후루룩 후루룩 처마 깃에 나래 묻는 이름 모를 새, 새들의 온기를 생각합니다. 숨을 죽이고 생각하지요.

　참 오래오래, 노인의 자리맡에 밭은기침 소리도 없을 양이면 벽 속에서 겨울 귀뚜라미는 울지요. 떼를 지어 웁니다, 벽이 무너지라고 웁니다.

　어느덧 밖에는 눈발이라도 치는지, 펄펄 함박눈이라도 흩날리는지, 창호지 문살에 돋는 월훈(月暈).

　　　　　　　　　　　　　　　　　　　　　　- 박용래, 「월훈」 -

* 허방다리 : 짐승 따위를 잡기 위해 풀 등을 덮어 위장한 구덩이.

(나)

내 어린 날!
아슬한 하늘에 뜬 연같이
바람에 깜박이는 연실같이
내 어린 날! 아슴풀하다*

하늘은 파랗고 끝없고
편편한 연실은 조매롭고*
오! 흰 연 그새에 높이
ⓒ 아실아실* 떠 놀다 내 어린 날!

바람 일어 끊어지던 날
엄마 아빠 부르고 울다
ⓓ 희끗희끗한 실낱이 서러워
아침저녁 나무 밑에 울다

오! 내 어린 날 하얀 옷 입고
외로이 자랐다 하얀 넋 담고
ⓔ 조마조마 길가에 붉은 발자욱
자욱마다 눈물이 고이었었다

　　　　　　　　　　　　　　　　　　　　　　- 김영랑, 「연 1」 -

* 아슴풀하다 : '아슴푸레하다'의 방언.

* 조매롭고 : '조마롭다'의 방언. 보기에 마음이 초조하고 불안하다.

* 아실아실 : '아슬아슬'의 방언.

(다)

　ⓐ 신위가 자기 집 이름을 '문의당'이라 하고 ⓑ 나에게 편지를 보내 말했다. "내 천성이 물을 좋아하는데, 도성 안이라 볼만한 샘이나 못이 없어 비록 물을 보는 법을 알고 있어도 써 볼 데가 없는 것이 늘 아쉬웠습니다. 그런데 천하의 지도를 보고 깨우친 점이 있었습니다.

　넘실거리는 큰 바다 사이로 아홉 개 대륙, 일만 개 나라가 퍼져 있는데 큰 나라는 범선이 늘어선 듯하고, 작은 나라는 갈매기와 해오라기가 출몰하는 듯했습니다. 천하만국에 두루 살고 있는 사람들은 모두 물 가운데 있는 존재일 뿐입니다. 이것이 제 집의 이름을 '문의(文漪)'라고 한 까닭입니다. 그대는 저를 위해 이 집의 기문을 지어 주시기 바랍니다."

　나는 편지를 보고 웃으며 말했다.

　"세상에는 본래 그 실물은 없으면서도 이름을 차지하는 경우가 있으니, 지금 그대가 집에 이름을 붙인 것이 바로 그 실물이 없는 것이라고 할 수 있겠소. 비록 그러하나 그대도 이에 대해 할 말이 있을 것이오. 지금 **바다의 섬 가운데 집을 짓고 사는 사람**이 있다면, 사람들은 반드시 **물에 산다**고 하지 산에 산다고 하지 않겠지요. 섬사람 중에는 담장을 두르고, 집을 짓고, 문을 닫고 **들어앉아 사는 사람**도 있게 마련이니, 그가 날마다 파도와 깊은 물을 가까이 접하지는 않는다고 하여, 물에 사는 게 아니라고 한다면 옳지 않겠지요. 이와 같은 이치를 **사람들**이 모두 그렇다고 인정하는데, 어찌 유독 그대의 말에만 의심을 품겠소?

　대지는 하나의 섬이고, 세상 사람들은 섬사람이라오. 비록 **배를 집으로 삼아** 물 위를 떠다니면서 날마다 **물과 더불어** 살아가는 사람이라 하더라도, 그 형편상 눈을 한곳에 두고 꼼짝하지 않을 수는 없을 것이고, 잠시 **눈길을 돌려서** 잠깐 동안이나마 물이 있다는 것을 생각하지 못할 때가 반드시 있을 것이오. 이때에는 겨우 반걸음을 움직인 것이나 천 리를 간 것이나 매한가지라 할 것이오."

　　　　　　　　　　　　　　　　　　　　　　- 서영보, 「문의당기」 -

* 문의 : 물결무늬.

01 (가)~(다)의 공통점으로 가장 적절한 것은?

① 설의적 표현을 사용하여 인물의 정서를 강조하고 있다.
② 묘사의 방식을 활용하여 대상의 특징을 구체화하고 있다.
③ 말을 건네는 방식을 사용하여 주제 의식을 심화하고 있다.
④ 과거의 장면을 회상하여 현재 상황에 대한 원인을 포착하고 있다.
⑤ 가상의 상황을 설정하여 현실에 대한 긍정적 인식을 이끌어 내고 있다.

형태쌤과 선지분석

선지분석	(가)	(나)	(다)
설의적 표현 → 인물의 정서 강조			
묘사의 방식 → 대상의 특징			
말을 건네는 방식 → 주제 의식 심화			
과거 장면 회상 → 현재 상황에 대한 원인 포착			
가상의 상황 설정 → 현실에 대한 긍정적 인식			

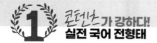
02 〈보기〉를 참고하여 (가)를 감상한 내용으로 적절하지 <u>않은</u> 것은?

> **보기**
>
> (가)는 적막한 산골 마을을 배경으로 그곳에 사는 한 노인의 모습을 관찰하여 들려주는 시이다. 향토적인 정경 속에서 낯설게 느껴지는 일상에 감각적으로 집중하는 노인을 통해 점점 사라져 가는 것들에 대한 관심을 드러내고, 노인의 삶이 마주한 깊은 정적 속 울음소리를 통해 인간의 쓸쓸함을 강조하고 있다. 이러한 노인의 모습은 외딴집 창호지 문살에 비친 달무리의 이미지로 형상화되고 있다.

① '첩첩산중에도 없는 마을'을 '여긴 있다'고 한 데서, 노인이 살아가는 곳은 쉽게 보기 어려울 것 같은 장소임을 짐작할 수 있겠군.

② '강기슭에서도 보이진 않는' '후미진 외딴집'이라는 배경 설정에서, 적막한 공간의 분위기를 추측할 수 있겠군.

③ '봉당에 불을 켜'는 분위기와 '콩깍지'의 이미지로 나타낸 향토적 정경에서, 사라져 가는 것들에 대한 관심을 유추할 수 있겠군.

④ '짚오라기의 설레임'을 '귀를 모으고 듣'고 '새들의 온기'를 '숨을 죽이고 생각하'는 것은, 일상을 자연스럽게 받아들이는 노인의 감각을 부각한 것으로 볼 수 있겠군.

⑤ '밭은기침 소리도 없는'데 '겨울 귀뚜라미'가 우는 상황과 눈발이 치는 듯한 '밖'의 달무리 이미지가 어우러져, 노인의 고독을 형상화한 것으로 이해할 수 있겠군.

03 (나)에 대한 설명으로 적절하지 <u>않은</u> 것은?

① 1연에서 '연'과 '연실'의 모습에 빗대어 '내 어린 날'의 기억을 '아슴풀하다'라고 표현하고 있다.

② 2연에서 '조매롭고'로 표현된 '연실'의 긴장은 3연에서 연실이 '바람 일어 끊어지던 날'의 정서를 고조하고 있다.

③ 3연에서 '울다'의 반복과 4연에서 '눈물이 고이었었다'를 통해 '내 어린 날'의 상황을 짐작할 수 있게 하고 있다.

④ 4연에서 '외로이 자랐다'와 이어진 '하얀 넋'은 '붉은 발자욱'에 함축된 정서와 상반되는 의미를 이끌어 내고 있다.

⑤ 1연과 4연의 '내 어린 날'은 2연의 '내 어린 날'의 기억을 통해 떠올린 유년 시절을 표상하는 의미를 지니고 있다.

04 ㉠~㉤에 대한 설명으로 적절하지 <u>않은</u> 것은?

① ㉠ : 아주 짧은 순간에 해가 지는 모습을 나타낸 말로, 시간의 변화를 함축하고 있다.

② ㉡ : 소리를 통해 연상되는 새의 모습을 감각적으로 형상화하고 있다.

③ ㉢ : 높이 날아오른 연을 동경하는 심리를 드러내고 있다.

④ ㉣ : 서러움을 느끼게 하는 대상인 실낱의 모습을 표현하고 있다.

⑤ ㉤ : 외롭고 슬픈 어린 시절의 정서를 함께 담아내고 있다.

05 ⓐ, ⓑ에 대한 이해로 적절하지 <u>않은</u> 것은?

① ⓐ는 '볼만한 샘이나 못'이 없는 곳에 산다고 생각하다가, '천하의 지도를 보고' 깨달은 바에 따라 자신이 물 가운데 살고 있는 것이나 다름없다는 발상으로 사고를 전환한다.

② ⓐ가 '자기 집'을 '문의'라고 한 것에 ⓑ가 동의한 이유는 ⓐ의 상황이 '배를 집으로 삼아' 사는 사람의 상황보다 집에 '들어앉아 사는 사람'의 상황에 가깝다고 생각했기 때문이다.

③ ⓑ는 '바다의 섬'에 '집을 짓고 사는 사람'의 삶에 주목하여, 바라보는 관점을 달리하면 세상 모든 사람들이 섬에 살고 있다는 논리가 성립한다고 생각한다.

④ ⓑ가 ⓐ의 발상이 타당하다고 하는 이유는, '바다의 섬 가운데' 살더라도 그것을 가리켜 '물에 산다고' 보는 것이 ⓑ의 생각만이 아니라 '사람들'의 판단과도 일치하기 때문이다.

⑤ ⓑ는 '물과 더불어' 사는 사람도 '눈길을 돌'리는 순간이 있는 것과 ⓐ가 '물을 보는 법'을 '써 볼 데가 없'다 하는 것은 물을 보지 못할 때가 있다는 점에서 유사하다고 생각한다.

06 〈보기〉를 바탕으로 (가), (다)를 이해한 내용으로 가장 적절한 것은?

> **보기**
>
> 문학 작품 속의 소재들은 연관성 속에서 서로 유사 혹은 대립의 관계를 이룸으로써 의미를 생성하거나 그 특징을 부각하는 효과를 드러낸다.

① (가)의 '허방다리 들어내면 보이는 마을', '갱 속 같은 마을'은 얕음과 깊음의 대비를 이루어 숨어 있는 두 공간의 차이를 부각하고 있군.

② (가)의 '무우'와 '고구마'는 차가움과 따뜻함의 대비를 이루어 밤에 출출함을 달래기 위해 먹는 다양한 음식의 속성을 부각하고 있군.

③ (다)의 '아홉 개 대륙'과 '일만 개 나라'는 바다 안의 육지라는 유사성으로 관계를 맺으며 '천하의 지도'라는 새로운 의미를 생성하고 있군.

④ (다)의 '파도'와 '깊은 물'은 바다의 형상이라는 유사성으로 관계를 맺으며 물에 사는 사람이 살면서 만나게 되는 환경이라는 의미를 생성하고 있군.

⑤ (가)의 '창문은 모과빛'과 '기인 밤'은 밝음과 어둠의 대비를, (다)의 '갈매기'와 '해오라기'는 크고 작음의 대비를 이루어 각 소재가 가진 특징을 부각하고 있군.

다음 글을 읽고 물음에 답하시오.

(가)

흰 벽에는 ──
어련히 해들 적마다 나뭇가지가 그림자 되어 떠오를 뿐이었다.
그러한 정밀*이 천년이나 머물렀다 한다.

단청은 연년(年年)이 빛을 잃어 두리기둥에는 틈이 생기고, 볕과 바람이
쓰라리게 스며들었다. 그러나 험상궂어 가는 것이 서럽지 않았다.

기왓장마다 푸른 이끼가 앉고 세월은 소리없이 쌓였으나 ⊙ 문은 상기
닫혀진 채 멀리 지나가는 바람 소리에 귀를 기울이는 밤이 있었다.

주춧돌 놓인 자리에 가을풀은 우거졌어도 봄이면 돋아나는 푸른 싹이
살고, 그리고 한 그루 진분홍 꽃이 피는 나무가 자랐다.

유달리도 푸른 높은 하늘을 눈물과 함께 아득히 흘러간 별들이 총총히
돌아오고 사납던 비바람이 걷힌 낡은 처마 끝에 찬란히 빛이 쏟아지는 새
벽, 오래 닫혀진 문은 산천을 울리며 열리었다.

── 그립던 깃발이 눈뿌리에 사무치는 푸른 하늘이었다.

- 김종길, 「문」 -

* 정밀 : 고요하고 편안함.

(나)

이를테면 수양의 늘어진 ⓛ 가지가 담을 넘을 때
그건 수양 가지만의 일은 아니었을 것이다
[A] 얼굴 한번 못 마주친 애먼 뿌리와
잠시 살 붙였다 적막히 손을 터는 꽃과 잎이
혼연일체 믿어주지 않았다면
가지 혼자서는 한없이 떨기만 했을 것이다

한 닷새 내리고 내리던 고집 센 비가 아니었으면
밤새 정분만 쌓던 도리 없는 폭설이 아니었으면
담을 넘는다는 게
가지에게는 그리 신명 나는 일이 아니었을 것이다
무엇보다 가지의 마음을 머뭇 세우고
[B] 담 밖을 가둬두는
저 금단의 담이 아니었으면
담의 몸을 가로지르고 담의 정수리를 타 넘어
담을 열 수 있다는 걸
수양의 늘어진 가지는 꿈도 꾸지 못했을 것이다

그러니까 목련 가지라든가 감나무 가지라든가
줄장미 줄기라든가 담쟁이 줄기라든가
[C] 가지가 담을 넘을 때 가지에게 담은
무명에 획을 긋는
도박이자 도반*이었을 것이다

- 정끝별, 「가지가 담을 넘을 때」 -

* 도반 : 함께 도를 닦는 벗.

(다)

나는 이홍에게 이렇게 말했다.
"ⓐ 너는 잊는 것이 병이라고 생각하느냐? 잊는 것은 병이 아니다. 너는
잊지 않기를 바라느냐? 잊지 않는 것이 병이 아닌 것은 아니다. ⓑ 그렇다
면 잊지 않는 것이 병이 되고, 잊는 것이 도리어 병이 아니라는 말은 무슨
근거로 할까? 잊어도 좋을 것을 잊지 못하는 데서 연유한다. 잊어도 좋을
것을 잊지 못하는 사람에게는 잊는 것이 병이라고 치자. 그렇다면 잊어서
는 안 되는 것을 잊는 사람에게는 잊는 것이 병이 아니라고 말할 수 있다.
ⓒ 그 말이 옳을까?
천하의 걱정거리는 어디에서 나오겠느냐? 잊어도 좋을 것은 잊지 못하
고 잊어서는 안 될 것을 잊는 데서 나온다. 눈은 아름다움을 잊지 못하고,
귀는 좋은 소리를 잊지 못하며, 입은 맛난 음식을 잊지 못하고, 사는 곳은
크고 화려한 집을 잊지 못한다. 천한 신분인데도 큰 세력을 얻으려는 생각
을 잊지 못하고, 집안이 가난하건만 재물을 잊지 못하며, 고귀한데도 교만
한 짓을 잊지 못하고, 부유한데도 인색한 짓을 잊지 못한다. 의롭지 않은
물건을 취하려는 마음을 잊지 못하고, 실상과 어긋난 이름을 얻으려는 마
음을 잊지 못한다.
그래서 잊어서는 안 될 것을 잊는 자가 되면, 어버이에게는 효심을 잊
어버리고, 임금에게는 충성심을 잊어버리며, 부모를 잃고서는 슬픔을 잊어
버리고, 제사를 지내면서 정성스러운 마음을 잊어버린다. 물건을 주고받을
때 의로움을 잊고, 나아가고 물러날 때 예의를 잊으며, 낮은 지위에 있으
면서 제 분수를 잊고, 이해의 갈림길에서 지켜야 할 도리를 잊는다.
ⓓ 먼 것을 보고 나면 가까운 것을 잊고, 새것을 보고 나면 옛것을 잊는
다. 입에서 말이 나올 때 가릴 줄을 잊고, 몸에서 행동이 나올 때 본받을
것을 잊는다. 내적인 것을 잊기 때문에 외적인 것을 잊을 수 없게 되고, 외
적인 것을 잊을 수 없기 때문에 내적인 것을 더더욱 잊는다.
ⓔ 그렇기 때문에 하늘이 잊지 못해 벌을 내리기도 하고, 남들이 잊지
못해 질시의 눈길을 보내며, 귀신이 잊지 못해 재앙을 내린다. 그러므로
잊어도 좋을 것이 무엇인지를 알고 잊어서는 안 되는 것이 무엇인지를 아
는 사람은 내적인 것과 외적인 것을 서로 바꿀 능력이 있다. 내적인 것과
외적인 것을 서로 바꾸는 사람은, 다른 사람의 잊어도 좋을 것은 잊고 자
신의 잊어서는 안 될 것은 잊지 않는다."

- 유한준, 「잊음을 논함」 -

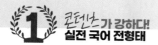
01 (가)~(다)에 대한 설명으로 가장 적절한 것은?

① (가)는 명시적 청자에게 말을 건네는 방식으로 화자의 감정을 드러낸다.

② (가)는 동일한 색채어를, (나)는 유사한 문장 구조를 반복적으로 제시하며 시상을 전개한다.

③ (가)와 (나)는 모두, 사라져 가는 대상에 대한 화자의 안타까움을 드러낸다.

④ (나)는 사물을 관조함으로써, (다)는 세태를 관망함으로써 주제 의식을 부각한다.

⑤ (가), (나), (다)는 모두, 대상과 소통하며 문제 해결 과정을 연쇄적으로 제시한다.

형태쌤과 선지분석

선지분석	(가)	(나)	(다)
명시적 청자에게 말을 건네는 방식			
(가) 동일한 색채어			
(나) 유사한 문장 구조 반복			
사라져 가는 대상 → 안타까움			
(나) 사물 관조			
(다) 세태 관망			
대상과 소통 → 문제 해결 과정 연쇄적 제시			

02 〈보기〉를 참고하여 (가)를 감상한 내용으로 적절하지 않은 것은?

보기

    (가)에서 순환하는 자연이 가진 변화의 힘은 인간 역사의 쇠락과 생성에 관여한다. 인간의 역사는 쇠락의 과정에서도 생성의 기반을 잃지 않고, 자연과 어우러지며 자연의 힘을 탐색하거나 수용한다. 이를 통해 '문'은 새로운 역사를 생성할 가능성을 실현하게 되고, 인간의 역사는 '깃발'로 상징되는 이상을 향해 다시 나아갈 수 있게 된다.

① '흰 벽'에 나뭇가지가 그림자로 나타나는 것은, 천년을 쇠락해 온 인간의 역사가 자연의 힘을 탐색하는 과정에서 자연의 모습에 영향을 미친 결과를 보여 주는군.

② '두리기둥'의 틈에 볕과 바람이 쓰라리게 스며드는 것을 서럽지 않다고 한 것은, 쇠락해 가는 인간의 역사가 자연이 가진 변화의 힘을 수용함을 드러내는군.

③ '기왓장마다' 이끼와 세월이 덮여 감에도 멀리 있는 바람 소리에 귀를 기울이는 것은, 자연의 영향을 받으면서도 자연이 가진 변화의 힘에서 생성의 가능성을 찾는 모습이겠군.

④ '주춧돌 놓인 자리'에 봄이면 푸른 싹이 돋고 나무가 자라는 것은, 생성의 기반을 잃지 않은 인간의 역사가 자연과 어우러져 생성의 힘을 수용하는 모습이겠군.

⑤ '닫혀진 문'이 별들이 돌아오고 낡은 처마 끝에 빛이 쏟아지는 새벽에 열리는 것은, 순환하는 자연 속에서 인간의 역사를 다시 생성할 가능성이 나타남을 보여 주는군.

03 (나)에 대한 이해로 가장 적절한 것은?

① [A]에서는 '얼굴 한번 못 마주친' 상황과 '손을 터는' 행위가 '한없이' 떠는 가지의 마음으로 인한 것임을 드러낸다.

② [B]에서는 '고집 센'과 '도리 없는'을 통해 가지가 '꿈도 꾸지 못'하게 만든 두 대상의 성격을 부각한다.

③ [B]에서는 '가지의 마음을 머뭇 세우'는 대상을 '신명 나는 일'에 연결하여 '정수리를 타 넘'는 행위의 의미를 드러낸다.

④ [A]에서 '가지만의'와 '혼자서는'에 나타난 가지의 상황은, [B]에서 '담 밖'을 가두어 [C]에서 '획'을 긋는 가지의 모습으로 이어진다.

⑤ [A]에서 '앉았다면'과 [B]에서 '아니었으면'이 강조하는 대상들의 의미는, [C]에서 '목련'과 '감나무' 사이의 관계에서도 나타난다.

04 ⓐ~ⓔ에 대한 설명으로 적절하지 않은 것은?

① ⓐ : 잊는 것에 대한 '나'의 생각을 전개하기 위한 물음이다.

② ⓑ : 잊음에 대한 '나'의 생각이 어디에서 비롯된 것인지에 대한 답을 제시하기 위해 던지는 물음이다.

③ ⓒ : 잊음에 대해 '나'가 제시한 가정적 상황이 틀리지 않았음을 강조하기 위한 물음이다.

④ ⓓ : 잊지 못하는 것과 잊어버리는 것의 관계를 대비적 표현을 통해 제시하며 잊음에 대한 '나'의 생각을 드러내는 진술이다.

⑤ ⓔ : 잊음의 대상을 제대로 구분하지 못할 때 일어날 수 있는 일을 열거하여 잊음에 대한 '나'의 생각이 옳음을 강조하는 진술이다.

05 ㉠과 ㉡에 대한 이해로 가장 적절한 것은?

① ㉠은 주변 대상의 도움을 받으며 미래로 나아가고, ㉡은 주변 대상에게 도움을 주며 미래를 대비한다.
② ㉠은 자신의 자리를 지켜 내는, ㉡은 자신의 영역을 확장하는 모습을 보인다.
③ ㉠은 주변과 단절된 상황을 극복하려 하고, ㉡은 외부의 간섭을 최소화하려 한다.
④ ㉠과 ㉡은 외면의 변화를 통해 내면의 불안을 감추려 한다.
⑤ ㉠과 ㉡은 과거의 행위에 대해 반성하는 모습을 보인다.

06 〈보기〉를 참고하여 (나), (다)를 감상한 내용으로 적절하지 <u>않은</u> 것은?

> **보기**
>
> (나)와 (다)에는 주체가 대상을 바라보고 사유하여 얻은 인식이 드러난다. 이는 대상에서 발견한 새로운 의미를 보여 주는 방식이나, 대상의 속성에 주목하여 얻은 깨달음을 제시하는 방식으로 나타난다.

① (나)는 '수양'을 부분으로 나눠 살피고 부분들의 관계가 '혼연일체'라는 것을 발견해 수양이 하나의 통합된 대상이라는 인식을 드러내는군.
② (다)는 '잊어도 좋을 것'과 '잊어서는 안 될 것'에 대해 사유하여 타인과 자신의 관계 속에서 지켜야 할 자세에 대한 깨달음을 드러내는군.
③ (다)는 '내적인 것과 외적인 것을 서로 바꾸는 사람'의 특성에 주목해 잊음의 본질에 대한 깨달음이 바람직한 삶의 태도를 이끈다는 인식을 드러내는군.
④ (나)는 '담쟁이 줄기'의 속성에 주목해 담쟁이 줄기가 담을 넘을 수 있다는, (다)는 잊어서는 안 될 것을 잊는 데 주목해 '내적인 것'을 잊으면 '외적인 것'에 매몰된다는 인식을 드러내는군.
⑤ (나)는 담의 의미를 사유하여 담이 '도박이자 도반'이라는, (다)는 '예의'나 '분수'를 잊지 않아야 함에 주목해 '잊지 않는 것이 병이 아닌 것은 아니'라는 깨달음을 드러내는군.

다음 글을 읽고 물음에 답하시오.

(가)

저 건너 ⓐ 꽁생원은 팔자를 원망토다

제 아비 덕분으로 **돈천**이나 가졌더니

술 한 잔 밥 한 술을 **친구 대접** 하였던가

주제넘게 아는 체로 ㉠ 음양술수(陰陽術數) 현혹되어

이장도 자주 하며 이사도 힘을 쓰고

당대발복(當代發福) 예 아니면 피란처가 여기로다

올 적 갈 적 행로상에 ㉡ 처자식을 흩어 놓고

유무(有無) 상관 아니하고 **공것**을 바라도다

기인취물(欺人取物) 하자 하니 두 번째는 아니 속고

공납(公納) 범용 하자 하니 일가 중에 부자 없고

뜬재물을 경영하여 경향출입 싸다닐 제

재상가에 ㉢ 청질하다 봉변당해 물러서며

남의 고을 걸태 하다 혼금(閽禁)에 쫓겨 오기

혼인 중매 선채* 돈에 창피당해 뺨 맞으며

가대* 흥정 구문 먹기 ㉣ **핀잔** 듣고 자빠지고

불의행실(不義行實) 찌그렁이 위조문서 비리호송(非理好訟)

부자나 후려 볼까 ㉤ 감언이설 꾀어 보자

언막이에 보막이며 은광이며 금광이라

큰길가에 색주가며 노름판에 푼돈 떼기

남북촌에 뚜쟁이로 인물 초인(招引) 하여 볼까

산진매 수진매로 사냥질로 놀아나기

혼인 핑계 어린 딸이 백 냥짜리 되었구나

대종손 양반 자랑 산소나 팔아 볼까

아낙은 친정살이 자식은 머슴살이

일가에게 인심 잃고 **친구**에게 손가락질

부지거처(不知去處) 나간 후에 소문이나 들었던가

— 작자 미상, 「우부가」 —

* 선채(先綵) : 혼례 전에 신랑 집에서 신부 집으로 보내는 비단.
* 가대(家垈) : 집이나 토지 등을 통틀어 이르는 말.

(나)

　경인년(庚寅年)에 큰 가뭄이 들어 정월부터 가을 7월에 이르기까지 **비가 내리지 않았다.** 봄에는 논밭을 갈지 못했고, 여름에는 김을 맬 수가 없었다. 들판에 있는 풀은 하나같이 누렇게 말랐고, 논밭의 곡식도 모두 시들었다.

　부지런한 농부가 말하기를,

　"김을 매도 죽을 것이고 김을 매지 않아도 죽을 것이다. 편안히 앉아 기다리는 것보다는 힘을 다하여 곡식을 살리는 게 나을 것이다. 만일 비가 내린다면 어찌 그동안 들인 노력이 모두 허사가 되겠는가."

　라고 하였다. 그러므로 논밭은 이미 갈라졌으나 김매기를 그치지 아니

하고 싹이 이미 시들었어도 **풀 뽑기를 쉬지 아니하여,** 한 해가 다 가도록 부지런히 일을 하면서 자신이 할 일에 최선을 다하였다.

　ⓑ 게으른 농부는 말하기를,

　"김을 매도 죽을 것이고 김을 매지 않아도 죽을 것이다. 바쁘게 일하면서 수고로운 것보다는 아무 일도 하지 않고 **그냥 쉬는 것이 나을 것**이다. 만일 비가 오지 않으면 이것 모두 무익하게 될 것이다."

　라고 하였다. 그러므로 밭에서 일하는 농부들을 보고 비웃기를 그치지 않았고, 들밥을 내가는 아녀자들을 보고 조롱하기를 그만두지 않으면서, 한 해가 다 가도록 물러나 앉아 천명을 기다리고 있었다.

　나는 일찍이 가을걷이할 무렵 파산(坡山)의 들판에 가 보았다. 그 밭의 절반은 황폐하였고 절반은 곡식이 잘 가꾸어져 있었는데, 절반은 곡식이 성글게 달렸고 절반은 빽빽하게 달려 있었다. 어떤 농부는 목을 뻣뻣이 세우고 하늘을 우러러보고, 또 어떤 농부는 술에 취해 잠이 들어 있었다. 마을 노인에게 이유를 물으니,

　"저 황폐하고 성긴 곡식은 목을 뻣뻣이 세우고 하늘을 우러러 보는 자들이 무익하다고 여겨 김을 매지 않은 것이고, 잘 가꾸어져 빽빽한 곡식은 술에 취한 채 목이 메어 잠든 자들이 정성과 힘을 다하여 살린 것이다. 한때의 편안함을 탐내었다가 일 년 내내 굶주리게 되었고, 한때의 괴로움을 참아 일 년 내내 배불리 지낼 수 있게 되었다."

　라고 하였다.

　아, 열심히 일하여 얻고, 편안하게 놀다가 잃는 것은 비단 농사일만이 아닐 것이다. 오늘날 시서(詩書)를 공부하여 벼슬길에 나아가기를 도모하는 사람들도 어찌 이와 다를 것인가?

　ⓒ 선비들은 젊었을 때에 학문에 뜻을 두고 밤낮없이 부지런히 노력하여 육경(六經)과 온갖 사서(史書)를 탐구하지 않음이 없고 문장과 아름다운 글귀를 익히지 않음이 없다. 저마다 재주를 품고 기이한 재주를 쌓아 과거 시험장에 나아가 솜씨를 겨루어, 한 번에 뜻을 이루지 못하면 못마땅해하고, 두 번에 뜻을 얻지 못하면 마음이 흐려지고, 세 번에도 뜻을 얻지 못하면 스스로 낙심하여 말하기를,

　"공명에는 분수가 있어서 학문으로 이룰 수 있는 것이 아니며, 부귀는 운명에 달려 있으니 역시 학문으로 이룰 수 있는 것이 아니다."

　라고 한다. 그동안 배운 것을 버리고 아울러 이전에 쌓아 온 바를 버려서 어떤 이는 중도에 그만두기도 하고 또 어떤 이는 문(門)에 거의 다 이르렀다가 되돌아간다. 아홉 길 높이로 산을 쌓고도 한 삼태기의 힘을 마저 쏟지 않는 것과 같으니, 어찌 게을러서 김을 매지 않는 자들과 같지 않으리오.

　학문의 수고로움은 농부들이 봄, 여름, 가을의 세 계절을 고생하는 것에 비할 바가 아니나, 학문을 하여 얻는 공이 어찌 농사를 지어 얻는 이로움 정도뿐이겠는가. 농사를 지어 입과 배를 채우는 것은 그 이로움이 적으나, 학문을 하여 명성을 취하는 것은 그 이로움이 크다. 이로움이 작은 일도 오히려 부지런히 하지 않을 수 없는데, 하물며 **큰 일을 하면서 부지런하지 않을 수 있겠는가.** 마음을 수고롭게 하는 군자는 도리어 몸을 수고롭게 하는 소인이 끝까지 노력함을 알지 못한다. 그러므로 이 글을 지어 그들을 깨우치는 바이다.

— 성현, 「타농설」 —

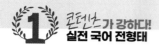
01 (가)와 (나)에 대한 설명으로 가장 적절한 것은?

① (가)는 열거의 방식을, (나)는 대조의 방식을 활용하여 주제를 부각하고 있다.
② (가)는 (나)와 달리, 대구적 표현을 활용하여 인물에 대한 태도의 변화를 드러내고 있다.
③ (나)는 (가)와 달리, 반어적 표현을 활용하여 인물에 대한 기대감을 높이고 있다.
④ (가)와 (나)는 모두, 계절적 배경을 활용하여 향토적 분위기를 조성하고 있다.
⑤ (가)와 (나)는 모두, 해학적 표현을 활용하여 인물 간의 우호적 관계를 드러내고 있다.

형태쌤과 선지분석

선지분석	(가)	(나)
(가) 열거의 방식		
(나) 대조의 방식		
대구적 표현 → 태도의 변화		
반어적 표현 → 인물에 대한 기대감		
계절적 배경 → 향토적 분위기		
해학적 표현 → 인물 간의 우호적 관계		

02 ㉠~㉤을 이해한 내용으로 적절하지 않은 것은?

① ㉠은 집터나 묏자리를 통해 길운을 바라는 꽁생원이 관심을 보이는 대상이다.
② ㉡은 재물을 모은 꽁생원이 함께 풍요로운 삶을 누리고 싶은 대상이다.
③ ㉢은 재물을 경영하여 부를 증식하려는 꽁생원이 권력가의 권세를 이용하기 위한 방법이다.
④ ㉣은 집이나 땅을 중개하여 이문을 취하려는 꽁생원이 흥정 과정에서 겪은 부정적 반응이다.
⑤ ㉤은 부자의 재산으로 이익을 얻으려는 꽁생원이 부자를 꾀는 수단이다.

03 ⓐ~ⓒ에 대한 이해로 가장 적절한 것은?

① ⓐ는 도박과 음주에 빠져 있고, ⓑ는 파산의 들판에서 술에 취해 잠들어 있다.
② ⓐ는 부모의 혜택을 받지 못하여 팔자를 원망하고, ⓒ는 분수를 알아 자신의 배움에 한계가 있다고 생각한다.
③ ⓐ는 혼인을 중매하는 일에 성공하지 못하여 창피를 당하고, ⓒ는 과거 시험에서 뜻을 이루지 못하여 수치를 당한다.
④ ⓑ는 가뭄에 김을 매지 않아 다른 농부들의 조롱을 받고, ⓒ는 한때의 괴로움을 참지 못하여 공명을 이루지 못한다.
⑤ ⓑ는 김매기를 하여도 작물이 죽을 것이라고 생각하고, ⓒ는 학문에 힘을 쏟아도 부귀를 이루지 못할 수 있다고 생각한다.

04 (나)에 대한 설명으로 적절하지 않은 것은?

① 인물들의 말을 인용하여 특정 상황에 대한 서로 다른 태도를 드러내고 있다.
② 글쓴이의 주장과 그에 대한 반박을 제시하여 화제에 대한 상반된 입장을 나타내고 있다.
③ 물음에 답하는 인물을 통해 글쓴이가 관찰한 상황이 발생하게 된 이유를 제시하고 있다.
④ 다른 사람에게 교훈을 전달하고자 하는 글쓴이의 의도를 드러내며 글을 마무리하고 있다.
⑤ 글쓴이의 경험을 통해 얻은 깨달음을 바탕으로 논의의 대상을 다른 상황으로 확장하고 있다.

05 〈보기〉를 참고하여 (가), (나)를 감상한 내용으로 적절하지 않은 것은?

보기

당면한 현실에 대응하는 양상에 따라 삶에 대한 평가는 달라진다. 요행을 바라면서 책임감 없는 삶을 사는 경우에는 부정적으로, 현실적 한계를 극복하고자 노력하는 삶을 사는 경우에는 긍정적으로 평가된다. (가)에서는 당대 규범에서 벗어나 세속적 욕망을 추구하며 요행을 바라는 태도에 대한 경계가, (나)에서는 운명론적 태도에서 벗어나 삶의 주체로서 문제를 성실하게 해결하는 자세에 대한 권면이 나타나고 있다.

① (가)의 '공것'과 '뜬재물'은 정당한 노력을 기울이지 않고 요행을 바라는 태도를 알 수 있는 소재이군.
② (나)의 '비가 내리지 않아' '김을 맬 수가 없'는 것을 보니, 농부들이 농경에 부적합한 환경이라는 문제 상황에 당면하게 된 것을 알 수 있군.
③ (가)의 '공납'을 유용하려는 것에서 이익을 위해 규범을 무시하는 태도를, (나)의 '그냥 쉬는 것이 나을 것'에서 불행한 결과를 예단하는 운명론적 태도를 확인할 수 있군.
④ (가)의 '돈천이나 가졌더니', '친구 대접 하였던가'에서 재물을 베푸는 데 인색한 물욕을, (나)의 '풀 뽑기를 쉬지 아니하여'에서 한계 상황을 극복하고자 하는 의지를 확인할 수 있군.
⑤ (가)의 '일가'와 '친구'에게서 소외당한 꽁생원의 말로에서 무책임한 삶에 대한 경계가, (나)의 '큰 일을 하면서 부지런하'기를 촉구하는 데에서 게으른 농부에 대한 권면이 나타나는군.

다음 글을 읽고 물음에 답하시오.

(가)

아득한 옛날에 나는 떠났다
㉠ 부여를 숙신을 발해를 여진을 요를 금을
홍안령을 음산을 아무우르를 숭가리를
범과 사슴과 너구리를 배반하고
송어와 메기와 개구리를 속이고 나는 떠났다

나는 그때
㉡ 자작나무와 이깔나무의 슬퍼하던 것을 기억한다
갈대와 장풍의 붙드던 말도 잊지 않았다
㉢ 오로촌이 멧돝을 잡아 나를 잔치해 보내던 것도
쏠론이 십릿길을 따라 나와 울던 것도 잊지 않았다

나는 그때
㉣ 아무 이기지 못할 슬픔도 시름도 없이
다만 게을리 먼 앞대로 떠나 나왔다
그리하여 따사한 햇귀에서 하이얀 옷을 입고 매끄러운 밥을 먹고 단 샘을 마시고 낮잠을 잤다
밤에는 먼 개소리에 놀라나고
아침에는 지나가는 사람마다에게 절을 하면서도
나는 나의 부끄러움을 알지 못했다

그동안 돌비는 깨어지고 많은 은금보화는 땅에 묻히고 가마귀도 긴 족보를 이루었는데
이리하여 또 한 아득한 새 옛날이 비롯하는 때
㉤ 이제는 참으로 이기지 못할 슬픔과 시름에 쫓겨
나는 나의 옛 하늘로 땅으로 — 나의 태반으로 돌아왔으나

이미 해는 늙고 달은 파리하고 바람은 미치고 보래구름만 혼자 넋 없이 떠도는데

㉥ 아, 나의 조상은 형제는 일가친척은 정다운 이웃은 그리운 것은 사랑하는 것은 우러르는 것은 나의 자랑은 나의 힘은 없다 바람과 물과 세월과 같이 지나가고 없다

- 백석, 「북방에서-정현웅에게」 -

(나)

겨울 아침 언 길을 걸어
물가에 이르렀다
나와 물고기 사이
창이 하나 생겼다
물고기네 지붕을 튼 ⓐ 살얼음의 창
투명한 창 아래
물고기네 방이 한눈에 훤했다

나의 생가 같았다
창으로 나를 보고
생가의 식구들이
나를 못 알아보고
사방 쪽방으로 흩어졌다
젖을 갓 뗀 어린것들은
찬 마루서 그냥저냥 **그네끼리 놀고**
어미들은
물속 쌓인 돌과 돌 그 틈새로
그걸 깊은 데라고
그걸 가장 깊은 속이라고 떼로 들어가
나를 못 알아보고
무슨 **급한 궁리를 하느라**
그 비좁은 구석방에 빼곡히 서서
마음아, 너도 아직 이 생가에 살고 있는가
시린 물속 시린 물고기의 눈을 달고

- 문태준, 「살얼음 아래 같은 데 2 - 생가(生家)」 -

(다)

　이문원 동쪽 늙은 나무가 있는데 적어도 **백여 년**은 된 것 같다. 그 몸통은 울퉁불퉁 옹이가 졌고 가지는 구불구불 뻗어서 멀찍이서 보면 가파른 산등성이나 성난 파도 같았고 다가가서 보면 둥그스름한 큰 집채 같았다. ⓑ 기둥으로 나무를 받쳐 놓았는데 그 기둥이 모두 열두 개이다. 나무 옆에 누각이 있는데 바로 내가 이불을 들고 가서 숙직하는 장소이다. 좌우에 책을 쌓아 놓고 교정하느라 바쁘게 시간을 보내다가 이따금 나무 곁을 산책하였다. 쏴쏴 불어오는 긴 바람 소리를 들으며 **널찍이 드리운 서늘한 그늘 아래를** 거닐면 몸은 대궐 안 관청에 있어도 숲속의 소나무와 바위 사이로 **훌쩍 벗어나 있는 기분**이 든다.
　하루는 내가 동료에게 다음과 같이 말했다.
　"이 나무는 정말 특이하군! 대체로 **풀과 나무가** 살아가려면 제각기 **몸을 보전하는 계책**이 있기 마련일세. 풀명자나 배, 귤이나 유자, 사과나 석류 같은 나무들은 열매가 커도 가지가 그 무게를 충분히 감당할 수 있다네. 하지만 질경이나 냉이, 강아지풀 같은 풀들은 살아가려면 땅바닥에 붙어 있어야 하네. 그래야 말발굽이 짓밟거나 수레가 밟고 지나가도 더 손상을 입지 않지. 지금 저 늙은 나무는 줄기의 길이가 몸통보다 갑절로 뻗어 사방에 드리워도 잘라 낼 줄 모르네. 만약 받쳐 주는 기둥이 없으면 부러지고야 말 걸세. **조물주가** 이 나무에게는 사람의 손을 빌려 온전하도록 한 것인가?"
　아! 내가 **암소의 뿔을** 보니 **뿔이 구부러져 안쪽으로 향**했는데 심한 것은 사람이 반드시 **톱으로 잘라** 내야만 광대뼈를 뚫는 걱정을 모면하였다. 이제야 알겠구나. 늙은 나무를 가축에 견주자면 뿔을 잘라 내야 온전해질 수 있는 암소와 같다. **가축이** 인간에게 의지하여 살아가듯이 늙은 나무도 인간에게 의지하여 살아간다.
　나는 **저 깊은 산중 인적 끊긴 골짜기에** 이렇듯이 번성하게 자란 늙은 나무를 아직까지 보지 못했다.

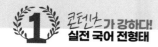

- 유본예, 「이문원노종기(摛文院老樅記)」 -

01 (가)~(다)의 공통점으로 가장 적절한 것은?

① 비판적 태도로 현실의 부정적 측면을 부각하고 있다.
② 역사적 상황을 묘사하여 비극적 현실을 부각하고 있다.
③ 빗대어 표현하는 방식으로 '나'의 인식을 드러내고 있다.
④ 영탄적 어조로 대상에 대한 '나'의 경외감을 드러내고 있다.
⑤ 향토적 소재를 활용하여 '나'의 과거에 대한 그리움을 드러내고 있다.

형태쌤과 선지분석

선지분석	(가)	(나)	(다)
비판적 태도 → 현실의 부정적 측면 부각			
역사적 상황 묘사 → 비극적 현실 부각			
빗대어 표현하는 방식			
영탄적 어조 → 대상에 대한 경외감			
향토적 소재 → 과거에 대한 그리움			

02 태반과 생가에 대한 설명으로 가장 적절한 것은?

① (가)의 화자는 태반에서 상실감을 느끼고 있고, (나)의 화자는 생가에서 서글픔을 느끼고 있다.
② (가)의 화자는 태반에서 소외감을 느끼고 있고, (나)의 화자는 생가에서 느꼈던 수치심을 떠올리고 있다.
③ (가)에서 태반은 이별을 수용하는 공간이고, (나)에서 생가는 만남을 기약하는 공간이다.
④ (가)에서 태반은 화자의 희망이 드러나는 공간이고, (나)에서 생가는 화자의 절망이 드러나는 공간이다.
⑤ (가)에서 태반은 생명의 섭리를 지향하는 공간이고, (나)에서 생가는 생명의 섭리를 거부하는 공간이다.

형태쌤과 선지분석

선지분석	태반	선지분석	생가
상실감		서글픔	
소외감		수치심	
이별 수용		만남 기약	
희망		절망	
생명의 섭리 지향		생명의 섭리 거부	

03 ㉠~㉥을 이해한 것으로 적절하지 않은 것은?

① ㉠에서는 여러 민족, 나라, 지명을 열거하여, 화자가 떠나온 공간을 북방으로 포괄되는 동질적 공간으로 표현하고 있다.
② ㉡에서는 의인화된 자연물을 제시하여, 화자가 북방을 떠나면서 느낀 슬픔을 드러내고 있다.
③ ㉢에서는 이별하던 장면을 유사한 통사 구조로 제시하여, 화자가 북방에서의 기억을 여전히 간직하고 있음을 보여 주고 있다.
④ ㉣의 시구가 ㉤에서 반복, 변주되는 것을 통해, 상반된 상황이 시간의 추이에 따라 일치되는 과정을 드러내고 있다.
⑤ ㉥에서 '없다'와 그 앞에 열거된 시어들을 통해, 화자가 가깝게 느끼고 가치를 부여했던 것들이 부재함을 표현하고 있다.

04 〈보기〉를 참고하여 (나)를 감상한 내용으로 적절하지 않은 것은?

보기

이 시에서 성년이 된 화자는 얼음 아래의 물고기를 보면서 유년 시절 자신의 생가를 회상한다. 화자는 물고기의 움직임을 지켜보면서 '물고기네'의 여기저기를 본다. 그리고 '물고기네'의 모습에 화자의 생가에 대한 기억이 겹쳐진다. 화자는 자신을 물고기에 투영하면서, 성년이 된 지금도 여전히 생가에서의 '시린' 기억을 간직하고 있는 자신을 발견한다.

① '투명한 창'을 통해 본 물고기의 생활 공간을 '물고기네 방'이라고 표현한 것을 보니, 화자는 얼음 아래 물고기의 공간과 자신의 생가를 겹쳐 보고 있군.
② '창으로 나를 보'고 '사방 쪽방으로 흩어'지는 물고기들의 움직임을, 화자는 '생가의 식구들'이 자신을 못 알아본 것으로 표현하였군.
③ '젖을 갓 뗀 어린것들'이 '그네끼리 놀고'라고 표현한 것을 보니, 화자는 물고기들이 노는 모습을 통해 유년 시절 생가에서 지내던 아이들의 모습을 떠올리고 있군.
④ 화자는 '비좁은 구석방에'서 '급한 궁리를 하'는 물고기의 모습에 유년 시절 생가에서 외따로 지내야 했던 자신의 모습을 투영하고 있군.
⑤ 화자는 '마음아, 너도 아직' 생가에서 '살고 있는가'라고 하여, 성년인 자신의 마음속에 유년의 기억이 자리 잡고 있음을 드러내고 있군.

05 ⓐ와 ⓑ에 대한 이해로 가장 적절한 것은?

① ⓐ는 화자의 불안을 심화하는, ⓑ는 글쓴이의 의지를 북돋아 주는 역할을 한다.

② ⓐ는 화자의 이상향을 형상화하는, ⓑ는 글쓴이의 태도를 전환하는 역할을 한다.

③ ⓐ는 ⓑ와 달리, 화자에게 책임감을 떠올리게 하는 계기가 된다.

④ ⓑ는 ⓐ와 달리, 글쓴이가 처한 상황을 극복하게 하는 역할을 한다.

⑤ ⓐ와 ⓑ는 모두 대상을 새롭게 주목하게 하는 계기를 마련하고 있다.

 형태쌤과 선지분석

선지분석	ⓐ	선지분석	ⓑ
불안 심화		의지를 북돋움	
이상향 형상화		태도 전환	
책임감을 떠올리는 계기		책임감을 떠올리는 계기	
현재 처한 상황 극복		현재 처한 상황 극복	
대상을 새롭게 주목함		대상을 새롭게 주목함	

06 〈보기〉의 [A]에 들어갈 학생의 말로 적절하지 <u>않은</u> 것은?

> **보기**
>
> **선생님** : 여러분, 「이문원노종기」는 이문원의 늙은 나무가 인간의 도움을 받아 오랫동안 무성하게 자라고 있는 점에 착안한 글입니다. 서로 다른 생명체가 각각 이익을 주거나 받는 현상을 중심으로, 「이문원노종기」를 다시 읽어 보려고 해요. 이런 관점에서 이 작품을 감상해 볼까요?
>
> **학생** : _____[A]_____
>
> **선생님** : 네, 잘 말했습니다.

① '이문원 동쪽 늙은 나무'가 '백여 년'을 살 수 있었던 것은, 인간이 나무를 보살펴 주었기 때문입니다.

② 글쓴이가 '널찍이 드리운 서늘한 그늘'로 인해 '훌쩍 벗어나 있는 기분'이 든 것은, '이문원 동쪽 늙은 나무'에게서 인간이 이익을 얻은 경우에 해당합니다.

③ '풀과 나무'가 '몸을 보전하는 계책'이 있는 것은, '조물주'가 서로 다른 생명체가 이익을 주고받도록 해 준 경우에 해당합니다.

④ '암소'의 '뿔이 구부려져 안쪽으로 향'하는 위험을 인간이 '톱으로 잘라'서 해결해 주는 것은, '가축'이 인간에게 의지하며 살아가는 경우에 해당합니다.

⑤ 글쓴이가 '이문원 동쪽 늙은 나무'가 '저 깊은 산중 인적 끊긴 골짜기'에서 자란 나무보다 번성하게 자랐다고 한 것은, 인간의 도움이 필요하다는 것을 말하기 위함입니다.

나 없이

기출

풀지마라

다음 글을 읽고 물음에 답하시오.

(가)

배를 민다

배를 밀어보는 것은 아주 드문 경험

희번덕이는 잔잔한 가을 바닷물 위에

배를 밀어넣고는

온몸이 **아주 추락하지 않을 순간**의 한 허공에서

밀던 힘을 한껏 더해 밀어주고는

아슬아슬히 배에서 떨어진 손, 순간 환해진 손을

허공으로부터 거둔다

사랑은 참 부드럽게도 **떠나지**

뵈지도 않는 길을 부드럽게도

배를 한껏 세게 밀어내듯이 **슬픔**도

그렇게 **밀어내는 것이지**

배가 나가고 남은 빈 물 위의 **흉터**

잠시 머물다 가라앉고

그런데 오, 내 안으로 들어오는 배여

아무 소리 없이 밀려들어오는 배여

> – 장석남, 「배를 밀며」 –

(나)

　당신……, 당신이라는 말 참 좋지요, 그래서 불러봅니다 킥킥거리며 한 때 적요로움의 울음이 있었던 때, 한 슬픔이 문을 닫으면 또 한 슬픔이 문을 여는 것을 이만큼 살아옴의 **상처에 기대, 나 킥킥……, 당신을 부릅니다** 단풍의 손바닥, 은행의 두 갈래 그리고 합침 저 개망초의 시름, 밟힌 풀의 흙으로 돌아감 당신……, **킥킥거리며 세월에 대해 혹은 사랑과 상처**, 상처의 몸이 나에게 기대어 저를 부빌 때 당신……, 그대라는 자연의 달과 별……, 킥킥거리며 당신이라고……, 금방 울 것 같은 사내의 아름다움 그 아름다움에 기대 **마음의 무덤**에 나 벌초하러 진설 음식도 없이 맨 술 한 병 차고 병자처럼, 그러나 ⓐ 치병*과 환후*는 각각 따로인 것을 킥킥 당신 **이쁜 당신……, 당신이라는 말 참 좋지요**, 내가 아니라서 끝내 버릴 수 없는, 무를 수도 없는 참혹……, 그러나 킥킥 당신

> – 허수경, 「혼자 가는 먼 집」 –

* 치병 : 병을 다스림.
* 환후 : 병을 정중하게 이르는 말.

(다)

　그녀에게 편지를 쓰는 것이 자신의 존재를 증명하던 시절이 있었다. 사랑하는 사람에게 보내는 편지만큼 표현의 욕구로 흘러넘치는 것도 없다. 무언가를 표현하지 않고는 견딜 수 없는 시간들이 편지를 쓰게 한다. 그는 그녀에게 자신의 사랑이 얼마나 어렵고 진정하며 운명적인가를 설명하고 싶었다. 편지는 사람을 설득하거나 매혹시키는 방편이 될지도 모른다. 그러나 모든 사랑의 편지는 마지막 순간, **도구적**이지 못하다. 세상의 모든 글쓰기가 최후의 순간에는 **처음에 품었던 소소한 의도**를 배반하는 것처럼. 그 **통제할 수 없는 익명의 욕구**가 그 편지의 **현실적인 목표**를 잊어버리게 만들기 때문이다. 그런 이유로, 모든 사랑의 편지에는 **아무 전언도 들어 있지 않다.**

　거기에는 결정적인 정보나 주장이 들어 있지 않다. 다만 내 고백을 누군가가 들어준다는 충만한 느낌. 희미한 불빛 아래서 스스로 옷을 벗어야 할 때처럼, 주체할 수 없는 부끄러움 따위. 고백이란 결국 2인칭을 경유하여 1인칭으로 돌아온다. 그의 들끓는 고백의 언어들은 고스란히 자신에게 돌아왔다. 한동안 그는, 사랑하는 ○○에게로 시작되는 편지를 자주 썼다. 그녀는 그의 편지를 사랑했다. 정확하게 말하면 **'편지 속의 그'를 그녀는 사랑했다.** 편지 속에는 그가 찾아낸 자신의 **또 다른 영혼**이 있었다. 또 다른 영혼의 '그'는 순수한 열정과 끝 모를 동경과 깊은 이해심을 가진 존재였다. 그도 역시 그녀처럼 자신의 편지 속 1인칭 화자에게 깊이 매료되었다. 하지만 너무 뻔해서 가혹했던 지리멸렬한 시간들 속에서 그는 편지 속의 1인칭 주체를 잊어버렸다.

　편지조차 쓸 수 없는 시간들이 무심하게 지나가고, 다시 편지를 쓰고 싶었을 때, 그는 이미 '편지 속의 그'가 되지 못한다는 것을 알았다. 그는 '편지 속의 그'를 연기하는 것이 부끄러웠고, **자신의 비루함을 뼛속 깊이 실감했다.** 그는 '사랑하는 ○○에게'라는 편지를 쓰고 싶어 하는 자신 속의 어떤 늙지 않는 영혼을, 그 순수한 인격을 외면하고 싶었다. ⓑ 누군가가 듣기를 바라는 모든 고백이란, 위선이 아니면 위악이다.

> – 이광호, 「이젠 되도록 편지 안 드리겠습니다」 –

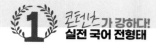
01 (가)~(다)의 공통점으로 가장 적절한 것은?

① 하강적 이미지를 활용하여 시간의 흐름을 보여 준다.
② 자연물에 빗대어 부정적 현실의 극복 가능성을 암시한다.
③ 동일한 구절의 반복과 변주를 통해 상황의 반전을 표현한다.
④ 특정한 행위를 중심으로 행위 주체와 대상의 관계를 드러낸다.
⑤ 공간의 이동에 따라 내용을 전개하여 역동적 분위기를 강화한다.

형태쌤과 선지분석

선지분석	(가)	(나)	(다)
하강적 이미지 → 시간의 흐름			
자연물 비유 → 부정적 현실 극복 암시			
동일한 구절 반복과 변주 → 상황의 반전			
특정한 행위 → 행위 주체와 대상의 관계 드러냄			
공간의 이동 → 역동적 분위기			

03 (나)의 '당신'에 대한 설명으로 적절하지 <u>않은</u> 것은?

① 화자와 '한때'의 기억을 잇는 매개적 존재이다.
② 화자의 내면에 살고 있는 '병자'로서 연민의 대상이다.
③ 화자의 눈앞에 없지만 '부'름으로써 환기되는 대상이다.
④ 화자가 '버릴 수 없'고 '무를 수도 없는' 숙명적 존재이다.
⑤ 화자에게 '사랑'과 '슬픔'을 경험하게 하는 이중적 존재이다.

형태쌤과 선지분석

선지분석	당신
'한때'의 기억을 연결 → 매개적 존재	
내면에 살고 있는 '병자' → 연민의 대상	
눈앞에 없지만 부름 → 환기의 대상	
버리거나 무를 수 없음 → 숙명적 존재	
'사랑'과 '슬픔' 경험 → 이중적 존재	

02 (가)에 대한 이해로 적절하지 <u>않은</u> 것은?

① '아주 추락하지 않을 순간'에 '배'를 밀던 '손'이 '아슬아슬히 배에서 떨어진'다는 것은 이별의 정서적 긴장감을 드러낸다.
② '뵈지도 않는 길'은 '사랑'이 '떠나'는 길이라는 점에서, 이별의 막막한 상황을 공간의 형상으로 드러낸다.
③ '슬픔'을 '밀어내는 것'을 '배'를 밀듯 '한껏 세게 밀어'낸다고 한 것은 이별의 아픔을 떨쳐 내려는 화자의 태도를 드러낸다.
④ '배가 나가'며 생긴 '흉터'가 '잠시 머물다 가라앉'는다는 것은 이별의 슬픔이 잦아든 상태에 있음을 드러낸다.
⑤ '밀려들어' 온 '배'는 '아무 소리 없이' 다시 돌아온 배라는 점에서, 대상과의 재회가 예상대로 이루어짐을 드러낸다.

04 〈보기〉를 참고하여 (나)를 감상한 내용으로 적절하지 <u>않은</u> 것은?

보기

시는 표현하고자 하는 바를 어떤 심적 상태에 놓인 화자의 발화로써 형상화한다. (나)에 나타나 있는 독특한 발화 방식, 즉 끊어질 듯 이어지는 서술, 어휘의 반복적 출현, 맥락이 없어 보이는 구절들의 배열, 수시로 등장하는 말줄임표와 쉼표 등은 사랑의 기억을 떠올리거나 상처를 치유하지 못한 화자의 내면을 드러내는 시적 장치들이다. 이러한 장치들은 사랑의 기억과 함께 상실의 고통을 안고 남은 생을 살아 내야 하는 화자의 복합적인 내면을 생생하게 그려 내는 역할을 한다.

① '킥킥'은 반복적으로 출현하는 웃음의 의성어로서, 사랑과 슬픔이 내재된 화자의 복합적인 정서를 생생하게 드러내는 표현이겠군.
② '상처에 기대, 나 킥킥……, 당신을 부릅니다'는 말줄임표와 쉼표를 사용한 서술로서, 상실의 고통으로 인하여 사랑의 기억이 희미해지는 화자의 심적 상태를 보여 주는 표현이겠군.
③ '킥킥거리며 세월에 대해 혹은 사랑과 상처,'는 맥락이 없어 보이는 표현들이 한데 이어진 서술로서, 감정들이 뒤섞인 화자의 내면을 보여 주는 표현이겠군.
④ '마음의 무덤'은 화자의 심적 상태를 형상화한 서술로서, 상실의 고통을 안고 생을 살아 내야 하는 화자의 내면을 비유한 표현이겠군.
⑤ '이쁜 당신……, 당신이라는 말 참 좋지요.'는 끊어질 듯 이어지는 서술로서, 대상에 대하여 사랑의 감정을 품고 있는 화자의 내면을 보여 주는 표현이겠군.

05 ⓐ, ⓑ에 대한 이해로 가장 적절한 것은?

① ⓐ는 치병의 노력으로도 환후가 사라지는 것은 아니라는 화자의 인식을 말한다.

② ⓐ는 화자가 대상의 아름다움을 발견함으로써 자신의 환후를 의식하지 않게 되었음을 말한다.

③ ⓑ는 사랑의 편지가 상대를 향한 표현일 때, 위선과 위악에서 벗어날 수 있음을 말한다.

④ ⓑ는 더 나은 자신을 드러내려는 욕망이야말로 상대를 매혹하는 진정한 요인임을 말한다.

⑤ ⓐ와 ⓑ는 모두, 아픔을 겪는 이나 고백을 하는 이가 그 아픔이나 고백의 실체를 지각하지 못함을 말한다.

형태쌤과 선지분석

선지분석	ⓐ	ⓑ
ⓐ : 치병의 노력으로 환후가 사라짐		
ⓐ : 대상의 아름다움 발견 → 자신의 환후를 인식하지 않게 됨		
ⓑ : 상대를 향한 사랑의 편지 → 위선, 위악에서 벗어날 수 있음		
ⓑ : 자신을 드러내려는 욕망 = 상대를 매혹하는 요인		
ⓐ : 아픔을 겪는 이가 아픔의 실체 지각 x ⓑ : 고백을 하는 이가 고백의 실체 지각 x		

06 〈보기〉를 바탕으로 (다)를 이해한 내용으로 적절하지 <u>않은</u> 것은?

보기

　　(다)에서 편지는 받는 사람뿐만 아니라 쓰는 사람 자신을 향한 것이기도 하다. 상대에 대한 열망으로 사랑의 편지를 쓰지만 결국 그것은 자신을 표현하는 글이다. 자신을 이상화하려는 욕구에 빠져 있기에 편지는 '그녀'가 사랑할 만한 '그'로 채워진다. 사랑의 편지를 받은 '그녀'는 '편지 속의 그'를 사랑하고, 편지를 쓰는 '그'도 '편지 속의 그'에게 매료되어 있다. 그러나 이런 식의 자기 고백이 지속될 수 없는 까닭은 이 이상화된 '그'와 실제의 '그' 사이의 간극이 주는 부끄러움 때문이다.

① '익명의 욕구'를 '통제할 수 없'다는 것은 상대를 향한 '그'의 사랑이 운명적인 것이어서 사랑을 멈출 수 없음을 말하는군.

② '아무 전언도 들어 있지 않다'는 것은 '처음에 품었던 소소한 의도'를 잊음으로써, 상대를 향한 글쓰기의 '현실적인 목표'가 실패로 돌아갔음을 말하는군.

③ '2인칭을 경유하여 1인칭으로 돌아온다'는 것은 편지가 상대를 향한 '도구적' 기능을 하지 못하고 자기 고백에 그치게 됨을 말하는군.

④ "편지 속의 그'를 그녀는 사랑했다'는 것은 편지를 받은 그녀가 사랑한 상대는 편지 속의 '또 다른 영혼'임을 말하는군.

⑤ '자신의 비루함을 뼛속 깊이 실감했다'는 것은 실제 자신과 이상화된 자신 사이의 간극을 자각한 '그'가 부끄러움에 빠져 있음을 말하는군.

나 없이

기출

풀지마라

나 없이
기출
풀지마라

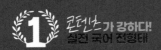
콘텐츠가 강하다!
실전 국어 전형태

문학

IV

현대 산문

다음 글을 읽고 물음에 답하시오.

[앞부분의 줄거리] 어린 시절의 친구 은자를 주인공으로 한 소설을 발표했던 '나'는 어느 날 오랫동안 소식을 몰랐던 은자로부터 연락을 받는다.

다음날 아침 어김없이 은자의 전화가 걸려 왔다. 토요일이었다. 이제 오늘 밤과 내일 밤뿐이었다. 은자도 그것을 강조하였다.

"설마 안 올 작정은 아니겠지? 고향 친구 한번 만나 보려니까 되게 힘드네. 야, 작가 선생이 밤무대 가수 신세인 옛 친구 만나려니까 체면이 안 서데? 그러지 마라. 네 보기엔 한심할지 몰라도 오늘의 미나 박이 되기까지 참 숱하게도 넘어지고 또 넘어지고 했으니까."

그렇게 말할 만도 하였다. 고상한 말만 골라서 신문에 내고 이렇게 해야 할 것 아니냐, 저렇게 되면 곤란하다, 라고 말하는 게 능사인 작가에게 밤무대 가수 친구가 웬 말이냐고 볼멘소리를 해 볼 만도 하였다. 나는 아무런 대꾸도 할 수 없었다. 박은자에서 미나 박이 되기까지 그 애는 수없이 넘어지고 또 넘어진 모양이었다. 누군들 그러지 않겠는가. 부천으로 옮겨 와 살게 되면서 나는 그런 삶들의 윤기 없는 목소리를 많이 듣고 있었다. 딱히 부천이어서가 아니라 내가 부천 사람이어서 그랬을 것이었다. 창가에 붙어 앉아 귀를 모으고 있으면 지금이라도 넘어져 상처 입은 원미동 사람들의 이야기를 들을 수 있었다. 넘어졌다가 다시 일어나고, 또 넘어지는 실패의 되풀이 속에서도 그들은 정상을 향해 열심히 고개를 넘고 있었다. 정상의 면적은 좁디좁아서 아무나 디딜 수 있는 곳이 아니라는 엄연한 현실도 그들에게는 단지 속임수로밖에 납득되지 않았다. 설령 있는 힘을 다해 기어올랐다 하더라도 결국은 내리막길을 마주해야 한다는 사실 또한 수긍하지 않았다. 부딪치고, 아등바등 연명하며 기어나가는 삶의 주인들에게는 다른 이름의 진리는 아무런 소용도 없는 것이었다. 그들에게 있어 인생이란 탐구하고 사색하는 그 무엇이 아니라 몸으로 밀어 가며 안간힘으로 두들겨야 하는 굳건한 쇠문이었다. 혹은 멀리 보이는 높은 산봉우리였다.

(중략)

일 년에 한 번씩 타인의 낯선 얼굴을 확인하러 고향 동네에 가는 일은 쓸쓸함뿐이었다. 이제는 그 쓸쓸함조차도 내 것으로 남지 않게 될 것이었다. 누구라 해도 다시는 고향으로 돌아가지 못할 것이었다. 고향은 지나간 시간 속에 있을 뿐이니까. 누구는 동구 밖의 느티나무로, 갯마을의 짠 냄새로, 동네를 끼고 흐르는 긴 강으로 고향을 확인하며 산다고 했다. 내게 남은 마지막 표지판은 은자인 셈이었다. 보이는 것들은, 큰오빠까지도 다 변하였지만 상상 속의 은자는 언제나 같은 모습이었다. 은자만 떠올리면 옛 기억들이, 내게 남은 고향의 모든 숨소리가 손에 잡힐 듯이 다가오곤 하였다. 허물어지지 않은 큰오빠의 모습도 그 속에 온전히 남아 있었다. 내가 새부천 클럽에 가서 은자를 만나 버리고 나면 그때부터는 어떤 표지판에 기대어 고향을 찾아갈 수 있을 것인지 정말 알 수 없었다.

은자의 지금 모습이 어떤지 나는 전혀 떠올릴 수가 없다. 설령 클럽으로 찾아간다 하여도 그 애를 알아볼 수 있을지 자신할 수도 없었다. 내 기억 속의 은자는 상고머리에, 때 낀 목덜미를 물들인 박 씨의 억센 손자국, 그리고 터진 겨드랑이 사이로 내보이던 낡은 내복의 계집아이로 붙박여 있었다. 서른도 훨씬 넘은 중년 여인의 그 애를 어떻게 그려 낼 수 있는가. 수십 년간 가슴에 품어 온 고향의 얼굴을 현실 속에서 만나고 싶지는 않

다, 라고 나는 생각하였다. 만나 버린 뒤에는 내게 위안을 주었던 유년의 소설도, 소설 속의 한 시대도 스러지고야 말리라는 불안감을 떨쳐 버릴 수가 없었다. 그렇다 하더라도 이미 현실로 나타난 은자를 외면할 수 있을는지 그것만큼은 풀 수 없는 숙제로 남겨 둔 채 토요일 밤을 나는 원미동 내 집에서 보내고 말았다.

일요일 낮 동안 나는 전화 곁을 떠나지 못하였다. 이제 은자는 가시 돋친 음성으로 나의 무심함을 탓할 것이었다. 그녀의 질책을 나는 고스란히 받아들일 작정이었다. 나는 그 애가 던져 올 말들을 하나하나 상상해 보면서 전화를 기다렸다. 오전에는 그러나 한 번도 전화벨이 울리지 않았다.

            - 양귀자, 「한계령」 -

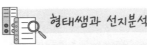

형태쌤과 지문분석

지문분석	
시간	
공간	
서술자의 관심사	

01 윗글의 서술상 특징으로 가장 적절한 것은?

① 독백적 진술을 중심으로 인물의 내면 심리를 드러낸다.

② 동시에 벌어진 사건들을 삽화처럼 나열하여 이야기의 흐름을 지연시킨다.

③ 이야기 외부의 서술자가 인물의 행위를 해설하고 사건의 의미를 직접 제시한다.

④ 서술자가 다양한 인물로 바뀌면서 인물 간의 갈등을 다각적으로 조명한다.

⑤ 서술자가 의문과 추측의 진술을 통하여 다른 인물에 대한 반감을 드러낸다.

형태쌤과 선지분석

선지분석	한계령
독백적 진술 → 내면 심리	
동시에 벌어진 사건들 삽화처럼 나열	
외부 서술자 → 인물의 행위 & 사건 의미 제시	
서술자 다양하게 교체 → 인물 간 갈등 다각적 조명	
의문·추측의 진술 → 다른 인물에 대한 반감	

02 윗글의 '나'와 '은자'에 대한 이해로 가장 적절한 것은?

① '은자'는 가수로서의 성공을, '나'는 작가로서의 성공을 확신하고 있다.
② '나'는 '은자'의 전화로부터 심리적 위안을 얻으며 갈등을 해소하고 있다.
③ '은자'는 '나'와의 재회를 기대하고 있고, '나'는 '은자'의 제안을 단호히 거절하고 있다.
④ '나'는 '은자'가 도도하다고 여기고 있고, '은자'는 '나'가 체면을 차린다고 여기고 있다.
⑤ '은자'는 현재의 자신을 '나'에게 보여 주려 하고 있고, '나'는 '은자'를 통해 옛 기억을 돌아보고 있다.

memo

03 〈보기〉를 바탕으로 윗글을 감상한 내용으로 적절하지 <u>않은</u> 것은?

보기

　　아이러니는 흔히 말하는 반어보다 넓은 개념이다. 소설에서는 어떤 인물의 행위나 내면, 그리고 그가 살고 있는 세계에서 대립적인 두 의미를 동시에 찾을 수 있을 때에 아이러니가 발견될 수 있다. 이때 대립적인 의미는 양면성을 생성한다. 「한계령」에서는 인물이 바라보는 대상, 인물의 행위와 의식의 대립, 인물의 심리 등에서 이러한 양면성을 발견할 수 있다.

① '결국은 내리막길을 마주해야' 하는데도, '있는 힘을 다해 기어' 오르고 있는 '그들'에게서 '나'는 양면성을 발견하는군.
② '몸으로 밀어 가'야 할 '굳건한 쇠문'을 '탐구하고 사색'하려 하는 '그들'에게서 '나'는 양면성을 발견하는군.
③ '일 년에 한 번씩' '고향 동네에 가'면서도, '누구라 해도 다시는 고향으로 돌아가지 못할 것'이라고 생각하는 '나'의 모습에서 양면성이 나타나는군.
④ '변해' 버린 '큰오빠'와 '온전히 남아' 있는 '큰오빠'가 '나'의 생각 속에 공존하고 있는 것에서 양면성이 나타나는군.
⑤ '은자'를 '만나고 싶지는 않다'고 생각하면서도, 만나자는 '은자'의 '전화를 기다'리는 '나'의 모습에서 양면성이 나타나는군.

다음 글을 읽고 물음에 답하시오.

도시의 발전은 옛 성벽을 깨트리고, 아직도 초평(草坪)이 남아 있는 이 성 밖으로 꿰여 나오기 시작한 것이었다. 그리하여 아직도 자리 잡히지 않은 이 거리의 누렇던 길이 매연과 발걸음에 나날이 짙어서 ⓐ 꺼멓게 멍들기 시작한 이 거리를 지나면 얼마 안 가서 옛 성문이 있었다. 그 성문을 통하여 이 신작로의 수직선으로 뚫린 시가가 바라보이는 것이었다. 그 성문 밖을 지나치면 신흥 상공 도시라는 이 도시의 공장 지대에 들어서게 된다. 병일이가 봉직하고 있는 공장도 그곳에 있었다. 병일이는 이 길을 2년간이나 걸었다. 아침에는 집에서 공장으로, 저녁에는 공장에서 집으로 가는 가장 가까운 길이므로 이 길을 걷는 것이었다.

병일이는 취직한 지 2년이 되도록 신원 보증인을 얻지 못하였다. 매일 저녁마다 병일이가 장부의 시재(時在)를 막아 놓으면, 주인은 금고의 현금을 헤었다. 병일이가 장부에 적어 놓은 숫자와 주인이 헤인 현금이 맞맞아떨어진 후에야 그날 하루의 일이 끝나는 것이었다. 주인이 금고 문을 잠근 후에 병일이는 모자를 집어 들고 사무실 문밖에 나선다. 한 걸음 앞서 나섰던 주인은 곧 사무실 문을 잠가 버리는 것이었다. 사무실 마루를 쓸고, 훔치고, 손님에게 차와 점심 그릇을 나르고, 수십 장의 편지를 쓰고, 장부를 정리하는 등 ⓑ 소사와 급사와 서사의 일을 한 몸으로 치르고 난 뒤에 하숙으로 돌아가는 병일의 다리와 머리는 물병과 같이 무거웠다.

주인에게 작별 인사를 하고 공장 문밖을 나서면 하루의 고역에서 벗어났다는 시원한 느낌보다도 작은 별들이 반짝이는 하늘 아래 말할 수 없이 호젓해짐을 금할 수 없었다. 그는 주인 앞에서 참고 있었던 담배를 가슴속 깊이 빨아 들이켜며, ㉠ 2년 내로 구하여도 얻지 못하는 신원 보증인을 다시금 궁리하여 보는 것이었다. 현금에 손을 대지 못하고, 금고에 들어 있는 서류에 참견을 못 하는 것이 책임 문제로 보아서 무한히 간편한 것이지만 ㉡ 취직한 첫날부터 지금까지 하루도 변함없이 자기를 감시하는 주인의 꾸준한 태도에 병일이도 꾸준히 불쾌한 감을 느껴온 것이었다. 주인의 이러한 감시에 처음 얼마 동안은 신원 보증이 없어서 그같이 못 미더운 자기를 그래도 써 주는 주인의 호의를 한없이 감사하고 미안하게 여겼다. 그다음 얼마 동안은 병일이가 스스로 믿고 사는 자기의 담박한 성정을 그리도 못 미더워하는 주인의 태도에 원망과 반감을 가지게 되었다.

(중략)

근자에 병일이는 사무실에서 장부 정리를 할 때에도 혹시 후원에서 성낸 소와 같이 거닐고 있던 니체가 푸른 이끼 돋친 바위를 붙안고 이마를 부딪치는 것을 상상하고 작은 신음 소리가 나오려는 것을 깨닫고는 몸서리를 치기도 하였다. 그럴 때마다 곁에서 담배를 피우며 신문을 뒤적이고 있는 주인을 바라볼 때 ㉢ 신문 외에는 활자와 인연이 없이 살아갈 수 있는 그들의 생활이 부럽도록 경쾌한 것 같았다. 사실 ㉣ 월급에서 하숙비를 제하고 몇 푼 안 남는 돈으로 탐내어 사들인 책들이 요즈음에는 무거운 짐같이 겨웠다. 활자로 박힌 말의 퇴적이 발호하여서 풍겨 오는 문학의 자극에 자기의 신경은 확실히 피곤하여졌다고 병일은 생각하였다.

피곤한 병일이는 사무실에서 돌아올 때마다 이 지루한 ⓒ 장마는 언제까지나 계속할 셈인가고 중얼거렸다. 지금부터는 마음대로 할 수 있는 '나의 시간'이라고 생각하며 돌아가는 길에 언제나 발을 멈추고 바라보는 성문을 요즈음에는 우산 속에 숨어서 그저 지나치는 때가 많았다. 혹시 생각나서 돌아볼 때에는 수없는 빗발에 씻기며 서 있는 ⓓ 누각을 박쥐조차 나들지 않았다. 전날 큰 구렁이가 기왓장을 떨어쳤다는 말이 병일에게는 육친의 시체를 보는 듯한 침울한 인상을 주는 것이었다. 모기 소리와 빈대 냄새와 반들거리다가 새침히 뛰어오르는 벼룩이가 기다릴 뿐인 바람 한

점 없는 하숙방에서 활자로 시꺼멓게 메워진 책과 마주 앉을 용기가 없어진 병일이는 어떤 유혹에 끌리듯이 사진관으로 찾아가게 되었다.

사진사도 병일이를 환영하였다. 그리고 거기는 술과 한담이 있었다. 아직껏 취흥을 향락해 본 경험이 없던 병일이는 자기도 적지 않게 마시고 제법 사진사와 같이 한담을 주고받을 수 있다는 것이 만족하게 생각되기도 하였다. 사진사가 수다스럽게 주워섬기는 이야기를 듣고 있는 동안에 병일이는 ㉤ 문득 자기를 기다릴 듯한 어젯밤 펴놓은 대로 있을 책을 생각하고 시계를 쳐다보기도 하였으나 문밖에 빗소리를 듣고는 누구에 대한 것인지도 모른 송구한 마음을 가라앉히는 것이었다. 그럴 때마다 그는 이야기에 신이 나서 잊고 있는 사진사의 잔을 집어서 거푸 마셨다.

밤 12시가 거진 되어서 하숙으로 돌아가는 병일이는 비를 맞는 것이 오히려 마음이 편하였다. '이것이 무슨 짓이냐!' 하는 반성은 갈라진 검은 구름 밖으로 보이는 별 밑에 한층 더하므로 '이 생활은 일시적이다. 장마의 탓이다.' 하는 생각을 오는 비에 핑계하기가 편하였던 것이다. 책상 앞에 돌아온 병일이는 '내 마음대로 할 수 있는 시간'이 모두 없어진 것을 새삼스럽게 느끼고 있는 자기를 발견하는 것이었다. 이른 아침 시간을 위하여 자야 할 병일이는 벌써 깊이 잠들었을 사진사의 ⓔ 코 고는 소리가 들리는 듯하여 잠이 오지 않았다.

- 최명익, 「비 오는 길」 -

형태쌤과 지문분석

지문분석	
시간	
공간	
서술자의 관심사	

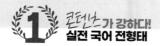
01 윗글에 대한 설명으로 가장 적절한 것은?

① 풍자적 어조를 통해 세태를 우회적으로 비판하고 있다.
② 상황에 대한 인물의 주관적인 판단을 중심으로 이야기를 서술하고 있다.
③ 인물의 과장된 말과 행동을 통해서 비극적인 분위기에 반전을 꾀하고 있다.
④ 자연에 대한 감각적인 묘사를 중심으로 환상적인 분위기를 그려내고 있다.
⑤ 빈번하게 장면을 전환하여 인물들 사이에 조성된 긴장감을 해소하고 있다.

형태쌤과 선지분석

선지분석	비 오는 길
풍자적 어조 → 세태 우회적 비판	
상황에 대한 인물의 주관적 판단 중심	
인물의 과장된 말·행동 → 비극적 분위기 반전	
자연을 감각적 묘사 → 환상적 분위기	
빈번한 장면 전환 → 인물 간 긴장감 해소	

02 ⓐ~ⓔ에 대한 이해로 적절하지 않은 것은?

① ⓐ는 변화하고 있는 주변 환경을 말하고 있다.
② ⓑ는 '병일'이 '사무실'에서 하는 반복적인 일이다.
③ ⓒ는 피곤한 '병일'에게 지루함을 더하는 요인 중 하나이다.
④ ⓓ는 노동에서 벗어난 '병일'이 '나의 시간'을 보내는 곳이다.
⑤ ⓔ는 '병일'의 휴식을 방해하는 상상의 소리이다.

03 〈보기〉를 참고하여 ㉠~㉤을 감상한 내용으로 적절하지 않은 것은?

보기

소망이나 욕구가 충족되지 못해서 갈등을 겪는 개인은 심리적으로 불안한 상태에 빠진다. 특히 사회적으로 불안정한 처지에 놓여 있는 개인은 긴장과 갈등 상황에 과민하게 반응하며 현실에 적응하는 데에 어려움을 겪는다. 이 과정에서 불쾌감, 고독, 우울, 불면 같은 심리적 불안 증세가 표출된다. 이 같은 증세를 보이는 개인은 불안을 야기하는 요소를 차단하기 위해 자기만의 세계에 몰두하려고 한다. 그렇다고 자기만의 세계에 만족하는 것은 아니며 타인의 삶에 대한 관심과 실망을 오가는 이중적 감정을 드러낸다.

① ㉠은 사회적으로 불안정한 처지에 놓여 있는 '병일'의 상태를 보여 주는군.
② ㉡은 자신이 의심을 받는다고 생각하는 '병일'의 심리적 불안이 드러난 예이군.
③ ㉢에서는 자신의 세계에 만족하지 못하는 '병일'이 타인의 세속적 삶에 관심을 갖고 있음을 알 수 있군.
④ ㉣에서는 자신이 몰두하던 세계에서 '병일'이 더 이상 만족을 찾지 못하고 있음을 알 수 있군.
⑤ ㉤에서는 '병일'이 타인의 삶에 대한 관심과 실망을 오가고 있음을 알 수 있군.

04 하숙방과 사진관에 대한 이해로 가장 적절한 것은?

① 하숙방은 '병일'이 자신을 대면하는 고독한 곳이고, 사진관은 삶에 지친 '병일'이 일시적으로 도피하는 곳이다.
② 하숙방은 '병일'이 '니체'에 관한 상상을 하였던 곳이고, 사진관은 '사진사'에 대한 '병일'의 동정이 드러나는 곳이다.
③ 하숙방은 '병일'이 자신의 사회적 관계를 회복하려고 노력하는 곳이고, 사진관은 '병일'에게 위안을 주는 곳이다.
④ 하숙방은 '주인'의 감시가 계속되는 곳이고, 사진관은 '병일'이 이전에 해 보지 못한 경험을 하는 곳이다.
⑤ 하숙방은 '병일'이 '고역'을 지속하는 곳이고, 사진관은 '병일'이 자신의 과거를 긍정하는 곳이다.

다음 글을 읽고 물음에 답하시오.

[앞부분의 줄거리] 조준구와 아내 홍 씨는 서희가 물려받아야 할 최 참판가의 재산을 가로채고, 하인 삼수를 내세워 마을 사람들을 착취한다. 한편, 윤보는 의병 자금을 확보하기 위해 최 참판가 습격을 준비하는데 삼수가 찾아온다.

"아무리 그리 시치미를 떼 쌓아도 알 만치는 나도 알고 있으니께요. 머 내가 훼방을 놓자고 찾아온 것도 아니겄고, 나는 나대로 생각이 있어서 온 긴데 너무 그러지 마소. 한마디로 딱 짤라서 말하겄소. 왜눔들하고 한통속인 조가 놈을 먼지 치고 시작하라 그 말이오. 고방에는 곡식이 썩을 만큼 쌓여 있고 안팎으로 쌓인 기이 재물인데 큰일을 하자 카믄 빈손으로 우찌하겄소. 그러니 왜눔과 한통속인 조가부터 치고 보믄 ㉠ 꿩 묵고 알 묵는 거 아니겄소."

"야야가 참 제정신이 아니구마는."

"하기사 전력이 있으니께 나를 믿지 않는 것도 무리는 아니겄소. 하지마는 두고 보믄 알 거 아니오?"

"야, 야 정신 산란하다. 나는 원체 입이 무겁고 또 초록은 동색이더래도 내 안 들은 거로 해 둘 기니 어서 돌아가거라. 공연히 신세 망칠라."

윤보는 삼수 등을 민다.

"이거 놓으소. 누가 안 가까 바 이러요? 지내 놓고 보믄 알 기니께요. 내가 머 염탐이라도 하러 온 줄 아요? 홍, ㉡ 그랬을 양이믄 벌써 조가 놈한테 동네 소문 고해바쳤일 기고 읍내서 순사가 와도 몇 놈 왔일 거 아니오."

큰소리로 지껄이며 삼수는 언덕을 내려간다.

'빌어묵을, 이거 다 된 죽에 코 빠지는 거 아닌지 모르겄네. 날을 다가야겄다.'

[A] 삼수가 왔다 간 다음 날 밤, 자정이 넘었다. 칠흑의 밤을 타고 덩어리 같은 침묵을 지키며 타작마당에 장정들이 모여들었다. 마을에서는 개들이 짖는다. 불은 켜지 않았지만 집집에선 인적기가 난다. 언덕 위의 최 참판댁은 어둠에 묻혀 위엄에 찬 그 형태는 보이지 않는다. 타작마당에서는 윤보의 그 우렁우렁한 목소리가 평소보다 얕게 울리고, 이윽고 횃불이 한 개 두 개 또 세 개, 계속하여 늘어나고 그 횃불은 움직이기 시작한다.

[중략 부분의 줄거리] 윤보 일행이 습격하자 조준구와 홍 씨는 사당 마루 밑에 숨어 있다가 삼수의 도움을 받는다. 윤보 일행이 떠나고 날이 밝았다.

"서희 이, 이년! 썩 나오지 못할까!"

나오길 기다릴 홍 씨는 아니다. 방문을 박차고 들어가서 서희를 끌어일으킨다.

"네년 소행인 줄 뉘 모를 줄 알았더냐? 자아! 내 왔다! 이제 죽여 보아라! ㉢ 화적 놈 불러들일 것 없이!"

나오지 않는 목청을 뽑으며, 거품이 입가에 묻어 나온다.

"자아! 자아! 못 죽이겠니?"

손이 뺨 위로 날았다. 앞가슴을 잡고 와락와락 흔들어 댄다. 서희 얼굴이 흙빛으로 변한다. 울고 있던 봉순이,

"왜 이러시오!"

달려들어 서희 몸을 잡아당기니 실 뜯어지는 소리와 함께 홍 씨 손에 옷고름이 남는다.

"감히 누굴! 감히!"

하다가 별안간 방에서 뛰쳐나간다. 맨발로 연못을 향해 몸을 날린다. 그는 죽을 생각을 했던 것이다.

[B] "애기씨!"

울부짖으며 봉순이 뒤쫓아 간다.

"죽어라! 죽어! 잘 생각했어! 어차피 너는 산목숨은 아니란 말이야! 죽고 남지 못할 거란 말이야!"

고래고래 소리를 지른다. 서희는 연못가에서 걸음을 뚝 멈춘다. 돌아본다. 흙빛 얼굴에 웃음이 지나간다.

"내가 왜 죽지? 누구 좋아하라고 죽는단 말이냐?"

나직한 음성이다. 홍 씨 눈을 똑바로 주시한다.

"㉣ 사람 영악한 것은 범보다 더 무섭다는 말 못 들으셨소?"

여전히 나직한 음성이다.

"무서우면 어떻게 무서워! 우리 내외한테 비상을 먹이겠다 그 말이냐?"

아이고! 아이고! 눈물도 안 나오는 헛울음을 울더니 이번에는 봉순에게 달려들어 머리끄덩이를 꺼두르고 한 소동을 피운다. 읍내서 헌병, 순사들이 왔다는 말에 홍 씨는 겨우 본채로 돌아갔다. 서희는 찢겨진 저고리를 내려다본다.

"길상이 놈이 날 죽으라고 내버리고 갔다."

눈이 부어오른 봉순이는,

"마지막까지 남아서 찾았지마는 사당 마릿장 밑에 숨은 줄이야 우, 우찌 …… 으흐흐흐."

되풀이 입술을 떨면서 서희는 말했다.

"길상이 놈이 날 죽으라고 내버리고 갔다."

달려온 헌병들에게 맨 먼저 당한 것은 삼수다.

"나, 나으리! 이, 이기이 우찌 된 영문입니까!"

헌병이 총대를 들이대자 겁에 질린 삼수는 그러나 무엇인가 잘못되었거니 믿는 구석이 있어서 조준구를 향해 도움을 청하였다.

"이놈! 이 찢어 죽일 놈 같으니라구!"

무섭게 눈을 부릅뜬 조준구를 바라본 삼수 얼굴은 일순 백지장으로 변한다.

"예? 머, 머, 머라 캤십니까?"

"이놈! 네 죄를 몰라 하는 말이냐? ㉤ 간밤에 감수한 생각을 하면 네놈을 내 손으로 타살할 것이로되 으음, 능지처참할 놈 같으니라구. 이놈! 어디 한번 죽어 봐라!"

"나, 나으리! 꾸, 꿈을 꾸시는 깁니까? 이, 이 목심을 건지 디린 이, 이 삼수 놈을 말입니다!"

그러나 조준구는 바로 저놈이 폭도의 앞잡이였다고 이미 한 말을 다시 강조할 뿐이다. 물론 이 경우 폭도란 의병을 일컬은 것이다.

- 박경리, 「토지」 -

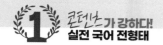
형태쌤과 지문분석

지문분석	
시간	
공간	
서술자의 관심사	

02 ⊙~⑩에 대한 이해로 가장 적절한 것은?

① ⊙ : 삼수는 자신의 말대로 하면 '조가'도 제거할 수 있고 윤보의 계획도 숨길 수 있음을 알리고 있다.

② ⓛ : 삼수는 자신이 윤보의 계획을 이미 알고 있어 이를 동네에 알리겠다며 윤보를 협박하고 있다.

③ ⓒ : 홍 씨는 자신을 습격했던 무리를 '화적 놈'이라 부르며 서희가 그들과 공모했다고 몰아가고 있다.

④ ⓔ : 서희는 홍 씨에게 홍 씨의 뻔뻔함과 영악함이 도를 넘었음을 경고하고 있다.

⑤ ⑩ : 조준구는 지난밤 자신을 습격했던 삼수의 행동에 분노하고 있다.

01 [A]와 [B]에 대한 설명으로 적절하지 <u>않은</u> 것은?

① [A]는 비유적 표현을 활용하여 인물의 은밀한 행동 양상을 드러낸다.

② [B]는 음성 상징어를 활용하여 행동의 격렬함을 강조한다.

③ [A]는 장면에 대한 관찰을 중심으로 서술하고, [B]에는 인물의 내면에 대한 직접적 서술이 나타난다.

④ [A]는 시제가 과거형에서 현재형으로 바뀌면서 장면에 긴장감을 더하고, [B]는 현재형 진술을 활용하여 인물 간 갈등을 더욱 생생하게 전달한다.

⑤ [A]는 시간적 배경을 통해 장면의 분위기를 드러내고, [B]는 공간적 배경의 변화를 통해 인물 간 대립의 원인을 드러낸다.

형태쌤과 선지분석

선지분석	[A]	[B]
비유 → 인물의 은밀한 행동		
음성 상징어 → 격렬한 행동 강조		
[A] 장면에 대한 관찰 중심		
[B] 인물 내면을 직접 서술		
[A] 과거 시제 → 현재 시제 ⇒ 긴장감		
[B] 현재형 진술 → 인물 간 갈등 생생하게 전달		
[A] 시간적 배경 → 분위기		
[B] 공간 변화 → 인물 간 대립 원인		

03 〈보기〉를 바탕으로 윗글을 감상한 내용으로 적절하지 <u>않은</u> 것은?

> **보기**
>
> 「토지」는 개화기부터 해방 무렵까지 우리 민족의 수난과 저항의 역사를 다루고 있다. 근대 이전까지 비교적 안정적이었던 신분 질서와 사회적 관계는 이 시기를 거치며 큰 변화를 겪는데, 「토지」에서는 몰락한 양반층, 친일 세력, 저항 세력, 기회주의자 등 다양한 인물들이 때로 협력하고 때로 대립하면서 복잡한 관계망을 형성한다.

① 최 참판가 습격을 준비하던 윤보가 삼수의 제안을 듣지 않은 것으로 하겠다는 내용으로 보아, 윤보는 삼수와의 협력 관계를 거부한 것이군.

② 타작마당에 모인 장정들이 횃불을 들고 윤보와 함께 움직이는 것으로 보아, 이들은 조준구로 대표되는 친일 세력과 대립하고 있군.

③ 봉순이가 달려들어 서희 몸을 잡아당기는 것으로 보아, 이전까지 비교적 안정적이었던 신분 질서가 흔들리며 봉순이와 서희의 협력 관계가 약화되고 있군.

④ 홍 씨의 모욕에 죽을 생각을 했던 서희가 홍 씨의 눈을 똑바로 주시한 것으로 보아, 홍 씨와 서희는 대립 관계를 이어 가겠군.

⑤ 윤보에게 조준구를 치라고 했던 삼수가 조준구의 목숨을 구해 줬다는 것으로 보아, 조준구와 삼수의 관계는 상황에 따라 변하는군.

다음 글을 읽고 물음에 답하시오.

지욱은 차츰 선생의 그런 신념이 두려워지기 시작했다. 지욱의 이해와 능력으로는 감당할 수 없는 어떤 무거운 **압박감**이 그를 못 견디게 짓눌러 왔다. 믿음이 논리를 초월할 수도 있다고는 했지만 그러나 논리적인 이해가 불가능한 **신념**은 맹목적인 아집에 그칠 위험성이 있었다. 뿐만 아니라 그 자신감이 넘치고 있는 선생의 신념은 털끝만큼 한 자기 회의마저 용납을 하지 않고 있었다. 회의가 없는 신념은 맹목적인 **자기 독단**에 흐를 위험 또한 큰 것이었다. 그리고 무엇보다도 그것은 지욱이 그에게 소망해 온 어떤 감동적인 자서전적 인물상으로는 치명적인 결함일 수 있었다. **회의**가 없는 자서전이야말로 영락없이 한 거인의 동상에 불과할 뿐이었다. 지욱이 최상윤의 신념을 두려워한 것은 그 자신 최상윤 선생에게서와 같은 어떤 **의식의 경화** 현상을 싫어해 온 성격 이외에도, 그와 같은 위험성을 어슴푸레 느끼고 있었기 때문이다. 하나 그보다도 지욱이 더욱이 그 선생의 신념을 두려워한 것은 그의 너무나도 일사불란한 언동이나 생활 방식에서 오히려 어떤 씻을 수 없는 가식의 냄새를 맡고 있었기 때문이다. 사람이 도대체 이럴 수가 있을까. 한 인간의 생애에서 이처럼이나 말끔하게 후회나 의구가 없을 수 있단 말인가. 이 깐깐하고 **결백**스런 노인에게서라도 어찌 따뜻한 아랫목과 좋은 음식에 대한 바람이 전혀 없을 수 있단 말인가. 아무리 **엄격한 극기**의 세월이었던들 그것이 어찌 감히 사람의 가장 사람다운 욕망까지를 송두리째 근멸시켜 버릴 수가 있단 말인가. 이 노인은 어찌하여 그것을 끝끝내 시인하려 들지 않고 있는 것인가. 그것이 진실로 그의 **부끄러움**이 될 수는 없단 말인가 —

(중략)

"이거 아무리 맘에 없는 웃음을 팔아먹고 사는 무식쟁이라고 누구한테 지금 설교를 하려는 거야 뭐야, 건방지게. 그래 내가 지금 당신 같은 위인의 신세 하소연이나 듣자고 이런 델 찾아온 줄 알아? 그렇게 내가 한가한 사람으로 보이느냐 말야. 왜 내 일을 안 하겠다는 건지 그걸 말해 보라는 거야. 이유를……"

"아니, 그런 게 아니라……"

갑자기 **반말 투로 옥박**질러 오는 피문오 씨의 어조에 지욱은 새삼 가슴이 내려앉는 표정이었으나, 이미 본색을 드러내기 시작한 피문오 씨의 행패는 걷잡을 수가 없을 지경이었다.

"그게 아니라니? 아니 이거 당신 정말 이런 식으로 날 바보 취급하고 나설 테야? 당신 눈엔 정말로 내가 그렇게 얼렁뚱땅 되잖은 소리로도 그냥 넘어갈 것 같아 보인 모양이지? 그래, 뭐가 어째? 내 일을 하지 않게 된 게 내 탓이 아니구 당신의 그 **알량한 양심** 때문이라구? 내가 그래 그 알량한 당신의 양심에 **들러리**라도 서야 한다는 거야 뭐야. 업어치나 메치나 그게 그놈 아들놈 같은 소릴 가지고, 정 내게 ㉠ 말재간을 한번 부려 보고 싶어서 이래? 당신 눈엔 이 피문오가 그래 그만 ㉡ 말귀도 못 알아들을 바보 멍청이로만 보이느냐 말야? 내 아까부터 참자 참자 하다 보니 이 친구 아주 형편없이 맹랑한 데가 있는 작자로구만 그래."

피문오 씨는 이제 스스로도 분을 참을 수 없게 된 것 같았다. 벌건 얼굴에 튀어나올 듯 두 눈알을 부라려 대면서 장갑을 몰아 쥔 한쪽 손을 피스톤처럼 마구 지욱의 턱 앞으로 내질러 대고 있었다.

지욱은 그만 기가 콱 질리고 말았다. ㉢ 무슨 말을 할래도 목이 말라 소리가 되어 나오질 않았다. 그는 부들부들 떨려 오는 두 다리를 간신히 버티고 선 채 절망적인 눈초리로 피문오 씨의 폭풍우 같은 수모를 고스란히 견디고 있었다.

불현듯 최상윤 선생의 일이 이 처참스런 곤욕을 견뎌 낼 수 있는 어떤 서광처럼 머릿속으로 떠올라 왔다. 최상윤 선생과의 약속이 그의 참을성에는 상당한 힘을 보태기 시작했다. 이런 자의 자서전 따윌 대필하려 했다니! 최상윤 선생과 같은 분에게조차 내 주관을 굽힐 수 없었던 이 지욱이 아닌가. 이런 자의 책을 쓰면서 그의 밑구멍을 핥으니 차라리 선생의 발밑에라도 나가 엎드려 선생의 신념을 찬미함이 낫지 않으냐. 참자! 작자의 일을 피하자면 이쯤 굴욕은 즐거이 참아 넘기자. 참아서 넘겨야 한다 —

하지만 피문오 씨는 그 정도로는 물론 분통이 풀릴 수가 없는 모양이었다.

"어디 선생! ㉣ 말씀을 좀 해 보시라구. 아니 글에서는 그처럼 잘난 체 말이 많더니, 제 잘난 소리나 시부렁거릴 줄 알았지 선생도 남의 말을 알아듣는 덴 귀가 꽉 멀어 버리셨나. 왜 통 대답이 없으셔? 그렇담 내가 좀 더 수고를 해 주실까? 어째서 내 일을 하지 않게 되었느냐, 내 일을 하기가 싫어졌느냐…… 그 이율 좀 더 솔직하게 말해 달라 이거야. 이 무식한 놈도 좀 분명하게 알아듣고 납득이 가게끔 말씀이야. 알아들어? 그래도 못 알아들으시겠다면 ㉤ 내 좀 더 똑똑히 말을 해 줄까?"

묵묵히 입을 다물고 있는 지욱을 마음 내키는 대로 매도해 대다 말고 피문오 씨는 무슨 생각을 해 냈는지 갑자기 목을 잔뜩 가다듬었다. 그리고는 청승맞도록 능청스런 목소리로 허공을 향해 외쳐 대기 시작했다.

ⓐ "고장 난 시계나 라디오들 고칩시다아 — 채권 삽니다아 — 부서진 우산이나 빈 병 삽니다아 — 자서전이나 회고록들 쓰십시다아 —"

고저단속(高低斷續)을 적당히 조화시켜 가며 길게 외쳐 대고 난 피문오 씨가 이젠 좀 알아듣겠느냐는 듯 여유만만한 표정으로 지욱을 이윽히 건너다보았다.

— 이청준, 「자서전들 쓰십시다」 —

형태쌤과 지문분석

지문분석	
시간	
공간	
서술자의 관심사	

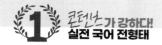
01 윗글의 서술상 특징으로 가장 적절한 것은?

① 장면의 빈번한 교차를 통해 인물 간의 갈등을 입체적으로 드러내고 있다.

② 서술자가 중심인물의 내면을 묘사하며 인물이 처한 갈등 상황을 제시하고 있다.

③ 이야기 내부의 서술자가 인물의 행위를 묘사하며 사건의 원인을 추리하고 있다.

④ 인물 간의 대화를 통해 인물이 겪은 사건의 비현실적인 면모를 드러내고 있다.

⑤ 공간의 이동에 따라 서술자를 달리하여 사건에 대한 다양한 관점을 서술하고 있다.

형태쌤과 선지분석

선지분석	자서전들 쓰십시다
장면의 빈번한 교차 → 인물 간 갈등	
중심인물 내면 묘사 → 갈등 상황	
1인칭 서술자 → 인물 행위 묘사하며 사건 원인 추리	
대화 → 인물이 겪은 사건의 비현실적 면모	
공간 이동에 따라 서술자 교체	

02 문맥상 의미를 고려할 때, ㉠~㉤에 대한 설명으로 적절하지 않은 것은?

① ㉠ : 피문오가 지욱의 말을 무시하고자 하는 경멸의 감정을 담고 있다.

② ㉡ : 지욱에게서 무시당하고 있다고 여기는 피문오의 성난 감정을 담고 있다.

③ ㉢ : 피문오에게서 수모를 당하는 지욱이 항변도 못하고 주눅이 든 상태를 나타낸다.

④ ㉣ : 피문오가 지욱의 해명을 요구하면서 닦달하고 있음을 나타낸다.

⑤ ㉤ : 침묵하는 지욱에게 피문오가 자신에 대한 의구심을 풀 것을 독촉하고 있음을 나타낸다.

03 〈보기〉를 참고할 때, 감동적인 자서전적 인물상에 대한 이해로 적절하지 않은 것은?

보기

「자서전들 쓰십시다」의 주인공은 자서전 대필 작가로서의 글쓰기에 환멸을 느끼고 있다. 이러한 글쓰기는 의뢰인의 삶을 미화하여 결국 의뢰인에게 아첨하는 것일 뿐이기 때문이다. 어떤 의뢰인들은 자신의 요구를 강요하는 일까지 서슴지 않아 주인공을 괴롭히기도 한다. 주인공이 바라는 의뢰인은 작가의 의사를 존중하면서 삶을 거짓 없이 성찰하는 사람이다. 또한 주인공은, 후회나 의문이 없는 확신에 찬 태도로 독자를 사로잡는 주장을 하는 사람보다는 타인의 삶에 기여할 수 있는 정직한 고백을 하는 사람을 원한다.

① 작가에게 '압박감'이 느껴질 정도로 '자기 독단'이 강할 뿐만 아니라 확신에 찬 태도로 '신념'을 내세우는 것은 독자를 사로잡는 자기주장을 하는 것이라는 점에서 감동적인 자서전적 인물상에 부합한다고 할 수 없겠군.

② 스스로 '회의'하며 '의식의 경화'를 경계할 줄 아는 것은 삶을 거짓 없이 성찰할 수 있다는 점에서 감동적인 자서전적 인물상에 부합한다고 할 수 있겠군.

③ '엄격한 극기'로 '부끄러움' 없이 '결백'하게 사는 것은 독자에게 후회나 의문이 없는 삶을 주장할 수 있다는 점에서 감동적인 자서전적 인물상에 부합한다고 할 수 있겠군.

④ 자서전을 쓰라고 '반말 투로' 작가를 '윽박'지르는 것은 자서전을 통해 자신에게 아첨하기를 요구하는 것으로 보인다는 점에서 감동적인 자서전적 인물상에 부합한다고 할 수 없겠군.

⑤ 작가의 '양심'을 '알량'하다고 여기고 자신은 '들러리'가 아님을 주장하는 것은 작가를 존중하지 않고 삶을 미화하도록 요구한다는 점에서 감동적인 자서전적 인물상에 부합한다고 할 수 없겠군.

04 ⓐ에 대해 이해한 내용으로 가장 적절한 것은?

① 피문오는 지욱이 생각하는 자서전의 가치를 폄하하여 지욱을 우롱하고 있다.

② 피문오가 자서전을 상품으로 팔기 위한 방법을 지욱에게 직접 보여 주고 있다.

③ 피문오가 '잘난 소리'를 하는 지욱에게 자신은 '무식한 놈'이 아님을 과시하고 있다.

④ 피문오가 자서전 쓰기를 더 많은 사람들에게 권해야 한다고 지욱에게 요청하고 있다.

⑤ 피문오는 지욱의 자서전 쓰기에 소재를 제공하고자 '맘에 없는 웃음을 팔아먹'어 왔던 자신의 직업적 능력을 발휘하고 있다.

05 2020학년도 11월

다음 글을 읽고 물음에 답하시오.

한 평도 채 안 되는 구멍가게는 중풍으로 쓰러져 정상적 건강 상태가 아니었던 아버지의 유일한 수입원이자 **생존 이유**였다. 때문에 ㉠ 그 구멍가게에 대한 아버지의 몰두와 자존심은 각별했다.

한번은 내가 아버지가 가게를 잠깐 비운 사이에 곁에 허연 인공 설탕 가루를 묻힌 '미키대장군'이라는 **캐러멜**을 하나 아무 생각 없이 널름 집어 먹은 적이 있었다. 하나에 이 원, 다섯 개에 십 원이었다. 잠시 뒤에 돌아온 아버지는 단박에 그 사실을 알아채고는 불같이 화를 내며 내 목덜미에 당수를 한 대 세게 내려 꽂는 것이었다. 그 캐러멜 갑 안에 미키대장군이 몇 개 들어 있는지조차 훤히 꿰차고 있는 아버지였다.

— 이런 민한 종간나래! 얌생이처럼 기러케 쏠라닥질을 허자면 이 가게 안에 뭐이가 하나 제대로 남아나겠니, 응?

그리고 나서는 좀 머쓱했는지 입이 한 발쯤 튀어나와 뾰로통해서 서 있는 내게 미키대장군 네 개를 집어 내미는 거였다. 어차피 짝이 맞아야 파니까, 하면서 억지로 내 손아귀에 쥐어 주었다. ㉡ 나는 그 무허가 불량 식품인 캐러멜 네 개가 끈끈하게 녹아내릴 때까지 먹지 않고 쥔 채 서 있었다.

— 닐큼 털어 넣지 못하겠니, 으잉?

목덜미에 아버지의 가벼운 당수를 한 대 더 얹은 다음에야 한입에 털어 넣고 돌아서 나왔다. 아버지도 가게 일을 수월하게 보려면 잔심부름꾼인 나를 무시하고는 아쉬울 때가 많을 터였다. 워낙 짧은 밑천으로 가게를 꾸려 가자니 아버지는 물건 구색을 맞추느라 하루에도 많을 때는 세 번까지 시장통 도매상으로 정부미 포대를 거머쥐고 종종걸음을 쳐야 했고, 막내인 나는 번번이 아버지의 뒤로 **팔을 늘어뜨린 채** 졸졸 따를 수밖에 없었다.

그땐 그게 죽도록 싫었다. 하마 **시장통**에서 야구 글러브를 끼거나 조립용 신형 무기 장난감 상자를 든 **반 친구**를 만나거나, 심지어 과외나 주산 학원을 가는 여자 아이들을 만나는 날에는 정말 그 자리에서 혀를 빼물고 죽고 싶은 생각뿐이었다.

(중략)

어느 날이었다. 아버지와 나는 앞서거니 뒤서거니 하면서 그 정부미 자루를 날라 왔다. 그런데 집에 도착해 한숨을 돌린 뒤 자루를 풀고 물건을 정리해 보니 스무 병이 와야 할 소주가 두 병이 모자란 채 열여덟 병만 온 것이었다.

㉢ 아버지의 얼굴은 맞보기가 민망할 정도로 금세 하얗게 질렸다. 왜냐 하면 그 덜 온 두 병을 빼고 나면 나머지 것들을 몽땅 팔아 봤자 결국 본전 치기일 뿐이었기 때문이다. 아버지는 내 등을 떼밀어 물건을 받아 온 수도 상회의 혹부리 영감한테 내려 보냈다. 아버지는 말주변도 말주변이었지만 **중풍 후유증** 때문에 약간의 **언어 장애**가 있어 일부러 나를 보냈던 것이다.

—뭐 하러 왔네?

가게 안에 북적거리는 손님들에게 셈을 치러 주느라 몇 번이고 주판알을 고르는 데 바쁜 혹부리 영감의 눈길을 잡아 두는 데 성공한 나는 더듬더듬 자초지종을 말했다. 그러나 귓등에 연필을 꽂은 채 심술이 덕지덕지 모여 이뤄진 듯한 왼쪽 이마빡의 눈깔사탕만 한 혹을 어루만지며 듣던 ㉣ 혹부리 영감은 풍기 때문에 왼쪽으로 힐끗 돌아간 두터운 입술을 떠들쳐 굵은 침방울을 내 얼굴에 마구 튀겼다. 애초 자기 눈앞에서 까 보이지 않은 것은 인정할 수 없다며 막무가내였다. 나중엔 아버지까지 함께 내려가서 하소연을 해 봤지만 돌아온 대답은 정 그렇게 우기면 거래를 끊겠다는

협박성 경고뿐이었다. 거래가 끊긴다면 아버지한테는 큰 타격이 아닐 수 없었다.

혹부리 영감은 아버지한테 무슨 큰 특혜를 내려 주듯이 거래를 터 준다고 허락을 놓았었다. 같은 함경도 동향이기 때문이라는 말을 덧붙이면서. 하긴 혹부리 영감한테는 매번 소주 열 병 안짝에다 새우깡 열 봉지, 껌 대여섯 개, 빵 예닐곱 개 등 일반 소매 가격 구매자보다 더 많은 물건을 떼어 가지도 않으면서 부득부득 도맷값으로 해 달라고 통사정을 해 쌓는 아버지 같은 사람 하나쯤 **거래를 끊어도** 장부상 거의 표가 나지 않을 것이었다.

결국 아버지는 자신의 과오를 인정하지 않을 수 없었다. ㉤ 당신의 자그마한 구멍가게로 돌아와 나머지 열여덟 병의 소주를 넋 나간 사람처럼 쓰다듬던 아버지는 기어코 아들인 내 앞에서 눈물을 보이고 말았다. 아! 아버지…….

– 김소진, 「자전거 도둑」 –

형태쌤과 지문분석

지문분석	
시간	
공간	
서술자의 관심사	

---

01 윗글에 대한 이해로 가장 적절한 것은?

① 혹부리 영감의 위협적인 경고 때문에, 아버지는 혹부리 영감의 주장을 따를 수밖에 없었다.

② 아버지는 소주 두 병을 덜 받아 왔기 때문에 곤란했지만, '나'에게 당황한 내색을 하지 않았다.

③ 아버지는 '나'의 잘못을 묵인했지만, 혹부리 영감과의 잘못된 거래는 바로잡으려 노력했다.

④ 혹부리 영감은 가게 일로 바빴지만, '나'의 자초지종을 듣고 마지못해 '나'의 염려를 덜어 주었다.

⑤ 아버지는 '나'의 도움이 필요했기에, 친구들의 시선을 의식하여 우울해 하는 '나'를 기분 좋게 하려 노력했다.

02 윗글을 감상한 내용으로 적절하지 <u>않은</u> 것은?

① '한 평도 채 안 되는 구멍가게'를 각별한 애정으로 운영하던 아버지에 대한 기억은, '나'에게 아버지의 '생존 이유'를 짐작하게 했겠어.

② '캐러멜'을 먹었다고 화를 냈다가 남은 '캐러멜'을 '나'의 손에 쥐어 준 아버지에 대한 기억은, '나'에게 아버지가 속마음을 드러내는 데 서툰 사람이라고 생각하게 했겠어.

③ '팔을 늘어뜨린 채' 아버지를 따르던 '나'가 '시장통'에서 '반 친구'를 만났던 경험은, '나'에게 궁핍으로 인한 내면의 상처로 남은 기억이겠어.

④ '중풍 후유증' 때문에 '언어 장애'가 있는 아버지 대신 혹부리 영감을 상대하게 된 경험은, '나'에게 어린 나이에 이해타산적인 어른들의 세계를 느끼게 한 기억이겠어.

⑤ '거래를 끊어도' 표가 나지 않을 사람이었던 아버지와 거래를 끊지 않은 혹부리 영감에 대한 기억은, '나'에게 형편이 어려운 사람들 간의 유대감을 느끼게 했겠어.

03 〈보기〉를 참고할 때, ㉠~㉤에 대한 반응으로 적절하지 <u>않은</u> 것은?

보기

　이 소설의 서술자인 성인 '나'는 주로 세 가지 서술 방식을 활용한다. 첫째는 서술자가 등장인물의 내면 심리나 사건을 설명하는 것이다. 이 경우 독자는 서술자의 해석을 통해 사건을 이해하게 된다. 둘째는 서술자가 인물의 외양이나 행위만을 묘사하는 것이다. 이 경우 독자는 그 묘사가 갖는 의미를 스스로 해석해야 한다. 셋째는 서술자가 유년 '나'로 시선을 제한하여 유년 '나'의 눈에 보이는 다른 인물의 외양이나 행위를 묘사하는 것이다. 이 경우 독자는 사건의 현장을 직접 보는 듯한 느낌을 가질 수 있으며, 둘째 방식에서처럼 그 묘사에 대해 해석해야 한다. 셋째 방식에 유년 '나'의 심리가 함께 서술되면 독자는 인물의 심리에 쉽게 공감하게 된다.

① ㉠ : 서술자가 아버지의 내면을 설명하여 독자는 서술자의 해석을 통해 상황을 이해하겠군.

② ㉡ : 서술자가 유년 '나'의 행위를 묘사하여 독자는 그 행위가 갖는 의미를 스스로 해석하겠군.

③ ㉢ : 유년 '나'로 시선을 제한하여 아버지의 내면이 직접적으로 서술되지 않았다고 생각한 독자라면 아버지의 내면을 스스로 해석하겠군.

④ ㉣ : 유년 '나'로 시선을 제한하여 혹부리 영감의 모습과 행동을 묘사했다고 생각한 독자라면 장면을 직접 보는 듯한 느낌을 받겠군.

⑤ ㉤ : 유년 '나'로 시선을 제한하여 아버지의 행위와 표정을 묘사하면서 유년 '나'의 심리를 함께 제시하여 독자는 그 심리에 공감하겠군.

memo

다음 글을 읽고 물음에 답하시오.

[앞부분의 줄거리] 황만근은 마을 사람들에게 바보 취급을 받지만, 외지 출신인 민 씨는 달리 생각한다. 어느 날, 밤늦게 집에 가던 황만근은 토끼 고개에서 거대한 토끼를 만난다.

"그기 뭔소리라? 내가 내 집에 내 발로 가는데 니가 뭐라꼬 집에 못 간다 카나. 귀신이마 썩 물러가고 토끼마 착 엎디리라. 내가 너를 타고서라도 집에 갈란다."

거대한 토끼는 황만근이 한 번도 맡아 본 적이 없는 비린 냄새를 풍기면서 느릿하고 탁한 음성으로 다시 말했다.

"너는 ⓐ 여기서 죽는다. **너는 여기서 죽는다**. 너는 여기서 죽는다. 너는 집에 못 간다."

황만근은 온몸에 소름이 돋고 털이란 털은 모두 위로 곤두섰다. 그래도 있는 힘을 다해 토끼를 밀치며 "비키라!" 하고 소리를 질렀다. 그런데 토끼를 밀친 황만근의 팔이 토끼의 털에 묻히는가 싶더니 진공청소기에 빨려드는 파리처럼 쑤욱 안으로 빨려 들어가는 것이었다 ㉠ (황만근이 한 말이 아니라 그 말을 들은 민 씨의 표현이다). 황만근은 한 팔로 옆에 있는 나무를 붙잡으면서 빨려 들어간 팔을 도로 빼려고 안간힘을 썼다. 황만근을 빨아들이려는 공간은 아무것도 잡히지 않을 정도로 넓었고 허전했고 또한 소름끼치도록 차가웠다. 토끼는 토끼대로 쉽게 끌려 들어오지 않는 황만근을 마저 끌어들이기 위해 온몸을 떨면서 뒷발을 든 채 버티고 있었다.

그런 상태로 시간이 하염없이 흘렀다. 어느새 동쪽 하늘이 부옇게 밝아 오기 시작했다. 그러자 토끼는 황만근을 향해 "너는 이제 살았다. 너는 이제 살았다. 너는 이제 살았으니 나를 놓아라" 하고 말했다. 황만근은 오기가 나서 "택도 없는 소리 말거라. 니를 탕으로 끓이서 어무이하고 나하고 마주 앉아서 먹어 치울 끼다. 니 가죽을 빗기서 어무이 목도리를 하고 내 토시를 하고 장갑을 할 끼다. **니는 인자 죽었다, 자슥아**" 하고 소리쳤다. 토끼는 다급하게 물었다. "그럼 어떻게 하면 네 팔을 빼겠느냐." 황만근은 팔을 안 빼는 게 아니라 못 빼고 있는데 토끼가 그렇게 물어 오자 할 말이 없었다. 그래서 되는 대로 "내 소원을 세 가지 들어주기 전에는 니까잇 거는 못 간다" 하고 말했다.

"네 소원이 뭐냐."

"우리 어무이가 팥죽 할마이겉이 오래오래 사는 거다."

㉡ (팥죽 할마이란 팥죽을 파는 할머니, 혹은 늘 팥죽을 쑤고 있는 할머니 같은데 그 할머니가 누구인지, 어째서 오래 산다고 하는지 민 씨는 모른다.)

토끼는 ⓑ 마을이 있는 서쪽으로 고개를 기울였다가 몸을 소스라치게 떨고 나서 힘겨운 목소리로 말했다.

"지금 들어주었다. 그 다음은?"

"여우 겉은 마누라가 생기는 거다."

"송편을 세 번 먹으면 네 집으로 올 거다. 다음은 무엇이냐?"

"떡두깨(떡두꺼비) 겉은 아들이다."

"마누라가 들어오면 용왕이 와서 그렇게 해 준다. 이제 나를 놓아라."

"내가 언제 니를 잡았나. 니가 가 뿌리만 되지, **바보 자슥아**."

그러자 토끼는 속았다는 걸 알았는지 얼굴을 무섭게 부풀리더니 황만근의 얼굴에 뜨겁고 매운 김을 내뿜었다. 황만근이 눈을 뜨지 못하고 쩔쩔매다가 간신히 떠 보니 어느새 자신의 팔이 돌아와 있는 것이었다. 황만근의

ⓒ 주변에는 토끼털이 무수히 떨어져 바늘처럼 반짝이고 있었다. 황만근은 제대로 숨 쉴 겨를도 없이 집으로 달려갔다. 동네 곳곳의 닭들이 홰대에서 소리쳐 울고 있었다. 황만근은 밖에서 "어무이, 어무이" 하고 소리치면서 ⓓ 마당으로 뛰어 들어갔지만 방 안에서는 아무 기척이 없었다. 방 안에 들어가 보니 그의 어머니는 그가 나갔을 때의 모습 그대로, 얼굴이 백지장처럼 변해 앉아 있었다.

"어무이, 어무이!"

그가 어깨를 흔들자 젊은 어머니는 모로 쓰러져 버렸다. 그러면서 "카악!" 하고는 목에서 **주먹밥 덩어리**를 토해 냈다. 황만근이 어머니를 껴안고 통곡을 하다가 손발을 주무르고 온몸을 어루만지자 어머니는 눈을 떴다.

"니 와 인자 왔노?"

"밤새도록 토깨이 귀신하고 씨름을 하다 왔다. 니는 괜찮나."

"니 기다리다가 아까 해 뜰 녘에 닭이 울길래 밥 한 덩이를 입에 넣었다가 목이 맥히서 죽을 뿐했다. 움직있다가는 더 맥힐 거 같애서 손가락 하나 까딱 모하고 이래 니가 오기 기다리고 있었니라. 이 문디 겉은 놈의 자슥아, 와 밥만 해 놓고 물은 안 떠다 났나!"

황만근은 울다가 웃다가 덩실덩실 춤을 추었다. 그러고는 어머니에게 엉덩이를 채어 물을 뜨러 동네 ⓔ 우물로 달려갔다.

[A] 그날 우물가에서는 황만근의 기이한 체험이 여러 사람의 입으로 하루 종일 수십 번 되풀이되었고 종내 황만근이 우물가로 초청되어 입이 아프도록 같은 **이야기**를 늘어놓아야 했다.

[B] 송편을 세 번 빚을 만큼의 시간, 곧 세 해가 흐른 뒤에 토끼의 **말** 대로 어떤 처녀가 그의 집으로 들어왔을 때 동네 사람들이 황만근을 보는 눈이 달라졌다.

- 성석제, 「황만근은 이렇게 말했다」 -

형태쌤과 지문분석

지문분석	
시간	
공간	
서술자의 관심사	

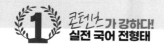
01 ㉠, ㉡의 서술 효과로 가장 적절한 것은?

① ㉠을 통해 민 씨가 황만근에게 들은 말을 그대로 전하고 있음을 알 수 있다.

② ㉡을 통해 황만근의 말을 전하는 민 씨도 다른 인물들처럼 서술자의 서술 대상임을 알 수 있다.

③ ㉠과 ㉡을 삭제하면 황만근과 토끼의 대결 과정을 파악하기 어렵게 된다.

④ ㉠과 ㉡은 황만근과 토끼의 대결 과정 자체에 더 몰입하여 읽도록 도와주는 기능을 한다.

⑤ ㉠과 ㉡을 통해 황만근이 민 씨로부터 전해들은 이야기가 다시 서술되고 있음을 알 수 있다.

03 [A], [B]에 대한 설명으로 가장 적절한 것은?

① [A]는 마을 사람들이 '이야기'를 여러 차례 들었으나 여전히 흥미를 느끼지 못했음을 보여 준다.

② [A]는 직접 경험한 사건이라도 반복적으로 전달되면서 '이야기'의 내용이 점차 달라지고 있음을 보여 준다.

③ [B]는 새로운 등장인물의 '말'에 따라 '말'을 처음 전한 존재에 대한 평가가 달라졌음을 보여 준다.

④ [B]의 '말'은 [A]의 '이야기'의 일부로, '말'의 실현이 '이야기'의 신뢰성을 높이고 있음을 보여 준다.

⑤ [B]는 [A]의 '이야기'가 삼 년 동안 전해질 수 있었던 이유가 '말'의 실현에 대한 공동체의 확신 때문임을 보여 준다.

02 ⓐ~ⓔ를 이해한 내용으로 적절하지 않은 것은?

① ⓐ : 주인공이 기이한 체험을 하는 공간

② ⓑ : 주인공이 복귀해야 할 일상적 공간

③ ⓒ : 주인공의 지난밤 체험의 흔적이 남아 있는 공간

④ ⓓ : 주인공이 어머니에 대한 불안을 감지하는 공간

⑤ ⓔ : 주인공이 어머니의 요청을 동네 사람들에게 전하러 간 공간

04 〈보기〉를 참고하여 윗글을 감상한 내용으로 적절하지 않은 것은?

보기

윗글은 민담적 요소를 적극 활용한 현대 소설이다. 바보 취급을 받는 황만근이 신이한 존재와 대면했으나 위기를 극복하며 의외의 승리를 거둔다는 비현실적 이야기는 민담적 특징을 잘 보여 준다. 또한 반복적이거나 위협적인 어구 사용, 구성진 입담 등에는 언어의 주술성과 해학성이 잘 드러난다.

① 황만근이 '거대한 토끼'와 겨루는 비현실적인 이야기 전개는 민담의 일반적 특성과 맞닿아 있는 것이겠군.

② 토끼가 '너는 여기서 죽는다.'라는 말을 세 번 반복한 것은 언어의 주술적 특성을 드러내는 것이겠군.

③ 황만근이 '니는 인자 죽었다.'라고 발언하며 위협한 것은 의외의 결과를 가져와 토끼가 황만근의 소원을 들어주기로 하였겠군.

④ '바보 자슥아'라는 말은 황만근에 대한 신이한 존재의 우위가 변했음을 보여 주는 것이겠군.

⑤ 어머니가 '주먹밥 덩어리'를 토해 내는 것은 황만근에게 속은 것을 깨달은 토끼의 주술적 복수라 할 수 있겠군.

풀이시간   분   초
정답과 해설   p.140

다음 글을 읽고 물음에 답하시오.

[A]
 안승학은 원래 이 고을 읍내에서 살았다. 지금부터 이십 년 전만 해도 그는 다 찌그러진 오막살이에서 **콩나물죽으로 연명하던** 처지였다. 그러던 사람이 오늘은 수백 석 추수를 하고 서울 사는 민판서 집 **사음*까지** 얻어서 이 동리로 옮겨 앉은 것이다.
 그것은 안승학의 **근본**을 아는 사람은 누구나 놀랄 만한 일이었다. 그는 **지체도 없고** 형세도 없이 타관에서 떠들어온 사람이었다. 그러므로 이 고을에는 그의 일가친척이라고는 면 서기를 다니는 아우 하나밖에 아무도 없다. 그의 부친은 경기도 죽산이라던가 어디서 호방 노릇을 하던 아전이었다는데 승학이가 성년 되기 전에 별세하고 그의 모친도 부친이 돌아간 지 삼 년 만에 마저 세상을 떠났다 한다. 그래서 거기서는 살 수가 없어서 아내와 어린 동생 하나를 데리고 이 고장으로 들어왔다. 이 고을 읍내에는 그의 처가가 사는 터이므로.
 처가도 역시 가난하였으나 그래도 처가 끝으로 옹대가리나마 다시 장만해 놓고 살림이라고 떠벌였다.
 그런데 그 **무렵**이 마침 **경부선이 개통**한 직후이다. 이 근처 사람들은 생전 처음 보는 기차와 정거장과 전봇대를 보고 경이의 눈을 크게 떴다.
 안승학은 지금도 그때 **목판차를 맨 처음으로** 먼저 타고 서울을 가 보았다는 것을 자랑삼아 말하였다. 그때 그는 어떤 **친구의 심부름으로** 혼수 흥정을 하러 따라간 것이었다.
 그의 **자만(自慢)**은 그것뿐만 아니었다. 그는 경기도 출생이라고 이 지방에서는 제일 똑똑한 체를 하였다.
 우편소가 새로 생긴 것을 보고 이웃 사람들은 그게 무엇인지 몰라서 겁을 잔뜩 집어먹고 있었다. 장승같이 늘어선 전봇대에는 노상 잉-하는 소리가 들렸다. 그것은 전신줄을 감은 사기 안에다 귀신을 잡아넣어서 그런 소리가 무시로 난다는 것이다. 그리고 우편소 안에는 무슨 이상한 기계를 해 앉고 거기서는 무시로 괴상한 소리가 들렸다. 그래서 이웃 사람들은 그것도 무슨 귀신을 잡아넣어서 그런 소리가 들리는 것이라고 하였다.
[B]
 그럴 때에 안승학은 마술사처럼 이 귀신을 부리는 재주를 그들 앞에서 시험해 보였다.
 그는 엽서 한 장을 사서 자기 집 통호수와 자기 이름을 쓰고 편지 사연을 써서 우편통 안으로 집어넣었다. 그리고 그들에게 장담하기를 이것이 오늘 해전 안에 우리 집으로 들어갈 터이니 가 보자는 것이었다. 과연 그날 저녁때였다. 지옥사자 같은 누렁 옷을 입은 사람은 안승학의 집에 엽서 한 장을 던지고 갔다. 그것은 아까 써 넣던 그 엽서였다.
 "참, 조홧속이다!"
 하고 그들은 일시에 소리를 질렀다.

(중략)

 안승학이는 사랑방에서 혼자 앉아서 금테 안경을 콧잔등에 걸고는 문서질을 하다가 인동이를 앞세우고 김선달 조첨지 수동이아버지 희준이 이렇게 다섯 사람이 일시에 달려드는 것을 보고 적이 마음에 불안을 느꼈다.
 그래 그는 붓을 놓고서 마당을 내려다보며
 "무슨 일들인가? 식전 댓바람에 내 집에를 이렇게 찾아오거든 문간에서 주인을 찾고 들어와야지."
 매우 **위엄스럽게** 하는 말이었다.

 "아무도 없는데 누구보고 말하랍니까? 대문 기둥에다 대고 말씀하랍시오."
 김선달이 받는 말이다.
 저런 괘씸한 놈 말하는 것 좀 봐라…… 그런데 행랑 놈은 어디를 갔기에 문간에 아무도 없었더람! 안승학은 속으로 분해했다.
 그러나 **호령할 용기**는 생기지 않는다. 희준이와 인동이와 김선달은 신발을 벗고 마루에 올라가 앉았다.
 조첨지와 수동 아버지는 뜰아래서 올라갈까 말까 하는 눈치다.
 "하여간 무슨 일들인가?"
 안승학은 얼른 이야기나 들어보고 돌려보내자는 계획이다.
 "저희들이 이렇게 댁을 찾아왔을 때는 무슨 별다른 소관사가 있겠습니까…… 지난번에도 왔다가 코만 떼우고 갔습니다만 대관절 어떻게 저희들의 요구 조건을 들어주시겠습니까?"
 희준이가 정식으로 말을 꺼냈다.
 "그따위 이야기를 할 작정으로 이렇게들 식전 아침에 왔어? 못 들어주겠어! 벌써 여러 번째 요구 조건은 들을 수 없다고 말했는데, 자꾸 조르기만 하면 될 줄 아는가? 어림없지…… 괜히 그러지들 말고 일찍이 **나락을 베는 것**이 당신들에게 유익할 것이야……."
 안승학이는 긴 장죽에 담배를 한 대 담아 가지고 불을 붙이기 위해서 성냥을 세 개비나 허비했건만 잘 붙지 아니하므로 그래 네 번째 불을 댕겨서는 쉴 새 없이 빠끔빠끔 빨다가 그만 입귀로 붉은 침을 주르르 흘리고서는 제 풀에 화가 나서 담뱃대를 탁 밀어 내던진다.
 "괜스리 시간만 낭비하고 **피차의 물질상 손해**만 더 나게 하지 말고 어서 돌아가서 잘들 의논해서 오늘부터라도 일을 시작하란 말이야! 나도 아침부터 바쁜 일이 있으니 어서들 가소."
 "그래 정녕코 요구 조건을 못 들어주시겠다는 말씀이지요."
 "암!"

- 이기영, 「고향」-

* 사음 : 마름. 지주를 대리하여 소작권을 관리하는 사람.

형태쌤과 지문분석

지문분석	
시간	
공간	
서술자의 관심사	

01 [A]의 서술상 특징에 대한 설명으로 가장 적절한 것은?

① 서술 대상에 대한 독백적 서술을 통해 서술 대상에 대한 정서적 반응이 제시되고 있다.

② 서술 대상에 대한 회고적 서술을 통해 서술 대상에 대한 성찰적 태도가 드러나고 있다.

③ 서술 대상에 대한 병렬적 서술을 통해 서술 대상에 관한 정보가 반복적으로 제시되고 있다.

④ 서술 대상에 대한 묘사적 서술을 통해 서술 대상에 관한 정보가 단계적으로 제시되고 있다.

⑤ 서술 대상에 대한 요약적 서술을 통해 서술 대상에 관한 정보가 개괄적으로 제시되고 있다.

형태쌤과 선지분석

선지분석	[A]
독백적 서술 → 정서적 반응	
회고적 서술 → 성찰적 태도	
병렬적 서술 → 반복적 정보	
묘사적 서술 → 단계적 정보	
요약적 서술 → 개괄적 정보	

02 [B]에 대한 이해로 적절하지 <u>않은</u> 것은?

① 새로운 문물의 도입이 사람들의 의식을 혼란스럽게 하는 상황이 나타나고 있다.

② 새로운 문물이 실생활에 쓰이는 현장을 소개함으로써 사람들의 생활 방식이 변해야 함을 알려 주고 있다.

③ 새로운 문물의 이용 방법을 알고 있는 인물과 그렇지 못한 사람들 간에 문물에 대한 이해의 차이가 있음이 드러나고 있다.

④ 새로운 문물을 접한 사람들의 반응이 직접적으로 드러남으로써 새로운 세상의 도래에 대한 정서적 충격을 표현하고 있다.

⑤ 새로운 문물에서 신이한 현상을 연상하는 사람들의 반응을 통해 낯선 문물이 도입될 당시의 문화적인 환경을 보여 주고 있다.

03 <u>요구 조건</u>을 중심으로 윗글을 이해한 내용으로 적절하지 <u>않은</u> 것은?

① '요구 조건'을 관철시키러 온 '김선달'의 '안승학'에 대한 비아냥거리는 태도가 표출되고 있다.

② '요구 조건'의 이행을 요청하는 '희준'에 대해 '안승학'의 거부 의사가 직접적으로 표출되고 있다.

③ '요구 조건'의 불이행 때문에 벌어질 일을 경고하는 '희준'에 대해 '안승학'이 염려하고 있음이 암시되어 있다.

④ '요구 조건'의 수락 여부를 둘러싸고 빚어진 '안승학'과 '다섯 사람' 간의 갈등 양상이 긴장된 분위기를 자아내고 있다.

⑤ '요구 조건'에 대한 확답을 받기 원하는 '다섯 사람'의 갑작스러운 방문에 대한 '안승학'의 심리적인 동요가 제시되고 있다.

04 〈보기〉를 참고하여 윗글을 감상한 내용으로 적절하지 <u>않은</u> 것은?

보기

1930년대 리얼리즘 장편 소설에는 변화하는 사회적 환경 속에서 사회적 지위가 상승한 인물형이 등장한다. 이 유형의 인물들은 근대 문물에 발 빠르게 적응하면서도 소작제와 같은 전근대적 토지 제도에 편승하는 모습을 보인다. 이들은 근대 문물을 체험해 보지 못한 사람들에게 자신을 과시하지만 자신만의 이익을 추구하기 때문에 그 지위를 인정받지 못한다. 이러한 인물들을 통해 1930년대 농촌 사회에 등장한 속물적 인물형의 면모를 확인할 수 있다.

① '지체도 없'이 '콩나물죽으로 연명하'다가 '사음까지' 된 인물의 모습은, 소작제를 이용하여 지위가 변한 인물형을 보여 주는군.

② '경부선이 개통'할 '무렵'의 시대 변화에 적응하여 '근본'에서 벗어날 기회를 얻었던 인물의 모습은, 근대 문물이 유입되는 사회적 환경 속에서 변모해 갈 수 있었던 인물형을 보여 주는군.

③ '친구의 심부름으로' '목판차를 맨 처음으로' 타 보고서 '자만'하는 인물의 행동은, 근대 문물을 경험했다는 점을 앞세워 자신을 과시하는 인물의 모습을 보여 주는군.

④ '위엄스럽게' 하대하면서도 '호령할 용기'를 내지 못하는 인물의 심리는, 자신의 사회적 지위를 인정하지 않는 이들에게 반감을 드러내는 인물의 모습을 보여 주는군.

⑤ '피차의 물질상 손해'를 강조하면서도 일방적으로 사람들에게 '나락을 베는 것'을 종용하는 인물의 모습은, 다른 사람의 이익보다 사적인 이익을 우선시하는 인물형을 보여 주는군.

다음 글을 읽고 물음에 답하시오.

나는 집에 도착한 그 첫 순간에 베일에 가린 듯이 ⓐ <u>모든 사물</u>, 모든 사람들로부터 차단된 나 자신을 느꼈다. 집에서 맞는 첫날 아침을 나는 이상한 비현실감 속에서 맞았다. "이런 전선에서 두부 장수 종소리, TV에서 흘러나오는 노랫소리, 수돗물이 넘치는 소리가 웬일일까?"라고 중얼거리며 주위를 둘러보았던 것이다. '이런 전선에서'란 느낌은 어떤 긴박한 위기에 대처한 생생한 의지였다. 그것은 아직도 내 몸에 밴 전쟁 냄새였다. 그런데 두부 장수 종소리, 유행가 소리 따위를 의식했을 때 나는 뭔가 맥이 탁 풀리는 것 같았다. 나의 안에 있는 긴박감에 비해서 밖은 너무도 무의미하고 태평스럽고 어쩌면 패덕스럽기까지 했다. 나미도, 학교 공부도, 또 나로부터 그토록 수많은 밤을 앗아 갔던 아틀리에도 예외일 수는 없었다. 나는 그것들과의 관계를 다시 시작할 하등의 흥미도 관심도 없었다. 나날이 권태스럽고 짜증스럽기만 했다. 이따금 나는 내 안의 긴장에 대해서, 적어도 숨김없는 그 진실에 대해서 누군가에게 말하려 애써 보았다. 그러나 이해하는 사람은 아무도 없었다.

그렇다. 이제 생각이 난다. 며칠 전 다방에서의 일이. 실내엔 담배 연기가 꽉 차 있었고 선정적인 허스키로 어떤 여자가 느린 곡조로 노래를 들려주고 있었다. 어쩌다가 내가 나미에게 그 얘기를 들려주려고 했는지 알 수가 없다. 나는 다음과 같이 그 얘기를 시작했다.

나는 D 고지에서 전투 중인 ○○ 연대 근처까지 물을 실어다 주라는 명령을 받았어. 음료수가 떨어져서 전 연대원이 전투는 고사하고 타는 듯한 갈증과 싸우고 있다는 소식이었어. T에서 거기까진 팔십 킬로 거리였지. 나와 한병장은 밤중에 급수차를 몰아 T를 떠났어. 한 치 앞도 가릴 수 없는 어둠과 정적. 목쉰 듯한 엔진 소리는 어둠과 정적의 벽에 부딪혀 바로 우리의 귓가에서 부서지고, 부챗살 모양으로 어둠이 지워진 헤드라이트의 반경 속에선 사물이 극도로 정밀해져 마치 입체 영화에서처럼 눈 속으로 뛰어들었지. 그 정밀함이란 길바닥에 뒹구는 돌에 묻은 티, 풀포기에 매달려 잠자는 벌레 따위의 미세한 것들까지도 죄다 눈에 잡히는 듯했어. 나는 온갖 사물들이 바로 내 심장에 맞닿아 있는 듯한 그런 느낌을 이전엔 한 번도 가져 보지 못했어. 이따금씩 여우나 늑대 따위들이 길을 횡단하여 쏜살같이 사라지곤 했어. 어둠 속에서 한가로이 떠돌던 나방이 떼들은 갑작스런 불빛에 방향 감각을 잃고 윈도에 머리를 부딪혀 빗방울처럼 떨어져 죽었고, 나는 운전하고 있는 한병장의 팔을 건드리며 유리창을 가리켰어. 그는 겁에 질린 해쓱한 표정으로 나를 힐끔 곁눈질했을 뿐이야. 그렇지, 혈관 속을 움직이는 피의 선회마저 느낄 듯한 이 비상한 감각, 그리고 심연에서 샘처럼 솟아오르는 넘칠 듯한 생동감이 없이는, 저 유리창에 부딪혀 죽는 나방이 따위야 아무것도 신기할 것이 없지, 라고 생각하며 나는 혼자서 빙긋 웃었어.

[A]
한병장이 다시 얼굴을 힐끔 돌리며 잡아 늘이는 듯한 목소리로 말했어. "차일병은 무섭지 않나?" "아뇨, 전연." "대단하군. 여기선 적이 언제 어디서라도 나타날 수 있지." "저는 적보다 진정으로 무서운 건 무감각이라고 깨달았습니다." "나는 제대하면 곧장 결혼할 거야." "언젠니까, 제대가?" "석 달 남았지." "저는 지금까지 마치 꿈을 꾸다가 깨어난 것 같아요. 이곳에 온 뒤론 바로 생명의 한가운데를 관통하는 느낌입니다." 그런데 중간에서 엔진이 고장났지. 몇 시간 지체하고 나니 벌써 동이 트더군. 이제부터 정말 위험이 시작된 것이라 싶더군. 왜냐하면 적의 정찰 비행에 발견되면 공중 사격을 받을 우려가 있는

데다 불볕 같은 폭염이 사정없이 쏟아져 그도 또한 견디기 어려운 문제였지.

(중략)

아까부터 나는 창 옆에서 노인이 나타나기를 기다리고 있었다. 오늘도 그가 그토록 진지한 얼굴로 잃어버린 물건을 계속 찾을 것인지. 대체로 그렇지 못할 것이라고 나는 믿고 있다. 그러나 만에 하나라도 노인이 어제와 같은 모습으로 내 앞에 나타난다면 무료한 가운데서도 어떤 안정성을 획득하고 있던 나의 생활은 송두리째 무너질지도 모른다. 그가 창밖에서 뭔가 열심히 찾고 있는 한 나는 계속 도전을 받는 셈이기에. 때문에 사실을 좀 더 명확하게 파악할 필요가 있다. 노인이 찾고 있는 ⓑ <u>물건</u>의 정체가 무엇인지, 그런저런 것을 알아보노라면 노인의 그와 같은 숙연한 태도와 잃어버린 물건 사이의 상관관계도 알게 될 것이다. 아무튼 이제 나는 그와 한마디 얘기라도 나눠 보지 않으면 못 견딜 것 같은 심정이다.

[B]
드디어 자전거에 짐을 싣고 공터 안으로 들어오는 노인의 모습이 눈에 잡힌다. 그 곁엔 개가 종종걸음으로 따르고 있다. 어제와 거의 같은 장소에서 노인은 자전거를 멈추고 짐을 내린다. 비치파라솔·궤짝·연탄불 따위들이 착착 있을 곳에 놓여진다. 그런데 얼마 후에 나를 놀라게 하는 일이 벌어진다. 준비를 끝낸 노인은 이내 포장 안에서 빠져나와 개를 데리고 물웅덩이 쪽으로 가는 게 아닌가. 개는 하루 사이 아주 눈에 띄게 쇠약한 모습이고, 노인도 피곤하고 지친 모습이긴 하나 끈질긴 어떤 힘이 그의 전신에서 면면히 솟아 나오고 있는 듯하다. 나는 완전히 안정을 잃고 방 안을 오락가락했다. 믿어지지 않는다. 거짓말이다. 무엇이 노인에게 저토록 소중하게 여겨진단 말인가. 아니, 노인은 무슨 실없는 망상을 하고 있는 걸까. 나는 방에서 뛰쳐나왔다.

– 서영은, 「사막을 건너는 법」 –

형태쌤과 지문분석

지문분석		
시간		
공간		
서술자의 관심사		

01 [A]와 [B]의 서술상 특징에 대한 설명으로 가장 적절한 것은?

① [A]는 회상 장면을 삽입하여, [B]는 시간의 흐름에 따라 사건을 서술하여 인물들이 처한 상황을 객관적으로 전달하고 있다.

② [A]는 구어체를 활용하여 경험한 사실을, [B]는 현재형 시제를 활용하여 관찰하고 있는 사실을 생생하게 나타내고 있다.

③ [A]는 공간 이동에 따라 일어나는 사건을 통해, [B]는 공간에 대한 묘사를 통해 인물들의 외적 갈등을 심화하고 있다.

④ [A]는 인물 간의 대화를 삽입하여, [B]는 인물들의 반복되는 행동을 제시하여 갈등 해소 과정을 보여 주고 있다.

⑤ [A]는 중심인물의 말을 제시하여, [B]는 주변 인물의 말을 제시하여 사건들의 인과 관계를 드러내고 있다.

형태쌤과 선지분석

선지분석	[A]	선지분석	[B]
회상 장면 삽입 → 상황 객관적 전달		시간의 흐름에 따른 서술 → 상황 객관적 전달	
구어체		현재형 시제	
공간 이동 → 외적 갈등 심화		공간 묘사 → 외적 갈등 심화	
대화 삽입 → 갈등 해소		반복 행동 → 갈등 해소	
중심인물의 말 → 인과 관계		주변 인물의 말 → 인과 관계	

02 윗글에 대한 이해로 가장 적절한 것은?

① '나'는 일상을 권태롭고 짜증스럽게 느끼는 상황에서 '나미'를 만나 전쟁의 경험담을 전한다.

② '나'는 D 고지로 향하는 도중 음료수가 떨어져 곤란함이 가중된 상황에 처한다.

③ '나'와 '한병장'은 어둠을 밝히는 헤드라이트로 인해 적의 정찰 비행에 발견되어 공격을 받는다.

④ '나'는 임무 수행 중에 결혼할 계획을 밝히며 귀환 후의 꿈같은 생활에 대한 기대를 갖는다.

⑤ '나'는 전장에서 귀환한 후 자신의 긴장감을 이해해 주는 사람들을 만난다는 사실에 생동감을 느낀다.

03 ⓐ, ⓑ에 대한 이해로 적절하지 않은 것은?

① '나'는 '노인'의 변화된 모습을 통해 ⓑ를 찾는 '노인'의 행위가 중단될 것임을 예감한다.

② '나'는 ⓑ의 정체와 '노인'이 ⓑ를 찾는 태도 사이의 상관관계를 알고 싶어한다.

③ '나'는 '노인'이 ⓑ를 가치 있는 대상으로 여기고 있다고 판단한다.

④ '나'는 자신과 ⓐ의 관계에 대해 타인들은 이해하지 못한다고 생각한다.

⑤ '나'는 ⓐ로부터 소외된 상태에, '노인'은 ⓑ를 상실한 상태에 있다.

04 〈보기〉를 참고하여 윗글을 감상한 내용으로 적절하지 않은 것은?

보기

이 작품은 신체의 감각을 활용해 '나'의 체험을 다양하게 형상화한다. 청각을 통해 현실에 대한 타인과의 인식 차이를 나타내거나, 과거 경험을 후각화하여 상징적으로 표현한다. 시각을 통해서는 긴장 상태에서 극대화된 감각 체험을 보여 주는 한편 전쟁의 실상을 체험하면서 갖게 된, 현실에 대한 체념을 드러낸다. 또한 체념 상태를 흔드는 사건을 주시하면서 생기는 번민을, 행동을 통해 제시한다. 이는 '나'가 사막 같은 현실에 발을 내딛는 계기로 작용한다.

① '집에서 맞는 첫날 아침'의 느낌을 '나'가 '전선에서' 느끼는 '전쟁 냄새'라고 지각하는 데에서, 과거의 경험이 상징적 감각으로 표현되고 있군.

② '두부 장수 종소리, 유행가 소리'를 듣고 '밖'은 '무의미하고 태평스럽'다고 생각하는 데에서, '나'의 현실 인식이 타인과 다르다는 것을 의식하고 있음이 드러나고 있군.

③ '돌', '벌레' 같은 것들을 '입체 영화'처럼 보며 '심장에 맞닿아 있는 듯' 체감하는 데에서, 전장의 긴장 속에서 '나'의 감각이 극대화되고 있음이 나타나고 있군.

④ '방향 감각'을 잃은 '나방이 떼들'이 차창에 '부딪혀' 죽는 것을 목격하는 데에서, '나'가 전쟁의 실상을 깨달음으로써 체념적 현실 인식을 갖게 된다는 것이 나타나고 있군.

⑤ '믿어지지' 않는 '노인'의 행위를 지켜보고 '방 안을 오락가락'하는 데에서, 현실 인식에 대한 '나'의 번민이 행동을 통해 제시되고 있군.

다음 글을 읽고 물음에 답하시오.

[앞부분의 줄거리] 나는 기범이 죽기 전에 무슨 일이 있었는지 알기 위해, 그가 살았던 구천동을 찾아간다. 기범의 행적을 잘 알고 있는 '임 씨'를 만나 사연을 듣기 전에, 일규의 장례식 후에 있었던 기범과의 과거 일을 회상한다.

"네가 일규를 어떻게 아냐? 네깐 게 뭘 안다구 감히 일규를 입에 올리냐?"

기범은 순간 잔을 던지고 미친 듯이 웃기 시작했다. 너무나 돌연한 웃음이어서 나는 그때 꽤나 놀랐다. 기범이 그처럼 미친 듯이 웃는 것을 나는 그날 처음 보았다.

"그래, 네 말이 맞다. 나는 그놈을 입에 올릴 자격이 없다. 허지만 누가 그놈을 진심으로 사랑한 줄 아냐? 너희냐? 너희가 그놈을 사랑한 줄 아냐?"

㉠ 나는 긴장했다. 그의 눈에서 번쩍이는 눈물을 보았기 때문이다.

"너는 그놈이 아깝다구 했지만 나는 그놈이 죽어 세상 살맛이 없어졌다. 나는 살기가 울적할 때마다 허공에서 그놈의 쌍판을 찾았다. 나는 그놈을 통해서만 살아가는 재미와 기쁨을 느꼈다. 그러나 그놈 역시 사정은 나하구 똑같았다. 나를 발길로 걷어찼지만 그놈은 나를 잊은 적이 없다. 우리는 서로 사랑했지만 사랑하는 방법이 달랐을 뿐이다."

(중략)

"원래 그 사람은 도회지에서 살던 사람인데 왜 그때 도시를 버리구 깊은 산골을 찾았는지 모르겠군."

"처음엔 저두 많이 궁금하게 생각했습니다. 뭔가 세상에 죄를 짓구 숨어 사는 분이 아닌가 했습니다. ㉡ 더구나 이리루 들어 오시자 머리를 깎구 수염까지 기르셨거든요. 그러나 오래 뫼시구 살다 보니 저대루 차츰 납득이 갔습니다. 한마디로 말하기는 어렵지만 세상에 뭔가 실망을 느끼신 게 아닌가 싶습니다."

"본인이 그런 말을 한 적이 있소?"

"과거 얘기는 좀체 안 하시는 편이었는데 언젠가는 내게 그 비슷한 말씀을 하시더군요. 듣기에 따라서는 궤변 같지만 그분은 남하구 다른 ⓐ 묘한 철학을 지니구 계셨습니다."

"그걸 한번 들려줄 수 없소?"

"그분은 세상이 어지럽구 더러울 때는 그것을 구하는 방법이 한 가지밖에 없다구 하셨습니다. 세상을 좀 더 썩게 해서 더 이상 그 세상에 썩을 것이 없도록 만들어야 한다는 것입니다. 그걸 썩지 않게 고치려구 했다가는 공연히 사람만 상하구 힘만 배루 든다는 것입니다. ㉢ '모두 썩어라, 철저히 썩어라'가 그분이 세상을 보는 이상한 눈입니다. 제 나름의 어설픈 추측입니다만 그분은 사람만이 지닌 이상한 초능력을 믿으시는 것 같았습니다. 사람은 온갖 악행에도 불구하고 자기 스스로를 송두리째 포기하지는 않는다는 것입니다. 세상이 철저히 썩어서 더 썩을 것이 없게 되면 사람은 살아남기 위해 언젠가는 스스로 자구책을 쓴다는 것입니다. 당신은 바로 그걸 믿으셨고, 이러한 자기 생각을 부정(不正)의 미학이라는 묘한 말루 부르시기두 했습니다."

나는 순간 가슴 한구석에 뭔가가 미미하게 부딪쳐 오는 진동을 느꼈다. 진동의 진상은 확실치 않지만, 나는 그것이 기범을 이해하는 어떤 열쇠가 아닌가 생각했다. 그의 온갖 기행과 궤변들이 어지러운 혼란 속에서 그제야 언뜻 한 가닥의 질서 위에 어렴풋이 늘어서는 것이었다.

"헌데 세상에 대해 그런 생각을 지닌 사람이 갑자기 왜 세상을 등지구 이런 산속에 박혀 사는 거요?"

"당신께서 아끼시던 친구 한 분이 갑자기 세상을 버리셨다구 하시더군요. 그때 아마 충격을 받으시구 이리루 들어오신 게 아닌가 싶습니다."

"누구랍니까, 그 친구가?"

"이름은 말씀 안 하시구 그분을 언제나 '미련한 놈'이라구만 부르셨습니다."

오일규다. 나는 그제야 오일규의 장례식 후에 기범이 격렬하게 지껄인 저 시끄럽던 요설들이 생각났다. 어쩌면 기범은 그때 이미 세상을 등질 결심을 했는지도 알 수 없다. ㉣ 아니 그는 그 얼마 후에 내 앞에서 정말로 깨끗하게 사라져 버린 것이다.

"그래 그 친구가 죽은 후로 왜 세상을 등졌답디까?"

"세상 살 재미가 없어졌다구 하시더군요. 아마 친구분을 꽤나 좋아하셨던 모양입니다. 그 미련한 놈이 죽어 버렸으니 자기도 앞으로는 미련하게 살밖에 없노라구 하셨습니다. ㉤ 당신이 미련하다고 말씀하는 건 우습게 들리시겠지만 착한 일을 뜻하시는 것이었습니다."

"그래서 이곳에 온 후 사람이 갑자기 달라진 거요?"

"전 그분의 과거를 몰라서 어떻게 달라졌는지는 잘 모릅니다. 허지만 이곳에 오신 후로는 그분은 거의 남을 위해서만 사셨습니다. 제가 생명을 구한 것두 순전히 그분의 덕입니다."

[A]

나는 다시 기범이 지껄였던 과거의 ⓑ 요설들이 생각난다. 세상을 항상 역(逆)으로만 바라보던 그의 난해성이 또 한 번 나를 혼란 속에 빠뜨린다. 그는 어쩌면 이 세상을 역순(逆順)과 역행(逆行)에 의해 누구보다 열심으로 가장 솔직하게 살다 간 것 같다. 그에게 악과 선은 등과 배가 서로 맞붙은 동위(同位) 동질(同質)의 것이었는지도 알 수 없다. 그는 악과 선 중 아무것도 믿지 않았고 오직 믿은 것이라고는 세상에는 아무것도 믿을 것이 없다는 사실뿐이었다. 그와 오일규가 맞부딪쳤을 때 오일규가 해체되는 것은 너무나 당연하다. 그것은 가장 비열한 삶이 가장 올바른 삶을 해체시키는 역설적인 예인 것이다.

- 홍성원, 「무사와 악사」 -

형태쌤과 지문분석

지문분석	
시간	
공간	
서술자의 관심사	

01 [A]의 서술상 특징으로 가장 적절한 것은?

① 이야기 내부의 서술자가 인물의 행동을 객관적으로 서술하고 있다.
② 이야기 내부의 서술자가 인물에 대한 평가를 관념적으로 서술하고 있다.
③ 이야기 외부의 서술자가 인물의 체험을 바탕으로 사건의 배경을 실감나게 서술하고 있다.
④ 이야기 외부의 서술자가 인물의 회상을 중심으로 사건의 전개를 지연시키며 서술하고 있다.
⑤ 이야기 외부의 서술자가 인물의 내면을 묘사하여 인물 간의 갈등이 지속되고 있음을 서술하고 있다.

형태쌤과 선지분석

선지분석	[A]
내부 서술자 → 인물 행동 객관적 서술	
내부 서술자 → 인물 평가 관념적 서술	
외부 서술자 → 인물의 체험 바탕으로 사건 배경 서술	
외부 서술자 → 회상 중심으로 사건 전개 지연	
외부 서술자 → 내면 묘사로 인물 간 갈등 지속됨 서술	

02 서사의 흐름을 고려하여 ㉠~㉤에 대해 이해한 내용으로 적절하지 <u>않은</u> 것은?

① ㉠ : 돌연한 웃음을 보이다가 눈물을 보이는 식으로 갑작스러운 감정 변화를 보인 데 대한 반응이다.
② ㉡ : 신원이 미심쩍다고 의심하는 상황에서 그 외모가 의심을 가중했다는 생각이 담긴 말이다.
③ ㉢ : 세상에 대한 관점이 상식적이지 않아 일반적으로는 수긍하기 어렵다는 생각을 드러낸 판단이다.
④ ㉣ : 약속을 곧바로 실행에 옮긴 행위에 대한 놀라움을 드러낸 표현이다.
⑤ ㉤ : 말의 표면적인 뜻과 달리 그 속에 숨은 뜻을 파악한 우호적인 해석이다.

03 ⓐ, ⓑ에 대한 설명으로 가장 적절한 것은?

① ⓐ에 대한 '나'의 이해는 기범에 대한 '나'의 인식이 전환되는 데에 기여한다.
② ⓐ에 대한 얘기를 '나'가 꺼낸 것은 기범에 대한 '저'의 오해를 풀 목적에서이다.
③ '저'는 '나'가 기범에 대해 품은 의문이 ⓑ를 바탕으로 하고 있음을 알게 된다.
④ '저'가 ⓐ로 인해 기범을 오해한다면, '나'는 ⓑ에 의해 기범을 이해한다.
⑤ '저'는 기범이 선행을 베풀며 보인 변화가 ⓑ에서 ⓐ로 변화된 과정과 일치함을 알고 있다.

04 〈보기〉의 관점에서 윗글을 감상한 내용으로 적절하지 <u>않은</u> 것은?

보기

사람들은 존경하거나 사랑하는 사람을 닮아 가며 그와 자신을 동일시하려는 경향이 있다. 이를 통해 심리적 위안이나 성취감을 느끼기도 하지만 그 상대로부터 외면받거나 그가 부재한 상황에서는 마음에 상처를 입는다. 이때 동일시의 상대를 부정하거나, 외면당하지 않았다고 자신의 처지를 합리화한다. 또는 관심을 다른 데로 돌려 그 상황에서 아예 벗어나고자 한다. 「무사와 악사」에서 '기범'이 보이는 기행과 궤변은 '일규'를 동일시하려는 상대로 의식한 데서 비롯한 것으로도 볼 수 있다.

① 일규의 죽음에 '충격을 받'고 '세상 살 재미가 없어졌다'는 기범의 말이 사실이라면, 동일시하려던 상대의 부재가 가져오는 심리적 영향이 컸다는 것이겠군.
② 기범이 자신을 '발길로 걷어찼'던 일규로부터 외면받았다고 본다면, 일규와 '서로 사랑했'다고 믿는 기범의 진술은 외면당한 자신의 처지를 합리화하려는 의도에서 나온 것이겠군.
③ '울적할 때마다' 일규를 떠올리며 삶의 '재미와 기쁨'을 얻었다는 기범의 고백을 동일시의 결과로 이해한다면, 일규를 통해 기범이 심리적 위안을 얻었음을 추측할 수 있겠군.
④ 일규의 죽음이 기범이 도시를 떠나 '깊은 산골'에 정착한 계기였다고 본다면, 이는 동일시하려던 상대가 사라진 상황에서 관심을 다른 데로 돌려 그 상황을 벗어나기 위해서였겠군.
⑤ 기범이 일규를 '입에 올릴 자격이 없다'는 것이 동일시의 대상에 대한 존경심의 표현이라면, '사람만이 지닌 이상한 초능력'에 대한 기범의 믿음은 동일시를 통한 성취감에 해당되겠군.

2022학년도 11월

다음 글을 읽고 물음에 답하시오.

　　　김달채 씨는 퇴근하기 무섭게 뽀르르 집으로 달려가던 묵은 습관을 버리고 밤늦도록 하릴없이 길거리를 배회하면서 시간을 보내는 새로운 습관을 몸에 붙였다. 지하철이나 버스 혹은 공중변소나 포장마차 안에서, 백화점에서 사지도 않을 물건을 흥정하거나 정류장에서 토큰 아니면 올림픽복권을 사면서, 그리고 행인에게 담뱃불을 빌거나 더욱 과감하게는 파출소에 들어가 경찰관에게 길을 묻는 시늉을 하는 사이에 마주치는 각계각층의 사람들을 상대로 달채 씨는 실수를 가장하기도 하고

[A] 때로는 또렷한 목적의식을 드러내기도 해 가며 우산의 존재를 알리기 위해 갖가지 수단과 방법을 다 동원했다. 그런 다음 상대방의 눈에 과연 우산이 어떻게 비치는지, 그리하여 상대방이 우산 임자인 자기를 어떻게 대우하는지 반응을 떠보는 작업을 일삼아 계속해 나갔다. 참으로 긴장과 전율이 넘치는 뻐근한 나날들이었다. 구청 호적계장의 직위에 오르기까지 여태껏 전혀 몰랐던 세계가 구청과 자기 집구석 바깥에 따

　　로 있음을 그는 우산을 통해서 비로소 실질적으로 체험할 수가 있었다. 그는 사람들의 반응을 종합해서 몇 가지 결론을 얻어내는 데 성공했다.

　첫째는, 진짜 무전기에 익숙한 일부 극소수의 사람들을 제외한 거개의 서민들은 의외로 쉽사리 우산에 속아 넘어간다는 사실이었다.

　둘째는, 상대방이 무전기를 지니고 있다고 알아차리는 그 순간부터 사람들의 태도가 확 달라진다는 사실이었다. 일껏 하던 이야기를 뚝 그치거나 얼렁뚱땅 말머리를 돌리는 등으로 지은 죄도 없이 공연히 겁부터 집어먹고는 꾀죄죄한 몰골의 자기한테 갑자기 저자세로 구는 것이었다. 밤늦도록 수고가 많다면서 한사코 술값을 받지 않으려 하던 어떤 포장마찻집 주인의 경우가 단적인 예였다.

　셋째는, 노골적으로 손에 쥐고 보여 줄 때보다 그냥 뒤꽁무니에 꿰 찬 채 부주의한 몸가짐인 척하면서 웃옷 자락을 슬쩍 들어 ⊙ 케이스의 끝부분만 감질나게 보여 주는 편이 오히려 사람들을 놀라게 하는 데 훨씬 더 효과적이고 반응도 민감하다는 사실이었다.

　김달채 씨는 그러잖아도 짧은 머리를 더욱 짧게 깎았다. 옷차림도 낡은 양복에서 스포티한 잠바 스타일로 개비했는가 하면 구청 밖에서는 항상 선글라스를 끼고 다녀 버릇했다. 달채 씨는 그처럼 달라진 모습으로 짬만 생기면 하릴없이 길거리를 나다니며 청명한 가을날에 우산을 이용해서 사람들을 떠보는 색다른 취미에 점점 깊숙이 빠져 들어가기 시작했다.

(중략)

　그리 멀지 않은 곳에서 뭔가 벌어지고 있는 중이라고 생각하자 까닭 모를 흥분과 기대감이 그를 사로잡아 버렸다. 한 건 올리는 정도가 아니라 뭔가 이제껏 맛보지 못한 엄청난 보람을 느끼게 될 일대 사건을 만날 듯싶은 예감 때문이었다. 그는 다른 행인들이 종종걸음으로 달아나는 방향과는 정반대 편을 향해 정신없이 달려가기 시작했다.

　예상했던 그대로의 살벌한 풍경이었다. 깨진 보도블록 조각이나 돌멩이들이 인도와 차도 가릴 것 없이 사방에 흩어져 나뒹굴고 있었다. 시커먼 그을음 연기를 피워 올리며 불타는 자동차와 창유리가 박살 난 건물도 보였다. 김달채 씨는 주체 못할 지경으로 쏟아지는 눈물 콧물도 돌볼 겨를 없이 여전히 선글라스를 착용한 채 최루 가스에 심하게 오염된 지역을 향해 가까이 접근했다. 중무장한 전경대에 의해 도로가 완전 차단되어 더 이상 접근이 불가능해지자 달채 씨는 구경꾼들 뒷전에서 작은 키를 한껏 발돋움하고는 시위 현장의 분위기를 살폈다. 어디선가 보이지 않는 저쪽 건

물 모퉁이에서 어기찬 함성이 아직도 기세를 올리는 중이었다. 사복 경찰관들한테 붙잡혀 끌려오는 학생의 모습이 구경꾼들 어깨 너머로 내다보였다. 달채 씨는 저도 모르는 사이에 앞사람들 틈바귀를 비집고 전면으로 썩 나섰다.

　"이봐요, 거기!"

　김달채 씨는 창문마다 철망이 쳐진 버스 안으로 학생들을 마구 밀어 넣는 사복들을 향해 느닷없이 목청을 높였다.

　"아직도 어린애! 다치지 않게 살살 좀 다뤄!"

　어디서 그런 용기가 솟아나는지 김달채 씨 자신도 깜짝 놀랄 지경이었다.

　"당신 뭐야?"

　옷깃에 비표를 단 사복 차림의 청년 하나가 달려와서 김달채 씨의 가슴을 떼밀었다.

　"나 이런 사람이오."

　김달채 씨는 엉겁결에 잠바 자락 한끝을 슬쩍 들어 뒷주머니에 꿰 찬 우산 케이스를 내보였다. 하지만 상대방 청년은 그런 물건 따위는 애당초 거들떠볼 생심조차 하지 않았다.

　"당신도 저 차에 같이 타고 싶어? 여러 소리 말고 빨리 집에나 들어가 봐요!"

　이른바 닭장차에 어린 학생들과 함께 실리고 싶은 생각은 물론 털끝만큼도 없었다. 옷깃에 비표를 단 청년이 우산을 ⓒ 우산 이상의 것으로 보아 주지 않는다면 그건 어쩔 도리 없는 노릇이었다. 김달채 씨는 남의 채마밭에서 무 뽑아 먹다 들킨 아이처럼 무르춤한 꼬락서니가 되어 맥없이 돌아설 수밖에 없었다.

- 윤흥길, 「매우 잘생긴 우산 하나」 -

형태쌤과 지문분석

지문분석	
시간	
공간	
서술자의 관심사	

01 [A]의 서술상 특징으로 가장 적절한 것은?

① 중심인물이 알지 못하는 사건을 제시해 긴장감을 조성하고 있다.

② 공간 이동에 따른 인물의 내면 변화를 회상을 통해 제시하고 있다.

③ 동시적 사건들의 병치로 사건에 대한 서로 다른 관점을 드러내고 있다.

④ 한 가지의 목적으로 수렴되는 인물의 의도적인 행위들을 나열하고 있다.

⑤ 상대를 달리하여 벌이는 인물의 행동을 서술하여 점진적으로 심화되는 갈등을
묘사하고 있다.

형태쌤과 선지분석

선지분석	[A]
중심인물이 알지 못하는 사건 → 긴장감 조성	
회상 → 공간 이동에 따른 내면 변화	
동시적 사건 병치 → 사건에 대한 다양한 관점	
목적이 같은 인물의 행동 나열	
다른 상대에게 벌이는 행동 → 점진적 갈등 심화	

02 윗글의 내용에 대한 이해로 가장 적절한 것은?

① 거리를 배회하며 새로운 습관을 익히려는 김달채는 생활의 활기를 찾기 위해
비 오는 날을 기다린다.

② 꾀죄죄한 몰골의 김달채는 사람들이 자신을 무시하는 태도를 변화시키기 위해
무전기를 보여 준다.

③ 흥미를 느낄 만한 일이 벌어지고 있음을 짐작한 김달채는 달아나는 행인들과
달리 시위 현장으로 향한다.

④ 시위 진압의 영향으로 고통 받던 김달채는 전경대의 위세에 압도되어 구경꾼
들 뒤로 물러선다.

⑤ 닭장차에 끌려가게 된 김달채는 건물 모퉁이에서 들려오는 함성에 안도감을
느낀다.

03 ㉠, ㉡에 대한 이해로 적절하지 않은 것은?

① 김달채는 ㉠을 그 생김새로 인해 ㉡으로 인식하는 사람들이 있다는 사실을 발
견한다.

② 김달채는 사람들로부터 기대하는 반응을 효과적으로 이끌어 낼 수 있는 ㉠의
사용법을 알게 된다.

③ '일부 극소수의 사람들'에게는 ㉡을 가진 사람으로 보이려는 김달채의 의도가
실현되지 않는다.

④ 김달채는 ㉡에 익숙하지 않은 '거개의 서민들'이 ㉠을 ㉡으로 오인한다고 판단
한다.

⑤ '사복 차림의 청년'은 ㉡에 익숙하여 ㉠을 이용하려는 김달채의 의도를 알아챈
다.

04 〈보기〉를 바탕으로 윗글을 감상한 내용으로 적절하지 않은 것은?

보기

소시민은 자신의 기득권을 지키기 위해 권력관계에 민감하게 반응한
다. 권력관계가 형성되기 위해서는 타인의 승인이 요구되며, 이로 인해
힘의 우열 관계가 발생한다. 이 작품은 허구적 권력 표지를 통해 타인의
승인을 얻음으로써 자신감을 갖게 된 인물이, 승인을 거부하는 타인 앞에
서는 소시민적 면모를 드러내는 상황을 그려낸다. 이를 통해 상황 논리를
따르는 소시민의 타산적 태도를 비판하고 있다.

① 김달채가 각계각층 사람들의 반응을 떠보는 것은, 권력이 타인들에게 미치는
영향을 살핀다는 점에서 김달채가 권력관계를 의식하는 인물임을 드러내는
군.

② 김달채가 준 술값을 포장마찻집 주인이 받지 않으려는 것은, 권력에 대한 사람
들의 태도를 나타낸다는 점에서 권력이 인물 간의 우열 관계를 형성하는 요인
임을 보여 주는군.

③ 김달채가 외양에 변화를 준 것은, 타인의 승인을 용이하게 받으려 한다는 점에
서 허구적 권력 표지를 이용하는 데 더 적극적으로 나서려는 김달채의 의도를
나타내는군.

④ 김달채가 사복들에게 목청을 높이며 항의하는 것은, 자신도 모르게 용기를 드
러냈다는 점에서 승인받은 경험들을 통해 얻게 된 김달채의 자신감을 보여 주
는군.

⑤ 김달채가 비표를 단 청년 앞에서 돌아서는 것은, 학생들과 맺은 유대 관계를
단절하여 기득권을 지키려 한다는 점에서 상황 논리를 따르는 김달채의 타산
적 태도를 드러내는군.

다음 글을 읽고 물음에 답하시오.

[앞부분의 줄거리] 해방 직후, 미군 소위의 통역을 맡아 부정 축재를 일삼던 방삼복은 고향에서 온 백 주사를 집으로 초대한다.

"서 주사가 이거 두구 갑디다."

들고 올라온 각봉투 한 장을 남편에게 건네어 준다.

"어디?"

그러면서 받아 봉을 뜯는다. 소절수 한 장이 나온다. 액면 만 원짜리다.

미스터 방은 성을 벌컥 내면서

"겨우 둔 만 원야?"

하고 소절수를 다다미 바닥에다 홱 내던진다.

"내가 알우?"

"우랄질 자식 어디 보자. 그래 전, 걸 십만 원에 불하 맡아다, 백만 원 하나 냉겨 먹을 테문서, 그래 겨우 둔 만 원야? 엠병헐 자식, ⊙ 내가 엠피*헌테 말 한마디문, 전 어느 지경 갈지 모르줄 모르구서."

"정종으루 가져와요?"

"내 말 한마디에, 죽을 눔이 살아나구, 살 눔이 죽구 허는 줄은 모르구서. 흥, 이 자식 경 좀 쳐 봐라…… 증종 따근허게 데와. 날두 산산허구 허니."

새로이 안주가 오고, 따끈한 정종으로 술이 몇 잔 더 오락가락 하고 나서였다.

백 주사는 마침내, **진작부터 벼르던 이야기**를 꺼내었다.

백 주사의 아들 ⓒ 백선봉은, 순사 임명장을 받아 쥐면서부터 시작하여 8 · 15 그 전날까지 칠 년 동안, 세 곳 주재소와 두 곳 경찰서를 전근하여 다니면서, 이백 석 추수의 토지와, 만 원짜리 저금통장과, 만 원어치가 넘는 옷이며 비단과, 역시 만 원어치가 넘는 여편네의 패물과를 장만하였다.

[A] **남들**은 주린 창자를 졸라맬 때 그의 광에는 옥 같은 정백미가 몇 가마니씩 쌓였고, 반년 일 년을 남들은 구경도 못 하는 고기와 생선이 끼니마다 상에 오르지 않는 날이 없었다.

[B] ××경찰서의 경제계 주임으로 있던 마지막 이 년 동안은 더욱더 호화판이었다. 8 · 15 그날 밤, **군중**이 그의 집을 습격하였을 때에 쏟아져 나온 물건이 쌀 말고도

광목 여섯 필

고무신 스물세 켤레

지카다비 여덟 켤레

빨랫비누 세 궤짝

양말 오십 타

정종 열세 병

설탕 한 부대

[C] 이렇게 **있었더란다**. 만 원어치 여편네의 패물과, 만 원어치의 옷감이며 비단과, 만 원짜리 저금통장은 고만두고 말이었다.

물건 하나 없이 죄다 빼앗기고, 집과 세간은 조각도 못 쓰게 산산 다 부수고, 백선봉은 팔이 부러지고, 첩은 머리가 절반이나 뽑히고, 겨우겨우 목숨만 살아, 본집으로 도망해 왔다.

[D] 일변 고을에서는, 백 주사가, 자식이 그런 짓을 해서 산 토지를 가지고, **동네 사람**한테 거만히 굴고, 작인들한테 팔 할 가까운 도지를 받고, 고리대금을 하고 하였대서, 백선봉이 도망해 와 눕는 그날 밤, 그의 본집인 백 주사네 집을 습격하였다.

[E] 집과 세간 죄다 부수고, 백선봉이 보낸 통제 배급 물자 숱한 것 죄다 빼앗기고, **가족**들은 죽을 매를 맞고, 백선봉은 처가로, 백 주사는 서울로 각기 피신하여 목숨만 우선 보전하였다.

백 주사는 비싼 여관 밥을 사 먹으면서, 울적히 거리를 오락가락, 어떻게 하면 이 분풀이를 할까, ⓐ 어떻게 하면 빼앗긴 돈과 물건을 도로 다 찾을까 하고 궁리를 하는 것이나, 아무런 묘책도 없었다.

그러자 오늘은 우연히 이 미스터 방을 만났다. 종로를 지향 없이 거니는데, 지나가던 자동차가 스르르 멈추면서, 서양 사람과 같이 탔던 신사 양반 하나가 내려서더니, 어쩌다 눈이 마주치자

"아, 백 주사 아니신가요?"

하고 반기는 것이었었다.

자세히 보니, 무어 길바닥에서 신기료장수를 하던 코삐뚤이 삼복이가 분명하였다.

"자네가, 저, 저, 방, 방……."

"네, 삼복입니다."

"아, 건데, 자네가……."

"허, 살 때가 됐답니다."

그러고는 ⓑ 내 집으루 갑시다, 하고 잡아끄는 대로 끌리어 온 것이었었다.

의표하며, 집하며, 식모에 침모에 계집 하인까지 부리면서 사는 것이며, 신수가 훤히 트여 가지고, 말도 제법 의젓하여진 것 같은 것이며, ⓒ 진소위 개천에서 용이 났다고 할 것인지.

옛날의 영화가 꿈이 되고, 일조에 몰락하여 가뜩이나 초상집 개처럼 초라한 자기가, ⓓ 또 한 번 어깨가 옴츠러듦을 느끼지 아니치 못하였다. 그런 데다 이 녀석이, 언제 적 저라고 무엄스럽게 굴어, 심히 불쾌하였고, 그래서 ⓔ 엔간히 자리를 털고 일어설 생각이 몇 번이나 나지 아니한 것도 아니었었다. 그러나 참았다.

보아하니 큰 세도를 부리는 것이 분명하였다. 잘만 하면 그 힘을 빌려, 분풀이와, 빼앗긴 재물을 도로 찾을 여망이 있을 듯싶었다.

- 채만식, 「미스터 방」 -

* 엠피(MP) : 미군 헌병.

형태쌤과 지문분석

지문분석	
시간	
공간	
서술자의 관심사	

01 윗글의 대화를 중심으로 '방삼복'을 이해한 것으로 가장 적절한 것은?

① 자신이 꾸미고 있는 일에 관심 없는 상대에게 자기 업무를 떠넘기는 뻔뻔함을 보이고 있다.

② 질문에 대꾸하지 않음으로써 상대가 같은 질문을 반복하도록 거드름을 피우고 있다.

③ 눈앞에 없는 사람을 비난하고 위협함으로써 함께 있는 상대에게 자신의 위세를 드러내고 있다.

④ 차에서 내려 상대에게 먼저 알은체하며 동승자에게 자신의 인맥을 과시하고 있다.

⑤ 상대가 이름을 제대로 말하기 전에 말을 가로채 상대에 대한 열등감을 감추고 있다.

03 ⓐ~ⓔ에 대한 이해로 적절하지 않은 것은?

① ⓐ : 스스로는 문제 해결이 불가능한 상태임을 강조하여 인물의 답답한 처지를 보여 준다.

② ⓑ : 방삼복의 제안에 엉겁결에 따라가는 모습을 통해 인물이 얼떨떨한 상태임을 보여 준다.

③ ⓒ : 신수가 좋고 재력이 대단해 보이는 방삼복의 모습에 고향 사람에 대한 자부심을 갖게 되었음을 보여 준다.

④ ⓓ : 자신의 처지를 방삼복과 비교하면서 주눅이 들었음을 보여 준다.

⑤ ⓔ : 방삼복에게 도움을 받을 수 있다는 기대감과 그에 대한 반감이 뒤섞여 있음을 보여 준다.

02 ㉠과 ㉡에 대한 설명으로 가장 적절한 것은?

① ㉠과 ㉡에는 모두 외세에 기대어 사익을 추구하는 인물의 부정적 모습이 드러난다.

② ㉠과 ㉡에는 모두 외세와 이를 돕는 인물 간의 권력 관계가 일시적으로 역전된 모습이 드러난다.

③ ㉠과 ㉡에는 모두 사회적 지위를 이용하여 타인의 권익을 침해하는 인물이 몰락하는 모습이 드러난다.

④ ㉠에는 권력을 향한 인물의 조바심이, ㉡에는 권력에 의한 인물의 좌절감이 드러난다.

⑤ ㉠에는 자신의 권위에 대한 인물의 확신이, ㉡에는 추락한 권위를 회복할 수 있다는 인물의 자신감이 드러난다.

형태쌤과 선지분석

선지분석	㉠	㉡
인물이 외세에 기대어 사익 추구		
인물 간의 권력 관계 일시적 역전		
타인의 권익 침해하는 인물 몰락		
㉠ 권력을 향한 인물의 조바심 ㉡ 권력에 의한 인물의 좌절감		
㉠ 자신의 권위에 대한 인물의 확신 ㉡ 권위를 회복할 수 있다는 인물의 자신감		

04 〈보기〉를 참고하여 [A]~[E]를 감상한 내용으로 적절하지 않은 것은?

보기

'진작부터 벼르던 이야기'는 백 주사가 자신과 가족의 억울함을 하소연하는 부분이다. 그런데 서술자는 그 '이야기'를 서술자의 시선뿐 아니라 여러 인물들의 시선으로 초점화하여 서술함으로써 독자와 작중 인물 간의 거리를 조절한다. 또한 세부 항목을 하나씩 나열하여 장면의 분위기를 고조하고 정서를 확장하는 서술 방법으로 독자에게 현장감을 전해 준다. 이때 독자는 백 주사와 그의 가족에게 고통받았던 사람들의 입장에 서서 그들을 비판적으로 보게 된다.

① [A] : 백선봉의 풍요로운 생활을 '남들'의 굶주린 생활과 비교하여 서술함으로써 독자가 그를 비판적으로 보게 하고 있군.

② [B] : 부정하게 모은 많은 물건들을 하나씩 나열하여 습격 당시 현장의 들뜬 분위기를 환기함으로써 '군중'의 놀람과 분노를 독자에게 전하려 하고 있군.

③ [C] : '있었더란다'를 통해 누군가에게 들은 것처럼 전하면서도, 전하는 내용을 '군중'의 시선으로 초점화하여 독자가 '군중'의 입장에 서도록 유도하고 있군.

④ [D] : '동네 사람'의 시선으로 초점화하여 백 주사의 만행을 서술함으로써 백 주사가 습격의 빌미를 제공한 것처럼 독자가 느끼게 하고 있군.

⑤ [E] : 백 주사 '가족'의 몰락을 보여 주는 사건들을 백 주사의 시선으로 일관되게 초점화하여 그들에게 고통받았던 사람들의 편에 선 독자가 통쾌함을 느끼게 하고 있군.

다음 글을 읽고 물음에 답하시오.

　그런 일이 있은 지 한 달쯤 지나니 내 겨드랑에 생긴 이변의 전모가 대강 드러났다. **파마늘**은 어김없이 밤 12시부터 새벽 4시 사이에 솟구친다는 것. **방**에 있으면 쑤시고 밖에 나가면 씻은 듯하다는 것. 까닭은 전혀 알 길이 없다는 것 등이었다. **의사**는 나에게 전혀 이상이 없다고 잘라 말했다. 그도 그럴 것이 그 시간에는 내 겨드랑은 멀쩡했기 때문이다. 그때부터 나의 괴로움은 비롯되었다. 파마늘은 전혀 불규칙한 사이를 두고 튀어나왔다. 연이틀을 쑤시는가 하면 한 일주일 소식을 끊고 하는 것이었다. 하루 이틀이지 이렇게 줄곧 밖에서 새운다는 것은 못 할 일이었다. 나는 제집이면서 꼭 **도적놈**처럼 뜰의 어느 구석에 숨어서 밤을 지내야 했기 때문이다. 그런 생활이 두 달째에 접어들었을 때 나는 견디다 못해서 담을 넘어서 밖으로 나가 보았다. 그랬더니 참으로 이상한 일도 다 있었다. 뜰에 나와 있어도 가끔 뜨끔거리고 손을 대 보면 미열이 있던 것이 거리를 거닐게 되면서는 아주 깨끗이 편한 상태가 되었다. 이렇게 되면서 독자들은 곧 짐작이 갔겠지만, 문제가 생겼다. 내가 의료적인 이유로 산책을 강요당하게 되는 시간이 행정상 **통행 제한**의 시간과 우연하게도 겹치는 점이었다. 고민했다. 나는 부르주아의 썩은 미덕을 가지고 있었다. 관청에서 정하는 규칙은 따라야 한다는 것이 그것이다. 12시부터 4시까지는 모든 **시민**은 밖에 나다니지 말기로 되어 있다. 모든 사람이 받아들이는 규칙이니까 **페어플레이**를 지키는 사람이면 이것은 소형(小型)의 도덕률일 수밖에 없다. 그러나 이 도덕률을 지키는 한 내 겨드랑은 요절이 나고 나는 죽을는지도 모른다.

[중략 부분의 줄거리] '나'는 겨드랑이에 파마늘 같은 것이 돋으면 밤거리를 몰래 산책하곤 한다. '나'는 밤 산책 중 종종 다른 사람들과 마주친다.

　오늘은 경관을 만났다. 나는 얼른 몸을 숨겼다. 그는 부산하게 내 앞을 지나갔다. 그 순간 나는 내가 레닌*인 것을, 안중근인 것을, 김구인 것을, 아무튼 그런 인물임을 실감한 것이다. 그가 지나간 다음에도 나는 ㉠ 은신처에서 나오지 않았다. 공화국의 시민이 어찌하여 그런 엄청난 변모를 할 수 있었는지 모를 일이다. 나는 정치적으로 백치나 다름없는 감각을 가진 사람이다. 위에서 레닌과 김구를 같은 유(類)에 놓은 것만 가지고도 알 만할 것이다. 그런데 경관이 지나가는 순간에 내가 **혁명가**였다는 것도 분명한 사실이다. 혁명가라고 자꾸 하는 것이 안 좋으면 **간첩**이래도 좋다. 나는 그 순간 분명히 간첩이었던 것이다. 그런데 내가 간첩이 아닌 것은 역시 분명하였다. 도적놈이래도 그렇다. 나는 분명히 도적놈이었으나 분명히 도적놈은 아니었다. 나는 아주 희미하게나마 혁명가, 간첩, 도적놈 그런 사람들의 마음이 알 만해지는 듯싶었다. 이 맛을 못 잊는 것이구나 하고 나는 생각하였다. 나도 물론 처음에는 치료라는 순전히 **공리적인** 이유로 이 산책에 나섰다. 그러나 지금으로서는 반드시 그런 것만은 아니다. 설사 내 겨드랑의 달걀이 영원히 가 버린다 하더라도 이 금지된 산책을 그만둘 수 있을지는 심히 의심스럽다. 나의 산책의 성격은 **변질**되기 시작하였다. **누룩 반죽**처럼.

　기적(奇蹟). 기적. 경악. 공포. 웃음. 오늘 세상에도 희한한 일이 내 몸에 일어났다. 한강 근처를 산책하고 있는데 겨드랑이 간질간질해 왔다. 나는 속옷 사이로 더듬어 보았다. 털이 만져졌다. 그런데 닿임새가 심상치 않았다. 털이 괜히 **빳빳**하고 잘 묶여 있는 느낌이다. 빗자루처럼. 잘 만져 본다.

아무래도 보통이 아니다. 나는 ㉡ **바위틈**에 몸을 숨기고 윗옷을 벗었다. 속옷은 벗지 않고 들치고는 겨드랑을 들여다보았다. 나는 실소하고 말았다. 내 겨드랑에는 새끼 까마귀의 그것만 한 아주 치사하게 쬐끄만 **날개**가 돋아나 있었다. 다른 쪽 겨드랑을 또 들여다보았다. 나는 쿡 웃어 버렸다. 그쪽에도 장난감 몽당빗자루만 한 것이 달려 있는 것이었다. 날개가 보통 새들의 것과 다른 점이 그 깃털이 곱슬곱슬한 고수머리라는 것뿐이었다. 흠. 이놈이 나오려는 아픔이었구나 하고 나는 생각했다. 나는 그 날개를 움직이려고 해 보았다. **굇바퀴**가 말을 안 듣는 것처럼 그놈도 움직이지 않았다. 나는 참말 부끄러워졌다.

- 최인훈, 「크리스마스 캐럴 5」 -

* 레닌 : 러시아의 혁명가.

형태쌤과 지문분석

지문분석	
시간	
공간	
서술자의 관심사	

01 윗글의 서술상 특징으로 가장 적절한 것은?

① 시간의 순서를 뒤바꾸어 이야기의 인과 관계를 재구성하고 있다.
② 유사한 사건을 반복해서 제시하며 서술의 초점을 분산시키고 있다.
③ 장면에 따라 서술자를 달리하여 사건의 의미를 입체적으로 조명하고 있다.
④ 공간의 이동에 따른 인물의 경험을 다른 인물의 시선을 통해 서술하고 있다.
⑤ 사건에 대한 중심인물의 내적 반응을 중심인물 자신의 목소리를 통해 제시하고 있다.

형태쌤과 선지분석

선지분석	크리스마스 캐럴 5
시간의 순서 바꿈 → 인과 관계 재구성	
유사 사건 반복 제시 → 서술 초점 분산	
장면에 따라 서술자 바꿈 → 사건의 의미 입체적 조명	
다른 인물의 시선 → 공간 이동에 따른 인물 경험 서술	
중심인물 자신의 목소리로 내적 반응 제시	

02 윗글에 대한 이해로 적절하지 <u>않은</u> 것은?

① '의사'가 '나'의 증상을 진단하지 못한 것은 '나'의 증상이 '의사' 앞에서는 나타나지 않았기 때문이다.
② '나'는 자신의 집에서 '도적놈'과 비슷한 방식으로 행동하곤 했다.
③ '뜰'에서의 '나'의 고통은 '방'에서보다는 덜하지만 완전히 사라지지는 않는다.
④ '나'는 '시민'이 정한 규칙을 준수해야 하는 '페어플레이'를 지키지 못하게 되어 고민한다.
⑤ '혁명가'와 '간첩'은 '나'가 자신의 행동을 이해하기 위해 자신과 비교해 보는 대상이다.

03 ㉠과 ㉡에 대한 이해로 가장 적절한 것은?

① ㉠은 정신적 안정을, ㉡은 신체적 회복을 위한 공간이다.
② ㉠은 윤리적인, ㉡은 정치적인 이유로 몸을 숨기는 공간이다.
③ ㉠은 ㉡과 달리, 타인의 출현으로 인해 몸을 감춘 공간이다.
④ ㉡은 ㉠과 달리, 반복적으로 사용하는 공간이다.
⑤ ㉠과 ㉡은 모두, 과거의 자신을 긍정하는 공간이다.

형태쌤과 선지분석

선지분석	㉠	선지분석	㉡
정신적 안정		신체적 회복	
윤리적 이유로 숨음		정치적 이유로 숨음	
타인의 출현으로 인해 숨음		타인의 출현으로 인해 숨음	
반복적으로 사용하는 공간		반복적으로 사용하는 공간	
과거의 자신을 긍정		과거의 자신을 긍정	

04 <보기>를 바탕으로 윗글을 감상한 내용으로 적절하지 <u>않은</u> 것은?

보기

「크리스마스 캐럴 5」는 자유가 억압된 시대적 상황에서 자유의 가능성과 한계를 묻는 작품이다. '나'의 겨드랑이에 돋은 정체불명의 파마늘이 주는 통증은 자유에 대한 요구를, 그로 인한 밤 '산책'은 자유를 위한 실천을 의미한다. 작품은 처음에는 명료하지 않고 미약했던 자유를 향한 의지가 밤 산책을 거듭하면서 심화되는 모습과 함께 그 과정에서 생기는 문제점을 드러낸다.

① '통행 제한'으로 인해 산책의 자유가 제한된 상황은, 단순히 이동의 자유에 대한 억압만이 아니라 자유가 억압되는 시대적 상황 자체에 대한 문제 제기라고 할 수 있겠군.
② '파마늘'이 돋을 때의 극심한 통증은, 자유가 그만큼 절박하게 요구되었던 상황을 보여 주는 동시에 자유를 얻기 위해 필요한 고통을 암시하기도 하겠군.
③ '공리적인' 목적을 가지고 있었던 산책이 점차 '누룩 반죽'처럼 '변질'되었다는 표현은, 자유의 필요성이 망각되어 자유를 위한 실천의 목적이 훼손되는 문제점에 대한 비판이겠군.
④ 정체불명의 파마늘이 '날개'의 형상으로 바뀐 것은, 처음에는 명료하지 않았던 자유를 향한 의지가 산책을 통해 심화되었다는 것을 의미하겠군.
⑤ '날개'가 '귓바퀴' 같다는 점에 대해 '나'가 느낀 부끄러움은, 여러 차례의 산책에도 불구하고 자유를 의지대로 실현하기 어려웠던 한계에 대한 인식으로 볼 수 있겠군.

다음 글을 읽고 물음에 답하시오.

　밤이 깊어지면, **시장 안의 가게들**은 하나씩 문을 닫고, 길가에 리어카를 놓고 팔던 상인들은 제각기 과일이나 생선, 채소들을 끌고 다리 위로 올라오는 것이었다.

[A] ┌ 　그 모양을 이만큼에 서서 흔들리는 버드나무 가지 사이로 바라보면, 리어카마다 켜져 있는 카바이드 불빛이, 마치 난간에 무슨 꽃 등불을 달아 놓은 것처럼 요요하였다. └

　돈이 없어도 염려가 안 되는 곳.

　그 사람들은 대부분 어머니를 알았다.

　모르는 사람들도 곧 알게 되었다.

[B] ┌ 　벽오동집 아주머니. └ 　오동나무 아주머니.

　그렇게 어머니를 불렀다.

　어느새 나무는 그렇게도 하늘 높이 자라서 저기만큼 걸린 매곡교 다릿목에서도 그 무성한 가지와 잎사귀를 올려다볼 만큼 되었던 것이다.

[C] ┌ 　거기다가, 우리 집에서 날아간 오동나무 씨앗이 앞뒷집에 떨어져 싹이 나고, 어느 해 바람에 불려 갔는지 그보다 더 먼 건넛집에도, 심지 않은 오동나무가 저절로 자라나게 되었다.
　　그래서 나는 속으로 우리 동네를 벽오동촌이라고 별명 지었다.
└ 　　그것은 어쩌면 이 가난한 동네의 한 호사였는지도 모른다.

　아버지가 어머니와 혼인하시고, 작천의 친정 어머니를 남겨 두신 채, 신행 후에 전주로 돌아와 맨 처음 터를 잡은 곳이 바로 이 **천변**이었다.

[D] ┌ 　동네 뒤쪽으로는 산줄기가 병풍처럼 둘러쳐져 있고, 앞쪽으로는 흰 모래 둥근 자갈밭을 데불은 시냇물이 흐르며 거기다 시장까지 가까운 이곳은, 삼십 년 전 그때만 하여도, 부성 밖의 한적하고 빈한한 동네였을 것이다. └

　물론 우리도 중간에 집을 고치고, 이어 내고, 울타리를 바꾸었으나, 그저 움막처럼 나뭇가지를 얼기설기 얽은 뒤, 풍우나 피하자는 시늉으로 지은 집들도 많았을 것이다.

　이 울타리 안에서 해마다 더욱더 무성하게 자라는 오동나무는 유월이면, 아련한 유백색의 비단 무늬 같은 꽃을 피웠다. 그윽한 꽃이었다.

　그 나무는 나보다 더 나이가 많았다.

　나를 낳으시던 해, 지팡이만 한 나무를 구해다가 앞마당에 심으시며
　　"기념."

　이라고 웃으셨다는 아버지.

　"처음에는 저게 자랄까 싶었단다. 그러던 게 이듬해는 키를 넘드라."

　해마다 이른 봄이면, 어린아이 손바닥만 하던 잎사귀가 어느 결에 손수건만 해지고, 그러다가 초여름에는 부채처럼 나부낀다. 그리고 가을에는 종이우산만큼이나 넓어지는 것 같았다.

　하늘을 덮는 잎사귀, 그 무성한 잎사귀들……

　그 잎사귀 **서걱거리는 소리**가 골목 어귀 천변에까지 들리는 성싶었다.

　어머니는 물끄러미 냇물만 바라보고 계시더니, 문득 고개를 돌려,

　　"영익이 언제 다녀갔지?"

　하고 물으셨다.

[E] ┌ 　　"사흘 됐나? 그저께 아니었어요?"
　　어머니는 어둠 속에서 고개를 끄덕이셨다.
└ 　　어머니의 고개는 무거워 보였다.

　"참, 어머니 지금 저기, 불빛 뵈는 저 산마루에 절, 저기가 영익이 있는 데예요?"

　나는 동편 산마루의 깜박이는 불빛을 가리키며 무심한 듯 물었다.

　"아니다. 그건 승암사라구 중바위산 아니냐. 그 애 공부하는 덴 이 오른쪽이지…… 기린봉 중턱에 있는 절이야. 여기서는 잘 뵈지도 않는구나."

　그러면서 어머니는 눈을 들어, 어두운 밤하늘에 뚜렷한 금을 긋고 있는 산줄기를 바라보셨다. 산은 검고 깊었다.

　동생 영익이는 벌써 이 년째 그 산속의 절에서 사법 고시 준비를 하고 있었다.

　그는 말이 없고 우울할 때가 많았다.

　그리고 그저께 집에 내려와, 이사 날짜가 결정되었다는 말을 듣고는 아무 말도 없이 고개를 떨어뜨리더니

　　"내가……."

　하고 무슨 말을 이으려다 말고 그냥 산으로 올라갔다.

　그때 영익이의 말끝에 맺힌 숨소리는 '흡' 하고 내 가슴에 얹혀 아직도 내려가지 않은 것만 같았다.

　우리가 이사하기로 된 집의 **구조**는 지극히 **천박**하였다.

　우선 대문이 번화한 도로변으로 나 있는 데다가 오래되고 낡아서 녹이 슨 철제였다. 그것은 잘 닫히지도 않아 비긋하니 틀어진 채 열려 있었다.

　그리고 마당은 거의 없다는 편이 옳았다. 그나마 손바닥만 한 것을 시멘트로 빈틈없이 발라 놓았고, 방들은 오밀조밀 붙어있어 개수만 여럿일 뿐, 좁고 어두웠다.

　그중에 한 방은 아예 전혀 **채광 통풍조차도** 되지 않았다. 그것도 원래는 **창문**이었는데, 아마 바로 옆에 가게를 이어 내느라고 **막아 버린** 모양이었다. 그 가게란 양품점으로, 레이스가 많이 달린 네글리제와 여자용 속옷, 스타킹 따위를 고무 인형에 입혀 세워 놓은 곳이었다.

　뿐만 아니라 그 가게를 중심으로 앞뒤에 같은 양품점들이 늘어 서 있고 그 옆에는 양장점, 제과소, 음식점, 식료품 잡화상들이 있었다.

　여기저기서 들려오는 **불규칙한 마찰음**, 무엇이 부딪쳐 떨어지는 소리, 어느 악기점에선가 쿵, 쿵, 울려 오는 스피커 소리…… 끼익, 하며 숨넘어가는 자동차 소리.

　한마디로 그 집은, 아스팔트의 바둑판, 환락과 유행과 흥정의 경박한 거리에 금방이라도 쓸려 버릴 것처럼 위태해 보였다.

　그리고 우리가 이제 이사 올 집이라고, 그 집 문간에 웅숭그리고 서서 철제 대문 사이로 안을 기웃거리며 들여다보는 **우리들**은 어쩐지 **잘못 날아든 참새들** 같기만 하였다.

　　　　　　　　　　　　　　　　　　　　　　　 - 최명희, 「쓰러지는 빛」 -

📒✏️ 형태쌤과 지문분석

지문분석	
시간	
공간	
서술자의 관심사	

01 윗글에 대한 이해로 가장 적절한 것은?

① '영익'은 가족의 상황을 알고서도 제 생각을 분명히 드러내지 않는다.
② '어머니'는 아들이 출가하여 소식이 끊긴 뒤 그의 근황을 궁금해 한다.
③ '나'는 동생의 말을 듣고서 그가 현재 어디에 머무르고 있는지 알게 된다.
④ '시장 안의 가게들'은 밤늦게 물건을 사기 위해 사람들이 모여드는 곳이다.
⑤ '천변'은 아버지와 어머니가 결혼할 때부터 사람들이 북적였던 번화한 동네이다.

03 윗글의 '오동나무'에 대한 이해로 가장 적절한 것은?

① '나'가 계절의 자연스러운 변화와 세월의 흐름을 느끼게 되는 경험적 대상이다.
② 가난한 마을이지만 사람들로 하여금 호사를 누릴 수 있게 하는 경제적 기반이다.
③ '어머니'가 결혼 후에 심고 정성을 다해 키워 내어 무성해진 애착의 결실이다.
④ 동네 사람들이 마을의 특징에 부합한 별명을 자기 마을에 붙일 때 적용한 단서이다.
⑤ '아버지'가 자식을 얻은 기쁨을 이웃과 나눌 생각에 마을 곳곳에 심은 상징적 기념물이다.

02 [A]~[E]의 서술 방식에 대한 설명으로 적절하지 않은 것은?

① [A] : '이만큼에 서서'와 '바라보면'을 보면, 서술자가 대상을 지각할 수 있는 위치에서 서술하고 있음을 알 수 있다.
② [B] : 호명하는 말을 각각 하나의 문단에 서술하여, 그 호칭이 두드러져 보이는 효과가 나타난다.
③ [C] : '나'와 '우리' 같은 표현을 사용하여, 서술자가 자기 경험을 바탕으로 하는 이야기를 서술하면서 자신의 내면을 드러낸다.
④ [D] : '동네였을 것이다'를 보면, 서술자가 과거 상황에 대해 확정적으로 진술하지 않고 추측의 의미를 담아 서술하고 있음을 알 수 있다.
⑤ [E] : 누가 한 말인지 명시하지 않은 것을 보면, 대화 상황에서 말하는 이와 서술자가 다르다는 사실을 알 수 있다.

04 〈보기〉를 바탕으로 윗글을 감상한 내용으로 적절하지 않은 것은?

> **보기**
>
> 집에 대한 정서적 반응은 집의 구조, 주변 환경, 거주 기간 등의 요인에 따라 다를 수 있다. 자신이 거주하는 집의 내·외부와 관계를 맺으며 충분한 시간 동안 쌓은 경험들은 현재 살고 있는 집에 대한 정서를 형성하는 데 영향을 주며, 다른 낯선 공간에 대한 정서적 반응에 영향을 주기도 한다. 「쓰러지는 빛」은 이사할 처지에 놓인 한 가족의 이야기를 통해 집에 대한 '나'의 정서적 반응을 보여 준다.

① '나'가 '천변' 집에 살면서 추억을 형성해 온 시간들은, 이사할 처지에 놓인 현재의 상황을 불편하게 여기는 요인이 될 수 있겠군.
② '집을 고치'던 경험을 바탕으로 '구조'가 '천박'한 집의 여건을 살펴보는 것에서, 거주 환경의 변화에 적응하여 낯선 공간에 친숙해지고자 하는 '나'의 생각을 확인할 수 있겠군.
③ '서걱거리는 소리'와 '불규칙한 마찰음'에서 드러나는 집 주변 환경의 차이는, 두 집에 대해 '나'가 느끼는 친밀감의 차이를 유발할 수 있음을 예상할 수 있겠군.
④ '창문'을 '막아 버린' 방은 '채광 통풍조차' 되지 않는 속성으로 인해, 지금 살고 있는 집에 대한 '나'의 정서적 반응과는 다른 정서적 반응을 일으키는 요인이 될 수 있겠군.
⑤ '우리들'의 상황이 '잘못 날아든 참새들 같'다고 한 것은, 변화될 거주 여건을 낯설어하는 심리를 비유적으로 드러낸 것이라 할 수 있겠군.

다음 글을 읽고 물음에 답하시오.

[앞부분 줄거리] 아버지가 위독하다는 소식을 듣고 귀향한 정일은 용팔에게 재산 상속에 관한 이야기를 듣는다.

아버지가 아직도 지키고 있는 그의 재산을 넘겨다보는 듯한 용팔이가 따지는 산판알이 거침없이 한 자리씩 올라가는 것을 유심히 바라보고 있는 자신을 의식하며 보고 있을 때, 이렇게 대강만 놓아도, 하고 산판을 밀어 놓으며 쳐다보는 용팔의 눈과 마주치게 되자 정일이는 흠칫 놀라게 되는 자신의 얼굴이 붉어지는 것을 깨달았다. ⓐ 여기 대한 상속세만 해도 큰돈인데 안 물고 할 수 있는 이것은 제 말씀대로 하시지요. 이렇게 결정적으로 말하는 용팔이는 정일이의 앞에 위임장을 내놓으며 도장을 치라고 하였다.

[A]
정일이는 더욱 불쾌하여졌다. 잠이 부족한 신경 탓도 있겠지만 자기의 눈을 기탄없이 바라보는 용팔이의 얼굴에 발라 놓은 듯한 그 웃음이 말할 수 없이 미웠다. 이 소인 놈! 하는 의분 같은 ⊙ 심열이 떠오르며, 언제 내가 이런 음모를 하자고 너와 공모를 하였던가? 하고 그의 뺨을 갈기고 싶은 충동을 느끼었다. 그러나 정일이는 금시에 미끄러지는 듯한 웃음이 자기 얼굴에 흐름을 깨달았다. 이러한 심열은 신경 쇠약의 탓이 아닐까? 의분이랄 것도 없고 결벽성도 아니고 그런 것을 공연히 이같이 한순간에 뒤집히는 자기 마음 한 모퉁이에 상식을 놓쳐 뿌린 결과가 어떤가? 해 보자 하는 놓치기 쉬운 어떤 힌트같이 번쩍이는 생각을 보자 정일이는 조급히 도장을 뒤져내며, 자 칠 대로 치우, 나는 어디다 치는 것도 모르니까 하였다. 이렇게 지껄이듯이 말하는 정일이는 자기가 실없이 웃기까지 하는 것을 들을 때 내가 지금 더 심한 심열에 떠 있지 않은가? 하는 생각에 갑자기 말과 웃음과 표정까지 없어지고 말았다.

ⓑ 도장을 치고 난 용팔이는 공손히 정일이에게 돌리며, 잔금은 제가 장인께 말씀드리겠습니다, 하고 일어선다. 중문으로 들어가는 용팔이의 뒷모양을 바라보던 정일이는 갑자기 불러내고 싶었다. 궁둥이를 들먹하고 부르는 손짓까지 하였으나 탄력 없이 벌어진 입에서는 말이 나오지 않았다. 창졸간에 용팔이를 어떻게 불러야 할지 몰라서 주저되는 것같이도 생각되었다. 중문 안으로 들어가는 용팔이의 뒷모양은 마치 심한 장난을 꾸미다가 용기를 못 내는 자기를 남겨 두고 ⓒ 그걸 못 해? 내 하마 하고 나서는 동무의 모양같이 아슬아슬한 것이었다. 종시 용팔이가 중문 안으로 사라져서 불러낼 기회를 놓치고 말았다고 후회하면서도 내가 정말 후회하는 것이라면 지금이라도 따라가서 붙들 수도 있지 않은가? 이렇게 생각하는 정일이는 용팔이가 이 말을 시작하였을 때부터 자기는 육감으로 벌써 예기하였던지도 모를 일이 지금 일어나리라는 기대가 앞서는 것을 느끼며 ⓓ 정일이는 실험의 결과를 기다리는 듯이 숨을 죽이고 귀를 기울이고 있었다. 예사로운 말소리는 들리지 않는 거리이므로 긴장한 정일이의 귀에도 한참 동안은 아무런 말도 들리지 않았다. 아버지도 종시 죽음에 굴복하고 마는가? 이렇게 생각되어 정일이는 긴장하였더니만큼 허전한 실망에 담배를 붙이려고 성냥을 그었을 때 자기의 귀를 때리는 듯한 아버지의 격분한 고함 소리를 들었다.

(중략)

사실 이렇게 되어서까지도 죽기가 싫은가 하고 아버지를 눈 찌푸리고 바라보는 자기는 죽음의 공포를 해탈한 무슨 수양이 있는 것이 아니라 단

지 애써 살려는 의지력이 없는 것뿐이다. ⓔ 아버지는 한 번도 자기의 생활을 회의하거나 죽음을 생각할 필요가 없었던 사람이므로 이같이 죽음과 싸울 수 있는 것이 아닐까 생각하였다. 그래서 정일이는 어떤 위대한 의지력을 우러러보는 듯한 마음으로 아버지의 고통을 바라보고 있는 자기를 발견하는 때가 있었다.

[B]
그때 심한 구토를 한 후부터 한 방울 물도 먹지 못하고 혓바닥을 축이는 것만으로도 심한 구역을 하게 된 만수 노인은 물을 보기라도 하겠다고 하였다. 정일이는 요를 둥여서 병상을 돋우고 아버지가 바라보기 편한 곳에 큰 물그릇을 놓아 드렸다. 그러나 그 물그릇을 바라보기에 피곤한 병인은 어디나 눈 가는 곳에는 물이 보이기를 원하였다. 그래서 큰 어항을 병실에 가득 늘어놓고 물을 채워 놓았다. 병인은 이 어항에서 저 어항으로 ⓛ 서늘한 감각을 시선으로 핥듯이 돌려 보다가 그도 만족하지 못하여 시원히 흐르는 물이 보고 싶다고 하였다. 정일이는 아버지가 보기 편한 곳에 큰 물그릇을 놓고 대접으로 물을 떠서는 작은 폭포같이 들이 쏟고 또 떠서는 들이 쏟기를 계속하였다. 만수 노인은 꺼멓게 탄 혀를 벌린 입 밖에 내놓고 황홀한 눈으로 드리우는 물줄기를 바라보고 있었다. 그 눈을 볼 때 정일이는 걷잡을 사이도 없이 자기 눈에 눈물이 솟아오름을 참을 수가 없었다. 정일이는 일찍이 그러한 눈을 본 기억이 없다고 생각하였다. 더욱이 아버지의 얼굴에서! 자기 아버지에게서 저러한 동경에 사무친 황홀한 눈을 보게 되는 것은 의외라고 할밖에 없었다.

– 최명익, 「무성격자」 –

🖋 형태쌤과 지문분석

지문분석	
시간	
공간	
서술자의 관심사	

01 윗글의 서술상의 특징으로 가장 적절한 것은?

① 회상 장면을 병치하여 사건의 흐름을 반전시킨다.
② 사물의 세부를 구체적으로 묘사하여 장면의 현장성을 강화한다.
③ 중심인물의 반복적인 동작을 강조하여 내적 갈등을 표면화한다.
④ 서술자가 풍자적 어조를 활용하여 중심인물에 대한 비판적 입장을 드러낸다.
⑤ 서술자가 중심인물의 시선에 의존하여 사건의 양상을 제한적으로 나타낸다.

형태쌤과 선지분석

선지분석	무성격자
회상 장면 병치 → 사건의 흐름 반전	
사물 구체적 묘사 → 현장성 강화	
중심인물 반복 동작 강조 → 내적 갈등 표면화	
풍자적 어조 → 중심인물에 대한 비판적 입장	
중심인물 시선에 의존 → 사건의 양상 제한적	

02 ⓐ~ⓔ에 대한 이해로 적절하지 <u>않은</u> 것은?

① ⓐ는 정일이 주목하는 용팔의 이해타산적인 태도를 드러낸다.
② ⓑ는 용팔이 정일에게 예의를 갖추어야 하는 위치임을 드러낸다.
③ ⓒ는 용팔의 행위에 대한 정일의 실망스러운 마음을 드러낸다.
④ ⓓ는 아버지와 용팔 간 대화의 결과를 정일이 주시하고 있음을 드러낸다.
⑤ ⓔ는 아버지가 보여 주는 삶의 태도에 대한 정일의 평가를 드러낸다.

03 [A], [B]를 고려하여 ㉠과 ㉡을 이해한 내용으로 가장 적절한 것은?

① ㉠은 용팔의 '웃음'에 대한 정일의 불쾌감으로 인해, ㉡은 아버지가 내비치는 '황홀한 눈'으로 인해 발생한다.
② ㉠은 정일이 갈등 끝에 '도장'을 찍음으로써, ㉡은 아버지가 사무치는 '동경'을 포기함으로써 지속된다.
③ ㉠은 정일의 '신경 쇠약'을 일으키는 원인이고, ㉡은 아버지가 '꺼멓게 탄 혀'의 고통을 줄이기 위한 방편이다.
④ ㉠은 용팔에 대한 미움이 '뺨을 갈기고 싶은 충동'으로 격화되는 정일의 마음을, ㉡은 '물그릇'에서 '어항', '드리우는 물줄기'로 심화되는 아버지의 갈망을 함축한다.
⑤ ㉠은 용팔의 '공모' 요구로 인해 표면화된 정일의 물질 지향적인 태도를, ㉡은 '심한 구역' 이후로 아버지가 '물'에서 얻고자 하는 육체적 안정에 대한 추구를 드러낸다.

04 <보기>를 참고하여 윗글을 감상한 내용으로 적절하지 <u>않은</u> 것은?

> **보기**
>
> 「무성격자」의 정일은 자신을 구속하는 속물적 욕망을 경멸하고 현실에서의 적극적인 행동을 주저하는 한편, 자신과 주변에 관심을 집중한다. 그는 주변 대상을 관찰하여 그 의미를 파악하고, 파악한 내용에 반응하며, 그런 자신을 분석하기도 한다. 나아가 관찰과 분석을 수행하는 자신의 내면마저 대상화함으로써 인간 심리의 중층적 구조를 드러낸다.

① 산판알을 놓으며 이익을 따지는 상대를 경멸하면서도 산판알이 올라가는 것을 주목하는 데에서, 자신을 구속하는 속물적 욕망으로부터 자유롭지 못한 모습을 찾을 수 있군.
② 상대의 웃음에서 공모 의사를 읽어 내자 얼굴에 흐르는 미끄러지는 듯한 웃음을 깨닫는 데에서, 상대에 대한 불쾌감을 웃음으로 무마하려는 자신을 의식하는 모습을 찾을 수 있군.
③ 중문 안으로 들어가는 상대를 불러내지는 못하고 자신이 그를 부르지 못한 이유를 생각하는 데에서, 행동을 주저하고 자신에게로 관심을 돌리는 모습을 찾을 수 있군.
④ 상대의 고통을 바라보며 의지력을 우러러보는 듯한 마음이 있는 자신을 발견하는 데에서, 상대와의 차이를 인식하는 스스로의 내면마저 대상화하는 모습을 찾을 수 있군.
⑤ 물줄기를 바라보는 상대로부터 이전에는 한 번도 보지 못한 눈을 확인하는 데에서, 주변 대상을 관찰하여 상대가 내비치는 생에 대한 강렬한 동경을 파악하는 모습을 찾을 수 있군.

다음 글을 읽고 물음에 답하시오.

　몽달 씨 나이가 스물일곱이라니까 나보다 스무 살이나 많지만 우리는 엄연히 친구다. 믿지 않겠지만 내게는 스물일곱짜리 남자 친구가 또 하나 있다. 우리 집 옆, 형제슈퍼의 김 반장이 바로 또 하나의 내 친구인데 그는 원미동 23통 5반의 반장으로 누구보다도 씩씩하고 재미있는 사람이었다. 나는 **매일같이** 슈퍼 앞의 비치파라솔 의자에 앉아 그와 함께 낄낄거리는 재미로 하루를 보내다시피 하였는데 **요즘**은 내가 의자에 앉아 있어도 전처럼 웃기는 소리를 해 주거나 쭈쭈바 따위를 건네주는 법 없이 다소 퉁명스러워졌다. ⊙ 그 까닭도 나는 환히 알고 있지만 모르는 척하는 수밖에. 우리 집 셋째 딸 선옥이 언니가 지난달에 서울 이모 집으로 훌쩍 떠나 버렸기 때문인 것이다. 김 반장이 선옥이 언니랑 좋아지내는 것은 온 동네가 다 아는 일이지만 선옥이 언니 마음이 요새 좀 싱숭생숭하더니 기어이는 이모네가 하는 옷 가게를 도와준다고 서울로 가 버렸다. 선옥이 언니는 얼굴이 아주 예뻤다. 남들 말대로 개천에서 용이 났다고 해도 과언이 아닐만큼 지지리 궁상인 우리 집에 두고 보기로는 아까운 편인데, 그 지지리 궁상이 지겨워 맨날 뚱하던 언니였다.

(중략)

　집으로 가다 말고 문득 형제슈퍼 쪽을 돌아보니 음료수 박스들을 차곡차곡 쟁여 놓는 일에 땀을 뻘뻘 흘리고 있는 몽달 씨가 보였다. ⓛ 실컷 두들겨 맞고 열흘간이나 누워 있었던 사람이라 안색이 차마 마주보기 어려울 만큼 핼쑥했다. 그런데도 뭐가 좋은지 히죽히죽 웃어 가면서 열심히 박스들을 나르고 있는 게 아닌가. 그것도 김 반장네 가게에서. 아무리 눈을 크게 뜨고 보아도 몽달 씨가 분명했다. 저럴 수가. ⓒ 어쨌든 제정신이 아닌 작자임이 틀림없었다. 아무리 정신이 좀 헷갈린 사람이래도 그렇지, 그날 밤의 김 반장 행동을 깡그리 잊어버리지 않고서야 저럴 수가 없다는 게 내 생각이었다.

　잊었을까. 그날 밤 머리의 어딘가를 세게 다쳐 김 반장이 자기를 내**쫓은** 부분만큼만 감쪽같이 지워진 것은 아닐까. 전혀 엉뚱한 이야기만도 아니었다. 텔레비전에서도 보면 기억 상실증인가 뭔가로 자기 아들도 못 알아보는 연속극이 있었다. 그런 쪽의 상상이라면 나를 따라올 만한 아이가 없는 형편이었다. 내 머릿속은 기기괴괴한 온갖 상상들로 늘 모래주머니처럼 **빽빽**했으니까. 나는 청소부 아버지의 딸이 아니라 사실은 어느 부잣집의 버려진 딸이다, 라는 식의 유치한 상상은 작년도 못 되어 이미 졸업했었다. 요즘의 내 상상이란 외계인 아버지와 지구인 엄마와의 사랑, 뭐 그런 쪽의 의젓한 것이었다. ⓔ 아무튼 나의 기막힌 상상력으로 인해 몽달 씨는 부분적인 기억 상실증 환자로 결정되었다. 그렇다면 이제는 확인할 일만 남은 셈이었다. 오래 기다릴 필요도 없었다. 나는 김 반장네 가게 일을 거들어 주고 난 뒤 비치파라솔 밑의 **의자**에 앉아 **뭔가**를 읽고 있는 몽달 씨에게로 갔다. 보나 마나 주머니 속에 잔뜩 들어 있는 종잇조각 중의 하나일 것이었다. ⓜ 멀쩡한 정신도 아닌 주제에 이번엔 기억 상실증이란 병까지 얻어 놓고도 여태 시 따위나 읽고 있는 몽달 씨 꼴이 한심했다.

　"ⓐ 이거, 또 시예요?"

　"ⓑ 그래. 슬픈 시야. 아주 슬픈……."

　몽달 씨가 핼쑥한 얼굴을 쳐들며 행복하게 웃었다. 슬픈 시라고 해 놓고선 웃다니. 나는 이맛살을 찡그리며 몽달 씨 옆에 앉았다. 그리고 아주 낮은 목소리로 물었다.

　"ⓒ 이제 다 나았어요?"

　"ⓓ 응. 시를 읽으면서 누워 있었더니 금방 나았지."

　금방은 무슨 금방. 열흘이나 되었는데. 또 한 번 나는 몽달 씨의 형편없는 정신 상태에 실망했다.

　"**그날** 밤에 난 **여기**에 앉아서 다 봤어요."

　"무얼?"

　"ⓔ 김 반장이 아저씨를 쫓아내는 것……."

　순간 몽달 씨가 정색을 하고 내 얼굴을 쳐다보았다. 예전의 그 풀려 있던 눈동자가 아니었다. 까맣고 반짝이는 눈이었다. 그러나 잠깐이었다. 다시는 내 얼굴을 보지 않을 작정인지 괜스레 팔뚝에 엉겨 붙은 상처 딱지를 떼어 내려고 애쓰는 척했다. 나는 더욱 바짝 다가앉았다.

　"ⓕ 김 반장은 나쁜 사람이야. 그렇지요?"

　몽달 씨가 팔뚝을 탁 치면서 "아니야"라고 응수했는데도 나는 계속 다그쳤다.

　"ⓖ 그렇지요? 맞죠?"

　그래도 몽달 씨는 못 들은 척 팔뚝만 문지르고 있었다. 바보같이. 기억 상실도 아니면서……. 나는 자꾸만 약이 올라 견딜 수 없는데도 몽달 씨는 마냥 딴전만 피우고 있었다.

– 양귀자, 「원미동 시인」 –

형태쌤과 지문분석

지문분석	
시간	
공간	
서술자의 관심사	

01 윗글에 대한 이해로 가장 적절한 것은?

① 몽달 씨는 김 반장이 자기를 매정하게 대했으나, 김 반장네 가게 일을 해 주고 있다.

② 김 반장은 선옥을 좋아했으나, 선옥이 서울로 가자 '나'를 통해 선옥과의 관계를 회복해 나갔다.

③ '나'는 김 반장을 좋은 친구라고 생각했으나, 김 반장이 빈둥거리며 실없는 행동을 해서 당황했다.

④ 선옥은 자신의 집안 형편에 대해 부정적으로 생각하고 있지만, '나'는 집안 형편을 그렇게 생각하지 않는다.

⑤ '나'는 몽달 씨를 친구라 여겼으나, 몽달 씨가 김 반장 가게에 다시 나온 것을 보고 그렇게 생각한 것을 후회했다.

02 ⓐ~ⓖ에 대한 이해로 적절하지 <u>않은</u> 것은?

① ⓐ는 상대를 못마땅해하는 발언이지만, ⓒ를 고려하면 상대의 상태에 대한 관심에서 비롯된 것이라고 할 수 있다.

② ⓑ와 ⓓ의 시에 대한 인물의 태도를 고려하면, 인물이 시를 통해 위안을 얻었음을 알 수 있다.

③ ⓔ는 ⓓ를 듣고 실망하여, 상대의 새로운 반응을 기대하며 한 발언이라고 할 수 있다.

④ ⓕ는 ⓔ에 대한 상대의 반응이 예상을 벗어났지만, 상대가 보여 준 판단을 수용하기 위한 질문이라고 할 수 있다.

⑤ ⓖ는 ⓕ의 주장을 확인하는 질문으로, 상대의 태도를 탐탁지 않게 여기는 마음이 반영된 발언이라고 할 수 있다.

03 형제슈퍼를 중심으로 확인할 수 있는 인물의 행위에 대한 설명으로 가장 적절한 것은?

① '나'가 '매일같이' 김 반장과 재미있게 낄낄거렸던 행위는 '그날'보다 앞선 시간대에 이루어지며, '그날'의 일을 지켜보기만 한 '나'의 부정적 자기 인식으로 이어지고 있다.

② 김 반장이 '나'를 퉁명스럽게 대하는 행위는 '요즘'보다 앞선 시간대에 이루어지며, '나'에게 반성을 유도하고 있다.

③ 몽달 씨가 '히죽히죽' 웃는 행위는 현재 '여기'에서 '나'에게 속내를 감추는 행위보다 앞선 시간대에 이루어지며, '나'에게 진심을 드러내어 보여 주고 있다.

④ '의자'에서 '뭔가'를 읽는 몽달 씨의 행위는 '여기'에서 환기된 '그날'의 경험보다 앞선 시간대에 이루어지며, '나'가 '그날' 느꼈을 긴박감과 대비되는 이완된 상황을 보여 주고 있다.

⑤ '여기'에서 목격된 '그날' 김 반장의 행위는 '요즘'보다 이후의 시간대에 이루어지며, '나'가 김 반장을 이전과 다르게 평가하는 원인으로 기능하고 있다.

04 〈보기〉를 바탕으로 ㉠~㉤을 이해한 내용으로 적절하지 <u>않은</u> 것은?

> **보기**
>
> 미성숙한 어린아이 서술자라도 합리적 정보를 제공하면 독자는 서술자를 신뢰하게 된다. 그러나 작가는 때로 합리성이 부족한 어린아이의 특성을 강화하여 독자가 서술자를 의심하게 한다. 이때 독자는 서술자가 제공하는 정보가 틀릴 수 있다고 생각하면서 서술자와 다른 각도에서 작품이 전하려는 의미를 탐색하게 된다. 이 경우에도 독자는 서술자가 제공하는 제한된 정보에 의존할 수밖에 없으므로, 서술적 상황과 작품이 전하려는 의미가 서로 달라져 작품을 더욱 집중해서 읽게 된다.

① ㉠ : 문제적 상황의 원인을 파악하여 이에 대응하고, 인물의 태도 변화를 설명할 수 있는 정보를 제시한다는 점에서 독자가 서술자를 신뢰하도록 유도하고 있군.

② ㉡ : 인물이 처한 부정적 상황을 보여 주고, 인물의 안색과 그 이유에 대해 여러 정보를 제공한다는 점에서 독자가 서술자를 신뢰하도록 유도하고 있군.

③ ㉢ : 논리적 연관을 무시하고, 추측에 근거하여 인물의 의식 상태를 단정하는 모습을 통해 독자가 작품에 더욱 집중하면서, 서술자와 다른 각도로 생각하도록 유도하고 있군.

④ ㉣ : 인물에 대해 적극적으로 탐색하고, 인물의 상태를 스스로 진단하여 그 정보를 제공하는 모습을 통해 독자가 서술자를 신뢰하도록 유도하고 있군.

⑤ ㉤ : 시에 대한 이해가 부족하고, 합당한 이유 없이 인물의 취향을 비난하는 모습을 통해 독자가 작품에 더욱 집중하면서, 서술자와 다른 각도로 생각하도록 유도하고 있군.

다음 글을 읽고 물음에 답하시오.

한참 정이와 별의별 말이 다 오고 가고 하였을 때, '불단집*'에서 마악 설거지를 하고 있던 갑순이 할머니가 뛰어나왔다. 갑득이 어미는, 경우에 따라서는 그들 모녀를 상대하여서도, 할 말에 궁하지는 않다고 은근히 마음에 준비가 있었던 것이나, 뜻밖에도 갑순이 할머니는 자기 딸의 역성을 들려고는 하지 않고,

ⓗ "애최에 늬가 말 실수헌 게 잘못이지, 남을 탄해 뭘 허니? 이게 모두 모양만 숭업구……, 온, 글쎄, 그만 허구 들어가아. 늬가 잘못했어. 네 잘못이야."

하고 도리어 딸을 나무라던 것을, 갑득이 어미는 그 당장에는, 귀에 솔깃하여,

"그렇지. 자계가 먼저 말을 냈지. 나야 그저 대꾸헌 죄밖엔 없으니까. 잘했든 잘못했든 자계가 시초를 낸 게니까 ――"

하고, 뽐내도 보았던 것이나, 나중에 깨달으니, 그것은 얼토당토 않은 생각으로, 갑순이 할머니가 그렇게 자기 딸을 꾸짖으며 한사코 집으로 데리고 들어간 것에는,

ⓒ "아, 그 배지 못헌 행랑것허구, 쌈이 무슨 쌈이냐?"
"똥이 무서워 피허니? 더러우니까 피허는 게지!"
하고, 그러한 사상이 들어 있었던 것이 분명하였다.

사실, 을득이 녀석이 나중에 보고하는데 들으니까, 저녁때 돌아온 집주름 영감이 그 얘기를 듣고 나자,

"걔두 그만 분별은 있을 아이가, 그래 그런 상것허구 욕지거리를 허구 그러다니……."

쩃, 쩃, 쩃 하고 혀를 차니까, 늙은 마누라는 또 마주 앉아서,

"그렇죠, 그렇구 말구요. 쌈을 허드래두 같은 양반끼리 해야지, 그런 것 허구 허는 건, 꼭 하늘 보구 침 뱉기지. 그 욕이 다아 내게 돌아오지, 소용 있나요."

ⓒ 그리고 후유우 하고 한숨조차 내쉬는데, 방 안에서들 그러는 소리가 대문 밖까지 그대로 들리더라 한다.

[중략 부분의 줄거리] 골목 안 아홉 가구가 공동변소처럼 쓰는 불단집 소유의 뒷간에 양 서방이 갇힌다.

그는 아무리 상고하여 보아도 도무지 나갈 도리가 없는 것에 은근히 울화가 올랐다.

'제 집 뒷간두 아니구 남의 집 것을 그렇게 기가 나서 꼭꼭 잠그구 그럴 건 뭐 있누? 늙은이두 제엔장헐…….'

ⓒ 인제는 할 수가 없으니, 소리를 한번 질러 볼까? ―― 하기도 하였으나, 이러한 경우에 있어, 사람들은, 흔히 자기가 꼭 어떠한 수상한 인물인 듯싶게 스스로 느껴지는 경향이 있다. 그래, 그는 생각 끝에,

"아, 누가 문을 잠겄어어어?"
"문 좀 여세요오. 아, 누가……."
하고, 그러한 말을 제법 외치지도 못하고 그저 중얼대며, 한참이나 문을 잡아, 흔들어 자물쇠 소리만 덜거덕거렸던 것이다.

을득이한테 저의 아비가 불단집 뒷간에 가 갇히어 있다는 말을 듣고, 어인 까닭을 모르는 채 그곳까지 뛰어온 갑득이 어미는, 대강 사정을 알자, 곧 이것은 평소에 자기에게 좋지 않은 생각을 품고 있는 갑순이 할머

니가 계획적으로 한 일임에 틀림없다고 혼자 마음에 단정하고,

[A] "아니, 그래, 애아범이 미우면 으떻게는 뭇 해서, 그 더러운 뒷간 숙에다 글쎄 가둬야만 헌단 말예요? 그래 노인이 심사를 그렇게 부려야 옳단 말예요?"

하고, 혼자 흥분을 하였다. 갑순이 할머니는, 그것은 전혀 예기하지 못하였던 억울한 말이라, 그래, 눈을 둥그렇게 뜨고, 손조차 내저어 가며,

[B] "그건, 괜한 소리유, 괜한 소리야. 이 늙은 사람이 미쳐서 남을 뒷간 속에다 가둬? 모르구 그랬지, 모르구 그랬어. 난 꼭 아무두 없는 줄만 알구서, 그래, 모르구 자물쇨 챘지. 온, 알구야 왜 미쳤다구 잠그겠수?"

발명을 하였으나,

[C] "모르긴 왜 몰라요. 다아 알구서 한 짓이지. 그래 자물쇨 챌 때, 안에서 말하는 소리두 뭇 들었단 말예요? 듣구두 모른 체했지. 듣구두 그냥 잠가 버린 거야."

하고, 갑득이 어미는 덮어놓고 시비만 걸려는 것을, 구경 나온 이웃 사람들이,

"아무러기서루니 갑순이 할머니께서 아시구야 그러셨겠소?"
"노인이 되셔서 귀두 어두시구 그래 몰르셨지!"

하고 말들이 있었고, 정작, 양 서방이 또 머뭇거리다가,

"자물쇨 채실 때, 내가 얼른 소리를 냈어두 아셨을 텐데, 미처 못 그래 그리 된 거야."

하고, 그러한 말을 매우 겸연쩍게 하여, 갑득이 어미는 집주름집 마누라를 좀더 공박할 것을 단념하여 버릴 수밖에 없는 동시에,

ⓒ "오오, 그러니까, 채, 무어, 말할 새두 없이 문이 잠겨져서, 그냥 갇힌 채, 누구 오기만 기대린 게로군?"

"그래, 얼마 동안이나 들어가 있었어?"
"뭐어 오래야 갇혔겠수? 동안이야 잠간이겠지만……."

― 박태원, 「골목 안」 ―

* 불단집 : 집 밖에도 전등을 단, 살림이 넉넉한 집.

📒📝 **형태쌤과 지문분석**

지문분석	
시간	
공간	
서술자의 관심사	

01 윗글에 대한 설명으로 가장 적절한 것은?

① 집 안에서의 대화가 이웃에 노출되어 인물의 속내가 드러난다.
② 서로의 말실수에 대한 비난이 인물 간 다툼의 원인임이 드러난다.
③ 이웃의 갈등을 곁에서 지켜보고 있는 인물들의 냉담함이 드러난다.
④ 이웃을 무시하는 인물의 차별적 언행을 함께 견뎌 내려는 사람들의 결연함이 드러난다.
⑤ 곤경에 빠진 가족의 상황을 다른 가족에게 전한 것이 이웃 간 앙금을 씻는 계기가 됨이 드러난다.

02 [A]~[C]에 대한 설명으로 적절하지 않은 것은?

① [A]에서 인물은 상대의 행위가 옳지 않다고 판단하여, 반복적으로 추궁하며 상대가 잘못했음을 분명히 한다.
② [B]에서 인물은 상대의 주장이 사실과 다르다며, 모르고 그랬다는 말을 반복함으로써 자신의 억울함을 알린다.
③ [C]에서 인물은 추측을 바탕으로 상대의 발언이 신뢰하기 어렵다고 반박하고, 상대의 반응에 아랑곳하지 않고 거짓으로 답했다며 몰아붙인다.
④ [A]에서 인물은 상대의 행위와 동기를 함께 비난하고, [B]에서 인물은 상대의 비난을 파악하지 못해 자신의 행위에 대해서만 인정한다.
⑤ [A]에서 인물이 상대에게 화를 내자, [B]에서 인물은 당황하며 자신을 방어하지만, [C]에서 갈등 상황은 지속된다.

03 집주름 영감과 양 서방에 대한 이해로 가장 적절한 것은?

① 집주름 영감이 딸의 행동을 분별없다고 탓한 이유는 아내가 갑득이 어미 앞에서 딸을 나무란 뒤 남편에게 밝힌 생각과 같다.
② 집주름 영감은 아내와 갑득이 어미의 갈등이 드러나지 않게 하는, 양 서방은 결과적으로 이들의 갈등을 완화하는 역할을 한다.
③ 양 서방이 여러 궁리를 하면서도 뒷간을 빠져나오지 못한 이유는 아내에게 밝힌 사건의 경위와 무관하다.
④ 양 서방은 아내가 갑순이 할머니에게 한 말과 이에 대한 이웃들의 반응을 듣고도 아내에게 무덤덤한 태도를 보이고 있다.
⑤ 양 서방이 자신의 상황을 갑순이 할머니에게 알리지 못했다고 말한 것은 누가 뒷간 문을 잠갔는지에 대한 의문이 풀려서 화가 누그러졌기 때문이다.

04 〈보기〉를 참고하여 ⊙~⑩을 이해한 내용으로 적절하지 않은 것은?

> **보기**
>
> 서술자는 자신의 시선만으로 서술하기도 하고 인물의 시선으로 초점화하여 서술하기도 한다. 그런데 이 작품에서는 두 서술 방식이 겹쳐 나타나는 경우가 있다. 이때 서술자는 인물과 거리를 둠으로써 그들의 말이나 생각, 감정 등에 대한 태도를 드러낸다. 이 밖에도 쉼표의 연이은 사용은 시간의 지연이나 인물의 상황 등을 드러낸다. 이러한 서술 기법은 문맥 속에서 글의 의미를 다양하게 보충한다.

① ⊙ : 말줄임표 이후 쉼표를 연이어 사용한 것은, 인물이 자신의 생각을 감추거나 다른 할 말을 떠올리면서 시간의 지연이 있음을 드러낸 것이겠군.
② ㉡ : 서술자 시선의 서술과 인물의 시선으로 초점화한 서술이 겹쳐 나타난 것은, 상황을 잘못 인지한 채 상대의 생각을 추측하는 인물에게 서술자가 거리를 두고 있음을 드러낸 것이겠군.
③ ㉢ : 말을 전하는 '~라 한다'의 주체가 인물일 수도 있고 서술자일 수도 있게 서술한 것은, 인물의 경험을 전하기만 하고 특정 인물의 편에 서지 않으려는 서술자의 태도를 드러낸 것이겠군.
④ ㉣ : 인물의 생각에 대해 쉼표를 연이어 사용하며 설명한 것은, 인물이 생각을 실행에 옮기지 못하고 망설이는 상황을 드러낸 것이겠군.
⑤ ㉤ : 감탄사 이후 쉼표를 연이어 사용한 것은, 인물이 새로운 정보를 바탕으로 사건을 파악하는 상황을 드러낸 것이겠군.

다음 글을 읽고 물음에 답하시오.

　　어머니의 변명은 끝끝내 내 마음을 어루만져 주지 못했다. 그 후로 나는 좀처럼 아버지에 대한 얘기를 꺼내지 않게 되었다. 뜻밖에도 아버지의 죄를 순순히 시인하는 그녀의 ⓐ 한마디가 내게는 그토록 엄청난 충격으로 깊이 남겨졌던 탓이리라. ⊙ 바로 그 순간부터 나는 아버지의 그 죄라는 것을 내 스스로 함께 나누어 지니고 만 느낌이었고, 그 때문에 나이에 걸맞지 않게 나는 눈빛이 깊고 어두운 아이가 되어 가고 있었다. 그리고 그때부터 아버지의 무서운 환영은 저주처럼 내 곁을 따라다니기 시작했다. 그는 언제나 시커먼 어둠 저편에 숨어서 음산하기 그지없는 눈빛으로 나를 쏘아보고 있었다. 그는 어디에나 숨어 있었다. 내 어릴 때 이따금 고개를 디밀어 들여다보면 마루 밑 저편 깊숙이 도사리고 있던 그 까마득한 어둠 속에도, 그 어둠 속에서 술술 기어 나오던 그 눅눅하고 음습한 냄새 속에서도 내가 한 번도 얼굴을 본 적이 없는 그 사내는 핏발 선 눈알을 번득이며 나를 쏘아보고 있는 것이었다. 그건 어디서 묻었는지도 모르는, 오랜 시간이 흐른 뒤에까지 지워지지 않는 핏자국처럼 내게는 저주와 공포의 **낙인**으로 깊이 박혀져 있었다. 그리고 그 낙인을 가슴에 지닌 채, 나는 끝끝내 나를 휘감고 있는 어떤 엄청난 **죄악감과 불길한 예감**으로부터 영영 벗어날 수가 없었다.

[중략 부분의 줄거리] 나와 부대원들은 훈련에 대비해 참호를 파다가 발견한 유해를 인근 마을의 노인과 함께 수습하여 매장하는 일을 행한다.

　　두개골과 다리뼈를 꼼꼼히 문질러 닦은 뒤, 노인은 몸통뼈에 묶인 줄을 풀어내기 시작했다. 완강하게 묶인 매듭은 마침내 노인의 손끝에서 풀리어졌다. 금방이라도 쩔걱쩔걱 쇳소리를 낼 듯한 철삿줄은 싱싱하게 살아 있었다. 살을 녹이고 뼈까지도 녹슬게 만든 그 오랜 시간과 땅 밑의 어둠을 끝끝내 견뎌 내고 그렇듯 시퍼렇게 되살아 나오는 그것의 놀라운 끈질김과 냉혹성이 언뜻 소름끼치도록 무서움증을 느끼게 했다.

　　노인은 손목과 팔에 묶인 결박까지 마저 풀어낸 다음 허리를 펴고 일어서더니 **줄 묶음**을 들고 저만치 걸어 나갔다. 그가 허공을 향해 그것을 멀리 **내던지**는 순간 나는 까닭 모르게 마당가에서 하늘을 치어다보며 서 있는 어머니의 가녀린 목 줄기와 그녀가 아침마다 소반 위에 떠서 올리곤 하던 하얀 **물 사발**이 눈앞에 떠올랐다가 스러져 버리는 것이었다.

　　ⓛ 나는 담배를 피워 물었다. 멀리 메마른 초겨울의 야산이 헐벗은 등을 까 내놓고 죽은 듯이 엎드려 있었다. 사위는 온통 잿빛의 풍경이었다. 피잉, 현기증이 일었다.

　　광주리를 머리에 인 어머니가 **모래밭**을 걸어오고 있었다. 돌돌거리며 흐르는 물소리를 거슬러 강변 모래밭을 어머니가 혼자 저만치서 다가오고 있었다. 모래밭은 하얗게 햇살을 되받아 쏘며 은빛으로 반짝였다. 허리띠를 질끈 동인 어머니의 치맛자락이 흐느적이며 바람결에 흔들리고 있었다. 나는 햇살에 부신 눈을 가늘게 오므리고 줄곧 그녀를 지켜보고 있었다. 그때였다. 꿈속에서처럼 나는 그녀의 뒤를 바짝 따라오고 있는 한 **사내의 환영**을 보았다. 그건 아버지였다. ⓒ 언젠가 어머니의 낡은 반닫이 깊숙한 옷가지 밑에 숨겨져 있던 액자 속에서 학생복 차림으로 서 있던 그대로 그건 영락없는 그 사내였다. 나를 어머니의 배 속에 남겨 놓은 채 어느 바람이 몹시 부는 날 밤, 산길을 타고 지리산인가 어디로 황황히 떠나가 버렸다는 사내. 창백해 뵈는 뺨에 마른 몸집의 그 사내가 어머니와 함께 걸어오고

있는 것이었다. 놀란 눈으로 풀밭에 앉아 나는 그들을 지켜보고 있었다. 이윽고 어머니의 눈썹과 코, 입의 윤곽과 야윈 목 줄기까지 뚜렷이 드러날 만큼 가까워졌을 때 사내의 환영은 어느 틈에 사라져 버리고 없었다. 몇 번이나 눈을 비비고 보았으나 역시 마찬가지였다. 하얗게 반짝이는 모래밭 위로 어머니가 찍어 내는 발자국만 유령처럼 끈질기게 그녀의 발꿈치를 뒤따라오고 있을 뿐이었다.

　　우리는 관 대신에 신문지로 싼 **유해**를 맨 처음 그 자리에 다시 묻어 주었다. 도톰하니 봉분을 만들고 뗏장까지 입혀 놓고 보니 엉성한 대로 형상은 갖춘 듯싶었다. 노인은 술을 흙 위에 뿌려 주었다. 그리고 자신이 먼저 한 모금 마신 다음에 잔을 돌렸다. 오 일병이 노파가 준 북어를 내놓았고, 덕분에 작은 술판이 벌어졌다. 음복인 셈이었다.

　　"얌마, 이런 느닷없는 장례식도 모두 너희 두 놈들 때문이니까, 자 한 잔씩 마셔라."

　　"그래그래, 어쨌든 너희들은 좋은 일 했으니 천당 가도 되겠다."

　　소대장이 병을 기울였고 다른 녀석들도 낄낄대며 ⓑ 한마디씩 보태었다.

　　술이 가득 차오른 반합 뚜껑을 나는 두 손으로 받쳐 들었다. ⓔ 저것 봐라이. ㉮ 날짐승도 때가 되면 돌아올 줄 아는 법이다. 어머니가 말했다. 저 만치 웬 사내가 서 있었다. 가슴과 팔목에 철삿줄을 동여맨 채 사내는 이쪽을 응시하며 구부정하게 서 있었다. 퀭하니 열려 있는 그 사내의 눈은 잔뜩 겁에 질려 있는 채로였다. 애앵. 총성이 울렸고 그는 허물어지듯 앞으로 고꾸라지고 있었다. ㉺ 불현듯 시야가 부옇게 흐려 왔다.

　　아아. 아버지는 지금 어디에 쓰러져 누워 있을 것인가. 해마다 머리맡에 무성한 ㉯ 쑥부쟁이와 엉겅퀴꽃을 지천으로 피워 내며 이제 아버지는 어느 버려진 밭고랑, 어느 응달진 산기슭에 무덤도 묘비도 없이 홀로 잠들어 있을 것인가.

– 임철우, 「아버지의 땅」 –

형태쌤과 지문분석

지문분석	
시간	
공간	
서술자의 관심사	

01 ㉠~㉢의 서술 방식에 대한 설명으로 적절하지 않은 것은?

① ㉠ : '나'의 지각 내용을 '나'가 서술하는 상황으로 인물과 서술자가 겹쳐 있다.

② ㉡ : 서술의 주체를 알 수 있는 표지가 분명하게 제시되어 서술자와 지각의 주체가 뚜렷이 구분된다.

③ ㉢ : '나'가 아니라 '나'가 지각하는 대상을 주어로 서술함으로써 지각의 대상을 부각하는 효과가 나타난다.

④ ㉣ : 인용 부호 없이 서술된 발화에서 인물의 목소리가 드러난다.

⑤ ㉤ : 지각의 주체를 알리는 표지가 나타나지 않아서 누가 지각한 바를 서술한 것인지 모호한 상황이 빚어진다.

03 ㉮와 ㉯에 대한 이해로 가장 적절한 것은?

① ㉮는 ㉯에 비해 능동적이므로 인물이 처한 문제 상황에 미치는 영향력이 크다.

② ㉮는 ㉯와 달리, 시간과 공간에 관여되면서 이야기의 배경에 실감을 더하게 된다.

③ ㉯는 ㉮와 달리, 희망적인 성격이 강하므로 인물이 원하는 바를 집약한 결과이다.

④ ㉯에서 연상되는 상황이 현실이 될 경우 ㉮에 투영된 염원은 실현 가능성이 사라진다.

⑤ ㉮와 ㉯ 모두, 관념적 의미가 부여됨으로써 인물이 이념에 편향되어 있음이 알려진다.

02 윗글에서 ⓐ와 ⓑ의 서사적 기능에 대한 설명으로 가장 적절한 것은?

① ⓐ가 이야기의 심화된 주제를 구현하는 제재라면, ⓑ는 이야기의 주제를 가늠하도록 하는 단서이다.

② ⓐ가 이야기를 절정에 치닫도록 하는 추진력이라면, ⓑ는 이야기를 결말에 이르게 하는 원동력이다.

③ ⓐ가 이야기의 긴장감이 형성되는 요인이라면, ⓑ는 이야기의 긴장감이 완화됨을 드러내는 표지이다.

④ ⓐ가 이야기의 위기감이 해소된 종착점이라면, ⓑ는 이야기의 위기감이 고조된 정점이다.

⑤ ⓐ가 이야기를 일으키는 시발점이라면, ⓑ는 이야기의 전모가 드러나게 되는 귀결점이다.

04 〈보기〉를 참고하여 윗글을 감상한 내용으로 적절하지 않은 것은?

보기

부정적인 방향으로 응고된 기억을 돌이켜 긍정적인 방향으로 재편함으로써 심리적 안정을 도모하는 기회를 마련할 수 있다. 심리 요법의 일환으로 적용되는 '기억 재응고화'는 마음의 상처로 남은 기억을 재구성하여 다른 의미와 가치에 대응시킴으로써, 사람들로 하여금 부정적 기억으로 빚어진 심리적 불안정에 대응할 힘을 회복하도록 돕는 원리이다.

① '낙인'과도 같은 유년의 기억을 성인이 되어서도 떨쳐 버리지 못했다는 고백에 비추어 보면, 응고된 기억의 영향력에서 벗어나는 일이 쉽지 않음을 짐작할 수 있겠군.

② '죄악감과 불길한 예감'을 유발한 동인을 추적해 보면, '아버지'에 관한 기억이 마음의 상처로 남음으로써 '나'의 심리적 불안정이 비롯되고 있음을 추정할 수 있겠군.

③ '줄 묶음'을 '내던지'는 '노인'의 행위와 '물 사발'을 올리는 '어머니'의 행위가 이어지며 제시되는 부분을 보면, '나'의 기억을 재응고화하기 위한 이들의 노력을 확인할 수 있겠군.

④ '모래밭'에서의 '어머니' 형상과 '사내의 환영'이 어우러지는 장면에서, '아버지'에 대해 굳어져 있던 기억이 재편될 수 있는 가능성이 시사된다고 할 수 있겠군.

⑤ '아버지'에 대한 이미지가 '유해'에 대응되면서 '나'의 정서적 반응에 변화가 생기는 것을 보면, 부정적인 기억을 재구성함으로써 심리적 안정을 회복해 가는 경위를 엿볼 수 있겠군.

형태쌤과 지문분석

선지분석	ⓐ	선지분석	ⓑ
심화된 주제 구현		주제를 가늠하게 하는 단서	
절정에 치닫도록 하는 추진력		결말에 이르게 하는 원동력	
긴장감이 형성되는 요인		긴장감이 완화됨을 드러내는 표지	
위기감이 해소된 종착점		위기감이 고조된 정점	
이야기를 일으키는 시발점		이야기의 전모가 드러나게 되는 귀결점	

다음 글을 읽고 물음에 답하시오.

[앞부분의 줄거리] 동림산업은 사무직 남자 사원들에게까지 제복 착용을 확대하는 정책을 시행하기로 했다. 이를 위해 준비 위원회를 결성해 전체 사원이 새로운 제복을 착용하도록 결정했으나, 그 결과에 불만을 품은 사무직 남자 사원들이 있었다.

"**이미 끝난 일이야.** 지금 와서 아무리 떠들어대 봤자 제복은 벌써 우리 몸에 절반쯤이나 입혀져 있어."

민도식이 나서서 **험악해진 분위기를** 간신히 가라앉혔다.

"준비 위원회를 구성하고 회의를 소집한 건 처음부터 요식 행위에 지나지 않았던 거야. 경영자 독단으로 처리하지 않고 사원들의 의사를 물어서 전폭적인 지지를 얻어 가지고 결정했다는 인상을 대내외에 풍길 필요가 있었던 거야. 이제 길은 두 가지뿐이야. ⊙ 나머지 절반을 찾아서 마저 몸에 꿰든가, 아니면 기왕 우리 몸에 입혀진 절반을 아예 벗어 버리든가 각자가 알아서 결정할 일이야. 저기 좀 보라고. 저 사람 아까부터 우릴 비웃고 있어. 제복 얘기 앞으로는 그만하기로 하지."

생산부 공원 복장을 한 사내가 엇비뚜름한 자세로 이쪽을 돌아다보며 ⓐ 야릇한 웃음을 입가에 물고 있었다. 그를 보더니 장상태가 화를 벌컥 내면서 큰 소리로 미스 윤을 불렀다.

"이봐, 저기 앉은 저 사람 내가 좀 보잔다고 전해!"

ⓑ 눈이 휘둥그레진 미스 윤이 종종걸음으로 그에게 다가가기 전에 그쪽에서 자진해서 먼저 일어섰다. 그가 충분히 알아들을 수 있을 정도로 장의 목소리가 컸던 것이다.

"저를 부르셨습니까?"

여전히 웃음기를 입에 문 얼굴이 장을 정면으로 상대했다.

"당신 뭐야? 뭔데 어제부터 남의 얘길 엿듣고 비웃지, 비웃길?"

"비웃음으로 보셨다면 용서하십쇼. 엿듣고 싶은 생각은 없었습니다. 가만히 앉아 있어도 들릴 정도로 선생님들 말소리가 컸습니다. 말씀 내용이 동림산업에 계신 분들 같아서 저도 모르게 관심이 갔나 봅니다."

"오오라, 그러고 보니 당신도 동림 가족의 일원이 분명하군. 부서가 어디야?"

"생산부 제1 공장입니다. 거기서 잡역부로 근무하고 있습니다."

"이름은?" / "권입니다."

"이름이 권이다? 그럼 성까지 아주 짝을 채워 보게." / "성이 권입니다."

만만한 상대를 만난 장은 권 씨를 노리갯감으로 삼아 화풀이할 작정임을 분명히 하면서 동료들에게 은밀히 눈짓을 보냈다. 함께 놀이에 끼어들라는 뜻일 것이다.

[A]

그러나 도식이 보기엔 첫눈에 결코 만만한 상대가 아니었다. 그는 참을성 좋게 여전히 웃고 있었다. 그것은 생산부 공원들이 본사의 사무직을 대할 때 일반적으로 갖는 비굴한 표정이 아니었다. 그렇다고 적대감도 아닌 그것은 일종의 자신감의 표현임이 분명했다. 두툼한 입술과 커다란 눈이 얼핏 눈에 띄는 특징이었다. 장상태하고 비교해서 둘이 서로 어금어금할 정도로 작은 체구였다. 실제 나이는 장보다 두세 살쯤 위일 것 같은데 적어도 이삼십 년은 더 세상을 살아 냈을 법한 관록 같은 게 엿보이는 얼굴이었고, 그것이 교양이라는 것하고도 연결되어 잡역부라던 자기소개가 아무래도 믿어지지 않는 그런 사람이었다.

"짝을 채우기 싫다 이거지? 좋았어. 그런데 자네가 하는 잡역 일하고 무슨 상관이 있어서 우리 얘기에 이틀 동안이나 관심이 갔지?"

"물론 상관은 없습니다. 그렇지만 한쪽에선 작업 중에 팔이 뭉텅 잘려져 나간 사람이 있고 그 팔 값을 찾아 주려고 투쟁하는 사람들이 있는 반면에 다른 한쪽에선 몸에 걸치는 옷 때문에 자기 인생을 걸려는 분들도 계시구나 하는 생각이 들어서 **그냥 지나칠 수가 없었습니다.**"

그 순간 장상태의 얼굴색이 하얗게 질리는 것 같았다.

(중략)

체육 대회가 열리는 제1 공장까지 가자면 다른 날보다 더 일찍 나서야 되는데도 여전히 밍기적거리고만 있는 남편 곁에서 아내는 시종 근심스런 눈초리를 거두지 않았다. 제복 때문에 **총각 사원 하나가** 사표를 던졌다는 소문을 아내는 믿지 않았다. 사표를 제출한 게 아니라 강제로 모가지가 잘린 거라고 굳게 믿고 있었다.

"까짓것 난 필요 없어. 거기 아니면 밥 빌어먹을 데 없는 줄 알아? 세상엔 아직도 유니폼 안 입는 회사가 수두룩하단 말야!"

ⓒ 거듭되는 재촉에 이렇게 큰소리로 대거리를 했지만 결국 민도식은 뒤늦게나마 집을 나서고 말았다.

시내를 멀리 벗어나서 교외에 널찍하게 자리 잡은 제1 공장 앞에 당도했을 때는 벌써 개회식이 시작된 뒤였다. 공장 정문 철책 너머로 **검정 곤색 일색의** 운동장을 넘어다보는 순간 민도식은 갑자기 ⓓ 숨이 턱 막혀 옴을 느꼈다. 새로 맞춘 제복으로 단장한 남녀 전 사원이 각 부서별로 군대처럼 질서 정연하게 도열해 서서 연단에 선 지휘자의 손끝을 우러러보며 사가(社歌)를 제창하기 직전의 예비 운동으로 목청을 가다듬는 헛기침들을 하고 있었다. 이윽고 공장 일대를 한바탕 들었다 놓는 우렁찬 노래가 터지기 시작했다. 노래 부르는 사원들 모두가 작당해서 ⓔ 지각한 사람을 야유하는 듯한 기분이 들었다. 검정 곤색의 제복들이 일치단결해 가지고 사복 차림으로 꽁무니에 따라붙으려는 유일한 사람을 완강히 거부하는 듯한 기분에 사로잡혔다. 세상 전체가 온통 제복투성이인 가운데 저 혼자만 외돌토리로 떨어져 있는 셈이었다. 자기 한 사람쯤 불참한다 해도 아무렇지도 않게 체육 대회 개회식은 진행될 수 있다는 사실이 민도식을 무척 화나면서도 그지없이 외롭게 만들었다. 정문으로 들어서지도 못하고 그렇다고 뒤돌아서서 나오지도 못한 채 그는 일단 멈춘 자리에 붙박여 버린 듯 언제까지고 움직일 줄을 몰랐다.

– 윤흥길, 「날개 또는 수갑」 –

형태쌤과 지문분석

지문분석	
시간	
공간	
서술자의 관심사	

01 [A]의 서술상의 특징으로 가장 적절한 것은?

① 인물의 행위를 사실적으로 그려 내어 내적 갈등을 표면화하고 있다.
② 과거와 현재를 교차하여 인물이 겪는 인식의 변화를 드러내고 있다.
③ 공간적 배경을 구체적으로 묘사하여 인물이 처한 상황을 드러내고 있다.
④ 서술자가 특정 인물의 시선을 통해 인물의 특징을 관찰하여 알려 주고 있다.
⑤ 서술자가 인물의 경험을 삽화 형식으로 나열하여 사건을 입체적으로 보여 주고 있다.

형태쌤과 지문분석

선지분석	[A]
인물의 행위 → 내적 갈등 표면화	
과거와 현재 교차 → 인물이 겪는 인식의 변화	
공간적 배경 구체적 묘사 → 인물이 처한 상황	
특정 인물의 시선 → 인물의 특징 관찰	
인물의 경험을 삽화 형식으로 나열 → 입체적	

02 ㉠의 의미와 관련하여 윗글을 이해한 내용으로 적절하지 않은 것은?

① '이미 끝난 일이야'라는 말로 보아, 남자 사원들 중에 ㉠을 마저 입을지를 결정해야 하는 상황에 직면했다고 생각하는 사람이 있음을 알 수 있다.
② '험악해진 분위기'로 보아, ㉠과 관련된 문제로 남자 사원들 사이에 소란스러운 일이 있었음을 알 수 있다.
③ '그냥 지나칠 수가 없었습니다'라는 말로 보아, 권 씨도 남자 사원들과 마찬가지로 ㉠을 마저 입을지를 선택하는 일이 무엇보다 중요한 문제라고 생각하고 있음을 알 수 있다.
④ '총각 사원 하나'에 대한 아내의 반응으로 보아, 아내는 총각 사원이 ㉠ 때문에 회사를 스스로 그만두었다는 소문을 믿지 않고 있음을 알 수 있다.
⑤ '검정 곤색 일색'으로 보아, 체육 대회에 참석한 전체 사원이 ㉠을 마저 입게 되었음을 알 수 있다.

03 ⓐ~ⓔ에 대한 이해로 적절하지 않은 것은?

① ⓐ는 권 씨가 사무직 사원들의 대화에 관심이 있었음을 나타내는 반응이다.
② ⓑ는 장상태가 화를 내며 큰 소리로 명령하였기 때문에 미스 윤이 드러낸 반응이다.
③ ⓒ는 아내가 집을 나서지 않고 있는 남편 때문에 걱정하여 보인 반응이다.
④ ⓓ는 전체 사원들이 같은 옷을 입고 군대처럼 도열한 모습을 본 민도식에게 나타난 반응이다.
⑤ ⓔ는 사원들이 사복을 입은 민도식에 대한 불만을 드러내는 반응이다.

04 〈보기〉를 바탕으로 윗글을 감상한 내용으로 적절하지 않은 것은?

보기

'중도적 주인공'은 자신이 속한 집단의 논리를 비판적으로 인식하면서도 집단의 논리를 따를지 여부를 결정하지 못하는 상태에 있는 인물이다. '중도적 주인공'은 인식 측면에서는 집단의 논리에 숨겨진 문제를 읽어 내는 주체적인 관점을 보인다. 그러나 행동 측면에서는 자신의 인식에 따라 적극적으로 행동하지 못하거나, 집단에 동화되지 못한 채 집단 논리의 수용 여부를 두고 머뭇거리는 모습을 보인다.

① 동료에게 '준비 위원회'의 '회의'에 담긴 '경영자'의 숨은 의도를 파악하여 발언하는 것을 보니, 민도식은 '동림산업'이 내세우는 논리에 대해 비판적으로 인식하는 주체적인 관점을 지니고 있다고 볼 수 있군.
② 권 씨를 '노리갯감'으로 삼자는 장상태의 '눈짓'을 읽었지만 이에 선뜻 동참하지 않은 것을 보니, 민도식은 '작업 중' 사고를 둘러싼 '투쟁'과 '몸에 걸치는 옷'을 둘러싼 논쟁에 적극적으로 참여하고 있지 않다고 볼 수 있군.
③ 아내에게 '큰소리'로 자신의 생각을 말하면서도 '뒤늦게나마 집을 나서'는 것을 보니, 민도식은 '동림산업'의 문제를 인식하고 있으면서도 회사를 떠나지 못하는 상황에 놓여 있다고 볼 수 있군.
④ '사복 차림'으로 체육 대회에 가지만 자신을 '꽁무니에 따라 붙으려는' 사람이라고 생각하는 것을 보니, 민도식은 집단의 논리를 거부하고 싶지만 집단에 소속되고 싶은 마음도 지니고 있다고 볼 수 있군.
⑤ '제1 공장' 정문 앞에서 '붙박여 버린 듯' 움직이지 않는 모습을 보니, 민도식은 '동림산업'의 정책에 대한 비판을 적극적인 행동으로 옮길지 여부를 결정하지 못하고 있다고 볼 수 있군.

다음 글을 읽고 물음에 답하시오.

⊙ 불편스런 일이 한두 가지가 아니었다. 하지만 허원은 그렇게 스스로 주의하고 고통을 감내해 냈기 때문에 자신의 [비밀]을 남 앞에 감쪽같이 숨겨 나갈 수 있었다. 아무도 그의 비밀을 눈치챈 사람이 없었다. 비밀이 탄로 나지 않는 한 그의 일상생활은 더 이상 불편을 겪을 필요도 없었다. 인체 생리나 해부학 서적 같은 걸 뒤져 봐도 성인의 배꼽은 거의 아무런 기능도 수행하지 않음을 알 수 있었다. 적어도 그의 외모나 바깥 생활은 정상을 유지할 수 있었다. 그 점만이라도 무척 다행이었다. 그는 일단 안도의 한숨을 내쉬었다.

ⓒ ― 그깟 놈의 배꼽, 안 가지고 있음 어때.

그쯤 체념을 하고 될 수 있으면 배꼽에 관한 일들을 잊어버리려 했다. ⓒ 자신으로부터 배꼽이 사라져 버린 사실을, 그리고 그 때문에 생긴 모든 불편을 잊고, 그 배꼽 없는 생활에 스스로 익숙해져 버리기를 바라 마지않았다. 하지만 문제는 그렇게 간단하지 않았다. 아무리 일상생활에선 드러나게 불편한 점이 없다 해도 그는 역시 배꼽이 없는 자신에 대해 좀처럼 익숙해질 수가 없었다. 그는 자꾸만 허전해서 견딜 수가 없어지곤 했다. 있느니라 여기고 지낼 때는 그처럼 무심스럽던 일이 그런 식으로 한번 **의식의 끈**을 **건드려** 오자 허원의 상념은 잠시도 그 잃어버린 배꼽에서 떠나 있을 수가 없었다.

그는 마침내 **회사 출근**마저 단념하기에 이르렀다. 그러자 신통하게도 **늦잠 버릇**이 깨끗이 자취를 감춰 버렸다. 그는 눈만 뜨면 사라져 없어진 배꼽 때문에 기분이 허전했고, 그러면 그 허망감을 쫓기 위해 배꼽에 관한 끝없는 상념들을 쌓기 시작했다.

(중략)

그리하여 배꼽에 관한 허원의 지식과 **사념**은 자꾸 더 **심오하고 추상적인** 것이 되어 갔다. 그에게는 어느덧 그 나름의 독특한 배꼽론 같은 것이 윤곽을 지어 가고 있었다. 하지만 그러면 그럴수록 허원은 더욱더 허전해지고, 아무 곳에도 발이 닿아 있는 것 같지 않고, 혼자서 외롭게 허공을 둥둥 떠다니고 있는 것처럼 느껴졌다. 그러면 그는 또 거듭 그 허망감을 쫓기 위해 자신의 배꼽론을 완벽하게 발전시켜 나갔다. 마치 그렇게 하여 그는 자신의 사념 속에서 잃어버린 배꼽을 되찾아내고, 그것으로 그 **실물**을 대신해 어떤 식으로든 자신과 세상 간에 큰 불편이 없도록 화해시키고 그것으로 그 난감스런 허망감을 채우려는 듯이. 그의 배꼽론은 가령 이런 식으로까지 발전되어 있었다.

― 우리는 누구나 **배꼽**을 가지고 있다…… 우리는 우리들의 어머니로부터 **탯줄**이 끊어지는 순간 이 우주의 한 단자(單子)로서 고독하게 존재하게 되었다. 그러나 우리는 영원히 그 탯줄의 기억을 잊지 않는다. 우리 영혼은 언제까지나 그 어머니의 탯줄과 이어지려 하고, 또다시 그 어머니의 어머니의 탯줄과 이어져 나가면서 우리 **존재**를 설명하고 근원을 밝혀 나가며, 마침내는 마지막 어머니의 탯줄이 이어지는 우리들의 **우주와 만나게** 된다…… 우리의 배꼽은 우리가 그 마지막 우주와 만나고자 하는 향수의 표상이며 가능성의 상징이며 존재의 비밀로 나아가는 형이상학이다. 그 비밀의 문이다……

그는 어느덧 배꼽에 대해 당당한 일가견을 이룬 배꼽 전문가가 되어 가고 있었다.

ⓔ 어느 해 여름이었다. 하니까 그것은 허원이 자신의 배꼽을 잃어버리고 나서 불편하기 그지없는 세 번째의 여름을 맞고 있을 때였다. 그는 물

론 배꼽을 잃어버린 자신에 대해 아직도 완전히 익숙해지질 못하고 있었다. **그의 사념** 역시 언제나 그 눈에 보이지 않는 배꼽에 매달려 거기에서 밖에는 영영 더 이상 자유로워질 수가 없었다. 그 대신 허원은 이제 그 자신의 **배꼽론**에 대해선 매우 **확고한 경지**에 도달해 있었다.

그럴 즈음이었다. 허원은 문득 **세상 사람들**이 수상쩍어지기 시작했다. 어느 때부턴지는 확실히 알 수 없었지만, 세상 사람들 역시 무슨 이유에선지 이 인간 장기의 한 조그만 흔적에 대해 **심상찮은 관심**을 나타내기 시작한 것이다. 배꼽에 대한 사람들의 관심 역시 기왕부터 있어 온 것을 여태까지 서로 모르고 지내 오다가 비로소 어떤 기미를 알아차리게 된 것인지, 혹은 사람들로 하여금 그런 관심을 내보이게 할 만한 무슨 우연찮은 계기가 마련되었는지는 확실치가 않았다. 그리고 무엇 때문에 사람들에게서 그런 관심이 시작되었는지 그 이유를 알 수도 없었다. 하지만 그것은 어쨌든 **사실**이었다. 주의를 기울여 보니 관심의 정도도 여간이 아니었다. 한두 사람, 한두 곳에서만 나타난 현상이 아니었다. 그것은 이미 일반적인 현상이 되어 가고 있었다. 그리고 그렇듯 **배꼽 이야기**가 **일반화**의 기미를 엿보이기 시작하자 사람들은 이제 그걸 신호로 아무 흉허물 없이 터놓고 지껄이거나 신문, 잡지 같은 데서 진지하게 논의의 대상을 삼기도 하였다. ⓜ 배꼽에 관한 논의가 그렇듯 갑자기 시중 일반에까지 성행하기 시작한 것이다.

기묘한 현상이었다.

― 이청준, 「배꼽을 주제로 한 변주곡」 ―

형태쌤과 지문분석

지문분석	
시간	
공간	
서술자의 관심사	

01 ㉠~㉤의 서술 방식에 대한 설명으로 가장 적절한 것은?

① ㉠ : 누구의 생각을 누가 말하는지 명시한 표현을 나타내어 서술하고 있다.
② ㉡ : 인물의 생각을 서술자가 평가하며 그 심화된 의미를 함축하여 서술하고 있다.
③ ㉢ : 인물의 의식을 인물 자신의 생생한 목소리를 통해 서술하고 있다.
④ ㉣ : 인물의 상황에 관련된 정보를 부가하여 서술하고 있다.
⑤ ㉤ : 인물 행동의 진행 과정을 순차적으로 서술하고 있다.

형태쌤과 지문분석

선지분석	배꼽을 주제로 한 변주곡
누구의 생각을 누가 말하는지 명시한 표현	
인물의 생각을 서술자가 평가 → 심화된 의미 함축	
인물의 의식 → 인물 자신의 생생한 목소리	
인물의 상황과 관련된 정보 → 부가 서술	
인물 행동의 진행 과정 → 순차적 서술	

02 비밀의 서사적 기능으로 가장 적절한 것은?

① 자신의 신념을 인물이 돌이켜 본 결과로, 새로운 세계관을 바탕으로 하는 주제를 형성한다.
② 얽힌 인간관계를 인물이 성찰하는 전환점으로, 갈등으로 인한 위기감을 완화한다.
③ 일상적이지 않은 경험을 인물이 의식한다는 표지로, 인물의 심리적 동요를 부른다.
④ 상충된 이해관계를 인물이 조정하는 단서로, 심화된 사회적 갈등을 해소한다.
⑤ 기성의 질서에 인물이 저항한다는 신호로, 돌발적 사건의 발생을 알린다.

03 '허원'을 중심으로 윗글을 이해한 내용으로 적절하지 않은 것은?

① '허원'은 '실물'과 관련하여 시작된 '사념'을 통해 '존재'의 의미를 발견해 간다.
② '허원'은 '실물'이 몸에서 큰 기능을 하지 않는다는 것을 알고 일단 안도감을 느끼게 된다.
③ '허원'은 '사념'을 방편으로 삼아 자신의 현재 상태에 대해 다른 방향에서 접근하고자 한다.
④ '허원'은 '심상찮은 관심'의 원인에 대해 궁금해하면서 '세상 사람들'에게 주의를 기울이게 된다.
⑤ '허원'은 '실물'에 대한 인식을 '세상 사람들'과 공유하게 되면서, 그간 이어 온 '사념'을 더 이상 지속하지 않게 된다.

04 〈보기〉를 참고하여 윗글을 감상한 내용으로 적절하지 않은 것은?

보기

「배꼽을 주제로 한 변주곡」은 주인공이 배꼽을 잃어버렸다는 허구적 설정으로 시작하여, 이후 배꼽을 둘러싼 희화적 에피소드들이 이어진다. 주인공은 으레 있어야 할 것이 없어져 불편한 생활을 이어 가던 중 배꼽에 관심을 갖는 이들이 늘어나고 있음을 알게 된다. 이 과정에서 배꼽에 관련된 개인적 상황은 물론 인간 존재와 사회 상황에 대한 심층적 의미의 탐색이 이루어진다.

① '의식의 끈'이 '건드려'짐으로써 주인공이 비정상적 문제 상황에 지속적으로 주목하게 된 것이겠군.
② '회사 출근'을 포기하게 되고 '늦잠 버릇'이 사라진 상황은, 주인공의 일상이 변화된 모습을 보여 준다고 할 수 있겠군.
③ '배꼽'을 '탯줄'에 연관하여 이해하는 것은, 개인에 관련된 생각을 '우주와 만나'는 '심오하고 추상적인' 생각으로 확장하는 실마리가 된다고 할 수 있겠군.
④ '그의 사념'이 도달한 '배꼽론'의 '확고한 경지'는 사소한 것의 심층적 의미를 탐색할 때 이를 수 있으므로, 그 사소한 것에 얽매이지 않는 자유로운 상태에서 실현이 가능해지겠군.
⑤ '기묘한 현상'은, '배꼽 이야기'가 '일반화'되는 상황이 뜻밖이지만 '사실'로 나타나는 현상을 두고 일컬은 말이라고 할 수 있겠군.

나 없이
기출
풀지마라

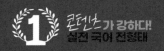

문학

V

고전 산문

다음 글을 읽고 물음에 답하시오.

[앞부분의 줄거리] 옹고집은 성격이 고약한 부자이다. 어느 날 옹고집 앞에 가짜 옹고집이 나타나, 서로가 자신이 진짜라고 주장한다.

[A] ┌ 두 옹고집이 송사 가는 제, 읍내를 들어가니 짚옹고집 거동 보소. 주저 없이 제가 앞에 가며 읍의 촌가인 하나와 만나 보면 깜짝 반겨 두 손을 잡고, "나는 가변을 송사하러 가는지라. 자네와 나와 아무 연분에 서로 알아 죽마고우로 지냈으니 나를 몰라볼쏘냐."

또 하나를 보면, "자네 내게서 아무 연분에 돈 오십 냥을 취하여 갔으니 이참에 못 주겠느냐. 노잣돈 보태 쓰게 하라."

또 하나 보면, "자네 쥐골평 논 두 섬지기 이때까지 소작할 제, 거년 선자(先資)* 스물닷 말을 어찌 아니 보내는가."

이처럼 하니 참옹고집이 짚옹고집을 본즉 낱낱이 내 소견대로 내가 할 말을 제가 먼저 하니 기가 질려 뒤에 오며, 실성한 사람같이, 아는 사람도 오히려 짚옹고집같이도 모르는지라.

짚옹고집이 노변에서 지나가는 사람 데리고 하는 말이,

"가운이 불길하여 어떠한 놈이 왔으되 용모 나와 비슷하게 제가 내라 하고 자칭 옹고집이라 하기로, 억울한 분을 견디지 못하여 일체 구별로 송사하러 가는지라. 뒤에 오는 사람이 기네. 자네들도 대소간 눈이 있거든 혹 흑백을 가릴쏘냐."

참옹고집이 뒤에 오면서 기가 막히고 얼척도 없어 말도 못하고 울음 울 제, 행인들이 이어 보고 하는 말이, "누가 알아보리오. 뉘 아들
└ 인지 알 수 없다. 아마도 상동이란 말밖에 또 하리오."

(중략)

짚옹고집 반만 웃고 집으로 돌아와서 바로 내정으로 들어가니 처자 권속이 내달아 잡고 들어가니, "하늘도 무심치 아니하기로 **내 좋은 형세와 처자를 빼앗기지 아니하였다.**"

송사를 이긴 내력을 말하니 처자 권속이며 상하 노복 등이 참옹고집으로 알고, 마누라는, "㉠ 우리 서방님이 그런 고생이 또 있을까."

뭇 아들 나서며, "그런 자식에게 아버지가 큰 봉재를 보았다."

노복 종이며 마을 사람들이 다 칭찬하거늘, 짚옹고집이,

"내가 혈혈단신으로 자수성가하였기로 전곡을 과연 아낄 줄만 알았더니 내빈 왕객 접대 상과 **만가 동냥 거지들을 독하게 박대**하였더니 인심부득 절로 되어 이런 재변이 난 듯싶으니, 사람 되고 개과천선 못할쏘냐. 오늘부터 재물과 곡식을 흩어 활인구제(活人救濟)하리라."

전곡을 흩어 사방에 구차한 사람을 구제한단 말이 낭자하니 팔도 거지들과 각 절 유걸승들이 구름 모이듯 모여드니 **백 냥 돈 천 냥 돈을 흩어** 주니 옹고집은 인심 좋단 말이 낭자하더라.

하루는 주효를 낭자케 장만하고 원근에 모모한 친구며 사방 사람을 청좌하여 대연을 배설할 제, 이때의 참옹고집 **전전걸식**하다가 맹랑촌 옹고집 활인구제한단 말 듣고 분심으로 하는 말이,

"㉡ 남의 재물 갖고 제 마음대로 쓰는 놈은 어떤 놈의 팔자인고. 찾아가서 내 집 망종 보고 죽자."

하고 죽장망혜로 찾아갈 제, ㉢ 짚옹고집 도술 보고 근처에 참옹고집 온 줄 알고 사환을 분부하되,

"오늘 큰 잔치에 음식도 낭자하고 걸인도 많을 제, 타일 천하게 다투던

거짓 옹가 놈이 배도 고프고 기한(飢寒)을 견디지 못하여 전전걸식 다닐 제, 잔치 소문을 듣고 마을 근처에 왔으나 차마 못 들어오는가 싶으니 너희 등은 가서 데려오라. 일변 생각하면 되도 못할 일 하다가 중장(重杖)만 맞았으니 불쌍하다."

사환 등이 영을 듣고 사방으로 나가 보니 ㉣ 과연 마을 뒷산에 앉아 잔치하는 데를 보고 눈물을 흘리고 앉았거늘 사환들이 바로 가서 엉겁결에 배례하고 문안하니, 슬프다. 참옹고집이 대성통곡 절로 난다.

사환들이 가자 하니, "㉤ 갈 마음 전혀 없다."

[B] ┌ 여러 놈이 부축하여 들어가서 좌상에 앉히니 짚옹고집 일어서며 인사 후에,

"네 들어라. 형세 있어 좋다 하는 것이 활인구제하여 만인적선이 으뜸이거늘 천여 석 거부로서 첫째로는 부모 박대하니 세상에 용납지 못할 놈이요, 둘째는 유걸산승 욕보이니 불도가 어찌 허사리오. 우리 절 도승이 나를 보내어 묘하신 불법으로 가르쳐서 너의 죄목을 잡아 아주 죽여 세상에 영영 자취 없게 하여 세상 사람에게 모범이 되게 하라 하시거늘 너를 다시 세상에 내어 보내기는 나의 어진 용심으로 살린 것이니, 이만해도 후생에게 너 같은 행실을 징계한 사례가 될 듯싶으니 이후는 아무쪼록 개과하라."

하고, 좌상에 나앉으며 문득 자빠지니 허수아비 찰벼 짚 묶음이라.

이로 좌상이 다 놀라 공고를 하고 옹고집이 이날부터 개과천선하여 세상에 전하여 일가친척이며 원근친고 사람에게 인심을 주장하니 옹
└ 고집의 인심을 만만세에 전하더라.

– 작자 미상, 「옹고집전」 –

* 선자 : 일을 시작하기에 앞서 드는 돈.

형태쌤과 지문분석

지문분석	
공간	
서술자의 개입	

01 [A]에 대한 설명으로 가장 적절한 것은?

① 송사 원인이 금전적 이해관계에 있음이 밝혀진다.
② 송사 결과에 대한 행인들의 상반된 예측이 제시된다.
③ 송사 가는 이의 답답한 심정이 서술자에 의해 드러난다.
④ 송사 가는 이들 간에 서로를 비방하는 대화가 이어진다.
⑤ 송사 가는 길에 새롭게 등장한 인물의 외양이 묘사된다.

02 ㉠~㉤에 대한 이해로 적절하지 않은 것은?

① ㉠ : '마누라'는 집에 돌아온 이를 '참옹고집'으로 알고 있다.
② ㉡ : '참옹고집'은 '짚옹고집'을 못마땅하게 여기고 있다.
③ ㉢ : '짚옹고집'은 '참옹고집'의 거동을 수상히 여기고 있다.
④ ㉣ : '참옹고집'은 집에 들어가지 못한 채 서러워하고 있다.
⑤ ㉤ : '참옹고집'은 '사환들'에게 거절의 의사를 표하고 있다.

03 〈보기〉를 참고하여 윗글을 감상한 내용으로 적절하지 않은 것은?

> **보기**
>
> 「옹고집전」은 주인공 '참옹고집'이 소외를 경험하도록 그와 똑같이 생긴 '짚옹고집'을 등장시켜 그를 대신하게 하는 독특한 인물 관계를 설정하였다. 이는 '참옹고집'으로 형상화된 조선 후기 향촌 사회의 부유층에게 요구되는 사회적 책무와도 연결된다. 부유하게 살면서도 가난한 이들을 구제하지 않고 외면하면 공동체로부터 소외될 수 있음을 보여 주고 있기 때문이다.

① '내 좋은 형세와 처자를 빼앗기지 아니하였다'고 말한 데에서, '참옹고집'이 송사 이전부터 가족에게 소외되어 온 정황이 '짚옹고집'을 통해 드러남을 알 수 있군.
② '만가 동냥 거지들을 독하게 박대'하였다고 말한 데에서, 가난한 이들을 외면했던 '참옹고집'의 행적이 '짚옹고집'을 통해 언급됨을 알 수 있군.
③ '전곡을 흩어 사방에 구차한 사람을 구제'한다는 데에서, 가난한 이들을 구제해야 하는 '참옹고집'의 책무가 '짚옹고집'을 통해 이행됨을 알 수 있군.
④ '짚옹고집'이 '백 냥 돈 천 냥 돈을 흩어' 줄 수 있을 만큼 '참옹고집'의 재물이 많았다는 데에서, 조선 후기 향촌 사회의 부유층을 연상시키는 '참옹고집'의 모습이 확인되는군.
⑤ '참옹고집'이 '짚옹고집'에게 자리를 빼앗기고 '전전걸식'하며 살아가는 데에서, 공동체로부터 소외되어 고통을 겪는 '참옹고집'의 처지가 확인되는군.

04 〈보기〉는 「옹고집전」 이본의 일부이다. [B]와 〈보기〉를 비교하여 이해한 내용으로 적절하지 않은 것은?

> **보기**
>
> 참옹고집 듣기를 다하여 천방지방 도사 앞에 급히 나아가 합장배례하며 공손히 하는 말이, "이놈의 죄를 생각하면 천사(千死)라도 무석(無惜)이요 만사라도 무석이나 명명하신 도덕하에 제발 덕분 살려 주오. 당상의 늙은 모친 규중의 어린 처자 다시 보게 하옵소서. 원견지 하온 후 지하에 돌아가도 여한이 없을까 하나이다. 제발 덕분 살려 주옵소서."
>
> 만단으로 애걸하니 도사 하는 말이, "천지간에 몹쓸 놈아. 인제도 팔십 당년 늙은 모친 냉돌방에 구박할까, 불도를 능멸할까. 너 같은 몹쓸 놈은 응당 죽일 것이로되 정상(情狀)이 불쌍하고 너의 처자 가여운 고로 놓아 주니 돌아가 개과천선하라."
>
> 부적을 써 주며 왈, "이 부적을 몸에 붙이고 네 집에 돌아가면 괴이한 일 있으리라."
>
> 하고 홀연 간데없거늘 참옹고집 즐겨 돌아와서 제집 문전 다다르니 고루거각 높은 집에 청풍명월 맑은 경은 옛 놀던 풍경이라.

① '참옹고집'을 살려 두는 이유로 [B]는 '나의 어진 용심'을, 〈보기〉는 '정상이 불쌍'함을 제시하는 것으로 보아, [B]에서는 용서하는 이의 마음을 고려했고, 〈보기〉에서는 용서받는 이의 처지까지도 고려하였군.
② '참옹고집'을 살려 두는 이유로 [B]는 '이만해도 후생에게' '징계한 사례'가 됨을, 〈보기〉는 '너의 처자 가여'움을 제시하는 것으로 보아, [B]에서는 징계의 사회적 효용이, 〈보기〉에서는 징계로 인한 가족의 피해가 고려되었군.
③ '참옹고집'의 악행으로 [B]는 '부모 박대'를, 〈보기〉는 '모친' '구박'을 거론하는 것으로 보아, [B]와 〈보기〉에서 모두 '참옹고집'의 비인륜적 행위가 징계의 사유에 포함되었군.
④ '참옹고집'에게 개과천선하라는 요청이 [B]와 〈보기〉 모두 인물의 발화에 나타나는 것으로 보아, [B]와 〈보기〉에서 모두 인물의 발화는 '참옹고집'이 용서를 구하기 시작하는 계기에 해당하는군.
⑤ '참옹고집'을 훈계하던 존재가 [B]에서는 '허수아비'로 변하고, 〈보기〉에서는 '홀연' 사라지는 것으로 보아, [B]와 〈보기〉에서 모두 신이한 사건이 벌어지는군.

다음 글을 읽고 물음에 답하시오.

길동이 대희하여 채문 안에 들어가니 비단 병풍을 치고 영웅호걸 수백이 앉았는지라. ㉠ 그중에 상좌(上座)의 사람을 보니, 청포운삼에 자금관을 쓰고 팔을 가볍게 들며 용력을 자랑하니, 길동이 거만하게 들어가 길게 읍만 하고 절하지 않으며, 좌우 중인을 하찮게 여기고 윗자리에 앉으니, 청포 입은 사람이 먼저 문왈,

"소년은 어디로 오며, 성명은 뉘라 하느뇨?"

[가]

길동이 대왈,

"나는 다른 사람이 아니요, 서울 장안에 있는 홍 정승의 아들이러니, 들은즉 활빈당에 천하 역사(力士) 모여 용맹을 자랑한다 하기로 내 한번 찾아와 힘을 자랑코자 왔나니, 그대 등은 무슨 재주와 용력이 있으며, 나와 ⓐ 시험할쏘냐?"

그 사람들이 길동의 말을 듣고 서로 바라볼 뿐 답을 못하더니, 상석에 앉은 사람이 방목(榜目)을 지어 가지고 쓴 ⓑ 글을 내여 왈,

"그대는 이 세 가지를 행할쏘냐?"

하거늘 길동이 받아 보니,

"제일은 이 앞에 초부석(樵夫石)이란 돌이 있으되 무게 천 근이라, 능히 그 돌을 들면 우리 우두머리를 삼을 것이요, 제이는 무쇠로 철관을 만들었으니 무게 오백 근이라, 그 철관을 쓰고 이 앞 돌문 삼백 단을 세웠으니 그 돌문을 뛰어넘으면 가히 그 용맹을 알 것이요, 또한 해인사라 하는 절이 있으되 재물이 누거만(累巨萬)이요, 그 절 중의 용맹이 과인하기로 우리 등이 마음대로 못하는 고로, 우두머리에게 지략과 술법을 배우고 이후에 ㉢ 상장군 자리에 모시려 하나이다."

길동이 한 번 보고 대소 왈,

"이 세 가지를 어렵다 하니, 어찌 가소롭지 아니하리오?"

하고, 모든 역사를 데리고 초부석 있는 곳에 나아가 흔연히 소매를 걷고 그 돌을 잡아 공중에 던지니, 그 돌이 미처 땅에 떨어지기 전에 발로 돌을 차니 수십 보 밖에 내려지는지라. 중인이 대경하여 또 돌문 앞에 나아가니, 길동이 또한 ㉡ 철관 오백 근을 쓰고 돌문 삼백 단을 넘어가니, 모든 무리 일시에 고함하여 왈,

"천하장사로다!"

하고 용력을 칭찬하고, 길동을 장군 자리로 모신 후에 여러 도적 천여 명이 일시에 자리 아래 엎드려 군례(軍禮)를 마친 후에 그 용맹을 치하하더라.

(중략)

상이 하교하사 왈,

"경은 자식을 분명히 알지라. 저 많은 길동 중에 경의 자식을 잡아내라."

하신대, 홍 의정 주왈,

"신의 자식 길동은 왼쪽 다리의 붉은 기미, 용의 비늘 같은 일곱 점이 있사오니, 그를 보면 알리이다."

상이 그리 여겨,

"빨리 잡아들여 수검(搜檢)하여 보라."

하신대, 홍 의정이 물러나와 길동을 바라보고 왈,

"내 자식 길동은 빨리 나와 나를 보라."

한대, 무수한 길동이 홍 의정을 보고 다 나와 절하여 왈,

"부친께선 강녕하시나이까?"

하거늘, 홍 의정 왈,

"내 자식은 왼쪽 다리에 검은 일곱 점이 있으니, 일곱 점 있는 자 길동이라."

하니, 많은 길동이 홍 의정 말을 듣고 일시에 다리를 걷고 보이니 각각 일곱 점이 있는지라. 홍 의정이 할 수 없어 상께 주왈,

"신의 역자(逆子)를 조사하여 밝힐 수 없사오니, 황공 대죄하나이다."

상이 진노하사 길동을 보시고 왈,

"너희 등은 물러가 임의로 하라."

하시고 금부도사를 명하여 다 물려 보내라 하시니, 모든 길동 등이 나올새 종일토록 나오더니, 그제야 참 길동이 다시 궐내에 들어가 명을 받고 절하며 슬피 통곡하여 왈,

"신의 아비 대대로 국은을 입었거늘 신이 어찌 나라를 저버리리까? 신의 몸이 천비(賤婢)에서 나와 아버지를 아버지라 못하옵고 형을 형이라 못하여 제 몸이 천대를 받으매, 여의주 없는 용이요 날개 부러진 봉이라, 어찌 장부의 힘을 갖고 속절없이 집안에서만 늙으리까? 그러므로 한번 재주를 시험코자 ㉣ 각 읍 각 관을 치고 군기를 탈취하기는 신의 책략을 자랑함이요, 상의 어위대장 이흡을 속임도 재주를 보임이요, 또 신의 가슴에 경서와 병서와 음양조화며 세상을 다스릴 재주를 지녔사오니 어찌 속절없이 세월만 보내오리까? 복걸 ㉤ 상께서 신에게 병조판서 삼 년만 제수하시면 남의 천대를 면하옵고 충성을 다하여 상을 받들리다."

상이 길동의 아룀을 듣고 탄식하여 왈,

"난세의 영웅이로다. 어찌 쓰지 아니 하리요?"

즉시 공부상서를 명해 홍길동에게 병조판서를 제수하니, ㉥ 뒷일은 어찌 된고? 다음 권을 볼지어다.

– 허균, 「홍길동전」 –

형태쌤과 지문분석

지문분석	
공간	
서술자의 개입	

01 윗글의 내용에 대한 이해로 적절하지 않은 것은?

① '청포 입은 사람'은 길동의 정체를 궁금해 한다.
② 길동은 활빈당 무리에게 자기를 소개하며 자신감을 드러낸다.
③ 홍 의정은 '참 길동'을 찾으라는 상의 명령에 유보적 태도를 보인다.
④ 무수한 길동이 홍 의정 앞에서 동일한 언행을 보이고 있다.
⑤ 상에게 길동은 자신이 저지른 행위의 이유를 밝히고 있다.

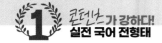

02 [개]의 ⓐ~ⓒ에 대한 설명으로 가장 적절한 것은?

① ⓐ는 길동이 활빈당 무리와 한편이 될 수 없음을 보여 준다.
② ⓑ는 길동에게 활빈당이 세워진 이유가 무엇인지를 알려준다.
③ ⓒ는 길동이 활빈당에서 ⓑ에 제시된 과제를 통과하면 차지할 지위이다.
④ ⓐ는 길동이 활빈당에서 자아를 실현하게 하는 역할을 하고, ⓑ와 ⓒ는 이를 방해하는 역할을 한다.
⑤ ⓐ는 길동이 활빈당에서 무리들과 갈등하게 되는 계기가 되고, ⓑ와 ⓒ는 이를 심화하는 역할을 한다.

03 〈보기〉를 참고하여 ㉠~㉤을 감상한 내용으로 적절하지 <u>않은</u> 것은?

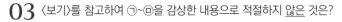

> 「홍길동전」은 19세기에 오면 특정 대목을 확대·변형한 이본이 여럿 등장한다. 윗글은 이러한 이본 중 하나로, 이전에는 길동이 용력을 과시하는 장면이 바위를 드는 것으로만 제시되었으나 윗글에서는 철관을 쓰고 돌문을 넘는 장면이 추가되었다. 또한 활빈당의 우두머리가 되는 장면에서는 활빈당을 이끌던 수령을 새롭게 등장시켜 자신의 자리를 길동에게 넘겨주는 것으로 흥미를 높였다. 특히 이전에는 왕이 길동을 잡기 위한 계략으로 병조판서를 제수하였지만 윗글에서는 길동이 왕에게 직접 요구하여 원하던 바를 얻는 것으로 변형하였다. 이는 자신의 능력에 따라 신분 상승이 가능하기를 바라던 당대 독자들의 욕망을 작품에 반영한 것이다. 단, 이 과정에서 군신 관계를 바탕으로 한 조선의 유교적 질서에 대한 부정으로까지는 나아가지 않았다. 한편, 특정 장면에서 서술을 중단한 것은 다음 권을 보게 하려는 소설업자들의 상업적 전략에서 나온 것이다.

① ㉠은 추가된 인물을 통해서 작품의 흥미를 높이려는 것이겠군.
② ㉡은 길동의 용력을 보여 주는 장면이 더해진 것이겠군.
③ ㉢은 군신 관계를 바탕으로 한 유교적 질서를 무너뜨리고자 한 시도이겠군.
④ ㉣은 주인공의 신분 상승을 바라는 독자의 욕망이 반영된 것이겠군.
⑤ ㉤은 독자들의 궁금증을 유발하여 돈을 벌려는 소설업자의 전략으로 볼 수 있겠군.

memo

다음 글을 읽고 물음에 답하시오.

　자점이 심복을 보내 거짓 조서를 전하고 옥에 가두니, 경업이 옥에 갇혀 생각하되,

　'세자와 대군이 어찌 내 일을 모르고 구치 아니시는고?'

　하며 주야번민하여 목이 말라 물을 찾는데, 옥졸이 자점의 부촉(咐囑)*을 들은 고로 물도 주지 아니하여 경업이 더욱 한하더니, 전옥(典獄) 관원은 강직한지라 경업의 애매함을 불쌍히 여겨 경업더러 왈,

　"장군을 역적으로 잡음이 다 자점의 흉계니, 잘 주선하여 누명을 벗으라."

　경업이 그제야 자점의 흉계로 알고 통분을 이기지 못하여 바로 몸을 날려 옥문(獄門)을 깨치고 궐내에 들어가 상을 뵙고 청죄한데, 상이 경업을 보시고 반겨 가로되,

　"경이 만리타국에 갔다가 이제 돌아오매 반가움이 끝이 없거늘 무삼 일로 청죄하느뇨?"

　경업이 돈수사죄 왈,

　"신이 무인년에 북경에 잡혀가다가 중간에 도망한 죄는 만사무석이오나, 대명(大明)과 함께 호왕을 베어 병자년 원수를 갚고 세자와 대군을 모셔오고자 하였더니, 간인에게 속아 북경에 잡혀갔다가 천행으로 살아 돌아옵더니, 의주(義州)에서 잡혀 아무 연고인 줄 알지 못하옵고 오늘을 당하와 천안(天顔)을 뵈오니 이제 죽어도 한이 없사옵니다."

　상이 들으시고 대경하사 신하더러 왈,

　"경업을 무슨 죄로 잡아온고?"

　하시고 자점을 패초(牌招)*하사 실사를 물으시니, 자점이 속이지 못하여 주왈,

　"경업이 역적이옵기로 잡아 가두고 계달코자 하였나이다."

　경업이 대로하여 고성대매 왈,

　"이 몹쓸 역적아! 들으라. 벼슬이 높고 국록이 족하거늘 무엇이 부족하여 모반할 마음을 두어 나를 해코자 하느뇨?"

　자점이 듣고 무언이거늘, 상이 노하여 왈,

　"경업은 삼국의 유명한 장수요, 또한 만고충신이거늘 네 무슨 일로 죽이려 하느뇨?"

　하시고,

　"자점과 함께한 자를 금부에 가두고 경업은 물러가 쉬게 하라."

　하시다.

[A] 　경업이 사은하고 퇴궐할새, 자점은 궐문 밖에 나와 심복 수십 명을 매복하였다가, 경업이 나옴을 보고 불시에 달려들어 난타하니, 경업이 아무리 용맹한들 손에 촌철이 없는지라. 여러 번 맞아 중상하매 자점이 용사들을 분부하여 경업을 옥에 가두고 금부로 가니라.

　이때 대군이 시자(侍者)더러 문왈,

　"임 장군이 입성하였으나 지금 어디 있느뇨?"

　시자가 대왈,

　"소인 등은 모르나이다."

　대군이 의심하여 바삐 입궐하여 경업의 거처를 묻되, 상이 수말을 이르시니 대군이 주왈,

　"자점이 이런 만고충신을 해하려 하오니 이는 역적이라. 엄치하소서."

　하고, 명일을 기다려 친히 경업을 가 보려 하시더라.

[B] 　차시, 경업이 자점에게 매를 많이 받아 천명이 진하게 되매 분기대발하여 신음하다 죽으니, 시년 사십팔 세요, 기축(己丑) 9월 26일이라.

　(중략)

　자점이 반심을 품은 지 오래다가 절도(絶島)에 안치되매 더욱 앙앙(怏怏)하여* 불측지심이 나타나거늘, 우의정 이시백이 자점의 일을 아뢰니, 상이 놀라 금부도사를 보내 엄형 국문하신 후 옥에 가두었더니, 이날 밤 한 꿈을 얻으시니, 경업이 나아와 주왈,

　"흉적 자점이 소신을 죽이고 반심을 품어 거의 일이 되었사오니 바삐 국문하옵소서."

　하고 울며 가거늘, 상이 놀라 깨달으시니 경업이 앞에 있는 듯한지라. 상이 슬픔을 이기지 못하시고 날이 밝으매 자점을 올려 국문하시니, 자점이 자복하여 역심을 품은 일과 경업을 모해한 일을 승복하거늘, 상이 노하여 자점의 삼족을 다 내어,

　"저자 거리에서 죽이라."

　하시고,

　"그 동류를 다 문죄하라."

　하시며, 경업의 자식들을 불러 하교 왈,

　"너희 아비가 자결한 줄로 알았더니, 꿈에 와 '자점의 모해로 죽었다.' 하기로 내어 주나니 원수를 갚으라."

　하시다.

－ 작자 미상, 「임장군전」 －

*부촉 : 부탁하여 맡김.

*패초 : 임금이 승지를 시켜 신하를 부름.

*앙앙하여 : 매우 마음에 차지 아니하거나 야속하여.

형태쌤과 지문분석

지문분석	
공간	
서술자의 개입	

01 윗글에 대한 설명으로 적절하지 <u>않은</u> 것은?

① 인물들의 대립 구도를 통해 서사적인 흥미를 높이고 있다.
② 주인공의 죽음을 제시하여 작품의 비극성을 고조하고 있다.
③ 대화의 내용을 통해 이전에 일어난 사건의 정황을 나타내고 있다.
④ 악인의 횡포를 징벌함으로써 권선징악의 세계관을 드러내고 있다.
⑤ 적대자와의 지략 대결을 통해 주인공의 초월적 능력을 보여 주고 있다.

형태쌤과 선지분석

선지분석	임장군전
인물들의 대립 구도	
주인공의 죽음 → 비극성 고조	
대화 → 이전 사건 정황	
악인의 횡포 징벌	
적대자와의 지략 대결 → 주인공의 초월적 능력	

02 윗글에 대한 이해로 가장 적절한 것은?

① 경업은 옥에 갇히기 전부터 거짓 조서 때문에 자점의 흉계를 알고 있었다.
② 옥졸은 자점의 부탁을 받고 경업의 죄를 상에게 밀고했다.
③ 대군은 자점을 의심하며 경업에게 옥에 갇힌 경위를 물었다.
④ 우의정 이시백은 경업이 옥에 갇힐 만한 정보를 상에게 제공했다.
⑤ 상은 꿈에 나타난 경업의 발언 이후 자점의 자복을 받아 내었다.

03 〈보기〉를 참고할 때, [A]와 [B]에 대한 이해로 적절하지 <u>않은</u> 것은?

보기

「임장군전」을 읽은 당시 독자층은 책의 여백과 말미에 특정 대목에 대한 자신의 생각을 적은 다양한 필사기를 남겼다. '식자층'은 "㉠ 대역 김자점의 소행이 혐오스러워 붓을 멈춘다."라는 시각을 나타내거나 "㉡ 잡혔으니 가히 아프고 괴로우며 애석하네."라며 경업에 대한 안타까움을 드러냈다. 한편 '평민층'은 "㉢ 슬프다, 임 장군이여. 남의 손에 죽으니 어찌 천운이 아니랴."라며 숙명론적인 반응을 보이거나, "㉣ 조회하고 나오는 것을 문의의 무사로 박살하니 그 아니 가엾지 아니리오."라는 안타까운 반응을 남기거나, "㉤ 사람마다 알게 하기는 동국충신의 말임에 혹 만민이라도 깨달아 본받게 함이라."라는 필사기를 남겼다. ㉠, ㉢, ㉤은 경업이 죽는 대목에, ㉡과 ㉣은 경업이 자점에게 피습되는 대목에 남아 있는 필사기이다.

① [B]를 읽은 식자층은, ㉠을 통해 자점의 행위에 대해 부정적 평가를 내리고 있군.
② [A]를 읽은 식자층은, ㉡을 통해 경업의 시련에 대한 안타까움을 나타내고 있군.
③ [B]를 읽은 평민층은, ㉢을 통해 경업의 죽음이 자점 때문임을 알고 있으면서도 그의 죽음에 대해 운명론적인 태도를 보이고 있군.
④ [A]를 읽은 평민층은, ㉣을 통해 자점을 비판하면서도 그의 행위에 대한 연민을 드러내고 있군.
⑤ [B]를 읽은 평민층은, ㉤을 통해 충신의 이야기가 널리 알려지기를 바라고 있군.

다음 글을 읽고 물음에 답하시오.

[앞부분의 줄거리] 조웅은 송나라 회복을 위해 태자를 구해 함께 위국으로 가던 중 서번국 병사가 매복한 함곡을 향한다.

이적에 원수가 여러 날 만에 연주에 도달하여 군마를 다 쉬게 하고 원수도 노곤하여 사관에서 쉬고 있었는데,

[A]

한 나비가 침상에 날아들거늘 원수도 자연스럽게 날개를 얻어 그 나비를 따라 공중에 날아 한 곳에 이르니, 첩첩한 산중에 수목이 빽빽한 곳을 깊이 들어가니 그 가운데 광활하여 완연한 별세계라. 또 한 곳을 들어가니 아름다운 궁궐이 하늘에 닿았거늘, 나아가 보니 문에 현판을 붙였으되, '만고충렬문'이라 뚜렷이 쓰여 있었다.

궁궐 위를 바라보니 한 노인이 앉았으되 얼굴은 관옥 같고 머리에 황금관을 쓰고 몸에 용포를 입고 윗자리에 높이 앉았는데, 무수한 사람들이 열좌하여 큰 잔치를 배설하고 술과 음식이 가득한 중에 절대 가인이 차례로 앉았으니, 그 아름다움이 측량없더라. 좌석에 가득 앉은 사람들이 여러 왕의 흥망성쇠와 만고역대를 역력히 이르는지라. 맨 윗자리에 앉은 제왕은 어찌 된 줄을 모르매 분부 왈,

"그대 등은 각각 공을 밝히어 올리라."

하니 좌석에 가득 앉은 사람들이 각각 공을 밝히는 글을 올리니 그 공적에 왈,

"저는 본래 한나라 신하로 깊은 뜻이 많지 아니하리로다. 옛일을 살펴보니 복이 북두칠성과 일월에 찬란하리로다."

또 한 공적에 왈,

"칼을 잡아 흉적을 소멸하니 제후 될 만도도. 천하를 성처럼 막았으니 문호 세상에 진동하는도다."

하였더라.

그 남은 공적은 어찌 다 기록하리오. 좌중의 여러 사람들이 각각 소회를 다하고, 혹 노기 등천하며, 혹 칼을 빼들고 매우 성을 내고, 어떤 자는 땅에 섰고, 어떤 자는 깡충깡충 뛰며, 어떤 자는 노래하고, 어떤 자는 춤추기도 하는지라. 이러한 좋은 장면을 세밀히 구경할새, 한 사람이 좌중에 나와 앉으며 왈,

"우리 각각 소회는 옛일이라. 한하여도 미치지 못하려니와 알지 못하겠노라. 대송이 역적에 망하니 인하여 멸송이 되오면 언제 회복되오리까?"

하니 한 사람이

"송나라의 복은 아직 길고 멀었는지라. 어찌 회복이 없사오리까?"

한데, 또 한 사람이,

"그대 등은 알지 못하는도다. 하늘이 송나라 왕실을 회복하고자 조웅을 명하였더니, 불쌍하도다 조웅이여! 일시가 극난하여 명일 미명에 서번 적의 간계에 걸려들어 죽을 듯하니 불쌍하도다. 조웅의 일도 우리와 같을지라. 정해진 나이를 못 마치고 전쟁의 패한 혼이 될 듯하니 불쌍코 가련하다."

이러할 제 문 지키는 군사 급히 고하기를,

"송나라 문제 들어오시나이다."

하니, 여러 사람이 일시에 뜰로 내려와 영접하여 상좌한 후에 여러 사람이 아뢰기를,

"오늘날 만날 약속을 정하옵고 어찌 늦게 도착하시나이까?"

문제 왈,

"송나라 왕실을 회복할 신하는 조웅이라. 오다가 한 곳을 보니 불측한 서번이 조웅을 잡으려고 이러저러하였거늘, 행여 그러할까 하여 시운일수를 통치 못하여 죽을 듯함에, 도사를 찾아가 구하라 하고 부탁하고 오노라."

하시니, 좌중이 외쳐 왈,

"우리는 분명 조웅이 죽으리라 하고 불쌍한 공론을 하였더니, 대운이 막히지 아니하였사오니 천수를 어찌 하오리까?"

원수가 깨달으니 남가일몽이라.

(중략)

원수 꿈속의 일을 생각하니 저절로 마음이 비창하여 슬픔을 머금고 종일 행군할 동안에 염려가 끊이지 않았다.

[B]

이날 함곡에 도달하니 해는 서쪽 산 위로 떨어지고 달은 동쪽 고개 위로 떠올랐는데, 무심한 잔나비는 달빛 아래에서 슬피 울고, 그윽한 두견성은 불여귀를 일삼았다. 갈 길은 험악한데 동쪽은 험한 산이고 서쪽은 깊은 골짜기여서 층층이 험한 산봉우리는 가슴을 찌르는 듯하고 야광은 희미하기만 했다.

선봉을 재촉하여 함곡으로 들어가는데 문득 바라보니 동편 작은 골짜기에 갈포로 만든 두건과 베옷을 입은 한 노옹이 있어 푸른 나귀를 재촉하며 백우선으로 원수를 만류하거늘 원수가 그 노옹을 바라보니 정신이 황홀하였다. 원수가 말을 머물게 하고 잠깐 기다리니 그 노옹이 묻기를,

"연주로부터 오십니까?"

원수가 답 왈,

"그러하오이다."

노옹이 왈,

"위국으로 가는 조 원수를 혹 보셨습니까? 보시면 바삐 알려 주소서."

하였다. 원수는 마음속으로 의심하고 한편으로 이상하게 여겨 왈,

"내가 바로 조웅이거니와 무슨 일로 긴히 찾습니까?"

하니, 노옹이 크게 기뻐하며 왈,

"나는 떠돌아다니는 나그네라. 성품이 남과 달라 빼어난 산천과 명승지지를 즐겨 구경하고 두루 다녔는데, 오로봉에 들어갔다가 천명 도사를 만나 수삼 일을 머물렀더니 출발할 때 한 서찰을 주며 왈, '그대에게 오늘 오시에 전하라' 하여 나귀를 바삐 몰아 진시에 도착하려고 했으나 피곤한 나귀 탓으로 시간을 넘겨 버렸기에 행여 못 만날까 염려하였더니 이곳에서 만나니 어찌 즐겁지 아니하겠습니까?"

하며, 소매 속에서 한 통 편지를 내어 주고는 팔을 들어 하직하거늘 원수 다시 노옹을 바라보니 행색이 아득하였다. 마음속으로 신기하게 여겨 그 편지를 급히 떼어 보니 다른 말은 없고 '함곡에 들어가지 말고 성중으로 먼저 들어가서 포를 한 번 쏘라'고만 쓰여 있었다. 원수가 편지를 다 보고는 대경실색하여 좌장군 위홍창을 불러 왈,

"장졸을 함곡에 들어가지 못하게 하라."

하니, 홍창이 급히 아뢰길,

"선봉이 이미 함곡에 들어갔습니다."

하거늘 원수가 크게 놀라며 왈,

"너는 급히 들어가 선봉을 데려오라. 데려올 때 조금도 어수선하게 하지 말고 그곳에 진을 치고 있는 것처럼 하면서 한둘씩 숨어 나오되 빨리 데리고 나오너라."

홍창이 원수의 명을 듣고는 급히 함곡에 들어가서 전하니 선봉이 군사를 물려 돌아왔다. 원수가 편지를 얻어 기뻐하며 진을 쳤다.

- 작자 미상, 「조웅전」 -

형태쌤과 지문분석

지문분석	
공간	
서술자의 개입	

01 윗글에 대한 이해로 가장 적절한 것은?

① 송 문제는 서번 적의 간계에 빠져 사람들과의 약속을 지키지 못했다.
② 원수는 함곡에서 연주로 가는 도중에 사관에서 쉬려고 군마를 멈추었다.
③ 노옹은 자신의 계획보다 늦게 도착했음에도 조웅을 만나게 되어 기뻐했다.
④ 위홍창은 역적에게 망한 송나라를 구하고자 선봉을 이끌고 함곡에 들어갔다.
⑤ 황금관을 쓴 노인은 모임의 상석에 앉아 있다가 뜰로 내려와 여러 사람을 맞이했다.

02 [A]와 [B]에 대한 설명으로 가장 적절한 것은?

① [A]에서는 공간의 광활함을 통해 인물의 진취적인 기상이 드러나고 있다.
② [B]에서는 시간의 흐름을 통해 인물의 낙관적 태도가 드러나고 있다.
③ [A]에서는 낭만적인 사건에 의한 환상성이, [B]에서는 구체적인 시대적 상황에 의한 현실성이 부각되고 있다.
④ [A]에서는 공간적 변화에서 비롯되는 긴장감이, [B]에서는 계절적 상황에서 비롯되는 쓸쓸함이 강조되고 있다.
⑤ [A]에서는 비현실적 공간에서 느껴지는 신비로움이, [B]에서는 현실 공간에서 느껴지는 불길함이 드러나고 있다.

형태쌤과 선지분석

선지분석	[A]	[B]
[A] 공간의 광활함 → 인물의 진취적 기상		
[B] 시간의 흐름 → 인물의 낙관적 태도		
[A] 낭만적 사건 → 환상성		
[B] 구체적 시대 상황 → 현실성		
[A] 공간적 변화 → 긴장감		
[B] 계절적 상황 → 쓸쓸함		
[A] 비현실적 공간 → 신비로움		
[B] 현실 공간 → 불길함		

03 큰 잔치에 대한 설명으로 적절하지 않은 것은?

① 참석자들은 서로의 공적을 평가하며 소회를 드러내고 있다.
② 참석자들은 특정 인물에 대한 염려와 기대를 드러내고 있다.
③ 참석자들은 대화를 통해 국가의 흥망성쇠에 대한 관심을 드러내고 있다.
④ 참석자들은 소회를 다한 후 여러 행위를 통해 각자의 심정을 드러내고 있다.
⑤ 많은 참석자와 가득한 음식 차림을 통해 풍성한 잔치 분위기를 드러내고 있다.

04 〈보기〉를 참고하여 윗글을 감상한 내용으로 적절하지 않은 것은?

보기

「조웅전」에서 꿈은 초월적 세계의 뜻을 주인공에게 전달하는 기능을 한다. 꿈속 경험을 통해 주인공은 자신에게 부여된 천명과 현실 세계에서의 위기, 자신에 대한 초월적 세계의 비호 등을 알게 된다. 이러한 초월적 세계의 뜻에 대해 주인공은 확신하지 못하지만, 전달자와 구체적 증거물을 통해 초월적 세계의 뜻을 확인하게 된다. 주인공은 이와 같이 초월적 세계의 뜻을 확인하고 실천하여 영웅적 면모를 드러낸다.

① 꿈속에서 송 문제가 조웅을 구하려 하는 것은, 조웅에 대한 초월적 세계의 비호를 보여 주는 것이겠군.
② 조웅이 행군 중에 슬퍼하는 것은, 전쟁에 패한 혼이 될 것이라는 꿈속의 말에 대해 확신하지 못한 것이겠군.
③ 꿈속에서 송나라 왕실을 회복할 신하로 조웅이 거론되는 것은, 조웅에게 주어진 천명을 알게 하려는 것이겠군.
④ 조웅이 노옹을 통해 전달 받은 편지의 지시에 따른 것은, 조웅이 꿈속 경험에서 알게 된 초월적 세계의 뜻을 신뢰한 것이겠군.
⑤ 노옹이 천명 도사의 부탁을 받아 편지를 전하고 떠나는 것은, 노옹이 초월적 세계의 뜻을 조웅에게 전달하는 사람임을 보여 주는 것이겠군.

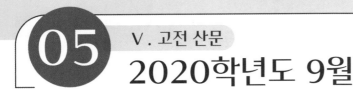
다음 글을 읽고 물음에 답하시오.

　'콩알 하나 없으니 주린 처자를 어이할꼬? 어떻든 협사촌의 서대주가 도적들과 아래위 낭청을 다니며 함께 도적하여 부유하다 하니 찾아가 얻어 보리라.'

　하고 협사촌을 찾아간다. 허위허위 이 산 저 산 어정어정 걸어가며 생각하되,

　'이놈이 본디 큰 쥐로 도적질하는 놈이니 무엇이라 부를꼬? 쥐라 해도 좋지 않고, 서대주라 해도 좋지 않으니, 이놈 부르기 어렵구나. 어떻든 대접함이 으뜸이라.'

　길을 재촉해 협사촌을 찾아 서대주 집 문 앞에서 장끼 큰기침 두 번 하고,

　"서동지 계시오?"

　하며 찾으니, 이윽고 시비 쥐 나오거늘 장끼 문왈,

　"이 댁이 아래위 낭청으로 다니며 관리하시는 서동지 댁이오?"

　물으니 시비 답왈,

　"어찌 찾으시오?"

　장끼 가로되,

　"잠깐 뵈오리다."

　이때 서대주 자녀의 재미 보며 아내와 함께 있더니, 시비 와서 왈,

　"문전에 어떤 객이 왔으되 위풍이 헌앙(軒昂)*하고 빛갓 쓰고 옥관자 붙이고 여차여차 동지 님을 뵈러 왔다 하나이다."

　서대주 동지란 말을 듣더니 대희하여 외헌으로 청하고, 정주(頂珠) 탕건 모자 쓰고 평복으로 나아가 장끼를 맞아 예하고 자리를 정하니, 장끼 하는 말이,

　"댁이 서동지라 하시오? 나는 양지촌 사는 화충이라고도 하고, 세상에서 부르기를 장끼라고도 혹 꿩이라고도 하는데, 귀댁을 찾아 금일 만나니 구면처럼 반갑소이다. 한 번도 뵌 적 없으나 평안하시었소?"

　서대주 맹랑하다, 탕건을 어루만지며 답왈,

　"존객의 이름은 높이 들었더니 나를 먼저 찾아 누지에 와 주시니 황공 감사하오이다."

　장끼 답왈,

　"서로 찾기에 선후가 있는 것 아니니 아무커나 반갑다 못하여 진저리 나노라."

　하거늘 서대주 웃으며 온갖 음식으로 대접하고 고금사를 문답하며 장끼를 조롱하며 벗하더니, 장끼 콧소리를 내며 말하기를,

　"서동지께 청할 말이 있노라. 내 본시 넉넉지 못해 오늘까지 먹지 못하다가 처음 청하온데 양미 이천 석만 빌려주시면 내년 가을에 갚으리니 동지 님 생각에 어떠시오?"

　서대주 웃으며 하는 말이,

　"속담에 '우마(牛馬)도 초분식(草分食)하고, 산저(山猪)도 갈분식(葛分食)이라.' 하였거든 우리 사이에 무엇이 어려우리오?"

　　　　　　　　　　　　　　(중략)

　장끼 감사함을 칭사하고 양지촌으로 돌아가니라. 이때 서대주 노비 쥐를 명하여 창고를 열고 이천 석 콩을 배로 옮겨 양지촌으로 보내니라.

　각설. 이때 동지촌에 딱부리란 새가 있으되 주먹볏에 흑공단 두루마기, 홍공단 끝동이며, 주둥이는 두 자나 하고 위풍이 헌앙한 짐승이라. 양지촌 장끼를 찾아가 오래 못 본 인사 하고 하는 말이,

　"자네는 어찌하여 양식이 저리 풍족하여 쌓아 두었는가?"

　장끼가 협사촌 서대주를 찾아가 양식 빌린 사연을 자세히 말하니, 딱부리 놈이 고개를 끄덕이며,

　"자네 마음이 녹녹지 아니하거늘 미천한 도적놈을 무엇이라 찾았는가?"

　장끼 답왈,

　"나도 생각이 있으나 옛글에 '교만한 자는 집이 망한다.' 했고, '남을 대접하면 내가 대접을 받는다.' 했고, 내 가난하여 빌리러 갔기로 저를 대접하여 서동지라 존칭하였더니 대희하여 후대하고 종일 문답하며 여차여차 하였노라."

　하거늘 딱부리 하는 말이,

　"자네 일정 간사하도다. 만일 입신양명하면 충신을 험담하여 귀양 보내고 조정을 농권하며 임금을 어둡게 하리로다. 나는 그놈을 찾아가서 서대주라 하고 도적질할 말을 하면 그놈이 겁내어 만석이라도 추심(推尋)*하리라."

　장끼 답왈,

　"자네 재주를 몰랐더니 오늘에야 알리로다."

　딱부리 웃으며 나와 협사촌을 찾아가, 구멍 앞에 나가서 생각은 많으나 이를 갈고 "서대주, 서대주." 찾으니 이윽하여 시비 쥐 나오며 하는 말이,

　"뉘 집을 찾아오시니까?"

　딱부리 하는 말이,

　"네 명색이 무엇이냐? 이 집이 아래위 낭청으로 다니며 도적질하는 서대주 집이냐? 나는 동지촌 사는 딱장군이니 와 계시다 일러라."

　하거늘 쥐란 놈이 골을 내어 대답하고 들어가 고하니, 서대주 크게 성내고 분부하는 말이,

　"어떤 놈이든지 잡아들이라."

　하니 수십 명 범 같은 쥐들이 명을 듣고 딱부리를 에워싸고 결박하고 이 뺨 치고 저 뺨 치며 몰아가니 딱부리 애걸하며 비는 말이,

　"내 무슨 잘못이 있다 이리하시오? 내 손주 노릇할 터이니 놓아주고 달아났다 하시오."

　한데 듣지 않고 잡아들여 서대주 앞에다 꿇리니 서대주 호령하되,

　"이놈! 너는 어인 놈이기에 주인 찾을 때 근본을 해하여 찾으니 그중에 너 같은 놈은 만단을 내리라."

　하며 매우 치라 하니 딱부리 머리를 조아리고 애걸하며 빌더라.

　　　　　　　　　　　　　　- 작자 미상, 「장끼전」 -

*헌앙 : 풍채가 좋고 의기가 당당함.

*우마도 초분식하고, 산저도 갈분식이라 : 소와 말도 풀을 나눠 먹고, 산돼지도 칡을 나눠 먹는다.

*추심 : 찾아내어 가지거나 받아 냄.

형태쌤과 지문분석

지문분석	
공간	
서술자의 개입	

01 윗글에 대한 설명으로 가장 적절한 것은?

① 세밀한 외양 묘사를 통해 인물의 속성을 드러내고 있다.
② 서술자가 개입하여 인물의 행동에 대해 호감을 보이고 있다.
③ 속담과 옛글을 삽입하여 인물의 내적 갈등을 강조하고 있다.
④ 과거와 현재를 대비하여 인물의 초월적 능력을 부각하고 있다.
⑤ 공간적 배경을 자세히 묘사하여 인물의 심리 변화를 암시하고 있다.

형태쌤과 선지분석

선지분석	장끼전
세밀한 외양 묘사 → 인물의 속성	
서술자의 개입 → 인물 행동에 대한 호감	
속담, 옛글 → 내적 갈등	
과거와 현재 대비 → 인물의 초월적 능력	
공간적 배경 자세히 묘사 → 심리 변화 암시	

03 〈보기〉를 참고하여 윗글을 감상한 내용으로 적절하지 <u>않은</u> 것은?

> **보기**
>
> 「장끼전」은 '까투리'를 중심으로 남존여비와 여성의 개가 금지 같은 가부장제 사회의 문제를, '장끼'를 중심으로는 몰락 양반의 삶과 조선 후기 향촌 사회의 다양한 변화상을 형상화했다. 이 대목은 가족의 생계 문제를 걱정하는 몰락 양반의 출현과 향촌 사회에 새롭게 등장한 신흥 부호의 생활상을 보여 주고 있다. 또한 신흥 부호의 위세로 인해 빚어지는 신흥 부호와 몰락 양반의 갈등, 그리고 신흥 부호를 둘러싼 몰락 양반 간의 불화를 그려 내고 있다.

① 장끼가 양식이 떨어져 굶주리는 처자식을 위해 부유한 서대주를 찾아가 양식을 빌리는 장면에서, 가장으로서의 책무를 다하려는 몰락 양반의 면모를 알 수 있군.
② 서대주가 '시비 쥐'를 부리고 복색을 갖추어 손님을 '외헌'에서 맞이하는 장면에서, 신흥 부호의 생활상을 알 수 있군.
③ 서대주를 대접하여 양식을 빌린 장끼에게 딱부리가 '간사하도다'라고 언급하는 장면에서, 신흥 부호에 대한 처신을 놓고 몰락 양반 간에 의견 차이가 있었음을 알 수 있군.
④ 서대주의 '시비 쥐'가 딱부리에게 골을 내는 장면에서, 몰락 양반의 경제적 곤궁함을 업신여기는 신흥 부호의 모습을 알 수 있군.
⑤ 서대주가 '수십 명 범 같은 쥐들'에게 명령하여 딱부리를 결박하는 장면에서, 향촌 사회에서의 신흥 부호의 위세를 알 수 있군.

02 '장끼'와 '딱부리'가 '서대주'를 각각 방문하는 상황에 대한 이해로 적절하지 <u>않은</u> 것은?

① 서대주를 방문하기 전에, 장끼와 딱부리는 서대주의 정체에 대해 알고 있었다.
② 서대주를 방문하기 전에, 장끼와 딱부리는 각자의 생각에 따라 서대주를 대할 방식을 계획했다.
③ 서대주를 방문하여, 장끼는 시종 일관된 태도를 보였고 딱부리는 상황의 변화에 따라 자신의 태도를 바꾸었다.
④ 서대주의 거처를 확인하면서, 장끼는 서대주의 환심을 살 만하게, 딱부리는 서대주의 반감을 살 만하게 표현했다.
⑤ 서대주를 방문하는 목적을, 장끼는 경제적인 이익을 취하는 데에 두었고 딱부리는 도적질을 벌로 다스리고 교화하는 데 두었다.

다음 글을 읽고 물음에 답하시오.

[앞부분의 줄거리] 아들 유세기가 부모의 허락 없이 백공과 혼사를 결정했다고 여긴 선생은 유세기를 집에서 내쫓는다.

백공이 왈,

"혼인은 좋은 일이라 서로 헤아려 잘 생각할 것이니 어찌 이같이 좋지 않은 일이 일어나는가? 내가 한림의 재모를 아껴 이같이 기별해 사위를 삼고자 하였더니 선생 형제는 도학군자라 예가 아닌 것을 문책하시는도다. 내가 마땅히 곡절을 말하리라."

이에 백공이 유씨 집안에 이르러 선생 형제를 보고 인사를 하고 나서 흔쾌히 웃으며 가로되,

"제가 두 형과 더불어 죽마고우로 절친하고 또 아드님의 특출함을 아껴 제 딸의 배필로 삼고자 하여, 어제 세기를 보고 여차여차하니 아드님이 단호하게 말하고 돌아가더이다. 제가 더욱 흠모하여 염치를 잊고 거짓말로 일을 꾸며 구혼하면서 '정약'이라는 글자 둘을 더했으니 이는 진실로 저의 희롱함이외다. 두 형께서 과도히 곧이듣고 아드님을 엄히 꾸짖으셨다 하니, 혼사에 도리어 훼방이 되었으므로 어찌 우습지 않으리까? 원컨대 두 형은 아드님을 용서하여 아드님이 저를 원망하게 하지 마오."

선생과 승상이 바야흐로 아들의 죄 없는 줄을 알고 기뻐하면서 사례하여 왈,

"저희 자식이 분에 넘치게 공의 극진한 대우를 받으니 마땅히 그 후의를 받들 만하되, 이는 선조로부터 대대로 내려오는 가법이 아니기에 감히 재취를 허락하지 못하였소이다. 저희 자식이 방자함이 있나 통탄하였더니 그간 곡절이 이렇듯 있었소이다."

백공이 화답하고 이윽고 돌아가서 다시 혼삿말을 이르지 못하고 딸을 다른 데로 시집보냈다. 선생이 백공을 돌려보낸 후에 한림을 불러 앞으로 더욱 행실을 닦을 것을 훈계하자 한림이 절을 하면서 명령을 받들었다. 차후 더욱 예를 삼가고 배우기를 힘써 학문과 도덕이 날로 숙연하고, 소 소저와 더불어 백수해로하면서 여덟 아들, 두 딸을 두고, 집안에 한 명의 첩도 없이 부부 인생 희로를 요동함이 없더라.

승상의 둘째 아들 세형의 자는 문희이니, 형제 중 가장 빼어났으니 산천의 정기와 일월의 조화를 타고 태어나 아름다운 얼굴은 윤택한 옥과 빛나는 봄꽃 같고, 호탕하고 깨끗한 풍채는 용과 호랑이의 기상이 있으며, 성품이 호기롭고 의협심이 강하여 맑고 더러움의 분별을 조금도 잃지 않으니, 부모가 매우 사랑하여 며느리를 널리 구하더라.

(중략)

화설, 장 씨 ㉠ 이화정에 돌아와 긴 단장을 벗고 난간에 기대어 하늘가를 바라보며 평생 살아갈 계책을 골똘히 헤아리자, 한이 눈썹에 맺히고 슬픔이 마음속에 가득하여 생각하되,

[A] '내가 재상가의 귀한 몸으로 유생과 백년가약을 맺었으니 마음이 흡족하고 뜻이 즐거울 것이거늘, 천자의 귀함으로 한 부마를 뽑는데 어찌 구태여 나의 아름다운 낭군을 빼앗아 가 위세로써 나로 하여금 공주 저 사람의 아래가 되게 하셨는가? 도리어 저 사람의 덕을 찬송하고 은혜를 읊어 한없는 영광은 남에게 돌려보내고 구차한 자취는 내 일신에 모이게 되었도다. 우주 사이는 우러러 바라보기나 하려니와 나와 공주의 현격함은 하늘과 땅 같다. 나의 재주와 용모가 저 사람보다 떨어

지는 것이 없고 먼저 혼인 예물까지 받았는데 이처럼 남의 천대를 감심할 줄 어찌 알리오? 공주가 덕을 베풀수록 나의 몸엔 빛이 나지 않으리니 제 짐짓 능활하여 아버님, 어머님이나 시누이를 제 편으로 끌어들인다면 낭군의 마음은 이를 좇아 완전히 달라질지라. 슬프다, 나의 앞날은 어이 될고?'

생각이 이에 미치자 북받쳐 오르는 한이 마음속에 가득 쌓이기 시작하니 어찌 좋은 뜻이 나리오? 정히 눈물을 머금고 마음을 붙일 곳 없어하더니, 문득 세형이 보라색 두건과 녹색 도포를 가볍게 나부끼며 이르러 장 씨의 참담한 안색을 보고 옥수를 잡고 어깨를 비스듬히 기대게 하며 물어 왈,

"그대 무슨 일로 슬픈 빛이 있나뇨? 나를 좇음을 원망하는가?"

장 씨가 잠시 동안 탄식 왈,

[B] "낭군은 부질없는 말씀 마옵소서. 제가 낭군을 좇는 것을 원망했다면 어찌 깊은 규방에서 홀로 늙는 것을 감심하였사오리까? 다만 제가 귀댁에 들어온 지 오륙일이 지났으나 좌우에 친한 사람이 없고 오직 우러르는 바는 아버님, 어머님과 낭군뿐이라 어린 여자의 마음이 편안하지 못한 바이옵니다. 공주가 위에 계셔 온 집의 권세를 오로지 하시니 그 위의와 덕택이 저로 하여금 변변찮은 재주 가진 하졸이 머릿수나 채워 우물 속에서 하늘을 바라보는 것 같게 만드옵니다. 제가 감히 항거할 뜻이 있는 것이 아니나 평생의 신세가 구차하여 슬프고, 진양궁에 나아가면 궁비와 시녀들이 다 저를 손가락질하며 비웃어 한 가지 일도 자유롭게 하지 못하게 하옵고, 제 입에서 말이 나면 일천여 시녀가 다 제 입을 가리니, 공주의 은덕에 의지하여 겨우 실례를 면하고 돌아왔사옵니다."

부마가 바야흐로 장 씨의 외로움을 가련하게 여기고 공주의 위세가 장 씨를 억누르는 것을 좋지 않게 여기고 있다가 장 씨의 이렇듯 애원한 모습을 보자 크게 불쾌하여 장 씨를 위한 애정이 샘솟는 듯하였다. 은근하고 간곡하게 장 씨를 위로하고 그 절개와 외로움에 감동하여 이날부터 발자취가 ㉡ 이화정을 떠나지 않았다. 연리지와 같은 신혼의 정은 양왕의 꿈에 빠진 듯 어지럽고, 낙천의 마음이 취한 듯 기쁘고 즐거워 바라던 바를 다 얻은 듯한 마음은 세상에 비할 데가 없더라.

- 작자 미상, 「유씨삼대록」 -

형태쌤과 지문분석

지문분석	
공간	
서술자의 개입	

01 <u>이같이 좋지 않은 일</u>에 대한 이해로 적절하지 <u>않은</u> 것은?

① 백공의 거짓말 때문에 일어난 일이다.
② 백공이 한림을 곤경에 처하게 한 일이다.
③ 선생과 승상 사이에서 의견 대립이 심화된 일이다.
④ 한림이 선생과 승상으로부터 꾸지람을 당한 일이다.
⑤ 백공이 한림을 자신의 딸과 혼인시키려다 일어난 일이다.

03 '장 씨'를 중심으로 ㉠과 ㉡을 이해한 내용으로 가장 적절한 것은?

① ㉠은 학문을 연마하는 공간이고, ㉡은 덕행을 닦는 공간이다.
② ㉠은 불신을 드러내는 공간이고, ㉡은 조소를 당하는 공간이다.
③ ㉠은 한탄을 드러내는 공간이고, ㉡은 애정을 확인하는 공간이다.
④ ㉠은 계책을 꾸미는 공간이고, ㉡은 외로움을 인내하는 공간이다.
⑤ ㉠은 선후 시비를 따지는 공간이고, ㉡은 오해를 해소하는 공간이다.

02 [A]와 [B]에 대한 설명으로 적절하지 <u>않은</u> 것은?

① [A]와 [B]는 모두 과거 사건에 대한 정보를 제공하고 있다.
② [A]와 [B]는 모두 비유적 진술을 통해 자신이 처한 상황을 부각하고 있다.
③ [A]는 [B]와 달리 타인에 대한 자신의 원망을 의문형 표현을 활용하여 드러내고 있다.
④ [B]는 [A]와 달리 대화 상대의 환심을 사기 위해 자신의 우월한 지위를 드러내고 있다.
⑤ [A]는 앞으로의 일을 추정하는, [B]는 지난 일을 토로하는 방식으로 자신의 우려를 제시하고 있다.

04 〈보기〉를 참고하여 윗글을 감상한 내용으로 적절하지 <u>않은</u> 것은?

보기

「유씨삼대록」은 유씨 3대 인물들의 이야기들을 연결한 국문 장편 가문 소설이다. 각 이야기는 그 자체로 완결성을 갖추고 있어 독립적이지만, 혼사나 그로부터 파생된 각각의 갈등이 동일한 가문 내에서 전개된다는 점에서 연결된다. 이러한 갈등은 가법이나 인물의 성격에서 유발된다. 가문의 구성원들은 혼사를 둘러싼 갈등이 가문의 안정과 번영을 저해한다고 여겼기에, 가문 차원에서 이를 해결해 간다.

① 유세기 이야기와 유세형 이야기를 보니, 각각의 갈등이 한 가문의 혼사를 중심으로 발생한다는 점에서 두 이야기가 서로 연결되어 있음을 알 수 있군.
② 유세기의 혼사 문제에 선생과 승상이 관여한 것을 보니, 혼사를 둘러싼 갈등 해결이 가문 구성원들의 문제로 다루어짐을 알 수 있군.
③ 유세기가 혼사와 관련한 곤욕을 치른 것과 유세형이 공주를 멀리한 것을 보니, 가법과 인물의 성격 간의 대립이 갈등의 원인임을 알 수 있군.
④ 백공이 유세기를 사위 삼으려는 것과 천자가 유세형을 부마 삼은 것을 보니, 혼사가 혼인 당사자 개인의 문제에 그치지 않음을 알 수 있군.
⑤ 유세기가 평생 첩을 두지 않고 소 소저와 해로했다는 것을 보니, 유세기를 둘러싼 혼사 갈등이 해소되며 이야기 하나가 마무리됨을 알 수 있군.

형태쌤과 선지분석

선지분석	[A]	[B]
과거 사건에 대한 정보		
비유 → 자신이 처한 상황 부각		
의문형 표현 → 타인에 대한 원망		
대화 상대 환심 사기 위해 우월한 지위 드러냄		
[A] 앞으로의 일 추정 → 우려 제시		
[B] 지난 일 토로 → 우려 제시		

다음 글을 읽고 물음에 답하시오.

심청이 왈,

"나는 이 동네 사람이러니, 우리 부친 앞을 못 봐 '공양미 삼백 석을 지성으로 불공하면 눈을 떠 보리라.' 하되 가난하여 장만할 길이 전혀 없어 내 몸을 팔려 하니 어쩌하뇨?"

뱃사람들이 이 말을 듣고,

"효성이 지극하나 가련하다."

하며 허락하고, 즉시 쌀 삼백 석을 몽운사로 보내고,

"금년 삼월 십오 일에 배가 떠난다."

하고 가거늘 심청이 부친께,

"공양미 삼백 석을 이미 보냈으니 이제는 근심치 마옵소서."

심봉사 깜짝 놀라,

"너 그 말이 웬 말이냐?"

심청같이 타고난 효녀가 어찌 부친을 속이랴마는 어찌할 수 없는 형편이라 잠깐 ㉠ 거짓말로 속여 대답하길,

"장승상댁 노부인이 일전에 저를 수양딸로 삼으려 하셨으나 차마 허락지 아니하였는데, 지금 공양미 삼백 석을 주선할 길이 전혀 없어 이 사연을 노부인께 여쭌즉 쌀 삼백 석을 내어 주시기에 수양딸로 가기로 했나이다."

하니 심봉사 물색 모르고 이 말 반겨 듣고,

"그렇다면 고맙구나. 그 부인은 일국 재상의 부인이라 아마도 다르리라. 복이 많겠구나. 저러하기에 그 자제 삼 형제가 벼슬길에 나아갔으리라. 그러하나 양반의 자식으로 몸을 팔았단 말이 이상하다마는 장승상댁 수양딸로 팔린 거야 관계하랴. 언제 가느냐?"

"다음 달 보름에 데려간다 하더이다."

"어, 그 일 매우 잘 되었다."

심청이 그날부터 곰곰 생각하니, **눈 어두운 백발 부친 영영 이별**하고 죽을 일과 사람이 세상에 나서 십오 세에 죽을 일이 정신이 아득하고 일에도 뜻이 없어 식음을 전폐하고 근심으로 지내더니 **다시금 생각**하되,

'엎질러진 물이요, 쏘아 놓은 화살이다.'

날이 점점 가까워 오니,

'**이러다간 안 되겠다. 내가 살았을 제** 부친 의복 빨래나 하리라.'

하고 춘추 의복 상침 겹것, 하절 의복 한삼 고이 박아 지어 들여놓고, 동절 의복 솜을 넣어 보에 싸서 농에 넣고, 청목으로 갓끈 접어 갓에 달아 벽에 걸고, 망건 꾸며 당줄 달아 걸어 두고, 행선날을 세어 보니 하룻밤이 남은지라. 밤은 깊어 삼경인데 은하수 기울어졌다. 촛불을 대하여 두 무릎 마주 꿇고 머리를 숙이고 한숨을 길게 쉬니, 아무리 효녀라도 마음이 온전할쏘냐.

'아버지 버선이나 마지막으로 지으리라.'

하고 바늘에 실을 꿰어 드니 가슴이 답답하고 두 눈이 침침, 정신이 아득하여 하염없는 울음이 간장으로조차 솟아나니, 부친이 깰까 하여 크게 울지 못하고 흐느끼며 얼굴도 대어 보고 손발도 만져 본다.

(중략)

[　] 황후 반기시사 가까이 입시하라 하시니 상궁이 명을 받아 심봉사의 손을 끌어 별전으로 들어갈 새 심봉사 아무란 줄 모르고 겁을 내어 걸음을 못 이기어 별전에 들어가 계단 아래 섰으니 심 맹인의 얼굴은 몰라볼레라 백발은 소소하고 황후는 삼 년 용궁에서 지냈으니 부친의

얼굴이 가물가물하여 물으시길,

"처자 있으신가?"

심봉사 땅에 엎드려 눈물을 흘리면서,

[A]
"아무 연분에 상처하옵고 초칠일이 못 지나서 어미 잃은 딸 하나 있삽더니 눈 어두운 중에 어린 자식을 품에 품고 동냥젖을 얻어먹여 근근 길러 내어 점점 자라나니 효행이 출천하여 옛사람을 앞서더니 요망한 중이 와서 '공양미 삼백 석을 시주하오면 눈을 떠서 보리라.' 하니 신의 여식이 듣고 **'어찌 아비 눈 뜨리란 말을 듣고 그저 있으리오.'** 하고 달리 마련할 길이 전혀 없어 신도 모르게 남경 선인들에게 삼백 석에 몸을 팔아서 인당수에 제물이 되었으니 그때 십오 세라, 눈도 뜨지 못하고 **자식만 잃었사오니** 자식 팔아먹은 놈이 세상에 살아 쓸데없으니 죽여 주옵소서."

황후 들으시고 슬피 눈물 흘리시며 그 말씀을 자세히 들으심에 정녕 부친인 줄은 아시되 부자간 천륜에 어찌 그 말씀이 그치기를 기다리랴마는 자연 말을 만들자 하니 그런 것이었다. 그 말씀을 마치자 황후 버선발로 뛰어 내려와서 부친을 안고,

"아버지, 제가 그 심청이어요."

심봉사 깜짝 놀라,

"이게 웬 말이냐?"

하더니 어찌나 반갑던지 **뜻밖에 두 눈**에 딱지 떨어지는 소리가 나면서 두 눈이 활짝 밝았으니, 그 자리 맹인들이 심봉사 눈 뜨는 소리에 일시에 눈들이 '희번덕, 짝짝' 까치 새끼 밥 먹이는 소리 같더니, 뭇 소경이 천지 세상 보게 되니 맹인에게는 천지개벽이라.

- 작자 미상, 「심청전」 -

형태쌤과 지문분석

지문분석	
공간	
서술자의 개입	

01 ㉠에 대한 이해로 적절하지 <u>않은</u> 것은?

① '심청'과 '뱃사람'의 대화 속에서, ㉠으로 감추려고 한 사건을 확인할 수 있다.

② '심청'이 ㉠을 결심할 때 드러나는 생각에서, '심청'이 불가피하게 ㉠을 선택했음을 알 수 있다.

③ ㉠을 전후하여 진행된 '심청'과 '심봉사'의 대화에서, ㉠에 등장하는 인물이 '심봉사'에게 낯설지 않은 존재임을 알 수 있다.

④ '심봉사'가 ㉠을 듣고 보인 반응에서, ㉠이 '심봉사'에게 의심 없이 받아들여졌음을 확인할 수 있다.

⑤ '심봉사'가 ㉠을 듣고 한 말에서, ㉠이 '심청'과 '심봉사' 사이의 갈등을 해소하는 단초가 됨을 알 수 있다.

02 [A]에 대한 설명으로 가장 적절한 것은?

① '황후'가 있는 별전에 '심봉사'가 들어가는 과정을 묘사함으로써 두 사람이 동일한 감정을 느끼고 있음을 보여 주고 있다.

② '심봉사'에게 가족에 관한 질문을 함으로써 '황후'가 '심봉사'의 정체를 확인할 수 있는 계기가 마련되고 있다.

③ '심봉사'가 부인과 일찍 사별하게 된 이유를 눈물을 흘리며 언급함으로써 '심봉사'의 기구한 삶이 드러나고 있다.

④ '심봉사'가 딸에게 그녀의 의지와는 무관한 선택을 강요함으로써 결국 영원히 이별하게 된 과정을 풀어내고 있다.

⑤ '심봉사'가 자신의 아버지임을 알아차린 '황후'가 '심봉사'의 발언이 끝나기 전에 자신이 딸임을 밝힘으로써 상봉의 기쁨을 강조하고 있다.

03 〈보기〉를 참고하여 윗글을 감상한 내용으로 적절하지 <u>않은</u> 것은?

> **보기**
>
> 「심청전」은 효의 실현 과정에서 다양한 양상의 모순적 상황이 발생한다. 심청이 효를 실천하기 위해 자기희생을 선택함으로써 정작 부친 곁에 남아 있지 못하게 되는 것은 심청의 효행으로 인한 모순적 상황이다. 그리고 심청의 자기희생의 목적이었던 부친의 개안(開眼)이 뒤늦게 실현되는 것은 결말의 지연을 위해 설정된 모순적 상황이라 할 수 있다. 이러한 모순적 상황들로 인해 결말은 보다 극적인 양상을 띠게 되고 심청의 효녀로서의 면모가 더욱 강조된다.

① 심청이 '눈 어두운 백발 부친'과의 '영영 이별'을 근심하면서도 이를 '다시금 생각'하는 것으로 보아, 심청은 자신의 효행으로 인한 모순적 상황을 염려하면서도 결국은 이를 수용하려 함을 알 수 있군.

② 심청이 '이러다간 안 되겠다'며 '내가 살았을 제' 할 일을 생각하는 것으로 보아, 심청은 자신의 효행으로 인한 모순적 상황을 걱정하며 이를 대비하고 있음을 알 수 있군.

③ 심청이 '어찌 아비 눈 뜨리란 말을 듣고 그저 있으리오'라고 말했다는 것으로 보아, 심청은 효행 그 자체보다는 효행으로 인한 모순적 상황을 걱정하고 있음을 알 수 있군.

④ 심봉사가 '자식만 잃었사오니'라고 말하는 것으로 보아, 심봉사는 결말의 지연을 위해 설정된 모순적 상황에 직면하여 자책하고 있음을 알 수 있군.

⑤ 심봉사가 심청과의 상봉으로 인해 '뜻밖에 두 눈'을 뜨게 되는 것으로 보아, 모순적 상황으로 인한 결말의 지연이 극적인 효과를 자아내고 있음을 알 수 있군.

다음 글을 읽고 물음에 답하시오.

승상 나업은 딸 하나가 있었다. 재예(才藝)가 당대에 빼어났다. 아이는 이 말을 듣고 헌 옷으로 갈아입고 거울 고치는 장사라 속여 승상 집 앞에 가서 "거울 고치시오!"라 외쳤다. 소저는 이 말을 듣고 **거울**을 꺼내 유모에게 주어 보냈다. 소저는 유모 뒤를 따라 바깥문 안쪽까지 나가 문틈으로 엿보았다. 장사가 소저의 얼굴을 언뜻 보고 반해, 손에 쥐었던 **거울**을 일부러 떨어뜨려 깨뜨렸다. 유모가 놀라 화내며 때리자 장사가 울며 말했다.

"거울이 이미 깨졌거늘 때려 무엇 하세요? 저를 노비로 삼아 거울 값을 갚게 해 주세요."

유모가 들어가 이를 승상께 아뢰니 허락하였다. 승상은 그의 이름을 거울을 깨뜨린 노비라는 뜻으로 파경노(破鏡奴)라 짓고 말 먹이는 일을 시켰다. 말들은 저절로 살쪄 여윈 것이 하나도 없었다.

하루는 천상의 선관들이 구름처럼 몰려와 말 먹일 꼴을 다투어 그에게 주었다. 이에 파경노는 말들을 풀어놓고 누워만 있었다. 날이 저물어 말들이 파경노가 누워 있는 곳에 와 그를 향해 머리를 숙이며 늘어서자 보는 자마다 모두 기이하게 여겼다. 승상 부인은 이 말을 듣고 승상에게 말했다.

"파경노는 용모가 기이하고 탄복할 일이 많으니 필시 비범한 사람일 것입니다. 마부 일도, 천한 일도 맡기지 마세요."

승상이 옳게 여겨 그 말을 따랐다. 이전에 승상은 동산에 꽃과 나무를 많이 심었는데, 파경노에게 이를 기르게 했다. 이때부터 동산의 **화초**가 무성하며 조금도 시들지 않아, 봉황이 쌍쌍이 날아들어 꽃가지에 깃들었다.

열흘이 지났다. 파경노는 소저가 동산의 **꽃**을 보고 싶으나 파경노가 부끄러워 오지 못한다는 말을 들었다. 이에 파경노는 승상을 뵙고 말했다.

"제가 이곳에 온 지 여러 해 지났습니다. 한 번도 노모를 뵙지 못했으니, 노모를 뵙고 올 말미를 주십시오."

승상은 닷새를 주었다. 소저는 파경노가 귀향했다는 소식을 듣고 동산에 들어와 꽃을 보고,

"꽃이 난간 앞에서 웃는데 소리는 들리지 않네."라고 시를 지었다. 파경노는 꽃 사이에 숨어 있다가,

"새가 숲 아래서 우는데 눈물 보기 어렵네."라고 **시**로 화답했다. 소저가 부끄러워 얼굴을 붉히며 돌아갔다.

[중략 부분의 줄거리] 중국 황제는 신라 왕에게 석함을 보내, 그 안에 있는 물건을 알아내 시를 지어 올리라 명한다. 신라 왕은 이를 해결하지 못하고 나업에게 과업을 넘긴다.

나업은 집으로 돌아와 석함을 안고 통곡했다. 파경노는 이 말을 듣고 사람들에게 왜 우는지를 물었다. 사람들이 모두 말해 주자, 자못 기쁨을 띠며 꽃가지를 꺾어 외청으로 갔다.

소저가 슬피 울다가 문득 벽에 걸린 **거울**에 비친 그림자를 보았다. 속으로 놀라 창틈으로 엿보니 파경노가 **꽃**을 들고 서 있었다. 소저가 이상히 여겨 묻자, 시치미를 떼며 말했다.

"그대가 이 꽃을 보고 싶다 하여 그대를 위해 가져 왔소. 시들기 전에 받아 보시오."

소저가 한숨을 크게 쉬니, 파경노가 위로하며 말했다.

"거울 속에 비친 이가 반드시 그대 근심을 없애 줄 것이오. 근심치 말고

꽃을 받으시오."

소저가 꽃을 받고 부끄러워하며 안으로 들어갔다.

얼마 뒤 소저는 파경노의 말을 괴이히 여겨 승상께 말했다.

"파경노가 비록 어리지만 재주가 남보다 뛰어나고, 신인(神人)의 기운이 있어 석함 속의 물건을 알아내어 시를 지을 수 있을 것입니다."

승상이 말했다.

"너는 어찌 쉽게 말하느냐? 만약 파경노가 할 수 있다면 나라의 이름난 선비 가운데 한 명도 시를 짓지 못해 이 석함을 나에게 맡겼겠느냐?"

소저가 말했다.

"뱁새는 비록 작지만 큰 새매를 살린다 합니다. 그가 비록 노둔하나 큰 재주를 지니고 있는지 어찌 알겠습니까?"

이어서 파경노가 걱정하지 말라고 했음을 고했다.

"만약 그가 시를 지을 수 없다면 어찌 그런 말을 냈겠습니까? 원컨대 그를 불러 시험 삼아 시를 짓게 하소서."

승상이 파경노를 불러 구슬리며 말했다.

"만약 이 석함 속의 물건을 알아내 시를 짓는다면 후한 상을 줄 것이며, 마땅히 네 뜻을 이루어 주겠다."

파경노가 거절하며 말했다.

"비록 후한 상을 준다 한들 제가 어찌 시를 짓겠습니까?"

소저가 이 말을 듣고 승상에게 말했다.

"살고 싶고 죽기 싫은 것이 인지상정입니다. 옛날에 어떤 이가 사형을 당하게 되었을 때, 그에게 '네가 만약 시를 짓는다면 내 마땅히 사면해 주겠다.' 했습니다. 그 사람은 무식한 이였으나 그 명을 따랐습니다. 하물며 파경노는 문학이 넉넉해 시를 지을 수 있지만 거짓으로 못하는 체하고 있습니다. 지금 아버님께서 그를 겁박하시면 어찌 삶을 좋아하고 죽음을 싫어하는 마음이 없어 복종치 않겠습니까?"

승상이 그럴듯하다 여기고 파경노를 불렀다.

– 작자 미상, 「최고운전」 –

형태쌤과 지문분석

지문분석	
공간	
서술자의 개입	

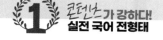
01 윗글의 서술상 특징으로 가장 적절한 것은?

① 시간의 역전을 통해 사건의 진상을 밝히고 있다.
② 서술자의 개입을 통해 사건의 전모를 밝히고 있다.
③ 인물의 희화화를 통해 사건의 반전 효과를 나타내고 있다.
④ 인물 간의 대화를 통해 사건 해결의 방안을 제시하고 있다.
⑤ 꿈과 현실의 교차를 통해 앞으로 일어날 사건을 암시하고 있다.

형태쌤과 선지분석

선지분석	최고운전
시간의 역전 → 사건 진상 밝힘	
서술자 개입 → 사건 전모 밝힘	
인물 희화화 → 사건 반전 효과	
인물 대화 → 사건 해결 방안 제시	
꿈과 현실 교차 → 미래 사건 암시	

02 윗글의 내용에 대한 이해로 적절하지 않은 것은?

① 유모에게 주어 보낸 '거울'은 아이가 소저의 얼굴을 보게 되는 계기를 만들고, 벽에 걸린 '거울'은 파경노가 소저에게 자신의 존재감을 드러내는 계기를 만든다.
② 깨뜨린 '거울'은 아이가 파경노라는 이름을 얻고 승상의 집안으로 들어가는 계기가 되고, 파경노가 관리한 동산의 '화초'는 승상 부인으로부터 인정받는 계기로 작용한다.
③ 동산의 '꽃'은 소저가 보고 싶었으나 파경노로 인해 접근하기 어렵게 된 대상이고, 파경노가 들고 서 있던 '꽃'은 소저에게 자신의 마음을 전달하기 위한 수단이다.
④ 동산에서 화답한 '시'는 파경노가 소저와 교감하기 위해 읊은 것이고, 석함 속 물건에 대한 '시'는 파경노가 해결할 수 있다고 소저가 기대하는 과제이다.
⑤ 석함 속 물건에 대한 '시'는 나업에게 슬픔을 유발하는 과업이지만, 파경노에게는 소저의 슬픔을 해소시켜 줄 수 있는 수단이다.

03 〈보기〉를 참고하여 윗글을 감상한 내용으로 적절하지 않은 것은?

> **보기**
>
> 「최고운전」은 비범한 인물로서의 최치원을 형상화했다. 주인공은 문제 해결의 국면에서 치밀함, 기지, 당당함을 보인다. 또한 초월적 존재의 도움을 받으면서도 이에 전적으로 의존하지 않고 자신이 지닌 신이한 능력을 발휘하여 개인의 문제와 국가의 과제를 직접 해결한다. 이는 당대 독자들이 원했던 새로운 영웅상을 최치원에 투영하여 작품 속에서 구현한 것이다.

① 아이가 헌 옷으로 바꾸어 입고 거울 고치는 장사라 속이는 장면은 최치원이 치밀한 면모를 지닌 인물임을 보여 주는군.
② 파경노에게 선관들이 몰려와 말먹이를 가져다주는 장면은 최치원이 초월적 존재에게 도움을 받는 인물임을 보여 주는군.
③ 파경노가 기른 뒤로 화초가 시들지 않아 봉황이 날아드는 장면은 최치원이 신이한 능력을 지닌 인물임을 보여 주는군.
④ 파경노가 노모를 핑계 삼아 말미를 얻는 장면은 최치원이 원하는 바를 얻기 위해 기지를 발휘하는 인물임을 보여 주는군.
⑤ 파경노가 승상의 제안을 거절하는 장면은 최치원이 보상을 추구하기보다 스스로 국가의 과제를 해결하려는 당당한 인물임을 보여 주는군.

09 2022학년도 6월

풀이시간   분   초
정답과 해설   p.187

다음 글을 읽고 물음에 답하시오.

[앞부분의 줄거리] 김 진사의 딸 채봉은 선비 필성과 정혼하나, 우여곡절 끝에 스스로 기녀가 되어 송이로 이름을 바꾼다. 송이의 서화를 눈여겨본 감사가 송이를 데려와 관아에서 살게 한다.

송이는 감사가 있는 별당 건넌방에 가 홀로 살고 지내며 감사가 시키는 일을 처리하고 지내며 마음에 기생을 면함은 다행하나, 주야로 잊지 못하는 바는 부모의 소식과 장필성을 못 봄을 한하고 이 감사가 보는 데는 감히 그 기색을 드러내지 못하니, 혼자 있을 때에는 주야 탄식으로 지내더라.

장필성이 이 소문을 듣고 또한 다행하나, 이때 감사는 송이 있는 별당은 외인 출입을 일절 엄금하니, 다시 만날 길이 없어 수심으로 지내더니, 한 계책을 생각하되,

"나도 감사 앞에서 거행하는 관속이 된다면 채봉을 만나기가 쉬우리라."

하고 여러 가지로 주선하더니, ㉠ 이때 마침 감사가 문필이 있는 이방을 구하는지라. 필성이 한 길을 얻어 이방이 되어 감사에게 현신하니 감사가 일견 대희하여 칭찬하며 왈,

"가위 여옥기인(如玉其人)이로다. 필성아, 이방이라 하는 것은 승상접하(承上接下)하는 책임이 중대하니, 아무쪼록 일심봉공(一心奉公)하여 민원(民怨)이 없도록 잘 거행하라."

필성이 국궁수명(鞠躬受命)*하고 차후로 공사 문첩(文牒)*을 가지고 매일 드나들며 송이의 소식을 알고자 하나 별당이 깊고 깊어 지척이 천 리라 어찌 알리오.

차시 송이는 별당에 있어 이 감사가 들어와 공문을 쓰라면 쓰고 판결문을 내라면 내고 하더니, ㉡ 하루는 ⓐ 공사 문첩 한 장을 본즉, 필성의 글씨가 완연한지라, 속으로 생각하되,

'이상하다. 필법이 장 서방님 필적 같으니, 혹 공청에를 드나드나.'

하고 감사더러 묻는다.

"㉢ 요사이 공사 들어온 것을 보면 전과 글씨가 다르오니 이방이 갈리었습니까?"

"응, 전 이방은 갈고 장필성이란 사람으로 시켰다. 네 보아라, 글씨를 잘 쓰지 않느냐."

송이가 이 말을 듣고 속으로 암암이 기꺼하며, 어떻게 하면 한번 만나볼까, 그렇지 못하면 편지 왕복이라도 할까, 사람을 시키자니 만일 대감이 알면 무슨 죄벌이 내려올지 몰라 못 하고 무슨 기회를 기다리나 때를 타지 못하여 필성이나 송이나 서로 글씨만 보고 창연히 지내기를 ㉣ 이미 반년이라. 자연 서로 상사병이 될 지경이더라.

[A] 이때는 추구월(秋九月) 보름 때라. 월색은 명랑하여 남창에 비치었고, 공중에 외기러기 웅웅한 긴 소리로 짝을 찾아 날아가고, 동산의 송림 간에 두견이 슬피 울어 불여귀를 화답하니, 무심한 사람도 마음이 상하거든 독수공방에 눈물로 세월을 보내는 송이야 오죽할까. 송이가 모든 심사 잊어버리고 책상머리에 의지하여 잠깐 졸다가 기러기 소리에 놀라 눈을 뜨고 보니, 남창 밝은 달 발허리에 가득하고 쓸쓸한 낙엽성은 심회를 돕는지라. 잊었던 심사가 다시 가슴에 가득하여지며 눈물이 무심히 떨어진다.

송이가 남창을 가만히 열고 달빛을 내다보며 위연탄식하는데,

"달아, 너는 내 심사를 알리라. 작년 이때 뒷동산 명월 아래 우리 님을 만났더니, 달은 다시 보건마는 님은 어찌 못 보는고. 그 옛날 심양강 거문고 뜯던 여인은 만고문장백낙천(萬古文章白樂天)을 달 아래 만날 적에 마음속에 맺힌 말을 세세히 풀었건만, 나는 어찌 박명하여 명랑한 저 달 아래서 부득설진심중사(不得說盡心中事)하니 가련하지 아니할까. 사람은 없어 말 못하나 차라리 심중사를 종이 위에나 그리리라."

하고 연상을 내어 먹을 흠씬 갈고 청황모 무심필을 덤벅 풀어 백릉화주지를 책상에 펼쳐 놓고 섬섬옥수로 붓대를 곱게 쥐고 장우단탄(長吁短歎)에 맥맥히 앉았다가 고개를 돌리어 벽공의 높은 달을 두세 번 우러러보더니, 서두에 '추풍감별곡(秋風感別曲)' 다섯 자를 쓰고, 상사가 생각 되고 생각이 노래 되고 노래가 글이 되어 붓끝을 따라 나오니 붓대가 쉴 새 없이 쓴다.

(중략)

아득한 정신은 기러기 소리를 따라 멀어지고 몸은 책상머리에 엎드렸더니, 잠시간에 잠이 들어 주사야몽(晝思夜夢) 꿈이 되어 장주(莊周)의 나비같이 두 날개를 떨치고 바람 좇아 중천에 떠다니며 사면을 살피니, 오매불망하던 장필성이 적막 공방에 혼자 몸이 전일의 답시(答詩)를 내놓고 보며 울고 울고 보며 전전반측 누웠거늘, 송이가 달려들어 마주 붙들고 울다가 꿈 가운데 우는 소리가 잠꼬대가 되어 아주 내처 울음이 되었더라.

사람이 늙어지면 상하물론(上下勿論)하고 잠이 없는 법이라. ㉤ 이때 이 감사는 연광도 팔십여 세뿐 아니라, 일도방백(一道方伯)이 되어 밤이나 낮이나 어떻게 하면 백성의 원성이 없을까, 어떻게 하면 국은(國恩)에 보답할까 하며 잠을 이루지 못하고 누웠더니, 홀연히 송이의 방에서 흐느껴 우는 소리가 들리거늘, 깜짝 놀라 속으로 짐작하되,

'지금 송이가 나이 십팔 세라. 필연 무슨 사정이 있어 저리하나 보다.'

하고 가만히 나와 보니, 남창을 열고 책상머리에 누웠는데 불을 돋우어 놓고 책상 위에 무엇을 써서 펼쳐 놓았거늘, 마음에 괴이하여 가만히 들어가 ⓑ 두루마리를 펼치고 본즉 '추풍감별곡'이라.

- 작자 미상, 「채봉감별곡」 -

*국궁수명 : 존경하는 뜻으로 몸을 굽히며 분부를 받음.
*공사 문첩 : 관청에서 공무상 작성하는 문서.

형태쌤과 지문분석

지문분석	
공간	
서술자의 개입	

01 윗글의 내용에 대한 이해로 적절하지 <u>않은</u> 것은?

① 송이는 부모의 소식으로 애태우다 감사의 걱정을 산다.
② 송이는 필성이 이방이 되었음을 감사를 통해 알게 된다.
③ 감사는 필성의 문필 능력을 높이 평가하고 기대를 건다.
④ 송이는 필성과 꿈속에서나마 일시적으로 만남을 이룬다.
⑤ 필성은 송이를 그리워하는 마음을 감사에게 숨기고 있다.

03 [A]의 '달'에 대한 이해로 적절하지 <u>않은</u> 것은?

① 송이가 필성의 안녕을 기원하는 마음을 의탁하는 대상이다.
② 자연물의 다양한 소리와 어울려 송이의 외로움을 심화한다.
③ 송이가 자신의 심사를 들추어내어 감정을 토로하는 인격화된 상대이다.
④ 송이의 처지와 대조되는 옛 이야기를 환기시켜 송이가 스스로에 대한 연민을 표하게 한다.
⑤ 송이에게 필성과의 추억을 떠올리게 하면서 재회를 기약할 수 없는 현재 상황을 부각한다.

02 ⓐ와 ⓑ에 대한 설명으로 가장 적절한 것은?

① ⓐ에 대해 대화하며 송이의 그리움을 눈치챈 감사는, ⓑ를 읽으며 그 대상이 필성임을 알게 된다.
② ⓐ를 작성한 사람에 대한 궁금증을 갖게 된 송이는, ⓑ를 통해 자신의 궁금증을 필성에게 알린다.
③ ⓐ를 본 송이는 필성이 가까운 곳에 있음을 알게 되고, ⓑ에 필성을 만나지 못하는 마음을 풀어낸다.
④ ⓐ를 감사로부터 전달받은 필성은 송이의 마음을 알게 되고, ⓑ를 쓰면서 송이에 대한 자신의 그리움을 드러낸다.
⑤ ⓐ를 보면서 필성이 자신을 찾고 있음을 알게 된 송이는, ⓑ를 쓰면서 필성과 재회하고자 하는 의지를 드러낸다.

04 〈보기〉를 참고하여 ㉠~㉤을 이해한 내용으로 적절하지 <u>않은</u> 것은?

> **보기**
>
> 소설에서 시간 표지는 배경을 지시할 뿐 아니라, 우연하게 일어날 수 있는 사건들에 개연성을 부여하거나 사건의 전개나 장면의 전환 등에 관여된 서사적 정보를 제시하기도 한다. 또한 장면을 제시하는 것은 물론 서로 다른 장면을 연결하거나, 사건이 요약적으로 제시되었음을 가늠하게 하는 등 서사의 주요 요소들을 보조하는 기능을 한다.

① ㉠은 우연으로 보이는 감사의 이방 선발이, 필성이 송이와 만나기 위해 애써 왔던 시간과 맞물려 있음을 드러냄으로써 필성의 관아 입성에 개연성을 부여한다.
② ㉡은 평범한 일상을 지내던 송이와 감사의 대화를 통해 중요한 서사적 정보가 드러난 시간을 부각하여, 필성과 재회하고자 하는 송이의 바람을 심화하게 되는 서사적 전환에 관여한다.
③ ㉢은 공청에서 일어난 최근의 변화에 송이가 주목하고 있음을 보여 주는 한편, 송이가 공청의 일을 돕게 되기까지의 과정이 요약적으로 제시되었음을 드러낸다.
④ ㉣은 송이와 필성의 만남이 이루어지지 않은 상태에서 상당한 시간이 흘렀음을 드러내면서, 송이와 필성이 가진 그리움의 깊이를 함축한 서사적 정보로 기능한다.
⑤ ㉤은 감사의 사람됨과 감사가 잠을 이루지 못하는 이유를 관련짓게 하는 한편, 흐느껴 울던 송이를 감사가 발견하는 사건의 시간적 배경을 지시한다.

다음 글을 읽고 물음에 답하시오.

[앞부분의 줄거리] 제주도에 간 배 비장은 애랑의 유혹에 넘어가, 사람들에게 조롱을 받는다. 창피를 당한 배 비장은 서울로 돌아가려고 한다.

이때 배 비장은 떠나는 배가 어디 있나 물어보려고 무서움을 억지로 참고,

"ⓐ 여보게, 이 사람. 말씀 물어보세."

그 계집이 한참 물끄러미 보다가 대답도 아니 하고 고개를 돌리니, 배 비장 그중에도 분해서 목소리를 돋우어 다시 책망 겸 묻것다.

"ⓑ 이 사람, 양반이 물으면 어찌하여 대답이 없노?"

"무슨 말이람나? 양반, 양반, 무슨 양반이야. 품행이 좋아야 양반이지. 양반이면 남녀유별 예의염치도 모르고 남의 여인네 발가벗고 일하는 데 와서 말이 무슨 말이며, 싸라기밥 먹고 병풍 뒤에서 낮잠 자다 왔나? 초면에 반말이 무슨 반말이여? 참 듣기 싫군. 어서 가소. 오래지 아니하여 우리 집 남정네가 물속에서 전복 따 가지고 나오게 되면 큰 탈이 날 것이니, 어서 바삐 가시라구! 요사이 세력이 빨랫줄 같은 배 비장도 궤 속 귀신이 될 뻔한 일 못 들었습나?"

배 비장이 구식적 습관으로 지방이라고 한 손 놓고 하대를 하다가 그 말을 들어 보니, 부끄럽고 분한 마음이 앞서져서 혼잣말로 자탄을 하것다.

"허허 내가 금년 신수 불길하다! 우리 부모 만류할 제 오지나 말았더면 좋을 것을, 고집을 세우고 예 왔다가 경향에 유명한 웃음거리가 되고, 또 도처마다 망신을 당하니 섬이라는 데 참 사람 못 살 곳이로구!"

하며, 분한 마음에 그 계집과 다시 말싸움을 하고 싶지 않건마는, 해는 점점 서산에 걸치고 앞길은 물을 사람이 없어 함경도 문자로 '붙은 데 붙으라' 하는 말과 같이 '사과나 하고 다시 물을 수밖에 없다.' 하여, 말공대를 얼마쯤 올려 다시 수작을 하것다.

"ⓒ 여보시오, 내가 참 실수를 대단히 하였소. 이곳 풍속을 모르고."

"실수라 할 것이 왜 있사오리까? 그렇다 하는 말씀이지요. 그런데 당신은 어디로 가시는 양반이십니까?"

"네, 나는 지금 급한 일이 있어 서울을 갈 터인데, 어느 배가 서울로 가는지 그것을 좀 묻고자 그리하오."

"서울 양반이시면 무슨 일로 여기를 오셨으며, 또 성함은 뉘시오니까?"

"성명은 차차 아시지오마는, 내가 이곳에 볼일이 있어서 왔다가, 부모 병환 기별을 듣고 급히 가는 길인데, 가는 배가 없어 이처럼 애절이오."

"그러하면 가이없습니다. 서울로 가는 배는 어제저녁에 다 떠나고, 인제는 다시 사오 일을 기다려야 있겠습니다."

"그러하면 이 노릇을 어찌하여야 좋소?"

"참 딱한 일이올시다."

하더니,

"옳지! 가는 배 하나 있습니다. 그러나 그 배에서 행인을 잘 태울는지 모르겠소. 저기 저편 언덕 밑에 포장 치고 조그마한 돛대 세운 배에 가서 물어보시오. 그 배가 제주 성내에 사는 부인 한 분이 친정이 해남인데 급한 일이 있어 비싼 값을 주고 혼자 빌려 저녁 물에 떠난다더니, 참 떠나는지 알 수 없습니다."

배 비장이 그 말 듣고 좋아라고 허겁지겁 그 배로 뛰어가서 사공을 찾는다.

"ⓓ 어이, 뱃사공이 누구여?"

사공이 반말에 비위가 틀려,

"어! 사공은 왜 찾어?"

"말 좀 물어보면…."

"무슨 말?"

"그 배가 어디로 가는 배여?"

"물로 가는 배여."

원래 배 비장이 사공을 공손하게 대하기는 초라하고 '해라' 하자니 제 모양 보고 받는지 몰라, 어정쩡하게 말을 내놓다가 사공의 대답이 한층 더 올라가는 것을 보고, 한숨을 휘이 쉬며,

"허! 내가 그저 춘몽을 못 깨고 또 실수를 하였구나!"

어법을 고쳐 입맛이 썩 들어붙게,

"여보시오, ⓔ 노형이 이 배 임자시오?"

사공은 목낭청*의 혼이 씌었던지 그대로 좇아가며,

"그렇습니다. 내가 이 배 임자올시다."

"들으니까 노형 배가 오늘 떠나 해남으로 간다지요?"

"예, 오늘 저녁 물에 떠납니다."

"그러면 내가 서울 사는데 지금 가는 길이니 좀 타고 가옵시다."

"좋은 말씀이올시다마는 이 배가 행객 싣는 배가 아니옵고, 해남으로 가시는 부인 한 분이 혼자 빌려 가시는 터인즉, 사공의 임의로 다른 행객을 태울 수가 없습니다."

"그는 그러하겠소마는, 내가 부모 병환 급보를 듣고 급히 가는 길인데, 달리 가는 배는 없고 이 배가 간다 하니, 아무리 부인이 타신 터이라도 이러한 정세를 말씀하시고, 한편 이물 구석에 종용히 끼어 가게 하여 주시면 그 아니 적선이오?"

"당신 정경이 불쌍하오. 그러면 해 진 후에 다시 오시면, 부인 모르시게라도 슬며시 타고 가시게 하오리다."

— 작자 미상, 「배비장전」 —

*목낭청 : 자기 주관 없이 응대하는 사람을 이르는 말.

형태쌤과 지문분석

지문분석	
공간	
서술자의 개입	

01 윗글의 내용에 대한 이해로 적절하지 <u>않은</u> 것은?

① '계집'은 '배 비장'의 문제점을 지적함으로써 양반답지 못한 태도에 대해 비판적 인식을 표출하고 있다.

② '배 비장'은 자신에게 이름을 묻는 '계집'의 질문에 즉답을 피함으로써 자신의 정체를 숨기고 있다.

③ '계집'은 '배 비장'에게 배편이 있을 수도 있다는 말을 건넴으로써 그가 궁금해했던 정보를 제공하고 있다.

④ '사공'은 '부인'의 허락 없이 임의로 다른 행객을 태울 수 없다고 말함으로써 낯선 이에 대한 경계심을 드러내고 있다.

⑤ '사공'은 '배 비장'의 다급한 상황을 듣고 해결책을 알려 줌으로써 상대방에 대한 연민의 감정을 보여 주고 있다.

03 <u>조그마한 돛대 세운 배</u>에 대한 이해로 가장 적절한 것은?

① 주인공이 부모의 병환 소식을 듣게 되는 공간이다.

② 주인공을 태우고 서울로 가기 위해 급히 준비되었다.

③ 주인공이 당일에 제주도를 떠나기 위해 타려는 대상이다.

④ 주인공이 경제적 보상까지 내세우며 타고자 하는 것이다.

⑤ 주인공이 행객들을 데리고 제주도를 떠나기 위해 타려 한다.

02 ⓐ~ⓔ 중 '배 비장'이 상대의 기분을 풀어 주기 위해 사용한 표현으로만 짝지어진 것은?

① ⓐ, ⓑ
② ⓐ, ⓓ
③ ⓑ, ⓒ
④ ⓒ, ⓔ
⑤ ⓓ, ⓔ

04 〈보기〉를 참고하여 윗글을 감상한 내용으로 적절하지 <u>않은</u> 것은?

> **보기**
>
> 「배비장전」에서 창피를 당해 제주도를 떠나려 했던 배 비장은 제주도에 남게 되고, 결말에 가서는 현감에 올라 사람들의 칭송을 받게 된다. 이와 같은 변화가 어떻게 가능했을까? 배 비장이 제주도를 떠나고자 할 때, 제주도 사람들의 도움을 받기 위해 자신이 서울 양반이라는 우월감을 버리고 그들을 존중하는 경험을 했기 때문이다. 이는 비록 불가피한 선택이었지만, 이 과정에서 그는 자신의 태도를 돌아보게 된다. 서울 양반의 경직된 관념에 변화가 일기 시작한 것이다.

① '양반이' 묻는데 '어찌하여 대답이' 없냐고 계집을 책망한 배 비장의 행위에서, 그가 자신의 신분에 대해 우월감을 갖고 있음을 알 수 있군.

② '지방이라고 한 손 놓고 하대를' 한 배 비장의 태도에서, 그가 서울에서 온 양반이라는 이유로 제주도 사람을 얕보고 있음을 알 수 있군.

③ '물을 사람이 없어' 계집에게 '사과나 하고 다시 물을 수밖에 없다'고 하는 배 비장의 생각에서, 그가 계집의 도움을 받기 위해 불가피한 선택을 했음을 알 수 있군.

④ '이 노릇을 어찌하여야' 좋겠냐고 묻는 배 비장의 모습에서, 그가 경직된 관념을 버리고 제주도 사람을 존중하는 방법을 고민하고 있음을 알 수 있군.

⑤ '어정쩡하게' 말하려다 '춘몽을 못 깨고 또 실수'했다고 한 배 비장의 발언에서, 그가 우월감을 가지고 있던 자신의 태도를 돌아보고 있음을 알 수 있군.

다음 글을 읽고 물음에 답하시오.

　이때 태보 궐문 밖으로 나오니 그제야 정신없어 기절하거늘 좌우 제신이며 일가 제족이 구완하여 겨우 인사 차려 좌우를 돌아보며 왈,
　"이 몸이 명재경각(命在頃刻)이라. 어찌 살기를 바라리오. 군 등은 태보가 죽거든 죽기로써 간하여 왕비를 내치지 못하게 하옵소서."
한데 이때에 상소 중에 이름 올린 제원(諸員)이 모두 이로되,

[A] ┌ "그대는 죽기로써 간하다 어명을 입고 사경이 되었으나 우리도 역시
　　│ 한 탓이로다. 막중한 충을 몰랐으니 무슨 낯이 있으리오. 일은 여럿이
　　│ 참여하고 죄는 그대만 혼자 당하였으니 죄스럽고 민망하기 측량없노
　　└ 라."

　무수히 위로하다가 형옥(刑獄)으로 전송하더라. 이튿날에 형조 판서 마지못하여 위계를 갖추고 대강 직계(直啓)로 올렸더니 상(上)이 보시고 다시 하교하사,
　"금부로 가두라."
하시거늘 금부 옥졸이 옹위하여 금부에 이르니 만조백관이며 장안 백성이 구름 뫼듯 하더라. 이때에 생가 친척이며 양가 제족이 애연 돌탄하거늘 태보 위로 왈,

[B] ┌ "인명이오면 재천이옵거늘 설마 무죄로 죽어 청춘 원혼이 되리오마는
　　│ 나의 뜻은 정한 지 오래되었는지라. 하늘이 무너지고 땅이 꺼져도 변
　　│ 할 길이 없사오니 이 몸이 죽거든 영천수 흐르는 물에 훨훨 씻어 다른
　　│ 곳에는 묻지 말고 남산하에 묻어 주오면 죽은 혼백이라도 궐내를 향
　　│ 하여 우리 주상 심하에 복지하여 주야로 간하여 왕비를 다시 환궁하
　　│ 게 하올 것이니 아무리 죽은 사람의 말이라 하옵고 저버리지 마시며
　　└ 부디 명심하소서."

　금부에 수일 잡혀 갔더니, 상이 구태여 왕비는 내치시고 태보는 진도로 정배하라 하시니라.

[중략 부분의 줄거리] 박태보의 정배를 따라가려다 되돌아온 박태보의 부인은 꿈에서 남편을 만난다.

　한림이 울어 왈,
　"내 무죄하여 탕탕한 청천이 감동하사 사생풍진을 다 버리고 전고 충신을 따라 황성으로 구경 가나니, 슬프다! 부인은 기다리지 말고 만세 무양하옵소서."
하되, 부인이 대경 왈,
　"어디를 가시며 기다리지 말라 하시니까? 한림은 그다지 독하시오. 첩도 한가지로 가사이다."
하며 한림의 소매를 잡고 못 가게 하니 한림이 왈,
　"부인은 안심하소서. 구구한 사정을 어찌 잊으오리까? 일후 상봉할 날이 있으오리다."
하고 떨치고 나가거늘 부인 한림의 손을 잡고 따라가니 어떤 남자 십여 명이 의관을 정제하고 서 있거늘 겸연쩍어 방으로 들어앉으며 가만 보니 학발의관(鶴髮衣冠)을 갖춘 어린 제자 오륙 인이 분명하거늘 부인이 놀라 깨달으니 남가일몽이라.
　부인이 몽사를 생각함에 심신이 산란하여 명월을 대하여 내념에
　'분명 한림이 기사하였도다.'
　시비를 데리고 몽사를 설화하더니 이미 동방이 밝었거늘 시부모 당하에

문안차로 나가니, 이화촌에 개 짖으며 문밖에 울음소리 들리거늘 부인이 놀라 문을 열어 보니 한림의 하인 동일이라 하는 사람이 한림의 편지를 드리거늘 대감 부부와 부인이 망극하야 서로 붙들고 통곡하다가 기절하거늘 비복 등이 급히 구완하여 겨우 인사를 분별하는지라.
　이때에 원근 제족과 만조백관이 다 조문 후에 장안 백성이 뉘 아니 낙루하리오. 이러구러 곡성이 진동하니 어찌 천신이 감동치 아니하리오. 그 편지를 떼어 보니 하였으되,
　'불효자 태보는 두어 자 문안을 부모 전에 올리나이다. 천 리 원정에 가다가 과천의 관에서 신병과 심회가 울적하거늘 구천에 들어가오니, 사람의 죄 삼천을 정하였으되 불효한 죄가 제일이라 하였으니 삼천 수죄(首罪) 지었으나 국은을 또한 갚지 못하옵고 중로 고혼이 되어 구천에 돌아가는 자식을 생각지 마옵고 말년 귀체를 안보하시다가 만세 후에 부자지정을 만분지일이나 바라나이다.'
하였더라.
　이날 대감이 판서 노복 등을 거느리고 즉시 과천으로 행할새, 장안 백성이 다 애연하며 구름 뫼듯 하더라. 대감과 판서 애통함이 측량없더라. 초종례로 극진히 한 후에 채단으로 염습하고 도로 집으로 옮겨와 장사를 지내니 일문이 애통함을 차마 못 볼러라.
　각설, 이때에 상이 민 중전을 내치시고 태보를 정배 후, 자연 심신이 산란하여 밤이면 성내 성외를 미복으로 순행하시더니 일일은 한 곳에 다다르니 명월은 명랑한데 어떤 아이 오륙 인이 월색 희롱하며 노래하야 즐거워하거늘 상이 몸을 은신하시고 자세히 들으니 그 노래에 하였으되,
　"저 달은 밝다마는 우리 주상은 불명하야 충신을 무슨 일로 천 리 원정에 내치시며, 무슨 일로 민 중전은 외관에 내치시고 군의신충 없었으니 이 부자자효 쓸데없다. 인심은 분명하건마는 국운이 말세 되어 백성도 못할 일을 국가에서 행하고 한심하고 가련하다. 사백 년 사직을 뉘라서 붙들랴. 이 애야, 저 애야. 흥망성쇠는 불관하다마는 당상 부모 모셨어라. 심산궁곡에 들어가 초목으로 붓을 적시고, 금수로 벗을 삼아 세월을 보내다가 성군을 기다리자."
　서로 비기며 애연히 가거늘 상이 그 노래를 들으시매 심신이 산란하여 그 아이들 성명을 묻고자 하시니 아이들이 달아나는지라 못내 애연하시며 곧 환궁하시니라.

　　　　　　　　　　　　　　　　　　- 작자 미상, 「박태보전」 -

형태쌤과 지문분석

지문분석	
공간	
서술자의 개입	

01 윗글의 내용에 대한 이해로 적절한 것은?

① 태보는 형옥에서 금부로 이송해 줄 것을 자청했다.
② 부인은 꿈에서 학발의관을 갖춘 사람들을 보고 놀라 꿈을 깼다.
③ 대감은 아들의 주검을 집으로 데려와 초종례를 극진히 지냈다.
④ 상은 노래의 내용을 알기 위해 아이들에게 이름이 무엇인지 물었다.
⑤ 형조 판서는 상의 명령대로 태보에 대한 조사 결과를 자세히 보고했다.

03 [A]와 [B]에 대한 설명으로 가장 적절한 것은?

① [A]에서 태보의 위기에 대해 책임을 통감하는 제원들의 탄식은, [B]에서 그 책임을 자신에게 돌리는 태보의 자책과 대비된다.
② [A]에서 태보가 받은 제원들의 위로는, [B]에서 삶을 도모하여 무죄를 소명하겠다는 태보의 결심으로 이어진다.
③ [A]에서 제원들이 칭송하는 태보의 강직함은, [B]에서 소신을 지키겠다고 하는 태보의 다짐에서 확인된다.
④ [A]에서 제원들 간의 갈등으로 인한 태보의 심리적 상처는, [B]에서 가족과의 만남을 통해 해소된다.
⑤ [A]에서 제원들의 말을 통해 드러난 태보의 후회는, [B]에서 가족들을 향한 태보의 말에서 반복된다.

02 윗글에 제시된 공간에 대한 설명으로 적절하지 않은 것은?

① '금부'는 임금이 권위를 실현하는 공간이고, '한 곳'은 임금이 권위를 내세우는 공간이다.
② '진도'는 임금에게 정배받은 태보가 향해야 하는 곳이고, '외관'은 임금에게 내쳐진 민 중전이 거처해야 하는 곳이다.
③ '이화촌'은 부인이 시부모에게 직접 문안하는 곳이자 태보가 하인을 보내 부모에게 문안하는 곳이다.
④ '과천'은 태보가 '진도'로 가는 경유지이자, 태보의 소식을 받은 대감이 '이화촌'을 떠나 향하는 지점이다.
⑤ '심산궁곡'은 '성내 성외'와 대비되어 임금을 피하려는 백성의 마음이 투영된 공간이다.

04 〈보기〉를 참고하여 윗글을 감상한 내용으로 적절하지 않은 것은?

보기

「박태보전」은 숙종 대의 실존 인물 박태보의 삶을 소설화한 작품이다. 이 작품에서 박태보는 임금의 부당함으로 드러나는 부도덕한 세계와의 대결에서 패배하여 숭고한 뜻을 이루지 못한다. 그럼에도 그는 가족과 국가에 윤리적 책무를 다하는 인물로 인정받음으로써 도덕적 영웅으로 고양된다. 이때 다양한 서사 장치들은 사건의 입체적 전개에 기여한다.

① 하늘이 태보를 무죄로 판명하여 전고 충신을 따르게 함을 몽사로 드러내어, 태보가 윤리적 명분 면에서 인정받은 도덕적 영웅임을 보여 주는군.
② 국은을 갚지 못하고 죽는다는 태보의 한탄을 편지로 제시하여, 태보가 임금을 올바른 길로 인도하려는 숭고한 뜻을 이루지 못하고 세계와의 대결에서 패배했음을 보여 주는군.
③ 만세 후에도 부자지정을 바라는 태보의 염원을 편지로 제시하여, 태보가 죽음에 이른 상황에서조차 부모에 대한 윤리적 책임을 다하려 한 인물임을 보여 주는군.
④ 주상이 밝은 달의 속성과 대비되는 불명한 인물임을 노래를 통해 제시하여, 백성들이 주상을 부도덕한 인물로 평가하여 신임하지 않았음을 보여 주는군.
⑤ 태보에 대한 민심을 편집자적 논평을 통해 반복적으로 나타내어, 태보가 기우는 국운을 회복한 영웅으로 추대되어 백성들의 지지를 받았음을 보여 주는군.

다음 글을 읽고 물음에 답하시오.

　　상서의 셋째 부인 여씨는 둘째 부인 석씨의 행실과 마음 씀이 매사 뛰어남을 보고 마음속에 불평하여 생각하되, '이 사람이 있으면 내게 상서의 총애가 오지 않으리라.' 하여 좋은 마음이 없더라. 날이 늦어져 모임이 흩어진 후 상서의 서모(庶母) 석파가 청운당에 오니 여씨가 말하길,

　　"석 부인은 실로 적강선녀라. 상공의 총애가 가볍지 않으리로다."

　　석파가 취해 실언함을 깨닫지 못하고 왈,

　　"석 부인은 비단 얼굴뿐 아니라 덕행을 겸비하여 시모이신 양 부인이 더욱 사랑하시나이다."

　　이때 석씨가 석파를 청하자 석파가 벽운당에 이르러 웃고 왈,

　　"나를 불러 무엇 하려 하느뇨? 내 석 부인이 받는 총애를 여 부인에게 자랑하였나이다."

　　석씨가 내키지 않아 하며 당부하되,

　　"㉠ 후일은 그런 말을 마소서."

하니, 석파 웃더라.

　　여씨의 거동이 점점 아름답지 않으나 양 부인과 상서는 내색하지 않더라. 일일은 상서가 문안 후 청운당에 가니 여씨 없고, 녹운당에 이르니 희미한 달빛 아래 여씨가 난간에 엎드려 화씨의 방을 엿듣는지라, 도로 청운당에 와 시녀로 하여금 청하니 여씨가 급히 돌아오니 상서가 정색하고 문왈,

　　"부인은 깊은 밤에 어디 갔더뇨?"

　　여씨 답 왈,

　　"㉡ 문안 후 소 부인의 운취각에 갔더이다."

　　상서는 본래 사람을 지극한 도로 가르치는지라 책망하며 왈,

　　"부인이 여자의 행실을 전혀 모르는지라. 무릇 여자의 행세 하나하나 몹시 어려운지라. 어찌 깊은 밤에 분주히 다니리오? 더욱이 다른 부인의 방을 엿들음은 **금수의 행동**이라 전일 말한 사람이 있어도 전혀 믿지 않았더니 내 눈에 세 번 뵈니 비로소 그 말이 사실임을 알지라. 부인은 다시 이 행동을 말고 과실을 고쳐 나와 함께 늙어갈 일을 생각할지어다."

하며 기세가 엄숙하니, 여씨가 크게 **부끄러워하더라**.

　　이후 여씨 밤낮으로 생각하더니, 문득 옛날 강충이란 자가 저주로써 한 무제와 여 태자를 **이간했던** 일을 떠올리고, 저주의 말을 꾸며 취성전을 범하니 일이 치밀한지라 뉘 능히 알리오?

　　일일은 취성전에서 양 부인이 일찍 일어나 앉았으나 석씨가 마침 병이 나서 문안에 불참하매 시녀 계성에게 청소시키니, 계성이 짐짓 침상 아래를 쓸다가 갑자기 **봉한 것**을 얻어 내며,

　　"알지 못하겠도다. 누가 잃은 것인고? 필연 동료 중 잃은 것이니 임자를 찾아 주리라."

하고 스스로 혼잣말 하거늘 부인이 수상히 여겨 가져오라 하여 풀어 보니, 그 글에 품은 한이 흉악하여 차마 보지 못할 바이러라. 필적이 산뜻하니 완연히 석씨의 것이라 크게 괴히 여겨 다시 보니 그 언사의 흉함이 차마 바로 보지 못할지라. 양 부인이 불을 가져다가 사르고 시녀들을 당부하여 왈,

　　"너희들이 이 일을 누설한즉 죽을죄를 당하리라."

　　좌우 시녀 듣고 송구하여 입을 봉하되, 홀로 계성은 누설치 못함을 조급해하고 양 부인은 이후 석씨와 자녀를 보나 내색하지 않더라.

　　[중략 부분의 줄거리] 석씨가 쫓겨난 후, 첫째 부인 화씨를 모함하려고 여씨가 여의개용단을 먹고 화씨로 둔갑해 나타나자, 상서는 친누나 소씨, 의남매 윤씨, 석파를 불러 모아 함께 실상을 밝히려 여씨의 심복을 찾는다.

　　시녀가 여씨 심복 미양을 가리켜 아뢰니, 상서가 미양을 잡아 내어 엄하게 조사하더라. 미양이 혼비백산하여 사실대로 고하고 두 가지 약을 내어 드리니, 소씨 등이 다투어 보고 웃되, 상서는 홀로 눈을 들어 보지 않으니 사악한 빛을 보지 않으려 함이라. 석파가 그중 **회면단**을 물에 풀어 두 화씨에게 나누어 주니 진짜 화씨 노기 가득하여 먹고 왈,

　　"약을 먹더라도 부모님 남긴 몸이 달리 되랴? 네 군이 내 얼굴이 되고자 하니, 이 무슨 괴이한 생각으로 패악을 떨려 하느뇨?"

　　상서 왈,

　　"어지럽게 굴지 말라."

　　진짜 화씨는 회면단을 마시되 용모 변치 않더라. 상서가 또 여씨에게 권하니, 여씨 먹지 않거늘 윤씨 웃고 왈,

　　"아니 먹는 죄 의심되도다."

　　소씨 나아가 우김질로 들이붓더라. 여씨가 마지못하여 먹으니 화씨 변하여 여씨 되는지라. 좌우 사람들이 박장대소하더라. 상서 바야흐로 단정히 고쳐 앉으며 왈,

　　"군자 있는 곳에는 요사스러운 일이 없거늘 이 아우가 어질지 못하여 집안에 이런 변이 있으니 대장부 되어 아녀자를 거느리지 못하여 이런 행동거지 있으니 어찌 부끄럽지 않으리오. 석씨를 모함함도 여씨의 일이니 누님은 따져 물으소서."

　　석파가 먼저 나서며 미양을 붙들고 물으니 미양이 당초부터 여씨가 계교를 꾸몄던 일들을 낱낱이 말하더라. 소씨, 윤씨 두사람이 웃으며 왈,

　　"이제 보건대, 당초 우리 의심이 그르지 않았도다."

　　석파가 몹시 좋아해 뛰면서 기쁨을 이기지 못하고, 여씨는 부끄러움을 이기지 못하여 움직이지 못하고, 화씨는 꾸짖기를 마지않더라. 날이 새어 취성전에 들어가 **어젯밤 일**을 일일이 아뢰더라. 양 부인이 놀라고 여씨를 불러 마루 아래에 꿇리고 벌주니 가장 엄숙하여 언어 명백하며 들음에 모골이 송연하더라. 이에 여씨를 내치고 계성과 미양 등을 엄히 다스리고 집안을 평정하더라.

- 작자 미상, 「소현성록」 -

　형태쌤과 지문분석

지문분석	
공간	
서술자의 개입	

01 윗글에 대한 설명으로 가장 적절한 것은?

① 배경 묘사를 통해 인물의 성격 변화를 암시하고 있다.
② 독백을 반복하여 내적 갈등의 해결 과정을 드러내고 있다.
③ 과거와 현재를 교차하여 사건을 입체적으로 전개하고 있다.
④ 한 인물과 다른 인물들 간의 다면적 갈등 관계를 제시하고 있다.
⑤ 두 공간에서 동시에 일어나는 사건을 병렬적으로 배치하고 있다.

형태쌤과 선지분석

선지분석	소현성록
배경 묘사 → 인물 성격 변화 암시	
독백 반복 → 내적 갈등의 해결 과정	
과거와 현재 교차 → 입체적 사건 전개	
한 인물과 다른 인물들 간의 다면적 갈등 관계 제시	
두 공간에서 동시에 일어나는 사건 병렬 배치	

02 윗글의 내용에 대한 이해로 적절하지 <u>않은</u> 것은?

① 석파는 집안사람들과 교류하며 집안일에 관여한다.
② 상서는 남의 말의 진위를 직접 확인하여 판단한다.
③ 여씨는 상서의 책망에도 부끄러워하지 않는다.
④ 양 부인은 권위를 지니고 가족과 시녀들을 통솔한다.
⑤ 소씨는 여씨를 압박하여 의혹을 해소하려 한다.

03 맥락을 고려하여 ㉠과 ㉡을 이해한 내용으로 가장 적절한 것은?

① ㉠은 석파의 독선을 질책하는 말이고, ㉡은 상서의 오해를 증폭시키는 말이다.
② ㉠은 석파의 안전을 도모하기 위한 말이고, ㉡은 상서를 위험에 빠뜨리기 위한 말이다.
③ ㉠은 석파에 대한 호의를 표현하는 말이고, ㉡은 상서에 대한 불신을 표현하는 말이다.
④ ㉠은 석파의 경솔함을 염려하는 말이고, ㉡은 상서의 의심을 피하기 위해 한 말이다.
⑤ ㉠은 석파에게 얻은 정보를 불신하는 말이고, ㉡은 상서가 가진 정보를 몰라서 하는 말이다.

04 〈보기〉를 참고하여 윗글을 감상한 내용으로 적절하지 <u>않은</u> 것은?

> **보기**
>
> 음모 모티프는 인물이 욕망을 실현하기 위해 음모를 실행하는 이야기 단위이다. 음모의 진행 과정에 환상적 요소가 사용되기도 하고 조력자가 등장해 음모자를 돕기도 한다. 음모가 실행되면서 서사적 긴장이 고조되는데, 음모자의 욕망 실현이 지연되면 서사적 긴장은 일시적으로 이완된다. 이때 음모자가 또 다른 음모를 꾸미나 결국 음모의 실체가 드러나며 죄상에 따라 처벌된다.

① 여씨가 자신을 석씨와 견주고 양 부인과 석씨를 '이간'하려는 데서, 석씨와의 경쟁 관계를 의식한 여씨의 욕망에서 음모가 비롯됨을 알 수 있군.
② 여씨가 꾸민 '봉한 것'이 계성을 통해 양 부인에게 건네진 데서, 상하 관계에 있는 음모자와 조력자에 의해 서사적 긴장이 고조됨을 알 수 있군.
③ '그 글'이 불살라지고 시녀들의 누설이 금지된 데서, 양 부인에 의해 음모의 실행이 저지되어 서사적 긴장이 일시적으로 이완됨을 알 수 있군.
④ '회면단'을 먹고 여씨가 본래 모습으로 돌아오는 데서, 음모자가 욕망의 실현을 위해 준비한 환상적 요소가 음모의 실체를 드러내는 도구로 작용함을 알 수 있군.
⑤ 상서는 '금수의 행동'을 한 여씨를 교화하려 했지만 양 부인은 '어젯밤 일'로 여씨를 내친 데서, 처벌 방법을 두고 대립이 있음을 알 수 있군.

다음 글을 읽고 물음에 답하시오.

이때 예부 상서 진량을 황제 가장 총애하시니 진량이 의기양양하고 교만 방자한지라, 정 상서 일찍 진량이 소인인 줄 알고 황제께 간하되 황제 종시 그렇지 않다 하심에, 진량이 이 일을 알고 정 상서를 해하려 하더라. 차시 황제의 탄생일이 되었는지라, ㉠ 마침 정 상서 병이 있어 상소하고 참석지 못하였더니 황제 만조백관더러 묻기를,

"정 상서의 병이 어떠하뇨?"

하시고 사관을 보내려 하시니 진량이 나아가 왈,

"정 상서는 간악한 사람이라 그 병세를 신이 자세히 아옵니다. 상서가 요사이 황제께 조회하는 것이 다르옵고 신이 상서의 집에 가오니 상서의 말이 수상하옵더니 오늘 조회에 불참하오니 반드시 무슨 생각 있는 줄 아나이다."

황제 대경하여 처벌하려 하시거늘 중관이 아뢰길,

"정 상서의 죄 명백함이 없으니 어찌 별로 다스리오리까?"

황제 듣지 않고 절강에 귀양을 정하시니 중관이 명을 듣고 정 상서의 집에 나아가 황명을 전하니, 상서 크게 울며,

"내 일찍 국은을 갚을까 하였더니 소인의 참언을 입어 이제 귀양을 가니 어찌 애달프지 않으리오."

하고 칼을 빼어 서안을 치며 말하기를,

"소인을 없애지 못하고 도리어 해를 입으니 누구를 원망하리오."

하며 눈물을 흘리니 부인은 애원 통도하고 친척 노복이 다 서러워하더라.

사관이 재촉 왈,

"㉡ 황명이 급하오니 수이 행장 차리소서."

정 상서가 일변 행장을 준비하여 부인더러 이르기를,

"나는 천만 의외에 귀양 가거니와 부인은 여아를 데리고 조상 제사를 받들어 길이 무탈하소서."

하고 즉시 발행할새, 모녀 가슴이 막혀 아무 말도 못하더라. 정 상서 여러 날 만에 귀양지에 이르니 절강 만호가 관사를 깨끗이 하고 정 상서를 머물게 하더라.

차설. 정 상서 적거한 후로 슬픔을 머금고 세월을 보내더니 석 달 만에 홀연 득병하여 마침내 세상을 영결하니 절강 만호 슬퍼 놀라 황제께 ⓐ 장계로 보고하고 부인께 기별하니라. 이때 부인과 정수정이 정 상서를 이별하고 눈물로 세월을 보내더니 일일 문득 시비 고하되,

"절강에서 사람이 왔나이다."

하거늘 부인이 급히 불러 물으니 답하기를,

"㉢ 정 상서께서 지난달 보름께 별세하셨나이다."

하는지라. 부인과 정수정 이 말을 듣고 한마디 소리를 내며 혼절하니 시비 등이 창황망조하여 약물로 급히 구함에 오랜 후에야 숨을 내쉬며 눈물이 비 오듯 하더라.

[중략 부분의 줄거리] 남장을 한 정수정은 장원 급제한 뒤 북적을 물리친다. 이후 황제에게 자신이 여성임을 밝히고 정혼자인 장연과 혼인한다. 호왕이 침공하자 정수정은 대원수, 장연은 중군장으로 출전한다.

㉣ 대원수 호왕에 승리하여 황성으로 향할새 강서 지경에 이르러 한복더러 묻기를,

"진량의 귀양지가 여기서 얼마나 되는가?"

"수십 리는 되나이다."

대원수 분부하되 철기를 거느려 결박하여 오라 하니 한복 등이 듣고 나는 듯이 가 바로 내실로 들어갈새 진량이 대경하여 연고를 묻거늘 한복이 칼을 들어 시종을 베고 군사를 호령하여 진량을 결박하여 본진으로 돌아와 대원수께 고하되, 대원수 이에 진량을 잡아들여 장하에 꿇리고 노기 대발하여 부친 모해하던 죄상을 문초하니 진량이 다만 살려 달라 빌거늘, 대원수 무사를 호령하여 빨리 베라 하니 이윽고 무사 진량의 머리를 드리거늘, 대원수 **제상을 차려 부친께 제사 지내**더라.

황제께 ⓑ 첩서를 올려 승전을 알리고, 중군장 장연을 기주로 보내고 대군을 지휘하여 경사로 향하여 여러 날 만에 궐하에 이르니, 황제 백관을 거느려 대원수를 맞아 치하하시고 좌각로 평북후를 봉하시니 대원수 사은하고 청주로 가니라.

차설. 장연이 기주에 이르러 모친 태부인 뵈옵고 전후사연을 고하되 태부인이 듣고 통분 왈,

"너를 길러 벼슬이 공후에 이르니 기쁨이 측량없던 차에 **전쟁터에서 부인에게 욕을 보고 돌아올 줄** 어찌 알았으리오."

장연의 다른 부인들인 원 부인과 공주가 아뢰기를,

"정수정 벼슬이 높으니 능히 제어치 못할 것이요, 저 사람 또한 대의를 알아 삼가 화목할 것이니 이제는 노하지 마소서."

태부인이 그렇게 여겨 이에 시녀를 정하여 서찰을 주어 청주로 보내니라. 이때 정수정은 전쟁에서 **장연 징계한 일로 심사 답답**하더니 시비 문득 아뢰되 기주 시녀 왔다 하거늘 불러들여 ㉤ 서찰을 본즉 태부인의 서찰이라. 기뻐 즉시 회답하여 보내고 익일에 행장 차려 갈새, 홍군 취삼으로 봉관 적의에 명월패 차고 수십 시녀를 거느려 성 밖에 나오니, 한복이 정수정을 **호위**하여 기주에 이르러 **태부인께 예**하고 두 부인으로 더불어 예필 좌정함에, 태부인이 지난 일에 조금도 거리낌이 없으니, 정수정 또한 태부인을 지성으로 섬기더라.

- 작자 미상, 「정수정전」 -

형태쌤과 지문분석

지문분석	
공간	
서술자의 개입	

01 윗글의 인물에 대한 이해로 적절하지 <u>않은</u> 것은?

① '황제'는 자신이 총애하는 사람의 말을 듣고 정 상서를 처벌하기로 결심한다.
② '중관'은 정 상서를 처벌하기에는 그 죄가 분명하지 않음을 황제에게 주장한다.
③ '정 상서'는 자신이 소인의 참언 때문에 뜻하지 않게 귀양을 가게 되었다고 생각한다.
④ '한복'은 대원수의 명령에 따라 진량의 귀양지로 가서 그의 죄를 묻고 처벌을 내린다.
⑤ '원 부인'과 '공주'는 정수정이 도리를 지켜 원만하게 지낼 것임을 내세워 태부인을 진정시킨다.

03 ⓐ, ⓑ에 대한 이해로 가장 적절한 것은?

① ⓐ는 자신의 귀양살이를 보고할 목적으로 작성되었다.
② ⓐ는 황제와의 갈등을 해결하기 위한 목적으로 작성되었다.
③ ⓑ는 호왕과 별인 전쟁의 결과를 보고할 목적으로 작성되었다.
④ ⓑ는 황제를 직접 만나 보고하는 것을 피할 목적으로 작성되었다.
⑤ ⓐ와 ⓑ에 담긴 소식은 황제 외의 사람들에게는 알려지지 않았다.

02 ㉠~㉤에 대한 이해로 적절하지 <u>않은</u> 것은?

① ㉠으로 진량에게는 정 상서를 모함할 기회가 생긴다.
② ㉡으로 정 상서는 비보가 전해질 것을 짐작하게 된다.
③ ㉢으로 부인과 정수정은 충격을 받고 정신을 잃게 된다.
④ ㉣로 정수정은 황제로부터 노고에 대한 보답을 받게 된다.
⑤ ㉤으로 정수정은 걱정을 덜며 떠날 채비를 하게 된다.

04 〈보기〉를 참고하여 윗글을 감상한 내용으로 적절하지 <u>않은</u> 것은?

> **보기**
>
> 정수정은 국가적 위기를 해결하는 영웅이자, 부친의 원수를 갚는 효녀이고, 부녀자로서의 덕목을 지녀야 하는 장씨 가문의 여성이다. 정수정은 주어진 상황과 조건에 따라 세 역할 사이에서 갈등하기도 하지만, 결과적으로는 모든 역할에 충실하며 다양한 능력과 덕목을 갖춘 인물로 형상화된다.

① '진량의 귀양지가 여기서 얼마나 되는'지 묻는 '대원수'의 발언에서, '진량'을 찾아 부친의 한을 풀어 주려는 '정수정'의 효녀로서의 면모가 드러남을 알 수 있군.
② '제상을 차려 부친께 제사 지내'는 '대원수'의 모습에서, '정수정'은 부친의 원수를 갚는 효녀로서의 소임을 수행하여 죽은 부친의 넋을 위로하고 있음을 알 수 있군.
③ '장연'이 '전쟁터에서 부인에게 욕을 보고 돌아'왔다며 통분하는 '태부인'의 모습에서, '태부인'은 '정수정'이 아내의 역할보다 대원수의 역할을 중시한 것에 대해 못마땅해함을 알 수 있군.
④ '장연 징계한 일로 심사 답답'한 '정수정'의 모습에서, '정수정'은 군대를 통솔했던 국가적 영웅으로 돌아가고 싶어 함을 알 수 있군.
⑤ '한복'의 '호위'를 받으며 기주로 가서 '태부인께 예'하는 '정수정'의 모습에서, 국가적 영웅의 면모를 유지하는 '정수정'이 며느리로서의 역할도 수행함을 알 수 있군.

다음 글을 읽고 물음에 답하시오.

혼례를 마친 후 최척이 아내와 함께 장모를 모시고 집으로 돌아오매 하인들이 기뻐했다. 대청에 오르자 **친척들**이 축하하여 온 집안에 기쁨이 넘쳤고, 이들을 기리는 소리가 사방의 이웃으로 퍼졌다. 시집에 온 옥영은 소매를 걷고 머리를 빗어 올린 채 손수 물을 긷고 절구질을 했으며, 시아버지를 봉양하고 남편을 대할 때 효와 정성을 다하고, 윗사람을 받들고 아랫사람을 대할 때는 성의와 예의를 두루 갖췄다. **이웃 사람들**이 이를 듣고는 모두 양홍의 처나 포선의 아내도 이보다 낫지 않을 것이라고 칭찬했다.

최척은 결혼한 후 구하는 것이 뜻대로 되어 재산이 점차 넉넉히 불었으나, 다만 일찍이 자식이 없는 것이 걱정이었다. 최척 부부는 후사를 염려하여 ㉠ 매월 초하루가 되면 몸과 마음을 깨끗이 하고 함께 만복사에 올라 부처께 기도를 올렸다. 다음 해 갑오년 ㉡ 정월 초하루에도 만복사에 올라 기도를 했는데, 이날 밤 장육금불이 옥영의 꿈에 나타나 말했다.

"나는 **만복사의 부처**로다. 너희 정성이 가상해 기이한 **사내아이**를 점지해 주니, 태어나면 반드시 특이한 징표가 있을 것이다."

옥영은 ㉢ 그달에 바로 잉태해 열 달 뒤 과연 아들을 낳았는데, 등에 어린아이 손바닥만 한 **붉은 점**이 있었다. 그래서 최척은 아들 이름을 몽석(夢釋)이라고 지었다.

최척은 피리를 잘 불었으며, ㉣ 매양 꽃 피는 아침과 달 뜬 밤이 되면 아내 곁에서 피리를 불곤 했다. 일찍이 날씨가 맑은 ㉤ 어느 봄날 밤이었는데, 어둠이 깊어 갈 무렵 미풍이 잠깐 일며 밝은 달이 환하게 비쳤으며, 바람에 날리던 꽃잎이 옷에 떨어져 그윽한 향기가 코끝에 스며들었다. 이에 최척은 옥영과 술을 따라 마신 후, 침상에 기대 피리를 부니 그 여음이 하늘거리며 퍼져 나갔다. 옥영이 한동안 침묵하다 말했다.

"저는 평소 여인이 시 읊는 것을 좋게 여기지 않습니다. 그런데 이처럼 맑은 정경을 대하니 도저히 참을 수가 없군요."

옥영은 마침내 절구 한 수를 읊었다.

왕자진이 피리를 부니 달도 내려와 들으려는데,
바다처럼 푸른 하늘엔 이슬이 서늘하네.
때마침 날아가는 푸른 난새를 함께 타고서도,
안개와 노을이 가득해 봉도 가는 길 찾을 수 없네.

최척은 애초에 자기 아내가 이리 시를 잘 읊는 줄 모르고 있던 터라 놀라 감탄하였다.

[중략 줄거리] 전란으로 가족과 이별한 최척은 명나라 배를 타고 안남에 이르러 처량한 마음에 피리를 불었다.

최척은 동방이 밝아 오자, 강둑을 내려가 **일본인 배에 이르러 조선말로** 물었다.

"어젯밤 시를 읊던 사람은 조선 사람 아닙니까? 나도 조선 사람이어서 한번 만나 보았으면 합니다. 멀리 **다른 나라를 떠도는 사람**이 비슷하게 생긴 **고국 사람을 만나**는 것이 어찌 그저 기쁘기만 한 일이겠습니까?"

옥영도 생각하기를 어젯밤 들은 **피리 소리**가 조선의 곡조인데다, 평소 익히 들었던 것과 너무나 흡사했다. 그래서 남편 생각에 감회가 일어 절로 시를 읊게 되었던 것이다. 옥영은 자기를 찾는 사람의 목소리를 듣고는 황

망히 뛰쳐나와 최척을 보았다. 둘은 서로 마주하고 놀라 **소리를 지르며 끌어안고** 백사장을 뒹굴었다. 목이 메고 기가 막혀 마음을 안정할 수 없었으며, 말도 할 수 없었다. 눈에서는 **눈물이 다하자 피가 흘러내려** 서로를 볼 수도 없을 지경이었다. 양국의 **뱃사람들**이 저잣거리처럼 모여들어 구경했는데, 처음에는 친척이나 잘 아는 친구인 줄로만 알았다. 뒤에 그들이 부부 사이라는 것을 알고 서로 돌아보며 소리쳐 말했다.

"이상하고 기이한 일이로다! 이것은 하늘의 뜻이요, 사람이 이룰 수 있는 일이 아니로다. 이런 일은 옛날에도 들어 보지 못하였다."

최척은 옥영에게 그간의 소식을 물었다.

"산속에서 붙들려 강가로 끌려갔다는데, 그때 아버지와 장모님은 어찌 되었소?"

옥영이 말했다.

"날이 어두워진 뒤 배에 오른 데다 정신이 없어 서로 잃어버렸으니, 제가 두 분의 안위를 어떻게 알겠습니까?"

두 사람이 손을 붙들고 통곡하자, 옆에서 지켜보던 사람들도 슬퍼하며 눈물을 닦지 않는 이가 없었다.

－ 조위한, 「최척전」 －

형태쌤과 지문분석

지문분석	
공간	
서술자의 개입	

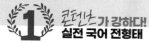
01 윗글에 대한 설명으로 가장 적절한 것은?

① 시를 삽입하여 인물 간의 갈등 양상이 구체화되는 상황을 드러내고 있다.
② 인물의 행위가 연속적으로 나열된 장면을 통해 신분의 변화 과정을 드러내고 있다.
③ 주변 인물이 알고 있는 사례를 근거로 주요 인물에 대해 상반된 평가를 내리게 하고 있다.
④ 감각적인 배경 묘사를 통해 인물의 행동이 전개되는 상황의 낭만적 분위기를 부각하고 있다.
⑤ 인물 간 대화가 오가는 장면을 보여 주어 이전 사건에 따른 다른 인물들의 현재 행선지를 드러내고 있다.

 형태쌤과 선지분석

선지분석	최척전
시 삽입 → 인물 간의 갈등 양상 구체화	
인물의 행위를 연속적으로 나열 → 신분 변화 과정	
주변 인물이 알고 있는 사례 → 주요 인물에 대해 상반된 평가를 내리게 함	
감각적인 배경 묘사 → 낭만적 분위기를 부각	
인물 간 대화 → 다른 인물들의 현재 행선지	

02 윗글의 인물에 대한 이해로 적절하지 <u>않은</u> 것은?

① '뱃사람들'은 최척과 옥영의 관계가 자신들이 생각하던 것과 달라 놀라워했다.
② '최척'은 강둑을 내려가 자신을 '다른 나라를 떠도는 사람'이라 말하며 자신의 처지와 심정을 드러냈다.
③ '최척'은 옥영의 시에 대한 재능을 결혼 전에 알고 있었지만, 옥영이 시를 읊기 전까지 이를 모른 척했다.
④ '옥영'은 가정의 구성원들을 정성스러운 마음으로 대했고, 옥영이 시집온 후 최척의 집안은 점차 부유해졌다.
⑤ '친척들'은 최척의 결혼을 경사로 받아들였고, '이웃 사람들'은 옥영의 행실을 칭찬했다.

03 ㉠~㉤에 대한 이해로 가장 적절한 것은?

① ㉠은 인물의 심리적 갈등이 발생하는, ㉢은 ㉠에서 발생한 갈등이 심화되는 시간의 표지이다.
② ㉢과 ㉤은 모두 과거의 행위를 통해 인물의 성격이 변화됨을 드러내는 시간의 표지이다.
③ ㉣은 인물의 행위가 반복적으로 일어나는, ㉤은 ㉣ 중 한 시점을 특정하는 시간의 표지이다.
④ ㉡은 ㉠에서부터 이어진 행위를 알려 주는, ㉤은 그 행위가 완결된 순간을 지시하는 시간의 표지이다.
⑤ ㉡과 ㉢은 인물의 소망이 실현되어 가는 과정에 포함되는, ㉤은 인물의 소망이 좌절된 시간의 표지이다.

04 〈보기〉를 바탕으로 윗글을 감상한 내용으로 적절하지 <u>않은</u> 것은?

보기

「최척전」에는 하나의 문제 상황이 해결되면 또 다른 문제가 확인되는 서사 구조가 나타나고 있다. 이 과정에서 도움을 주는 신이한 존재를 나타나게 하거나, 예언의 실현을 보여 주는 특이한 증거를 활용하거나, 문제 해결의 계기가 되는 소재를 제시하거나, 공간적 배경을 확장하여 다양한 국적의 사람들을 등장시키는 등의 서사적 장치들이 확인된다. 이러한 서사 구조와 다양한 서사적 장치는 독자가 이야기에 흥미를 가지고 그것을 자연스럽게 수용하는 데 기여한다.

① 옥영의 꿈에 나타난 '만복사의 부처'는, 옥영이 겪고 있는 현실적인 문제를 해결하는 데 도움을 주는 신이한 존재로서 역할을 한다고 볼 수 있겠군.
② 몽석의 몸에 나타난 '붉은 점'은, '사내아이'의 출생과 관련한 예언이 실제로 이루어졌음을 확인할 수 있는 특이한 증거로 활용된다고 볼 수 있겠군.
③ 최척이 '일본인 배에 이르러 조선말로 물'어보는 것과 '고국 사람을 만나'려 하는 것은, 서사 전개 과정에서 공간적 배경을 조선뿐 아니라 다른 나라로도 확장한 것과 관련이 있겠군.
④ 옥영이 들은 '피리 소리'는, 옥영이 최척을 떠올리게 하여 이별의 상황을 해결하는 계기가 되는 소재로 작용하고 있다고 볼 수 있겠군.
⑤ 최척과 옥영이 '소리를 지르며 끌어안'는 것은 문제의 해결에 따른 기쁨과, '눈물이 다하자 피가 흘러내'리는 것은 또 다른 문제 확인에 따른 인물의 불안감과 관련이 있겠군.

다음 글을 읽고 물음에 답하시오.

십여 일이 지날 무렵 노비 막동이 눈물을 흘리며 물었다.

"낭군께선 늘 언행이 호방하시고 재주가 무리 중에 탁월해 거침없으시더니, 요즘에는 울적해 하시니 말 못할 근심이 있는 듯하옵니다. 사모하는 이라도 있으신지요?"

김생이 슬퍼하며 느낀 바를 사실대로 말하니 막동이 한참 생각하고 말했다.

"소인이 낭군을 위해 마륵의 ㉠ 계책을 올릴 테니, 낭군께선 애태울 일이 없으십니다."

"그게 무엇이더냐?"

"낭군께선 급히 주효(酒肴)를 성대히 마련하시고 바로 미인이 머문 집으로 가셔서 손님을 전별(餞別)하려는 듯 하십시오. 방 하나를 빌려 잔치를 벌이시고 이놈을 불러 손님을 모셔 오라 하시면, 제가 명을 받들어 나갔다가 한 식경 후에 돌아와 '손님이 오십니다.'라 하지요. 낭군께서 다시 명하시면 제가 또 명을 받고 날이 저물 때쯤 돌아와, '손님께서 오늘은 송별객이 많아 심히 취해 갈 수 없으니 내일 꼭 가겠노라 하셨습니다.'라 하지요. 이때 낭군께선 주인을 불러 앉으라 하시고 그 주효를 먹게 하고, 기색을 드러내지 말고 물러나십시오. 다음 날도 그렇게 하고 그다음 날도 그렇게 하시면, 처음엔 고맙게 여길 것이요, 두 번째는 은혜에 감격할 것이며, 세 번째는 필히 의문을 품을 것입니다. 은혜를 느끼면 보답을 생각할 것이고, 은혜에 감격하면 죽음으로써 보답하고자 생각할 것이며, 의문이 생기면 하시고 싶은 바를 물어볼 것입니다. 이때 흉금을 털고 말하신다면 일은 거의 다 된 것입지요."

생은 진정 그럴듯하다 여기고 기뻐하며 말했다.

"내 일이 잘 되겠구나!"

생은 그 계책에 따라 즉시 주효를 갖추어서 곧바로 그 집에 가 전별 자리를 마련하였다.

(중략)

생이 사모하는 이가 필시 이곳에 없는 줄 알고 낯빛을 바꾸며 말했다.

"이 몸이 할멈에게 후의(厚意)를 입었으니 어찌 사실대로 말하지 않겠나? 과연 모월 모일 모처에서 오다가 길에서 마침 한 낭자를 보았다네. 나이는 대략 십오륙 세에 푸른 적삼에 붉은 치마를 입었고, 백릉버선에 자색 신을 신었지. 진주 비녀를 꽂고 새하얀 옥 반지를 끼고, 홍화문 앞길을 지나가고 있었다네. 내 마음이 화사해지고 춘정을 이기지 못해 뒤따랐는데, 마지막에 이른 곳이 곧 할멈의 집이었네. 그날 이후로 마음이 혼미하여 만사가 흐릿하며, 오로지 그 낭자만 생각했다네. 맑은 눈동자와 하얀 이가 자나 깨나 잊히지 않아 상심하며 애태우길 하루 이틀이 아니었네. 할멈이 나를 보고 낯빛이 파리하다 했는데 왜 그랬겠나? 그래서 손님을 전별한다며 할멈을 번거롭게 한 것이네."

노파가 이 말을 듣고 몹시 애처로워했으나 생이 마음에 둔 사람이 누군지 몰랐다. 한동안 깊이 생각하다가 문득 깨닫고서 말했다.

"그런 애가 있습죠. 바로 죽은 제 언니의 딸이에요. 이름은 영영이고 자(字)는 난향이죠. 만약에 정말 그렇다면 참으로 어려운 일입니다. 참 어려운 일이에요!"

"왜 그러한가?"

"이 애는 회산군 댁 시비예요. 궁에서 나고 자라 문 앞길도 밟지 못한 지 오래랍니다. 자색(姿色)이 고운 것은 낭군께서 이미 보셨으니 굳이 말할

것 없지만 고운 마음이며 얌전한 몸가짐은 양반집 규수와 다를 게 없지요. 게다가 음률과 문장을 알아 나리께서 어여삐 여기시고 장차 소실(小室)로 맞으려 하셨지만, 부인의 시샘이 하동의 사자후보다 심하여 그렇게 못 하고 있을 뿐이옵니다. 지난번 그 애가 올 수 있었던 것은 한식 때를 맞아 그 애가 어미의 제사를 이곳에서 지내려고 부인께 말미를 얻었기 때문이지요. 그리고 때마침 나리께서 외출하신 터에 올 수 있었지 그렇지 않았던들 낭군께서 어찌 얼굴을 볼 수 있었겠습니까? 아이고! 낭군께서 다시 만나시기는 참으로 어렵습죠. 참으로 어려워요!"

생이 하늘을 우러러 탄식하며 말했다.

"아, 끝난 것이로구나! 나는 필시 죽겠구나!"

노파가 안타까워 멍하니 서 있다가 다시 말했다.

"딱 한 가지 ㉡ 방법이 있습죠. 단오가 꼭 한 달 남았습니다. 그때 이 몸이 죽은 언니를 위해 제사상을 차리고 부인께 영영에게 반나절의 말미를 주도록 청한다면, 만에 하나 낭군의 뜻을 이룰 수 있을 것입니다. 낭군께선 돌아가시어 때를 기다렸다가 오시지요."

생이 기뻐하며 말했다.

"할멈 말대로 된다면야 인간의 5월 5일이 천상의 7월 7일이 되겠소!"

생과 노파는 각각 만복을 기원하며 헤어졌다.

― 작자 미상, 「상사동기」 ―

형태쌤과 지문분석

지문분석	
공간	
서술자의 개입	

01 윗글의 대화에 대한 설명으로 가장 적절한 것은?

① 시간 표지를 활용하여 사건의 추이를 드러낸다.
② 앞날의 일을 가정하여 인물 간 갈등의 심화를 암시한다.
③ 인물에 대한 논평을 활용하여 갈등의 해소 방안을 제시한다.
④ 인물의 내력을 요약적으로 제시하여 성격의 변화를 보여 준다.
⑤ 인물의 성격을 고사에 빗대어 사건을 새로운 국면으로 전환한다.

형태쌤과 선지분석

선지분석	상사동기
시간 표지 → 사건의 추이	
앞날의 일 가정 → 인물 간 갈등 심화 암시	
인물에 대한 논평 → 갈등 해소 방안	
인물 내력 요약적 제시 → 성격의 변화	
고사 활용 → 사건을 새로운 국면 전환	

02 윗글의 내용에 대한 이해로 적절하지 <u>않은</u> 것은?

① 막동은 생의 근심이 사모하는 마음 때문일 것이라 추측했다.
② 생이 노파의 집에서 손님을 전별하는 일을 벌인 데 대해 노파는 번거로움을 호소하였다.
③ 노파는 생이 찾는 자색이 고운 여인이 죽은 언니의 딸인 것을 깨달았다.
④ 노파는 생의 사연을 애처롭게 여기고 자신이 영영에 대해 아는 바를 알려 주었다.
⑤ 생은 천상의 일에 빗대어 영영을 만나는 일의 기쁨을 표현하였다.

03 ㉠과 ㉡에 대한 설명으로 가장 적절한 것은?

① ㉠과 ㉡은 모두 생에게 실현 가능성에 의구심을 갖게 한다.
② ㉠과 ㉡은 모두 생의 의도를 숨기기 위해 상황의 급박함을 부각하는 방식을 취한다.
③ ㉠은 막동의 제안을 생이 실행함으로써 이루어지고, ㉡은 생의 제안을 노파가 실행함으로써 이루어질 수 있다.
④ ㉠이 이루어지면 생은 노파에게 속내를 드러낼 기회를 얻게 되고, ㉡이 이루어지면 생이 영영과 만날 기회를 얻게 된다.
⑤ ㉠에서 생은 노파에게 접근하기 위해 가상의 존재를 내세우고, ㉡에서 생은 영영과의 만남을 위해 권력자의 위세를 내세운다.

04 〈보기〉를 참고하여 윗글을 감상한 내용으로 적절하지 <u>않은</u> 것은?

보기

「상사동기」는 남녀가 결연의 어려움을 극복하고 애정을 추구하는 서사라는 점에서, 애정 전기 소설의 전통을 따르면서도 전대 소설보다 현실성이 강화되었다. 감정에 충실하여 애정을 우선시하는 주인공의 성격, 서사 진행에 적극 개입하는 보조적 인물의 등장, 환상성을 벗어나 일상에 밀착된 배경의 설정 등에서 이를 확인할 수 있다. 또한 신분적 한계를 지닌 여성과의 결연 과정에서 애정 성취를 가로막는 사회적 관습으로 인한 갈등이 드러난다는 점에서 소설사적 의의가 있다.

① 생이 첫눈에 반한 영영과의 애정 추구에 적극적으로 나서는 점에서, 감정에 충실한 인물의 성격을 확인할 수 있군.
② 막동과 노파가 생의 애정 성취를 돕기 위해 나서는 점에서, 사건에 적극 개입하는 보조적 인물의 등장을 확인할 수 있군.
③ 생이 길을 가다 우연히 영영을 마주치고 노파의 집까지 뒤따르는 것에서, 사건 전개가 일상적 공간 속에서 이루어짐을 확인할 수 있군.
④ 영영이 회산군 댁 시비인 까닭에 두 인물의 만남이 어려운 점에서, 여성 주인공의 신분적 한계로 인해 애정 성취에 곤란을 겪는 것을 확인할 수 있군.
⑤ 회산군 부인의 허락을 구하려는 노파에게 생이 동조하는 것에서, 사회적 관습 안에서 현실적인 애정 성취 방법을 찾는 인물의 내적 갈등을 확인할 수 있군.

다음 글을 읽고 물음에 답하시오.

선군이 한림원에 다녀온 후 편지 먼저 하는지라. 노복이 주야로 내려와 상공께 편지를 드리니, 한 장은 부모님께, 한 장은 낭자에게 부친 편지거늘, 부모님께 올린 편지를 상공이 열어 보니,

[A] "문안드립니다. 그사이 부모님께서는 평안하셨나이까? 저는 부모님 덕분에 무탈하옵니다. 또한 천은을 입어 금번에 장원 급제하여 한림학사로 입조하여 도문*하니, 일자는 금월 망일이오니 잔치는 알아서 준비해 주옵소서."

하였더라.

낭자에게 온 편지를 부인 정 씨 **춘양**에게 주며,

"ⓐ 이 편지는 네 어미에게 부친 편지라. 네가 잘 간수하라."

하고 부인 통곡하니 춘양이 그 편지를 받고 울며 동춘을 안고 방에 들어가 어미 시신 흔들고 울며, 편지 열어 낯에 대고 통곡 왈,

"어머님 일어나소. 아버님 편지가 왔나이다. 일어나소. 아버님 장원 급제하여 내려오시나이다."

하며 편지로 낯을 덮으며,

"동춘은 연일 젖 먹자고 웁니다. 어머님 평시 글을 좋아하시더니 아버님 편지 왔사온데 어찌 반기지 아니하시나이까? 춘양은 글을 몰라 어머님 영전에 읽어 드리지 못하나니 답답하나이다."

하고 할머님께 빌며,

"할머님께서 어머님 영전에 가 편지를 읽으시면 어머님 영혼이 감동할 듯하나이다."

하니 정 씨 마지못해 방에 들어가 울면서 편지를 읽는지라.

[B] "낭자께 문안 전하니, 애정 담은 편지 한 장 올리나이다. 우리의 태산 같은 정이 천리에 가림에, 낭자의 얼굴을 보고 싶어도 볼 수 없고, 낭자를 생각하지 않아도 절로 생각이 납니다. 요사이 그대의 그림이 전과 빛이 달라 날로 변하나이다. 무슨 병이 들었는지 몰라 객창 등불 아래에서 수심으로 잠들지 못하니 답답합니다. 낭자의 지극한 정성으로 장원 급제하여 이 몸이 영화롭게 내려가니, 어찌 낭자의 뜻을 맞추지 아니하였으리오? 날짜는 금월 모일이니 바라건대 낭자는 천금 같은 옥체를 보존하소서. 내려가 반갑게 만나사이다."

정 씨 보기를 다함에 더욱 슬픈 마음을 진정치 못하여 통곡하며,

"ⓑ 슬프다, 춘양아! 가련타, 동춘아! 너희 어미 잃고 어찌 살라하는가?"

[중략 줄거리] 선군은 숙영이 시아버지로부터 가문의 명예를 실추했다는 오해를 받고 자결한 것을 알게 된다. 숙영은 장례 중 부활해 선군과 집에 돌아온다.

상공과 정씨 부인 내달아 낭자를 붙들고 통곡하며,

"낭자는 어디를 갔다 왔느냐?"

하며 참혹한 마음을 이기지 못하더라. 낭자 상공과 정씨 부인 앞에 가 절하고 사뢰되,

"ⓒ 첩은 천상의 죄 있으니 천명이 아닌 것이 없습니다. 너무 한탄치 마옵소서."

하며,

"ⓓ 옥황상제님이 우리를 올라오라 하시니 천명을 거스르지 못하여 올라가옵나이다."

하니, 상공 부부 더욱 처량한 심사를 측량치 못할러라. 낭자 백학선과

약주 한 병을 드리며,

"ⓔ 이 백학선은 몸이 추우면 더운 바람이 나오니 천하 유명한 보배이옵고, 약주는 기운 불편하시거든 드십시오. 백학선과 약주를 몸에 지니시오면 백세 무양하오리다."

하고,

"**부모님 돌아가실 때 연화궁**의 세계로 모셔 가오이다. 천상선관이 연화궁에 자주 다니오니 극락 연화궁으로 오시면 반가이만나 뵈오리다."

하고 선군더러,

"우리 올라갈 때가 급하였으니, 하직하고 **올라가사이다**."

하니 선군이 부모지정을 잊지 못하여 새로이 슬퍼하니, 선군과 낭자 **부모를 위로하여 나아가 엎드려** 고왈,

"소자 등은 세상 연분이 다하였삽기로 오늘 하직하옵나이다."

하고 인하여 **하직**하며,

"부모님 내내 평안하옵소서."

하고 청사자 한 쌍을 몰아 한림은 동춘을 낭자는 춘양을 안고, 구름에 싸여 올라가는지라.

상공 부부 낭자와 선군이 천궁에 올라간 후로 망연해하며 **세간을 다 나누어 주고**, 백세를 살다가 한날한시에 별세하더라.

- 작자 미상, 「숙영낭자전」 -

* 도문 : 과거 급제하고 집에 오던 일.

형태쌤과 지문분석

지문분석	
공간	
서술자의 개입	

01 '춘양'에 대한 설명으로 가장 적절한 것은?

① 아버지를 보고 싶은 심정을 어머니 영전에서 언급한다.
② 할머니로부터 아버지의 편지를 받아 어머니에게 읽어 준다.
③ 할머니와 함께 어머니 생전의 일화에 대해 이야기를 나눈다.
④ 동생이 어머니가 살아 있는 줄 알고 찾아가려 하자 동생을 막아선다.
⑤ 아버지의 소식을 어머니에게 전하고 싶은 마음을 행동으로 표출한다.

03 ⓐ~ⓔ를 이해한 내용으로 적절하지 않은 것은?

① ⓐ : 편지의 수신인이 누구인지 말해 주며 상대가 편지의 중요성을 인식하게 하고 있다.
② ⓑ : 손주들을 호명하며 격해진 감정과 그들을 불쌍해하는 마음을 표출하고 있다.
③ ⓒ : 자신의 운명은 하늘의 뜻이라고 함으로써 집에 온 자신을 책망하지 말 것을 부탁하고 있다.
④ ⓓ : 옥황상제의 부름을 거절할 수 없다고 말함으로써 이별이 예정되어 있음을 언급하고 있다.
⑤ ⓔ : 백학선과 약주를 선물함으로써 상대를 걱정하는 마음을 드러내고 있다.

02 [A], [B]에 대한 이해로 가장 적절한 것은?

① [A]에서는 자신의 안부를 전한 뒤 곧이어 받는 이의 안부를 묻는다.
② [B]에서는 받는 이를 만나고 싶지만 당장 그럴 수 없는 처지를 언급하며 안타까운 심정을 드러낸다.
③ [B]에서는 받는 이의 건강에 문제가 있다는 소식을 듣고 걱정하는 마음을 드러낸다.
④ [A]와 [B]에서 모두 자신이 뜻한 바를 이루었음을 전하고, 받는 이에게 그 공을 돌리며 감사해한다.
⑤ [A]와 [B] 모두 당부의 말을 전하는데, [A]에서는 받는 이가 글쓴이의 노력을 알아주길 바라고, [B]에서는 받는 이가 스스로 잘 처신하기를 바란다.

04 〈보기〉를 참고하여 윗글을 감상한 내용으로 적절하지 않은 것은?

보기

「숙영낭자전」에서 승천은 인간 세상의 명분에 구속받지 않는 가족 사랑을 모색한다는 의의를 갖는다. 작품에서는 상공의 잘못이 개인의 문제이기 이전에 가문이라는 명분을 중시하는 인간 세상의 구조적 문제라고 보았다. 그래서 숙영 부부는 가문이라는 명분이 작동하지 않는 천상으로 보내고, 상공 부부는 가문의 무의미함을 깨닫게 하여 구조적 문제에 대응하는 한 방식을 보여 주었다. 하지만 숙영 부부를 천상에 간 뒤에도 부모를 잘 섬기려는 모습으로 그려 낸 것은, 가족 사랑의 보편적 가치를 환기하기 위한 것이다.

① 숙영이 '부모님 돌아가실 때 연화궁'으로 모셔 가겠다고 하는 데에서, 연화궁에서 숙영과 부모를 만나게 하여 가족 사랑의 보편적 가치를 환기하려는 것을 확인할 수 있군.
② 숙영이 선군에게 천궁으로 '올라가사이다'라고 하는 데에서, 숙영 부부를 천상으로 보내 가문이라는 명분이 작동하지 않는 곳에서 살게 하려는 것을 확인할 수 있군.
③ 숙영 부부가 '부모를 위로하여 나아가 엎드려 고'하는 데에서, 승천을 망설이는 모습을 보여 주어 숙영 부부를 부모를 잘 섬기는 인물로 그려 낸 것을 확인할 수 있군.
④ 숙영 부부가 부모에게 '하직' 인사를 하는 데에서, 숙영 부부로 하여금 부모를 떠나게 하여 인간 세상의 구조적 문제에 대응하는 양상을 보여 준 것을 확인할 수 있군.
⑤ '상공 부부'가 '세간을 다 나누어 주'는 데에서, 가족을 잃어 허망해하는 상공 부부의 모습을 보여 주어 가문의 무의미함을 깨닫게 한 것을 확인할 수 있군.

다음 글을 읽고 물음에 답하시오.

　　황상과 만조백관이 어찌할 줄 모르더니 좌장군 서경태가 급히 입직군을 동원하여 칼을 들고 내달아 크게 꾸짖길,
　　"이 몹쓸 흉악한 놈아, 어찌 이런 변을 짓느냐?"
　　하고 칼을 들어 치니 아귀가 몸을 기울여 피하고 입을 벌려 숨을 들이쉬니 서경태가 날리어 아귀 입으로 들어갔다. 상이 보시다가 크게 놀라,
　　"짐이 여러 번 **전장**을 지내었으되 이런 일은 보도 듣도 못하였으니 제신 중에 뉘 이 짐승을 잡아 짐의 한을 씻으리오."
　　정서장군 한세충이 나와 아뢰길,
　　"소장이 비록 재주 없으나 저것을 베어 황상께 바치리이다."
[A]　하고 황금 투구에 엄신갑을 입고 팔 척 장창을 들고 청룡마를 내달아 외쳐 말하길,
　　"흉적은 목을 늘여 내 칼을 받으라."
　　아귀가 크게 웃고 말하길,
　　"아까는 내 숨을 들이쉬니 모기 같은 것도 삼켰으니 지금은 숨을 내쉴 것이니 네 눈을 부릅뜨고 자세히 보라."
　　하고 입을 벌려 숨을 내부니 황상과 만조백관이 오 리나 밀려갔다. 아귀가 궁중이 텅 빈 것을 보고 세 공주를 등에 업고 돌아갔다.
　　이때 황상이 제신과 함께 정신을 겨우 차려 환궁하시니 세 공주가 다 없었다. 상께 이 연고를 아뢰니 상이 크게 놀라 하교하시되,
　　"이런 해괴한 변이 천고에 없으니 경들의 소견이 어떠하뇨?"
　　하고 용루를 흘리시니 **조정**에 모인 여러 신하가 감히 우러러 보지 못하였다.

　　이우영이 아뢰길,
　　"전 좌승상 김규가 지모 넉넉하오니 불러 문의하심이 마땅할까 하나이다."
　　상이 깨달아 조서를 내려 김규를 부르셨다.
　　이때 승상이 원을 데리고 평안히 지내더니 천만의외에 사관이 조서를 가지고 왔거늘 받자와 본즉,
　　"전임 좌승상에게 부치나니 그사이 **고향**에서 무사한가. ⓐ <u>짐은 불행하여 공주를 잃고 종적을 모르니 통한함을 어찌 측량하리오.</u> 경에게 옛 벼슬을 다시 내리나니 바삐 올라와 고명한 소견으로 짐의 아득함을 깨닫게 하라."
　　하였다. 승상이 사관을 후대하고 ㉠ <u>국변</u>을 물으니 아귀 작란하던 일과 세 공주 잃은 말을 대강 고하니 승상이 못내 슬퍼하며 상경하여 사은숙배하니, 상이 보시고,
　　"경이 고향에 돌아감은 짐이 불명한 탓이로다. 국운이 불행하여 세 공주를 일시에 잃었으니 짐의 이 원을 어찌하리오? 경의 소견으로 이 일을 도모하면 평생의 한을 풀리로다."
　　승상이 엎드려 아뢰길,
　　"소신이 자식이 있삽는데 창법 검술이 일세에 무쌍하와 매일 종적 없이 다니옵기 연고를 물으니 **철마산**에 가 무예를 익히다가 일일은 그 산에서 아귀라 하는 짐승을 만나 겨루고 그 뒤를 좇아 바위 구멍으로 들어감을 보았노라 하옵기 과연 허언이 아닌가 싶사오니 ⓑ <u>자식을 불러 들으심이 마땅하올까 하나이다.</u>"

[중략 부분의 줄거리] 원은 황상을 뵙고 원수가 되어 철마산 아귀의 소굴로 들어간다.

　　원수가 백계를 생각하다가 갑자기 깨달아 공주께 아뢰기를,
　　"독한 술을 많이 빚어 좋은 안주를 장만하여야 계교를 베풀리이다."
　　하고, 약속을 정해 여러 여자를 청하여 여차여차하게 계교를 갖추고 기다리라고 하였다.
　　이때 아귀가 원의 칼에 상한 머리 거의 나으니 모든 시녀를 불러 말하기를,
　　ⓒ <u>"내 병이 조금 나았으니 사오일 후 세상에 나가 남두성을 잡아 죽여 이 원한을 풀리라. 너희는 나를 위하여 마음을 위로하라."</u>
　　여자들이 이 말을 듣고 크게 기뻐하여 각각 술과 성찬을 권하기를,
　　"대왕의 상처가 나으시면 첩 등의 복이 하나이다. ⓓ <u>수이 차도를 얻사오면 남두성 잡기야 어찌 근심하리오? 주찬을 대령하였사오니 다 드시어 첩 등의 우러르는 마음을 즐겁게 하소서.</u>"
　　아귀가 가져오라 하거늘, 여러 여자가 일시에 한 그릇씩 드리니 아홉 입으로 권하는 대로 먹으니 그 수를 알 수 없었다. 술이 취하매 여러 여자가 거짓으로 위로하여,
　　"장군은 잠깐 잠을 청하여 아픔을 잊으소서."
　　아귀가 듣고 잠을 자려 하거늘, 막내 공주가 곁에 앉아 말하길,
　　"보검을 놓고 주무소서. 취중에 보검을 한번 휘둘러 치면 잔명이 죄 없이 상할까 하나이다."
　　아귀가 말하기를,
　　"장수가 잠이 드나 칼을 어찌 손에서 놓으리오마는 혹 실수함이 있을까 하노니 머리맡에 세워 두라."
　　하고 주거늘, 공주가 받아 놓고 잠들기를 기다렸다. 아귀가 깊이 잠들었거늘, 비수를 가지고 **협실**로 나와 원수에게 잠들었음을 이르고 함께 후원에 이르러 큰 기둥을 가리키며,
　　"원수의 칼로 저 기둥을 쳐 보소서."
　　원수가 칼을 들어 기둥을 치니 반쯤 부러졌다. 공주가 크게 놀라 말하기를,
　　"만일 그 칼을 썼더라면 성사도 못하고 도리어 큰 화가 미칠 뻔하였습니다."
　　아귀가 쓰던 비수로 기둥을 치니 썩은 풀이 베어지는 듯하였다.

－ 작자 미상, 「김원전」－

형태쌤과 지문분석

지문분석	
공간	
서술자의 개입	

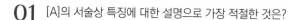
01 [A]의 서술상 특징에 대한 설명으로 가장 적절한 것은?

① 서술자가 개입하여 인물에 대한 평가를 제시하고 있다.
② 대화를 통해 인물 간의 위계나 관계를 보여 주고 있다.
③ 현재와 과거를 교차하여 장면의 전환을 보여 주고 있다.
④ 인물의 회상을 통해 인물 간 갈등의 원인을 암시하고 있다.
⑤ 상황에 대한 인물의 반응을 과장되게 서술하여 사건의 비극성을 완화하고 있다.

형태쌤과 선지분석

선지분석	[A]
서술자 개입 → 인물에 대한 평가	
대화 → 인물 간의 위계나 관계	
현재와 과거 교차 → 장면의 전환	
인물의 회상 → 인물 간 갈등의 원인 암시	
상황에 대한 인물의 반응 과장 서술 → 사건의 비극성 완화	

02 ㉠과 관련하여 윗글을 이해한 내용으로 적절하지 <u>않은</u> 것은?

① 황상은 ㉠의 심각성을 이전의 '전장'과 비교하고, 그때의 경험에 근거하여 ㉠에 대한 대처 방안을 찾아낸다.
② 이우영은 ㉠의 해결을 위해 '조정'에서 황상의 질문에 답하며 ㉠에 대처할 방안을 찾아 줄 지모 있는 인물을 거명한다.
③ 황상은 ㉠의 여파가 미치지 않은 '고향'에서 편안히 지내던 승상에게 ㉠으로 인한 위기 상황을 알린다.
④ 승상은 ㉠의 원흉인 아귀를 원이 '철마산'에서 본 것을 황상에게 아뢰고, ㉠을 해결할 단서를 제공할 인물을 천거한다.
⑤ 원은 ㉠의 해결 방안을 떠올리고, '협실'에서 공주를 만나 ㉠을 해결할 수 있는 기회가 왔음을 알게 된다.

03 ⓐ~ⓓ에 대한 설명으로 가장 적절한 것은?

① ⓐ와 ⓑ에서는 상대에 대한 신뢰를 바탕으로, 숨겨 온 사실을 드러내고 있다.
② ⓑ와 ⓒ에서는 자신의 위세를 드러내어, 상대의 복종을 이끌어 내고 있다.
③ ⓐ에서는 자신의 감정을 상대에게 드러내고, ⓓ에서는 자신들의 의도를 상대에게 숨기고 있다.
④ ⓑ에서는 당위를 내세워 상대의 행위를 요구하고, ⓓ에서는 상대의 안위를 우려하여 자제를 요청하고 있다.
⑤ ⓒ에서는 상대에게 자신의 목표를 위해 행동할 것을 촉구하고, ⓓ에서는 상대의 목표를 위해 행동할 것을 약속하고 있다.

04 〈보기〉를 참고하여 윗글을 감상한 내용으로 적절하지 <u>않은</u> 것은?

보기

「김원전」은 당대의 보편적 가치인 충군을 주제로, 초월적 능력을 지닌 주인공과 기이한 존재인 적대자의 필연적 대결 관계를 보여 준다. 특히 적대자의 압도적 무력에 맞서는 과정에서 인물에 따라, 혹은 인물이 처한 상황에 따라 다른 대응 방식을 보여 줌으로써 독자의 흥미를 자극한다.

① 서경태가 입직군을 동원해 아귀와 맞서고 원수가 계교를 마련해 아귀를 상대하는 데서, 압도적 무력을 지닌 적대자에 대응하는 양상이 서로 다름을 알 수 있군.
② 한세충이 황상의 한을 씻고자 아귀에게 대항하고 승상이 황상의 불행에 슬퍼하며 상경하는 데서, 인물들이 충군의 가치를 지키고 있음을 알 수 있군.
③ 원이 아귀의 머리를 상하게 한 것과 아귀가 남두성인 원에게 원한을 갚겠다고 다짐하는 데서, 주인공과 적대자의 대결이 피할 수 없는 것임을 알 수 있군.
④ 공주가 황상에게는 국운의 불행으로 잃은 대상이지만 원수에게는 약속대로 아귀를 잠들게 하는 인물인 데서, 여성 인물이 사건의 피해자이자 해결을 돕는 존재임을 알 수 있군.
⑤ 일세에 무쌍한 무예를 갖춘 원수가 아귀의 비수로 기둥을 베어 보는 데서, 주인공이 적대자를 처치하기 위해 자신의 계획대로 초월적 능력을 시험하고 있음을 알 수 있군.

다음 글을 읽고 물음에 답하시오.

장 소저가 남복을 벗고 담장 소복으로 여복을 개착하고 금로에 향을 사르며 시랑의 영위 먼저 차린 후 제문을 읽으니, ⓐ 그 글에 하였으되,

'유세차 기축 삼월 정묘 삭 십오 일에 기주 장 한림의 딸 애황은 감히 이부 시랑 이 공 영위 앞에 아뢰나이다. 오호 애재라! 소첩의 부친이 대인과 사귐이 깊사옵더니, 그 후에 대인은 귀자를 두시고 부친은 소첩을 얻으시니 피차에 동년 동일생이라. 부친이 신기한 꿈을 꾸고는 대인과 진진지연*을 깊이 맺었더니, 슬프다, 양가 시운이 불리하여 대인은 간신의 모해를 입어 외딴섬에 유배 가시고, 부친은 대인의 억울함과 소첩의 앞길이 그릇됨을 원통히 여겨 걱정과 분노가 병이 되어 중도에 세상을 버리시니, 모친 또한 부친의 뒤를 따라 별세하시니, 외롭고 연약한 소첩은 의지할 곳이 없더라. 간적 왕희가 첩의 고독함을 업신여겨 혼인을 강제하옵기로 변복 도주하였다가, 남자로 행세하여 용문에 올라 남적을 멸하고 대공을 이룸은, 적자 왕희를 없이하여 원통함을 풀고 대인과 공자를 찾아 혼약을 이루기 위함이었는데, 사신의 말을 들으니 대인 부자가 형적이 없다 하니, 반드시 수중고혼이 되신지라. 어찌 참통치 않으리잇고. 이에 한 잔 술을 바치옵나니 삼가 바라건대 존령은 흠향하옵소서.'

하였더라.

(중략)

각설. 이 공자 대봉이 부친을 모시고 ⊙ 용궁을 떠나 여러 날 만에 ⓛ 황성에 올라와 머물 곳을 정한 후, 흉노의 머리 벤 것을 봉하여 성상께 올릴새 상소를 지어 전후사연을 주달하였거늘, 이때 성상이 이 시랑 부자의 생사를 알지 못하시고 장 소저의 앞길을 애련히 여기사 마음에 잊지 못하시더니, 또 장 소저의 상표가 이르렀거늘 상이 반기사 급히 열어 보시니 왈,

'신첩 장애황은 일장 표를 용탑 하에 올리나이다. 신첩이 성상의 큰 은혜를 받자와 바닷가에서 제를 올려 고혼을 위로하오나, 이승과 저승이 판이하게 달라 영혼이 자취가 없사오니, 비록 앞에 와 흠향하온들 어찌 알리 있사오리잇가. 아득한 경상과 슬픈 마음을 진정치 못하와 제를 지내며 통곡하옵더니, 천우신조하와 삭발 승려를 만나오니 이 곧 시랑 이익의 처 양씨라. 비록 성혼 행례는 아니 하였사오나 어찌 시어머니와 며느리 사이가 아니리잇가. 일비일희하여 즐겁기 무궁하오니, 이는 다 성상의 넓으신 덕택으로 말미암음이라. 그러나 왕희 부자는 국가를 혼란스럽게 한 간신이옵고 신첩의 원수라. 바라건대 폐하는 왕희 부자를 엄형 국문하사 국법을 밝히시고, 그 부자를 신첩에게 내어 주시면 남선우 베던 칼로 난신을 죽여 이익의 부자에게 제하여 영혼을 위로하리이다.'

하였더라.

상이 다 보신 후 정히 처결코자 하시더니, 이때 또 하나의 표문이 올라오거늘, 상이 의괴하여 열어 보시니 ⓑ 그 소에 하였으되,

'죄신 이대봉은 황공함과 두려운 마음으로 머리를 조아려 절을 올리며 한 장 표문을 황상 용탑 하에 바치옵나이다. 신의 부자가 간신 왕희의 모함을 입었사오나, 폐하의 성덕을 입사와 이 한목숨에 너그러움을 베풀어 ⓒ 해도에 내치신 덕택으로 유배지로 가옵더니, 도중을 향하와 배를 타고 대해 중에 행하옵더니, 뜻밖에 뱃사람들이 달려들어 아비를 결박하여 물에 던지거늘, 신의 아비 죽는 양을 보고 또한 뒤를 따라 수중에 빠지오매 거의 죽게 되었삽더니, 마침 서해 용왕의 구함을 입어 살아나 서역 천축국 ⓔ 백운암에 가 팔 년을 의탁하였나이다. 생각하옵건대 신의 부자가 국가

의 죄인이라. 타처에 오래 있사옴이 옳지 않아 세상에 나와 수중에 빠진 아비 유골이나마 찾고 고국에 있는 어미를 찾아보고자 하와 중원으로 돌아가옵다가, 농서에서 한나라 장수 이릉의 영혼을 만나 갑옷과 투구를 얻고, 사평에서 오추마를 얻으며, 화용도에서 관 공의 영혼을 만나 칼을 얻어, 황성으로 향코자 하옵다가, 반적 흉노가 천자의 자리를 범하여 황성을 함몰하고 어가가 ⓜ 금릉으로 행하셨다 함을 듣고, 분심을 이기지 못하와 전죄를 무릅쓰고 천 리를 달려와 금릉에 이르러 자칭 충의장군이라 하옵고 필마단창으로 적군을 파하고 적장 묵특남과 동돌수를 베어 성상의 급하심을 구하옵고, 흉노가 도망하는 것을 따라 서릉도에 들어가 흉노를 베었나이다. 돌아오는 길에 해중에서 풍랑을 만나 나흘 밤낮을 정처 없이 가다가 천우신조하옵고, 성상의 하해지덕으로 무인절도에 다다라 바람이 그치오며, 그 섬에 올라가 죽었던 아비를 만났사오니 황명을 기다리지 아니하고 감히 함께 와 대죄하옵나니, 신의 부자의 죄 만 번 죽어도 아까울 것이 없나이다. 그러하오나 왕희는 국가의 난신적자요 신의 원수라. 뱃사람이 재물 없이 적소로 가는 죄수를 무단히 살해하올 일은 만무하온즉, 이는 반드시 왕희의 사주를 받은 것으로, 의심할 바 없는지라 바라옵건대 성상은 엄형 국문하옵신 후 왕적을 내어 주시고 신의 죄를 다스리옵소서.'

하였더라.

- 작자 미상, 「이대봉전」 -

* 진진지연(秦晉之緣) : 혼인의 인연.

형태쌤과 지문분석

지문분석	
공간	
서술자의 개입	

01 ⓐ~ⓜ에 대한 설명으로 가장 적절한 것은?

① ㉠은 이대봉이 이릉의 영혼을 만나 갑옷과 칼을 얻은 공간이다.
② ㉡은 흉노가 침범한 곳이자 이대봉이 흉노를 처단한 공간이다.
③ ㉢은 장 한림 부부가 간신의 모해로 유배 간 공간이다.
④ ㉣은 이대봉이 중원으로 향하기 전에 머물던 공간이다.
⑤ ㉤은 동돌수가 이대봉을 피해 달아난 공간이다.

02 <u>장 소저</u>에 대한 이해로 적절하지 <u>않은</u> 것은?

① 부친과 이 시랑이 '진진지연'을 맺은 데에는 신기한 꿈이 영향을 미쳤을 것이라고 알고 있다.
② 이 시랑이 '간신의 모해'를 입은 것은 시운이 좋지 않았기 때문이라고 생각했다.
③ 부친이 '세상을 버린 까닭은 혼약이 어그러진 것과 이 시랑의 죽음에 대한 분노 때문이라고 여겼다.
④ 왕희가 '혼인을 강제하는' 것으로 판단하여 변복 도주했다.
⑤ '성혼 행례'는 하지 않았으나, 승려가 된 양씨를 시어머니로 대했다.

03 <보기>의 [A]에 들어갈 말로 적절하지 <u>않은</u> 것은?

보기

선생님 : 고전 소설에서는 제문, 표문 등과 같은 다양한 글이 활용되기도 해요. 윗글의 ⓐ와 ⓑ에서 글을 바치는 사람과 받는 상대가 누구인지 고려하여, 글의 특징이나 기능에 대해 말해 보세요.
학 생 : _____ [A]
선생님 : 네, 맞아요.

① ⓐ는 망자에게 바치는 제문이고, ⓑ는 성상에게 바치는 표문이에요.
② ⓐ는 상대의 원통함을 위로하기 위하여, ⓑ는 상대에게 사건 경과를 알려 특별한 조치를 요청하기 위하여 작성되었어요.
③ ⓐ와 달리 ⓑ에는 글을 바치는 사람이 스스로를 낮추는 표현이 사용되었어요.
④ ⓐ에서 글을 바치는 사람이 오해했던 사건의 실상이 ⓑ에서 드러나고 있어요.
⑤ ⓐ와 ⓑ는 모두 글을 바치는 사람과 상대를 서두에서 밝히고 있어요.

04 <보기>를 참고하여 윗글을 감상한 내용으로 적절하지 <u>않은</u> 것은?

보기

「이대봉전」에서 주인공은 공적 가치와 사적 목표를 실현하기 위해 노력한다. 공적 가치는 국가 차원의 사건에 참여하는 당위로 제시되고, 사적 목표는 가문의 일원으로서 그 사건 해결에 가담하는 동력이 된다. 현실계나 비현실계의 존재들 또한 주인공의 이러한 문제 해결 과정에 조력한다. 공적 활약을 통해 공적 가치의 권위를 인정하는 이면에 사적 목표의 추구를 배치하는 이러한 구도는 영웅소설이 지향하는 '충'이라는 이념을 훼손하지 않으면서도 사적 목표의 추구를 정당화한다.

① 장애황이 혼약을 이루기 위해 대공을 세웠다고 한 데에서, 혼약이 국가 차원의 사건에 참여하는 동력이 되었음을 알 수 있군.
② 장애황이 난신 왕희를 국법으로 다스린 후 자신에게 내어 달라고 한 데에서, 공적 권위를 존중하되 사적 목표도 실현하고자 하는 마음을 알 수 있군.
③ 흉노의 침입으로 성상이 피신했다는 소식에 분노하여 이대봉이 출전한 데에서, 국가 차원의 문제 해결에 참여하는 당위성을 확인할 수 있군.
④ 표류하던 이대봉이 천우신조로 무인절도에서 이 시랑과 재회한 데에서, 비현실계의 존재가 이대봉의 공적 활약에 조력한 것을 확인할 수 있군.
⑤ 이대봉이 흉노 제압을 공으로 드러낸 후 성상에게 왕희의 처벌을 요구한 데에서, 충의 이념을 훼손하지 않으면서도 사적 목표의 정당성을 확보하려는 인물의 의중을 확인할 수 있군.

다음 글을 읽고 물음에 답하시오.

제1회 봄놀이

오작교에선 선랑(仙郞)이 봄바람에 취하고
버드나무 언덕에선 가인(佳人)이 그네를 뛰네

[A] '광한루기'는 작품 전체의 제목이다. 광한루가 없었더라면 이도린이 놀러 가지 않았을 것이요, 이도린이 놀러 가지 않았더라면 춘향이 이도린을 만날 수 없었을 것이요, 춘향이 이도린을 만나지 못했더라면 8회로 구성된 한 편의 작품이 무엇을 바탕으로 탄생할 수 있었겠는가. 광한루 하나가 공중에 솟구쳐 있었기에 이도린이 놀러 갈 수밖에 없었고, 춘향이 이도린을 만날 수밖에 없었으며, 8회로 구성된 한 편의 작품이 만들어질 수밖에 없었다.

(중략)

그네 뛰는 모습을 이도린이 보고 자기도 모르게 눈앞이 어질어질하여 김한에게 말했다.

"너는 저런 것을 본 적이 있느냐? 저것이 금이냐, 옥이냐? 아니면 귀신이냐? 그것도 아니면 선녀냐? 너는 저것을 아느냐?"

김한이 대답했다.

"금도 아니고 옥도 아닙니다. 낙수(洛水)에 빠져 죽은 이의 넋도 사라지고, 양대(陽臺)에서 구름과 비를 만들었던 여인의 일도 이제 아득하기만 한데, 어떻게 귀신 같고 선녀 같은 아가씨가 요즘 세상에 나타났겠습니까?"

"그렇다면 누구란 말이냐?"

"이 사람은요……."

"이 사람이 누구냐?"

"도련님께서는 교방 행수 기생 월매를 기억하시는지요?"(이게 무슨 말이야?)

"저렇게 젊고 아리따운 여인을 어떻게 반쯤은 쭈글쭈글해진 노파에다 비교할 수 있느냐?"

"저 사람은 월매의 딸 춘향입니다. 노래도 잘하고 춤도 잘 추며 글도 잘하고 바느질도 잘하며 그 용모와 자태는 정말 절색입니다. 남원의 절색일 뿐 아니라 도내의 절색이요, 도내의 절색일 뿐 아니라 국내의 절색이라 해도 손색이 없습니다."

이도린이 매우 기뻐하며 말했다.

"풍류를 즐길 만한 인연이 정말이지 다른 데 있는 것이 아니구나. 네가 가서 불러 오거라."

"도련님께서는 저 아이를 불러다가 무엇을 하시려고요?"

"고운 얼굴 한번 보려고 그런다." ㉠ (어찌 그렇지 않을 수 있겠는가?)

"도련님께서 저 아이를 보시고 무엇 하시려고요?"(눈치 빠른 김한)

"내가 이 일을 하든 저 일을 하든 네가 알아서 뭣 하느냐?"

"부른다 해도 저 아이는 오지 않을 것입니다."

"오고 안 오고는 저 아이한테 달렸고 너한테 달리지 않았으니, 너는 그새 주둥이 같은 입을 그만 닥치거라."

이에 김한이 머리를 떨구고 갔다.

원래 춘향은 풍경을 즐기려는 옆집 여자 아이를 따라 나온 것이었다. 채색 줄로 만든 그네를 탔는데, 봄바람에 옷자락이 흐트러져 버드나무 가지를 꽉 잡은 채 그네를 멈추고 옷매무새를 바로잡으려 했다. 그때 갑자기

광한루 위에서 사람의 말소리가 들리자(이게 누구지?) 춘향은 몸을 돌려 ㉡ 꽃 그늘 속으로 들어가 숨고서는 주변을 둘러보았다. 이도린이 꽃무늬가 있는 작은 종이를 손에 쥐고 홀로 광한루 동쪽 난간에 기대어 있었는데, 그 모습이 티 없이 맑아 춘향은 은연중에 찬탄하는 말을 내뱉었다. 갑자기 김한이 바쁜 걸음으로 와서 불렀다.

"춘향 낭자 어디 있소?"

춘향이 다시 몸을 돌려 숨었기 때문에 아무 소리도 나지 않았다. 김한이 이리저리 찾아보다가 꽃그늘에까지 와서 춘향을 발견했다.

(중략)

김한이 웃으며 말했다.

"춘향은 노여워 말고 내 말 한번 들어 보오. 어제 남문 밖 큰 길에서 까치 같은 옷차림의 사령들이 쌍쌍이 앞에서 인도하고, 호랑이 무늬의 활집을 진 군관들이 대열을 이루며 뒤에서 호위한 채, 한 귀인이 구름 같은 가마에 앉아 아전들과 기생들 사이를 누비고 다녔는데, 낭자는 그 사람이 누군지 아오?"

"네가 또 쓸데없는 말을 하는구나. 내가 어찌 본관 사또를 몰라보겠느냐?"

"내가 말한 귀인은 바로 사또 자제 도련님이오."(기특한 김한)

"사또 자제 도련님이 나와 무슨 상관이냐?"

"낭자, 우리 도련님을 한번 만나러 갑시다."

"도련님이 어떻게 춘향인지 추향인지 알겠느냐? 네가 춘향입네, 기생입네 하면서 농지거리해서 일을 벌였겠지. 나는 죽어도 못 간다, 죽어도 못 가."

"춘향 낭자, 그대는 현명하고 지혜로운 사람이면서 이다지도 사리를 분별하지 못하오? 속담에도 '까마귀 날자 배 떨어진다.'라고 했듯이 도련님께서 춘흥이 발한 것이 우연히 오늘이며, 낭자가 그네 뛰며 논 것도 마침 이때이니, 이는 참으로 그렇게 하지 않았는데도 그렇게 된 것이오. 도련님께서 낭자를 보시고는 '귀신이냐? 선녀냐?'라고 물으시기에, '귀신도 아니고 선녀도 아닙니다.'라고 말했고, '그럼 누구냐?'라고 하시기에, '행수 기생의 딸입니다.'라고 말했소. 젊은 사내가 어찌 한 번쯤 그 아름다움을 살피려 하지 않겠소? 춘향 낭자는 잘 헤아려서 처신하시오. 갈 수 있으면 가는 것이고, 못 가겠다면 못 가는 것이지만, 화와 복이 눈앞에 놓여 있으니 낭자는 잘 생각하시오."

춘향이 한참 동안 잠자코 있다가 말했다.

"네 말이 일리가 있다."

– 수산,「광한루기」 –

📋 **형태쌤과 지문분석**

지문분석	
공간	
서술자의 개입	

01 윗글에 대한 이해로 가장 적절한 것은?

① 이도린은 춘향이 자신에게 호감을 느꼈다는 사실을 알지 못했다.

② 춘향은 그네를 타기 위해 나들이에 나섰지만 기대했던 바를 달성하지 못했다.

③ 이도린은 춘향을 부르면 이도린 자신을 만나러 올 것이라는 김한의 말을 믿었다.

④ 이도린은 월매가 춘향의 어머니라는 사실을 알고 있었지만 이를 모르는 척했다.

⑤ 옆집 여자 아이는 이도린을 만나기 위해 춘향과 함께 왔지만 풍경을 즐기는 것에 만족했다.

03 윗글에서 '김한'의 역할을 이해한 것으로 가장 적절한 것은?

① 이도린에게 눈앞에 보이는 것이 금과 옥이 아니라고 알려 주어, 이도린의 무지를 일깨우는 비판자 역할을 한다.

② 이도린에게 춘향이 선녀 같은 아가씨라고 말하여, 이도린이 춘향의 고귀한 신분을 알게 하는 조력자 역할을 한다.

③ 이도린에게 풍류를 즐길 만한 상대가 춘향이라고 이야기하여, 이도린이 춘향을 부르게 하는 중개자 역할을 한다.

④ 춘향에게 춘향 자신이 지혜로운 사람임을 일깨워 주어, 춘향이 이도린을 만나지 못하도록 하는 방해자 역할을 한다.

⑤ 춘향에게 이도린과의 만남은 거듭된 우연으로 이루어진 인연임을 알려 주어, 두 사람을 만나게 하는 매개자 역할을 한다.

02 꽃그늘에 대한 이해로 가장 적절한 것은?

① 춘향이 그네를 타기 위해 기다리는 장소

② 춘향이 김한을 기다리며 머물고 있는 장소

③ 춘향이 몸을 감추고 이도린을 바라보는 장소

④ 김한이 이도린을 만나서 대화를 나누는 장소

⑤ 이도린이 춘향과 만나기 위해 미리 약속한 장소

04 〈보기〉를 참고하여 [A], ㉠을 이해한 내용으로 적절하지 않은 것은?

> **보기**
>
> 「광한루기」는 '수산(水山)'이라는 호를 쓴 사람이 「춘향전」을 바탕으로 지은 한문 소설로, 총 8회로 이루어져 있다. 각 회의 앞부분에는 내용을 소개하는 시구와 해당 회에 대한 견해가 제시되어 있고, 본문 속에는 인물이나 사건 등에 대한 짤막한 평이나 감상이 작은 글씨로 제시되어 있다. 「광한루기」의 독자는 이와 같은 다양한 비평적 견해를 이야기와 함께 읽으면서 작품을 감상할 수 있다.

① [A]에서는 시구를 활용하여, '봄바람'과 '버드나무 언덕'이 어우러진 봄날의 분위기를 보여 주면서 해당 회의 배경을 드러내고 있군.

② [A]를 통해 해당 회의 주요 공간인 '광한루'를 소개하여, 그 공간의 역할을 드러내고 있군.

③ [A]에서는 두 인물이 만나게 되는 계기를 서술하여, 서사 전개의 개연성을 보여 주고 있군.

④ ㉠은 인물의 말에 대한 평을 통하여, 독자에게 이도린의 반응이 당연하다는 점을 강조하여 보여 주고 있군.

⑤ [A]와 ㉠을 통해 독자에게 작품의 감상법을 다양하게 설명하여, 「광한루기」를 8회로 구성한 이유를 부각하고 있군.

다음 글을 읽고 물음에 답하시오.

[앞부분의 줄거리] 승상 정을선이 출정한 사이 정렬부인의 모략으로 충렬부인이 옥에 갇히자 시비 금섬이 충렬부인을 피신시키고 자진한다. 옥에서 얼굴이 상한 금섬의 시신이 발견되자 왕비는 월매를 문초한다. 전장에서 정을선은 호첩이 전한 편지를 읽는다.

원수가 대경하여 호첩을 불러 **연고**를 물으시고 인하여 중군장에게 분부하시되 '나는 집에 변이 있어 먼저 가니 중군장은 차후에 인솔하여 오라.' 하고 밤낮 삼 일 만에 득달하니 이때에 왕비의 시비 월매가 종시 토설치 아니하매 **매**를 많이 맞고 여쭈오되

"어서 바삐 죽이시면 금섬의 뒤를 쫓아가겠나이다."

한데 왕비 크게 노하여 목을 베라 할 즈음에 이때 승상이 필마로 달려오다가 월매 죽이려 하는 거동을 보고 급히 소리를 지르며 말에서 내려 이를 구호하매 문왈

"충렬부인은 어디 계시냐?"

월매 인사를 모르다가 승상을 보고 방성통곡 왈

"승상은 바삐 충렬부인을 살리소서."

한데 승상이 급히 문왈

"어디 계시냐?"

한데 월매 울며 왈

"소인이 걷지 못하오니 어찌 가오리까?"

한데 급히 종을 불러 월매를 업히고 구덩이를 찾아가 보니 부인이 아기를 안고 있거늘 아기는 잠을 깊이 들었는지라. 승상이 **통곡** 왈

"부인은 눈을 떠 나를 보소서."

한데 부인이 눈을 떠 보니 승상이 왔거늘 정신 아득하여 인사를 모르다가 겨우 인사를 차려 왈

"이것이 꿈인가 생시인가 구년지수의 해 같고 칠년대한의 빗발같이 바라더니 지금 구덩이에서 만날 줄 알았으리까. 승상은 나의 [두명]을 씻겨 주소서."

하며 인사를 모르는지라. 그 참혹한 형상을 어디에 비하리오. **슬픔에 매우 야위어 뼈가 드러나게 되었는지라.** 승상이 아기를 안아 월매를 주고 부인을 구한 후에 자리를 마련하여 옥석을 구별할새, 왕비전에 뵈온대 왕비 못내 반기시며 **사연**을 낱낱이 이르시되 승상 왈

㉠"이 일은 소자가 이미 아는 바이오니 염려 마옵소서."

하며 왈

㉡"처음에 그놈이 충렬부인 방에 간 줄 어찌 알으셨나이까?"

왕비 왈

"사촌 오라비가 이르기로 알았노라."

하신대 승상이 복록을 찾는데 벌써 제 **죄**를 알고 후원에 올라가 이미 죽었는지라. 하릴없어 옥졸을 잡아들여 엄히 문왈

"너희는 어찌 충렬부인 아닌 줄 알았느냐? 바로 아뢰라."

하신대 옥졸이 급히 여쭈오되

"얼굴이 상하여 아모란 줄 모르오나 손길이 곱지 못하오매 소인 등 소견에 충렬부인이 천하일색이라 하더니 손이 곱지 아니하더라 하올 제 정렬부인의 시비 금연이 이를 듣고 묻기에 자세히 이르고 부디 다른 데 가서 이 말 말라 당부하옵더니, 필연 금연의 입을 통해 발설이 된가 하나이다."

한데 승상이 금연을 잡아들여 문왈

"이 말을 듣고 네게 국문하니 바른대로 고하라."

하는 소리가 벽력이 꼭두에 임한 듯하고 궁궐이 뒤집히는 듯하더라. 이때에 정렬부인이 **승상의 호통 소리**를 듣고 똥을 한 무더기를 싸고 자빠졌는지라. 금연이 하릴없어 바로 아뢰나니라 하고 정렬부인 하던 말이며 제가 남복을 하고 충렬부인 침소로 들어간 말이며 이불 속에 누웠다가 달아난 말이며 정렬부인이 앓는 체하고 누웠사오매 충렬부인이 약으로 구병하며 곁에 있으시매 침소로 가라 강권하여 침소로 마지못하여 가시매 복록이 왕비께 참소하던 연유를 낱낱이 아뢴대 왕비 곁에 있다가 **앙천통곡**하시며 왈

"내 밝지 못하여 **악녀**의 꾀에 빠져 충렬부인을 죽이려 하였나니 무슨 면목으로 충렬부인을 보리오."

하시며 자결코자 하거늘 승상이 붙들고 울며 왈

"모친이 너무 과도히 하시면 소자가 먼저 죽으려 하나이다."

왕비 금침에 누워 일어나지 못하더라. 승상이 정렬부인을 결박하여 땅에 꿇리고 크게 노하여 왈

"너는 무엇이 부족하여 충렬부인을 해코자 하느냐. 어찌 일시를 살리리오. 내 임의로는 죽이고 싶으나 황상께 아뢰고 죽게 하리라."

하고 **상소**하니 그 글에 하였으되

"대사마 대도독 대원수 정을선은 돈수백배하고 아뢰나니 신이 서융을 쳐 사로잡고, 백성을 진무하고 돌아오려 할 때, 집에서 급한 소식을 듣고 군사를 중군장에게 맡기옵고 필마로 올라와 본즉, 정렬부인이 이러이러한 변을 일으켰사오니 세상에 이러하온 일이 있사오닛가."

하고 금연이 흉계를 꾸민 일과 월매가 당하던 고초를 낱낱이 아뢰었다.

– 작자 미상, 「정을선전」 –

지문분석	
공간	
서술자의 개입	

01 ㉠, ㉡과 관련하여 윗글을 이해한 내용으로 적절하지 <u>않은</u> 것은?

① ㉠을 보니, 호첩에게 물은 '연고'의 내용은 왕비가 말한 '사연'의 내용과 관련이 있겠군.

② ㉠을 보니, 승상이 황상에게 올린 '상소'에 들어 있는 내용은 '이미 아는 바'와 같겠군.

③ ㉡을 보니, 승상은 '사연'의 진상을 밝히는 데에 왕비가 '그놈'의 행위를 알게 된 경위가 중요하다고 생각했겠군.

④ ㉡에 대한 왕비의 대답을 보니, 왕비에게 '그놈'의 행위에 대해 제보한 사람이 있었군.

⑤ ㉡이 제시된 후에 드러난 복록의 상황을 보니, 복록은 자신이 지은 '죄'에 대하여 심리적 중압감을 느꼈겠군.

02 누명과 관련한 설명으로 가장 적절한 것은?

① 누명이 벗겨지면서, 누명을 썼던 인물은 자신의 어리석음을 탓하고 있다.

② 누명을 쓴 인물의 요청으로 남주인공은 누명을 씌운 인물의 처벌을 유보한다.

③ 누명의 내용은 누명을 쓴 인물이 남몰래 자신의 처소에서 벗어나 구덩이에 있다는 사실이다.

④ 누명을 씌우기 위한 계략에는 누명을 쓰는 인물을 특정 장소로 가게 하는 것이 포함되어 있다.

⑤ 누명이 벗겨지는 계기는 남주인공이 자신의 어머니가 극단적 선택을 하겠다는 것을 만류한 것이다.

03 〈학습 활동〉을 수행한 결과로 적절하지 <u>않은</u> 것은?

학습 활동

「정을선전」은 모략을 중심으로 사건이 전개되므로 인물 간 소통 양상을 파악하는 것이 중요하다. 윗글을 바탕으로 인물 간에 나타난 소통의 내용을 정리해 보자.

	인물 A	인물 B	소통의 내용
①	원수	중군장	A가 B에게 군사를 이끌고 가 서용을 사로잡으라고 명령함.
②	승상	월매	A가 B에게 충렬부인이 있는 곳이 어디인지 물음.
③	옥졸	금연	B가 A로부터 옥중 시신의 정체와 관련한 정보를 얻음.
④	옥졸	승상	A가 B에게, 금연이 옥중 시신에 대하여 발설했을 것이라는 의혹을 제기함.
⑤	금연	승상	B가 A로부터 정렬부인이 거짓으로 앓아누웠었다는 정보를 얻음.

04 〈보기〉를 참고하여 윗글을 이해한 내용으로 적절하지 <u>않은</u> 것은?

보기

「정을선전」은 영웅소설과 가정소설의 상투적인 면모가 혼재되어 나타난다. 이를테면, 가정 안팎의 서사는 남주인공을 매개로 연결되고, 사건이 선악 구도로 전개되며, 인물의 고난과 감정은 극대화된다. 이 과정에서 일부다처제에서 비롯되는 가정 내 갈등이 개인의 인성 문제로 축소된다. 그러면서도 상전의 수족에 불과한 하층의 시비가 능동적인 행위자로 등장하거나, 가정과 사회에서 상층인 인물이 희화화된다.

① 정을선이 황상에게 올린 상소에서, 대원수와 가장으로서의 모습이 드러나는 것으로 보아, 가정 안팎의 사건에 남주인공이 두루 관여하고 있음을 알 수 있군.

② 승상이 충렬부인을 구출하는 장면에서, '슬픔에 매우 야위어 뼈가 드러'난 부인의 모습과 '통곡'하는 승상의 모습은 인물의 고난과 감정이 극대화된 형상임을 알 수 있군.

③ 왕비가 '앙천통곡'하는 장면에서, 충렬부인의 수난이 '악녀'의 탓이라는 인식이 드러나면서 일부다처제의 문제가 개인의 인성 문제로 축소되고 있음을 알 수 있군.

④ 월매가 '매'를 맞는 장면에서, 월매는 자신이 모시는 주인에게 죽음을 각오하고 진실을 밝힘으로써 능동적인 행위자를 지향하고 있음을 알 수 있군.

⑤ 정렬부인이 '승상의 호통 소리'에 반응하는 장면에서, 가정의 상층 인물이 자신의 위엄이 실추되는 행동을 보이면서 희화화되고 있음을 알 수 있군.

| 과외식 기출 분석서, 나기출 |

나 없이
기출
풀지마라

문학

VI

극

다음 글을 읽고 물음에 답하시오.

[앞부분 줄거리] 공동 경비 구역에서 근무하는 국군 이수혁 병장, 남성식 일병 (수정의 오빠)과 인민군 오경필 중사, 정우진 전사 사이에 총격 사건이 일어난다. 중립국 감독 위원회는 소피 소령을 파견하여 보타 소장 관할 아래 사건을 조사하게 한다.

ⓐ S#79. 팔각정 (낮)

팔각정에서 본 판문각 근처 부감* 전경 ─ 대질 심문을 받고 나온 수혁, 경필 일행이 회담장 앞에서 각각 차를 타고 현장을 떠난다. 카메라, 후진하면서 팔각정 내부로 초점 이동하면 보타의 손이 쑥 들어와 서류 봉투를 내민다.

소피 : (영어) (봉투를 받아 들고) 뭐죠?

보타, 대답 대신 관측경을 들여다본다.

보타 : (영어) 한국이 처음이랬지?

㉠ 보타의 관측경으로, 판문각 앞에서 쌍안경을 들고 이쪽을 관찰하는 북한 군인이 보인다.

보타 : (영어) (목소리) 그래 '아버지' 나라가 마음에 들던가?

㉡ 판문각 쪽에서 북한 군인의 쌍안경 시점으로, 사진을 보고 있는 소피의 모습이 잡힌다.

보타의 설명 사이사이, 한국전 당시 거제도 포로수용소의 생활과 좌우 투쟁, 종전 후 공산 포로 북송, 반공 포로 석방 및 제3국행 포로의 출발과 도착 장면들이 사진과 기록 영화 화면으로 편집된다.

보타 : (영어) (목소리) ㉢ 한국전 당시 거제도에는 인민군 포로수용소가 있었지. 그 속에서 공산주의자와 반공주의자, 두 무리 간엔 처참한 살육이 계속 됐어. 종전되고 그들에게 선택권이 주어졌어. 남으로의 귀순이냐, 북으로의 귀환이냐… 그 17만 포로 중 76명은 둘 다를 거부했어. 그들 중 지금도 행방이 묘연한 사람이 있네. 바로… 자네 아버지 장연우 같은 사람이지.

소피, 놀란 얼굴로 손에 든 다른 사진을 내려다보면 거제 포로수용소에서 포로들, 결박당한 채 쪼그리고 앉아 있다. ㉣ 그중 동그라미가 처진 사람 얼굴로 줌인*.

보타 : (영어) 표 장군이 매우 잽싸게 움직였더군. 국방부, 외무부, 인도, 아르헨티나, 스위스 대사관… 며칠 사이 정보란 정보는 다 모았어. 표 장군으로선 ⓑ 전 인민군 장교의 딸인 자네에게 사건을 맡길 수 없었겠지.

소피 : (영어) (흥분해서) 3일이면 돼요. 곧 이 병장의 자백을 받아낼 수 있다구요.

(중략)

ⓓ S#81. 소피의 숙소 (낮)

침대에 가방을 올려놓고 짐을 싸는 소피. 사진 액자를 가방에 넣으려 말고 들여다본다. 어린 시절의 소피와 스위스인 엄마 사진. 액자 뒤를 열어 가족사진을 꺼낸다. 접힌 부분을 펴자 숨겨진 아버지의 모습이 온전히 나타난다. 물끄러미 사진을 바라보는 소피.

S#82. 수사본부 (낮)

문이 열리고 들어오는 수혁, 목발을 짚었다. 사진을 바라보고 앉아 있는 소피.

소피 : (수혁을 돌아보며) 오라고 해서 미안해요. 몸도 불편한데.

영문을 모르고 불려 온 수혁이 가만히 지켜보는 가운데, 탁자에 놓인 서류 봉투를 집어 들고 출입구 앞으로 가는 소피, 과녁판에서 다트 화살을 뽑아 든 다음 서류 한 장을 꽂아 고정시킨다.

소피 : 내일 자정을 기해 나를 제이에스에이 근무에서 해제한다는 명령서예요.
수혁 : 들었습니다, 아버지 얘기.
소피 : 그래, 내가 인민군 장교의 딸이란 얘길 듣고 기분이 어떻던가요?
수혁 : (주저 없이) 친근감이 들었습니다.

㉤ 소피, 당황한 듯 잠시 침묵했다가 군복 안에 받쳐 입은 터틀넥 스웨터의 목을 젖혀 보인다. 목에 나 있는 피멍 자국.

소피 : 난 아직 흔적이 남아 있는데 이 병장은 깨끗하네요. 이 병장이 오 중사보다 힘이 센가 보지요?

당황하는 수혁, 대답 없다.

소피 : 자, 진짜 재미난 쇼는 이제부터예요. 잘 봐요.

수정의 얼굴이 프린트된 출력물을 과녁판에 꽂는 소피. 당황하는 수혁.

소피 : 수정 씨를 만나자마자 전에 본 적이 있는 얼굴이라고 생각했어요. 그런데 그 사람이 누군지 알아내는 건 그렇게 어려운 일이 아니었죠.

이번에는 수정의 초상화를 과녁판에 꽂는 소피. 놀라는 수혁.

소피 : 정우진이 그린 초상화예요. 그리고 이건 (찢어져 너덜너덜한 얼굴 없는 사진을 과녁판에 꽂으며) 정우진의 시신에서 나온 사진이에요.

과녁판에 나란히 부착된 ⓒ 석 장의 이미지. 충격받은 표정의 수혁.

소피 : '사라진 탄환'이 남 일병의 알리바이를 깨는 증거였다면… (얼굴이 찢겨 나간 사진을 가리키며) '사라진 얼굴'은 네 명의 병사가 오랫동안 친하게 지냈다는 걸 뜻하는 증거죠.

수혁, 애써 외면하고 걸어간다.

수혁 : 그래서요?

     ⓓ <u>노란색과 빨간색 디스켓 두 개를 꺼내 보이는 소피.</u>

소피 : 완전히 다른 두 개의 수사 보고서예요. 내가 뭘 제출하느냐는 이 병 장한테 달렸어요. 진실을 말해 준다면 난 후임자한테 어떤 증거나 추리 도 제공하지 않겠어요.

수혁 : 협박입니까?

소피 : 거래죠.

수혁 : 영창을 가든 훈장을 받든 전 관심 없습니다. 그렇다면 ⓔ <u>진실의 대 가</u>로 소령님이 저한테 해 줄 수 있는 게 뭡니까?

소피 : 이 병장이 끝까지 보호하려고 하는 사람… 오경필의 안전이에요.

           - 박상연 원작, 박찬욱 외 각색,「공동 경비 구역 JSA」-

* 부감 : 카메라가 인물의 시선보다 높은 곳에서 아래로 내려다보며 촬영하는 것.
* 줌인 : 피사체의 크기를 점점 확대 촬영하는 것.

---

01 윗글의 인물에 대한 설명으로 가장 적절한 것은?

① '소피'의 아버지는 전쟁이 끝나자 북으로 귀환한다.
② '소피'는 사건의 진실에 대해 조사 의지가 없다.
③ '수혁'은 '소피'의 아버지의 전력을 듣고 '소피'를 경계한다.
④ '소피'는 '사라진 얼굴'이 누구인지 짐작하지 못한다.
⑤ '소피'는 '수혁'이 '오경필'의 안전을 염려한다고 생각한다.

---

02 ⓐ~ⓔ에 대한 설명으로 적절하지 <u>않은</u> 것은?

① ⓐ의 공간 범위는 팔각정 내부뿐만 아니라 외부도 포함한다.
② ⓑ는 '소피'가 직무에서 해제되는 원인이 된다.
③ ⓒ는 '소피'가 네 병사의 관계를 짐작하게 된 단서이다.
④ ⓓ는 '수혁'이 진실을 밝히느냐에 따라 어느 것이 제출될지가 정해질 것이다.
⑤ ⓔ는 '수혁'이 수사본부에 있는 '소피'를 만나러 온 이유이다.

---

03 윗글을 영상화한다고 가정할 때, ㉠~㉤에 해당하는 감독의 연출 계획으로 적절하지 <u>않은</u> 것은?

① ㉠과 ㉡은 각각 관측경과 쌍안경으로 상대측을 바라보는 장면을 설정하여 남 북한 대치 국면에 있는 S#79 공간의 특수성을 그려야겠어.
② ㉢은 인물에 초점을 맞추는 촬영과 달리 사진이나 기록 영상물을 제시하여 당 시 상황을 보여 주어야겠어.
③ ㉣은 동그라미 쳐진 얼굴을 확대 촬영하여 '소피'의 아버지가 포로 중 한 사람 이었다는 사실을 환기해야겠어.
④ ㉤은 대사 없이 인물의 행동과 소품으로 인물의 심리를 간접적으로 표현해야 겠어.
⑤ ㉥은 사건의 맥락이 관객에게 인지될 수 있도록 실내 전체를 한 화면에 담아야 겠어.

다음 글을 읽고 물음에 답하시오.

(가)

　그 골목이 그렇게도 짧은 것을 그가 처음으로 느낄 수 있었을 때, 신랑의 몸은 벌써 차 속으로 사라지고, 자기와 차 사이에는 몰려든 군중이 몇 겹으로 길을 가로막았다. 이쁜이 어머니는 당황하였다. 그들의 틈을 비집고,

　'이제 가면, 네가 언제나 또 온단 말이냐? ……'

　딸이 이제 영영 돌아오지 못하기나 하는 것같이, 그는 막 자동차에 오르려는 딸에게 달려들어,

　"이쁜아."

　한마디 불렀으나, 다음은 목이 메어, 얼마를 벙하니 딸의 옆얼굴만 바라보다가, 그러한 어머니의 마음을 알아줄 턱없는 운전수가, 재촉하는 경적을 두어 번 울렸을 때, 그는 또 소스라치게 놀라며, 그저 입에서 나오는 대로,

　"모든 걸, 정신 채려, 조심해서, 해라 ……"

　그러나 ⊙ 자동차의 문은 유난히 소리 내어 닫히고, 다시 또 경적이 두어 번 운 뒤, 달리는 자동차 안에 이쁜이 모양을, 어머니는 이미 찾아볼 수가 없었다. 그는 실신한 사람같이, 얼마를 그곳에 서 있었다. 깨닫지 못하고, 눈물이 뺨을 흐른다. 그 마음속을 알아주면서도, 아낙네들이, 경사에 눈물이 당하냐고, 그렇게 책망하였을 때, 그는 갑자기 조금 웃고, 그리고, 문득, 정신을 바짝 차리지 않으면, 그대로 그곳에서 혼도해버리고 말 것 같은 극도의 피로와, 또 이제는 이미 도저히 구할 길 없는 마음속의 공허를, 그는 일시에 느꼈다.

제6절 몰락

　한편에서 이렇게 경사가 있었을 때 ─ (그야, 외딸을 남을 주고 난 그 뒤에, 홀어머니의 외로움과 슬픔은 컸으나 그래도 아직 그것은 한 개의 경사라 할 밖에 없을 것이다) ─, 또 ⊙ 한편 개천 하나를 건너 신전 집에서는, 바로 이날에 이제까지의 서울에서의 살림을 거두어, 마침내 애달프게도 온 집안이 시골로 내려갔다.

[A]
　독자는, 그 수다스러운 점룡이 어머니가, 이미 한 달도 전에, 어디서 어떻게 들었던 것인지, 쉬이 신전 집이 낙향을 하리라고 가장 은근하게 빨래터에서 하던 말을 기억하고 계실 것이다. 이를테면 그것이 그대로 실현된 것에 지나지 않는다. 그러나 다만 그들의 가는 곳은, 강원도 춘천이라든가 그러한 곳이 아니라, 경기 강화였다.

　이 봄에 대학 의과를 마친 둘째 아들이 아직 취직처가 결정되지 않은 채, 그대로 서울 하숙에 남아 있을 뿐으로 ─ (그러나, 그도 그로써 얼마 안 되어 충청북도 어느 지방의 '공의'가 되어 서울을 떠나고 말았다) ─, 신전 집의 온 가족은, 아직도 장가를 못 간 주인의 처남까지도 바로 어디 나들이라도 가는 것처럼, 별로 남들의 주의를 끄는 일도 없이, 스무 해를 살아온 이 동리에서 사라지고 말았다.

　한번 기울어진 가운은 다시 어쩌는 수 없어, 온 집안사람은, 언제든 당장이라도 서울을 떠날 수 있는 준비 아래, 오직 주인 영감의 명령만을 기다리고 있었던 것이므로, 동리 사람들도 그것을 단지 시일 문제로 알고 있었던 것이나, 그래도 이 신전 집의 몰락은, 역시 그들의 마음을 한때, 어둡게 해 주었다.

　그러나 오직 그뿐이다. 이 **도회에서의 패잔자**는 좀 더 남의 마음에 애달픔을 주는 일 없이 무심한 이의 눈에는, 참말 어디 볼일이라도 보러 가는 사람같이, 그곳에서 얼마 안 되는 작은 광교 차부에서 강화행 자동차를 탔다. 천변에 일어나는 온갖 일에 관찰을 게을리하지 않는 **이발소 소년**이, 용하게도 막, 그들의 이미 오래 전에 팔린 집을 나오는 일행을 발견하고 그래 이발소 안의 모든 사람이 그것을 알았을 뿐으로, 그들이 남부끄럽다 해서, 고개나마 변변히 못 들고 빠른 걸음걸이로 천변을 걸어 나가, 그대로 큰길로 사라지는 뒷모양이라도 흘낏 본 이는 몇 명이 못 된다. ⓒ 얼마 있다, 원래의 신전은 술집으로 변하고, 또 그들의 살던 집에는 좀 더 있다, 하숙옥 간판이 걸렸다.

　　　　　　　　　　　─ 박태원, 「천변풍경」─

(나)

#68. 산비탈 길

　뚜벅뚜벅 걷고 있는 철호.

#69. 피난민 수용소 안(회상)

　담요바지 철호의 아내가 주워 모은 널빤지 조각을 이고 들어와 부엌에 내려놓고 흩어진 머리칼을 치키며 숨을 돌리고 있다.

철호Ⓔ* : 저걸 저토록 고생시킬 줄이야.

　담요바지 아내의 모습 위에 ─ O·L* ─

　여학교 교복을 입고 강당에 서서 노래를 부르고 있는 그 시절의 아내. 또 O·L되며 신부 차림의 아내가 노래를 부르고 있다. 그 옆에 상기되어 앉아 있는 결혼 피로연 석상의 철호. 노래는 '돌아오라 소렌토'.

#70. 산비탈

　철호가 멍하니 시가지를 내려다보고 섰다. 황홀에 묻힌 거리.

#71. 자동차 안

　해방촌의 **골목길**을 운전수가 땀을 빼며 빠져나와서 뒤를 돌아보고

운전수 : 손님! 이상 더 올라가지 못하겠는데요.

영호 : 그럼 내립시다. **시시한 동네**까지 몰구 오느라고 수고했소.

　천 환짜리 한 장을 꺼내 준다.

운전수 : (공손히) 감사합니다.

#72. 철호의 방 안

　철호의 아내가 만삭의 배를 안고 누더기를 꿰매고 있다. 옆에서 콜콜 자고 있는 혜옥.

영호 : (들어오며) 혜옥아!

　　　　　　　　　　　(중략)

#73. 철호의 집 부엌 안

　민호가 팔다 남은 신문을 끼고 들어와 신들메를 끌르며

민호 : 에이 날씨도 꼭 겨울 같네.

철호Ⓔ : 어쨌든 너도 인젠 정신을 차려야지! 군대에서 온 지도 이태나 되잖니.

영호Ⓔ : 정신 차려야죠. 그렇잖아도 금명간 판결이 날 겁니다.

철호Ⓔ : 어디 취직을 해야지.

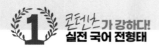
#74. 철호의 집 방 안

영호 : 취직이요. 형님처럼 전차 값도 안 되는 월급을 받고 남의 살림이나 계산해 주란 말예요? 싫습니다.

철호 : 그럼 뭐 뾰족한 수가 있는 줄 아니?

영호 : 있지요. 남처럼 용기만 조금 있으면.

철호 : 용기?

영호 : 네. 분명히 용기지요.

철호 : 너 설마 엉뚱한 생각을 하고 있는 건 아니겠지.

영호 : 엉뚱하긴 뭐가 엉뚱해요.

철호 : (버럭 소리를 지르며) 영호야! 그렇게 살자면 이 형도 벌써 잘살 수 있었단 말이다.

영호 : 저도 형님을 존경하지 않는 건 아녜요. 가난하더라도 깨끗이 살자는 형님을…… 허지만 형님! 인생이 저 골목에서 십 환짜리를 받고 코 흘리는 어린애들에게 보여 주는 요지경이라면야 가지고 있는 돈값만치 구멍으로 들여다보고 말 수도 있죠. 그렇지만 어디 인생이 자기 주머니 속의 돈 액수만치만 살고 그만둘 수 있는 요지경인가요? 형님의 어금니만 해도 푹푹 쑤시고 아픈 걸 견딘다고 절약이 되는 건 아니죠. 그러니 비극이 시작되는 거죠. 지긋지긋하게 살아야 하니까 문제죠. 왜 우리라고 좀 더 넓은 테두리까지 못 나가라는 법이 어디 있어요.

영호는 반쯤 끌러 놨던 넥타이를 풀어서 방구석에 픽 던진다. 철호가 무겁게 입을 연다.

철호 : 그건 억설이야.

영호 : 억설이오?

철호 : 네 말대로 꼭 잘살자면 양심이구 윤리구 버려야 한다는 것 아니야.

영호 : 천만에요.

#75. 철호의 집 골목

스카프를 두르고 핸드백을 걸친 명숙이가 엿듣고 있다.

철호ⓔ : 그게 바루 억설이란 말이다. 마음 한구석이 어딘가 비틀려서 하는 억지란 말이다.

영호ⓔ : 비틀렸죠. 분명히 비틀렸어요. 그런데 그 비틀리기가 너무 늦었단 말입니다.

- 이범선 원작, 이종기 각색, 「오발탄」 -

* ⓔ : 효과음(effect). 화면에 삽입된 음향.

* O·L(overlap) : 하나의 화면이 끝나기 전에 다음 화면이 겹치면서 먼저 화면이 차차 사라지게 하는 기법.

01 (가)와 (나)의 공통점으로 가장 적절한 것은?

① 인물 간의 대결 의식을 통해 사건의 긴장감을 조성하고 있다.

② 인물 간의 대화를 통해 특정 인물의 생각과 행동을 희화화하고 있다.

③ 인물의 회상 장면을 통해 사건 해결의 실마리를 과거에서 찾고 있다.

④ 인물 간의 갈등을 다각적으로 조명하여 사건 전개의 양상을 다면화하고 있다.

⑤ 인물의 내면을 행위로 제시하여 상황을 받아들이기 어려워하는 심리를 보여 주고 있다.

형태쌤과 선지분석

선지분석	(가)	(나)
인물 간 대결 의식		
인물 간 대화 → 희화화		
회상 → 사건 해결의 실마리		
갈등을 다각적으로 조명		
인물의 내면을 행위로 제시 → 상황을 받아들이기 어려워하는 심리 제시		

02 (가)의 이발소 소년에 대한 이해로 가장 적절한 것은?

① 주변을 관찰하여 일상의 변화를 포착한다.

② 특정 가족이 몰락하게 된 이유를 분석한다.

③ 새로운 사건을 모으고 그 진위를 논평한다.

④ 천변의 소식을 타 지역 주민에게 전해 준다.

⑤ 천변 주민들 사이에 발생하는 문제를 중재한다.

03 [A]에 대한 설명으로 적절하지 <u>않은</u> 것은?

① 독자가 가진 정보를 상기시키고 있다.
② 정보를 제공한 인물을 독자에게 환기시키고 있다.
③ 독자를 언급하여 서술자의 개입을 드러내고 있다.
④ 정보가 실현되지 못한 원인을 독자의 망각에서 찾고 있다.
⑤ 인물의 행선지와 관련한 정보를 독자에게 제공하고 있다.

형태쌤과 선지분석

선지분석	[A]
독자가 가진 정보 상기	
독자에게 정보 제공 인물을 환기	
독자 언급 → 서술자의 개입	
정보 실현 X 원인을 독자의 망각에서 찾음	
독자에게 인물의 행선지 정보 제공	

04 (가)와 (나)에 대한 감상으로 적절하지 <u>않은</u> 것은?

① (가)의 짧게 느껴지는 '골목'은 어머니의 아쉬움을, (나)의 빠져 나오기 힘든 '골목길'은 '시시한 동네'의 열악함을 보여 주고 있다.
② (가)는 딸이 멀리 떠나는 모습을 통해, (나)는 명숙이 집 밖에서 엿듣는 모습을 통해 가족들 간의 갈등 상황을 보여 주고 있다.
③ (가)의 '눈물'은 가족을 떠나보내는 자의 아픔을, (나)의 '어금니'는 가족의 생계를 꾸려 나가는 자의 견딤을 보여 주고 있다.
④ (가)는 주인 영감의 명령만을 기다리는 신전 집 가족들을 통해, (나)는 만삭의 몸에도 누더기를 꿰매는 아내의 모습을 통해 가족이 처한 불우한 상황을 보여 주고 있다.
⑤ (가)는 '도회에서의 패잔자'가 낙향하는 모습을 통해, (나)는 영호가 취직을 거부하는 모습을 통해 현실에 적응하지 못하는 인물의 처지를 보여 주고 있다.

05 (나)의 '#68~#71'에 대한 이해로 적절하지 <u>않은</u> 것은?

① #68의 장면에 이어지는 #69에서 '철호ⓔ'를 삽입하여 회상의 주체가 철호임을 알려 주고 있다.
② #69에서 '철호ⓔ'를 삽입하여 아내에 대한 연민을 드러내고 있다.
③ #69에서 '노래'를 활용하여 학창 시절 아내의 화면을 결혼 피로연장 아내의 화면으로 전환하고 있다.
④ #70에서 침묵하는 철호의 모습과 시가지의 분위기를 대비하여, 거리를 바라보는 철호의 심리를 암시하고 있다.
⑤ #70의 침묵과 #71의 대화를 상호 대비하여 영호의 소심함을 드러내고 있다.

06 〈보기〉를 바탕으로 (가)의 ㉠~㉢과 (나)의 '#71~#75'에 대해 이해한 내용으로 적절하지 <u>않은</u> 것은?

보기

작가는 시간의 흐름에 따라 나타나는 모든 상황을 서술하지는 않는다. 일련의 상황이나 사건들 중 작가의 시선에 의해 특정한 부분이 부각되어 서술되는 것이다. 즉, 서사는 시간과 공간을 배경으로 하는 사건의 선택과 결합을 통해 구성된다. 선택이란 시간과 공간을 분할한 후 의미 있는 부분을 선택하는 것을, 결합이란 이렇게 선택된 시간과 공간을 다양한 방식으로 연결하여 새롭게 사건을 구성하는 것을 의미한다. 이렇게 서사는 다양한 사건 구성의 방식을 통해 인간의 문제를 총체적으로 파악하고자 하는 고민을 담고 있다.

① ㉠에서는 두 인물 사이에서 발생한 여러 상황에서 몇 개의 상황만을 선택적으로 제시하여 그 상황에 대한 인물의 심리를 암시하고 있고, #71과 #72에서는 서로 다른 두 공간을 동일 인물의 등장으로 연결하여 인물의 공간 이동을 나타내는군.
② ㉡에서는 같은 날에 서로 다른 공간을 배경으로 하는 사건이 일어났음을 밝혀 ㉡의 공간에서 일어나는 사건과 ㉠의 공간에서 일어나는 사건을 결합하고 있고, #73과 #74의 서로 다른 공간은 동일한 인물들의 이어지는 대화를 통해 서로 결합하고 있군.
③ ㉡에서는 일련의 상황을 선택적으로 제시하면서 인물들에 대한 감정을 서술하고 있고, #73~#75에서는 두 인물의 대화를 매개로 서로 다른 공간을 결합함으로써 #73과 #75의 장면에 등장하는 인물들이 #74의 상황을 공유할 수 있도록 구성하고 있군.
④ ㉠과 ㉡의 연결은 같은 날에 서로 다른 공간에서 발생하는 사건의 연결이라는 점에서는 #74와 #75의 연결과 유사하지만, 인물의 목소리를 활용하는 #74와 #75의 연결과 비교하면 연결 방식에서 구별되는군.
⑤ ㉢은 시간의 흐름을 분할하고 대상의 특징적인 변화를 선택하여 제시한다는 점에서 #75와 유사하지만, 서로 다른 두 공간의 결합이 나타나지 않는다는 점에서는 #75와 구별되는군.

나 없이

기출

풀지마라

다음 글을 읽고 물음에 답하시오.

(가)

[앞부분 줄거리] 전우치는 구미호로부터 천서를 빼앗아 술법을 배웠으나 구미호가 전우치를 속여 천서의 일부를 가져간다.

우치 대노 왈,

"흉악한 요물이 나를 업수이 여겨 이같이 속이니 내 이제 여우 굴에 가 책을 찾고 요괴를 소멸하리라."

하고 방망이와 송곳을 가지고 여우 굴로 가니, 산천이 깊고 길이 아득하여 찾을 수 없어 도로 돌아와 생각하되, '이 요괴 변화가 예측하기 어려우니 가히 이곳에 오래 머물지 못하리라.' 하고 서책을 수습하여 돌아오니, 대저 천서 상권은 부적을 붙인 까닭에 빼앗아 가지 못함이러라.

[A]
우치 집에 돌아와 천서를 보아 못 할 술법이 없으매, 과거에 뜻이 없어 스스로 생각하되, '내 벼슬하여 모친을 봉양하려 하면 자연히 더디리라.' 하고 이에 한 계교를 생각하여 몸을 흔들어 변하여 선관이 되어 오색구름을 타고 하늘에 올라 바로 궐내로 들어가 대명전에 자리하니 서기가 공중에 어리었으니 궁중이 황홀했다. 이에 조정의 신하들이 당황하여 갈팡질팡하고 임금께 아뢰기를,

"고금에 드문 괴변이라."

하니, 왕이 대경하사 여러 신하를 모아 의논하시더니, 우치가 운무 중에 서고 청의동자가 외쳐 왈,

"고려국 왕은 옥황상제 전교를 들으라."

하거늘, 왕이 명하사 바닥에 깔 자리와 향로를 올려놓은 상을 갖춰 놓게 하고 나아가 보니 한 선관이 금관 홍포로 동자를 좌우에 세우고 오색구름 중에 싸여 단정히 섰거늘, 왕이 네 번 절한 후 땅에 엎드리시니, 우치 왈,

"하늘의 궁궐이 오래되어 낡고 헐었기에 이제 수리하고자 하여 인간 여러 나라에 뜻을 전하여 모든 물건을 다 바쳤으나 다만 황금 들보 하나가 없는지라. 옥황상제께서 그대 나라에 황금이 유족함을 아시고 이제 뜻을 전하사 칠 월 칠 일 오시에 상량하리니, 그날 미쳐 대령하되 길이 십 척 오 촌이요, 너비 삼 척 이 촌, 만일 그날 미치지 못하면 큰 변을 내리우시리라."

하고 말을 마치자 선악 소리 은은하며 오색구름이 남녘으로 향하여 가더라.

(중략)

우치 무안하여 달아나고자 하더니 화담이 알고 변신하여 삵이 되어 달려드니, 우치가 보라매 되어 날려 한 즉, 화담이 또한 청사자가 되어 우치를 물어 쓰러뜨리고 크게 꾸짖어 왈,

"너 같은 요술이 임금을 속이고 세상을 희롱하니 어찌 죽이지 아니하리오?"

우치 애걸 왈,

"선생의 도술이 높으심을 모르고 존엄을 범하였으니 죄당만사(罪當萬死)이오나, 소생에게 노모가 있사오니 원컨대 선생은 잔명을 빌리소서."

화담 왈,

"내 이번은 살리거니와 다시 그런 버릇없는 일을 행치 말고 그대 모친을 봉양하다가 그대 모친이 돌아가신 후에 나와 영주산에 들어가 선도(仙道)를 닦음이 어떠하뇨?"

우치 왈,

"선생의 교훈대로 봉행하리이다."

하고 인하여 하직한 후에 집에 돌아와 요술을 행치 아니하고 모친을 봉양하더니, 세월이 여류하여 우치 모부인이 졸하니 우치 예를 갖추어 선산에 안장하고 삼 년을 받들더니, 하루는 화담이 왔거늘, 우치가 황망히 나와 맞아 인사를 마치고 자리에 앉은 후에 화담 왈,

"그대와 약속한 일이 있으매 그대 상중에 있는 것을 알고 왔거늘, 이제 그 산에 있는 구미호를 잡아 돌상자에 가두고 그 굴에 불 지름이 어떠하뇨?"

우치 왈,

"이제 선생이 그 여우를 없이 하시면 진실로 온 나라의 아주 다행스러운 일이 아닐까 하나이다."

화담 왈,

"내 이제 그대를 데려가려 하나니, 행장을 꾸리거라."

하거늘, 우치 크게 기뻐하며 재산을 흩어 노복을 주며 왈,

"나는 이제 영원히 이별하려 하니, 너희들은 탈 없이 있어 나의 조상의 제사를 받들라."

하고 조상의 무덤에 하직한 후에 화담을 모시고 구름을 타고 영주산으로 향하니, 그 뒷일은 알지 못하니라.

— 작자 미상, 「전우치전」 —

(나)

S#1. 궁궐. 낮.

궁궐을 향해 날아 내려가는 오색구름. ㉠ 선녀와 천군 호위 속에 전우치가 지상을 내려 본다.

왕 : 옥황상제의 아드님께서 오신다. 예를 갖춰라.

왕이 손짓하자, 궁중 악사들이 정악을 연주한다. 지상으로 내려온 구름. 전우치가 입을 연다. 쩌렁쩌렁한 목소리에 왕이 고개를 더 낮춘다.

전우치 : 지상의 왕은 내가 시킨 대로 황금 1만 냥을 함경도 기근 지역에 보냈느냐?

왕 : 그제 제 꿈에 나타나 하명하신 대로 한 치 틀림없이 그리했습니다.

전우치 : 하늘에서 그대의 덕을 높이 사 그대가 하늘로 돌아올 때 7배 70배 700배로 갚아 줄 것이다.

왕 : 황공하옵니다. 왕가의 보물을 보자시길래 그것 역시 준비했습니다.

전우치 : 지상의 왕이 보기보다 아주 똘똘하구나. 근데… 에이 가락이 맘에 안 드는구나.

전우치가 손짓하자, 궁중 악사들이 무엇에 홀린 듯 다른 음악을 연주한다. 맘에 안 드는지, 전우치가 손가락을 튕기자, 악사들은 음악을 바꾼다. 그제서야 맘에 든 전우치. 머리를 흔들어 박자를 느끼며, 보물이 늘어선 곳으로 걷는다. 보물을 발로 툭 쳐 보고, 도자기는 관심 없어 깨고, 보고, 던지고, 보고, 깨는데,

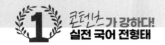
(중략)

거울을 연신 깨던 전우치. ⓛ 한 거울에 눈이 멈춘다. 작고 투박하다. 앞면은 청동이라 탁하고 뒷면은 자개로 덮여 있다. 전우치가 슬쩍 주머니에 넣는다.

전우치 : 왕은 고개를 들라.

왕 : 예?

전우치 : 내 본시 그림 그리기를 즐겨 해 나무를 그리면 나무가 점점 자라고 짐승을 그리면 그림에서 튀어나오니 내 재주가 아까워 그런데…

전우치가 품에서 두루마리를 꺼내 펼친다. 산수화. 궁녀 2 손에 들게 한다.

전우치 : 어떤가?

왕 : 지상의 풍경이 아닌 듯 살아 움직이는 것 같습니다. 소인이 과문하여 묻는데 주인 없는 빈 말은 무엇을 상징하는 것입니까?

전우치 : 이 도사 전우치가 타고 갈 말이니라.

왕 : … 전우치? 망나니 전우치?

전우치가 대동하고 왔던 천군들을 보면, ⓒ 그저 허수아비에 불과하다.

전우치 : 나를 아는가? 유명하면 아무리 이름을 숨긴다고 숨겨지는 것도 아니고 거 참.

왕 : 감히 **도사 놈**이 주상을 능멸해. 여봐라 이놈을 잡아라.

궁중 무관들이 들이닥치는데, 전우치는 태평하게 한 잔 더 걸치고는, 손가락을 튕겨 음악을 바꾼다. 음악은 점점 흥겨워진다. 진땀나는 궁중 악사들.

전우치 : 도사 놈이라? 에… 도사는 무엇이냐? ⓡ 도사는 바람을 다스리고 (바람이 분다) 마른 하늘에 비를 내리고 (순식간에 장대비가 내린다) 땅을 접어 달리고 (순식간을 향해 축지법으로 갔다가 돌아온다) 날카로운 검을 바람보다도 빨리 휘두르고 (검이 쉭 - 하는 소리와 함께 허공을 가르고) 그 검을 꽃처럼 다룰 줄 아니 (검이 왕 얼굴 앞에서 꽃으로 변한다) 가련한 사람들을 돕는 게 바로 도사의 일이다. 무릇 **생선**은 **대가리부터 썩는 법**! 왕과 대신들이 기근에 시달리는 백성을 보살피지 않아 이 도사 전우치가 친히 백성들 심부름을 하고자 왔으니 공치사 받을 일도 아니고.

전우치를 에워싸는 궁중 무관들. 섣불리 접근하지 못하는데, 전우치 천천히 붉은 붓을 들어 술병 모가지 테두리를 둘러 원을 그린다. 서로를 바라보다 자신의 목을 보는 무관들. 모두의 목에 붉은 테두리가 그려져 있다.

전우치 : 내가 이 병 목을 치면 너희들은 어떻게 될 거 같으냐?

무관들, 술렁거리며 주춤한다.

왕 : 저놈을 잡는 자에게 황금 2천 냥을 주겠다.

전우치 : 하하하… 돈을 막 쓰는구나. 하하하…

전우치가 그림 속으로 들어가 말을 타고 사라진다. ⓜ 웃음소리는 오래도록 왕을 언짢게 한다.

- 최동훈, 「전우치」 -

01 (가)의 화담에 대한 이해로 가장 적절한 것은?

① 전우치가 요술로 세상을 어지럽히지 않도록 이끈다.
② 전우치의 요청에 따라 선도를 닦기 위해 함께 간다.
③ 전우치의 공격을 받으나 도술로 전우치를 제압한다.
④ 전우치와 함께 구미호를 퇴치하여 나라를 안정시킨다.
⑤ 전우치와의 약속을 지키지 않고 영주산에 갈 것을 재촉한다.

02 〈보기〉는 선생님의 안내에 따라 학생들이 (가)를 이해한 내용이다. ⓐ~ⓔ 중 적절하지 않은 것은?

보기

선생님 : 일반적으로 영웅 소설에서 주인공은 고난을 겪지만 조력자를 만나 병서나 무기 등을 얻어 탁월한 능력을 갖게 됩니다. 이후 주인공이 위기에 처한 나라를 구하는 공을 세워 이름을 떨치며 부귀영화를 누리는 것으로 마무리됩니다. 이때 주인공은 유교적 이념을 존중하는 인물입니다. 이와 같은 전형적인 영웅 소설과 「전우치전」이 어떻게 유사하고 다른지 이야기해 봅시다.

학생 1 : 전우치가 천서를 익혀 뛰어난 능력을 얻게 된 것은 병서를 익혀 탁월한 능력을 갖게 된 일반적인 영웅 소설과 비슷해요. ……… ⓐ

학생 2 : 전우치가 충을 다함으로써 효를 실천하는 것은 충효라는 유교적 이념을 중시하는 일반적인 영웅 소설과 비슷해요. ………… ⓑ

학생 3 : 전우치가 입신양명의 길을 선택하지 않은 것은 나라에 공을 세워 이름을 널리 떨치는 일반적인 영웅 소설과는 달라요. ….. ⓒ

학생 4 : 전우치가 옥황상제의 권위를 이용하여 나라의 재산을 취하려 한 것은 위기에 처한 나라를 구하는 일반적인 영웅 소설과는 달라요. ………………………………………… ⓓ

학생 5 : 전우치가 재산을 흩어 노복에게 주고 떠나는 것으로 마무리되는 것은 부귀영화를 누리게 되는 일반적인 영웅소설과는 달라요. ……………………………………………………… ⓔ

① ⓐ　　② ⓑ　　③ ⓒ　　④ ⓓ　　⑤ ⓔ

03 (가)를 토대로 (나)가 창작되었다고 할 때, [A]와 (나)에 대한 비교로 적절하지 <u>않은</u> 것은?

① 전우치가 왕에게 말하는 태도는 [A]에서는 근엄하였으나, (나)에서는 거드름을 피우는 것으로 변화하였다.

② 전우치가 왕에게 황금을 요구한 까닭은 [A]에서는 모친 봉양을 위한 것이었으나, (나)에서는 백성을 보살피는 것으로 바뀌었다.

③ 전우치가 자신의 요구 실현에 대해 취한 조치는 [A]에서는 실행하지 않을 경우 변을 당하리라 위협하는 것으로, (나)에서는 실행한 것에 대해 보상을 약속하는 것으로 표현되었다.

④ 전우치가 왕과의 만남을 끝내는 모습이 [A]에서는 구름을 타고 남쪽으로 가는 것으로, (나)에서는 돌아올 것을 예고하며 말을 타고 산수화 속으로 들어가는 것으로 나타났다.

⑤ 전우치가 왕에게 자신의 요구를 전하는 장면은 [A]에서는 왕에게 요구하는 모습이 자세히 서술되었으나, (나)에서는 꿈에 나타나 하명하였다는 왕의 대사로 간략히 처리되었다.

05 (나)를 영화로 제작한다고 할 때, ㉠~㉤에 대한 연출 계획으로 적절하지 <u>않</u>은 것은?

① ㉠ : 전우치의 권위와 위엄이 느껴지게 하려면, 지상을 내려다보는 전우치를 올려다보며 촬영해야겠군.

② ㉡ : 전우치가 거울에 관심을 갖고 있음을 강조하려면, 전우치의 얼굴이나 눈동자를 화면에 가득 담아야겠군.

③ ㉢ : 천군들의 정체로 인한 왕의 당혹감을 표현하려면, 천군이 있던 자리에 놓인 허수아비를 왕의 시점으로 보여 주어야겠군.

④ ㉣ : 전우치가 도사로서 가진 출중한 능력을 입체적으로 전달하려면, 여러 공간에서 동시에 일어나는 각각의 장면을 번갈아 보여 주어야겠군.

⑤ ㉤ : 왕이 전우치로 인해 불쾌감을 지속적으로 느끼고 있음을 감각적으로 표현하려면, 언짢아하는 왕의 표정을 보여 주며 전우치가 남긴 웃음소리를 효과음으로 길게 끌어야겠군.

04 (나)에 나타난 갈등 양상에 대한 이해로 적절하지 <u>않은</u> 것은?

① 전우치가 자신의 정체를 드러낸 것을 계기로 왕과의 갈등이 표출되어 상황이 새로운 국면으로 전환된다.

② 전우치가 '생선은 대가리부터 썩는 법'이라고 말함으로써 왕과의 갈등이 부패한 지배층에 대한 비판으로 확장된다.

③ 왕이 전우치에게 속아 그를 최고의 예우로 대하는 것은 장차 전우치의 정체가 밝혀질 때 갈등이 증폭되는 요인이 된다.

④ 왕이 전우치를 '옥황상제의 아드님'에서 '도사 놈'으로 바꿔 부르는 것에서 전우치를 향한 왕의 적대적인 인식이 드러난다.

⑤ 왕과 전우치의 주문에 따라 연주되는 음악이 계속 바뀜으로써 왕과 전우치 간의 대결이 우열을 가리기 힘든 상황임이 드러난다.

Free note.

나 없이

기출

풀지마라

다음 글을 읽고 물음에 답하시오.

(가)

　대부분의 사내들이 고기잡이로 떠난 갯마을에는 늙은이들이 어린 손자나 데리고 뱃그늘이나 바위 옆에 앉아 무연히 바다를 바라보고, 아낙네들이 썰물에 조개나 캘 뿐 한가하다.

　사흘 째 되던 날, 윤 노인은 아무래도 수상해서 박 노인을 찾아갔다. 박 노인도 막 물가로 나오는 참이었다. 두 노인은 바위 옆 모래톱에 도사리고 앉았다. 윤 노인이 먼저 입을 뗐다.

　"저 구름발 좀 보라니?"

　"음!"

　구름발은 동남간으로 해서 검은 불꽃처럼 서북을 향해 뻗어 오르고 있었다.

　윤 노인이 또,

　"하하아 저 물빛 봐!"

　박 노인은 보라기 전에 벌써 짐작이 갔다. ⓐ아무래도 변의 징조였다. 파도 아닌 크고 느린 너울이 왔다. 그럴 때마다 매운 갯냄새가 풍겼다. 틀림없었다.

　이번에는 박 노인이 뻔히 알면서도,

　"대마도 쪽으로 갔지?"

　"고기 떼를 찾아갔는데 울릉도 쪽이면 못 갈라고…."

　두 노인은 더 말이 없었다. 그새 구름은 해를 덮었다. 바람도 딱 그쳤다. 너울이 점점 커 왔다. 큰 너울이 올 적마다 물컥 갯냄새가 코를 찔렀다. 두 노인은 말없이 일어나 말없이 헤어졌다. ㉠그들의 경험에는 틀림이 없었다. 올 것은 기어코 오고야 말았다. 무서운 밤이었다. 깜깜한 칠야, ⓑ비를 몰아치는 바람과 바다의 아우성, 보이는 것은 하늘로 부풀어 오른 파도뿐이었다. 그것은 마치 바다의 참고 참았던 분노가 한꺼번에 터져 흰 이빨로 뭍을 마구 물어뜯는 것과도 같았다. 파도는 이미 모래톱을 넘어 돌각 담을 삼키고 몇몇 집을 휩쓸었다. ㉢마을 사람들은 뒤 언덕배기 당집으로 모여들었다. 이러는 동안에 날이 샜다. 날이 새자부터 바람이 멎어 가고 파도도 낮아 갔다. 샌 날에 보는 ⓓ마을은 그야말로 난장판이었다.

[A]
　이날 밤 한 사람의 희생이 있었다. 윤 노인이었다. 그의 며느리 말에 의하면 돌각 담이 무너지고 파도가 축담 밑까지 들이밀자 윤 노인은 며느리와 손자를 앞세우고 담 밖까지 나오다가 무슨 일로선지 며느리는 먼저 가라고 하고 윤 노인은 다시 들어갔다고 한다. 그러고는 아무것도 모른다는 것이다.

　ⓔ바다는 언제 그런 일이 있었던가 하듯 잔물결이 안으로 굽은 모래톱을 찰싹대고, 볕은 한결 뜨거웠고, 하늘은 남빛으로 더욱 짙었다.

[B]
　그러나 고등어 배는 돌아오지 않았다. 마을은 더 큰 어두운 수심에 잠겼다. 이틀 뒤에 후리막 주인이 신문을 한 장 가지고 와서, 출어한 많은 어선들이 행방불명이 됐다는 기사를 읽어 주었다. 마을은 다시 수라장이 됐다. 집집마다 울음소리가 그치지 않았다. 이틀이 지났다. 울음에도 지쳤다. 울어서 해결될 문제가 아니었다.

　― 설마 죽었으랴고. ―

　이런 한 가닥 희망을 가지고 아낙네들은 다시 바다로 나갔다. 살아야 했다. 바다에서 죽고 바다로 해서 산다. 해순이는 성구가 돌아올 것을 누구보다도 믿었다. 그동안 세 식구가 먹고살아야 했다. 해순이도 물옷을 입고 바다로 나갔다.

　해조를 따고, 조개를 캐다가도 문득 이마에 손을 하고 수평선을 바라보곤 아련한 돛배만 지나가도 괜히 가슴을 두근거리는 아낙네들이었다. 멸치 철이건만 후리*도 없었다. 후리막은 집 뚜껑을 송두리째 날려 버린 그대로 손볼 엄두를 내지 않았다.

　　　　　　　　　　　　　　　　- 오영수, 「갯마을」 -

*후리 : 그물의 한 종류.

(나)

S#14. 축항

시멘트로 만든 축항. / 윤 노인과 박 노인이 꼬니를 두고 있다.

윤 노인 : 거 왜 을축년 바람 때만 해도 그랬지… 용왕님만 노하시면 속절없는 거야.

박 노인 : 암 여부가 없지…. (수평선을 보며) 여봐 저 구름 좀 보라니….

윤 노인 : (침통하게) 음….

박 노인 : 아무래도 심상치 않아… 저 물빛도 좀 보라니까….

바람이 점점 세어진다.

S#15. 노목

성황당 뒤에 서 있는 노목이 불어오는 바람을 가누지 못하고 몹시 흔들린다.

S#16. 바위

점점 커 가는 파도가 바위에 부딪쳐 부서진다.

S#17. 축항

밀려온 파도는 축항을 뒤엎을 듯이 노한다.

S#18. 몽타주*

문을 열고, 하늘을 보는 가족들.
뛰어나와 바다를 보는 사람들.
분주하게 움직이는 아낙들.

S#19. 하늘

검은 구름이 몰려온다. / 번쩍이는 번개. / 천지를 진동하는 천둥.

S#20. 들판

폭우에 휩쓸리는 나무. / 무서운 비바람에 흔들리는 나무. / 벼락이 떨어지며 고목 하나에 불이 붙는다. / 쏟아지는 비! 비! / 몰아치는 바람.

S#21. 길(밤)

돌각 담으로 된 골목길을 달리는 해순.
숨은 하늘에 치닿고 / 옷은 비에 젖어 나신이나 다름없고…. / 넘어지며 달린다. / 번개! 천둥….

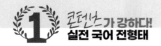
S#22. 성황당(밤-비)

비틀거리는 해순이가 올라와서

당목 앞에 꿇어앉으며 원망스러운 눈초리로

해순 : 서낭님예… 서낭님예….

몇 번 부르더니 쏟아지는 빗속에서 몇 번이고 절을 한다.

잠시 후 순임이가 올라와서 해순이와 같이 절을 한다.

S#23. 하늘(밤-비)

먹장 같은 구름에 뒤덮여 검기만 하다.

파도 소리와 바람 소리 뿐이다. / 크게 번개가 친다.

S#24. 노한 밤바다

노도 속에서 비바람과 싸우는 선원들. / 처절한 성구의 얼굴. / 무엇인
가 소리치지만 들리지 않는다. / 선미의 키를 잡으며 이를 악무는 성칠. /
분주한 선원들의 모습. / 더욱더 거센 파도. / 흔들리는 뱃사람들…. / 파
도에 쓰러지고 / 흔들림에 넘어지고…. / 이윽고 배는 나뭇잎처럼 덜렁 들
렸다가 넘어간다.

S#25. 성황당(밤-비)

해순이와 순임이 외에도 몇몇 아낙이 모였다.

제정신이 아닌 모습으로 절을 하는 아낙들.

S#26. 윤 노인의 집 앞(밤-비)

윤 노인이 나온다. / 순임이 따라 나오며

순임 : 아버지예. 이 빗속에 어디로 나가신다는 김니꺼….

윤 노인 : 마 퍼뜩 다녀올 끼다….

순임 : 내일 아침에 가시면 안 될까요….

상수 : (가며) 앙이다. 거참 아무래도 무슨 일 내겠다….

나간다.

S#27. 축항(밤-비)

파도가 휘몰아치는 축항을 위험스럽게 걸어온다.

빈 배에 걸려 있는 그물을 벗기려는 순간 윤 노인은 파도에 빨려 축항
밖으로 떨어진다.

잠깐 허우적거리는 듯하더니 노도에 휩쓸려 버린다.

S#28. 성황당(밤-비)

더욱더 거센 비바람. / 아우성치듯 흔들거리는 당목. 가지가 꺾어진다.

O.L.

S#29. 아침 바다

어젯밤의 폭풍우는 어디로 갔는지 자취도 없고 바다는 잔잔하다.

모래밭을 적시는 잔잔한 파도.

— 오영수 원작, 신봉승 각색, 「갯마을」 —

* 몽타주 : 따로따로 촬영된 장면을 결합하여 새로운 의미를 나타내는 편집 방식.

01 [A]의 서술 방식에 대한 설명으로 가장 적절한 것은?

① 간접 인용을 통해 인물의 행적을 서술하고 있다.

② 이야기 내부 인물이 자신의 내면을 진술하고 있다.

③ 과거 회상을 통해 인물 간의 갈등을 심화하고 있다.

④ 인물의 외양 묘사를 통해 개성적 면모를 부각하고 있다.

⑤ 공간 변화에 따라 서술자를 달리하여 사건에 대한 다양한 관점을 제시하고 있
다.

 형태쌤과 선지분석

선지분석	[A]
간접 인용 → 인물의 행적 서술	
인물 → 자신의 내면 서술	
과거 회상 → 인물 간 갈등 심화	
인물 외양 묘사 → 개성 부각	
공간에 따라 서술자 바꿈 → 다양한 관점 제시	

02 ㉠에 대한 이해로 가장 적절한 것은?

① '두 노인'은 우연히 만나 ㉠에 대해 대화를 나눈다.

② '두 노인'은 자연 현상을 지각함으로써 ㉠을 환기한다.

③ '두 노인'은 ㉠으로 인해 서로 다른 대처 방안을 제시한다.

④ '두 노인'은 예측이 빗나감에 따라 ㉠에 대해 회의감을 갖는다.

⑤ '두 노인'은 ㉠으로 인해 고깃배의 행선지에 대하여 무관심한 태도를 보인다.

03 〈보기〉를 참고하여 [B]를 감상한 내용으로 적절하지 <u>않은</u> 것은?

보기

「갯마을」은 시련이 연속되는 삶의 터전에서 그에 맞서는 인물들의 삶을 다룬다. 갯마을 사람들의 일상을 구성하는 사물, 장소, 일 등은 인물들의 시련과 이를 극복하려는 노력을 나타내는 서사적 장치로 활용된다. 이를 통해 「갯마을」은 삶을 지켜 나가려는 의지와 희망을 형상화하고 있다.

① '고등어 배'가 돌아오지 않은 일은 마을 사람들이 겪게 되는 시련에 해당하는 군.
② '신문'은 마을 사람들이 상황을 더욱 심각하게 여기게 하는 매개물이군.
③ '바다'는 아낙네들에게 시련을 주지만 생활의 방편도 제공한다는 점에서 이중적인 의미를 지니는군.
④ '물옷'을 입고 바다로 나가는 것은 삶을 지켜 나가려는 해순의 의지를 보여 주는 행동이군.
⑤ '돛배'는 아낙네들에게 자신들의 희망이 실현될 것이라는 확신을 제공하는 대상이군.

04 (나)의 인물에 대한 설명으로 가장 적절한 것은?

① S#21에서 '해순'이 달려가는 행위는 기상 악화로 인해 다급해진 속내를 보여 준다.
② S#22에서 '해순'이 비틀거리면서도 성황당에 오르는 것은 당목을 지키려는 의무감을 나타낸다.
③ S#22에서 '순임'의 등장은 '해순'이 서낭님에게 기원하던 것을 멈추는 계기가 된다.
④ S#25에서 '해순'과 '순임'은 성황당에 모인 다른 아낙들과 갈등 관계를 형성한다.
⑤ S#26에서 '순임'은 '윤 노인'이 집을 나가는 이유를 제공한다.

05 (나)의 S#18과 S#24에 대한 이해로 적절하지 <u>않은</u> 것은?

① S#18은 인물들의 행동을 보여 주는 장면들을 연결하여, 마을의 어수선한 분위기를 보여 주고 있다.
② S#18은 여러 장소에서 벌어지는 사건들을 각각 보여 주어, 제시된 사건들이 갖는 상반된 의미를 나타내고 있다.
③ S#24는 말소리가 들리지 않는 장면을 제시하여, 성구의 절박한 상황을 부각하고 있다.
④ S#24는 행위와 표정을 하나의 장면으로 제시하여, 비바람에 맞서는 성칠의 모습을 보여 주고 있다.
⑤ S#24는 선원들의 위태로운 모습을 반복적으로 제시하여, 배 안의 급박한 상황을 드러내고 있다.

06 다음은 (가)와 (나)에 대한 〈학습 활동〉이다. 과제를 수행한 결과로 적절하지 <u>않은</u> 것은?

학습 활동

과제 : (나)는 (가)를 영상화하기 위해 변형한 시나리오이다. (가)의 ⓐ~ⓔ를 다음과 같이 변형하여 각색했다고 할 때, 그 결과를 탐구해 보자.

(가)		(나)	(가)에서 (나)로의 각색 방향
ⓐ	⇒	S#14	인물의 심리를 구체적으로 제시하기
ⓑ	⇒	S#15~S#17	비유적 표현을 시각적으로 나타내기
ⓒ	⇒	S#22, S#25	하나의 사건을 여러 장면으로 제시하기
ⓓ	⇒	S#28	사건의 결과를 상징적으로 보여 주기
ⓔ	⇒	S#28, S#29	하나의 상황을 O.L.(오버랩)을 활용하여 제시하기

① ⓐ를 대화 상황에서의 "아무래도 심상치 않아…"라는 대사로 바꾸어 인물이 느끼는 위기감을 드러내고 있다.
② ⓑ를 갯마을과 바다에서 발생하는 상황으로 제시하여 자연의 위력을 부각하고 있다.
③ ⓒ에서 성황당으로 마을 사람들이 모여드는 모습을 등장인물의 수가 다른 장면들로 나누어 구현하고 있다.
④ ⓓ를 당목이 꺾이는 장면으로 변형하여 인물들 간의 믿음이 무너진 마을을 상징적으로 보여 주고 있다.
⑤ ⓔ에 나타난, 폭풍우가 물러간 상황을 효과적으로 드러내기 위해, 비바람이 거센 전날 밤과 파도가 잔잔해진 아침을 연결하여 제시하고 있다.

Free note.

나 없이

기출

풀지마라

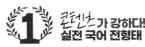

빠른 정답

Ⅰ. 현대시

01.	2019학년도 11월	① ④ ③
02.	2020학년도 6월	⑤ ① ④
03.	2020학년도 9월	② ③ ④
04.	2020학년도 11월	④ ② ④
05.	2021학년도 6월	③ ④ ⑤
06.	2021학년도 9월	⑤ ② ①
07.	2021학년도 12월	⑤ ② ④
08.	2022학년도 6월	④ ⑤ ②
09.	2022학년도 9월	② ④ ⑤ ③
10.	2023학년도 6월	② ④ ①
11.	2023학년도 11월	① ④ ② ③
12.	2024학년도 6월	④ ② ⑤ ③
13.	2025학년도 6월	⑤ ④ ③ ③

Ⅱ. 고전시가

01.	2019학년도 6월	④ ⑤ ②
02.	2019학년도 11월	① ③ ④
03.	2020학년도 9월	⑤ ④ ② ③ ⑤
04.	2021학년도 6월	③ ② ③
05.	2022학년도 9월	④ ② ②
06.	2022학년도 11월	④ ⑤ ③
07.	2023학년도 9월	④ ③ ②
08.	2024학년도 9월	② ④ ①
09.	2024학년도 11월	② ③ ④
10.	2025학년도 9월	① ③ ③
11.	2025학년도 11월	③ ⑤ ②

Ⅲ. 복합

01.	2019학년도 6월	① ③ ② ⑤ ④
02.	2019학년도 9월	① ② ⑤ ③ ③
03.	2020학년도 6월	① ④ ⑤ ④ ③
04.	2020학년도 11월	② ⑤ ① ③ ①
05.	2021학년도 9월	① ③ ① ⑤ ④
06.	2021학년도 12월	⑤ ⑤ ⑤ ③ ③
07.	2022학년도 6월	⑤ ③ ④ ① ③ ②
08.	2022학년도 11월	③ ③ ② ④ ① ④
09.	2023학년도 6월	⑤ ② ② ① ① ②
10.	2023학년도 9월	① ④ ⑤ ④ ④ ③
11.	2023학년도 11월	① ⑤ ③ ③ ④
12.	2024학년도 6월	⑤ ④ ① ③ ④
13.	2024학년도 9월	② ④ ④ ③ ② ④
14.	2024학년도 11월	② ① ③ ③ ② ⑤
15.	2025학년도 6월	① ② ⑤ ② ⑤
16.	2025학년도 9월	③ ① ④ ④ ⑤ ③
17.	2025학년도 11월	④ ⑤ ② ② ① ①

IV. 현대 산문

01.	2019학년도 6월	① ⑤ ②
02.	2019학년도 9월	② ④ ⑤ ①
03.	2020학년도 6월	⑤ ③ ③
04.	2020학년도 9월	② ⑤ ③ ①
05.	2020학년도 11월	① ⑤ ⑤
06.	2021학년도 6월	② ⑤ ④ ⑤
07.	2021학년도 9월	⑤ ② ③ ④
08.	2021학년도 12월	② ① ① ④
09.	2022학년도 6월	② ④ ① ⑤
10.	2022학년도 11월	④ ③ ⑤ ⑤
11.	2023학년도 6월	③ ① ③ ⑤
12.	2023학년도 9월	⑤ ④ ③ ③
13.	2023학년도 11월	① ⑤ ① ②
14.	2024학년도 6월	⑤ ③ ④ ②
15.	2024학년도 9월	① ④ ⑤ ④
16.	2024학년도 11월	① ④ ① ②
17.	2025학년도 6월	② ③ ④ ③
18.	2025학년도 9월	④ ③ ⑤ ②
19.	2025학년도 11월	④ ③ ⑤ ④

V. 고전 산문

01.	2019학년도 6월	③ ③ ① ④
02.	2019학년도 9월	③ ③ ③
03.	2019학년도 11월	⑤ ⑤ ④
04.	2020학년도 6월	③ ⑤ ① ②
05.	2020학년도 9월	① ⑤ ④
06.	2020학년도 11월	③ ④ ③ ③
07.	2021학년도 9월	⑤ ② ③
08.	2021학년도 12월	④ ② ⑤
09.	2022학년도 6월	① ③ ① ③
10.	2022학년도 9월	④ ④ ③ ④
11.	2022학년도 11월	② ① ③ ⑤
12.	2023학년도 6월	④ ③ ④ ⑤
13.	2023학년도 9월	④ ② ③ ④
14.	2023학년도 11월	④ ③ ③ ⑤
15.	2024학년도 6월	① ② ④ ⑤
16.	2024학년도 9월	⑤ ② ③ ③
17.	2024학년도 11월	② ① ③ ⑤
18.	2025학년도 6월	④ ③ ③ ④
19.	2025학년도 9월	① ③ ⑤ ⑤
20.	2025학년도 11월	② ④ ① ④

VI. 극

01.	2019학년도 9월	⑤ ⑤ ⑤
02.	2019학년도 11월	⑤ ① ④ ② ⑤ ⑤
03.	2021학년도 6월	① ② ④ ⑤ ④
04.	2022학년도 9월	① ② ⑤ ① ② ④

나 없이

기출

풀지마라

인강 강사가 떠먹여주는
" 과외식 기출 문제집 "

나기출

7개년
평가원 기출
전문항 수록

2026
수능 국어 대비

문학편

단순 해설이 아니라,
최신 트렌드 설명과 풀이 방법까지 **과외식으로!**

콘텐츠가 강하다!
실전 국어 전형태

메가스터디 **전형태**

Contents | 이 책의 순서

Ⅲ ◦ 복합

Contents | 이 책의 순서

IV ○ 현대 산문

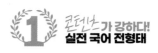

V ∘ 고전 산문

VI ∘ 극

| 과외식 기출 분석서, 나기출 |

나 없이
기출
풀지마라

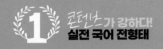

실전 국어 전형태

문학

I

현대시

01

2019학년도 11월

출생기 / 샤갈의 마을에 내리는 눈

지문분석

(가) 출생기

검정 포대기 같은 까마귀 울음소리 고을에 떠나지 않고
밤이면 부엉이 괴괴히 울어

▶ 시작부터 청각적 이미지가 제시되면서 ⊖ 느낌을 주고 있다.

남쪽 먼 포구의 백성의 순탄한 마음에도
상서롭지 못한 세대의 어둔 바람이 불어오던
- 융희(隆熙) 2년!

▶ '융희'는 조선의 마지막 임금인 순종 때의 연호로, '융희 2년'이라는 것은 1908년을 얘기하는 것이다. 물론 시험장에서 어휘 풀이나 <보기>도 없이, '융희'의 의미를 아는 것은 쉽지 않다. 시험장에서 여기까지 읽었다면, 부정적 상황을 배경으로 하고 있구나 정도만 체크를 하면 된다.

그래도 계절만은 천 년을 다채(多彩)하여
지붕에 박년출 남풍에 자라고
푸른 하늘엔 석류꽃 피 뱉은 듯 피어

▶ 부정적인 시대적 상황과 대비되는 생명력 있는 자연의 모습이 나타나고 있구나.

나를 잉태한 어머니는
짐짓 어진 생각만을 다듬어 지니셨고
젊은 의원인 아버지는
밤마다 사랑에서 저릉저릉 글 읽으셨다

▶ 결국 화자 자신에 대한 얘기로 초점이 모아지고 있네.

왕고못댁 제삿날 밤 열나흘 새벽 달빛을 밟고
유월이가 이고 온 제삿밥을 먹고 나서

▶ 화자가 태어나기 전후의 상황과 분위기를 제시하고 있다.

희미한 등잔불 장지 안에
번문욕례 사대주의의 욕된 후예로 세상에 떨어졌나니

▶ '번문욕례'는 '번거롭고 까다로운 규칙과 예절'을 의미한다. 물론 몰라도 된다. 화자가 나라를 잃은 상태로 태어났다는 것이 중요하다.

신월(新月)같이 슬픈 제 족속의 태반을 보고

▶ 보름달처럼 꽉 차지 못한 신월(초생달) 같은 태반(태아와 엄마의 연결 기관)이라고 한다. 외적으로는 나라를 잃었고, 내적으로도 부족한 상태로 태어났다는 것이다.

내 스스로 고고(呱呱)의 곡성(哭聲)을 지른 것이 아니련만

▶ 화자는 스스로 나라 잃은 곡성을 하며, 고고(첫 울음)를 지른 것은 아니라고 한다. 즉 뭔가 대단한 생각을 하지 않고, 그냥 울면서 태어났다는 것이다.

명(命)이나 길라 하여 할머니는 돌메라 이름 지었다오

▶ 목숨이나 길라고 해서 할머니께서는 (화자에게) 돌메(돌산)라고 이름을 지어주셨다고 한다. 아마도 돌산처럼 오래오래 견고하게 살아가라는 의미겠지.

(나) 샤갈의 마을에 내리는 눈

샤갈의 마을에는 삼월에 눈이 온다.
봄을 바라고 섰는 사나이의 관자놀이에
새로 돋은 정맥이
바르르 떤다.

▶ 화자는 자신이 아니라, 외부 대상인 어떤 사나이를 주목하고 있다. '정맥'은 혈관이다. 이러한 정맥이 바르르 떤다고 하니 생명력이 느껴지는구나. 봄이 되면 움츠러들었던 만물이 다시 활발하게 생명 활동을 시작한다. 바르르 떠는 정맥은 봄의 생명력을 환기한다고 볼 수 있겠다.

바르르 떠는 사나이의 관자놀이에
새로 돋은 정맥을 어루만지며
눈은 수천수만의 날개를 달고
하늘에서 내려와 샤갈의 마을의
지붕과 굴뚝을 덮는다.

▶ 다시 한번 샤갈의 마을에 눈이 온다고 언급하고 있네.

삼월에 눈이 오면
샤갈의 마을의 쥐똥만 한 겨울 열매들은
다시 올리브빛으로 물이 들고

▶ 작고 볼품없던 열매들은 봄을 맞이하여 새롭게 생명력을 얻어 '올리브빛'인 초록색으로 물들어 간다. 그런데 '눈이 오면' 그렇게 된다고? 상식적으로는 말이 안 된다. 그렇다면 '눈'을 단순한 'snow'로 볼 것이 아니라, 맑고 순수한 생명의 에너지 정도로 파악하면 되겠다.

밤에 아낙들은
그해의 제일 아름다운 불을
아궁이에 지핀다.

▶ 타오르는 불 또한 활발한 봄의 생명력을 상징한다. 여기까지 간략하게 보면 여러 이미지들을 통해 봄의 생명력을 제시한다고 볼 수 있겠다.

문제분석 01-03번

번호	정답	정답률 (%)	선지별 선택비율(%)				
			①	②	③	④	⑤
1	①	78	78	1	9	2	10
2	④	83	3	3	5	83	6
3	③	73	1	9	73	8	9

01

정답설명

① (가) O, (나) O / (가)에서는 '융희 2년', '제삿날 밤 열나흘 새벽', (나)에서는 '삼월'이라는 시간과 관련된 표지를 제시하여 각각 무겁고 고요한 분위기와 생동감 넘치는 분위기를 조성하고 있다.

오답설명

② (가) O, (나) X / (가)에서는 '불어오던', '지니셨고', '읽으셨다', '떨어졌나니', '지었다오'와 같이 과거 시제를 사용하여 서사적 사건을 들려주고 있지만, (나)에서는 현재 시제만 사용되었으며, 서사적 사건을 들려주고 있지

않다.

③ (가) X, (나) X / 시를 볼 때는 기본적으로 화자 중심인지, 화자가 바라보는 대상 중심인지 판단할 필요가 있다. 화자 중심의 시에서는 화자가 자신의 주관적 상황과 반응을 얘기하므로 객관적이기 어렵다. 그리고 대상 중심의 시에서는 시에 따라 객관적일 수도 있고, 주관적인 반응이 나올 수도 있다. (나)의 경우 화자가 샤갈의 마을에 눈이 오는 풍경과 봄의 생동감을 비교적 객관적으로 제시하고 있으나, '아름다운'과 같은 주관적 의미의 서술을 하였으므로 이를 완전히 배제하고 있다고 보기 어렵다. 한편, (가)의 경우 화자가 자신이 태어나던 순간의 상황을 주관적으로 얘기하고 있기에 객관적이라고 할 수 없다.

④ (가) O, (나) X / (가)에서는 '까마귀 울음소리', '밤', '괴괴히(아주 고요하여 쓸쓸한 느낌이 들 정도로', '어둔 바람', '곡성' 등의 암울하고 비관적인 정서를 내포한 시어를 사용하여 비극적 상황을 고조하고 있지만, (나)에서는 암울하고 비관적인 정서를 내포한 시어가 사용되지 않았다.

⑤ (가) X, (나) O / (가)에서는 자연물을 살아 있는 대상으로 묘사하고 있지 않다. 하지만 (나)에서는 '눈'이 '날개를 달았다'는 활유법을 사용하고 있고, 이를 통해 화자가 바라보는 '샤갈의 마을'이라는 이국적인 세계의 모습을 담아내고 있다.

02

정답설명

④ 화자가 태어나던 때의 상황을 구체적으로 서술한 것은 맞지만, 출생에 대한 감격을 드러내고 있지는 않다.

오답설명

① 청각적 심상인 '까마귀 울음소리'를 '검정 포대기'로 시각화하여 음산한 시적 상황을 조성하고 있다.

② '융희'는 조선의 마지막 임금인 순종(1907~1910 재위) 때의 연호이며, '융희 2년'은 1908년을 의미한다. 그러나 이 단어를 아는 학생보다는 모르는 학생들이 많았을 것이다. 이 단어를 몰랐다고 하더라도 '상서롭지 못한 세대', '슬픈 제 족속의 태반'에서 암울한 시대 상황임을 알 수 있다. 그리고 [B]에서 이러한 시대 상황과 대비되는 '다채'하고, '남풍에 자라고', '석류꽃 피 뱉은 듯' 핀 자연의 모습을 통해 생명력을 표현하고 있다.

③ 2연의 4, 5행과 6, 7행에서 '~는 ~셨고 / ~는 ~셨다'의 형식으로 대구가 활용되었으며, 이를 통해 화자의 출생을 앞둔 집안의 분위기를 드러내고 있다.

⑤ 울음소리인 '고고'를 '곡성'과 연결하여 화자의 이름이 '돌메'라고 지어진 이유를 제시하고 있다. '고고'는 아기가 태어날 때 우는 소리이고, '곡성'은 사람이 죽을 때 우는 소리이므로 서로 상반된 의미를 지니고 있다고 할 수 있다.

03

정답설명

③ '날개', '하늘', '지붕과 굴뚝'은 단순한 시각적 이미지로, 그림 속 마을의 모습을 공감각적 이미지의 풍경으로 변용한 표현이 아니다.

오답설명

① 〈보기〉에서 김춘수는 샤갈의 초현실주의적 그림에 대한 감각적 인상을 자신의 고향 마을에 투사하였다고 하였다. 따라서 '샤갈의 마을'은 시인이 그림 속 마을 풍경에서 받은 인상을 자신의 고향 마을에 투사하여 표현한 것으로 볼 수 있다.

② 〈보기〉에서 김춘수는 밝고 화려한 색감을 지닌 이미지들의 병치로 이루어진 샤갈의 초현실주의적 그림을 다양한 이미지의 병치로 변용하여 생동감을 형상화하였다고 했다. 김춘수는 (나)에서 그림 속 이질적 이미지들의 병치를 '삼월에 눈', '봄을 바라고 섰는 사나이', '새로 돋은 정맥' 등 다양한 이미지들의 병치로 변용하여 봄의 생동감을 형상화하였다.

④ 〈보기〉에 김춘수가 샤갈의 그림의 올리브빛 얼굴을 가진 사나이에서 영감을 받았다고 제시되어 있다. 그리고 봄을 맞이한 생동감과 고향 마을의 따뜻한 풍경에 대한 그리움을 형상화하였다고 했으므로, 적절한 선지이다.

⑤ 〈보기〉에서 김춘수는 샤갈의 초현실주의적 그림에 대한 감각적 인상을 자신의 고향 마을에 투사하였다고 하였다. '아낙'과 '아궁이'는 자신의 고향 마을을 투사한 '샤갈의 마을'에 존재하는 사람과 물건이므로, 이들을 고향 마을을 떠올리게 하는 이미지로 전이시킨 것이라고 볼 수 있다.

추일서정 / 하늘과 돌멩이

지문분석

(가) 추일서정

▶ 들어가기 전에 : 이 작품처럼 이미지를 나열하는 시를 이미지즘 시라고 한다. 이미지즘 시는 화자의 정서와 연관된 이미지를 나열함으로써 화자의 정서를 암시하는 시이기에, 화자의 상황과 정서를 명확하게 파악하기 어렵다. 따라서 시험장에서 시를 읽으며 각 시어(이미지)의 의미를 바로바로 잡아내지 못하는 것은 당연하다. 화자가 바라보는 대상을 확인하며 대략 긍정/부정의 판단만 하면서 빠르게 시를 읽어낸 후에, 선지를 보면서 허용 여부를 판단하면 된다. 아래에는 시험장에서 할 수 있는 것보다 좀 더 구체적인 해석을 해 보도록 하겠다.

낙엽은 폴—란드 망명정부의 지폐
포화(砲火)에 이즈러진
도룬 시(市)의 가을 하늘을 생각게 한다

▶ 화자는 낙엽을 보며 가을의 애상감과 공허감을 느끼고 있다. '폴—란드 망명정부의 지폐'와 '도룬 시의 가을 하늘'은 이국적인 정서를 환기하는 시어이다. '낙엽'을 '폴—란드 망명정부의 지폐'라는 가치 없는 대상에 비유하여 허무함(무상감)을 느끼게 한다.

길은 한 줄기 구겨진 넥타이처럼 풀어져
일광(日光)의 폭포 속으로 사라지고
조그만 담배 연기를 내어 뿜으며
새로 두 시의 급행차가 들을 달린다

▶ 시선의 이동에 따라 시상이 전개되고 있구나. 이번에 바라보는 '길'은 '구겨진 넥타이'라는 도시적인 보조 관념과 연결되어 화자의 내면(복잡함 혹은 소외감)을 드러내고 있고, 이어서 '일광의 폭포' 속으로 '길'이 사라진다고 표현하여 화자가 가을에 대해 느끼는 소멸과 상실의 정서를 암시하고 있다.

포플라 나무의 근골(筋骨) 사이로
공장의 지붕은 흰 이빨을 드러내인 채
한 가닥 구부러진 철책이 바람에 나부끼고
그 위에 세로팡지(紙)로 만든 구름이 하나

▶ '포플라 나무의 근골'은 잎이 다 지고 앙상한 가지만 남은 나무의 모습을 나타낸다. 그리고 '공장'을 짐승의 이미지로 비유하여 도시 문물에 대한 부정적인 태도를 드러내고 있다. 바람에 나부끼는 '한 가닥 구부러진 철책' 또한 도시에서 느끼는 가을의 황량함과 쓸쓸함을 드러내는 소재이다.

자욱—한 풀벌레 소리 발길로 차며
호올로 황량한 생각 버릴 곳 없어
허공에 띄우는 돌팔매 하나
기울어진 풍경의 장막 저쪽에
고독한 반원을 긋고 잠기어 간다

▶ 화자는 '황량한 생각'으로부터 벗어나기 위해 허공에 '돌팔매 하나'를 띄운다. 즉 허공에 돌멩이 하나를 던진 것으로, 돌멩이는 '고독한 반원을 긋고 잠기어' 갈 뿐이므로 화자의 쓸쓸함은 해소되지 않는다.

(나) 하늘과 돌멩이

▶ 들어가기 전에 : 독자에게 사물을 새롭게 인식하도록 하여 고정관념을 버리고 새로운 경험을 하게 하는 것이 시인의 사명이라고 생각하는 사람들이 있다. 이 시를 쓴 작가도 마찬가지다. 일반적이지 않은 발상을 통해 독자에게 새로운 경험을 선사하는 신선한 시이니, 내용의 황당함에 의문을 품지 말고, 그냥 그런가 보다 하고 시를 읽어 가면 되겠다.

담쟁이덩굴이 가벼운 공기에 업혀 허공에서
허공으로 이동하고 있다

▶ '업혀 있다'는 것은 강한 이미지보다는 약한 이미지에 어울린다. 엄마에게 업혀 있는 아이처럼. 여기서도 마찬가지다. 힘겹게 담을 타고 오르는 일반적인 담쟁이덩굴과 달리 공기에 업혀 허공으로 이동하는 가볍고 연약한 담쟁이덩굴이 나타나고 있다.

새가 푸른 하늘에 눌려 납작하게 날고 있다

▶ 푸른 하늘을 견디며 간신히 날고 있는 새로구나.

들찔레가 길 밖에서 하얀 꽃을 버리며
빈자리를 만들고

▶ '버린다'는 것은 주체적인 행동이다. 수동적으로 꽃잎이 떨어지는 것이 아니라, 주체적으로 꽃을 버리며 빈자리를 만드는 들찔레를 바라보고 있다.

사방이 몸을 비워놓은 마른 길에
하늘이 내려와 누런 돌멩이 위에 얹힌다

▶ 돌멩이 위에 내려앉은 하늘이구나.

길 한켠 모래가 바위를 들어올려
자기 몸 위에 놓아두고 있다

▶ 바위를 들어 올리는 엄청난 모래다.

문제분석　01-03번

번호	정답	정답률 (%)	선지별 선택비율(%)				
			①	②	③	④	⑤
1	⑤	87	2	4	4	3	87
2	①	75	75	3	7	12	3
3	④	71	5	6	6	71	12

01

정답설명

⑤ 자연물인 '낙엽'을 '폴-란드 망명정부의 지폐'라는 인공물에 빗대고, 자연물인 '구름'을 '세로팡지'라는 인공물에 빗대어, 쓸쓸하고 황량한 가을 풍경에 대한 화자의 인상을 드러내고 있다.

오답설명

① 수미상관은 시의 첫 부분과 마지막 부분을 유사하게 배치하는 것이다. 해당 작품에는 수미상관의 기법이 활용되지 않았다.

② 해당 작품에는 유사한 문장 형태가 변주된 부분이 없다. 게다가 '시간의 흐름'은 필수적으로 체크해야 하는 출제 요소인데, 있었다면 당연히 체크했겠지?

③ '드러내인', '호올로' 등과 같이 의도적으로 변형한 시어를 사용한 것은 맞으나, 이를 통해 현실 극복 의지를 드러내고 있지는 않다.

④ 추측을 나타내는 표현이 사용되지 않았으며, 회의감(대상에 대한 의구심)도 나타나지 않는다.

02

정답설명

① '업혀'는 한 대상이 다른 대상에 매달려 붙어 있는 것을 의미한다. 따라서 '공기에 업혀 허공에서 / 허공으로 이동하'는 '담쟁이덩굴'이 공기를 누르고 수직 상승하고 있다고 볼 수는 없다. 또한 '공기에 업혀' 가는 존재인 '담쟁이덩굴'을 강인한 존재로 보기도 어려우므로 선지의 내용은 적절하지 않다.

오답설명

② '새'가 푸른 하늘에 눌려 납작하게 난다고 묘사하였으므로, 새가 하늘을 자유롭게 날아다닌다는 것이 아닌, 새가 하늘의 무게를 견디며 나는 것으로 해석할 수 있다.

③ '들찔레'가 하얀 꽃을 버리며 빈자리를 만든다고 묘사하였으므로, 꽃잎이 저절로 떨어지는 것이 아닌, 들찔레가 스스로 꽃잎을 떨어뜨리는 것으로 해석할 수 있다.

④ '하늘'이 마른 길로 내려와 누런 돌멩이 위에 얹힌다고 묘사하였으므로, 하늘이 땅에서 멀리 떨어져 있는 존재가 아닌, 길에 가깝게 내려와 돌멩이 위에 닿는 존재로 해석할 수 있다.

⑤ '모래'가 바위를 들어올린다고 묘사하였으므로, 바위 밑에 깔려 있는 존재가 아닌, 거대한 바위를 들어올려 지탱할 수 있는 존재라고 해석할 수 있다.

03

정답설명

④ (가)에서 '길'은 '구겨진 넥타이'라는 도시적인 보조 관념과 연결되어 화자의 내면(소외감)을 드러내고 있다. 반면 (나)의 '길 밖', '길 한켠'이라는 시어는 '중심에서 벗어난 공간'을 나타낸다고 볼 수 있지만, 이를 통해 '대상들 간의 거리감'을 드러내고 있지는 않다. '대상들 간의 거리감'이 나타나려면, '길 밖'에 있는 '들찔레'나 '길 한켠'에 있는 '모래'가 서로를 그리워함에도 불구하고 떨어져 있는 존재이거나, 서로 간의 갈등이 있는 존재여야 한다. 하지만 그런 요소는 시에서 전혀 확인이 되지 않는다.

오답설명

① '낙엽'을 '망명정부의 지폐'에 연결하여 낙엽의 이미지에서 연상되는 쓸쓸함과 무상감을 부각하고 있다.

② '호올로' 황량한 생각을 버릴 곳이 없어 허공에 돌팔매질을 하는 화자는 '돌팔매' 하나가 땅으로 떨어지는 이미지를 '고독한 반원'으로 표현하여 외로움의 정서를 부각하고 있다.

③ (나)에서는 보편적으로 '들찔레' 꽃잎이 저절로 떨어진다고 생각하는 것과는 달리 '들찔레'가 스스로 꽃잎을 떨어뜨리며 '빈자리'를 만들어 내는 것으로 표현하고 있다. 이를 통해 들찔레가 만들어 낸, 비어 있는 공간의 이미지를 떠올릴 수 있다.

⑤ (가)의 '호올로 황량한 생각 버릴 곳 없어 / 허공에 띄우는 돌팔매 하나'라는 구절에서 '허공'을 '황량한 생각'이 드러나는 공허한 이미지로 나타냈음을 알 수 있다. 또한 (나)에서는 '담쟁이덩굴'의 움직임을 가벼운 공기에 업혀 '허공'이라는 공간 안에서 이동하는 것으로 나타내었으므로, '허공'을 감각적으로 경험할 수 있는 공간으로 묘사하고 있음을 알 수 있다.

memo

청명 / 초록 바람의 전언

지문분석

(가) 청명

호르 호르르 호르르르 가을 아침

취어진 청명을 마시며 거닐면

▶ 음성 상징어를 사용한 청각적 심상으로, 가을 아침이라는 시간적 배경에 대한 화자의 인상을 표현하고 있다.

▶ 취어진(계절의 정취에 젖어 든) 청명(푸른 하늘)을 마신다는 것에서, 가을 아침의 정취에 흠뻑 젖은 화자의 모습이 나타나는구나.

수풀이 호르르 벌레가 호르르르

청명은 내 머릿속 가슴속을 젖어 들어

발끝 손끝으로 새어 나가나니

▶ 음성 상징어를 반복적으로 사용하여, 가을의 생동감을 느끼게 하는구나. 가을이 화자에게 젖어 들었다가 새어 나간다는 표현을 통해, 화자가 자연에서 정취를 느끼고, 자연과 일체감을 느끼고 있음을 알 수 있어.

온 살결 터럭 끝은 모두 눈이요 입이라

▶ 화자가 온몸으로 청명을 보고 노래한다는 의미야.

나는 수풀의 정을 알 수 있고

벌레의 예지를 알 수 있다

▶ 화자는 수풀과 벌레와도 일체감을 느끼나 봐.

그리하여 나도 이 아침 청명의

가장 고읍지 못한 노래꾼이 된다

▶ 화자는 결국 자연과 동화된 경지에 이르렀구나. '고읍지 못한 노래꾼'은, 정말 곱지 못하다는 비판의 의미가 아니라 가을 아침에 자연을 느끼는 화자 자신을 겸손하게 이르는 표현으로 볼 수 있겠다.

수풀과 벌레는 자고 깨인 어린애라

밤새워 빨고도 이슬은 남았다

▶ 수풀과 벌레를 이슬을 먹는 어린애에 비유(의인화)하였다.

남았거든 나를 주라

나는 이 청명에도 주리나니

방에 문을 달고 벽을 향해 숨 쉬지 않았느뇨

▶ 이슬을 맘껏 먹을 수 있었던 수풀, 벌레와 달리, 화자는 문과 벽에 가로막힌 탓에 주림을 겪고 있다는구나.

햇발이 처음 쏟아오아

청명은 갑자기 으리으리한 관을 쓴다

▶ '관'은 중세, 근대에 신분과 격식에 따라 쓰던 모자라고 보면 된다. (5천 원권 지폐의 율곡 이이 선생이 머리에 쓰고 계신 까만 모자, 다들 알지?) 청명이 관을 썼다는 의인법과 시각적 심상을 통해, 푸른 하늘에 햇발이 쏟아지는 정경을 표현한 것이지.

그때에 토록 하고 동백 한 알은 빠지나니

오! 그 빛남 그 고요함

간밤에 하늘을 쫓긴 별살의 흐름이 저러했다

▶ 동백 한 알이 빠진 순간을, 밤하늘에 펼쳐지는 별의 흐름에 비유했구나.

온 소리의 앞 소리요

온 빛깔의 비롯이라

이 청명에 포근 취어진 내 마음

감각의 낯익은 고향을 찾았노라

평생 못 떠날 내 집을 들었노라

▶ 화자는 청명을 '고향'이라 할 만큼 푹 빠져 있어. 이때 '감각의 낯익은 고향'을 5연 1~2행과 연관 지어 해석하면, '청명 = 모든 소리와 빛의 근원'이라는 의미로 이해할 수 있겠구나. 화자는 이 아름다운 청명을 '평생 못 떠날 내 집'이라며 애정을 보이고 있어.

(나) 초록 바람의 전언

뒷동산 청솔잎을 빗질해 주던 바람이

무어라 무어라 하는 솔나무의 속삭임을 듣고

푸른 햇살 요동치는 강변으로 달려갔다 하자.

▶ 일단 의인화된 자연물들(바람, 솔나무)이 등장해서 바쁘게 뭔가 소식을 전하는 모습이 나오고 있구나. 무슨 소식인지 계속 보자.

달려가선, 거기 미루나무에게 전하니

알았다 알았다는 듯 나무는 잎새를 흔들어

강물 위에 짤랑짤랑 구슬알을 쏟아냈다 하자.

그 의중 알아챈 바람이 이젠 그 누구보단

앞들 보리밭에서 물결치듯 김을 매다

이마의 구슬땀 씻어올리는 여인에게 전하니,

▶ 그 소식이 인간(여인)에게까지 도달했구나.

여인이야 이윽고 아픈 허리를 곧게 펴곤

눈앞 가득 일어서는 마을의 정자나무를 향해

고개를 끄덕끄덕, 무언가 일별을 보냈다 하자.

▶ 여인은 고된 노동을 하다가 정자나무를 보며 끄덕이고 있다. 무엇을 알았을까? 바로 봄이 왔다는 것이지. 바람이 급하게 전하던 그 소식은 바로 '봄이 왔다는 것'이다.

아무러면 어떤가, 산과 강과 들과 마을이

한 초록으로 짙어가는 오월도 청청한 날에,

소쩍새는 또 바람결에 제 한 목청 다 싣는 날에.

▶ 그렇다. 결국 이 작품을 한 문장으로 줄이면, "봄이 왔어요!" 정도가 되겠다. 그리고 그것을 다양한 자연물을 통해 감각적으로 제시하고 있구나.

문제분석   01-03번

번호	정답	정답률(%)	선지별 선택비율(%)				
			①	②	③	④	⑤
1	②	80	3	80	7	7	3
2	③	91	1	2	91	3	3
3	④	86	2	3	5	86	4

01

정답설명

② (가) O, (나) O / (가)에서는 종결 어미 '-니', '-라' 등을, (나)에서는 종결 어미 '-자'를 반복하여 리듬감을 형성하고 있다.

오답설명

① (가) X, (나) X / (가)는 '청명을 마시며 거닐면'에서 가정의 진술을 허용할 수 있고, (나)는 '달려갔다 하자.', '쏟아냈다 하자.', '보냈다 하자.'에서 가정의 진술을 명확하게 활용하였다. 그러나 (가), (나) 모두 현실과 이상의 거리감을 드러내고 있지 않다.

③ (가) X, (나) X / 화자의 시선이 내면에서 외부로 이동한다는 것은 화자가 자신의 상황이나 내면을 먼저 얘기하다가 외부의 세계를 묘사하는 시상 전개를 말한다. (가), (나) 모두 화자의 시선이 내면에서 외부 세계로 이동하고 있지 않다. (가)는 처음부터 끝까지 외부 세계와 함께 화자의 내면을 지속적으로 드러내고 있고, (나)는 외부 세계를 지속적으로 바라보다 마지막 연에서 화자의 반응을 집약적으로 드러내고 있다.

④ (가) X, (나) X / (가)에는 여정에 따른 공간의 이동이 드러나지 않는다. (나)는 '바람'이 봄이 왔다는 소식을 전해 주고 있다고 볼 수 있으나, '계절의 흐름에 따른 대상의 변화'를 보여 주고 있지는 않다.

⑤ (가) X, (나) X / (가)에서 종교적 관념을 찾을 수 없고, (나)의 화자가 깨달음을 얻었다는 근거도 없다.

02

정답설명

③ ⓒ에서 청명한 가을날에 느끼는 마음을 '낯익은 고향'에 비유한 것은 맞지만, 지나가는 가을에 대한 아쉬움을 드러내고 있지는 않다. (가)의 화자는 '가을 아침'의 자연 속에서 느낀 정취를 표현하고 있을 뿐, 아쉬움을 느끼고 있지 않다. 또한 가을이 지나가고 있다는 것은 시에서 알 수 없다.

오답설명

① '호르르', '호르르르'와 같은 음성 상징어를 사용한 청각적 심상을 통해 가을 아침에 대한 인상을 표현하고 있다.

② 햇빛이 쏟아지는 순간의 아름다운 모습을, '청명'이 '관(관복·예복을 입을 때 망건 위에 쓰던 물건)을 쓴다'는 비유를 사용하여 표현하였다.

④ '햇살 요동치는', '달려갔다'에서 역동적인 이미지를 활용하여 바람이 부는 강변의 풍경을 감각적으로 표현하였다.

⑤ ⓜ은 1연에서 가정한 내용이 사실이 아니더라도 상관없다는 의미이다(이렇게 날이 아름다운데, 1연이 사실이든 아니든 NO상관이다!). 즉, 화자는 오월 '청청한 날'의 정경에 대한 반응을 제시하여 시적 상황에 대한 정서를 집약적으로 드러냈다고 할 수 있다.

03

정답설명

④ 해당 부분은 '동백 한 알', '잎새'의 움직임을 '별살', '구슬알'에 비유한 것이므로, 생명의 탄생을 계기로 순환하는 생태계의 질서와 무관하다.

오답설명

① (가)의 화자는 '온 살결 터럭 끝'을 '눈'과 '입'으로 삼아 '수풀의 정', '벌레의 예지'를 알 수 있다고 하였다. 이는 〈보기〉에서 설명한 바와 같이 인간과 자연 간의 교감을 드러내는 것이다. 〈보기〉의 모든 생태계 구성원이 교감한다는 부분을 참고하면, (나)의 '바람'이 '뒷동산 청솔잎을 빗질'하는 것이 자연끼리의 교감을 드러낸다는 감상도 허용할 수 있다.

② 〈보기〉에서 모든 생태계 구성원이 서로 교감·소통하며 하나의 생태 공동체를 이룬다고 하였다. 이에 따르면 (가)에서 화자가 '수풀의 정'과 '벌레의 예지'를 '알 수 있다'고 하는 것은 화자와 수풀, 벌레가 교감하는 것이며, (나)에서 '솔나무'가 '무어라' 하고 '미루나무'가 '알았다'고 하는 것은 솔나무와 미루나무가 교감하는 것이다. 이는 구성원들이 서로 소통하는 조화로운 생태계의 모습을 보여 준다고 볼 수 있다.

③ (가)에서 화자가 '수풀'과 '벌레'의 소리를 듣고 '나도' 청명함의 '노래꾼이 된다'고 하는 것은 화자가 자연과 함께 청명함을 노래하겠다는 유대감을 드러내는 부분이다. (나)에서 '솔나무의 속삭임'을 '바람'이 '미루나무'에게 전하고, 이를 '여인'도 '정자나무'에게 전하는 것은 자연과 인간 사이에 소통과 교감이 일어난 것으로, 역시 유대감을 드러낸다고 할 수 있다.

⑤ (가)에서 자연을 '온 소리의 앞 소리'와 '온 빛깔의 비롯'이라고 표현한 것은, 〈보기〉에서 시인이 자연의 근원적 가치를 드러낸다는 부분을 참고하여 감상할 수 있다. (나)에서 '오월'에 '산'과 '마을'이 '한 초록으로 짙어' 간다고 표현한 것은, 〈보기〉의 '인간과 자연의 조화로운 관계를~하나의 생태 공동체로 형상화한다.'와 연결하여 감상할 수 있다.

바람이 불어 / 새

지문분석

(가) 바람이 불어

바람이 어디로부터 불어와
어디로 불려 가는 것일까,

▶ 바람이 불어오는 곳에 서 있는 화자는 바람이 어디서부터 시작되고, 어디로 가는 것인지를 궁금해하고 있어.

바람이 부는데
내 괴로움에는 이유가 없다.

▶ 화자는 자신의 괴로움에 이유가 없다고 해. 차라리 이유가 있다면 그 원인을 해결하면 될 텐데, 화자의 괴로움에는 이유가 없기 때문에 해소하기도 어려운 듯하네. 바람이 부는 외부 현상을 통해 자신의 괴로움을 성찰하고 있어.

내 괴로움에는 이유가 없을까,

▶ 앞에서 자신의 괴로움에 이유가 없다고 단언했다가, 이번에는 정말 자신의 괴로움에 이유가 없는지에 대해 의문을 드러내고 있어.

단 한 여자를 사랑한 일도 없다.
시대를 슬퍼한 일도 없다.

▶ 화자는 자신의 괴로움의 이유가 여자도, 시대 상황도 아니라고 해. 그러면 어떠한 이유로 화자는 괴로워하고 있는 것일까? 괴로움의 원인을 찾기 위해 자기 자신에 대해 성찰하고 있구나.

바람이 자꾸 부는데
내 발이 반석 위에 섰다.

▶ 바람은 어디서부터인가 불어와, 어딘가를 향해 끊임없이 가고 있어. 하지만 화자의 발은 반석 위에 가만히 서 있을 뿐이야. '바람'과 '내 발'의 대조적 이미지를 통해 화자가 정체되어 있음을 드러내고 있어. 화자는 바람을 통해 목적의식도, 가고자 하는 방향도 없이 정체되어 있는 자신의 모습을 돌아보고 있는 거야.

강물이 자꾸 흐르는데
내 발이 언덕 위에 섰다.

▶ 바람이 부는 것처럼 강물도 자꾸 흐르고 있어. 어딘가에서 시작된 강물은 바다를 향해 흘러가. 이렇게 끊임없이 바람이 불고 강물이 흐르고 있는데, 화자 자신은 반석 위에, 언덕 위에 가만히 서 있을 뿐이야. 적극적으로 앞으로 나아가지 못하는 자신의 모습을 자책하고 있는 듯한 화자의 모습이 나타나고 있다.

(나) 새

새는 새장 밖으로 나가지 못한다.
매번 머리를 부딪치고 날개를 상하고 나야 보이는,
창살 사이의 간격보다 큰, 몸뚱어리.

▶ 화자는 새장 밖으로 나가지 못하는, 새장에 갇혀 있는 새의 모습을 관찰하여 전달하고 있어. 이렇게 화자가 인간이 아닌 다른 대상에 대해 이야기하는 경우, 그 이야기를 통해 궁극적으로는 인간의 삶에 대해 이야기하는 경우가 많아. 계속 가 보자.

하늘과 산이 보이고 울음 실은 공기가 자유로이 드나드는
그러나 살랑거리며 날개를 굳게 다리에 매달아 놓는,
그 적당한 간격은 슬프다.
그 창살의 간격보다 넓은 몸은 슬프다.

▶ 하늘과 산이 보이고 공기가 자유로이 드나들 수 있도록 창살은 '적당한 간격'을 가지고 있어. 하지만 창살의 간격은 새의 몸보다 좁아 새를 새장에 가두어 놓는 역할을 해. 그리고 창살 사이를 자유로이 드나들 수 있는 공기는 창살로 인해 억압되어 있는 새와 대조되는 대상으로, 새의 부정적 상황을 부각하는 기능을 하고 있어.

▶ 창살을 자유로이 드나드는 공기에 대해 '울음 실은'이라고 표현하였고, '창살의 간격'과 그보다 넓은 새의 몸에 대해 '슬프다'고 표현하였네. 이때의 '울음'과 '슬픔'은 갇혀 있는 새의 감정을 드러낸 것이라 볼 수 있다.

넓게, 힘차게 뻗을 날개가 있고
날개를 힘껏 떠받쳐 줄 공기가 있지만
새는 다만 네 발 달린 짐승처럼 걷는다.
부지런히 걸어 다리가 굵어지고 튼튼해져서
닭처럼 날개가 귀찮아질 때까지 걷는다.

▶ 새에게는 날개도, 공기도 있으니 본질적으로 날아다닐 수 있어. 하지만 새장에서 지내는 시간이 늘어날수록 새는 마치 네 발 달린 짐승 혹은 닭처럼 걷는다고 해. 날아다닐 수 있는 가능성이 있고 그 조건을 충족함에도 그 능력을 펼치지 않아서 퇴화되어 가는 것이지.

새장 문을 활짝 열어 놓아도 날지 않고
닭처럼 모이를 향해 달려갈 수 있을 때까지 걷는다.

▶ 날아다닐 수 있지만 그러지 않는 상황이 계속되면서, 제약이 사라졌음에도 날아서 도망가지 않는 처지에 도달한 새의 모습이 드러나고 있구나. 앞에서는 창살로 인해 억압되어 있는 새의 처지를 제시했어. 만약 창살 때문에 억압되어 강제로 새장을 떠날 수 없는 것이었다면 새장 문을 활짝 열어 놓았을 때는 날아서 새장 밖으로 탈출해야 하는 것이 맞아. 하지만 새장 속의 안온함에 길들여진 새는 새장 문이 열렸음에도 날아가지 않는 거야. 새장 속에는 모이가 있으니, 굳이 '자유'라는 것을 찾아 날지 않아도 되는 것이지.

걸으면서, 가끔, 창살 사이를 채우고 있는 바람을
부리로 쪼아 본다, 아직도 벽이 아니고
공기라는 걸 증명하려는 듯.

▶ 창살을 기준으로 외부와 단절되어 있지 않고 이어져 있음을 인식하고 있는 새의 모습이 드러나. 온전히 갇혀 있다고 생각하지 않으므로 탈출하려는 의지가 없는 걸까? 어쩌면 새는 새장에 억압되어 갇혀 있는 것이 아니라, 모이도 있는 안전한 새장에 자발적으로 자신을 가두어 놓은 것일 수도 있어.

유리보다도 더 환하고 선명하게 전망이 보이고
울음 소리 숨내음 자유롭게 움직이도록 고안된 공기,
그 최첨단 신소재의 부드러운 질감을 음미하려는 듯.

▶ 이 부분만 본다면 벽이나 유리가 아닌 '공기'는 환하고, 선명하게 전망이 보이고, 울음 소리나 숨내음도 자유롭게 움직일 수 있으며 부드럽다는 점에서 긍정적이라고 판단할 수 있지. 하지만 이는 반어적인 표현이야. 여기서 '최첨단 신소재'란 현대 문명을 의미해. 그것을 음미한다는 것은 문명의 안락함을 느끼는 현대인의 모습이라고 볼 수 있어. 작가는 문명으로 파묻힌 일상에 갇힌 채 자유도, 의지도 잃어버린 현대인의 모습을 비판하기 위해 반어적인 표현을 사용한 것이다.

문제분석 01-03번

번호	정답	정답률(%)	선지별 선택비율(%)				
			①	②	③	④	⑤
1	④	70	7	6	9	70	8
2	②	72	8	72	4	12	4
3	④	61	13	6	9	61	11

01

정답설명

④ '성찰', '반성'은 평가원에서 넓은 개념으로 쓰인다. 화자나 인물이 자신이 살아온 길을 돌아보거나, 자신의 상황을 중점적으로 살펴보면 '성찰/반성'이라는 말을 쓸 수 있다. 화자는 자신이 느끼는 괴로움의 이유를 생각해 보며 '없다'라는 말을 반복하고 있는데, 이를 통해 자신의 삶과 내면을 응시하는 반성적 자세를 드러내고 있다고 볼 수 있다.

오답설명

① '불려 가는'의 주체는 화자가 아니다. '불리다'라는 피동 표현은 '바람'을 주체로 한 표현이므로, 이를 통해 화자가 현실에 순응하려는 태도를 보이고 있다고 판단하기는 어렵다.

② '단정하다'는 단어는 딱 잘라서 판단하고 결정한다는 의미이다. 하지만 화자는 자신의 정신적 고통의 이유를 '없다'라는 표현으로 딱 잘라 말하지 않고 '없을까'라는 물음의 형식으로 드러내고 있으므로 선지의 내용은 적절하지 않다.

③ '사랑한 일'과 '슬퍼한 일'을 병치하였으며, '시대를 슬퍼한 일도 없다.'라는 표현을 통해 화자가 시대에 대해 무관심했다고 볼 여지도 있다. 하지만 시대에 대한 무관심이 화자의 개인적 불행에서 비롯된 것이라고 보기는 어렵다. 즉, 인과 관계가 확실하게 성립이 되지 않기에 선지의 내용은 적절하지 않다.

⑤ '흐르는데'와 '섰다'에서는 끊임없이 흘러가는 자연의 모습과 정체된 화자의 모습이 대비되어 화자의 모습이 부각될 뿐, 변함없는 자연에서 깨달음을 얻으려는 화자의 의지가 드러나지는 않는다.

02

정답설명

② 시에서 '바람'은 '동적인 이미지'로, 화자는 '정적인 상태'로 제시되고 있다. ㉤에서도 끊임없이 움직이는 '바람'의 속성과 대조적으로 '반석 위'에 가만히 정지해 있는 '내 발'에 대한 인식을 드러내고 있을 뿐, '내 발'을 '반석 위'로 이끄는 힘을 보여 주고 있지는 않다.

오답설명

① ㉠에서 화자는 '움직임'이라는 '바람'의 속성을 통해 가만히 멈추어 있는 자신의 '괴로움'을 인식하고 있다.

③ ㉢에서 '공기'는 창살을 자유로이 드나드는 속성을 가지고 있는데, 이는 창살을 자유로이 드나들지 못하는 '새'의 상황을 부각하는 데 활용되고 있다.

④ ㉣에서는 '새'에게 '날개'도 있고 '공기'도 있지만 날지 않고 걷는다는 내용을 제시함으로써, '새'가 '공기'의 힘을 이용하여 '날개'로 날아다닐 수 있는 능력을 가지고 있음을 드러내고 있다.

⑤ ㉤에서는 창살 사이의 공간이 비어 있지 않고 '바람'으로 채워져 있다는 표현을 사용함으로써, 사실은 빈 공간을 쪼고 있는 '새'의 무의미한 동작에 의미를 부여하고 있다.

03

정답설명

④ 〈보기〉에서 '새'의 행동에 대한 묘사는 일상에 충실할수록 잠재된 힘과 본질을 잃어 가는 아이러니를 보여 준다고 하였다. 새장 문이 열려도 날지 않고 걷는 새는 '일상'에 충실한 모습을 보여 줄 뿐, '본질'에 충실하다고 볼 수 없다. 새의 본질은 걷는 것이 아니라 나는 것에 있기 때문이다.

오답설명

① 〈보기〉에서 '새장에 갇힌 새'는 현대인의 알레고리라고 하였다. 따라서 '새장'은 '일상'을 의미하고, '현대인'인 '새'가 나갈 수 없는 창살의 간격을 인식하는 모습은 현대인이 일상에 갇힌 자신을 의식하는 것에 대응된다고 볼 수 있다.

② '바깥 풍경'이 보인다는 것은 일상의 안온함에, 창살 자체는 일상의 억압성에 대응되므로 양가성을 지닌 것으로 볼 수 있다.

③ 새의 날개는 나는 행위를 할 수 있도록 하는, 즉 새가 새장에서 벗어날 수 있게 하는 잠재력을 의미한다. 하지만 날개가 귀찮아질 때까지 '부지런히 걷는' 행위는 그러한 잠재력을 상실하게끔 하는 행위이므로, 성실한 생활이 잠재력의 상실로 이어지는 아이러니를 보여 준다고 할 수 있다.

⑤ 새는 날개와 공기를 이용하여 새장에서 벗어날 수 있지만, 공기를 음미할 대상으로만 여기고 있다. 이는 일상의 안온함에 길들어 자유를 억압하는 일상을 벗어나지 못하고 일상에 안주하려는 현대인의 모습에 대응된다고 볼 수 있다.

산상의 노래 / 나무의 수사학 1

지문분석

(가) 산상의 노래

높으디높은 산마루
낡은 고목(古木)에 못 박힌 듯 기대어

▶ 공간 제시와 함께 화자의 상황이 나왔다. 화자는 지금 억압의 상태다. 외적으로 보면 일제 치하를 의미한다.

내 홀로 긴 밤을

▶ 시간 체크하자. [밤]이고 부정적인 시간이다.

무엇을 간구하며 울어 왔는가.

▶ 일제 치하라는 시대적 상황을 고려했을 때 간구하는 '무엇'은 '자유'겠다.

아아 이 아침
시들은 핏줄의 구비구비로

▶ [아침]을 보자마자 1연과 2연 사이에 선을 그었어야 한다. 상황이 바뀌었다.

사늘한 가슴의 한복판까지
은은히 울려오는 종소리.

▶ 아침(해방)을 알리는 [종소리]가 울려 퍼지고 있다.

이제 눈감아도 오히려
꽃다운 하늘이거니
내 영혼의 촛불로
어둠 속에 나래 떨던 샛별아 숨으라.

▶ 어둠 속에 떨던 샛별에게 내 영혼의 촛불로 와서 숨으라고 한다. 표면적으로 보면, 별이 사라지고 아침이 오는 상황에 대한 수용의 태도로 볼 수 있고, 이면적으로 보면, 일제 치하(어둠 속)에서 떨며 버텨온 민족과 조국(샛별)으로 볼 수 있다.

환히 트이는 이마 우
떠오르는 햇살은

▶ 상승과 밝음의 이미지로 시적 분위기를 형성한다.

시월상달의 꿈과 같고나.

메마른 입술에 피가 돌아

▶ 일제의 억압으로 인해 생명력이 고갈되었던 상태에서 이제 피가 돌고 있다.

오래 잊었던 피리의
가락을 더듬노니

새들 즐거이 구름 끝에 노래 부르고
사슴과 토끼는
한 포기 향기로운 싸릿순을 사양하라.

▶ [사양하라]의 해석은 애매한 면이 있다. [사양하리라]로 본다면, 조국의 해방에 사슴과 토끼도 먹이인 싸릿순을 사양할 정도로 기뻐하고 있다는 해석이 되고, [사양해라]로 본다면, 모든 생명이 소생되는 순간이 왔으니, 싸릿순도 저절로 자랄 수 있도록 먹지 말라고 사슴과 토끼에게 명령하는 것이 된다.

여기 높으디높은 산마루

▶ 동일한 공간. 하지만 상황은 변했지.

맑은 바람 속에 옷자락을 날리며

▶ 바람에 날리는 상쾌한 상태.

내 홀로 서서
무엇을 기다리며 노래하는가.

▶ 울었던 화자는 노래를 하고 있구나. 그리고 '무엇'이 반복되고 있다. 1연에서는 자유가 없는 상황이었으니, '무엇'을 '자유'라고 보았으나, 이미 해방의 종소리가 울리며 자유를 얻었으니, 마지막 연의 '무엇'은 앞으로 다가올 '희망찬 미래'와 관련된 것으로 볼 수 있겠다.

(나) 나무의 수사학 1

꽃이 피었다,
도시가 나무에게

▶ 나무가 있는 공간은 '도시'로, 삭막함이 느껴지는 공간이다.

반어법을 가르친 것이다

▶ 도시가 나무에게 반어법을 가르쳤다는 것은 나무가 도시에 적응하면서 어떤 변화를 겪었다는 것이겠지. 왜 '반어법'인지 계속 가 보자.

이 도시의 이주민이 된 뒤부터

▶ 화자는 도시의 '이주민'이다. 화자에게도 도시는 낯설고 부정적인 공간이겠지.

속마음을 곧이곧대로 드러낸다는 것이
얼마나 어리석은가를 나도 곧 깨닫게 되었지만

▶ 속마음을 곧이곧대로 드러낸다는 것은 정서적인 유대감을 나누는 것을 의미하는데, 도시에서 이것이 어리석다는 것은 도시가 유대감이 없는 삭막한 공간이라는 것을 알려 주는 부분이다. 또한 '나도'라는 표현을 통해 나무와 화자가 유사한 상태라는 것을 알 수 있겠다.

살아 있자, 악착같이 들뜬 뿌리라도 내리자

▶ '들뜬 뿌리'는 불안정한 상태의 나무처럼 제대로 도시에 정착하지 못한 화자의 상태를 나타낸다.

속마음을 감추는 대신
비트는 법을 익히게 된 서른 몇 이후부터
나무는 나의 스승

▶ 나무가 '나의 스승'이라는 것은 나무와 화자가 비슷한 상황에 처해 있고, 나무처럼 어떻게든 도시에 적응하면서 간신히 살고 있다는 것이다.

그가 견딜 수 없는 건
꽃향기 따라 나비와 벌이
붕붕거린다는 것,
내성이 생긴 이파리를
벌레들이 변함없이 아삭아삭
뜯어 먹는다는 것

▶ '꽃'은 나무가 도시에 제대로 자리 잡지 못했으면서도 도시의 환경에 적응하여 피워낸 것이다. 생명력의 상징인 '꽃'을 여기서는 간신히 살아 있다는 표지로만 쓸 수밖에 없는 상황이다. 따라서 마냥 긍정적으로만 보기는 어렵겠지. 또, 나무는 도시의 환경에 적응하면서 '내성이 생긴 이파리'를 만들었다.

도로변 시끄러운 가로등 곁에서 허구한 날
신경증과 불면증에 시달리며 피어나는 꽃

▶ '가로등'은 도시 문물이니 부정적 소재로 볼 수 있다. 또, 도시에 억지로 적응

하며 피어난 '꽃'은 '신경증과 불면증'과 같은 병증에 시달리고 있구나.

참을 수 없다 나무는, 알고 보면
치욕으로 푸르다

▶ '치욕으로 푸르다'는 것은 결국 나무의 푸름이 부정적인 도시 환경에 적응하면서 고통스럽게 형성된 것이라는 의미로 해석할 수 있다. '도시의 이주민'인 화자도 그런 고통을 느끼고 있다고 볼 수 있겠지. 생명력 넘치게 사는 것이 아니라, 하루하루 간신히 살아가는 도시 이주민의 비애를 나무를 통해 얘기하고 있구나.

문제분석　01-03번

번호	정답	정답률(%)	선지별 선택비율(%)				
			①	②	③	④	⑤
1	③	84	1	5	84	7	3
2	④	60	24	6	3	60	7
3	⑤	92	2	2	2	2	92

01

정답설명

③ (가) O, (나) O / 시에 있는 모든 표현이나 시어들은 주제의식을 드러내기 위한 것이니, 앞부분만 판단해 보자. (가)의 화자는 '나래 떨던 샛별아 숨으라.', '향기로운 싸릿순을 사양하라.'와 같은 명령적 어조를 통해 '샛별'과 '사슴과 토끼'의 행동을 유도하고 있다. 단정적 어조란 '~다.'와 같이 명확하거나 확신이 담긴 표현을 사용하는 어조를 가리킨다. (나)의 화자는 '치욕으로 푸르다'와 같은 단정적 서술을 통해 도시 문명을 부정적으로 생각하면서도 그에 적응하며 살고 있는 나무와 자신의 치욕을 드러낸다.

오답설명

① (가) X, (나) X / (가)에는 계절의 변화가 나타나 있지 않으며, (나)에서도 공간의 이동은 나타나지 않는다.

② (가) X, (나) X / (가)에서 '높으디높은 산마루', '떠오르는 햇살'이라는 시각적 이미지가 나타나 있기는 하나, 이를 통해 자연의 위대함을 표현하고 있지는 않다. 또한 (나)에서는 '나비와 벌이 / 붕붕거린다는 것', '아삭아삭 / 뜯어 먹는다는 것'이라는 청각적 이미지가 사용되었지만, 이를 통해 자연에 대한 두려움을 표현하지는 않았다.

④ (가) O, (나) X / (가)에서 화자가 '샛별'이라는 무생물을 '샛별아'라고 부르는 것을 통해 인격화된 사물을 청자로 하여, 소망을 전달하고 있음을 알 수 있다. 한편 (나)에서 '나무'는 인격화된 사물이지만 화자가 '나무'에게 말을 건네고 있지 않으며, 화자의 소망이 나타나지도 않았다.

⑤ (가) X, (나) X / (가)에서 '극복 의지'는 허용할 수 있지만, 도치법이 쓰인 부분은 찾을 수 없다. (나)에서 '참을 수 없다 나무는, 알고 보면 / 치욕으로 푸르다'를 통해 도치법이 쓰인 것은 확인할 수 있으나, 이를 활용하여 도시의 삭막함과 같은 부정적 현실에 대한 극복 의지를 드러내지는 않았다.

02

정답설명

④ 시에서 변화(시상/태도/시공간)는 출제의 핵심이다. 화자의 상황이 변

한 것을 극적으로 보여 주는 첫 연과 마지막 연을 대비하면서 변화의 내용을 물어보고 있다.

'나래 떨던 샛별'은 부정적인 상황(어둠)에서 '떨'고 있는 대상이므로, 화자의 지향점(도달하고자 하는 목표)으로 보기 어렵다. '향기로운 싸릿순'은 평화로운 풍경을 나타내는 시어로 볼 수 있으므로 지향점으로 볼 수도 있다.

오답설명

① [A]에서 화자는 생명력이 없는 '낡은 고목'에 '못 박힌 듯 기대어' 있는 부정적인 상황에 처해 있다. 이에 반해 [B]는 '맑은 바람 속에' '무엇을 기다리며 노래'하고 있는 긍정적인 상황이다. 따라서 [A]에서 화자를 울게 한 문제는 [B]에서 기다리는 대상이 아니다.

② [A]에서 화자가 생명력을 상실한 '낡은 고목'에 '못 박힌 듯 기대어' 있다는 것은 과거의 고통을 나타내는 것이다. 반면 [B]에서는 '맑은 바람'이 부는 긍정적인 상황 속에 서 있는 것이므로, 긍정적인 미래에 대한 기대가 드러났다고 볼 수 있다.

③ [A]의 '긴 밤'은 화자가 울어 왔던 부정적인 상황이지만, [B]는 '이 아침' 이후 '꽃다운 하늘'이 찾아온 긍정적인 상황이므로 부정적인 시간을 지나 긍정적인 미래가 펼쳐질 것을 기대할 수 있을 것이다. 덧붙여 시대적 상황을 고려했을 때, '긴 밤'은 일제에 의해 주권을 빼앗긴 조국의 암울한 현실이고, '이 아침' 이후는 조국 광복 이후의 평화로운 시간이므로 상황이 변했다는 것을 알 수 있다.

⑤ '사늘한 가슴'과 '메마른 입술'은 생명력을 잃은 부정적인 상태이다. 따라서 [A]에서는 '사늘한 가슴'에 다시 생명력이 깃들기를 '간구'한 것이고, 긍정적인 상황인 [B]의 '노래'는 '메마른 입술'의 생명력이 회복된 이후이므로 그 후의 소망을 나타낸다고 볼 수 있다.

03

정답설명

⑤ 〈보기〉에서 '나무'는 '도시에 제대로 뿌리박지 못하면서도 도시 환경에 적응하여 꽃을 피'운다고 했고, 화자는 그에 대한 '치욕'을 읽어 냈다고 했으므로, 나무가 환경에 적응하지 못했다는 설명과 화자가 이를 비판하고 있다는 설명은 적절하지 않다.

오답설명

① '들뜬 뿌리'는 제대로 뿌리를 내리지 못하고 들떠 있는 나무를 가리킨다. 〈보기〉에서 나무는 '도시에 제대로 뿌리박지 못'하고 있다고 했고, '도시의 이주민인 화자'가 '나무에 대해 동질감'을 느낀다고 했으므로 적절한 설명이다.

② '내성'은 어떤 것을 반복적으로 접하면서 변화를 견딜 수 있는 생물의 성질을 의미한다. 따라서 '내성이 생긴 이파리'는 '나무'가 삭막한 도시 환경에 적응하며 버티기 위해 가지게 된 성질을 가리킨다고 볼 수 있다.

③ '가로등'은 도시 문명을 가리키고, 이를 '시끄러운'과 같이 부정적으로 표현했으므로, '시끄러운 가로등 곁'은 나무가 꽃을 피우며 참아 내야 할 삭막한 도시 환경을 가리킨다.

④ 〈보기〉를 통해 나무가 삭막한 도시 환경에서 고통을 견디며 꽃을 피우고, 도시 환경에 적응하고 있음을 알 수 있다. 따라서 '신경증과 불면증'은 나무가 도시에 적응하기 위해 견뎌 내야 할 고통을 보여 준다.

사령 / 한강물 얼고, 눈이 내린 날

지문분석

(가) 사령

…… 활자(活字)는 반짝거리면서 하늘 아래에서
간간이
자유를 말하는데
나의 영(靈)은 죽어 있는 것이 아니냐

▶ 활자가 실제로 말을 할 리는 없으니, 화자는 '자유'라고 쓰인 글자를 보고 있는 것 같아. 그런데 왜 화자의 영혼이 죽어 있다고 표현하는 걸까? 여기서 독재 정권 시기라는 전제가 필요해. 당대의 지식인들은 국가와 민족을 위해 헌신해야 한다는 사명감을 가지고 있었어. 때문에 그들은 일상에 빠져서 저항하지 않는 소시민적인 모습을 부끄러운 모습으로 생각하고 있었어. 따라서 영혼이 죽어 있다는 것은 독재에 저항하지 못한 화자의 모습을 표현한 거라고 보면 돼.

벗이여
그대의 말을 고개 숙이고 듣는 것이
그대는 마음에 들지 않겠지
마음에 들지 않아라

▶ '자유'라는 글자 앞에서 화자가 떳떳하다면 고개를 들고 듣고 있을 텐데, 화자는 지금 떳떳하지 못한가 봐. 화자는 독재에 적극적으로 저항하지 못했기 때문에 '자유'라는 글자 앞에서 고개를 숙이고 있는 것이지.

모두 다 마음에 들지 않아라
이 황혼도 저 돌벽 아래 잡초도
담장의 푸른 페인트빛도
저 고요함도 이 고요함도

▶ '황혼', '잡초', '푸른 페인트빛'은 모두 고요한 일상을 의미해. 화자는 이 모든 것들이 마음에 들지 않는다는구나.

그대의 정의도 우리들의 섬세도
행동이 죽음에서 나오는
이 욕된 교외에서는
어제도 오늘도 내일도 마음에 들지 않아라

▶ 행동이 죽었다는 것 역시 저항하지 못하는 화자 자신을 나타내. '욕된 교외'는 저항을 하지 않는 소시민이 몸담고 있는 공간이야. 화자는 이 공간의 모든 것이 마음에 들지 않는대. 결국 화자가 정말로 맘에 들지 않는 것은 '화자 자신' 이야. 화자는 일상에 안주하는 자신의 삶을 비판적으로 바라보고 있는 거야.

그대는 반짝거리면서 하늘 아래에서
간간이
자유를 말하는데
우스워라 나의 영(靈)은 죽어 있는 것이 아니냐

▶ 국가와 민족을 위해 저항하는, 치열한 지식인의 삶을 살지 못하고 영혼이 죽어 있는 화자 자신에 대한 자조적인 한탄으로 마무리가 되는구나.

(나) 한강물 얼고, 눈이 내린 날

한강물 얼고, 눈이 내린 날
강물에 붙들린 배들을 구경하러 나갔다.

▶ 시공간적 배경이 제시되었다. 화자는 한강물이 얼 정도로 춥고, 눈이 내린 겨울에 강물에 붙들린 배들을 구경하고 있어.

훈련받나봐, 아니야 발등까지 딱딱하게 얼었다.

▶ 훈련을 받는다는 것은 어느 정도 자신의 의지가 개입되어 있고, 훈련에 따른 성과가 나타난다는 것이겠지. 그러나 화자는 '아니야'라며 이를 부정하고 있다. 배들은 얼어버린 강물에 '붙들'려 버린 거야. 자유가 외부 상황에 의해 억압된 상태라는 거지.

우리는 강물 위에 서서 일렬로 늘어선 배들을
비웃느라 시시덕거렸다.

▶ 위에서 살펴본 것처럼 배들은 자신의 의지가 아닌 외부의 압력 때문에 억지로 강물 위에 일렬로 늘어서게 되었어. '우리'가 배들을 비웃느라 시시덕거린다는 점에서 화자가 이와 같은 상황을 냉소적으로 바라보며 부정적으로 생각하고 있다는 것을 알 수 있겠지?

한강물 흐르지 못해 눈이 덮은 날

▶ 한강물이 흐르지 '못'한다는 것은 강물이 자신의 의지가 아닌 외부의 힘에 의해 멈추었음을 의미해.

강물 위로 빙그르르, 빙그르르.
웃음을 참지 못해 나뒹굴며, 우리는
보았다. 얼어붙은 하늘 사이로 붙박힌 말들을.

▶ 화자는 붙들린 배들만 본 것이 아니라 '붙박힌 말들'까지 보았다고 하네. 사회의 억압이 자유로운 의사소통을 방해하고 있다는 것을 보여 주는 부분이야.

언 강물과 언 하늘이 맞붙은 사이로
저어가지 못하는 배들이 나란히
날아가지 못하는 말들이 나란히
숨죽이고 있는 것을 비웃으며, 우리는
빙그르르. 올 겨울 몹시 춥고 얼음이 꽝꽝꽝 얼고.

▶ 아까 '우리'가 '일렬로 늘어선 배들'을 비웃었던 것 기억나지? 이번엔 '날아가지 못하는 말들'까지 비웃고 있어. 즉, 화자는 개인의 자유를 억압하는 상황에서 의사소통이 제대로 이루어지지 않는 것을 냉소적으로 비판하고 있는 거야. 게다가 '꽝꽝꽝'이라는 음성 상징어를 사용해서 배들과 말들을 붙들고 있는 '얼음'이 쉽게 녹지 않을 것을 암시하고 있구나. 이런 부정적인 상황이 빠르게 해결되지는 않을 거라는 이야기지.

문제분석 01-03번

번호	정답	정답률(%)	선지별 선택비율(%)				
			①	②	③	④	⑤
1	⑤	87	2	5	2	4	87
2	②	78	1	78	13	4	4
3	①	75	75	10	6	4	5

01

정답설명

⑤ '나의 영은 죽어 있는 것이 아니냐', '마음에 들지 않아라'와 같은 구절을 반복하여 자유로운 의사소통이 불가능한 상황에 대한 화자의 부정적인 정서가 심화되는 양상을 나타내고 있다.

오답설명

① '어제도 오늘도 내일도 마음에 들지 않아라'에서 시간적 표현을 열거하였으나, 시대에 대한 화자의 부정적 인식은 변하지 않았다.

② '활자'를 '벗', '그대'와 같이 다른 호칭을 통해 가리킨다고 볼 수 있으나, 화자는 이에 대한 경외감(공경하면서 두려워하는 마음)을 느끼고 있지 않다.

③ '이'와 '저'라는 지시어를 통해 화자와 대상 간의 원근감이 표현되고 있으나, 대상의 움직임은 표현되지 않았다.

④ '나의 영은 죽어 있는 것이 아니냐'에서 물음의 형식으로 작품을 마무리하고 있는 것은 맞다. 그러나 이는 현실에 적극적으로 대응하지 못하는 자신에 대한 성찰을 나타내는 것으로, 시적 대상에 대한 화자의 깨달음이 부정되는 부분이 아니다.

02

정답설명

② ㉡의 '아니야'가 배가 훈련을 받고 있다는 추측을 부정하는 표현인 것은 맞다. 그러나 배는 '강물에 붙들'려 '발등까지 딱딱하게 얼'어버린 것이므로, 배가 움직일 수 없는 상황이 배의 내부적 원인에서 기인하고 있다고 볼 수 없다.

오답설명

① 화자는 강이 얼었을 때 볼 수 있는 '강물에 붙들린 배들'을 구경하고, 그에 대한 '우리'의 반응을 제시하며 시상을 전개하고 있다.

③ 배가 질서정연하게 정렬된 모습은 '강물에 붙들'려 자유롭게 움직이지 못하는 상황을 의미하는데, '우리'는 이 모습을 보고 '비웃느라 시시덕'거리고 있다. 이를 통해 자유가 억압된 상황에 대한 '우리'의 냉소적 태도(쌀쌀한 태도로 대상을 업신여기어 비웃는 태도)를 확인할 수 있다.

④ '한강물'은 자신의 의지로 흐르지 않는 것이 아니라, 강이 언 상황과 같은 외부의 힘 때문에 '흐르지 못'하고 있다. 따라서 이는 외부의 힘이 강물의 자연스러운 흐름을 방해하고 있다는 것을 부각하는 것으로 볼 수 있다.

⑤ '꽝꽝'은 매우 단단하게 굳어지는 모양을 감각적으로 나타낸 표현이다. 화자는 이를 통해 '몹시 춥고 얼음이 꽝꽝' 어는 현실의 상황이 견고하다는 점을 생생하게 강조하고 있다.

03

정답설명

① 〈보기〉에 따르면 (가)의 화자는 자유로운 의사소통이 제한되는 사회에서 위축된 의사소통의 장에 적극적으로 참여하지 못하는 자신을 성찰하고 있다. 따라서 화자는 자신의 참여만으로는 의사소통의 장을 활성화할 수 없음을 성찰하는 것이 아니라, 적극적으로 현실에 대응하지 못하고 의사소통의 장에 참여하지 못한 자신을 성찰하며 이를 '나의 영'에 대한 자조적 표현

(자기를 비웃는 표현)인 '우스워라'를 통해 나타낸 것이다.

오답설명

② 〈보기〉에서 (나)는 개인의 언어 사용이 제한된 상황을 비판하며, 이러한 상황에서 말을 대체할 수 있는 웃음이나 몸짓과 같은 또 다른 의사소통의 방법을 보여 준다고 하였다. '언 강물'은 개인의 언어 사용이 제한된 상황을 나타내며, '우리'는 '언 강물' 위에서 비웃거나, '빙그르르' 뒹구는 몸짓을 통해 또 다른 의사소통의 방법을 제시하고 있다.

③ 〈보기〉에 따르면 두 작품은 공통적으로 자유로운 의사소통이 제한되며, 개인이 자신의 의사를 온전히 표현할 수 없는 경직된 사회를 배경으로 하고 있다. (가)의 '하늘 아래'는 의사소통이 제한되어 언어가 '활자'로만 존재해 '고요함'이 있는 공간이고, (나)의 '맞붙은 사이'에는 '저어가지 못하는 배들'과 '날아가지 못하는 말들'이 '숨죽이고 있'으므로 이 또한 의사소통이 제한되어 있는 상황을 나타내는 것으로 볼 수 있다.

④ 〈보기〉에서 (가)의 시적 상황은 활발한 의사소통의 수단이어야 할 언어가 '활자'의 상태로만 존재하며, 이는 언어가 제 기능을 제대로 하지 못하는 것이라고 하였으므로, 이를 바탕으로 '자유를 말하'는 것이 '활자'로 한정되었다는 것은 곧 의사소통의 장이 위축된 상태를 의미한다는 점을 알 수 있다. 또한 (나)에서 '날아가지 못'하고 '붙박힌 말'은 개인의 언어 사용이 제한된 상황을 비판하는 것이므로 언어 사용이 제한되어 있는 상황을 나타내는 것으로 볼 수 있다.

⑤ (가)의 화자는 '황혼', '잡초' 등과 같은 주변 세계를 '마음에 들지 않아' 하고 있는데, 〈보기〉에 따르면 이는 화자가 이러한 위축된 의사소통의 장에 적극적으로 참여하지 못하기 때문이다. 따라서 이를 통해 화자가 의사소통이 활발하지 못한 상황에 대한 자신의 부정적 인식을 드러내고 있음을 알 수 있다. 또한 (나)에서 '언 강물'은 '배'를 '저어가지 못하'도록 하는데, 이 역시 자유로운 의사소통을 방해하는 상황을 의미하는 것으로 볼 수 있다.

그리움 / 마음의 고향 2 – 그 언덕

지문분석

(가) 그리움

눈이 오는가 북쪽엔

함박눈 쏟아져 내리는가

▶ '북쪽'이 구체적으로 어딘지는 나오지 않지만 화자가 관심이 있는 곳인 것은 알 수 있지? 보통 이럴 때는 둘 중 하나이다. 하나는 유토피아(이상향)이고 또 하나는 반드시 돌아가야 할 곳, 바로 고향을 가리킨다고 보면 된다.

험한 벼랑을 굽이굽이 돌아간

백무선 철길 위에

느릿느릿 밤새어 달리는

화물차의 검은 지붕에

▶ '굽이굽이', '느릿느릿'과 같은 음성 상징어를 활용하여 고향으로 가는 길의 정경을 구체적으로 나타내고 있다.

연달린 산과 산 사이

너를 남기고 온

작은 마을에도 복된 눈 내리는가

▶ '너'가 있는 '작은 마을'이라고 하는 것을 보니 '북쪽'은 유토피아와 같은 막연한 곳이 아니라 구체적 공간인 고향을 의미한다는 것을 알 수 있다.

▶ 추운 겨울에 내리는 '눈'은 시련의 이미지로 쓰일 수 있지만, '눈'이 항상 부정적인 이미지로 쓰이는 것은 아니다. '작은 마을'에 '복된 눈'이 내리기를 바라는 화자의 모습에서 '너'가 잘 있기를 소망하고 기원하는 태도가 들어가 있다고 볼 수 있어.

잉크병 얼어드는 이러한 밤에

어쩌자고 잠을 깨어

그리운 곳 차마 그리운 곳

▶ 잠을 깨었다고 화자가 '북쪽' 혹은 '작은 마을'로 갈 수 있는 것도 아니다. 고향으로 돌아갈 수 없는 타향살이의 ⊖ 상황에서 화자는 그리움을 느끼고 있어.

눈이 오는가 북쪽엔

함박눈 쏟아져 내리는가

▶ 1연과 마지막 연이 대응을 이루는 수미상관의 구조를 보여 주고 있다. 또한 '-는가'라는 종결 어미가 반복되면서 타향살이를 하는 화자의 처지와 고향에 돌아가지 못하는 상실감을 부각하고 있다.

▶ 시상 전개에 따른 내용을 감안할 때, 마지막 연의 '눈'에는 고향으로 돌아가고 싶은 화자의 그리움과 애상감, '작은 마을'에도 '복된 눈'이 내렸으면 하는 기원, 소망 등이 함축적으로 들어가 있다고 볼 수 있다.

(나) 마음의 고향 2 – 그 언덕

왜 그곳이 자꾸 안 잊히는지 몰라

▶ 화자가 잊을 수 없는 '그곳'이란 어디일까? 시의 제목과 <보기>를 통해 '고향'이라는 것을 유추할 수 있겠다.

가름젱이 사래 긴 우리 밭 그 건너의 논실 이센 밭

가장자리에 키 작은 탱자 울타리가 쳐진.

훗날 나 중학생이 되어

아침마다 콩밭 이슬을 무릎으로 적시며

그곳을 지나다녔지

▶ 기억 속 고향의 모습을 묘사하고 있구나.

수수알이 꽝꽝 여무는 가을이었을까

깨꽃이 하얗게 부서지는 햇빛 밝은 여름날이었을까

▶ '가을', '여름날'과 같은 계절적 배경을 드러내는 시어가 쓰였구나. '수수알'은 가을을, '깨꽃'은 여름을 나타내는 시어로 쓰이고 있어.

아랫냇가 굽이치던 물길이 옆구리를 들이받아

벌건 황토가 드러난 그곳

▶ 계속해서 화자의 기억 속에 있는 고향을 묘사하고 있어.

허리 굵은 논실댁과 그의 딸 영자 영숙이 순임이가

밭 사이로 일어섰다 앉았다 하며 커다란 웃음들을 웃고

나 그 아래 냇가에 소고삐를 풀어놓고

어항을 놓고 있었던가 가재를 쫓고 있었던가

▶ 고향에서 이웃들과 함께했던 평화로운 기억을 떠올리고 있구나.

나를 부르는 소리 같기도 하고

솨르르 솨르르 무엇이 물살을 헤짓는 소리 같기도 하여

고개를 들면 아, 청청히 푸르던 하늘

▶ 나를 부르는 소리 같기도 하고, 무엇인가 물살을 헤짓는 소리 같기도 한 것을 듣던 화자가 고개를 들면 청청히 푸르던 하늘이 있구나. '아,'라는 감탄사를 보니 화자가 이에 감동을 느꼈음을 알 수 있겠다.

갑자기 무섬증이 들어 언덕 위로 달려 오르면

들꽃 싸아한 향기 속에 두런두런 논실댁의 목소리와

까르르 까르르 밭 가장자리로 울려 퍼지던

영자 영숙이 순임이의 청량한 웃음소리

▶ 기억 속 이웃들의 이름을 구체적으로 나열하고 있어.

나 그곳에 오래 앉아

푸른 하늘 아래 가을 들이 또랑또랑 익는 냄새며

잔돌에 호미 달그락거리는 소리 들었다

왜 그곳이 자꾸 안 잊히는지 몰라

▶ '꽝꽝', '솨르르 솨르르', '까르르 까르르', '또랑또랑'과 같은 음성 상징어를 사용해 생동감을 주고 있다.

소를 몰고 돌아오다가

혹은 객지로 나가다가 들어오다가

무엇이 나를 부르는 것 같아

나 오래 그곳에 서 있곤 했다

▶ 화자에게 있어 고향은 이웃들과 함께했던 평화로운 농촌이고, 생명이 살아 숨 쉬는 공간이야. 또한 기억 속에서 계속해서 되살아나는 공간이지. '왜 그곳이 자꾸 안 잊히는지' 모르겠다는 화자의 말이 이를 뒷받침하고 있구나.

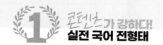
문제분석 01-03번

번호	정답	정답률(%)	선지별 선택비율(%)				
			①	②	③	④	⑤
1	⑤	90	2	2	3	3	90
2	②	72	10	72	9	4	5
3	④	87	4	4	3	87	2

01

정답설명

⑤ 화자는 '잉크병'이 얼어들 정도로 추운 '밤'에 '잠'에서 깨어나 느끼는 어찌할 수 없는 그리움과 애달픈 심정을 '어쩌자고'라는 의문의 표현을 사용하여 드러내고 있다.

오답설명

① '(눈이) 오는가'를 '쏟아져 내리는가'로 변주한 것은 확인할 수 있으나 이를 통해 '눈'이나 '북쪽'과 같은 대상에 대한 화자의 거부감을 나타내고 있지는 않다.

② '험한 벼랑을 굽이굽이 돌아간' 것은 '백무선 철길'이고, 그 위를 '검은 지붕'을 가진 '화물차'가 달리는 것이므로 '돌아간'과 '달리는'의 대응을 허용할 수는 있다. 그러나 두 대상 간에 조성되는 긴장감은 확인할 수 없다.

③ '철길'에서 '화물차의 검은 지붕'으로 묘사의 초점을 이동하였으나, '화물차'는 '밤새어 달리'고 있으므로 정적인 이미지를 강화하고 있다고 보기 어렵다.

④ '잉크병 얼어드는' '밤'은 화자가 처한 겨울밤의 혹독한 처지를 드러내는 것으로, 화자가 처한 현실의 변화 가능성을 암시하고 있지는 않다.

02

정답설명

② ㉡(쏴르르 쏴르르)은 조금 잘고 많은 물체나 액체가 쏟아져 내리는 소리이다. 화자는 현재 유년 시절을 떠올리며, 어렴풋이 들려오는 그때의 소리에 대한 기억이 '나를 부르는 소리 같기도 하고', '쏴르르 쏴르르 무엇이 물살을 헤짓는 소리(물소리)' 같다고 느끼고 있다. 즉, 나를 부르는 소리를 '물소리'로 느낀 것은 아니므로 선지의 내용은 적절하지 않다.

오답설명

① ㉠(꽝꽝)은 '가을'에 '수수알'이 여무는 것을 표현한 것으로, 이를 통해 유년의 화자가 경험한 가을이 단단한 결실을 맺는 시간임을 부각하고 있다.

③ ㉢(청청히)은 '아주 맑게'라는 뜻으로 화자가 본 '푸르던 하늘'을 표현한 것이다. 이와 더불어 '아,'라는 감탄사로 유년의 화자가 감동을 느낀 맑고 푸른 하늘의 색채를 부각하고 있다.

④ ㉣(까르르 까르르)은 '한꺼번에 자지러지게 웃는 소리나 모양'으로, '무섬증이 들어 언덕 위로 달려 오르던 화자가 들은 '영자 영숙이 순임이의 청량한 웃음소리'를 표현한 것이다. 이를 통해 유년의 화자에게 인식된 이웃들의 밝은 웃음을 부각하고 있다.

⑤ ㉤(또랑또랑)은 '조금도 흐리지 않고 아주 밝고 똑똑한 모양'으로, '가을 들'이 '익는 냄새'를 표현한 것이다. 이를 통해 화자는 곡식이 익어 가는

들녘의 인상을 선명하게 느꼈던 과거의 경험을 부각하고 있다.

03

정답설명

④ 〈보기〉에 따르면 이용악의 시에서 고향은 언젠가 돌아가야 할 근원적 공간으로 그려진다. (가)에서 화자는 '복된 눈'이 고향에 내리길 소망하며, 고향을 그리워하고 있으므로 고향으로 돌아갈 날에 대한 기대를 드러냈다고 볼 여지는 있다. 그러나 〈보기〉에서 (나)에 나타난 '고향'은 '지금은 상실'한 공간이라고 하였으므로, 회상을 통해 고향으로의 귀환에 대한 기대를 드러낸다는 설명은 적절하지 않다.

오답설명

① 〈보기〉를 고려할 때, (가)는 '눈이 오는가 북쪽엔 / 함박눈 쏟아져 내리는가'에서 '함박눈'으로 연상되는 겨울의 이미지를 통해 '북쪽' 국경 지역의 고향을, (나)는 '깨꽃이 하얗게 부서지는 햇빛 밝은 여름날이었을까'에서 '햇빛'을 받은 '깨꽃'이 그려내는 여름의 이미지를 통해 생명력 넘치는 고향을 보여 준다고 할 수 있다.

② 〈보기〉에 따르면 이용악과 이시영의 시에서 고향은 각각 궁벽한 산촌, 평화로운 농촌으로 구체화된다. 이를 고려할 때, (가)의 '험한 벼랑' 너머 '산 사이'라는 위치는 산촌 마을인 고향의 궁벽함을, (나)의 '소고삐'를 풀어놓고 '가재를 쫓'는 모습은 농촌 마을인 고향의 평화로움을 보여 준다고 할 수 있다.

③ (가)에서 '너'는 화자가 고향인 '작은 마을'에 남기고 온 대상이다. 따라서 화자가 고향에 '남기고' 온 '너'를 떠올림으로써 고향에서 기다리는 사람에 대한 기억을 보여 주고 있다고 할 수 있다. 한편 (나)의 고향은 '이웃들과 함께 했던 삶의 터전'이다. 화자는 '영자', '영숙이', '순임이'와 같이 과거 고향에서 함께 살아가던 이웃들의 구체적인 이름을 떠올림으로써 고향에서 함께 살아가던 이웃에 대한 기억을 보여 주고 있다.

⑤ 〈보기〉에 따르면 이용악과 이시영의 시에서 고향은 각각 언젠가 돌아가야 할 근원적 공간, 기억 속에서 계속 되살아나는 공간으로 그려진다. 이를 고려할 때, (가)의 '차마 그리운 곳'이라는 표현은 근원적 공간인 고향에 대한 애틋함을, (나)의 '자꾸 안 잊히는지'라는 표현은 내면에 존재하는 고향에 대한 변함없는 애정을 드러낸다고 볼 수 있다.

연륜 / 대장간의 유혹

지문분석

(가) 연륜

무너지는 꽃 이파리처럼
휘날려 발 아래 깔리는
서른 나문 해야

▶ 화자는 자신이 살아온 약 30년의 세월을 청자로 설정하며 시를 시작하고 있어. 그런데 이 '서른 나문 해'는 '무너지는 꽃 이파리'처럼 휘날려서 '발 아래'에 깔리고 있어. 화자는 이제까지의 자신의 인생을 보잘것없고 초라한 ⊖라고 생각하는 모양이야.

구름같이 피려던 뜻은 날로 굳어
한 금 두 금 곱다랗게 감기는 연륜(年輪)

▶ 구름같이 피려던 뜻? 아하, 화자를 '꽃나무' 정도로 생각하고 읽으면 되겠구나. 1연의 '서른 나문 해'에 대한 ⊖ 표현이 이어지고 있어. 구름같이 높고 넓게 피려던 뜻은 아마 화자가 펼치고자 했던 '꿈과 이상'이겠지. 이것이 날로 굳어서 '곱다랗게 감기는 연륜'이 되고 있네. '곱다랗게'라는 시어 때문에 헷갈릴 수 있겠지만, 자신이 추구했던 꿈과 이상이 날로 '굳어' 가는 것이니 부정적인 상황으로 해석하는 것이 적절하겠어. 이 꿈을 썩힌 채 한 살 두 살 곱게 나이테(연륜)만 생기고 있는 자신의 부정적 상황을 감각적으로 표현한 거야. 화자가 자신이 지나온 '서른 나문 해'를 부정적으로 보는 이유인 것이지.

갈매기처럼 꼬리 떨며
산호 핀 바다 바다에 나려앉은 섬으로 가자

▶ 화자는 '굳어' 있는 상태에서 벗어나 '섬'으로 가고자 하네. 단순하게 생각하면 돼. 화자는 현재까지 육지에서 ⊖의 삶을 살았고, 이제는 그곳을 떠나 ⊕의 삶을 살 수 있는 섬으로 가자는 것이야.

비취빛 하늘 아래 피는 꽃은 맑기도 하리라
무너질 적에는 눈빛 파도에 적시우리

▶ 그리고 이 '섬'은 비취색(푸른색) 하늘과 맑은 꽃이 있기까지 해. 색채어를 통해 '섬'이라는 공간의 맑고 생명력 있는 분위기를 더 효과적으로 드러내 주는구나. 또, 이전에 육지에서는 '서른 나문 해'가 무너져 발 아래에 깔린다 하였는데, 이 '섬'에서는 무너져도 파도에 적시겠지. 이 시구가 무슨 의미인지 시험장에선 파악할 순 없어. 실전에서는 육지에서와는 달리 ⊕적인 느낌이라는 것을 파악하면 돼.

초라한 경력을 육지에 막은 다음
주름 잡히는 연륜마저 끊어버리고
나도 또한 불꽃처럼 열렬히 살리라

▶ 화자는 자신이 지나온 '서른 나문 해', 즉 '초라한 경력'을 육지에 막고, 꿈과 이상을 위한 노력 없이 시간만 보냈던 태도(=주름 잡히는 연륜)마저 끊은 뒤 '불꽃'처럼 '열렬히' 살고자 해. 수동적이고 무기력하게 시간만 보내며 살아온 과거 육지에서의 삶을 청산하고, 이제는 생명력 넘치는 '섬'으로 가서 열정적으로 꿈과 이상을 추구하며 새로운 삶을 살겠다는 의지를 드러내고 있어.

(나) 대장간의 유혹

제 손으로 만들지 않고
한꺼번에 싸게 사서
마구 쓰다가
망가지면 내다 버리는

플라스틱 물건처럼 느껴질 때
나는 당장 버스에서 뛰어내리고 싶다

▶ '플라스틱 물건'에 대한 이야기로 시작하고 있다. 이 '플라스틱 물건'은 직접 만들지 않고 공장에서 찍어내는 것, 한꺼번에 싸게 사서 마구 쓰다가 망가지면 버려지는 것이야. 현대 사회에서 플라스틱을 귀하고 가치 있게 생각할까? 아니지. 즉, '플라스틱 물건'은 현대 사회에서 대량 생산·소비되는 자본주의 상품을 대표한다고 보면 된다. 버스를 타고 가던 화자는 현대인으로서, 현대 문명의 산물 중 하나인 '버스'에 무기력하게 실려 가는 자신에게서 무의미함, 무가치함을 느낀 모양이야.

현대 아파트가 들어서며
홍은동 사거리에서 사라진
털보네 대장간을 찾아가고 싶다

▶ 화자가 버스에서 벗어나 가고 싶은 곳은 아파트가 들어서면서 사라진 '털보네 대장간'이다. 화자는 왜 '대장간'을 찾아가고 싶어 할까?

풀무질로 이글거리는 불 속에
시우쇠처럼 나를 달구고
모루 위에서 벼리고
숫돌에 갈아
시퍼런 무쇠 낫으로 바꾸고 싶다
땀 흘리며 두들겨 하나씩 만들어 낸
꼬부랑 호미가 되어
소나무 자루에서 송진을 흘리면서
대장간 벽에 걸리고 싶다

▶ 화자는 대장간에 가서 '시퍼런 무쇠 낫', '꼬부랑 호미'가 되고 싶어 하는구나. '무쇠 낫', '호미'는 누군가의 손에 의해 하나씩 정성껏 만들어지는, 저마다의 고유한 가치와 개성을 가진 물건이야. '플라스틱 물건'과 대조되는 시어이지. 그렇다면 '시퍼런 무쇠 낫', '꼬부랑 호미'와 같이 가치 있는 물건을 만드는 '대장간'은 고유한 가치를 지닌 존재가 탄생되는, 생명력을 가진 공간이라고 보면 되겠다. 화자는 가치 있고 진정성 있는 삶에 대한 열망을 드러내고 있어.

지금까지 살아온 인생이
온통 부끄러워지고
직지사 해우소
아득한 나락으로 떨어져 내리는
똥덩이처럼 느껴질 때

▶ 지금까지의 자신의 삶에 대해 부끄러워하고 있구나. 왜일까? 그동안 화자는 자신이 그토록 싫어했던 '플라스틱 물건'처럼 살아와서겠지.

나는 가던 길을 멈추고 문득
어딘가 걸려 있고 싶다

▶ 여기서 말하는 '어딘가'는 '대장간의 벽'으로 유추할 수 있어. 그렇다면 대장간 벽에 '걸려 있'는 것은 화자가 지향하는 대상인 '무쇠 낫', '호미' 등이겠지. 현재의 자신, 그리고 자신이 살아온 삶이 무가치하다고 느끼는 화자가 가치 있는 대상을 탄생시키는 공간인 '대장간'에 가서 걸려 있고 싶다고 하는 것은 고유성과 개성을 지닌 가치 있는 존재가 되고자 하는 열망을 드러내는 것으로 이해할 수 있어.

문제분석 **01-03번**

번호	정답	정답률 (%)	선지별 선택비율(%)				
			①	②	③	④	⑤
1	④	81	3	5	8	81	3
2	⑤	86	1	4	2	7	86
3	②	37	10	37	7	11	35

01

정답설명

④ (가) O, (나) O / (가)의 화자는 '무너지는 꽃 이파리처럼 / 휘날려 발 아래 깔리는 / 서른 나문 해야'에서 하강의 이미지를 통해 자신이 살아온 서른 해 남짓한 세월을 별 가치 없는 초라한 것으로 인식하고 있음을 드러내고 있다. (나)의 화자는 '나는 당장 버스에서 뛰어내리고 싶다', '아득한 나락으로 떨어져 내리는'에서 하강의 이미지를 통해 가치 없는 삶에 대해 부끄러움을 느끼고, 그러한 삶을 벗어나야 하는 상황으로 인식하고 있음을 드러내고 있다.

오답설명

① (가) X, (나) X / (가)에서 '다음'을 과정을 나타내는 시어로 볼 수는 있겠으나 '다음' 외에는 과정을 나타내는 시어가 없으므로 시어들이 나열되었다고 볼 수 없으며, 시간의 급박한 흐름을 드러내고 있지도 않다. (나)에서는 '시퍼런 무쇠 낫'이 되기까지 불 속에 '나'를 달구고 벼리고 가는 일련의 과정이 나타나므로, 과정을 나타내는 시어들이 나열되었다고 볼 수 있다. 그러나 이를 통해 시간의 급박한 흐름을 드러내고 있지는 않다.

② (가) O, (나) X / (가)의 '갈매기처럼 꼬리 떨며~섬으로 가자'에서 자연물 '갈매기'에 빗대어 화자의 움직임을 드러내고 있다. 반면 (나)에서는 '플라스틱 물건처럼', '시우쇠처럼', '똥덩이처럼'과 같이 비유가 나타나긴 하나 자연물에 빗댄 것이 아니며, 화자의 움직임을 드러내고 있지도 않다.

③ (가) O, (나) X / (가)에서는 색채어 '비취빛'을 통해 '섬'이라는 공간의 분위기를 드러내고 있다. 반면 (나)에서는 색채어를 활용하여 공간의 배경을 드러내고 있지 않다. 참고로 '시퍼런 무쇠 낫'에서의 '시퍼런'은 '날 따위가 몹시 날카롭다.'의 의미이므로 색채어로 볼 수 없다.

⑤ (가) O, (나) X / (가)는 화자가 '서른 나무 해야'라며 표면에 드러난 청자 '서른 나문 해'에게 말을 건네는 방식으로 정서를 드러내고 있다. 반면 (나)에서는 표면에 드러난 청자 없이 화자가 독백조로 자신의 정서를 드러내고 있다.

02

정답설명

⑤ (가)의 '또한'은 불꽃처럼 열렬히 살아가고 싶다는 화자의 지향을 담고 있으므로, 긍정적인 존재(불꽃)와 화자의 동질성을 부각한다고 할 수 있다. 한편 (나)에서 '마구' 쓰다가 버려지는 '플라스틱 물건'처럼 느껴지는 것은 화자인 '나'이므로 여기서의 '마구' 또한 부정적으로 취급되는 대상(플라스틱 물건)과 화자 간의 동질성을 부각하는 것이다.

오답설명

① (가)의 화자는 '서른 나문 해'를 보잘것없다고 느끼고 있다. 또, 구름같이 피려던 뜻(이상)이 날로 굳어 '연륜'이 된 것으로 보아 화자는 이제까지 자신의 꿈을 뚜렷하게 펴지 못하고 수동적이고 무기력한 삶을 살아왔음을 알 수 있다. 따라서 '초라한 경력'과 '연륜'을 끊어버리고 불꽃처럼 '열렬히' 살아가고자 하는 것은 화자가 추구하는 삶에 대한 적극적인 태도를 의미한다고 할 수 있다.

② (나)의 '한꺼번에'는 대량으로 생산·소비되는 '플라스틱 물건'의 무가치함을, '하나씩'은 하나하나 정성껏 만들어지는 '꼬부랑 호미'의 고유성을 드러내며, 이들의 대조를 통해 개별적인 존재인 '꼬부랑 호미'가 가진 고유성을 더 부각하고 있다.

③ (나)에서 '온통 부끄러워지고'는 화자의 '지금까지 살아온 인생' 전부에 대한 서술이므로 적절한 이해이다.

④ (가)에서 '구름같이 피려던 뜻', 즉 화자의 이상과 꿈이 '날로' 굳어가는 것이므로 부정적 상황이 지속적으로 심화되는 것으로 볼 수 있다. (나)에서 버스에 있던 '나'는 자기 자신이 '플라스틱 물건'처럼 무가치하고 의미 없는 존재라고 느껴진 그 상황에서 '당장 버스에서 뛰어내리고 싶다'고 하였으므로 적절한 이해이다.

03

정답설명

형태쌤의 과외시간

최근 평가원 문학의 특징을 확인할 수 있는 좋은 문제

(가)와 같은 난해한 시의 경우, 시구의 자세한 의미나 해석을 요구하지 않는다. '화자가 원하는 것'을 토대로 '상황'과 '반응'을 체크한 후 선지를 보면서 판단을 하면 된다. 다만 예전 평가원 문학 문제의 경우 화자의 상황과 반응을 토대로 각각의 시어가 ⊕인지 ⊖인지만 파악하면 되었는데, 최근 평가원 문학 문제는 다르다. ⊕/⊖ 파악에서 한 번 더 나아가 시어 간 관계가 제대로 연결되었는지를 집요하게 물어보고 있다. 따라서 일단은 ⊕와 ⊖ 시어를 빠르게 구분하고, 이것을 통해 답이 나오지 않으면 즉각적으로 각 시어의 관계까지 파악하러 가야 한다.

② '주름 잡히는 연륜'은 화자가 벗어나고자 하는 '결핍된 상황'이며, 화자는 이에서 벗어나 '불꽃'과 같이 열렬히 살고자 하는 의지를 보이고 있다. 따라서 '불꽃'을 화자가 지향하는 태도를 표방하는 긍정적인 시어로 볼 수는 있다. 하지만 '불꽃'으로 '주름 잡히는 연륜'을 끊어 버리겠다고 한 것은 아니므로, '불꽃'을 '주름 잡히는 연륜'에 결핍되어 있는 속성을 끊을 수 있는 수단으로 보기 어렵다.

오답설명

① (가)의 화자는 자신의 축적된 인생 경험에서 결핍을 발견하고 있는데, '서른 나문 해'를 '초라한 경력'으로 표현한 것은 자신이 살아온 인생을 변변치 않은 경험, 즉 초라한 것으로 재해석한 것이다.

③ (나)의 '털보네 대장간'은 '홍은동 사거리에서 사라진' 공간이며, 이곳을 '찾

아가고 싶다'고 표현한 것은 현대 일상에 결핍된 가치를 찾고자 하는 열망
을 공간에 투영하여 드러낸 것이다.

④ (나)의 화자가 '가던 길을 멈추고' '걸려 있'고 싶어 하는 것은, 화자가 추구
하는 가치를 표상하는 '무쇠 낫', '호미' 같은 존재가 되고 싶다는 의미이다.
즉, 이는 결핍에서 벗어나고자 하는 의지를 드러낸 것으로 볼 수 있다.

⑤ (가)의 '육지'는 화자 스스로 초라하고 결핍되었다고 느꼈던 지나간 시간을
막아 두는 공간, (나)의 '버스'는 화자 스스로 무가치함을 느끼게 하여 당장
벗어나고 싶도록 하는 공간이라는 점에서 화자가 결핍을 느끼는 공간이라
고 할 수 있다.

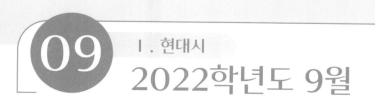
2022학년도 9월

종가 / 노래와 이야기

지문분석

(가) 종가

　돌담으로 튼튼히 가려 놓은 집 안엔 검은 기와집 종가가 살고 있었

▶ 시각적 이미지와 색채어를 활용하여 폐쇄적이고 어두운 분위기를 드러내고 있어.

다. 충충한 울 속에서 거미 알 터지듯 흩어져 나가는 이 집의 지손(支孫)들. 모두 다 싸우고 찢고 헤어져 나가도 오래인 동안 이 집의 광영

▶ '이 집의 지손들'이 '거미 알 터지듯 흩어져 나가는' 것, '모두 다 싸우고 찢고 헤어져 나가'는 것은 모두 가족의 유대가 사라진 종가의 모습을 나타낸 표현이야.

(光榮)을 지키어 주는 신주(神主)들은 대머리에 곰팡이가 나도록 알아지지는 않아도 종가에서는 무기처럼 아끼며 제삿날이면 갑자기 높아 제상(祭床) 위에 날름히 올라앉는다.

▶ 종가의 권위를 상징하는 신주는 평소에는 방치되어 있다가 제삿날이 되어서야 찾아지는구나. 신주를 '대머리에 곰팡이가 나도록', '갑자기 높아 제상 위에 날름히 올라앉는다' 등으로 우스꽝스럽게 표현한 것은 종가의 허위의식을 풍자하는 표현이지. 종가는 이미 권위가 무너졌지만, 내세울 것이 없기 때문에 허울뿐인 신주를 무기처럼 아끼고 있어. 그런데 자신들의 권위를 지키기 위해 노력했다면 왜 곰팡이가 나겠니? 사실은 제대로 돌보지 않은 거지. 종가에 대한 화자의 풍자적 태도가 돋보이는 부분이다.

큰집에는 큰아들의 식구만 살고 있어도 제삿날이면 제사를 지내러 오는 사람들 오조 할머니와 아들 며느리 손자 손주며느리 칠촌도 팔촌도 한데 얼리어 닝닝거린다. 시집갔다 쫓겨 온 작은딸 과부가 되어 온 큰고모 손꾸락을 빨며 구경하는 이종 언니 이종 오빠. 한참 쩡쩡 울리

▶ 종갓집 가족들을 열거하며 어수선한 종가의 제사 분위기를 나타내고 있어.

던 옛날에는 오조 할머니 집에서 동원 뒷밥을 먹어왔다고 오조 할머니 시아버지도 남편도 동네 백성들을 곧-잘 잡아들여다 모말굴림도 시키고 주릿대를 앵겼다고. 지금도 종가 뒤란에는 중복사 나무 밑에

▶ 제삿밥 좀 먹었다고 동네 백성들에게 형벌을 주었던 종가의 모습을 통해, 백성들 위에 군림해 부당한 권력을 휘둘렀던 종갓집의 부정적 측면을 효과적으로 보여 주는구나.

서 대구리가 빤들빤들한 달걀귀신이 융융거린다는 마을의 풍설. 종가에 사는 사람들은 아무 일을 안 해도 지내 왔고 대대 손손이 아-무런 재주도 물리어받지는 못하여 종갓집 영감님은 근시 안경을 쓰고 눈을 찝찝거리며 먹을 궁리를 한다고 작인(作人)들에게 고리대금을 하여 살아 나간다.

▶ 종가 사람들은 아무런 능력도 없고 그저 게을리 사채업이나 하면서 남에게 부당하게 비싼 이자를 받아 그 돈으로 살아 왔구나. 종가에 대한 화자의 비판적 태도가 선명하게 드러나는 시이다.

(나) 노래와 이야기

▶ 들어가기 전에 : 아무런 단서 없이 이 시를 읽은 후 '대체 무슨 의미야?' 라는 생각이 든다면 정상이다. 이렇게 난해한 시가 나올 때, 평가원은 <보기> 없이는 깊은 해석을 물어보지 않는다. 만약 <보기>가 없다면 일치 관계만 확인하면서 읽으면 되지만, 지금은 <보기>가 있으니 <보기>를 전제로 읽어 보자.

노래는 심장에, 이야기는 뇌수에 박힌다

▶ 화자는 시작부터 이 둘을 분명하게 나누고 있어. <보기>를 참고하면 노래는 '감정'과 연관이 있어. 즉, '노래(감성)=심장, 이야기(이성)=뇌수'의 대응 관계로 대립적으로 읽어 보자.

처용이 밤늦게 돌아와, 노래로써
아내를 범한 귀신을 꿇어 엎드리게 했다지만
막상 목청을 떼어 내고 남은 가사는
베개에 떨어뜨린 머리카락 하나 건드리지 못한다

▶ 수험생이라면 익숙할 처용 설화가 등장하는구나. 「처용가」는 아내를 범했던 역신(귀신)을 감동시키는 힘을 가졌었지. 그러나 노래(감성)를 떼어 낸 '말', 즉 이야기(이성)만으로는 힘을 가지지 못한다. 고전 시가를 생각해 보면, 예전엔 시를 노래처럼 불렀음을 알 수 있어. 즉, 시 안에 노래(감성)와 이야기(이성)가 같이 있었지. 하지만 현대시로 오면 시에서 노래는 빠지고 이야기만 남아 있어. 화자는 여기에 문제의식을 느끼고 있는 거야. '시'가 '노래'의 성격을 되찾아야 한다는 <보기>의 구절은 바로 이 부분에서 확인할 수 있어.

하지만 처용의 이야기는 살아남아
새로운 노래와 풍속을 짓고 유전해 가리라

▶ 노래는 듣는 이에게 감동을 주는 힘을 가진다고 했다. 그렇다면 '이야기'의 힘은 무엇일까? 이야기(이성)는 글로 기록되어 새로운 노래와 풍속을 만들고, 그것을 유전하도록 하는 힘을 가진대. 이것이 '뇌수(머리)'에 박히는 이야기의 힘이겠지.

정간보가 오선지로 바뀌고
이제 아무도 시집에 악보를 그리지 않는다

▶ 세월의 흐름을 정간보(조선 시대의 악보)가 오선지(현대의 악보)로 바뀐 것으로 표현하였구나. 이제 아무도 시집에 악보를 그리지 않는다는 것은, 이제 시인들이 시에 노래(감성)를 담지 않는 현실을 말하는 거야. <보기>를 참고하면 '시'가 '노래'의 성격을 잃고 '이야기'만 남은 상황과 같겠지. 화자는 이러한 상황이 안타깝나 봐.

노래하고 싶은 시인은 말 속에
은밀히 심장의 박동을 골라 넣는다

▶ 노래의 성격을 가진 시를 쓰고 싶은 시인(화자)은 말속에 은밀하게 심장의 박동(노래의 성격)을 넣는다.

그러나 내 격정의 상처는 노래에 쉬이 덧나
다스리는 처방은 이야기일 뿐

▶ <보기>를 참고하면 '내 격정의 상처'가 '노래에 쉬이 덧나'는 것은 감정의 과잉으로 상처가 오히려 깊어지기도 하는 노래의 한계를 보여 주는 것이야. '다스리는 처방은 이야기일 뿐'은 이러한 노래(감성)의 한계를 극복하기 위해 '이야기(이성)'가 요구된다는 점을 보여 주는 것이지.

이야기로 하필 시를 쓰며
뇌수와 심장이 가장 긴밀히 결합되길 바란다

▶ 화자는 이야기를 통해 감정의 과잉을 조절함으로써 뇌수(이야기)와 심장(노래)이 결합된 시를 쓰길 바라는 거야.

문제분석 01-04번

번호	정답	정답률(%)	선지별 선택비율(%)				
			①	②	③	④	⑤
1	②	93	2	93	3	1	1
2	④	73	7	2	15	73	3
3	⑤	89	1	1	5	4	89
4	③	87	1	3	87	5	4

01

정답설명

② '오래인 동안 이 집의 광영을 지키어 주는 신주들'은 곰팡이가 나도록 평소에 방치되어 있지만, '제삿날이면 갑자기 높아 제상 위에 날름히 올라앉는' 것으로 무너진 종가의 권위, 그리고 종가의 허위의식을 상징한다. 따라서 이를 통해 종가에 대한 풍자적 태도를 드러낸다는 선지의 설명은 적절하다.

오답설명

① '이 집의 지손들'이 '거미 알 터지듯 흩어져 나'간다는 것은 가족 간 유대가 사라진 종가의 모습을 나타낸 것이지, 종가의 번성에 대한 자부심을 드러낸 것이 아니다.

③ '동네 백성들을 곤-잘 잡아들여다 모말굴림도 시키고 주릿대를 앵기었다'는 것은 백성들에게 부당한 권위를 떨치는 종가의 모습을 보여 주는 것으로, 종가에 대한 화자의 비판적 태도를 드러낸 것이지 종가의 위세에 대한 화자의 시기심을 드러낸 것이 아니다.

④ '종가에 사는 사람들은 아무 일을 안 해도 지내 왔고 대대손손이 아-무런 재주도 물리어받지는 못'했다는 것은 특별한 재주도 없고 어떤 발전도 없이 살아온 종가 사람들의 무능함에 대한 화자의 비판적 시선을 보여 주는 부분이다. 종가의 내력을 존중하는 태도는 드러나지 않는다.

⑤ '근시 안경을 쓰고 눈을 찜찜거리'는 '종갓집 영감님'이 '작인들에게 고리대금을 하여 살아 나간다'는 것은 아무런 능력도 없이 그저 게을리 고리대금(사채업)이나 하면서 남에게 부당하게 비싼 이자를 받아 연명하는 종가 사람들에 대한 화자의 비판적 태도를 보여 주는 것이지, 종가에 대한 선망을 드러내는 것이 아니다.

02

정답설명

④ 해당 시에서 '노래는 심장에, 이야기는 뇌수에 박힌다'고 했던 것 기억하니? 노래는 심장(감성)을, 이야기는 머리(이성)를 자극한다는 것이지. 즉 '심장의 박동'은 노래와 관련된 시어로 보면 되겠다. [B]는 '노래하고 싶은 시인'이 '말 속(시 속)'에 '심장의 박동(노래의 성격)'을 골라 넣고 있는 것이므로 '노래'의 성격이 약화된 '말에 '노래'가 주는 감동을 불어넣는 상황을 보여 준다고 할 수 있다.

오답설명

①, ② [A]는 '노래(감성)'와 '가사(이야기)'가 떨어졌을 때 나타나는 단점(결과)

을 보여 주는 것이다.

③ [B]는 시인의 '말'에 '이야기'가 연결된 상황이 아니라 '노래'가 연결된 상황을 표현한 것이다.

⑤ [A]는 '말'에서 '노래'가 떨어져 나갔을 때의 상황을, [B]는 '말'에 '노래'의 성격을 불어넣는 상황을 보여 주는 것이다.

03

정답설명

⑤ (가) O, (나) X / (가)는 '지금도'를 통해 '종가'의 부정적 속성이 지속되고 있음을 보여 주고 있으므로 종가의 '불변성'을 드러냄을 허용할 수 있으나, (나)의 '이제'는 '시집'에 아무도 악보를 그리지 않음(노래를 불어넣지 않음)을 강조하는 것이므로 시의 '영속성(영원히 계속되는 성질이나 능력)'을 강조한다고 볼 수 없다.

오답설명

① '쩡쩡 울리던 옛날'과 '달걀귀신이 융융거린다는 마을의 풍설'은 '종가'가 가진 부정적 인상을 감각적으로 나타내고 있다.

② '돌담으로 튼튼히 가려 놓은 집'과 '검은 기와집'을 통해 '종가'가 가진 폐쇄적이고 어두운 분위기를 드러내고 있다.

③ '그러나' 뒤에, '격정의 상처는 노래에 쉬이 덧나'는 것은 '노래'만으로 시를 창작했을 때의 한계를 드러내는 것이다.

④ 귀신을 감복시켜 꿇어 엎드리게 하는 힘을 가진 '처용'의 '노래'와, 오래 살아남아서 새로운 노래와 풍속을 만들어 유전시키는 힘을 가진 '처용'에 대한 '이야기'의 성격을 비교하여 작품의 주제를 구체화하고 있다.

04

정답설명

③ <보기>를 바탕으로 할 때, (나)에서 상처가 노래에 쉽게 덧난다고 말한 것은 '감정의 과잉으로 상처가 오히려 깊어지기도 하는 노래의 한계'를 보여 주는 것이지, 시에서 노래의 성격이 분리된 결과를 보여 주는 것이 아니다.

오답설명

① <보기>에서 (가)는 종가의 이야기가 현재의 상황과 연결되도록 현재 시제를 주로 사용하여 생동감 있게 표현했다고 하였으므로 적절한 설명이다.

② <보기>에서 (가)의 화자는 '종가'의 상황을 구체적으로 서술해 종가와 연관된 사람들의 상처를 드러낸다고 하였다. 따라서 '동네 백성들'이 종가로 인해 받은 상처(모말굴림, 주릿대)를 보여 주는 것은 종가에 대한 부정적 측면을 드러내려는 화자의 의도를 부각한다고 볼 수 있다.

④ <보기>에서 (나)의 화자는 '시'가 '노래'의 성격을 되찾아야 할 뿐만 아니라 '이야기'의 성격도 요구된다는 점을 강조한다고 하였다. 따라서 '뇌수(이야기)'와 '심장(노래)'의 결합을 희망한다는 것은 시에 노래뿐만 아니라 이야기도 필요하다는 화자의 생각을 보여 주는 것이다.

⑤ <보기>에서 (가)는 종가에 대한 화자의 경험을 이야기한 산문 형식의 시, (나)는 이야기가 두드러진 시를 짓는 까닭을 제시한 시론 성격의 시라고 하였으므로 적절한 설명이다.

향아 / 전문가

지문분석

(가) 향아

향아 너의 고운 얼굴 조석으로 우물가에 비최이던 오래지 않은 옛 날로 가자

▶ 화자는 '향'에게 말을 건네며 과거로 돌아가자고 해. 이는 현재 상황이 화자에게는 부정적이기 때문이야. <보기>에서는 공동체가 현재 물질문명의 허위와 병폐에 물들어 있다고 하였어. 간단하게 현재와 과거를 대비하며, 긍정/부정의 시어를 판단하며 읽어 가면 되겠다.

수수럭거리는 수수밭 사이 걸찍스런 웃음들 들려 나오며 호미와 바구니를 든 환한 얼굴 그림처럼 나타나던 석양……

▶ 웃음과 환한 얼굴이 있던 곳. 당연히 과거의 모습이겠지. 과거의 아름다운 모습을 부각하면 현재와 대비되어 현재는 더욱 부정적인 시간이 되겠지?

구슬처럼 흘러가는 냇물가 맨발을 담그고 늘어앉아 빨래들을 두드리던 전설같은 풍속으로 돌아가자

▶ 건강한 노동과 함께했던 과거를 지향하고 있다.

눈동자를 보아라 향아 회올리는 무지갯빛 허울의 눈부심에 넋 빼앗기지 말고

▶ '무지갯빛'이라고 하면 좋아 보이지만, 여기서는 부정적인 의미로 쓰였어. '무지갯빛 허울의 눈부심'에 넋을 빼앗기지 말라고 당부하고 있어.

철따라 푸짐히 두레를 먹던 정자나무 마을로 돌아가자 미끈덩한 기생충의 생리와 허식에 인이 배기기 전으로 눈빛 아침처럼 빛나던 우리들의 고향 병들지 않은 젊음으로 찾아 가자꾸나

▶ 지금은 기생충의 생리와 허식에 인이 배겨 있고 병들어 있지만, 과거는 그렇지 않았지. 화자는 생명력과 순수성의 회복을 바라고 있네.

향아 허물어질까 두렵노라 얼굴 생김새 맞지 않는 발돋움의 흉낼랑 그만 내자

▶ 어울리지 않는 행동은 하지 말라고 당부하고 있네.

들국화처럼 소박한 목숨을 가꾸기 위하여 맨발을 벗고 콩바심하던 차라리 그 미개지에로 가자 달이 뜨는 명절밤 비단치마를 나부끼며 떼지어 춤추던 전설같은 풍속으로 돌아가자 냇물 굽이치는 싱싱한 마음밭으로 돌아가자.

▶ 춤추고 노동하던 긍정적인 과거로 가자고 반복적으로 얘기하고 있다.

(나) 전문가

▶ 들어가기 전에 : 시를 읽을 때, '뭐지?'라는 느낌이 든다면, 상징성이 강한 시인 경우가 많다. 이럴 땐 출제자가 제시한 <보기>에 의지해서 하나씩 단추를 끼우면 된다. <보기>마저 없을 때는 깊은 해석을 물어보지 않고 단순한 사실 관계에 대해서만 물어볼 테니, 빠르게 읽고 선지와 비교하면 된다.

▶ 출제자는 <보기>를 통해, 이 시가 '환영'을 통해 대중의 이성을 마비시키고 대중을 길들이는 권력자의 통치술을 보여 준다고 하였어.

이사온 그는 이상한 사람이었다

그의 집 담장들은 모두 빛나는 유리들로 세워졌다

▶ 담장을 빛나는 유리로 세우다니, 납득이 가지 않는다. 뭔가 다른 의미가 있는 상징적인 설정이겠지. 계속 가 보자.

골목에서 놀고 있는 부주의한 아이들이
잠깐의 실수 때문에
풍성한 햇빛을 복사해내는
그 유리 담장을 박살내곤 했다

▶ 유리 담장의 속성상 아이들의 실수 때문에 박살나는 것은 당연하다.

그러나 얘들아, 상관없다
유리는 또 갈아 끼우면 되지
마음껏 이 골목에서 놀렴

▶ 지금까지 보면, '이사온 그'는 이상한 사람이라기보다는 천사 같은 사람이야. 풍성한 햇빛을 복사하는 그의 유리 담장 덕분에 골목은 밝게 빛이 날 수 있고, 아이들은 행복하게 놀 수 있지. 게다가 깨지더라도 상관이 없다고 하네.

유리를 깬 아이는 얼굴이 새빨개졌지만
이상한 표정을 짓던 다른 아이들은
아이들답게 곧 즐거워했다
견고한 송판으로 담을 쌓으면 어떨까
주장하는 아이는, 그 아름다운
골목에서 즉시 추방되었다

▶ 사실 문제의 근본적인 원인은 '유리'로 된 담장이야. 견고한 송판이었다면 깨질 일도 없어. 그런데 올바른 주장을 한 아이는 즉시 추방돼. 슬슬 이상함이 느껴진다.

유리 담장은 매일같이 깨어졌다
필요한 시일이 지난 후, 동네의 모든 아이들이
충실한 그의 부하가 되었다

▶ 담장이 매일같이 깨져도 화를 내지 않는 그. 당연히 아이들은 그의 충실한 부하가 될 수밖에 없어.

어느 날 그가 유리 담장을 떼어냈을 때, 그 골목은
가장 햇빛이 안 드는 곳임이
판명되었다, 일렬로 선 아이들은
묵묵히 벽돌을 날랐다

▶ 그런데 풍성한 햇빛을 복사하는 유리 담장이 사라졌을 때, 그 골목의 실체가 드러나. 가장 햇빛이 안 드는 곳. '유리 담장'은 골목의 실체를 가리는 환영의 장치였던 것이야. 이제 골목엔 빛이 없어. 하지만 아이들은 이미 충실한 그의 부하가 되어 있고, 다른 생각은 할 수 없지. 이성이 마비되었기 때문이야. 천사 같은 사람인 줄 알았던 그는 기만적 통치로 대중을 길들이는 권력자였고, 예전엔 행복하게 놀던 아이들은 이제 그의 말에 따라 노동만 할 뿐이다.

▶ 정치권에 심각한 일이 있을 때, 연예인 스캔들이 크게 터지는 것은 이제 공식화된 사실이다. 우리는 쓸데없는 기사에 울고 웃으며 어느새 심각한 사건에는 무관심해지지. 이렇게 권력자의 술수에 길들여진 대중은 심각한 사건이 벌어져도 그 사건의 본질적 원인을 따지지 않게 돼. 그냥 사소한 일에 즐거우면 되는 거야. 그렇게 시간이 지나는 사이 어느새 권력의 부조리는 극대화되고 그 피해는 오로지 국민들에게 간단다. 작가는 이 점을 상징적인 사건으로 날카롭게 풍자하고 있어.

번호	정답	정답률 (%)	선지별 선택비율(%)				
			①	②	③	④	⑤
1	②	77	13	77	2	6	2
2	④	76	1	2	8	76	13
3	①	56	56	7	17	16	4

01

정답설명

② 시에서는 추상적인 작가의 생각을 독자에게 효과적으로 전달하기 위해 구체적인 시어나 상황을 제시한다. 이때 시 안에 있는 구체적인 시어나 상황은 그 자체의 의미로 쓰일 때도 있지만, 작가가 의도한 어떤 의미로 쓰일 때가 있다. 이것이 바로 상징이다. 사랑하는 사이에 주고받는 반지는 원의 모양을 통해 영원한 사랑을 상징하고, 고전 시가에서 구름이 해를 가리는 상황은 간신이 임금의 광명을 가리는 상황을 상징한다. 이처럼 상징적 시어나 상황은 상당히 많은 시에 보편적으로 나타나기에, 선지에서 '상징이 있다'고 할 땐 우선적으로 검토해야 한다.
(나)에서 이사 온 사람이 유리 담장을 세워 아이들을 길들이는 상황은 권력자가 대중을 길들이는 통치를 상징한다.

오답설명

① (가) X / 과거에 대한 회상은 나오지만, 이를 통해 현실을 관망(한발 물러나서 상황을 바라봄)하는 것이 아니라, 현실의 변화를 촉구하고 있다.

③ (가) X, (나) X / 음성 상징어는 의성어나 의태어를 지칭한다. 정확히 말하면, 의성 부사나 의태 부사를 의미한다. '수수럭거리는'은 동사고, '싱싱한'은 형용사이기에 음성 상징어가 아니다. 또한 (가)와 (나) 모두 상상 세계의 경이로움을 나타내고 있지도 않으므로 적절하지 않다.

④ (가) O, (나) X / (가)에서는 3연과 5연에서 '전설같은 풍속으로 돌아가자'가 반복되고 있고, 이를 수식하는 말이 바뀌고 있으므로 동일한 시구의 반복과 변주를 허용할 수 있다. 그러나 (나)에서는 동일한 시구의 반복과 변주를 찾을 수 없다.

⑤ (가) X, (나) X / (가)는 비판과 청유의 어조로 청자인 '향'에게 말을 건네고 있다. 한편 (나)는 담담한 어조로 상황을 제시할 뿐, 충고하는 어조로 청자에게 말을 건네고 있지 않다.

02

정답설명

④ ㉠은 물질문명과 대비되는 전통적인 공간으로 춤도 추고 노동도 하는 공간이다. 따라서 노동과 놀이가 공존하던 공간이다. ㉡은 권력자가 대중을 길들이는 공간으로 예전에는 '아이들'이 놀이를 하던 공간이지만 지금은 노동만 남은 공간이다.

오답설명

① ㉠은 '향'이 돌아가기를 바라는 공간이므로 귀환이 금지된 공간이라는 설명은 적절하지 않다. ㉡은 모든 '아이들'이 그의 충실한 부하가 되어 일렬로 노동을 하는 공간이므로, 이탈이 금지된 공간임을 허용할 수 있다.

② ㉠은 '향'이 자기반성을 수행하는 공간이 아니다. ㉡은 '아이들'이 그의 충실한 부하가 되어 노동을 하는 공간이므로, '그'의 요청을 수행하는 공간으로 볼 수 있다.

③ ㉠은 '향'이 본성을 찾아가는 공간이지만 원래 있었던 과거의 공간으로 돌아가는 것이기에 '낯선 공간'은 적절하지 않다. ㉡은 획일적으로 길들여진 아이들이 묵묵히 벽돌을 나르는 공간이기에 개성을 박탈당한 상실의 공간임을 허용할 수 있다.

⑤ ㉠은 '우리들의 고향'이기에 '향'과 화자의 우호적 관계가 드러나는 공간임을 허용할 수 있다. ㉡은 권력자가 길들여진 아이들에게 노동을 시키는 공간이므로 상생 관계가 드러나는 공간으로 볼 수 없다.

03

정답설명

① 예전 평가원 문학 문제의 정답은 긍정과 부정의 대립 구도 속에서 선명하게 근거가 제시되었다. 따라서 애매한 선지가 있다 하더라도 확실한 정답만 체크하고 넘어가면 되었다. 하지만 최근엔 다르다. 확실한 대립 구도에서 정답 선지가 구성되지 않고, 정확한 인과 관계나 사실 관계 확인을 통해 정답 선지가 구성된다. 선지를 좀 더 면밀하게 뜯어 봐야 하는 것이 최근 평가원 문학 문제의 특징이다.
'미개지'는 전통적 공간으로 화자가 지향하는 생명력과 순수성이 있는 공간이다. 화자는 물질문명에 변질된 공동체에게 과거의 전통적 공간으로 돌아갈 것을 권유하고 있다. 이때 화자는 순수했던 **과거로 돌아가자**는 것이지, 공동체의 **터전을 확장하자**는 것이 아니다. 여기서 정확하게 X를 그었어야 한다.

오답설명

② 골목은 풍성한 햇빛을 복사해 내는 '유리 담장' 덕분에 밝은 공간이었다. 하지만 '유리 담장'이 없어짐으로써 가장 햇빛이 안 드는 곳이 되었다. 이는 '유리 담장'이 대중을 기만하는 환영의 장치였음을 보여 준다.

③ (가)에서 '기생충의 생리'는 화자가 부정하는 물질문명의 속성으로 자족적 농경 문화의 전통과 대립된다. (나)에서 권력자가 의도한 환영의 장치(유리 담장)를 거부하는 아이가 추방되었다는 것은, 권력자의 의도대로 사회를 획일적으로 통제하고 있음을 보여 준다.

④ (가)에서 '발돋움의 흉내'는 얼굴 생김새와 맞지 않는 흉내로 화자가 부정적으로 바라보는 모습이다. 따라서 물질문명에 물들어 가는 상황으로 볼 수 있다. (나)에서 문제의 원인을 깨닫지 못하고 생각 없이 즐거워하는 아이들은 권력자의 술수에 길들여진 대중의 모습을 보여 준다.

⑤ (가)에서 '떼지어 춤추던' 모습은 역동적인 공동체의 모습으로 화자가 지향하는 농경 문화 공동체의 건강한 생명력을 보여 준다. (나)에서 어떠한 의견도 제시하지 못하고 일렬로 묵묵히 일만 하는 아이들의 모습은 권력에 종속된 대중의 모습을 보여 준다.

채전 / 음지의 꽃

지문분석

(가) 채전

한여름 채전으로 가 보아라

▶ 시·공간적 배경 체크! '채전'은 '채소밭'이라는 뜻이야. 화자는 지금 채전에 관심을 두고 있구나.

수염을 드리운 몇 그루 옥수수에 가지, 고추, 오이, 토란, 그리고 울타리엔 덤불을 이룬 넌출 사이로 반질반질 윤기 도는 크고 작은 박이며 호박들!

▶ 채전에 있는 여러 채소들이 열거되고 있다. '넌출'은 길게 뻗어나간 식물의 줄기를 말해.

이 지극히 범속한 것들은 제각기 타고난 바탕과 생김새로 주어서 아낌없고 받아서 아쉼 없는 황금의 햇빛 속에 일심으로 자라고 영글기에 숨소리도 들릴세라 적적히 여념 없나니

▶ '범속하다'는 '평범하고 속되다.'란 뜻인데, 여기서는 앞서 말했던 채소들이 지극히 평범하다는 의미로 이해하면 되겠다. '옥수수', '가지' 등이 일심, 즉 한 마음으로 자라며 익어가고 있대. 그래서 결국 화자가 말하고 싶은 바는 무엇일까? 계속 읽어 보자.

과분하지 말라 의혹하지 말라 주어진 대로를 정성껏 충만시킴으로써 스스로를 족할 줄을 알라 오직 여기에 목숨의 유열과 천지와의 화합에 있거니

▶ 화자의 가치관이 직접적으로 드러난다! '주어진 대로를 정성껏 충만'시키고 '스스로를 족할 줄' 아는 삶을 긍정적 삶의 태도로 보고 있구나. '유열'은 '유쾌하고 기쁨.'이란 뜻인데, 스스로 족할 줄 아는 것에 생명의 기쁨, 천지와의 화합이 있대. 즉, 자족의 태도를 추구하는 것이구나.

한여름 채전으로 가 보아라

▶ 1연과 2연의 첫 행이 동일하게 반복되고 있다. 화자는 여전히 '채전'에 관심을 두고 있고, '보아라, 말라' 등에서 명령형 어미가 반복되고 있구나.

나비가 심방 오고 풍뎅이가 찾아오고 잠자리가 왔다 가고 바람결에 스쳐 가고 그늘이 지나가고 비가 내리고 햇볕이 다시 나고 …… 이같이 많은 손님들의 극진한 축복과 은혜 속에

▶ 1연과 달라진 점이 있다면, 아깐 채소들이 열거되었는데 이번엔 '나비', '그늘' 등 곤충과 자연 현상이 열거되고 있다는 점이야. '심방'은 '방문하여 찾아봄.'이란 뜻으로 채전에 나비가 왔다는 뜻이겠지.

이 지극히 범속한 것들의 지극히 충족한 빛나는 생명의 양상을 한여름 채전으로 와서 보아라

▶ 이러한 평범한 것들이 지극히 충족한(모자람이 없는) 생명력을 뿜내는 것을 한여름 채전에 와서 보라고 하며 마무리된다.

▶ 화자는 채전을 제재로 하여 채소밭의 생명력 넘치는 풍경을 통해 평범한 것이 지닌 생명의 충만함과 아름다움을 노래하고 있구나. 지극히 소박하고 평범한 채소, 곤충, 자연 현상을 통해 생명체들의 풍요로움을 감각적으로 형상화하여 만물의 조화로운 성장과 충만한 생명력에 자족하는 태도를 보이고 있다.

(나) 음지의 꽃

우리는 썩어 가는 참나무 떼,

▶ '우리'라고 했으니까 시적 화자가 표면화된 거 알 수 있지? 그런데 화자는 사람이 아니라 '참나무 떼'래. 의인법이 활용된 것도 주목하자!

벌목의 슬픔으로 서 있는 이 땅

▶ 화자의 반응이 직접적으로 나타났다. 화자는 현재 슬픈 상황인가 봐. 앞에서 화자는 '썩어 가는 참나무 떼'라고 했는데, 벌목을 당해서 썩고 있는 상황인 것 같다.

패역의 골짜기에서
서로에게 기댄 채 겨울을 난다

▶ '겨울'은 시의 계절적 배경이자 화자에게 닥친 시련이야. 참나무 떼는 생명력을 잃어서 슬픈 상황에도 서로 의지하며 시련을 견디고 있구나.

함께 썩어 갈수록
바람은 더 높은 곳에서 우리를 흔들고

▶ 점점 시련이 심해지고 있어.

이윽고 잠자던 홀씨들 일어나
우리 몸에 뚫렸던 상처마다 버섯이 피어난다

▶ 고된 시련 속에서 마침내 참나무 속의 버섯들이 피어났어. 고난으로 인한 나무의 상처를 메우면서 피어나는 버섯의 생명력을 느낄 수 있다.

황홀한 음지의 꽃이여

▶ '황홀한 음지의 꽃'은 바로 버섯을 가리키겠지. 생명이 썩어가는 어두운 상황 속에서 피어난 꽃과 같은 버섯은 그 자체로 황홀하다는 얘기야. 호격 조사 '이여'를 통한 영탄법을 사용해 버섯에 대한 화자의 감정을 더욱 강조하고 있다. 또 '음지'와 같은 부정적인 공간에서 '황홀'한 꽃이 핀다는 것은 역설법으로 볼 수 있지.

우리는 서서히 썩어 가지만
너는 소나기처럼 후드득 피어나

▶ '우리(참나무 떼)'와 '너(버섯)'의 대비가 나타난다. 이러한 대비를 통해 버섯의 생명력을 더욱 강조하는 거지. 버섯이 피어나는 모습을 '소나기'에 비유하고 있어.

그 고통을 순간에 멈추게 하는구나

▶ 버섯이 피어남으로 인해 참나무 떼의 고통도 멈췄나 봐.

오, 버섯이여

▶ 다시 한번 '버섯'을 부르고 있다. 영탄법 체크하자.

산비탈에 구르는 낙엽으로도
골짜기를 떠도는 바람으로도

▶ 대구법 확인했니?

덮을 길 없는 우리의 몸을
뿌리 없는 너의 독기로 채우는구나

▶ '독기'라고 해서 부정적인 의미로 쓰인 것은 아니야. 그만큼 버섯의 생명력이 강하다는 얘기겠지. '낙엽'이나 '바람'도 치유하지 못한 상처를 '버섯'만이 치유할 수 있다는 것 정도로 이해하면 좋겠다.

문제분석 _01-04번

번호	정답	정답률(%)	선지별 선택비율(%)				
			①	②	③	④	⑤
1	①	91	91	1	5	2	1
2	④	95	1	2	1	95	1
3	②	85	4	85	5	2	4
4	③	89	1	5	89	3	2

01

정답설명

① (가) O, (나) O / (가)는 채전의 여러 자연물들, (나)는 '음지의 꽃(버섯)'에 대한 긍정적 인식을 바탕으로 중심 제재에 대한 예찬적 태도를 드러내고 있다.

오답설명

② (가) X, (나) X / (가)에서 자족하는 태도를 현실에 순응하는 모습으로 볼 수도 있겠지만, 중심 제재를 바라보는 비관적 태도는 암시되어 있지 않다. (나)는 주어진 현실을 함께 견딘 후 탄생한 새로운 생명에 감탄하고 있으므로 주어진 현실에 순응하고 있는 모습을 허용할 수 없으며, 중심 제재에 대한 비관적 태도가 암시되어 있지도 않다.

③ (가) X, (나) X / '관조적'이란 고요한 마음으로 사물이나 현상을 관찰하는 것인데, 사물이나 현상을 거리를 두고 멀리서 지켜보는 태도를 말한다. (가), (나) 모두 이러한 관조적 시선이 나타났다고 보기 어렵다. 또한 (가)는 '반질반질 윤기 도는 크고 작은 박이며 호박들'에서 중심 제재의 외적 아름다움을 표현하고 있다고 볼 수 있지만, (나)에서는 중심 제재의 외적 아름다움을 표현하고 있지 않다.

④ (가) X, (나) X / (가), (나) 모두 인간의 행위에 대한 우호적 관점이 드러나지 않으며, 오히려 (나)는 '벌목의 슬픔', '패역의 골짜기'에서 부정적 관점이 드러난다. 반면 (가), (나) 모두 중심 제재의 심미적 속성(아름다움과 관련한 속성)을 강조하고 있다고 볼 수 있다.

⑤ (가) X, (나) X / (가)는 '채전'이라는 장소에 대한 긍정적 인식이 심화되고 있으므로, 중심 제재와의 정서적 거리를 부각하고 있다고 볼 수 없다. (나)는 '벌목의 슬픔으로 서 있는 이 땅 / 패역의 골짜기'에서 장소에 대한 부정적 인식이 드러나지만 이러한 인식이 심화되고 있지는 않으며, 중심 제재와의 정서적 거리를 부각하고 있지도 않다.

02

정답설명

④ '나비, 풍뎅이, 잠자리' 등을 '많은 손님들'이라고 표현하여 '사물을 인격화'한 것은 맞지만, '극진한 축복과 은혜'와 대비되는 화자의 시선은 드러나지 않는다.

오답설명

① ㉠ '가 보아라'는 2연에서 '가 보아라', '와서 보아라'와 같이 반복, 변주되며 '채전'에서의 소중한 경험을 느끼게 하려는 화자의 의도를 드러내고 있다.

② ㉡ '지극히'는 2연의 '지극히 범속한 것들의 지극히 충족한'에서 반복되며 '범속한 것들'로부터 '충족한' 느낌을 받는 화자의 정서를 강조하고 있다.

③ ㉢ '과분하지 말라'에서 부정 명령형 '-지 말라'를 사용하여 '주어진 대로를 정성껏 충만시킴으로써 스스로를 족할 줄을 알아야 한다'는 화자의 인식을 제시하고 있다.

⑤ ㉤ '빛나는 생명의 양상'은 '생명의 양상'이라는 관념을 '빛나는'이라고 시각화하여 '목숨의 유열과 천지와의 화합'이 이루어진 자연물에 대한 화자의 긍정적 인식을 표현하고 있다.

03

정답설명

② [B]의 '바람'에 의해 [C]의 '홀씨'들이 일어나 '버섯'이 피어나게 된다. 즉, [B]에서 참나무의 상태에 변화를 가져온 '바람'의 움직임은 [C]에서 '버섯'이 피어나는 상황과 순차적 관계를 형성한다.

오답설명

① [A]에서 참나무가 벌목으로 썩어 가는 모습과 [B]에서 나무가 바람에 흔들리는 모습은 순환적 관계를 형성하고 있지 않다. 즉, '참나무가 썩음 → 나무가 바람에 흔들림 → 참나무가 썩음 → 나무가 바람에 흔들림'과 같은 관계인 것은 아니다.

③ [C]에서 참나무의 상처에 생명이 생성되는 순간과 [D]에서 나무의 고통이 멈추는 과정은 대립적 관계를 형성하지 않는다. '우리 몸에 뚫렸던 상처마다 버섯'이 피어나 '고통을 순간에 멈추게' 하기 때문이다.

④ [D]에서 참나무의 모습에 일어난 변화로 인해 [E]에서 낙엽이 구르고 바람이 떠도는 상황이 된 것이 아니다. 즉, 이들은 인과적(원인과 결과) 관계를 형성하고 있지 않다.

⑤ [E]에서 참나무의 주변에 존재하는 것은 '낙엽'과 '바람'이고, [F]에서 나무를 채워주는 대상은 '뿌리 없는 너(버섯)의 독기'이다. '낙엽'과 '바람'으로도 덮을 길 없는 우리의 몸을 '뿌리 없는 너의 독기'로 채운다고 했으므로 이 둘은 동질적 관계를 형성한다고 볼 수 없다.

04

정답설명

형태쌤의 과외시간

〈보기〉에서 (가), (나) 모두 생명체들이 어우러져 살아가는 모습을 보여준다고 하였다. 세부적으로 (가)는 만물의 조화로운 성장과 충만한 생명력을 나타내고, (나)는 인간의 욕망에 의한 상처와 고통으로 황폐화된 현실을 강인한 생명력이 피어나는 공간으로 변화시킨다고 했다. 이 점에 유의하여 작품을 읽었다면 큰 어려움 없이 해결할 수 있었을 것이다.

③ (가)의 '넌출'은 길게 뻗어나간 식물의 줄기를 말한다. '넌출'이 어우러진 생명체들과 관련이 있는 것은 맞지만 '넌출'로 인해 어우러진 생명체들이 현실의 삶에 자족하게 되는 것은 아니다. (나)의 '홀씨'는 '버섯'으로 피어나게 된다. 썩어 가는 참나무의 몸에서 피어나는 '버섯'은 〈보기〉에 따라 '생

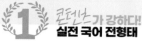

명체들이 어우러져 살아가는 모습'을 보여 주므로, '홀씨'가 '공존하던 생명체들이 흩어지게 되는 계기'로 기능한다고 볼 수 없다.

오답설명

① (가)의 '한여름'은 '황금의 햇빛' 속에서 '영글'어가는 생명체들의 풍요로움을 감각적으로 드러내는 시간적 배경으로 설정되어 있다. (나)의 '겨울'은 '벌목'이라는 생명 파괴의 현실을 '서로에게 기댄 채' 이겨 내는 시간적 배경으로 설정되어 있다.

② (가)의 '울타리엔 덤불을 이룬 넌출 사이로 반질반질 윤기 도는 크고 작은 박이며 호박들'에서 '울타리'는 '만물이 함께 살아가는 공간을 드러내는 경계'임을 알 수 있다. (나)의 '벌목의 슬픔으로 서 있는 이 땅 / 패역의 골짜기'에서 '골짜기'는 벌목이라는 인간의 욕망이 투영된 장소로 제시되어 있음을 알 수 있다.

④ (가)의 '그늘이 지나가고 비가 내리고~지극히 충족한 빛나는 생명의 양상'에서 '그늘'은 만물이 성장을 이루어 가는 배경으로서의 의미를 함축하고 있다고 할 수 있다. (나)의 '황홀한 음지의 꽃이여~그 고통을 순간에 멈추게 하는구나'에서 '음지'는 현실의 고통을 극복하는 장소로서의 의미를 함축한다고 할 수 있다.

⑤ (가)의 '비가 내리고~빛나는 생명의 양상'에서 '비'는 생명의 충만함과 조화로움을 갖게 하는 대상으로 표상되어 있음을 알 수 있다. (나)의 '너는 소나기처럼 후드득 피어나 / 그 고통을 순간에 멈추게 하는구나'에서 '소나기'는 황폐화된 현실에 생명력을 환기하는 대상으로 표상되어 있음을 알 수 있다.

맹세 / 봄

지문분석

(가) 맹세

▶ 들어가기 전에 : 이 시는 6·25 전쟁 발발 직후에 창작된 작품이야. 따라서 화자가 절절한 사랑의 마음을 드러내는 임은 단순한 임이 아닌 전쟁에서 희생된 존재이며, 이 시는 그를 기리는 내용임을 감안하고 감상하면 좀 더 수월하게 이해할 수 있어.

만년(萬年)을 싸늘한 바위를 안고도
뜨거운 가슴을 어찌하리야

▶ 현실적으로 '만년'이라는 긴 세월 동안 바위를 안는 행위는 불가능한 일이야. 화자는 이러한 불가능한 상황을 설정하여 어떤 상황에서도 임에 대한 사랑이 뜨거움을 강조하고 있어.

어둠에 창백한 꽃송이마다
깨물어 피터진 입을 맞추어

마지막 한방울 피마저 불어 넣고
해돋는 아침에 죽어가리야

▶ 전쟁에서 희생된 임을 향한 헌신적 태도가 나타나고 있어.

사랑하는 것 사랑하는·모든 것 다 잃고라도
흰뼈가 되는 먼 훗날까지
그 뼈가 부활하여 다시 죽을 날까지

▶ 삶과 죽음은 돌고 돈다는 윤회 사상이 드러나 있네.

거룩한 일월(日月)의 눈부신 모습
임의 손길 앞에 나는 울어라.

▶ 화자가 느끼는 임의 모습을 '일월(해와 달)'로 표현하고 있어.

마음 가난하거니 임을 위해서
내 무슨 자랑과 선물을 지니랴

의로운 사람들이 피흘린 곳에

▶ '의로운 사람들이 피흘린 곳'은 전쟁터를 의미해.

솟아 오른 대나무로 만든 피리뿐

흐느끼는 이 피리의 아픈 가락이
구천(九天)에 사모침을 임은 듣는가.

▶ 아픔의 주체는 화자이지만 '피리'가 흐느끼며 운다고 투영하여 임을 애도하는 마음을 드러내고 있어.

미워하는 것 미워하는 모든 것 다 잊고라도
붉은 마음이 숯이 되는 날까지

▶ '붉은 마음'은 임에게 바치는, 임에 대한 절대적 사랑을 의미해.

그 숯이 되살아 다시 재 될 때까지

못 잊힐 모습을 어이 하리야
거룩한 이름 부르며 나는 울어라.

(나) 봄

▶ 들어가기 전에 : 오규원 시인은 상당히 함축적인 언어로 시를 쓴다. 따라서 바로 해석이 안 되는 게 당연해. <보기>를 통해 무엇을 말하고자 하는 것인지 확인하고 가볍게 읽어 보자.

저기 저 담벽, 저기 저 라일락, 저기 저 별, 그리고 저기 저 우리 집 개의 똥 하나, 그래 모두 이리 와 내 언어 속에 서라. 담벽은 내 언어의 담벽이 되고, 라일락은 내 언어의 꽃이 되고, 별은 반짝이고, 개똥은 내 언어의 뜰에서 굴러라. 내가 내 언어에게 자유를 주었으니 너희들도 자유롭게 서고, 앉고, 반짝이고, 굴러라. 그래 봄이다.

▶ 화자는 '담벽'과 '라일락', '별', '개의 똥'에 주목하고, 대상들을 자신의 언어를 통해 파악하고 있어. 하지만 <보기>에 나왔듯이 언어로 파악한 대상은 '언어에 구속된다는 필연적 한계'가 있어. 그래서 화자는 대상들에게 자유를 주고 봄을 함께 즐기고자 해.

봄은 자유다. 자 봐라, 꽃피고 싶은 놈 꽃피고, 잎 달고 싶은 놈 잎 달고, 반짝이고 싶은 놈은 반짝이고, 아지랑이고 싶은 놈은 아지랑이가 되었다. 봄이 자유가 아니라면 꽃피는 지옥이라고 하자. 그래 봄은 지옥이다. 이름이 지옥이라고 해서 필 꽃이 안 피고, 반짝일 게 안 반짝이던가. 내 말이 옳으면 자, 자유다 마음대로 뛰어라.

▶ '봄'이 자유라고 말하던 화자가 이번에는 '봄'을 꽃피는 지옥이라고 말하고 있어. <보기>에 의하면 이는 새로운 표현의 시도로, 언어와 대상이 자유를 얻을 가능성을 모색하는 과정이라고 할 수 있어. 즉 대상은 어떤 언어로 규정해도 기존의 관습적 사고에 구속되지 않고, 대상의 자유로움을 펼칠 수 있다는 화자의 생각을 보여 주고 있는 거야.

문제분석 01-04번

번호	정답	정답률(%)	선지별 선택비율(%)				
			①	②	③	④	⑤
1	④	88	3	3	3	88	3
2	②	85	3	85	3	4	5
3	⑤	47	17	2	24	10	47
4	③	74	4	7	74	8	7

01

정답설명

④ (가) X, (나) X / (가)에서 '싸늘한'과 '뜨거운', '어둠'과 '아침' 등을 대비되는 시어로 볼 수 있지만, 이를 통해 대상의 양면성을 드러내고 있지 않으므로 적절하지 않다. (나)의 1연에서 '서라', '굴러라' 등 대상들의 행위가 표현되어 있기는 하지만, 이를 통해 대상의 효용성(쓸모나 보람이 있는 성질)을

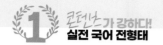
드러내고 있지 않으므로 적절하지 않다.

오답설명

① (가)의 1연에서는 '뜨거운 가슴을 어찌하리야'에서 물음의 형식을 활용하여 부정적 상황에서도 임에 대한 사랑과 열정을 지닌 화자의 상황 인식을 보여 주고 있다. 또한 6연에서는 '내 무슨 자랑과 선물을 지니랴'에서 물음의 형식을 활용하여 임을 위해 할 수 있는 일이 별로 없다(임을 위해서 자랑과 선물을 할 수 없다)는 화자의 상황 인식을 보여 주고 있다.

② (가)의 4연에서는 '사랑하는 것 사랑하는 모든 것 다 잃고라도'에서, 9연에서는 '미워하는 것 미워하는 모든 것 다 잊고라도'에서 상황을 가정하는 표현을 활용하여 임에 대한 화자의 절대적 사랑의 의지를 강조하고 있다.

③ (나)에서는 '저기 저 담벽, 저기 저 라일락, 저기 저 별, 그리고 저기 저 우리 집 개의 똥 하나' 등 반복적인 표현과 쉼표 사용을 통해 리듬감을 형성하고 있다.

⑤ (가)에서는 '나는 울어라.'라는 시구를 5연과 10연의 마지막에 반복하여 임에 대한 그리움과 사랑의 정서를 강조하고 있다. 한편, (나)에서는 1연 끝 문장의 시어인 '봄'을 2연 첫 문장 '봄은 자유다.'로 연결하여 '봄'이 보여 주는 자유로움의 의미를 드러내고 있다.

02

정답설명

② (가)의 '아픈 가락'은 의로운 사람들이 희생한 곳에서 자란 대나무로 만든 피리 소리이다. 이 피리의 '아픈 가락이 / 구천에 사모'친다는 것은 의로운 사람들이 죽어 그들의 설움과 원한이 저승에까지 미친다는 의미이므로 '아픈 가락'은 의로운 사람들이 보여 준 희생과 설움을 담고 있다고 볼 수 있다.

오답설명

① '마음 가난하거니 임을 위해서 / 내 무슨 자랑과 선물을 지니랴'라고 하였으므로 화자는 임에게 자랑스럽게 내보일 자부심이 아닌 겸손의 태도를 드러내고 있다고 볼 수 있다.

③ '의로운 사람들이 피흘린 곳에 / 솟아 오른 대나무로 만든 피리뿐'를 통해 대나무에는 의로운 사람의 피가 스며 있음을 알 수 있다. 이는 임의 뜻이 아니라 화자의 뜻이 대나무에 서려 있음을 나타내며, '아픈 가락'이 화자를 질책한다고 볼 수도 없다.

④ '흐느끼는 이 피리의 아픈 가락이 / 구천에 사모침을 임은 듣는가'라고 하였으므로 화자는 흐느끼는 '아픈 가락'에 임이 호응해 주기를 바라고 있음을 알 수 있다. 그러나 화자가 억울함을 해소하기를 바라고 있는 것이 아니므로 선지의 내용은 적절하지 않다.

⑤ '아픈 가락이 / 구천에 사모침을 임은 듣는가'라고 하였으므로 '아픈 가락'은 구천에 떠도는 '임'에게 전달하는 것임을 알 수 있다.

03

정답설명

⑤ (가)의 '붉은 마음'은 임에 대한 절대적 사랑을 의미한다. 화자는 '붉은 마음'이 숯이 되고 그 숯이 다시 재가 될 때까지 임을 잊지 않겠다고 말하고

있으므로, '붉은 마음'을 바쳐 부재하는 '임'을 기다린다는 선지의 내용은 적절하다. 반면, (나)의 '담벽'은 화자가 '봄'과 같은 세계를 공유하려는 대상 중 하나이며, 화자가 만든 '언어' 안에서 '담벽'과 세계를 공유하려는 것이므로 '담벽' 안에서 '봄'과 같은 세계를 대상들과 공유하려 하고 있다는 선지의 내용은 적절하지 않다.

오답설명

① 〈보기〉에서 (가)는 '부재하는 임을 기다리며 더 나은 세상에 대한 바람을 드러'낸다고 하였으므로, (가)의 화자가 바라는 세상은 (-) 이미지를 갖는 '어둠'을 벗어나 '해돋는 아침'과 같은 (+) 이미지, 즉 밝음의 이미지를 보이는 세상일 것임을 알 수 있다.

② (나)의 화자가 지향하는 세계는 〈보기〉에서 언급한 '대상들과 함께 자유를 누리려는 바람'이 반영된 세계이다. (나)의 화자는 자신이 지향하는 세계에 있는 대상들에게 '너희들도 자유롭게 서고, 앉고, 반짝이고, 굴러라.'라고 하였으므로 선지의 설명은 적절하다.

③ (가)에서 화자는 '어둠에 창백한 꽃송이마다'라고 하였으므로 '꽃송이'를 '창백한' 대상으로 바라보고 있다는 선지의 내용은 적절하다. 한편 〈보기〉에서 (나)는 화자가 주목하는 대상들의 모습이 두드러진다고 하였다. 따라서 (나)의 화자가 '담벽은 내 언어의 담벽이 되고~개똥은 내 언어의 뜰에서 굴러라.'라고 하는 부분에서 '담벽', '라일락', '별', '개똥' 각각의 모습에 주목하고 있으며, 그 개별성을 드러내고 있음을 확인할 수 있다.

④ (가)의 화자는 '창백한 꽃송이'를 위해 자신의 입을 깨물어 마지막 한 방울의 '피마저 불어 넣는' 희생적이고 헌신적인 태도를 보이고 있다. (나)의 화자는 '꽃피고 싶은 놈 꽃피고~아지랑이고 싶은 놈은 아지랑이가 되'도록 대상들이 원하는 바를 실현하게 해 주고 있다. 〈보기〉에서 (나)는 '대상들과 함께 자유를 누리려는 바람을 드러'낸다고 하였으므로. 화자가 대상들이 원하는 바를 실현하게 해 준 이유는 '자유'를 함께 누리려는 바람 때문임을 확인할 수 있다.

04

정답설명

③ 〈보기〉에서는 (나)의 시인이 기존의 언어 사용 방식을 벗어나려는 시도를 통해 '언어와 대상이 기존의 관습에서 벗어나 자유를 향해 나아갈 수 있는 가능성을 모색한다'고 설명하였다. '봄'을 '자유'라고 하다가 '꽃피는 지옥'이라고 새롭게 표현한 것은 기존의 관습에서 벗어난 것으로 이는 언어와 대상이 자유를 얻을 가능성을 모색하는 과정을 나타낸다고 볼 수 있다.

오답설명

① 〈보기〉에 따르면 '언어를 사용함으로써 대상을 파악할 수 있지만 그 결과는 다시 언어에 구속된다는 필연적 한계'를 벗어나기 위한 시인의 탐구를 보여 준다고 하였다. ㉠은 대상을 자신의 언어로 구현하려는 시인의 시도일 뿐, 기존의 언어 사용 방식이 유지된다는 생각을 의미한다는 선지의 설명은 적절하지 않다.

② '담벽', '라일락', '별', '개똥'을 파악하고 대상을 자신의 언어 안으로 끌어들여 자유를 주었으므로, ㉡이 대상을 파악하는 행위까지 포기하였다는 선지의 설명은 적절하지 않다.

④ ㉢은 외부 상황에 변화를 준 것이 아니라 기존의 언어 사용 방식을 벗어나

려는 시도를 한 것이다. 따라서 ㉣이 대상들을 구속에서 벗어나게 하기 위해 외부 상황에 변화를 주었음을 의미한다는 선지의 내용은 적절하지 않다.

⑤ ㉤에서는 기존의 언어 사용 방식을 벗어나려는 시도를 통해 언어와 대상이 자유를 향해 나아가고 있음을 보여 주고 있다. 따라서 자신이 제한한 의미에 따라 대상들이 움직임을 의미한다는 선지의 내용은 적절하지 않다.

13

2025학년도 6월

청산행 / 사실과 관습 : 고독 이후

지문분석

(가) 청산행

▶ **들어가기 전에** : 이 시는 자연(화자가 현재 있는 공간)과 속세(화자가 과거에 있었던 공간)의 대립이 나타나고 정경 묘사와 화자의 내면 제시를 계속 교차하며 시상을 전개하는 추상적인 작품이야. 이러한 부분을 잘 구분하며 시를 감상하는 것이 중요해.

손 흔들고 떠나갈 미련은 없다
며칠째 청산에 와 발을 푸니

▶ '청산'은 자연을 의미해. 화자는 현재 자연에서 지내며 속세에 대한 미련이 없다고 말하고 있구나.

흐리던 산길이 잘 보인다.
상수리 열매를 주우며 인가를 내려다보고
쓰다 둔 편지 구절과 버린 칫솔을 생각한다.

▶ 인가(속세)를 내려다본 화자는 속세에서 마무리하지 못한 글과 일상적 소재를 떠올리며 속세에 대한 미련을 드러내고 있어. 속세에 대한 미련이 없다고는 했지만 아직은 속세에 대한 미련이 남아 있음을 알 수 있구나.

남방으로 가다 길을 놓치고
두어 번 허우적거리는 여울물
산 아래는 때까치들이 몰려와
모든 야성을 버리고 들 가운데 순결해진다.

▶ '여울물'과 '때까치' 체크해 보자. 시에서 화자는 자신이 처한 상황에서 대상을 바라봐. 뒤에 나오지만 속세에서의 삶이 너무 힘들었던 화자는 많이 지친 상태에서 자연에 와 위안을 받고자 했음을 알 수 있어. 이를 고려해 볼 때 '허우적거리는 여울물'은 과거 속세에서 허우적거렸던, 즉 방황했던 화자의 과거 모습을 드러내는 소재라 할 수 있어. 한편, '순결해진' '때까치들'은 자연에 와서 마음의 위안을 받고 순결해진 화자의 현재 모습을 드러낸다고 할 수 있지.

길을 가다가 자주 뒤를 돌아보게 하는
서른 번 다져 두고 서른 번 포기했던 관습들

▶ '던' 체크해 주자. 화자는 속세에서 자신이 했던 '관습들'을 생각하고 있나 봐.

서쪽 마을을 바라보면 나무들의 잔숨결처럼

▶ '서쪽 마을' 즉, 속세를 바라봤어.

가늘게 흩어지는 저녁 연기가
한 가정의 고민의 양식으로 피어오르고

▶ 화자는 '저녁 연기'를 보며 '한 가정의 고민'을 떠올리고 있네. 속세에서의 삶이 힘들었기 때문에 '저녁 연기'를 고민과 연결 지어 표현한 것이라 할 수 있어.

생목 울타리엔 들거미줄
맨살 비비는 돌들과 함께 누워

▶ '들거미줄', '돌들'은 모두 자연물을 의미해.

실로 이 세상을 앓아 보지 않은 것들과 함께
잠들고 싶다.

▶ 화자는 속세에서 너무 아팠기 때문에 아픈 존재를 보면 과거 자신의 모습이 생각나나 봐. 그래서 아예 '이 세상을 앓아 보지 않은 것들,' 즉 아픔과 전혀 관련 없는 자연물과 함께 하고 싶다고 말을 하는 거구나.

(나) 사실과 관습 : 고독 이후

▶ **들어가기 전에** : 이 시는 절대자와의 관계를 회의하고 경험적 사실에 근거하여 존재를 인식하겠다는 추상적인 내용을 담고 있기에 <보기>를 먼저 읽고 이 작품이 무엇을 말하고자 하는지를 파악했어야 해. 낯선 작품이 출제될 때는 항상 지문을 읽기 전에 <보기>를 살펴보며 내용을 파악해야 한다는 점 잊지 말자!

나는 차를 앞에 놓고
고즈넉한 저녁에 호올로 마신다.
내가 좋아하는 차를 마신다.

▶ 화자는 고요하고 아늑한 저녁 시간에 홀로 차를 마시고 있네.

그러나 이것은 다만 사실일 뿐,

▶ 그런데 자신이 차를 마시는 행위는 차를 마신다는 사실 그 자체만을 의미할 뿐 다른 어떤 의미도 없다고 말하고 있어.

차의 짙은 향기와는 관계 없이
이것은 물과 같이 담담한 사실일 뿐이다.

▶ 단정적 어조를 사용해 차를 마시는 행위가 사실일 뿐임을 강조하여 표현하고 있구나.

누구의 시킴을 받아
참새 한 마리가 땅에 떨어지는 것도 아니고
누구의 손으로 들국화를 어여삐 가꾼 것도 아니다.

▶ '참새'의 떨어짐이 '누구'에 의한 것이 아니고, '들국화'를 어여삐 가꾸는 것도 '누구'에 의한 것이 아니라고 말하고 있네. 이때 '누구'는 절대자를 의미해. 즉 화자는 '참새'의 떨어짐, '들국화'를 가꾸는 행위 모두 절대자의 시킴을 받아 이루어진 상황이 아님을 드러내고 있어. <보기> 내용을 고려해 본다면 이는 자신과 세계 인식의 준거(기준, 표준)였던 절대자와의 관계에 대한 회의를 드러낸 것이라 볼 수 있겠다.

차를 마시는 것은
이와 같이 스스로 달갑고 가장 즐거울 뿐,
이것은 다만 사실이며 또 관습이다.
나의 고즈넉한 관습이다.

▶ '관습'은 굳어진 행동 양식을 의미해. 화자는 차를 마시는 행위를 '관습'이라 표현하며 자신이 경험한 사실만을 토대로 대상을 인식하고자 함을 드러내고 있구나.

물에게 물은 물일 뿐
소금물일 뿐,
앞으로 남은 십년을 더 살든지 죽든지
나에게도 나는 나일 뿐,
이제는 차를 마시는 나일 뿐,

이 짙은 향기와는 관계도 없이
차를 마시는 사실과 관습은
내가 아는 내게 대한 모든 것이다.
그리고 모든 것에 대한 모든 것도 된다.

▶ 화자는 차를 즐기는 행위가 '사실'과 '관습'이며, 나아가 '내게 대한 모든 것'이라고 말하고 있구나. 뿐만 아니라 '모든 것에 대한 모든 것' 역시 '사실'과 '관습'이라고 말하고 있어. 이는 자신을 비롯한 모든 것은 존재를 인식할 때 자신이 경험한 사실에 기초하겠다는 생각을 드러낸 것이라 할 수 있겠다.

번호	정답	정답률(%)	선지별 선택비율(%)				
			①	②	③	④	⑤
1	⑤	73	5	5	10	7	73
2	④	81	4	5	7	81	3
3	③	85	1	3	85	4	7
4	③	41	13	14	41	26	6

01

정답설명

⑤ (가) O, (나) X / (가)에서는 자연물인 '때까치들'을 '순결해진다'고 인식하고 있다. 이는 자연에 들어와 속세에서 가졌던 야성을 버리고 순결해진 화자의 심리를 투영하여 대상에 대한 친밀감을 드러낸 것으로 볼 수 있다. 반면, (나)는 '참새, 들국화, 물' 등의 자연물을 통해 화자의 내면을 독자에게 전달하고 있으니, 자연물에 화자의 정서를 투영했다고 볼 수 있으나, 이를 통해 대상에 대한 친밀감을 드러내고 있지 않다. 대상에 대한 친밀감은 화자가 대상에 대한 긍정적 태도를 보일 때 허용할 수 있다.

오답설명

① (가) O / '맨살 비비는 돌들과 함께~잠들고 싶다'에서 화자는 인격화된 대상인 '돌들'과 함께 누워 '잠들고 싶다'라고 표현함으로써 자연에 동화되고 싶은 심리를 드러내고 있으므로 적절하다.

② (나) O / (나)에서는 '다만', '뿐'과 같이 대상을 한정하는 어휘들을 사용하여 자신이 경험한 사실에 기초하여 존재를 인식해야 한다는 주제 의식을 강조하고 있으므로 적절하다.

③ (가) O, (나) X / 수능이었다면 약간 논란이 될 수도 있는 선지다. (가) 작품 안에서 화자는 '자연'에 있고, '시선의 이동'은 나타나지만, 화자가 위치한 공간은 이동하지 않는다. 하지만 세트로 엮인 〈보기〉에서 알 수 있듯이, 이 작품은 '속세에서 자연으로 이동한 화자'를 기본 설정으로 두고 있다. 이에 따르면, 속세에서 자연(청산)으로 화자는 이동하였고, 이에 따라 포착된 사물을 통해 자연과 동화되어 가는 태도를 드러내고 있다. 만약 수능이었다면, 철저한 검토를 통해 논란의 여지가 없도록 수정되어 출제되었을 것이다. 반면 (나)에서는 공간의 이동이 드러나지 않는다.

④ (가) X, (나) O / (가)에서는 화자를 명시하고 있지 않으나, (나)에서는 화자인 '나'를 거듭 명시하면서 시상을 전개하고 있다.

02

정답설명

④ '서른 번 다져 두고 서른 번 포기했던 관습들'은 마음의 지향이 자주 흔들려 고뇌하고 갈등했던 화자의 지난 삶을 나타내는 표현이므로, ⓐ(관습들)는 내면의 갈등을 내포한다고 할 수 있다. 한편, ⓑ(관습)는 화자가 '좋아하는' 차를 마시는 행위이자 고요하고 아늑한 '저녁'에 이루어지는 '담담한 사실'을 의미한다. 이는 내면의 동요가 일어나지 않는 고요한 상태라는 점에서 내면의 평정함(평안하고 고요함)을 내포한다고 할 수 있다.

오답설명

① '길을 가다가 자주 뒤를 돌아보게' 하는 ⓐ는 다시 돌아갈 수 없는 그리움의 대상이 아닌, 속세에 대한 미련을 나타내는 대상을 의미하는 것이다.

② ⓑ는 화자가 '호올로' 차를 마시는 행위를 말한다. 화자는 홀로 차를 마시며 사색하고 이를 통해 즐거움을 느끼고 있으므로 ⓑ를 행위 주체의 사회적 고립을 드러낸 것으로 볼 수는 없다.

③ ⓐ와 바라봄의 대상인 '서쪽 마을'은 속세에 대한 미련을 드러낸다는 점에서 관련이 있으나, 이를 통해 피안(관념적으로 생각해 낸 현실 밖의 세계)에 대한 지향을 드러내고 있지는 않다. 한편 ⓑ는 일과를 마친 '저녁'에 하는 행위인 것은 맞으나, 이를 통해 안식(편히 쉼)에 대한 지향을 드러내고 있지는 않다.

⑤ ⓐ가 사물들을 '내려다보'아 촉발된 것은 맞으나, 이를 통해 자기 연민의 성격을 드러내고 있지는 않다. 한편 ⓑ를 '달갑고', '좋아하는' 것이라고 표현한 것은 화자가 해당 행위를 선호함을 드러내는 것일 뿐, 자기 위안적 성격을 드러낸 것이 아니다.

03

정답설명

③ ⓒ은 '맨살'을 드러낸 '돌들'이 부대끼는 형상을 표현한 것이다. 화자는 '돌들과 함께 누워' '이 세상을 앓아 보지 않은 것들과 함께 / 잠들고 싶다'고 하였으므로, 이는 세파에 시달리는 모습이 아닌 때 묻지 않은 자연물의 모습을 나타낸 것으로 보아야 한다.

오답설명

① ㉠은 '산길'이 '청산에 와 발을' 풀기 전에는 잘 보이지 않아 제대로 파악되지 않았음을 드러낸 것이라 볼 수 있다.

② ㉡은 '저녁 연기'의 모습을 묘사한 표현이다. 이때 '저녁 연기'를 '한 가정의 고민의 양식으로 피어오'른다고 표현한 것을 고려할 때 '저녁 연기'를 묘사하는 ㉡은 '한 가정'이 겪는 어려운 처지를 시각화한 표현이라 할 수 있다.

④ 화자는 '차를 마시는 것'을 '달갑고 가장 즐거'운 행위로 묘사하고 있다. 이때 ㉣은 '누구'에 의해 이루어진 수동적 행위가 아닌, 화자가 자신의 선호에 따라 주체적으로 선택한 행위임을 드러낸 것이라 할 수 있다.

⑤ 화자는 세계 인식의 준거였던 절대자와의 관계에 대한 회의를 바탕으로 자신을 절대자와의 관계 속에서 이해하지 않고 자신이 경험한 사실에 기초하여 '나'를 '차를 마시는 나'로 인식하고 있다. ㉤은 이전과 달라진 현재의 인식을 강조하여 드러낸 표현이므로 선지의 설명은 적절하다.

04

정답설명

③ (가)에서 '발을 푸니' '잘 보인다'는 것은 〈보기〉의 내용을 고려할 때 세속의 일상을 떠나 청산에 들어온 화자가 자연에 동화되어 자연이 친숙해지고 있음을 드러낸 것으로 볼 수 있다. 반면, (나)의 '앞으로 남은 십년을 더 살든지 죽든지'는 〈보기〉의 내용을 고려할 때 자신이 경험한 사실에 기초하여 존재를 인식하겠다는 태도를 표명한 것일 뿐, 현실에 얽매이지 않겠다는 태도를 드러낸 것이 아니므로 선지의 설명은 적절하지 않다.

오답설명

① (가)의 '쓰다 둔 편지 구절과 버린 칫솔을 생각한다'는 것은 세속의 일상에 대한 화자의 미련을 드러낸 것이다. 따라서 이는 자연에 온전히 동화되지 못하는 화자의 심리를 보여 준 것으로 볼 수 있다.

② 〈보기〉에 따르면 (나)는 자신이 경험한 사실에 기초하여 존재를 인식하겠다는 태도를 표명하고 있다. 이를 고려해 볼 때 '차를 마시는' 행위가 '내가 아는 내게 대한 모든 것', '모든 것에 대한 모든 것'으로 확장되는 것은 자신이 경험한 사실을 근거로 삼아 '나'와 모든 존재들에 대한 인식을 할 것임을 드러낸 것이라 할 수 있다.

④ (가)에서 화자는 객관적 대상인 '여울물'을 '허우적거린다'고 인식하고, 객관적 대상인 '때까치들'을 '순결해진다'고 인식하고 있다. 이를 통해 자연에 들어와 속세에서 가졌던 야성을 버리고 순결해진 화자의 심리를 투사(=투영=이입)하여 표현하고 있으므로 적절하다. 한편, (나)에서 '참새'의 떨어짐이 '누구'에 의한 것이 '아니'라는 것은 '참새'의 떨어짐이 절대자의 시킴을 받아 이루어진 상황이 아님을 나타낸 것이므로, 이를 통해 절대자와의 관계에 대해 회의하는 화자의 모습이 드러난다고 볼 수 있다.

⑤ (가)의 '이 세상을 앓아 보지 않은 것들'은 '들거미줄,' '돌들'과 같은 자연 그대로의 존재를 의미하므로 그것들과 함께 '잠들고 싶다'는 화자의 바람은 자연에 동화되고 싶은 화자의 태도를 드러낸 것이라 할 수 있다. 한편, (나)의 '물은 물일 뿐'은 '물'을 자신이 경험한 사실로만 인식하려는 화자의 태도를 드러낸 것이라 할 수 있다.

| 과외식 기출 분석서, 나기출 |

나 없이
기출
풀지마라

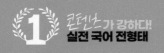

문학

고전시가

서경별곡 / 만분가

지문분석

(가) 서경별곡

서경(西京)이 아즐가 서경(西京)이 셔울히마르는

▶ 서경이 작은 수도(제2의 수도)이지만

▶ '아즐가'는 리듬감을 주기 위해 반복적으로 삽입한 여음구야. 따라서 '아즐가'의 뒷부분을 통해 의미를 파악해 주면 돼.

위 두어렁셩 두어렁셩 다링디리

▶ 이 부분은 후렴구로 계속 나오니까 생략하면서 봐도 돼. 그런데 이별의 상황을 그리는 슬픈 내용의 작품에 왜 이렇게 이질적인 후렴구가 들어가 있을까? 입에서 입으로 전해지던 고려 가요는 조선 시대에 가서야 궁중 음악에 사용될 목적으로 기록되었어. 쉽게 말해 파티를 할 때 배경 음악으로 틀어 놓은 건데, 애절한 노래를 틀면 분위기가 다운되잖아. 그래서 경쾌한 분위기를 조성하기 위해 중간중간 후렴구를 넣었다고 보면 돼.

닷곤되 아즐가 닷곤되 쇼셩경 고외마른

▶ (새로) 닦은 작은 수도인 서경을 사랑하지만

▶ 화자는 작은 수도인 서경에 살고 있구나. 화자는 자신이 있는 '서경'을 사랑한대. 그런데 '하지만' 뒤에가 중요하겠지. 'A 하지만 B'에서 강조되는 부분은 'B'니까.

여히므론 아즐가 여히므논 질삼뵈 브리시고

▶ (사랑하는 임을) 이별할 바엔 길쌈하던 베(화자의 생계 수단)를 버리고

▶ '길쌈베'는 실을 내어 옷감을 짜는 모든 일을 말해. 이를 통해 화자가 여성임을 알 수 있어. 화자는 임과 이별할 바에는 이러한 생계 수단을 버리겠대.

괴시란되 아즐가 괴시란되 우러곰 좃니노이다

▶ (임이 나를) 사랑해 준다면 매우 울면서 좇겠습니다.

▶ 화자는 이별의 상황이고, 이별을 적극적으로 거부하는 모습을 보이고 있음을 알 수 있다.

▶ '곰'은 강조를 해 주는 말이야. 이별의 상황에 처한 화자는 임이 자신을 사랑해 주신다면 자신이 아끼는 '서경'과 생계 수단인 '길쌈베'를 모두 버리고서라도 울면서 좇겠다고 말하고 있어. 이별을 적극적으로 거부하는 화자의 모습을 확인할 수 있겠다.

〈제1연〉

구스리 아즐가 구스리 바회예 디신들

▶ 구슬이 바위에 떨어진들

▶ 2연은 고려 가요 「정석가」와 굉장히 유사한 구절이야. 앞서 고려 가요가 조선 시대에 기록되는 과정에서 이질적인 후렴구가 삽입되었다고 했었지? 마찬가지로 고려 가요를 기록하는 과정에서 당대 유행하던 구절이 첨가된 것이 아닐까 하는 해석이 있어.

▶ 구슬이 바위에 떨어지는 상황을 말하고 있네. 깨지기 쉬운 구슬이 바위에 떨어지는 상황은 위기 상황이니 (-) 상황이라고 볼 수 있겠다.

긴히똔 아즐가 긴힛똔 그츠리잇가 나눈

▶ (구슬을 꿰어둔) 끈이야 끊어지겠습니까?

▶ 쉽게 구슬로 만들어진 목걸이 같은 걸 떠올리면 돼. 이런 목걸이는 바위에 떨어지더라도 끈은 쉽게 끊어지지 않거든. 즉, 이별을 하더라도 우리의 인연, 사랑은 끊어지지 않을 거라고 이야기 하고 있는 거야.

▶ '나난'은 '아즐가'와 마찬가지로 흥을 돋우기 위한 여음구니 신경쓰지 않아도 돼.

즈믄 히를 아즐가 즈믄 히를 외오곰 녀신돌

▶ 천 년 동안을 외로이 지낸들

▶ [녀다 : 살다, 가다] 여기서는 '살다'의 의미로 쓰였다.

▶ 1년, 10년도 아니고 천 년을 홀로 살아가야 하는 상황이니 마찬가지로 (-) 상황을 의미하겠지.

신(信)잇든 아즐가 신(信)잇든 그츠리잇가 나눈

▶ (너와 나의) 믿음이야 끊어지겠습니까?

▶ 화자와 청자 간의 믿음을 구슬을 꿰어둔 끈에 빗대어 표현했다.

▶ 이별하더라도 우리의 믿음을 끊어지지 않는다고 강조하고 있는 거구나. 2연은 내용상으로 봤을 때 화자의 말로도 볼 수 있지만, 떠나는 임이 화자한테 하는 말로도 볼 수 있어. 우리가 이별하더라도 우리의 믿음과 사랑은 끊어지지 않으니 걱정 말라며 화자를 위로해 주는 말로 해석할 수 있는 거지. 이 부분은 제시되는 〈보기〉에 따라 해석해 주면 돼.

〈제2연〉

(나) 만분가

이 몸이 녹아져도 옥황상제 처분이요

▶ 이 몸이 녹아 없어져도 옥황상제(임)의 처분이요

이 몸이 식여져도 옥황상제 처분이라

▶ 이 몸이 죽어서도 옥황상제(임)의 처분이라.

녹아지고 식여지어 혼백(魂魄)조차 흩어지고

▶ 녹아지고 죽어서 혼백조차 흩어지고

공산(空山) 촉루(髑髏)같이 임자 업시 구닐다가

▶ 공산 촉루(텅 빈 산의 해골)같이 임자 없이 굴러다니다가

곤륜산(崑崙山) 제일봉의 만장송(萬丈松)이 되어 이셔

▶ 곤륜산(중국 전설상의 높은 산) 제일봉의 매우 큰 소나무가 되어

바람비 뿌린 소리 님의 귀에 들리기나

▶ 바람비 뿌린 소리 임의 귀에 들리게 하거나

윤회(輪廻) 만겁(萬劫)ᄒ여 금강산(金剛山) 학(鶴)이 되어

▶ 오랜 세월 윤회하여 (내가) 금강산 학이 되어

일만 이천봉에 ᄆᆞ음껏 솟아올라

▶ 일만 이천봉에 마음껏 날아올라

ᄀᆞ을 둘 붉근 밤에 두어 소리 슬피 우러

▶ 가을 달 밝은 밤에 두어 소리 슬피 울어

님의 귀에 들리기도 옥황상제 처분이로다

▶ 임의 귀에 들리기도 옥황상제의 처분이로다.

▶ 여기까지 읽으니, 느낌이 바로 오지? 임과 떨어져 있는 화자가 다양한 자연물이 되어 임에게 가고자 하는 전형적인 패턴의 고전 시가다.

혼(恨)이 뿌리 되고 눈물로 가지 삼아

▶ 한이 (매화의) 뿌리 되고, 눈물을 (매화의) 가지로 삼아

님의 집 창밧긔 외나모 매화(梅花) 되어

▶ 임의 집 창밖에 외나무 매화가 되어

설중(雪中)에 혼자 피어 침변(枕邊)에 시드는 듯
　▶ 눈 속에 혼자 피어 (임의) 베갯머리에 시드는 듯

월중(月中) 소영(疎影)이 님의 옷에 빗취어든
　▶ 달빛에 언뜻언뜻 비치는 (매화의) 그림자가 임의 옷에 비치거든

어엿븐 이 얼굴을 너로다 반기실가
　▶ 불쌍한 이 얼굴을 너로구나 하고 반겨 주실까 (궁금하다).

동풍이 유정(有情)ᄒ여 암향(暗香)을 불어 올려
　▶ 봄바람이 뜻이 있어 그윽한 향기를 불어 올리고

고결(高潔)ᄒ 이내 생애 죽림(竹林)에나 부치고져
　▶ 고결한 이내 생애 자연에나 붙이고자

빈 낙대 빗기 들고 빈 빈를 혼자 띄워
　▶ 빈 낚싯대 비스듬이 들고 빈 배를 혼자 띄워

백구(白漚) 건네 저어 건덕궁(乾德宮)에 가고지고
　▶ 백구(하얀 시내)를 건너 저어서 건덕궁(임의 궁궐)에 가고 싶구나.

문제분석　01-03번

번호	정답	정답률(%)	선지별 선택비율(%)				
			①	②	③	④	⑤
1	④	72	3	4	18	72	3
2	⑤	84	4	3	3	6	84
3	②	75	10	75	5	6	4

01

정답설명

④ (가)의 '좃니노이다'는 임과 함께 하고 싶기에 임을 따라가려는 화자의 행동으로, 임의 곁에 있고 싶은 화자의 소망을 드러낸다. (나)의 '빗취어든'은 화자가 매화가 되어 눈 속에 혼자 피어 임의 옷에 그림자가 살짝살짝 비치는 상황을 가정한 것으로, 그렇게라도 임의 곁에 머물고 싶은 화자의 소망을 드러낸다.

오답설명

① (가) O, (나) X / (가)의 '셔울'은 '서경'을 지칭하고 있다. 따라서 화자가 머무르고 있는 공간은 맞다. 하지만 (나)의 '건덕궁'은 화자가 빈 배를 띄워 건너가고자 하는 곳으로, 현재 머무르고 있는 공간이 아니다.
② (가) X, (나) X / 「서경별곡」은 고전 시가의 대표적인 작품이니 기본적인 내용은 알고 있어야 한다. (가)에서 '질삼뵈'는 화자의 생계 수단이라고 볼 수 있는데, 사랑하는 임을 잃는다면 질삼뵈(자신의 생계 수단)를 버리고 임을 쫓아갈 만큼 임을 사랑한다는 의미이다. '질삼뵈'가 싫어서 회피하기 위해 떠난다는 의미가 아니다. (나)의 화자는 '빈 낙대'를 들고 배를 띄웠다. 회피하고 싶은 대상이라면 놓고 가면 될 것을, 군이 그걸 가지고 배를 띄우지는 않았겠지.
③ (가) X, (나) X / (가)에서 '우러곰' 좃는 주체는 임이 아니라 화자이다. (나)의 '슬피 우러'도 임이 아니라 화자의 심정을 드러내고 있는 것이다.
⑤ (가) X, (나) O / (가)의 '그츠리잇가'는 설의적인 표현으로, '(믿음이) 끊어

지지 않는다'는 의미이다. 미래 상황에 대한 의혹이 아니라 믿음이 끊어지지 않는다는 확신으로 보는 것이 적절하다. 반면 (나)의 '반기실가'에는 미래 상황에 임이 나를 반기지 않을 수도 있다는 의혹이 드러난다.

02

정답설명

⑤ '구을 돌 불근 밤'과 '월중'은 화자가 슬퍼하며 임을 그리워하는 시간적 배경이다. 하지만 (나)의 화자는 임과의 재회를 상상하고 있을 뿐, 실제로 재회가 이루어지지는 않았다.

오답설명

① 화자는 자신의 상황을 '임자 업시 구닐'다가 '학'이 되어 슬피 우는 소리를 임에게 전하는 것으로 가정하고 있다. '일만 이천봉에 ᄆᆞ음껏 솟아올라'에서 상승의 이미지가 확 느껴지지?
② 화자는 '만장송'이 되어 바람비 뿌린 소리를 임의 귀에 들리게 하고 싶고, '매화'가 되어 임에게 그림자를 비추고 싶어한다. 어떤 모습, 어떤 형태로든 임의 곁에 닿고 싶은 화자의 마음이 드러나는구나.
③ 나무가 되어도, 학이 되어도 '소리'를 통해 임에게 자신을 알리고 싶은 화자의 심정이 드러난다.
④ 평범한 매화가 아니다. '한'이 뿌리이고, '눈물'이 가지인 '매화'란다. 엄청난 '한'의 정서가 느껴지지? '한'의 정서를 매화의 뿌리와 가지를 통해 시각적으로 형상화하고 있어.

03

정답설명

② '바위'는 떨어진 구슬을 깨뜨리는 존재이다. 따라서 사랑을 방해하는 장애물 정도로 볼 수 있겠구나. 구슬이 바위에 떨어져도 구슬 안에 있는 끈(신, 붉은 마음)은 끊을 수 없다는 것은, 결국 사랑에 시련이 닥쳐와도 마음이 변하지 않는다는 의미로 이해하면 되겠다. 그렇기 때문에 믿음 혹은 변하지 않는 사랑을 나타내는 [A]의 '신'과 [B]의 '붉은 마음'을 굳건한 '바위'로 형상화했다는 선지의 설명은 적절하지 않다.

오답설명

① '구슬'은 '바위'에 떨어지면 깨져 버리는 존재이므로 변할 수 있는 소재이다. 하지만 구슬 안에 있는 '긴'이나 '끈'은 시련이 닥쳐도(바위에 떨어져도) 변하지 않는 마음을 상징하는 비유적인 표현이다.
③ 화자는 [A]에서 '신잇ᄃᆞᆫ 그츠리잇가'라며 변하지 않는 믿음을 다짐하고 있고, [B]에서는 '붉은 마음이야 어찌 바뀌리오?'라며 변하지 않는 마음을 강조하여 이를 소중한 가치로 여기고 있음을 나타내고 있다.
④ 〈보기〉를 통해 구슬과 끈에 대한 동일한 모티프가 「서경별곡」, 「정석가」, '한시'와 같은 다양한 형식의 작품으로 수용되었음을 알 수 있다.
⑤ [A]에서는 '나ᄂᆞᆫ'과 같은 여음구와 '위 두어렁셩 두어렁셩 다링디리'와 같은 후렴구를 사용하였다. 반면, [B]에서는 여음구나 후렴구를 사용하지 않았다.

김인겸 – 일동장유가

지문분석

배 방에 누워 있어 내 신세를 생각하니

▶ 배 안의 방에 누워서 내 신세를 생각하니

가뜩이 심란한데 대풍(大風)이 일어나서

▶ 가뜩이나 (마음이) 심란한데 큰 바람이 일어나서

태산(泰山) 같은 성난 물결 천지에 자욱하니

▶ 태산 같은 성난 물결이 천지에 자욱하니

크나큰 만곡주가 나뭇잎 불리이듯

▶ 크나큰 배가 나뭇잎이 나부끼는 듯

하늘에 올랐다가 지함(地陷)에 내려지니

▶ 하늘에 올랐다가 땅이 움푹하게 주저앉은 곳으로 떨어지니

열두 발 쌍돛대는 차아처럼 굽어 있고

▶ 열두 발이 되는 쌍돛대는 곁가지처럼 굽어 있고

쉰두 폭 초석(草席) 돛은 반달처럼 배불렀네

▶ 쉰두 폭 짚으로 엮어 만든 돛은 반달처럼 배가 불렀네.

굵은 우레 잔 벼락은 등[背] 아래서 진동하고

▶ 큰 천둥소리와 잔 벼락은 등 아래서 진동하고

성난 고래 동(動)한 용(龍)은 물속에서 희롱하니

▶ 성난 고래와 용이 물속에서 (배를) 희롱하는 듯하니

방 속의 요강 타구(唾具) 자빠지고 엎어지며

▶ 방 속의 요강과 타구(침 뱉는 그릇)가 자빠지고 엎어지고

상하좌우 배 방 널은 잎잎이 우는구나

▶ 상하좌우에 있는 선실의 널빤지는 저마다 우는구나.

▶ 항해 중에 큰 폭풍우를 만나 난항에 처했구나!

이윽고 해 돋거늘 장관(壯觀)을 하여 보세

▶ 이윽고 해가 돋거늘 장관을 (구경)해 보세.

일어나 배 문 열고 문설주 잡고 서서

▶ 일어나 배의 문을 열고 문설주를 잡고 서서

사면(四面)을 돌아보니 어와 장할시고

▶ 사면을 바라보니 어와 굉장할시고!

인생 천지간에 이런 구경 또 있을까

▶ 인생 천지간에 이런 구경이 또 어디 있을까.

▶ 폭풍이 한 차례 지나간 뒤 잠잠해진 바다의 장엄한 광경이 묘사되었네!

구만리 우주 속에 큰 물결뿐이로다

▶ 넓은 우주 속에 큰 물결뿐이로세.

(중략)

그중에 전승산이 글 쓰는 양(樣) 바라보고

▶ 그중에 전승산이 글 쓰는 모습을 바라보고

필담(筆談)으로 써서 뵈되 전문(傳聞)에 퇴석(退石) 선생

▶ 글로 써서 보이며 "들리는 소문에 퇴석 선생(김인겸)은

▶ 자, 여기서부터는 전승산이 필담으로 김인겸에게 하는 이야기다.

쉬 짓기가 유명(有名)터니 선생의 빠른 재주

▶ (글을) 빨리 짓는 것으로 유명하더니 선생(김인겸)의 빠른 재주를

일생 처음 보았으니 엎디어 묻잡나니

▶ 일생에 처음 보았으니, 엎드려 물으니

필연코 귀한 별호(別號) 퇴석인가 하나이다

▶ 필연코 귀한 별호가 '퇴석'인가 하나이다."

▶ 전승산이 선생(김인겸)의 글솜씨를 대단하다고 칭찬하였어.

내 웃고 써서 뵈되 늙고 병든 둔한 글을

▶ 나(김인겸)는 웃으면서 글로 써서 "늙고 병든 둔한 글을

포장(褒奬)을 과히 하니 수괴(羞愧)키 가이 없다

▶ 대단하다고 칭찬해 주니 부끄럽고 창피하기 끝이 없다."라고 전승산에게 전했다.

승산이 다시 하되 소국(小國)의 천한 선비

▶ 승산이 다시 글로 이야기하기를, "소국의 천한 선비

세상에 났삽다가 장(壯)한 구경 하였으니

▶ 세상에 나왔다가 대단한 구경(김인겸의 글) 하였으니

저녁에 죽사와도 여한이 없다 하고

▶ 저녁에 죽어도 여한이 없다."라고 했다.

▶ 화자의 글을 엄청 칭찬해 준 것이지.

어디로 나가더니 또다시 들어와서

▶ (승산이) 어디로 나가더니 또다시 들어와서

아롱보(褓)에 무엇 싸고 삼목궤(杉木櫃)에 무엇 넣어

▶ 아롱보에 무엇을 싸고 삼목궤에 무엇을 넣어서

이마에 손을 얹고 엎디어 들이거늘

▶ 이마에 손을 얹고 엎드려 (화자에게) 드리거늘

받아 놓고 피봉(皮封) 보니 봉(封)한 위에 쓰였으되

▶ (화자가) 받아 놓고 겉봉을 보니 그 위에 쓰였으되

각색 대단(大緞) 삼단이요 사십삼 냥 은자(銀子)로다

▶ 비단과 사십삼 냥의 은자가 들어 있구나!

놀랍고 어이없어 종이에 써서 뵈되

▶ 놀랍고 어이없어 (이게 뭐냐고) 종이에 써서 (전승산에게) 보여 주되,

그대 비록 외국이나 선비의 몸으로서

▶ "그대 비록 외국이나 선비의 몸으로서

은화를 갖다 가서 글 값을 주려 하니

▶ 은화로 글 값을 주려고 하니,

그 뜻은 감격하나 의(義)에 크게 가하지 않아

▶ 그 뜻은 감격하지만 의롭다고 할 수 없어

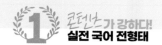
못 받고 도로 주니 허물하지 말지어다

▶ 못 받고 다시 돌려주니 저를 나무라지 말지어다."

문제분석 01-03번

번호	정답	정답률 (%)	선지별 선택비율(%)				
			①	②	③	④	⑤
1	①	73	73	2	10	8	7
2	③	88	3	3	88	4	2
3	④	58	4	11	13	58	14

01

정답설명

① 동물의 역동성은 '성난 고래 동한 용은 물속에서 희롱하니'에 드러나 있지만, 이는 위기 상황(흔들리는 배 안)을 보여 주는 것으로 공간의 분위기를 긍정적으로 바꾸고 있다고 볼 수 없다.

오답설명

② '태산 같은 성난 물결'에서, 거센 파도를 거대한 자연물인 태산에 비유하여 악화된 기상 상황을 표현하고 있다.

③ 배가 흔들리는 모습을 연약한 나뭇잎에 비유하여 '크나큰 만곡주가 나뭇잎 불리이듯 / 하늘에 올랐다가 지함에 내려지니'라고 하였다. 이를 통해 그 배에 탄 화자의 위태로운 상황을 드러내고 있어.

④ '하늘에 올랐다가 지함에 내려지니'에서 상승과 하강의 이미지가 대비된다. 바다 위의 배가 이렇게 흔들리고 있다는 것은 목전(눈앞)에 닥친 위기감을 강조한다고 할 수 있겠지.

⑤ (중략) 이후에서 '전승산'과 '내'가 필담을 주고 받는 행동을 시간의 흐름에 따라 열거하여, 그의 상황을 구체적으로 보여 주고 있다.

02

정답설명

③ ㉠(이런 구경)은 파도가 잦아들고 난 뒤의 아름다운 풍광을, ㉡(장한 구경)은 화자의 글쓰기 능력을 예찬하는 감탄의 표현이다.

오답설명

① ㉠ X, ㉡ X / ㉠은 화자가 겪던 고난이 지나고 나서 풍광의 아름다움에 감탄하는 상황이고, ㉡에서 화자는 고난을 겪는다고 볼 수 있는 부분이 없다. 따라서 ㉠, ㉡ 모두 고난 극복 의지를 드러내는 표현이라 볼 수 없다.

② ㉠ X, ㉡ X / ㉠, ㉡ 모두 화자가 구경하는 대상(자연, 글)의 실체를 은폐하고 있지 않다.

④ ㉠ X, ㉡ O / 글 쓰는 것을 창조력과 연결하여 생각한다면, ㉡은 화자의 창조력에 대한 타인('전승산')의 평가라고 볼 수 있다. 그러나 ㉠은 화자가 자신의 내면을 드러내고 있으므로 타인의 평가와는 무관하다.

⑤ ㉠ O, ㉡ X / ㉠은 아름다운 자연 풍광에 대한 화자의 만족을, ㉡은 화자의 글에 대한 '전승산'의 예찬을 드러내고 있다.

03

정답설명

④ 필담이든 실제 대화든 대화를 주고받는 상황에서는 대화의 주체를 확인하는 것이 기본이다. 이 문제는 지칭한 대상을 물어보고 있으니, 대화의 주체를 신경 쓰면서 독해를 했다면 답을 금방 찾을 수 있다. [B]의 '귀한 별호 퇴석'은 '전승산'이 화자를 지칭한 것이고, [D]의 '소국의 천한 선비'는 '전승산' 자신을 지칭하는 표현이다.

오답설명

① [A]에서, '전승산'이 화자의 글 쓰는 모습을 보고 필담으로 화자에게 질문을 함으로써 필담이 시작되었음을 알 수 있다.

② [B]에서 '전승산'이 '선생의 빠른 재주 / 일생 처음 보았으니 엎디어 문잡'는다고 하였으므로, '빠른 재주'는 '나'의 글을 본 상대('전승산')의 평가임을 알 수 있다. 이에 대해 '나'는 [C]에서 '늙고 병든 둔한 글'이라며 부끄럽다고 답하였다.

③ 〈보기〉에서 「일동장유가」는 필담을 통한 문답 형식으로 이루어져 있으며, 필담 속에는 의사소통의 심층적 의미 등이 포함되어 있다고 하였다. [B]의 '필담으로 써서 뵈되', [C]의 '내 웃고 써서 뵈되'는 필담 중임을 알 수 있게 하며, 문답의 의사소통 장면을 구체적으로 제시한다고 볼 수 있다.

⑤ [D]에서 '장한 구경('나'의 글) 하였으니 / 저녁에 죽사와도 여한이 없다'는 '전승산'의 말은 '나'의 글에 대한 찬사이다. 또한 [E]에서 '나'가 '의에 크게 가하지 않아 / 못 받고 도로 주니'라고 한 것으로 보아, 상대('전승산')의 글 값을 거절하였음을 알 수 있다.

상춘곡 / 고산구곡가

지문분석

(가) 상춘곡

홍진(紅塵)에 뭇친 분네 이 내 생애 엇더ᄒ고
▶ 속세에 묻힌 사람들아 이 내 생애 어떠한가?

녯사름 풍류를 미츨가 못 미츨가
▶ 옛사람의 풍류에 (내가) 미칠까 못 미칠까?

천지간 남자 몸이 날만 ᄒᆞᆫ 이 하건마ᄂᆞᆫ
▶ 세상 남자 중 나만 한 사람 많겠지만

산림에 뭇쳐 이셔 지락(至樂)을 ᄆᆞᄅᆞᆯ 것가
▶ 산림(자연)에 묻혀 있어 지극한 즐거움을 모르겠는가?

수간모옥(數間茅屋)을 벽계수(碧溪水) 앏픠 두고
▶ 몇 칸 안 되는 (작은) 초가집을 푸른 물 앞에 두고

송죽 울울리예 풍월주인 되여셔라
▶ 소나무 대나무 빽빽하게 우거진 속에 풍월주인(자연을 즐기는 사람)이 되었구나.

엇그제 겨을 지나 새봄이 도라오니
▶ 엊그제 겨울 지나 새봄이 돌아오니

도화행화(桃花杏花)ᄂᆞᆫ 석양리(夕陽裏)예 퓌여 잇고
▶ 복숭아꽃 살구꽃은 석양 속에 피어 있고

녹양방초(綠楊芳草)ᄂᆞᆫ 세우(細雨) 중에 프르도다
▶ 푸른 버들과 향기로운 풀은 가랑비 속에 푸르구나.

칼로 ᄆᆞᆯ아 낸가 붓으로 그려 낸가
▶ 칼로 잘라냈나 붓으로 그려냈나.

조화신공(造化神功)이 물물마다 헌ᄉᆞ롭다
▶ 조물주의 실력이 사물마다 야단스럽구나.

수풀에 우ᄂᆞᆫ 새ᄂᆞᆫ 춘기(春氣)를 못내 계워 소리마다 교태로다
▶ 수풀에서 우는 새(감정 이입의 대상)는 봄의 기운을 이기지 못해 소리마다 교태로다.

물아일체(物我一體)어니 흥이ᄋᆡ 다를소냐
▶ 물아일체(새=나)이어니 흥(즐거움)이라고 다르겠느냐.

시비예 거러 보고 정자애 안자 보니
▶ 사립문 (주변을) 걸어 보고 정자에도 앉아 보니

소요음영ᄒᆞ야 산일(山日)이 적적ᄒᆞᆫ듸
▶ 조용하게 거닐고 나지막이 시를 읊조리는 산의 하루가 적적한데

한중진미(閒中眞味)를 알 니 업시 호재로다
▶ 한가로움 속에 참다운 즐거움(맛)을 알 이가 없으니 혼자로구나.

이바 니웃드라 산수 구경 가쟈스라
▶ 이봐 이웃들아 산수(자연) 구경 가자꾸나.

답청(踏靑)이란 오ᄂᆞᆯ ᄒᆞ고 욕기(浴沂)란 내일 ᄒᆞ새
▶ 산책은 오늘 하고 목욕일랑 내일 하세.

아ᄎᆞᆷ에 채산(採山)ᄒᆞ고 나조ᄒᆡ 조수(釣水)ᄒᆞ새
▶ 아침에는 나물을 캐고 저녁에는 낚시를 하세.

ᄀᆞᆺ 괴여 닉은 술을 갈건(葛巾)으로 밧타 노코
▶ 이제 막 익은 술을 두건으로 걸러 놓고

곳나모 가지 것거 수 노코 먹으리라
▶ 꽃나무 가지 꺾어 (잔의) 수(대로) 놓고 먹으리라.

화풍(和風)이 건ᄃᆞᆺ 부러 녹수(綠水)를 건너오니
▶ 봄바람이 문득 불어 푸른 시냇물을 건너오니

청향(淸香)은 잔에 지고 낙홍(落紅)은 옷새 진다
▶ 맑은 향기는 술잔에 지고 붉은 꽃잎이 옷에 진다.

준중(樽中)이 뷔엿거든 날ᄃᆞ려 알외여라
▶ 술독이 비었거든 나에게 알려라.

소동 아ᄒᆡᄃᆞ려 주가에 술을 믈어
▶ 어린 아이에게 시켜 술집에서 술을 사 가지고

얼운은 막대 집고 아ᄒᆡᄂᆞᆫ 술을 메고
▶ 어른은 막대를 짚고 아이는 술을 메고

미음완보(微吟緩步)ᄒᆞ야 시냇ᄀᆞ의 호자 안자
▶ 작은 소리로 시를 읊으며 천천히 거닐고 시냇가에 혼자 앉아

명사(明沙) 조흔 믈에 잔 시어 부어 들고
▶ 고운 모래가 (비치는) 맑은 물에 잔을 씻어 (술을) 부어 들고

청류(淸流)를 굽어보니 ᄠᅥ오ᄂᆞ니 도화(桃花)ㅣ로다
▶ 맑은 물을 굽어 보니 떠오는 것이 복숭아꽃이로다.

무릉이 갓갑도다 져 ᄆᆡ이 권 거인고
▶ 무릉도원이 가깝도다. 저 들판이 거기인고.

(나) 고산구곡가

고산구곡담(高山九曲潭)을 사름이 모로더니
▶ 고산 아홉 굽이 계곡을 사람들이 모르더니

주모복거(誅茅卜居)ᄒᆞ니 벗님ᄂᆡ 다 오신다
▶ 풀을 베고 주거지를 마련하니 벗님들이 다 오시는구나.

어즈버 무이를 상상ᄒᆞ고 학주자(學朱子)를 ᄒᆞ리라
▶ 아아, 무이산을 상상하며 주자에 대해 배우리라.

〈1수〉

일곡은 어디ᄆᆡ오 관암에 ᄒᆡ 비췬다
▶ 일곡은 어디인고? 관암에 해가 비친다.
▶ 스스로 묻고 답하는 자문자답 형식이구나.

평무(平蕪)에 ᄂᆡ 거드니 원산(遠山)이 그림이로다
▶ 잡초 무성한 들판에 안개가 걷히니 먼 산이 그림같이 아름답도다

송간(松間)에 녹준을 노코 벗 오ᄂᆞᆫ 양 보노라
▶ 소나무 숲 사이에 술잔을 놓고 벗이 온 양 바라보노라.

〈2수〉

이곡은 어디ᄆᆡ오 화암에 춘만(春晩)커다

▶ 이곡은 어디인고? 화암에 봄이 저물었도다.

벽파에 곳을 띄워 야외로 보닉노라
▶ 푸른 물결에 꽃을 띄워 속세로 보내노라.

사롬이 승지(勝地)를 모로니 알게 흔들 엇더리
▶ 사람들이 경치 좋은 곳을 모르니 알게 한들 어떠하리.

▶ 사람들이 고산구곡의 아름다움을 모르니 알게 하는 것이 어떠할지를 청자에게 묻는 것과 동시에, 고산구곡이 아름답다는 화자의 생각에 청자가 공감해 주기를 바라는 표현으로 볼 수 있어.

〈3수〉

오곡은 어듸믜오 은병(隱屛)이 보기 됴타
▶ 오곡은 어디인고? 은병이 보기가 좋구나.

수변(水邊) 정사는 소쇄홈도 ㄱ이 업다
▶ 학문을 가르치기 위하여 물가에 지어진 집은 기운이 맑고 깨끗하기가 끝이 없다.

이 중에 강학(講學)도 ㅎ려니와 영월음풍ㅎ리라
▶ 이 중에 학문을 닦고 연구할 뿐만 아니라 시를 읊으며 풍류도 즐기리라.

〈6수〉

칠곡은 어듸믜오 풍암에 추색(秋色) 됴타
▶ 칠곡은 어디인고? 풍암에 가을빛이 깨끗하구나.

청상(淸霜) 엷게 치니 절벽이 금수(錦繡) ㅣ로다
▶ 맑은 서리가 엷게 드리우니 절벽이 수놓은 비단 같구나.

한암(寒巖)에 혼ᄌ셔 안쟈 집을 잇고 잇노라
▶ 시원한 바위에 혼자 앉아 집에 돌아갈 생각마저 잊었노라.

〈8수〉

구곡은 어듸믜오 문산에 세모(歲暮)커다
▶ 구곡은 어디인가? 문산에 한 해가 저물었도다.

기암괴석이 눈 속에 무쳐셰라
▶ 기묘하게 생긴 바위와 돌이 눈 속에 묻혔구나.

유인(遊人)은 오지 아니ᄒ고 볼 것 업다 ᄒ더라
▶ 노는 사람은 오지도 아니하고 볼 것이 없다 하더라.

▶ 아름다운 자연을 즐기지 못하는 사람들에 대한 안타까움, 또는 자신이 즐기고 있는 자연의 아름다운 풍경에 대한 자부심 등을 나타내고 있구나.

〈10수〉

문제분석 01-05번

번호	정답	정답률 (%)	선지별 선택비율(%)				
			①	②	③	④	⑤
1	⑤	87	6	2	3	2	87
2	④	79	3	8	6	79	4
3	②	78	5	78	13	2	2
4	③	47	3	8	47	28	14
5	⑤	63	3	9	17	8	63

01

정답설명

⑤ (가) O, (나) O / (가)에서는 '도화행화는 석양리예 퓌여 잇고'와 같이 자연물을 시각적인 이미지로 나타내어 저녁노을이 지는 봄이라는 시간적 배경을 나타내고 있다. (나)의 〈2수〉에서는 '관암에 히 비췬다'와 같이 자연물을 시각적인 이미지로 나타내어 시간적 배경을, 〈10수〉에서는 '기암괴석이 눈 속에 무쳐셰라'와 같이 자연물을 시각적인 이미지로 나타내어 계절적 배경을 나타내고 있다. 계절적 배경 또한 시간적 배경에 포함된다는 점을 잊지 말자.

오답설명

① (가) X, (나) X / (가)의 '엇그제 겨을 지나'에 일부 과거 회상이 드러나 있다고 볼 수 있으나, 문맥상 현재의 봄을 예찬하기 위한 것이므로 현실의 덧없음과는 거리가 멀다. (나)에는 과거를 회상하며 현실의 덧없음을 환기하는 부분이 나타나 있지 않다.

② (가) X, (나) X / 음성 상징어는 의성이나 의태어, 즉 의성 부사나 의태 부사를 의미한다. (가)와 (나)에는 모두 음성 상징어가 쓰이지 않았다.

③ (가) X, (나) X / 점층적인 표현은 글이 포함하고 있는 내용의 비중이나 정도를 한 단계씩 높여서 점점 강하게, 높게, 깊게 층을 이루어 나타내는 것을 의미한다. (가)와 (나)에는 모두 점층적인 표현이 쓰이지 않았다. 또한 두 작품 모두 '자연'이라는 대상에 대한 긍정적인 태도를 보이고 있으므로, 대상과의 거리감을 강조하고 있다는 설명 또한 옳지 않다.

④ (가) X, (나) X / (나)의 〈1수〉 종장 '무이를 상상ᄒ고 학주자를 ᄒ리라'는 '무이구곡'이라는 작품을 지었던 주자를 상상하며 주자의 학문을 공부하겠다는 의미를 나타내는 구절이다. 이는 역사적인 인물인 '주자'와 관련이 있으나 '주자'를 '호명(이름을 부름)'하고 있는 것은 아니다. 또한 (가)에는 역사적 인물이 나타나 있지 않다.

02

정답설명

④ '사롬이 승지를 모로니 알게 흔들 엇더리'는 고산구곡의 아름다움을 모르는 사람들에게 이 아름다운 곳을 알게 해주는 것이 어떠냐고 청자에게 묻는 동시에, 고산구곡의 아름다움에 대해 청자가 공감해 주기를 바라는 표현으로 볼 수 있다.

오답설명

① '홍진에 뭇친 분네'는 세속적인 삶을 살아가는 부류이므로 자연에서의 삶을 즐기고 있는 화자와는 이질적인 삶을 살고 있다. 화자는 자신의 삶에 대한 만족감을, 다른 양식의 삶을 살아가는 청자에게 질문하는 형식을 통해 드러내고 있는 것이다.

② 화자는 청자로 하여금 자신과 함께 산수를 구경할 것을 권유하고 있다. 하지만 함께했던 지난날의 경험을 상기시키는 부분은 드러나 있지 않다.

③ 상대의 부탁은 나타나 있지 않다. 화자는 명령형 어조를 통해, 청자에게 함께 실컷 술을 마시며 자연을 즐기자는 제안을 하고 있는 것이다.

⑤ '유인은 오지 아니ᄒ고 볼 것 업다 ᄒ더라'는 눈 덮인 아름다운 고산구곡의 풍광을 즐기지 못하는 사람들에 대한 안타까움, 화자의 현재 상황(자연의 아름다운 풍경을 감상)에 대한 자부심 등을 나타내는 표현이라고 볼 수 있다.

03

정답설명

② '수풀에 우는 새는 춘기를 뭇내 계워 소리마다 교태로다'는 화자의 감정이 새에 이입되어 마치 새가 흥겨워서 노래를 하는 것처럼 표현된 것이다. 새 소리 또한 화자가 즐기고 있는 자연의 일부이므로, 화자가 새를 부러워하고 있다는 설명은 적절하지 않다.

오답설명

① '녯사름 풍류를 미츨가 못 미츨가'는 자신이 옛 사람들과 같은 풍류를 즐기고 있다는 화자의 자부심을 나타내는 표현이다. 자신을 스스로 '풍월주인'이라고 지칭하는 것 또한 자연에서의 삶을 즐기는 자신의 모습에 대한 자부심을 나타내는 것으로 볼 수 있다.

③ '답청으란 오늘 ᄒ고 욕기란 내일 ᄒ새', '아츰에 채산ᄒ고 나조히 조수ᄒ새'는 화자가 청자를 '니웃'들로 상정하고, 함께할 것을 권유하고 있는 일들이 나열되어 있는 구절이다. 따라서 이는 화자가 하고 싶은 일들이라고 이해할 수 있다.

④ '청향은 잔에 지고 낙홍은 옷새 진다'는 화자가 마시는 술에 맑은 향기가 섞이고, 떨어진 꽃잎이 옷에 수놓아져 자연과 화자가 하나가 되는 모습을 나타내고 있는 것이다.

⑤ 화자는 떠오르는 '도화'를 보며 '무릉'이라는 이상적 공간을 연상하고 있다. '무릉이 갓갑도다 져 미이 권 거인고'는 화자가 있는 자연 공간이 마치 무릉처럼 여겨진다는 표현이므로, 화자의 만족감과 감흥이 고조되었음을 나타낸다.

04

정답설명

③ 고전 시가의 기본적인 해석 능력을 확인하는 문제다. ⓑ(정자)는 (가)의 화자가 잠시 머물렀던 장소로, 화자는 ⓑ에서 본 경치에 대해서는 언급하고 있지 않다. (나)의 화자는 ⓔ(관암)에 해 비치는 풍경을 '그림'과 같다고 예찬하고 있을 뿐, 그 풍경이 가장 빼어난 경치라고 하지는 않았다.

오답설명

① 가사 문학에서 시·공간의 변화는 기본적인 출제 요소다. 따라서 지문을 읽을 때, 필수적으로 체크가 되어 있어야 한다. ⓐ(수간모옥)를 거처로 삼고 있는 화자는 '시비(사립문)' 근처를 걷다가 ⓑ(정자)로 이동하여 그곳에 앉아 보기도 하고, ⓒ(시냇ᄀ)에서 술을 마시기도 했음이 드러나 있다.

② ⓔ(관암)와 ⓕ(풍암)는 '고산구곡'의 일부인 '일곡', '칠곡'에 위치해 있는 자연물이다. 즉 ⓓ(고산구곡담)를 구성하는 장소들이므로 대등한 관계라 할 수 있다.

④ (가)의 '수간모옥을 벽계수 앞픠 두고' 구절을 통해 화자의 거처인 ⓐ(수간모옥)는 화자가 예찬하는 자연의 일부인 '벽계수'와 인접해 있음을 알 수 있다. (나)의 ⓓ(고산구곡담)는 사람들이 모르던 곳인데, 화자가 터를 잡으니 사람들이 오는 변화가 생겼다. 즉, '주모복거'는 터를 잡고 집을 지음을 의미하는 말이므로, '주모복거ᄒ니 벗님닉 다 오신다'는 화자가 터를 정함으로써 생긴 변화를 나타내는 것으로 볼 수 있다.

형태쌤의 과외시간

평가원의 고전 시가 출제 경향

교육청이나 내신에서는 고전 시가에서 주제와 전반적인 특징만 알면 문제를 풀 수 있게 내는 것이 일반적이다. 하지만 평가원은 다르다. <u>고전 시가에서 중요 작품을 출제할 때는 상당히 디테일한 해석을 요구한다.</u> 여기서도 마찬가지다. '주모복거'라는 상당히 낯선 어휘를 제시하고도 의도적으로 어휘 풀이를 주지 않은 채 출제를 해서 대충 공부를 한 많은 학생들이 오답으로 손이 갔다.

이 경향은 최근 들어 계속 이어온 경향이니, EBS에 있는 고전 시가를 학습할 때는 확실하게 해석을 할 수 있도록 학습 방향을 설정해야 한다.

⑤ (가)의 화자는 ⓒ(시냇ᄀ)에 앉아 '도화', '미' 등을 바라보고 있으며, (나)의 화자는 ⓕ(풍암)를 바라보며 가을의 정취를 느끼고 있으므로 적절하다.

05

정답설명

형태쌤의 과외시간

낚시 <보기>에 낚이지 마라

학생들이 <보기> 문제에서 가장 쉽게 낚이는 케이스가 바로 지문을 배제한 채 <보기>와 선지만 비교하는 경우다.

물론 <보기>와 선지만 비교해도 쉽게 답이 나오는 문제들도 있다. 하지만 고난도의 문제에서는 반드시 <보기>와 선지, 그리고 지문을 모두 고려해서 대응해야 한다.

간혹 EBS 작품을 열심히 공부한 학생들이 수능날 아는 지문이라고 대충 보고 풀이하다가 틀리는 케이스도 종종 있는데, 이런 문제에 낚이지 않기 위해서라도 <u>수능날에는 아는 지문도 다시 꼼꼼히 보는 완벽함이 필요하겠다.</u>

⑤ 화자는 바위를 덮은 '눈'을 보며, 아름다운 자연을 완상하는 만족감, 그 풍

경을 보지 않는 '유인'들에 대해 안타까움을 느끼고 있을 뿐 자연과 하나가 되려는 의지를 드러내고 있지는 않다.

오답설명

① 〈보기〉를 통해 「송애기」에서는 이이가 고산구곡의 곳곳에서 지인들과 교유(서로 사귀어 놀거나 왕래함)한 경험에 대해 소개하고 있음을 알 수 있다. (나)의 '벗님ᄂᆡ 다 오신다'는 이를 뒷받침하는 근거로 볼 수 있다.

② '학주자'를 하려는 선택에 따라, 이이는 고산구곡에 정사를 건립하였다. 「고산구곡가」의 창작 이후 고산구곡을 찾는 이들이 더 많아졌다는 기록으로 보아, 사람들이 이에 대해 긍정적 반응을 보였을 것임을 짐작할 수 있다.

③ 〈보기〉를 통해 이이가 '주자가 무이구곡의 은병에서 후학을 양성한 것을 본받았다'는 점을 알 수 있으며, 화자는 '은병'에서 '강학'을 하고자 하였으므로 적절한 설명이다.

형태쌤의 과외시간

문학의 기본적 태도는 '허용의 여지'

Q. 주자를 학문적으로 계승하기 위해 선택된 공간이 아니라 자연을 즐기기 위해 선택된 공간 아닌가요?

A. **문학을 해석할 때에는 나의 해석만 맞고 다른 해석은 틀리다고 보는 태도를 경계해야 한다.**

분명 화자는 〈6수〉에서 '영월음풍(자연 속에서 시를 짓고 노는 것)'을 얘기하였고, 시 전반적으로 자연에 대한 예찬이 많이 나온다. 따라서 자연을 즐기기 위해 선택한 공간으로 볼 수도 있다. 하지만 자연만 즐기고 학문을 수양하지 않겠다는 것이 아니다.

화자는 이곳에서 자연도 즐기고 '강학(학문을 닦고 연구함)'도 하겠다고 얘기하고 있다.

따라서 선지에서 자연을 즐기지 않고, 학문적 계승만을 위해 선택된 공간이라고 하면 적절하지 않지만, 학문적으로 계승하기 위해 선택된 공간이라고 하면 충분히 허용할 여지가 있는 것이다.

④ 「송애기」에는 '자연으로부터 마음을 바르게 하는 도리를 찾으면 군자의 참된 즐거움을 누릴 수 있다'는 이이의 생각이 나타나 있다고 하였으므로, '강학'과 '영월음풍'이 서로 어울릴 수 있는 행위임을 알 수 있다.

정철 – 관동별곡

지문분석

금강대 맨 우층의 선학(仙鶴)이 삿기 치니
▶ 금강대 맨 위층에 선학(신선이 타고 논다는 학)이 새끼 치니
▶ 화자의 공간적 배경은 금강대로구나. '선학'은 도교적 신선 사상이 담긴 표현이다.

춘풍 옥적성(玉笛聲)의 첫잠을 깨돗던디
▶ (학이) 봄바람 옥피리 소리에 첫잠을 깨었던지
▶ 봄바람 소리를 옥피리 소리에 은유하였다.

호의현상이 반공(半空)의 소소 뜨니
▶ 호의현상이 공중에 솟아 뜨니
▶ '호의현상'은 '흰 저고리와 검은 치마'라는 뜻으로, 흰 몸통에 머리가 검은 외모를 가진 '학'을 비유하는 표현이야.

서호 녯 주인을 반겨셔 넘노는 듯
▶ (학이) 서호의 옛 주인을 반겨서 넘노는 듯.
▶ 중국의 '임포'라는 사람이 신선처럼 서호에서 학과 함께 노닐었다는 고사를 인용한 부분이야. 학이 나는 모습이 옛 주인인 임포를 반가워하는 것 같다는 거지. 지금 학의 앞에 있는 사람은 임포가 아니라 화자이니, 화자 자신을 신선에 비유했다고 볼 수 있겠다.

소향로 대향로 눈 아래 구버보고
▶ 소향로, 대향로를 눈 아래 굽어보고,

정양사 진헐대 고려 올나 안즌마리
▶ 정양사의 진헐대에 고쳐 올라 앉으니
▶ 화자는 진헐대로 공간을 이동하여 금강산의 봉우리들을 굽어보고 있다. 눈 아래 굽어본 소향로, 대향로는 만폭동 어귀의 봉우리 이름이야.

여산 진면목이 여긔야 다 뵈는구나
▶ 여산(중국의 명산)의 진면목이 여기서 다 보이는구나.
▶ 화자의 눈앞에 펼쳐진 금강산이 매우 아름다워서, 마치 여산의 모습과도 같다는 말이다. 잘생긴 남자를 보고 '차은우의 모습이 보이는구나.'라고 하는 것과 같지.

어와 조화옹이 헌사토 헌사할샤
▶ 아아, 조화옹이 야단스럽기도 야단스럽구나.
▶ 화자는 아름답고 웅장한 금강산의 모습에 감동해서, 조물주의 솜씨를 예찬하고 있어.

날거든 뛰디 마나 섯거든 솟디 마나
▶ 날거든 뛰지나 말지, 서 있거든 솟지나 말지.
▶ 이 구절은 송순의 「면앙정가」에 나오는 '넙거든 기노라 프르거든 희디마나'에서 영향을 받은 구절이라고 해.
▶ 금강산의 봉우리가 끝없이 이어진 모습이 마치 나는 것 같기도 하고, 뛰는 것 같기도 하고, 서 있는 것 같으면서도 솟는 것 같기도 하단 얘기야. '차은우는 잘생겼으면 착하질 말지.(잘생기고 착하다는 의미 아니니.)'라는 표현을 생각하면 이해가 되겠지? 금강산 산봉우리의 변화무쌍한 모습을 정적·동적인 이미지를 통해 묘사하고 있다.

부용(芙蓉)을 고잣는 듯 백옥(白玉)을 믓것는 듯
▶ (산봉우리에) 부용(연꽃)을 꽂은 듯, 백옥을 묶은 듯,

동명(東溟)을 박차는 듯 북극(北極)을 괴왓는 듯
▶ (산봉우리가) 동해 바다를 박차는 듯, 북극성을 (머리에) 괸 듯.
▶ 금강산 봉우리의 아름다움과 웅장한 모습을 대구법, 직유법을 사용하여 묘사하고 있어.

놉흘시고 망고대 외로올샤 혈망봉이
▶ 높을시고 망고대, 외로울사 혈망봉이
▶ 화자는 외로울 정도로 높게 솟아 있는 망고대, 혈망봉을 바라보고 있어.

하늘의 추미러 므스 일을 사뢰려
▶ 하늘에 치밀어 무슨 일을 사뢰려고(말씀드리려고)

천만겁(千萬劫) 디나도록 구필 줄 모르느냐
▶ 천만겁(오랜 세월) 지나도록 굽힐 줄 모르는가.

어와 너여이고 너 가트니 또 잇는가
▶ 아아, 너로구나, 너 같은 이가 또 있는가.
▶ 망고대, 혈망봉 너희 같은 충신은 또 없을 거야.
▶ 고전 시가에서 하늘은 흔히 '임금'으로 비유되지? 화자는 하늘에 높이 솟은 망고대와 혈망봉을 임금께 직언을 하려는 고결한 충심과 지조를 가진 신하로 비유하고, 설의·영탄을 사용해 예찬하고 있어. 이는 화자 자신의 충심을 드러내기 위함이라고 볼 수도 있지.

개심대 고려 올나 중향성 바라보며
▶ 개심대에 고쳐 올라 중향성을 바라보며
▶ 화자는 개심대로 이동해서 중향성을 바라보고 있다.

만이천봉을 녁녁(歷歷)히 혀여 하니
▶ 금강산의 만 이천 봉우리를 역력히(또렷이) 헤아리니

봉마다 맷쳐 잇고 긋마다 서린 긔운
▶ 봉우리마다 맺혀 있고 끝마다 서린 기운

맑거든 조티 마나 조커든 맑디 마나
▶ 맑거든 깨끗하지 말지, 깨끗하거든 맑지 말지.
▶ 앞서 유사한 구절을 보았지? 봉우리마다 맺힌 산의 정기가 매우 맑고 깨끗하다는 얘기다.

뎌 긔운 흐터 내야 인걸을 만들고쟈
▶ 저 기운을 흩어 내어 인재를 만들고자.
▶ 나라를 이끌 인재를 양성하고 싶다는 소망을 드러내고 있네.

형용도 그지업고 톄세(體勢)도 하도 할샤
▶ 형용도 끝이 없고 태세도 많기도 많구나.
▶ 금강산 일만 이천 봉우리가 끝없이 이어져 있는 모습이다.

천지 삼기실 제 자연이 되연마는
▶ (조물주가) 천지를 만드실 때 자연히 되었지마는

이제 와 보게 되니 유정(有情)도 유정할샤
▶ 이제 와 보게 되니 유정도 유정할샤.
▶ 화자는 금강산의 아름다움을 보고 감격한 나머지, 아름다운 자연을 만든 조물주의 정성과 솜씨를 찬양하고 있다.

(중략)

그 알픽 너러바회 화룡소 되어셰라

▶ 그 앞의 넓은 바위 화룡소가 되었구나.

▶ 개심대에 있던 화자는, 연못 화룡소로 공간을 이동하였다. 이 작품을 읽을 때는 공간의 이동, 그에 따른 화자의 견문과 감상을 꼭 체크해야 한다.

천년 노룡(老龍)이 구비구비 서려 이셔

▶ 천년 노룡이 (연못에) 굽이굽이 서려 있어

주야의 흘녀 내여 창해(滄海)예 니어시니

▶ (연못의 물을) 주야에 흘려 내어 창해(바다)에 이었으니

풍운을 언제 어더 삼일우(三日雨)를 디련느냐

▶ 풍운(바람과 구름)을 언제 얻어 삼일우(3일간 내리는 비. 농사에 도움이 되는 흡족한 비)를 내리려는가.

음애예 이온 플을 다 살와 내여스라

▶ 어두운 벼랑에 시든 풀을 다 살려 내고 싶구나.

▶ 화자가 화룡소를 바라보며 선정의 포부를 드러내고 있구나. 은유된 표현을 풀어서 살펴볼까? 화자(=천년 노룡)는 임금의 은혜, 즉 임금이 내려 주신 관찰사 직분(=풍운)을 얻어 선정(=삼일우)을 베풀어서, 도탄에 빠진 백성(=음애예 이온 플)을 살리겠다는 것이구나. 화자의 애민 정신을 알 수 있어.

마하연 묘길상 안문재 너머 디여

▶ 마하연(절 이름)의 묘길상(불상)을 지나 안문재(고개 이름)를 넘어 가서

외나모 써근 다리 불정대 올라 하니

▶ 외나무 썩은 다리를 건너 불정대에 오르니

▶ 화자의 다음 여정은 불정대로구나.

천심(千尋) 절벽을 반공애 셰여 두고

▶ 천심절벽을 반공에 세워 두고

▶ 매우 높은 절벽을 공중에 세워 두고

은하수 한 구비를 촌촌이 버혀 내여

▶ 은하수 한 굽이를 마디마디 베어 내어

▶ 불정대에서 바라본 십이 폭포를 묘사한 부분이야. 십이 폭포를 '은하수'에 비유(은유)하였고, 시각적 이미지로 나타냈구나.

실가티 플텨 이셔 베가티 거러시니

▶ (은하수 한 굽이를) 실같이 풀어서 베(옷감)같이 걸었으니

▶ 폭포를 '실, 베'에 비유(직유)하였다. '실같이 풀어서'는 가까이서 본 폭포(근경), '베같이 걸었으니'는 멀리서 본 폭포(원경)를 시각적 이미지로 나타낸 부분이다.

도경(圖經) 열두 구비 내 보매는 여러히라

▶ 도경에는 12구비였지만, 내가 보기엔 여러 굽이라.

▶ 도경(명승지를 그린 책)에, 십이 폭포의 물굽이가 12개로 그려져 있나 봐. '십이 폭포'라는 이름의 유래를 알 수 있지? 그런데 화자는 그보다 더 많은 굽이가 있는 것 같다며, 십이 폭포의 웅장함에 감탄하고 있다.

이적선 이제 이셔 고텨 의논하게 되면

▶ 이적선(중국 시인 이백)이 이제 있어 다시 의논하게 되면

여산이 여긔도곤 낫단 말 못 하려니

▶ 여산이 여기보다 낫단 말 못하려니.

▶ 이백이 쓴 시 「망여산폭포」에서 여산 폭포를 엄청 예찬하거든. 이백은 이미 죽었지만, 만약 살아 있더라도 여산 폭포가 금강산 십이 폭포보다 아름답다고는 못 할 거야. 그만큼 십이 폭포가 장관이라는 얘기지. 금강산에 대한 화자의 예찬적 태도와 자부심이 드러난다.

문제분석   01-03번

번호	정답	정답률 (%)	선지별 선택비율(%)				
			①	②	③	④	⑤
1	③	81	2	4	81	9	4
2	②	67	3	67	5	19	6
3	③	73	3	6	73	6	12

01

정답설명

③ 선경후정의 방식이란, 경치가 먼저 제시된 다음 그에 대한 정서적 반응이 서술되는 것을 말한다. '개심대'에서는 화자가 바라본 풍경인 '중향성', '만이천봉'의 모습이 제시된 다음, 산의 정기를 이어받아 인재를 양성하고자 하는 포부를 드러내는 화자의 감흥이 서술되고 있다.

오답설명

① '금강대'에서 '진헐대'로 이동하는 동안, 화자는 일관되게 자연에 대한 예찬적 태도를 보이고 있다.

② '진헐대'에서 역동적 이미지와 정적 이미지, '불정대'에서 원경과 근경의 시각적 이미지가 대립된다고 볼 수 있다. 그러나 화자는 이를 통해 자연 예찬적 태도를 강조할 뿐, 내적 갈등은 드러내지 않았다.

④ '화룡소'에서 화자는 화룡소에서 창해로 이어지는 물을 '천년 노룡'에 비유하고 있다. 이러한 시적 전개가 화자의 시선의 이동에 따른 것이라 볼 경우, 화자가 위치한 연못 '화룡소'에서 먼 바다인 '창해'로의 전개는 원경에서 근경이 아니라 근경에서 원경으로 시선이 이동하고 있다고 봐야 한다.

⑤ '마하연 묘길상 안문재 너머 디여 / 외나모 써근 다리 불정대 올라 하니'에서, '화룡소'에서 '불정대'까지의 이동 경로를 드러내고 있다.

02

정답설명

② 평가원은 시문학에서 비유를 집요하게 물어본다. 특히 원관념과 보조관념이 무엇인지 정확하게 체크를 하면서 가야 한다.

'동해 바다 같은 봉우리'가 말이 되는가? [A]에서는 봉우리를 '백옥'과 '동명(동해 바다)' 자체에 비유한 것이 아니라, 봉우리를 '백옥'으로 장식한 것처럼 아름다운 모습과 '동명'을 박차는 듯한 역동적인 모습으로 비유한 것이다. 또한 비유를 통해 봉우리의 모습을 표현하고 있을 뿐, 자연의 영속성(영원히 계속되는 성질이나 능력)을 표현하고 있지도 않으므로 적절하지 않다.

오답설명

① '부용을 고잣는 듯 백옥을 뭇것는 듯'에서, 봉우리를 '부용'을 꽂고 '백옥'을 묶어 장식해 놓은 듯한 시각적 형상으로 묘사함으로써 아름다움을 표현하였다.

③ '동명을 박차는 듯 북극을 괴왓는 듯'에서 높게 솟아 있는 봉우리의 웅장한 느낌을 표현하였다.

④ '날거든 뛰디 마나 섯거든 솟디 마나'에서 '~거든 ~디 마나'라는 문장의

구조를 반복(=대구)하여 봉우리의 역동적인 느낌을 표현하였다.
⑤ '부용을 고잣는 듯 백옥을 뭇것는 듯'에서, '~을 ~는 듯'의 유사한 통사
구조를 나열하여 봉우리의 다채로운 면모를 표현하였다. '고잣는 듯'은 상
태를, '박차는 듯'은 동작을 보여 주는 표현이다.

03

정답설명

③ 〈보기〉에 의하면 조선 사대부들이 하늘의 이치가 구현된 자연의 미를 관념
적으로 표현한 것과 달리, 작가는 자연의 미를 '현실에서 발견'하였다. 따라
서 작가가 '하늘의 이치가 구현된 인간 사회의 영향'을 받은 자연의 아름다
움을 노래한 것이라 보기는 어렵다.

오답설명

① 〈보기〉에서 작가가 '자연에 투사된 이상적 인간상을 모색'했다고 하였다.
따라서 작가가 지향하는 이상적 인간상인 오래도록 굽히지 않는 의지적인
존재의 모습을 자연인 '혈망봉'에 투사하였다고 볼 수 있다.
② 〈보기〉에서 작가가 '자연을 바라보며 사회적 책무를 떠올'렸다고 하였다.
해당 구절은 봉우리의 기운을 훑어 내어 나라를 이끌 인재를 양성하고 싶
다는 의미이므로, 작가가 자연을 바라보며 사회적 책무를 인식한 것이라
볼 수 있다.
④ 〈보기〉에 의하면, 작가는 '자연의 미를 현실에서 발견하여 사실감 있게 묘
사'하였다. 폭포를 '실', '베'와 같은 구체적이고 현실적인 사물에 비유한 것
은, 자연을 사실감 있게 나타내려는 태도가 반영된 것이라 볼 수 있다.
⑤ 〈보기〉에 의하면, 자연의 미를 관념적으로 형상화한 조선 사대부들과 달
리, 작가는 현실에서 자연의 미를 발견하고자 하였다. '불정대'에서 본 풍경
을 실제 현실의 공간인 '여산'과 비교하여 우리 자연의 아름다움을 강조하
는 부분에서 작가만의 차별적 인식을 파악할 수 있다.

규원가 / 재 위에 우뚝 선 소나무~

지문분석

(가) 규원가

공후배필은 못 바라도 군자호구 원하더니
▶ 높은 벼슬의 배필은 못 바라도 군자의 좋은 짝 되기를 원하였더니
▶ 화자는 좋은 남편을 만나고 싶은 소망이 있었나 봐.

삼생의 원업(怨業)이오 월하의 연분으로
▶ 운명의 원망스러운 업보요 부부의 인연으로

장안유협(長安遊俠) 경박자(輕薄子)를 꿈같이 만나 있어
▶ 서울의 경박한 사람을 꿈같이 만나서
▶ '삼생'은 전생, 현생, 내생을 통틀어 말하는 것이고 '월하'는 부부의 인연을 맺어 준다는 전설 속의 노인이야. 화자는 현재 경박한 남편을 만난 이유가 자신의 전생 업보와 월하노인이 맺어 준 인연 때문이라고 생각하고 있어. 화자의 운명론적 태도가 드러나는 구절이다.

당시의 용심(用心)하기 살얼음 디디는 듯
▶ 당시에 마음 쓰기가 살얼음을 디디는 듯
▶ 처음에 시집살이가 살얼음 디디는 것처럼 힘들었나 봐.

삼오이팔 겨우 지나 천연여질 절로 이니
▶ 열다섯 열여섯 겨우 지나 타고난 고운 모습 절로 나타나니
▶ 3X5=15, 2X8=16. 화자가 젊고 아름다웠던 15~16세 때의 이야기를 하고 있어. 조선시대라서 결혼을 참 일찍 했구나.

이 얼골 이 태도로 백년기약하였더니
▶ 이 얼굴 이 모양으로 백 년을 기약하였더니
▶ 처음 남편은 백 년을 같이 살자 약속해 놓고 태도가 바뀌었나 봐.

연광(年光)이 훌훌하고 조물이 다시(多猜)하여
▶ 세월이 빨리 지나가고 조물주가 시기가 많아

봄바람 가을 물이 베오리에 북 지나듯
▶ 봄바람 가을 물이 베틀에 북 지나가듯
▶ 시간의 흐름을 비유적으로 잘 표현하였다.

설빈화안 어디 두고 면목가증(面目可憎) 되거고나
▶ 아름다운 얼굴은 어디 가고 보기 싫은 얼굴이 되었구나.
▶ '설빈화안'과 '면목가증', 대비되는 시어 체크하자.

내 얼골 내 보거니 어느 임이 날 괼소냐
▶ 내 얼굴 내가 보니 어느 임이 날 사랑할까.

(중략)

옥창에 심은 매화 몇 번이나 피여 진고
▶ 창가에 심은 매화 몇 번이나 피었다가 졌는가.
▶ 매화가 몇 번을 피고 졌다는 게 무슨 뜻이겠어? 남편이 떠난 지 여러 해가 지났다는 이야기겠지.

겨울밤 차고 찬 제 자최눈 섯거 치고
▶ 겨울밤 차고 찬 때 자취눈(자국눈 : 겨우 발자국이 날 만큼 적게 내린 눈) 섞어 치고

여름날 길고 길 제 궂은비는 무슨 일고
▶ 여름날 길고 길 때 궂은비는 무슨 일인가.
▶ 이 두 행에서 대구법이 쓰였다. 체크!

삼춘화류(三春花柳) 호시절(好時節)의 경물이 시름없다
▶ 3, 4, 5월 봄의 꽃과 버드나무, 좋은 시절 경치를 봐도 아무 감흥이 없다.

가을 달 방에 들고 실솔(蟋蟀)이 상(床)에 울 제
▶ 가을 달이 방 안에 들고 귀뚜라미가 침상에 울 때
▶ 겨울, 여름, 봄, 가을 할 것 없이 화자는 항상 남편이 없어서 홀로 외로워하고 있어. 이때 '자최눈', '궂은비', '경물', '실솔'은 화자의 정서를 심화시키는 객관적 상관물이라고 할 수 있겠다.

긴 한숨 지는 눈물 속절없이 헴만 많다
▶ 긴 한숨에 떨어지는 눈물 속절없이 생각만 많다.

아마도 모진 목숨 죽기도 어려울사
▶ 아마도 모진 목숨 죽기도 어렵구나.

도로혀 풀쳐 혜니 이리하여 어이하리
▶ 돌이켜 풀어 생각하니 이리하여 어이하리.

청등을 돌라 놓고 녹기금(綠綺琴) 빗겨 안아
▶ 등불을 돌려놓고 거문고 비스듬히 안아

벽련화(碧蓮花) 한 곡조를 시름 좇아 섯거 타니
▶ 벽련화 한 곡조를 (내) 시름 담아 섞어 타니
▶ 화자는 시름을 이길 수가 없어서 마음을 진정하려고 거문고를 타기로 결심했나 봐.

소상야우(瀟湘夜雨)의 댓소리 섯도는 듯
▶ 소상강 밤비에 대나무 소리 섞어 도는 듯
▶ 순임금의 두 왕비인 아황과 여영이 순임금이 죽자 소상강에서 흘린 눈물 자국이 대나무 반점으로 남았다는 고사가 있어.

화표천년(華表千年)의 별학이 우니는 듯
▶ (묘 앞의) 망주석에 천 년의 이별의 학이 우는 듯
▶ 옛날 중국 요동의 정영위라는 사람이 영허산에 가서 도를 배워 학이 되어 천 년 만에 돌아와 화표주(묘 앞에 세우는 망주석의 기둥)에 앉았다고 하는 전설이 있어. 화자는 고사를 인용하여 자신의 거문고 소리를 표현하고 있는 거야.

옥수(玉手)의 타는 수단 옛 소리 있다마는
▶ 아름다운 손으로 타는 솜씨 옛 소리 (그대로) 있다마는

부용장(芙蓉帳) 적막하니 뉘 귀에 들리소니
▶ 연꽃무늬 휘장(커튼)이 적막하니 누구의 귀에 들릴까.
▶ 화자는 거문고를 타다가 현실을 자각한 거야. 거문고를 기가 막히게 잘 타면 뭐해. 들어줄 사람이 없는데.

간장이 구곡되어 굽이굽이 끊쳤어라
▶ 창자가 아홉 굽이가 되어 굽이굽이 끊어질 정도로구나.

차라리 잠을 들어 꿈에나 보려 하니
▶ 차라리 잠이 들어 꿈에나 (남편을) 보려 하니
▶ 현실에서는 남편을 만나지 못하니 꿈에서라도 만나려고 하는구나.

바람의 지는 잎과 풀 속에 우는 짐승
▶ 바람에 지는 잎과 풀 속에 우는 벌레

무슨 일 원수로서 잠조차 깨우는다

▶ 무슨 일로 (나와) 원수라서 잠조차 깨우는가.

▶ 화자의 맘대로 되는 일이 없네. 자려고 해도 온갖 소리 때문에 잠들 수가 없나 봐.

(나) 재 위에 우뚝 선 소나무~

재 위에 우뚝 선 소나무 바람 불 적마다 흔덕흔덕

▶ 고개 위에 우뚝 선 소나무 바람 불 때마다 흔덕흔덕

개울에 섰는 버들 무슨 일 좇아서 흔들흔들

▶ 개울가에 서 있는 버들은 무슨 일 때문에 흔들흔들

임 그려 우는 눈물은 옳거니와 입하고 코는 어이 무슨 일 좇아서 후루룩 비쭉 하나니

▶ 님이 그리워 우는 눈물은 그렇다 치더라도 입하고 코는 무슨 일 때문에 후루룩 하고 삐쭉 하느냐

▶ 화자는 소나무와 버들이 흔들리는 모습을 보고 임을 그리워하며, 슬퍼하는 자신의 모습과 동질성을 발견하고 있어. 그러면서도 임을 그리워하며 우는 자신의 모습을 우스꽝스럽게 표현함으로써 슬픔과 거리를 두고 있지.

문제분석 01-03번

번호	정답	정답률 (%)	선지별 선택비율(%)				
			①	②	③	④	⑤
1	④	72	9	9	3	72	7
2	②	87	2	87	5	3	3
3	②	45	5	45	4	39	7

01

정답설명

④ [A] O, [B] X / [A]에서는 '봄바람'과 '가을 물'이라는 계절적 배경을 알려 주는 시어를 활용하여 시간의 흐름에 따라 화자가 '설빈화안'에서 '면목가증'이 되었다고 말하고 있으므로, 시간에 따라 화자의 처지가 달라졌다는 부분은 적절하다. 반면 [B]에서는 '겨울밤'과 '여름날'이라는 계절적 배경을 알려 주는 시어가 제시되었으나, 이는 오랜 시간이 흘러도 언제나 화자는 외로운 처지임을 나타내는 것이지 시간의 흐름에 따라 화자의 처지가 달라졌음을 드러낸 것이 아니므로 선지이 내용은 적절하지 않다.

오답설명

① [A] O / [A]는 '베오리에 북 지나듯'에서, '베오리(베틀)'와 '북'이라는 당대 여성의 생활에 밀접한 소재를 활용하여 흘러가는 세월이 빠름을 비유적, 시각적으로 드러내고 있으므로 적절하다.

② [B] O / [B]는 '차고 찬 제'와 '길고 길 제'와 같이 단어 '차다'와 '길다'를 반복하는 구절을 행마다 사용하여 화자가 주목하는 겨울밤의 특성 '차다'와 여름날의 특성 '길다'를 강조하고 있으므로 적절하다.

③ [C] O / [C]는 '소나무'와 '버들'을 발음이 비슷한 의태어 '흔덕흔덕'과 '흔들흔들'로 표현하여 움직이는 모습의 유사성을 드러내고 있으므로 적절하다.

⑤ [B] O, [C] O / [B]에서는 '겨울밤 차고 찬 제 자최눈 섯거 치고'와 '여름날

길고 길 제 궂은비는 무슨 일고'에서 문장의 구조가 비슷한 두 문장이 이어져, 두 문장이 짝을 이루는 대구를 이루고 있음을 알 수 있다. [C] 역시 '재 위에 우뚝 선 소나무 바람 불 적마다 흔덕흔덕'과 '개울에 섰는 버들 무슨 일 좇아서 흔들흔들'에서 역시 유사한 문장 구조가 짝을 이루어 반복되고 있으므로 대구가 쓰였다고 볼 수 있다. 이처럼 대구가 쓰이면, 리듬감이 나타난다.

02

정답설명

② ⓛ에서 화자는 잠에 들어 꿈에나 남편을 보려 한다고 하였으므로, ⓛ은 화자가 현실에서는 남편을 만나지 못하는 문제를 해결할 수 없어 선택한 방법임을 알 수 있다.

오답설명

① ㉠은 서울의 경박한 사람을 남편으로 만나게 되었다는 의미로, 흐릿한 기억 때문에 혼란스러운 화자의 심정은 드러나지 않는다.

③ 임과의 만남에 대한 기대에서 ㉠이 비롯된 것은 아니다. 또한 화자는 임과 만나지 못해 꿈에서나마 만나고자 하므로 임과의 이별을 망각하여 ⓛ이 비롯된 것은 아님을 알 수 있다.

④ 화자는 ㉠을 통해 임과의 만남을 회상하고 있으나, 화자가 꿈을 통해 임을 볼 것임을 단정하고 있지 않으므로 ⓛ이 곧 일어날 일에 대한 단정이 아님을 알 수 있다.

⑤ 화자는 '삼생의 원업이오 월하의 연분으로' 임을 만나게 됨을 언급하는 운명론적 태도를 보이고 있으며, 인연의 우연성에 대한 우려를 드러내고 있지는 않다. 또한 ⓛ에서는 꿈에서나마 임과의 재회를 갈망하는 화자의 심리가 드러나나, 재회의 필연성에 대한 우려를 드러내고 있지는 않다.

03

정답설명

② 〈보기〉를 대충 보고 선지와 비교한 학생들이 많이 틀린 문제다. 시문학에서 '화자가 원하는 것'은 상황과의 관계를 규정하기에 반드시 신경을 써야 한다. 여기서 화자가 원하는 것은 외부에 있는 '임'이다. '임의 부재'로 인해 화자는 그리움과 한탄의 정서를 표출하고 있는 것이다. 따라서 〈보기〉에 나온 '외부와의 단절'은 화자가 원하는 것이 아니라, 화자에게 주어진 부정적 상황일 뿐이다.

'부용장 적막하니 뉘 귀에 들리소니'는 화자가 자신의 거문고 소리가 아무에게도 들리지 않음을 자각하고 쓸쓸함을 느끼는 대목으로, 〈보기〉에 따르면 외부와 단절된 화자가 자신의 쓸쓸한 내면에 몰입하는 것이라고 볼 수 있다. 그러나 화자가 외부와의 교감을 거부하고 있는 것은 아니므로 적절하지 않다.

오답설명

① '실솔이 상에 울 제'는 귀뚜라미가 침상에서 우는 모습에 감정 이입한 것으로, 〈보기〉에 따르면 이는 화자가 자신의 슬픔을 주변으로 확장한 것에 해당하므로 적절하다.

③ 화자는 '바람 불 적마다 흔덕흔덕'하는 '소나무'의 모습을 드러내고 있는데,

〈보기〉에 따르면 이는 외부 대상의 모습에서 자신과의 동질성을 발견하며 슬픔을 확인하는 것으로 볼 수 있으므로 적절하다.

④ (가)의 '삼춘화류'는 '봄의 꽃과 버드나무'를 일컫는다. 화자는 임을 그리워하는 자신의 슬픈 내면과 대비되는 이러한 '호시절(좋은 시절)'의 경치를 언급하고 있는데 〈보기〉에 따르면 이는 외부와의 단절감을 강조하고 있는 것으로 볼 수 있다. 느낌이 잘 안 오는 학생이라면, 발렌타인데이나 화이트 데이에 연인들이 웃으면서 들고 다니는 초콜릿 박스와 꽃을 생각하면 된다. 연인들이 들고 다니는 '화려한 포장의 초콜릿 박스와 꽃'은 '독서실에서 외롭게 공부하는 나의 처지'를 부각하여 '외부와의 단절감'을 충분히 강조할 수 있다. 반면 (나)의 '버들'은 '흔들흔들'거리는데 〈보기〉에서 화자는 이러한 외부 대상의 모습에서 자신과의 동질성을 발견하고 있다고 하였으므로, 화자의 슬픈 내면과 일치함을 확인할 수 있다.

형태쌤의 과외시간

평가원의 출제 요소 - 대상과의 관계

시문학은 현대시든 고전 시가든 '세계에 대한 화자의 반응'을 제시한다. 이때 화자가 바라보는 '세계 안에 존재하는 대상'과 '화자'의 관계는 필수 출제 요소다.

관계는 크게 둘로 나눌 수 있다. '유사 혹은 상반'. 화자와 유사한 관계인지, 상반된 관계인지 체크하면서 독해를 진행했다면, 남들이 많이 틀리는 이 오답 선지를 빠르게 피해 갔을 것이다.

⑤ (나)의 '후루룩 비쭉'하는 '입하고 코'는 〈보기〉에 따르면 슬픔을 분출하는 자신의 우스운 외양에 주목한 것으로, 이는 슬픔과 거리를 둠으로써 이별에 대처하는 방법임을 알 수 있다. 반면 (가)의 '긴 한숨 지는 눈물'에서는 화자가 자신의 슬픔을 확장하고 있으므로 적절하다.

탄궁가 / 농가

지문분석

(가) 탄궁가

춘일(春日)이 지지(遲遲)하여 뻐꾸기가 보채거늘
▶ 늦은 봄에 뻐꾸기가 화자에게 농사를 지으라고 보채고 있어.

동린(東隣)에 쟁기 얻고 서사(西舍)에 호미 얻고
▶ 대구법을 사용하여 이웃들에게 쟁기와 호미를 얻어 써야 할 정도로 가난한 화자의 처지를 드러내고 있다.

집 안에 들어가 씨앗을 마련하니
▶ 농사를 지을 도구는 이웃에게 빌렸으니, 이제 씨앗만 있으면 되겠네.

올벼 씨 한 말은 반 넘게 쥐 먹었고
기장 피 조 팥은 서너 되 부쳤거늘
한아(寒餓)한 식구 이리하여 어이 살리
▶ 화자는 봄이 되자 농사를 짓기 위해 이웃들에게 쟁기와 호미를 빌렸으나, 농사를 짓기 위한 종자를 찾아보니 올벼 씨 한 말은 쥐가 반 이상 먹어 버리고, 기장, 피, 조, 팥은 겨우 서너 되 정도 심은 현실에, 식구들이 어찌 먹고 살지를 걱정하고 있어.

(중략)

베틀 북도 쓸데없어 빈 벽에 남겨 두고
솥 시루 버려두니 붉은 빛이 다 되었다
▶ 베틀 북은 옷감이 있어야 돌릴 수 있고, 솥 시루로 떡을 만들기 위해서는 곡식이 필요해. 옷감과 곡식이 없어 베틀 북과 솥을 쓰지 못하는 가난한 화자의 모습이 시각적으로 드러나 있다.

세시 삭망 명절 제사는 무엇으로 해 올리며
▶ 이렇게 가난한데 세시 절기, 명절 때의 각종 제사는 어떻게 챙기겠니.

원근 친척 내빈왕객(來賓往客)은 어이하여 접대할꼬
▶ 손님들이 와도 접대를 하지 못하는 슬픈 처지다.

이 얼굴 지녀 있어 어려운 일 하고 많다
▶ 여기서의 '얼굴'은 몸을, '하다'는 '많다'를 의미해. 이 몸에게 가난이 닥쳐 어려운 일이 많고도 많다는 의미.

이 원수 궁귀(窮鬼)를 어이하여 여의려뇨
술에 후량을 갖추고 이름 불러 전송하여
길한 날 좋은 때에 사방으로 가라 하니
▶ 가난을 가난 귀신, 즉 '궁귀'로 표현하고 궁귀를 떨쳐 내기 위해 제사를 지내는 화자의 노력을 통해 가난을 벗어나고자 하는 화자의 태도를 드러내고 있어.

웅얼웅얼 불평하며 원노(怨怒)하여 이른 말이
▶ 웅얼웅얼 불평하며 화를 내는 주체는 누굴까? 뒤를 보면 알겠지만 이는 화자가 쫓아내려 했던 궁귀다.

어려서나 늙어서나 희로우락(喜怒憂樂)을 너와 함께하여
죽거나 살거나 여읠 줄이 없었거늘
▶ 궁귀는 화자더러 어려서부터 같이 지냈던 사이라고 말하고 있어. 화자가 어린 시절부터 가난했다는 것을 이렇게 표현하고 있네.

어디 가 뉘 말 듣고 가라 하여 이르느뇨
▶ "누구의 말을 듣고 나(궁귀)에게 가라는 거야?" 가난 귀신의 말이다.

우는 듯 꾸짖는 듯 온가지로 협박커늘
돌이켜 생각하니 네 말도 다 옳도다
▶ 화자는 이러한 궁귀의 말을 듣고 오히려 이를 수용하는 모습을 보인다. 처음에는 궁귀를 내쫓아 가난에서 벗어나고자 했지만, 여기서는 가난한 자신의 모습을 받아들이기로 했구나. 화자의 태도 변화가 나타난다.

무정한 세상은 다 나를 버리거늘
네 혼자 유신하여 나를 아니 버리거든
▶ 가난한 화자의 곁을 모두가 떠나고, 결국 화자에게는 궁귀밖에 남지 않았대. 화자의 비참한 처지가 드러난다.

위협으로 회피하며 잔꾀로 여읠려냐
하늘 삼긴 이내 궁(窮)을 설마한들 어이하리
▶ 화자는 이제 가난을 회피하거나 잔꾀로 떠나보내지 않겠다고 해. 가난한 자신의 처지를 수용하기로 한 거지.

빈천도 내 분(分)이니 서러워해 무엇하리
▶ 술에 음식을 갖추고 이름을 부르며 궁귀를 보내려 했던 이전과는 달리 궁귀와 함께하기로 한 화자의 태도 변화를 통해 가난에 대한 화자의 체념과 수용, 운명론적 사고관을 엿볼 수 있어.

(나) 농가

서산에 돋을볕 비추고 구름은 느지막이 내린다
▶ 초장에 시간적 배경이 드러나고 있다. '돋을볕'은 아침에 해가 솟아오를 때의 햇볕이야. 아침이 오면 일을 해야 하지?

비 온 뒤 묵은 풀이 뉘 밭이 우거졌던고
▶ 풀이 무성하게 자라서 김을 매러 나가야 하나 봐.

두어라 차례 정한 일이니 매는 대로 매리라
▶ 근데 내가 지금 일하고 싶다고 멋대로 일하면 너무 이기적이지? 차례도 지키고 이웃끼리 서로 도우면서 농사일을 하자는 상부상조의 정신을 드러내고 있다.

〈제1수〉

면화는 세 다래 네 다래요 이른 벼의 패는 모가 곱난가
▶ 면화가 많이 났고, 이른 벼에 이삭이 나오기 시작했는데 이것이 곱다는 뜻이야. 농촌 생활의 풍요로움과 결실이 드러나는 대목이지.

오뉴월이 언제 가고 칠월이 반이로다
▶ 화자는 시간이 빨리 흘러감을 인식하고 있어. 점점 수확할 때가 다가오겠지.

아마도 하느님 너희 삼길 제 날 위하여 삼기셨다
▶ '너희'는 '면화'와 '이른 벼'를 가리켜. 사람이 아닌 대상에게 말을 거니까 의인법이지? 농작물에게 친근감을 표현함과 동시에 운명론적인 관점 또한 드러내는구나.

〈제7수〉

아이는 낚시질 가고 집사람은 절이채 친다
▶ 저녁 준비를 위해 가족들이 각자 할 일을 하는 모습이 참 단란해 보인다. <보기>에서 말한 '이상화된 농촌상'이 이 구절에 집약되었다.

새 밥 익을 때에 새 술을 걸러셔라
▶ 새 밥으로 술을 걸러서 먹겠대.

아마도 밥 들이고 잔 잡을 때에 흥에 겨워 하노라
▶ 추수철의 흥취를 표현한 구절이로구나.

〈제8수〉

문제분석 01-03번

번호	정답	정답률 (%)	선지별 선택비율(%)				
			①	②	③	④	⑤
1	④	82	2	12	3	82	1
2	⑤	74	7	3	5	11	74
3	③	83	1	1	83	13	2

01

정답설명

④ '춘일'에서 농사를 지어야 하는 봄이 계절적 배경임을 확인할 수 있으며, 봄이 되어 이웃들에게 농기구를 빌렸으나 '올벼 씨 한 말'은 이미 쥐가 반 이상 먹어 버리고, '기장 피 조 팥'은 겨우 서너 되 정도 구해 심은 현실을 제시하여 가난한 화자의 처지를 부각하고 있다.

오답설명

① '뻐꾸기', '기장 피 조 팥'과 같은 자연물들이 제시되기는 하였으나, 이 자연물들이 계절의 변화를 나타내는 것은 아니다. 또한 '궁귀'를 떠나보내려던 화자가 '궁귀'를 수용하는 것에서 인식 전환이 나타나고 있다고는 볼 수 있으나 계절의 변화에 조응하는 여러 자연물들을 활용하여 나타낸 것은 아니다.

② '춘일'이라는 계절감이 드러난 소재가 나타난 것은 맞지만, 계절감이 드러난 소재를 대등하게 나열하고 있진 않다.

형태쌤의 과외시간

계절감을 드러내는 소재

계절감을 드러내려면, 각 계절을 대표할 수 있어야 한다. 여기서 '대표성'은 상당히 애매할 수 있는데, 문학에서 각 계절에 관습적으로 많이 등장하거나 특정한 계절에만 나타나면 대표성이 부여된다고 할 수 있다.

예를 들어 '서리'가 '가을'을 의미한다고 하는데, 서리가 가을에만 내리는 것은 아닐 것이다. 하지만 예로부터 사람들은 더운 여름밤을 보내다가 어느 날 시원한 밤을 보내고, 새벽에 땅에 내린 서리를 보고 '가을이 왔음'을 인식하였다. 이에 따라 문학에서 '서리'가 가을을 대표하는 소재가 된 것이다.

'꾀꼬리'도 화창한 봄날에 특히 많이 보였기에 봄을 대표하는 소재가 되었다.

③ 윗글에 특정 계절의 풍속을 시선 이동에 따라 묘사한 부분은 제시되어 있지 않다. 참고로 '특정 계절의 풍속'이란 정월 대보름에 부럼 깨물기, 동지에 팥죽 먹기와 같이 특정한 시기나 계절마다 되풀이되는 다양한 생활 모습을 의미한다.

⑤ 윗글에서 계절의 순환이 드러난 부분과 이를 중심으로 자연의 섭리를 드러낸 부분은 찾을 수 없다.

02

정답설명

⑤ [A] X, [B] △ / [A]에서 '하늘'은 가난을 자신의 운명으로 체념, 수용하는 화자의 운명론적 가치관을 드러내는 소재로, 예찬의 대상으로 보기 어렵다. 또한 [B]에서의 '하느님'은 '면화'와 '이른 벼'를 만든 조물주를 말하는데, 이에 대해 '훌륭하다'거나 '감사하다' 등의 표현이 크게 드러나지는 않는다. 그런데, 이러한 하느님으로 인해 '면화'와 '이른 벼'가 잘 자라 풍요로움과 결실을 맺었고, '하느님'이 이러한 '면화'와 '이른 벼'를 화자를 위해서 생기게 했다는 말은 이면적으로 감사의 태도를 드러낸다고 볼 수 있다는 점에서 '예찬적 태도'를 허용할 수 있다. 따라서 평가원에서도 [B]에 대해 '예찬적 태도'가 맞다고 보았으나, 이것이 확연히 드러나지는 않아 △로 처리하였다. 평가원에서도 확실히 [A]에서 답이 갈리도록 선지를 구성한 것이다.

오답설명

① [A]에서 화자가 '술에 후량'을 갖추고 이름 불러 전송하는 것은 의례를 통해 '궁귀'에 대한 예우를 표하고 가난으로부터 벗어나려는 것으로 볼 수 있다.

② [B]의 '오뉴월이 언제 가고 칠월이 반이로다'를 통해 화자가 시간의 경과를 의식하고 있음을 알 수 있으며, '면화'가 '세 다래 네 다래'나 열렸다는 것을 통해 만족감을 느끼고 있음을 드러내고 있다.

③ [A]의 '하늘 삼긴 이내 궁을~빈천도 내 분이니'에서는 '이내 궁'을 '하늘'이 '삼겼다'고 표현하는 것을 통해 화자가 '이내 궁'을 자신의 운명으로 수용하고 있음을 확인할 수 있다. [B]에서 화자는 조물주에 해당하는 '하느님'이 '날 위하여' '너희(면화, 이른 벼)'를 '삼기셨다'라고 표현하여 '너희'와의 관계를 운명적으로 여기고 있다.

④ [A]에서 화자는 '어려서나~가라 하여 이르느뇨'에 해당하는 '궁귀'의 말에 '옳도다'라며 수용하는 태도를 보이고 있다. [B]에서 화자는 '오뉴월'이 가고 '칠월'이 '반'이나 지난 상황에 대한 감탄을 통해 곧 '(이삭이) 패는 모'를 수확할 수 있을 것이라는 기대감을 표현하고 있다.

03

정답설명

③ ⓒ에서 화자는 가난으로 인해 '세시 삭망 명절 제사'와 '원근 친척 내빈왕객'을 접대하는 것'이 어려운 자신의 처지를 한탄하고 있다. 그러나 취약한 경제적 기반 때문에 향촌 사대부가 자신의 사회적 책임을 내려놓는다는 내용은 제시되지 않았으며, 향촌 사대부의 죄책감을 드러내고 있지는 않다.

오답설명

① ㉠에서 파종할 '올벼 씨 한 말'을 '쥐'가 '반 넘게' 먹어 버린 상황은 〈보기〉에서 제시한 향촌 사대부의 '궁핍한 삶'을 드러낸다.

② ㉡에서 화자는 궁핍한 상황으로 인해 '솥 시루'를 사용하지 못해 녹이 슬어 '붉은 빛이 다 되었다'라고 표현하고 있다. 따라서 이를 통해 〈보기〉에서 제시한 사대부의 '궁핍한 삶'을 확인할 수 있다.

④ ㉣에서 화자는 밭을 매는 일을 '차례 정한 일'로 표현하고 있다. 〈보기〉에서 (나)의 사대부가 '곤궁한 향촌 공동체의 발전을 위해 여러 방도를 모색'하고

있다고 하였으므로, ㉣에서는 정해진 차례에 따라 밭을 매야 함을 나타내어 사회적 약속에 대한 존중을 향촌 공동체 발전의 방도로 여기는 관점을 드러낸다고 할 수 있다.

⑤ ㉤에서는 흥겹게 '밥 들이고 잔'을 잡는 상황을 묘사하여 먹을거리에 부족함이 없이 즐거운 향촌 구성원들의 모습을 보이고 있다. 〈보기〉에서 (나)는 '사대부가 가난을 벗어난 이상화된 농촌상을 그려 낸 작품'이라고 하였으므로 해당 선지는 적절하다.

어부단가 / 소유정가

지문분석

(가) 어부단가

이 중에 시름없으니 어부(漁父)의 생애로다

▶ 여기서 말하는 '어부의 생애'는 생업이 아닌 풍류의 삶을 말해. 화자가 진짜 어부라는 게 아니라 어부처럼 자연을 살아가는 존재임을 표현하고 있는 거야.

일엽편주를 만경파(萬頃波)에 띄워 두고
인세(人世)를 다 잊었거니 날 가는 줄 아는가

▶ 화자는 지금 자연을 즐기느라 시간이 가는 줄 모를 정도래. 화자는 인세(속세)에 대해 거리를 두고 있어.

〈제1수〉

굽어보면 천심 녹수 돌아보니 만첩 청산

▶ 화자의 시선에 따라 시상이 전개되고 있어. 화자는 깊고 푸른 물을 보다가 푸른 청산을 보고 있어.

십장 홍진(十丈紅塵)이 얼마나 가렸는가

▶ 더러운 속세를 겹겹이 있는 산이 가려서 자연과 속세를 단절해 주고 있네. 화자는 이처럼 속세와 단절된 상황에 대해서 만족감을 보이고 있어.

강호에 월백(月白)하거든 더욱 무심(無心)하여라

▶ 여기서의 '무심'은 욕심이 없다는 의미야. '청산', '녹수', '홍진', '월백'이라는 시어에서 색채 대비를 찾을 수 있다.

〈제2수〉

청하(靑荷)에 밥을 싸고 녹류(綠柳)에 고기 꿰어
노적 화총(蘆荻花叢)에 배 매어 두고
일반 청의미(一般淸意味)를 어느 분이 아실까

▶ 〈제2수〉에 비해서 〈제3수〉에서는 화자의 구체적인 행동이 나오고 있어. 자연 속에서의 화자의 삶이 구체화되는 거지. 이럴 때 '시상이 구체화된다'는 표현을 써. 「어부단가」와 같은 연시조는 각 수의 특징이나 차이점을 체크하면서 보는 게 중요해.

〈제3수〉

산두(山頭)에 한운(閑雲) 일고 수중(水中)에 백구(白鷗) 난다

▶ 화자가 산 정상으로 공간을 이동한 것이 아니야. 화자는 계속 배 위에 있어. 아까 '만첩 청산'에서 산 정상으로 시선이 이동한 거야. 화자는 산봉우리, 구름, 갈매기를 보고 있구나.

무심코 다정한 것 이 두 것이로다
일생에 시름을 잊고 너를 좇아 놀리라

▶ 자연과 동화하고 싶은 마음을 표현하며 〈제4수〉가 마무리되고 있어.

〈제4수〉

(나) 소유정가

때마침 부는 추풍(秋風) 반갑게도 보이도다

▶ 시작부터 계절적 배경이 드러난다. '추풍'이라고 했으니 현재 계절은 가을이겠네. 가을에 부는 바람은 시련을 상징할 때가 많지만, 여기서는 화자가 '반갑'

다고 했으니 긍정적인 바람이겠지?

말술이 다나 쓰나 술병 메고 벗을 불러

▶ 벗, 즉 친구를 불러서 술을 함께 마시려나 봐.

언덕 너머 어촌에 내 놀이 가자꾸나

▶ 뱃놀이를 가려 하고 있어.

흰 두건을 젖혀 쓰고 소정(小艇)을 타고 오니

▶ '소정'은 작은 배라는 뜻이야. 뱃놀이를 하려면 배에 타야겠지?

바람에 떨어진 갈대꽃 갠 하늘에 눈이 되어
석양에 높이 날아 어지러이 뿌리는데

▶ 상상을 해봐. 갈대꽃이 마치 눈처럼 뿌려지고 있대. 우리가 봄에 날리는 벚꽃 잎을 보고 좋아하는 것처럼 화자는 갈대꽃을 보고 풍류를 즐기는 거야.

갈잎에 닻 내리고 그물로
잔잔한 강물 속 자린은순(紫鱗銀脣) 수없이 잡아내어
연잎에 담은 회와 항아리에 채운 술을
실컷 먹은 후에

▶ 물고기를 잡아서 바로 회로 떠 술안주로 먹었대. 쌤도 화자가 부러워질 정도로 엄청난 풍류를 즐기고 있어.

태기 넓은 돌에 높이 베고 누웠으니
희황천지(羲皇天地)를 오늘 다시 보는구나

▶ 먹고 바로 눕는 것만큼 행복한 게 없지. 화자는 자연 속에서 풍류를 즐기는 게 마치 복희씨 때의 태평성대 같다고 말하고 있어.

잠시 잠들어 뱃노래에 깨어 보니
추월(秋月)이 만강(滿江)하여 밤빛을 잃었거늘

▶ 가을 달이 강에 가득 찼대. 화자가 풍류를 즐기며 아름다운 경치를 묘사하고 있으니 우리도 그 광경을 상상하며 읽어 보자.

반쯤 취해 시 읊으며 배 위로 건너오니
강물 아래 잠긴 달은 또 어인 달인 게오

▶ '강물 아래 잠긴 달'은 강물에 비친 달을 표현하는 거야.

달 위에 배를 타고 달 아래 앉았으니

▶ 화자가 탄 배는 강물에 비친 달 위에 떠있겠지. 그런데 그 배 위로 실제의 달이 있으니 마치 배가 달과 달 사이에 있는 것 같다는 의미야.

문득 의심은 월궁(月宮)에 올랐는 듯

▶ 화자가 이렇게 아름다운 광경에 있다 보니 마치 전설 속의 달나라 궁전에 간 것 같은 거지.

물외(物外)의 기이한 경관 넘치도록 보이도다

▶ '물외'는 현실 세계의 바깥세상을 말해. 화자는 초월적 세계에 간 듯한 기분을 느끼는 거야.

청경(淸景)을 다투면 내 분에 두랴마는
즐겨도 말리는 이 없으니 나만 둔가 여기노라
놀기를 탐하여 돌아갈 줄 잊었도다
아이야 닻 들어라 만조(晩潮)에 띄워 가자
푸른 물풀 위로 강풍(江風)이 짐짓 일어
귀범(歸帆)을 재촉하는 듯
아득하던 앞산이 뒷산처럼 보이도다

▶ 뱃놀이를 마치고 돌아갈 때가 되었어.

▶ 앞산이 뒷산처럼 보인다는 것은 그만큼 배가 빠르게 나아가서 산이 휙휙 지나

가기 때문이야. 앞에서 '강풍'이 짐짓 일었다고 했는데, 강바람을 만나 배가 빠르게 가는 걸 표현하고 있는 거야.

잠깐 사이 날개 돋아 연잎배 탄 신선된 듯

▶ 앞에서 화자가 초월적 세계에 간 것 같다고 느꼈는데, 그 세계에 있던 자신은 마치 신선이 된 것 같대.

연파(煙波)를 헤치고 월중(月中)에 돌아오니
동파(東坡) 적벽유(赤壁遊)인들 이내 흥(興)에 미치겠는가

▶ 송나라의 소식과 비교하며 자신의 흥이 더하다고 자부심을 드러내고 있어.

강호 흥미(興味)는 나만 둔가 여기노라

▶ 자연에서의 흥미는 자신이 제일 잘 안다고 하며 역시 자부심을 드러내고 있다.

문제분석 01-03번

번호	정답	정답률(%)	선지별 선택비율(%)				
			①	②	③	④	⑤
1	④	93	1	2	2	93	2
2	③	90	2	4	90	3	1
3	②	64	2	64	5	3	26

01

정답설명

④ ㉣에서 명령형 어미 '-어라'를 사용하여 '아이'에게 닻을 들라고 제시하고 있으나, 자연 경물에 대한 인식의 변화를 촉구하고 있지는 않다.

오답설명

① ㉠에서 '산두에 한운 일고'와 '수중에 백구 난다'는 '부사어+주어+서술어'의 문장 구조가 나란히 제시되어 대구를 이루고 있다. 이를 통해 자연 경물의 모습이 제시되며, 한적한 분위기를 조성하고 있으므로 적절하다.

② ㉡에서 가리키는 '너'는 '이 두 것', 즉 '한운'과 '백구'이다. 화자는 이들을 '좇아 놀'겠다고 하면서 자연과 동화하려는 의지를 표출하고 있다.

③ 화자가 소정(작은 배)을 타고 왔다고 했으니 ㉢의 공간이 '물가'인 것은 알겠지? 물가의 갈대꽃을 '눈'에 비유하여 자연 경물의 모습을 감각적으로 표현하고 있으므로 적절하다.

⑤ 주석을 보면 알 수 있듯이 '동파 적벽유'는 '소식'이라는 사람이 했던 뱃놀이이다. 화자 또한 현재 뱃놀이를 하고 있는데, '소식'의 흥이 자신에게 미치지 않는다고 말하며 자긍심을 드러내고 있으므로 적절하다.

02

정답설명

③ [B]의 '강물 아래 잠긴 달'은 강물에 비친 달을 가리키며, '달 위에 배를 타고 달 아래 앉았으니'는 하늘의 달과 강물에 비친 달 사이에 놓인 자신의 모습을 표현한 것이다. 이와 같은 상황에서 화자는 자신이 '월궁'에 오른 듯하다고 표현하며 신비로움을 드러내고 있다.

오답설명

① [A]에서 화자가 '달'을 절대적 존재로 인식하는 것은 아니며, 달에게 기원하는 모습은 찾을 수 없다.

② [A]에서 화자는 '녹수'와 '청산'으로 둘러싸인 강호의 달밤 정경을 묘사하고 있으나, 달에 인격을 부여하지는 않았다. '무심'하다고 표현한 대상은 달이 아닌 화자 자신이다.

④ [B]에서 시간의 흐름에 따라 달의 모양이 달라지는 표현은 찾을 수 없다. 또한 '추월'이라는 시어에서 가을이라는 계절적 배경이 드러날 뿐, 계절의 변화는 나타나지 않는다.

⑤ [A]와 [B] 모두 화자가 달에게 말을 건네지는 않았으므로 달을 대화의 상대로 여긴다는 선지는 옳지 않다. 또한 (가)의 화자와 (나)의 화자 모두 자연에서 풍류를 즐기고 있으며, 흥취의 정서를 드러내고 있을 뿐 달을 '위안'의 대상으로 여기고 있는 것은 아니므로 적절하지 않다.

03

정답설명

② '추풍'은 화자가 반갑게 여기며 '어촌'으로 '내 놀이'를 가게 한다는 점에서 뱃놀이의 흥취를 북돋우는 자연 현상으로 볼 수 있다. 하지만 '강풍'은 강바람을 의미할 뿐 (나)의 화자는 계속해서 강에서의 흥취를 노래하고 있으므로 흥취의 대상을 산으로 옮긴다는 선지의 뒷부분은 적절하지 않다.

오답설명

① 〈보기〉에서 '어부'는 정치 현실과 거리를 둔 은자로 형상화된다고 하였고, (가)는 유유자적한 삶을 사는 어부를 형상화한다고 하였다. 이때 '십장 홍진'이나 '인세'는 〈보기〉에서 말하는 '정치 현실'에 해당하는 시어이므로 선지의 진술은 적절하다.

③ 〈보기〉에서 어부 관련 소재를 통해 '어부 형상'이 다양한 변주를 보인다고 하였는데, 배를 나타내는 '일엽편주'와 '소정'은 모두 어부 형상 관련 소재이고, 이를 통해 화자가 소박한 뱃놀이를 즐기고 있음을 보여 준다.

④ 〈보기〉에서 어부 관련 행위를 통해 '어부 형상'이 다양한 변주를 보인다고 하였다. 또, (가)는 유유자적한 삶을 사는 어부를, (나)는 흥취 있는 삶을 사는 어부를 형상화한다고 하였으므로 선지의 진술은 적절하다.

⑤ (가)의 화자는 〈제3수〉에서 '일반 청의미를 어느 분이 아실까'라고 하는데, '일반 청의미'는 자연의 참된 의미라는 뜻이다. 이를 '어느 분이 아실까'라고 하는 것은 화자 외에는 이러한 의미를 알지 못한다는 말이 된다. 따라서 (가)의 화자가 홀로 자족감을 표출하고 있다고 볼 수 있다. 또한 (나)의 화자는 '술병 메고 벗을 불러' 내 놀이를 가자고 하고 있으므로 벗들과 함께한 흥겨운 뱃놀이를 통해 만족감을 표출하고 있다고 볼 수 있다.

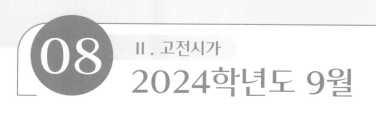

08 2024학년도 9월

성산별곡 / 사설시조

지문분석

(가) 성산별곡

청강 녹초변에 소 먹이는 아이들이
▶ 청강 푸른 풀 주위에 소 기르는 아이들이

석양에 흥이 겨워 피리를 빗기 부니
▶ 석양에 흥에 겨워 조그만 피리를 비껴 부니
▶ 청각적 심상으로 평화로운 분위기를 나타내고 있어.

물 아래 잠긴 용이 잠 깨어 일어날 듯
▶ 물 아래 잠긴 용이 잠 깨어 일어날 듯

내 기운에 나온 학이 제 깃을 던져 두고 반공에 솟아 뜰 듯
▶ 안개 사이에 나온 학이 제 집을 버리고 공중으로 솟아 뜰 듯
▶ '용'과 '학'을 통해 아이들이 부는 피리 소리를 비유적으로 나타내고 있어.
▶ '내'는 안개라는 의미로, 고전 시가에서 자주 나오니 기억해 두자.

소선(蘇仙) 적벽은 추칠월이 좋다 하되
▶ 소선(소동파를 신선에 빗댄 말)의 적벽부에는 추칠월이 좋다 하되

팔월 십오야를 모두 어찌 칭찬하는가
▶ 팔월 보름밤을 모두 어찌 칭찬하는가
▶ 소동파의 적벽부에는 음력 칠월이 좋다고 하는데, 화자가 보기에는 8월 보름밤이 훨씬 좋다는 의미야. 그만큼 현재의 풍경이 아름답고 멋지다는 것을 강조하는 거지. 참고로 음력 8월 보름은 추석을 가리키는 거니, 가을을 나타내는 추사에 들어있는 거야!

구름이 걷히고 물결이 다 잔 적에
▶ 구름이 흩어지고 물결이 잔잔할 때에

하늘에 돋은 달이 솔 위에 걸렸거든
▶ 하늘에 돋은 달이 소나무 위에 걸렸거든

잡다가 빠진 줄이 적선(謫仙)이 헌사할샤
▶ (강에 비친 달을) 잡다가 빠진 것이 적선(이태백)이 야단스럽구나.
▶ 이태백은 강에 비친 달을 잡으려다 빠져 죽었다는 속설이 있어. 따라서 사람들은 아름다운 달을 보면 자연스럽게 이태백의 고사를 떠올리게 돼. 화자 또한 아름다운 달을 보고 이를 떠올리며, 대단하다고 말하고 있는 거야.

공산에 쌓인 잎을 삭풍이 거둬 불어
▶ 텅 빈 산에 쌓인 잎을 북풍이 거둬 불어
▶ '공산'은 나뭇잎이 모두 떨어진 앙상한 산을 가리키고, '삭풍'은 겨울에 부는 바람을 말하기 때문에 모두 겨울을 나타내는 시어야.

떼구름 거느리고 눈조차 몰아오니
▶ 떼구름 거느리고 눈조차 몰아오니
▶ '눈' 또한 겨울을 나타내는 시어니 체크해 두자.

천공이 호사로워 옥으로 꽃을 지어
▶ 조물주가 호사로워 옥으로 꽃을 만들어

만수천림을 꾸며곰 낼세이고
▶ 많은 나무와 수풀을 꾸며도 내는구나.

▶ 흰 눈이 많은 나무와 수풀을 덮은 것을 마치 옥으로 꽃을 만든 것 같다고 표현한 거야. 따라서 여기서의 '옥'은 '눈'의 보조 관념이 된다.

앞 여울 가리 얼어 독목교(獨木橋) 비꼈는데
▶ 앞 여울 가로 얼어 외나무다리가 비스듬이 걸렸는데

막대 멘 늙은 중이 어느 절로 간단 말고
▶ 막대 멘 늙은 중이 어느 절로 간단 말인가.

산옹의 이 부귀를 남더러 자랑 마오
▶ 산옹(정자 주인)의 이 부귀를 남에게 자랑 마오.
▶ 여기서 말하는 '부귀'는 속세의 부유함이 아니라, 자연을 즐길 수 있는 정신적인 풍요로움을 말해. 속세의 사람들로 인해 자연이 손상될까 하는 마음에 그들에게 자랑하지 말라는 의미로 이해할 수 있어.

경요굴(瓊瑤窟) 숨은 세계 찾을 이 있을세라
▶ 경요굴(눈 내린 성산의 모습을 빗댄 말) 은거지를 찾을 이 있을까 걱정되는구나
▶ 이후에는 어조가 조금 바뀌는데, 왜 바뀌는지 어떻게 바뀌는지 생각하며 읽어 보자.

산중에 벗이 없어 서책을 쌓아 두고
▶ 산중에 벗이 없어 책을 쌓아 두고

만고 인물을 거슬러 혜여하니
▶ 옛 인물을 거슬러 헤아리니

성현도 많거니와 호걸도 하도 할샤
▶ 성현도 많거니와 호걸(기개가 있는 사람)도 많고 많다.

하늘 삼기실 제 곧 무심할까마는
▶ 하늘이 (인간을) 만드실 때 곧 무심할까마는

어찌한 시운(時運)이 흥망이 있었는고
▶ 어찌한 시대의 운이 흥했다 망했다 하는가.

모를 일도 하거니와 애달픔도 그지없다
▶ 모를 일도 많거니와 애달픔도 그지없다.
▶ 화자는 지금 변화가 심한 속세를 생각하며 슬픔을 느끼고 있어. 속세를 언급하는 건 화자가 관심이 있기 때문이야.

기산의 늙은 고블 귀는 어찌 씻었던고
▶ 기산의 늙은 고블(허유) 귀는 어찌 씻었는가.
▶ 자주 나오는 고사이니 알아 두자. 요임금이 기산에 사는 허유에게 황제의 자리를 양위 받으라고 하자, 허유는 더러운 말을 들었다며 귀를 씻었다고 해. 따라서 허유는 속세를 거부하고 자연을 추구한 대표적인 인물이야.

박 소리 핑계하고 지조가 가장 높다
▶ 표주박도 (귀찮다고) 떨친 후의 지조가 가장 높구나.

인심이 낯 같아야 볼수록 새롭거늘
▶ 인심이 얼굴 같아서 볼수록 새롭거늘
▶ '볼수록 새롭'다는 것은 좋은 의미가 아니야. 속세의 인심이 항상 변한다는 부정적인 의미야.

세사는 구름이라 험하기도 험하구나
▶ 세상 일은 구름이라 험하기도 험하구나.
▶ 화자가 계속 속세에 대한 안 좋은 얘기를 하고 있는데, 자신이 속세로 가고 싶은 마음이 있기 때문에 이를 떨쳐내기 위해 일부러 부정적으로 생각하려고 노력하는 거라고 이해할 수 있어.

엊그제 빚은 술이 얼마나 익었느냐

▶ 엊그제 빚은 술이 얼마나 익었는가.

잡거니 밀거니 실컷 기울이니

▶ 주거니 받거니 실컷 기울이니

마음에 맺힌 시름 조금은 풀리나다

▶ 마음에 맺힌 시름 조금이나마 풀리는구나.

▶ '시름'은 바로 속세로 가고 싶은 욕망 때문에 생긴 거야. 이와 같은 시름을 화자는 술로 해소하고 있어.

(나) 사설시조

생매 잡아 길 잘 들여 먼 산 두메로 꿩 사냥 보내고 흰 말 구불구종 갈기 솔질 활활 쌀쌀 하여 임의 집 송정 뒤 잔디 잔디 금잔디 밭에 말 말뚝 꽝꽝쌍쌍 박아 숭마 바 고삐 길게 늘려 매고

▶ 야생 매를 잡아서 길을 잘 들여 먼 산으로 꿩 사냥을 보내고 구불구종(말 모는 하인)이 흰 말의 갈기 솔질을 활활 쌀쌀 하여 임의 집 송정(정자) 뒤 잔디 잔디 금잔디 밭에 말의 말뚝을 꽝꽝쌍쌍 박아 숭마 바 고삐(말의 굴레에 잡아매는 줄)를 길게 늘려서 매고

앞내 여울 고기 뒷내 여울 고기 오르는 고기 내리는 고기 자나 굵으나 굵으나 자나 주섬주섬 낚아 내여 시내 동으로 뻗은 움버들가지 와지끈 뚝딱 꺾어 거꾸로 잡고 잎사귀 셋만 남기고 주루룩 훑어 아가미 너슬너슬 꿰어 시내 잔잔 흐르는 물에 납작 실죽 청바둑돌로 임도 모르고 아무도 모르게 가만히 살짝 자기자 장단 맞춰 지근지지 눌러 놓고 동자야 이 뒤에 학 타신 선관이 날 찾거든 그물 낚싯대 종이 종다래끼 파리 밥풀통 고추장 술병까지 가지고 뒷내 여울로 오라고 일러만 주소

▶ 앞내 여울의 고기 뒷내 여울의 고기 올라오는 고기 내려가는 고기 작으나 굵으나 굵으나 작으나 주섬주섬 낚아서 시내 동쪽으로 뻗은 버들가지를 와지끈 뚝딱 꺾어 거꾸로 잡고 잎사귀 셋만 남기고 주루룩 훑어서 잡은 고기의 아가미 너슬너슬 꿰어 시내에 잔잔히 흐르는 물에 납작 실죽 청바둑돌로 임도 모르고 아무도 모르게 가만히 살짝 자기자 장단에 맞춰 지근지지 고기를 눌러 놓고 동자야 이 뒤에 학 타신 선관(신선)이 날 찾거든 그물 낚싯대 종이 종다래끼(작은 바구니) 파리 밥풀통 고추장 술병까지 가지고 뒷내 여울로 오라고 일러만 주소

아마도 산중호걸이 나뿐인가 하노라

▶ 아마도 산중호걸(산속에 사는 호걸)이 나뿐인가 하노라

▶ 화자는 꿩 사냥을 하고 고기잡이를 하며 자연 속에서 현실의 즐거움을 만끽하고 있어. 또한 자신을 산중호걸이라 칭하며 자연 속에서 흥취를 즐기는 삶에 대한 강한 만족감을 드러내고 있어.

문제분석 01-03번

번호	정답	정답률 (%)	선지별 선택비율(%)				
			①	②	③	④	⑤
1	②	85	3	85	6	2	4
2	④	66	2	12	15	66	5
3	①	49	49	6	21	16	8

01

정답설명

② 음성 상징어는 의성어나 의태어를 의미한다. (나)의 초장에서 '활활 쌀쌀'은 말의 갈기를 손질하는 인물의 행위를, '꽝꽝쌍쌍'은 말뚝을 박는 인물의 행위를 역동적으로 드러내고 있다. 또한 중장에서 '주섬주섬', '와지끈', '뚝딱', '주루룩', '너슬너슬' 등은 고기잡이를 하는 인물의 행위를 역동적으로 드러내고 있다.

오답설명

① (가) X / (가)의 '잡다가 빠진 줄이 적선이 헌사할샤', '성현도 많거니와 호걸도 하도 할샤' 등에서 영탄적 표현이 사용되었음을 알 수 있지만 이를 통해 '적선', '성현', '호걸'과 같은 인물에 대한 그리움을 드러내고 있지는 않다.

③ (가) X, (나) O / (가)에서 시선의 이동은 나타나지만, 공간의 이동이 드러나지 않는다. 반면, (나)에서는 '임의 집 송정 뒤 금잔디 밭 → 앞내 여울 → 뒷내 여울'로 공간의 이동이 드러나며, '흰 말, 고기, 움버들' 등 다양한 대상의 면모를 제시하고 있다.

학생들이 자주 묻는 질문

Q. (가)에서 '청강 녹초변'과 '앞 여울'을 공간으로 봐서 공간의 이동으로 볼 수 있지 않나요? 그리고 '서책'을 쌓아 두고 있으니 실외에서 실내로 이동한 것 아닌가요?

A. 시선의 이동과 공간의 이동은 구분하기 애매한 측면이 있다. 이럴 때는 기출을 통해 평가원이 이를 어떻게 처리하는지 확인해야 한다.
2023학년도 9평 「소유정가」에서 화자는 강에서 배를 타고 자연을 즐기다가 산을 바라본다. 이때 평가원은 시선의 이동일 뿐 공간의 이동이 아니기에 흥취의 대상을 산으로 옮긴다는 선지를 적절하지 않다고 출제하였다.
따라서 시선의 이동과 공간의 이동은 구분을 해서 처리해야 한다. 여기서도 화자는 성산에 있는 다양한 대상을 원경과 근경으로 묘사를 하고 있다. '청강 녹초변'에 있는 아이들이 피리를 부는 모습을 보기도 하고, '앞 여울'의 다리를 건너가는 중을 바라보기도 한다. 하지만 화자가 직접 이동을 한 것이 아니기에 공간의 이동은 아니다. 또한 '서책'을 읽고 있는 공간이 나오지 않았기에 섣불리 '실내'로 이동했다고 볼 수 없다.

④ (가) X, (나) X / (가)는 시간의 흐름에 따라 시상이 전개되고 있으나, 이에 따른 인물의 심리 변화는 나타나지 않는다. 한편, (나)에는 매를 꿩 사냥 보내고, 고기잡이를 하는 일련의 활동이 제시되었으므로 시간의 흐름을 허용할 수 있지만, 화자는 자연 속에서 현실의 즐거움을 만끽하고 있을 뿐 시간의 흐름에 따라 심리가 변화하고 있지 않다. 따라서 (나)는 (가)와 달리 시간의 흐름에 따라 인물의 심리 변화를 드러내고 있다는 선지의 설명은 적절하지 않다.

⑤ (가) X, (나) O / 대구는 통사 구조의 반복이 연달아 나오는 것을 말한다. (가)에는 '성현도 많거니와 호걸도 하도 할샤', '모를 일도 하거니와 애달픔도 그지없다' 등에서 대구가 사용되었음을 확인할 수 있다. 하지만 이를 통해 대조적 대상의 속성을 드러내고 있지는 않다. 한편, (나)에서는 '자나

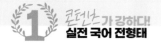

굵으나 굵으나 자나'에서 대구가 사용되었음을 확인할 수 있으며 이를 통해 크기가 작은 고기와 크기가 큰 고기의 속성을 드러내고 있다. 따라서 (가)와 달리 (나)는 대구를 사용하여 대조적 대상의 속성을 드러냄을 확인할 수 있으므로 선지의 설명은 적절하지 않다.

02

정답설명

④ 화자는 하늘이 인간을 만들 때 무심하지 않았을 것임에도 그 이치가 제대로 구현되지 못했음을 '시운'의 '흥망' 즉, 시대의 운이 흥했다 망했다 하는 것에서 발견하고 있다. 또한 자신이 모를 일이 많아 '애달픔'이 끝이 없다고 하였다. 이때 애달프다는 것은 슬픔의 정서를 드러낸 것이므로 인물의 담담한 태도가 드러난다는 선지의 설명은 적절하지 않다. 또한 화자는 애달픔도 끝이 없다고 한탄하고 있으므로 현실을 수용한다는 선지의 설명 역시 적절하지 않다.

오답설명

① '삭풍'이 가을 잎을 쓸고 간 자리에 구름과 눈을 몰고 와 '공산'을 눈 세상으로 만들었다는 것에서 계절적 배경이 가을에서 겨울로 변화했음을 알 수 있다. 또한 화자가 거처한 공간이 눈으로 인해 아름다운 세상이 되었음을 '천공이 호사로워 옥으로 꽃을 지어'라고 표현하고 있으므로 선지의 설명은 적절하다.

② 화자는 '앞 여울'을 건너가는 노승('늙은 중')을 발견하고 '경요굴 숨은 세계 찾을 이 있을세라'라며 '경요굴'의 숨은 세계가 남들에게 알려질까 걱정하고 있다. 이는 속세의 사람들로 인해 자연이 손상될까 염려해 성산의 경치가 알려지지 않기를 바라는 것으로 볼 수 있으므로, 빼어난 경치를 소중하게 여기는 화자의 태도가 드러난다는 선지의 설명은 적절하다.

③ 눈 내린 성산의 아름다운 풍경을 보며 예찬하던 화자는 눈을 돌려 벗이 없는 '산중'에서 서책을 쌓아 두고 '만고 인물'을 거슬러 생각하고 있다. 이때 책을 쌓아 두고 읽으며 역사를 떠올리는 것은 적적한 상황에 놓인 인물의 행동을 보여 주는 것이라 할 수 있다. 또한 이러한 인물의 행위를 통해 화자의 시선이 외부 세계에서 내면, 즉 정신적 세계로 이동함을 확인할 수 있으므로 선지의 설명은 적절하다.

⑤ 화자는 세상을 등진 삶을 임금이 황제의 자리를 양위하겠다고 하자 더러운 말을 들었다며 귀를 씻었던 '기산'의 '고블(허유)'에 비유하였다. 또한 화자의 선택에 대해 '지조가 가장 높다'며 긍정적으로 평가하고 있으므로 험한 세사와의 단절과 은거 지향에 대한 긍정적 인식이 인물의 선택에 대한 평가를 통해 드러난다는 선지의 설명은 적절하다.

03

정답설명

① (가) O, (나) X / 〈보기〉에서 '(가)의 자연은 속세와 구별되는 청정한 이상 세계로 그려'지고 있다고 하였으므로 (가)의 공간은 속세를 벗어난 탈속적 공간임을 알 수 있다. 이때 (가)의 공간에서 '소 먹이는 아이들'이 피리를 불고 있으며 피리 소리를 '물 아래 잠긴 용이 잠 깨어 일어날 듯'하다고 비유적으로 표현하였으므로 '용'은 피리 소리로 조성된 탈속적 분위기를 환상적으로 표현하는 소재임을 알 수 있다. 한편, 〈보기〉에서 '(나)의 자연

은 풍요롭게 그려지는 현실적 풍류의 장으로, 활달하고 흥겹게 놀이를 펼치는 곳'이라고 하였으므로 '생매'는 꿩 사냥을 하는 화자의 활달한 놀이 취향을 보여 주는 소재라 할 수 있다. 하지만 고고한 취향은 '세속을 초월하여 고상하고 고풍스러운 취향'을 의미하며, 〈보기〉에서 이러한 '고고한 가치'는 (가)에서 드러난다고 하였으므로 '생매'가 고고한 취향을 보여 준다는 선지의 설명은 적절하지 않음을 알 수 있다.

오답설명

② 〈보기〉에서 '(가)의 자연은 속세와 구별되는 청정한 이상 세계로 그려지'고 있다고 하였으므로 (가)의 '학'은 이상적 세계의 아름다움을 구현하는 소재라고 할 수 있다. 한편, 〈보기〉에서 '(나)의 자연은 풍요롭게 그려지는 현실적 풍류의 장'이라고 하였으며 (나)의 '오르는 고기 내리는 고기'에서 '고기'가 생동(생기 있게 살아 움직임)하는 모습을 보여 주고 있으므로 (나)의 화자가 잡는 '고기'는 풍요롭고 생동하는 세계를 표현하는 소재라고 할 수 있다.

③ 〈보기〉에서 '(가)의 자연은 속세와 구별되는 청정한 이상 세계로 그려지'고 있다고 하였다. 이때 청정한 강호의 세계는 청정한 (가)의 자연 세계를 의미하며, 화자는 자연에서 경치를 즐기며 '소선'과 '적선'이라는 인물들을 떠올리고 있으므로 선지의 설명은 적절하다. 한편, 〈보기〉에서 '(나)는 '신선의 이미지를 통해 멋이 고조된다.'라고 하였다. '나'는 고기잡이를 하며 자연 속에서 현실의 즐거움을 만끽하고 있으며 자연에서의 흥취를 '선관'과 함께 즐기고자 함을 드러내고 있다. 따라서 '나'는 '선관'의 이미지를 제시해 멋을 고조하고 있으므로 선지의 설명은 적절하다.

④ (가)의 '산옹'은 성산의 자연을 즐기는 '부귀'를 누리고 있는 인물이므로 계절에 따른 산의 모습을 바라보며 자연, 즉 이상 세계의 삶을 지향하는 인물이라고 할 수 있다. 한편, 〈보기〉에서 '(나)의 자연은 풍요롭게 그려지는 현실적 풍류의 장'이라고 하였다. 이때 (나)의 '나'는 현실적 풍류의 장인 자연 속에서 꿩 사냥과 고기잡이를 하고 있으므로 현실의 즐거움을 향유하는 인물이라고 할 수 있다.

⑤ (가)의 화자는 술을 마시며 '마음에 맺힌 시름'이 '조금은 풀'린다고 하였다. 이때 화자가 시름에 잠겼던 이유는 '세사' 즉, 세상 일 때문이며 이를 해소하기 위해 '술'을 마셨으므로 '술'은 강호(자연)에서 세상에 대한 시름을 달래 주는 소재라고 할 수 있다. 한편, 〈보기〉에서 '(나)의 자연은 풍요롭게 그려지는 현실적 풍류의 장으로, 활달하고 흥겹게 놀이를 펼치는 곳'이라고 하였다. (나)의 화자는 자연에서 '선관'과 '술병'의 술을 마시며 흥취를 더하고자 하므로, '술병'은 풍류의 장에 흥취를 더해 줄 소재라고 할 수 있다.

일동장유가 / 화암구곡

지문분석

(가) 일동장유가

장풍에 돛을 달고 육선이 함께 떠나
▶ 거센 바람에 돛을 달고, 여섯 척의 배가 함께 떠날 때

삼현과 군악 소리 해산을 진동하니
▶ 세 현악기와 군악 소리가 산과 바다에 진동하니

물속의 어룡들이 응당히 놀라리라
▶ 물속의 고기들이 마땅히 놀라리라.

해구를 얼른 나서 오륙도를 뒤 지우고
▶ 항구를 얼른 나서 오륙도를 뒤로하고

고국을 돌아보니 야색이 아득하여
▶ 고국을 돌아보니 밤빛이 멀리 아득하여

아무것도 아니 뵈고 연해 각진포에
▶ 아무것도 안 보이고, 바닷가에 인접한 각 군영의 포구에

불빛 두어 점이 구름 밖에 뵐 만하다
▶ 불빛 두어 점이 구름 밖으로 보일 만하다.

배 방에 누워 있어 내 신세를 생각하니
▶ 선실에 누워서 내 신세를 생각하니

가뜩이 심란한데 대풍이 일어나서
▶ 가뜩이나 심란한데 큰 바람이 일어나서

태산 같은 성난 물결 천지에 자욱하니
▶ 태산 같은 성난 물결이 천지에 자욱하니

크나큰 만곡주가 나뭇잎 불리이듯
▶ 크나큰 배가 나뭇잎 나부끼듯

하늘에 올랐다가 지함에 내려지니
▶ 하늘에 올랐다가 땅이 움푹하게 주저앉은 곳에 떨어지니

열두 발 쌍돛대는 차아처럼 굽어 있고
▶ 열두 발 높이의 쌍돛대는 나무의 곁가지처럼 굽어 있고

쉰두 폭 초석 돛은 반달처럼 배불렀네
▶ 풀을 엮어 만든 쉰두 폭의 돛은 반달처럼 배가 불렀네

(중략)

날이 마침 극열하고 석양이 비치어서
▶ 날이 마침 몹시 뜨겁고 석양이 비치어서

끓는 땅에 엎디어서 말씀을 여쭈오니
▶ 끓는 땅에 엎드려 말씀을 여쭈오니

속에서 불이 나고 관대에 땀이 배어
▶ 속에서 불이 나고 관대(관복)에 땀이 배어

물 흐르듯 하는지라 나라께서 보시고서
▶ 물 흐르듯 하는지라 임금께서 보시고서

너희 더위 어려우니 먼저 나가 쉬라시니
▶ 너희 더워 어려우니 먼저 나가 쉬라고 하시니

곡배하고 사퇴하니 천은이 망극하다
▶ 절을 하고 물러나니 임금의 은혜가 끝이 없다

더위를 장히 먹어 막힐 듯하는지라
▶ 더위를 몹시 먹어 막힐 듯하는지라

사신들도 못 기다려 하처로 돌아오니
▶ 사신들도 못 기다려 하처(개인이 거처하는 곳=집)로 돌아오니

누이도 반겨하고 딸은 기뻐 우는지라
▶ 누이도 반겨하고 딸은 기뻐서 우는지라

일가 친척들이 나와서 위문하네
▶ 일가 친척들이 나와서 문안하네

여드레 겨우 쉬어 공주로 내려가니
▶ 여드레(8일) 겨우 쉬어 공주로 내려가니

처자식들 나를 보고 죽었던 이 고쳐 본 듯
▶ 처자식들 나를 보고 죽었던 사람 다시 본 듯

기쁘기 극한지라 어리석은 듯 앉았구나
▶ 기쁘기가 극한지라 어리석은 듯 앉았구나

사당에 현알하고 옷도 벗고 편히 쉬니
▶ 사당집을 찾아뵙고 옷도 벗고 편히 쉬니

풍도의 험하던 일 저승 같고 꿈도 같다
▶ 바람과 큰 물결의 험하던 일 저승 같고 꿈도 같다

손주 안고 어르면서 한가히 누웠으니
▶ 손주 안고 어르면서 한가히 누웠으니

강호의 산인이요 성대의 일반이로다
▶ 강호의 산인이요 태평성대의 일반이로다

(나) 화암구곡

꼬아 자란 층석류요 틀어 지은 고사매라
▶ 꼬아 자란 층석류(석류나무로 만든 분재)요 틀어 키운 고사매(매화를 고목에 접붙인 분재)라

삼봉 괴석에 달린 솔이 늙었으니
▶ 세 개의 봉우리 모양의 돌에 달린 소나무도 늙었으니

아마도 화암 풍경이 너뿐인가 하노라
▶ 아마도 화암의 뛰어난 풍경은 너뿐인가 하노라

▶ 화자는 자신의 취향이 반영된 분재를 만들어 감상하며 자신이 기른 화훼로 조성한 공간에 대한 자부심을 드러내고 있구나.

〈제1수〉

막대 짚고 나와 거니니 양류풍 불어온다
▶ 지팡이 짚고 나가 거닐더니 양류풍(버드나무에 부는 바람)이 불어온다.

▶ '양류'는 버드나무를 의미해. 버드나무는 봄이라는 계절감을 드러내는 소재이니 '양류풍' 역시 봄을 나타내는 어휘임을 알 수 있어.

긴 파람 짧은 노래 뜻대로 소일하니

▶ 긴 휘파람 짧은 노래 마음대로 세월 보내니

어디서 초동과 목수(牧叟)는 웃고 가리키나니

▶ 어디서 나무하는 아이와 소먹이는 늙은이는 웃으면서 (손가락으로) 가리켜 보이느냐

▶ 봄날에 자연에서 한가하고 여유로운 시간을 보내는 화자의 모습이 그려지고 있구나.

〈제6수〉

맑은 물에 벼를 갈고 청산에 섶을 친 후

▶ 맑은 물에 벼를 심고 청산에서 땔감을 구한 후

서림 풍우에 소 먹여 돌아오니

▶ 서쪽 숲 비바람에 소를 먹여 돌아오니

두어라 야인 생애도 자랑할 때 있으리라

▶ 두어라 시골 생활도 자랑할 때 있으리라

▶ 화자는 자연에서의 삶을 '야인 생애'로 표현하여 '자랑할 때'가 있을 거라고 말하고 있네. 자신의 삶에 대한 자족감(만족감)이 드러나는구나.

〈제9수〉

문제분석   **01-03번**

번호	정답	정답률 (%)	선지별 선택비율(%)				
			①	②	③	④	⑤
1	②	67	3	67	8	4	18
2	③	76	4	2	76	11	7
3	④	46	2	14	25	46	13

01

정답설명

② (가)의 '열두 발 쌍돛대는 차아처럼 굽어 있고 / 쉰두 폭 초석 돛은 반달처럼 배불렀네' 등은 '대풍(큰 바람)'이라는 외부 환경으로 인해 사물의 형태가 변화한 모습을 비유적으로 묘사한 것이므로 선지의 내용은 적절하다.

오답설명

① (가)의 '풍도의 험하던 일 저승 같고 꿈도 같다'에서 과거를 회상하는 표현을 확인할 수 있지만, 현재 상황에 대한 아쉬움이 아닌 만족감을 드러내므로 적절하지 않다.

③ (나)의 〈제6수〉에 제시된 '양류풍'을 계절(봄)을 나타내는 어휘로 볼 수 있다. 하지만 이를 활용해 봄의 계절감을 나타낼 뿐, 애달픈 정서를 부각하고 있지는 않다.

④ (나)의 〈제6수〉에서 '초동'과 '목수'라는 두 인물을 확인할 수 있다. 하지만 두 인물의 행위를 대비하여 대상에 대한 평가를 드러내고 있지는 않으므로 적절하지 않다.

⑤ (가)의 '응당히 놀라리라', '어리석은 듯 앉았구나', '성대의 일반이로다' 등과 (나)의 '너뿐인가 하노라', '자랑할 때 있으리라'에서 영탄적 표현을 확인

할 수 있다. 하지만 이를 통해 **경외감(공경하면서 두려워하는 감정)**을 드러내고 있지는 않으므로 적절하지 않다.

학생들이 자주 묻는 질문

Q. 영탄적 표현이 무엇인가요?
A. 영탄적 표현은 슬픔, 기쁨, 감동 등 벅찬 감정이나 의지를 강조하여 표현하는 수법이다. '아, 아아, 오' 등의 감탄사, '(임)아, (그대)여, (임)이시여' 등의 호격 조사, '-구나, -도다, -노라, -다나' 등의 감탄형 어미, '-랴, -ㄹ까' 등의 의문형 어미가 사용될 때 허용할 수 있다.

02

정답설명

③ [C]의 '처자식들 나를 보고~앉았구나'에서는 가족들이 여정을 마치고 돌아온 화자를 보고 기쁨이 극에 달해 감정을 표현하지 못하고 멍하게 앉아 있는 모습을 드러내고 있다. 따라서 갑작스러운 상황에 감정을 표현하지 못하고 무심하게 대응하는 가족들의 모습이 드러난다고 볼 수 없다.

오답설명

① [A]의 '불빛 두어 점이 구름 밖에 뵐 만하다'에서 화자가 출항 후 선상 위에서 '연해 각진포'의 불빛을 바라보며 떠나온 곳을 가늠했음을 확인할 수 있다.

② [B]에서 임금이 신하들의 고충을 헤아려 '너희 더위 어려우니 먼저 나가 쉬라'며 배려하고 있음을 확인할 수 있다. 이에 화자는 '천은이 망극하다'며 임금의 배려에 감격한 마음을 드러내고 있으므로 적절하다.

④ [A]에서는 화자가 포구를 돌아보지만 '불빛 두어 점'만 보일 뿐, '아무것도 아니 뵈'는 상황이 제시되고 있다. 따라서 보고 싶은 것이 보이지 않는 상황이 드러난다고 볼 수 있다. [B]에서는 화자가 임금에게 격식을 갖추기 위해 '끓는 땅에 엎드려서 말씀을 여쭈'고 있다. 이 상황에서 화자는 '속에서 불이 나고 관대에 땀이 배어' 힘겨워하고 있으므로 선지의 설명은 적절하다.

⑤ [A]의 '대풍이 일어나서 / 태산 같은 성난 물결 천지에 자욱하니'에서 예기치 않게 대풍을 맞닥뜨린 여정상의 위험을 드러내고 있다. [C]의 '풍도의 험하던 일 저승 같고 꿈도 같다'에서 과거의 위험했던 경험에 대한 소회(마음에 품고 있는 회포)가 드러남을 확인할 수 있다.

03

정답설명

④ 〈보기〉에서 「일동장유가」는 사행을 다녀온 경험을 생생하게 표현하며 그에 대한 정서를 솔직하게 드러냈다'고 하였으며, 「화암구곡」은 포착된 자연의 양상에 따라 강호에서의 자족감'을 드러냈다고 하였다. (가)의 화자는 배에서 자신의 '신세'를 생각하며 '가뜩이나 심란'하다며 사행길의 복잡한 심사를 드러내고 있다. 하지만 (나)의 화자는 〈제9수〉에서 '청산'에서의 삶을 '야인 생애(벼슬을 하지 않고 시골에서 사는 것)'로 표현하며 '자랑할 때'가 있을 거라며 자족감을 드러내고 있다. 따라서 **겸양(겸손한 태도로 남에게 양보하거나 사양함)**의 태도를 드러내는 것은 아니므로 적절하지 않다.

오답설명

① 〈보기〉에서 「일동장유가」는 '사행을 다녀온 경험을 생생하게 표현'한다고 하였다. (가)의 '크나큰 만곡주가 나뭇잎 불리이듯 / 하늘에 올랐다가 지함에 내려지니'에서 배가 '나뭇잎'처럼 파도에 휩쓸리고 하늘에 올랐다 떨어지는 것과 같다고 하여 대풍을 겪은 체험을 생동감 있게 드러내고 있음을 알 수 있다.

② 〈보기〉에서 「화암구곡」은 '취향이 반영된 자연물로 구성한 개성적 공간에서의 긍지를 드러'낸다고 하였다. (나)의 〈제1수〉에서 화자 자신의 취향을 반영하여 기른 화훼로 조성한 공간에 대해 '화암 풍경이 너뿐'이라고 하여 자긍심을 드러내고 있음을 알 수 있다.

③ 〈보기〉에서 '조선 후기 시가에서는 경험과 외물에 대한 관심이 확대되었다.'라고 하였다. (가)의 '장풍에 돛을 달고 육선이 함께 떠나~물속의 어룡들이 응당히 놀라리라'에서 '육선'에 탄 사신단이 만물이 격동할 만한 '군악'을 들으며 떠나는 데 주목해 경험에 대한 관심을 드러내고 있음을 알 수 있다. 한편 (나)의 〈제1수〉 '꼬아 자란 층석류요 틀어 지은 고사매라'에서 꼬이고 틀어진 모양으로 가꾼 식물에 주목해 외물에 대한 관심을 드러내고 있음을 알 수 있다.

⑤ 〈보기〉에서 「일동장유가」는 '사행을 다녀온 경험을 생생하게 표현하며 그에 대한 정서를 솔직하게 드러냈다'고 하였으며, 「화암구곡」은 '포착된 자연의 양상에 따라 강호에서의 자족감'을 드러냈다고 하였다. (가)의 '강호의 산인이요 성대의 일반이로다'에서 화자는 '공주로 내려가' 한가하게 지내며 '성대'를 누리는 삶에 대한 만족감을 드러내고 있음을 알 수 있다. 한편 (나)의 〈제6수〉 '막대 짚고 나와 거니니 양류풍 불어온다 / 긴 파람 짧은 노래 뜻대로 소일하니'에서 화자는 양류풍에 감응하며 '뜻대로 소일'하는 강호의 삶에 대한 자족감을 드러내고 있음을 알 수 있다.

풍파에 일렁이던~ / 심의산 서너 바퀴~ / 호아곡

지문분석

(가) 풍파에 일렁이던~

풍파에 일렁이던 배 어디로 갔단 말인가

▶ '풍파'는 세찬 바람과 험한 물결을 말해. <보기>의 내용을 고려해 볼 때 '풍파'는 정치적 공격을 받는 험난한 정치 현실을, 이런 부정적 상황에서 '일렁이던 배'는 시련을 겪고 있는 관료들을 의미한다고 할 수 있어.

구름이 험하거늘 처음 나왔는가 어찌하여

▶ '구름이 험하'다는 것을 보아 '구름' 역시 험난한 정치 현실을 의미하는 부정적 시어겠구나.

허술한 배 두신 분네는 모두 조심하소서

▶ 이러한 부정적 상황에서 '허술한 배'를 가진 '분네'는 아직 정치 현실을 많이 경험하지 못한 신진 관료(새로 벼슬에 오른 관리)들을 의미한다고 볼 수 있겠다. 화자는 정치 현실이 험난하니 모두 조심하라고 당부하며 마무리하고 있구나.

(나) 심의산 서너 바퀴~

심의산(深意山) 서너 바퀴 감돌아 휘돌아 들어

▶ 심의산 서너 바퀴를 감돌아 휘돌아 들어

 오뉴월 한낮에 살얼음 엉긴 위에 된서리 섞어 치고 자취눈 내렸거늘 보았는가 임아 임아

▶ 한여름 한낮에 살얼음 깔린 위에 된서리(늦가을에 아주 되게 내리는 서리)가 섞어 치고 자취눈(겨우 발자국이 날 만큼 적게 내린 눈)이 내렸거늘 보았습니까 임이시여 임이시여

▶ 한여름 한낮에 늦가을에나 내리는 '된서리'와 겨울에 내리는 '자취눈'이 내릴 수는 없겠지. 이는 현실에서는 일어날 수 없는 불가능한 상황이라고 할 수 있어. 그렇다면 화자는 왜 이런 말을 한 걸까? <보기>에 따르면 화자는 당파 간의 대립과 투쟁에 휘말려 정치적 공격을 받고 있는 상황에 처해 있어. 이를 고려해 보면 중장은 자신에게 가해지는 정치적 공격이 실현 불가능한 상황이 벌어지는 것과 같이 말도 안 되는 것임을 드러낸 거라 할 수 있겠다.

온 놈이 온 말을 하여도 임이 짐작하소서

▶ 모든 사람이 온갖 말을 하여도 임께서 분별하소서

▶ <보기>의 내용을 고려해 볼 때 '온 말'은 화자를 모함하는 말을, '임'은 임금을 의미한다고 할 수 있어. 즉, 화자는 자신에게 가해지는 온갖 모함이 사실이 아니니 임금께서 이를 잘 판단하여 자신의 결백을 믿어 달라고 호소하는 거지.

(다) 호아곡

▶ 들어가기 전에 : 이 작품은 각 수를 '아이야'라고 아이를 부르면서 시작하고 있기 때문에 '호아곡(아이를 부르는 노래)'이라는 제목이 붙었어. 또한 동서남북의 방향을 활용하여 시상을 전개하고 있다는 점이 큰 특징이야.

아이야 구럭 망태 찾아라 서쪽 산에 날 늦겠다

▶ 아이야 구럭과 망태를 찾아라 서쪽 산에 날 늦겠다

▶ '구럭'과 '망태'는 새끼로 꼬아 만든 장바구니를 떠올리면 돼. '서쪽 산'은 박스해 주자. 화자가 서쪽 산에 가려고 하는 상황인 거 같아. 왜 서쪽 산에 가려고 하는지는 아래를 읽어 보면 알 수 있어.

밤 지낸 고사리 벌써 아니 자랐으랴

▶ 밤을 지낸 고사리가 벌써 아니 자랐으랴

▶ 아, 화자는 고사리를 캐기 위해 '서쪽 산'에 가려고 하는구나. 그런데 많은 나물 중에서 왜 하필 '고사리'일까? 작품이 쓰인 시기의 사람들은 '고사리'하면 바로 백이와 숙제를 떠올렸어. 백이와 숙제는 충절과 형제애의 대표적인 인물이거든. 자주 나오는 내용이니 이들의 고사는 알아 두면 좋아.

▶ 백이와 숙제의 고사 : 백이와 숙제는 각각 은나라 왕의 첫째, 셋째 아들이었어. 아버지가 죽은 뒤 서로에게 왕위를 양보하다 둘 다 나라를 떠나. 결국 둘째 아들이 왕위를 잇게 되지. 그 후 은나라의 신하였던 주나라가 은나라를 멸하고 왕조를 세우자, 백이와 숙제는 천자를 공격한 신하라면서 주나라를 섬기기를 거부하고 수양산에 들어가. 그리고 그곳에서 고사리만 캐어 먹다가 죽게 되지. 그래서 충신의 대명사라고 불리는 거야.

이 몸이 이 나물 아니면 조석(朝夕) 어이 지내리

▶ 이 몸이 이 나물 아니면 끼니를 어떻게 잇겠느냐

▶ 고사리만 캐 먹다 죽은 백이와 숙제처럼 자신도 고사리가 아니면 끼니를 잇지 못한다고 이야기하고 있어. 즉, 화자 자신도 백이와 숙제처럼 높은 지조와 절개를 가진 사람이라는 것을 은연중에 드러내고 있는 거지.

〈제1수〉

아이야 도롱이 삿갓 차려라 동쪽 시내에 비 내린다

▶ 아이야 도롱이 삿갓 준비해라 동쪽 시내에 비 내린다

▶ '동쪽 시내' 박스 하자. '도롱이'는 비옷, '삿갓'은 모자라고 생각하면 돼. 왜 비옷과 모자를 챙기려고 하는지는 아래를 읽어 보면 알 수 있겠지.

기나긴 낚싯대에 미늘 없는 낚시 매어

▶ 기나긴 낚싯대에 미늘(고기가 물면 빠지지 않게 만든 낚시 끝의 안쪽에 있는 작은 갈고리) 없는 낚시 매어

▶ 아, 낚시를 가려고 하는 거구나. 근데 '미늘'이 없다. '미늘'은 갈고리를 의미하는데 이게 없으면 물고기를 낚을 수가 없잖아. 근데 왜 갈고리 없는 낚싯대를 가지고 낚시를 가려는 걸까? 이는 강태공의 고사를 인용한 거야. 강태공도 미늘 없는 낚싯대를 가지고 낚시질을 했는데, 물고기를 낚으려던 게 아니라 자신을 알아주는 군주를 기다리며 세월을 낚고 있었거든. 즉, 화자는 이러한 고사를 인용해서 자신 또한 큰 뜻을 품고 때가 오기를 기다리며 풍류를 즐기는 낚시를 하고 있음을 이야기하고 있는 거야.

저 고기 놀라지 마라 내 흥 겨워하노라

▶ 저 고기 놀라지 마라 내 흥겨워 하는 일이다

▶ 물고기를 잡으려는 목적의 낚시가 아니므로 '고기'에게 놀라지 말라고 말하고 있네.

〈제2수〉

아이야 죽조반(粥早飯) 다오 남쪽 논밭에 일 많구나

▶ 아이야 죽조반을 다오 남쪽 논밭에 할 일이 많구나

▶ '죽조반'은 아침밥을 먹기 전에 먹는 죽을 말해. '남쪽 논밭'에 박스 해 줘야겠지? 일이 많다는 걸 보니 밭일하러 가려나 봐.

서투른 따비는 누구와 마주 잡을꼬

▶ 서투른 솜씨로 부리는 따비(풀뿌리를 뽑거나 밭을 가는 데 쓰는 농기구)는 누구와 마주 잡을꼬

▶ '따비'는 농기구야. 농사일에 서투른 화자가 누구와 농기구를 마주 잡을까 하며 걱정하는 모습이 나타나고 있네.

두어라 성세궁경(聖世躬耕)도 역군은(亦君恩)이시니라

▶ 두어라 성세궁경(태평한 세월에 자기가 직접 농사를 지음)도 또한 임금님의 은혜이시니라

▶ '성세'는 태평성세, 즉 태평한 시대를, '궁경'은 직접 농사를 짓는 것을 의미해.

화자는 이것이 '역군은'이래. 임금님이 백성을 너무 잘 다스려서 태평한 시절이 되었고, 그러한 시절에 자기가 직접 농사를 지으며 살아가는 것은 임금의 은혜라고 말하고 있는 거지. '임금님, 사랑해요~'와 같은 멘트를 날리고 있는 거라고 보면 돼.

〈제3수〉

아이야 소 먹여 내어라 북쪽 마을에서 새 술 먹자

▶ 아이야 소 먹여 내어 북쪽 마을에서 새 술을 먹자

▶ '북쪽 마을'에 박스 하자. 화자가 '북쪽 마을'에 가서 술을 마시려나 봐.

잔뜩 취한 얼굴을 달빛에 실어 오니

▶ 잔뜩 취한 얼굴을 하고 달빛에 돌아오니

▶ 화자가 술을 많이 먹고 취했나 봐. 달빛 아래에 취한 얼굴을 한 채로 돌아오고 있어.

어즈버 희황상인(羲皇上人)을 오늘 다시 보는구나

▶ 아아 희황상인(세상일을 잊고 한가하고 태평하게 숨어 사는 사람을 이르는 말)을 오늘 다시 보는구나

▶ '어즈버'는 '어머나, 헐' 같은 감탄사야. '희황'은 태평성세를 이뤘다고 하는 중국의 전설적 황제인 복희씨를 뜻하고, '희황상인'이란 그 시절에 살던 사람들을 말해. 그 '희황상인'을 오늘 다시 본대. 화자 자신을 의미하는 거겠지? 즉, 현재 자신이 살아가는 시기가 마치 복희씨가 다스리던 옛 태평성세와 같다는 의미인 거야. 결국 복희씨처럼 현재 임금님이 태평성대를 이루어 주셨다며 임금의 은혜에 감사하고 있는 거라고 정리할 수 있겠다.

〈제4수〉

문제분석 01-03번

번호	정답	정답률 (%)	선지별 선택비율(%)				
			①	②	③	④	⑤
1	①	93	93	2	1	3	1
2	③	93	1	2	93	2	2
3	③	90	1	6	90	2	1

01

정답설명

① (가)는 '허술한 배 두신 분네는 모두 조심하소서'에서, (나)는 '온 놈이 온 말을 하여도 임이 짐작하소서'에서, (다)는 '아이야 구럭 망태 찾아라' 등에서 말을 건네는 방식을 사용하였다. 이를 통해 (가)에서는 험난한 정치 현실을 경계하라는 요구를, (나)에서는 자신에게 가해지는 모함을 잘 분별하여 판단해 달라는 요구를, (다)에서는 자신이 필요로 하는 도구나 자신이 바라는 행동에 대한 요구를 전달하고 있다.

오답설명

② (가) X, (나) X, (다) O / (가)와 (나)는 대상을 의인화하고 있지 않으며, 이를 통해 화자와 자연의 유대감을 나타내고 있지도 않다. 반면 (다)에서는 〈제2수〉 '저 고기 놀라지 마라 내 흥 겨워하노라'에서 '고기'를 의인화하여 화자와 자연의 유대감을 나타내고 있다고 볼 수 있다.

③ (가) X, (나) X, (다) X / (가)~(다) 모두 과거와 현재를 대비하고 있지

며, 이를 통해 미래에 대한 전망을 드러내고 있지도 않다.

④ (가) X, (나) X, (다) X / (가)는 '어디로 갔단 말인가', '처음 나왔는가'에서, (나)는 '자취눈 내렸거늘 보았는가'에서, (다)는 '벌써 아니 자랐으랴', '서투른 따비는 누구와 마주 잡을꼬'에서 물음의 방식을 활용하고 있음을 확인할 수 있다. 하지만 (가)~(다) 모두 이를 활용하여 대상에 대한 친밀감을 표현하고 있지는 않다.

⑤ (가) X, (나) X, (다) X / (가)의 '풍파에 일렁이던', '구름이 험하거늘'과 (다)의 〈제2수〉 '동쪽 시내에 비 내린다'는 풍경을 사실적으로 묘사하였다고 볼 수는 있으나, 이를 통해 계절의 변화상을 그려 내고 있지는 않다. 한편 (나)의 '오뉴월 한낮에 살얼음 엉긴~내렸거늘'은 한여름에 된서리와 자취눈이 내리는 말도 안 되는 상황을 설정한 것이므로, 풍경을 사실적으로 묘사하여 계절의 변화상을 그려 내고 있다고 보기 어렵다.

02

정답설명

③ 〈제1수〉 중장에서 화자는 '밤 지낸 고사리'를 캐기 위해 '서쪽 산'에 가려는 모습을 보일 뿐 걱정을 드러내고 있지 않다. 또한 종장에서 화자의 걱정이 강화되고 있지도 않다. 한편, 〈제3수〉 중장에서 농사일에 서투른 화자가 '누구'와 '따비'를 '마주 잡을'까 걱정하는 모습이 드러난다. 하지만 종장에서 화자는 태평한 세월에 직접 농사를 지을 수 있는 것은 '역군은' 덕분이라며 임금의 은혜에 감사를 표하고 있으므로, 중장에서 나타나는 화자의 걱정이 종장에서 강화되고 있다고 볼 수 없다.

오답설명

① 각 수의 첫 음보에 '아이야'라는 동일한 시어를 제시하여 시상 전개에 안정감을 부여하고 있다.

② 〈제1수〉에서는 '구럭'과 '망태', 〈제2수〉에서는 '도롱이'와 '삿갓', '낚싯대'와 같은 생활 도구를 언급하여 화자가 살아가는 모습을 보여 주고 있다.

④ 〈제1수〉 종장에서는 '고사리'를 의미하는 '나물'을, 〈제3수〉 초장에서는 '죽조반'과 같은 간단한 먹을거리를 언급하여 화자의 소박한 생활을 드러내고 있다.

⑤ '시상의 집약'은 화자의 생각을 분산하지 않고 하나의 대상에 집중하여 전개하는 것을 말한다. 〈제4수〉 종장에서는 첫 음보에 '어즈버'라는 감탄 표현을 활용하여 화자 자신이 복희씨가 다스리던 태평성세와 같은 시기를 살고 있음을 집약하여 드러내고 있으므로 선지의 설명은 적절하다.

03

정답설명

③ 〈보기〉에 따르면 정철이 살았던 시기에는 정치 참여 과정에서 당파 간의 대립과 투쟁이 극심해지면서 정치적 공격을 받은 문인들이 정계에서 소외된 상태에 놓이는 경우가 잦았다. 이를 고려해 볼 때, '심의산'이 화자의 심회(마음속에 품고 있는 생각이나 느낌)이고 '오뉴월'의 '자취눈'이 화자의 복잡한 심정을 비유한 표현이라면, (나)의 초장과 중장은 당쟁(당파 간의 대립과 투쟁)의 상황에서 정계에서 소외된 화자의 상태를 드러낸 것이라 볼 수 있다. 따라서 당쟁의 상황에서 굳은 마음을 견지(어떤 견해나 입장 따위를 굳게 지키거나 지킴)하려는 화자의 의지를 드러낸 것이라는 선지의

설명은 적절하지 않다.

오답설명

① 〈보기〉에 따르면 정철이 살았던 시기에는 정치 참여 과정에서 당파 간의 대립과 투쟁이 극심해지면서 정치적 공격을 받은 문인들이 정계에서 소외된 상태에 놓이는 경우가 잦았다. 이를 고려해 볼 때, '풍파'가 험난한 정치 현실이고 '일렁이던 배'가 시련을 겪은 관료라면, (가)의 초장은 당쟁에 휘말린 사람이 정계에서 소외된 상태에 놓인 것을 의미한다고 할 수 있다.

② 〈보기〉에 따르면 정철이 살았던 시기에는 정치 참여 과정에서 정치적 공격을 받은 문인들이 정계에서 소외된 상태에 놓이는 경우가 잦았으며, 이 과정에서 문인들은 정치 경험을 바탕으로 정치 현실에 대한 비판과 경계를 작품에 드러내었다. 이를 고려해 볼 때, '구름이 험하거늘'이 정치적 위기의 조짐에 해당하고 '허술한 배 두신 분네'가 신진 관료(새로 벼슬에 오른 관리)라면, (가)의 종장에서 '허술한 배 두신 분네'에게 '조심하'라고 당부하는 것은 화자 자신이 겪은 정치 경험을 바탕으로 경험이 충분치 않은 신진 관료들에게 정치의 험난함을 알려 주는 것이라 할 수 있다.

④ 〈보기〉에 따르면 정철이 살았던 시기에는 정치 참여 과정에서 당파 간의 대립과 투쟁이 극심해지면서 정치적 공격을 받은 문인들이 정계에서 소외된 상태에 놓이는 경우가 잦았다. 이를 고려해 볼 때, '온 놈이 온 말을 하는' 상황이 비방과 모략이 난무하는 현실이고 '임'이 임금이라면, (나)의 종장은 화자를 모함하고자 '온 놈'이 올린 온갖 참소(남을 헐뜯어서 죄가 있는 것처럼 꾸며 윗사람에게 고하여 바침)를 임금이 잘 판단해 줄 것을 요청한 것이라 할 수 있다.

⑤ 〈보기〉에 따르면 조존성이 살았던 시기에는 정치 참여 과정에서 정치적 공격을 받은 문인들이 정계에서 소외된 상태에 놓이는 경우가 잦았으며, 이 과정에서 문인들은 정치 경험을 바탕으로 자연에 몰입하려는 태도를 작품에 드러내었다. 이를 고려해 볼 때, '미늘 없는 낚시'가 욕심 없이 사는 삶을 의미한다면, 풍류를 즐기기 위한 낚시를 하는 화자의 모습을 보여 주는 (다)의 〈제2수〉 종장은 자연과 더불어 지내는 화자의 흥을 드러내고 있다고 할 수 있다.

memo

갑민가 / 녹양방초 언덕에~

지문분석

(가) 갑민가

▶ **들어가기 전에** : 이 작품은 생원이라는 사람이 먼저 갑민에게 '너 이 마을에서 도망가면 어떻게 살려고 그러니'라며 말을 건네고, 갑민이 생원의 질문에 '살 만했으면 도망을 가겠냐'라며 자신의 상황을 쫙- 이야기하는 구조야. 갑민이 어떤 상황에 처해 있어서 도망가려 했는지에 주목하여 내용을 파악해 주면 돼.

어져 어져 저기 가는 저 사람아

▶ **아아, 저기 가는 저 사람아**

▶ 말을 건네는 방식이 나올 때는 끊어 주는 습관을 가지는 것이 좋아. 생원이 갑민(갑산의 백성)에게 말을 건네고 있으니 여기서 끊어 주자.

네 행색을 보아 하니 군사 도망 네로구나

▶ **네 행색을 보아 하니 군역 도망(하는 이가) 너로구나**

▶ 당시에는 민중들이 나라에 신역(세금)을 내고 군역(군대)의 의무도 져야 했어. 하지만 생계가 어려운 민중들의 입장에서 세금도 내고 군대까지 가야 하는 상황은 너무나 힘들었겠지. 그래서 군역을 지지 않기 위해 도망을 치는 경우가 종종 있었어. 생원은 군역을 피해 도망가고 있는 갑민을 보고 그에게 말을 건네고 있는 거야.

허리 위로 볼작시면 베적삼이 깃만 남고

▶ **허리 위로 보면 홑저고리가 깃만 남아 있고**

허리 아래 굽어보니 헌 잠방이 노닥노닥

▶ **허리 아래 굽어보니 헌 바지가 노닥노닥하구나**

▶ 생원은 허름한 옷차림으로 다급하게 어디론가 가는 갑민의 외양을 묘사하고 있어.

곱장 할미 앞에 가고 전태발이 뒤에 간다

▶ **허리 굽은 노모는 앞에 가고 다리를 절뚝거리는 사람이 뒤에 간다**

십 리 길을 하루 가니 몇 리 가서 엎어지리

▶ **십 리 길을 하루에 가니 몇 리나 가서 엎어지리**

내 고을의 양반 사람 타도 타관 옮겨 살면

▶ **내 고을의 양반인 사람도 다른 지역으로 옮겨 가서 살면**

천히 되기 상사여든 본토 군정(軍丁) 싫다 하고

▶ **천하게 되기 마련인데 고향의 군역이 싫다 하고**

▶ 양반도 자기 고을에서나 양반 대접을 받지, 다른 곳에서는 양반 대접을 받지 못한다는 말이야. 이 부분은 생원이 도망가는 갑민을 설득하는 부분이라 볼 수 있어. 즉, 다른 곳으로 도망가면 지금보다 더 힘들 것이니 도망가지 말라고 만류하고 있는 거야.

자네 또한 도망하면 일국 일토(一土) 한 인심에

▶ **자네 또한 도망가면 한 나라의 한 인심에**

근본 숨겨 살려 한들 어데 간들 면할쏜가

▶ **근본을 숨기고 살려 한들 어디로 간들 (천한 신세를) 면할 수 있을 것인가**

▶ 근본을 숨기고 살아야 한다는 것은 쉽게 말해서, 성인이 주민등록증 없이 살아가야 한다는 것을 의미해. 이렇게 근본을 숨기고 살아간다면 천한 신세를 면할 수는 없겠지.

차라리 네 살던 곳에 아무렇게나 뿌리박혀

▶ **차라리 네 살던 곳에 아무렇게나 뿌리박혀**

칠팔월에 인삼 캐고 구시월에 돈피 잡아

▶ **칠팔월에는 인삼을 캐고 구시월에는 돈피(담비 가죽)를 잡아**

공채 신역 갚은 후에 그 나머지 두었다가

▶ **공채 신역을 갚은 후에 남은 삼과 돈피를 두었다가**

함흥 북청 홍원 장사 돌아들어 잠매할 때

▶ **함흥, 북청, 홍원에 장사를 돌아가며 몰래 팔 때**

후한 값에 팔아 내어 살기 좋은 넓은 곳에

▶ **후한 값을 받고 팔아 살기 좋은 넓은 곳에**

가사 전토(家舍田土) 다시 사고 살림살이 장만하여

▶ **집과 논밭을 다시 사고 살림 도구를 장만하여**

부모처자 보전하고 새 즐거움 누리려무나

▶ **부모와 처자식을 보전하고 새 즐거움을 누리려무나**

▶ 여기서 끊어 주자. 생원은 현실과 동떨어진 굉장히 이상적인 이야기를 하고 있어.

어와 생원인지 초관인지

▶ **아, 생원인지 초관인지**

그대 말씀 그만두고 이내 말씀 들어 보소

▶ **그대 말씀을 그만두고 이내 말씀을 들어 보오**

▶ 이제부터 갑민의 말이 나오는데, 갑민이 이야기하는 포인트가 중요해. 갑민은 자신이 처음부터 도망자 신세는 아니었다며 과거를 환기하지만, 현재는 도망자 신세가 될 만큼 열악한 상황임을 제시하고 있어. 즉, (+)였던 과거와 (-)인 현재를 대비하여 현재의 상황을 한탄하고 있는 거지. 현재의 상황이 어떻기에 한탄을 하는 것인지 함께 보자.

이 내 또한 갑민(甲民)이라 이 땅에서 생장하니 이때 일을 모를쏘냐

▶ **나도 또한 갑민이라 이 땅에서 나고 자랐으니 이때 일을 모를쏘냐**

우리 조상 남쪽 양반 진사 급제 계속하여

▶ **우리 조상이 남쪽 양반이라 진사 급제를 계속하여**

▶ '우리 조상'에서 과거를 환기하고 있으니 별표 해 주자. 시에서는 과거를 환기했는지 안 했는지, 과거와 현재를 대비했는지 안 했는지를 잘 물어보니 체크해 두자.

금장 옥패 빗기 차고 시종신을 다니다가

▶ **금장 옥패를 비스듬히 차고 시종신(높은 벼슬)으로 다니다가**

시기인의 참소 입어 변방으로 쫓겨 와서

▶ **남의 시기와 참소(남을 헐뜯어서 죄가 있는 것처럼 꾸며 윗사람에게 고하여 바침)를 입어 변방으로 쫓겨 와서**

국내 변방 이 땅에서 칠팔 대를 살아오니

▶ **나라의 가장 변방인 이 땅에서 칠팔 대를 살아오니**

▶ 아주 높은 벼슬이었던 갑민의 조상이 타인의 모함으로 인해 변방으로 쫓겨났나 봐. 하지만 쫓겨나자마자 망한 것은 아니고 그 땅에서도 칠팔 대를 살아왔나 봐.

조상 덕에 하는 일이 읍중 구실 첫째로다

▶ **조상 덕에 하는 일이 읍중 구실 첫째로다**

▶ 조상들이 국내 변방에서도 어느 정도 대우를 받고 살았음을 의미해.

들어가면 좌수 별감 나가서는 풍헌 감관

▶ **들어가면 좌수 별감, 나가서는 풍헌 감관**

유사 장의 채지 나면 체면 보아 사양터니

▶ 유사 장의에 처하면 체면을 보아 사양했더니

▶ 여기까지 끊어 주자. 갑민은 '변방으로 쫓겨' 올 때 살짝 (-) 요소가 있었지만, 먹고 살만했던 (+) 상황의 과거를 환기하고 있어.

애슬프다 내 시절에 원수인의 모해로써

▶ 애슬프다 내 시절에 원수의 모함을 받아서

군사 강정 되단 말가 내 한 몸이 헐어 나니

▶ 군사 강등이 되었단 말인가 내 한 몸이 헐어 나니

▶ 현재의 상황은 (-)야. 여기서 (+)인 과거와 (-)인 현재 상황이 대비되어 나타나고 있어.

▶ 원수의 모함으로 인해서 낮은 신분의 군사로 급이 떨어졌다는 이야기야. 쉽게 말해 군대에서 간부였던 사람이 상병이나 이병으로 뚝- 떨어졌다는 말이지.

좌우전후 수다 일가 차차 충군(充軍) 되것고야

▶ 좌우 전후 많은 가족들이 군역을 지는 신세로 전락하고 말았구나

▶ 여기서부터가 중요해. 한 명만 해당되는 것이 아니라 가족 모두 굴비처럼 엮여서 고통을 받게 돼. 연좌제처럼 가문이 같이 몰락하게 된다는 거지.

조상 제사 이내 몸은 하릴없이 매여 있고

▶ 조상의 제사를 받들어야 할 내 몸은 어쩔 수 없이 매여 있고

▶ 조상의 제사를 받들어야 하는 갑민은 함부로 다른 곳에 갈 수 없어 어쩔 수 없이 이곳에 매여 있었던 거야.

시름없는 친족들은 자취 없이 도망하고

▶ 시름없는 친족들은 자취 없이 도망가고

여러 사람 모든 신역 내 한 몸에 모두 무니

▶ 여러 사람의 모든 신역을 내 한 몸에 모두 물리니

▶ 갑민이 도망간 친족들의 신역까지 모두 물어야 하는 상황이 제시되고 있어. 여기서 '모든 신역 내 한 몸'이 포인트야. 남아 있는 사람에게 도망간 사람의 신역까지 부과하던 구조적인 모순이 있었음을 드러내고 있는 것이지. 당시에는 도망간 사람의 신역까지 도망가지 않은 사람에게 모두 물라고 했나 봐.

한 몸 신역 삼 냥 오 전 돈피 두 장 의법이라

▶ 한 사람당 신역으로 삼 냥 오 전, 돈피 두 장을 내야 하는 것이 정해진 법이라

▶ 한 사람당 내야 하는 세금 정도로 생각하면 돼.

열두 사람 없는 구실 합쳐 보면 사십육 냥

▶ 열두 사람 없는 구실을 합쳐 보면 사십육 냥

▶ 친족이 열두 명이나 도망가서 물어낼 세금이 '사십육 냥'이나 되었나 봐.

해마다 맡아 무니 석숭인들 당할쏘냐

▶ 해마다 맡아 무니 석숭(중국 진나라 때의 부자)인들 당해낼 수 있겠느냐

▶ '석숭'은 중국 진나라 때의 유명한 부자라고 생각하면 돼. 갑민이 감당해야 하는 신역이 '석숭' 같은 부자도 감당하기 힘들 정도라고 표현하고 있어. 이는 혼자 열세 명의 신역을 모두 감당하기가 힘든 상황임을 드러내고 있는 거야.

(나) 녹양방초 언덕에~

녹양방초 언덕에 소 먹이는 아희들아

▶ 푸른 버드나무와 향기로운 풀이 있는 언덕에 소 먹이는 아이들아

▶ 말을 건네는 방식이 나올 때는 끊어 주는 습관을 가지는 것이 좋다고 했었지? 화자가 '아희들'에게 말을 건네고 있으니 여기서 끊어 주자.

앞내 고기 뒷내 고기를 다 몽땅 잡아내 다래끼에 넣어 주거든 네 소

궁둥이에 얹어다가 주렴

▶ (내가) 앞내의 물고기와 뒷내의 물고기를 다 몽땅 잡아내어 다래끼(물고기나 작은 물건 등을 넣는 바구니)에 넣어 주거든 너의 소 궁둥이에 (그것을) 얹어다가 (누군가에게) 전해 주렴

▶ 화자는 물고기를 잡아 바구니에 넣어 줄 테니 그것을 누군가에게 전해 주라고 '아희들'에게 부탁하고 있어.

우리도 서주(西疇)에 일이 많아 바삐 가는 길이매 가 전할동 말동 하여라

▶ 우리도 서주(서쪽 밭)에 일이 많아 바삐 가는 길이니 전할 듯 말 듯하여라

▶ 화자의 부탁에 대한 '아희들'의 대답이 제시되고 있으니 여기서 끊어 주자. 화자의 기대와 달리, '아희들'은 자신들도 농사일 때문에 서쪽 밭으로 바삐 가는 길이라 부탁을 들어줄 수 있을지 모르겠다고 애매하게 답하고 있네.

문제분석 01-03번

번호	정답	정답률 (%)	선지별 선택비율(%)				
			①	②	③	④	⑤
1	③	76	4	13	76	5	2
2	⑤	86	4	5	2	3	86
3	②	75	4	75	10	9	2

01

정답설명

③ 화자는 '어데 간들 면할쏜가'에서 의문의 표현을 사용하여 상대인 갑민의 행적(행위의 실적이나 자취)을 만류하고 있을 뿐, 이에 대해 의심하고 있지 않다. 또한 '이때 일을 모를쏘냐', '석숭인들 당할쏘냐'에서도 의문의 표현을 사용하고 있으나, 이를 통해 갑민은 자신이 겪고 있는 고통과 당대의 부조리한 사회상을 강조하여 드러낼 뿐 상대의 행적에 대해 의심하고 있지는 않으므로 선지의 내용은 적절하지 않다.

오답설명

① '허리 위로 볼작시면 베적삼이 깃만 남고 / 허리 아래 굽어보니 헌 잠방이 노닥노닥'에서 대구 표현으로 허름한 옷차림을 한 갑민의 외양을 묘사하여 갑민의 가난한 처지를 드러내고 있다.

② '자네 또한 도망하면~근본 숨겨 살려 한들 어데 간들 면할쏜가'에서 생원은 갑민이 도망을 가는 행위의 실행을 가정하여, 다른 곳으로 도망가면 천한 신세를 더욱 면하기 힘들 것이라는 부정적 전망을 제시하고 있다.

④ '들어가면 좌수 별감 나가서는 풍헌 감관'을 하던 과거와 '군사 강정' 된 현재를 대비하여 악화된 갑민의 처지를 보여 주고 있다.

⑤ '한 몸 신역 삼 냥 오 전~합쳐 보면 사십육 냥'에서 구체적 수치를 제시하여 감당하기 힘든 신역을 내야 하는 갑민의 현실을 드러내고 있다.

02

정답설명

⑤ ⓐ(인삼)은 화자(생원)가 보기에 상대(갑민)가 '칠팔월'에 캐기를 바라는 대

상이다. 한편, ㉡(고기)은 화자가 보기에 상대(아희들)가 '소 궁둥이에 얹어다가 주'기를 바라는 대상이므로 선지의 내용은 적절하다.

오답설명

① ㉠은 ㉠을 언급하는 화자(생원)가 갑민에게 갑민이 살던 곳에서 캘 것을 권유하는 약재이므로, 선지의 내용은 적절하지 않다.

② ㉡은 ㉡을 언급하는 화자가 말을 건네는 상대(아희들)에게 '소 궁둥이에 얹어다가 주'기를 부탁하는 대상이므로, 선지의 내용은 적절하지 않다.

③ ㉠은 ㉠을 언급하는 화자(생원)가 갑민이 신역을 갚기 위해 캐기를 바라는 물품이며, ㉡은 ㉡을 언급하는 화자가 '앞내'와 '뒷내'에서 '다 몽땅 잡아'서 누군가에게 전해 주고자 하는 물품이다. 따라서 ㉠과 ㉡ 모두 유흥의 목적과 관련이 없다.

④ ㉠은 ㉠을 언급하는 화자(생원)가 획득하고자 하는 대상이 아니며, 이를 획득하기 위해 상대(갑민)의 도움이 필요한 것도 아니다. 한편, ㉡은 ㉡을 언급하는 화자가 '앞내'와 '뒷내'에서 '다 몽땅 잡아내'려는 대상이므로, 획득하기 위해 상대(아희들)의 도움이 필요하다고 볼 수 없다.

03

정답설명

② (가)의 '이내' 말씀이 집안의 내력과 사회적 지위를 구체적으로 언급하며, '그대' 말씀과 일치하지 않는 의견을 전하고 있는 것은 맞다. 하지만 갑민은 사회의 부조리로 인해 '이 땅'에서 도망가고자 하므로, '이내' 말씀을 사회의 부조리를 해결하자는 입장이라고 볼 수는 없다.

오답설명

① 〈보기〉에 따르면 대화를 통해 사실성을 추구하는 (가)와 같은 작품의 경우, 구체적 소재와 다각적인 내용으로 그 시대 삶의 모습을 보여 준다. (가)의 '그대'는 '군사 도망'가는 '자네'의 선택에 대해 도망가지 말고 '칠팔월에 인삼을 캐고 구시월에 돈피 잡아 / 공채 신역 갚'으며 살아갈 것을 권유한다. 이를 들은 '자네'는 갑산에서 겪은 과도한 신역의 현실을 구체적인 수치를 통해 풀어내어, 당시 갑산 백성이 겪었음 직한 고통을 사실적으로 보여 주고 있으므로 선지의 내용은 적절하다.

③ 〈보기〉에 따르면 대화를 통해 유희성을 보이는 (나)와 같은 작품의 경우, 대화가 의견 불일치 등 의외의 상황으로 전개된다. (나)에서 화자는 '소 먹이는 아희들'에게 자신이 잡은 '고기'를 '소 궁둥이에 얹어다가' 전해 줄 것을 요청한다. 이에 대해 '우리(아희들)'는 '서주에 일이 많아 바삐 가는 길'이기에 전해 줄 수 있을지 모르겠다며 화자의 기대에 어긋난 대답을 하고 있으므로 선지의 내용은 적절하다.

④ (나)에서 선행하는 화자는 '네 소 궁둥이에 얹어다가 주렴'이라며, '고기'를 전해 줄 대상을 명시하지 않은 불완전한 표현을 사용하였다. 〈보기〉에서 (나)와 같은 작품에 때로 등장하는 불완전한 표현은 작품이 내용 자체보다 대화의 전개 양상에 주목함을 보여 준다고 하였으므로, 선지의 내용은 적절하다.

⑤ (가)의 '그대'는 '어져 어져 저기 가는 저 사람아'라며 길 가는 '자네'를 불러 말을 건네고 있으며, (나)의 선행하는 화자는 '녹양방초 언덕에 소 먹이는 아희들아'라며 소 먹이는 '아희들'을 불러 말을 건네고 있다. 〈보기〉에서 조선 후기의 가사나 사설시조에서는 입장이 다른 발화자가 등장하는 대화

체를 사용해 작중 상황을 극의 한 장면처럼 만들기도 한다고 하였으므로, 선지의 내용은 적절하다.

나 없이

기출

풀지마라

| 과외식 기출 분석서, 나기출 |

나 없이
기출
풀지마라

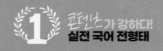

실전 국어 전형태

복합

01

2019학년도 6월

휴전선 / 우포늪 왁새 / 주을온천행

지문분석

(가) 휴전선

산과 산이 마주 향하고 믿음이 없는 얼굴과 얼굴이 마주 향한 항시 어두움 속에서 꼭 한 번은 천동 같은 화산이 일어날 것을 알면서 요런 자세로 꽃이 되어야 쓰는가.

▶ 화자는 남과 북이 대립하는 분단 상황 속에서 일시적인 평화(휴전)를 유지하고 있는 현실을 비판적으로 인식하고 있다.

저어 서로 응시하는 쌀쌀한 풍경. 아름다운 풍토는 이미 고구려 같은 정신도 신라 같은 이야기도 없는가. 별들이 차지한 하늘은 끝끝내 하나인데 …… 우리 무엇에 불안한 얼굴의 의미는 여기에 있었던가.

▶ '끝끝내 하나'인 하늘과 대조되는 분단된 남과 북의 현실에 화자는 안타까움을 느끼고 있다. 화자의 상황과 반응이 제시되고 있는 '화자 중심'의 시이다. 화자의 상황을 확인했으니, 반응 중심으로 읽어 보자.

모든 유혈(流血)은 꿈같이 가고 지금도 나무 하나 안심하고 서 있지 못할 광장. 아직도 정맥은 끊어진 채 휴식인가 야위어가는 이야기뿐인가.

▶ 6·25 전쟁이 종전된 것이 아니라 휴전 중이기 때문에 언제든 전쟁이 다시 시작될 수 있어 안심하지 못하는 상황이다. 이런 부정적 현실로 인해 민족사('정맥')가 쇠퇴해 가고 있다.

언제 한 번은 불고야 말 독사의 혀같이 징그러운 바람이여. 너도 이미 아는 모진 겨우살이를 또 한 번 겪으라는가 아무런 죄도 없이 피어난 꽃은 시방의 자리에서 얼마를 더 살아야 하는가 아름다운 길은 이뿐인가.

▶ 전쟁이 또 한 번 일어날까, 분단이 고착화될까 우려하는 화자의 태도를 엿볼 수 있다.

산과 산이 마주 향하고 믿음이 없는 얼굴과 얼굴이 마주 향한 항시 어두움 속에서 꼭 한 번은 천동 같은 화산이 일어날 것을 알면서 요런 자세로 꽃이 되어야 쓰는가.

▶ 1연과 동일한 구절이 마지막 연에 등장했구나. 이런 구조를 뭐라고 하지? 수미상관이다. 이러한 구성을 통해 분단 극복에 대한 강렬한 염원을 드러내며 시상을 마무리하고 있다.

(나) 우포늪 왁새

득음은 못하고, 그저 시골장이나 떠돌던
소리꾼이 있었다, 신명 한 가락에
막걸리 한 사발이면 그만이던 흰 두루마기의 그 사내

▶ 일단 화자가 주목하는 대상은 자기 자신이 아니라 소리꾼인 '사내'다. 다른 대상에 대한 시에서는 대상의 특성, 대상에 대한 화자의 반응을 출제하니 이를 감안하면서 읽어 보자.

꿈속에서도 폭포 물줄기로 내리치는
한 대목 절창을 찾아 떠돌더니

▶ 일단 여기서 한 번 끊어 주자. 대상의 '과거' 얘기다.

오늘은, 왁새 울음 되어 우항산 솔밭을 다 적시고
우포늪 둔치, 그 눈부신 봄빛 위에 자운영 꽃불 질러 놓는다

▶ 그리고 여기서는 '현재' 얘기다. 시에서는 '시간의 흐름'이나 과거 환기 여부를 집요하게 물어보니, 일단 끊어 가면서 계속 읽어 보자. 죽은 사내가 '왁새'가 되어 나타났다고 한다. 현실적으로 생각해 보면, 화자는 '왁새' 소리를 들으며, 과거의 소리꾼을 연상하는 것 같구나.

살아서는 근본마저 알 길 없던 혈혈단신
텁텁한 얼굴에 달빛 같은 슬픔이 엉켜 수염을 흔들곤 했다
늙은 고수라도 만나면
어깨 들썩 산 하나를 흔들었다

▶ 지금은 죽었지만, 살아 있었던 과거에는 그랬다는 얘기다.

필생 동안 그가 찾아 헤맸던 소리가
적막한 늪 뒷산 솔바람 맑은 가락 속에 있었던가

▶ '필생 동안 그가 찾아 헤맸던 소리'는 '절창'일 테고, 소리꾼은 지금은 죽고 없으니, 화자는 우포늪에서 소리꾼의 절창과 비슷한 소리를 현재 듣고 있는 것이다.

소목 장재 토평마을 양파들이 시퍼런 물살 몰아칠 때
일제히 깃을 치며 동편제 넘어가는
저 왁새들

▶ 소리꾼의 절창과 비슷한 소리를 내는 녀석들이 바로 '왁새들'이다. 양파들이 시퍼런 물살처럼 몰아칠 때, 깃을 치는 왁새들에 화자가 주목하고 있다. 화자가 바라보는 실제 대상(양파들)과 이에 대한 반응을 구분하며 읽자. 평가원은 실제 대상과 대상에 대한 화자의 반응을 정확하게 구분할 것을 요구한다.

완창 한 판 잘 끝냈다고 하늘 선회하는
그 소리꾼 영혼의 심연이
우포늪 꽃잔치를 자지러지도록 무르익힌다

▶ 소리꾼의 영혼이 담긴 왁새들이 하늘을 날고 있구나. <보기>의 내용을 토대로 추가 설명을 하자면, 화자는 우포늪의 생명력이 소리꾼의 영혼을 절창으로 이끌었음을 표현하고자 했으며, 예술의 경지와 우포늪의 아름다움을 조화롭게 형상화했다고 한다. 시험장에서 이런 멋진 해석은 무리다. 화자가 보고 있는 것은 '우포늪의 각종 자연물들', 화자가 연상하고 있는 것은 '소리꾼' 정도만 구분하고 내용 일치를 통해 문제를 빠르게 풀어 나가는 실전적 풀이가 필요하겠지.

(다) 주을온천행

▶ 글쓴이는 오심암(세심암) 주변의 절경을 바라보며 그 아름다움을 예찬하고, 그와 대비되는 자신의 '먼지 낀' 몸과 마음을 반성하고 있다.

문제분석 01-05번

번호	정답	정답률(%)	선지별 선택비율(%)				
			①	②	③	④	⑤
1	①	87	87	3	4	5	1
2	③	82	3	7	82	3	5
3	②	78	5	78	4	4	9
4	⑤	39	5	2	16	38	39
5	④	60	5	23	10	60	2

01

정답설명

① (가) O, (나) O, (다) O / 각 작품들의 제목을 살펴보자. (가)는 '휴전선', (나)는 '우포늪 왁새', (다)는 '주을온천행'이다. 모두 특정한 공간을 제시하고 있지? (가)는 '휴전선'이라는 공간에서 분단의 아픔과 이에 대한 우리의 자세를 이야기하고 있고, (나)는 '우포늪'이라는 공간에서 자연과 인간의 어우러짐을 이야기하고 있다. 또한 (다)는 '오심암'이라는 바위가 있는 골짜기에서 자신을 돌아보고 있으므로, 인간의 삶과 공간의 의미를 연결 지어 주제 의식을 구체화하고 있다는 선지의 내용은 적절하다.

오답설명

② (가) X, (나) X, (다) X / (가)의 '별들이 차지한 하늘'을 갈등과 대립이 없는 화합의 세계로 볼 여지는 있으나, 이를 보여 줌으로써 희망적 미래를 예견하고 있지는 않다. 한편 (나)와 (다)는 갈등과 대립이 없는 화합의 세계를 제시하지 않았으며, 이를 보여 줌으로써 희망적 미래를 예견하지도 않았다.

③ (가) O, (나) X, (다) X / (가)는 남북의 분단이라는 부정적인 역사적 상황을 직시하고, 이를 극복하고자 열망하고 있다. 반면, (나)와 (다)에서는 역사적 상황이나 부정적 현실 극복에 대한 참여 의식을 찾아보기 어렵다.

④ (가) X, (나) O, (다) O / (가)의 '산'이나 '꽃', '바람' 등은 남북의 대치 상황과 전쟁 등을 비유적으로 표현한 것이므로, 사물에 대한 예찬적인 태도를 드러낸다고 할 수 없다. 반면, (나)는 '우포늪'의 아름다움과 '왁새'의 울음소리에 감탄하고 있고, 4번 문제의 〈보기〉에서 '자연과 인간이 어우러진 세계'를 형상화하고 있다고 했으니 선지의 내용을 허용할 수 있겠다. (다) 역시 오심암(세심암) 주변의 절경을 바라보며 그 아름다움을 예찬하고 있으므로 선지의 내용을 허용할 수 있다.

⑤ (가) X, (나) X, (다) O / 특정한 장소에 대한 직접적인 경험을 통해 인간의 교만한 태도를 비판한 것은 (다)이다. (다)는 '오심암'이라는 바위에 갔었던 경험을 바탕으로 겸손한 자연과 달리, '사람만이 장하지도 아니한 그들의 예술을 천하에 뽐낼 기회만 엿'본다며 교만한 인간의 태도에 대한 비판을 이끌어 내고 있다. 반면, (가)와 (나)는 해당되지 않는다.

02

정답설명

형태쌤의 과외시간

시에서 시간의 변화는 자주 물어보는 출제 요소다. 시간의 변화가 있을 때는 지문에서 시간의 변화가 시각적으로 명확하게 나타나야 한다. 시간의 변화가 명확하게 나타나지 않으면 확실하게 시간의 변화가 없다고 판단을 내려야 한다.

③ (가) X, (나) X / (가)에서 시간의 흐름은 드러나지 않는다. (나) 역시 화자가 우포늪의 왁새를 보고 소리꾼을 떠올리고 있을 뿐, 시선의 이동은 드러나지 않는다.

오답설명

① '요런 자세로 꽃이 되어야 쓰는가.'라는 설의적 표현을 통해, 현실에 대한 화자의 안타까움이 드러나고 있다. 지금은 남북이 서로 대립하고 언제 전쟁이 터질지 모르는 긴장감 있는 상황인데, 꽃처럼 연약하고 소극적인 태도로 있는 우리에게 "이런 상황에서 꽃처럼 있을 거니? 각성하고 정신 차려!"라고 이야기하며 현실에 대한 안타까움을 드러내고 있는 것이지.

② '폭포 물줄기로 내리치는(시각) / 한 대목 절창(청각)', '왁새 울음 되어(청각)~자운영 꽃불 질러 놓는다(시각)'에서 청각의 시각화를 확인할 수 있다. 이를 통해 왁새 울음이 우항산에 퍼지는 모습을 생동감 있게 부각하고 있으므로 선지의 설명은 적절하다.

④ (가)는 '산과 산이 마주 향하고~꽃이 되어야 쓰는가.'라는 1연을 마지막 연에 다시 반복하는 수미상관의 형식을 취하여 주제 의식을 강조하고 있다. 한편, (나)는 '왁새'를 '소리꾼'이라는 인물과 연결하여 이야기함으로써 주제 의식을 강조하고 있다.

⑤ (가)의 화자는 전쟁과 같은 상황을 '천동 같은 화산', '징그러운 바람'이라는 자연물로 표현하였고, (나)의 화자는 왁새의 울음에서 느낀 생명력과 아름다움을 '자운영 꽃불 질러 놓는다', '꽃잔치를 자지러지도록 무르익힌다'라고 표현하여 시적 정서를 환기하고 있다.

03

정답설명

② (가)의 2연에서 '별들이 차지한 하늘'은 '끝끝내 하나'라고 하였고, (다)에서 '아득히 쳐다보이는 높은 하늘 아래'에는 '티끌을 품은 듯한 아무것도 없다'고 하였으므로 적절한 감상이다.

오답설명

① (가) O, (다) X / (가)에 대한 설명은 적절하다. 하지만 (다)의 '검은 절경'은 단풍 빛에 물든 모습에 대한 찬사로, 화자는 이것을 '자연이 흘려 놓은 예술의 극치'라고 평가하였으므로 아름다움을 잃은 풍경이라는 선지의 설명은 적절하지 않다. 또한 화자가 느끼는 심정도 암울함이 아니라 아름다운 자연에 대한 감탄이다.

③ (가) X, (다) X / (가)에서 '정맥'은 '유혈'로 인해 끊어진 상태이다. 전쟁으로 인해 우리 민족의 정기가 끊어진 것, 우리 민족의 핏줄이 끊어진 것으로 감상하는 것이 적절하다. 한편, (다)의 '찬기'는 정을 들인 오심암을 떠나야 할 시간임을 깨닫게 하지만 이로 인한 절망감은 드러나지 않는다.

④ (가) O, (다) X / (가)의 '징그러운 바람'은 전쟁과 같이 언제 닥칠지 모르는 두려운 상황을 상징하지만, (다)의 '미친 바람'은 '먼지'를 품고 있는 부정적인 대상이므로 소중한 존재라고 볼 수 없다.

⑤ (가) O, (다) X / (가)의 4연에서 '죄도 없이 피어난 꽃'이라고 하였고, 부정적인 상황에 '요런 자세'로 얌전히 있는 꽃이라고 하였으므로 '꽃'은 삶에 순응하는 존재를 상징한다고 볼 수 있다. 하지만 (다)의 '바위'의 경우, '망각'을 가져온 것은 맞지만 그로 인해 삶을 회의한 것은 아니다. '바위'는 단지 글쓴이에게 과거에 대한 회상과 망각을 느끼게 해 준 존재일 뿐이다.

04

정답설명

형태쌤의 과외시간

시 문학 자체가 추상적이기에 평가원에서는 선지를 구성할 때 이분화된 구성을 즐겨 쓴다. 그래야 논란이 없기 때문이다. 이때 가장 많이 등장하는 방식이 '긍정/부정', '유사/상반'이다.

⑤ 〈보기〉에서도 그리고 시에서도 화자가 왁새를 통해 소리꾼을 연상하고 있음을 확인할 수 있다. 그럼 왁새와 소리꾼의 관계는 유사냐, 상반이냐? 당연히 '유사'고, '대비'라는 표현을 보자마자 울컥했어야 한다. 게다가 문학에서 〈보기〉는 절대 갑이다. 〈보기〉에서 화자가 왁새 울음소리를 들으며 '소리꾼'을 상상적으로 떠올렸다고 했다. 자, '상상적'이라는 말이 눈에 들어왔지? 그럼 이번에는 선지를 보자. '날아가는 왁새와 완창을 한 소리꾼'을 연결하여 자연과 인간이 통합된 예술을 보여 준다는 것은 좋다. 그런데 '사실적'으로 보여 준다니! 〈보기〉에서 '소리꾼'은 화자가 상상으로 떠올린 허구적인 대상이라고 했는데! '사실적'이라는 단어를 보자마자 두 번째로 울컥하고 답을 확신했어야 했다.

오답설명

① 화자는 왁새 울음을 듣고 '어쩌면 저 왁새 소리가 소리꾼이 평생 추구했던 절창일 수 있겠구나.'라고 생각한 것이지.

② '텁텁한 얼굴에 달빛 같은 슬픔이 엉켜' 있는 얼굴이라니 삶의 비애가 느껴지지?

③ 〈보기〉와 연관 지어 본다면, '필생 동안 그가 찾아 헤맸던 소리'는 '절창'일 테고, 소리꾼은 지금은 죽고 없으니 화자는 우포늪에서 소리꾼의 절창과 비슷한 소리를 현재 듣고 있는 것이다. '찾아냈다'라는 표현이 조금 거슬리긴 하지만, 영탄적 어조로 대상에 대한 화자의 반응이 나왔으니, 이 부분을 화자의 정서(감탄)라고 설명하는 선지는 허용할 수 있겠다.

④ '소목 장재 토평마을'은 우포늪 일대의 현실적인 공간이다. 그리고 '동편제 넘어가는 / 저 왁새들'에 화자의 상상이 가미되어 있다. '동편제'는 각주를 통해 고개 이름이 아니라, 판소리의 한 유파임을 알 수 있다. 왁새들을 보고 소리꾼의 절창을 떠올린 것이지, 설마 왁새들이 정말 동편제를 넘어갔겠니. 따라서 상상의 세계와 현실적 공간을 결부하고 있다는 선지의 설명은 허용할 수 있다.

05

정답설명

④ 얼핏 보고 정답이 없는 것 같다고 그냥 넘어간 친구들이 있을 것이다. 선지를 자세히 보자. 자연 앞에서 인간이 티끌 같은 것이 아니라, 인간의 삶에서 자연이 '티끌' 같다는 엄청난 헛소리를 하고 있다! 사색을 통해서 교훈을 얻는 것이 수필의 특성이기는 하지만, 글쓴이가 느낀 교훈은 그것이 아니다. 글쓴이는 자연 앞에서 자신을 굽어보며 순결한 자연 속에서 쓰레기처럼 동떨어진 자신을 부끄러워하고 있다.

오답설명

① '짙은 단풍 빛에 붉게 누렇게 물든 검은 절경의 성장.~백옥보다도 흰 엷은 구름 조각.'에서 가을 풍경에 대한 감각적인 문체가 돋보인다.

② 자연은 아름다운 모습을 깊은 산골짜기에 감추어 놓는데, 이와 반대로 사람은 장하지도 아니한 그들의 예술을 뽐낼 기회만 엿본다고 대비하며 인간에 대한 비판적인 인식을 드러내고 있다.

③ '오심암'을 보고 '멋지다!' 하고 끝내는 것이 아니라 이러한 멋진(예술의 극치인) 풍경을 감추어 놓았다고 평가하며, '겸손한 자연', '순결한 자연'이라는 새로운 의미를 이끌어 내고 있다.

⑤ 〈보기〉의 '선생님'의 안내에 따르면, 수필은 글쓴이의 성찰을 보여 준다는 점에서 반성적이라고 했다. (다)의 글쓴이는 순결한 자연과는 다른 자신의 더러움을 부끄러워하며, 반성과 성찰의 태도를 보이고 있다.

한거십팔곡 / 추억에서 / 비평

지문분석

(가) 한거십팔곡

생평(生平)에 원ᄒᆞ느니 다만 충효(忠孝)뿐이로다
▶ 평생에 원하나니 다만 충효뿐이로다

이 두 일 말면 금수(禽獸) ㅣ나 다르리야
▶ 이 두 일(충효) 안 하면 짐승이나 다르랴

마음에 ᄒᆞ고져 ᄒᆞ야 십재황황(十載遑遑)ᄒᆞ노라
▶ 마음에 하고자 하여 급한 마음에 십 년을 허둥지둥하노라

〈제1수〉

계교(計較) 이렇더니 공명(功名)이 늦었어라
▶ 견주어 헤아림이 이렇더니 공명(공을 세워서 자기의 이름을 널리 드러냄)이 늦었어라

부급동남(負笈東南)ᄒᆞ야 여공불급(如恐不及)ᄒᆞ는 뜻을
▶ 책을 짊어지고 여기저기 다니면서 열심히 공부한 것을 이루지 못할까 두려워하던 뜻을

세월이 물 흐르듯 ᄒᆞ니 못 이룰까 ᄒᆞ야라
▶ 세월이 물 흐르듯 하니 못 이룰까 하여라

〈제2수〉

강호(江湖)에 놀자 ᄒᆞ니 성주(聖主)를 버리겠고
▶ 강호에 놀자 하니 임금을 저버리겠고

성주를 섬기자 ᄒᆞ니 소락(所樂)에 어긋나네
▶ 임금을 섬기자 하니 즐기는 바에 어긋나는구나

호온자 기로(岐路)에 서서 갈 데 몰라 ᄒᆞ노라
▶ 혼자 갈림길에 서서 갈 데 몰라 하노라

〈제4수〉

출(出)ᄒᆞ면 치군택민(致君澤民) 처(處)ᄒᆞ면 조월경운(釣月耕雲)
▶ 나아가면 치군택민(임금에게 몸 바쳐 충성, 백성에게 혜택을 베풂) 머무르면 조월경운(달빛에 고기 낚고 구름에 밭을 갊)

명철군자(名哲君子)는 이룰사 즐기느니
▶ 현명한 군자는 이럴수록 (자연을) 즐기나니

하물며 부귀(富貴) 위기(危機) ㅣ라 빈천거(貧賤居)를 ᄒᆞ오리라
▶ 하물며 부귀는 위기라 가난하고 천한 곳에 거처를 하오리라

〈제8수〉

행장유도(行藏有道)ᄒᆞ니 버리면 구태 구ᄒᆞ랴
▶ 쓰이면 세상에 나아가 도를 행하고 버려지면 은둔하는 것을 자신의 상황에 따라 알맞게 하니 버리면 굳이 구하랴

산지남(山之南) 수지북(水之北) 병들고 늙은 나를
▶ 산 남쪽 물 북쪽(서울)에 병들고 늙은 나를

뉘라서 회보미방(懷寶迷邦)ᄒᆞ니 오라 말라 ᄒᆞ느뇨
▶ 어느 누가 뛰어난 능력을 지니고서 은둔하는 것은 나라를 혼란스럽게 하는 것과 같다며 (나를 조정에) 오라 말라 하겠느냐

▶ 즉, 화자는 조정에 나오라는 권유를 받더라도 은거하는 삶을 살겠다는 거야.

〈제16수〉

성현(聖賢)의 가신 길이 만고(萬古)에 ᄒᆞᆫ가지라
▶ 성현이 가신 길이 만고에 한가지라

은(隱)커나 현(見)커나 도(道) ㅣ 어찌 다르리
▶ (자연에) 숨거나 (속세에) 나아가거나 도가 어찌 다르리

일도(一道) ㅣ오 다르지 아니커니 아무 덴들 어떠리
▶ 한 가지 도(道)이오 다르지 않으니 아무 덴들 어떠하리

▶ 나는 자연에서 머물면서 속세에 나가지 않을 것이고, 이것은 성현이 간 길이라는 거야.

〈제17수〉

(나) 추억에서

진주 장터 생어물전에는
▶ '진주 장터'는 작품의 공간적 배경이고 '생어물전(생선, 김, 미역 따위의 어물을 전문적으로 파는 가게)'은 어머니의 생활 터전을 가리켜.

바닷밑이 깔리는 해 다 진 어스름을,
▶ 시간적 배경은 저녁 무렵이구나.

▶ 저녁 무렵의 해가 지는 바닷가 풍경과 같은 하강적 이미지를 통해, 애상적 분위기를 조성하고 있다.

울 엄매의 장사 끝에 남은 고기 몇 마리의
빛 발(發)하는 눈깔들이 속절없이
은전(銀錢)만큼 손 안 닿는 한(恨)이던가
▶ 물고기의 눈깔과 은전은 동그라미의 형태로 이미지가 유사하다.

▶ 팔고 남은 고기의 눈에서 돈을 떠올리는 것으로, 가난한 삶으로 인한 어머니의 한을 시각적 이미지로 형상화하였다.

울 엄매야 울 엄매,
▶ 경상도 사투리를 통해 토속성과 향토성을 불러일으키고 있구나.

별 밭은 또 그리 멀리
▶ '별 밭'은 소망의 세계를 의미하는데, 이것이 '멀리' 있다는 것은 원하는 삶이 현재와 멀리 떨어져 있음을 나타내는 것이겠지(이상과 현실의 괴리).

우리 오누이의 머리 맞댄 골방 안 되어
▶ '골방'은 좁고 구석진 방을 의미하는 말로, 시적 화자의 가난한 삶을 표상하는 시어에 해당해. '별 밭'과 대조되는 이미지구나.

손 시리게 떨던가 손 시리게 떨던가,
▶ 어려웠던 어린 시절을 촉각적 이미지와 반복법을 사용하여 형상화했다.

▶ 밤이 늦도록 돌아오지 않는 어머니를 기다리는 오누이의 초조한 심정을 표현한 구절로, 화자는 어린 시절의 춥고 외로웠던 기억을 떠올리고 있다.

진주 남강 맑다 해도
오명 가명

▶ (어머니가) 오면서 가면서

신새벽이나 밤빛에 보는 것을,

▶ 새벽부터 밤 늦게까지 고된 일을 해야 하는 어머니의 삶을 보여 준다.

울 엄매의 마음은 어떠했을꼬,
달빛 받은 옹기전의 옹기들같이

▶ 어머니의 눈에 맺힌 눈물을 비유적으로 표현했다.

말없이 글썽이고 반짝이던 것인가.

▶ 눈물을 삭이던 어머니의 한을 시각적으로 형상화하고 있다.

(다) 비평

-고전 시가와 달리, 현대 시의 리듬은 내적 규범을 창출함.

-현대 시에는 고전 시가의 리듬이 배후로 물러나 압력을 행사함.

문제분석 01-05번

번호	정답	정답률(%)	선지별 선택비율(%)				
			①	②	③	④	⑤
1	①	85	85	4	7	2	2
2	②	55	5	55	26	7	7
3	⑤	81	2	3	5	9	81
4	③	93	2	2	93	2	1
5	③	79	6	6	79	4	5

01

정답설명

① (가) O, (나) O / (가)의 〈제1수〉 '다르리야', 〈제16수〉 '구ㅎ랴', 'ㅎㄴ뇨', 〈제17수〉 '어떠리' 등에서 의문형 어미를 확인할 수 있고, (나)에서는 '한이던가', '손 시리게 떨던가', '어떠했을꼬' 등에서 의문형 어미를 활용하고 있다. 참고로 시에서 정서를 드러내는 것은 지극히 당연한 것이니 선지의 뒷부분은 확인할 필요가 없다. '~를 통해 정서를 드러낸다 / 정서를 부각한다 / 정서를 강조한다.'라는 선지가 있다면, 선지의 뒷부분은 신경 쓰지 말고 앞에 붙은 조건만 확인해 주면 된다.

오답설명

② (가) X, (나) X / '대화하는 방식'이라고 하면 서로 말을 주고받아야 한다. 하지만 두 작품 모두 화자의 혼잣말이다. 여기서 잠깐! 독백, 대화, 말을 건네는 방식은 자주 출제되는 개념이니 반드시 학습하고 넘어가야 한다.

형태쌤의 과외시간

시는 기본적으로 자신의 상황에 대해 진술하는 문학이기에 독백의 문학이다. 다만, 간혹 특이하게도 청자를 대상으로 말을 건네는 경우가 있기 때문에 출제를 하는 것이다.

즉, '말을 건네는 방식'은 '청자를 대상으로 한 말투'를 의미한다. 다만 '말을 건네는 방식'에도 화자와 청자가 같이 얘기를 하는 경우가 있고, 화자 혼자만 얘기하는 경우가 있다.

1-1) 청자랑 화자가 같이 얘기를 주고받는 경우는, 실질적으로 말을 주고받는 방식으로 '대화의 형식(=대화적 구성)'이라고 한다.
　ex) 청자 : 저기 가는 님이여, 어디를 가고 계신지요.
　　　화자 : 아. 자네 아닌가. 내 얘기 좀 들어보시게.

1-2) 화자만 혼자 청자에게 얘기를 하는 경우는 말을 건네긴 했지만, 대화를 주고받는 방식은 아니다. 결국 화자 혼자만 말을 하고 있기에 독백으로 볼 수 있다.
　ex) 화자 : 백구야 날지 마라. 내가 네 애비다.
　　　백구 : ...... (청자의 반응 X)

2) 그리고 나머지 대부분의 시는 혼잣말(독백)이라고 보면 되겠다.
　ex) 평안도 어디에 어떤 여인이 살았다...
　　　아픔에 하늘이 무너졌다. 나는 어디로 가야 하나...

③ (가) O, (나) X / '탈속'이란 속세와 단절하고 자연을 지향하는 것을 말한다. (가)의 화자는 〈제4수〉에서 확인할 수 있듯, 강호와 임금 사이에서 갈등을 하고 있다가 최종적으로 속세와 단절된 자연을 택한다. 따라서 화자가 있는 공간이 탈속성을 지닌다고 볼 수 있다. 하지만 (나)의 시적 공간은 '진주 장터'라는 구체적인 공간인데, 생활의 공간이고 노동의 공간이기에 탈속적인 공간과 반대되는 속세의 공간이라고 할 수 있다.

④ (가) X, (나) △ / (나)는 '손 시리게 떨던가'를 통해 계절적 배경이 겨울임을 짐작할 수 있지만, 명확히 제시되지는 않았으므로 △로 처리하였다. 반면 (가)에는 특정한 계절적 배경이 드러나지 않는다.

⑤ (가) X, (나) X / (가)와 (나) 모두 의성어나 의태어를 활용하지 않았다.

02

정답설명

② 연시조는 각 연마다의 유기적 흐름을 타면서 독해를 해야 한다. 이때 화자의 태도가 변하면 무조건 끊어 줘야 한다. 평가원은 '변화'를 출제하기 때문이다. 〈제2수〉까지 화자는 속세에서의 삶을 얘기하고 있고, 〈제4수〉에서는 임금을 섬기는 유교적인 삶과 자연을 즐기는 강호한정의 삶 사이에서 갈등하였다. 하지만 〈제8수〉부터는 자연을 택하는 모습이 지속적으로 나타나고 있다. 〈제17수〉를 보면, 자연에 숨거나 나아가서 벼슬을 하는 것이 다른 것이 아니라 한 가지 도(道)라며 생각을 정리하고 있는데, 사실 자신이 자연을 택한 것에 대한 이유를 제시한 것에 불과하다. 따라서 화자는 결국은 자연을 택했기에, 공명을 이루기 위해 성현의 길을 따르고

자 한다는 선지의 설명은 적절하지 않다.

오답설명

① 〈제1수〉에서 화자가 평생에 원한 것은 '충'과 '효'뿐이라고 했다. 그렇다면 〈제2수〉에서 '부급동남', 즉 책을 짊어지고 여기저기로 스승을 찾아다닌 것은 무엇 때문일까? 열심히 공부해서 '성주를 섬기'고자 행한 일이겠지.

③ 〈제8수〉에서 화자는 '부귀'를 '위기'라고 하였다. 속세에서 부귀영화를 누리는 삶에 대해 부정적으로 생각하고, 자연에서 소박하게 사는 삶을 긍정적으로 생각하고 있다는 것이지. 화자는 이에 따라 '강호'를 선택한 것이겠구나.

④ '기로(갈림길)'에서 갈 데 몰라 하다가 한 가지 길을 찾았다. 이것이 갈등의 해소 아니면 무엇이겠니. 화자는 임금을 섬기는 유교적인 삶과 자연을 즐기는 강호한정의 사이에서 갈등하지만, 결국 둘 다 다르지 않다는 깨달음을 얻고 마음의 갈등을 해소하고 있는 것이다.

⑤ 화자는 〈제17수〉에서 숨거나 나아가거나 도는 모두 한 가지로 다르지 않다고 결론 내렸다. '빈천거를 ㅎ'더라도(자연에 은둔하여 살더라도) 벼슬에 나아가는 것과 다르지 않다는 것이지.

03

정답설명

⑤ '회보미방'은 뛰어난 능력을 지니고 은둔하는 것은 나라를 혼란스럽게 하는 것과 같다는 의미로, 능력이 있으면 벼슬길에 나가야 한다는 의미다. 앞의 맥락과 함께 풀이해 보면, '산 남쪽 물 북쪽에 병들고 늙은 나를(나에게) / 누가 능력을 지니고 있으니 은둔하지 말고 나오라 하겠느냐?'라는 의미로, 벼슬을 멀리하겠다는 화자의 의지를 엿볼 수 있다. 즉 '회보미방'은 조정에 나오라는 권유에 해당하고, 화자는 그 권유에 가지 않겠다는 의사표시를 하며 벼슬을 멀리하고 있는 것이다. '회보미방'을 화자의 답변으로 본다면, '나에겐 나라를 구할 능력이 있으니 조정에 나가야 해!' 하며 벼슬길을 향해 나아가겠다는 정반대의 해석이 된다.

오답설명

① 〈제1수〉에서도 평생에 원한 것이 '충효'라고 밝혔고, 〈보기〉에서도 유교적 출처관에 따라 은자로 살아갔다고 했으니 당연히 적절한 선지겠지?

② 안타깝게도 화자는 '십재황황'하였구나. 과거에 여러 번 응시하였으나 뜻을 이루지 못했다는 〈보기〉의 정보와 관련지어 본다면, 과거에 급제하지 못한 것이 십 년을 허둥지둥한 원인이라고 할 수 있겠다.

③ 〈제16수〉에서 '행장유도(쓰이면 세상에 나아가 도를 행하고 버려지면 은둔하는 것을 자신의 상황에 따라 알맞게 함)'한다고 한 것은 〈보기〉의 "뜻을 얻으면 그 은택을 백성들에게 베풀고, 뜻을 얻지 못하면 자신을 수양한다."라는 유교적 출처관과 연결되는구나.

④ 〈보기〉에서 권호문은 42세 이후 줄곧 조정에 천거되었다고 했지? 하지만 화자는 자연을 즐기며 사는 삶을 택했기 때문에 자신이 '병들고 늙었다는' 표면적 이유를 대면서 정치 현실로 나오라는 권유를 거절하고 있어. '병들고 늙은 나를 누가 오라 말라 하느냐'라고 했지만, 결국 '병들고 늙었으니 오라 가라 하지 말아라'라고 말하고 있는 것이야.

04

정답설명

③ 일반적인 사고를 가진 학생이라면 틀리지 않았으리라 본다. 겨울에 '손 시리게 떨'면서 '골방'에 있는데 행복감을 느꼈을 리가 없겠지.

오답설명

① '해'가 지고 '어스름'하게 어둠이 깔리는 '생어물전'의 모습을 상상해 보렴. 일반적으로 해가 지는 하강적 이미지는 애상적인 분위기를 조성한다.

② '빛 발하는 눈깔'은 동그란 '은전'과 이미지가 유사해. 엄마에게 은전은 손에 넣고 싶지만 손에 닿지 않는 것이지. 팔고 남은 고기의 눈에서 돈을 떠올리는 부분으로, 가난한 삶으로 인한 어머니의 '한'을 느낄 수 있구나.

④ '진주 남강'이라는 구체적인 공간이 나왔구나. 남들은 진주 남강이 맑다고 하지만 엄마는 그 맑은 강을 느껴보지 못한 거야. 새벽부터 밤늦게까지 고된 일을 하고 오기에 낮에는 남강의 모습을 볼 수 없었겠지. '진주 남강'이라는 구체적인 공간을 통해, 새벽부터 밤 늦게까지 바쁘게 생계를 꾸려 가던 어머니를 떠올리고 있어.

⑤ '옹기'는 어머니의 눈에 맺힌 눈물을 비유적으로 표현한 시어야. 달빛 받은 옹기들이 반짝이는 것처럼 어머니의 눈물이 글썽이고 반짝였던 것이지.

05

정답설명

(다)의 내용을 정리해 보면 다음과 같다.

형태쌤의 과외시간

외적 규범(고전 시가) = 4음보, 종장 첫 음보 3음절(시조). = (가)
내적 규범(현대 시) = 말소리, 휴지, 쉼표나 마침표. = (나)

③ (나)의 '울 엄매야 울 엄매'에서 울림소리(ㄴ, ㄹ, ㅁ, ㅇ)를 반복하는 것은 특정한 말소리를 반복하는 것으로, 내적 규범에 해당한다.

오답설명

① 일정한 음보를 반복하는 것은? 내적이 아니라 외적 규범이다.

② (가)는 연시조이다. (다)의 1문단에서 시조는 4음보가 기본이고 종장 첫 음보는 3음절, 둘째 음보는 그보다 길게 하는 것이 규율이라고 했지? (가)의 종장을 살펴보면, 모두 둘째 음보의 글자 수가 첫째 음보의 글자 수보다 많구나. 정해진 규칙을 잘 따른 것이지.

④ (나)의 '오명 가명'에서 'ㅇ'을 반복한 것은 무슨 규율일까? 말소리를 반복하는 것은 내적 규범이다. 그리고 또 하나! '오명 가명'에서 무료한 삶에 생동감이 느껴진다고? (나)에서는 가난했던 엄마의 '한'이 담긴 삶을 이야기하고 있으니, 무료한 삶과 생동감이라는 내용은 어울리지 않지.

⑤ 쉼표나 마침표 등을 사용하는 것은 내적 규범에 해당한다. 고전 시가의 리듬은 외적 규범을 따르니 적절하지 않은 선지구나.

03 2020학년도 6월

유원십이곡 / 조용

지문분석

(가) 유원십이곡

문장(文章)을 ᄒᆞ쟈 ᄒᆞ니 인생식자(人生識字) 우환시(憂患始)오
▶ 문장을 배우고자 하니 사람은 글자를 알면서부터 근심이 시작되는 것이오

공맹(孔孟)을 비호려 ᄒᆞ니 도약등천(道若登天) 불가급(不可及)이로다
▶ 공자와 맹자의 학문을 배우려 하니 도는 하늘로 오르는 것과 같아 미치기 어렵구나

이 내 몸 쓸 ᄃᆡ 업ᄉᆞ니 성대농포(聖代農圃) 되오리라
▶ 이 내 몸 쓸데없으니 태평성대에 농사나 지으리라

▶ 고전 시가의 공간은 '자연과 속세'로 이분법적 판단을 해야 한다. 여기까지 봤다면, "화자는 속세에서 학문하는 것에 대한 회의를 느끼고 있구나."라는 판단을 했어야 한다. 속세에서 회의를 느꼈다면, 화자는 당연히 자연을 지향하겠지.

〈제1장〉

홍진(紅塵)에 절교(絕交)ᄒᆞ고 백운(白雲)으로 위우(爲友)ᄒᆞ야
▶ 속세와의 교류를 끊고 흰 구름을 벗 삼아

녹수(綠水) 청산(靑山)에 시름 업시 늘거 가니
▶ 녹수 청산에서 시름 없이 늙어 가니

이 듕의 무한지락(無限至樂)을 헌ᄉᆞᄒᆞᆯ가 두려웨라
▶ 자연 속에서의 끝없는 즐거움을 야단스레 누릴까 하노라

▶ 역시나 자연에 대한 지향이 나오며 현재 자연에서의 삶을 노래하고 있다.

〈제3장〉

인간(人間)의 벗 잇단 말가 나는 알기 슬희여라
▶ 속세에 벗이 있다는 말인가 나는 알기 싫어라

물외(物外)에 벗 업단 말가 나는 알기 즐거웨라
▶ 자연 속에 벗이 없다는 말인가 나는 알기 즐거워라

슬커나 즐겁거나 내 분인가 ᄒᆞ노라
▶ 싫거나 즐겁거나 내 분수인가 하노라

▶ 속세와 자연을 대비하며 자연에 대한 지향을 드러내고 있다.

〈제6장〉

유정(有情)코 무심(無心)ᄒᆞᆯ 순 아마도 풍진(風塵) 붕우(朋友)
▶ 유정하면서도 무심한 존재는 속세의 친구들이요,

무심(無心)코 유정(有情)ᄒᆞᆯ 순 아마도 강호(江湖) 구로(鷗鷺)
▶ 무심하면서도 유정한 존재는 자연 속의 갈매기와 해오라기로다

이제야 작비금시(昨非今是)을 ᄭᆡᄃᆞᄅᆞᆫ가 ᄒᆞ노라
▶ 이제야 어제는 그르다고 생각한 것이 지금은 옳음을 깨달았구나

▶ 과거에는 몰랐던 자연의 가치를 현재는 깨달았다는 것이다.

〈제8장〉

도팽택(陶彭澤) 기관거(棄官去)ᄒᆞᆯ 제와 태부(太傅) 걸해귀(乞骸歸)ᄒᆞᆯ 제
▶ 도연명이 벼슬을 버리고 떠날 때와 한나라 태부 소광이 사직을 간청할 때

호연(浩然) 행색(行色)을 뉘 아니 부러ᄒᆞ리
▶ 거침없이 넓고 큰 기개로 (속세를) 떠난 모습을 누가 아니 부러워하였겠느냐

알고도 부지지(不知止)ᄒᆞ니 나도 몰나 ᄒᆞ노라
▶ 알고도 그만두어야 할 때를 일지 못하니(속세에 미련을 버리지 못하니) 그 마음 나도 몰라 하노라

▶ 속세를 떠나 자연으로 간 인물들을 긍정하고 있지만, 속세에 대한 미련으로 갈등하는 화자의 모습이 나타나 있다.

〈제9장〉

인간(人間)의 풍우(風雨) 다(多)ᄒᆞ니 므스 일 머므ᄂᆞ뇨
▶ 속세에는 시련이 많으니 무슨 일로 머물며

물외(物外)에 연하(煙霞) 족(足)ᄒᆞ니 므스 일 아니 가리
▶ 자연의 안개와 노을이 만족스러우니 무슨 일로 가지 않으리

이제ᄂᆞᆫ 가려 정(定)ᄒᆞ니 일흥(逸興) 계워 ᄒᆞ노라
▶ 이제는 가려고 정하니 흥에 겨워 하노라

▶ 결국 자연으로 가려고 마음을 먹으며 마무리를 하는구나.

〈제11장〉

(나) 조용

▶ 필자는 '나'의 말을 통해 게으름의 부정적인 측면을 언급하고, '귀신'의 말을 통해 게으름의 긍정적인 측면을 언급함으로써 게으름의 양면성에 대한 깨달음을 나타내고자 하였다.

문제분석 01-05번

번호	정답	정답률 (%)	선지별 선택비율(%)				
			①	②	③	④	⑤
1	①	83	83	5	5	6	1
2	④	53	6	15	15	53	11
3	⑤	56	7	17	10	10	56
4	④	77	4	6	6	77	7
5	③	68	8	11	68	7	6

01

정답설명

① (가) O, (나) O / (가)는 '홍진'과 '백운', '인간의 벗'과 '물외에 벗' 등의 대조적인 소재를 활용하여 자연과 더불어 즐기는 삶에 대한 화자의 만족감을 드러내고 있다. 한편 (나)는 귀신의 말을 통해 '움직이는 것'과 '고요한 것' 등, 즉 근면과 게으름을 대조하여 필자의 게으름에 대한 인식을 드러내고 있다.

오답설명

② (가) X, (나) O / '세태'는 세상의 모습이다. (가)는 속세에 대한 부정적 인식이 있기에 세태에 대한 부정적 시각은 허용할 수 있지만, 명령적 어조가 나타나 있지 않다. 반면 (나)는 '귀신'의 발화에 주목해 보자. "나의 허물로 여기지 마십시오.", "자신의 처지를 아십시오."와 같이 명령적 어조가

일부 나타나 있고, 이를 통해 시비의 소리가 분분하고 물욕에 휘둘리는 세상 사람들과 같은 세태에 대한 부정적인 시각을 드러내고 있다.
③ (가) X, (나) X / (가)와 (나) 모두 공간의 이동이 드러나지 않는다.
④ (가) X, (나) X / (가)의 화자는 독백적인 어조를 사용하고 있으므로 구체적인 청자를 설정한 것으로 볼 수 없다. 한편 (나)는 '나'와 '귀신'의 대화 형식을 취하고 있는 수필로 구체적 청자는 있지만, 자연에서 얻은 깨달음을 진술하고 있지는 않다.
⑤ (가) X, (나) X / (가)와 (나) 모두 계절의 변화가 드러나지 않는다.

02

정답설명
④ 〈제9장〉의 '호연 행색을 뉘 아니 부러ᄒᆞ리'는 '(도연명과 태부가) 거침없이 넓고 큰 기개로 (벼슬을 버리고 속세를) 떠난 모습을 누가 아니 부러워했겠는가'라는 의미로, 도연명과 태부처럼 속세를 떠난 인물에 대한 긍정의 마음을 설의적으로 표현한 것이다. 따라서 '속세에 미련을 갖게 하는 가치'가 나타나 있지 않고, 화자의 갈등이 드러난 구절도 아니다.

오답설명
① 글자는 속세의 삶을 살아가는 데 주요한 수단 중 하나이다. 그러나 화자는 〈제1장〉에서 글자를 알게 되는 것이 곧 근심이 시작되는 것이라고 보았으므로, 근심 없는 삶을 살아가기 위해 강호를 선택한 것이라고 볼 수 있다.
② 〈제3장〉의 '녹수 청산'에서 '시ᄅᆞᆷ 업시 늘거 가'는 것은 화자가 지향하는 강호 속에서의 생활이다. 따라서 화자는 강호를 선택한 삶을 긍정하고 있음을 알 수 있다.
③ 화자는 〈제6장〉에서 '슬커나 즐겁거나 내 분인가 ᄒᆞ노라'라고 하며, 자신의 선택에 따른 결과를 자신의 분수로 여기는 모습을 보인다.
⑤ 〈제9장〉의 '알고도 부지지ᄒᆞ니 나도 몰나 ᄒᆞ노라'는 도연명과 태부가 벼슬을 버리고 떠난 것을 부러워하면서도 한편으로는 속세에 대한 미련을 쉽게 버리지 못하는 화자의 갈등을 나타낸 것이다. 한편, 〈제11장〉의 '이제ᄂᆞᆫ 가려 정ᄒᆞ니 일흥 계워 ᄒᆞ노라'는 화자가 강호를 선택하고 흥겨워하는 모습을 나타낸 것이다.

03

정답설명
⑤ 고전 시가에는 자연과 속세의 이분법적 판단이 관습적으로 나타나 있다. 평가원의 문제 출제에도 이것은 당연하게 전제가 되어 있다. 따라서 시를 읽을 때, 자연과 속세의 이분법적 판단 속에서 시어를 정리해야 한다. 그래야 빠르고 정확하게 정답 선지로 갈 수 있다.
'물외에 벗'은 자연의 존재를 가리키고 '유정코 무심'한 것은 '풍진 붕우', 즉 속세의 친구들을 가리킨다. 그리고 화자는 어제 그르다고 생각한 것이 지금은 옳다고 생각하여 자연을 선택하였으므로, '유정코 무심'함은 자연과 대비되는 속세의 속성이다. '물외에 벗'은 화자가 긍정적으로 여기는 대상이므로 화자가 '물외에 벗'과 '위우'하고자 하는 이유는 '물외에 벗'이 '유정코 무심'한 것이 아니라 '무심코 유정'한 것이기 때문이다.

오답설명
① 화자가 선택한 것은 속세가 아니라 강호(자연)이므로, '절교'하고자 하는

대상에는 '인간의 벗'이 포함된다.
② '붕우'는 '풍진', 즉 속세와 관련이 있으므로 화자는 '붕우'와도 '절교'하고자 한다. '풍진', '홍진'은 속세를 나타내는 대표적인 시어이니 암기하길 바란다.
③ '백운(흰 구름)'은 자연을 나타내는 시어 중 하나이다. 따라서 화자는 '백운'을 벗 삼아 '무한지락'을 느끼고 있음을 알 수 있다.
④ '구로'는 자연에서 노니는 갈매기와 해오라기를 의미하고, '물외에 연하 족'한 곳은 자연을 의미하므로 옳은 설명이다.

04

정답설명
④ ㉠의 화자는 깨달음에 따라 자연의 삶을 선택하였다. 따라서 현재의 삶(자연에서의 삶)이 옳음을 깨달았다고 밝히고 있는 것이다. 한편 ㉡의 '나'가 '앞으로 나의 잘못을 고칠 터이니 그대와 함께 살기를 바란다'라고 한 것은, 자신이 게으름을 부정적으로만 인식했던 것을 반성하고 게으름의 긍정적인 부분을 받아들이기로 했기 때문이다.

오답설명
① ㉠의 화자는 '공맹을 비호'는 것이 하늘로 오르는 것만큼이나 어렵다고 보아, 이를 포기하고 자연에서 '성대농포', 즉 농사를 짓기로 결정하였다.
② (나)의 '귀신'의 발화에 따르면 '굳센 쇠'는 부서지기 쉽다는 부정적인 의미를 담고 있으므로, ㉡의 '나'가 지향하는 삶의 모습으로 보기 어렵다.
③ ㉠의 화자는 '녹수 청산'에서 '시ᄅᆞᆷ 업시 늘거 가'고 있으므로, 자연에서의 근심 없는 삶을 즐기고 있다고 볼 수 있다. 그러나 ㉡의 '나'는 '깨끗한 것'은 더러워지기 쉽다는 '귀신'의 말을 수용하였으므로, '깨끗한 것'을 '길한 것'이라는 긍정적인 의미로 받아들였다고 볼 수 없다.
⑤ ㉠의 화자는 '풍우 다한 속세의 모습을 부정적으로 보았기 때문에 떠나기로 한 것이다. 한편, ㉡의 '나'는 게으름으로 인해 분분한 '시비의 소리'로부터 물러나 있었기 때문에 '시비의 소리'에 흔들리지 않을 수 있었다.

05

정답설명
③ "이 모든 허물은 네가 내게 들어와 멋대로 함이라."는 '나'가 겪고 있는 폐해들이 게으름으로부터 비롯된 것이라는 필자의 생각을 드러낸 말이다. '허물'은 게으름의 부정적 측면을 나타내고, '멋대로'는 '나'가 겪는 폐해를 게으름의 탓으로 돌리는 표현이므로 여기에는 게으름의 긍정적 측면이 나타나 있지 않다. 따라서 게으름의 양면성을 드러내려는 필자의 의도가 있다고 볼 수 없다.

오답설명
① '나'가 무당을 불러 '귀신'에게 말을 건네는 것은 게으름의 부정적인 측면을 나타내기 위해, 자신의 게으른 생활에 대해 언급하고자 한 것이다.
② "게을러서 집을 수리할 생각도~화를 내지 않아서"에서 '나'는 집안의 대소사를 해결하지 않고 게으름을 피우는 행위를 나열해, 게으름의 폐단을 드러내고 있다.
④ '나'가 게으름 덕분에 물욕에서 벗어나, 물욕에 휘둘려 이익을 얻기 위해 날뛰는 사람들과 달리 제정신을 잘 보존할 수 있었다는 '귀신'의 말을 통해

게으름의 긍정적인 측면을 알 수 있다.

⑤ 필자는 '귀신'의 말을 빌려 세상 사람들이 세력을 좇다 우왕좌왕하여 시비의 대상이 되는 것과 이익을 얻기 위해 날뛰는 모습을 부정적으로 언급함으로써, 이에 대한 비판적인 시각을 드러내었다.

월선헌십육경가 / 어촌기

지문분석

(가) 월선헌십육경가

동녁 두던 밧긔 크나큰 너븐 들히
▶ 동녁 둔덕 밖의 크나큰 넓은 들에

만경(萬頃) 황운(黃雲)이 흔 빗치 되야 잇다
▶ 만 이랑의 황색 구름이 한 빛이 되어 있다

▶ 넓은 들에 누렇게 익은 벼가 깔려 있는 모습을 묘사하고 있구나.

중양이 거의로다 내노리 호쟈스라
▶ 중양절이 거의 다 되었구나 고기잡이 하자꾸나

블근 게 여믈고 눌은 둙기 슬져시니
▶ 붉은 게가 여물고 누런 닭이 살쪘으니

▶ 색채어('블근', '눌은')를 활용한 시각적 이미지가 쓰였구나.

술이 니글션졍 버디야 업슬소냐
▶ 술이 익을망정 벗이야 없을쏘냐

전가(田家) 흥미는 날로 기퍼 가노매라
▶ 농가의 흥이 날로 깊어 가는구나

살여흘 긴 몰래예 밤블이 불가시니
▶ 여울가 긴 모래에 밤불이 밝았으니

게 잡는 아희들이 그믈을 훗터 잇고
▶ 게 잡는 아이들이 그물을 흩어 놓고

호두포 엔 구븨예 아젹믈이 미러오니
▶ 호두포 먼 굽이에서 밀물이 밀려오니

돗둔비 애내성(欸乃聲)이 고기 푸는 댱식로다
▶ 돛단배 애내성(어부가 노를 저으면서 부르는 노랫소리)이 고기 파는 장사로구나

경(景)도 됴커니와 생리(生理)라 괴로오랴
▶ 경치도 좋거니와 생활이 괴로우랴

▶ 생활이 괴로울 일이 없다는 의미겠지.

(중략)

어와 이 청경(淸景) 갑시 이실 거시런돌
▶ 아아 이 맑은 풍경이 값이 있는 것이었다면

적막히 다든 문애 내 분으로 드려오랴
▶ 적막히 닫은 문(화자가 있는 곳)에 내 분수로 들여오랴

▶ 이 아름다운 자연이 돈 주고 살 수 있는 것이었다면, 화자의 분수로는 볼 수 없었을 것이라는 의미다.

사조(私照) 업다 호미 거즌말 아니로다
▶ 사조(사사로이 비춤) 없다 함이 거짓말이 아니로다

모재(茅齋)예 빗췬 빗치 옥루(玉樓)라 다룰소냐
▶ 모재(띠로 지붕을 이어 지은 집)에 비친 빛이 옥황상제의 궁궐이라 다룰쏘냐

▶ 빛은 사사로이 비추지 않으니, 화자가 머무는 곳('모재')과 옥황상제(=임금)가 머무는 곳('옥루')에 비추는 빛은 같겠지. 화자는 자연 현상을 보고 임금을 떠올리고 있다. 자연에 만족하고 즐기고 있는데, 왜 굳이 임금을 언급할까? 바

로 '관심'이 있어서다. 자연 속에서의 생활에 만족하지만, 임금에 대한 그리움(속세에 대한 미련)이 남아 있는 거지.

청준(淸樽)을 밧쎄 열고 큰 잔의 フ득 브어
▶ 청준(청주가 들어있는 항아리)을 바삐 열고 큰 잔에 가득 부어

죽엽(竹葉) フ는 술를 둘빗 조차 거후로니
▶ 죽엽(대나무 잎) 가는 술을 달빛 좇아 기울이니

▶ 죽엽 가는 술? 대나무 잎을 띄운 술 정도로 보면 되겠다. 화자는 달빛 아래에서 술을 마시는 풍류를 즐기고 있는 거야.

표연훈 일흥(逸興)이 져기면 눌리로다
▶ 거침없는 일흥(흥취)이 잠깐이면 (달까지) 날아갈 것 같구나.

이적선(李謫仙) 이려호야 둘을 보고 밋치닷다
▶ 이적선(중국의 시인 이태백)도 이러하여 달을 보고 미쳤구나.

▶ 이태백은 혼자 술을 마시며 달을 보고 대화를 했다고 한다. 그리고 다리를 건너다 물속에 있는 달을 건지려다 죽었다는 설도 있다. 그만큼 이태백은 달을 좋아했다는 것이고, 화자는 이태백처럼 현재 달을 보며 즐기고 있는 것이다.

춘하추동애 경물이 아름답고
▶ 춘하추동(사계절)에 온 세상이 아름답고

주야조모(晝夜朝暮)애 완상이 새로오니
▶ 주야조모(아침저녁)에 자연을 감상하는 것이 새로우니

몸이 한가후나 귀 눈은 겨룰 업다
▶ 몸이 한가하나 귀와 눈은 (쉴) 겨를이 없다

▶ 화자는 한가로운 일상에 있지만, 아침저녁과 계절마다 변화하는 자연의 아름다움을 완상하느라 바쁘대.

여생이 언마치리 백발이 날로 기니
▶ 여생이 얼마 남지 않아 흰머리가 날로 기니

세상 공명은 계륵이나 다룰소냐
▶ 세상의 공명은 계륵(닭의 갈비라는 뜻으로, 큰 소용은 없으나 버리기는 아까운 것을 일컫는 말)이나 다룰쏘냐

▶ 화자는 세상의 공명을 탐하지는 않지만, 그렇다고 아예 포기하지는 않았나 봐.

강호 어조(魚鳥)애 새 밍셰 깁퍼시니
▶ 강호(강과 호수, 즉 자연)의 어조(물고기와 새)에 새 맹세 깊었으니

▶ 자연에서 살고자 하는 화자의 지향을 확인할 수 있지.

옥당금마(玉堂金馬)의 몽혼(夢魂)이 섯긔엿다
▶ 옥당금마(관직 생활)의 몽혼(꿈)이 성기었다

▶ '성기다'는 '듬성듬성하다'는 의미다. 즉, 자연에 대한 새 맹세가 깊으니 속세의 꿈이 듬성듬성 혹은 멀어진다는 의미다. 그러나 해석은 유기적이어야 하고, '고전 시가의 관습적 특징'을 고려해야 한다. 화자는 '옥루', '공명은 계륵' 등의 표현을 통해 지속적으로 속세에 대한 관심을 드러내었다. 따라서 이 구절은 속세에 대한 꿈이 멀어져서 좋다는 의미도 될 수 있지만, 속세의 꿈이 멀어져서 느끼는 아쉬움과 미련으로 볼 수도 있다.

초당연월(草堂煙月)의 시름 업시 누워 이셔
▶ 초당연월에 시름없이 누워 있어

▶ 화자는 초당에서 연월(연기에 어린 은은한 달빛)을 바라보며 쉬고 있어.

촌주강어(村酒江魚)로 장일취(長日醉)룰 원(願)호노라
▶ 촌주강어(시골에서 만든 술과 강에서 잡은 고기)로 장일취(하루 종일 취함)를 원하노라

이 몸이 이러구롬도 역군은(亦君恩)이샷다

▶ 이 몸이 이렇게 사는 것도 역군은(임금의 은혜)이시다

▶ 화자가 자연 속에서 흥취를 즐기며 노닐 수 있는 것은 임금의 은혜라고 하는 구나. 화자의 임금에 대한 충심, 정치 현실에의 미련을 엿볼 수 있는 구절이야.

(나) 어촌기

▶ 이 작품은 벼슬에 몸담고 있으면서도 강호를 그리워하는 공백공이라는 인물을 통해, 자연을 즐기며 자유로운 정신 상태를 지향하려는 사대부들의 강호에 대한 애정을 잘 보여 주고 있는 수필이다.

문제분석 01-05번

번호	정답	정답률 (%)	선지별 선택비율(%)				
			①	②	③	④	⑤
1	②	62	1	62	31	2	4
2	⑤	86	2	6	3	3	86
3	①	88	88	1	2	6	3
4	③	90	1	2	90	3	4
5	①	80	80	2	9	3	6

01

정답설명

② ㉡은 '돛단배 노랫소리가 고기 파는 장사로구나'라는 의미의 구절로, 한가로운 자연 속의 흥취를 나타내고 있다. 하지만 ㉠의 '외로운 배를 노 저어 조류를 따라 오르고 내리면서 가는 대로 맡겨 두고'는, 공백공이 바라는 유유자적한 강호의 삶을 나타내는 구절이므로 고독을 해소하려는 의지를 나타낸다고 볼 수 없다.

형태쌤의 과외시간

문학에서 '상황'과 '반응'은 해석의 기본 축이라고 할 수 있다. 이때 '상황'은 '반응'을 유도하는 기본 전제이기 때문에 확실하게 판단하고 들어가야 한다.

(나)의 경우 ⊕인 '자연'을 전제로 반응하고 있다. 따라서 '고독'이라는 단어를 보는 순간 울컥하고 반응했어야 한다.

오답설명

① ㉠에는 게 잡는 아이들이 그물을 흩어 놓고 있는 모습에서 전원에서의 생활상이 나타난다. 한편, ㉤에는 아이와 어른이 갈매기와 백로와 벗하는 모습에서 자연과 동화되는 삶이 나타난다.

③ ㉢은 띠로 지붕을 이어 지은 집에 비친 빛이 옥루, 즉 옥황상제(=임금)가 사는 궁궐에도 비친다는 의미로, 자연 현상에서 연상된 그리움의 대상인 임금이 나타난다. 한편, ㉙에는 흰 물결을 일으키고 맑은 빛을 헤치고 나가는 배의 움직임에서 청아한(맑고 아름다운) 풍경이 나타난다.

형태쌤의 과외시간

고전 시가에서의 공간

'자연은 ⊕ / 속세는 ⊖'라고 단순하게 생각하면 절대 안 된다.

원하지 않았는데 자연에 오게 되면 자연이 ⊖ 공간이 되고, 자연 속에서 벼슬의 꿈을 지향한다면 속세가 ⊕ 공간이 되기도 한다.

'자연'에서 속세를 언급하는 것은 대부분 두 가지 이유에서다. 하나는 비판, 다른 하나는 관심.

자연과 속세를 대비하여 비판할 때는 속세에 대한 부정적 태도가 제시되거나 속세의 부정적 속성이 부각된다. 그리고 '자연'에서 굳이 '속세'를 언급했는데 부정적인 태도가 나타나지 않을 때는 '관심'의 표현이라고 봐야 한다. 특히 이런 구절들은 자주 출제되는 부분이니, 세밀하게 체크해야 한다.

④ ㉣은 '대나무 잎을 띄운 고운 술을 달빛에 따라 기울이니'라는 의미로, 아름다운 달빛과 함께 술을 따라 마시는 운치 있는 풍류의 상황이 나타난다. 한편, ㉤의 '구운 고기와 신선한 생선회로 술잔을 들어 주고받다가'에서는 자연에서 누리는 흥겨운 삶의 모습이 나타난다.

⑤ ㉤은 '변화하는 자연 때문에 몸은 한가하나 귀와 눈은 쉴 겨를이 없다'라는 의미로, 변화하는 자연에서 얻는 즐거움이 나타난다. 한편, ㉙에서는 생동감 넘치는 물고기의 모습에서 자연에서 느끼는 만족감이 나타난다.

02

정답설명

⑤ '경도 됴커니와 생리라 괴로오랴'는 '경치도 좋거니와, 생활이 괴롭겠느냐?'로 해석할 수 있으며, 여기서 '생활이 괴롭겠느냐?'는 생활이 괴롭지 않는 것을 설의적 표현을 통해 효과적으로 드러내고 있는 것이다. 따라서 전원생활의 여유를 즐기면서도 생업의 현장에서 느끼는 고단함을 드러냈다는 감상은 적절하지 않다.

오답설명

① 〈보기〉에서 화자는 현실적 생활 공간으로서의 전원에 관심을 두었으며, 그에 따라 생활 현장에서 볼 수 있는 풍요로운 결실 등을 노래했다고 했다. 따라서 전원생활에서 목격한 풍요로운 결실을 '만경 황운(들판에 벼가 누렇게 익은 모습)'에 비유해 드러냈다는 감상은 적절하다.

② 〈보기〉에서 여유로운 놀이 장면을 다양한 표현 방법을 통해 현장감 있게 노래했다고 했으므로, 전원생활 가운데 느끼는 여유를 '내노리 ㅎ쟈스라'와 같은 청유형 표현을 통해 드러냈다는 감상은 적절하다.

③ 〈보기〉에서 화자는 생활 현장에서 볼 수 있는 풍요로운 결실을 다양한 표현 방법을 통해 노래했다고 했다. 따라서 여문 '블근(붉은) 게'와 살진 '눌은(누런) 둙'을 통해, 전원생활의 풍족함을 색채 이미지에 담아 드러냈다는 감상은 적절하다.

④ 〈보기〉에서 화자는 생업의 현장에서 느끼는 정서 등을 다양한 표현 방법을 통해 현장감 있게 노래했다고 하였다. 따라서 '밤블이 ᄇ가시니', '아젹믈이 미러오니'와 같은 묘사를 통해, 전원생활에서의 현장감을 드러냈다는 감상은 적절하다.

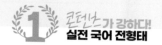
03

정답설명

① (나)의 '공백공'은 "해가 지고 달이 떠오르며", "밤이 깊어 구름은 어둡고 하늘이 캄캄하면", "여름날 뜨거운 햇빛에", "겨울 하늘에 눈이 날릴 때면" 등을 통해, 시간에 따른 공간(낚시터)의 다채로운 모습을 제시하며 자신의 감정을 드러내고 있다.

오답설명

② '공백공'이 상대의 말과 행동이 불일치함을 언급하며 자신의 결백을 입증하고 있는 내용은 제시되지 않았다.

③ '공백공'이 상대에 대해 심리적 거리감을 느껴 자신의 생각 표현을 자제하고 있는 내용은 제시되지 않았다.

④ 화자가 '공백공'에게 질문하는 내용은 지문에 제시되지 않았다. 따라서 '공백공'의 발화를 '질문에 답변'하는 것으로 볼 수 없다.

⑤ '공백공'이 대상, 즉 자연 속 생활과 연관된 행위를 열거하고 있다고 볼 수 있으나 자신의 무력감을 깨닫고 있는 내용은 제시되지 않았다.

04

정답설명

③ 작가는 '백공은 나와 태어난 해는 같으나 생일이 뒤이기 때문에 내가 아우라고 한다.'라고 언급한 후, 공백공의 말을 듣고 즐거움을 느껴 작가 자신의 삶도 살펴보고자 한다고 밝히고 있다. 그러나 벗이 추구하는 삶의 자세가 작가로부터 전해 받은 것이라는 내용은 제시되지 않았다.

오답설명

① '이것은 그의 마음에 사욕이 없어 사물에 초탈하였기 때문에 소리의 나타남이 이와 같은 것이다.'라는 부분에서 벗이 '영화'와 '이익'을 중시하는 삶을 거부한다는 것을 알 수 있으므로, 이를 통해 벗의 가치관을 알 수 있다는 선지의 내용은 적절하다.

② '내가 듣고 즐거워하며 그대로 기록하여 백공에게 보내고, 또한 나 자신도 살피고자 한다.'라는 부분에서 작가가 벗의 말을 '즐거워하며' 자신도 살피려 한다는 것을 알 수 있으므로, 이를 통해 작가가 벗의 생각에 공감하고 있음을 알 수 있다는 선지의 내용은 적절하다.

④ "강태공은 성인이니 내가 감히 그가 주 문왕을 만난 것과 같은 그런 만남을 기약할 수 없다. 엄자릉은 현인이니 내가 감히 그의 깨끗함을 바랄 수는 없다."라는 부분에서 '내가 감히'라고 표현한 것은, 자신이 중국의 인물들의 삶에 미치지 못함을 스스로 인정하고 있는 것이라 볼 수 있다. 따라서 이를 통해 벗의 겸손한 성품을 알 수 있다는 선지의 내용은 적절하다.

⑤ '대과에 급제하고 좋은 벼슬에 올라, 갓끈을 나부끼고~담담하게 강호의 취미를 지니고 있다.'라는 부분에서 벗이 '대과에 급제'하여 기대를 받고 있음에도 불구하고 '마음에 사욕이 없다'고 평한 것을 알 수 있으므로, 이를 통해 작가가 벗의 말이 기록할 만한 가치가 있다고 여긴다는 내용은 적절하다.

05

정답설명

① ⓐ는 자연에 대한 새 맹세가 깊으니, 속세의 꿈이 듬성듬성 혹은 멀어진다는

의미다. 그러나 해석은 유기적이어야 하고, '고전 시가의 관습적 특징'을 고려해야 한다. 화자는 '옥루', '공명은 계륵' 등의 표현을 통해, 지속적으로 속세에 대한 관심을 드러내었다. 따라서 이 구절은 속세에 대한 꿈이 멀어져서 좋다는 의미도 될 수 있지만, 속세의 꿈이 멀어져서 아쉬움과 미련을 느낀다는 의미로 볼 수도 있다. 따라서 ⓐ의 '강호 어조애 새 밍셰 깁퍼시니'를 통해 '내'가 '강호'에서의 은거를 긍정함을, '옥당금마의 몽혼이 섯긔엿다'를 통해 정치 현실에 미련이 있음을 나타낸다고 볼 수 있다.

한편 ⓑ의 '내가 몸은 벼슬을 하면서도'를 통해 '공백공'이 정치 현실에 몸담고 있음을, '뜻은 강호에 두어 매양 노래에 의탁하는 것이니'를 통해 '강호'에 은거하려는 지향을 나타내고 있다.

오답설명

② '의지'는 '극복의 태도나 실천적 행위'가 선명하게 나타나야 한다. 평가원에서 정오답의 기준으로 자주 제시하는 개념이니 까칠하게 신경 써야 한다. ⓐ는 '내'가 '강호'에서의 은거를 마치고, 정치 현실로 복귀하려는 의지를 나타낸다고 볼 수 없다. ⓑ에서는 '공백공'이 벼슬에 몸담고 있음을 알 수 있으나, 정치 현실에서 신뢰를 잃었다는 내용은 확인할 수 없다.

③ ⓐ는 해석의 여지가 있는 구절로, '내'가 '강호'에서 경치를 완상하며 정치 현실의 번뇌를 해소하려는 자세를 보인다고 볼 수도 있다. 하지만 ⓑ에서 '공백공'이 정치 현실과 갈등하여 '강호'에 은거하려는 자세를 나타내는 내용은 확인할 수 없다.

④ ⓐ는 '내'가 '강호'에서 늙어 감에 체념하면서도 정치 현실에 대한 지향을 나타낸다고 볼 수 없고, ⓑ에서는 '공백공'이 벼슬길에 몸담고 있다고 했으므로 정치 현실을 외면하면서 '강호'에 은거하려는 염원을 나타낸다고 볼 수 없다.

⑤ ⓐ에서는 '내'가 '강호'에서 임금께 맹세하며 정치 현실의 이상을 실현하려는 태도를 보이고 있지 않으며, ⓑ에서 '공백공'이 정치 현실의 폐단에 실망하며 '강호'에 은거하려는 희망을 나타내는 내용은 확인할 수 없다.

형태쌤의 과외시간

문학에서 '허용의 여지'

시 문학의 경우 함축성으로 인해 해석의 다양성이 나타날 수밖에 없다. 이것은 시 문학의 묘미이기도 하지만 문제를 풀어야 하는 우리에게는 상당히 괴로운 부분이기도 하다.

두 가지 상반된 해석이 가능할 때, 사설이나 내신은 둘 중 하나의 선택을 강요하는 문제들이 출제될 때가 있다. 이 경우는 어쩔 수 없다. 출제자의 의도를 고려해서 풀 수밖에 없고, 틀렸다면 아쉽지만 넘어가야 한다.

하지만 평가원은 다르다. 〈보기〉를 통해 해석의 방향을 제시하거나 (2014학년도 9평 신경림의 「농무」), **확실하게 틀린 부분을 제시**하여 논란을 피해 간다.(2007학년도 수능 이육사의 「교목」)

여기서도 마찬가지다. ⓐ의 앞부분은 허용의 여지가 있으니, 확실하게 틀린 뒷부분을 활용해서 지워나가야 한다.

그리고 중요한 것!

문학 작품의 해석은 단일하지 않다. 〈보기〉에 의해, 출제자의 관점에 의해 얼마든지 바뀔 수 있는 것이 해석이다. 따라서 시험장에서는 '유연한 자세'가 필요하고, 본인의 해석만 맞다는 착각에서 벗어나야 확실한 1등급에 도달할 수 있다.

05 III. 복합
2021학년도 9월

비평 / 만흥 / 우언

지문분석

(가) 비평
- 문학 작품의 의미가 생성되는 세 가지 양상
  (경험, 내면의 정서, 의식 대상에 투영 / 외부 세계를 자기 내면으로 수용 / 자기와 외부 세계를 상호적으로 대비)
- 자기와 외부 세계의 관계를 파악할 때 적용 가능

(나) 만흥

산슈 간(山水間) 바회 아래 뛰집을 짓노라 ᄒ니
▶ 산수(자연 속)간 바위 아래 초가집을 짓고자 하니

그 모론 ᄂ들은 운는다 ᄒ다마는
▶ 그것을 모르는 남들(자연의 맛을 모르는 남들)은 비웃는다 하지만

어리고 햐암의 뜻의는 내 분(分)인가 ᄒ노라
▶ 어리석은 시골뜨기(자기 자신을 겸손하게 말함)의 뜻에는 내 분수인가 하노라.

〈제1수〉

보리밥 픗ᄂ믈을 알마초 머근 후(後)에
▶ 보리밥 풋나물을 알맞게 먹은 후에

바횟 긋 믉ᄀ의 슬ᄏ지 노니노라
▶ 바위 끝 물가에서 실컷 노니노라.
▶ 자연 속에서의 화자의 삶을 구체화하고 있구나.

그 나믄 녀나믄 일이야 부를 줄이 이시랴
▶ 그 밖의 다른 일들이야 부러워할 일이 있겠느냐.
▶ 그 밖의 다른 일들이란 속세의 일, 벼슬, 명예와 같은 것들이겠지? 그것들을 부러워하지 않겠다고 하는 것을 보니 속세에 대한 거리감과 자연에 대한 지향이 드러나 있다고 볼 수 있겠다.

〈제2수〉

잔 들고 혼자 안자 먼 뫼흘 ᄇ라보니
▶ 잔을 들고 혼자 앉아 먼 산을 바라보니

그리던 님이 오다 반가옴이 이리ᄒ랴
▶ 그립던 님이 온다 한들 반가움이 이러하랴.
▶ 이 부분은 임에 대한 그리움이 아니라, 산을 보는 반가움이 임이 왔을 때의 반가움보다 더 크다는 것을 이야기하고 있는 것이다. 해석에 주의하자.

말ᄉ도 우움도 아녀도 몯내 됴하ᄒ노라
▶ 말씀도 웃음도 아니하여도 못내 좋아하노라.
▶ 산은 말씀도 웃음도 없지만 그래도 나는 산이 좋다며 자연에 대한 지향을 강력하게 드러내고 있어.

〈제3수〉

누고셔 삼공(三公)도곤 낫다 ᄒ더니 만승(萬乘)이 이만ᄒ랴
▶ 누군가 (자연이) 삼공(높은 벼슬)보다 더 좋다고 하더니 (내가 느껴보니) 만승(천자의 자리)이 이만하랴.

이제로 헤어든 소부(巢父) 허유(許由) ㅣ 냑돗더라

▶ 이제 헤아려보니 소부 허유(속세를 마다하고 자연에 들어간 이들)가 냑았더라(똑똑하더라).

아마도 님쳔 한흥(林泉閑興)을 비길 곳이 업세라
▶ 아마도 임천(자연)에서 느끼는 한흥(한가로운 정서)을 비교할 곳이 없어라.

〈제4수〉

내 셩이 게으르더니 하ᄂ히 아ᄅ실샤
▶ 내가 천성이 게으르더니 하늘이 이것을 아셔서

인간 만ᄉ(人間萬事)를 ᄒ 일도 아니 맛뎌
▶ 인간 만사를 하나도 아니 맡기고

다만당 ᄃ토리 업슨 강산(江山)을 딕희라 ᄒ시도다
▶ 다만 다툴 이 없는 강산(자연)을 지키라 하시도다.
▶ 자연을 즐기는 것은 하늘이 나에게 부여한 것이라고 말하고 있네. 자연에 대한 지향이 계속 나타나고 있어.

〈제5수〉

강산(江山)이 됴타 ᄒ들 내 분(分)으로 누얻ᄂ냐
▶ 강산이 좋다 한들 내 분수로 누웠겠느냐.

님군 은혜(恩惠)를 이제 더옥 아노이다
▶ 임금의 은혜를 이제 더 잘 알겠다.

아ᄆ리 갑고쟈 ᄒ야도 ᄒ올 일이 업세라
▶ 아무리 갚고자 하여도 모두 갚을 수가 없더라.
▶ 임금은 속세에 있는 존재이지. 화자는 전체적으로 분명 자연을 지향하고 있지만 속세의 존재를 언급하는 것으로 볼 때, 속세에 대한 미련이 있는 것이라고 생각할 수 있다.

〈제6수〉

(다) 우언
▶ '나'는 '산림'과 '시정' 중 어느 곳에 사는지, '명리'와 '은거' 중 어디에 마음을 두는지에 따라 '큰 부끄러움'과 '작은 부끄러움', '큰 즐거움'과 '작은 즐거움'으로 삶의 방식을 구분했다. '나'는 다른 사람과는 달리 이 중 '작은 즐거움'을 누리는 것을 '참으로 가장 높은 것'으로 보고, 자신의 삶을 긍정적으로 평가하고 있다.

문제분석 01-05번

번호	정답	정답률(%)	선지별 선택비율(%) ①	②	③	④	⑤
1	①	41	41	24	13	5	17
2	③	58	3	4	58	25	10
3	①	63	63	3	19	10	5
4	⑤	72	3	9	9	7	72
5	④	81	2	3	10	81	4

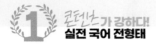
01

정답설명

① 〈제1수〉의 '산슈'는 화자가 생활하는 '뛰집'과 연결된 공간이므로, 경험적 성격과 연결된 공간으로 볼 수 있다. 한편 〈제6수〉의 '강산'은 '님군 은혜' 덕분에 화자가 누리는 공간이므로, 관념적 성격과 연결된 공간으로 볼 수 있다.

하지만 이것은 시험이 끝나고 정답에 끼워 맞춘 해설에 불과하다. 기출을 제대로 풀어 본 학생이라면, 고전 시가에서 자연을 바라보는 평가원의 시선을 알고 있어야 한다. 다음 박스에서 개념을 탑재하자.

형태쌤의 과외시간

평가원이 바라보는 고전 시가의 자연

〈수능 기출 보기〉

우리는 흔히 어떤 아름다운 풍경을 보고 '그림 같다'라고 감탄한다. 이러한 감탄은 우리가 은연중에 풍경을 우리 머릿속에 있는 어떤 이미지나 관념과 비교하고 있음을 알게 한다. ➡ 우리는 실제 풍경을 보면서 마음 안에 있는 풍경과 비교한다는 것이야. 조선조 시가의 작가들은 실제 풍경뿐 아니라, 실제 풍경을 볼 때 동원되었거나 실제 풍경으로부터 촉발된 '마음 안의 풍경'까지 표현하고자 하였다. ➡ 이게 바로 현대시와 고전 시가의 차이점이야. 현대시는 바로 앞의 대상을 관찰하며 시를 전개하지만, 고전 시가는 마음 안의 풍경을 상상하면서 시를 전개한다는 거야. 즉, 화자가 있는 자연은 실제 공간일 수도 있고, 상상의 공간일 수도 있다는 거지. 이 때문에 고전 시가의 공간은 실제 공간이 아니라, 관념적인 공간이라고 하는 거야. 이러한 '마음 안의 풍경'은 당대 그림이나 다른 문학 작품 등에서 추출되고 재구성된 것으로, 작가의 주관에 따라 이상화된 관념적인 풍경이다. ➡ '마음 안의 풍경'은 이상적인 상상의 풍경이야. 작가가 보고 싶은 풍경이니 실제 풍경이 아닌 관념적인 풍경이라는 것이지.

평가원은 〈보기〉를 통해 학생들에게 문학을 바라보는 방향을 제시할 때가 있어. 이 〈보기〉도 마찬가지야. 문학을 하는 출제자들의 생각을 확실하게 알 수 있고, 고전 시가를 어떤 식으로 봐야 할지 얘기해 주는 〈보기〉지. 이 내용을 토대로 문제에 접근해야 출제자의 시선과 오차가 생기지 않아. '만흥'이 예전에 출제되었을 때 나온 〈보기〉와 선지도 한번 볼까?

〈만흥 기출 보기〉

'만흥'의 창작 배경인 금쇄동 일대는 해남 윤씨 고택(古宅)에서 멀리 떨어진 산속에 있어 아무도 그 위치를 모르다가 최근에서야 흔적이 발견된 곳이다. ➡ 만흥의 공간이 상상의 풍경인줄 알았는데, 실제로 존재했던 풍경이라는 것이야. 윤선도가 여기 은거하기 시작한 때는 반대파의 탄핵을 받아 유배되었다가 돌아온 직후였다. 그는 가문의 일마저 아들에게 맡기고 산속에서 십여 년간 혼자 지냈다. 살 집은 물론 정자와 정원까지 조성해 놓고 날마다 거닐며 놀았다고 한다.

이때 나온 적절한 선지가 다음 선지다.

'산슈 간'은 관념적인 표현으로만 생각했는데, 실제 공간일 수도 있겠군.

즉, 일반적으로 고전 시가의 공간은 관념적인 상상의 공간인데, 여기서는 〈보기〉에 의해 실제 공간일 수 있다는 것이다.

이 작품에서도 마찬가지다. 일반적으로 고전 시가의 공간은 관념적인 공간인 경우가 많으므로, 〈제6수〉의 '강산'은 관념적 성격과 연결되는데, 〈제1수〉의 '산슈'는 화자가 뛰집을 지은 곳이니 경험적 성격과 연결된다는 것이다.

오답설명

② 〈제2수〉에서는 '보리밥 픗ᄂᆞᄆᆞᆯ'과 같은 구체적인 소재를 통해 시상을 시작했다. 하지만 〈제3수〉에서는 '잔 들고 혼자 안자' 있는 화자가 '먼 뫼흘 ᄇᆞ라보는' 행위가 구체적으로 제시되며 시상이 전개되고 있으므로, 추상적 소재로 시상이 시작되고 있다고 보기 어렵다.

③ 〈제2수〉의 '그 나믄 녀나믄 일이야 부릴 줄이 이시랴'에서 설의적 표현이 사용되었다. 하지만 이는 자연에서 은거하는 생활에 대한 만족감을 강조하기 위한 것으로, 화자가 의문을 제기했다고 볼 수 없다. 따라서 〈제5수〉에서 '내 셩이 게으르더니 하ᄂᆞᆯ히 아ᄅ실샤', '딕희라 ᄒᆞ시도다'와 같은 영탄적 표현은 화자의 의문 해소로 볼 수 없다.

④ 〈제3수〉에는 자연 속에서 살아가고 있는 현재 상황에 대한 화자의 만족감이 드러나 있다. 그러나 〈제4수〉에는 역사에 대한 부정이 나타나 있지 않으며, 화자는 자연 속에서 느끼는 한가한 흥취인 '님천 한흥'을 이야기하고 있으므로 시상이 전환되었다고 볼 수 없다.

⑤ 〈제3수〉에서 화자는 자연 속에서 살아가는 삶에 대한 만족감을 느끼고 있다. 한편 〈제6수〉에서도 자연 속에서의 삶에 대한 만족감이 드러나기는 하나, 이를 감각적 표현을 통해 구체화한 부분은 나타나지 않는다.

02

정답설명

③ 〈제3수〉에서 화자는 '그리던 님'에 대한 '반가옴'보다 '뫼'에 대한 감흥이 더 크다는 것을 강조하고 있다. 이는 '뫼'라는 외부 세계와 자기의 친화적 관계를 드러내기 위한 것이므로, 화자와 '님' 사이의 거리가 드러난다는 선지의 내용은 적절하지 않다.

오답설명

① '눔들'은 '산슈 간'에 살고자 하는 화자의 마음에 공감하지 못하고 있다. 따라서 '눔들'과 화자 사이에는 거리감이 드러나며, 외부 세계(눔들)와의 소원한 관계를 확인할 수 있다.

② 화자는 '바횟 긋 믉ᄀᆞ'에서 노닐며 '녀나믄 일'을 부러워하지 않겠다고 이야기하고 있다. '바횟 긋 믉ᄀᆞ'는 자연 속에서의 삶을, '녀나믄 일'은 속세(세상)에서의 일을 상징하므로, 외부 세계(녀나믄 일)와의 소원한 관계를 확인할 수 있다.

④ 화자는 자연 속에서 느끼는 한가한 흥취인 '님천 한흥'을 긍정하며, 속세의 부귀영화를 의미하는 '삼공'과 '만승'을 멀리하고 있다. 따라서 외부 세계(님천)와의 친화적 관계를 형성하고 있음을 확인할 수 있다.

⑤ 〈제6수〉에서 화자는 '강산'에서의 삶을 누릴 수 있는 것이 '님군'의 '은혜' 덕분임을 이야기하며 '님군'과의 거리감을 좁히고 있다. 따라서 외부 세계(님군)와의 친화적 관계를 형성하고 있다는 선지의 내용을 허용할 수 있다.

03

정답설명

① '작은 즐거움이든 큰 즐거움이든~나에게는 그것이 다 부끄러움이다.'를 통해 '나'가 '부끄러움'과 '즐거움'을 구분하고 있다는 것을 알 수 있다. '나'는 '참으로 가장 높은 것은 작은 즐거움을 누리는 자'라고 하였으므로, '나'가 '부끄러움'과 '즐거움'을 조화시켜 더 나은 삶의 방식을 결정하고자 한다는 선지의 내용은 적절하지 않다.

오답설명

② '나'는 '산림'과 '시정' 중 어느 곳에 사는지, '명리'와 '은거' 중 어느 곳에 마음을 두는지에 따라 삶의 유형을 크고 작은 부끄러움과 즐거움으로 분류하고 있다.

③ '산림'에 살면서 '은거'에 마음을 둘 경우 사람은 '큰 즐거움'을 누리게 되고, '명리'에 마음을 둘 경우 '큰 부끄러움'을 느끼게 된다. '나'는 '큰 부끄러움'을 안고 사는 자는 백에 반', '큰 즐거움을 누리는 자는 백에 서넛쯤' 된다고 하였으므로 선지의 내용은 적절하다.

④ '큰 부끄러움'은 '산림에 살면서 명리에 마음을 두는 것'이고, '작은 즐거움'은 '시정에 살면서 은거에 마음을 두는 것'이다. 따라서 두 부류는 어디에 사느냐와 어디에 마음을 두느냐가 모두 다르다.

⑤ '명리'를 추구하는 경우, 산림과 시정에 사는 사람은 모두 '부끄러움'을 느끼는 것으로 분류되며, '은거'를 추구하는 경우에는 모두 '즐거움'을 누리는 것으로 분류된다. '나'는 가장 적은 경우의 수를 가지는 '작은 즐거움'을 '참으로 가장 높은 것'으로 보았으므로, 상대적으로 적은 경우의 수를 가지는 '즐거움'을 '부끄러움'보다 높은 가치로 생각하고 있음을 알 수 있다. 따라서 '나'가 '은거'의 가치를 '명리'의 가치보다 높이 두고 있음을 알 수 있다는 선지의 내용은 적절하다.

04

정답설명

⑤ ㉠ O, ㉡ O / ㉠에서 화자는 자신을 '하암(시골뜨기)'으로 겸손하게 표현하고 있으나, 그 이면에는 '늄들'과는 다르게 자연에 묻혀 사는 즐거움을 누릴 수 있다는 자부심이 나타나 있다. ㉡에서 '나'는 자신의 말을 '물정 모르는 소리'라고 표현했으나, '시정에 살면서 은거에 마음을 두는' 자신을 '가장 높은 것'으로 여기며 자부심을 표현하고 있으므로 선지의 설명은 적절하다.

오답설명

① ㉠ X / ㉠에는 자신의 처지를 남의 일을 말하듯이 표현하는 부분을 찾을 수 없으며, 화자는 문제 상황에 처해 있지 않다.

② ㉡ X / ㉡에서 '나'가 냉철하게 자신의 행동을 뒤돌아보며 자신의 과오를 인정하는 부분은 나타나 있지 않다.

③ ㉠ X, ㉡ X / ㉠에는 자문자답(스스로 묻고 스스로 대답함)의 형식이 사용되지 않았으며, 자신의 생각을 일반화하고 있지도 않다. 한편 ㉡의 '나'는 자신의 말이 '대부분의 사람들의 생각과는 거리가 먼' 말이라고 하였으므로, 자신의 생각을 일반화했다고 볼 수 없다.

④ ㉠ X, ㉡ X / ㉠과 ㉡ 모두 남의 말을 인용함으로써 자신의 신념을 객관화하여 표현한 부분은 나타나지 않았다.

05

정답설명

④ (나) X, (다) X / (나)에서 '소부', '허유'와 같은 자연에 은거하는 삶을 긍정적으로 여기는 태도를 가진 선인들을 제시하였으나, 이들의 삶의 태도는 화자가 이미 가지고 있는 삶의 태도와 유사하다. 따라서 화자가 이들의 삶의 태도를 자기 내면으로 수용하는 과정이 나타났다고 보기 어려우며, 이를 통해 새로운 의미를 생성한다고 볼 수도 없다. 한편 (다)의 '나'는 자신의 말, 즉 삶의 태도가 '대부분의 사람들의 생각과는 거리가 먼, 물정 모르는 소리'라고 하였으므로, 대다수 사람들의 뜻을 자기 내면으로 수용하는 과정이 나타났다고 볼 수 없다.

오답설명

① (나) O / (나)의 화자는 '뫼'와 같은 무정물에 대한 호감을 표현하고 있으므로, 자연에서의 삶에 대한 자신의 긍정적 인식을 대상에 투영했다고 볼 수 있다.

② (다) O / (다)의 '나'는 자연에서의 '은거'에 긍정적 의미를 부여하며 자신의 가치관을 이야기하고 있다. 따라서 '나'는 자신의 생각을 대상에 투영하여 세계를 해석하는 것으로 볼 수 있다.

③ (다) O / (다)의 '나'는 상대적 기준에 따라 삶의 방식을 네 가지로 분류하고, 각 삶의 방식이 가지고 있는 가치를 평가하고 있다. 이는 곧 '나'의 가치관(세상의 옳고 그름을 판단하는 기준)으로 볼 수 있으며, 이를 외부 세계에 해당하는 '대부분의 사람들'이 가진 생각과 비교하여 새로운 의미를 생성한 것으로 볼 수 있다.

⑤ (나) O, (다) O / (나)의 〈제5수〉 '내 성이 게으르더니 하늘히 아ᄅ실샤'를 통해, 화자가 자기의 본성을 하늘의 뜻과 연관지었다는 것을 알 수 있다. 이는 외부 세계(하늘의 뜻)의 가치관을 자기 내면으로 수용하여, 자기 삶의 가치를 새롭게 해석함으로써 의미를 만들어 낸 경우에 해당한다. 한편 (다)의 '나'는 '시정에 살면서 은거에 마음을 두는' 자신의 삶의 방식을 다른 삶의 방식과 견주어 '참으로 가장 높은 것'으로 평가했다. 따라서 이는 자기와 외부 세계를 상호적으로 대비하여 새로운 해석을 통해 의미를 생성한 경우로 볼 수 있다.

06 2021학년도 12월

사미인곡 / 창 밧긔~ / 옛집 정승초당을~

지문분석

(가) 사미인곡

이 몸 삼기실 제 님을 조차 삼기시니
▶ 이 몸 태어날 때 임을 따라 태어나니

훈싱 연분(緣分)이며 하늘 모룰 일이런가
▶ 한평생 연분을 하늘이 모르겠느냐.

나 ᄒ나 졈어 잇고 님 ᄒ나 날 괴시니
▶ 나 하나 젊어 있고 임 오직 날 사랑하시니

이 ᄆ음 이 ᄉ랑 견줄 ᄃ 노여 업다
▶ 이 마음 이 사랑 비교할 데 전혀 없다.

평싱(平生)애 원(願)ᄒ요ᄃ 훈ᄃ 녜쟈 ᄒ얏더니
▶ 평생토록 임과 함께 살기를 원했는데

늙거야 므스 일로 외오 두고 그리ᄂ고
▶ 늙어서야 무슨 일로 외로이 그리워하는가.

엇그제 님을 뫼셔 광한뎐(廣寒殿)의 올낫더니
▶ 엊그제 임을 모셔 광한전에 올랐는데

그 더디 엇디ᄒ야 하계(下界)예 ᄂ려오니
▶ 그 사이 어찌하여 지상에 내려오니

▶ 「사미인곡」의 화자는 지상계에 내려온 선녀로 설정되어 있다. 작가 정철이 속세에서 왕과 함께 했던 것을 천상계에 비유하고, 자연으로 유배를 간 것을 지상계에 내려왔다고 비유하고 있는 것이다. 화자는 임이 부재한 상황에서 임과 함께했던 과거를 환기하고 있다. '광한뎐'은 임과 함께 했던 공간이고, '하계'는 임이 없는, '광한뎐'과 대비되는 공간이다.

올 저긔 비슨 머리 헛틀언 디 삼 년일쇠
▶ 올 때에 빗은 머리 흐트러진 지 삼 년일세.

연지분(臙脂粉) 잇ᄂ마는 눌 위ᄒ야 고이 홀고
▶ 연지분 있지마는 누구를 위하여 곱게 단장할까.

ᄆ음의 미친 실음 텹텹(疊疊)이 빠혀 이셔
▶ 마음에 맺힌 시름이 첩첩이 쌓여 있어

짓ᄂ니 한숨이오 디ᄂ니 눈믈이라
▶ 짓는 것이 한숨이요, 흐르는 것은 눈물이라.

인싱(人生)은 유혼(有限)ᄒ듸 시름도 그지업다
▶ 인생은 유한한데 시름도 그지없다.

무심(無心)ᄒ 셰월(歲月)은 믈 흐르듯 ᄒᄂ고야
▶ 무심한 세월은 물 흐르듯 하는구나.

▶ 시간의 흐름이 나오면 잘 체크해야 한다. 임이 부재한 ⊖의 상황에서 시간은 계속 흘러간다. 따라서 화자의 그리움은 자연스럽게 심화된다.

염냥(炎凉)이 ᄲ를 아라 가ᄂ 듯 고텨 오니
▶ 계절이 때를 알아 가는 듯 다시 오니

듯거니 보거니 늣길 일도 하도 할샤
▶ 듣고 보고 하는 중에 마음에 북받치는 일도 많고 많다.

동풍이 건듯 부러 젹셜(積雪)을 헤텨 내니
▶ 동풍(봄바람)이 살짝 불어 쌓인 눈을 헤쳐 내니

창(窓) 밧긔 심근 ᄆ화(梅花) 두세 가지 픠여셰라
▶ 창 밖에 심은 매화 두세 가지 피었구나.

▶ 「사미인곡」의 가장 큰 특징은 4계절에 따른 시상 전개 방식이다. 계절감을 주는 시어와 화자의 반응을 잘 체크해야 한다. 지문에서는 봄을 나타내는 시어 '동풍', '매화'가 나왔다.

ᄀᄃ득 닝담(冷淡)ᄒ듸 암향(暗香)은 므스 일고
▶ 가뜩이나 쌀쌀한데 그윽한 향기는 무슨 일인가.

황혼의 ᄃ리 조차 벼마틔 빗최니
▶ 황혼에 달이 돋아 베개맡에 비치니

늣기ᄂ 듯 반기ᄂ 듯 님이신가 아니신가
▶ 흐느끼는 듯 반기는 듯 임이신가 아니신가.

뎌 ᄆ화 것거 내여 님 겨신 ᄃ 보내오져
▶ 저 매화 꺾어내어 임 계신 데 보내고 싶네.

님이 너를 보고 엇더타 너기실고
▶ 임이 너를 보고 어떻다고 여기실까.

▶ 눈을 뚫고 피는 '매화'는 충신의 절개를 상징한다. 화자는 자신의 충성심을 담아서 임에게 보내고 싶은 것이다.

(나) 창 밧긔~

창 밧긔 워석버석 님이신가 니러 보니
▶ 창 밖에 워석버석 (소리가 나) 임이신가 일어나 보니

혜란(蕙蘭) 혜경(蹊徑)에 낙엽은 므스 일고
▶ 난초 핀 지름길에 낙엽은 무슨 일인가

▶ 창 밖에서 '워석버석' 소리가 나서 임인가 하고 봤더니 낙엽이었대. 낙엽 소리를 임이 오는 소리로 착각했다니. 화자는 임이 많이 그리운가 봐.

어즈버 유한(有限)ᄒ 간장(肝腸)이 다 그츨가 ᄒ노라
▶ 아아, 유한한 간과 창자가 다 끊어질까 하노라

▶ 화자는 임에 대한 그리움으로 인해 간과 창자가 끊어질 정도로 괴로워하고 있어.

(다) 옛집 정승초당을 둘러보고 쓰다

▶ 필자는 과거에 '고요함이 더위를 이긴다'는 당호(집에 붙이는 이름)를 지었던 초당을 둘러보고, 임원의 집에서 새로 '고요함'의 뜻을 찾으려는 생각을 드러내고 있다.

번호	정답	정답률 (%)	선지별 선택비율(%)				
			①	②	③	④	⑤
1	⑤	86	2	3	5	4	86
2	⑤	63	5	9	8	15	63
3	⑤	59	12	4	13	12	59
4	③	71	5	3	71	11	10
5	③	80	2	3	80	11	4

01

정답설명

⑤ (가) O, (나) O / (가)에서는 '들'을 보고, (나)에서는 '낙엽' 소리를 듣고 '님이신가' 하고 의문을 던지는데, 이는 임에 대한 그리움으로 인해 자연물을 임이라고 착각하고 있는 것이다. 이를 독백적 어조로 제시하고 있으므로 선지의 설명은 적절하다.

오답설명

① (가) X, (나) X / (가)의 '노여'는 화자에 대한 임의 사랑이 견줄 데가 전혀 없다는 뜻으로, 임에 대한 원망을 드러내는 것이 아니다. 또한 (나)의 '다'는 화자의 괴로움을 표현하는 것으로, 임에 대한 원망을 드러내는 것이 아니다.

② (가) X, (나) X / 'ᄒᆞ는고야'는 '하는구나'로 해석되며, 'ᄒᆞ노라'와 함께 영탄의 어조로 볼 수 있다. 이 표현들은 화자의 극복이나 실천적 태도를 단정적으로 나타내는 것이 아니기에, '의지'라는 표현을 쓸 수 없다.

③ (가) O, (나) X / (가)에서 화자가 '민화'를 임이 계신 곳에 보내고 싶다고 표현했으므로, '민화'는 화자와 동일시되는 자연물이라 볼 수 있다. 또한 '민화'를 '너'라고 불렀기 때문에 의인화를 허용할 수 있다. 하지만 (나)의 '혜란'은 화자와 동일시되지 않았고, 의인화한 것도 아니다.

④ (가) X, (나) X / (가)와 (나)의 화자 모두 임을 기다리고 있는데, '민화'와 '낙엽'이라는 뜻밖의 대상을 마주하게 된 것을 영탄적 어조로 표현하고 있다. 그러나 (가)와 (나)의 화자 모두 대상에 대한 '반가움'의 정서를 드러내고 있진 않다.

02

정답설명

⑤ '염냥'이 '가는 듯 고텨' 온다는 것은 더위와 추위가 반복되며 세월이 덧없이 흐르는 것을 표현한 것이므로, '임과의 관계 단절에 따른 절망감'을 나타낸다고 할 수 있다. 그러나 지상의 물리적 시간이 심리적으로 지연되어 나타나고 있는 것은 아니다. 문맥상 무심한 세월은 물 흐르듯 지나가고 있고, 세월이 물 흐르듯 흘러간다는 것은 '빠르고 덧없이 흘러가는 세월'을 관용적으로 표현한 구절이다.

오답설명

① 〈보기〉에 따르면 천상에서는 지상과 달리 생로병사의 과정 없이 끝없는 사랑이 지속된다. 따라서 임과의 '연분'을 '하늘'과 연결 짓는 것은, 임과의

사랑이 천상의 시간 질서처럼 끝없이 이어지기를 바라는 마음이 반영된 것으로 볼 수 있다.

② '졈어 잇고' → '늙거야'에서 시간의 흐름이 드러나며, 〈보기〉에 따르면 이는 화자가 생로병사가 없는 천상에서 젊게 살다가 '시간적 질서'가 있는 지상으로 편입되었음을 나타낸다.

③ 〈보기〉에 따르면 화자는 지상의 물리적 시간을 심리적으로 변형한다고 하였다. '삼 년' 전이라는 시간을 비교적 최근인 '엊그제'로 인식하는 것은, 화자가 지상의 물리적 시간을 심리적으로 압축하여 변형한 것이다.

④ '인싱은 유혼'과 '무심훈 셰월'은 지상의 시간적 질서를 나타낸다. 〈보기〉에 따르면 이러한 시간적 질서는 화자를 힘겹게 하는데, 유한한 시간이 흐른다는 것은 임과의 재회라는 소망을 이룰 수 있는 시간이 줄어든다는 것을 의미하므로 이를 통해 화자의 불안한 마음을 엿볼 수 있다.

03

정답설명

⑤ (다)에서 '누군가'는 '임원이 이미 고요하거늘'이라고 한다 하였다. 이는 '임원'의 외적 고요만으로도 삶에서 느끼는 불편이나 슬픔을 이겨 내기에 충분하므로, 내적 고요를 의미하는 '고요함이 이긴다'는 당호를 '군더더기'로 본 것이다.

오답설명

① (나)에서 화자는 소리나 움직임이 없이 잠잠한 상태인 외적 고요의 상태에 있었기 때문에 '낙엽' 소리와 같은 작은 소리도 창 안에서 들을 수 있었던 것이다.

② 내적 고요는 마음이 평온한 상태인데, (나)의 화자는 마음이 평온하지 못했기 때문에 '낙엽' 소리를 임이 오는 소리로 착각한 것이다.

③ (다)에서 필자는 옛집을 돌아보면서 '선친'과의 추억을 떠올리는데, 그 추억을 다시 되찾을 수는 없어서 '사물에 닿을 때마다 슬픔만 더'한다고 표현하였다. 이는 필자가 마음이 평온한 상태인 내적 고요를 이루기 어려운 상태임을 나타낸다.

④ (다)에서 '누군가'는 '임원이 이미 고요하'다고 하지만 필자는 '초당'에 붙였던 '고요함이 이긴다'는 당호를 사용하려 한다. 필자는 이에 대해 '고요한데 또 고요하니, 이것이야말로 고요함이라네.'라고 표현하며, 외적 고요에 더해 내적 고요를 추구함을 보여 주고 있다.

04

정답설명

③ (가) O, (다) O / (가)에서 화자는 자신이 있는 '하계'라는 공간에서 부재하는 '님'을 떠올리고 있다. 한편, (다)에서 필자는 '옛집'이라는 공간에서 부재하는 '선친'과 '형제들'과의 추억을 떠올리고 있다.

오답설명

① (가) O, (다) X / (가)에서는 '올 저긔 비슨 머리 헛틀언 디 삼 년일쇠'라고 표현하며, 자신의 외양이 변화하는 상황에 대한 안타까움을 드러내고 있다고 볼 수 있다. 그러나 (다)에서는 인간의 외양이 변화하는 것에 대한 안타까움을 드러내지 않았다.

② (가) X, (다) X / (가)에서는 오래된 것보다 새로운 것을 더 중시하는 삶의
자세가 나타나지 않는다. (다)에서도 '그릇은 새것을 찾고'라고 표현했지만,
'사람'과 '집'의 경우 옛것을 찾는다고 했으므로 새로운 것을 더 중시하는
삶의 자세가 나타났다고 볼 수는 없다.

④ (가) X, (다) △ / (가)에서 '인싱은 유흔 흔덕'라고 표현했지만, 이를 통해
인생의 허무함에 순응하는 태도를 드러내지는 않았다. 한편 (다)에서는 변
해 버린 인간사로 인해 새집을 지으려고 하고 있으니, 인생의 허무함에
대한 극복 의지를 허용할 여지가 있다.

⑤ (가) O, (다) X / (가)에서는 '나 ᄒ나 졈어 잇고 님 ᄒ나 날 괴시니~늙거야
므스 일로 외오 두고 그리ᄂ고'에서 과거와 달라진 '님'의 마음에 대한 아쉬
움을 드러낸다고 볼 수 있다. 그러나 (다)에는 과거와 달라진 필자의 마음
가짐이 드러나지 않는다.

05

정답설명

③ 새집에 붙이고자 하는 당호는 옛집의 당호인 '고요함이 더위를 이긴다'이
다. 이는 옛집에서 지녔던 뜻을 잊지 않으려 함이며, '나'가 옛집에서 다시
살고 싶어 하지 않음을 '그렇지만 인간사가 벌써 바뀌어,~이 집에 다시 살
고 싶지는 않다.'에서 확인할 수 있다.

오답설명

① '나'는 옛집에서 여름에 초당이 동쪽으로 치우쳐 햇볕을 받아 너무 더웠기
에 '고요함이 더위를 이긴다'라는 말을 당호로 정했다고 하였다.

② '나'는 옛집을 다시 찾아가 보았으며 옛집에서의 기억을 '내가 여기에 살던
시절은~옛일과 비슷하였다.'와 같이 인물의 과거 행적에 비추어 언급하고
있다. 이를 통해 '나'가 다시 찾은 옛집에서 떠올린 기억에 대한 감회를
드러내고 있음을 알 수 있다.

④ 옛집은 주인이 바뀐 지 여러 번이지만 옛 모습 그대로라고 언급하고 있으
나, '인간사가 벌써 바뀌어,~집을 지어서'에서 '나'는 인간사가 변했기에 새
집을 지으려고 하고 있음을 알 수 있다.

⑤ '집 역시 그릇과 같이~그리워하지 않을 수 있으랴!'에서 집이 그릇과 같은
부류라고 보고 있으나, 사람을 담고 있는 존재라고 하며 옛집에 대한 그리
움을 부각하고 있다.

memo

유객 / 율리유곡 / 조어삼매

지문분석

(가) 유객

청평사의 나그네

▶ 화자가 '청평사의 나그네'를 바라보고 있나? 계속 가 보자.

봄 산을 마음대로 노니네

▶ 계절적 배경, 공간적 배경인 '봄', '산' 체크하자.

고요한 외로운 탑에 산새 지저귀고

흐르는 작은 내에 꽃잎 떨어지네

▶ 화자가 보고 있는 것들인 '탑', '산새', '내', '꽃잎' 모두 평화로운 분위기지?

좋은 나물은 때 알아 돋아나고

▶ 의인법이 쓰였다. '나물'이 '때'를 알아서 돋아났대.

향기로운 버섯은 비 맞아 부드럽네

▶ 후각적 심상과 촉각적 심상이 쓰였다. 이 시는 매우 감각적이구나.

시 읊조리며 신선 골짝 들어서니

나의 백 년 근심 사라지네

▶ 화자의 반응이 직접적으로 나타났다. 시를 읊조리며 골짜기에 들어서니 근심이 사라질 정도래. 아하! 첫 구절에 나온 '나그네'는 바로 화자를 말하는 거였구나. 화자는 봄의 산을 만끽하며 여유로운 삶을 보내는 것 같다.

(나) 율리유곡

도연명(陶淵明) 죽은 후에 또 연명(淵明)이 나다니

밤마을 옛 이름이 때마침 같을시고

돌아와 수졸전원(守拙田園)이야 그와 내가 다르랴

▶ 화자가 있는 '밤마을'은 한자로 하면 '율리'인데, '율리'는 옛날 '도연명'이 살던 지명과 이름이 같은가 봐. 이를 계기로 화자는 자신이 또 다른 '연명'이라고 자처하고 있어. 참고로 종장에 나오는 '수졸전원'은 도연명이 지은 「귀전원거」에 나오는 구절로, 전원에서 분수를 지키며 소박하게 살아감을 의미해.

〈제1곡〉

삼공(三公)이 귀하다 한들 이 강산과 바꿀쏘냐

조각배에 달을 싣고 낚싯대 흩던질 때

이 몸이 이 청흥(淸興) 가지고 만호후인들 부러우랴

▶ '삼공'은 삼정승을 뜻하는데, 이는 세속적 가치로 볼 수 있어. 이러한 세속적 가치가 아무리 귀하다 해도 강산과 바꿀 수 없다. 강산이 그보다 무지하게 귀한가 봐. 왜 귀할까? 화자는 지금 배에서 낚시를 즐기고 있어. 이러한 흥취가 있다면 만호후(재력과 권력을 겸비한 세도가)도 부럽지 않대. 재력과 권력도 부럽지 않은 흥취를 자연에서 즐길 수 있으니 귀하다고 하는 거였구나.

〈제8곡〉

어지럽고 시끄런 문서 다 주어 내던지고

필마(匹馬) 추풍에 채를 쳐 돌아오니

아무리 매인 새 놓았다고 이대도록 시원하랴

▶ '문서'를 보니까 화자도 정치에 참여를 했었나 봐. 이러한 정치판도 모두 던져버리고 전원으로 왔다는 걸 보면 정계가 진절머리 나게 싫었던 것 같다. 화자는 자신의 자유로움을 놓인 '새'에 비유하고 있는데, 그보다 더 시원하대.

〈제10곡〉

세버들 가지 꺾어 낚은 고기 꿰어 들고

주가(酒家)를 찾으려 낡은 다리 건너가니

온 골에 살구꽃 져 쌓이니 갈 길 몰라 하노라

▶ 화자는 술집을 가려고 했는데 예쁘게 핀 살구꽃에 정신을 잃어서 술집에 가는 것도 까먹었대. 봄에 피는 '살구꽃'은 계절감을 나타내는 시어이니 체크하자!

〈제15곡〉

최 행수 쑥달임 하세 조 동갑 꽃달임 하세

닭찜 게찜 올벼 점심은 날 시키소

매일에 이렇게 지내면 무슨 시름 있으랴

▶ 화자는 '최 행수'와 '조 동갑'에게 쑥도 달이고 꽃도 달이라 말을 걸고 있어. 자기는 '닭찜, 게찜, 올벼'로 점심을 차리겠다니 아무래도 잔치를 할 모양이야. 매일을 이렇게 살면 시름도 없을 거라면서 만족감을 보이고 있네.

〈제17곡〉

(다) 조어삼매

▶ 필자는 판교를 본받아, 궁핍하지만 생계를 유지하기보다는 낚시를 통해서 시름을 잊고자 한다. 그는 '찌'와 우정을 교환한다고 표현하며 낚시에 몰입하지만, 실제로 낚은 것은 붕어 새끼만도 못한 방게나 개구리일 뿐이다. 이에 따른 실망감은 곧바로 자신의 체면에 대한 한탄으로 이어짐으로써 필자는 혼탁한 시대를 살아가는 지식인의 고뇌를 드러내고 있다.

문제분석   01-06번

번호	정답	정답률 (%)	선지별 선택비율(%)				
			①	②	③	④	⑤
1	⑤	75	16	3	3	3	75
2	③	89	4	1	89	2	4
3	④	91	2	2	2	91	3
4	①	68	68	19	4	3	6
5	③	93	1	2	93	3	1
6	②	84	3	84	4	5	4

01

정답설명

⑤ (가) O, (나) O / (가)에서는 '봄 산'과 같이 계절을 드러내는 시어를 사용하여 '작은 내'에 '꽃잎'이 떨어지고 '나물'과 '버섯'이 나는 봄 산의 모습을 구체화하고 있다. 한편, (나)에서는 '살구꽃'이라는 계절을 드러내는 시어를 사용하여 봄의 모습을 구체화하고 있다. 시 문학에서 시간과 공간에 대한 구절은 화자의 상황과 직결되기에, 평가원은 '시·공간'에 주목하여 선지를 구성한다. 지문을 읽을 때 꼼꼼하게 해석을 하는 것은 어렵지만, 이 부분은 꼭 신경 쓰자.

오답설명

① (가) X, (나) X / (가)와 (나) 모두 자연물에 주목한다고 할 수 있으나, 화자의 만족스러운 정서만 드러날 뿐 교훈적 의미를 전달하고 있지 않다.

② (가) X, (나) O / 설의적 표현이란 물음의 형식으로 자신의 정서나 주장을 강조하는 것을 말하는데, (가)에는 이러한 표현이 쓰이지 않았다. 반면

(나)에서는 '다르랴', '바꿀쏘냐', '부러우랴', '시원하랴', '있으랴'에서 설의적 표현을 통해 자연에서 만족하며 살고자 하는 태도를 제시하고 있다.

③ (가) X, (나) X / 면 경치에서부터 가까운 곳으로 시선을 옮기는 것을 원경에서 근경으로 시선이 이동한다고 표현한다. (가)와 (나) 모두 이러한 표현법이 쓰이지 않았으며, 화자의 심리 변화 또한 드러나지 않는다.

④ (가) X, (나) X / (가)의 첫 구절에서 화자는 자신을 '나그네'라고 객관화하는 표현을 사용하였다. 그러나 화자가 내적 갈등에 대한 공감을 유도하고 있지는 않다. 한편, (나)에서는 자신을 객관화하는 표현이나 내적 갈등에 대한 공감 유도가 드러나지 않는다.

02

정답설명

③ 〈제10곡〉에서 화자가 현재 상황에 대한 만족감을 드러내는 것은 맞으나, 자연물에 대한 연민을 드러내고 있지는 않다.

오답설명

① 화자가 있는 '밤마을'은 한자로 하면 '율리'인데, '율리'는 옛날 '도연명'이 살던 곳의 지명이다. 〈제1곡〉에서 화자는 이에 주목하여 도연명처럼 전원에서 분수를 지키며 소박하게 살아가는 태도를 지향하고 있다.

② 〈제8곡〉에서 화자는 '강산(자연)'을 '삼공(세속적 가치)'과 바꿀 수 없다며 자연의 가치를 부각하고 있다. 이를 통해 낚시를 하면서 느끼는 '청흥(흥취)'을 강조하고 있으므로 선지의 내용은 적절하다.

④ 〈제15곡〉에서는 '세버들 가지를 꺾음 → 낚은 고기를 꿰어 둠 → 낡은 다리를 건넘 → 살구꽃에 정신이 팔림'과 같이 다양한 행위를 연속적으로 나열하여 화자가 누리는 여유로운 생활을 제시하고 있다.

⑤ 〈제17곡〉에서 화자는 청자 '최 행수'와 '조 동갑'을 호명하며 자연 속에서 누리는 즐거움을 함께하자는 마음을 전달하고 있다.

03

정답설명

④ 글쓴이는 ② 이전에 낚시에 실패한 경험이 있기 때문에 서재에 틀어박혀 있는 것을 낚시의 대안으로 허용할 여지는 있다. 그러나 이 속에 '울화가 터져 나온다.'라고 하였으므로, 이를 마음의 안정을 찾게 해 준 방법으로 볼 수는 없다.

오답설명

① '궁핍을 면할 양으로 본의 아닌 생활을 계속하'는 것은 생계를 유지하는 생활로 볼 수 있다. 그런데 글쓴이는 이보다 낚시를 하는 것이 운치 있고 자유를 사랑하는 청고한(맑고 고결한) 마음이라고 표현하였으므로 선지의 내용은 적절하다.

② 글쓴이는 낚시 도구와의 관계를 '객'과 '주인'으로 설정하였으며, 낚시 도구인 '찌'와 '우정을 교환한다.'라고 표현하여 낚시에 몰입하는 태도를 보여주고 있다.

③ 찌가 흔들린다는 것은 고기가 낚시 바늘을 물었다는 것을 의미한다. 글쓴이는 물고기를 낚기를 기대했기 때문에 ©은 낚시에 집중했던 글쓴이의 기다림과 기대에 부응하는 순간이라고 할 수 있다.

⑤ 글쓴이는 이전에 은거했던 옛사람들을 욕한 적도 있었으나, 막상 스스로가 이와 같이 은거를 한 후에는 옛사람들의 마음을 이해하여 그들에 대한 마음가짐이 달라졌음을 고백하고 있다.

04

정답설명

① (나) O, (다) O / (나)의 '도연명'은 '수졸전원'을 말했던 사람인데, 화자는 '그와 내가 다르랴'라고 표현하며 그의 행적을 따르고자 한다. 한편 (다)의 '판교'는 '마음에 맞지 않는 관직을 버리고 거리낌 없는 자유로운 심경에서 여생을 보냈'는데, 글쓴이 또한 모든 속사(일상생활의 잡다한 일)를 버리고 '강상의 어객'이 되려 하고 있으므로 '판교'의 행적을 따르고자 한다고 볼 수 있다.

오답설명

② (나) O, (다) X / (나)의 '삼공'은 삼정승을 가리키는 말로, 세속에서 높은 지위를 차지하고 있는 이들을 가리키는 것이 맞다. 반면 (다)의 '성격 파산자'는 글쓴이가 자신을 나타낸 말로, 세속에서 높은 지위를 차지하고 있는 이들로 볼 수 없다.

③ (나) X, (다) X / (나)의 '세버들 가지'는 화자가 누리는 여유로운 생활을 드러내는 대상이지, 자신과 동일시하는 대상이 아니다. 한편 (다)의 '청수한 한 폭 대'는 낚싯대를 가리키는데, 글쓴이는 낚싯대에 달려 있는 '찌'와 우정을 나눈다고 표현했을 뿐 자신과 동일시하지는 않았다.

④ (나) X, (다) X / (나)의 '고기'는 화자가 누리는 여유로운 생활을 드러내는 대상이다. 한편 (다)의 '송사리'는 깊은 물과 대비되어 못가의 가장자리에서 잡히는 고기를 나타내는 것으로, 글쓴이를 비유한 표현이 아니다.

⑤ (나) X, (다) X / (나)와 (다) 모두 화자와 글쓴이를 억압하는 존재는 나타나지 않는다.

05

정답설명

③ [A] O, [B] O / [A]에서 글쓴이는 낚싯대가 무거워서 큰 고기가 잡힐 것으로 기대했으나, '방게'와 '개구리'가 잡혀 실망감을 느끼게 되었다. 글쓴이는 이러한 실망감을 느끼는 데 그치지 않고, [B]에서 '나는 나대로 제법 강상의 어객인 양하고 나섰는 판에, ~제가 젠체하고(잘난 체하고) 가다듬은 내 마음을 더럽힐 줄 어찌 알았으랴.'라고 표현하며 자신의 손상된 체면에 대해 한탄하였으므로 선지의 내용은 적절하다.

오답설명

① [A] X, [B] X / [A]의 주된 감정을 '경이감'으로 볼 수 없다. 또한 [B]에서 인생에 대한 낙관적 기대를 표현하고 있지도 않다.

② [A] O, [B] X / [A]의 '하면 되는 줄만 알았던 낚시질도 간대로 우리 따위까지 단번에 되란 법은 없나 보다.'에서 '무력감'을 허용할 수 있으나, [B]에서 글쓴이는 과거의 삶에 대한 동경을 드러내지 않았으며, 무력감이 해소되고 있지도 않다.

④ [A] O, [B] X / [A]에서 글쓴이가 원했던 것은 물고기이나, 이것을 얻지 못했기 때문에 '상실감'을 느꼈다고 허용할 수는 있다. 그러나 [B]에서 글쓴이가 새로운 이상을 품지 않았으므로 선지의 내용은 적절하지 않다.

⑤ [A] X, [B] O / [A]에서 필자가 '방게'나 '개구리'가 징그럽다며 싫어한 것은 아니므로, '혐오감'은 허용할 수 없다. 반면 [B]에서 글쓴이는 '아무리 내 재주가 서툴다기로서니'라고 표현했으므로, 이를 자신의 능력에 대한 겸손한 반성으로 볼 수는 있다.

06

정답설명

② (나)의 '낡은 다리'는 '주가'와 '온 골'을 이어 주지만, '주가'와 '온 골'은 대비되는 공간이 아니다. 또한 화자는 두 공간 모두 긍정적으로 인식하고 있으며 두 공간 모두 떠나야 하는 장소도 아니므로, 이에 대한 '미련'은 허용할 수 없다.

오답설명

① (가)에서 화자는 현재 위치한 '신선 골짝'에서 만족감을 느끼고 있으므로 이를 지향한다고 볼 수 있다. 또한 〈보기〉에서 이러한 공간에는 '이면에 전제된 공간도 포함된다.'라고 하였는데, '신선 골짝'에 들어서자 '백 년 근심'이 사라졌다는 것은 다른 공간에서는 '백 년 근심'을 가지고 있었다는 의미이므로 선지의 내용은 적절하다.

③ (나)에서 화자는 '어지럽고 시끄런 문서', 즉 정치를 하던 곳을 버리고 이와 대비되는 공간인 전원으로 돌아왔다. 이로 인해 놓인 새보다 시원하다는 (자유롭다는) 반응을 보인 것이므로 선지의 내용은 적절하다.

④ (다)에서 '푸른 물이 그득히 담긴 못가'는 글쓴이가 고기를 낚는 '삼매경'에 빠지기를 기대하는 공간이므로, 글쓴이의 지향이 담긴 공간에 해당한다.

⑤ (다)에서 글쓴이는 거리로 나가면 보이는 것과 들리는 것이 모두 '심사 틀리는 소식' 밖에 없기 때문에 '내 서재'에 틀어박혀 있으려 한다. 그러나 이 공간에서도 '속에서 울화가 터져 나온다.'라고 하였으므로, 글쓴이가 그 이면에 또 다른 공간을 지향한다고 짐작할 수 있다.

초가 / 거산호 2 / 담초

지문분석

(가) 초가

▶ **들어가기 전에 :** 작가가 누구인지 보고 오자. 이육사다. 이육사의 작품은 상징성이 강하기 때문에, 작품 외적 배경이 일제 강점기임을 감안해서 읽어야 한다. 또, 이런 작품은 평가원에서 <보기>를 주기 때문에 지문을 읽기 전 <보기>를 통해 해석의 방향을 미리 잡고 읽어야 한다.

구겨진 하늘은 묵은 얘기책을 편 듯

▶ '구겨진 하늘', 시작부터 우울한 분위기다. 하늘이 낡은 이야기책처럼 구겨져 있다고 하니 상황은 ⊖로 깔고 가자.

돌담 울이 고성같이 둘러싼 산기슭

박쥐 나래 밑에 황혼이 묻혀 오면

초가 집집마다 호롱불이 켜지고

고향을 그린 묵화(墨畫) 한 폭 좀이 쳐.

▶ '황혼', '호롱불'을 통해 시간적 배경이 저녁임을 알 수 있다. 저녁에 화자는 고향을 그린 그림을 보고 있나 봐. 그런데 그냥 그림이 아니라 먹으로 그린 그림이라는 점에서 어두운 기운이 느껴진다. 그리고 그림은 좀이 먹도록 오래되고 낡았나 봐. <보기>를 통해 이해해 보면, 고향을 그린 지 오래되었다는 것을 나타내 고향과의 단절감을 드러내려는 의도로도 볼 수 있겠다.

띄엄 띄엄 보이는 그림 조각은

앞밭에 보리밭에 말매나물 캐러 간

가시내는 가시내와 종달새 소리에 반해

▶ 그림 자체는 좀먹고 오래되었지만, 그림의 내용은 너무도 따스하다. '말매나물(말냉이)'을 캐러 갔다고 하니까 이 그림 속 고향의 계절은 봄인 것 같다. '종달새 소리'라는 청각적 심상도 따스한 분위기를 더해 주고 있다.

빈 바구니 차고 오긴 너무도 부끄러워

술레짠 두 뺨 위에 모매꽃이 피었고.

▶ '가시내'들의 외양을 묘사하고 있네. 순수함이 느껴지지? 화자가 그리는 고향은 순수함의 공간인가 봐.

그넷줄에 비가 오면 풍년이 든다더니

앞내강에 씨레나무 밀려 나리면

젊은이는 젊은이와 뗏목을 타고

돈 벌러 항구로 흘러간 몇 달에

서릿발 잎 져도 못 오면 바람이 분다.

▶ <보기>에서 계절의 흐름이 있다고 했을 때, 마음의 준비를 했어야 한다. 갑자기 시의 분위기가 전환되며 계절이 바뀌고 있어. '씨레나무'는 홍수가 나서 쓸려가는 나무, 혹은 뗏목용 나무를 가리키는데, 시험장에서 이런 어휘의 뜻을 알 순 없을 것이다. 따라서 '여름 장마로 인한 홍수를 묘사하고 있구나.'가 아니라, '강에 나무가 떠내려가고 있구나.' 정도로만 반응하면 된다. 그리고 돈 벌러 간 배도 '서리' 부는 가을까지 돌아오지 못하고 있음을 확인하면 된다.

피로 가꾼 이삭이 참새로 날아가고

곰처럼 어린 놈이 북극을 꿈꾸는데

늙은이는 늙은이와 싸우는 입김도

▶ '피로 가꾼 이삭'이라니... 너무 섬뜩하다. 그런데 이육사 시인이 살던 일제 강점기의 암울한 현실에 비하면 이 정도 표현은 아무 것도 아니겠지? 우리 민족이 애써 피땀 흘리며 가꾼 농작물과 결실을 한 순간의 수탈로 빼앗긴 걸 표현한 거지. '북극'은 극한의 추위가 도사리고 있는 공간인데 차라리 이런 공간을 꿈꿀 정도로 당시의 현실은 더 춥고 냉혹한가 보다. 이러한 현실에서 '늙은이'들, 나라의 지도자들은 다투기만 할 뿐인가 봐.

벽에 서려 성에 끼는 한겨울 밤은

동리(洞里)의 밀고자인 강물조차 얼붙는다.

▶ 계절의 흐름 체크했니? '봄-여름-가을-겨울'의 흐름이 두드러지는 시다. 결국 행복했던 것은 '봄'뿐이었고, 우리 민족이 고난을 겪은 시간은 참 길었구나.

(나) 거산호 2

오늘, 북창을 열어,

장거릴 등지고 산을 향하여 앉은 뜻은

▶ '북창'은 산을 볼 수 있는 창이다. 화자는 이를 열고 세속적 삶의 공간인 장거리를 등지고 산, 즉 자연을 향하여 앉았구나. 자연 친화적 태도가 엿보인다.

사람은 맨날 변해 쌓지만

▶ 사람은 가변성을 지닌 존재이지만

태고로부터 푸르러 온 산이 아니냐.

▶ 산은 태곳적부터 푸르러 온 불변성을 지닌 존재이지. 대비를 통해 산의 속성을 드러내고 있어.

고요하고 너그러워 수(壽)하는 데다가

보옥을 갖고도 자랑 않는 겸허한 산.

마음이 본시 산을 사랑해

평생 산을 보고 산을 배우네.

▶ 산에 대한 화자의 예찬과 애정이 마구 드러나는 부분이다. 산은 고요함과 너그러움을 갖추고 있으며 오래 살지. 또 귀한 보석(보옥)을 갖고도 자랑하지 않는 겸허함도 지니고 있대. 그래서 화자는 이러한 산을 사랑하고, 산의 덕성을 보며 배우고자 하는구나.

그 품 안에서 자라나 거기에 가 또 묻히리니

내 이승의 낮과 저승의 밤에

아아라히 뻗쳐 있어 다리 놓는 산.

네 품이 내 고향인 그리운 산아

▶ 화자는 산을 삶이 다한 이후 다시 돌아가야 할 곳으로 여기고 있구나. 화자는 산을 이승의 낮(이승)과 저승의 밤(저승)을 이어 주는 존재로 보고, 죽음 이후에도 함께할 대상으로 여기고 있는 거야.

미역취 한 이파리 상긋한 산 내음새

▶ 산을 후각적 이미지로도 생생하게 표현하고 있구나.

산에서도 오히려 산을 그리며

▶ 현재 화자는 산에 있으면서도 산을 그린대. 산에 대한 화자의 애정이 큼을 역설적 표현으로 나타낸 것이지. 화자는 산을 현재 함께하는 존재이자 지속적으로 지향해야 할 존재로 인식하는구나.

꿈같은 산 정기(精氣)를 그리며 산다.

▶ '산 정기'는 산의 맑고 깨끗한 정기를 의미한다. 이를 그리면서 살겠다는 것은 곧 계속 산을 지향하며 살겠다는 화자의 태도를 드러내는 것으로 이해하면 되겠다.

(다) 담초

▶ 필자는 꽃향기를 즐기다 꽃이 눈앞에서 베이는 것을 보고 한숨을 쉬며, 어떤 꽃은 부호가의 장막 안에서 봄바람을 지키며 귀하게 자라는데 어떤 꽃은 낫을 든 손아귀에 베여 쓸모없는 취급을 받는 것에 대해 탄식한다. 이에 필자는 하늘은 화초를 비롯한 세상의 모든 자연물을 동등하고 조화롭게 낳지만, 그것들이 귀하게 취급받거나 천하게 취급받는 것은 인간에게 달려 있음을 깨닫는다. 덧붙여, 인간이 자연에 대해 귀함과 천함을 논하는 태도를 옳지 못하다고 원망한들, 인간과 달리 사사로운 감정이 없는 자연은 이미 하늘에 의해 세상에 동등하게 난 존재들이므로 그것은 인간 중심적 시각으로 왈가왈부할 문제가 아니라는 것을 깨닫고 자연을 대하는 인간의 태도에 대해 성찰한다.

문제분석   **01-06번**

번호	정답	정답률(%)	선지별 선택비율(%)				
			①	②	③	④	⑤
1	③	95	1	1	95	1	2
2	③	92	1	1	92	6	0
3	②	94	1	94	2	2	1
4	④	92	2	2	1	92	3
5	①	61	61	2	15	21	1
6	④	47	1	4	7	47	41

01

정답설명

③ (다) O / (다)는 꽃이 인간에 의해 귀하거나 천하게 되는 것을 본 필자가 자연을 대하고 바라보는 인간의 태도에 대해 성찰하는 내용을 담고 있으므로 선지의 설명은 적절하다.

오답설명

① (가) X / (가)는 시상의 전개를 통해 공동체가 점점 뿔뿔이 흩어지고 궁핍해지는 비극적인 현실의 문제를 보여 주고 있다. 그러나 (가)에서 이러한 현실적인 문제 해결의 실마리로 조화로운 공동체의 모습을 제시하고 있지는 않다.

② (나) X / (나)에서 '장거리'로 표상되는 세속적인 현실에 대한 부정적인 인식이 나타나긴 하지만, 이는 그와 대비되는 공간인 '산'에 대한 예찬과 긍정적인 인식을 보여 주기 위함이다. 또한 (나)의 화자는 계속해서 산을 지향하겠다는 태도를 보이고 있을 뿐, 앞날에 대한 회의적 태도를 드러내고 있지 않다.

④ (가) X, (다) X / (가)에는 '서릿발 잎 져도'와 같이 쇠락하는 자연물이 나타나 있을 뿐, 자연물이 쇠락하는 과정은 나타나지 않았으며 이를 통해 인생에 대한 무상감을 드러내고 있지도 않다. 또한 (다)에서도 자연물이 쇠락하는 과정을 제시하고 있지 않으며, 이를 통해 인생에 대한 무상감을 드러내고 있지 않다.

⑤ (가) X, (나) X, (다) X / (가), (다)는 모두 자연과의 교감을 나타내고 있지 않으며, 이를 통해 장소에 대한 **낙관적(앞으로의 일 따위가 잘되어 갈 것으로 여기는)** 전망을 이끌어 내고 있지도 않다. 한편 (나)의 화자가 산에서 덕성을 찾고 배우며, 평생 그 속에서 살고 죽겠다는 태도는 '산'이라는 자연에 대한 적극적인 지향을 드러내므로 '자연과의 교감'을 허용할 여지는

있다. 그러나 이를 통해 산에 대한 낙관적 전망을 이끌어 내지는 않았다.

02

정답설명

③ '앞내강에 씨레나무 밀려 나리면'은 풍년의 기대와 달리, 여름에 홍수가 나서 나무가 떠려가는 상황을 묘사한 것이다. 하지만 **이런 식의 해석을 시험장에서 정확하게 하는 것은 현실적으로 불가능하다. 시험장에서는 구조를 보면서 해석을 해야 한다.**

4연의 구조를 보면, **기대**[풍년이 든다더니] → **현실**[앞내강에 씨레나무 밀려 나리면] → **결과**[젊은이들이 돈을 벌기 위해 고향을 떠나 다시 돌아오지 않는다.]로 볼 수 있다. 여기서 '현실'에 해당하는 부분은 '결과'를 고려했을 때, '기대'와 어긋난 상황임을 알 수 있다.

따라서 이를 통해 화자의 소망이 이루어진 상황을 나타내고 있다고 볼 수 없다.

오답설명

① 〈보기〉에 따르면, 작가는 「초가」를 발표하면서 '유폐된 지역에서'라고 창작 장소를 밝혔다. 이를 고려할 때 '돌담 울이 고성같이 둘러싼 산기슭'은 유폐된 공간이자 작품의 화자가 오래전 떠나온 고향을 떠올리는 공간이므로 선지의 내용은 적절하다.

② 〈보기〉에서 「초가」는 계절의 흐름에 따라 낭만적인 봄에서 비극적인 겨울로 시상을 전개한다고 하였다. '보리밭에 말매나물 캐러 간' '가시내'와 '종달새 소리'를 통해, 봄날의 보리밭 풍경을 제시해 화자가 떠올리는 낭만적인 봄의 풍경을 형상화하고 있으므로 선지의 내용은 적절하다.

④ '피로 가꾼 이삭이 참새로 날아가'는 것은 풍족한 결실을 거두지 못한 상황이라고 할 수 있으며, 이렇듯 악화되어 가는 현실 속에서 '북극을 꿈꾸는' 것은 자신이 처한 현실이 아닌 다른 세계를 꿈꾸는 소년의 모습을 보여 준다고 할 수 있다.

⑤ 〈보기〉에 따르면, 「초가」는 계절의 흐름에 따라 낭만적인 봄에서 비극적인 겨울로 시상을 전개하여 악화되어 가는 일제 강점기의 현실을 보여 준다. 따라서 '성에 끼는 한겨울 밤', '강물조차 얼붙는' 삭막한 겨울의 이미지는, 일제 강점기의 가혹한 현실 상황을 드러낸다고 할 수 있다.

03

정답설명

② 개념부터 명확하게 하자. '의지적 태도'와 '의지를 지닌 존재'는 아예 의미가 다르다. 전자는 태도적인 면에서 '극복이나 실천적 태도'를 보여야 하는 반면, 후자의 경우 '내적 욕구를 가진 생명체'면 의지를 지닐 수 있다. 따라서 태도가 아니라, 대상의 특성에 주목해서 접근을 해야 한다.

(나)에서 '산'은 너그럽고 겸허한 존재이므로 '의지를 지닌 존재'가 맞다. 하지만 '산'이 인간의 덕성을 표면화하는 데 집중하고 있는 것이 아니다. 오히려 인간은 '맨날 변해 쌓'는 존재로, 화자는 인간에 대해 부정적인 인식만 드러내고 있다.

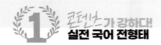
오답설명

① '사람은 맨날 변해 쌓지만 / 태고로부터 푸르러 온 산이 아니냐.'라는 표현을 통해, 화자가 수시로 변하는 인간과는 달리 태고부터 푸른 '산'을 불변성을 지닌 존재로 인식하고 있음을 확인할 수 있다.

③ '그 품 안에서 자라나 거기에 가 또 묻히리니 / 내 이승의 낮과 저승의 밤에 / 아아라히 뻗쳐 있어 다리 놓는 산.'이라는 표현을 통해, 화자가 '산'이 삶과 죽음을 이어 주고 있다고 생각하며 그러한 '산'을 죽음 이후에도 함께할 대상으로 여기고 있음을 알 수 있다.

④ '네 품이 내 고향인 그리운 산아'라는 표현을 통해, 화자가 근원적 고향으로서의 '산'을 그리움의 대상으로 바라보고 있음을 확인할 수 있다.

⑤ '산에서도 오히려 산을 그리며 / 꿈같은 산 정기를 그리며 산다.'에서 현재 '산'에 살면서도 계속 '산'을 지향하는 화자의 태도를 확인할 수 있다.

04

정답설명

④ "하늘은 사사로움이 없기에 그 조화가 균일하지만, 인간은 널리 베풀지 못하므로 소원함도 있고 친함도 있는 것"이라는 '나'의 서술을 통해, '나'가 가치의 우열을 논하는 인간과 달리, 하늘은 모든 것을 '조화가 균일'한 동등한 존재로 여길 것이라 생각하고 있음을 확인할 수 있다.

오답설명

① "모란의 진귀하고 귀중함을~어찌 공교함과 졸렬함에 다른 헤아림이 있었겠는가?"에서 '나'는 모란과 해당화의 고운 자태를 견줄 때 크고 작은 차이는 있겠지만, '공교함과 졸렬함'에 대해 판단할 수는 없다고 말하고 있다. 또한 '공교함과 졸렬함'을 판단하는 기준으로 꽃의 형체나 쓰임새 등을 언급하지 않았으므로 선지의 내용은 적절하지 않다.

② '나'가 화초의 '귀함'과 '천함'에 대한 평가는 그 본성에 맞게 이름이 부여되었느냐에 달려 있다고 한 부분은 찾아볼 수 없다. "그런데도 귀함이 저와 같고~가을 서리처럼 변한다.", "낳는 것은 하늘에 달려 있으나 영화롭게 하는 것은 인간에 달려 있다."를 볼 때, '나'는 화초의 '귀함'과 '천함'에 대한 평가는 사람에 달려 있다고 믿고 있음을 알 수 있다.

③ '나'는 "아! 낳는 것은 하늘에 달려 있으나 영화롭게 하는 것은 인간에 달려 있다."라고 하였으므로, 풀을 '영화롭게' 만드는 주체를 인간이라고 보았음을 알 수 있다.

⑤ '나'는 "인간은 널리 베풀지 못하"기 때문에 '소원함'과 '친함'이 모두 있다고 하였다. 하지만 인간의 감정에는 '소원함'과 '친함'이 모두 있기에 사사로움을 넘어 균형을 도모할 수 있다고 한 부분은 찾아볼 수 없다.

05

정답설명

① (가) O, (나) O / (가)에서는 '박쥐 나래(박쥐 날개)'의 이미지와 '묵화(먹으로 짙고 엷음을 이용하여 그린 그림)'의 이미지를 연결(시에서 시어들은 당연히 연결되어 있다. 여기에 힘을 줄 필요는 없다.)하여 고향의 어두운 분위기를 드러내고 있다. 한편 (나)는 '그 품 안에서 자라나 거기에 가 또 묻히리니', '네 품이 내 고향인 그리운 산아'에서 '북창'에서 바라본 산의 '품'에 주목하여 산이 주는 아늑한 분위기를 드러내고 있다.

오답설명

② (가) O, (나) X / (가)의 '묵화'는 화자가 떠올린 고향의 모습인데, 이 '묵화'는 악화되어 가는 일제 강점기 고향의 현실을 담고 있으므로, 현실의 암담한 분위기를 드러내는 '황혼'과 대응된다고 볼 수 있다. 그러나 (나)의 '북창'은 화자가 예찬하고 지향하는 대상인 '산'을 보게 해 주는 통로일 뿐, '저승의 밤'과 대응되지 않는다. 또한 '저승의 밤'은 죽음 혹은 죽음의 공간을 의미할 뿐, 그 자체로 절망적인 상황을 의미한다고 보기는 어렵다.

③ (가) O, (나) X / (가)에서 '묵화'에 '좀이 쳐'라고 한 것은 그만큼 시간이 흘렀다는 것을 의미하므로, 화자가 고향에 대해 느끼는 세월의 깊이를 드러낸다고 볼 수 있다. 반면, (나)의 화자는 '마음이 본시 산을 사랑'한다고 하였다. 즉, 산을 대하는 화자의 인식은 '오늘'에서야 '북창'을 열고 긍정적으로 바뀐 것이 아니라, 본디부터 긍정적이었다는 의미이므로 '오늘'이 산에 대한 화자의 인식이 변화된 시점이라는 선지의 설명은 적절하지 않다.

④ (가) O, (나) X / (가)에서 화자가 떠올린 고향의 모습인 '묵화'가 띄엄띄엄 '그림 조각'으로 보이는 것은, 고향의 분절된 이미지(나눠진 고향의 다양한 이미지)를 나타낸다고 볼 수 있다. 반면 (나)에서 화자는 '북창'을 '열어' 산을 바라보며 산을 선망하고 있으며, '산에서도 오히려 산을 그리며' 산다고 하였으므로, 선망하는 세계와 분리된 이미지를 나타내고 있다고 볼 수 없다.

⑤ (가) O, (나) X / (가)에서 '묵화'에 그려진 '모매꽃'은 부끄러움을 느끼는 '가시내'의 '두 뺨'이 붉어진 모습을 비유한 표현이므로, 부끄러움의 정서를 담아낸 것으로 볼 수 있다. 반면 (나)에서 '북창'을 통해 본 '보옥'은 산이 갖고도 자랑하지 않은 귀한 가치로, 산에 대한 예찬의 정서를 담고 있는 것이므로 안타까움의 정서를 담아냈다고 볼 수 없다.

06

정답설명

④ (다)에서 귀한 대우를 받는 삶을 그러한 속성을 가진 '부호가의 깊은 장막 안'으로 나타낸 것은 맞으나, 이를 통해 인간과 가까운 공간의 '적막한 분위기'를 환기하고 있지는 않다.

오답설명

① (가)에서 '초가 집집마다 호롱불이 켜'지는 것으로 저녁 시간을 표현한 것은, 시간적 배경과 연관된 사물(호롱불)을 통해 산골 마을의 저녁 풍경을 시각적 이미지로 생생하게 보여 주는 것이라고 할 수 있다.

② (가)의 젊은이는 풍년이 들지 않은 고향을 떠나 '뗏목'을 타고 '돈 벌러' 항구로 가는데, 이는 고향에서의 삶이 그만큼 궁핍하고 불안정함을 구체적 이미지로 보여 주는 것이라고 할 수 있다.

③ (나)의 화자는 '장거리'를 등지고 산을 향해 앉는데, 이렇듯 산을 향하여 앉은 뜻은 '사람은 맨날 변해 쌓지만 산은 예부터 변치 않고 푸르기 때문이라고 하였다. 따라서 이러한 '장거리'의 속성을 활용해 인심이 쉽게 변하는 세속 공간의 분위기를 환기한다고 할 수 있다.

⑤ (다)에 제시된 '그것(풀)이 소의 목구멍을 채우는 것'은 소의 먹이로서 하찮게 취급되는 풀의 이미지, '나비로 하여금 다투어 찾도록 하는 것'은 귀하게 여겨지는 풀의 이미지를 나타낸다. 따라서 둘의 차이를 구체적 이미지로 보여 주고 있다고 할 수 있다.

09
2023학년도 6월

사시가 / 자도사 / 그 시절 우리들의 집

> 지문분석

(가) 사시가

강호에 봄이 드니 이 몸이 일이 많다
나는 그물 깁고 아이는 밭을 가니
뒷 뫼에 엄기는 약을 언제 캐려 하나니

▶ '강호에 봄이 드니' 너무 익숙한 구절이다. 맹사성의 「강호사시가」가 떠오르지 않니? 이처럼 사계절을 나타내는 연시조는 당대에 자주 지어졌던 작품 유형이라고 할 수 있어.

▶ 화자는 현재 봄에 해야 할 일들을 말하고 있다.

〈제1수〉

삿갓에 도롱이 입고 세우(細雨) 중에 호미 메고
산전을 흩매다가 녹음에 누웠으니
목동이 우양을 몰아다가 잠든 나를 깨와다

▶ 혹시 여름을 나타내는 시어를 찾았니? 바로 중장에 있는 '녹음'이다! 제목이 「사시가」니까 각 수마다 계절을 나타내는 시어가 있는지 체크하면서 읽어야 한다.

▶ 화자는 김을 매다가 잠이 들었대. 평화롭고 나른한 분위기가 느껴지지?

〈제2수〉

대추 볼 붉은 골에 밤은 어이 떨어지며
벼 벤 그루에 게는 어이 내리는고
술 익자 체 장수 돌아가니 아니 먹고 어이리

▶ 대추가 붉게 물들고 밤이 튼실히 익어서 떨어지고, 벼를 벤 수확의 계절은 언제겠니? 바로 가을이다!

▶ 가을을 시각적으로 아름답게 표현했고, 익은 술을 마시려는 여유로운 화자의 모습이 나오는구나.

〈제3수〉

뫼에는 새 다 긏고 들에는 갈 이 없다
외로운 배에 삿갓 쓴 저 늙은이
낚대에 맛이 깊도다 눈 깊은 줄 아는가

▶ 겨울을 나타내는 시어 '눈'이 있구나.

▶ 새가 '긏다'는 건 새가 더 이상 산에 안 오고 그치다, 끊겼다는 의미야. 새도 사람도 없는 겨울의 쓸쓸한 산과 들의 모습을 표현하였다. 이 와중에 '늙은이'는 낚시를 즐기고 있구나.

〈제4수〉

(나) 자도사

건곤이 얼어붙어 삭풍이 몹시 부니

▶ <보기>에서 작품의 배경 읽고 왔니? 「자도사」의 작가 조우인은 임금에게 충언을 했다가 억울하게 감옥에 갇힌 사람이야. 바른말을 하는 충신이 감옥을 갔다는 점에서 이때의 정치 현실을 그려 볼 수 있어. 아마 임금의 근처에는 간신이 득시글댔겠지. 온 세상이 얼어붙고 찬바람이 부는 것은 이와 같이 부정

적인 정치 현실을 표현한 구절이라고 이해하면 돼.

하루 쬔다 한들 열흘 추위 어찌할꼬
은침을 빼내어 오색실 꿰어 놓고
임의 터진 옷을 깁고자 하건마는

▶ 조선 시대에 바느질은 여성들이 했겠지? 그렇다면 작가인 조우인은 여자일까? 조우인은 조선 중기의 문신으로, 당연히 남자다. 정치와 임금의 얘기를 하고 싶지만 시에서 직설적으로 표현할 수는 없겠지. 때문에 자신을 여성 화자로 표현하고 임금을 사랑하는 '임'에 빗대어 표현한 거야.

천문구중(天門九重)에 갈 길이 아득하니

▶ '천문'은 대궐의 문을 높여 이르는 말이고 '구중'은 아홉 겹을 말해. 즉 '천문구중'은 겹겹이 문으로 막힌 깊은 궁궐이라는 뜻으로, 임금이 있는 대궐 안을 이르는 말이야. 그토록 겹겹이 막힌 궁궐에 갈 길조차 멀대. 임과 도저히 닿을 수 없는 화자의 절망감이 느껴지지?

아녀자 깊은 정을 임이 언제 살피실꼬
음력 섣달 거의로다 새봄이면 늦으리라

▶ 섣달은 음력으로 한 해의 맨 끝 달을 말해. 즉 음력 12월이지. 임의 옷을 다 깁는다고 해도, 추운 겨울이 가고 봄이 오면 이것이 허사가 될 것이라는 안타까움이 드러나고 있어.

동짓날 자정이 지난밤에 돌아오니
만호천문(萬戶千門)이 차례로 연다 하되
자물쇠를 굳게 잠가 동방(洞房)을 닫았으니

▶ 밤이 가장 길다는 동짓날에 다른 이들은 외로움을 참지 못해 대문을 여는 반면, 화자는 침실을 닫는 행동을 하고 있어. 이를 통해 임을 향한 지조와 절개를 지키려는 모습을 보여 주는 거야.

눈 위에 서리는 얼마나 녹았으며
뜰 가의 매화는 몇 송이 피었는고
간장이 다 썩어 넋조차 그쳤으니
천 줄기 원루(怨淚)는 피 되어 솟아나고
반벽청등(半壁靑燈)은 빛조차 어두워라
황금이 많으면 매부(買賦)나 하련마는

▶ 매부 : 돈을 주고 글을 사다. / 중국 한나라 무제 때, 무제의 총애를 잃은 진 황후가 황금 백 근을 사마상여에게 주고 글을 지어 달라 간청하였고, 그 글을 통해 다시금 무제의 총애를 받게 되었다는 고사를 인용하고 있어.

백일(白日)이 무정하니 뒤집힌 동이에 비칠쏘냐

▶ 『명심보감』의 '해와 달이 아무리 밝아도, 엎어놓은 물동이 밑바닥까지 비추지는 못한다.'라는 구절을 인용한 표현으로, 자신의 억울함을 밝혀 입증하지 못하는 상황을 의미하는 거야. 즉, 여기서의 '백일'은 임을 의미한다고 할 수 있는데, 해와 달(백일)이 아무리 밝아도 그릇(동이) 안에 비치지 못하는데, 그런 백일이 '무정'하기까지 하니 화자의 억울함이 풀어질 기미가 없어 보이지?

평생에 쌓은 죄는 다 나의 탓이로되
언어에 공교 없고 눈치 몰라 다닌 일을
풀어서 헤여 보고 다시금 생각거든
조물주의 처분을 누구에게 물으리오

▶ 화자는 이 모든 것이 신의 결정이라면서 현재 상황을 자신의 운명으로 받아들이고 있구나.

사창 매화 달에 가는 한숨 다시 짓고
은쟁(銀箏)을 꺼내어 원곡(怨曲)을 슬피 타니
주현(朱絃) 끊어져 다시 잇기 어려워라

▶ 백아(伯牙)라는 인물이 유일하게 자신을 알아준 친구 종자기(鍾子期)가 죽자 슬퍼하며 거문고 줄을 끊었다는 고사를 인용한 것으로, 화자는 자신을 알

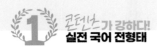
아주는 사람이 없는 현실을 탄식하고 있어.

차라리 죽어서 자규의 넋이 되어

▶ '자규, 접동새, 소쩍새, 두견···' 모두 슬픔이나 한의 정서를 떠올리게 하는 자연물이다.

밤마다 이화에 피눈물 울어 내어

오경에 잔월(殘月)을 섞어 임의 잠을 깨우리라

▶ 화자는 임을 향한 원망을 드러내면서, 자신의 억울함을 밝히고자 하고 있어.

(다) 그 시절 우리들의 집

▶ 필자는 어린 시절 살던 집에서 자연의 이치를 깨달을 수 있다고 말한다. 그러면서 자연의 이치를 '비밀들'이라고 비유하여 표현하는데, 현재 살고 있는 아파트에서는 그러한 '비밀들'을 느낄 수 없으며, 필자의 자식은 이러한 '비밀들'을 모르고 있다고 한다.

▶ 필자가 '비밀들'을 알 수 있었던 집을 지키던 '어머니(이전 세대)'의 죽음을 통해 필자는 이러한 '비밀들'을 간직할 공간의 역사가 끊김을 인식한다. 이와 함께 '우리들(현대를 살고 있는 사람들)'이 머무는 집은 적막하고 쓸쓸하다는 공감을 이끌어 낸다.

문제분석 **01-06번**

번호	정답	정답률 (%)	선지별 선택비율(%)				
			①	②	③	④	⑤
1	⑤	88	1	6	1	4	88
2	②	94	1	94	2	1	2
3	②	86	1	86	3	3	7
4	①	89	89	1	7	2	1
5	①	64	64	10	5	12	9
6	②	76	2	76	4	10	8

01

정답설명

⑤ (가)에서는 '봄', '녹음' 등에서, (나)에서는 '하루', '열흘', '음력 섣달', '동짓날 자정' 등에서, (다)에서는 '봄과 여름과 가을과 겨울과 아침과 낮과 저녁과 밤' 등에서 시간을 나타내는 표현을 활용하고 있다. 계절을 나타내는 어휘도 시간을 나타내는 표현에 포함된다.

오답설명

① (가) X, (나) X, (다) X / '어조'는 서술어를 통해 주로 나타나는 화자의 정서나 태도를 말한다. 따라서 '어조의 변화'는 화자의 태도가 뚜렷하게 달라질 때 허용하면 된다. '긴장감'은 독자들의 집중도를 의미하므로, 어조가 변하면 긴장감은 자연스럽게 올라간다. (가)는 자연에서 느끼는 화자의 여유를, (나)는 임의 부재 상황에서 임에 대한 그리움을 일관되게 드러내고 있기에 어조의 변화가 있다고 하기 어렵다. 수필인 (다)도 현재 살고 있는 집과 대조되는 과거에 살던 집에 대한 그리움을 일관되게 얘기하고 있을 뿐이다.

② (가) X, (나) X, (다) X / 세 지문 모두 자연과 인간을 대비해 세태를 비판하

고 있지 않다.

③ (가) X, (나) X, (다) X / 세 지문 모두 대상과 문답을 주고받지 않는다.

④ (가) X, (나) X, (다) X / 세 지문 모두 초월적 공간을 설정하지 않았다.

02

정답설명

② 순서대로 생각해 보자. 화자는 집에서 삿갓을 쓰고 도롱이를 입고 호미를 메고 나왔겠지? 이후에 밭에서 김을 매다가(산전을 흩매다가) 누워서 잠에 들었을 거야. 따라서 〈제2수〉의 초장, 중장에서는 인물의 행위가 순차적으로 나열되었음을 알 수 있다.

오답설명

① 〈제1수〉의 초장이나 중장에는 풍경 묘사가 나오지 않는다. 초장의 자연에 봄이 왔다는 표현만으로는 묘사를 허용할 수 없다. 또한 중장에는 풍경이 아닌 화자와 '아이'의 행동을 나타내고 있으므로 선지의 설명은 적절하지 않다.

③ 화자가 여름에 김을 맸다고 해서 가을에 대추가 물들고 밤이 토실하게 익었을까? 말이 되지 않는 선지이다.

④ 대추가 물들고 밤이 떨어진 것이 원인이 되어 그 결과 게가 온 것일까? 아니겠지?

⑤ 산에 새 없고 들에 사람이 없다는 것을 동적인 분위기로 볼 수는 없겠지? 〈제4수〉의 초장과 중장 모두 정적인 분위기이므로, 초장의 동적인 분위기가 중장의 정적인 분위기로 전환된다고 볼 수 없다.

03

정답설명

② ㉡에서는 새봄을 맞이하여 마음을 전환하려는 것이 아니다. 즉 '새봄'이 오면 '임의 터진 옷을 깁'는 행위가 허사가 될 것이기에 이를 염려하는 마음을 드러내고 있을 뿐, 이별의 슬픔을 극복하기 위해 마음을 다잡으려고 하는 것은 아니다.

오답설명

① '천문'은 대궐의 문을 가리켜. '구중'은 이 문이 아홉 겹으로 첩첩이 닫혀 있다는 뜻이야. 가뜩이나 문도 단단히 잠겨 있는데, 거리마저 멀다고 하니 임과 만날 가능성이 희박해 보이지?

③ 정말 임에 대한 그리움으로 인해 간장(간과 창자)이 모두 썩었을까? 정신도 나가버리고? 임에 대한 그리움을 과장법으로 표현한 것이지. 그만큼 그리움이 너무 크기 때문에 화자는 자신을 애도하는 거야.

④ 앞서 '지문 분석'에서도 말했듯이, ㉣은 무정한 임 때문에 자신의 억울함이 끝끝내 밝혀지지 않을 거라는 화자의 인식이 드러난 부분이야. 화자는 그러한 생각으로 인해 좌절감을 느낀 것이다.

⑤ 여성 화자가 슬픔에 취해 악기를 연주한다는 것은 고전 시가에서 자주 나오는 표현이다. 여기서 화자는 슬픔에 취해 원망하는 마음을 담은 곡조를 악기로 연주하고 있는데, 이를 통해 결국 화자는 자신의 내면의 슬픔을 토로하고 있는 것이다.

04

정답설명

① (가) O, (나) O / (가)의 '녹음'에서 화자는 여유롭게 낮잠을 자고 있으므로, '녹음'은 평온한 분위기의 장소임을 알 수 있다. 한편 (나)의 '동방'에서 화자는 임 없이 홀로 문을 굳게 닫고 있으므로, '동방'은 암울한 분위기의 장소라고 할 수 있다.

오답설명

② (가) O, (나) X / (가)의 화자는 그물을 깁느라 바쁘고, '아이'는 밭을 가느라 바쁘다보니 아직 약을 캐지 못한 상황이다. 따라서 여기서의 '언제'는 미래의 어느 시기를 가리키는 것이다. 반면 (나)의 화자는 임과 이별한 상황에서 임이 자신을 어느 때에 살필지 한탄하고 있으므로, 여기서의 '언제'는 과거의 시기를 가리킨다고 볼 수 없다.

③ (가) X, (나) O / (가)에서 '새'가 없다는 것을 통해 쓸쓸한 분위기를 그려내고 있을 뿐, '새'가 어떤 감정을 느끼는지 나와 있지는 않으므로 이를 감정 이입의 대상으로 보기는 힘들다. 반면 (나)에서는 '자규'의 넋이 되어 '피눈물'을 울어 낸다고 하였으므로, 화자의 슬픈 감정이 이입됐다고 볼 수 있다.

④ (가) X, (나) X / (가)에서의 '잠'은 화자가 평온한 상황에서 여유로움을 즐기고 있음을 표현한 것이므로, '소망'과 관련이 없다. 한편 (나)의 '잠'은 화자의 잠이 아닌 임의 잠이므로 화자의 소망과 관련이 없다. 화자는 자신의 억울함을 호소하기 위해 '임의 잠'을 깨우고자 하는 것이다.

⑤ (가) O, (나) X / (가)에서 화자는 '체 장수'가 돌아간 후 술을 먹을 생각에 기대감을 갖는다고 할 수 있다. 반면 (나)에서는 동짓달이 되어도 화자는 쓸쓸히 문을 걸어 잠그고 혼자 있으므로, '돌아오니'에서 새로운 상황에 기대감을 갖는다고 볼 수 없다.

05

정답설명

① (다)에서의 '비밀들'은 자연의 이치라고 할 수 있다. 그런데 필자가 '그 집'을 떠난 후 '아파트'에서는 자연의 이치를 느낄 수 없어 오감이 불분명해진 것이므로, 이 '아파트'에 '비밀들'이 감춰져 있다고 볼 수는 없다.

오답설명

② '그 집 아이들'은 필자의 아이들이 아니라, 필자를 포함한 어린 시절의 형제·자매들을 가리킨다. '낮게 깔리는 굴뚝 연기를 보고 그는 비설거지를 했다.~왜냐하면 봄과 여름과 가을과 겨울과 아침과 낮과 저녁과 밤이 그 집에서는 뚜렷했으므로.'를 통해 '그 집 아이들'이 '그 집'에서 이러한 '비밀들'을 깨달을 수 있었음을 알 수 있다.

③ '여름에 긴팔 옷을 입고 겨울에 반팔 옷을 입는' 것은 자연의 이치에 맞지 않는 것이기 때문에 이는 '비밀들'을 모르고 살아가는 모습에 해당한다.

④ '그 집'의 '탄생과 죽음'이 사라졌다는 얘기는 '아무도 그 집에 들어와 살지 않을 것이며~죽음 또한 그 집에서는 일어나지 않을 것'을 의미한다. 이는 곧 '그 집'에서 '비밀들'과 함께할 사람들이 없어졌다는 의미이므로 선지의 내용은 적절하다.

⑤ '그 집'에서는 자연이 뚜렷해 사람들의 삶이 명료했다고 하였으므로, '그

사각진 콘크리트 벽 속(아파트)'에 사는 '그의 아이'는 '비밀들'로 호명되는 자연의 이치를 알지 못하고, 그 집을 떠난 '그'와 마찬가지로 '모든 것이 불분명'할 것이다.

06

정답설명

② (가)의 '저 늙은이'를 작가가 아니라고 하더라도, (가)의 화자인 '나' 또한 자연 속에서 한가롭게 지내고 있기 때문에 '저 늙은이'에게 심리적 거리감을 느낀다고 볼 수는 없다.

오답설명

① 〈보기〉에서 '(가)는 작가가 나이 들어 벼슬에서 물러나 전원에서 생활하며 지은 시조'라고 하였으며, (가)에서 전원생활의 흥취를 드러내고 있으므로 선지의 내용은 적절하다.

③ '지문 분석'에서도 말했듯이 (나)의 작가는 자신을 여성 화자로 표현하였고, 여기서의 '임'은 임금을 나타내는 것이다. 임금을 상징하는 '임'의 옷을 기워 주는 것은 곧 임금에 대한 충성심을 나타내는 것으로 볼 수 있으므로 선지의 내용은 적절하다.

④ (다)에서 자신을 '그'와 같은 3인칭으로 표현하는 것은 자신과 경험에 대해 거리를 두고 객관화하여 표현하는 것이므로 선지의 내용은 적절하다.

⑤ (다)의 필자는 이전까지 '그', '그 집 아이들' 등으로 자신 혹은 자신을 포함한 무리를 3인칭으로 표현하여 거리를 두었다. 그런데 마지막 부분에서 자신과 독자를 '우리'로 가깝게 표현하고 있으므로, 이는 독자들의 공감을 이끌어 내려 한 것으로 볼 수 있다.

별 - 금강산시 3 / 길 / 편지

지문분석

(가) 별 - 금강산시 3

아아 아득히 내 첩첩한 산길 왔더니라. 인기척 끊이고 새도 짐승도 있지 않은 한낮 그 화안한 골 길을 다만 아득히 나는 머언 생각에 잠기어 왔더니라.

▶ 이 작품은 제목에서 알 수 있듯이, 화자가 금강산으로 가는 길에서 마주한 자연의 모습을 이야기하는 시야. 화자는 현재 산길을 거닐며 생각에 잠겨 있대. 한낮 아무도 없는 고요한 산길이라는 시·공간적 배경 확인했겠지? 화자가 어떤 생각을 하고 있는지 읽어 보자.

백화(白樺) 앙상한 사이를 바람에 백화같이 불리우며 물소리에 흰 돌 되어 씻기우며 나는 총총히 외롬도 잊고 왔더니라

▶ '백화(白樺)'는 자작나무를 말해. 화자는 하얀 자작나무 사이에서 자연과 교감하며 외로움도 잊은 채 걸어왔대.

살다가 오래여 삭은 장목들 흰 팔 벌리고 서 있고 풍설(風雪)에 깎이어 날선 봉우리 홀 홀 홀 창천(蒼天)에 흰 구름 날리며 섰더니라

▶ 계속해서 공간적 배경에 대한 서술이 나타난다. 오래된 나무들, 바람과 눈에 깎여 날 선 봉우리와 같은, 산길에서 볼 수 있는 자연의 경치를 통해 유구한 자연의 모습을 제시하고 있구나.

쏴아 — 한종일내 — 쉬지 않고 부는 물소리 안은 바람소리 …… 구월 고운 낙엽은 날리어 푸른 담(潭) 위에 호르르르 낙화같이 지더니라.

▶ 청각적 심상 확인하고, '구월'이라는 시간적 배경과 낙엽이 지는 하강적 이미지도 확인하고 넘어가자.

어젯밤 잠자던 동해안 어촌 그 검푸른 밤하늘에 나는 장엄히 뿌리어진 허다한 바다의 별들을 보았느니,

이제 나의 이 오늘밤 산장에도 얼어붙는 바람 속 우러르는 나의 하늘에 별들은 쓸리며 다시 꽃과 같이 난만(爛漫)하여라.

▶ 화자는 어젯밤에 바다의 별들을 보았고, 오늘밤에는 하늘의 별들을 보고 있구나. '난만하다'는 것은 꽃이 활짝 많이 피어 화려하다는 의미인데, 여기서는 하늘의 별이 그만큼 많이 떠 있다는 말이겠지? 화자의 내면에 투영된 자연에 대한 주관적 인상을 형상화하면서, 자연과의 정서적 교감을 보여 주며 마무리하고 있구나.

(나) 길

사람들은 자기들이 길을 만든 줄 알지만
길은 순순히 사람들의 뜻을 좇지는 않는다

▶ 길에 대한 사람들의 일반적인 생각과 다른, 길의 특성을 드러내며 시를 시작하고 있다. 아마 화자는 사람들의 통념에 반박하려 하나 보다.

사람을 끌고 가다가 문득
벼랑 앞에 세워 낭패시키는가 하면
큰물에 우정 제 허리를 동강 내어

사람이 부득이 저를 버리게 만들기도 한다

▶ 길은 사람들로 하여금 앞으로 나아가지 못하게 할 때가 있다. 인생을 길로 비유했을 때, 인생에서 사람들이 어려움을 겪는 것을 의미한다고 볼 수 있겠다.

사람들은 이것이 다 사람이 만든 길이
거꾸로 사람들한테 세상 사는
슬기를 가르치는 거라고 말한다
길이 사람을 밖으로 불러내어
온갖 곳 온갖 사람살이를 구경시키는 것도
세상 사는 이치를 가르치기 위해서라고 말한다

▶ 길에 대한 사람들의 통념이 드러난다. 사람들은 길을 자기들이 만든 것이며, 사람들을 밖으로 불러내어 세상 사는 슬기와 이치를 가르쳐 주는 것으로 본대.

그래서 길의 뜻이 거기 있는 줄로만 알지
길이 사람을 밖에서 안으로 끌고 들어가
스스로를 깊이 들여다보게 한다는 것은 모른다

▶ 그러나 그게 아니라는 거야. 앞서 말했듯이 인생을 길로 비유한 것으로 본다면, 외부의 여러 경험들을 통해서 삶에 대해 배우는 것만이 인생의 의미가 아니라 내면을 바라보면서 성찰하는 것에 인생의 의미가 있다고 화자는 말하고 있어.

길이 밖으로가 아니라 안으로 나 있다는 것을
아는 사람에게만 길은 고분고분해서
꽃으로 제 몸을 수놓아 향기를 더하기도 하고
그늘을 드리워 사람들이 땀을 식히게도 한다
그것을 알고 나서야 사람들은 비로소
자기들이 길을 만들었다고 말하지 않는다

▶ 화자가 보는 길은, 사람들로 하여금 자신을 들여다보게 하는 존재로, 자신의 내면을 들여다보며 인생의 아름다움을 즐길 수 있게 해 준대. 인생길의 진정한 의미란 내면에 있다는 화자의 시선이 드러나는 작품이다.

(다) 편지

고요하니 즐거운 이 밤 초롱초롱 맑게 고인 샘물 같은 눈으로 나는 지금 당신께서 보내 주신 맑고 고운 수선화 한 폭을 들여다봅니다. 들여다보노라니 그윽한 향기와 새파란 꿈이 안개같이 오르고 또 노란 슬픔이 연기같이 오릅니다. 나는 이제 이 긴긴 밤을 당신께 이 노란 슬픔의 이야기나 해서 보내도 좋겠습니까.

▶ 글쓴이는 '당신'에게 이야기를 하고 있다. 비유적 표현을 통해 작품의 분위기가 드러나는 것 체크하고, 글쓴이가 '당신'에게 전해 주는 '노란 슬픔의 이야기'가 무엇인지 읽어 보자.

남쪽 바닷가 어떤 낡은 항구의 처녀 하나를 나는 좋아하였습니다. 머리가 까맣고 눈이 크고 코가 높고 목이 패고 키가 호리낭창하였습니다.

▶ 글쓴이가 좋아했던 누군가에 대한 설명이 나오는구나.

(중략)

어느 해 유월이 저물게 실비 오는 무더운 밤에 처음으로 그를 안 나는 여러 아름다운 것에 그를 견주어 보았습니다 — 당신께서 좋아하시는 산새에도 해오라비에도 또 진달래에도 그리고 산호에도……. 그러나 나는 어리석어서 아름다움이 닮은 것을 골라낼 수 없었습니다.

▶ 글쓴이가 좋아했던 그는, 글쓴이가 어떤 아름다운 것을 떠올려 봐도 닮은 것을 찾을 수 없을 정도였대. 글쓴이가 그를 정말 좋아했나 봐.

총명한 내 친구 하나가 그를 비겨서 수선이라고 하였습니다. 그제는 나도 기뻐서 그를 비겨 수선이라고 하였습니다. 그러한 나의 수선이 시들어 갑니다. 그는 스물을 넘지 못하고 또 가슴의 병을 얻었습니다. 이 이야기는 이만하고 나의 노란 슬픔이 더 떠오르지 않게 나는 당신의 보내 주신 맑고 고운 수선화의 폭을 치워 놓아야 하겠습니다.

▶ 아, 여기서 아까 글쓴이가 말했던 '노란 슬픔의 이야기'가 나오는구나. 글쓴이는 그를 '수선'이라고 하였는데, 그가 스물을 넘지 못하고 또 가슴의 병을 얻게 되었대. 글쓴이는 이를 두고 '노란 슬픔'이라고 하고 있어. 글쓴이는 '당신'이 보내 준 노란 수선화 그림을 보고 그때의 슬픔을 떠올렸나 봐.

밤이 아직 샐 때가 멀고 또 복밥을 먹을 때도 아직 되지 않았습니다. 이제 나는 어머니의 바느질 그릇이 있는 데로 가서 무새 헝겊이나 얻어다가 알록달록한 각시나 만들면서 이 남은 밤을 당신께서 좋아하실 내 시골 육보름 밤의 이야기나 해서 보내도 좋겠습니까.

▶ 아까는 '당신'에게 '노란 슬픔의 이야기'를 해 주었고, 이제는 '시골 육보름(정월 대보름 다음날) 밤의 이야기'를 해 준대.

육보름으로 넘어서는 밤은 집집이 안간으로 사랑으로 웃간에도 맞웃간에도 다락방에도 허텅에도 고방에도 부엌에도 대문간에도 외양간에도 모두 째듯하니 불을 켜 놓고 복을 맞이하는 밤입니다. 달 밝은 마을의 행길 어데로는 복덩이가 돌아다닐 것도 같은 밤입니다. 닭이 수잠을 자고 개가 밤물을 먹고 도야지 깃을 들썩이는 밤입니다. 새악시 처녀들은 새 옷을 입고 복물을 긷는다고 벌을 건너기도 하고 고개를 넘기도 하여 부잣집 우물로 가서 반동이에 옹패기에 찰락찰락 물을 길어 오며 별 같은 이야기를 자깔자깔 하는 밤입니다. 새악시 처녀들은 또 복을 가져오노라고 달을 보고 웃어 가며 살쾡이같이 여우같이 부잣집으로 가서는 날쌔기도 하게 기왓골의 기왓장을 벗겨 오고 부엌의 솥뚜껑을 들어 오고 곱새담의 짚날을 뽑아 오고…… 이렇게 허물 없는 즐거움 속에 끼득깨득 하는 그들은 산에서 내린 무슨 암짐승이 되어 버리는 밤입니다.

▶ 육보름 밤에 대한 이야기가 제시되어 있어. 아까 '노란 슬픔의 이야기'와는 달리 유쾌한 분위기가 나타나는구나. 부잣집 우물로 가서 물을 퍼오고, 기왓골의 기왓장을 벗겨 오는 등의 금기된 행동을 하면서도 즐거워하는 새악시 처녀들에게서 육보름 밤에 펼쳐지는 일탈의 모습을 확인할 수 있겠다.

문제분석 01-06번

번호	정답	정답률 (%)	선지별 선택비율(%)				
			①	②	③	④	⑤
1	①	83	83	5	4	5	3
2	④	73	1	9	10	73	7
3	⑤	83	2	5	5	5	83
4	⑤	84	3	5	6	2	84
5	④	73	6	8	11	73	2
6	③	77	3	8	77	8	4

01

정답설명

① (가) O, (나) O, (다) O / (가)에서는 '백화같이', '낙화같이', '꽃과 같이'에서 직유법과 '장목들 흰 팔 벌리고 서 있고', '잠자던 동해안 어촌'에서 활유법을, (나)에서는 '길은 순순히 사람들의 뜻을 좇지는 않는다' 등에서 의인법을, (다)에서는 '샘물 같은 눈', '안개같이' 등에서 직유법을 통해 대상의 속성을 드러내고 있다.

오답설명

② (가) O, (나) X, (다) O / (가)에서는 5연에서 '어젯밤'이라는 과거를 회상하는 부분이 제시되었으며, 이는 6연에서 '오늘밤'으로 이어지고 있으므로 과거 회상을 통해 현재의 의미를 나타내고 있다고 볼 수 있다. (다)에서도 자신이 사랑했던 그의 모습을 떠올려보는 데에서 과거 회상을 허용할 수 있으며, 이를 통해 현재 '그'에 대한 슬픈 이야기를 떠올린다는 것에서 현재의 의미를 나타내고 있다고 볼 수 있다. 그러나 (나)에서는 과거를 회상하는 방식 자체가 나타나지 않았으므로, 해당 선지는 바로 지워낼 수 있겠다.

③ (가) O, (나) X, (다) X / (가)에서는 '아아 아득히 내 첩첩한 산길 왔더니라.'에서 영탄적 어조를 통해 대상에서 촉발된 인상을 표현하고 있으나, (나)와 (다)에는 영탄적 어조가 사용되지 않았다.

④ (가) O, (나) X, (다) X / (가)에서는 '-더니라'와 같은 예스러운 종결 표현으로 고풍스러운 느낌을 자아내고 있지만, (나)와 (다)에는 이러한 표현이 사용되지 않았다.

⑤ (가) X, (나) X, (다) X / (나)에는 계절감을 드러내는 표현과 시간의 경과는 나타나지 않는다. (가)의 '구월 고운 낙엽', (다)의 '유월이 저물게 실비 오는 무더운 밤'에서 계절감을 드러내는 표현이 제시되었으나, 이를 통해 시간의 경과를 보여 주고 있지는 않다.

02

정답설명

④ (나)의 '세상 사는 이치'는 사람들이 길의 진정한 뜻을 알기 전, 즉 깨달음을 얻기 전에 길이 사람들에게 가르쳐 준다고 말하는 것에 해당한다. 그 이후 '길이 사람을 밖에서 안으로 끌고 들어가 / 스스로를 깊이 들여다보게 한다는 것'을 알게 되고 나서야 사람들은 내면의 길을 찾아내어 내적 성찰을 할 수 있으므로 선지의 내용은 적절하지 않다.

오답설명

① 〈보기〉를 고려할 때 (가)의 '화안한 골 길'과 '백화 앙상한 사이'는 화자가 금강산으로 가는 길에 만난 자연의 모습을 묘사한 것이라고 할 수 있다.

② 〈보기〉에 따르면 (가)의 화자는 금강산으로 가는 길에서 만난 자연의 모습을 자신의 내면에 투영하여 형상화하며 주관적 대상으로 묘사하고 있다. 따라서 (가)의 '바다의 별들'과 '하늘에 별들'은 화자가 자신의 내면에 투영된 자연에 대한 주관적 인상을 형상화한 것으로 볼 수 있다.

③ 〈보기〉에서 (나)의 화자는 길에 대한 사람들의 생각이 자신의 관점에만 치우쳐 있어서 내면의 길을 찾지 못하고 있음을 일깨우고 있다고 하였다. 이에 따르면 '벼랑 앞에'서 '낭패'를 겪는 사람들의 상황을 보여 주는 것은 길의 진정한 의미를 파악하지 못한 사람들에게 깨달음을 주려는 화자의 의도가 드러나므로 선지의 내용은 적절하다.

⑤ (가)의 '꽃과 같이 난만'한 것은 '별'이며, (나)의 '꽃으로 제 몸을 수놓아 향기를 더하기도 하는' 것은 '길'이다. (가)의 화자는 자연과 교감하고 있으며 (나)의 화자는 '스스로를 깊이 들여다보게' 하는 '길'에 긍정적인 태도를

보이고 있으므로, 선지의 내용은 적절하다.

03

정답설명

⑤ (가)의 1연에서 화자는 '인기척 끊이고 새도 짐승도 있지 않은 한낮 그 화안한 골 길'을 '머언 생각에 잠기어 왔다'고 하였으며, (다)의 글쓴이는 '이 남은 밤을 당신께서 좋아하실 내 시골 육보름 밤의 이야기나 해서 보내도 좋겠습니까.'라고 하였으므로 선지의 내용은 적절하다.

오답설명

① (가)의 '구월'은 '고운 낙엽'이 '날리어 푸른 담 위에 호르르르 낙화같이 지'는 시간일 뿐, 화자의 고뇌가 심화되는 시간이라는 근거는 제시되지 않았다.

② (다)의 글쓴이는 '고요하니 즐거운 이 밤'에 '당신'이 보내 준 수선화 한 폭을 들여다보고 '당신'에게 이야기를 해 주려 할 뿐, '당신'과의 재회를 기다리고 있지는 않으므로 선지의 내용은 적절하지 않다.

③ (가)의 화자가 '어젯밤' 별을 보며 자연과 교감하였을 뿐, 고독감을 느끼지는 않았다. 또 (다)의 글쓴이가 말하는 '복덩이가 돌아다닐 것도 같은 밤'은 '새악시 처녀'들이 일탈을 하는 육보름 밤에 해당할 뿐, 글쓴이가 고독감을 느끼는 시간이 아니다.

④ (가)의 화자는 '오늘밤'에 '별'을 바라보고 있을 뿐, 고향을 떠올리고 있지 않다. 한편 (다)의 글쓴이는 '실비 오는 무더운 밤'에 처음으로 그를 알게 되었다고 하였을 뿐, 지난날을 후회한다고 하지 않았으므로 선지의 내용은 적절하지 않다.

04

정답설명

⑤ 5연의 '동해안'과 6연의 '산장'은 화자가 자연의 아름다움을 체험한 유사한 속세의 공간이므로 대조되는 공간이 아니다. 또한 화자가 '동해안'에서 '산장'으로 장소를 이동하는 것은 맞지만, 장소를 이동함에 따라 화자의 태도가 변화하고 있지 않다.

오답설명

① 1연에서는 '아득히 내 첩첩한 산길 왔더니라.', '아득히 나는 머언 생각에 잠기어 왔더니라.'에서 '아득히'와 '왔더니라'를 반복하였음을 알 수 있으며, 이를 통해 '첩첩한 산길'과 이를 걸어가며 '머언 생각에 잠기'는 화자의 내면이 조응되고 있으므로 선지의 내용은 적절하다.

② 2연에서 화자는 자작나무 앙상한 사이를 걸어오며 '물소리에 흰 돌 되어 씻기우며' 외로움도 잊고 왔다고 하였으므로, 이를 통해 자연과의 관계에서 느끼는 화자의 정서가 드러나고 있음을 알 수 있다.

③ 3연에서 '살다가 오래여 삭은 장목들'이 흰 팔 벌리고 서 있는 모습과 '풍설에 깎이어 날선 봉우리'가 창천(푸른 하늘)에 흰 구름 날리며 서 있는 모습을 드러내고 있다. 이를 통해 자연의 유구함에서 풍기는 분위기를 드러내고 있으므로 선지의 내용은 적절하다.

④ 3연의 '훌 훌 훌'과 4연의 '쏴아', '호르르르'와 같은 음성 상징어를 통해 자연의 풍경을 더욱 생동감 있게 형상화하고 있으므로 선지의 내용은 적절하다.

05

정답설명

④ [E]에서 '길이 밖으로가 아니라 안으로 나 있다는 것을 / 아는 사람에게만 길은 고분고분'하다고 하였는데, 이는 '길'이 제 뜻을 굽히고 사람들에게 복종하는 것이 아니라 제 뜻을 알아주는 사람에게만 고분고분한 것을 의미하므로 선지의 내용은 적절하지 않다.

오답설명

① [A]에서 '길'이 '사람들의 뜻'을 좇지 않는다는 진술의 구체적인 양상은 [B]의 '큰물에 우정 제 허리를 동강 내어 / 사람이 부득이 저를 버리게 만들기도 한다'라는 부분에서 확인할 수 있다.

② [B]에서의 경험을 두고 [C]의 '사람들'은 '이것이 다 사람이 만든 길이 / 거꾸로 사람들한테 세상 사는 / 슬기를 가르치는' 것으로 수용하고 있다.

③ [C]의 '사람들'은 '길'이 세상 사는 슬기를 가르치는 것이라고 보았는데, [D]에서 그 '사람들'이 '길이 사람을 밖에서 안으로 끌고 들어가 / 스스로를 깊이 들여다보게 한다'는 것은 모른다'라고 하였으므로 선지의 내용은 적절하다.

⑤ [F]에서 길의 진정한 뜻을 알게 된 사람들은 '자기들이 길을 만들었다고 말하지 않'는데, 이는 [A]에서 '자기들이 길을 만든 줄' 아는 사람들의 태도와 대비된다.

06

정답설명

③ '육보름'에 대한 이야기는 '당신께서 좋아하실' 이야기이며 '나'의 시골 이야기이다. 이는 〈보기〉에 따르면 앞서 제시되었던 '노란 슬픔의 이야기'와 달리 일탈이 용인되는 유쾌한 축제에 대한 것으로, 삶의 양면성을 보여 주려는 의도로는 볼 수 있다. 하지만 '당신'과 글쓴이의 경험을 대비하고 있지는 않으므로 선지의 내용은 적절하지 않다.

오답설명

① (다)는 '나'라는 글쓴이가 '당신'께 말하는 형식으로 되어 있다. 〈보기〉에 따르면 (다)는 '당신'에게 쓰는 편지 형식이라고 하였으므로, 독자는 자신이 편지 수신인인 '당신'이 된 것처럼 친근함을 느낄 수 있을 것이다.

② 〈보기〉에서는 (다)의 글쓴이가 개인적 경험과 공동체적 경험으로 대비되는 두 가지 이야기를 들려준다고 하였다. 이때 '노란 슬픔의 이야기'는 '나'가 노란 수선화 그림을 보고 떠올린 '그'에 관한 이야기로, '나'는 그것이 '나'가 사랑했던 '그'가 '가슴의 병'을 얻었던 이야기라고 하였으므로 이는 개인적 경험으로 볼 수 있다.

④ '부잣집'의 '기왓장을 벗겨 오는' '새악시 처녀들'의 행동은 〈보기〉에 따르면 '일탈이 용인되는 유쾌한 축제'에서의 행위이므로 선지의 내용은 적절하다.

⑤ 육보름 밤에 '새악시 처녀들'은 별 같은 이야기를 '자깔자깔' 하며 '허물없는 즐거움' 속에 '끼득깨득' 하고 있다. 이는 〈보기〉에 따르면 일탈이 용인되는 유쾌한 축제에서 '새악시 처녀들'이 느끼는 즐거움과 쾌감을 나타내는 것으로 볼 수 있다.

도산십이곡 / 지수정가 / 겸재의 빛

지문분석

(가) 도산십이곡

이런들 어떠하며 저런들 어떠하료

▶ 이런들 어떠하며 저런들 어떠하랴?

▶ 평가원에서 「도산십이곡」을 출제했을 때, 현대어 풀이를 알고 있다는 전제로 한 문제가 있었기 때문에 해설을 가리고 바로바로 해석할 수 있을 정도로 꼼꼼하게 학습해야 한다.

▶ 「도산십이곡」은 전반부 6수와 후반부 6수의 내용이 달라. 전반부는 자연 친화에 대한 내용이 주를 이루는 반면, 후반부는 학문 수양에 대한 내용이 주를 이뤄. 즉, 전반적으로 자연 속에서 학문을 수양하자는 내용이야.

초야우생(草野愚生)이 이렇다 어떠하료

▶ 시골에 묻힌 어리석은 이가 이렇다고 해도 어떠하랴?

▶ '초야우생'은 화자를 가리켜. 자기 자신을 겸손하게 이르는 표현이지. 평가원에서 이 부분을 두고 '화자가 자신을 드러내고 있다.'라는 적절한 선지를 구성한 적이 있었어.

하물며 천석고황(泉石膏肓)을 고쳐 므슴하료

▶ 하물며 자연을 좋아하는 병을 고쳐서 무엇할까?

▶ '천석고황'은 자연을 병적으로 좋아한다는 소리야. 고전 시가 필수 어휘니 꼭 알아 두자. 즉, 1수에는 자연에서 계속 살길 원하는 화자의 바람이 담겨 있다고 볼 수 있어.

〈제1수〉

연하(煙霞)로 집을 삼고 풍월(風月)로 벗을 삼아

▶ 안개와 노을로 집을 삼고 바람과 달로 벗을 삼아

태평성대에 병으로 늙어 가네

▶ 태평한 시절 자연 속에서 늙어만 가네

▶ 병에 걸려 힘들단 얘기가 아냐. 이 '병'은 자연을 좋아하는 병이지. 자연에 대한 화자의 지극한 애정이 드러난다.

이 중에 바라는 일은 허물이나 없고자

▶ 이 중에 바라는 것은 허물이나 없었으면 좋겠구나

〈제2수〉

춘풍(春風)에 화만산(花滿山)하고 추야(秋夜)에 월만대(月滿臺)라

▶ 봄바람에 꽃이 산에 가득하고 가을밤에 달빛이 누각에 가득하구나

▶ '가득찰 만(滿)'은 알아 두자. 이런 것까지 알아야 하냐고? 평가원이 '화만산'에 밑줄 긋고 화자가 자연의 충만감을 느끼고 있다고 출제한 적이 있어. 즉, 봄에는 꽃이 가득하고 가을에는 달빛이 가득한 자연을 보고 화자가 충만감을 느끼고 있는 것이지.

사시 가흥(四時佳興)이 사람과 한가지라

▶ 사계절의 아름다운 흥취가 사람과 똑같구나

▶ 봄과 가을이 사계절로 통합되면서 사계절의 흥이 모두 좋대.

하물며 어약연비(魚躍鳶飛) 운영천광(雲影天光)이야 어느 끝이 있으리

▶ 하물며 고기가 물에서 뛰놀고 솔개가 하늘을 날며, 구름이 그림자를 남기고 햇빛이 밝게 비치는 모습이야 어찌 끝이 있다고 말할까?

〈제6수〉

(나) 지수정가

산가(山家) 풍수설에 동구 못이 좋다 할새

▶ '산가'라는 공간적 배경이 드러났어. 풍수지리적으로 동네의 연못이 좋대.

십 년을 경영하여 한 땅을 얻으니

형세는 좁고 굵은 암석은 많고 많다

▶ 화자가 십 년을 계획하여 얻은 땅은 좁고 암석이 많은 곳이래.

옛 길을 새로 내고 작은 연못 파서

활수를 끌어 들여 가는 것을 머물게 하니

맑은 거울 티 없어 산 그림자 잠겨 있다

▶ 화자가 인공적으로 연못을 파고 흐르는 물을 끌어 들여서 고이도록 했더니 마치 '티 없'이 '맑은 거울' 같고, 거기에 산의 그림자가 비쳤대.

천고(千古)에 황무지를 아무도 모르더니

일조(一朝)에 진면목을 내 혼자 알았노라

▶ '천고'는 '오랜 세월'이라는 뜻이고, '일조'는 '하루아침'이라는 뜻이야. 의미가 대비되는 시어지. 오랜 세월 동안 사람들은 이곳을 황무지로만 생각해서 그 가치를 아무도 몰랐는데, 자기가 하루아침에 발견했다고 자랑하는 거야. 두 행에서 대구법이 쓰인 거 알겠지?

처음의 이 내 뜻은 물 머물게 할 뿐이더니

이제는 돌아보니 가지가지 다 좋구나

▶ 처음에는 화자가 연못을 파려고만 했는데, 돌아보니 연못뿐만 아니라 자연의 모든 점이 다 좋다는 이야기야.

백석은 치치(齒齒)하여 은도로 새겨 있고

벽류는 콸콸 흘러 옥 술잔을 때리는 듯

▶ 흰 돌이 줄지어 있는 모양은 마치 은으로 만든 칼로 새긴 것 같고, 푸른 물줄기가 콸콸 흐르는 소리가 마치 옥 술잔을 때리는 것 같다는 이야기야. 음성 상징어(콸콸), 비유법(-는 듯)이 사용되었으니 체크하자.

첩첩한 산들은 좌우의 병풍이요

빽빽한 소나무는 전후의 울타리로다

▶ 비유법과 대구법을 사용해 화자가 위치한 자연을 묘사하고 있다.

구곡 상하대는 층층이 둘러 있고

삼경(三逕) 송국죽(松菊竹)은 줄지어 벌여 있다

▶ '삼경 송국죽'은 한나라의 은자 '장후'가 정원에 세 개의 좁은 길을 내고 소나무, 대나무, 국화를 심었다는 고사를 인용한 거야. 화자는 이를 통해서 자신이 있는 곳에 대한 만족감을 드러내고 있어.

하물며 바위 벼랑 높은 위에 노송이 용이 되어 구부려 누웠거늘

▶ 벼랑 위의 오래된 소나무는 마치 용 같대.

운근(雲根)을 베어 내고 작은 정자 붙여 세워

띠 풀로 지붕 이고 자르지 않으니 이것이 어떤 집인가

▶ 구름의 뿌리를 베어서 정자를 만들었다네. 자신이 만든 정자에 대한 자부심이 대단하네. 이러한 만족감을 설의법을 통해 드러내고 있다.

남양의 제갈려인가 무이의 와룡암인가

다시금 살펴보니 필굉 위언의 그림의 것이로다

▶ 본문의 주석을 보면 알 수 있듯이 '남양의 제갈려', '무이의 와룡암'은 모두 옛 현인이 은거한 거처야. '필굉 위언의 그림' 또한 고사를 인용한 건데, 이처럼 옛 사람과 비교하거나 고사를 인용하는 의도는 내가 마치 그들과 같거나 아니면 내가 그들보다 더 낫다는 걸 말하기 위함이야.

무릉도원을 예 듣고 못 봤더니

이제야 알겠구나 이 진짜 거기로다

▶ 하다하다 화자는 정자가 무릉도원(도원경), 즉 이상향 같다고 말하고 있네.

(다) 겸재의 빛

▶ 글쓴이는 초로, 즉 노년에 접어드는 나이가 되면서 조선 시대의 화가 겸재가 화폭의 소재로 삼았던 동해안의 승경(뛰어난 경치)을 찾아가지만, 옛 망양정 자리는 모두 변해 있었다. 그러나 글쓴이는 이에 대해 크게 허전해하지 않으며, 그 이유를 스스로에게 묻는다.

▶ 글쓴이는 겸재 그림의 사실성이 물리적 거리감에 근거하는 대신, 세계를 관찰하는 인간과의 관계 속에서 정립되어 있다고 밝힌다.

문제분석 01-05번

번호	정답	정답률(%)	선지별 선택비율(%)				
			①	②	③	④	⑤
1	①	92	92	1	4	2	1
2	⑤	94	1	2	1	2	94
3	③	95	2	1	95	1	1
4	③	87	4	2	87	3	4
5	④	96	1	1	1	96	1

01

정답설명

① (가)는 자연에 주목하여 자연 친화적인 삶을 추구하는 자세를 나타내고 있다. (나) 역시 자연에 주목하여 자연이 가지고 있는 아름다운 가치를 추구하는 자세를 나타내고 있다. 한편, (다)는 겸재의 그림에 주목하여 세계를 관찰하는 인간과의 관계 속에서 사물들의 사실성이 정립된다는 가치를 추구하고 있다.

오답설명

② (가) X, (나) X, (다) X / (가)와 (나)에는 부정적인 현실이 드러나지 않는다. (다)에서 옛 망양정 자리가 변한 것을 부정적인 현실로 볼 수는 있으나, 화자가 이를 비판하거나 좌절을 느낀 것은 아니므로 선지의 내용은 적절하지 않다.

③ (가) X, (나) X, (다) X / '관용'이란 남의 잘못을 너그럽게 받아들이거나 용서하는 태도를 말하는데, (가)~(다)는 이러한 삶과는 관련이 없다.

④ (가) O, (나) X, (다) X / (가)에서는 '춘풍에 화만산하고 추야에 월만대라'에서 선지를 허용할 수 있으나, (나)와 (다)에서는 계절감을 활용하여 환경의 다양한 변화를 표현한 부분이 없다.

⑤ (가) X, (나) X, (다) X / (가)~(다) 모두 가상의 상황을 제시하여 환상적 분위기를 강화하고 있지는 않다.

02

정답설명

⑤ [A]에서 '허물이나 없고자'의 '-고자'는 어떤 행동을 할 의도나 욕망을 가지고 있음을 나타내는 어미로, 이를 활용해 화자는 앞으로 잘못을 저지르지

않는 삶을 살기 바라는 마음을 드러내고 있다. 그런데 [B]에서 '티 없어'는 화자가 자연을 관찰한 후 발견한 자연의 가치이므로, 대상을 관찰하기 전의 화자의 심리를 표현한 것으로 볼 수 없다.

오답설명

① 〈제1수〉의 초장에서는 '이런들'과 '저런들', '어떠하며'와 '어떠하료'라는 유사한 어휘를 반복하여 리듬감을 형성하고 있다.

② 〈제1수〉의 종장에서는 '천석고황(자연을 좋아하는 병)'을 고칠 수 없다며 자연 친화적인 태도를 보이고 있다. 이러한 화자의 태도는 〈제2수〉에도 이어져 안개와 노을로 집을 삼고 바람과 달로 벗을 삼고 싶다고 하였으므로 선지의 설명은 적절하다.

③ [B]에서는 '티 없이' '맑은 거울'과 같은 '작은 연못'이 '산 그림자'를 담고 있는 모습을 묘사하고 있다. 이때 '맑은 거울'이 '티 없다'는 것은 깨끗한 자연의 형상을 표현하는 구절이므로 선지의 설명은 적절하다.

④ [A]의 '연하', '풍월'은 자연 친화적 태도를 가진 화자가 가깝게 느끼는 대상(자연물)이다. 따라서 이들과 호응하는 '집을 삼고', '벗을 삼아'는 화자와 대상의 가까운 관계를 제시한 것으로 볼 수 있다. 한편 [B]에서는 화자가 인위적으로 연못을 파고 '활수'를 '끌어 들여'와 '머물게' 하였으므로, 화자가 '활수'를 가까이하려고 했음을 알 수 있다.

03

정답설명

③ (나)에서 화자는 자신이 지은 정자가 이상향을 의미하는 '무릉도원'이라고 했으므로, '무릉도원'에는 현실적 공간을 이상적 공간으로 바라보는 화자의 인식이 반영됐다고 할 수 있다. 그러나 (가)의 '천석고황'은 화자가 자연을 사랑하는 마음을 '병'으로 표현한 것일 뿐, 화자의 아쉬움을 나타낸 것이 아니다. 또한 〈보기〉에 따르면 (가)의 화자는 자연을 이상적 공간으로 보았으므로, 현재 자연에 위치한 화자가 이상적 공간에 다다르지 못한 아쉬움을 느낄 리가 없다.

오답설명

① '초야우생'은 (가)의 화자가 자기 자신을 겸손하게 이르는 표현이다. 〈보기〉에 따르면 '강호는 자연의 이치와 인간이 지향하는 이치가 일치된 이상적 공간'인데, 화자는 이러한 공간에 존재하므로 선지의 내용은 적절하다.

② 〈보기〉에 따르면 (나)의 강호는 '자연에서 생활하면서 자연의 가치를 새롭게 발견할 수 있는 공간'이다. 이를 고려할 때 화자가 자연의 진면목을 '내 혼자 알았노라'라고 표현한 것은 자연의 가치를 발견한 자신의 심정을 드러낸 것으로 볼 수 있다.

④ (가)에서 사계절의 아름다운 흥취를 '사람과 한가지라'라고 표현한 것은, 〈보기〉를 고려할 때 자연의 이치와 인간이 지향하는 이치가 일치함을 드러낸 것으로 볼 수 있다. 한편 〈보기〉에 따르면 (나)에서 강호는 '자연의 가치를 새롭게 발견할 수 있는 공간'이므로, '가지가지 다 좋구나'에는 연못 주변의 경치를 보고 자연의 가치를 확인한 화자의 만족감이 나타났다고 할 수 있다.

⑤ 〈보기〉에 따르면 (가)에는 조화로운 자연의 모습이 제시된다. '춘풍에 화만산하고 추야에 월만대라'는 산에 꽃이 가득한 봄의 모습과 달이 가득 찬 가을밤의 모습을 통해 조화로운 자연의 모습을 드러낸 것이라 할 수 있다.

한편, 〈보기〉에 다르면 (나)는 '자연의 구체적인 모습을 묘사하며 자연의 가치를 확인한 화자가 등장'한다. 이때 '벽류는 콸콸 흘러 옥 술잔을 때리는 듯'은 화자가 발견한 시냇물의 아름다움을 구체적으로 묘사한 것으로 볼 수 있다.

04

정답설명

③ (나)의 화자는 ㉠(작은 정자)을 보며 고사를 인용해 자연에서 머무르는 삶에 대한 긍정적인 인식을 보이고, (다)의 글쓴이는 ㉡(옛 망양정 자리)에 정자가 없어졌음에도 '그다지 허전하지 않'은 것에 대해 '왜 그런가.'라며 이유를 생각하였으므로 선지의 내용은 적절하다.

오답설명

① ㉠ O, ㉡ X / ㉠은 (나)의 화자가 직접 만든 인공물이지만, ㉡은 (다)의 글쓴이가 겸재의 화폭에 그려진 공간을 찾아다니는 과정에서 일부러 방문한 곳이므로 의도하지 않게 찾아낸 장소로 볼 수 없다.

② ㉠ X, ㉡ O / ㉡이 '도로 공사'로 인해 예전의 모습을 잃은 것에서 현실에서 편의를 실현한 결과를 보여 준다고 할 수 있으나, (나)의 화자가 ㉠을 통해 명예를 실현하려고 하지는 않는다.

④ ㉠ X, ㉡ O / (다)의 글쓴이는 겸재의 화폭에 그려진 공간을 찾아갔으나 ㉡은 예전 모습과 다르므로 본래적 유용성을 상실한 공간임을 허용할 수 있다. 그러나 (나)의 화자는 자연에서 은거할 거처로 ㉠을 만든 것이므로, 일상적인 유용성을 상실한 공간으로 볼 수 없다.

⑤ ㉠ X, ㉡ X / (나)의 화자가 자신의 삶을 가다듬으려 하거나, (다)의 글쓴이가 자신의 삶을 비판하는 태도는 보이지 않는다.

05

정답설명

④ 〈보기〉에서 '겸재의 그림은 실물과 똑같이 그리는 것이 능사가 아니'라고 하였으므로, '보이는 그대로 실현해야 한다'는 이해는 적절하지 않다. 지문에서도 겸재의 그림 속 '비교적 명료한 사실성'은 원근에 의해 정립되는 것이 아니라, 세계를 관찰하는 인간과의 관계에서 정립되는 것으로 설명하고 있다.

오답설명

①, ② (다)에서 '먼 산을 그릴 때 그는 그 산과 인간 사이의 거리를 그리는 것이 아니라, 그 거리를 들여다보는 시선의 깊이를 그린다.'라고 하였는데, 이는 〈보기〉에서 말하는 실물과 똑같이 그리는 것이 아니라 화가가 자신의 시선으로 풍경을 재구성하는 것을 가리키므로 선지의 내용은 적절하다.

③ '가깝다는 이유만으로 사실성을 부여받지 않'는다는 것은 가깝더라도 인간과 직접 관련된 것이 아니면 빼고, 멀더라도 인간과 직접 관련된 것이라면 과장하여 그린다는 화자의 생각을 반영한 것으로 파악할 수 있다.

⑤ 겸재의 그림 속에서는 '세계를 관찰하는 인간과의 관계 속'에서 사실성이 '정립'된다고 하였는데, 이는 〈보기〉에서 말한 '모든 대상이 화가의 시선에 의해 재구성되어 회화의 구도상 의미를 지닌 자리에 놓일 때야말로 진정한 그림의 요체(중요한 점)가 드러나기 때문'으로 파악할 수 있다.

한거십팔곡 / 기취서행

지문분석

(가) 한거십팔곡

평생에 원하느니 다만 충효뿐이로다
▶ 평생에 원하는 것은 다만 충효뿐이로다.

이 두 일 말면 금수(禽獸)나 다르리야
▶ 이 두 일을 하지 않는다면 짐승이나 다르겠느냐.

▶ 충효를 모르면 짐승이나 다를 바가 없기 때문에 평생을 속세에서 충효를 원하며 살아왔다는 의미야.

마음에 하고자 하여 십재 황황(十載遑遑)하노라
▶ 마음에 하고자 하여 십 년을 허둥지둥하였노라.

〈제1수〉

비록 못 이뤄도 임천(林泉)이 좋으니라
▶ 비록 못 이뤄도 자연이 좋으니라.

▶ '임천'은 바로 자연을 말해. 화자가 지향하는 대상이다.

무심 어조(魚鳥)는 절로 한가하였나니
▶ 욕심이 없는 물고기와 새는 절로 한가하였나니

조만간 세상일 잊고 너를 좇으려 하노라
▶ 조만간 세상사를 잊고 너를 좇으려 하노라.

▶ 화자가 '지금' 자연을 좇고 있다는 게 아니라 '조만간', '좇으려' 한다고 하고 있으므로, 아직은 '출'과 '처'를 확실히 결정하지는 않은 것으로 판단할 수 있어. 〈제3수〉에서는 자연에 대한 지향만 드러난다고 볼 수 있다.

〈제3수〉

출(出)하면 치군택민 처(處)하면 조월경운
▶ 벼슬에 나아가면 치군택민(임금에게 충성하고 백성에게 혜택을 베풂)하고, 물러나면(자연에 있으면) 조월경운(달 아래 고기 낚고 구름 속에서 밭을 갊)하네

명철 군자는 이것을 즐기나니
▶ 명철한 군자는 이것을 즐기나니

하물며 부귀 위기라 가난하게 살리로다
▶ 하물며 부귀는 위기라, 가난하게 살리로다.

▶ 〈제8수〉에서 화자는 자연에서 가난하게 살겠다며 드디어 '처'를 택하기로 결심했어.

〈제8수〉

날이 저물거늘 도무지 할 일 없어
▶ 날이 저물거든 도무지 할 일이 없어

▶ 할 일이 없다는 것은 부정적이거나 벼슬을 하고 싶다는 얘기가 아니라, 한가하고 좋다는 얘기야.

소나무 문을 닫고 달 아래 누웠으니
▶ 소나무 문을 닫고 달 아래에 누웠으니

세상에 티끌 마음이 일호말(一毫末)도 없다
▶ 세상의 티끌 마음이 털끝만큼도 없다.

▶ '세상에 티끌'은 속세의 더러움, 속세에 대한 미련을 의미하는데 이것이 털끝만큼도 없다고 말하고 있구나.

〈제13수〉

성현의 가신 길이 만고(萬古)에 한가지라
▶ 성현의 가신 길이 만고(아주 오랜 세월 동안)에 한가지라

▶ 지혜로운 옛 사람이 가던 길은 우리가 따라야 하는 길인데, 그게 한가지래. 무슨 의미일까?

은(隱)커나 현(見)커나 도(道)가 어찌 다르리
▶ 숨었거나 나오거나 도가 어찌 다르리

▶ '은'은 '처'와 대응되고, '현'은 '출'과 대응돼. 화자는 이전까지 자연과 속세를 고민하다, 결국 자연을 택하고 속세를 거부하는 태도를 보이고 있었지. 그런데 여기서 한 걸음 더 나아가 깊은 깨달음을 얻었어. 바로 자연에 있는 것이나, 속세로 나아가는 것이나 다 같다는 거야.

한가지 길이오 다르지 않으니 아무 덴들 어떠리
▶ 한가지 길이오 다르지 않으니 아무 덴들 어떠리.

▶ 자연을 즐기는 것이나 벼슬을 하는 것이나 다를 바가 없고, 이는 성현이 걷던 길이니 화자 자신도 가야 한다는 의미야.

〈제17수〉

강가에 누워서 강물 보는 뜻은
▶ 강가에 누워서 강물 보는 뜻은

세월이 빠르니 백세(百歲)인들 길겠느뇨
▶ 세월이 빠르니 백세인들 긴 세월이겠는가

십 년 전 진세(塵世) 일념이 얼음 녹듯 한다
▶ 십 년 전 진세의 공명 구하는 마음이 얼음 녹듯 한다.

▶ 과거에 속세를 지향하던 마음이 얼음 녹듯 모두 사라지고, 지금은 자연을 추구하면서 마음이 편해졌다며 시상을 마무리하고 있어.

〈제19수〉

(나) 기취서행

▶ 필자는 집을 수선하기 위해 아내의 권유에 따라 취서사로 겨릅(껍질을 벗긴 삼대)을 구하러 갔다. 취서사에 도착하니 겨릅이 필요한 사람이 많아 시장판 같았다. 필자는 이에 민망함을 느끼나, 이욕에 의리를 빼앗겨 겨릅을 포기하지 못한다. 상사공의 도움으로 겨릅 수십 묶음을 얻고 집으로 돌아와 필자는 "궁해도 의를 잃지 않는다."라는 맹자의 말을 떠올리며 자신의 태도를 성찰한다.

선지의 내용은 적절하다.

문제분석 01-05번

번호	정답	정답률 (%)	선지별 선택비율(%)				
			①	②	③	④	⑤
1	⑤	93	2	1	2	2	93
2	④	82	1	7	7	82	3
3	①	65	65	8	12	11	4
4	③	77	6	5	77	6	6
5	④	92	1	2	3	92	2

01

정답설명

⑤ [E]에서는 '마치 술에서 막 깨어난 사람이 잔뜩 취했을 때를 되짚어 생각하는 듯'이라는 비유적 표현을 통해 집으로 돌아와 자신의 행동을 돌아보는 글쓴이의 상태를 부각하고 있다.

오답설명

① [A]에서는 '무심 어조(물고기와 새)'를 대상화한 것은 맞지만, 이 자연물을 '한가하'다고 표현하고 있으므로 역동성을 부여하고 있지는 않다.

② [B]에서는 근경에서 원경으로 시선을 이동하지 않았으며, 인간과 자연의 차이점을 강조하고 있지도 않다.

③ [C]에서는 성현의 말을 인용하지 않았으며, '아무 덴들 어떠리'는 화자가 지닌 궁금증을 드러내는 게 아니라, '어디든 상관 없다'는 화자의 태도를 강조한 것이다.

④ [D]에서는 점층적 표현이 쓰이지 않았으며, 겨룹을 구하는 것이 의리를 심히 해치지 않을 거라는 합리화를 하고 있을 뿐 겨룹을 구하는 일의 중요성을 환기하고 있지는 않다.

02

정답설명

④ '백세인들 길겠느뇨'는 ㉣(백세)도 길지 않음을 설의법을 통해 강조하는 표현이다. 또한 이는 화자가 자연 속에서 한가로움을 즐기고 있음을 드러낼 뿐, 세월이 빨리 지나가는 것에 대한 안타까움을 드러낸 것이 아니다.

오답설명

① '세상에 태어나서 죽을 때까지의 동안'을 뜻하는 ㉠(평생)을 사용하여 화자의 인생을 통틀어 충효를 중요하게 생각해 왔다는 것을 강조하고 있다.

② '십재 황황'의 어휘 풀이를 보면 '십 년을 허둥지둥함.'이라고 나와 있으므로 ㉡(십재)은 '십 년'을 의미한다. 따라서 ㉡은 화자가 충효를 실현하려고 애쓴 십 년의 세월을 돌이켜 봄을 알 수 있다.

③ ㉢(만고)은 '아주 오랜 세월 동안'이라는 뜻이다. 이 동안 '성현의 가신 길'이 '한가지'라는 것은 성현의 도가 예나 지금이나 변함이 없음을 강조하는 것이다.

⑤ 〈제19수〉에서 화자는 벼슬에 나가는 것이 아닌, 자연에 묻혀 사는 것을 택하고 있다. 이때 ㉤(십 년 전)은 '진세 일념'을 가졌던 때, 즉 속세에 대한 생각을 품었던 과거를 의미하는데, 이는 현재 추구하는 가치와 대비되므로

03

정답설명

① 〈보기〉에 따르면 (가)에는 지향하는 삶을 실천하는 태도의 변화 과정이 나타난다. 〈제3수〉에서 화자는 '조만간 세상일 잊고' 자연 속에서 살고자 하는 모습을 보이므로, '임천이 좋으니라'에는 자연을 지향하려는 태도가 드러남을 알 수 있다. 반면, 〈제1수〉에서 화자는 충효를 실현하고자 하므로 '마음에 하고자 하여'는 벼슬이나 입신양명을 지향하는 태도를 드러낸 것으로 볼 수 있다. 따라서 〈제3수〉와 〈제1수〉에 나타내는 화자의 두 태도가 상반됨을 알 수 있다.

오답설명

② 〈제3수〉 종장의 '너'는 중장에 나오는 '무심 어조(물고기와 새)'를 가리킨다. 이를 좇겠다는 것은 자연 친화적인 태도를 드러내는 것이므로, 이는 〈제8수〉에서 '출'이 아니라 '처'하는 모습으로 실현된다.

③ 〈제8수〉의 '이것'은 두 가지 해석이 가능하다.
 1) '이것'이 '출'과 '처'를 모두 지칭하는 경우 : 〈제1수〉의 '이 두 일'은 '충효'로 '출'의 태도와 관련된다. 따라서 '이것'은 '출과 처'를 모두 의미하므로, '출'에 해당하는 '충효'를 더 이상 추구하지 않겠다는 의도를 드러낸다고 볼 수 없다.
 2) '이것'이 '처'를 지칭하는 경우 : 〈제8수〉의 종장에서는 속세에서 누리는 '부귀'는 위기를 가져올 수 있기에, (자연에서) '가난하게 살'겠다고 한다. 따라서 종장의 내용을 고려할 때, '이것'은 자연에 위치하겠다는 '처'를 의미한다고 볼 수 있다. 그리고 〈제17수〉를 보면, '은(=처)'과 '현(=출)'은 결국 '한 가지 길'이라고 한다. 따라서 '충효'를 더 이상 추구하지 않겠다는 의도로 볼 수는 없다.

④ 〈제13수〉의 '달 아래 누웠으니' 또한 한가한 삶을 드러내고 있으므로, 한가했던 삶으로 되돌아가고 싶어 하는 태도를 나타낸다고 볼 수 없다. 또한 〈제3수〉의 '절로 한가하였'던 주체는 화자가 아니라 '무심 어조'이다. 〈제3수〉에서 화자는 자연을 지향하지만 아직 속세에 있을 때다. 이는 '조만간 세상일 잊고 너를 좇으려 하노라'에서 알 수 있다.

⑤ 〈제17수〉에서 '아무 덴들' 상관없다고 하는 것은 자연에서 은거의 삶을 사는 것도 관직에 나아가 나랏일을 하는 것과 다름이 없으므로, '처'의 삶을 택하겠다는 의미이다. 〈제19수〉의 '진세 일념'은 과거(십 년 전)에 지녔던 벼슬에 대한 집착을 가리키는데, 이것이 '얼음 녹듯' 사라졌다고 하였으므로 선지의 내용은 적절하지 않다.

04

정답설명

③ '다만 나의 곤궁함을 불쌍히 여겨서일 뿐이리라.'를 통해 글쓴이는 상사공이 자신을 불쌍히 여겨서 도와줬을 거라 생각함을 알 수 있다. 따라서 선지의 내용은 적절하지 않다.

오답설명

① 글쓴이는 '의리를 이욕(사사로운 이익을 탐내는 욕심)에 빼앗겨서 초연히

버리고 돌아오지 못하였'고 이를 '다행스럽게 여겼'다고 하였으므로 선지의 내용은 적절하다.

② '내 아내는~가령 이와 같을 줄 알았다면 반드시 나의 행차를 권하지 않았을 것이고'를 통해, 글쓴이는 자신이 '이욕'에 빠질 줄 알았다면 아내는 취서사에 가는 것을 권하지 않았을 것이라고 생각함을 알 수 있다. 따라서 아내가 취서사에 가길 권한 것은 글쓴이가 '이욕'에 빠지게 될 줄 몰랐기 때문이라 볼 것이다.

④ '이미 그 속에 가 있었기에 의리를 이욕에 빼앗겨서'를 통해 글쓴이는 취서사에 가 있었던 것 자체가 '의리'를 해치는 일이라고 생각하였음을 알 수 있다. 따라서 글쓴이는 유택이 '의리'를 해치지 않기를 바라는 마음에서 반대했을 거라고 보았을 것이다. '또 유택이 나를 아껴 약이 되는 유익한 말을 했음을 드러낸다.'에서도 이를 짐작할 수 있다.

⑤ '가령 이와 같을 줄 알았다면 반드시 나의 행차를 권하지 않았을 것이고, 유평도 또한 마땅히 찬동하지 않았을 것이다.'를 통해, 글쓴이는 '이욕'에 빠질 줄 알았다면 유평이 취서사에 가는 것에 동의하지 않았을 거라고 생각함을 알 수 있다. 따라서 유평이 동의한 것은 그 일이 '이욕'에 빠지는 것은 아니라고 생각했기 때문이라고 볼 것이다.

05

정답설명

④ (가)의 '도무지 할 일 없어'는 부정적인 상황을 나타내는 게 아니라, 한가롭고 여유로운 모습을 드러내는 것이다. 따라서 이를 출사하지 못한 것에 대해 고민하는 모습이라고 볼 수는 없다. 한편 (나)의 '시끌벅적하게 뒤섞여 밟아 대'는 모습은 남들보다 물건을 더 많이 가지려고 다투는 사람들의 이기적인 모습을 드러낸 것으로, 〈보기〉에 제시된 것처럼 글쓴이가 경제적 문제로 인해 곤란을 겪은 상황에 대한 내용이 아니다.

오답설명

① (가)의 '부귀 위기라 가난하게 살리로다'는 자신이 선택한 가치인 은거의 삶을 추구하려는 작가의 의지를 엿보인 것으로 볼 수 있다.

② 〈보기〉에 따르면 (나)에는 유학자로서의 신념이 드러난다. (나)에서 작가는 맹자의 말을 인용함으로써 '의(의리)'를 잃었던 자신의 행동을 부끄러워하고, 가난해도 '의'를 잃지 않고 조심하겠다는 유학자로서의 신념을 드러내고 있으므로 선지의 내용은 적절하다.

③ (가)의 '티끌 마음'은 세속을 지향하는 마음이라고 할 수 있는데, 이것이 '일호말도 없다'는 것은 세속적 가치에 구애되지 않는 모습을 드러낸다. 한편 (나)의 '버리고 돌아오지 못하였다'는 의리를 버리고 세속의 이욕을 챙겼다는 의미이므로, 이를 통해 세속적 가치를 떨치지 못한 모습을 엿볼 수 있다.

⑤ (가)의 '도가 어찌 다르리'는 출사와 은거가 다르지 않다는 의미이며, 화자는 은거를 택하여 고민이 해소되었음을 보여 준다. 한편 (나)의 작가는 '의를 잃'고 이욕에 빠졌던 과오를 성찰하며, '이후에는 마땅히 조심'하겠다는 다짐을 하고 있으므로 선지의 내용은 적절하다.

13

III. 복합
2024학년도 9월

월훈 / 연 1 / 문의당기

지문분석

(가) 월훈

첩첩산중에도 없는 마을이 여긴 있습니다. 잎 진 사잇길 저 모랫둑, 그 너머 강기슭에서도 보이진 않습니다. 허방다리 들어내면 보이는 마을.

▶ 화자가 주목하는 곳은 쉽게 발견할 수 없는 마을인 거 같아.

▶ '허방다리'는 짐승 따위를 잡기 위해 풀 등을 덮어 위장한 구덩이, 즉 함정을 의미해. 이를 들어내야만 보일 정도로 마을이 깊이 숨어있다고 이해할 수 있어.

갱 속 같은 마을. 꼴깍, 해가, 노루꼬리 해가 지면 집집마다 봉당에 불을 켜지요. 콩깍지, 콩깍지처럼 후미진 외딴집, 외딴집에도 불빛은 앉아 이슥토록 창문은 모과빛입니다.

▶ '해가 지면'을 통해 시간적 배경을 제시하고 있어.

▶ 화자는 마을의 '후미진 외딴집'을 주목하고 있고, 그 외딴집의 창문을 바라보고 있어. 마을에서 창문으로 즉, 원경에서 근경으로 시선이 이동하면서 시상이 전개되고 있음을 알 수 있구나.

기인 밤입니다. 외딴집 노인은 홀로 잠이 깨어 출출한 나머지 무우를 깎기도 하고 고구마를 깎다, 문득 바람도 없는데 시나브로 풀려 풀려 내리는 짚단, 짚오라기의 설레임을 듣습니다. 귀를 모으고 듣지요. 후루룩 후루룩 처마 깃에 나래 묻는 이름 모를 새, 새들의 온기를 생각합니다. 숨을 죽이고 생각하지요.

▶ 화자가 주목하고 있는 대상인 '노인'이 등장했어.

▶ 외딴집 노인이 짚단 소리를 들으며 설렘을 느끼는 것은 고전 시가에 자주 나오는 설정이야. 임이 부재한 상황에서 임을 계속 그리워하는 고전 시가 속 화자는 떨어지는 낙엽 소리를 듣고 임이 온 것이라 반응하며 임을 생각하곤 해. 이 시도 마찬가지인 거 같아. 외딴 곳에 혼자 살아가고 있는 노인의 마음 근간에는 외로움이 있을 거야. 그래서 노인은 짚단이 풀리는 소리를 듣고 누군가 왔나하는 생각에 마음이 설레었던 거지.

▶ '나래'는 날개를 의미해. 그리고 '새들의 온기를 생각합니다.'를 통해 노인이 사람들의 온기를 그리워하고 있음을 알 수 있어.

참 오래오래, 노인의 자리맡에 밭은기침 소리도 없을 양이면 벽 속에서 겨울 귀뚜라미는 울지요. 떼를 지어 웁니다, 벽이 무너지라고 웁니다.

▶ 노인을 바라보다 갑자기 귀뚜라미가 떼를 지어 우는 모습을 보여 주고 있는 이유는 귀뚜라미 집단을 통해 우리 인간의 모습을 보여 주기 위해서야. 특수한 공간에 있는 노인 한 사람만 외로운 것이 아니라 우리 인간은 누구나 내적 고독을 가지고 있어. 인간은 이런 현실에서 벗어나 진정한 자유를 갈망한다는 것을 귀뚜라미가 떼를 지어 우는 모습을 통해 보여 주고 있는 거지.

어느덧 밖에는 눈발이라도 치는지, 펄펄 함박눈이라도 흩날리는지, 창호지 문살에 돋는 월훈(月暈).

▶ '월훈'은 달 언저리에 둥그렇게 생기는 구름 같은 하얀 테를 말해. '월훈'이라는 명사로 시행을 종결하여 여운을 주고 있구나.

(나) 연 1

내 어린 날!

아슬한 하늘에 뜬 연같이
바람에 깜박이는 연실같이
내 어린 날! 아슴풀하다

▶ '내 어린 날!'이라는 행에서 영탄적 어조와 과거 회상을 모두 파악할 수 있다. 이는 앞으로도 계속 반복되는 시행이므로, 이 시의 주제를 함축하는 아주 중요한 구절이라고 볼 수 있겠다. '아슴풀하다'는 어휘 풀이에서 '아슴푸레하다'라고 풀어 주고 있는데, '아슴푸레하다'는 '기억이나 의식이 분명하지 못하고 조금 희미하다.'라는 의미야. 1연만 봐서는 '연'과 '연실'에 빗대는 '내 어린 날'이 긍정적인 날인지 부정적인 날인지 정확히 파악이 어렵다.

하늘은 파랗고 끝없고
편편한 연실은 조매롭고
오! 흰 연 그새에 높이
아실아실 떠 놀다 내 어린 날!

▶ 어휘 풀이를 보니 '조매롭고'는 '초조하고 불안'한 정서를 나타내는 말이래. 행복했던 추억을 회상하는 줄 알았더니 아닌 것 같다. '아실아실(아슬아슬)'이라는 시어를 통해서도 '내 어린 날'에 대한 화자의 기억은 긍정적이지만은 않다는 것을 느낄 수 있구나.

바람 일어 끊어지던 날
엄마 아빠 부르고 울다
희끗희끗한 실낱이 서러워
아침저녁 나무 밑에 울다

▶ '내 어린 날'에 결국 연이 끊어졌구나. 그렇다면 1연에서 '연같이', '연실같이'라는 비유적 표현 또한 긍정적이지 않은 것임을 알 수 있어. '서러워', '울다'에서 화자의 정서적 반응이 직접적으로 제시되고 있어. 화자는 연이 끊어져서 그렇게 서러웠던 걸까?

오! 내 어린 날 하얀 옷 입고
외로이 자랐다 하얀 넋 담고
조마조마 길가에 붉은 발자욱
자욱마다 눈물이 고이었었다

▶ '외로이'라는 시어를 통해 화자가 서러워하고 운 것이 단순히 연 때문만은 아님을 알 수 있다. 3연에서 화자는 끊어진 연을 보며 '엄마 아빠'를 불렀는데, 그들의 위로를 받았다는 표현은 제시되지 않았어. 또, '하얀 옷 입고'를 통해 '엄마 아빠'가 돌아가셨으며, 결국 화자는 슬픈 상황에서 자신을 위로해 줄 대상이 부재하여 서러움을 느꼈음을 짐작할 수 있겠다. '하얀 넋'과 '붉은 발자욱'에서 색채 대비가 이뤄지고 있는데, 이는 의미적 상반이라기보다는 정서의 심화 정도로 볼 수 있겠다.

(다) 문의당기

▶ 신위라는 사람이 '문의당'을 짓고 필자에게 편지를 보낸다. 신위는 도성 안에서 볼만한 물을 찾지 못해 아쉬워했으나 천하의 지도를 보고 모든 사람들이 물 가운데 있는 존재라고 깨달아 집 이름을 '문의'라고 지었다고 고백한다. 이에 필자는 '바다의 섬 가운데 집을 짓고 사는 사람'과 '배를 집으로 삼아' '물과 더불어 살아가는 사람'의 예를 들어 신위의 생각이 옳다고 찬성한다.

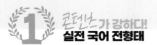

문제분석 01-06번

번호	정답	정답률 (%)	선지별 선택비율(%)				
			①	②	③	④	⑤
1	②	95	1	95	2	1	1
2	④	65	1	1	31	65	2
3	④	92	1	2	2	92	3
4	③	93	1	2	93	2	2
5	②	62	2	62	9	10	17
6	④	44	4	5	39	44	8

01

정답설명

② (가)에서는 시각적 심상, 청각적 심상을 사용하여 노인이 살고 있는 외딴집의 정경과 노인의 행동을 묘사하여 대상의 특징을 구체화하고 있다. (나)에서는 '하늘은 파랗고', '하얀 옷' 등의 색채 이미지를 활용하여 대상을 그림 그리듯 표현하고 있다. (다)에서는 '넘실거리는 큰 바다 사이로 아홉 개 대륙~작은 나라는 갈매기와 해오라기가 출몰하는 듯했습니다.'에서 '천하의 지도'를 비유적으로 묘사하여 특징을 구체화하고 있다.

오답설명

① (가) X, (나) X, (다) O / (다)에서는 "어찌 유독 그대의 말에만 의심을 품겠소?"에서 설의적 표현을 사용하여 필자가 신위의 말에 동의함을 나타내고 있으나, (가)와 (나)에서는 설의적 표현이 사용되지 않았다.

③ (가) O, (나) X, (다) O / '말을 건네는 방식'을 허용하려면 경어체를 쓰거나 명령을 하거나 질문을 하는 등 작품 내 청자나 작품 밖 청자(독자)에게 말을 걸어야 한다. (가)에서는 경어체를 사용하여 독자에게 말을 건네고 있으며, (다)에서는 '나'와 '신위'의 대화가 드러나므로 말을 건네는 방식이 나타난 것으로 볼 수 있다. 하지만 (나)는 독백체로 전개되고 있으며, 말을 건네는 방식은 사용되지 않았다.

④ (가) X, (나) X, (다) X / (나)에서는 '내 어린 날'이라는 과거의 장면을 회상하여 '외로이 자랐'던 과거 상황에 대한 원인을 포착하고 있을 뿐, 현재 상황에 대한 원인을 포착하고 있지는 않다. 한편, (가)와 (다)에서는 과거의 장면이 제시되지 않았다.

⑤ (가) X, (나) X, (다) X / (다)에서는 "지금 바다의 섬 가운데 집을 짓고 사는 사람이 있다면, 사람들은 반드시 물에 산다고 하지 산에 산다고 하지 않겠지요."에서 가상의 상황을 설정하여 신위의 생각을 긍정하고 있을 뿐, 현실에 대한 긍정적 인식을 이끌어 내고 있지는 않다. 한편, (가)와 (나)는 가상의 상황을 설정하고 있지 않다.

02

정답설명

④ 〈보기〉에 따르면 (가)에는 향토적인 정경 속에서 '낯설게 느껴지는 일상'에 감각적으로 집중하는 노인이 등장한다. 이러한 노인의 모습은 '짚오라기의 설레임'을 '귀를 모으고 듣'고 '새들의 온기'를 '숨을 죽이고 생각하'는 것에서 드러난다. 따라서 일상을 '자연스럽게' 받아들인다는 선지의 내용은 허

용할 수 없다.

오답설명

①, ② 노인이 사는 '외딴집'은 '첩첩산중에도 없'고, '강기슭에서도 보이진 않'는다. 이는 노인이 사는 곳이 사람들로부터 매우 동떨어진, 쉽게 보기 어려운 장소임을 나타낸다. 〈보기〉에 따르면 (가)는 적막한 산골 마을을 배경으로 그곳에 사는 한 노인의 모습을 관찰하여 들려주는 시이므로, 선지의 내용은 적절하다.

③ 〈보기〉에 따르면 (가)는 향토적인 정경 속에서 낯설게 느껴지는 일상에 감각적으로 집중하는 노인을 통해 점점 사라져 가는 것들에 대한 관심을 드러낸다. 따라서 현대 사회에서 접하기 어려운 '봉당'이나 '콩깍지'와 같은 향토적 소재를 통해, 사라져 가는 것에 대한 관심을 유추할 수 있다.

⑤ 〈보기〉에 따르면 (가)는 노인의 삶이 마주한 깊은 정적 속 울음소리를 통해 인간의 쓸쓸함을 고조하고, 이러한 노인의 모습이 외딴집 창호지 문살에 비친 달무리의 이미지로 형상화되고 있다. 이를 고려할 때, '겨울 귀뚜라미'가 우는 상황과 달무리 이미지가 어우러지는 것을 통해 노인의 고독을 형상화한다고 볼 수 있다.

03

정답설명

④ 4연의 '하얀 넋'과 '붉은 발자욱'은 색채의 대비를 이루지만 의미가 상반되지는 않는다. 흰색은 죽은 사람들이 입는 수의를 환기하고, 붉은색은 피를 환기하기에 둘은 부정적 상황이나 화자의 슬픈 정서와 결합할 때는 '한스러운 분위기'를 형성한다. 여기에서도 마찬가지다.

오답설명

① 1연의 '연같이', '연실같이'에서 직유법을 통해 '내 어린 날'의 기억을 '연'과 '연실'의 모습에 빗대고 있음을 알 수 있다. 또한 이를 '아슴풀하다'라고 표현하고 있으므로 선지의 설명은 적절하다.

② 2연에서 '편편한 연실'의 긴장을 보며 화자가 느낀 조매로운(초조하고 불안한) 마음은 3연에서 연실이 '바람 일어 끊어지던 날'의 슬픔, 서러움과 연결되므로 정서를 고조한다는 선지의 설명은 적절하다.

③ 시의 전반적인 정서는 서럽고 외로운 ⊖의 정서이다. 이것이 3연에서 '울다'의 반복과 4연에서 '눈물'의 이미지로 제시되었으므로, '내 어린 날'의 상황을 짐작할 수 있다는 선지의 설명은 적절하다.

⑤ 1연과 4연의 '내 어린 날'은 화자의 유년 시절 전반에 걸친 외로움과 서러움의 나날들이라고 볼 수 있다. 2연에서 화자는 흰 연을 보며 유년 시절을 떠올리고 있는데, 이에 대한 인상과 정서가 1연과 4연에 표출되어 있으므로 선지의 설명은 적절하다.

04

정답설명

③ '연을 동경하는 심리'는 (나)에 드러나지 않는다. ⓒ(아실아실)은 화자의 유년 시절이 위태로웠다는 표현으로 이해할 수 있다.

오답설명

① ㉠(꼴깍)은 '잠깐 사이에 없어지거나 죽는 모양'을 나타내는 부사로, 이러한 음성 상징어(의태어)를 통해 짧은 순간에 해가 지는 모습을 표현하여 시간의 경과를 드러내고 있다.

② ㉡(후루룩 후루룩)은 '새 따위가 날개를 가볍게 치며 갑자기 날아가는 소리'를 나타내는 부사로, 이러한 음성 상징어(의성어)를 반복하여 처마로 날아드는 새의 모습을 감각적으로 형상화하고 있다.

④ '실낱이 서러워'를 통해 실낱은 화자를 서럽게 하는 대상임을 알 수 있다. ㉣(희끗희끗한)의 색채어를 통해 이러한 실낱의 모습을 감각적으로 표현하고 있다.

⑤ ㉤(조마조마)은 '닥쳐올 일에 대하여 염려가 되어 마음이 초조하고 불안한 모양'을 나타내는 부사로, '외로이'와 '눈물'과 함께 화자가 유년 시절에 느낀 정서를 함축적으로 드러내고 있다.

05

정답설명

② ⓑ(나)는 "대지는 하나의 섬이고, 세상 사람들은 섬사람"이라며 "사람들은 모두 물 가운데 있는 존재"라는 ⓐ(신위)의 의견에 동의하고 있다. 이에 따라 '배를 집으로 삼아' 사는 사람과 집에 '들어앉아 사는 사람'은 ⓑ의 입장에서 모두 섬사람으로 동일하다. 따라서 이는 모두 ⓑ가 ⓐ의 의견에 동의함을 나타내기 위해 예를 든 것이지, 비교를 통해 ⓐ의 상황이 어느 누구에 가깝다고 판단한 것은 아니다. 또한 ⓑ가 ⓐ의 의견(모두 물 가운데 있는 존재)에 동의하고 있지만, ⓐ가 '자기 집'을 '문의'라고 한 것에 동의한 것은 아니다. 이는 "실물은 없으면서도 이름을 차지하는 경우가~실물이 없는 것이라고 할 수 있겠소."에서 확인할 수 있다. 즉, ⓑ는 실물이 없는데 이름을 부여하는 ⓐ에 동의하지는 않지만, '비록 그러하나'라는 역접의 표지를 통해 ⓐ의 의견(모두 물 가운데 있는 존재)에는 동의하는 것이다.

오답설명

① ⓐ는 "도성 안이라 볼만한 샘이나 못이 없"다고 생각하였으나, 천하의 지도를 보고 "천하만국에 두루 살고 있는 사람들은 모두 물 가운데 있는 존재일 뿐입니다."라고 생각을 전환하였으므로 선지의 내용은 적절하다.

③ "대지는 하나의 섬이고, 세상 사람들은 섬사람이라오."라는 ⓑ의 말을 통해 이를 추론할 수 있다.

④ "지금 바다의 섬 가운데 집을 짓고 사는 사람이 있다면~어찌 유독 그대의 말에만 의심을 품겠소?"라는 ⓑ의 말에서 알 수 있다.

⑤ ⓑ가 "바다의 섬 가운데 집을 짓고 사는 사람"의 얘기를 한 것은 ⓐ가 천하의 지도를 보고 천하만국에 두루 살고 있는 사람들이 모두 물 가운데 살고 있다고 생각하는 것과 유사하다고 생각했기 때문이다. 마찬가지로 "배를 집으로 삼아" 사는 사람의 얘기를 한 것과 ⓐ가 천하의 지도를 보기 전 '물을 보는 법'을 '써 볼 데가 없'다고 판단한 것은 물과 더불어 살면서도 물을 보지 못할 때가 있다는 점에서 유사하다고 생각했기 때문이다.

06

정답설명

④ "그가 날마다 파도와 깊은 물을 가까이 접하지는 않는다고 하여, 물에 사는

게 아니라고 한다면 옳지 않겠지요."라는 발화를 통해 필자는 날마다가 아니더라도 파도와 깊은 물을 접하면 물에 사는 사람이라고 할 수 있다고 여김을 알 수 있다. 따라서 바다의 형상이라는 유사의 관계를 이루는 '파도'와 '깊은 물'은 물에 사는 사람이 살면서 만나게 되는 환경이라는 의미를 생성한다고 볼 수 있다.

오답설명

① (가)의 '허방다리 들어내면 보이는 마을', '갱 속 같은 마을'은 모두 '깊음'이라는 유사의 관계를 이루므로 선지의 내용은 적절하지 않다.

② (가)의 '무우'와 '고구마'는 노인이 밤에 출출함을 달래기 위해 먹는 음식이라는 점에서 유사의 관계를 이룬다. 하지만 이들이 '차가움'이나 '따뜻함'의 의미를 나타내지는 않으므로 선지의 내용은 적절하지 않다.

③ (다)의 '아홉 개 대륙'과 '일만 개 나라'는 '모두 물 가운데 있는 존재'라는 점에서 유사성이 있다. 하지만 '바다 안의 육지'라고 하기엔 애매하다. '육지'는 '섬에 상대하여 대륙과 연결된 땅'을 의미하는 단어인데, (다)에서 '대지는 하나의 섬'이라고 칭하기 때문이다. 따라서 이 부분을 근거로 판단하기엔 애매한 부분이 있다. 문학에서 판단이 애매할 때, 확실한 부분을 통해 판단을 내려야 한다. 선지 뒷부분에 주목하자. '천하의 지도'라는 새로운 의미를 생성한다는 선지의 내용은 확실하게 적절하지 않다. '신위'는 '천하의 지도'를 보고 '모두 물 가운데 있는 존재'라는 깨달음을 얻었기 때문이다.

⑤ (가)의 '창문은 모과빛'과 '기인 밤'은 밝음과 어둠의 대비를 나타낸다. 그러나 (다)의 '갈매기'와 '해오라기'는 모두 '작은 나라'의 모습을 비유적으로 표현한 것으로, 크고 작음의 대비가 아닌 유사의 관계를 이루고 있음을 알 수 있으므로 선지의 내용은 적절하지 않다.

문 / 가지가~ / 잊음을 논함

지문분석

(가) 문

흰 벽에는 ——
어련히 해들 적마다 나뭇가지가 그림자 되어 떠오를 뿐이었다.
그러한 정밀이 천년이나 머물렀다 한다.

▶ 흰 벽에 해가 들어올 때마다 나뭇가지의 그림자가 떠오르는 상황을 묘사하고 있네. 그런 나뭇가지 그림자의 정밀(고요하고 편안함)이 천년이나 머물렀다는 것은 그만큼 오랜 시간이 흘렀음을 의미해. 천년에 걸쳐 이어온 시간의 흐름을 압축적으로 보여 주고 있구나.

단청은 연년(年年)이 빛을 잃어 두리기둥에는 틈이 생기고, 볕과 바람이 쓰라리게 스며들었다. 그러나 험상궂어 가는 것이 서럽지 않았다.

▶ 시간의 흐름 속에서 단청은 빛을 잃고 두리기둥에는 틈이 생기며 낡아가고 있네. 그런데 기둥의 틈에 볕과 바람 즉, 자연의 힘이 스며들고 있고 화자는 이런 모습을 보며 서럽지 않다고 말하고 있어. <보기>에 의하면, 인간의 역사는 쇠락과 생성을 하고, 자연의 힘으로 생성이 가능하니까, 일단 쇠락을 수용하는 것이겠지.

기왓장마다 푸른 이끼가 앉고 세월은 소리없이 쌓였으나 문은 상기 닫혀진 채 멀리 지나가는 바람 소리에 귀를 기울이는 밤이 있었다.

▶ 기왓장마다 이끼와 세월이 소리없이 쌓였다는 것은 그만큼 시간이 많이 흘렀음을 드러내는 거야. 세월의 흐름을 감각적으로 묘사하고 있구나. 이런 상황에서 문은 닫혀진 채 밤중에 멀리서 불어오는 바람 소리에 귀를 기울이고 있네.

주춧돌 놓인 자리에 가을풀은 우거졌어도 봄이면 돋아나는 푸른 싹이 살고, 그리고 한 그루 진분홍 꽃이 피는 나무가 자랐다.

▶ 가을은 소멸과 조락의 이미지를 가지고 있어. 하지만 가을풀이 우거져도 봄이 오면 푸른 싹이 살고 꽃이 피는 나무가 자란다는 것을 통해 화자는 생명이 소멸하더라도 자연이 순환하듯 다시 생성될 거라 믿고 있는 거 같아.

유달리도 푸른 높은 하늘을 눈물과 함께 아득히 흘러간 별들이 총총히 돌아오고 사납던 비바람이 걷힌 낡은 처마 끝에 찬란히 빛이 쏟아지는 새벽, 오래 닫혀진 문은 산천을 울리며 열리었다.

▶ '아득히 흘러간 별들이 총총히 돌아오'는 것과 '찬란히 빛이 쏟아지는 새벽'은 순환하는 자연의 모습을 드러내는 것으로 볼 수 있어. 이러한 자연의 순환 속에서 닫혀 있던 문이 열리고 있네. 대상의 변화가 나타나니 잘 체크해 두자.

—— 그립던 깃발이 눈뿌리에 사무치는 푸른 하늘이었다.

▶ 화자는 문이 열리는 상황을 그리워하고 있었나 봐. 그리고 이런 상황을 '깃발'과 '푸른 하늘'이라는 희망찬 이미지로 드러내며 자신의 감격스러운 마음을 표출하고 있네.

▶ 참고로 이 작품이 일제 해방 직후에 발표된 점을 고려해 볼 때, 이 시는 일제 강점기의 암울한 시대가 지나고 해방을 맞이하는 감격을 표현한 작품이라 할 수 있어.

(나) 가지가 담을 넘을 때

이를테면 수양의 늘어진 가지가 담을 넘을 때

▶ '이를테면' 박스 해주자. '이를테면'은 '가령 말하자면'라는 뜻으로, 앞말의 예를 들기 위해 사용돼. 시작부터 '이를테면'이 나오는 것이 문법적으로 말이 되니? 아니지. 예를 들기 위해선 상위 문장이 필요해. 그것에 대해서 하위 문장으로 예를 드는 거거든. 상위 문장 없이 시작부터 대뜸 '이를테면'으로 시작이 되니 독자 입장에서는 '뭐지?'라는 느낌이 들 거야. 이럴 때 시적 긴장감은 올라가. 시적 긴장감이 올라간다는 건 독자가 집중하게끔 만들어 준다는 걸 의미해.

▶ 화자는 '수양 가지'가 담을 넘는 모습을 보고 있어.

그건 수양 가지만의 일은 아니었을 것이다
얼굴 한번 못 마주친 애먼 뿌리와
잠시 살 붙였다 적막히 손을 터는 꽃과 잎이
혼연일체 믿어주지 않았다면
가지 혼자서는 한없이 떨기만 했을 것이다

▶ '뿌리', '꽃', '잎'의 도움을 받아 '수양 가지'가 담을 넘을 수 있었다고 말하고 있네. 화자는 '수양 가지'가 주변의 도움을 받아 한계를 극복했듯이, 우리 인간도 어떤 한계를 극복하기 위해서는 혼자가 아닌 가족, 친구, 동반자 등 주변 사람의 도움을 받아야 한다는 걸 말해 주려는 거 같아.

한 닷새 내리고 내리던 고집 센 비가 아니었으면
밤새 정분만 쌓던 도리 없는 폭설이 아니었으면
담을 넘는다는 게
가지에게는 그리 신명 나는 일이 아니었을 것이다

▶ '고집 센 비'와 '도리 없는 폭설'은 '수양 가지'에게 분명 시련이지만, 이 시련이 담을 넘을 수 있는 원동력이 되어 주었다고 하네. 고난을 긍정적으로 인식하는 화자의 태도가 드러나는구나.

무엇보다 가지의 마음을 머뭇 세우고
담 밖을 가둬두는 / 저 금단의 담이 아니었으면
담의 몸을 가로지르고 담의 정수리를 타 넘어
담을 열 수 있다는 걸
수양의 늘어진 가지는 꿈도 꾸지 못했을 것이다

▶ '금단의 담' 역시 '수양 가지'에게는 한계이자 장애물이었을 거야. 하지만 장애물인 '담'이 있었기에 '수양 가지'가 꿈을 꾸고 이룰 수 있었다고 말해 주고 있네. 화자는 '담'을 긍정하고 있어.

그러니까 목련 가지라든가 감나무 가지라든가
줄장미 줄기라든가 담쟁이 줄기라든가

▶ 시어가 나열될 때에는 공통점을 잡아 주면 돼. 나열된 시어들의 공통점은 모두 '가지'라는 거네. 화자는 다른 식물의 가지들도 '수양 가지'처럼 다른 존재의 도움 없이는 제대로 자랄 수 없을 거라고 말하고 있어. '수양 가지'에서 다른 가지들로 시상이 확대되고 있다.

가지가 담을 넘을 때 가지에게 담은
무명에 획을 긋는
도박이자 도반이었을 것이다

▶ 담을 넘는 건 무모하고 위험할 수 있는 행동이기에 '도박'이라는 시어를 사용한 거야. 또 이런 위험한 상황들은 인생에서 피할 수 없기 때문에 '도반(함께 도를 닦는 벗)', 즉 동반자라는 시어를 사용한 거지.

(다) 잊음을 논함

▶ 필자는 천하의 걱정거리가 잊어도 좋을 것은 잊지 못하고 잊어서는 안 될 것은 잊는 데서 나온다고 말하며, 잊어야 할 것과 잊지 않아야 할 것을 분별하는 지혜의 필요성을 강조하고 있다. 또한 내적인 것을 잊고 외적인 것을 잊지 못하는 삶을 경계해야 한다는 가르침을 전하고 있다.

문제분석 01-06번

번호	정답	정답률 (%)	선지별 선택비율(%)				
			①	②	③	④	⑤
1	②	70	1	70	3	25	1
2	①	73	73	7	10	6	4
3	③	68	2	5	68	13	12
4	③	73	1	4	73	16	6
5	②	90	4	90	3	2	1
6	⑤	49	9	9	7	26	49

01

정답설명

② (가) O, (나) O / (가)에서는 동일한 색채어 '푸른'이 3~6연에 반복적으로 제시되고 있으며, (나)에서는 '가지가 담을 넘을 때 ~을 것이다'와 '~이(가) 아니었으면' 등 유사한 문장 구조가 반복적으로 제시되고 있음을 알 수 있다.

오답설명

① (가) X / (가)에서는 명시적 청자가 제시되지 않았다. 또한 명시적 청자에게 말을 건네는 방식으로 화자의 감정을 드러내고 있지도 않다.

③ (가) X, (나) X / (가)에서 단청이 빛을 잃는 것을 사라져 가는 대상으로 볼 수는 있지만, 화자는 이를 보며 서럽지 않았다고 하였으므로 이에 대한 화자의 안타까움을 확인할 수 없다. 한편, (나)에서는 사라져 가는 대상이 제시되지 않았으며, 이에 대한 화자의 안타까움을 확인할 수 없다.

④ (나) X, (다) X / '관조'는 관찰자 입장에서 태도를 표출하지 않고 담담하게 대상을 있는 그대로 표현하는 것을 말한다. 주관적인 감정과 생각을 절제하고, 대상을 객관적으로 묘사해야 한다. (나)는 수양 가지가 담을 넘어가는 모습을 관찰하면서 '~것이다'라며 지속적으로 자신의 주관적인 생각을 표출하였으므로, 사물을 '관조'했다고 보기 어렵다. 한편, '관망'은 한발 물러나서 어떤 일이 되어 가는 형편을 바라보는 것을 말한다. (다)에서는 세태를 관망하는 필자의 태도는 드러나지 않으므로 선지의 설명은 적절하지 않다.

⑤ (가) X, (나) X, (다) X / (가), (나)의 경우 대상과 소통하는 화자의 모습을 확인할 수 없으며, 문제 해결 과정이 연쇄적으로 제시되고 있지도 않다. 한편, (다)의 경우 필자가 '이홍'이라는 인물에게 자신의 생각을 전달하고 있다는 점에서 대상과 소통을 시도하는 모습이 드러난다고 볼 여지가 있다. 하지만 필자가 제기한 문제를 해결하는 과정이 연쇄적으로 제시되고 있지는 않으므로 선지의 설명은 적절하지 않다.

02

정답설명

① 〈보기〉에서 '(가)에서 순환하는 자연이 가진 변화의 힘은 인간 역사의 쇠락과 생성에 관여한다.'라고 하였으므로, 인간의 역사가 자연의 모습에 영향을 미친다는 선지의 내용은 적절하지 않다. 참고로 '흰 벽'에 나뭇가지가 그림자로 나타나는 것은 해가 들 때마다 벽에 나뭇가지의 그림자가 나타나는 상황을 묘사한 것으로 볼 수 있다. 화자는 이런 모습이 '천년이나 머물렀다'고 하였으므로, 〈보기〉를 참고할 때 이는 오랜 시간 동안 인간의 역사가 자연과 어우러지고 있음을 드러내는 것이라 할 수 있다.

오답설명

② 단청이 해마다 빛을 잃는 것은 인간의 역사가 쇠락해 감을 드러내는 것이라 할 수 있다. 그런데 화자는 이러한 단청의 '두리기둥'의 틈에 볕과 바람이 쓰라리게 스며드는 것을 서럽지 않다고 말하였다. 〈보기〉에서 '인간의 역사는 쇠락의 과정에서도~자연의 힘을 탐색하거나 수용한다'고 하였으므로, 이는 쇠락해 가는 인간의 역사가 자연이 가진 변화의 힘을 수용함을 드러내는 것이라 할 수 있다.

③ '기왓장마다' 푸른 이끼가 앉고 세월이 덮여 가는 것은 자연의 영향을 받는 인간의 역사가 모습을 드러내는 것으로 볼 수 있다. 또한 〈보기〉에서 '문'은 새로운 역사를 생성할 가능성을 실현하게 된다고 하였으므로, 문이 멀리 있는 바람 소리에 귀를 기울이는 것은 자연이 가진 변화의 힘에서 생성의 가능성을 찾는 모습을 드러내는 것이라 할 수 있다.

④ 주춧돌은 인간의 역사를 의미한다고 볼 수 있다. 〈보기〉에서 '인간의 역사는 쇠락의 과정에서도~자연의 힘을 탐색하거나 수용한다'고 하였으므로, '주춧돌 놓인 자리'에 봄이면 푸른 싹이 돋고 나무가 자라는 것은 쇠락의 과정에서도 생성의 기반을 잃지 않은 인간의 역사가 자연과 어우러지며 자연의 힘을 수용하는 모습을 드러내는 것이라 할 수 있다.

⑤ '아득히 흘러간 별들이 총총히 돌아오'는 것과 '찬란히 빛이 쏟아지는 새벽'은 순환하는 자연의 모습을 드러내는 것으로 볼 수 있다. 〈보기〉에서 '문'은 새로운 역사를 생성할 가능성을 실현하게 된다고 하였으므로, 이러한 시간에 '닫혀진 문'이 열리는 것은 순환하는 자연 속에서 인간의 역사를 다시 생성할 가능성이 나타남을 보여 주는 것이라 할 수 있다.

03

정답설명

③ [B]에서 '가지의 마음을 머뭇 세우'는 대상은 '금단의 담'이다. 화자는 가지가 담을 넘는 것을 '정수리를 타 넘는' 행위로 표현하고 있으며, 이를 '신명 나는 일'이라고 말하고 있으므로 선지의 내용은 적절하다.

오답설명

① [A]에서 '얼굴 한번 못 마주친' 것은 수양 가지와 뿌리가 서로 떨어져 있는 상황을, '손을 터는' 행위는 꽃과 잎이 수양 가지에서 떨어지는 상황을 나타내는 것이다. 따라서 이것이 '한없이' 떠는 가지의 마음으로 인한 것이라는 선지의 내용은 적절하지 않다.

② [B]에서 '고집 센'은 비의 성격을, '도리 없는'은 폭설의 성격을 드러내는 것이라 볼 수 있다. 하지만 비와 폭설은 가지에게 있어 시련을 주는 대상이

자 담을 넘을 수 있는 원동력이 되어 주는 대상이므로, 가지가 '꿈도 꾸지 못'하게 만든 대상이 아님을 알 수 있다.

④ [A]에서 '가지만의'와 '혼자서는'은 주변의 도움 없이 가지가 홀로 담을 넘으려는 상황을, [B]에서 '담 밖'을 가두는 것은 가지가 담을 넘지 못하는 상황을, [C]에서 '획'을 긋는 것은 가지가 담을 넘는 상황을 나타낸 것으로 볼 수 있다. 하지만 화자는 가지가 주변의 도움 없이 혼자만의 힘으로는 담을 넘지 못했을 거라 여기고 있으므로, [A]에서 '가지만의'와 '혼자서는'에 나타난 가지의 상황이 [C]에서 '획'을 긋는 가지의 모습으로 이어진다는 선지의 내용은 적절하지 않다.

⑤ [A]에서 '않았다면'이 강조하는 대상들은 혼연일체의 모습을 보이는 뿌리, 꽃, 잎이라 할 수 있다. 그리고 [B]에서 '아니었으면'이 강조하는 대상들은 가지에게 시련을 주는 비, 폭설, 담이라 할 수 있다. 이때 [C]에서 '목련'과 '감나무'는 가지와 동일하게 다른 존재의 도움을 받아 담을 넘어서려는 존재들을 의미하므로, [A]에서 '않았다면'과 [B]에서 '아니었으면'이 강조하는 대상들의 의미가 '목련'과 '감나무'의 관계에서도 나타난다는 선지의 내용은 적절하지 않다.

04

정답설명

③ '잊어도 좋을 것을 잊지 못하는 사람에게는~잊는 것이 병이 아니라고 말할 수 있다.'라고 제시한 가정적 상황은 모두 그릇된 상황이다. '나'는 제시한 가정적 상황이 틀렸음을 강조하기 위해 ©와 같은 질문을 한 것이므로 선지의 설명은 적절하지 않다.

오답설명

① '나'는 이홍에게 "너는 잊는 것이 병이라고 생각하느냐?(@)"라는 질문을 한 후 잊는 것에 대한 자신의 생각을 전개하고 있으므로 선지의 설명은 적절하다.

② '나'는 잊지 않는 것이 병이 되고, 잊는 것이 도리어 병이 아니라는 생각의 근거가 무엇인지에 대한 답을 제시하기 위해 "그렇다면 잊지 않는 것이 병이 되고,~무슨 근거로 할까?(ⓑ)"라는 물음을 던지고 있다.

④ '나'는 잊지 못하는 것과 잊어버리는 것의 관계를 @에서는 '먼 것'과 '가까운 것', '새것'과 '옛것'의 대비적 표현을 통해 제시하며, 둘 중 하나를 택하면 나머지 하나를 잊게 된다는 생각을 드러내고 있으므로 선지의 설명은 적절하다.

⑤ '나'는 @에서 잊음의 대상을 제대로 구분하지 못할 때 일어날 수 있는 일로 하늘이 내리는 벌, 남들이 보내는 질시의 눈길, 귀신의 재앙을 열거하고 있다. 이를 통해 잊음에 대한 자신의 생각이 옳다는 것을 강조하고 있으므로 선지의 설명은 적절하다.

05

정답설명

② ㉠(문)은 기왓장마다 이끼와 세월이 덮여 가는 긴 시간 동안 닫혀진 채 자신의 자리를 지켜내는 모습을 보이고 있다. 한편, ㉡(가지)은 담을 넘는 모습을 보이고 있는데, 이는 자신의 영역을 '담 밖'으로 확장하는 모습으로 볼 수 있으므로 선지의 내용은 적절하다.

오답설명

① ㉠은 찬란히 빛이 쏟아지는 새벽에 산천을 울리며 열리었다고 하였을 뿐, 주변 대상의 도움을 받으며 미래로 나아간다고 하지 않았다. 한편, ㉡은 주변 대상에게 도움을 받아 한계를 극복하고 있을 뿐, 주변 대상에게 도움을 주며 미래를 대비하는 모습을 보이고 있지 않으므로 선지의 내용은 적절하지 않다.

③ ㉠은 기왓장마다 이끼와 세월이 덮여 가는 긴 시간동안 닫혀진 채 자리를 지켰으므로 주변과 단절되었다고 볼 여지는 있다. 하지만 이를 극복하려는 의지를 드러내고 있지는 않다. 한편, ㉡은 주변 대상에게 도움을 받아 한계를 극복하고 담을 넘고 있으므로, 외부의 간섭을 최소화하려 한다는 선지의 내용은 적절하지 않다.

④ ㉠과 ㉡ 모두 외면의 변화는 제시되지 않았으며, 내면의 불안을 감추려는 모습도 확인할 수 없다.

⑤ ㉠과 ㉡ 모두 과거의 행위에 대해 반성하는 모습을 확인할 수 없다.

06

정답설명

⑤ (나)에서 화자는 가지에게 있어 '담'을 넘는 것은 무모하고 위험할 수 있는 행동이기에 '담'은 '도박'의 의미를 지님과 동시에, 이러한 위험한 상황들은 인생에서 피할 수 없기 때문에 '담'을 '도반'이 될 수 있다고 말하고 있다. 이는 '담'이 '가지'에게 양면적 속성의 대상이라는 깨달음을 표출한 것으로 볼 수 있다. 반면, (다)에서 **필자는 잊어도 좋을 것은 잊어야 하고, 잊어서는 안 되는 것은 잊지 말아야 한다고 주장**한다. '예의'나 '분수'는 잊지 않아야 할 대상이므로, 이는 **잊지 않는 것이 병이 아니라는 깨달음**을 주는 존재로 볼 수 있다. 따라서 '잊지 않는 것이 병이 아닌 것은 아니'라는 깨달음을 드러낸다는 선지의 내용은 적절하지 않다.

오답설명

① (나)에서 화자는 '수양'을 '가지', '뿌리', '꽃과 잎'으로 나눠 살피고, 이들을 '혼연일체'라고 말하며 수양이 하나의 통합된 대상이라는 인식을 드러내고 있다.

② (다)의 2문단에서는 '잊어도 좋을 것'에 대해, 3문단에서는 '잊어서는 안 될 것'에 대해 말하고 있다. 이때 필자는 잊어서는 안 될 것을 말하고 있는 3문단에서 효심, 충성심, 의로움, 예의, 분수, 도리 등 타인과 자신의 관계 속에서 지켜야 할 자세에 대한 깨달음을 드러내고 있으므로 선지의 내용은 적절하다.

③ (다)의 마지막 문단에서 필자는 "내적인 것과 외적인 것을 서로 바꾸는 사람은, 다른 사람의 잊어도 좋을 것은 잊고 자신의 잊어서는 안 될 것은 잊지 않는다."라고 말하고 있다. 이는 '내적인 것과 외적인 것을 서로 바꾸는 사람'의 특성에 주목해 잊음의 본질에 대한 깨달음이 바람직한 삶의 태도를 이끈다는 인식을 드러내는 것이라 할 수 있다.

④ (나)에서 화자는 '담쟁이 줄기'가 담을 타고 올라가 담을 넘는 속성을 가지고 있다는 것에 주목하고 있다. (다)의 4문단 "내적인 것을 잊기 때문에~더욱 잊는다."에서 필자는 '내적인 것'을 잊으면 '외적인 것'에 매몰된다는 인식을 표출하고 있다. 이를 통해 '내적인 것'은 잊어서는 안 될 것을, '외적인 것'은 잊어야 할 것을 나타냄을 알 수 있다.

15

III. 복합

2025학년도 6월

우부가 / 타농설

지문분석

(가) 우부가

저 건너 꽁생원은 팔자를 원망토다
▶ 저 건너 꽁생원은 팔자를 원망하는구나

제 아비 덕분으로 돈천이나 가졌더니
▶ 제 아비의 덕분으로 돈 천이나 가졌더니

술 한 잔 밥 한 술을 친구 대접 하였던가
▶ 술 한잔 밥 한술을 친구 대접하였던가

주제넘게 아는 체로 음양술수(陰陽術數) 현혹되어
▶ 주제넘게 아는 체하며 길흉화복 점치는 일 빠져들어

이장도 자주 하며 이사도 힘을 쓰고
▶ 묘를 옮기는 일도 자주 하며 이사에도 힘을 쓰고

당대발복(當代發福) 예 아니면 피란처가 여기로다
▶ 부귀를 얻겠다고 찾은 부모의 좋은 묏자리, 난리 피해 도망할 곳이 여기로구나

올 적 갈 적 행로상에 처자식을 흩어 놓고
▶ 올 적 갈 적 다니는 길에 처자식을 흩어 놓고

유무(有無) 상관 아니하고 공것을 바라도다
▶ 있는 이 없는 이 상관 안 하고 거저 얻는 것을 바라도다

기인취물(欺人取物) 하자 하니 두 번째는 아니 속고
▶ 사람 속여 남의 물건 뺏자 하니 두 번째는 아니 속고

공납(公納) 범용 하자 하니 일가 중에 부자 없고
▶ 나라 세금 마음대로 쓰자 하니 일가 중에 부자 없고

뜬재물을 경영하여 경향출입 싸다닐 제
▶ 우연히 재물을 얻으려고 서울 시골 가리지 않고 쏘다니며

재상가에 청질하다 봉변해 물러서며
▶ 재상집에 청 넣다가 봉변당해 물러서고

남의 고을 걸태 하다 혼금(閽禁)에 쫓겨 오기
▶ 남의 고을 걸태질(염치나 체면을 차리지 않고 재물을 긁어모으는 일) 갔다 관청에 쫓겨 와서

혼인 중매 선채 돈에 창피당해 뺨 맞으며
▶ 혼인 중매 중에 선채(혼례 전에 신랑 집에서 신부 집으로 보내는 비단) 돈에 창피당해 뺨 맞으며

가대 흥정 구문 먹기 핀잔 듣고 자빠지고
▶ 집이나 재산의 문서를 흥정하며 구문 먹다가 핀잔 듣고 자빠지고

불의행실(不義行實) 찌그렁이 위조문서 비리호송(非理好訟)
▶ 이치 없는 행실로 억지로 떼를 쓰고 거짓으로 문서를 전달하네

부자나 후려 볼까 감언이설 꾀어 보자
▶ 부자나 후려볼까, 감언이설 꾀어 보세

언막이에 보막이며 은광이며 금광이라
▶ 언막이며 보막이며 하는 데나 은광이며 금광이나 찾아다니며

큰길가에 색주가며 노름판에 푼돈 떼기
▶ 큰길가의 색주가(젊은 여자를 두고 술과 함께 몸을 팔게 하는 집)며 도박판에 푼돈 떼기

남북촌에 뚜쟁이로 인물 초인(招引) 하여 볼까
▶ 남북촌에 뚜쟁이로 사람 끌기 하여 볼까

산진매 수진매로 사냥질로 놀아나기
▶ 산에서 자란 매 사람 손으로 길들인 매 사냥질로 놀러갈 제

혼인 핑계 어린 딸이 백 냥짜리 되었구나
▶ 혼인 핑계 어린 딸은 백 냥짜리 되었구나

대종손 양반 자랑 산소나 팔아 볼까
▶ 대종손 양반 자랑 산소나 팔아 볼까

아낙은 친정살이 자식은 머슴살이
▶ 아내는 친정살이 자식들은 고생살이

일가에게 인심 잃고 친구에게 손가락질
▶ 일가들은 눈을 흘기고 친구들은 손가락질

부지거처(不知去處) 나간 후에 소문이나 들었던가
▶ 알지 못할 곳으로 나간 후에 소문이나 들었던가

(나) 타농설

▶ 글쓴이는 큰 가뭄이 들었던 경인년 가을에 보고 들은 경험을 소재로, 학문의 가치와 학문하는 자세에 대한 깨달음을 전달하고 있다. 가뭄이 계속되는 상황에서도 농사일에 최선을 다하여 결국 수확을 얻은 부지런한 농부와 결과를 단정 짓고 농사일을 포기하여 수확을 얻지 못한 게으른 농부의 이야기를 바탕으로, 선비들에게 학문을 중도에 포기하지 말고 부지런히 노력하라는 교훈을 제시하고 있다.

문제분석 01-05번

번호	정답	정답률 (%)	선지별 선택비율(%)				
			①	②	③	④	⑤
1	①	89	89	3	3	3	2
2	②	90	2	90	4	2	2
3	⑤	76	12	3	4	5	76
4	②	79	2	79	9	5	5
5	⑤	75	2	2	12	9	75

01

정답설명

① (가)는 꽁생원의 행실을 열거하여 도덕적으로 타락한 인물에 대한 비판과 경계라는 주제를 부각하고 있다. 한편, (나)는 부지런한 농부와 게으른 농부의 행실을 대조하여 자신에게 주어진 일을 포기하지 않고 성실하게 임해야 한다는 주제를 부각하고 있다.

오답설명

② (가) X, (나) X / (가)의 '아낙은 친정살이 자식은 머슴살이' 등과 (나)의 '농사를 지어 입과 배를 채우는 것은 그 이로움이 적으나, 학문을 하여 명성을 취하는 것은 그 이로움이 크다.' 등에서 대구적 표현을 활용하고 있으나, (가)와 (나) 모두 이를 통해 인물에 대한 태도 변화를 드러내고 있지는 않다.

③ (가) X, (나) X / (가)와 (나) 모두 반어적 표현을 활용하지 않았으며, 인물에 대한 기대감을 높이는 부분도 나타나지 않는다.

④ (가) X, (나) O / (가)에는 계절적 배경이 드러나지 않는다. 반면 (나)에는 '가을걷이(가을에 익은 곡식을 거두어들임)'를 통해 가을이라는 계절적 배경을 확인할 수 있다. 또한 이는 농부들이 곡식을 수확하는 모습을 드러내므로, 향토적 분위기를 조성한다고 볼 수 있다.

⑤ (가) X, (나) X / (가)에서는 해학적(익살스러우며 풍자적인) 표현을 활용하여 꽁생원의 어리석은 행태를 비판하고 있을 뿐, 인물 간의 우호적 관계를 드러내고 있지는 않다. 한편 (나)에는 해학적 표현이 활용되지 않았으며, 이를 통해 인물 간의 우호적 관계를 드러내고 있지도 않다.

02

정답설명

② 꽁생원은 운을 점치는 일에 빠져 집터나 묏자리를 옮기다 결국 사람들이 다니는 길에 ㉡(처자식)을 '흩어 놓'았다고 하였다. 또한 '혼인 핑계 어린 딸이 백 냥짜리 되었구나', '아낙은 친정살이 자식은 머슴살이'를 통해 가족에 대한 꽁생원의 무책임한 모습을 확인할 수 있으므로, ㉡을 꽁생원이 함께 풍요로운 삶을 누리고자 하는 대상으로 볼 수 없다.

오답설명

① '주제넘게 아는 체로 음양술수 현혹되어 / 이장도 자주 하며 이사도 힘을 쓰고 / 당대발복 예 아니면 피란처가 여기로다'에서 꽁생원은 길흉화복을 점치는 ㉠(음양술수)에 빠져 복을 얻고 난리를 피하기 위해 집터나 묏자리를 자주 옮기는 모습을 보인다. 이를 통해 ㉠은 집터나 묏자리를 통해 길운(좋은 운수)을 바라는 꽁생원이 관심을 보이는 대상임을 알 수 있다.

③ '뜬재물을 경영하여 경향출입 싸다닐 제 / 재상가에 청질하다 봉변당해 물러서며'를 통해, 꽁생원이 재물을 얻기 위해 서울과 시골을 다니면서 재상가에 ㉢(청질)을 했음을 알 수 있다. ㉢은 고위 관료의 집에 청탁을 하는 것이므로, 부를 얻으려는 꽁생원이 권력가의 권세를 이용하기 위한 방법으로 볼 수 있다.

④ '가대 흥정 구문 먹기 핀잔 듣고 자빠지고'를 통해, 꽁생원이 집이나 땅을 흥정하여 그 대가로 돈을 얻으려다 흥정 과정에서 남들에게 ㉣(핀잔)과 같은 부정적 반응을 들었음을 알 수 있다.

⑤ '감언이설'은 '귀가 솔깃하도록 남의 비위를 맞추거나 이로운 조건을 내세워 꾀는 말'이라는 뜻이다. 꽁생원은 부자의 재산으로 이익을 얻고자 ㉤(감언이설)으로 부자를 꾀려고 하고 있으므로 선지의 내용은 적절하다.

03

정답설명

⑤ (나)의 ⓑ(게으른 농부)는 "만일 비가 오지 않으면" 김매기를 하여도 작물이

죽을 것이라고 하였다. 한편 ⓒ(선비들)는 "공명에는 분수가 있어서 학문으로 이룰 수 있는 것이 아니며, 부귀는 운명에 달려 있으니 역시 학문으로 이룰 수 있는 것이 아니다."라며 학문에 힘을 쏟아도 부귀를 이루지 못할 수 있다고 생각함을 밝혔다.

오답설명

① ⓐ O, ⓑ X / (가)의 '큰길가에 색주가(젊은 여자를 두고 술과 함께 몸을 팔게 하는 집)며 노름판(도박판)에 푼돈 떼기'를 통해 ⓐ(꽁생원)는 도박과 음주에 빠져 있음을 알 수 있다. 반면 (나)에서 마을 노인은 "잘 가꾸어져 빽빽한 곡식은 술에 취한 채 목이 메어 잠든 자들이 정성과 힘을 다하여 살린 것"이라고 하였으므로, 파산의 들판에서 술에 취해 잠들어 있는 '어떤 농부'는 ⓑ가 아니라 부지런한 농부임을 알 수 있다.

② ⓐ X, ⓒ X / (가)에서 ⓐ가 '팔자를 원망'한 것은 맞지만 '제 아비 덕분으로 돈천이나 가졌'다고 하였으므로, 부모의 혜택을 받지 못하여 팔자를 원망하였다고 보기 어렵다. 한편 (나)에서 ⓒ는 과거 시험에 여러 번 떨어진 것을 낙심하며 "공명에는 분수가 있어서 학문으로 이룰 수 있는 것이 아니"라고 하였다. 이는 자신의 공명을 세우는 데 한계가 있다고 생각하는 것일 뿐, 분수를 알아 자신의 배움에 한계가 있다고 생각하는 것은 아니다.

③ ⓐ O, ⓒ X / (가)에서 ⓐ는 혼인 중매의 과정에서 '창피당해 뺨 맞았다고 하였으므로, 혼인을 중매하는 일에 차질이 생겨 창피를 당하였다고 볼 수 있다. 반면 (나)의 ⓒ는 과거 시험에서 뜻을 이루지 못하였으나, 그로 인해 수치를 당하지는 않았으므로 선지의 내용은 적절하지 않다.

④ ⓑ X, ⓒ O / (나)에서 ⓑ가 김을 매지 않았던 것은 맞지만, 이로 인해 다른 농부들의 조롱을 받지는 않았다. 오히려 ⓑ가 '밭에서 일하는 농부들을 보고 비웃'고, '들밥을 내가는 아녀자들을 보고 조롱'하였다. 반면 '그동안 배운 것을 버리고~문에 거의 다 이르렀다가 되돌아간다.'를 통해, ⓒ가 과거 시험에 떨어진 것에 대한 괴로움을 참지 못하고 공명을 이루지 못하였음을 알 수 있다.

04

정답설명

② 글쓴이는 자신의 경험을 바탕으로 무슨 일이든 포기하지 않고 최선을 다하면 좋은 결과가 있을 것임을 주장하고 독자에게 교훈을 전달하고 있다. 이때 글쓴이의 주장에 대한 반박은 제시되지 않았으므로 선지의 내용은 적절하지 않다.

오답설명

① 부지런한 농부, 게으른 농부의 말을 인용하여 가뭄이 든 논밭을 가꾸는 상황에 대한 서로 다른 태도를 드러내고 있다.

③ 마을 노인은 서로 다른 논밭의 상태와 농부의 모습에 대해 묻는 글쓴이에게 "저 황폐하고 성긴 곡신은~지낼 수 있게 되었다."라고 답하며, 글쓴이가 관찰한 상황이 발생하게 된 이유를 제시하고 있다.

④ 마지막 문단의 '농사를 지어 입과 배를 채우는 것은 그 이로움이 적으나, 학문을 하여 명성을 취하는 것은 그 이로움이 크다.~그러므로 이 글을 지어 그들을 깨우치는 바이다.'를 통해, 글쓴이가 다른 사람에게 교훈을 전달하고자 하는 의도로 글을 썼음을 밝히며 글을 마무리하고 있음을 알 수 있다.

⑤ 글쓴이는 '아, 열심히 일하여 얻고, 편안하게 놀다가 잃는 것은 비단 농사일 만이 아닐 것이다.'라며 부지런한 농부가 노력으로 갈라진 논밭을 살린 사례를 보고 들으며 얻은 깨달음을 바탕으로, 논의의 대상을 학문에 임하는 선비들로 확장하고 있다.

05

정답설명

⑤ (가)의 '일가에게 인심 잃고 친구에게 손가락질'을 통해 '일가'와 '친구'에게서 소외당한 꽁생원의 말로(망하여 가는 마지막 무렵의 모습)가 나타난다. 이를 통해 무책임한 삶에 대해 경계하는 주제 의식을 확인할 수 있다. 반면 (나)의 글쓴이가 '큰 일을 하면서 부지런하'기를 촉구하는 대상은 선비들로, 글쓴이는 이들에게 포기하지 않고 학업에 힘쓸 것을 강조하고 있다. 즉, 게으른 농부에 대한 권면(알아듣도록 권하고 격려하여 힘쓰게 함)이 아니라, 선비들에 대한 권면이 나타나고 있으므로 선지의 내용은 적절하지 않다.

오답설명

① (가)의 '공것'은 '힘이나 돈을 들이지 않고 얻은 물건'을, '뜬재물'은 '뜻하지 않은 기회에 우연히 얻은 재물'을 의미한다. 따라서 '공것'과 '뜬재물'은 노력 없이 요행(뜻밖에 얻는 행운)을 바라는 꽁생원의 태도를 알 수 있는 소재로 볼 수 있다.

② (나)의 '비가 내리지 않'아 '논밭을 갈지 못'하고 '김을 맬 수가 없'는 상황은 큰 가뭄으로 인해 농사를 지을 수 없는 상황을 의미한다. 따라서 이는 농부들이 농경에 부적합한 환경이라는 문제 상황에 당면하게 되었음을 드러내는 것이라 할 수 있다.

③ (가)에서 꽁생원이 '공납(나라에 의무적으로 내던 물품)'을 '범용(남이 맡긴 물건이나 보관하여야 할 물건을 마음대로 써 버림)'하려는 것은 개인적 이익을 위해 공적 물품을 사용하려는 것을 의미한다. 따라서 '공납'을 유용(남의 것이나 다른 곳에 쓰기로 되어 있는 것을 다른 데로 돌려씀)하려는 것에서 이익을 위해 규범을 무시하는 태도를 확인할 수 있다. 한편 (나)의 '그냥 쉬는 것이 나을 것'에는 "김을 매도 죽을 것이고 김을 매지 않아도 죽을 것이다."라는 불행한 결과를 예단(미리 판단함)하는 운명론적 태도가 드러나 있다.

④ (가)의 '돈천이나 가졌더니~친구 대접 하였던가'에서 적지 않은 돈을 가지고 있었지만 친구들에게 대접을 하지 않은 꽁생원의 모습이 나타난다. 이를 통해 꽁생원이 재물을 베푸는 데 인색한 물욕을 가졌음을 알 수 있다. 한편 (나)의 '풀 뽑기를 쉬지 아니하여'에서는 자신이 할 일에 최선을 다하는 농부의 모습이 나타난다. 이를 통해 현실적 한계 상황을 극복하려는 부지런한 농부의 의지를 확인할 수 있다.

북방에서-정현웅에게 / 살얼음 아래 같은 데 2 / 이문원노종기

지문분석

(가) 북방에서-정현웅에게

▶ 들어가기 전에 : 이 작품은 백석 시인이 일제 강점기에 쓴 시야. 당시 우리나라 사람들은 일본이 우리나라를 계속 압박하자 중국이나 러시아 쪽으로 유랑을 갔었어. 이 시는 그러한 민족적 현실 속에서 옛날을 돌아보는 내용을 담고 있어. 예전에는 우리 민족의 땅이 지금보다 상당히 컸어. 넓은 땅을 지배하다가 지금의 땅으로 옮겨 온 거지. 예전의 번영을 다 잃어버린 지금, 어쩔 수 없이 쫓겨 나가는 현실을 돌아보며 성찰하고 있는 작품이라 보면 되겠다.

아득한 옛날에 나는 떠났다

▶ 여기서 화자인 '나'는 우리 민족의 역사를 대변하는 존재로, 민족 자체를 의미한다고 보면 돼. 북방 지역을 떠나 한반도로 왔다고 말하고 있네.

부여를 숙신을 발해를 여진을 요를 금을
흥안령을 음산을 아무우르를 숭가리를

▶ 다 북쪽을 의미해. 만주와 이민족들이 있는 곳을 떠나서 왔다 이거지.

범과 사슴과 너구리를 배반하고
송어와 메기와 개구리를 속이고 나는 떠났다

▶ 사실 처음에 떠날 때는 별 생각 없이 떠났지만, 지금 와서 생각해 보니 자연물들을 배반하고 속이며 떠나온 것이라는 생각이 들었나 봐.

▶ 자, 일단은 화자가 과거부터 제시하고 있어. 과거에 화자는 북방을 떠나 한반도로 왔어. 이러한 행동을 현재는 후회하기 때문에 배반했다, 속였다고 표현하고 있는 것이지.

나는 그때
자작나무와 이깔나무의 슬퍼하던 것을 기억한다

▶ 진짜로 나무가 슬퍼하지는 않았겠지. 감정 이입을 한 거야. 그곳을 떠날 때 그곳의 모든 존재들이 나와의 이별을 슬퍼했다고 말하네.

갈대와 장풍의 붙드던 말도 잊지 않았다
오로촌이 멧돝을 잡아 나를 잔치해 보내던 것도
쏠론이 십릿길을 따라 나와 울던 것도 잊지 않았다

▶ 여러 소수 민족들과 이별할 때 슬퍼하던 모습을 잊지 않았다는 거야. 즉, 현재의 입장에서 과거 이별의 순간을 회상하면서 과거에 북방을 떠난 행위를 부정적으로 판단하고 있는 것이지.

나는 그때
아무 이기지 못할 슬픔도 시름도 없이

▶ 자, 이 구절 박스 해 주자. 화자는 북방에서의 삶이 힘들어서 떠난 것이 아니라 별 생각이 없이 떠난 거야. 그래서 이별을 하면서도 약간의 슬픔과 시름은 있었지만, 이겨내지 못할 큰 슬픔이나 시름은 없었던 것이지.

다만 게을리 먼 앞대로 떠나 나왔다

▶ 편안하게 살기 위해 한반도로 왔다 이거야.

그리하여 따사한 햇귀에서 하이얀 옷을 입고 매끄러운 밥을 먹고 단 샘을 마시고 낮잠을 잤다

▶ 우리 민족을 '백의민족(흰옷을 입는 민족)'이라고 하잖아. 그래서 '하이얀 옷'을 입는다고 한 거야. 이곳에 와서 밥을 먹고 단 샘을 마시고 낮잠을 잤다는 것은 별 생각 없이 살았음을 의미해.

밤에는 먼 개소리에 놀라나고
아침에는 지나가는 사람마다에게 절을 하면서도
나는 나의 부끄러움을 알지 못했다

▶ '놀라나고', '절' 체크해 줘. 화자는 한반도에서 당당하고 주체적으로 살고 있는 것이 아니라 놀라고, 절을 하며 나약하게 살아가고 있어. 우리 역사를 떠올려 보면, 명나라에 사대주의적인 태도를 보였잖아. 중국에 사대주의적인 태도를 보이면서 주체성 없이 절을 하고 모시면서 살았다는 거야. 근데 그 부끄러움도 알지 못한 채 그냥 살았다는 거지. 한반도에서의 삶에 대한 반성과 뉘우침, 부끄러움이 나타나고 있네.

그동안 돌비는 깨어지고 많은 은금보화는 땅에 묻히고 가마귀도 긴 족보를 이루었는데

▶ 긴 족보를 이룰 만큼 한반도에서 살았다는 거야. 시간의 흐름을 잡아 주자.

이리하여 또 한 아득한 새 옛날이 비롯하는 때
이제는 참으로 이기지 못할 슬픔과 시름에 쫓겨

▶ '이제는 참으로 이기지 못할 슬픔과 시름에 쫓겨' 박스 해 주자. 과거에 북방에서 한반도로 떠나와 현재가 되었어.

나는 나의 옛 하늘로 땅으로 - 나의 태반으로 돌아왔으나

▶ '태반'은 임신 중 태아와 모체의 자궁을 연결하는 기관을 말해. 즉, 나의 뿌리가 있는 예전 북방으로 다시 돌아왔다는 거야. 예전에 북방에서 한반도로 떠나 왔을 때는 큰 시름과 슬픔이 없었지만, 지금은 일제의 핍박 때문에 북방으로 쫓겨 가는 상황이니 이기지 못할 슬픔과 시름이 생긴 거야.

이미 해는 늙고 달은 파리하고 바람은 미치고 보래구름만 혼자 넋 없이 떠도는데

▶ 쉽게 말하면, 보랏빛 구름밖에 없다는 얘기야. 예전에 떠날 때는 눈물을 흘리던 공동체가 있었는데, 지금 다시 돌아와 보니까 아무것도 없다 이거지.

아, 나의 조상은 형제는 일가친척은 정다운 이웃은 그리운 것은 사랑하는 것은 우러르는 것은 나의 자랑은 나의 힘은 없다 바람과 물과 세월과 같이 지나가고 없다

▶ '없다'가 포인트야. '~은 ~은'으로 대상들을 쭉 열거하면서 모든 것은 '없다'고 하고 있어. 1연에서 북방을 떠날 때 대상을 '배반하고', '속이고' 왔다고 표현한 것을 통해 과거의 북방은 공동체의 공간이었다고 볼 수 있어. 하지만 과거 공동체의 공간이었던 북방이 현재는 부재의 공간이 되었다는 것이지.

▶ 일제 강점기 때 북방으로 유랑 갈 수밖에 없는 처지를 이야기해 주고 있어. 즉, 일제 강점기의 민족적 현실을 보여 주는 작품이라고 이해하면 되겠다.

(나) 살얼음 아래 같은 데 2 - 생가

겨울 아침 언 길을 걸어
물가에 이르렀다

▶ 화자는 겨울 아침 얼어 있는 길을 걷다가 물가에 도착했어.

나와 물고기 사이
창이 하나 생겼다
물고기네 지붕을 튼 살얼음의 창

▶ 물속의 살얼음이 마치 창처럼 보였나 봐. 화자는 물속의 물고기와 자신 사이에 창이 있다고 하며 물고기를 마주하는 현재 자신의 상황을 인식하고 있네.

투명한 창 아래

물고기네 방이 한눈에 훤했다

▶ 얼음이 맑고 투명해서 물속의 물고기들이 있는 방, 즉 물속을 뚜렷이 볼 수 있는 거구나.

나의 생가 같았다

▶ 과거 회상 체크하자. 화자는 물속의 물고기가 지내는 곳을 '물고기네 방'이라고 했어. 그리고 화자는 물고기가 있는 물속을 보고 자신의 '생가', 즉 자신의 집과 같다고 생각하고 있네. '물고기네 방'의 모습이 화자의 유년 시절 생가와 비슷하게 느껴지는 거야.

창으로 나를 보고

▶ 물속의 물고기들이 살얼음 창을 통해 화자를 바라보고 있나 봐.

생가의 식구들이
나를 못 알아보고
사방 쪽방으로 흩어졌다

▶ 화자는 물속의 물고기들을 '생가의 식구들'이라고 칭하고 있어. 자신과 눈이 마주친 물고기들이 흩어지는 모습을 보고, 생가의 가족들이 자신을 알아보지 못하는 듯한 느낌을 받고 있는 거지. 화자는 물고기들을 보며 유년 시절 자신의 생가를 회상하고 있구나.

젖을 갓 뗀 어린것들은
찬 마루서 그냥저냥 그네끼리 놀고

▶ 어린 물고기들이 차가운 물속에서 자유롭게 노는 모습이 화자의 어린 시절을 상기시키고 있어.

어미들은
물속 쌓인 돌과 돌 그 틈새로
그걸 깊은 데라고
그걸 가장 깊은 속이라고 떼로 들어가

▶ 어미 물고기들은 물속의 깊은 부분으로 들어갔구나.

나를 못 알아보고
무슨 급한 궁리를 하느라

▶ 앞의 상황과 같이 물고기들이 화자를 알아보지 못하고 있네. 어미 물고기들은 자신들의 일에 집중하며 바쁘게 움직이고 있어.

그 비좁은 구석방에 빼곡히 서서
마음아, 너도 아직 이 생가에 살고 있는가

▶ 화자는 자신의 내면을 되돌아보고 있어. 성인이 된 지금, 유년 시절 생가의 기억이 여전히 마음속에 남아 있는지를 스스로에게 묻고 있구나. 유년의 기억이 화자의 마음속에 자리 잡고 있는 거야.

시린 물속 시린 물고기의 눈을 달고

▶ 화자는 자신의 감정과 과거의 기억을 시린 물속과 물고기의 눈에 비유하며 작품을 마무리하고 있네. 화자는 성년이 된 지금도 여전히 생가에서의 '시린' 기억을 간직하고 있구나.

(다) 이문원노종기

▶ 글쓴이는 백 년 이상 된 나무를 묘사하며, 이 나무가 기둥으로 지탱되고 있는 모습을 언급한다. 글쓴이는 나무 옆에 있는 누각에서 시간을 보내며 나무 곁을 산책한다. 나무의 생명력과 생존 방식에 대해 고민하면서, 나무가 자생력을 유지하기 위해 인간의 도움을 필요로 한다고 말한다. 글쓴이는 이 나무가 스스로 몸을 지탱할 수 없고, 기둥의 도움 없이는 부러질 수밖에 없다는 점을 지적한다. 그는 이 나무를 가축에 비유하며, 가축이 인간의 손길로 유지되듯이 이 나무도 인간의 도움을 받아야 온전하게 살아갈 수 있다고 설명한다. 글쓴이는 자연과 인간의 관계를 성찰하며, 자연이 인간의 도움으로 생명을 유지하고 번창하는 경우도 있음을 깨닫고 있다.

번호	정답	정답률 (%)	선지별 선택비율(%)				
			①	②	③	④	⑤
1	③	94	1	1	94	1	3
2	①	93	93	4	1	1	1
3	④	75	1	20	2	75	2
4	④	87	1	5	6	87	1
5	⑤	87	4	2	1	6	87
6	③	87	1	3	87	2	7

01

정답설명

③ (가)의 '바람과 물과 세월과 같이 지나가고 없다', (나)의 '마음아, 너도 아직 이 생가에 살고 있는가 / 시린 물속 시린 물고기의 눈을 달고', (다)의 '가축이 인간에게 의지하여 살아가듯이 늙은 나무도 인간에게 의지하여 살아간다.' 등에서 빗대어 표현하는 방식이 사용되었다. 이를 통해 (가)에서는 예전과는 다른 북방의 현실에서 비롯된 허무함과 상실감을, (나)에서는 유년 시절에 살았던 생가에서의 기억을, (다)에서는 늙은 나무도 인간의 도움이 필요하다는 인식을 드러내고 있다.

오답설명

① (가) O, (나) X, (다) X / (가)의 화자는 '부끄러움'을 알지 못했다며 자신의 부정적 모습을 비판적으로 얘기하고 있으며, 이 태도를 견지한 채 '보래구름만 혼자 넋 없이 떠도는' 현실의 부정적 측면을 부각하고 있다. 그러나 (나)와 (다)는 비판적 태도를 드러내고 있지 않다.

② (가) O, (나) X, (다) X / (가)는 화자가 '아득한 옛날' 북방을 떠났던 상황과 북방으로 돌아온 상황과 같이 한반도에서 다시 북방으로 유랑을 갈 수 밖에 없는 민족의 역사적 상황을 묘사하여 비극적 현실을 부각하고 있다고 볼 수 있다. 그러나 (나)와 (다)에서는 역사적 상황을 묘사하고 있지 않다.

④ (가) X, (나) X, (다) O / 경외감은 공경하면서 두려워하는 감정을 뜻하지만, 실전에서는 대자연이나 신 혹은 자연의 섭리에 대한 존경, 놀라움, 긍정적 태도 등이 드러날 때 허용해 주면 된다. (가)의 '아,'와 (나)의 '살고 있는가'에서 영탄적 어조가 드러나지만, 둘 다 '나'의 경외감은 나타나지 않는다. 한편, (다)에는 '아!'에서 영탄적 어조가 드러나며, 서로 다른 생명체가 도움을 주고받는 자연의 섭리(혹은 조물주)에 대한 '나'의 경외감이 드러나고 있다.

⑤ (가) O, (나) X, (다) X / (가)에서는 화자가 과거 북방을 떠날 때 향토적 소재(고향이나 시골의 정취가 담긴 소재)가 사용되었으며, 이를 통해 '나'의 과거에 대한 그리움을 드러내고 있다. 한편, (나)에는 과거에 대한 그리움이 드러난다고 할 수 있지만, '생가'는 '태어난 집'을 의미하며, '마루'도 일반 주택에 쓰이는 건축 자재나 장소를 의미하므로 이를 향토적 소재로 볼 수 없다. (다)에서는 향토적 소재를 활용하고 있지 않으며, '나'의 과거에 대한 그리움을 드러내고 있지도 않다.

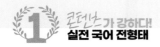
02

정답설명

① (가)에서 화자는 '참으로 이기지 못할 슬픔과 시름에 쫓겨' '태반으로 돌아왔'지만 그곳에는 '나의 조상은~나의 힘은 없이'이 '보래구름만 혼자 넋 없이 떠'돌고 있다고 하였다. 따라서 화자가 태반에서 상실감을 느끼고 있다고 볼 수 있다. 한편, (나)에서 화자는 '물고기네 방'을 보며 자신이 유년 시절을 보냈던 '생가'를 떠올린다. 이때 화자가 '물고기네 방'을 '시린 물속 시린 물고기의 눈을 달고' 보고 있음을 고려해 볼 때, 화자는 생가로 인해 서글픈 감정을 느끼고 있다고 볼 수 있다.

오답설명

② (가) X, (나) X / (가)의 화자는 다시 돌아온 태반에서 허무함과 상실감을 느끼고 있을 뿐, 소외감을 느끼고 있지 않다. 한편, (나)의 화자는 생가에서의 시린 기억을 떠올리고 있을 뿐, 수치심을 느끼고 있지 않다.

③ (가) X, (나) X / (가)에서 태반은 화자가 다시 돌아온 공간으로, 이별을 수용하는 공간이 아니다. 한편, (나)에서 생가는 화자가 유년 시절에 살았던 과거의 공간일 뿐, 만남을 기약하는 공간은 아니다.

④ (가) X, (나) X / (가)에서 태반은 화자가 다시 돌아와 허무함과 상실감을 느끼는 공간으로, 희망이 드러나는 공간이 아니다. 한편, (나)에서 생가는 시린 유년 시절의 기억이 있는 공간일 뿐, 절망이 드러나는 공간은 아니다.

⑤ (가) X, (나) X / (가)에서 태반은 화자가 허무함과 상실감을 느끼고 있는 공간일 뿐, 생명의 섭리를 지향하는 공간으로 볼 수 없다. 한편, (나)에서 생가는 화자가 유년 시절에 살았던 공간으로, 생명의 섭리를 거부하는 공간으로 보기 어렵다.

03

정답설명

④ ㄹ의 '이기지 못할 슬픔도 시름도 없이'라는 시구가 ㅁ에서 '이기지 못할 슬픔과 시름에 쫓겨'로 반복, 변주되고 있다. 이때 ㄹ의 '슬픔도 시름도 없이'와 ㅁ의 '슬픔과 시름에 쫓겨'는 상반된 상황을 드러낸다. 그러나 이는 화자가 과거에 북방을 떠나올 때는 큰 슬픔도 시름도 없었으나, 북방으로 돌아올 때는 슬픔과 시름에 쫓기게 되었음을 의미하므로 ㄹ과 ㅁ은 시간이 흘러 서로 다른 상황이 펼쳐지고 있음을 드러내는 것이다. 즉, ㄹ과 ㅁ이 일치되는 과정을 드러내고 있는 것은 아니므로 선지의 설명은 적절하지 않다.

오답설명

① ㄱ에서 '부여', '숙신', '발해', '여진', '요', '금', '흥안령' 등 여러 민족, 나라, 지명을 열거하여 화자가 떠나온 공간을 '북방'으로 포괄되는 동질적 공간으로 표현하고 있다.

② ㄴ에서 '자작나무와 이깔나무'가 '슬퍼하'며, '갈대와 장풍'이 자신을 '붙드던 말'을 하였다고 표현하였으므로 선지의 설명은 적절하다. 기본적으로 의인화된 자연물은 화자의 주관적인 인식이 대상에 부여된 것이다. 즉, 화자는 북방을 떠날 때 약간의 슬픔과 아쉬움이 있었던 것이다. 바로 밑의 ㄹ에 '이기지 못할 슬픔도 시름도 없이'라는 구절이 있지만 이 구절은 ㄴ과 대립되는 구절이 아니라, '이겨내지 못할 (큰) 슬픔이나 시름'은 없었음을

드러내는 것이다. 따라서 ㄴ을 통해 슬픔을 드러낸다고 볼 수 있다.

③ ㄷ에서 화자가 이별하던 장면을 '~이 ~을 ~던 것'이라는 유사한 통사 구조로 제시하여, 화자가 북방에서의 기억을 여전히 간직하고 있음을 보여 주고 있다.

⑤ ㅂ에서 여러 대상을 열거한 후 이들이 '없다'라고 표현함으로써, 화자가 소중하게 여기고 화자가 추구하는 것들(과거의 북방에 있던 공동체)이 현재는 부재함을 표현하고 있다.

04

정답설명

④ '그 비좁은 구석방에 빼곡히 서서' '급한 궁리를 하'는 주체는 어린 물고기가 아니라 어미들이다. '어미들'은 '어린것들'과 달리 깊은 곳으로 들어가서 화자를 피하고 있다. 화자가 이를 '그 비좁은 구석방에 빼곡히 서서'라고 표현한 것을 통해, 유년 시절 목격한 바쁜 어른들의 모습을 떠올리고 있음을 알 수 있다. 따라서 이러한 모습에 화자가 유년 시절 자신의 모습을 투영하였다고 볼 수는 없다.

오답설명

① 〈보기〉에 따르면 성년이 된 화자는 얼음 아래의 물고기를 보면서 유년 시절 자신의 생가를 회상하고, '물고기네'의 모습에 자신의 생가에 대한 기억을 겹쳐 생각한다. 즉, '투명한 창'을 통해 본 물고기의 생활 공간을 '물고기네 방'이라고 표현한 것은, 화자가 얼음 아래 물고기의 공간과 자신의 생가를 겹쳐 본 것이라 할 수 있다.

② 화자는 현재 '물가'에서 '투명한 창 아래'에 있는 물고기의 움직임을 관찰하고 있다. 이를 '생가의 식구들이 / 나를 못 알아보고 / 사방 쪽방으로 흩어졌다'라고 표현하였으므로 선지의 내용은 적절하다.

③ 〈보기〉에 따르면 성년이 된 화자는 얼음 아래의 물고기를 보면서 유년 시절 자신의 생가를 회상하며, 자신을 물고기에 투영하고 있다. 따라서 '젖을 갓 뗀 어린것들은 / 찬 마루서 그냥저냥 그네끼리 놀고'는 화자가 물고기들이 노는 모습을 보고 유년 시절 생가에서 지내던 아이들의 모습을 떠올린 것이라 할 수 있다.

⑤ 〈보기〉에 따르면 성년이 된 화자는 얼음 아래의 물고기를 보면서, 지금도 여전히 생가에서의 '시린' 기억을 간직하고 있는 자신을 발견한다. 따라서 '마음아, 너도 아직 이 생가에 살고 있는가 / 시린 물속 시린 물고기의 눈을 달고'는 성년인 자신의 마음속에 유년의 기억이 자리 잡고 있음을 드러낸 표현으로 볼 수 있다.

05

정답설명

⑤ (나)의 화자는 ⓐ(살얼음의 창)를 통해 물고기들을 바라보면서 유년 시절의 생가를 회상하고 생가에서의 기억을 떠올린다. 한편 (다)의 글쓴이는 ⓑ(기둥)를 통해 늙은 나무가 인간의 도움으로 무성하게 자라고 있다는 점을 깨닫는다. 즉, ⓐ와 ⓑ 모두 대상을 새롭게 주목하게 하는 계기를 마련하고 있으므로 선지의 설명은 적절하다.

오답설명

① ⓐ X, ⓑ X / ⓐ는 화자의 불안을 심화하고 있지 않으며, ⓑ는 글쓴이의 의지를 북돋아 주고 있지 않다.

② ⓐ X, ⓑ O / ⓐ는 화자의 이상향을 형상화하고 있지 않다. 반면, ⓑ는 "대체로 풀과 나무가 살아가려면 제각기 몸을 보전하는 계책이 있기 마련" 이라고 생각하던 글쓴이가 '늙은 나무도 인간에게 의지하여 살아간다'는 점을 '이제야 알'게 되었다며 깨달음을 얻게 하였으므로, 글쓴이의 태도를 전환하는 역할을 한다고 볼 수 있다.

③ ⓐ X, ⓑ △ / ⓐ는 화자에게 책임감을 떠올리게 하는 계기가 되고 있지 않다. 한편, ⓑ는 글쓴이로 하여금 늙은 나무는 "받쳐 주는 기둥이 없으면 부러지고야 말" 것이라며, 늙은 나무가 "사람의 손"에 의지하여 살아가는 대상임을 깨닫게 하였으므로 정황상 글쓴이가 책임감을 떠올리게 하는 계기가 된다고 볼 여지가 있다. 그러나 이는 작품에 명확하게 제시되지 않았다는 점에서 △로 처리하였다.

④ ⓐ X, ⓑ X / ⓐ와 ⓑ는 모두 각각 화자와 글쓴이가 처한 상황을 극복하게 하는 역할을 하고 있지 않다.

06

정답설명

③ "풀명자나 배, 귤이나 유자,~더 손상을 입지 않지."에서 풀과 나무는 제각기 스스로 살아남는 방법을 지니고 있음을 알 수 있다. 반면 "늙은 나무"는 "받쳐 주는 기둥"이 있어야 부러지지 않고 살 수 있다. 이를 통해 "풀과 나무"가 "몸을 보전하는 계책"이 있는 것은, 누구의 도움 없이 살아가는 방식을 나타낸 것이므로 '조물주'가 서로 다른 생명체가 이익을 주고받도록 해 준 경우에 해당한다는 선지의 설명은 적절하지 않다.

오답설명

① 〈보기〉에 따르면, (다)는 이문원의 늙은 나무가 인간의 도움을 받아 오랫동안 무성하게 자라고 있는 점에 착안한 글이다. 따라서 '이문원 동쪽 늙은 나무'가 '백여 년'을 살 수 있었던 것은 '가축이 인간에게 의지하여 살아가듯이 늙은 나무도 인간에게 의지하여 살아'가고, 인간이 기둥을 만들어 나무를 보살펴 주었기 때문임을 알 수 있다.

② 〈보기〉에 따르면, (다)는 서로 다른 생명체가 각각 이익을 주거나 받는 현상을 중심으로 감상해 볼 수 있다. 따라서 글쓴이가 '널찍이 드리운 서늘한 그늘로 인해 '훌쩍 벗어나 있는 기분'이 든 것은 나무로부터 긍정적인 영향을 받은 것이므로, '이문원 동쪽 늙은 나무'에게서 인간이 이익을 얻은 경우로 볼 수 있다.

④ '암소'의 '뿔이 구부러져 안쪽으로 향하는 위험은 '사람이 반드시 톱으로 잘라 내야만 광대뼈를 뚫는 걱정을 모면'할 수 있다고 하였으므로 선지의 설명은 적절하다.

⑤ '가축이 인간에게 의지하여 살아가듯이~늙은 나무를 아직까지 보지 못했다.'에서 글쓴이는 번성하게 자란 늙은 나무와 깊은 산중 인적 끊긴 골짜기의 나무를 비교하며 인간에게 의지하여 자란 늙은 나무의 번성함을 이야기하고 있다. 이를 통해 글쓴이는 늙은 나무의 번성함에 인간의 도움이 필요하다는 것을 드러내고 있음을 알 수 있다.

배를 밀며 / 혼자 가는 먼 집 / 이젠 되도록 편지~

지문분석

(가) 배를 밀며

▶ **들어가기 전에 :** 「배를 밀며」는 사랑하는 사람을 떠나보내는 이별의 행위를 바다에 배를 띄우고 먼 곳으로 밀어내는 행위에 비유하여 표현한 작품이야. 이를 염두에 두고 작품을 감상해 보자.

배를 민다
배를 밀어보는 것은 아주 드문 경험

▶ '배를 밀어보는 것'이 '아주 드문 경험'이라고 말하고 있네. 이별은 누구에게나 '드문 경험'이자 힘든 경험임을 이야기하는 거라고 할 수 있어.

희번덕이는 잔잔한 가을 바닷물 위에

▶ '가을'이라는 시간과 '바닷물 위'라는 공간이 제시되었으니 체크해 주자.

배를 밀어넣고는
온몸이 아주 추락하지 않을 순간의 한 허공에서
밀던 힘을 한껏 더해 밀어주고는

▶ 온 힘을 다해 배를 밀고 있는 모습이 그려져 있네. 화자는 사랑하던 사람을 온 힘을 다해 밀어내면서 그와 이별하고 있는 거야.

아슬아슬히 배에서 떨어진 손, 순간 환해진 손을

▶ 대상이 있다가 없어지니까 손이 더 환해 보이는 거겠지. '환해진 손'은 이별로 인해 공허함을 느끼는 화자의 모습을 드러낸 것이라 볼 수 있어.

허공으로부터 거둔다

사랑은 참 부드럽게도 떠나지
뵈지도 않는 길을 부드럽게도

▶ '사랑은 뵈지도 않는 길을 부드럽게도 참 부드럽게도 떠나지'라는 문장을 도치하여 제시하고 있구나. 단순히 배를 미는 이야기를 하는 것이 아니라 그것을 통해 사랑과 이별에 대해 이야기하려는 것임을 알 수 있어.

배를 한껏 세게 밀어내듯이 슬픔도
그렇게 밀어내는 것이지

▶ 이별의 슬픔을 밀어내며 극복하고자 하는 화자의 모습이 드러나 있네.

배가 나가고 남은 빈 물 위의 흉터
잠시 머물다 가라앉고

▶ '흉터'는 이별로 인한 상처를 의미해. 시간이 흐르면서 이별의 상처가 치유되는 것을 '흉터'가 '잠시 머물다 가라앉'는다고 표현하고 있구나.

그런데 오, 내 안으로 들어오는 배여
아무 소리 없이 밀려들어오는 배여

▶ '그런데'가 나오면서 시상이 전환되고 있구나. 이 부분은 두 가지 해석이 가능해. 이별한 대상에 대한 그리움으로 화자가 아직 그를 떠나보내지 못했음을 나타낸다고 보거나, 혹은 이별의 상처를 극복한 화자에게 새로운 사랑이 찾아왔음을 나타낸다고 볼 수 있어.

▶ 배를 밀어내는 행위를 통해 사랑과 이별에 대해 말하고 있는 작품이라고 정리할 수 있겠어.

(나) 혼자 가는 먼 집

▶ **들어가기 전에 :** 낯설고 어려운 시라 <보기>를 제시하고 있으니, 이를 통해 해석의 방향을 잡아서 작품을 읽어 나가야 해. <보기>를 통해 이 작품은 사랑의 기억과 함께 상실의 고통을 안고 남은 생을 살아 내야 하는 화자의 복합적인 내면을 생생하게 그려 낸 작품임을 알 수 있어. 사랑의 기억에서 오는 화자의 내면이 어떤 식으로 드러나고 있는지 파악하여 작품을 읽어 보자.

당신……, 당신이라는 말 참 좋지요, 그래서 불러봅니다 킥킥거리며

▶ 화자는 '당신'이라는 말이 좋다며 특정 대상을 반복적으로 부르고 있네. 그것도 '킥킥'거리는 웃음과 함께.

　　한때 적요로움의 울음이 있었던 때, 한 슬픔이 문을 닫으면 또 한 슬픔

▶ 화자는 '당신'을 부르면서 '적요로움(적적하고 고요함)'의 울음'이 있었던 '한때'를 떠올리고 있어. 과거 환기는 중요한 출제 포인트이니 잘 체크해 두자. 화자는 '당신'을 통해 과거의 상처와 외로움을 회상하고 있구나.

이 문을 여는 것을 이만큼 살아옴의 상처에 기대, 나 킥킥……, 당신을

▶ 하나의 슬픔이 사라지면 또 다른 슬픔이 찾아오는, 삶의 고통을 표현하고 있어. 이는 사랑과 상처가 교차하는 우리의 인생을 상징적으로 묘사한 구절이기도 해.

부릅니다 단풍의 손바닥, 은행의 두 갈래 그리고 합침 저 개망초의 시름, 밟힌 풀의 흙으로 돌아감 당신……, 킥킥거리며 세월에 대해 혹은

▶ 화자는 단풍, 은행, 개망초, 흙으로 돌아가는 풀처럼 사랑과 상처가 반복되는 우리의 삶을 자연스럽고도 숙명적이라고 여기고 있구나.

사랑과 상처, 상처의 몸이 나에게 기대와 저를 부빌 때 당신……, 그대

▶ '킥킥거리며 세월에 대해 혹은 사랑과 상처,'라는 맥락이 없어 보이는 표현들을 이어서 서술하여, '당신'을 만나 사랑하고 상실의 고통으로 상처 입었던 화자의 복합적인 내면을 보여 주고 있네.

라는 자연의 달과 별……, 킥킥거리며 당신이라고……, 금방 울 것 같은 사내의 아름다움 그 아름다움에 기대 마음의 무덤에 나 벌초하러 진설 음식도 없이 맨 술 한 병 차고 병자처럼, 그러나 치병과 환후는 각각

▶ '마음의 무덤'은 사랑의 기억과 상실의 고통을 안고 살아가는 화자의 내면을 비유적으로 드러낸 표현이야. 이 무덤에 '나'는 '벌초'를 하러 간다고 하였으니, '병자'는 화자를 가리키겠지.

▶ '치병'은 병을 다스린다는 뜻, 즉 병을 치료한다는 의미이고 '환후'는 병 그 자체를 말해. 이 둘이 별개라는 것은 병을 치료하기 위해 노력한다고 해서 병이 완치되는 것은 아니라는 의미로 보면 돼. 사랑의 상처가 쉽게 치유되지 않음을 나타내는 구절이라고 보면 되겠다.

따로인 것을 킥킥 당신 이쁜 당신……, 당신이라는 말 참 좋지요, 내가 아니라서 끝내 버릴 수 없는, 무를 수도 없는 참혹……, 그러나 킥킥 당신

▶ 화자는 '당신'이라는 존재가 자기 자신이 아니기에 '참혹'을 끝내지도, 무를 수도 없다고 하네. 그리고 '킥킥'거리며 애정을 담아 '당신'을 끝없이 부르고 있어. 이는 상처와 기억 속에서도 여전히 사랑했던 그 사람을 놓지 못하는 화자의 심정을 드러내는 표현이라고 볼 수 있겠다.

(다) 이젠 되도록 편지 안 드리겠습니다

▶ 이 글은 사랑하는 사람에게 보내는 편지가 가진 본질적인 속성에 대해 이야기하는 수필이다. 글쓴이는 사랑의 편지뿐만 아니라 모든 글쓰기가 최종적으로는 처음의 소박한 의도를 배반한다고 말한다. 통제할 수 없는 내적 욕구가 글쓰기의 본래 목표를 흐리게 만들기 때문이다. 사랑의 편지를 쓰는 사람은 상대에 대한 열망으로 자신의 감정을 고백하지만, 실상 그 편지에는 상대를 향

한 사랑이 아닌 자신의 뜨거운 고백의 언어가 가득하다. 이 과정에서 편지를 받는 '그녀'는 실제의 그가 아닌, 편지 속에서 이상화된 '그'를 사랑하게 되고, 글쓴이 자신 또한 이러한 '편지 속의 그'에게 매료된다. 그러나 시간이 지나면서 그는 이상화된 자아와 현실의 자아 사이의 간극에서 부끄러움을 느끼고, 그 모습을 연기하는 것에 대한 부끄러움은 점점 커진다. 결국 고백의 언어는 자신을 표현하려는 욕망에서 비롯되는 것이며, 이런 식의 자기 고백은 지속될 수 없음을 깨닫는다.

문제분석   01-06번

번호	정답	정답률(%)	선지별 선택비율(%)				
			①	②	③	④	⑤
1	④	90	2	2	5	90	1
2	⑤	87	2	4	3	4	87
3	②	83	4	83	5	6	2
4	②	84	3	84	4	5	4
5	①	66	66	4	8	8	14
6	①	60	60	14	15	8	3

01

정답설명

④ (가)는 '배'를 미는 행위를 중심으로 행위 주체인 '나'와 대상인 '배'의 관계를, (나)는 '당신'을 부르는 행위를 중심으로 행위 주체인 '나'와 대상인 '당신'의 관계를, (다)는 '편지'를 쓰는 행위를 중심으로 행위 주체인 '그'와 대상인 '그녀', '편지 속의 그'의 관계를 드러내고 있다.

오답설명

① (가) O, (나) X, (다) X / (가)의 '잠시 머물다 가라앉고'에서 하강적 이미지를 활용하여 '흉터'가 치유되는 시간의 흐름을 보여 주고 있다. 하지만 (나)와 (다)에는 하강적 이미지가 활용되지 않았다.

② (가) X, (나) X, (다) X / (나)는 '그대라는 자연의 달과 별'에서 '그대'를 '달과 별'이라는 자연물에 빗대고 있으나, 이를 통해 부정적 현실의 극복 가능성을 드러내고 있지는 않다. 한편 (가)와 (다)에서는 자연물에 빗대어 부정적 현실의 극복 가능성을 암시하고 있지 않다.

③ (가) X, (나) X, (다) X / (가)는 '들어오는 배여', '밀려들어오는 배여'에서 동일한 구절의 반복과 변주를 확인할 수 있으며, (나)는 '당신이라는 말 참 좋지요', '킥킥 당신'에서 동일한 구절의 반복을, '킥킥……, 당신을', '당신……, 킥킥거리며', '킥킥거리며 당신이라고……,'에서 '킥킥 당신'의 변주를 확인할 수 있다. 그러나 (가)와 (나) 모두 이를 통해 상황의 반전을 표현하고 있지 않다. 한편 (다)는 동일한 구절의 반복과 변주가 나타나지 않으며, 상황의 반전도 드러나지 않는다. 참고로, (가)에서 '그런데'라는 접속부사로 시상을 전환하고 있으므로 상황이 반전되었다고 볼 수 있으나, 반복과 변주가 상황의 반전과는 상관이 없으므로 적절하지 않은 것이다.

⑤ (가) X, (나) X, (다) X / (가)~(다) 모두 공간의 이동이 드러나지 않으며, 이에 따른 역동적 분위기 또한 나타나지 않는다.

02

정답설명

⑤ '아무 소리 없이 밀려들어' 온 '배'를 다시 돌아온 배로 본다면, 화자가 예상치 못한 상황에서 이별한 대상에 대한 그리움이 불현듯 떠오른 것으로 볼 수 있다. 즉 아직 그를 떠나보내지 못했음을 드러내는 화자의 내면적 상태로 해석할 수 있으므로, 다시 돌아온 '배'가 대상과의 재회를 나타낸다고 보기 어려우며 화자가 대상과의 재회를 예상했다고 볼 수도 없다. 한편, '아무 소리 없이 밀려들어' 온 '배'를 이별의 상처를 극복한 화자에게 찾아온 새로운 사랑으로 해석할 경우, '밀려들어' 온 '배'를 다시 돌아온 배로 볼 수 없으며 화자가 대상과의 재회를 예상했다고 볼 수도 없다.

오답설명

① '아주 추락하지 않을 순간'에 '배'를 밀던 '손'이 '아슬아슬히 배에서 떨어진'다는 것은 대상과의 이별로 인해 화자가 느낀 정서적 긴장감을 드러낸 것으로 볼 수 있다.

② '뵈지도(보이지도) 않는 길'은 '배', 즉 '사랑'이 떠나는 길이다. '뵈지도 않는 길'로 사랑이 떠나가 버렸다는 것은 이별 후의 불확실하고 막막한 상황을 의미하므로, 이는 이별의 막막한 상황을 공간의 형상으로 드러낸 것으로 볼 수 있다.

③ 화자가 '배'를 '한껏 세게 밀어내듯이' 이별로 인한 '슬픔'도 그렇게 밀어내려는 것은, 이별의 아픔을 떨쳐 내어 이를 극복하려는 화자의 태도를 드러낸 것으로 볼 수 있다.

④ '배가 나가'며 생긴 '흉터'가 '잠시 머물다 가라앉'는다는 것은 이별로 인한 상처가 가라앉는다는 의미이므로, 이별의 슬픔이 잦아든 상태를 표현한 것으로 볼 수 있다.

03

정답설명

② '금방 울 것 같은 사내의 아름다움 그 아름다움에 기대 마음의 무덤에 나 벌초하러~병자처럼,'에서 알 수 있듯이, '병자'는 '당신'이 아니라 사랑의 기억과 고통을 안고 살아가는 화자 자신을 빗댄 표현이다. 또한 '당신'은 화자가 사랑의 기억을 떠올리며 그리워하고 추억하는 대상이므로, 연민(불쌍하고 가련하게 여김)의 대상이라고 보기 어렵다.

오답설명

① 화자는 '당신'을 부르며 '적요로움의 울음이 있었던' '한때'를 떠올리고 있으므로, '당신'은 화자와 과거의 기억을 잇는 매개적 존재임을 알 수 있다.

③ 화자는 '당신……,~당신을 부릅니다'라며 눈앞에 없는 '당신'을 '부름'으로써 그를 환기하고 있다.

④ 화자는 '당신'을 '끝내 버릴 수 없는, 무를 수도 없는' 존재라고 하였으므로, '당신'은 화자에게 숙명적(이미 정해진 운명에 의한 것) 존재임을 알 수 있다.

⑤ 화자는 '당신'을 통해 '적요로움의 울음', '슬픔', '상처' 등과 동시에 '사랑', '아름다움' 등을 경험하므로, '당신'은 화자에게 '사랑'과 '슬픔'을 경험하게 하는 이중적 존재임을 알 수 있다.

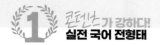
04

정답설명

② '상처에 기대, 나 킥킥……, 당신을 부릅니다'는 말줄임표와 쉼표를 사용한 서술로, 〈보기〉에 따르면 이는 사랑의 기억이 희미해지는 화자의 심적 상태를 보여 주는 표현이 아닌 '사랑의 기억과 함께 상실의 고통을 안고 남은 생을 살아 내야 하는 화자의 복합적인 내면'을 드러내는 표현으로 볼 수 있다.

오답설명

① (나)에서 반복적으로 나타나는 '킥킥'은 웃음소리를 나타내는 의성어이다. 〈보기〉에 따르면 어휘의 반복적 출현은 화자의 내면을 드러내는 시적 장치이며 사랑의 기억과 함께 상실의 고통을 안고 남은 생을 살아 내야 하는 화자의 복합적인 내면을 생생하게 그려 내는 역할을 하므로 선지의 내용은 적절하다.

③ '킥킥거리며 세월에 대해 혹은 사랑과 상처,'는 의미가 긴밀히 연결되지 않는 표현들이 이어져 있는 서술이다. 〈보기〉에 따르면 이러한 맥락이 없어 보이는 구절들의 배열은 사랑의 기억과 함께 상실의 고통을 안고 남은 생을 살아 내야 하는 화자의 복합적인 내면을 생생하게 그려 내는 역할을 하므로, 이를 감정들이 뒤섞인 화자의 내면을 보여 주는 표현으로 볼 수 있다.

④ 〈보기〉에 따르면 시는 표현하고자 하는 바를 어떤 심적 상태에 놓인 화자의 발화로써 형상화한다. 따라서 '마음의 무덤'은 '무덤'이 주는 부정적 이미지를 고려할 때, 상실의 고통을 안고 살아가야 하는 화자의 내면을 비유적으로 형상화한 표현으로 볼 수 있다.

⑤ '이쁜 당신……, 당신이라는 말 참 좋지요,'는 말줄임표와 쉼표를 사용한 끊어질 듯 이어지는 서술이다. 〈보기〉에 따르면 이러한 장치들은 화자의 복합적인 내면을 생생하게 그려 내는 역할을 하므로, '이쁜'과 '참 좋지요'는 '당신'과의 긍정적인 '사랑의 기억'을 떠올리는 화자의 내면을 보여 준다고 할 수 있다.

05

정답설명

① ⓐ는 화자가 '치병'과 '환후'를 별개의 것으로 인식함으로써, 병을 치료하는 행위와 병 자체는 다른 차원의 것임을 드러내고 있다. 화자가 상실의 고통을 형상화한 '마음의 무덤'에 '병자'처럼 벌초를 하러 가는 것은 '치병'을 위한 행동이다. 그러나 화자는 여전히 '당신'에 대한 상실의 고통을 잊지 못했으므로, '환후'를 가지고 있음을 알 수 있다. 따라서 ⓐ는 치병의 노력으로도 환후가 사라지는 것은 아니라는 화자의 인식을 말한다.

오답설명

② ⓐ에서 '치병'과 '환후'는 '병자'로 비유된 화자의 상태를 나타내는 표현으로, 대상의 아름다움을 발견하는 것과는 관련이 없다. 또한 화자는 지속적으로 사랑의 상처에 대해 언급하고 있으므로, 자신의 환후를 의식하지 는다고 볼 수도 없다.

③ ⓑ는 누군가 듣기를 바라는 모든 고백, 즉 타인의 시선을 의식한 고백은 위선 아니면 위악에 해당함을 나타내므로 선지의 설명은 적절하지 않다.

④ ⓑ의 '누군가가 듣기를 바라는 모든 고백'은 '더 나은 자신을 드러내려는 욕망'으로 볼 수 있다. 그러나 이를 '상대를 매혹하는 진정한 요인'이라고 말하지는 않았다.

⑤ ⓐ는 아픔을 겪는 이가 그 아픔을 다스리려고 해도 다스려지지 않음을 표현하고 있다는 점에서 아픔의 실체를 지각하고 있다고 볼 수 있다. 한편 ⓑ는 고백하는 이가 누군가 듣기를 바라는 고백한다면 그것은 위선이나 위악에 해당함을 표현하고 있으므로 고백의 실체를 지각하고 있음을 알 수 있다.

06

정답설명

① '익명의 욕구'를 '통제할 수 없'다는 것은 상대를 향한 '그'의 사랑이 운명적인 것이어서 사랑을 멈출 수 없음을 말하는 것이 아니라, 자신을 이상화하려는 욕구에 빠져 있어서 편지가 자신을 이상화한 글로 가득 채워질 수밖에 없음을 말한 것이다.

오답설명

② '아무 전언도 들어있지 않다'는 것은 자신을 이상화하려는 욕구에 빠져 '처음에 품었던 소소한 의도', 즉 '자신의 사랑이 얼마나 어렵고 진정하며 운명적인가'를 설명하려던 의도를 잊음으로써, 상대를 향한 글쓰기의 '현실적인 목표'가 실패로 돌아갔음을 의미한다.

③ '2인칭을 경유하여 1인칭으로 돌아온다'는 것은 '사랑하는 ○○에게(2인칭)' 자신의 사랑을 표현하려 했지만, 결국 이상화된 자신(1인칭)에 관한 글을 쓰고 만다는 의미이다. 이는 편지가 상대에게 자신의 사랑을 전하는 '도구적' 기능을 하지 못하고, 이상화된 자신을 말하는 자기 고백에 그치게 됨을 표현한 것으로 볼 수 있다.

④ "'편지 속의 그'를 그녀는 사랑했다"는 것은 그녀가 현실에 있는 실제 '그'가 아니라 이상화된 '그'를 사랑했다는 것이므로, 그녀가 사랑한 상대는 편지 속의 '또 다른 영혼'임을 말한 것으로 볼 수 있다.

⑤ 〈보기〉의 "이런 식의 자기 고백이 지속될 수 없는 까닭은 이 이상화된 '그'와 실제의 '그' 사이의 간극이 주는 부끄러움 때문이다."를 통해, 화자가 '자신의 비루함을 뼛속 깊이 실감했다'는 것은 편지를 쓴 주체가 실제의 자신과 이상화된 자신 사이의 간극을 자각하고 부끄러움에 빠져 있음을 드러낸 것이라 할 수 있다.

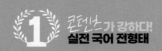

문학

IV

현대 산문

01

2019학년도 6월

양귀자 - 한계령

번호	정답	정답률 (%)	선지별 선택비율(%)				
			①	②	③	④	⑤
1	①	85	85	3	5	3	4
2	⑤	83	3	3	5	6	83
3	②	66	6	66	9	11	8

지문분석

[지문에서 체크할 것]

※ 시간

순행 (토요일 아침 → 일요일 낮) / 은자와 관련된 과거를 떠올리긴 하지만, 당시의 과거 장면을 대화나 행동으로 묘사하지 않았기에 과거를 회상하는 현재 장면의 연속이다.

※ 공간

'나'의 집(원미동)

※ 서술자의 관심사

1인칭 서술자가 자신의 내면을 중심으로 서술하고 있다.

[전체 줄거리]

소설가인 '나'에게 25년 만에 어릴 적 친구인 은자로부터 전화가 온다. 이를 계기로 '나'는 '고향'을 생각하게 된다. 철길 옆에 살던 동네 친구인 박은자는 찐빵집을 했는데, 그녀는 어렸을 때부터 노래를 무척 좋아했던 친구였다. 박은자는 '나'에게 자신이 일하는 곳이 '나'가 살고 있는 부천에서 그리 멀지 않은 곳이니, 그곳으로 놀러 오라고 말한다. 그러나 '나'는 은자를 만나려고 하지 않는다. 지금은 변해버린 고향의 아름다운 과거를 그녀를 통해서만 간직할 수 있기 때문이다. 그러면서 큰오빠의 삶의 무게에 대하여 생각하게 된다. '나'가 어렸을 적, 아버지가 일찍 돌아가시자 큰오빠는 아버지의 역할을 대신해 여섯이나 되는 동생과 어머니를 먹여 살렸다. 그러나 가족들의 생계를 위해 자신의 젊음을 바쳤던 큰오빠는, 비록 뜻한 바대로 동생들을 성장시키고 경제적인 안정을 이루었지만 자신의 인생을 되돌아보며 심한 허탈감을 느끼면서 우울해한다. 그 후, 두세 번 더 걸려 온 은자의 전화를 통해 은자가 지금은 가수 '미나 박'이라는 이름으로 밤업소 가수를 하고 있다는 것을 알게 된다. 결국 '나'는 미나 박이 공연하기로 되어 있는 마지막 날, 그녀가 일한다는 클럽에 찾아간다. 그곳에서 '나'는 어느 여가수가 부르는 곡을 듣고 큰오빠를 떠올리며 눈물을 흘리고, 은자를 만나지 않은 채로 그냥 돌아온다. 집에 돌아와서야 그 노래가 '한계령'임을 알게 된 '나'는 그 여가수가 은자임을 확신하게 된다. 이후 '나'에게 전화를 건 은자는 자신을 찾아오지 않은 '나'를 질타하며, 자신이 새로 개업한 카페에 찾아와 줄 것을 청한다. 그러나 '나'는 그곳에 갈 수 있을지 확신하지 못한다.

01

정답설명

① 서술자인 '나'는 '은자'의 연락을 받고 과거의 '은자'와 고향을 떠올리며, 그에 대한 심리를 독백적 진술로 드러내고 있다.

오답설명

② 토요일 아침부터 일요일 낮까지의 이야기가 시간의 흐름에 따라 서술되어 있다. 서술자 '나'는 과거 '은자'의 모습과 고향의 모습을 떠올려 보지만 이것은 모두 현재의 시점에서 과거를 회상하는 것이다. 윗글에서는 동시에 벌어진 사건들을 삽화(작은 이야기)처럼 나열하고 있지 않다.

③ 이야기 외부의 서술자라니. 이것은 3인칭 소설의 특징이다. 서술자는 '나'로 이야기 외부에 있는 것이 아니라 이야기 내부에 있다. 이 선지를 답으로 고른 학생들은 철저하게 반성하고 소설의 시점에 대한 개념부터 명확하게 잡고 가도록 하자.

④ 서술자는 변함없이 '나'로 유지되고 있다. 노래하는 클럽으로 와보라는 '은자'와 가길 꺼려하는 '나'의 갈등이 드러나기는 하지만, 서술자가 바뀌거나 인물 간의 갈등이 다각적으로 조명된 것은 아니며 '나'의 내면 심리를 중심으로 서술하고 있다.

⑤ "작가 선생이 밤무대 가수 신세인 옛 친구 만나려니까 체면이 안 서데? 그러지 마라."라는 '은자'의 말에서 '나'에 대한 반감이 드러난다고 볼 수도 있지만, 이것은 서술자 '나'가 아닌 '은자'의 말이다. 선지에서는 서술자가 다른 인물에 대해 반감을 드러냈는지를 묻고 있다는 것을 명심하자. '나'는 '은자'의 삶에 대해 '박은자에서 미나 박이 되기까지 그 애는 수없이 넘어지고 또 넘어진 모양이었다.' 등의 추측을 하고 있지만, 이를 통해 '은자'에 대한 반감을 드러내고 있지는 않다.

02

정답설명

⑤ '은자'는 "설마 안 올 작정은 아니겠지? 고향 친구 한번 만나 보려니까 되게 힘드네."라고 말하며 '나'와의 만남을 원하고 있다. 또한 "네 보기엔 한심할지 몰라도 오늘의 미나 박이 되기까지"에서 '은자'는 현재 자신의 모습을 긍정적으로 평가하고 있으며, 친구인 '나'에게 보여 주고 싶어 한다는 것을 알 수 있다. 또한 '나'는 '은자'의 연락을 통해 큰오빠와 어린 시절의 '은자'를 떠올리며 옛 기억을 돌아보고 있다.

오답설명

① '은자'는 현재 자신의 모습을 긍정적으로 보고 있으나, 자신을 '밤무대 가수

신세인 옛 친구'라고 칭했으므로 가수로서의 성공을 확신하고 있다고는 보기 어렵다. 또한 '나'가 작가로서의 성공을 확신했는지 여부는 지문을 통해서 알 수 없다.

② '나'는 '은자'의 전화를 받고 심리적인 위안을 얻지 않았으며, 오히려 '은자'의 전화를 받은 뒤로 '은자'를 만나러 가야 하는지, 중년의 여인이 된 '은자'를 만나면 '나'에게 위안을 주었던 유년 시절이 사라져 버리는 것이 아닐지 갈등하였다.

③ '은자'가 '나'와의 재회를 원하고 있는 것은 맞지만, '나'는 '은자'의 제안을 단호히 거절하지 못했다. 단호하게 거절했다면 '은자'가 토요일에 어김없이 전화를 걸었겠니. '나'는 단호히 거절하는 대신 왜 찾아오지 않느냐는 그녀의 질책을 고스란히 받아들이기로 작정하였다.

④ '나'는 '은자'를 도도하다고 여기고 있지 않다. 반면 "작가 선생이~체면이 안 서데?"에서 '은자'는 '나'가 체면을 차린다고 여긴다는 것을 알 수 있다.

03

정답설명

② '그들에게 있어 인생이란 탐구하고 사색하는 그 무엇이 아니라 몸으로 밀어 가며 안간힘으로 두들겨야 하는 굳건한 쇠문이었다.'를 통해 '나'는 '그들'이 '굳건한 쇠문'을 '탐구하고 사색'하려 한다고 생각하지 않음을 알 수 있다.

오답설명

① '있는 힘을 다해 기어' 오르는 것과 '내리막길을 마주'하는 것은 서로 대립적인 의미를 가지고 있다고 볼 수 있다. 〈보기〉에서 대립적인 의미는 양면성을 생성한다고 하였으므로 선지의 내용은 적절하다.

③ 고향이 결국 지나간 시간 속에 있다는 것을 깨닫고, 누구라 해도 다시는 고향으로 돌아가지 못할 것이라고 생각하지만 일 년에 한 번씩 고향에 가는 '나'의 모습에서 양면성이 드러난다.

④ '나'의 생각 속에 과거 고향과 함께 허물어지지 않은 큰오빠의 모습과 현재 변해버린 큰오빠의 모습이 모두 공존하는 것에서 양면성을 확인할 수 있다.

⑤ 유년 시절의 추억이 훼손될 것이 두려워 '은자'와의 만남을 피하고 있지만, 일요일 낮 동안 '나'는 전화 곁에서 '은자'의 전화를 기다리고 있다. 이를 통해 '나'의 양면성을 확인할 수 있다.

02

2019학년도 9월

최명익 – 비 오는 길

지문분석

[지문에서 체크할 것]

※ 시간
순행

※ 공간
(중략) 이전 : 거리(신작로) → 사무실 → 공장 밖
(중략) 이후 : 사무실 → 사진관 → 하숙방

※ 서술자의 관심사
3인칭 서술자가 병일에게로 시선을 제한하여 특정 인물인 병일의 내면을 중심으로 서술하고 있다.

[전체 줄거리]

병일이는 취직한 지 두 해나 되었으나 아직 신원 보증인을 얻지 못해 더욱 착실하게 일한다. 병일의 장부 숫자와 주인의 금고 속 현금이 맞아떨어지면 그제야 퇴근이다. 주인은 병일을 믿지 못하고 있지만, 병일은 직장에 감사하지 않을 수 없다.

비가 부슬부슬 내리는 저녁 퇴근길에 그는 비를 피해 사진관 쇼윈도에 붙어 서서 사진들에 눈길을 보내고 있었다. 그때 사진관 주인이 고개를 내밀다가 얼굴이 마주치고는 잠깐 들어와 쉬었다 가라 한다. 주인은 마음씨가 좋은 이여서, 술병과 음식을 테이블 위에 내놓고 함께 먹기를 권한다. 그는 사진 인화의 어려움과 영업이 좋은 날 한잔하는 즐거움을 소박하게 얘기한다. 사진사는 새삼스레 자기는 이칠성이라고 이름을 대며, 병일이더러 사업을 권한다.

병일이는 오랜 시간 그로부터 사람 사는 재미에 대해 얘기를 듣다가 빗길에 나선다. 하숙방에 돌아온 병일이는 오늘도 여느 날처럼 평범하고 속된 날임에는 틀림없지만, 어쩐지 이런 산문적 현실 속에도 일관되게 흐르는 어떤 힘찬 리듬이 있는 듯하다는 생각을 한다.

이 뒤로부터 병일은 퇴근길에 자주 사진관에 들러 환담으로 소일한다. 신열로 며칠 앓는 동안 병일이는 사진관을 찾지 못했다. 어느 날 병일은 사무실에서 신문을 들여다보다 깜짝 놀랐다. 평양에 장질부사가 유행하여 부립병원에 수용되었던 환자 가운데 누구누구가 죽었다는데, 그 명단 가운데 이칠성 세 글자가 눈에 띄었기 때문이다. 안됐으나 조문할 길도 없었다. 이튿날 사진관 앞에는 이삿짐 구루마가 떠나가고 있었다. 그 뒤를, 어린것을 등에 업고 5, 6세 된 사내아이 손을 잡은 여인이 따르고 있었다.

문제분석 01-04번

번호	정답	정답률 (%)	선지별 선택비율(%)				
			①	②	③	④	⑤
1	②	86	6	86	2	3	3
2	④	78	5	2	4	78	11
3	⑤	76	2	4	12	6	76
4	①	84	84	2	3	9	2

01

정답설명

② 3인칭 제한적 시점으로 서술된 지문에서 정답으로 나올 만한 선지다. 서술자는 특정 인물인 '병일'을 주목하고 있고, 인물이 처한 상황을 '병일'의 입장에서 서술하고 있다.

오답설명

① 풍자적 어조는 사용되지 않았으며, 이를 통해 세태를 우회적으로 비판하고 있지도 않다.

③ 과장된 말이나 행동은 나오지 않았다. 또한 자신의 삶에 권태를 느끼는 '병일'의 모습을 통해 비극적인 분위기가 형성된다고 할 수 있으나, 분위기의 반전은 일어나지 않았다.

④ '작은 별들이 반짝이는 하늘 아래 말할 수 없이 호젓해짐을 금할 수 없었다.', '갈라진 검은 구름 밖으로 보이는 별 밑에 한층 더하므로'에서 자연에 대한 감각적 묘사가 드러났다고 볼 수 있으나, 이를 중심으로 환상적인 분위기를 그려내고 있지는 않다.

⑤ 장면은 시간과 공간으로 이뤄진다. 공간이 계속 바뀌고 있으므로, 빈번한 장면 전환은 허용할 수 있다. 하지만 인물들 사이의 긴장감 해소는 나타나지 않았다.

형태쌤의 과외시간

평가원 선지 중에 오답으로 상당히 많이 등장하는 선지가 있다. 이 선지가 바로 그런 선지다. 일단 선지를 분석해 보자. '빈번한 장면 전환'은 '형식'에 해당하는 부분으로 장면이 3번 이상 바뀌면 빈번하다고 볼 수 있다. '긴장감'은 '내용'에 해당하는 부분으로 '긴장감의 고조/해소', '긴박한 분위기' 등의 표현이 나왔을 때는 인물의 상황을 살펴봐야 한다. 보통 이 선지는 앞부분이 간혹 맞고, 뒷부분이 틀린 오답 선지로 많이 구성된다.

아래 제시된 선지들은 모두 뒷부분이 틀렸기에 오답으로 처리가 되었다. 기억해라. '긴장감', '긴박한 분위기'가 나오면, 일단 형식보다는 내용을 확인하자.

[2005학년도 9평]
- 빠른 장면 전환을 통해 긴박한 분위기를 조성하고 있다.

[2009학년도 수능]
- 빈번한 장면 전환을 통해 인물들 사이의 긴장감을 고조시킨다.

[2010학년도 9평]
- 장면의 빈번한 전환으로 인물 사이의 긴장감을 고조시키고 있다.

[2011학년도 9평]
- 잦은 장면 전환을 통해 긴박한 분위기를 형성하고 있다.

[2012학년도 6평]
- 사건을 생동감 있게 서술하여 긴박한 분위기를 조성하고 있다.

[2013학년도 수능]
- 빈번한 장면 전환을 통해 긴박한 분위기를 드러내고 있다.

[2014학년도 9평B]
- 장면의 빈번한 전환을 통해 긴박한 분위기를 조성하고 있다.

[2018학년도 수능]
- 빈번하게 장면을 교차하여 상황의 긴박한 분위기를 조성하고 있다.

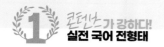
02

정답설명

④ ⓓ는 '병일'이 사무실에서 돌아오는 길에 발견한 공간일 뿐, '나의 시간'을 보내는 곳이 아니다. 참고로 '누각'은 '사방을 바라볼 수 있도록 문과 벽이 없이 다락처럼 높이 지은 집'을 의미한다.

오답설명

① 거리의 '누렇던 길'이 매연과 발걸음에 의해 '꺼멓게 멍들기 시작'했다고 하였다. 이를 통해 ⓐ는 변화하고 있는 주변 환경을 말하고 있음을 알 수 있다.

② ⓑ는 '병일'이 사무실에서 하는 일로, '마루를 쓸고, 훔치고, 손님에게 차와 점심 그릇을 나르고, 수십 장의 편지를 쓰고, 장부를 정리하는 등'의 반복적인 일이다.

③ 피곤한 '병일'이 '이 지루한 장마는 언제까지나 계속할 셈인가'라고 중얼거린 것을 통해 알 수 있다.

⑤ 하숙방에 도착한 병일은 이른 아침 시간을 위하여 자야 했지만 ⓔ가 들리는 듯하여 잠을 자지 못했다. 이를 통해 ⓔ는 '병일'의 휴식을 방해하는 상상의 소리임을 알 수 있다.

03

정답설명

⑤ ⓜ에서 '병일'은 타인이 아닌 자신의 하숙방에 있는 책에 대해 생각하고 있다. 책은 자기만의 세계에 몰두하려는 '병일'이 택한 사물로, 이를 통해 자기만의 세계에 몰두하려다가 그 마음을 접은 '병일'의 모습을 엿볼 수 있다.

오답설명

① 병일이 취직한 지 2년이 되도록 신원 보증인을 얻지 못한 것을 통해 사회적으로 불안정한 처지에 놓여 있는 인물임을 알 수 있다.

② '병일'은 주인이 현금에 손을 대지 못하게 하고, 금고에 들어 있는 서류에 참견을 못하게 하는 것이 자신을 믿지 못하는 주인의 감시라고 생각한다. 그리고 그는 이러한 주인의 행동을 통해 불쾌감을 느끼는데, 이는 신원 보증인을 얻지 못해서 갈등을 겪는 '병일'이 심리적으로 불안한 상태에 빠졌기 때문이다.

③ 신원 보증인을 구하지 못하고, 똑같은 일이 반복되는 일상을 살아가는 '병일'은 활자와 인연 없이 살아갈 수 있는 '그들'의 세속적 삶에 관심을 가지고 있다.

④ '병일'은 자기만의 세계에 몰두하기 위해 책을 구매했으나, 요즈음에는 책이 무거운 짐같이 느껴진다고 했다. 이를 통해 '병일'이 자신이 몰두하던 세계에 더 이상 만족을 느끼지 못하고 있음을 알 수 있다.

04

정답설명

① '병일'은 사진사를 만난 후 밤 12시가 되어서야 하숙방으로 돌아온다. 그리고 책상 앞에서 내 마음대로 할 수 있는 시간이 모두 없어진 것을 느끼고

있는 자기를 발견한다. '자기를 발견'한다는 표현을 통해 하숙방은 '병일'이 자신을 대면하는 곳임을 알 수 있다. 그리고 이 하숙방은 모기 소리와 빈대 냄새와 벼룩이 기다릴 뿐인 바람 한 점 없는 곳이므로 고독한 공간임도 알 수 있다. 그러한 상황에 처한 '병일'이 유혹에 끌리듯 간 곳이 사진관이므로, 사진관은 삶에 지친 '병일'이 일시적으로 도피하는 곳임을 알 수 있다.

오답설명

② '니체'에 대한 상상은 사무실에서 했었다. 그리고 '사진사'에 대한 병일의 동정은 나타나지 않는다.

③ '제법 사진사와 같이 한담을 주고받을 수 있다는 것이 만족하게 생각되기도 하였다.'라는 내용으로 보아, 사진관이 병일에게 위안을 주는 것은 허용할 여지가 있다. 그러나 하숙방은 병일이 혼자 있는 공간으로 사회적 관계 회복과 상관이 없다.

④ 하숙방은 병일이 혼자 있는 공간으로 주인의 감시가 계속되는 곳이 아니다. 사진관은 취흥을 향락해 본 경험이 없던 병일이 술을 마시는 공간으로, 이전에 해 보지 못한 경험을 하는 곳이다.

⑤ '고역'은 '힘들고 고된 일'을 의미한다. 병일의 일은 사무실에서 끝이 나므로 하숙방을 '고역'이 지속되는 곳으로 볼 수 없다. 또한 사진관에서 병일이 자신의 과거를 긍정하지도 않는다.

03

2020학년도 6월

박경리 - 토지

지문분석

[지문에서 체크할 것]

※ 시간

　순행

※ 공간

　(중략) 이전 : 언덕 → 타작마당

　(중략) 이후 : 서희의 방 → 연못가

※ 서술자의 관심사

　전지적 작가 시점으로, 서술자가 사건에 대해 관찰한 내용과 인물의 내면 심리를 서술하고 있다.

[전체 줄거리]

[제1부] 구한말인 1897년 무렵, 경상도 하동의 평사리에는 5대째 지주로 군림하고 있는 만석꾼 최 참판 댁을 중심으로 마을 사람들이 함께 농사를 지으며 어우러져 살아가고 있다. 죽은 최 참판의 아들이자 현 지주인 최치수가 살해되고, 최치수의 먼 친척뻘 되는 조준구는 최 참판 집안의 재산을 탈취할 계략을 꾸민다.

[제2부] 조준구에게 집안의 재산을 모두 빼앗긴 최치수의 외동딸 서희는 가문을 되찾겠다는 일념을 가지고 간도로 이주하여, 부친을 모시던 종인 길상의 도움을 받아 토지 거래를 통해 큰 재산을 모은다.

[제3부] 귀향 후 진주에 정착한 서희는 조준구에게 빼앗긴 재산과 토지 문서를 되찾고, 서희의 남편이 된 길상은 독립 운동을 하다가 투옥된다.

[제4부] 3·1 운동이 일어나자 서희의 두 아들인 환국과 윤국은 자신들의 풍족한 처지와 현실 사이에서 갈등하고, 윤국은 시위에 참가하였다가 정학 처분을 받는다.

[제5부] 출옥한 길상은 암자에서 탱화를 그리고 사상범으로 재투옥된다. 일본의 히로시마에 원자 폭탄이 투하되고, 조선의 해방이 멀지 않은 가운데 서희는 가족들을 데리고 서울로 올라갈 것을 결심한다.

문제분석　01-03번

번호	정답	정답률 (%)	선지별 선택비율(%)				
			①	②	③	④	⑤
1	⑤	62	5	5	19	9	62
2	③	71	8	4	71	11	6
3	③	83	3	4	83	3	7

01

정답설명

⑤ [A] O, [B] X / 빈번한 출제 요소인 '시간과 공간'에 대한 선지이다. 하지만 좀 더 디테일한 사고를 요구했기에 선지의 앞부분만 보고 대충 넘겼다면 실수했을 것이다.

'자정이 넘'은 시각, '칠흑의 밤'이라는 시간적 배경을 통해 윤보 일행이 거사를 치르기 전의 고요함과 긴장감이 드러나 있으므로 [A]가 시간적 배경을 통해 장면의 분위기를 드러낸다는 부분은 적절하다. 그런데 [B]에는 서희의 방 → 연못가로 공간적 배경의 변화가 드러나 있으나, 이러한 공간의 변화를 통해 서희와 홍 씨가 대립하는 원인을 드러내고 있지는 않다.

오답설명

① [A] O / '칠흑의 밤을 타고 덩어리 같은 침묵을 지키며'에 비유적 표현이 활용되었다. 덩어리 같은 침묵을 지킨다는 부분을 통해 장정들이 은밀하게 일을 꾸미고 있음을 알 수 있다.

② [B] O / 음성 상징어는 의성어나 의태어를 의미한다. '와락와락'이라는 의태어를 활용하여 홍 씨가 서희의 멱살을 잡고 흔드는 행동을 격렬하게 나타내고 있으며, '고래고래'라는 의태어를 활용하여 홍 씨가 서희에게 소리지르는 모습을 격렬하게 표현하였다.

③ [A] O, [B] O / 조금은 치사하다는 생각이 들 정도로 선지를 구성했다. 보통 서술상의 특징을 판단할 때는 분량을 감안해서 대화나 행동 중심인지, 심리 중심인지 판단한다. 출제자는 이 부분을 노렸다. 선지를 다시 보자. [A]에는 '중심으로'라는 표현이 있지만, [B]에는 '중심으로'라는 표현이 없다. 그리고 [B]는 분명 대화나 행동이 대부분이지만, 심리 서술이 한 문장 있다. 그것을 찾도록 요구한 것이다.

[A] 부분은 윤보 일행이 조준구의 집을 습격하기 전, 장정들이 하나둘씩 모여드는 장면을 제3자의 시선으로 서술하였으므로 관찰 중심의 서술에 해당한다. [B]에서는 홍 씨와 서희가 대립하는 과정에서 서희의 심리를 '그는 죽을 생각을 했던 것이다.'와 같이 직접적으로 서술하고 있다.

④ [A] O, [B] O / [A]는 '~자정이 넘었다.', '~장정들이 모여들었다.'와 같은 과거형 시제에서 '~개들이 짖는다.', '~집집에선 인적기가 난다.'와 같이 현재형 시제로 변화하고 있다. 현재형 시제로 진술하면 사건을 생생하게 전달하게 되어 긴장감을 주는 효과가 있다. [B]에서도 현재형 시제를 활용함으로써 홍 씨와 서희가 대립하는 모습을 생생하게 나타내고 있다.

02

정답설명

③ 홍 씨는 서희가 물려받아야 할 최 참판가의 재산을 가로챘으므로, 서희의 존재가 눈엣가시일 것이다. 이런 대립의 상황에서 간밤의 습격을 서희와 관련이 있는 것으로 몰아가고 있으므로 선지의 내용은 적절하다.

오답설명

① 삼수는 윤보에게 찾아가 "왜놈들하고 한통속인 조가 놈"을 먼저 쳐서 의병 자금을 확보한 후 의병 활동을 하라고 이야기하였다. 하지만 삼수의 말 중 윤보의 계획을 숨길 수 있다는 내용은 찾아볼 수 없다.

② 삼수는 윤보의 계획을 동네에 알리겠다며 협박하고 있지 않으며 오히려 윤보 무리를 도와 조준구를 제거하고자 하고 있다.

④ "사람 영악한 것은 범보다 더 무섭다는 말 못 들으셨소?"라는 서희의 말은 서희 자신이 앞으로 영악하게 행동한다면 홍 씨에게 위협을 가할 수 있다는 의미로 홍 씨에게 경고를 한 것이다.

⑤ [줄거리]는 출제자가 문제 풀 때 쓰라고 제시하는 것이다. 반드시 확인하면서 문제를 풀어야 한다. [중략 부분의 줄거리]를 보면, 지난밤 삼수는 조준구를 도와주었다. 조준구가 분노하는 이유는 삼수가 자신을 직접 습격했기 때문이 아니라, 지난밤 자신을 습격했던 무리가 삼수와 관련이 있다고 생각하기 때문이다.

03

정답설명

③ 소설에서 인물의 행동에 대해 물어보는 문제는 보통 표면적인 행동이 아니라 이면의 의도를 물어볼 때가 많다. 따라서 상황과 문맥에 따라 인물의 의도를 정확하게 체크해야 실수를 하지 않는다. 봉순이가 달려들어 서희의 몸을 잡아당긴 것은 홍 씨로부터 서희를 보호하려는 의도로 한 행동이다. 따라서 이를 통해 봉순이와 서희의 협력 관계가 약화되고 있다고 보기는 어렵다.

오답설명

① 윤보는 저항 세력, 삼수는 기회주의자이다. 윤보는 삼수의 말을 듣지 않은 것으로 해 두겠다며 삼수를 돌려보냄으로써 삼수와의 협력 관계를 거부하였다.

② 타작마당에 모여든 장정들은 윤보와 뜻을 같이하는 사람들이다. 윤보가 최 참판가를 습격하려는 것은 의병 자금을 확보하기 위함이므로, 이들은 친일 세력에 저항하는 의병들임을 알 수 있다. 또한 "왜놈과 한통속인 조가부터 치고 보믄~아니겠소."라는 삼수의 말을 통해 조준구가 친일 세력임을 알 수 있다.

④ 처음에 서희는 홍 씨의 모욕을 받고 죽을 생각으로 연못가로 향했으나, "내가 왜 죽지? 누구 좋아하라고 죽는단 말이냐?"라고 말하며 태도를 바꾸어 홍 씨에게 맞서고 있다. 따라서 앞으로 홍 씨와 서희의 대립이 이어질 것임을 예측할 수 있다.

⑤ 조준구가 헌병들을 앞세워 삼수를 죽이겠다고 고함을 지르는 장면에서 삼수는 자신이 조준구의 목숨을 구해 주었음을 상기시키며 간밤의 습격과 관련이 없음을 호소하고 있다. 삼수는 윤보를 찾아가 조준구의 집을 칠 것을 제안했으면서도 윤보 일행이 습격하자 마루 밑에 숨어 있는 조준구와 홍 씨를 구하는 이중적인 모습을 보이고 있으므로 조준구와 삼수의 관계는 상황에 따라 변한다는 것을 알 수 있다.

memo

이청준 – 자서전들 쓰십시다

지문분석

[지문에서 체크할 것]

※ 시간
  순행

※ 공간
  × / 지문에 공간이 명시되지 않았다.

※ 서술자의 관심사
  3인칭 전지적 작가가 '지욱'의 시선과 심리를 중심으로 사건을 전달하고 있다. 이러한 시점을 3인칭 제한적 시점이라고 한다.

[전체 줄거리]

지욱은 사람들의 자서전을 대필하는 작가다. 그러던 어느 날, 문득 지욱은 자신의 일에 회의를 느낀다. 자신이 온갖 노력을 짜내어 동원한 말들이, 그 말들과는 전혀 무관한 위인들의 자서전에 쓰인다는 것이 무의미하게 느껴졌기 때문이다. 지욱은 고민 끝에, 과거를 미화하는 자서전을 의뢰한 코미디언 피문오 씨의 일을 거절하기로 하고 그에게 사죄의 편지를 부친다. 그리고 마지막으로 진정한 글쓰기에 대한 기대를 안고 다음 의뢰자를 만나러 간다. 의뢰자는 산간벽지에서 오랜 세월 10만 평의 황폐한 야산을 옥토로 개간한 최상윤 선생이었다. 그러나 막상 만난 최상윤 선생은 확고한 자기 믿음과 투철한 자신감으로 포장된 아집(자기중심의 좁은 생각에 집착하여 다른 사람의 의견이나 입장을 고려하지 아니하고 자기만을 내세우는 것)을 가진 사람으로, 자신의 신념을 강요하는 외곬의 삶을 사는 사람이었다. 이에 두려움을 느낀 지욱은 대필 여부를 확답하지 못하고 집으로 돌아온다. 그러나 거기에는 대필을 거절하는 지욱의 편지에 분노한 피문오 씨가 있었고, 지욱은 행패를 부리는 피문오 씨에게 수모를 당하면서 최상윤 선생을 떠올린다. 그리고 최상윤 선생 역시 진정한 글쓰기의 대상이 될 수 없음을 깨닫는다. 지욱이 쓰고 싶던 자서전은 자신의 삶에 대한 진지한 성찰에서 깨달은 삶의 가치를 담은 것이었기 때문이다. 자신의 과거를 포장하려는 피문오 씨나, 모든 것을 자기 뜻대로 할 수 있다고 믿고 이를 인정받고자 하는 최상윤 선생은 진정한 성찰을 할 수 없을 것이라는 생각을 한 지욱은 홀로 '자서전들 쓰십시다.'라는 환청에 넋을 빼앗긴다.

문제분석 01-04번

번호	정답	정답률 (%)	선지별 선택비율(%)				
			①	②	③	④	⑤
1	②	87	2	87	5	4	2
2	⑤	64	23	2	8	3	64
3	③	72	7	7	72	8	6
4	①	82	82	6	5	3	4

01

정답설명

② 3인칭 서술자가 중심인물인 지욱에게 초점을 맞추어 그의 내면을 묘사하고 있으며, (중략) 이전 부분에서는 지욱의 내적 갈등을, (중략) 이후 부분에서는 피문오 씨와의 외적 갈등과 그에 따른 지욱의 내적 갈등을 제시하고 있다.

오답설명

① 윗글에서는 장면을 빈번하게 교차하고 있지 않다.

③ (중략) 이후 부분에서 서술자가 피문오의 행위를 '장갑을 몰아 쥔 한쪽 손을 피스톤처럼 마구 지욱의 턱 앞으로 내질러 대고 있었다.' 등과 같이 묘사하고 있으나, 서술자는 이야기 내부가 아니라 외부에 위치하고 있다. 또한 서술자가 사건의 원인을 추리하고 있지도 않다.

④ (중략) 이후 부분에서 지욱과 피문오 사이의 대화가 드러나기는 하지만, 이를 통해 인물이 겪은 사건의 비현실적인 면모를 드러내고 있지는 않다.

⑤ (중략) 이전과 이후 부분 모두 공간의 이동이 드러나지 않으며, 서술자를 교체하여 사건에 대한 다양한 관점을 서술하고 있지도 않다.

02

정답설명

⑤ 피문오는 자신의 자서전을 대필해 주지 않는 지욱에게 그 이유를 솔직하게 말해 달라며 마구 윽박지르고 있다. ⓜ의 경우 피문오가 자신의 자서전을 대필해 주지 않고 그 이유도 솔직히 말해 주지 않는 지욱을 "남의 말을 알아듣는 덴 귀가 꽉 멀어" 버린 사람으로 매도하며 비아냥거리고 있는 부분이다. 따라서 지욱으로 하여금 자신에 대한 의구심을 풀 것을 독촉하고 있는 것으로 볼 수 없다.

오답설명

① 피문오는 자신의 자서전을 대필하지 않겠다는 지욱이 그 이유를 "양심" 때문이라고 밝히자, 그 말을 "말재간"이라고 표현하며 무시하고자 하는 모습을 보인다. 따라서 경멸의 감정을 드러내고 있는 것으로 이해할 수 있다.

② 피문오가 지욱에게 자신이 "말귀도 못 알아들을 바보 멍청이"로 보이느냐고 윽박지르는 것은 자신이 무시당하고 있다고 여기며 성난 감정을 드러내는 것으로 이해할 수 있다.

③ '지욱은 그만 기가 콱 질리고 말았다.', '그는 부들부들 떨려 오는 두 다리를 간신히 버티고 선 채 절망적인 눈초리로 피문오 씨의 폭풍우 같은 수모를 고스란히 견디고 있었다.'와 같은 표현으로 미루어 볼 때, ⓒ에서 지욱이

아무 말도 하지 못하는 모습은 수모를 당하여 주눅이 들어 항변도 하지 못하고 있는 것으로 이해할 수 있다.

④ 피문오는 자신이 무시당하고 있다고 여겨, 지욱의 해명을 요구하며 폭언을 하고 있다.

03

정답설명

③ 〈보기〉에서 '주인공은, 후회나 의문이 없는 확신에 찬 태도로 독자를 사로잡는 주장을 하는 사람보다는 타인의 삶에 기여할 수 있는 정직한 고백을 하는 사람을 원한다.'라고 하였다. 해당 선지에서는 '후회나 의문이 없는 삶을 주장할 수 있다는 점'에서 감동적인 자서전적 인물상에 부합한다고 하였으므로, 〈보기〉의 관점과 맞지 않는 것으로 판단할 수 있다. 실제로 지문에서 지욱은 최상윤에 대해 '감동적인 자서전적 인물상'으로는 치명적인 결함을 가진 인물이라고 표현하고 있다.

오답설명

① 〈보기〉에서 '주인공이 바라는 의뢰인은 작가의 의사를 존중하면서 삶을 거짓 없이 성찰하는 사람이다.'라고 하였다. 이에 따르면 최상윤은 작가에게 압박감을 줄 정도로 자기 독단이 강하다는 점에서 '감동적인 자서전적 인물상'에 부합하지 않는다. 또한 '주인공은, 후회나 의문이 없는 확신에 찬 태도로 독자를 사로잡는 주장을 하는 사람보다는 타인의 삶에 기여할 수 있는 정직한 고백을 하는 사람을 원한다.'라는 부분을 통해, 확신에 찬 태도로 신념을 내세우는 것은 독자를 사로잡는 자기주장을 하는 것이라는 점에서 감동적인 자서전적 인물상에 부합하지 않음을 알 수 있다.

② 〈보기〉에서 '주인공이 바라는 의뢰인'은 '삶을 거짓 없이 성찰하는 사람이다.'라고 하였다. 지욱은 회의가 없는 자서전은 거인의 동상에 불과하다며 이를 부정적으로 판단하고, 의식의 경화 역시 부정적으로 여긴다. 따라서 스스로 회의하며 의식의 경화를 경계할 줄 아는 것은 삶을 거짓 없이 성찰할 수 있다는 점에서 감동적인 자서전적 인물상에 부합한다고 볼 수 있다.

④ 〈보기〉에서 '주인공은 자서전 대필 작가로서의 글쓰기에 환멸을 느끼고 있다'고 하였는데, 이는 '이러한 글쓰기는 의뢰인의 삶을 미화하여 결국 의뢰인에게 아첨하는 것일 뿐이기 때문'이라고 하였다. 이에 따르면, 자서전을 쓰라고 반말 투로 윽박지르는 피문오는 지욱이 자서전을 통해 자신에게 아첨하기를 요구하는 인물로 볼 수 있으므로 감동적인 자서전적 인물상에 부합한다고 할 수 없다.

⑤ 피문오는 지욱이 자서전 대필을 거절하면서 그 이유로 밝힌 '양심'을 '알량'하다고 표현하면서 자신이 지욱의 양심에 있어 들러리가 아님을 주장하고 있다. 이는 작가를 존중하지 않고 자신의 삶을 미화하도록 요구한다는 점에서 감동적인 자서전적 인물상에 부합한다고 할 수 없다.

04

정답설명

① 피문오는 '자서전'이나 '회고록'을 쓰는 행위를 '고장 난 시계나 라디오'를 고치는 것, '채권'이나 '부서진 우산이나 빈 병'을 사는 것에 빗대며 우롱(사람을 어리석게 보고 함부로 대하거나 웃음거리로 만듦)하고 있다. 이는 자서전을 쓰는 행위를 대단할 것 없는 행위라 표현하면서 그 가치를 폄하하여 지욱에게 모욕감을 주기 위해 패악을 부리는 것으로 볼 수 있다.

오답설명

② 피문오는 자서전을 팔기 위한 방법을 알려 주기 위해서가 아니라 지욱에게 모욕감을 주기 위해 ⓐ와 같이 외쳐 댄 것이다.

③ ⓐ는 지욱이 생각하는 자서전의 가치를 폄하하기 위해 비아냥거리는 내용이므로, 자신이 '무식한 놈'이 아님을 과시하기 위한 것으로 볼 수 없다.

④ 피문오는 자서전을 쓰는 행위를 폄하하고 있으므로, 더 많은 사람들에게 권해야 한다고 지욱에게 요청하고 있는 것으로 볼 수 없다.

⑤ 지욱은 피문오의 자서전 대필을 거절한 상태이며, 피문오는 지욱의 거절에 모멸감을 느껴 자서전을 고장 난 시계나 라디오 따위에 빗대어 비하하고 있다. 따라서 자서전 쓰기에 소재를 제공하고자 자신의 직업적 능력을 발휘하고 있는 것으로 볼 수 없다.

05 2020학년도 11월

김소진 – 자전거 도둑

지문분석

[지문에서 체크할 것]

※ 시간
순행 (작품 전체로 보면 역순행적 구성을 취하고 있으나, 제시된 부분에서는 순행적 구성을 보이고 있다.)

※ 공간
(중략) 이전 : 아버지의 구멍가게
(중략) 이후 : 집 → 수도상회(혹부리 영감네 가게) → 아버지의 구멍가게

※ 서술자의 관심사
1인칭 주인공 시점이다. 1인칭 서술자 '나'는 아버지의 구멍가게를 중심으로 경험을 서술하고 있다.

[전체 줄거리]

'나'는 자신의 자전거를 훔친 것이 동네의 에어로빅 강사 서미혜임을 알게 된다. 그 일을 계기로 '나'와 자전거 도둑 서미혜는 서로 친구처럼 지낸다. '나'는 서미혜를 보면서 영화 〈자전거 도둑〉을 생각한다. 영화의 주인공인 브루노는 '나'와 많이 닮아 있는 인물이었고, 그를 통해 '나'는 기억하기 싫은 자신의 어린 시절을 떠올린다.

어린 시절의 '나'는 구멍가게를 꾸려 나가는 아버지를 도와 도매상으로 물건을 떼러 다녔는데, 어느 날 계산 착오로 소주 두 병이 빠져 있음을 알게 된다. 그러나 도매상인 혹부리 영감은 자신의 실수를 인정하지 않았다. 그 후 아버지는 손해를 보상받기 위해 소주 두 병을 슬쩍 훔치나 주인 영감에게 그 사실이 발각된다. 발각된 순간, '나'는 겁에 질린 아버지를 대신하여 도둑이라는 누명을 쓰고 만다. 실제 도둑질을 한 아버지는 혹부리 영감이 자식을 호되게 교육시킬 것을 요구하자 '나'의 뺨을 갈긴다. 이 일을 겪은 '나'는 죽는 한이 있어도 애비라는 존재는 되지 않겠다고 결심한다. 그리고 후에 혹부리 영감의 가게에 몰래 침입하여 가게를 쑥대밭으로 만들어 놓는 복수를 한다. '나'의 복수로 인해 혹부리 영감의 가게는 파산하고, 얼마 후 혹부리 영감은 죽게 된다.

'나'와 마찬가지로 서미혜도 이러한 어릴 적의 어두운 기억을 가지고 있다. 서미혜는 어린 시절, 간질 때문에 정상적인 성장을 멈춘 오빠로부터 성적인 상처를 받아, 엄마가 집을 비우며 부탁했던 오빠의 식사 심부름을 하지 않고 며칠 동안 그를 방치하여 죽음에 이르게 한 아픔을 지니고 있다. '나'와 서미혜는 〈자전거 도둑〉이라는 영화를 통해 서로의 상처를 확인하게 된 것이다. 서로의 상처를 확인한 후 '나'는 서미혜와의 만남을 회피한다. 그러던 어느 날, '나'는 우연히 다른 사람의 자전거를 훔쳐 타고 있는 서미혜를 발견한다.

문제분석 01-03번

번호	정답	정답률 (%)	선지별 선택비율(%)				
			①	②	③	④	⑤
1	①	95	95	1	2	1	1
2	⑤	91	1	2	1	5	91
3	⑤	76	5	5	12	2	76

01

정답설명

① '나중엔 아버지까지 함께 내려가서 하소연을 해 봤지만 돌아온 대답은 정 그렇게 우기면 거래를 끊겠다는 협박성 경고뿐이었다. 거래가 끊긴다면 아버지한테는 큰 타격이 아닐 수 없었다.', '결국 아버지는 자신의 과오를 인정하지 않을 수 없었다.'라는 부분을 통해 혹부리 영감이 끝끝내 소주 두 병을 내어 주지 않았으며, 아버지는 거래가 끊기는 것이 두려워 이를 받아들일 수밖에 없었다는 것을 알 수 있다.

오답설명

② '아버지의 얼굴은 맞보기가 민망할 정도로 금세 하얗게 질렸다.'를 통해 아버지는 '나' 앞에서 당황한 내색을 숨기지 못했음을 알 수 있다.

③ 아버지는 '나'가 '미키대장군'이라는 캐러멜을 집어 먹은 일에 대해, '나'의 목덜미에 당수를 내리꽂으며 혼을 냈으므로 아버지가 '나'의 잘못을 묵인했다는 이해는 적절하지 않다. 혹부리 영감과의 잘못된 거래는 결국 바로잡지 못했으나, '나'를 보내 자초지종을 말하게 하는 등 소주 두 병을 돌려받기 위해 노력했으므로 혹부리 영감과의 잘못된 거래를 바로잡으려 노력했다는 부분은 허용할 수 있다.

④ 혹부리 영감은 '나'의 자초지종을 듣고도 '애초 자기 눈앞에서 까 보이지 않은 것은 인정할 수 없다며 막무가내였'으므로, '나'의 염려를 덜어 주었다는 이해는 적절하지 않다.

⑤ '아버지도 가게 일을 수월하게 보려면 잔심부름꾼인 나를 무시하고는 아쉬울 때가 많을 터였다.~막내인 나는 번번이 아버지의 뒤로 팔을 늘어뜨린 채 졸졸 따를 수밖에 없었다.'를 통해 아버지가 '나'의 도움을 필요로 했음을 알 수 있다. 그러나 친구들의 시선을 의식하여 우울해 하는 '나'를 위해 아버지가 어떤 행동을 하였는지는 나타나 있지 않다.

02

정답설명

⑤ 혹부리 영감이 아버지와 거래를 끊지 않은 것은 아버지가 혹부리 영감의 잘못을 자신의 과오로 받아들이고 손해를 감수했기 때문이다. 혹부리 영감은 아버지의 형편을 충분히 알고 있음에도 불구하고 '거래를 끊겠다'는 협박성 경고를 하였으므로 '나'가 혹부리 영감에게 유대감을 느꼈을 것이라는 감상은 적절하지 않다.

오답설명

① '한 평도 채 안 되는 구멍가게는~그 구멍가게에 대한 아버지의 몰두와 자존심은 각별했다.'라는 부분은 '나'가 아버지에 대해 떠올린 기억과 이에 대한 생각을 서술한 것이므로 적절하다.

② 캐러멜을 허락 없이 집어 먹은 일에 대해, 아버지는 불같이 화를 내면서도 '나'에게 나머지 네 개의 캐러멜을 쥐어 주었다. '나'는 이 일을 회상하며 아버지의 태도에 대해 '그러고 나서는 좀 머쓱했는지'와 같이 표현하고 있으므로, '나'는 아버지가 속마음을 드러내는 데 서툰 사람이라고 생각하고 있음을 알 수 있다.

③ '나'는 아버지를 도와 잔심부름을 하는 입장으로, '야구 글러브를 끼거나 조립용 신형 무기 장난감 상자를 든 반 친구', '과외나 주산 학원을 가는 여자 아이들'과 대조되는 처지에 있다. '나'는 이들을 만나는 날에는 '정말 그 자리에서 혀를 빼물고 죽고 싶은 생각뿐이었다.'라고 하였으므로, 궁핍한 처지로 인해 마음에 상처를 입었음을 짐작할 수 있다.

④ '나'는 말주변이 없고 중풍 후유증으로 인해 언어 장애가 있는 아버지를 대신하여 혹부리 영감에게 자초지종을 이야기하러 갔지만, 혹부리 영감이 자신의 잘못을 인정하지 않고 오히려 협박성 경고를 하는 모습을 마주하게 된다. 혹부리 영감이 아버지와의 거래 관계에서 우위에 있다는 점을 이용하여 막무가내로 행동하는 것을 보고, '나'가 어린 나이에 이해관계에 따른 어른들의 세계를 느끼게 되었을 것임을 추측할 수 있다.

03

정답설명

⑤ '당신'이라는 호칭으로 보아 ⑩은 성인 '나'의 시선으로 아버지의 행위와 표정을 묘사한 것이라고 볼 수 있다. 또한 ⑩에는 유년 '나'의 심리가 제시되어 있지 않으므로 적절하지 않은 이해이다.

오답설명

① ㉠은 서술자가 등장인물 '아버지'의 내면 심리를 직접적으로 서술하고 있는 부분이다. 〈보기〉에 따르면, 이 경우 독자는 서술자의 해석을 통해 사건을 이해하게 된다고 하였으므로 옳은 반응이다.

② ㉡은 서술자가 과거의 일(유년 '나'의 행위)에 대해 서술하고 있는 부분이다. 〈보기〉에 따르면, 이 경우 독자는 해당 부분의 의미를 스스로 해석해야 한다.

③ ㉢은 서술자가 인물의 외양이나 행위만을 묘사한 경우에 해당한다. 〈보기〉에 따르면, 이 경우 독자는 묘사가 갖는 의미를 스스로 해석해야 한다. 서술자가 유년 '나'로 시선을 제한한 것이라고 볼 경우에도 '아버지'의 내면이 직접적으로 서술되어 있지 않으므로 독자가 스스로 해석해야 한다.

④ ㉣은 서술자가 유년 '나'의 시선으로 '혹부리 영감'의 모습과 행동에 대해 묘사한 것이다. 〈보기〉에 따르면, 이 경우 독자는 사건의 현장을 직접 보는 듯한 느낌을 가질 수 있다.

성석제 – 황만근은 이렇게 말했다

지문분석

[지문에서 체크할 것]

※ 시간

순행 / 황만근이 밤늦게 집을 가던 중 거대한 토끼를 만나 대결하고, 동쪽 하늘이 부옇게 밝아 오는 아침에 토끼와의 대결에서 승리한 이야기가 순차적으로 진행되고 있다. 이후 우물가에서 황만근의 이야기가 되풀이되고, 송편을 세 번 빚을 만큼의 시간(세 해)이 흐른 뒤에 황만근의 집에 어떤 처녀가 들어오게 되는 것까지 시간의 흐름에 따라 이야기가 진행되고 있다.

※ 공간

토끼 고개 → 황만근의 집 → 우물가

※ 서술자의 관심사

3인칭 서술자는 '황만근'에게 주목하고 있고, 그의 이야기를 전해 들은 '민 씨'의 진술을 통해 '황만근'이 겪은 비현실적인 체험을 이야기하고 있다.

[전체 줄거리]

전쟁 때 아버지가 죽고 홀어머니에게서 태어난 황만근은 남들보다 지능이 모자라 어린 시절부터 마을 사람들에게 바보 취급을 받아 왔다. 과부가 된 어머니를 모시고 살던 황만근은 어느 날 자살하려던 처녀를 구해 아들을 하나 얻게 되지만 여인은 아이만을 남기고 떠나 버린다. 그 이후 그는 어머니와 아들을 챙기며 우직하고 성실한 태도로 삶을 살아간다. 그러던 어느 날 황만근이 실종되는 사건이 벌어진다. 항상 마을의 대소사에 적극적으로 참여하고 궂은일을 도맡아 하던 황만근이 사라지자, 마을 사람들은 제각기 불편함을 느끼며 황만근의 부재를 실감한다. 그는 이장의 지시대로 농민 총궐기 대회에 참석하기 위해 경운기를 끌고 갔다 돌아오던 중, 차에 부딪히는 사고로 인해 논바닥에 처박혀 동사해 버린 것이다. 결국, 황만근은 실종된 지 일주일 만에 뼛가루로 돌아오고, 민 씨는 황만근의 생애를 평가한 묘비명을 남기고 다시 도시로 돌아간다.

제시된 지문은 황만근이 군대 징집영장이 나와 신체검사를 받으러 갔다가 돌아오는 길에 거대한 토끼를 만나 대결을 하는 부분이다. 토끼와의 대결에서 황만근이 승리하고, 토끼는 자신을 풀어 주는 대가로 세 가지 소원(어머니가 오래 사시는 것, 아내를 얻는 것, 아들을 얻는 것)을 들어준다.

문제분석 01-04번

번호	정답	정답률 (%)	선지별 선택비율(%)				
			①	②	③	④	⑤
1	②	68	14	68	2	8	8
2	⑤	93	1	2	1	3	93
3	④	91	1	1	4	91	3
4	⑤	81	1	2	3	13	81

01

정답설명

형태쌤의 과외시간

관찰자의 존재

'민 씨'에 대한 얘기는 굳이 왜 들어갈까? '황만근'이 겪은 사건은 비현실적 사건이다. 그리고 '황만근'의 캐릭터도 일반적이지 않다. 이런 상황에서 3인칭 서술자가 '황만근'에 대한 얘기를 독자에게 일방적으로 서술하면, 독자 입장에서는 신뢰도가 떨어지게 된다. 이것에 대한 해결이 바로 '작품 내 관찰자'다. 사건을 직·간접적으로 경험한 관찰자가 존재하면, 독자 입장에서 이야기에 대한 신뢰도가 올라가게 된다. 여기서도 '황만근'의 얘기를 들은 '민 씨'를 관찰자로 중간에 제시하면, '황만근'의 사건이 진짜 어디선가 일어난 것 같은 느낌을 독자가 받게 되고 신뢰도가 올라가기 때문에 '민 씨'에 대한 언급을 중간에 넣은 것이다.

[수능 기출 선지] 사건을 체험한 사람이 직접 서술하는 방식을 취해 작품 내용을 보다 신빙성 있게 하였다.

[수능 기출 선지] 간접 인용을 활용하여 사건 전개의 신빙성을 높이고 있다.

② '팥죽 할마이'가 가리키는 대상이 정확히 누구인지 '민 씨는 모른다.'라며 민 씨의 생각을 외부에 있는 서술자가 서술하고 있으므로, 민 씨가 서술자가 아니라 서술의 대상이 되는 인물이라는 것을 알 수 있다.

오답설명

① 황만근에게 들은 말을 그대로 인용한 것이 아니라 '그 말을 들은 민 씨의 표현'이라고 했으므로, 적절하지 않은 진술이다.

③ ㉠과 ㉡은 서술자의 개입이 드러난 부분으로, 삭제하고 읽어도 황만근과 토끼의 대결이라는 서사를 파악하는 것에는 지장이 없다.

④ 황만근과 토끼의 대결을 서술하는 중간에 서술자의 개입이 나타나서 흐름을 깨고 있으므로, 독자의 몰입에는 오히려 방해가 된다.

⑤ ㉠의 '황만근'의 말을 들은 민 씨'라는 부분과 ㉡의 '황만근'이 말한 '팥죽 할마이'라는 대상을 '민 씨'가 모른다는 부분에서 이 이야기가 황만근이 민 씨로부터 전해 들은 것이 아니라, 민 씨가 황만근으로부터 전해 들은 것이라는 점을 알 수 있다.

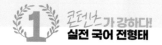

02

정답설명

⑤ '우물'은 "와 밥만 해 놓고 물은 안 떠다 놨나!"라며 물을 떠올 것을 요구하는 어머니의 요청에 따라 황만근이 '물을 뜨러' 간 곳으로, 어머니의 요청을 동네 사람들에게 전하러 간 곳이 아니다.

오답설명

① '여기'는 황만근이 거대한 토끼를 만나 대결을 하게 된다는 점에서 기이한 체험을 하는 공간으로 볼 수 있다.

② '마을'은 토끼가 있는 비현실적인 공간을 벗어나 황만근이 돌아가야 할 일상적인 공간이다.

③ 간신히 눈을 뜬 황만근의 '주변'에 '토끼털이 무수히 떨어져' 있었다는 것을 통해 토끼와 대결했던 지난밤 체험의 흔적이 남아 있는 공간이라고 볼 수 있다.

④ 황만근이 밖에서 어머니를 부르며 '마당'으로 뛰어 들어갔으나 방 안에서 아무 기척이 느껴지지 않았다는 점을 통해 '마당'은 황만근이 어머니에게 변고가 생긴 것이 아닌지 불안을 감지하는 공간이라고 볼 수 있다.

03

정답설명

④ [B]의 '말'은 황만근이 토끼와 대결했던 사연인 [A]의 '이야기' 중 토끼가 "송편을 세 번 먹으면 (마누라가) 네 집으로 올 거다."라고 말한 것을 가리킨다. '송편을 세 번 빚을 만큼의 시간, 곧 세 해가 흐른 뒤에' 실제로 '어떤 처녀가 그의 집으로 들어왔'으므로 '말'의 실현을 통해 '이야기'의 신뢰성이 높아졌음을 알 수 있다.

오답설명

① [A]에서 마을 사람들이 '황만근'을 '우물가로 초청'까지 하였다는 점으로 보아, 여전히 흥미를 느끼지 못했다는 진술은 적절하지 않다.

② [A]에서 황만근이 '입이 아프도록 같은 이야기를 늘어놓아야 했다.'라고 하였으므로, '이야기'의 내용이 점차 달라지고 있다고 볼 수 없다.

③ [B]의 '말'은 '토끼'가 한 것으로, 새로운 등장인물의 말이 아니기 때문에 적절하지 않은 선지이다.

⑤ [B]에서 황만근의 '이야기' 속 '말'이 실제로 이루어지자 '사람들이 황만근을 보는 눈이 달라졌다.'라고 했으므로, '말'의 실현에 대한 공동체의 확신이 있었다고 볼 수 없다.

04

정답설명

⑤ 어머니는 목에 '주먹밥 덩어리'가 걸려 "목이 맥히서 죽을 뿐했"다가 덩어리를 토해 내고 겨우 숨을 건졌다. 이는 황만근 토끼에게 어머니가 오래오래 살게 해달라고 빈 소원이 이루어진 것이므로 토끼의 복수가 아니다.

오답설명

① 〈보기〉에서 '신이한 존재와 대면'하고 '의외의 승리를 거둔다'는 '비현실적 이야기'가 '민담적 특징'을 잘 보여 준다고 했으므로 적절한 설명이다.

② 토끼가 말을 세 번 반복한 것은 '반복적이거나 위협적인 어구'의 사용에 해당하며, 〈보기〉에서는 이를 통해 '언어의 주술성'이 잘 드러난다고 했다.

③ 황만근이 "니는 인자 죽었다"라고 위협했을 때, 그는 토끼의 품에서 팔을 '안 빼는 게 아니라 못 빼고 있는' 불리한 상태였으나, 토끼가 소원을 들어주겠다고 하면서 의외의 승리를 거두게 된다.

④ 황만근이 토끼를 "바보 자슥아"라고 불렀을 때는 이미 황만근이 토끼와의 대결에서 의외의 승리를 거두고 소원을 성취한 후였으므로 신이한 존재의 우위가 변했다는 진술은 적절하다.

07 2021학년도 9월

이기영 – 고향

지문분석

[지문에서 체크할 것]

※ 시간

순행 / (중략) 앞 부분은 '안승학'의 과거 이력이 제시되어 있다. 그러나 과거 이력의 앞 부분에 '현재 장면'이 제시되지 않았고, '안승학'의 과거 이력을 시간의 흐름에 따라 서술하고 있으므로 순행적 구조에 해당한다고 볼 수 있다. '역순행적 구성'은 반드시 '현재 장면 → 과거 장면'의 구성으로 이루어져야 한다.

※ 공간

(중략) 이전 : 우편소 → 안승학의 집

(중략) 이후 : 안승학의 집

※ 서술자의 관심사

3인칭 전지적 작가 시점으로, 특정 인물인 '안승학'에 초점을 맞추어 서술하고 있다.

[전체 줄거리]

동경에서 유학 생활을 하던 김희준은 금전적 어려움으로 고향인 원터 마을로 돌아온다. 5년 만에 돌아온 고향에는 철도가 놓이고 제사(製絲 : 고치나 솜 따위로 실을 만듦) 공장이 들어서는 등 근대화가 진행되고 있었지만, 마을 사람들은 자작농에서 소작농으로 전락하거나 가난을 이기지 못해 고향을 떠나는 궁핍한 생활을 하고 있었다. 김희준은 황폐해진 마을을 풍요롭게 하고, 무지한 농민들을 계몽할 것을 다짐하고 스스로 소작인으로서 농사를 짓는 한편 지속적인 계몽 활동을 벌인다. 새로운 문물을 익혀 이익을 취해 온 마름 안승학은 자식 교육을 핑계로 본부인을 서울로 보내고, 자신은 첩 숙자와 함께 산다. 안승학은 숙자와의 사이에서 난 딸 갑숙을 이 씨 문중으로 시집보내려 하지만, 갑숙과 경호의 관계로 그 계획은 틀어진다. 경호는 읍내 상인 권상철의 아들이 아니라 구장집 머슴 곽 첨지의 아들이었고, 아버지에게 반감을 품은 갑숙은 가출하여 옥희라는 가명으로 공장에 취직한다. 한때 여학교를 다녔던 갑숙은 여직공들의 계몽을 이끌고, 공장 사무원으로 취직한 경호와 약혼한다. 한편, 수재(水災)가 나서 많은 피해를 입은 농민들은 김희준을 필두로 하여 안승학에게 소작료를 감면해 줄 것을 요구하지만 거절당하고, 이를 해결하기 위한 방안과 투쟁을 이어나갈 것을 논의한다. 공장에서 갑숙을 필두로 한 노동자들의 쟁의가 벌어질 때 김희준이 이를 도우며, 이에 감화 받은 갑숙은 소작인을 괴롭히는 아버지에 반대하여 김희준을 비롯한 농민들과 힘을 합쳐 투쟁한다. 그리고 희준과 갑숙은 서로에게 애정을 느끼는데, 이는 이성 간의 감정을 초월한 동지애로 발전한다.

문제분석 01-04번

번호	정답	정답률(%)	선지별 선택비율(%)				
			①	②	③	④	⑤
1	⑤	78	3	1	9	9	78
2	②	95	1	95	2	1	1
3	③	92	3	2	92	1	2
4	④	85	3	4	1	85	7

01

정답설명

⑤ [A]에서는 서술 대상인 '안승학'의 과거 이력을 요약적으로 서술함으로써 '안승학'에 대한 정보를 개괄적(중요한 내용이나 줄거리를 대강 추려 내는 것.)으로 제시하고 있다.

오답설명

① [A]에 '안승학'에 대한 정서적 반응은 제시되어 있지 않으며, 독백적 서술은 주로 1인칭 시점에서 허용할 수 있다.

② [A]에는 '안승학'에 대한 회고적 서술이 나타나 있다. 회고적 서술이란 과거에 있었던 사건이나 경험을 돌이켜 회상하며 서술하는 방식이다. 그러나 성찰적 태도는 행동에 대한 반성적 태도가 나타나야 허용할 수 있는데 [A]에서는 '안승학'에 대한 반성적 태도가 드러나지 않았다.

③ [A]에는 '안승학'에 대한 병렬적 서술이 나타나 있지 않다. 병렬적 서술이란 인과성·유기성이 떨어지는 이야기를 나란히 서술하는 방식이다. [A]에서는 '안승학'의 과거 이력에 대해서만 서술하고 있으므로 병렬적 서술을 허용할 수 없다. 다만 '안승학'에 관한 정보는 반복적으로 제시되어 있다.

 형태쌤의 과외시간

[병렬적 서술]

'병렬'은 서로 다른 2개 이상의 독립적 사건을 나열해야 한다. 이때 '독립적'이라는 것은 인과성·유기성이 떨어지는 사건을 의미한다.

크게 '교차(ABABAB 「한씨연대기」)'와 '단순 나열(ABCD 「민옹전」)'이 있다.

고전 산문에서는 시간의 변화가 아니라 공간의 변화로 동시에 두 사건을 진행하는 경우가 많고, 이때 병렬적 서술이 빈번하게 사용된다.

병렬은 단순 나열이 아니다. - 기출 「금시조」 사례

이때 지문에서는 스승과 싸운 주인공의 사건과 이후 제자를 통해 스승의 향수를 느끼고 있는 주인공의 사건이 제시되었다. 두 개의 서로 다른 사건을 나열했지만 긴밀하게 이어지는 사건이기에 당시에 '병렬적 구성'을 적절하지 않은 선지로 출제하였다.

④ [A]에는 '안승학'에 대한 묘사적 서술이 나타나 있지 않다. 묘사적 서술이란 그림을 그리듯 외양이나 모습, 심리 등을 자세히 풀어 설명하는 것을 말한다. '안승학'에 대한 정보가 단계적으로 제시되어 있다는 부분은

'단계적'의 기준이 애매하기에 힘을 빼고 처리하는 것이 바람직하다.

02

정답설명

② [B]에는 '안승학'이 이웃 사람들이 알지 못하는 새로운 문물인 우편을 이용하는 모습이 드러나 있다. '안승학'은 이웃 사람들에게 우편을 보내는 방법을 보여 줌으로써 새로운 문물이 실생활에 쓰이는 현장을 소개하고는 있으나, 이를 통해 사람들의 생활 방식이 변해야 함을 알려 주고 있지는 않다.

오답설명

① 새로운 문물의 도입으로 이웃 사람들은 '겁을 잔뜩 집어먹고 있'으며 괴상한 소리가 들리자 '귀신을 잡아넣어서' 그렇다는 등 혼란스러워 하는 모습을 보인다.

③ 새로운 문물인 우편소를 보고 이웃 사람들은 무엇인지 몰라서 '겁을 잔뜩 집어먹고 있었'으나, '안승학'은 우편소의 이용 방법을 이웃 사람들에게 보여 주었음으로 새로운 문물에 대해 이해의 차이가 있음이 드러나고 있다.

④ 새로운 문물인 우편소를 접한 이웃 사람들은 '안승학'이 이를 시험해 보이자 '참, 조홧속이다!'라고 놀라는 반응을 보인다. 이를 통해 우편통으로 우편을 보낼 수 있게 된 새로운 세상의 도래에 대한 이웃 사람들의 정서적 충격을 알 수 있다.

⑤ 이웃 사람들은 우편소의 전봇대나 기계에서 소리가 나는 이유를 '귀신을 잡아넣어서' 그런 것이라고 생각했다. 이를 통해 낯선 문물인 우편소가 도입될 당시에는 '귀신'과 같은 신이한 현상을 연상할 정도로 전봇대와 같은 산업 문물에 친숙하지 않았던 문화적 환경을 확인할 수 있다.

03

정답설명

③ '희준'은 '안승학'에게 '요구 조건'을 들어줄 것을 요청하고 있을 뿐, '요구 조건'의 불이행 시 벌어질 일들에 대해 경고하고 있지는 않다. 또한 '안승학' 역시 이러한 '희준'에 대해 염려하는 모습을 보이지 않았다.

오답설명

① '김선달'은 '안승학'에게 '요구 조건'을 들어줄 것을 청하러 온 일행 중 한 명이며, '안승학'이 "문간에서 주인을 찾고 들어와야지."라고 하자 "아무도 없는데 누구보고 말하랍니까? 대문 기둥에다 대고 말씀하랍시오."라고 하며 '안승학'에 대해 비아냥거리는 태도를 드러내고 있다.

② '희준'이 "대관절 어떻게 저희들의 요구 조건을 들어주시겠습니까?"라고 '요구 조건'의 이행을 요청하자, '안승학'은 "못 들어주겠어! 발써 여러 번째 요구 조건은 들을 수 없다고 말했는데"라며 직접적으로 거부 의사를 드러내고 있다.

④ '요구 조건'을 들어줄 것을 청하러 '다섯 사람'이 '안승학'의 집에 찾아왔지만 '안승학'이 이를 거절하는 장면에서 '다섯 사람'과 '안승학'의 갈등이 부각되어 긴장된 분위기를 조성하고 있다.

⑤ '안승학'은 '요구 조건'을 들어줄 것을 청하러 '다섯 사람'이 '안승학'의 집에 '일시에 달려드는 것'을 보고 '적이 마음에 불안을 느꼈'다고 하였다. 이를 통해 갑작스러운 '다섯 사람'의 방문을 통해 '안승학'이 심리적으로 동요하

였음을 알 수 있다.

04

정답설명

④ 〈보기〉에서 설명한 '변화하는 사회적 환경 속에서 사회적 지위가 상승한 인물형'은 지문의 '안승학'에 해당한다. '안승학'은 '요구 조건'을 들어 줄 것을 청하기 위해 자신을 찾아온 다섯 사람에게 "문간에서 주인을 찾고 들어와야지."라며 '위엄스럽게' 하대하면서도 이들을 '호령할 용기는 생기지 않는다'고 하였다. 이때 '안승학'이 '호령할 용기'를 내지 못한 것은 다섯 사람이 일시에 자신을 방문한 것에 불안을 느꼈기 때문이므로, '안승학'의 반응을 자신의 사회적 지위를 인정하지 않는 이들에게 반감을 드러낸 것으로 볼 수는 없다. 또한 '안승학'이 다섯 사람에게 반감을 드러낸 이유는 그들의 '요구 조건' 때문이지 자신의 사회적 지위를 인정하지 않아서가 아니다.

오답설명

① 〈보기〉에서 '안승학'과 같은 유형의 인물들은 '근대 문물에 발 빠르게 적응하면서도 소작제와 같은 전근대적 토지 제도에 편승하는 모습을 보인다'고 하였다. 지문에서 '안승학'은 '이십 년 전만 해도' 콩나물죽으로 연명하던 처지'였으나, 현재에는 '서울 사는 민판서 집 사음까지 얻어 지위를 가지게 되었다고 하였으므로, 소작제를 이용하여 지위가 변한 인물형을 보여 주고 있다.

② '안승학'은 '경부선이 개통'할 무렵의 시대 변화에 적용하여 과거 '콩나물죽으로 연명하던' '근본'에서 벗어난 모습을 보인다. 이를 통해 근대 문물이 유입되는 사회적 환경에 적응하여 지위가 상승하게 된 인물형을 보여 주고 있다.

③ '안승학'은 '친구의 심부름으로' 혼수 흥정을 하러 갔을 때, '목판차를 맨 처음으로 먼저 타고' 서울을 가 보았고 이를 자랑한다. 이를 통해 〈보기〉에서 제시된 근대 문물을 체험해 보지 못한 사람들에게 근대 문물에 대한 경험이 있다는 것을 과시하는 '안승학'의 태도를 보여 주고 있다.

⑤ 〈보기〉에서 '사회적 지위가 상승한 인물형'들은 자신만의 이익을 추구하는 속물적 인물형을 보인다고 하였다. 지문의 '안승학' 역시 '요구 조건'을 들어 줄 것을 청하러 찾아온 사람들에게 "피차의 물질상 손해"만 더 나게 하지 말고 "일찍이 나락을 베는 것"을 종용함으로써 다른 사람의 이익보다 '사음'인 자신의 사적인 이익을 더 중요시하는 모습을 보여 주고 있다.

08

2021학년도 12월

서영은 - 사막을 건너는 법

지문분석

[지문에서 체크할 것]

※ 시간

역순행 / 처음에 현재 장면이 나오고 '며칠 전 다방에서의 일'이 과거 장면으로 제시된다.(과거1) 그 이후 전장에서의 '한병장'과 '나'의 대화가 나오므로, 또 다른 과거 장면이 삽입되었다.(과거2)

※ 공간

(중략) 이전 : 집 → 다방 → D 고지로 향하는 길

(중략) 이후 : 방, 공터

※ 서술자의 관심사

1인칭 서술자가 자신이 겪은 경험과 내면을 중심으로 서술하고 있다.

[전체 줄거리]

'나'는 월남전에서 돌아온 이후로 일상에 적응하지 못한다. D 고지에 물을 실어다 주던 밤 '나'는 생사를 넘나들었고, 귀환을 소망하던 동료는 총을 맞고 죽었다. 그 밤 이후로 일상은 '나'에게 허무하고 무의미하게 느껴질 뿐이다. 그러한 '나'를 이해해 주는 사람은 아무도 없었다. 가족들은 '나'의 태도를 지겹게 여겼고, 애인인 나미도 '나'의 이야기를 이해하지 못한다. '나'는 생사를 넘나들던 자신의 과거를 훈장을 받은 이유 정도로 치부하는 나미에게 역겨움을 느끼고 도망친다.

'나'는 그 을지무공훈장을 바라보다가, 공터가 내다보이는 창가를 향해 앉는다. 공터에는 쓰레기가 뒹굴고 물이 고여 있는 웅덩이가 있으며 파라솔을 펼쳐 놓고 뽑기 과자를 파는 노인이 있다. 그 노인은 개를 데리고 물웅덩이에서 무언가를 찾는 것에 열중한다. 한 아이가 와서 뽑기 과자를 해 달라고 하자 노인은 실망한 기색으로 돌아선다. '나'는 알지 못하는 이유로 노인이 웅덩이에서 무언가를 열심히 찾는 모습을 자신에 대한 도전으로 여기고 분노를 느낀다. '나'는 캔버스 앞에 앉지만 그림은 그려지지 않고, 자신이 존경하던 L 교수와의 일화를 거짓이라고 생각한 채 흉상을 부수고 나온다.

'나'는 노인에게 뽑기를 주문하고 무엇을 잃어버렸느냐고 묻는다. 노인은 아들이 월남전에 나가 목숨값 대신 받은 훈장을 잃어버렸으며, 자신은 손녀딸과 아들이 남겨 놓고 간 개와 살고 있다고 말한다. 노인의 말에 묘한 희열을 느낀 '나'는 노인에게 삶의 허무를 가르쳐 주고자 자신의 훈장을 웅덩이에 던져둔다. 노인이 훈장을 발견하지 못하자 '나'는 미리 표시해 둔 곳에서 훈장을 찾아 꺼낸 척을 한다. 한 소년이 '나'와 노인 사이에 끼어들고, 이내 노인은 '나'에게 경멸하는 눈빛을 보내며 등을 돌린다. 그 소년은 노인의 옆집에 사는 아이였는데, 노인의 손녀딸이 이미 죽었고, 개 또한 아들이 남긴 것이 아니라 주워 온 것이라는 사실을 알려 준다. 소년의 말을 들은 '나'는 노인이 자신의 예상보다 더 깊이 삶의 허무함을 체감하고 있고, 거짓말로 본인의 허무를 극복하려 했음을 이해하게 된다.

문제분석 01-04번

번호	정답	정답률 (%)	선지별 선택비율(%)				
			①	②	③	④	⑤
1	②	89	6	89	1	3	1
2	①	88	88	3	2	4	3
3	①	79	79	2	4	10	5
4	④	76	4	5	5	76	10

01

정답설명

② [A] O, [B] O / [A]는 '나'가 '나미'에게 전쟁에 대한 경험을 말해 주는 부분이며, 구어체를 사용하여 '나'가 경험한 사실을 생생하게 전달하고 있다. [B]는 '잡힌다.', '내린다.' 등에서 현재형 시제를 활용하여 '나'가 관찰하고 있는 '노인'의 모습을 생생하게 나타내고 있다.

오답설명

① [A] X, [B] X / [A]는 '나'가 과거를 떠올린 것이기 때문에 회상 장면을 삽입한 것이지만, '이제부터 정말 위험이 시작된 것이라 싶더군.', '그도 또한 견디기 어려운 문제였지.'라며 '나'의 주관적인 감정을 내비치고 있다. [B]는 '노인'과 '나'의 행동을 순차적으로 서술했으므로 시간의 흐름에 따라 사건을 서술한 것으로 볼 수 있지만, '얼마 후에 나를 놀라게 하는 일이 벌어진다.', '나는 완전히 안정을 잃고~노인은 무슨 실없는 망상을 하고 있는 걸까.'와 같이 '나'의 주관적인 감정을 내비치고 있기 때문에 상황을 객관적으로 전달하고 있다고 볼 수 없다.

③ [A] X, [B] X / [A]에서는 '나'와 '한병장'이 차를 타고 이동하고 있으나 둘은 갈등 관계에 있지 않으므로 '인물들의 외적 갈등'을 허용할 수 없다. [B]에서는 '노인'의 행동에 대한 묘사가 주를 이루며 '공간에 대한 묘사'는 나오지 않는다.('비치파라솔·궤짝·연탄불 따위'는 공간이 아니라 소재다.) 한편 '노인'의 행동에 대해 '나'는 '믿어지지 않는다'고 하고, '노인은 무슨 실없는 망상을 하고 있는 걸까.'라고 서술하고 있는데, 타인인 '노인'을 부정적으로 바라본다는 점에서 '외적 갈등'을 허용할 여지는 있으나, '노인'과 '나'가 대립적 관계에 있는 것이 아니며, '나'는 속으로만 이러한 갈등을 느끼고 있는 것이므로 이는 내적 갈등에 가깝다고 할 수 있겠다.

④ [A] X, [B] X / [A]에서는 '나'와 '한병장'의 대화가 삽입되어 있지만, 갈등 해소 과정을 보여 주고 있다고 할 수 없다. [B]에서는 '어제와 거의 같은 장소에서'의 '노인'의 행동을 묘사하고 있으므로 '반복되는 행동'을 허용하더라도, '노인'에 대한 '나'의 갈등이 해소되고 있다고 볼 수는 없다.

⑤ [A] X, [B] X / [A]에서는 중심인물인 '나'의 말이 제시되고 있지만, 이를 통해 사건들의 인과 관계를 드러내고 있지는 않다. [B]에서는 주변 인물의 말이 제시된 부분이 없으며 사건들의 인과 관계를 드러내고 있지도 않다.

02

정답설명

① '그런데 두부 장수 종소리, 유행가 소리 따위를 의식했을 때 나는 뭔가 맥이 탁 풀리는 것 같았다.~나날이 권태스럽고 짜증스럽기만 했다.'에서

'나'가 일상을 권태롭고 짜증스럽게 느꼈다는 것을 알 수 있다. 이러한 상황에서 '나'는 며칠 전 다방에서 '나미'에게 전쟁 경험담을 전했으므로 옳은 선지이다.

오답설명

② '나'가 D 고지로 향하는 도중 음료수가 떨어진 것이 아니라, D 고지에서 음료수가 떨어졌다는 소식을 듣고 T에서 급수차를 몰아 D 고지로 향한 것이다.

③ '적의 정찰 비행에 발견되면 공중 사격을 받을 우려가 있는' 상황이었으나, '나'와 '한병장'이 적의 정찰 비행에 발견되어 공격을 받는 장면은 나오지 않는다.

④ 제대 후에 결혼할 계획을 밝힌 것은 '나'가 아닌 '한병장'이며, '나'가 "지금까지 마치 꿈을 꾸다가 깨어난 것 같"다고 얘기한 것은 '귀환 후의 꿈같은 생활에 대한 기대'를 말하는 것이 아니라 전쟁이 비현실적으로 느껴졌다는 의미이다.

⑤ '나'는 전장에서 귀환한 후 '이런 전선에서'라는 '긴박감'을 느끼지만, 이를 이해하는 사람은 아무도 없었기 때문에 '권태스럽고 짜증스럽기만' 했다.

03

정답설명

① '오늘도 그가 그토록 진지한 얼굴로 잃어버린 물건을 계속 찾을 것인지. 대체로 그렇지 못할 것이라고 나는 믿고 있다.'에서 '나'는 ⓑ(물건)를 찾는 '노인'의 행위가 중단될 것임을 예감했지만, '노인'의 변화된 모습을 통해 이를 예감한 것은 아니다. 오히려 '피곤하고 지친 모습'으로 나타난 노인은 ⓑ를 찾는 행위를 반복함으로써 '나'를 놀라게 했다.

오답설명

② '사실을 좀 더 명확하게 파악할 필요가 있다. 노인이 찾고 있는 물건의 정체가 무엇인지, 그런저런 것을 알아보노라면 노인의 그와 같은 숙연한 태도와 잃어버린 물건 사이의 상관관계도 알게 될 것이다.'에서 확인할 수 있다.

③ '무엇이 노인에게 저토록 소중하게 여겨진단 말인가.'에서 '나'는 '노인'이 ⓑ를 가치 있는 대상으로 여기고 있다고 판단함을 알 수 있다.

④ '나는 집에 도착한 그 첫 순간에 베일에 가린 듯이 모든 사물, 모든 사람들로부터 차단된 나 자신을 느꼈다.', '그러나 이해하는 사람은 아무도 없었다.'에서 '나'는 ⓐ(모든 사물)과 자신이 차단된 관계에 있는 것을 타인들이 이해하지 못한다고 생각한 것을 알 수 있다.

⑤ '나'는 ⓐ로부터 '차단된 나 자신을 느꼈다'고 하였으므로 ⓐ로부터 소외된 상태에 있다고 할 수 있다. 또한 '노인'은 ⓑ를 잃어버리고 계속 찾고 있으므로 ⓑ를 상실한 상태에 있다고 할 수 있다.

04

정답설명

④ '나방이 떼들'이 차창에 '부딪혀' 죽는 것을 인지하는 것은, 긴장 상태에서 극대화된 인물의 감각 체험을 보여 주는 것이다. '나'는 이 순간 삶의 생동감을 느끼고 있으므로, 이를 통해 전쟁의 실상에 대한 체념적 현실 인식을

갖게 되었다고 볼 수 없다. '현실에 대한 체념적 인식'은 '나'가 일상으로 돌아온 이후에 느끼게 된 것이다.

오답 설명

① '나'는 전장에서 돌아왔지만, 여전히 전선에서의 느낌을 갖고 있다. 또한 이를 '내 몸에 밴 전쟁 냄새'라는 후각적 이미지로 표현하면서, 전쟁을 겪은 과거의 경험을 상징적으로 표현하고 있다.

② 〈보기〉에서는 '청각을 통해 현실에 대한 타인과의 인식 차이를 나타'낸다고 하였다. '나'는 '두부 장수 종소리, 유행가 소리'를 '무의미하고 태평스럽'다고 인식하였고, 이를 '이해하는 사람은 아무도 없었다'고 서술하였기 때문에 '나'의 현실 인식이 타인과 다르다는 것을 의식하고 있음이 드러난다.

③ 〈보기〉에서 '시각을 통해서는 긴장 상태에서 극대화된 감각 체험을 보여'준다고 하였다. '돌', '벌레'와 같은 대상이 사물이 '극도로 정밀해져 마치 입체 영화에서처럼 눈 속으로 뛰어들었다'고 표현하는 것은 긴장 상태에서 '극대화된 감각 체험'을 보여 주는 것이라고 할 수 있다.

⑤ 〈보기〉에서 '체념 상태를 흔드는 사건을 주시하면서 생기는 번민을, 행동을 통해 제시한다'고 하였다. 체념 상태에 있던 '나'는 '믿어지지' 않는 '노인'의 행위를 보며 번민에 휩싸인다. 이러한 번민은 '방 안을 오락가락' 하는 행동으로 표현되고 있다.

09 2022학년도 6월

홍성원 – 무사와 악사

지문분석

[지문에서 체크할 것]

※ 시간

순행 / 지문의 앞부분은 일규의 장례식 후에 있었던 기범과의 과거 일이며, (중략) 이후는 이후 '임 씨'를 만나 사연을 듣는 장면이므로 시간의 흐름에 따라 서술되고 있다.

※ 공간

확인할 수 없다. / (중략) 이전은 장례식장 부근, (중략) 이후는 '임 씨'가 있는 깊은 산골로 추측할 수 있다.

※ 서술자의 관심사

1인칭 관찰자 시점의 서술자인 '나'는 '기범'의 행적을 좇으며 그에 대한 평가를 하고 있다.

[전체 줄거리]

'나'는 '손중호'로부터 친구 '기범'의 사망 소식을 듣는다. 고인의 인척이라도 찾아볼 수 있도록 도와달라는 '손중호'의 부탁에 '나'는 '기범'의 행적을 좇기 시작한다. '기범'은 영민한 두뇌를 가졌으며 법대를 나온 유학생이다. '나'와 '기범'은 동지들과 함께 일제 말 조선인 학생들을 위한 출정식에서 '만세'를 부르기로 하는데, '기범'의 기상천외한 행동으로 거사로 인한 처벌을 면하게 된다. 이후 '기범'은 친일파를 두둔하는 글을 쓰거나, '일규'를 배신하고 상대방 진영에 붙어 민의원 선거에서 패배하게 하는 등의 행동을 하며 부정적 평가를 받는다. '기범'의 배신으로 그와 인연을 끊었던 '일규'가 교통사고로 죽자, '기범'은 무사가 없는 세상에 악사가 무슨 필요가 있느냐며 자취를 감춘다. 10년이 지나 '나'를 찾아오던 '기범'은 교통사고로 죽는다.

문제분석 01-04번

번호	정답	정답률 (%)	선지별 선택비율(%)				
			①	②	③	④	⑤
1	②	92	3	92	1	3	1
2	④	90	1	4	2	90	3
3	①	75	75	2	5	15	3
4	⑤	89	2	4	1	4	89

01

정답설명

② 서술 부분에서 '나'라는 표현이 나왔다면, '이야기 외부의 서술자'는 바로 X로 처리할 수 있다. '기범'에 대한 서술자 '나'의 관념적(견해나 생각이 주를 이루고 있는) 평가가 [A]에 집약되어 있다.

오답설명

① [A]에서 '나'는 기범의 말을 '요설'로 표현하고 있고, '솔직하게 살다 간 것 같다.', '너무나 당연하다.'와 같이 자신의 주관적인 견해를 위주로 서술하고 있기 때문에 객관적인 서술로 볼 수 없다.

③ '기범'의 생각은 서술자인 '나'가 직접 겪었다기보다 추측하고 있는 것이므로, '인물의 체험을 바탕으로 사건의 배경을 실감나게' 서술한다고 볼 수는 없다.

④ '나는 다시 기범이 지껄였던 과거의 요설들이 생각난다.'에서 '회상'을 하고 있으나, '이야기 외부의 서술자'가 아니므로 이 선지는 바로 거를 수 있다.

⑤ [A]에서는 '나'가 '기범'의 내면을 추측하고 있고, '그의 난해성이 또 한 번 나를 혼란 속에 빠뜨린다.'라고 하였으므로 선지의 뒷부분은 허용할 여지가 있다. 그러나 '이야기 외부의 서술자'에서 바로 오답으로 잡아낼 수 있다.

02

정답설명

④ '기범'이 어딘가로 떠난다거나 홀쩍 사라져 버리겠다는 약속을 한 것은 아니므로 '약속을 곧바로 실행에 옮긴 행위'를 허용할 수 없다. '나'는 '기범'의 이해할 수 없었던 행위를 '임 씨'와의 대화를 통해 조금씩 이해해 가면서 놀라움을 드러낸 것이다.

오답설명

① ㉠ 이전의 '기범은 순간 잔을 던지고 미친 듯이 웃기 시작했다.'와 ㉠ 이후의 '그의 눈에서 번쩍이는 눈물을 보았기 때문이다.'를 통해 유추할 수 있다.

② 도회지에 살던 사람이 깊은 산골을 찾는 이유를 알 수 없고, "뭔가 세상에 죄를 짓구 숨어 사는 분이 아닌가 했습니다.~수염까지 기르셨거든요."라고 하였으므로 이를 연결 지어 생각할 수 있다.

③ 상식적인 관점에서는 세상이 깨끗해지길 바라는 것이 일반적이나, '기범'은 그 반대로 생각하고 있었으므로, '임 씨'는 그러한 관점을 '이상한 눈'이라고 표현한 것이다.

⑤ 기범이 말하던 '미련한 놈'은 '오일규'임을 추측할 수 있다. 미련하다는 것은 부정적인 표현이나, 이를 "착한 일을 뜻하시는 것"으로 이해하는 것은 표면적인 의미 속에 숨겨진 뜻을 우호적으로 파악한 해석으로 볼 수 있다.

03

정답설명

① '나'는 '임 씨'와 대화하기 이전에는 '기범'의 행동과 말을 '온갖 기행과 궤변'이라며 난해하게 여기고 있었다. 그런데 '임 씨'를 통해 '기범'의 '묘한 철학'

을 듣고 나서 '나는 그것이 기범을 이해하는 어떤 열쇠가 아닌가 생각했다.'
라고 했으므로, ⓐ(묘한 철학)를 이해함으로써 '기범'에 대한 '나'의 인식이
전환된다고 할 수 있다.

오답설명

② ⓐ는 '나'가 아닌 '저(임 씨)'가 꺼낸 것이며, '저'가 '기범'을 오해하고 있었다
고 볼 수 없다.

③ '나'가 '기범'의 말과 행동을 '온갖 기행과 궤변'으로 보았다는 점에서 '기범'
에 대해 품은 의문이 ⓑ(요설들)를 바탕으로 한 것이라고 볼 수 있지만,
'저'가 이를 알게 된다는 근거는 없다.

④ '저'는 처음에 '기범'을 "죄를 짓구 숨어 사는 분"으로 오해했으나, ⓐ를 통
해 차츰 그를 이해하게 되었으며, ⓑ는 '나'에게 '기범'에 대한 안 좋은 인식
을 심어 주었으나, '나'는 ⓐ를 통해 그를 이해하게 되었다.

⑤ '저'는 "전 그분의 과거를 몰라서 어떻게 달라졌는지는 잘 모릅니다."라고
하였으므로 적절하지 않다.

04

정답설명

⑤ '기범'이 '일규'를 "입에 올릴 자격이 없다"는 것은 〈보기〉의 관점에서 동일
시의 대상에 대한 존경심의 표현이라고 볼 수 있지만, '기범'이 믿고 있는
"사람만이 지닌 이상한 초능력"은 '일규'와의 동일시를 통한 성취감과는 크
게 연관이 없다.

오답설명

① '일규'는 '기범'이 존경하여 동일시하는 대상이다. 〈보기〉에서 동일시하려
는 상대가 부재한 상황에서는 마음에 상처를 입는다고 하였으므로 적절한
선지이다.

② '일규'가 '기범'을 "발길로 걷어"찬 것은 '기범'이 동일시의 상대로부터 외면
받은 것으로 볼 수 있다. 그럼에도 불구하고 '기범'이 '일규'와 "서로 사랑
했"다고 주장하는 것은 〈보기〉에서 말하는 '외면당하지 않았다고 자신의
처지를 합리화'하는 것에 해당한다.

③ 〈보기〉의 '사람들은 존경하거나 사랑하는 사람을 닮아 가며 그와 자신을
동일시하려는 경향이 있다. 이를 통해 심리적 위안이나 성취감을 느끼기도
하지만'을 통해 알 수 있다.

④ '일규의 죽음'은 '기범'에게 있어 동일시하려는 대상의 부재에 해당한다.
〈보기〉에 따르면, 사람들은 동일시하려는 대상이 부재한 상황에서 마음에
상처를 입으며, 관심을 다른 데로 돌려 그 상황에서 아예 벗어나고자 함을
알 수 있다. 따라서 '기범'이 '깊은 산골'을 찾은 것은 이에 따른 행위로
이해할 수 있다.

10 2022학년도 11월

윤흥길 – 매우 잘생긴 우산 하나

지문분석

[지문에서 체크할 것]

※ 시간
순행

※ 공간
시위 현장(중략 이전 부분은 특정한 '장면'이 제시된 것이 아니므로 '지하철이나 버스'와 같은 공간을 일일이 체크할 필요는 없다.)

※ 서술자의 관심사
3인칭 서술자가 주인공 '김달채'를 주목하여 그의 내면까지 서술하고 있다.

[전체 줄거리]

김달채의 동창 조 박사는 귀국하여 김달채에게 우산을 선물로 준다. 그 우산은 정교하게 잘 만들어진 케이스에 담겨 있었다. 김달채는 우산이 볼수록 대견스럽고 신기하게 여겨진다.

어느 부슬비 내리는 가을밤 김달채는 친구와의 약속 장소인 다방으로 향했으나, 종업원은 김달채의 행색을 보고 불친절하게 대한다. 그러나 종업원은 탁자 위의 우산을 무전기로 보고 김달채를 권력 기관의 특수기관원으로 생각하여 태도가 돌변한다. 종종 일어나는 이러한 일을 계기로 김달채는 밤늦도록 길거리를 배회하면서 우산의 존재를 알리기 위해 갖가지 수단과 방법을 동원하게 된다.

어느 토요일 종로통(종로)을 걸어가고 있을 무렵, 재채기를 하는 사람들을 보고 무슨 일이 벌어지는 중이라고 생각한 김달채는 흥분과 기대감에 사로잡힌다. 그는 시위 현장으로 가 학생들을 거칠게 다루는 사복 경찰들을 향해 목청을 높이고 우산 케이스를 보이지만, 사복 경찰은 거들떠보지도 않는다. 이후 학생들이 화염병에 불을 댕기는 것을 보고 김달채는 화염병은 안 된다며 달려가지만 자신을 경찰로 오해한 학생들에게 돌멩이 세례를 받는다. 김달채는 거구의 장정들에게 끌려가게 되고, 김달채의 주머니에서 떨어진 우산은 젊은이들의 발길에 무수히 짓밟힌다.

문제분석 01-04번

번호	정답	정답률 (%)	선지별 선택비율(%)				
			①	②	③	④	⑤
1	④	96	1	1	1	96	1
2	③	93	1	4	93	1	1
3	⑤	91	2	1	2	4	91
4	⑤	92	2	2	2	2	92

01

정답설명

④ [A]에서는 '김달채'의 행위들(지하철, 버스, 공중변소 등을 배회하기, 실수 가장하기, 목적의식을 드러내기 등)을 나열하고 있는데, 이러한 행위들은 '우산의 존재를 알리'고, 우산에 대한 상대방의 반응을 통해 긴장과 전율을 느끼고자 하는 공통된 한 가지 목적을 가지고 있다.

오답설명

① 이 지문에서의 중심인물은 '김달채'인데, [A]에서는 '김달채'가 알지 못하는 사건을 제시하고 있지 않다.

② 판단해야 할 부분이 세 개나 된다. 공간 이동, 내면 변화, 회상. 이 말은 하나라도 맞지 않으면 답이 아니라는 얘기이므로 오히려 쉬운 선지이다. '지하철이나 버스 혹은 공중변소나 포장마차 안에서, 백화점에서'를 공간 이동으로 볼 여지는 있으나, 공간 이동에 따른 인물 '김달채'의 내면 변화가 드러나지 않았으며, 인물이 회상을 하는 것도 아니므로 적절하지 않다.

③ 동시에 일어난 사건을 병치하지 않았으며, 사건에 대한 서로 다른 관점을 드러내지도 않았다.

⑤ '상대를 달리하여 벌이는 인물의 행동을 서술'은 허용할 수 있으나, [A]에서는 인물의 내적 갈등이나 외적 갈등이 드러나지 않았으므로 선지의 뒷부분은 허용할 수 없다.

02

정답설명

③ (중략) 이후의 '그리 멀지 않은 곳에서 뭔가 벌어지고 있는 중이라고 생각하자 까닭 모를 흥분과 기대감이 그를 사로잡아 버렸다.', '그는 다른 행인들이 종종걸음으로 달아나는 방향과는 정반대 편을 향해 정신없이 달려가기 시작했다.', '달채 씨는 구경꾼들 뒷전에서 작은 키를 한껏 발돋움하고는 시위 현장의 분위기를 살폈다.'를 통해 알 수 있다.

오답설명

① '김달채'가 거리를 배회하며 '새로운 습관을 몸에 붙였'고 '긴장과 전율'을 느꼈다고 했으므로 선지의 앞부분을 허용할 수는 있다. 그러나 그가 우산을 들고 다니는 것은 비를 피하기 위한 것이 아니라 '무전기'를 지닌 권력자를 흉내 내기 위한 것이므로 '김달채'가 비 오는 날을 기다린다는 선지는 적절하지 않다.

② '둘째는, 상대방이 무전기를 지니고 있다고 알아차리는 그 순간부터 사람들의 태도가 확 달라진다는 사실이었다.'를 보고 낚이진 않았겠지? '김달채'가 실제로 가지고 있는 것은 무전기가 아니라 우산이다.

④ '시위 진압의 영향으로 고통 받던 김달채'? 판단할 필요조차 없다.

⑤ 시위 현장에서 '김달채'는 사복 경찰관에게 "당신도 저 차에 같이 타고 싶어?"라는 위협을 받긴 하지만 실제로 닭장차에 끌려가지는 않았으며, 그가 시위에 참가한 것은 아니므로 시위대의 함성에 안도감을 느낀 것도 아니다.

03

정답설명

⑤ 여기서 ㉠(케이스)을 이용하려는 '김달채'의 의도는 허구적 권력 표지를 통해 사람들의 인정을 받고 전율을 느끼는 것이다. 그러나 '사복 차림의 청년'은 ㉠을 '거들떠볼 생심조차 하지 않'았으므로, '김달채'의 의도를 알아챘다고 볼 수 없다.

오답설명

① ㉠은 ㉡(무전기)을 닮은 우산 케이스이다. '김달채'가 사람들의 반응을 종합해서 얻은 몇 가지 결론을 통해 선지와 같이 이해할 수 있다.
② '셋째는, 노골적으로 손에 쥐고 보여 줄 때보다~사람들을 놀라게 하는 데 훨씬 더 효과적이고 반응도 민감하다는 사실이었다.'를 통해 알 수 있다.
③ '첫째는, 진짜 무전기에 익숙한 일부 극소수의 사람들을 제외한 거개의 서민들은 의외로 쉽사리 우산에 속아 넘어간다는 사실이었다.'를 통해 '일부 극소수의 사람들'은 '김달채'의 속임수에 넘어가지 않음을 알 수 있다.
④ '김달채'에게 속지 않는 '일부 극소수의 사람들'은 '진짜 무전기에 익숙한' 사람들이라고 했으므로, 이를 제외한 '거개의 서민들'은 '진짜 무전기'에 익숙하지 않아 ㉠을 ㉡으로 오인했음을 알 수 있다.

04

정답설명

⑤ '김달채'는 시위에 참가한 적이 없으므로 학생들과 유대 관계를 맺었다고 할 수 없다. 유대 관계를 맺은 적이 없으니 이를 단절할 수도 없겠지.

오답설명

① '각계각층의 사람들을 상대로 달채 씨는 실수를 가장하기도 하고 때로는 또렷한 목적의식을 드러내기도 해 가며 우산의 존재를 알리기 위해 갖가지 수단과 방법을 다 동원했다.'를 통해 '김달채'가 각계각층 사람들의 반응을 떠보았음을 알 수 있으며, 이는 〈보기〉에 따르면 권력이 타인들에게 미치는 영향을 살피는 행동에 해당하므로 적절하다.
② '밤늦도록 수고가 많다면서 한사코 술값을 받지 않으려 하던 어떤 포장마찻집 주인의 경우가 단적인 예였다.'에서 '포장마찻집 주인'이 '김달채'의 술값을 받지 않으려고 했음을 알 수 있다. 이는 '김달채'가 무전기를 지니고 있다고 생각했기 때문인데, 무전기는 〈보기〉에서 말하는 권력과 대응되므로, 권력이 인물 간의 우열 관계를 형성하는 요인임을 보여 준다고 할 수 있다.
③ '김달채 씨는 그러잖아도 짧은 머리를 더욱 짧게 깎았다.~선글라스를 끼고 다녀 버릇했다.'에서 '김달채'가 외양에 변화를 주는 모습이 나타나는데, 이는 무전기를 지닐 만한 권력자의 모습을 흉내 내는 것으로 '허구적 권력 표지를 이용하는 데 더 적극적으로 나서'는 의도에 의한 행동으로 볼 수 있다.
④ '달채 씨는 저도 모르는 사이에 앞사람들 틈바귀를 비집고 전면으로 썩 나섰다.~어디서 그런 용기가 솟아나는지 김달채 씨 자신도 깜짝 놀랄 지경이었다.'에서 '김달채'가 자신도 모르게 용기를 내 '사복들'에게 목청을 높이며 항의하는 모습을 볼 수 있는데, 이는 〈보기〉에 따르면 '허구적 권력 표지를 통해 타인의 승인을 얻음으로써' 얻게 된 자신감에 해당한다.

11 2023학년도 6월

채만식 – 미스터 방

지문분석

[지문에서 체크할 것]

※ 시간

역순행 / 처음에 현재 장면(방삼복이 아내와 대화하는 장면)이 나오고, 이후에 과거 장면1(백 주사 부자가 습격당하는 장면)이 나오고 과거 장면2(백 주사가 우연히 방삼복과 만나는 장면)가 나왔다. 이때 중간에 나온 백선봉의 순사 시절은 요약적으로 서술되었기 때문에 장면으로 보기 어렵다. 평가원에서는 요약적으로 제시된 사건은 과거 장면이 아니라고 출제한 적이 있다. **시험장에서 과거 장면을 파악할 때는 '과거 당시의 대화'가 묘사되었는지 여부로 간단하게 체크하는 것이 좋다.** 여기서도 과거 장면1은 요약적 제시로 볼 여지가 있기 때문에 시험장에서는 대화가 나오는 과거 장면2에서만 반응하여 역순행임을 체크하면 된다.

※ 공간

방삼복의 집 → (백 주사와 아들의 집 : 요약적 제시로 볼 여지도 있기에 괄호를 쳤다.) → 종로 길가 → 방삼복의 집

※ 서술자의 관심사

3인칭 전지적 서술자는 백 주사와 관련된 상황을 중점적으로 전달하면서 백 주사에게 초점을 맞춘 서술을 하고 있다. 또한 부분적으로 군중과 동네 사람들의 시선으로 서술한 부분도 있다.

[전체 줄거리]

미스터 방의 집에서 미스터 방과 백 주사가 술을 마신다. 미스터 방의 해방 이전 이름은 방삼복이다. 그는 삼십이 되도록 머슴살이를 하던 인물이었는데, 갑자기 일본과 중국 상해를 떠돌다 고향에 돌아오더니 얼마 안 가 서울로 올라가 살았다. 서울에서는 연합군 포로수용소에 다니며 영어를 익히고, 구두 직공, 신기료장수(헌 신을 수선하는 사람) 등을 하며 간신히 생계를 유지했다.

그러던 중 해방이 되고 미군이 서울에 주둔했다. 그는 미군에게 통역이 필요한 것을 간파하고 자신에게 부귀영화를 안겨줄 미군 장교를 물색한다. 그래서 선택된 사람이 S 소위였다. 미스터 방은 S 소위를 따라다니며 조선을 소개하고 조선인을 만나게 해주는 중간 브로커 역할을 하면서 부를 축적해 갔다. 그러던 중 그가 우연히 길에서 고향 사람인 백 주사를 만난다.

백 주사는 그 아들과 함께 식민지 시대에 경찰서 경제계 주임을 하면서 많은 재산을 모아 위세를 떨치며 살던 인물이다. 하지만 해방이 되자 그동안 원한을 품고 있던 군중의 습격을 받아 모든 세간을 빼앗기고 서울로 도망을 온 상태였다. 그는 미스터 방의 집에서 술을 마시면서 그의 위세를 눈치 채고 고향집과 재산을 다시 찾을 수 있게 해달라고 부탁한다. 이에 미스터 방은 자신을 과시하면서 흔쾌히 수락한다.

그리고 미스터 방은 양치를 했다. 술을 마시면 양치하는 습관 때문이다. 그는 이를 닦고 머금은 물을 현관 앞에 뱉었다. 그런데 그 물이

하필이면 그를 찾아온 S 소위의 얼굴을 향하고 말았다. 분노한 S 소위는 싹싹 비는 미스터 방의 얼굴을 갈겨 버린다.

문제분석 01-04번

번호	정답	정답률(%)	선지별 선택비율(%)				
			①	②	③	④	⑤
1	③	76	2	2	76	12	8
2	①	86	86	2	7	2	3
3	③	93	1	1	93	2	3
4	⑤	46	1	31	7	15	46

01

정답설명

③ "엠병헐 자식, 내가 엠피(미국 헌병)헌테 말 한마디문, 전 어느 지경 갈지 모를줄 모르구서.", "내 말 한마디에, 죽을 놈이 살아나구,~이 자식 경 좀 쳐 봐라⋯⋯."에서 방삼복은 눈앞에 없는 서 주사를 비난하고 위협함으로써 함께 있는 백 주사에게 자신의 위세를 드러내고 있다.

오답설명

① 방삼복이 자신이 꾸미고 있는 일에 관심 없는 상대에게 자기 업무를 떠넘기는 모습은 제시되지 않았다.

② 방삼복이 질문에 대꾸하지 않는 장면은 제시되지 않았다.

④ 방삼복이 차에서 내려 백 주사에게 먼저 알은체한 것은 맞지만, 차를 같이 탄 동승자에게 자신의 인맥을 과시하지는 않았다.

⑤ 백 주사가 방삼복의 이름을 제대로 말하기 전에 방삼복이 말을 가로챈 것은 맞지만, 상대에 대한 열등감을 감추기 위한 것인지는 알 수 없다.

02

정답설명

① ㉠에서는 미군에 기대어 자신의 사익을 추구하는 방삼복의 부정적 모습이 드러나고, ㉡에서는 일본에 기대어 자신의 사익을 추구하는 백선봉의 부정적인 모습이 드러난다.

오답설명

② ㉠ X, ㉡ X / ㉠과 ㉡에서 권력 관계의 역전은 나타나지 않는다.

③ ㉠ X, ㉡ X / ㉠과 ㉡에서 인물이 몰락하는 모습은 나타나지 않는다.

④ ㉠ X, ㉡ X / ㉠에서는 방삼복이 권력을 과시하는 모습이 드러나고, ㉡에서 백선봉은 권력을 휘두르며 재산을 모으는 모습이 드러난다.

⑤ ㉠ O, ㉡ X / ㉠에서는 자신의 권위에 대한 방삼복의 확신이 나타난다. 하지만 ㉡에서 추락한 권위를 회복할 수 있다는 백선봉의 자신감은 제시되지 않았다. ㉡은 백선봉의 권위가 추락하기 전의 모습이다.

03

정답설명

③ '개천에서 용이 난다'는 표현은 시원찮은 환경이나 변변찮은 부모에게서 빼어난 인물이 나는 경우를 이르는 말이다. 하지만 잘나가는 방삼복에 대한 칭찬이나 고향 사람에 대한 자부심이 내재된 표현은 아니다. 이는 '이 녀석이, 언제 적 저라고~심히 불쾌하였고'와 같이 이후 제시된 백 주사의 반감에서 확인할 수 있다.

오답설명

① 빼앗긴 돈과 물건을 모두 찾고자 하지만 '아무런 묘책도 없'는 백 주사의 상태를 강조하여, 그의 답답한 처지를 보여 주고 있다.

② '잡아끄는 대로 끌리어 온 것'에서 엉겁결에 따라가는 백 주사의 모습을 확인할 수 있다.

④ '일조에 몰락'한 자신의 처지를 '신수가 훤히 트'인 방삼복과 비교하면서 '어깨가 옴츠러듦을 느끼는' 백 주사의 모습을 통해, 그가 주눅이 들었음을 확인할 수 있다.

⑤ '자리를 털고 일어설 생각'과 '그러나 참았다.'를 통해, 방삼복에 대한 반감과 기대감을 확인할 수 있다.

04

정답설명

⑤ 백 주사 '가족'의 몰락을 보여 주는 사건들은 맞고, 이를 통해 독자가 통쾌함을 느끼는 것도 허용할 수 있다. 하지만 백 주사의 시선으로 일관되게 초점화한 것이 아니다. 해당 부분은 사건을 전반적으로 보여 주는 서술자의 시선이다. 서술자가 인물에 초점을 맞추면, 해당 부분은 인물의 입장에서 서술이 되어 독자는 그 인물의 내면을 1인칭 시점처럼 섬세하게 파악할 수 있다. [E]를 백 주사의 시선으로 초점화하면 다음과 같다.

> **[E]의 서술**
> 집과 세간 죄다 부수고, 백선봉이 보낸 통제 배급 물자 숱한 것 죄다 빼앗기고, 가족들은 죽을 매를 맞고, 백선봉은 처가로, 백 주사는 서울로 각기 피신하여 목숨만 우선 보전하였다.

> **[E]를 백 주사의 시선으로 서술**
> 집과 세간 죄다 부서지고, 아들이 보낸 통제 배급 물자 숱한 것 죄다 빼앗기고, 가족들은 죽을 매를 맞고, 아들은 처가로, 본인은 서울로 각기 피신하여 목숨만 우선 보전하였다.

오답설명

① 독자는 기본적으로 약자들의 편이다. 부정적인 인물의 풍요로운 생활과 다른 이들의 굶주린 생활이 비교되면, 당연히 부정적인 인물인 백선봉을 비판적으로 보게 된다.

② <보기>에서 세부 항목을 하나씩 나열하여 장면의 분위기를 고조하고 정서를 확장하면 독자에게 현장감을 전해 준다고 하였다. 부정하게 모은 물건

들을 하나씩 나열하면 독자는 당시 사건을 눈앞에서 보는 것과 같은 현장감을 느끼게 되고, 당시 군중들의 편에서 놀람과 분노를 함께할 수 있다.

학생들이 자주 묻는 질문

Q. **분노의 습격을 '들뜬 분위기'라고 할 수 있나요?**

A. '들뜨다'라는 것이 꼭 기쁜 것은 아니다. 분위기가 가라앉지 않고 흥분될 때도 쓸 수 있고, 열이 올라 진정하지 못할 때도 쓴다. 여기서도 군중들이 습격을 통해 친일파를 처단하는 흥분된 분위기를 '들뜬 분위기'라고 한 것이다.

③ [C]에서는 백선봉이 부정적으로 축적한 재산에 대한 냉소적인 서술이 나타난다. 이는 '군중'의 시선으로 초점화한 것으로, 이를 통해 독자는 '군중'의 내면에 공감할 수 있다.

④ [D]의 '하였대서'와 '습격하였다.'를 주목하자. 습격을 한 주체인 '동네 사람'이 부각되고 있다. 이는 '동네 사람'에 초점을 맞춰 서술을 한 것으로, 이를 통해 독자는 동네 사람의 입장에서 백 주사를 바라볼 수 있다.

형태쌤의 과외시간

인물의 시선으로 초점화

　　여러 사람의 심리를 작품 외부에서 고르게 제시하는 일반적인 전지적 작가 시점과 달리, 제한적인 전지적 작가 시점은 각 장면마다 혹은 사건 전체를 특정 인물의 시선으로 초점화하여 제시한다.

　　3인칭 서술자의 시선으로 서술할 때는 작품 전반을 아우르는 안정감 있는 서술을 하거나, 인물이나 상황에 대해 서술자의 견해를 조금씩 드러낼 수 있다.

　　반면 특정 인물의 시선으로 서술할 때는 독자가 인물의 내면을 마치 1인칭 시점처럼 좀 더 세밀하게 들여다 볼 수 있고, 독자와 인물의 관찰적 거리가 가까워진다. 특정 인물의 시선으로 서술할 때 종종 '나'라는 표현이 나오는데, 이는 1인칭 시점으로 바뀐 것이 아니라, 인물의 내적 독백을 있는 그대로 제시하므로 나오는 표현이다.

〈「미스터 방」을 통한 인물의 시선 초점화 알아보기〉

제한적 시점이라고 작품 전체가 제한적인 서술인 것은 아니다. 3인칭 서술자의 시선으로 서술하는 일반적인 파트도 나오지만, 특정 인물에 주목하여 인물의 시선으로 서술하는 부분도 나온다는 것이다. 아래 사례를 참고하자.

[3인칭 서술자의 시선으로 서술] 백 주사에다 대면 미스터 방의 근지야 아주 보잘것이 없었다. 방삼복이는 먹고 자고 꿍꿍 일하고, 자식새끼 만들고 할 줄밖에는 모르는 상일꾼(농부)였다. 그러나마 삼십을 바라보도록 남의 집 머슴살이로, 이집 저집 살고 다니는 코삐뚤이 삼복이었다.

[백 주사의 시선으로 서술] 백 주사는 흔연히 수작을 하면서 내색은 아니하나, 미스터 방이 괘씸하기 짝이 없었다. 이래보여도 나는 삼대조가 진사를 하였고(그 첩지가 시방도 버젓이 있다) 오대조가 호조판서를 지냈고(족보에 그렇게 분명히 올라 있다) 칠대조가 영의정을 지냈고(역시 족보에 그렇게 분명히 올라 있다) 이런 명문거족의 집안이었다.

최인훈 – 크리스마스 캐럴 5

지문분석

[지문에서 체크할 것]

※ 시간

순행 / 과거의 사건(겨드랑이에 생긴 이변과 의사의 소견)을 요약적으로 제시하고 순차적으로 사건이 진행되는 순행적 구성이다.

※ 공간

뜰 → 담 밖 → 은신처 → 한강 근처 → 바위틈

※ 서술자의 관심사

1인칭 주인공 시점이다. 서술자인 '나'는 자신의 상황과 그에 따른 인식을 집중적으로 독자에게 전하고 있다.

[전체 줄거리]

1959년 '나'는 자정이 되어 잠자리에 들려다가 겨드랑이가 아픈 것을 느낀다. 겨드랑이의 통증은 방 안에 있으면 나타나고, 뜰에 나오면 조금 잠잠해지고, 담을 넘어 밖으로 나가면 씻은 듯이 없어진다. '나'는 통증 때문에 통행 제한이 있는 밤에 거리를 몰래 산책하며 자유를 느끼고, 은근히 겨드랑이의 통증을 기다리게 된다. 경관을 만나 숨기도 하면서 '나'는 겨드랑이에 작고 부끄러운 날개가 나와 있는 것을 보게 된다.

1960년 4.19 혁명(이승만의 독재에 항거해 시민들이 들고 일어난 민주주의 시민 혁명)이 지나고 두 달간은 겨드랑이의 통증이 없었으나, 곧 재발하면서 '나'를 괴롭힌다.

1961년 5월 16일 새벽에 나는 한강 근처에서 총소리를 듣고 통행 제한을 어기는 한 떼의 병력을 보게 되는데, 그 심야의 산책자들이 정권을 잡게 된다. 정권을 잡은 산책자들은 통행 제한을 없애지 않고 오히려 계엄령을 내려서 민중을 통제한다. 몇 해의 크리스마스를 지나면서 '나'는 고통이 없어지기 위해서는 통행 제한이 없어져야 한다는 것을 깨닫게 된다.

문제분석 01-04번

번호	정답	정답률 (%)	선지별 선택비율(%)				
			①	②	③	④	⑤
1	⑤	95	1	2	1	1	95
2	④	57	2	10	14	57	17
3	③	94	3	1	94	1	1
4	③	78	1	5	78	2	14

01

정답설명

⑤ 서술자인 '나'는 자신의 상황과 그에 따른 인식을 섬세하게 독자에게 전달하고 있다. 즉, 중심인물인 자신의 내적 반응을 자신의 목소리로 독자에게 제시하고 있는 것이다.

오답설명

① 시간의 순서를 뒤바꾸어 이야기의 인과 관계를 재구성하고 있지 않다.

② 유사한 사건을 반복하여 제시하지 않았으며, 서술의 초점을 분산시키고 있지도 않다.

형태쌤의 과외시간

행동과 사건의 구별

소설에서 '사건'은 '스토리 라인 상에서 변화를 일으키는 요소'라고 정의된다. 따라서 단순한 행위를 모두 사건으로 볼 순 없다.

이 지문에 적용하면, '갑자기 돋아난 파마늘'은 주인공 삶에 변화를 일으키는 요소로 사건이 된다. 하지만 이후에 반복적으로 나타나는 산책은 사건과 관련된 행동이지 사건으로는 볼 수 없다.

③ 서술자는 1인칭으로 고정되어 있으며, 장면에 따라 달라지지 않는다.

④ 공간의 이동에 따른 인물의 경험은 나오지만, 이를 다른 인물의 시선을 통해 서술하고 있지는 않다.

02

정답설명

④ 규칙은 '12시부터 4시까지는 모든 시민은 밖에 나다니지 말기'이다. 다만 이 규칙은 '시민'이 정한 것이 아니라, '관청'에서 정한 것이다. 얼핏 보면 상당히 치사하게 선지를 구성한 것 같지만, 지문의 중심 갈등 상황이 '자유를 통제하는 독재와 시민'의 대립 구도라는 것을 확인했다면, '시민이 정한 규칙'에서 울컥! 하고 손이 갔어야 한다.

오답설명

① '그도 그럴 것이 그 시간(의사와 함께 있는 시간)에는 내 겨드랑은 멀쩡했기 때문'에서 확인할 수 있다. 인물의 신체에 생긴 이상 증상(겨드랑에 튀어나온 파마늘)은 자유에 대한 갈망을 상징하는 것이기 때문에 현실에서는 남에게 실제로 보이지 않는 것이다.

② 선지의 내용 자체는 상당히 이질적으로 다가오지만, '나'의 특수한 상황을 기준으로 판단해야 한다. '나'는 한밤중에 겨드랑이에서 파마늘이 솟구치는 황당한 상황에 처해 있으며, 문제에 대한 유일한 해결 방안은 집을 나가는 것이다. 통행 제한으로 밖을 나갈 수 없는 상황에서 '나'는 하는 것도 없이 뜰의 구석에 앉아 있어야 했다. 지금이야 뜰에서 스마트폰을 하면서 시간을 보내겠지만, '통행 제한'이 있었던 독재 상황을 감안하면 뜰에서 할 것도 없었을 것이다. 따라서 '나'는 (다른 가족이나 순찰자의 시선을 피해) '도적놈처럼 뜰의 어느 구석에 숨어서' 밤을 지낸 것이다.

③ '방에 있으면 쑤시고 밖에 나가면 씻은 듯하다는 것.', '뜰에 나와 있어도 가끔 뜨끔거리고 손을 대 보면 미열이 있던 것'에서 확인할 수 있다.

⑤ 밤에 경관의 눈을 피해 산책을 다니는 것은 작중 상황을 고려할 때 일반적인 행동이 아니다. 이런 자신의 행동을 '나'는 '혁명가'와 '간첩'과 비교하면서 생각해 보고 있으므로 선지의 내용은 적절하다.

03

정답설명

③ ㉠ O, ㉡ X / ㉠(은신처)은 밤 산책 중 경관을 만나서 몸을 숨긴 곳이고, ㉡(바위틈)은 겨드랑이에 무엇인가가 만져지자 이를 확인하기 위해 옷을 벗고자 몸을 숨긴 곳이다. 따라서 ㉠은 ㉡과 달리, 타인의 출현으로 인해 몸을 감춘 공간이라고 할 수 있다.

오답설명

① ㉠ △, ㉡ X / ㉠은 경관의 눈으로부터 몸을 숨긴 곳이고, 일반적인 시민으로서 '엄청난 변모'를 한 곳이다. 이에 따라 '나'는 상당히 긴장하고 있으며, 자신을 '혁명가'나 '간첩'과 비교하기도 한다. 따라서 ㉠이 정신적 안정을 주는 공간이라고 보기 어렵다. 하지만 4번 문제의 〈보기〉를 통해 작품 전체 내용을 고려했을 때, 집 밖의 공간은 주인공에게 자유의 갈망을 일시적으로나마 채워주는 공간이다. 따라서 정신적 안정을 준다고 볼 수도 있으므로 △로 처리하였다. 여러분은 고민할 필요 없다. 어차피 ㉡에서 확실한 X를 하고 넘기면 되기 때문이다. ㉡은 신체적 변화를 확인하기 위한 공간이지, 신체적 회복을 위한 공간이 아니다.

② ㉠ X, ㉡ X / ㉠은 윤리적인 이유로 몸을 숨긴 공간이 아니며, ㉡은 정치적인 이유로 몸을 숨긴 공간이 아니다.

④ ㉠ X, ㉡ X / ㉠과 ㉡ 모두 반복적으로 사용하는 공간이 아니다.

⑤ ㉠ X, ㉡ X / ㉠과 ㉡ 모두 과거의 자신을 긍정하는 공간이 아니다.

04

정답설명

③ '공리적'이라는 것은 '어떤 일을 할 때 자신의 공명과 이익을 먼저 생각하거나 추구하는 것'을 말한다. '나'는 '치료'라는 순수하게 공리적인(계산적인) 이유로 산책에 나섰다. 그런데 산책을 통해 자유의 맛을 알게 된 '나'는 치료할 필요가 없게 되더라도 산책을 그만둘 수 있을지 의심스러워한다. 산책의 성격이 '치료'에서 '일탈 혹은 자유를 향한 탈출'로 바뀐 것이다. 이를 서술자는 숙성되면 성질이 바뀌는 '누룩 반죽'으로 빗대었다. 따라서 이는 '자유의 필요성이 망각'된 것이 아니라, '자유의 필요성'을 절실하게 느낀 상태를 드러낸 것이라 할 수 있다.

오답설명

① 〈보기〉에서 해당 작품은 자유가 억압된 시대적 상황을 배경으로 하고 있다고 하였다. 따라서 '통행 제한'으로 인해 산책의 자유가 제한된 상황은 '자유가 억압되는 시대적 상황'으로 확대하여 볼 수 있고, 이에 대한 문제 제기라고 할 수 있다.

② '파마늘'의 통증이 자유에 대한 요구라는 〈보기〉의 내용과 '파마늘'이 아니었다면 '산책'이라는 '자유'를 실천할 필요가 없다는 지문의 상황을 감안할 때, '파마늘'의 통증이 자유를 얻기 위해 필요한 고통이라는 선지의 내용은 허용할 수 있다.

④ '처음에는 명료하지 않고 미약했던 자유를 향한 의지가 밤 산책을 거듭하면서 심화'된다는 〈보기〉의 정보를 통해 선지의 내용은 허용할 수 있다.

⑤ 〈보기〉에서는 이 작품이 '자유의 가능성과 한계'를 묻는다고 하였다. 자유가 억압된 상황에서 '나'는 산책을 통해 '자유'를 느끼고, 이를 지속함으로써 '자유를 향한 의지'가 선명해진다. 하지만 산책만 거듭한다고 해서 '나'가 진정으로 자유로워지는 것은 아니다. 이 모든 것의 근원은 '자유가 억압된 시대적 상황'이고, '나'가 근본적으로 자유롭기 위해선 '통행 제한' 자체가 없어져야 하기 때문이다. 따라서 '나'의 산책은 문제를 근본적으로 해결할 수 없다는 한계를 가지고 있고, '나'는 자유를 의지대로 실현하기 어려운 상황에 처해 있음을 알 수 있다. 이때 '나'는 이러한 상황을 말을 안 듣는 '귓바퀴'와 같은 '날개'에 빗대어 표현하고, 이를 부끄럽게 여기고 있으므로 선지의 내용은 적절하다.

최명희 – 쓰러지는 빛

지문분석

[지문에서 체크할 것]

※ 시간

역순행적 구성 / 현재 장면의 시간은 화자가 냇물 앞에서 엄마와 대화를 나누는 밤이다. 그러던 중 오동나무를 통해 아버지를 연상하게 되고, '나를 낳으시던 해'(과거)에 나무를 앞마당에 '심으시며'(행동) "기념."(발화)이라고 말하는 과거 장면이 나타난다. 이후 어머니와 대화를 나누는 현재 장면으로 다시 돌아오고, 동생이 '그저께'(과거)에 집에 내려와 '고개를 떨어뜨리더니'(행동) "내가……."(발화)라고 말하는 과거 장면이 한 번 더 나타난다. 과거의 행동과 발화가 명시적으로 나타나 있으므로, 역순행적 구성으로 볼 수 있다. 현재 장면이 나오다가 한 줄이라도 과거의 발화가 제시되면 역순행적 구성으로 판단하면 된다.

※ 공간

(현재) 냇물 앞 → 이사하기로 된 집 / (과거 1) 앞마당
(과거 2) 집

※ 서술자의 관심사

1인칭 주인공 시점으로, 작품 안에 등장하는 서술자가 자신의 이야기를 하며 심리를 드러내고 있다.

[전체 줄거리]

'나'는 아침에 일어나 창문 밖의 마당에서 양치를 하고 있는 남자를 보고 놀란다. 집을 팔고 난 뒤, 아직 이사를 가지 않은 시기에 새 집주인이 계약 날짜보다 이르게 이사를 온 것이다. 그렇게 '나'의 가족은 이사를 나갈 때까지 새 집주인과 며칠간 같이 지내며 불편한 생활을 한다. 새 집주인은 아버지의 서재에 짐을 풀고, '나'는 생전 모습 그대로 두었던 아버지의 서재를 보며 예전에는 법률 학도였지만 죽을 때는 보잘것없는 잡화상의 주인이었던 아버지에 대한 생각에 잠긴다. 서재를 정리하던 중 어머니는 아버지와 결혼하기 전의 편지를 발견하고, 그리움에 눈물을 흘린다.

'나'는 어머니와 냇가로 이동하여 천변에 서서 냇물을 바라본다. '나'는 다리를 건너면 있는 냇물 건너편의 시장을 보며 아버지의 식료품 가게를 떠올린다. 그러곤 동네 사람이 어머니를 '오동나무 아주머니'로 부르는 것을 떠올리고, 마당에 심어진 오동나무의 무성한 잎사귀들의 서걱거리는 소리까지 귓가에 들리는 듯한 느낌을 받는다. 어머니는 사법 고시 준비를 위해 집을 나간 남동생 영익이 머무는 산속의 절을 바라보며 가슴 아파하고, '나' 또한 이사 소식을 듣던 동생의 얼굴을 떠올리며 가슴이 무거워진다. 이사 갈 집은 좁고 어두우며, 불규칙한 마찰음이 들리는 위태해 보이는 공간일 뿐이었다.

'나'는 자신이 태어나 살아오면서 어느새 자신의 한 부분처럼 느끼게 된 집과 이별하면서, 소중히 아끼고 싶었던 마지막 시간이 새 집주인에 의해 무참히 짓밟히는 것을 느낀다. 새 집주인은 잠옷 차림으로 집 안을 활보하며 집의 존재를 증명했던, 가족들이 소중하게 생각한

아버지의 문패를 서슴없이 떼어낸다. '나'는 화를 내고 소리 내 울지만, 아버지가 심었던 오동나무를 팔아 없앨 궁리까지 마친 새 집주인을 보고 바닥에 떨어진 문패, 떨어지는 오동나무의 잎과 같은 아버지의 죽음을 떠올린다. '나'는 바람소리가 마치 오동나무의 우는 곡소리, 빛이 쓰러지는 소리 같다고 생각한다.

문제분석 01-04번

번호	정답	정답률 (%)	선지별 선택비율(%)				
			①	②	③	④	⑤
1	①	83	83	11	2	2	2
2	⑤	89	2	2	5	2	89
3	①	82	82	5	4	6	3
4	②	88	2	88	4	4	2

01

정답설명

① 이사 날짜가 결정되었다는 말을 들은 '영익'은 고개를 떨어뜨리더니 "내가……." 하고 무슨 말을 이으려다 말고 산으로 돌아갔으므로, 가족의 상황을 알고서도 제 생각을 분명히 드러내지 않았다고 볼 수 있다.

오답설명

② "사흘 됐나? 그저께 아니었어요?"라는 '나'의 말을 통해, 영익이 이삼일 전 집에 다녀갔음을 알 수 있다. 따라서 '아들이 출가하여 소식이 끊긴' 상황이 아니다. 또한 어머니는 '나'에게 영익이 언제 다녀갔는지를 물어보았을 뿐, 그의 근황을 궁금해 하지 않았다.

③ '나'는 동생의 말이 아닌, '어머니'와의 대화를 통해 동생이 머무는 절의 위치를 알게 되었다. 또한 '나'는 이미 동생이 이 년째 산속의 절에서 지내고 있다는 것을 알고 있었다.

④ '밤이 깊어지면, 시장 안의 가게들은 하나씩 문을 닫'는다고 했으므로, '시장 안의 가게들'은 밤이 되면 상인들이 장사를 끝내고 집으로 가기 위해 흩어지는 곳임을 알 수 있다. 선지와 지문의 내용이 완전히 반대되므로 적절하지 않다.

⑤ '삼십 년 전 그때만 하여도, 부성 밖의 한적하고 빈한한 동네였을 것이다.'에서 '천변'이 과거에 조용한 공간이었을 것으로 추측하고 있음을 알 수 있다. 따라서 '천변'을 아버지와 어머니가 결혼할 때부터 사람들이 북적였던 번화한 동네라고 볼 수 없다.

02

정답설명

⑤ 해당 작품은 1인칭 주인공 시점이며, 앞선 상황을 고려할 때 [E]의 "사흘 됐나? 그저께 아니었어요?"는 어머니의 질문에 대한 '나'의 대답이므로, 말하는 이와 서술자가 다르다는 선지의 설명은 적절하지 않다.

오답설명

① '이만큼에 서서'와 '바라보면' 등의 표현을 통해, 서술자가 시장과 거리가 있는 공간에서 시장의 풍경을 바라보고 있음을 알 수 있다. 지문에서 서술자는 다리 위로 올라오는 상인들을 바라보고 있으므로, 당연히 서술자가 대상을 지각할 수 있는 위치라고 할 수 있다.

② '어머니'의 호칭을 옆으로 나란히 쓰지 않고 위, 아래로 배치하면, 여백이 생기며 글자가 더 강조되는 효과가 나타난다. 너무 간단한 선지다.

③ 서술자는 '나'와 '우리' 같은 1인칭 대명사를 사용하여 자신의 경험을 바탕으로 하는 이야기를 서술하고 있다. 또한 '그래서 나는 속으로 우리 동네를 벽오동촌이라고 별명 지었다. / 그것은 어쩌면 이 가난한 동네의 한 호사였는지도 모른다.'에서 '호사(좋은 일)'라는 표현을 사용하여 오동나무에 대한 긍정적 인식을 보여 주므로, 이는 자신의 내면을 드러낸 서술이라고 할 수 있다.

④ 서술자인 '나'는 태어나기도 전인 삼십 년 전의 상황을 당연히 직접 겪을 수가 없다. 따라서 [D]는 그때의 분위기를 한번 예상해 보면서 과거에 한적한 동네였을 것으로 추측하고 있는 것이라 할 수 있다.

03

정답설명

① 문학에서 서술자나 인물이 어떤 사물이나 대상을 주목할 때는 자신과 긴밀한 관계에 있는 경우가 많다. '오동나무'는 서술자가 자라온 공간과 세월의 흐름을 표현해 주는 중요한 소재이다. 서술자가 태어날 때 심은 작은 '오동나무'는 해마다 자라 유월이면 꽃을 피우고 봄과 여름, 가을을 지나면서 잎사귀를 더 크게 키웠다. 봄 → 여름 → 가을의 계절의 변화를 알게 해 주고, 어린 시절부터 함께 자란 '오동나무'는 서술자에게 그 모든 세월의 흐름을 느끼게 해 주는 경험적인 대상이라고 할 수 있다.

오답설명

② '오동나무'가 마을에 경제적으로 득을 주는 기반이 되었다는 사실은 지문에 나타나지 않는다. 지문의 '가난한 동네의 한 호사였는지도 모른다.'는 '벽오동촌'에 대한 서술자의 인식을 드러낸 표현일 뿐이다.

③ '오동나무'는 서술자가 태어나던 해, '아버지'가 지팡이만큼 작은 나무를 구해서 울타리 안에 심은 것이다. 오동나무를 심은 것은 '어머니'가 아닌 '아버지'이므로 선지의 설명은 적절하지 않다.

④ 천변에 '벽오동촌'이라는 별명을 붙인 것은 서술자 혼자 한 일이다. 동네 사람들은 이와 관련이 없다.

⑤ '아버지'는 서술자가 태어난 기념으로 오동나무 초목을 집 울타리 안에 심었을 뿐, 오동나무를 마을 곳곳에 심지 않았다. 또한 '오동나무'는 의도적으로 마을에 심어진 것이 아니라, 서술자의 집에서 자연적으로 씨앗이 날아가 마을 전체에 퍼진 것이다.

04

정답설명

② 〈보기〉에서 '자신이 거주하는 집의 내·외부와 관계를 맺으며 충분한 시간 동안 쌓은 경험들은 현재 살고 있는 집에 대한 정서를 형성하는 데 영향을 주며, 다른 낯선 공간에 대한 정서적 반응에 영향을 주기도 한다.'라고 하였

다. 서술자가 집과 울타리를 고친 경험이 있는 것은 사실이나, 이러한 경험을 바탕으로 '구조'가 '천박'한 집의 여건을 살펴본 것이라 할 수 없다. 또한 서술자인 '나'는 새로 이사 갈 집에 대해 부정적 심리를 보이고 있을 뿐, 거주 환경의 변화에 적응하여 낯선 공간에 친숙해지고자 하는 생각을 보여 주고 있지 않다.

오답설명

① '벽오동촌'이란 별명으로 부르던 동네에 대한 추억, 집 울타리 안에 있는 오동나무에 대한 기억 등 '나'가 '천변' 집에 살면서 추억을 형성해 온 시간들은, 이사할 처지에 놓인 현재의 상황을 불편하게 여기도록 하는 요인이 될 수 있다.

③ '서걱거리는 소리'는 서술자와 함께 자란 오동나무의 잎에서 나는 긍정적인 느낌의 소리이고, '불규칙한 마찰음'은 이사 갈 곳에 대한 부정적인 인상을 드러내는 표현이다. 둘은 서술자에게 친밀감의 차이를 유발할 수밖에 없다.

④ 오동나무의 씨앗이 날아가 자연스럽게 자리를 잡을 만큼 자연과 가까운 공간에 살았던 서술자는 '채광 통풍조차' 되지 않는 속성을 보이는 집에 대해 지금 살고 있는 집과 다른 정서적 반응을 보여 주고 있다.

⑤ '그 집 문간에 웅숭그리고 서서 철제 대문 사이로 안을 기웃거리며 들여다보는 우리들'에서 '웅숭그리다'는 춥거나 두려워 몸을 궁상맞게 몹시 웅그린 것을 의미한다. 웅그린 채로 이사 갈 집을 살펴보는 '나'의 가족들을 '잘못 날아든 참새들'로 비유함으로써, 변화될 거주 여건을 낯설어 하는 심리를 드러내고 있다.

14

2024학년도 6월

최명익 – 무성격자

번호	정답	정답률(%)	선지별 선택비율(%)				
			①	②	③	④	⑤
1	⑤	74	3	12	7	4	74
2	③	87	4	3	87	4	1
3	④	84	6	2	4	84	4
4	②	65	6	65	8	13	8

지문분석

[지문에서 체크할 것]

※ 시간
　순행

※ 공간
　(중략 이전) 고향집 → (중략 이후) 병실

※ 서술자의 관심사
　3인칭 서술자가 중심인물인 '정일'에 주목하여, '정일'의 시선을 통해 서술하고 있다.

[전체 줄거리]

　부유한 집안의 외아들로 대학을 졸업하고 교원으로 있는 정일은 아무런 의욕 없이 퇴근 후 술로 소일하는 나날을 이어간다. 그는 아내가 있음에도, 동경 유학하던 시절에 친구가 사촌 동생이라며 소개해 준 문주와 사귀고 있다. 그녀의 매력에 빠진 정일은 흡사 아편 중독자가 아편굴을 찾아가는 심정으로 그녀의 처소를 찾아가곤 했었다. 정일과 사귀던 문주는 결핵 판정을 받고 병세가 날이 갈수록 심해진다.

　한편, 위암 말기 상태로 병마와 싸우고 있는 정일의 아버지는 정일이 변호사나 의사가 되지 못하고 교원에 만족하는 것을 못마땅하게 여겼다. 정일의 아버지는 머슴살이 겸 데릴사위였다가 장인 내외가 죽고 자수성가하여 거금을 쌓았는데, 데리고 있던 비서 겸 대서사(남을 대신하여 공문서를 작성하여 주는 직업)인 용팔을 한쪽 눈이 먼 딸과 짝지어 재산을 관리하고 있다. 그는 사위에 비해 아들이 못났다며 질책하고, 정일은 돈과 눈치밖에 모르는 용팔을 은연중에 경멸한다. 용팔 또한 처남이 높은 공부를 한 처지에 집의 돈을 가져다 허랑방탕하게 지내는 걸 마땅찮게 여긴다.

　아버지는 심한 구토로 인해 식음을 전폐하고, 상태는 더욱 심각해진다. 이때 매부 용팔은 새로 산 토지를 부친의 명의로 하면 상속세가 많이 드니 정일의 소유로 하라고 하고, 정일은 불쾌했지만 속물적 욕망을 거부하지 못해 고개를 끄덕인다. 하지만 이걸 알게 된 정일의 아버지는 크게 화를 내며 자기는 죽지 않을 거라고 악을 쓴다. 정일의 아버지는 물도 먹지 못하여 입속이 까맣게 탄 상태로 물을 보기라도 하겠다며 주변에 물그릇을 놓게 한다. 정일은 물그릇이며 어항에다 가득 물을 채워 놓는다. 정일의 아버지는 그것도 부족한지 물소리가 나게 하라고 하고, 정일은 큰 물그릇에 대접으로 물을 떠 들이 쏟기를 계속한다. 정일의 아버지는 입을 벌린 채 그것을 황홀하게 쳐다본다.

　문주가 죽었다는 전보를 받은 날 저녁, 결국 정일의 아버지도 죽고 정일은 문주를 장사하러 가지 않고 아버지의 관을 맡는다.

01

정답설명

⑤ 이 지문에는 '정일'을 '나'로 바꿔도 어색하지 않을 정도로 '정일'의 심리와 시선이 잘 나타나 있다. 이는 3인칭 제한적 시점의 특징이다. 3인칭 제한적 서술자는 중심인물의 시선을 통해 사건을 서술하기 때문이다.

오답설명

① 회상 장면은 제시되지 않았다.
② 사물의 세부를 구체적으로 묘사하는 부분은 제시되지 않았다.
③ 정일이 물을 떠서 쏟는 행동을 반복적으로 한 것은 맞지만, 이를 통해 내적 갈등을 표면화하지는 않았다.
④ 서술자는 인물에 대한 평가나 태도 표출을 제한한 채로 특정인물인 정일만 바라보고 있다.

02

정답설명

③ 심한 장난을 친구와 같이 꾸미다가 마지막엔 겁이 나서 하지 못하는 나를 두고, '네가 못하면 내가 한다.'라고 떠나는 친구를 바라보는 심리는 어떤 심리일까? 후회, 망설임, 조마조마함 등등 다양한 심리를 떠올려 볼 수 있을 것이다. 하지만 대상에 대한 '실망스러운 마음'은 이 상황에 어울리지 않는다. 나도 (겉으로는) 웃으며 가담한 상황이기 때문이다.

오답설명

① 용팔이 상속세를 줄이기 위한 방안을 정일에게 제시하는 것에서 용팔의 이해타산적 태도(이로움과 해로움을 따져 헤아리는 태도)를 확인할 수 있다.
② 용팔이 '공손히' 도장을 정일에게 돌려주며 '존댓말'을 하는 것을 통해 둘의 위치 관계를 확인할 수 있다.
④ 용팔이 아버지가 계신 중문 안으로 들어가자 숨을 죽이고 귀를 기울이고 있는 정일의 모습을 통해, 정일이 아버지와 용팔 간 대화의 결과를 주시하고 있음을 알 수 있다.
⑤ 정일은 자신의 아버지에 대해 '한 번도 자기의 생활을 회의하거나 죽음을 생각할 필요가 없었던 사람'이라며, 아버지가 보여 주는 삶의 태도에 대한 평가를 드러내었다.

03

정답설명

④ '심열'은 '스트레스 때문에 생기는 열'을 의미한다. 우리가 흔히 "아, 열 받아." 할 때 그 '열'이다. 정일은 어떠한 방법을 통해 상속세를 줄이자는 용팔의 말에 불쾌함과 분노를 느꼈다. 이는 용팔에게 뺨을 갈기고 싶은 충동으로 이어지기도 했다. 따라서 ㉠(심열)은 용팔에 대한 정일의 마음을 함축하고 있다. 한편, ㉡(서늘한 감각)은 물을 마시지 못하는 아버지가 느끼고 싶어 하는 감각이다. 따라서 이는 '물그릇'에서 '어항', '드리우는 물줄기'로 심화되는 아버지의 갈망을 함축한다고 볼 수 있다.

오답설명

① ㉠ O, ㉡ X / ㉠은 용팔의 말과 행동으로 인한 것이므로, 용팔의 '웃음'에 대한 정일의 불쾌감으로 인해 발생한다고 볼 수 있다. 하지만 ㉡은 아버지의 '황홀한 눈'으로 인해 발생하는 것이 아니다.

② ㉠ O, ㉡ X / 정일은 '도장'을 찍음으로써 ㉠이 지속된다. 하지만 아버지는 '동경'을 포기하지 않았으므로, 선지의 뒷부분이 적절하지 않다.

③ ㉠ X, ㉡ O / [A]에서 정일은 ㉠이 '신경 쇠약의 탓(원인)'이 아닐까 생각한다. 따라서 ㉠이 '신경 쇠약'을 일으키는 원인이라고 할 수 없다. 반면 ㉡은 아버지가 고통을 줄이기 위해 지향하는 감각이므로, 선지의 뒷부분은 허용할 수 있다.

⑤ ㉠ X, ㉡ O / 정일에게 속물적인 욕망이 있는 것은 맞다. 하지만 속물적인 욕망을 경멸하고, 속물적인 욕망을 드러내며 함께하자는 용팔에 대해 거친 반감을 느끼며 ㉠이 떠오른 것이므로, ㉠이 정일의 물질 지향적인 태도를 드러낸다고 볼 수 없다. 반면, '아버지'는 죽음을 거부하며 육체적 안정을 추구하고 있다. 이에 따라 ㉡을 지향하는 것이다. 따라서 ㉡은 아버지의 육체적 안정에 대한 추구를 드러낸다고 볼 수 있다.

04

정답설명

② 정일은 상대의 웃음에서 공모의 의사를 읽어낸 후, 분노와 심열을 느낀다. 하지만 내면과 달리 자신의 얼굴에 흐르는 웃음을 깨닫고, '심열'의 원인은 '신경 쇠약'이 아닐까 분석한다. 그리곤 더 심한 심열을 느끼며 웃음이 없어진다. 따라서 상대에 대한 불쾌감을 웃음으로 무마하려는 자신을 의식한다는 것은 선지의 내용은 적절하지 않다.

오답설명

① 정일은 산판알(계산할 때 쓰는 작은 알맹이)을 옮기는 용팔을 '유심히' 바라보는 자신을 의식한다. 이는 자신을 구속하는 속물적 욕망으로부터 자유롭지 못한 모습을 드러낸다. 만약 속물적 욕망으로부터 자유로웠다면, 산판알을 옮기며 계산하는 모습에 신경도 쓰지 않았을 것이다.

③ 정일은 상속세를 줄이자며 속물적인 욕망을 추구하는 용팔의 태도에 분노를 느낀다. 하지만 결국은 이에 동조하여 위임장에 도장을 찍었다. 이후 지속적으로 후회하지만 적극적인 행동을 취하지 않고, 상황만 바라보며 자신의 심리를 분석하고 있을 뿐이다. 따라서 행동을 주저하고 자신에게로 관심을 돌리는 모습을 확인할 수 있다.

④ '자신의 내면마저 대상화'하는 것은 대단한 것이 아니다. 다른 사람의 시선으로 자신을 바라보듯이 자신의 상황과 심리를 분석하면 자신의 내면을 대상화하는 것이다. 정일은 아버지의 의지력을 우러러보는 듯한 마음으로 아버지의 고통을 바라보고 있는 자신을 발견한다. '우러러보는 것'은 '마음속으로 공경하여 떠받들며 보는 것'이다. 이는 자신과의 차이를 인식하며 상대방을 높게 인식하는 태도다. 따라서 정일은 상대방과의 차이를 인식하는 스스로의 내면을 대상화한다고 할 수 있다.

⑤ 정일이가 바라보는 아버지는 '자기의 생활을 회의하거나 죽음을 생각할 필요가 없었던 사람'이다. 이는 아버지가 확고한 주관을 갖고 살았으며, 생에 대한 동경을 할 필요 없이 생명력 넘치는 삶을 살았다는 것을 알려준다. 이렇게 강인했던 아버지가 피곤한 병인이 되어, 서늘한 감각을 동경하며 황홀한 눈을 보이는 것은 정일에게 낯선 일이자 '의외'의 일이라고 할 수 있다. 따라서 현재 아버지의 눈은 이전에는 정일이 한 번도 보지 못한 눈이고, 생에 대한 강렬한 동경의 눈이라고 할 수 있다.

양귀자 – 원미동 시인

지문분석

[지문에서 체크할 것]

※ 시간
　순행

※ 공간
　형제슈퍼 앞

※ 서술자의 관심사
　1인칭 서술자 '나'가 '몽달 씨'를 관찰하며 서술하고 있다.

[전체 줄거리]

'나'는 청소부인 아버지와 남의 일에 간섭이 심하고 싸움질 잘하는 원미동 똑똑이인 엄마 사이에서 난 다섯째 딸로, 집안 사정과 동네 사정에 훤한 아이이다. '나'는 또래와 어울려 놀 형편이 못 되어 형제슈퍼에 나가 슈퍼 주인인 김 반장과 낄낄거리며 하루를 보내곤 한다. 김 반장은 '나'의 언니인 선옥에게 마음을 두고 있는 터라, '나'더러 처제라면서 언니 소식을 묻곤 한다. '나'도 은근히 그가 자신의 형부이기를 바란다. 몽달 씨라는 별명을 가진 원미동 시인도 형제슈퍼에 자주 들락거리면서, '나'와 친구가 된다.

그런데 열나흘 전 사건이 있으면서부터 '나'는 김 반장을 싫어하게 된다. 그 사건은 초여름밤 10시가 넘어서 일어났다. 그날 슈퍼의 노천 의자에 앉아 있던 '나'는 갑작스런 비명을 듣는다. 그 후 젊은 사내 둘에게 쫓겨 온 몽달 씨가 김 반장에게 도움을 요청했는데, 김 반장은 그를 모른 체 하고 가게 밖으로 내쫓는다. 다급해진 '나'가 지물포 아저씨에게 도움을 요청한 덕에, 몽달 씨는 사내 둘에게서 구출될 수 있었다. 그제서야 나타난 김 반장은 달아난 사내 둘을 그냥 두면 안 된다며 흥분하고, 피투성이가 된 몽달 씨는 김 반장의 부축을 받으며 돌아간다. 몽달 씨를 쫓아내는 김 반장의 모습을 본 유일한 목격자인 '나'는 그에게서 오만정이 다 떨어진다.

'나'는 몽달 씨를 열흘 만에 다시 만나게 되는데, 그는 핼쑥한 얼굴로 형제슈퍼에 나와 김 반장을 돕고 있었다. '나'는 그에게 그날 밤 이야기를 하며 김 반장이 나쁜 사람이라며 흉을 보지만, 몽달 씨는 이를 모른 체 한다. 몽달 씨는 딴청을 피우며 시를 하나 읊는데, 이를 들은 '나'는 몽달 씨가 모든 것을 다 알고 있지만 끝내 모르는 척하고 있음을 알게 된다.

문제분석　01-04번

번호	정답	정답률 (%)	선지별 선택비율(%)				
			①	②	③	④	⑤
1	①	93	93	1	2	2	2
2	④	82	1	2	13	82	2
3	⑤	71	10	2	9	8	71
4	④	79	2	2	10	79	7

01

정답설명

① '그날 밤 머리의 어딘가를 세게 다쳐서 김 반장이 자기를 내쫓은 부분만큼만 감쪽같이 지워진 것은 아닐까.'를 통해, '그날 밤'에 김 반장이 몽달 씨를 매정하게 대했다는 사실을 알 수 있다. 하지만 몽달 씨는 열흘 만에 다시 '김 반장네 가게(형제슈퍼)'에서 '히죽히죽 웃어 가면서 열심히 박스들을 나르고 있'었다고 하였으므로 선지의 내용은 적절하다.

오답설명

② '나'는 김 반장이 퉁명스러워진 이유를 '선옥이 언니가 지난달에 서울 이모 집으로 훌쩍 떠나 버렸기 때문'이라고 서술하고 있다. 이를 통해 김 반장이 선옥을 좋아했음을 알 수 있으나, '나'를 통해 선옥과의 관계를 회복하려는 모습은 보이고 있지는 않으므로 선지의 내용은 적절하지 않다.

③ '김 반장이 바로 또 하나의 내 친구인데~그와 함께 낄낄거리는 재미로'를 통해, '나'는 김 반장을 좋은 친구라고 생각했음을 알 수 있다. 그러나 '나'는 요즘 김 반장이 다소 퉁명스러워졌다고 생각했을 뿐, 그가 빈둥거리며 실없는 행동을 해서 당황하지는 않았다.

④ 선옥은 '지지리 궁상이 지겨워 맨날 퉁하던' 태도를 보였다고 했으므로, 자신의 집안 형편에 대해 부정적으로 생각하고 있음을 알 수 있다. 그러나 '나' 또한 '지지리 궁상인 우리 집'이라며 집안 형편에 대해 부정적인 생각을 드러내고 있으므로 선지의 내용은 적절하지 않다.

⑤ '몽달 씨 나이가 스물일곱이라니까 나보다 스무 살이나 많지만 우리는 엄연히 친구다.'를 통해, '나'가 몽달 씨를 친구라 여겼음을 알 수 있다. 그러나 몽달 씨가 김 반장 가게에 다시 나온 것을 보고 '제정신이 아닌 작자'라고 생각만 했을 뿐, 친구라고 여긴 것을 후회하지는 않았다.

02

정답설명

④ '나'는 몽달 씨에게 '그날 밤'에 일어난 일을 다 봤다며 "김 반장이 아저씨를 쫓아내는 것……."(ⓔ)이라고 말한다. 이에 몽달 씨는 정색을 하고 '나'의 얼굴을 쳐다보았다가 이내 '괜스레 팔뚝에 엉겨 붙은 상처 딱지를 떼어 내려고 애쓰는 척'을 하였으므로 상대의 반응이 예상을 벗어났다는 설명은 적절하다. 하지만 '나'는 몽달 씨에게 "김 반장은 나쁜 사람이야. 그렇지요?"(ⓕ)라며 자신의 판단을 몽달 씨에게 확인하려 하고 있다. 따라서 ⓕ는 자신의 판단을 상대에게 수용시키기 위한 질문일 뿐, 몽달 씨가 보여 준 판단을 수용하기 위한 질문이라고 할 수 없다.

오답설명

① '나'는 몽달 씨가 시를 읽는 것에 불만을 품어 "이거, 또 시예요?"(ⓐ)라고 말한다. 하지만 "이제 다 나았어요?"(ⓒ)라는 발언을 고려한다면 '나'가 불만을 품은 이유는 몽달 씨가 건강이 좋지 않은데도 시를 읽고 있기 때문이므로, 이는 상대의 상태에 대한 관심에서 비롯된 것이라 할 수 있다.

② '실컷 두들겨 맞'아 핼쑥해진 몽달 씨는 행복하게 웃으며 "슬픈 시"(ⓑ)를 읽고, "시를 읽으면서 누워 있었더니 금방 나았"(ⓓ)다고 하였으므로 몽달 씨가 시를 통해 위안을 얻었음을 알 수 있다.

③ '나'는 몽달 씨가 "응. 시를 읽으면서 누워 있었더니 금방 나았지."(ⓓ)라고 말하는 것을 듣고 '몽달 씨의 형편없는 정신 상태에 실망'하는 모습을 보인다. 이어서 '나'는 "김 반장이 아저씨를 쫓아내는 것……"(ⓔ)이라고 말하며 몽달 씨가 기억하지 못할 것이라 생각한 '그날 밤' 김 반장의 행동을 언급하고 있으므로, 이는 상대의 새로운 반응을 기대하며 한 발언이라고 볼 수 있다.

⑤ '나'가 "김 반장은 나쁜 사람이야. 그렇지요?"(ⓕ)라고 말하자 몽달 씨는 "아니야"라고 응수하는 태도를 보인다. 이에 '나'는 몽달 씨의 태도를 탐탁지 않게 여기는 마음에 몽달 씨를 계속 다그치고, "그렇지요? 맞죠?"(ⓖ)라며 자신의 의견에 동조하기를 바라고 있으므로 선지의 내용은 적절하다.

03

형태쌤의 과외시간

매일같이 → 요즘 → 그날 → 현재

여기 = 형제슈퍼 앞

매일같이 : 형제슈퍼 앞의 비치파라솔 의자에 앉아 김 반장과 재밌게 놀았을 때

요즘 : 선옥이 떠난 후 김 반장이 '나'에게 퉁명스러워졌을 때

그날 : 몽달 씨가 형제슈퍼 앞에서 폭행을 당하고 김 반장에게 쫓겨난 날

정답설명

⑤ '여기'에서 목격된 '그날' 김 반장의 행위는 몽달 씨를 쫓아낸 것을 의미하므로, '요즘'보다 이후의 시간대에 이루어진 것이 맞다. 또한 이를 계기로 '나'는 김 반장을 '친구'로 생각했던 이전과 다르게, 그를 "나쁜 사람"이라고 평가하고 있으므로 선지의 내용은 적절하다.

오답설명

① '나'가 '매일같이' 김 반장과 재미있게 낄낄거렸던 행위가 김 반장이 몽달 씨를 가게에서 내쫓았던 '그날'보다 앞선 시간대에 이루어진 것은 맞다. 하지만 '그날'의 일을 지켜보기만 한 '나'는 몽달 씨를 한심하다고 인식했을 뿐, 자기 자신을 부정적으로 인식하거나 성찰하지 않았다.

② '나'는 김 반장이 '요즘' 자신을 대하는 태도가 다소 퉁명스러워졌다고 말한다. 그러므로 김 반장이 '나'를 퉁명스럽게 대하는 행위가 '요즘'보다 앞선 시간대에 이루어졌다고 볼 수 없다. 또한 김 반장의 행위가 '나'에게 반성을 유도하고 있지도 않다.

③ 몽달 씨가 형제슈퍼에서 일을 하며 '히죽히죽' 웃는 행위가 현재 '여기'에서

의자에 앉아 '나'에게 속내를 감추는 행위보다 앞선 시간대에 이루어진 것은 맞다. 하지만 이는 '나'에게 진심을 드러내어 보여 주는 행위가 아니므로 선지의 내용은 적절하지 않다.

④ '그날'의 사건은 형제슈퍼 앞에서 일어난 것이므로, '여기'에서 '그날'의 경험이 환기되었다는 설명은 적절하다. 또한 '시'를 읽는 몽달 씨의 행위는 '나'가 '그날' 가게에서 쫓겨나는 몽달 씨를 보며 느꼈을 긴박감과는 대비되는 이완된 상황으로 볼 수 있다. 하지만 '의자'에서 '뭔가(시)'를 읽는 몽달 씨의 행위는 '그날'의 경험보다 이후의 시간대에 이루어진 것이므로 선지의 내용은 적절하지 않다.

04

정답설명

④ ㉣에서 '나'가 몽달 씨를 '기억 상실증 환자'라고 판단하는 근거는 연속극과 관련된 '기막힌 상상력'이므로 합리성이 떨어진다. 또한 뒤에 몽달 씨가 정색을 하고 '그날' 이야기를 꺼낸 '나'를 쳐다보는 데서 그가 '기억 상실증'이 아님을 알 수 있으므로, 독자가 서술자를 신뢰하도록 유도하고 있지 않음을 알 수 있다.

오답설명

① 〈보기〉에서 '미성숙한 어린아이 서술자라도 합리적 정보를 제공하면 독자는 서술자를 신뢰하게 된다.'라고 하였다. ㉠은 '나'를 대하는 김 반장의 태도가 '다소 퉁명스러워'진 원인을 선옥이 서울로 떠난 것이라고 제시하고 있으며, 이에 '모르는 척'하는 '나'의 대응이 나타나고 있으므로 선지의 내용은 적절하다.

② ㉡은 '열흘간이나 누워 있었던' 몽달 씨의 부정적 상황을 보여 주고 있다. 또한 '차마 마주보기 어려울 만큼 핼쑥했'던 그의 안색과 그러한 안색을 갖게 된 이유가 '실컷 두들겨 맞고 열흘간 누워 있었'기 때문임을 정보로 제공하고 있다. 이러한 정보는 독자가 인물이 처한 부정적 상황을 이해할 수 있는 합리적 정보이므로, 독자가 서술자를 신뢰하도록 유도한다는 선지의 내용은 적절하다.

③ 〈보기〉에서 '합리성이 부족한 어린아이의 특성을 강화하여~서술자가 제공하는 정보가 틀릴 수 있다고 생각하면서 서술자와 다른 각도에서 작품이 전하려는 의미를 탐색하게 된다.'라고 하였다. ㉢에서 '나'는 '아무리 정신이 좀 헷갈린~내 생각이었다.'라며 논리적 연관을 무시하고, 추측에 근거하여 몽달 씨를 '제정신이 아닌' 상태로 단정 짓고 있으므로 선지의 내용은 적절하다.

⑤ ㉤에서 '나'는 몽달 씨가 '시 따위'를 읽는 '꼴이 한심'하다며 시에 대한 이해가 부족한 모습을 보이고, 합당한 이유 없이 인물의 취향을 비난하고 있다. 이를 통해 독자는 서술자가 제공하는 정보가 틀릴 수 있다고 생각하면서 서술자와 다른 각도에서 작품이 전하려는 의미를 탐색하게 되므로 선지의 내용은 적절하다.

박태원 – 골목 안

지문분석

[지문에서 체크할 것]

※ **시간**

순행

※ **공간**

(중략) 이전 : 집 밖 → 집 안

(중략) 이후 : 뒷간 안과 밖

※ **서술자의 관심사**

3인칭 서술자가 등장인물들을 초점화하여 전반부에는 '갑득이 어미'의 심리가 잘 드러나고, 후반부에는 '양 서방'과 '갑득이 어미'의 심리가 잘 드러난다.

[전체 줄거리]

이 소설은 골목에 사는 다양한 인물들의 삶을 다루고 있기에 출제된 파트와 전체 줄거리는 큰 상관이 없다.

정동 골목 안 막다른 집에 순이네 가족이 살고 있다. 예순일곱이 된 순이네 영감은 손님 없는 복덕방을 지키며 자신의 신세를 한탄한다. 맏아들 인섭은 가족을 버리고 다른 여자와 눈이 맞아 집을 나간 지 7년째 소식이 없고, 그 일로 며느리도 집을 나갔다.

둘째 아들 충섭은 툭 하면 싸움질을 하더니 권투 선수를 하겠다며 나서지만, 경기로 벌어들이는 몇 푼 수익을 모두 탕진하여 집에 내놓지도 않는다. 그나마 희망을 가진 셋째 아들 효섭은 중학교 시험에 낙방하여 고등 소학교를 다시 다녀야 한다. 이 집안의 생계를 책임지는 사람은 카페 여급으로 나가는 큰딸 정이다. 영감은 그런 딸이 안쓰럽지만 다른 도리가 없다. 둘째 딸 순이는 부잣집 아들 문주와 사귀지만 자신의 집이 문주네 집보다 기울어 걱정뿐이다. 가난한 순이네 사정을 아는 문주는 순이를 책임지려 하지만, 이를 알게 된 문주의 아버지는 그들의 교제를 허락하지 않는다.

문주의 집안일을 봐 주는 김 서방은 문주를 시골로 내려보낸 후 설득하자며 꾀를 낸다. 문주가 시골로 내려간 사이 김 서방이 영감을 찾아와 딸 단속을 잘 시키라며 협박을 하고 간다. 영감은 카페 여급인 정이가 아닌 순이의 행실이 사람들의 입에 오르내리자 망연자실한다.

효섭의 고등 소학교 입학식 날, 아이들의 진학 걱정을 하는 학부모들이 말쑥하게 차려입은 영감에게 아이들을 어떻게 키웠냐고 물어본다. 영감은 얼마 전 복덕방에서 들었던 어느 노인의 이야기를 마치 자신의 이야기인 양 둘러댄다. 영감은 속으로는 하나같이 말썽인 자식들을 걱정하면서 큰아들은 의학 전문학교를 나와 대구의 도립병원 의사로 있고, 둘째 아들은 고등 공업 학교를 나와 광산 기수를 하는데 이번에 막내아들이 소학교에 입학한다며 씁쓸하게 웃는다.

문제분석 01-04번

번호	정답	정답률 (%)	선지별 선택비율(%)				
			①	②	③	④	⑤
1	①	50	50	31	9	6	4
2	④	88	3	2	4	88	3
3	①	35	35	10	18	31	6
4	②	50	8	50	15	7	20

01

정답설명

① '갑순이 할머니'는 저녁때 돌아온 남편 '집주름 영감'과 "그래 그런 상것허구 욕지거리를 허구 그러다니······.", "쌈을 허드래두 같은 양반끼리 해야지, 그런 것허구 허는 건, 꼭 하늘 보구 침 뱉기지."라는 대화를 나눈다. 이때 "그런 상것", "그런 것"은 딸인 '정이'와 말싸움을 했던 '갑득이 어미'를 가리킨다. '갑득이 어미'는 이러한 내용의 대화를 아들 '을득이'의 보고'를 통해 알게 되었으므로, 집 안에서의 대화가 이웃에 노출되어 '갑득이 어미'에 대한 '갑순이 할머니'의 속내가 드러났음을 알 수 있다.

오답설명

형태쌤의 과외시간

평가원은 소설 문학에서 **표면적 발화**와 **이면의 의미** 차이를 고난도 문항으로 자주 출제한다. 대화는 겉으로 드러난 '발화'일 뿐, '내적인 심리나 의도'는 다를 수 있기 때문이다. 그리고 '내적인 심리나 의도'는 인물의 상황과 맥락을 파악해야 정확하게 알 수 있기에, 시험장에서 많은 학생들이 '표면적 발화'만 보고 성급하게 판단하여 오답에 손이 가기도 한다.

② '갑순이 할머니'는 딸 '정이'에게 "애최에 늬가 말 실수헌 게 잘못이지~네 잘못이야."라며 그녀를 나무란다. 다만 **이후의 맥락**을 고려하면 이것은 '**양반**'이 아닌 '**상것**'과 말싸움을 하는 '**정이**'를 나무라는 것이지, 실제로 말실수를 했는지의 여부는 알 수 없다.(〈보기〉 문제의 ①번 선지에서도 '인물이 자신의 생각을 감춘다'고 출제함) 게다가 '갑순이 할머니'의 말이 사실이라고 해도 '갑득이 어미'가 "그렇지. 자계가 먼저 말을 냈지."라고 한 내용을 고려한다면, 말실수를 한 것은 '정이'지 '갑득이 어미'가 아니다. 따라서 '서로의 말실수'라고 할 수 없다. 또한 이후에 '갑순이 할머니'와 '갑득이 어미'의 다툼이 일어나지만, 이는 '양 서방'이 뒷간에 갇힌 일로 인한 것이므로 서로의 말실수에 대한 비난이 인물 간 다툼의 원인이라고 볼 수 없다.

③ '냉담함'은 '태도나 마음씨가 동정심 없이 차가움.' 혹은 '어떤 대상에 흥미나 관심을 보이지 않음.'을 의미한다. '양 서방'이 뒷간에 갇힌 일로 인해 '갑순이 할머니'와 '갑득이 어미'가 다투자 '구경 나온 이웃 사람들'은 '갑순이 할머니'가 일부러 그러지는 않았을 것이라는 반응을 보인다. 따라서 이웃의 갈등을 곁에서 지켜보고 있는 인물들의 태도가 냉담하다고 볼 수는 없다.

④ '결연함'은 '마음가짐이나 행동에 있어 태도가 움직일 수 없을 만큼 확

고함.'을 의미한다. '갑순이 할머니'와 '집주름 영감'은 '갑득이 어미'를 "그 배지 못헌 행랑것", "그런 상것" 등으로 부르고 있으므로, 이웃을 무시하는 인물의 차별적 언행이 나타난 것은 맞다. 하지만 이를 함께 견뎌 내려는 사람들의 결연함은 드러나 있지 않다.

⑤ '갑득이 어미'는 아들 '을득이'를 통해 남편인 '양 서방'이 뒷간에 갇히는 곤경에 처했음을 알게 된다. 이에 '갑득이 어미'는 '갑순이 할머니'에게 자신의 남편을 왜 가두었냐며 화를 내었으므로, 이웃 간 앙금이 표출되고 있는 것으로 볼 수 있다. 즉 곤경에 빠진 가족의 상황을 다른 가족에게 전한 것이 이웃 간 앙금을 씻는 계기가 된 것이 아니라, 앙금을 표출하는 계기가 된 것이므로 선지의 설명은 적절하지 않다.

02

정답설명

④ [A]에서 '갑득이 어미'는 '갑순이 할머니'에게 '애아범(양 서방)'이 미워서 뒷간 속에다 가두는 심사를 부렸냐며 행위와 동기를 함께 비난한다. 이때 [B]에서 '갑순이 할머니'는 그 비난의 내용을 정확히 파악하고, 자신이 뒷간의 자물쇠를 채운 건 맞지만 모르고 한 행위라며 의도성이 없음을 밝히고 있다. 따라서 '갑순이 할머니'가 '갑득이 어미'의 비난을 파악하지 못하고 있다는 선지의 설명은 적절하지 않다.

오답설명

① [A]에서 '갑득이 어미'는 '애아범'을 뒷간 속에 가둔 '갑순이 할머니'의 행위가 옳지 않다고 판단하여, "애아범이 미우면 으떻게는 못 해서, 그 더러운 뒷간 숙에다 글쎄 가둬야만 헌단 말예요?", "노인이 심사를 그렇게 부려야 옳단 말예요?"라며 그녀를 반복적으로 추궁하고 있다.

② [B]에서 '갑순이 할머니'는 '갑득이 어미'의 비난에 대해 그러한 말은 "괜한 소리"이며, "모르구 그랬"다는 말을 반복함으로써 자신의 억울함을 알리고 있다.

③ [C]에서 '갑득이 어미'는 '갑순이 할머니'가 '양 서방'의 소리를 듣고도 모른 척하며 뒷간을 잠가 버렸다고 추측하며, "모르구 그랬"다는 '갑순이 할머니'의 말에 "안에서 말하는 소리두 못 들었단 말예요?"라며 '갑순이 할머니'의 발언을 신뢰하기 어렵다고 반박하고 있다. 또한 억울해하는 '갑순이 할머니'의 반응에 아랑곳하지 않고 "모르긴 왜 몰라요. 다아 알구서 한 짓이지.~듣구두 모른 체했지."라며 '갑순이 할머니'가 거짓으로 답했다고 몰아붙이고 있다.

⑤ [A]에서 '갑득이 어미'가 '갑순이 할머니'에게 화를 내자, '갑순이 할머니'는 '전혀 예기치 못하였던 억울한 말'이었기에 [B]에서 당황하며 뒷간을 잠근 것은 '양 서방'이 뒷간에 있는지 몰라서 한 행위라며 자신을 방어한다. 하지만 [C]에서 '갑득이 어미'는 '갑순이 할머니'의 말을 믿지 않고 계속 몰아붙임으로써 둘의 갈등 상황은 지속되고 있으므로 선지의 내용은 적절하다.

03

정답설명

① '집주름 영감'은 "갸두 그만 분별은 있을 아이가, 그래 그런 상것(갑득이 어미)허구 욕지거리를 허구 그러다니……."라며 딸이 '갑득이 어미'하고 욕지거리를 한 행동을 분별없다고 탓한다. 이에 아내(갑순이 할머니)는 싸움

을 하더라도 "같은 양반"끼리 해야지 "그런 것"과 하는 건 "하늘 보구 침 뱉기"라며 남편의 생각에 동의한다. 따라서 '집주름 영감'이 딸의 행동을 분별없다고 탓한 이유는 그의 아내가 남편에게 밝힌 생각과 같다고 볼 수 있다.

오답설명

② "갸두 그만 분별은 있을 아이가, 그래 그런 상것허구 욕지거리를 허구 그러다니……."라는 '집주름 영감'의 발화가 '을득이'에게 들렸으므로, '집주름 영감'은 결과적으로 아내와 '갑득이 어미'의 갈등을 심화하는 역할을 한다고 볼 수 있다. 한편, '양 서방'이 뒷간에 갇힌 일로 인해 '갑득이 어미'와 '갑순이 할머니' 사이의 갈등이 유발되었으므로, **'양 서방'은 이들 사이에 나타난 갈등의 계기가 되는 인물**이다. 동시에 "자물쇠 채실 때, 내가 얼른 소리를 냈어두 아셨을 텐데, 미처 못 그래 그리 된 거야."라며 자신의 잘못이라는 말을 함으로써, '갑득이 어미'가 '갑순이 할머니'를 '공박할 것을 단념'하게 만들고 있으므로, **두 인물 사이의 갈등을 결과적으로 완화시키는** 인물이기도 하다.

③ '양 서방'은 뒷간에 갇혀 '소리를 한번 질러 볼까?'라는 궁리를 했었지만, '수상한 인물인 듯싶게' 느껴진다는 이유로 소리를 지르지 못하였다. 이후 아내에게 "내가 얼른 소리를 냈어두 아셨을 텐데, 미처 못 그래 그리 된 거야."라며 자신이 소리를 내지 못해 뒷간에 갇히게 되었다고 사건의 경위를 밝히고 있으므로, 뒷간을 빠져나오지 못한 이유가 아내에게 밝힌 사건의 경위와 서로 무관하다고 보기 어렵다.

④ '양 서방'은 아내가 '갑순이 할머니'에게 화를 내는 말과 이에 대한 이웃들의 반응을 듣고, 머뭇거리며 "내가 얼른 소리를 냈어두 아셨을 텐데, 미처 못 그래 그리 된 거야."라는 의견을 '매우 겸연쩍게(쑥스럽거나 미안하여 어색하게)' 말하고 있으므로, 아내에게 무덤덤한 태도를 보였다고 할 수 없다.

⑤ '제 집 뒷간두 아니구~늙은이두 제엔장헐…….'라는 '양 서방'의 내적 독백을 통해, '양 서방'은 뒷간에 갇혔을 때 이미 뒷간 문을 잠근 인물이 '갑순이 할머니'라는 사실을 알고 있었음을 확인할 수 있으므로, 선지의 내용은 적절하지 않다.

04

정답설명

② "아, 그 배지 못헌 행랑것허구,~더러우니까 피허는 게지!"는 서술자가 바라보고 묘사하는 실제 대화가 아니라, 특정 인물인 '갑득이 어미'의 상상이다.

이는 '그러한 사상이 들어 있었던 것이 분명하였다.'라는 '갑득이 어미'의 추측을 통해 알 수 있다. 따라서 이 부분은 서술자 시선의 서술이 아니라, 인물의 시선으로 인물의 내면을 초점화한 서술이다. 즉, 특정 인물인 '갑득이 어미'의 내면을 '갑득이 어미'의 시선으로 독자에게 생생하게 전달하는 구절인 것이다. 따라서 서술자 시선의 서술과 인물 시선으로 초점화한 서술이 겹쳐 나타난 것이 아니다. 게다가 이는 나중에 진상을 깨달은 이후의 추측이므로, '상황을 잘못 인지한 채 상대의 생각을 추측'하고 있는 것이 아니다.

오답설명

① 〈보기〉의 내용에 따르면, 쉼표의 연이은 사용은 시간의 지연이나 인물의 상황 등을 드러낸다. ㉠의 '모양만 숭업구……'에서 말줄임표를 사용한 후 '온, 글쎄, 그만 허구 들어가아.'에서 쉼표를 연이어 사용한 것은, '갑순이 할머니'가 딸에게 진짜 하고 싶은 말을 감추거나 다른 할 말을 떠올리기 위한 시간의 지연을 의미한다고 볼 수 있다. 이러한 시간의 지연으로 인해 '갑순이 할머니'가 '갑득이 어미'를 "배지 못헌 행랑것"이라고 무시하는 생각이나, '잘못'은 '말 실수'가 아니라 "배지 못헌 행랑것"과 싸우는 것이라는 진짜 의미를 감춘 채 딸과 '갑득이 어미' 사이의 갈등을 회피하기 위한 말들을 떠올리고 있음을 알 수 있다.

③ ㉢은 '~라 한다'를 사용함으로써 인물이나 서술자가 모두 주체가 될 수 있도록 서술하고 있으므로, 서술자 시선의 서술과 인물의 시선으로 초점화한 서술이 겹쳐 나타난 부분으로 볼 수 있다. 〈보기〉에서 두 서술 방식이 겹쳐 나타나는 경우에 '서술자는 인물과 거리를 둠으로써 그들의 말이나 생각, 감정 등에 대한 태도를 드러낸다'고 하였다. 따라서 ㉢은 서술자가 인물과 거리를 두어 특정 인물의 편에 서지 않으려는 태도를 드러낸 것으로 볼 수 있다.

④ ㉣에서 인물의 생각에 대해 쉼표를 연이어 사용하여 설명한 것은, '양 서방'이 뒷간에서 빠져나오기 위해 소리를 질러야 한다는 생각을 실행하지 못하고 망설이고 있는 상황을 드러낸 것으로 볼 수 있다.

⑤ ㉤에는 감탄사 "오오" 이후에 쉼표가 연이어 사용되었는데, 이는 얼른 소리를 내지 못해 뒷간에 갇히게 되었다는 '양 서방'의 발언을 들은 이의 반응이다. 따라서 〈보기〉의 내용을 참고할 때, 쉼표를 연이어 사용한 것은 '양 서방'의 발언을 바탕으로 사건을 파악하는 상황을 드러낸 것으로 볼 수 있다.

17

2025학년도 6월

임철우 – 아버지의 땅

[지문에서 체크할 것]

※ 시간

역순행 / '나'가 노인, 부대원들과 무연고 유골을 수습하고 장례를 치르는 현재의 장면에 어머니에 대한 과거의 기억과 아버지의 환영이 중첩되어 나타나고 있다. '나'의 회상이나 아버지의 환영이 나타나는 부분을 가지고 골치 아파 하지 말고, **시험장에서 과거 장면을 파악할 때는 '과거 당시의 발화'가 나타났는지 여부로 간단하게 체크하는 것이 좋다.** 여기서는 [중략 부분의 줄거리] 이후 현재 장면(유해를 수습하고 장례를 치르는 장면)이 나오고 '저것 봐라 이. 날짐승도 때가 되면 돌아올 줄 아는 법이다.'라는 과거 어머니의 발화가 명시적으로 나타나 있으므로, 역순행적 구성임을 판단할 수 있겠다.

※ 공간

(현재) 유해를 수습하고 있는 참호 근처
(과거) 확인할 수 없다. 어머니와 함께 있던 과거 공간으로 추측할 수 있다.

※ 서술자의 관심사

1인칭 서술자가 자신이 겪은 경험과 내면을 중심으로 서술하고 있다.

[전체 줄거리]

나와 오 일병은 길을 걷다가 까마귀 떼를 본다. 오 일병은 돌멩이를 던지며 불쾌해 하고, 나는 흉물스런 새 떼의 모습에 까닭 없이 마음이 우울해진다. 경계용 참호(야전에서 몸을 숨기면서 적과 싸우기 위하여 방어선을 따라 판 구덩이)를 파던 오 일병과 나는 유골을 한 구 발견한다. 조심스럽게 유골을 발굴하고 보니, 유골의 앙상하게 드러난 갈비뼈에 몇 겹이나 되는 철사줄이 감겨 있어 학살의 흔적을 고스란히 느낄 수 있었다. 문득 새도 때가 되면 제 고향에 찾아올 줄 아는 법이라며 멀리 사라지는 새들을 오랫동안 바라보던 어머니가 떠오른다. 인가에 도착해 어떤 노부부에게 이 사실을 알리자, 노파는 노인에게 지난밤 꿈이 맞지 않느냐고 말하고, 노인은 술을 준비시키고 두루마기를 차려 입은 후 우리를 따른다. 열 두서너 살 무렵에야 나는 우리 집에 아버지가 없음에 대해 의문을 갖기 시작했지만, 어머니는 먼 곳으로 배 타고 나갔다가 영영 못 돌아오는 것이라고 했다. 내가 중학생이 되었을 때에야, 추궁하는 나에게 어머니는 간신히 아버지가 죄를 지어 집을 떠난 것이라 대답한다. 바로 그 순간부터 아버지의 그 죄라는 것을 내가 짊어진 느낌이 들었고, 아버지의 환영은 저주처럼 내 곁을 따라다녔다. 현장에 도착한 노인에게 소대장은 전투가 치열했겠다고 말한다. 노인은 뼛조각을 하나씩 주워 잘 닦아서는 신문지 위에 가지런히 놓는다. 빨갱이 시체인지 아닌지를 따지고 있는 부대원들에게 노인은 그게 무슨 소용이 있냐며, 죽어서까지 이쪽 저쪽을 따져

야 하냐며 꾸짖는다. 우리는 정돈된 유해를 다시 묻는다. 어머니의 기다림이 떠오르고, 아버지가 가슴과 팔목에 철사줄이 동여 매인 채 겁먹은 얼굴로 서 있는 모습이 환영으로 떠오른다. 아버지는 어느 버려진 밭고랑에서 잠들어 있을 것인가 하는 생각에 잠긴다. 산을 내려오며 나는 노인과 대화를 나눈다. 노인의 형도 그렇게 죽어 갔다고 한다. 첫 휴가를 갔을 때, 아직도 아버지의 생일상을 차리고 있는 어머니를 보고 마구 화를 냈던 기억이 떠올랐다. 어머니에게 아버지는 자상한 눈빛으로만 남았던 것이다. 어머니의 눈물은 끈덕진 기다림 때문만은 아니었을 것이다. 그 기다림이 까마득히 멀어져 가고 있었기 때문일 것이다. 노인은 멀리 사라져 보이지 않고, 까마귀가 운다. 나는 얼어붙은 땅 밑에서 웅크리고 있는 아버지의 모습을 본다. 눈이 내리고, 새 떼, 들판, 산들을 하얗게 지우고 있다. 그것은 어머니의 소반 위에 올려진 사기대접의 눈부시도록 하얀 빛깔이었다.

번호	정답	정답률 (%)	선지별 선택비율(%)				
			①	②	③	④	⑤
1	②	46	3	46	18	8	25
2	③	66	5	7	66	4	18
3	④	44	15	9	16	44	16
4	③	74	3	4	74	9	10

01

정답설명

② ㉡에서는 '나'라는 표지를 통해, 서술의 주체가 1인칭의 '나'임을 분명하게 제시하고 있다. 하지만 지각하고 있는 주체 또한 '나'이므로, 서술자와 지각의 주체가 뚜렷이 구분되고 있다는 선지의 설명은 적절하지 않다.

오답설명

① ㉠은 '나'가 어머니에게 아버지의 죄를 들었던 과거 자신의 심리와 모습을 직접 서술하고 있으므로, 인물과 서술자가 겹쳐 있음을 알 수 있다.

③ ㉢의 주어는 '그건('그것은'의 준말)'으로 이는 '나'의 아버지, 곧 '그 사내'를 지칭한다. '나'가 지각하는 대상을 주어로 서술하면 당연히 그 대상을 부각하는 효과가 나타나므로 선지의 설명은 적절하다.

④ ㉣은 과거 어머니가 '나'에게 했던 말로, 인용 부호 없이 서술되고 있다.

⑤ ㉤은 시야가 부옇게 흐려 오는 주체가 누구인지 제시하지 않아, '사내'와 '나' 중에 누가 지각한 것인지 모호한 상황이 빚어진다.

02

정답설명

③ ⓐ(한마디)는 아버지의 죄를 시인하는 어머니의 말을, ⓑ(한마디)는 유해의 장례식을 치른 후 너스레를 떠는 소대원들의 말을 가리킨다. ⓐ를 들은 후 '나'는 아버지의 무서운 환영이 자신의 곁을 따라다녔다고 하였으므로,

ⓐ는 이야기의 긴장감을 형성하는 요인이라 볼 수 있다. 한편 ⓑ는 유해를 수습한 뒤 웃으며 주고받은 가벼운 말에 해당하므로, 이야기의 긴장감이 완화됨을 드러내는 표지라 볼 수 있다.

오답설명

① ⓐ는 이념과 관련한 아버지의 죄에 대한 것으로 이야기의 긴장감을 형성할 뿐, '전쟁의 상처와 그 극복의 모색'이라는 표면적 주제와 다른 심화된 주제를 구현하고 있지는 않다. 한편, ⓑ는 무연고 유해를 수습하는 일을 "좋은 일"이라고 칭한다는 점에서 '전쟁의 상처와 그 극복의 모색'이라는 이야기의 주제를 가늠할 수 있도록 하는 단서라 볼 여지가 있다.

② ⓐ를 통해 이야기가 절정에 치닫도록 추진력을 얻었다고 보기는 어려우며, ⓑ가 이야기를 결말에 이르게 하는 원동력으로 작용한다고 보기도 어렵다.

④ ⓐ에서 이야기의 위기감이 해소되고 있지 않으며, ⓑ에서 위기감의 정점을 찍고 있지도 않다.

⑤ ⓐ 이후 아버지의 환영이 '나'의 곁을 따라다니고, 이것이 현재 유해를 수습하는 상황에서도 나타나는 것을 통해 ⓐ가 이야기를 일으키는 시발점이라고 볼 여지는 있다. 하지만 ⓑ를 통해 이야기의 전모(전체의 모습)가 드러나고 있지는 않다.

03

정답설명

④ ㉮(날짐승)는 아버지가 돌아오길 바라는 어머니의 마음이 투영된 대상이고, ㉯(쑥부쟁이와 엉겅퀴꽃)는 아버지의 비극적 죽음을 예상하는 '나'가 아버지가 묻힌 땅 위로 피었을 거라 상상하는 식물이다. ㉯에서 연상되는 상황이 현실이 될 경우 아버지의 죽음이 확실시되므로, ㉮에 투영된 염원의 실현 가능성은 사라진다.

오답설명

① ㉮는 동물, ㉯는 식물이라는 점에서 ㉮가 ㉯에 비해 능동적(다른 것에 이끌리지 않고 스스로 움직이는)이라고 볼 수 있다. 하지만 ㉮는 비교의 대상이고 ㉯는 상상의 대상이므로, 이 둘이 인물이 처한 문제 상황에 영향을 미치고 있다고 보기는 어렵다.

② ㉮는 과거에 '나'와 어머니가 있던 공간에 나타난 대상으로서 시·공간에 관여된다고 볼 여지는 있으나, 이를 통해 이야기의 배경에 실감을 더한다고 보기는 어렵다. 또한 ㉯는 '나'가 현재 아버지가 묻힌 땅 위로 피었을 거라 상상하는 식물로서 시·공간에 관여된다고 볼 수 있으나, 이를 통해 이야기의 배경에 실감을 더한다고 보기는 어렵다.

③ ㉮에는 남편의 귀환에 대한 어머니의 기대가 담겨 있고, ㉯는 '나'가 아버지의 죽음을 연상하고 있으므로, 인물이 원하는 바가 집약되어 희망적인 성격이 강한 것은 ㉯가 아니라 ㉮이다.

⑤ ㉮는 '남편의 귀환을 소망하는 마음', ㉯는 '아버지의 죽음'과 관련이 있으니 모두 관념적(추상적인) 의미와 연관이 있으나, 인물이 이념에 편향되어 있음과는 관련이 없다.

04

정답설명

③ '줄 묶음'을 '내던지'는 '노인'의 행위는 유해를 이데올로기의 구속으로부터 해방시켜 주고 싶어 하는 노인의 마음을 나타내는 것으로 볼 수 있고, '물 사발'을 올리는 '어머니'의 행위는 아버지가 돌아오기를 기다리는 마음이 내포된 것으로 볼 수 있다. 이러한 행위들은 '나'의 기억을 재응고화하기 위한 노력과는 상관이 없다.

오답설명

① '낙인'과도 같은 유년의 기억은, 〈보기〉에서 말하는 부정적인 방향으로 응고된 기억에 해당한다. 이러한 부정적 기억을 성인이 되어서도 떨쳐 버리지 못하는 것은 응고된 기억의 영향력에서 벗어나는 일이 쉽지 않음을 드러낸 것으로 볼 수 있다.

② 〈보기〉에 따르면 심리적 불안정은 부정적 기억에 의해 빚어진다. 따라서 '죄악감과 불길한 예감'을 유발한 동인(직접적인 원인)을 추적해 보면, '아버지'에 관한 부정적 기억으로부터 '나'의 심리적 불안정이 비롯되고 있음을 추정할 수 있다.

④ 〈보기〉에 따르면 부정적으로 응고된 기억을 돌이켜 긍정적인 방향으로 재편함으로써 심리적 안정을 도모하는 기회를 마련할 수 있다. 부정적 기억에 해당하는 '사내의 환영'이 '모래밭'에서의 '어머니'에 형상과 어우러지는 것은, '아버지'에 대해 응고된 기억이 재편될 수 있다는 가능성을 시사(어떤 것을 미리 간접적으로 표현해 줌)한다고 할 수 있다.

⑤ 〈보기〉에 따르면 마음의 상처로 남은 기억을 재구성하여 다른 의미와 가치에 대응시킴으로써, 심리적 불안정에 대응할 힘을 회복해 갈 수 있다. '아버지'에 대한 부정적 이미지가 '유해'에 대응되면서 '나'의 정서적 반응에 변화가 생기는 것은 부정적 기억을 재구성하는 것에 해당하므로, 이를 통해 심리적 안정을 회복해 가는 경위를 엿볼 수 있다.

18

IV. 현대 산문
2025학년도 9월

윤흥길 – 날개 또는 수갑

지문분석

[지문에서 체크할 것]

※ 시간
  순행

※ 공간
  (중략) 이후 : 민도식의 집 → 제1 공장 앞

※ 서술자의 관심사
  3인칭 전지적 작가 시점으로 특정 인물인 '민도식'의 시선과 그의 내면을 중심으로 서술하고 있다.

[전체 줄거리]

동림산업 운영진은 어느 날 갑자기 사원들에게 회사 사원들 모두 제복을 입는 제도를 도입할 예정임을 전달한다. '민도식', '장상태', '우기환' 등의 직원이 일하고 있는 부서의 부장은 직원들의 불만을 묵살하며 준비 위원회라는 절차를 거칠 것이라고 말한다. 그러나 준비 위원회에서는 일방적 태도로 제복 제도를 통과시킨다.

'민도식', '장상태', '우기환' 등은 다방에 모여 제복 제도에 대한 불만을 드러내는데, 이때 그들 사무직과는 달리 생산부 공원(공장에서 노동에 종사하는 사람) 복장을 한 '권 씨'가 그들에게 옷과 같이 사소한 일에 불만을 표하는 것에 이질감을 느끼고 있음을 표현한다.

결국 일은 운영진의 뜻대로 진행되어 회사 창업 기념일 행사를 앞두고 모든 직원들의 제복을 맞추기 위한 절차가 진행되지만, '민도식'과 '우기환'은 이를 거부한다. 이들은 사장과 면담을 거치지만 끝내 의견이 받아들여지지 않는다. 이에 '우기환'은 제복 도입에 불복(명령·결정 따위에 대하여 복종·항복 따위를 하지 아니함)하여 회사를 그만둔다. 회사 창업 기념일에 '민도식'은 늑장을 피우다가 행사 장소에 뒤늦게 도착하는데, 전 사원이 제복 차림으로 질서 정연하게 도열(많은 사람이 죽 늘어섬)해 있는 모습에서 외로움을 느끼며, 행사에 참여하지 못한 채 우두커니 서 있다.

문제분석 01-04번

번호	정답	정답률(%)	선지별 선택비율(%)				
			①	②	③	④	⑤
1	④	97	1	1	1	97	0
2	③	94	2	1	94	1	1
3	⑤	92	1	1	5	1	92
4	②	65	2	65	2	13	18

01

정답설명

④ [A]에서 서술자는 특정 인물인 '민도식'의 시선을 통해 '권 씨'의 특징을 관찰하여 알려 주고 있다.

오답설명

① [A]의 '참을성 좋게 여전히 웃고 있었다.'에서 '권 씨'의 행위가 사실적으로 드러나 있다고 볼 수 있으나, 이를 통해 '권 씨'가 겪는 내적 갈등을 표면화하고 있지는 않다.

② 과거와 현재를 교차하고 있지 않으며, 이를 통해 인물이 겪는 인식의 변화를 드러내고 있지도 않다.

③ 공간적 배경을 구체적으로 묘사하고 있지 않으며, 이를 통해 인물이 처한 상황을 드러내고 있지도 않다.

⑤ 삽화 형식의 나열은 각각의 사건들을 쭉 벌여 놓는 구성 방식이다. [A]에서는 서술자가 인물의 경험을 삽화 형식으로 나열하여 사건을 입체적으로 보여 주고 있지 않다.

02

정답설명

③ ⓒ(나머지 절반)은 제복 제도를 수용하여 제복을 입는 선택지를 의미한다. 작품의 맥락을 고려할 때 권 씨의 "그냥 지나칠 수가 없었습니다."라는 발화는, 생산부 잡역부 인부들의 처우 개선을 위해 투쟁하는 자신의 처지와 다르게 의복의 자유와 같은 사소한 일에 불만을 표하는 사무직 직원들에게 권 씨가 이질감을 느끼고 있음을 드러낸 말로 볼 수 있다. 이를 통해 권 씨는 남자 사원들과 다르게 ⓒ을 선택하는 문제가 아닌, 인부들의 처우 개선이 무엇보다 중요한 문제라고 생각하고 있음을 알 수 있으므로 선지의 내용은 적절하지 않다.

오답설명

① "이미 끝난 일이야."라는 민도식의 발화는, ⓒ을 마저 입을지를 결정해야 하는 상황에 직면했다고 생각하고 있음을 드러낸 것으로 볼 수 있다.

② '험악해진 분위기'는 준비 위원회의 결과에 불만을 품은 남자 사원들 사이에서 형성된 것이다. 이를 고려해 볼 때, ⓒ과 관련된 문제로 남자 사원들 사이에서 소란스러운 일이 있었음을 알 수 있다.

④ '총각 사원 하나'에 대한 소문을 들은 아내의 반응을 통해 아내는 총각 사원이 ⓒ 때문에 스스로 회사를 그만둔 것이 아닌, '강제로 모가지가 잘린' 것이라고 믿고 있음을 알 수 있다.

⑤ '검정 곤색 일색'은 체육 대회에 참석한 '새로 맞춘 제복으로 단장한 남녀 전 사원'의 모습을 나타낸다. 이는 체육 대회에 참석한 전체 사원이 ⓒ을 마저 입게 되었음을 의미한다고 볼 수 있다.

03

정답설명

⑤ ⓔ(지각한 사람을 야유하는)는 사복 차림으로 체육 대회 개회식에 뒤늦게 도착한 민도식이 제복을 입은 직원들을 보면서 느낀 기분이다. 따라서 ⓔ

를 사원들이 사복을 입은 민도식에 대한 불만을 드러내는 반응이라고 볼 수 없다.

오답설명

① ⓐ(야릇한 웃음)는 제복 제도에 대한 선택지를 두고 다투는 사원들의 모습을 본 권 씨의 반응이다. 권 씨의 웃는 모습을 보고 화를 내는 장상태에게 권 씨가 "저도 모르게 관심이 갔나 봅니다."라고 답한 것을 고려해 볼 때, ⓐ는 그가 사무직 직원들의 대화에 관심이 있었음을 나타내는 반응이라 볼 수 있다.

② ⓑ(눈이 휘둥그레진)는 화를 내며 큰 소리로 "이봐, 저기 앉은 저 사람 내가 좀 보잔다고 전해!"라고 명령하는 장상태의 말에 미스 윤이 드러낸 반응이다.

③ ⓒ(거듭되는 재촉)는 아내가 집을 나서지 않고 있는 남편 민도식이 강제로 회사에서 잘릴까 걱정하는 마음에 보인 반응이다.

④ ⓓ(숨이 턱 막혀 옴)는 전체 사원들이 새로 맞춘 제복을 입고 군대처럼 질서 정연하게 도열한 모습을 본 민도식의 반응이다.

04

정답설명

② 선지를 끊어서 봐야 한다. "A 하는 것을 보니, B 하는군."으로 선지를 간략화했을 때, 일단 A와 B가 연결되지 않는다. 민도식이 '권 씨'를 '노리갯감'으로 삼자는 장상태의 '눈짓'에 반응을 보이지 않은 것은 '권 씨의 외양'이 만만치 않아서일 뿐, 투쟁이나 논쟁과는 관련이 없다. 또한 B 부분에 대한 내용 일치도 적절하지 않다. 민도식은 '몸에 걸치는 옷'을 둘러싼 논쟁에 이미 참여를 하고 있기 때문이다.

오답설명

① 〈보기〉에 따르면 '중도적 주인공'은 인식 측면에서는 집단의 논리에 숨겨진 문제를 읽어 내는 주체적인 관점을 보인다. 민도식은 '준비 위원회'의 '회의'가 "처음부터 요식 행위에 지나지 않았"으며, 이는 대내외적으로 회사에 대한 좋은 인식을 풍기고자 하는 '경영자'의 숨은 의도가 있음을 파악하여 이를 동료에게 말하는 모습을 보인다. 이를 통해 민도식은 '동림산업'이 내세우는 집단의 논리에 대해 비판적으로 인식하여 숨겨진 문제를 읽어 내는 주체적인 관점을 지니고 있음을 알 수 있다.

③ 〈보기〉에 따르면 '중도적 주인공'은 행동 측면에서는 자신의 인식에 따라 적극적으로 행동하지 못한다. 민도식이 '아내'에게 "까짓것 난 필요 없어.~ 수두룩하단 말야!"라며 '큰소리'로 자신의 생각을 말하면서도 '뒤늦게나마 집을 나서'는 것을 통해, 민도식이 '동림산업'의 문제를 인식하고 있음에도 회사를 떠나는 적극적 행동은 하지 못하는 상황에 놓여 있음을 알 수 있다.

④ 〈보기〉에 따르면 '중도적 주인공'은 행동 측면에서는 집단에 동화되지 못한 채 집단 논리의 수용 여부를 두고 머뭇거리는 모습을 보인다. 이때 '사복 차림'은 제복을 입으라는 집단의 논리를 거부하는 것이며, '꽁무늬에 따라 붙으려는' 행위는 집단에 소속되고 싶은 마음을 드러내는 것이다. 따라서 민도식은 집단의 논리를 거부하고 싶지만 수용 여부를 두고 머뭇거리는 모습을 보이며 집단에 소속되고 싶은 마음을 드러내고 있다고 볼 수 있다.

⑤ 〈보기〉에 따르면 '중도적 주인공'은 자신이 속한 집단의 논리를 비판적으로 인식하면서도 집단의 논리를 따를지 여부를 결정하지 못하는 상태에 있는 인물이다. 즉, '총각 사원 하나'처럼 사표를 던지며 적극적으로 저항을 하거나 대다수처럼 순응을 해야 하는데, '중도적 주인공'인 민도식은 그렇지 못한다. 아내한테 큰소리는 쳤지만, 결국 '사복'을 입고, '집을 나서'는 것에서 이도저도 아닌 태도를 확인할 수 있다. 그리고 '정문으로 들어서지도 못하고' 그렇다고 '나오지도 못한 채' '붙박여 버린 듯' 움직이지 않는 모습을 통해, 민도식이 적극적인 행동 여부를 결정하지 못했음을 알 수 있다.

이청준 – 배꼽을 주제로 한 변주곡

지문분석

[지문에서 체크할 것]

※ 시간
  순행

※ 공간
  x

※ 서술자의 관심사
  3인칭 서술자는 중심인물인 '허원'을 초점화하여 '허원'의 심리를 드러내고 있다.

[전체 줄거리]

유난히 아침잠이 많은 주인공 허원은 월급 날짜 하나 똑똑히 정해져 있지 않은, 변변찮은 직장에 출근하기 위해 힘겹게 잠에서 깨어난다. 남들처럼 출퇴근 시간이 정확하게 정해져 있는 것이 아님에도 불구하고, 하숙집 아주머니나 이웃 방 동료들에 대한 자격지심 때문에 기를 쓰고 출근 준비를 한다. 이처럼 지극히 평범하고 소심한 삶을 살아가는 인물인 허원에게 어느 날 갑자기 배꼽이 사라지는 믿을 수 없는 사건이 발생한다.

배꼽은 인간이 이 세상에서 태어나는 순간, 모태로부터 분리됨으로써 형성되기 때문에 어머니와 내가 하나였음을 증명한다. 뿐만 아니라 자신이 존재 근원을 드러내는 흔적이 된다. 따라서 배꼽의 상실은 존재의 근원이 부정되었음은 물론, 어머니와의 관계 역시 부정됨을 이야기한다. 하지만 허원은 자신의 배꼽이 사라진 이유에 그 어떤 적극적인 원인 규명을 시도하지 않고, 배꼽은 애당초 아무런 기능도 갖고 있지 않던 기관이라고 치부한다.

허원은 배꼽이 없다는 사실이 일상생활에서 크게 불편하지는 않았지만, 배꼽의 부재에 좀처럼 익숙해질 수 없었다. 그리하여 배꼽에 관한 허원의 사념은 더욱 깊어져 갔다. 시간이 지나면서 허원의 독특한 배꼽론은 윤곽을 잡고, 어느덧 배꼽에 대해 당당한 일가견을 이룬 배꼽 전문가가 되어 갔다.

배꼽이 사라진 이후 3년의 시간이 흐른 뒤, 배꼽을 잃어버린 자신에 대해 완전히 익숙해지지 못한 허원은 세상 사람들을 의심하기 시작했다. 사람들이 배꼽에 관심을 가지고 신문, 잡지에서 배꼽에 대한 논의를 하는 등 갑자기 배꼽 이야기가 성행했기 때문이다. 하지만 그는 주변 사람들 역시 자신처럼 배꼽이 사라져버린 것이 아닐까 의심하면서도, 그것을 확인하기 위한 어떤 행동은 취하지 않는다. 그는 갑작스럽게 찾아온 비일상적인 상황에 대해 어떠한 선택도 내리지 못한 채 유보적인 자세를 취할 뿐이다.

번호	정답	정답률(%)	선지별 선택비율(%)				
			①	②	③	④	⑤
1	④	94	1	1	2	94	2
2	③	90	6	1	90	2	1
3	⑤	87	2	3	4	4	87
4	④	92	1	1	2	92	4

01

정답설명

④ ㉣에서는 '허원이 자신의 배꼽을 잃어버리고 나서 불편하기 그지없는 세 번째의 여름을 맞고 있'다는 허원의 상황과 관련된 정보를 부가적으로 서술하고 있다.

오답설명

① ㉠에서 3인칭 서술자는 허원을 초점화하여 그의 생각을 드러내고 있다. 하지만 누구의 생각을 누가 말했는지 명시한 표현은 나타나 있지 않다.
② ㉡에서 3인칭 서술자는 허원을 초점화하여 그의 생각을 드러내고 있다. 하지만 서술자가 허원의 생각을 평가하며 그 심화된 의미를 서술하고 있지는 않다.
③ ㉢은 허원의 의식(심리)을 3인칭 서술자가 서술한 것으로, 허원이 자신의 생생한 목소리를 통해 서술한 것이 아니다.
⑤ ㉤은 배꼽에 대한 논의가 일반화되어 성행하게 된 사회적 상황에 대한 진술일 뿐, 인물의 행동에 대한 진술이 아니다. 또한 인물 행동의 진행 과정을 순차적으로 서술하고 있지도 않다.

02

정답설명

③ '비밀'은 허원의 배꼽이 사라져 버린 것을 말한다. 허원이 이 사실을 다른 사람에게 숨긴 채 '비밀'을 가지고 살아간다는 점에서, 일상적이지 않은 경험을 의식하는 표지로 볼 수 있다. 또한 이로 인해 허원이 허전함을 견디지 못하고 끝없는 상념들에 잠기므로, 그의 심리적인 동요를 부른다고 볼 수 있다.

오답설명

① 배꼽이 사라져 버린 허원의 '비밀'은 허원이 자신의 신념을 돌이켜 본 결과로 볼 수 없다.
② 인물이 얽힌 인간관계를 성찰하는 내용은 나타나지 않았다. '비밀'로 인한 허원의 내적 갈등이 나타날 뿐, 외적 갈등은 나타나지 않았으며 '비밀'이 갈등으로 인한 위기감을 완화하는 역할을 하고 있지도 않다.
④ '비밀'은 허원이 상충된 이해관계를 조정하는 단서가 아니며, 이것이 심화된 사회적 갈등을 해소한다고 볼 수도 없다.
⑤ 허원이 기성의 질서에 저항하는 내용은 제시되지 않았으며, 허원의 '비밀'이 돌발적 사건의 발생을 알리고 있지도 않다.

03

정답설명

⑤ '허원'은 '실물'에 대한 인식, 즉 배꼽에 대한 지식과 사념을 바탕으로 '배꼽론'에 대해선 매우 확고한 경지에 도달'한다. 하지만 이러한 인식을 '세상 사람들'과 공유하는 내용은 나타나지 않았으며, 그는 그들이 배꼽에 관심을 가지게 된 것을 '기묘한 현상'으로 여겼다. 또한 그간 이어 온 '사념'을 더 이상 지속하지 않게 되었음은 제시되지 않았으므로 선지의 내용은 적절하지 않다.

오답설명

① '허원'은 '실물', 즉 배꼽과 관련하여 시작된 '사념'을 통해 '우리 존재를 설명하고 근원을 밝혀 나'갔으므로 선지의 내용은 적절하다.

② '허원'은 '성인의 배꼽은 거의 아무런 기능도 수행하지 않음'을 알고 '그 점만이라도 무척 다행'이라며 '일단 안도의 한숨을 내쉬었'으므로 선지의 내용은 적절하다.

③ '허원'은 배꼽이 사라지자 배꼽에 관한 '사념'을 방편으로 '독특한 배꼽론'을 발전시키며, '배꼽'과 '존재'의 의미를 연결 지어 접근하였으므로 선지의 내용은 적절하다.

④ '허원'은 '세상 사람들'이 배꼽에 대해 '심상찮은 관심을 나타내기 시작'하자 그 원인을 궁금해하면서 주의를 기울였으므로 선지의 내용은 적절하다.

04

정답설명

④ 〈보기〉에 따르면, 해당 작품에서 주인공은 배꼽과 관련된 개인적 상황을 통해 인간 존재와 사회 상황에 대한 심층적 의미를 탐색하게 된다. 허원의 사념이 '배꼽론'의 '확고한 경지'에 도달한 것은 인간 존재와 사회 상황에 대한 심층적 의미를 탐색하는 과정으로 볼 수 있다. 그러나 이는 '눈에 보이지 않는 배꼽에 매달려 거기에서밖에는 영영 더 이상 자유로워질 수가 없었'기에 이루어진 것으로, 사소한 것에 얽매이지 않는 자유로운 상태에서 실현된 것이라고 볼 수 없다.

오답설명

① 〈보기〉에 따르면, 해당 작품은 주인공이 배꼽을 잃어버렸다는 허구적 설정으로 시작한다. '의식의 끈'이 '건드려'진다는 것은 '배꼽이 없는 자신에 대해 좀처럼 익숙해질 수 없'으며 '자꾸만 허전해서 견딜 수가 없'는 상태를 의미한다. 따라서 허원의 '의식의 끈'이 '건드려'짐으로써 그가 배꼽을 잃어버린 비정상적 문제 상황에 지속적으로 주목하고 있다고 볼 수 있다.

② 〈보기〉에 따르면, 주인공은 으레 있어야 할 것이 없어져 불편한 생활을 이어 간다. 허원이 '상념'으로 인해 '회사 출근'을 포기하게 되고 '늦잠 버릇'이 사라진 상황은, 주인공의 일상이 변화된 모습을 보여 준다고 할 수 있다.

③ 〈보기〉에 따르면, 주인공이 배꼽이 없어져 불편한 생활을 이어 가는 과정에서 배꼽에 관련된 개인적 상황은 물론 인간 존재에 대한 심층적 의미의 탐색이 이루어진다. 허원이 '배꼽'을 '탯줄'에 연관하여 '우리의 영혼은 언제까지나 그 어머니의 탯줄과 이어지려 하고,~우리들의 우주와 만나게 된다……'와 같이 이해하는 것은, 개인에 관련된 생각을 '우주와 만나'는 '심오하고 추상적인' 생각으로 확장하는 실마리가 된다고 볼 수 있다.

⑤ 〈보기〉에 따르면, 주인공이 배꼽이 없어져 불편한 생활을 이어 가는 과정에서 배꼽에 관련된 개인적 상황은 물론 사회 상황에 대한 심층적 의미의 탐색이 이루어진다. '기묘한 현상'에서 '기묘한'은 '배꼽 이야기'가 '일반화'되는 뜻밖의 상황을 의미하며, '현상'은 이러한 상황이 현실에서 '사실'로 나타나는 것을 의미한다. 따라서 '기묘한 현상'은 '배꼽 이야기'가 '일반화'되는 상황이 뜻밖이지만 '사실'로 나타나는 현상을 일컫는 말이라고 할 수 있다.

Free note.

나 없이

기출

풀지마라

| 과외식 기출 분석서, 나기출 |

나 없이
기출
풀지마라

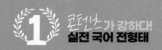

문학

고전 산문

01

2019학년도 6월

작자 미상 – 옹고집전

지문분석

[지문에서 체크할 것]

※ 공간

읍내 → '옹가'의 집 → 마을 뒷산 → '옹가'의 집

※ 서술자의 개입

1) 짚옹고집 거동 보소. (독자에게 말 걸기)
2) 슬프다.

[전체 줄거리]

옹진 고을에 사는 옹고집은 성질이 고약하고 인색하였고, 매사에 고집을 부렸다. 늙은 어머니가 차가운 방에 병들어 있어도 돌보지 않았으며, 거지나 중이 오면 때려서 쫓아내기 일쑤였다. 한편 월출봉 비치암에는 도술이 능통한 도사가 있었는데, 학대사라는 중에게 옹고집을 징계하고 오라 한다. 그런데 오히려 학대사는 매만 맞고 돌아왔다. 이에 도사는 옹고집을 징벌하기로 한다.

도사는 짚으로 허수아비를 만들고 부적을 붙여서 가짜 옹고집을 만들어 옹고집의 집에 보내 서로가 진짜라고 다투게 만든다. 옹고집의 아내와 자식이 나섰으나, 모두 누가 진짜 옹고집인지 판별하지 못해 마침내 관가에 고소를 하게 된다. 원님이 족보를 가져오라고 해서 물어보니, 가짜 옹고집이 진짜 옹고집보다 더 잘 알고 있어 진짜 옹고집이 패소한다. 진짜 옹고집은 도리어 곤장을 맞고 집에서 쫓겨나 걸식을 하는 신세가 되고, 가짜 옹고집은 집으로 들어가 아내와 자식을 거느리고 산다.

진짜 옹고집은 그 뒤에 온갖 고생을 하며 지난날의 잘못을 뉘우쳤지만, 어쩔 도리가 없어 자신의 삶을 비관하며 자살하려고 산중에 들어간다. 그때 월출봉 비치암의 도사가 나타나 이를 말린다. 도사는 옹고집이 잘못을 뉘우치고 있는 것을 알고 부적을 하나 주면서 집으로 돌아가라고 한다. 옹고집이 집에 돌아가서 그 부적을 던지니, 그동안 집을 차지하고 있던 가짜 옹고집은 다시 짚 묶음으로 변하게 된다. 진짜 옹고집은 자신의 삶을 참회한 뒤부터 독실한 불교 신자로 살게 된다.

문제분석 01-04번

번호	정답	정답률 (%)	선지별 선택비율(%)				
			①	②	③	④	⑤
1	③	78	8	3	78	8	3
2	③	85	3	3	85	3	6
3	①	86	86	3	4	3	4
4	④	69	14	10	5	69	2

01

정답설명

③ [A]는 '참옹고집'과 '짚옹고집'이 송사 가는 길에 누군가를 만날 때, '참옹고집'이 할 만한 말과 행동을 '짚옹고집'이 먼저 하고 있는 장면이다. 자신이 하고 싶은 말들을 '짚옹고집'이 먼저 꺼내고 있는 상황에 대한 '참옹고집'의 답답한 심정이, '참옹고집이 뒤에 오면서 기가 막히고 얼척도 없어 말도 못하고 울음 울 제'라는 서술자의 설명을 통해 드러나 있다.

오답설명

① 송사 원인이 금전적 이해관계에 있음은 밝혀지지 않았다.
② 행인들은 송사 가는 두 옹고집을 보며 누가 '참옹고집'인지 분별하지 못했다. 즉, '짚옹고집'이 승소하는 송사의 결과와 행인들의 상반된 예측이 제시되지 않았다.
④ '참옹고집'과 '짚옹고집'이 서로를 비방하는 대화가 제시되지 않았다.
⑤ 송사 가는 길에 '읍의 촌가인 하나', '또 하나', '또 하나', '노변에서 지나가는 사람' 등 새로운 인물이 많이 등장하지만 이들의 외양이 묘사되지는 않았다.

02

정답설명

③ '짚옹고집'은 도술을 부려 '참옹고집'이 집으로 오고 있다는 사실을 알았을 뿐, 그의 거동을 수상히 여기고 있지는 않다.

오답설명

① (중략) 이후 '송사를 이긴 내력을 말하니 처자 권속이며 상하 노복 등이 참옹고집으로 알고'에서 확인할 수 있다.
② '참옹고집'은 '짚옹고집'이 자신의 재물과 곡식으로 구차한 사람을 구제한다는 소식을 듣고는 이를 못마땅하게 여기고 있다.
④ 송사에서 진 '참옹고집'은 자신의 집에 들어가지 못한 채 눈물을 흘리며 서러워하고 있다.
⑤ '짚옹고집'의 명령에 사환들이 '참옹고집'을 데리러 갔으나 '참옹고집'은 이를 거절하였다.

03

정답설명

① 〈보기〉를 통해 「옹고집전」은 향촌 사회의 부유층에게 가난한 이들을 구제하지 않고 외면하면 공동체로부터 소외될 수 있음을 보여 주며 그들에게 사회적 책무를 다할 것을 요구하고 있음을 알 수 있다. '짚옹고집'이 '내 좋은 형세와 처자를 빼앗기지 아니하였다'고 말한 이유는, 송사에서 이기고 돌아와 '참옹고집' 행세를 하기 위함이지, 옹고집이 송사 이전부터 가족에게 소외되어 온 정황을 드러내는 것은 아니다.

오답설명

② 부유하게 살면서도 가난한 이들을 구제하지 않고 외면한 '참옹고집'의 행적이 '짚옹고집'을 통해 언급되었다. 이는 '만가 동냥 거지들을 독하게 박대'하였다는 데서 확인할 수 있다.

③ 부유층이 이행해야 할, 가난한 이들을 구제하는 사회적 책무가 '짚옹고집'을 통해 이행되고 있다. 이는 '전곡을 흩어 사방에 구차한 사람을 구제'한다는 데서 확인할 수 있다.

④ '짚옹고집'은 '참옹고집'의 재산을 '백 냥 돈 천 냥 돈 흩어' 가난한 사람들을 구제했다. 이는 그만큼 '참옹고집'이 부유함을 의미하고, 이를 통해 조선 후기 향촌 사회의 부유층을 연상할 수 있다.

⑤ 갈 곳이 없어 전전걸식하는 '참옹고집'의 모습을 통해, 가난한 이들을 외면한 부유층이 공동체로부터 소외받는 모습을 보여 주고 있다.

04

정답설명

④ [B]에서 '참옹고집'은 '짚옹고집'에게 용서를 구하지 않았다. 〈보기〉에서는 '참옹고집'이 용서를 구하기 전 '참옹고집'에게 개과천선하라는 인물의 발화가 나온 것이 아니므로 선후관계가 잘못되었다.

오답설명

① [B]의 "나의 어진 용심으로 살린 것이니"를 통해 '짚옹고집'이 자신의 마음을 고려하여, 〈보기〉의 "정상이 불쌍하고"를 통해 '도사'가 '참옹고집'의 처지를 고려하여 '참옹고집'을 살려 두었음을 알 수 있다.

② [B]의 "이만해도 후생에게 너 같은 행실을 징계한 사례가 될 듯싶으니"를 통해 '짚옹고집'이 '참옹고집'의 징계의 사회적 효용을 고려했음을, 〈보기〉의 "너의 처자 가여운 고로 놓아주니"를 통해 도사가 징계로 인한 가족의 피해를 고려했음을 알 수 있다.

③ [B]의 "부모 박대하니 세상에 용납지 못할 놈이요"와 〈보기〉의 "늙은 모친 냉돌방에 구박할까"를 통해 '참옹고집'은 비인륜적 행위를 했고, 이것이 그의 징계 사유에 포함되었음을 알 수 있다.

⑤ [B]의 '좌상에 나앉으며 문득 자빠지니 허수아비 찰벼 짚 묶음이라.'를 통해, 〈보기〉의 '홀연 간데없거늘'을 통해 [B]와 〈보기〉 모두에서 신이한 사건이 벌어짐을 알 수 있다.

02

2019학년도 9월

허균 - 홍길동전

지문분석

[지문에서 체크할 것]

※ 공간

채문 안 → 초부석 있는 곳 → 돌문 앞

※ 서술자의 개입

뒷일은 어찌 되고? 다음 권을 볼지어다. (독자에게 말 걸기)

[전체 줄거리]

홍길동은 조선 세종 때 홍 판서의 시비 춘섬의 아들로 태어난다. 길동은 어려서부터 도술을 익히고 장차 훌륭한 인물이 될 가능성을 보였으나, 서자로 태어난 탓에 벼슬을 할 수 없었다. 어느 날 홍 판서의 첩(정식 부인이 아닌 아내)이 길동을 죽이려 하자 길동은 도술로써 위기를 벗어난다. 그리고 집을 떠나 도적 무리의 우두머리가 되어 '활빈당'을 조직한다. 활빈당은 전국을 돌아다니며 부정부패한 관리들을 벌하고 재물을 빼앗아 가난한 백성들에게 나누어 주는 활동을 한다.

어느 날 길동이 함경도 감영의 재물을 탈취해 가자, 함경감사는 길동을 벌하고자 포청으로 하여금 길동을 잡게 한다. 이에 우포장 이흡이 길동을 잡으러 나섰으나, 이흡은 도리어 길동에게 우롱당한다. 이후 임금은 길동을 잡으라는 명령을 전국에 내리지만, 길동의 재주를 당해낼 수 없었다. 그러자 임금은 자신 앞에 모습을 드러낸 길동의 소원을 듣고, 이를 들어주기로 하여 길동은 병조판서를 제수한다. 길동은 서울에 올라와 병조판서가 되고, 임금에게 서자로서 벼슬을 못하는 한을 풀어 준 것에 감사하고 공중으로 사라진다. 그 후 길동은 벼슬에서 물러나 부하들을 데리고 조선을 떠나 남경으로 가다가 발견한 율도국의 왕이 된다. 그리고 아버지가 돌아가시자 조선으로 돌아와 아버지의 삼년상을 마친 후, 다시 율도국으로 돌아가 나라를 잘 다스리며 평화롭게 지낸다.

문제분석 01-03번

번호	정답	정답률 (%)	선지별 선택비율(%)				
			①	②	③	④	⑤
1	③	89	2	2	89	5	2
2	③	94	1	2	94	2	1
3	③	91	3	2	91	3	1

01

정답설명

③ 유보적이라는 것은 어떤 일을 당장 처리하지 않고 나중으로 미루어 두는 것을 말한다. 오늘 해야 할 숙제를 내일로 미루는 것이 유보적인 태도지. 홍 의정이 참 길동을 찾으라는 상의 명령을 듣고 어떤 행동을 했지? "신의 자식 길동은 왼쪽 다리의 붉은 기미, 용의 비늘 같은 일곱 점이 있사오니, 그를 보면 알리이다."라고 말하며 길동이 찾기에 바로 착수하였다. 따라서 유보적인 태도를 보였다는 것은 적절하지 않지.

오답설명

① 길동의 정체가 궁금했으니 "소년은 어디로 오며, 성명은 뉘라 하느뇨?"라고 먼저 물어보았겠지.

② "나는 다른 사람이 아니요, 서울 장안에 있는 홍 정승의 아들이러니" → 자기소개 Ok! / "활빈당에 천하 역사 모여 용맹을 자랑한다 하기로 내 한번 찾아와 힘을 자랑코자 왔나니" → 자신감 Ok!

④ 무수한 길동이 홍 의정을 보고 모두 나와 절하며 "부친께선 강녕하시나이까?"라고 말하는 부분에서 무수한 길동이의 동일한 언행을 확인할 수 있다.

⑤ 길동은 낮은 신분으로 인해 재주를 갖고 있어도 펼칠 수 없었기에 그동안의 행위를 저지른 것이라고 "신의 몸이 천비에서 나와~어찌 속절없이 세월만 보내오리까?"라며 상에게 밝히고 있다.

02

정답설명

③ ⓑ(글)에서 무게가 천 근인 초부석을 들고, 무게가 오백 근인 철관을 쓰고, 삼백 단의 돌문을 뛰어넘는 과제를 행하면 ⓒ(상장군 자리)에 모신다고 하였으므로 적절한 설명이다.

오답설명

① ⓐ(시험)를 통과하여 길동은 활빈당 무리와 한편이 될 수 있었지.

② ⓑ는 길동이 통과해야 할 시험의 내용을 의미할 뿐, 활빈당이 세워진 이유와는 전혀 관련이 없다.

④ ⓐ에 통과하여 활빈당의 대장이 되었으니 자아를 실현하게 하는 역할을 허용할 수 있다. 하지만 ⓑ와 ⓒ가 길동의 자아 실현을 방해한다는 설명은 적절하지 않다.

⑤ ⓐ를 통해 길동이 활빈당 무리에 들어갈 수 있었기에 갈등의 계기라고 볼 수 없다. 또한 ⓑ와 ⓒ 역시 갈등 심화의 역할을 하지 않는다.

03

정답설명

③ 〈보기〉와 비교해서 일치 여부만 확인해도 간단하게 답이 나온다. 〈보기〉에서 '유교적 질서에 대한 부정으로까지는 나아가지 않았다.'라고 했지? 그런데 선지에서는 '유교적 질서를 무너뜨리고자 한 시도'라는 정반대의 얘기를 하고 있구나. 지문의 내용을 보더라도 길동이 군기를 탈취한 것은 자신의 책략을 자랑하고 재주를 시험해 보기 위함이었지, 군신 관계를 바탕으로 한 유교적 질서를 무너뜨리기 위한 것은 아니었다.

오답설명

① 〈보기〉에서 '활빈당의 우두머리가 되는 장면에서는 활빈당을 이끌던 수령을 새롭게 등장'시켰다고 했다. 상좌에 앉아 청포운삼에 자금관을 쓰고 있는 사람이 바로 그 인물이겠구나. 이렇게 새로운 인물을 등장시킨 것은 흥미를 높이려는 시도로 볼 수 있겠다.

② 이전에는 길동이 바위를 드는 것에서 끝이었는데, 윗글에서는 바위를 들고 철관도 써야 하고 돌문도 넘어야 했다. 이렇게 많은 관문을 두어서 길동의 용력도 과시하고 흥미도 높이고 있구나.

④ 길동은 왕에게 "상께서 신에게 병조판서 삼 년만 제수하시면 남의 천대를 면하옵고 충성을 다하여 상을 받들리다."라고 말하며 직접 원하는 바(병조판서)를 이야기하고 있다. 이는 자신의 능력에 따라 신분 상승이 가능하기를 바라던 당대 독자들의 욕망을 반영하였다는 〈보기〉의 내용과 관련지을 수 있다.

⑤ 요즘 TV 드라마에서도 많이 쓰는 기법이지? 결정적인 순간에 장면을 끊고, '다음 회에 이어집니다.'가 나오는 거지. 우리 선조들은 조선시대부터 이런 전략을 썼다. 예전에는 인쇄 기술이 발달하지 않아서, 책을 쪼개 단행본의 형태로 만들었다. 그래서 독자의 궁금증을 유발하여 다음 단행본을 사도록 유도한 것이다. 즉, ⑩은 〈보기〉에 나온 상업적 전략이라고 할 수 있겠다.

memo

03 2019학년도 11월

작자 미상 – 임장군전

지문분석

[지문에서 체크할 것]

※ 공간

(중략) 이전 : 옥 → 궐내 → 궐문 밖

(중략) 이후 : 옥 → 금부 → 상이 계신 곳(궐내)

※ 서술자의 개입

'경업이 아무리 용맹한들 손에 촌철이 없는지라.' 부분을 서술자의 개입으로 볼 여지가 있지만, 이 정도로 선명하지 않은 서술자의 개입은 찾지 않아도 괜찮다.

[전체 줄거리]

충청도 충주 달천촌에서 태어난 임경업은 25세에 과거에 급제한 후, 사신 이시백을 따라 중국에 들어간다. 이때 마침 호국이 가달의 침입을 받아 명나라에 도움을 청했다. 명나라에 마땅한 장수가 없어 임경업이 호국을 도와 싸움을 승리로 이끌어 그 이름을 알리고 조선으로 돌아온다. 이후 호국이 강성해져서 조선을 침입해 왕의 항복을 받아 내고, 세자 일행을 인질로 끌고 간다. 임경업이 이 소식을 듣고 쫓아가 호국의 병사들을 물리치자,

호국 왕이 화가 나서 임경업을 호국으로 보낼 것을 명령한다. 호국으로 간 임경업은 호국의 군인으로서 명나라와 싸우지만, 친구였던 명나라 장수를 만나 의리를 지켜 거꾸로 호국을 치려 하다가 실패하여 호국의 병사들에게 잡힌다. 그러나 호왕은 임경업의 충성심에 감동하여, 그와 세자 일행을 조선으로 돌려보낸다. 이때 간신 김자점이 인조에게 임경업을 헐뜯는 음모를 꾸미다가 실패하자 임경업을 암살한다. 이후 인조는 꿈속에서 임경업을 만나서 내막을 알게 되어, 김자점을 처형하고 임경업의 충절을 기린다.

문제분석 01-03번

번호	정답	정답률 (%)	선지별 선택비율(%)				
			①	②	③	④	⑤
1	⑤	87	2	3	3	5	87
2	⑤	70	4	3	16	7	70
3	④	83	1	3	9	83	4

01

정답설명

⑤ 주인공 경업이 적대자 자점과 지략 대결을 하고 있지 않다. 또한 경업이 초월적 능력을 보여 주고 있지도 않다.

오답설명

① 인물들 사이의 대립 구도가 제시되면 서사적 흥미는 당연히 높아진다. 윗글에서는 주인공 경업과 적대자 자점의 대립 구도가 드러난다.

② 주인공 경업의 죽음을 [B]에 제시하여 작품의 비극성을 고조하고 있다.

③ 경업은 상과의 대화 중 "신이 무인년에 북경에 잡혀가다가~이제 죽어도 한이 없사옵니다."라며 이전에 일어난 사건의 정황을 밝히고 있다.

④ 상이 꿈에 나타난 경업의 말을 듣고 악인인 자점의 횡포를 징벌하는 (중략) 이후 부분을 통해, 권선징악의 세계관이 드러난다.

02

정답설명

⑤ (중략) 이후 부분에서, 경업이 꿈에 나와 "흉적 자점이 소신을 죽이고 반심을 품어 거의 일이 되었사오니 바삐 국문하옵소서."라고 이야기하자 상이 자점을 국문하여 자복을 받아 내었음을 확인할 수 있다.

오답설명

① 전옥 관원이 옥에 갇힌 경업에게 그가 역적으로 잡힌 것이 자점의 흉계임을 밝히자, 경업이 통분하여 옥문을 깨고 궐내에 들어갔다고 하였다. 이를 통해 경업이 옥에 갇히고 나서야 자점의 흉계를 알게 되었음을 확인할 수 있다.

② 옥졸은 자점의 부탁을 받고 물을 찾는 경업에게 물을 주지 않았을 뿐, 경업의 죄를 상에게 밀고(남몰래 넌지시 일러바침)하지는 않았다.

③ 대군이 자점을 의심하여 상에게 "자점이 이런 만고충신을 해하려 하오니 이는 역적이라."라고 이야기한 것은 맞으나, 경업에게 옥에 갇힌 경위를 묻지는 못했다. 친히 경업에게 가려고 했지만, 경업은 자점에게 매를 많이 맞아 죽게 되어서 결국 만나지 못하게 되었다.

④ 우의정 이시백은 '경업'이 아니라 '자점'이 옥에 갇힐 만한 정보를 상에게 제공했다. 이시백이 자점이 반심을 품었다는 사실을 상에게 알리자, 이에 놀란 상은 금부도사를 보내 자점을 국문한 후 옥에 가두었다.

03

정답설명

④ [A]는 자점이 경업을 피습하여 마구 때려 중상을 입히는 장면이다. 이를 본 독자가 ⓔ과 같이 말하는 것은 '자점'이 아닌 '경업'에 대한 안타까움을 나타내는 것이다.

오답설명

① ㉠은 [B]에서 경업의 죽음을 접한 식자층이 그를 죽게 만든 자점의 행위에 대해 비판한 것이다.

② ⓛ은 [A]에서 경업이 자점 일행에게 마구 폭행당한 후 옥에 갇힌 것에 대한
안타까움을 나타낸 것이다.

③ ⓒ은 [B]에서 '남의 손에 죽으니'라며 경업의 죽음이 자점 때문이라고 하였
음을 보고 '천운'이라고 표현하였는데, 이는 숙명론(=운명론)적인 반응을
보인 것이라 하였다. '천운'은 '하늘이 정한 운명'이라는 뜻이므로 운명론적
태도를 허용할 수 있다.

⑤ ⓜ은 충신으로서 살다 죽은 경업의 이야기를 사람마다 알게 해야 한다고
언급하고 있다.

memo

작자 미상 - 조웅전

지문분석

[지문에서 체크할 것]

※ 공간

(중략) 이전 : 연주 → 궁궐(꿈속 공간)

(중략) 이후 : 함곡

※ 서술자의 개입

1) '그 아름다움이 측량없더라.' 부분을 서술자의 개입으로 볼 여지가 있다. 선명하진 않으니 찾지 않아도 괜찮다.

2) 그 남은 공적은 어찌 다 기록하리오.

[전체 줄거리]

중국 송나라 문제 황제 때, 조웅의 아버지 조정인은 간신 이두병의 모함으로 자살을 한다. 천자(황제)는 조정인의 죽음을 안타깝게 여기고 그 아들 조웅을 궁중으로 불러들여 태자와 함께 지내게 한다. 태자는 조웅을 형제처럼 사랑하게 되었는데, 이두병은 천자의 사랑을 받는 조웅이 나중에 복수를 할까 두려워 그를 죽이려고 한다.

하루는 조웅의 어머니가 이두병이 조웅을 죽이려고 한다는 꿈을 꾸고 아들을 데리고 피신한다. 그 후 천자가 세상을 떠나고 태자가 황제가 된다. 이에 간신 이두병이 권세를 마음껏 부리다가 마침내 어린 황제를 쫓아내고 스스로 천자가 된다. 조웅 모자는 고향을 떠나 방랑하다가, 월경 대사를 만나 산속으로 들어가 살게 된다. 그리고 어느덧 15세가 된 조웅은 출세를 결심하고 강선암을 떠나기로 한다. 강호를 떠돌던 그는 화산 도사를 만나 '조웅검'이라 쓰인 신검을 얻고, 천명 도사를 만나 병법과 무술을 공부하게 된다.

조웅이 어머니를 만나러 다시 강선암으로 돌아가던 중, 장 진사의 집에 우연히 들러 장 진사의 딸 장 소저와 몰래 백년가약을 맺는다. 조웅이 떠난 후 장 소저는 조웅을 그리워하다가 병들어 죽는다. 조웅은 도사로부터 장 소저가 병으로 죽었다는 말을 듣고, 도사가 준 신비한 약을 가지고 가서 장 소저를 되살린다. 이에 장 진사는 딸과 조웅의 결혼을 허락한다.

조웅은 공부를 끝낸 후, 변방의 오랑캐들과 간신 이두병을 무찌르고 송나라 황실을 회복하기 위하여 나선다. 이때 서번이 위국을 침략하자 조웅이 위국으로 달려가 위왕을 도와 서번군을 격파하고 번왕의 항복을 받는다. 이후 조웅은 태자를 구하고자 태자의 귀양지로 향하는데, 조웅에게 원한이 있는 번왕은 번국을 지나는 조웅을 계략에 빠뜨리고자 한다. 하지만 조웅은 번왕의 계략에 빠지지 않고 태자의 귀양지에 도착하여, 이두병의 협박에 시달리던 태자를 구출하고 함께 위국을 향해 간다. 그러나 번왕은 또다시 계략을 꾸며 위국으로 돌아가는 태자를 잡아 협박하는데, 조웅이 태자를 구출하며 번왕을 다시 항복시키고 이두병이 임명한 지방 관리들을 차례로 처치한다. 그리고 위국에 도착한 조웅은 위왕과 연합하여 수십만 대군으로 황성을 쳐서 이두병의 목을 베고, 태자를 천자의 자리에 복위시킨다. 황실은 다시 회복되고 조웅은 서번의 왕이 되어 행복하게 산다.

문제분석 01-04번

번호	정답	정답률 (%)	선지별 선택비율(%)				
			①	②	③	④	⑤
1	③	85	4	4	85	5	2
2	⑤	86	4	2	5	3	86
3	①	42	42	18	9	25	6
4	②	82	6	82	4	5	3

01

정답설명

③ 노옹은 조웅에게 천명 도사의 서찰(편지)을 전해 주며, "피곤한 나귀 탓으로 시간을 넘겨 버렸기에 행여 못 만날까 염려하였"는데 조웅을 만나 기뻐하고 있으므로 선지의 설명은 적절하다.

오답설명

① 서번 적의 간계(간사한 꾀)에 빠질 위기에 놓인 인물은 송 문제가 아니라 조웅이다. 송 문제는 조웅이 서번 적의 간계에 빠져 죽을 위기를 겪게 된다는 것을 미리 알고, 이를 막기 위해 도사에게 조웅을 구하라는 부탁을 하느라 잔치에 늦게 참석하게 되었다.

② 고전 소설의 필수 체크 요소인 공간의 이동의 순서를 물어보고 있다. 조웅(원수)은 함곡으로 향하던 중 연주에 도달하여 군마를 다 쉬게 하고 본인도 사관에서 휴식을 취하였다.

④ 조웅은 노옹으로부터 받은 편지의 내용을 읽고 좌장군 위홍창을 불러 장졸을 함곡에 들어가지 못하게 하라는 명령을 내렸다. 따라서 위홍창이 함곡에 들어간 것은 이미 함곡에 진입한 선봉을 데리고 나오기 위한 것이다.

⑤ 황금관을 쓰고 몸에 용포를 입고 윗자리에 높이 앉았던 노인이 뜰로 내려와 여러 사람들을 맞이한 정황은 드러나 있지 않다. 그리고 '여러 사람이 일시에 뜰로 내려와 영접'한 대상은 '송나라 문제'이다.

02

정답설명

⑤ [A] O, [B] O / 소설에서 배경 묘사는 인물의 상황이나 심리를 암시하거나 부각하는 역할을 한다. 이 문제처럼 문단 묶음을 통해서 물어볼 수도 있지만, 서술상의 특징에서 선지를 배치하여 지문에서 찾도록 할 때도 많으니, 지문을 읽을 때 배경 묘사가 나오면 습관적으로 체크해 두는 것이 좋다.

[A]에 나타난 장소는 '첩첩한 산중에 수목이 빽빽한 곳을 깊이 들어가니' '또 한 곳을 들어가니' 나타난 '아름다운 궁궐'로, 속세로부터 멀리 떨어져 있으며 하늘에 닿아 있는 웅장한 곳이라고 묘사되어 있으므로 비현실적인 공간이다. 이곳에 도달하기 위해 '나비를 따라 공중에 날아'갔다고 표현한 것은 해당 공간의 비현실성을 강화하는 것이다. 또한 '원수가 깨달으니 남가일몽이라.' 부분을 통해 [A]가 꿈속의 공간이었다는 것을 알 수 있다. 반면 [B]는 조웅이 행군하여 도달한 현실 공간이다. [B]의 공간은 조웅이 위기를 겪을 것으로 예고되어 있는 공간이며, 해가 지고 잔나비(원숭이)와 두견이 울고 험한 산봉우리가 가슴을 찌르는 듯한 공간의 모습은 이곳의

불길한 분위기를 조성하는 역할을 한다.

오답설명

① [A] X / [A]에 나타난 공간이 광활한 것은 맞지만, 조웅의 진취적인 기상을 드러내고자 한 것은 아니다. 광활함은 해당 공간의 비현실성과 신비로움을 강화하기 위해 부여된 속성이다.

② [B] X / '해는 서쪽 산 위로 떨어지고 달은 동쪽 고개 위로 떠올랐는데'에 나타나는 시간의 흐름은 불길한 분위기를 조성하는 데 기여하고 있다. 또한 조웅은 꿈속의 일을 생각하며 염려하는 모습을 보이고 있으므로 낙관적인 태도가 드러난다고 할 수 없다.

③ [A] O, [B] X / [A]에서 조웅이 날개를 얻어 나비를 따라 날아간 일은 실제로 실현될 수 없으므로 현실에 매이지 않은 낭만적인 사건임을 허용할 수 있다. 그리고 이러한 사건은 작품에 환상성을 부여하는 역할을 한다. 그러나 [B]에는 구체적인 시대 상황이 드러나 있지 않다.

④ [A] O, [B] X / 변화에 의해 새로운 것을 접하게 되면 어느 정도의 긴장감(독자의 몰입)이 유발되므로 [A]의 공간적 변화는 새로운 사건의 전개를 의미하여 긴장감을 유발하는 것으로 허용할 수 있다. 그러나 [B]에 계절적 상황이 제시되지는 않았다.

03

정답설명

① 참석자들은 각각 자신의 공적을 밝히며 소회를 털어놓을 뿐, 서로의 공적을 평가하지는 않았다. 참고로 "칼을 잡아 흉적을 소멸하니 제후 될 만하도다"는 참석자들이 서로의 공적을 평가한 것이 아니라, 참석자들이 각각 공을 밝히는 글에 적혀 있던 내용 중 하나이다.

형태쌤의 과외시간

정답은 일치 차원에서 나오지만, 상당히 디테일한 선지 구성으로 꼼꼼하게 독해를 하지 않으면 풀 수 없었던 문제. 고전 산문의 디테일한 선지 구성은 예전부터 기출에서 확인되었던 경향이다. 다만 최근에는 이렇게 난이도가 높은 선지 구성이 나오지 않았기에, 실전에서는 상당히 처리하기 힘들었던 문제였다. 비문학 다음으로 시간을 투자해야 하는 파트가 고전 산문이다. 따라서 평소에 고전 산문 독해 훈련을 하면서 독해력을 지속적으로 늘려야 하고, EBS의 A급 고전 산문은 전문을 읽어 놔야 이런 선지를 그나마 빠르게 처리할 수 있다.

오답설명

② 참석자들은 조웅에 대해 이야기하며 "불쌍하도다 조웅이여!~불쌍코 가련하다."와 같이 조웅을 염려하였다. 또한 송나라 문제가 뒤늦게 참석하여 "송나라 왕실을 회복할 신하는 조웅이라.~부탁하고 오노라."라는 말을 듣고, 좌중이 "대운이 막히지 아니하였사오니 천수를 어찌 하오리까?"라고 말하는 것을 통해 조웅에 대한 기대를 확인할 수 있다.

③ 참석자들은 "대송이 역적에 망하니 인하여 멸송이 되오면 언제 회복되오리까?", "송나라의 복은 아직 길고 멀었는지라. 어찌 회복이 없사오리까?"와 같이 송나라의 흥망성쇠를 주제로 대화를 나누고 있다.

④ 참석자들은 각각 소회를 다한 후 '혹 노기 등천하며, 혹 칼을 빼들고 매우 성을 내고,~어떤 자는 춤추기도 하는지라.'에서 확인할 수 있듯이 여러 행위를 통해 각자의 심정을 드러내고 있다.

⑤ '무수한 사람들이 열좌하여 큰 잔치를 배설하고 술과 음식이 가득한 중에 절대 가인이 차례로 앉았으니, 그 아름다움이 측량없더라.'를 통해 확인할 수 있다.

04

정답설명

② 조웅은 꿈을 통해 자신이 전쟁에 패해 죽을 위기에 처해 있으나 도사의 도움을 받을 것임을 알게 된다. 하지만 〈보기〉에 언급된 내용대로 조웅은 꿈의 내용을 확신하지 못한다. 여기서 확신하지 못하는 것은 도사의 도움이지, 전쟁에 패해 죽을 위기가 아니다. 즉, 꿈속의 말대로 전쟁에 패한 혼이 될지도 모른다는 불안감에 슬퍼하고 있는 것이다. 따라서 '전쟁에 패한 혼이 될 것'이라는 꿈속의 말에 대해 확신하지 못한다는 부분은 적절하지 않다.

오답설명

① 조웅의 꿈에 나타난 공간은 초월적 세계이다. 송 문제는 초월적 세계의 인물이며, 조웅을 구하고자 도사에게 조웅을 살릴 방법을 부탁하였으므로 이는 곧 조웅에 대한 초월적 세계의 비호를 의미한다.

③ 조웅은 꿈속에서 한 사람이 "하늘이 송나라 왕실을 회복하고자 조웅을 명하였더니"라고 언급하는 것을 듣는다. 조웅은 이를 통해 자신의 천명을 알게 된다.

④ 조웅은 꿈을 통해 서번이 간계를 꾸미고 있으며, 자신이 도사로부터 조력을 받게 될 것임을 알게 되었다. 〈보기〉에 따르면 주인공은 초월적 세계의 뜻에 대해 확신하지 못하지만, 전달자와 구체적 증거물을 통해 초월적 세계의 뜻을 확인하고 이를 실천한다고 하였다. 노옹을 통해 전달 받은 편지는 구체적 증거물에 해당하므로, 조웅이 편지의 지시에 따른 것은 구체적 증거물을 통해 초월적 세계의 뜻을 확인하고 꿈속에서 알게 된 바가 현실에서 일어날 것이라 믿었기 때문이라 할 수 있다.

⑤ 송나라 문제는 "도사를 찾아가 (조웅을) 구하라 하고 부탁하고 오노라."라고 하였다. 그리고 노옹이 천명 도사로부터 편지를 받아 조웅에게 전하였으므로 노옹은 초월적 세계의 뜻을 전달하는 역할을 한 것이다.

작자 미상 – 장끼전

지문분석

[지문에서 체크할 것]

※ 공간

협사촌 → 양지촌 → 협사촌

※ 서술자의 개입

× / '서대주 맹랑하다.'는 서술자가 개입하여 서대주가 맹랑하다고 평가한 것이 아니다. 고전 소설에서는 상황을 고려한 판단이 중요하다. 서대주 입장에서는 본적도 없었던 장끼가 찾아와서 평안하냐며 인사하는 것이 황당했을 것이다. 따라서 해당 구절은 '서대주 (장끼가) 맹랑하다(며), 탕건을 어루만지며 답한다.'로 이해해야 한다.

[전체 줄거리]

〈해당 출제 지문은 중심 이야기와 연관이 떨어지는 보조 이야기 부분이라 전체 줄거리와 연관성이 떨어진다. 전체 줄거리는 참고 정도로 보길 바란다.〉

어느 겨울날 아들 아홉과 딸 열둘을 거느린 장끼와 까투리 부부는 먹이를 구하러 산기슭으로 간다. 장끼는 먹음직스러운 콩알 하나를 발견하고, 까투리는 수상하다며 한사코 먹기를 말린다. 까투리는 전날 꾸었던 불길한 꿈과 옛 현인들의 이야기까지 동원하여 장끼를 말리지만, 장끼는 여자의 말이라고 무시하며 고집을 부려 그 콩을 먹다가 덫에 치인다. 장끼는 죽어 가면서 까투리에게 부디 개가(다른 남자와 결혼함)하지 말고 정절을 지켜 정렬부인이 되라는 유언을 남긴다. 덫의 주인이 나타나 장끼를 빼어 들고 가 버린 뒤 까투리는 장끼의 깃털 하나를 주워다가 장례를 치른다. 초상집에 문상 온 갈까마귀와 물오리 등이 까투리에게 청혼을 하지만 까투리는 이를 모두 거절하고 홀아비 장끼와 재혼한다. 재혼한 이들 부부는 아들딸을 모두 혼인시키고 이름난 산과 큰 하천을 구경하며 다니다가, 큰물에 들어가 조개가 된다.

문제분석 01-03번

번호	정답	정답률 (%)	선지별 선택비율(%)				
			①	②	③	④	⑤
1	①	76	76	7	10	2	5
2	⑤	69	5	7	12	7	69
3	④	77	5	3	13	77	2

01

정답설명

① '속성'은 사물의 특징이나 성질을 의미하므로, 외양 또한 대상의 속성에 해당한다. "위풍이 헌앙하고 빛갓 쓰고 옥관자 붙이고", '주먹볏에 흑공단 두루마기, 홍공단 끝동이며, 주둥이는 두 자나 하고 위풍이 헌앙한'에서 각각 '장끼'와 '딱부리'의 외양을 세밀하게 묘사하여 인물의 속성을 드러내고 있다. 외양 묘사를 통해 인물의 속성을 드러내는 것은 '행동 묘사'와 분명 다르다. 말 그대로 인물의 외적인 모습을 구체적으로 묘사를 해 주어야 한다. 외양 묘사와 행동 묘사의 구분은 평가원에서 까칠하게 출제하는 개념이니 확실하게 구분을 해야 한다. 아래에 대표적인 외양 묘사의 사례를 제시했으니 확인해 봐.

> 신부는 다홍치마를 동산처럼 부풀리며 재배를 하고 일어선다. 한삼에 가리워졌던 얼굴이 드러나자, 흰 이마의 한가운데 곤지의 선명한 붉은 빛이, 매화잠(梅花簪)의 푸른 청옥 잠두(簪頭)와 그 빛깔이 부딪치면서 그네의 얼굴을 차갑고 단단하게 비쳐 주었다.
> 거기다 고개를 약간 숙인 듯하였으나 사실은 아래턱만을 목 안쪽으로 당긴 채, 지그시 눈을 내리감은 그네의 모습에서는, 열여덟 살 새신부의 수줍음과 다감한 풋내보다는 차라리 일종의 위엄이 번져나고 있었다.
> – 최명희, 「혼불」中 –

오답설명

② 서술자의 개입은 서술자가 직접 작품에 개입하여 서술자의 판단이나 생각을 드러내는 등, 독자가 서술자의 존재를 분명하게 인지할 수 있도록 서술이 진행되는 것을 가리킨다. 제시된 글에는 서술자가 개입하여 인물에 대한 판단이나 생각을 드러내고 있는 부분이 나타나 있지 않다. 지문의 마지막에 나온 '애걸하며 빌더라.' 부분은 서술자가 자신의 정서나 판단을 노출한 것이 아니라, '딱부리가 애걸하며 빌었다.'라는 팩트만 제시한 것이다.

③ 고사나 속담이 나오면 의도를 신경 써야 한다. 평가원은 항상 의도를 출제한다. 속담 '우마도 초분식하고, 산저도 갈분식이라.', 옛글 '교만한 자는 집이 망한다.', '남을 대접하면 내가 대접을 받는다.'가 삽입되어 있으나 이를 통해 인물의 내적 갈등을 강조하고 있는 것은 아니다.

④ 과거와 현재가 대비되어 있지 않으며, 인물의 초월적 능력 또한 나타나 있지 않다.

⑤ 공간적 배경이 자세하게 묘사되어 있지 않다.

02

정답설명

⑤ 장끼와 딱부리 모두 양식을 얻기 위해 서대주를 방문하였다. 딱부리가 서대주를 찾아가 "서대주라 하고 도적질한 말을 하"려 한 것은 서대주를 겁주어 쌀을 만석이라도 받아내기 위함이다. 즉, 딱부리는 경제적 목적을 달성하기 위해 서대주를 협박하려는 것일 뿐 서대주의 도적질을 별로 다스리고 교화하기 위해 서대주를 방문하려는 것이 아님을 알 수 있다.

오답설명

① '협사촌의 서대주가 도적들과 아래위 낭청을 다니며 함께 도적하여 부유하다 하니', '이놈이 본디 큰 쥐로 도적질하는 놈이니'라는 장끼의 생각에, 장끼가 서대주를 방문하기 전에 서대주의 정체를 알고 있었음이 드러나 있다. 또한 "미천한 도적놈", "이 집이 아래위 낭청으로 다니며 도적질하는 서대주 집이냐?"와 같은 딱부리의 말을 통해 딱부리 또한 서대주를 방문하기 전에 서대주의 정체를 알고 있었음을 알 수 있다.

② '어떻든 대접함이 으뜸이라.'라는 장끼의 생각과 "나는 그놈을 찾아가서 서대주라 하고 도적질한 말을 하면 그놈이 겁내어 만석이라도 추심하리라."라는 딱부리의 말을 통해, 각자 서대주를 만나기 전에 서대주를 어떻게 대할지를 계획했음을 알 수 있다.

③ 장끼는 서대주에게 공손한 태도를 유지하였다. 반면 딱부리는 거만한 태도로 서대주에게 접근하였다가, 몰매를 맞은 후 머리를 조아리며 애걸하였다.

④ 장끼는 서대주의 집을 찾아 "이 댁이 아래위 낭청으로 다니며 관리하시는 서동지 댁이오?"라며 서대주의 환심을 살 수 있게 예의를 갖추어 물었다. 하지만 딱부리는 "이 집이 아래위 낭청으로 다니며 도적질하는 서대주 집이냐?"라며 서대주의 반감을 불러일으키는 표현을 하였음을 알 수 있다.

03

정답설명

④ 서대주의 '시비 쥐'가 딱부리에게 골을 낸 것은, 딱부리가 자신이 모시는 주인을 "도적질하는 서대주"라 칭하며 무례한 언행과 함께 거만한 태도를 보였기 때문이다. 이를 통해 몰락 양반의 경제적 곤궁함을 업신여기는 신흥 부호의 모습은 파악할 수 없다. 또한 '시비 쥐'는 신흥 부호인 서대주의 종일 뿐, '시비 쥐'가 신흥 부호인 것은 아니다.

오답설명

① '콩알 하나 없'는 가난한 장끼의 처지는 몰락 양반의 삶을 상징한다. 장끼는 '주린 처자'를 위해 서대주를 찾아가 양식을 빌리고자 하였으므로 가장으로서의 책무를 다하기 위해 노력하고 있다고 볼 수 있다.

② '탕건'은 벼슬아치가 갓 아래 머리카락이 흘러내리지 않도록 받쳐 쓰던 망건을 의미한다. 신흥 부호를 상징하는 서대주가 이러한 복색을 하고, '시비 쥐' 외에도 '수십 명 범 같은 쥐들'을 거느리고 있다는 점은 당시 신흥 부호의 생활상을 나타낸다.

③ 장끼와 딱부리 모두 몰락 양반 계층을 상징한다. 장끼가 서대주를 찾아가 공손하게 대접하고 양식을 빌려온 것에 대해, 딱부리는 "자네 일정 간사하도다."라는 평가를 내리고 있으므로 신흥 부호인 서대주를 어떻게 대할 것인지에 대해 몰락 양반 간에 의견 차이가 있었음을 짐작할 수 있다.

⑤ '수십 명 범 같은 쥐들'은 서대주가 고용한 인물들이거나, 서대주를 따르는 인물들을 나타낸다. 이들이 서대주의 명령에 따라 행동하는 것은 서대주로 대표되는 신흥 부호의 위세를 나타내는 장면이라고 볼 수 있다.

작자 미상 – 유씨삼대록

지문분석

[지문에서 체크할 것]

※ 공간

유씨네 집(유세기의 이야기) / 이화정(유세형의 이야기)

※ 서술자의 개입

1) 생각이 이에 미치자 북받쳐 오르는 한이 마음속에 가득 쌓이기 시작하니 어찌 좋은 뜻이 나리오?

2) '마음은 세상에 비할 데가 없더라.' 부분은 서술자의 개입으로 볼 여지가 있지만, 서술자의 판단이나 정서가 확연하게 나타나지 않으므로 개입으로 찾지 않아도 된다.

[전체 줄거리]

명나라 홍치 연간에 북경 순천부에 사는 승상 유연의 아들 유우성은 12세에 장원 급제하고 태학사 이제현의 딸과 혼인한다. 우성은 한림학사, 순무어사를 거쳐 이부 상서가 되고, 황제가 죽고 태자가 즉위하자 승상이 된다. 유 승상의 맏아들 세기는 14세에 장원 급제하고 간의대부 소순의 딸과 혼인한다.

둘째 아들 세형은 12세에 장원 급제하고 이부 상서 장순의 딸과 약혼한다. 그런데 뜻밖에 자신을 부마(임금의 사위)로 간택한다는 교서(왕이 신하나 백성 등에게 내리던 문서)가 내려오고, 세형은 이를 반대하는 상소를 올리지만 끝내 진양 공주와 혼인하게 된다. 세형은 장 씨만을 사모하다 병을 얻게 되는데, 이때 세형의 마음을 짐작한 공주는 태후께 청을 올려 장 씨를 둘째 부인으로 봉하도록 한다. 세형은 장 씨만을 사랑하며 공주를 일절 가까이하지 않았지만, 성품이 고운 공주는 이에 대해 노여워하지 않고 오히려 궁녀들로 하여금 태후께 아뢰지 못하도록 한다. 하지만 방자해진 장 씨는 공주를 모해하고 세형은 장 씨의 말만 믿고 공주를 학대한다. 세형은 사실을 알게 된 아버지에게 엄벌을 받고, 형 세기의 충고를 들은 후 자신의 잘못을 뉘우치고 가정을 잘 다스리기로 다짐한다. 이때 왜적이 침략해 오자 유 승상과 세형 부자가 출전하여 왜적을 물리치고 돌아온다. 황제는 유 승상과 세형을 각각 초국공, 진왕으로 봉한다. 세형에게 버림받았던 공주는 세형의 진심을 시험한 후 부부의 정을 나눈다. 장 씨는 공주를 더욱 미워하여 약탕에 독약을 넣었다가 발각되어 하옥된다. 그러나 공주는 장 씨를 용서하고 그녀가 풀려나도록 돕는다. 자신의 잘못을 반성한 장 씨는 공주와 세형과 함께 화목하게 지낸다.

유 승상의 셋째 아들 세창은 장원 급제하여 한림학사가 되고, 넷째 아들 세경과 다섯째 아들 세필도 각각 혼인한다.

유 승상은 첫째 딸 설영을 태학사 양정의 아들 관과 혼인시키고, 둘째 딸 현영은 참정 양계현의 맏아들 선과 성례시킨다. 이때 양 참정의 계모 팽 씨는 자신의 친정 질녀 민 씨를 양 참정의 맏아들 선과 혼인시키고자 하여, 강제로 현영을 후실로 맞게 한다. 후에 두 부인은 동시에 잉태하고 출산하는데, 현영이 아들을 낳고 민 씨가 딸을 낳자

팽 씨가 두 아이를 바꿔치기 한다. 이후 팽 씨가 전염병에 걸리자 민 씨는 친정으로 도망가 버렸지만 현영은 지극히 간호한다. 이에 감격한 팽 씨는 아이를 바꾸었던 것을 실토하고, 팽 씨의 말을 듣고 크게 노한 양 참정은 민 씨에게서 아들을 데려온다.

유 승상의 셋째 딸 옥영은 덕행이 바르지 못하여 꾸지람만 받다가 혼인 후에도 교만하여 쫓겨난다. 유 승상은 쫓겨 온 딸을 사옥에 가두었다가 반성하는 기색이 있어 데려가도록 하니 비로소 금실이 좋아진다.

비로소 유 승상이 평화롭게 노년을 보내려 할 때 반란이 일어나자, 그는 천자의 명을 받아 세창, 세경과 함께 반군을 물리친다. 세창은 반군을 제압하고 돌아오는 도중 남장을 한 설생(설초벽)을 만나 그녀를 서울로 데려온다. 설초벽은 세창과 혼인을 하기 위해 황제의 도움을 받고자 과거에 응시하여 장원급제한다. 그녀의 사정을 듣게 된 황제는 설초벽을 세창의 둘째 부인으로 봉한다.

한편 유 승상의 다섯째 아들 세필은 부인 박 씨와 사이가 좋지 못했는데, 박 씨가 운남으로 부임하는 부친을 따라가다가 실종되자 세필은 순 씨와 혼인한다. 그러던 중 첫째 형 세기가 산촌을 살피다가 박 씨를 만나 데리고 돌아오자, 순 씨가 박 씨를 질투하고 싸움을 걸어 집안이 시끄러워진다.

세기는 부친을 이어 승상이 되고, 황제가 죽자 진양 공주가 태후에게 권고하여 가정제(嘉靖帝)를 황제로 세운다. 이어 태후가 죽자 공주는 슬픔을 이기지 못해 병들어 죽는다. 공주의 맏아들 유관은 설현의 딸과, 둘째 아들 유현은 양성의 딸과 혼인하고 형제가 모두 장원 급제한다. 양씨와 사이가 좋지 않은 유현은 장 씨의 친정 조카 장설혜의 미모에 반해 상사병이 들고, 유우성의 주선으로 결국 장설혜를 후실로 맞는다. 질투가 심한 장설혜는 양씨를 모해하다가 쫓겨난다. 이때 변방이 소란하여 진왕 세형이 출전하는데, 유씨 가문에서 쫓겨난 장설혜는 장 씨를 움직여 진왕이 모역했다고 참소한다. 대로한 황제는 세형을 압송하고 유씨 일가를 처벌하려 한다. 그러나 진양 공주의 유서를 보고 세형의 충성과 공주의 선견에 감복하여 의심을 푼다. 이때 황후가 죽고 장 씨는 황후가 되는데, 장후의 딸 모란이 장후를 현혹하여 유씨 가문을 모해하려 한다. 얼마 후 장후는 그 죄악이 드러나 폐출된다. 이후 황제의 숙부 제왕이 역모를 꾸미는데, 세창의 처인 설초벽의 아들 몽이 황제를 구출한다. 황제는 몽을 평제왕으로 봉하고, 세형과 세기를 각각 승상, 태사로 삼는다. 오래지 않아 진양 세형이 죽으니 크게 장사하고 문효공의 시호를 내린다.

번호	정답	정답률(%)	선지별 선택비율(%)				
			①	②	③	④	⑤
1	③	75	10	4	75	7	4
2	④	86	2	3	6	86	3
3	③	91	2	2	91	3	2
4	③	71	5	5	71	7	12

01

정답설명

③ 백공이 선생과 승상에게 한 말 "두 형께서 과도히 곧이듣고 아드님을 엄히 꾸짖으셨다 하니", "두 형은 아드님을 용서하여 아드님이 저를 원망하게 하지 마오." 등을 미루어 보았을 때 선생과 승상은 한림(세기)의 혼사 문제에 대해 의견이 일치했음을 알 수 있다.

오답설명

① 백공의 말 "제가 더욱 흠모하여 염치를 잊고 거짓말로 일을 꾸미면서 '정약'이라는 글자 둘을 더했으니 이는 진실로 저의 희롱함이외다."를 통해 확인할 수 있는 내용이다. 참고로 갈등의 양상과 원인은 고전 산문에서 자주 출제하는 요소다. 따라서 지문을 읽을 때, 반드시 체크가 되었어야 한다. '백공의 거짓말' 때문에 갈등(유세기↔선생, 승상)이 생겼다는 것을 확인했다면, 바로 지워나갈 수 있는 선지다.

②, ④ 백공의 말 "내가 한림의 재모(재주와 용모)를 아껴 이같이 기별해 사위를 삼고자 하였더니 선생 형제는 도학군자라 예가 아닌 것을 문책하시는도다.", "두 형께서 과도히 곧이듣고 아드님을 엄히 꾸짖으셨다 하니,", "원컨대 두 형은 아드님을 용서하여 아드님이 저를 원망하게 하지 마오."를 통해 확인할 수 있다.

⑤ 백공의 말 "내가 한림의 재모를 아껴 이같이 기별해 사위를 삼고자 하였더니 선생 형제는 도학군자라 예가 아닌 것을 문책하시는도다.", "제가 두 형과 더불어 죽마고우로 절친하고 또 아드님의 특출함을 아껴 제 딸의 배필로 삼고자 하여"를 통해 확인할 수 있다.

02

정답설명

④ [A] X, [B] X / 문학에서 인물의 상황은 인물의 반응을 유도하는 중요한 전제다. 따라서 독해를 할 때 힘을 줘서 체크해야 한다. '장 씨'가 '공주'에 비해 지위가 낮은 상황이라는 것을 체크했다면, '우월한 지위'에서 즉각적으로 반응했을 것이다. 장 씨는 [A], [B] 모두에서 자신의 지위가 공주보다 낮음을 언급하고 있다. 따라서 상대인 세형의 환심을 사기 위해 자신의 우월한 지위를 드러내고 있다는 진술은 적절하지 않다.

오답설명

① [A] O, [B] O / [A]의 경우 '유생과 백년가약을 맺었으니', '천자의 귀함으로 한 부마를 뽑는데 어찌 구태여 나의 아름다운 낭군을 빼앗아 가 위세로써 나로 하여금 공주 저 사람의 아래가 되게 하셨는가?', '먼저 혼인 예물까지

받았는데' 등과 같은 부분에서, [B]의 경우 "제가 귀댁에 들어온 지 오륙일이 지났으나", "진양궁에 나아가면 궁비와 시녀들이 다 저를 손가락질하며 비웃어 한 가지 일도 자유롭게 하지 못하게 하옵고, 제 입에서 말이 나면 일천여 시녀가 다 제 입을 가리니, 공주의 은덕에 의지하여 겨우 실례를 면하고 돌아왔사옵니다."와 같은 부분에서 과거 사건에 대한 정보를 제공하고 있다.

② [A] O, [B] O / [A]의 경우 '나와 공주의 현격함은 하늘과 땅 같도다.'에서, [B]의 경우 "우물 속에서 하늘을 바라보는 것 같게 만드옵니다." 등에서 비유적 진술을 통해 자신이 처한 상황을 부각하고 있다.

③ [A] O, [B] X / [A]의 경우 '천자의 귀함으로 한 부마를 뽑는데 어찌 구태여 나의 아름다운 낭군을 빼앗아 가 위세로써 나로 하여금 공주 저 사람의 아래가 되게 하셨는가?'에서 천자에 대한 자신의 원망을 의문형 표현을 활용하여 드러내고 있고, '나의 재주와 용모가 저 사람보다 떨어지는 것이 없고 먼저 혼인 예물까지 받았는데 이처럼 남의 천대를 감심할 줄 어찌 알리오?'에서 은연중에 공주에 대한 원망까지 드러내고 있다. 하지만 [B]에는 그러한 부분이 없다.

⑤ [A] O, [B] O / [A]의 경우 '제 짐짓 능활(교활)하여 아버님, 어머님이나 시누이를 제 편으로 끌어들인다면 낭군의 마음은 이를 좇아 완전히 달라질지라.'에서 앞으로의 일을 추정(미루어 생각하여 판정함)하는 방식으로 자신의 우려를 제시하고 있다. [B]의 경우 "진양궁에 나아가면 궁비와 시녀들이 다 저를 손가락질하며 비웃어 한 가지 일도 자유롭게 하지 못하게 하옵고, 제 입에서 말이 나면 일천여 시녀가 다 제 입을 가리니, 공주의 은덕에 의지하여 겨우 실례를 면하고 돌아왔사옵니다."에서 지난 일을 토로하는 방식으로 자신의 우려를 제시하고 있다.

03

정답설명

③ ㉠은 자신의 남편(세형)이 천자의 부마로 정해져 졸지에 공주의 아랫사람이 된 장 씨가, 평생 살아갈 계책을 고심하며 앞날에 대한 한탄을 드러내는 공간이다. 또한 ㉡은 장 씨가 세형에게 자신의 외로움과 구차함을 토로함으로써 그를 감동시켜 사랑을 받는 공간이므로, 장 씨가 세형의 애정을 확인하는 공간으로 볼 수 있다.

오답설명

① 장 씨는 ㉠에서 학문을 연마하고 있지 않으며, ㉡에서 덕행을 닦고 있지도 않다.

② ㉠에서 장 씨는 공주가 시부모님이나 시누이를 자신의 편으로 끌어들인다면 세형의 마음이 달라질 것이라고 언급하고 있으므로, ㉠을 세형에 대한 불신을 드러내는 공간으로 볼 가능성이 있다. 하지만 ㉡에서 장 씨는 자신의 신세를 한탄함으로써 세형을 감동시켜 사랑을 받고 있으므로 ㉡을 장 씨가 조소(비웃음)를 당하는 공간이라고 보기 어렵다.

④ ㉠에서 장 씨는 '평생 살아갈 계책을 골똘히 헤아리'고 있으므로 '계책을 꾸미는 공간'으로 볼 여지가 있다. 그러나 ㉡은 장 씨가 세형의 애정을 확인하는 공간이므로 외로움을 인내하는 공간이라고 보기 어렵다.

⑤ ㉠에서 장 씨는 공주보다 자신이 세형과 먼저 혼인했다고 생각하기에 선후 시비를 따지는 공간임을 허용할 수 있다. 그러나 ㉡이 오해를 해소하는 공간이라고 보기는 어렵다. '부마가 바야흐로 장 씨의 외로움을 가련하게

여기고 공주의 위세가 장 씨를 억누르는 것을 좋지 않게 여기고 있다가'를 고려할 때, "그대 무슨 일로 슬픈 빛이 있나뇨? 나를 좇음을 원망하는가?"라는 세형의 물음은 장 씨를 오해해서라기보다는 장 씨에 대한 연민을 드러내는 부분이라 보는 것이 적절하다. 또한 이 질문을 오해로 보더라도, 둘의 대화가 이뤄지는 곳은 ㉡이 아닌 ㉠이므로 오해를 푸는 공간은 ㉠으로 봐야 한다. 이후 두 사람이 함께 하는 공간이 ㉡이다.

04

정답설명

③ 갈등의 양상과 원인은 고전 산문에서 자주 출제하는 요소다. 따라서 지문을 읽을 때, 반드시 체크가 되었어야 한다. 유세기가 혼사와 관련한 곤욕을 치른 것은 선생과 승상이 유세기가 '부모의 허락 없이' 혼사를 결정하여 가법을 어겼다고 생각했기 때문이다. '부모의 허락 없이' 혼사를 결정할 수 없는 것은 하나의 '가법(집안의 법도나 규율)'에 해당한다. 하지만 유세기가 가법을 어기고 진짜 혼사를 결정한 것이 아니다. '백공의 거짓말'로 인해 벌어진 오해인 것이다. 따라서 '가법과 인물의 성격 간의 대립'을 허용할 수 없다. 또한 유세형이 공주를 멀리한 것은 공주의 위세가 장 씨를 억누른다고 생각하여 장 씨를 가련하게 여겼기 때문이므로, 이 역시 가법과 인물의 성격 간의 대립 때문에 일어난 갈등이라고 보기 어렵다.

오답설명

① 〈보기〉에서 「유씨삼대록」의 '각 이야기는 그 자체로 완결성을 갖추고 있어 독립적이지만, 혼사나 그로부터 파생된 각각의 갈등이 동일한 가문 내에서 전개된다는 점에서 연결된다.'라고 하였다. 유세기 이야기와 유세형 이야기는 모두 유 씨 가문의 혼사를 중심으로 발생하고 있는 갈등을 다루고 있으므로 두 이야기가 서로 연결되어 있다고 볼 수 있다.

② 〈보기〉에서 '가문의 구성원들은 혼사를 둘러싼 갈등이 가문의 안정과 번영을 저해한다고 여겼기에, 가문 차원에서 이를 해결해 간다.'라고 하였다. 지문에서 선생과 승상을 '선생 형제'라고 표현한 것을 볼 때, 두 인물 모두 유 씨 가문의 구성원임을 알 수 있다. 유세기의 혼사 문제에 선생과 승상이 관여한 것은, 혼사를 둘러싼 갈등을 가문 차원의 문제로 받아들여 함께 해결해 가려는 태도로 볼 수 있다.

④ 혼인 당사자인 남녀가 자신의 결혼 상대자를 자유롭게 결정하는 경우에는 '혼사'를 '혼인 당사자 개인의 문제'라고 볼 수 있다. 하지만 해당 지문에서는 백공이 세기의 재모를 아껴 자신의 딸과 결혼했으면 하는 바람으로 유 씨 가문에 구혼하였으므로, 이를 통해 혼사가 혼인 당사자 개인의 문제가 아니라 가문 사이의 문제임을 알 수 있다. 천자가 유세형을 부마 삼은 것 역시, 혼인 당사자인 공주가 결정한 바가 아니므로 혼사가 혼인 당사자 개인의 문제라고 보기 어렵다.

⑤ 〈보기〉에서 「유씨삼대록」의 '각 이야기는 그 자체로 완결성'을 갖추고 있다고 하였다. 유세기가 혼사 갈등 이후로 평생 첩을 두지 않고 소 소저와 해로했다는 이후 내용을 요약적으로 제시하는 것을 통해, 혼사 갈등이 해소되면서 이야기 하나가 마무리되었음을 알 수 있다.

작자 미상 – 심청전

지문분석

[지문에서 체크할 것]

※ 공간

(중략) 이전 : × (심청의 마을)

(중략) 이후 : 별전

※ 서술자의 개입

1) 심청같이 타고난 효녀가 어찌 부친을 속이랴마는

2) 아무리 효녀라도 마음이 온전할쏘냐.

3) 부자간 천륜에 어찌 그 말씀이 그치기를 기다리랴마는 자연 말을 만들자 하니 그런 것이었다.

[전체 줄거리]

심청의 어머니는 심청을 낳고 얻은 병으로 죽고, 심 봉사는 홀로 젖동냥을 해 가면서 심청을 키운다. 심청은 자라 동냥하여 아버지를 봉양하고, 이를 들은 승상 부인이 심청을 불러 의를 맺는다. 이 사실을 모르고 딸을 찾으러 나선 심봉사는 물에 빠진다. 심봉사를 구해준 화주승은 부처님께 공양미 삼백 석을 시주하면 눈을 뜰 수 있다고 말하고, 심봉사는 형편을 생각하지 않고 덜컥 그러겠다고 한다. 이를 전해들은 심청은 인당수에 몸을 바치는 대가로 공양미 삼백 석을 마련한다. 승상 부인은 공양미를 자신이 내주겠다고 하나, 심청은 제물을 구하던 남경 상인들과 이미 약속했다는 이유로 거절한다. 심청이 인당수에 던져지자, 심청의 효심에 감동한 용왕이 그녀를 구출하여 후하게 대접하고 어머니와 상봉할 수 있게 해 준다. 연꽃을 타고 다시 인간계로 돌아온 심청은 천자를 만나 황후로 봉해진다.

한편 심봉사는 뺑덕어멈과 새로 부부의 연을 맺었으나, 그로 인해 재산을 모두 탕진하게 되었고 결국 뺑덕어멈은 황봉사와 도망가 버린다. 심 황후는 아버지를 찾기 위해 전국의 맹인을 불러 모으는 잔치를 열고, 심봉사도 우여곡절 끝에 여기에 참석하여 부녀가 기적적으로 상봉하게 된다. 심봉사는 죽은 줄 알았던 딸 심청이 살아있다는 사실을 알고, 부처님의 힘으로 두 눈을 뜨게 된다.

문제분석   01-03번

번호	정답	정답률 (%)	선지별 선택비율(%)				
			①	②	③	④	⑤
1	⑤	81	5	3	2	9	81
2	②	91	2	91	2	2	3
3	③	91	1	3	91	3	2

01

정답설명

⑤ '단초'란 '일이나 사건을 풀어 나갈 수 있는 첫머리'를 의미한다. ㉠을 전후하여 '심청'과 '심봉사' 사이의 갈등은 분명하게 드러나지 않는다. 따라서 '심봉사'가 ㉠을 듣고 "그렇다면 고맙구나."와 같이 말하는 것을 '심청'과의 갈등이 해소된 것으로 보기 어렵다.

오답설명

① '심청'과 '뱃사람'의 대화를 통해 '심청'이 쌀 삼백 석을 받고 삼월 십오 일에 떠나는 배에 몸을 팔려 하는 사건을 확인할 수 있다. 또한 심청이 ㉠을 통해 이를 감추려고 했으므로 적절한 선지이다.

② '심청같이 타고난 효녀가 어찌 부친을 속이랴마는 어찌할 수 없는 형편이라 잠깐 거짓말로 속여 대답하길'을 통해 확인할 수 있다.

③ '심청'은 "장승상댁 노부인이 일전에 저를 수양딸로 삼으려 하셨으나~수양딸로 가기로 했나이다."라며 거짓말을 하는데, '심봉사'가 "그 부인은 일국 재상의 부인이라 아마도 다르리라. 복이 많겠구나. 저러하기에 그 자제 삼형제가 벼슬길에 나아갔으리라."와 같이 말했으므로, ㉠에 등장하는 인물인 '장승상댁 노부인'이 '심봉사'에게 낯설지 않은 존재임을 알 수 있다.

④ '심봉사'가 ㉠을 듣고 기뻐하며 "언제 가느냐?"와 같이 묻고 있으므로 ㉠을 의심 없이 받아들인다는 것을 알 수 있다. 고전 소설은 대화의 의도를 파악하는 것이 중요하다. "넌 공부를 잘하지만 성실하지 않아."는 성실하지 않다는 내용을 강조하기 위함이다. 마찬가지로, "몸을 팔았단 말이 이상하다마는 장승상댁 수양딸로 팔린 거야 관계하랴."는 장 승상 댁에 팔린 것은 상관없다는 내용을 강조하는 것이다. 따라서 의심 없이 받아들였다는 내용을 허용할 수 있다.

02

정답설명

② "처자 있으신가?"라는 '황후'의 물음에 '심봉사'가 상처(아내의 죽음을 당함)하고 딸(심청)을 잃은 내력을 말하게 되어 '황후'가 '심봉사'의 정체를 확인하게 되었으므로 적절한 선지이다.

오답설명

① [A]의 첫 부분에서 '심봉사'가 별전에 들어가는 과정을 묘사했다고 볼 수 있지만, '심봉사'는 '겁을 내'고 있고, '황후'는 '심봉사'가 자신의 아버지가 맞는지 궁금해하고 있으므로 두 사람이 동일한 감정을 느끼고 있다고 볼 수 없다.

③ '심봉사'는 눈물을 흘리면서 "아무 연분에 상처하옵고"와 같이 부인과 사별했다는 것만 언급했으며, 그 이유에 대해선 언급하고 있지 않다.

④ "남경 선인들에게 삼백 석에 몸을 팔아서 인당수에 제물이" 된 것은 '심봉사'의 딸 '심청'의 의지에 의한 선택이다. 또한 '심봉사'는 "신도 모르게"라고 말하였으므로, '심청'이 이러한 선택을 한 것도 모르고 있었다는 것을 알 수 있다.

⑤ '황후 들으시고 슬피 눈물 흘리시며 그 말씀을 자세히 들으심에 정녕 부친인 줄은 아시되 부자간 천륜에 어찌 그 말씀이 그치기를 기다리랴마는 자

연 말을 만들자 하니 그런 것이었다.'를 통해 '황후'가 '심봉사'의 발언이 끝나기를 기다리고, '그 말씀을 마치자 "아버지, 제가 그 심청이어요."와 같이 자신이 딸임을 밝힌 것을 알 수 있다.

03

정답설명

③ 심청이 '어찌 아비 눈 뜨리란 말을 듣고 그저 있으리오.'라고 한 것은 효를 실천하기 위해 자기희생을 선택한 것임을 드러내는 것이다. 이 부분에서 심청이 효행으로 인한 모순적 상황을 걱정하고 있음을 드러내고 있지는 않다.

오답설명

① 심청은 자신의 선택이 야기할 모순적 상황을 근심하여 식음을 전폐하지만 '엎질러진 물이요, 쏘아 놓은 화살이다.'와 같이 모순적 상황을 돌이킬 수 없다고 '다시금 생각'하며 이를 수용하려 하고 있다.

② 심청은 자신의 효행으로 인해 부친을 봉양하지 못하게 되는 모순적 상황이 올 것이라고 생각하여, 살아있을 때 미리 '부친 의복 빨래'를 하며 모순적 상황을 대비하고 있다.

④ 심봉사가 '자식만 잃었사오니'라고 말하는 것은 〈보기〉의 '결말의 지연을 위해 설정된 모순적 상황'과 연결 지을 수 있다. 심봉사는 이러한 모순적 상황에 직면하여 "자식 팔아먹은 놈이 세상에 살아 쓸데없으니 죽여 주옵소서."라고 말하며 자책하고 있다.

⑤ 심봉사가 심청과의 상봉으로 인해 '뜻밖에 두 눈'을 뜨게 되는 것은 〈보기〉의 '부친의 개안이 뒤늦게 실현되는 것은 결말의 지연을 위해 설정된 모순적 상황'과 연결 지을 수 있다. 이러한 모순적 상황으로 인해 결말은 보다 극적인 양상을 띠게 된다고 하였으므로 선지의 내용은 적절하다.

작자 미상 – 최고운전

지문분석

[지문에서 체크할 것]

※ 공간

(중략) 이전 : 승상 나업의 집(집 안) → 동산

(중략) 이후 : 승상 나업의 집

※ 서술자의 개입

×

[전체 줄거리]

신라의 문창에 신임 현령이 부임할 때마다 현령의 부인이 실종되는 일이 일어난다. 문창에 현령으로 부임한 최충은 부인의 손에 미리 명주실을 매어 두고 부인이 실종되자 그를 찾아 나선다. 부인을 납치한 것은 금돼지였으며, 최충의 아내는 기지를 발휘하여 금돼지를 죽이고 탈출한다. 돌아온 지 6개월 만에 아내는 아들을 낳는데, 이를 금돼지의 자식이라 생각한 최충은 아이를 내다 버린다. 아이는 하늘의 도움을 받아 무사히 자란다. 시간이 흘러, 아이는 11세가 되어 경성에 올라가 거울 고치는 일을 하다 나 승상의 딸을 만난다. 나 소저의 거울을 깬 아이는 파경노라 칭해지며 나 승상 댁의 노복이 된다. 한편 중국의 황제는 신라에 현자가 났다는 소문을 듣고 이를 시험하기 위해 상자에 달걀을 넣어 신라에 보내면서, 상자 안의 물건으로 시를 짓지 못하면 큰 화를 당할 것이라 전한다. 신라의 왕은 나 승상에게 시를 지으라고 명한다. 근심하는 나 승상에게 파경노는 자신이 그 시를 짓는 대신 그 대가로 나 소저와의 혼인을 제안한다. 파경노는 자신의 이름을 치원, 자를 고운으로 짓고 상자 안에 든 것을 병아리라고 여기고 시를 짓는다. 황제는 시를 지은 이가 문제를 틀렸다고 생각하지만, 상자 속 달걀에서 병아리가 부화한 것을 보고 탄복하며 시를 지은 이를 중국으로 부른다. 후에 치원(파경노)은 과거에 장원 급제하여 중국의 관리가 되지만, 그의 뛰어난 능력을 시기한 중국 관리들의 모함으로 무인도로 귀양을 간다. 치원은 청룡을 타고 낙양에 있는 황제에게 가 신라로 돌아가겠다는 뜻을 밝힌다. 치원이 글자를 써 푸른 사자를 불러내자 황제는 치원에게 머리를 조아리며 사죄하고, 치원은 사자를 타고 신라로 돌아온다. 하지만 나 승상은 이미 죽고 없었으며, 치원은 나 소저와 함께 가야로 들어간다. 이후 그의 소식을 아는 이가 없었다.

번호	정답	정답률(%)	선지별 선택비율(%)				
			①	②	③	④	⑤
1	④	92	1	5	1	92	1
2	②	65	6	65	8	4	17
3	⑤	72	2	6	3	17	72

01

정답설명

④ 소저는 승상에게 "파경노가 비록 어리지만 재주가 남보다 뛰어나고, 신인의 기운이 있어 석함 속의 물건을 알아내어 시를 지을 수 있을 것입니다."라며 석함에 담긴 물건을 알아내 시를 지어야 하는 과업을 해결할 수 있는 방안으로 파경노가 시를 짓도록 해야 함을 제시하고 있다.

오답설명

① 윗글은 시간의 흐름에 따라 이야기가 진행되고 있으며, 시간의 역전이 나타난 부분은 찾을 수 없다. 따라서 시간의 역전을 통해 사건의 진상을 밝히고 있지 않다.

② 서술자의 개입이 나타난 부분은 찾을 수 없다.

③ 인물을 우스꽝스럽게 표현하는 희화화가 나타난 부분은 찾을 수 없다.

⑤ 꿈과 현실의 장면이 교차되고 있지 않으며, 이를 통해 앞으로 일어날 사건을 암시하고 있지도 않다.

02

정답설명

② 아이는 소저에게 반해 '거울'을 일부러 깨뜨렸다. 그리고 자신을 노비로 삼아 거울 값을 갚게 해 달라고 하여 승상의 집에 들어가 파경노로 살게 되었다. 그러나 승상 부인이 파경노를 인정하게 된 것은 파경노가 말 먹이는 일을 할 때에 일어난 기이한 일을 듣고 나서이므로, 파경노가 관리한 동산의 '화초'가 승상 부인으로부터 인정받는 계기로 작용한 것은 아니다.

오답설명

① 아이가 소저의 얼굴을 보게 된 것은 소저가 유모에게 '거울'을 꺼내 주어 보냈기 때문이다. 또한 소저는 벽에 걸린 '거울'에 비친 그림자를 통해 꽃을 들고 서 있는 파경노의 존재를 눈치챘으므로, 이 '거울'은 파경노의 존재감을 드러내는 계기를 만든다고 볼 수 있다.

③ '파경노는 소저가 동산의 꽃을 보고 싶으나 파경노가 부끄러워 오지 못한다는 말을 들었다.'를 통해 소저가 파경노로 인해 '꽃'에 접근하기 어려웠음을 알 수 있다. 또한 "그대가 이 꽃을 보고 싶다 하여 그대를 위해 가져왔소."라는 파경노의 대사를 통해 파경노가 들고 있던 '꽃'은 소저에게 자신의 마음을 전달하기 위한 수단으로 쓰였음을 알 수 있다.

④ 동산에서 파경노가 화답한 '시'는 소저의 '시'에 대응하는 것이므로 소저와 교감하기 위해 읊은 것으로 볼 수 있다. 한편, 석함 속 물건에 대한 '시'는 중국 황제가 낸 문제로, "파경노가 비록 어리지만~시를 지을 수 있을 것입니다."를 통해 소저는 파경노가 이 과제를 해결할 수 있다고 기대하고 있음을 확인할 수 있다.

⑤ '나업은 집으로 돌아와 석함을 안고 통곡했다.'를 통해 석함 속 물건에 대한 '시'를 짓는 것이 나업에게 슬픔을 유발했음을 확인할 수 있다. 그리고 "거울 속에 비친 이가 반드시 그대 근심을 없애 줄 것이오."를 통해 파경노는 소저의 근심인 '시' 짓기를 자신이 할 수 있음을 이야기하고 있으므로, 석함 속 물건에 대한 '시'는 파경노에게 소저의 슬픔을 해소시켜 줄 수 있는 수단임을 알 수 있다.

03
정답설명

형태쌤의 과외시간

　　고전 산문에서는 대화의 표면적 의미가 아니라, 이면의 의도와 상황을 통한 맥락을 물어 본다. 여기서도 마찬가지다. 파경노가 현재 승상의 집에 왜 들어갔는지, 무엇을 원하는지를 상황과 맥락을 통해 판단해야 한다.

⑤ 파경노는 시를 짓는다면 후한 상을 주겠다는 승상의 말에 "비록 후한 상을 준다 한들 제가 어찌 시를 짓겠습니까?"라며 거절한다. 파경노가 승상 나업의 딸을 얻고자 승상의 집에 들어왔다는 것을 감안할 때, 이 대화는 고전 산문에서 자주 등장하는 일종의 튕기기 발화에 해당된다. 따라서 이 장면은 승상이 제시한 보상을 거부한 것은 맞으나, 스스로 국가의 과제를 해결하려는 당당한 인물의 모습을 보여 준다고 할 수 없다.

오답설명
① 아이는 헌 옷으로 갈아입고 자신을 거울 고치는 장사라 속여 소저의 얼굴을 확인할 수 있었다. 이를 통해 주인공이 문제 해결의 국면에서 보이는 치밀한 면모를 확인할 수 있다.
② 천상의 선관들은 초월적 존재에 해당하며, 이들이 말 먹일 꼴을 파경노에게 주는 장면을 통해 초월적 존재에게 도움을 받는 주인공의 모습을 확인할 수 있다.
③ 파경노가 기른 뒤 화초가 시들지 않고, 동산에 봉황이 날아드는 것은 〈보기〉에서 제시한 '자신이 지닌 신이한 능력을 발휘'하는 최치원의 모습이 반영된 것으로 볼 수 있다.
④ 파경노는 노모를 핑계로 말미를 얻어, 동산에 나오지 못하는 소저가 동산에 나올 수 있도록 하였다. 이를 통해 소저와 만나 이야기를 나눌 수 있었으므로 이는 최치원이 원하는 바(소저와의 만남)를 얻기 위해 기지를 발휘한 것으로 볼 수 있다.

작자 미상 - 채봉감별곡

지문분석

[지문에서 체크할 것]

※ 공간

(중략) 이전 : 관아 별당 → 송이의 방

(중략) 이후 : 송이의 방

※ 서술자의 개입

1) 별당이 깊고 깊어 지척이 천 리라 어찌 알리오.

2) 무심한 사람도 마음이 상하거든 독수공방에 눈물로 세월을 보내는 송이야 오죽할까.

3) 사람이 늙어지면 상하물론하고 잠이 없는 법이라.

[전체 줄거리]

평양에 사는 김 진사의 딸 채봉은 장필성과 시를 주고받으며 서로의 마음을 확인하고 혼약을 맺는다. 그사이 서울(한양)에 간 김 진사는 허 판서에게 만 냥을 주고 참봉이 된다. 이 과정에서 김 참봉에게 딸이 있음을 알게 된 허 판서는 채봉을 첩으로 삼으려 하지만 채봉은 이에 불복한다. 억지로 서울로 가던 채봉과 그 일가는 도적을 만나 재산을 빼앗기고 채봉은 홀로 빠져나와 평양으로 돌아간다. 채봉이 도망갔다는 사실에 화가 난 허 판서는 김 참봉을 감옥에 가두고 채봉은 아버지를 구하기 위해 기생이 되어 돈을 마련한다. 이후 채봉은 기생의 신분으로 평양 감사 이보국의 곁에서 일하게 되고, 장필성은 그녀를 만나기 위해 이방이 되기를 자처한다. 두 사람의 사연을 알게 된 이보국은 그 사랑을 가상히 여겨 두 사람을 혼인시킨다.

문제분석 01-04번

번호	정답	정답률 (%)	선지별 선택비율(%)				
			①	②	③	④	⑤
1	①	84	84	3	4	5	4
2	③	90	2	2	90	3	3
3	①	76	76	4	6	8	6
4	③	82	2	8	82	3	5

01

정답설명

① '송이는~주야로 잊지 못하는 바는 부모의 소식과 장필성을 못 봄을 한하고 이 감사가 보는 데는 감히 그 기색을 드러내지 못하니'에서 송이가 부모의 소식을 알지 못해 애태우고 있으나 감사 앞에서는 그러한 내색을 드러내지 않았음을 알 수 있다. 또한 지문 끝 부분에서, 감사가 송이의 '흐느껴 우는 소리'를 듣고 송이에게 어떤 사연이 있을 것이라 생각하며 놀라는 장면이 있지만 이때 송이는 필성에 대한 그리움 때문에 울고 있으므로 부모의 소식으로 애태우는 모습이라 보기는 어렵다.

오답설명

② 필성의 서체로 쓰인 공사 문첩을 본 채봉은 필성의 글씨가 맞는지 확인하고자 감사에게 이방이 갈리었느냐고 묻고, "전 이방은 갈고 장필성이란 사람으로 시켰다."라는 감사의 대답을 통해 필성이 이방이 되었음을 알게 된다.

③ 필성은 감사가 원했던 '문필이 있는 이방'으로서 선발되었고, 감사는 이방이 되어 현신한 필성을 보고 기뻐하며 필성을 "여옥기인(인품이 옥과 같이 맑고 깨끗한 사람)"이라고 칭찬한다. 이를 통해 감사가 필성의 문필 능력을 높이 평가하고 기대를 걸고 있음을 알 수 있다.

④ (중략) 이후 '오매불망하던 장필성이~송이가 달려들어 마주 붙들고 울다가'에서 잠든 송이가 꿈속에서나마 장필성과 만남을 이루었음을 확인할 수 있다.

⑤ 필성이 '송이의 소식을 알고자 하나 별당이 깊고 깊어 지척이 천 리'라 알 길이 없다고 하였으며, '필성이나 송이나 서로 글씨만 보고 지내' '상사병이 될 지경'이라 하였다. 이를 통해 필성이 송이를 그리워하는 마음을 감사에게 숨기고 있었음을 알 수 있다.

02

정답설명

③ 송이는 ⓐ(공사 문첩 한 장)를 보고, 필성이 이 감사 관아의 이방이 되었음을 감사에게서 확인하였으므로, 이를 통해 필성이 자신과 같은 공간(관아)에 있음을 알게 된다고 할 수 있다. ⓑ(두루마리)는 필성에 대한 송이의 그리움과 상사(서로 생각하고 그리워함.)의 정을 담은 '추풍감별곡'을 가리키므로 필성을 만나지 못해 애타고 슬픈 마음을 풀어낸 것이라 할 수 있다.

오답설명

① ⓐ에 대한 대화에서 송이가 필성을 그리워하고 있음을 감사가 눈치 챘는지는 확인할 수 없다. 또한 감사가 ⓑ를 읽으며 송이가 그리워하는 대상이 필성임을 알게 되는 것은 제시된 지문에서 알 수 없다.

② 송이는 ⓐ를 보고 이것을 쓴 사람이 필성인지 의문을 품고 확인하였으므로, 이를 작성한 사람에 대한 궁금증을 갖게 되었다는 것은 허용할 여지가 있다. 그러나 ⓑ는 송이가 필성을 그리워하며 자신의 감정을 풀어낸 글이지 필성에게 자신의 궁금증을 알리기 위한 글이 아니다.

④ ⓐ는 별당 안에서 일하던 송이가 보게 된 것이지 필성이 감사로부터 전달받아 본 것이 아니다. 또한 ⓑ는 또한 송이가 필성을 그리워하며 쓴 것이지 필성이 송이를 대상으로 쓴 것이 아니다.

⑤ 송이는 ⓐ를 보고, 필성이 같은 관아에 이방으로 있음을 안 것이지 필성이 자신을 찾고 있음을 안 것이 아니다. ⓑ는 필성에 대한 그리움과 재회의 기약이 없는 상황에 대한 슬픔, 상사의 정을 담은 것이지 재회의 의지를 드러내며 쓴 것이라고 보기는 어렵다.

03

정답설명

① [A]에서 '달'은 송이의 쓸쓸하고 외로운 심사를 심화시키는 자연물이자, 자신의 마음을 알아줄 것이라 생각하고 자신의 속마음을 토로하는 인격화된 대상이다. 이때 속마음으로는 필성을 만나지 못하는 것에 대한 슬픔과 한탄, 필성에 대한 그리움을 확인할 수 있는데, '달'을 상대로 필성의 안녕(아무 탈 없이 편안함.)을 기원하는 부분은 찾아볼 수 없다.

오답설명

② '월색은 명랑하여 남창에 비치었고, 공중에 외기러기 옹옹한 긴 소리로 짝을 찾아 날아가고, 동산의 송림 간에 두견이 슬피 울어 불여귀를 화답하니, 무심한 사람도 마음이 상하거든 독수공방에 눈물로 세월을 보내는 송이야 오죽할까.'에서 '달'이 다양한 자연물의 소리와 어울려 송이의 외로움을 심화하고 있음을 알 수 있다.

③ 송이는 '달'을 "달아"라고 호명하고 "너"라고 지칭함으로써 인격화하고 있으며, 달에게 애타는 심정과 필성을 향한 상사의 정을 토로하고 있으므로 적절한 설명이다.

④ 송이는 달을 보고 "그 옛날 심양강 거문고 뜯던 여인"의 이야기를 환기한다. 그 여인은 달 아래에서 그리워하는 이를 만나 "마음속에 맺힌 말을 세세히 풀었"지만, 자신은 그리워하는 이(필성)를 만나지 못해 마음속에 맺힌 말을 풀고 있지 못하고 있음을 들어 "나는 어찌 박명하여~가련하지 아니할까."라며 스스로에 대한 연민을 표하고 있으므로 적절한 설명이다.

⑤ "작년 이때 뒷동산 명월 아래 우리 님을 만났더니"에서 송이가 필성과의 추억을 떠올리고 있음을, "달은 다시 보건마는 님은 어찌 못 보는고."에서 필성과의 재회를 기약할 수 없는 현재 상황을 부각하고 있음을 확인할 수 있다.

04

정답설명

③ 〈보기〉에 '사건이 요약적으로 제시되었음을 가늠하'는 것이 언급되었다고 해서 선지의 설명이 모두 맞다고 생각해서는 안 된다. ⓒ은 최근 공사 문첩의 필적이 필성의 글씨로 바뀌었음에 대한 송이의 인식을 드러내므로, 송이가 공청에서 일어난 최근의 변화에 주목하고 있다는 것은 적절하다고 볼 수 있다. 그러나 최근 사건에 대한 송이의 인식을 드러낼 뿐 송이가 공청의 일을 돕게 되기까지의 과정이 요약적으로 제시되었다고 보기는 어렵다.

오답설명

① ㉠은 필성이 송이를 만날 기회를 노리던 때에 때마침 감사의 이방 선발이 이루어짐을 나타내는 시간 표지이므로, '필성의 관아 입성'이라는 사건에 개연성을 부여하고 있다는 설명은 적절하다.

② ㉡은 송이가 필성의 필적을 본 후, 감사와의 대화를 통해 필성이 관아의 이방이 되었음을 확인하는 날이다. ㉡ 이후 필성에 대한 송이의 그리움과 상사의 정이 심해져 필성과 재회하고자 하는 송이의 바람을 심화하고 있으므로 적절한 설명이다.

④ ㉣은 송이와 필성이 같은 관아에서 일하지만 때가 맞지 않아 서로 만나지 못한 채 반년이라는 시간이 흘렀음을 드러내어 서로에 대한 그리움이 '상사병이 될 지경'으로 심화되었음을 부각하는 시간 표지이므로, 적절한 설명이다.

⑤ ㉤은 이 감사가 늦은 시간까지 잠을 이루지 못하는 시간적 배경인데, 이 감사가 잠을 이루지 못하고 있는 이유가 나라와 백성에 대한 걱정 때문이라는 점에서 '감사의 사람됨'과 연결되며, 이 감사가 이때 잠에 들지 않음으로써 흐느껴 우는 송이를 발견하게 되므로 적절한 설명이다.

10

2022학년도 9월

작자 미상 – 배비장전

지문분석

[지문에서 체크할 것]

※ 공간

제주도 ('계집'이 일하는 곳 → 저편 언덕 밑 조그마한 돛대 세운 배)

※ 서술자의 개입

×

[전체 줄거리]

서울을 떠나며 아내에게 여자를 가까이하지 않겠다고 맹세한 배 비장은 정 비장이 애랑과 이별하며 창고에 넣어 두었던 자신의 짐은 물론 이까지 뽑아 주는 것을 비웃고 방자와 내기를 한다. 기생과 술자리를 멀리하고 홀로 깨끗한 체하는 배 비장을 유혹하면 돈을 주겠다는 목사의 말에 애랑과 방자는 계교를 꾸민다. 목사는 계교의 실행을 돕기 위해 야외에서 봄 놀이판을 꾸미고, 애랑은 배 비장을 유혹한다. 배 비장은 방자를 통해 애랑과 편지를 주고받고, 방자가 지정한 개가죽 옷을 입고 애랑을 만나러 간다. 이때 방자가 남편 연기를 하며 들이닥치자 벌거벗은 배 비장은 자루 속에 숨어 거문고인 체를 한다. 방자가 자리를 비운 사이 배 비장은 궤짝에 들어가고, 돌아온 방자는 궤에 불을 질러 버리겠다고 소리를 지르고, 톱으로 켜는 흉내를 내는 등 배 비장의 혼을 뺀다. 배 비장이 든 궤는 목사와 다른 이들이 지켜보는 가운데 동헌으로 운반되는데, 바다 위에 던져진 줄 알았던 배 비장이 도움을 청하자 뱃사공으로 위장한 사령들이 궤짝의 문을 열어 준다. 알몸으로 허우적거리던 배 비장은 동헌 대청에 머리를 부딪치며 망신을 당한다. 창피를 당해 제주도를 떠나려던 배 비장은 제주도에 남게 되고, 이후 현감에 올라 사람들의 칭송을 받게 된다.

문제분석   01-04번

번호	정답	정답률 (%)	선지별 선택비율(%)				
			①	②	③	④	⑤
1	④	83	2	9	2	83	4
2	④	95	1	2	1	95	1
3	③	96	1	1	96	1	1
4	④	96	1	1	1	96	1

01

정답설명

④ 인물의 태도 변화를 정확하게 체크해야 한다. 사공은 배 비장의 반말에 '비위가 틀려' 냉대를 하다가, 배 비장이 '입맛이 썩 들어붙게' 말을 하자 '목낭청의 혼이 씌었던지 그대로 좇아가'는 모습을 보였고, 그의 요청에 "좋은 말씀이올시다마는"과 같이 긍정적으로 반응하였다. 따라서 '부인'의 허락 없이 태울 수 없다는 구절은 낯선 이에 대한 경계심을 드러낸 것으로는 보기 어렵다.

오답설명

① '계집'은 "품행이 좋아야 양반이지. 양반이면 남녀유별 예의염치도 모르고~ 초면에 반말이 무슨 반말이여?"와 같이 반응하며 양반답지 못한 품행을 보이는 '배 비장'에 대한 비판적 인식을 표출하고 있다.

② '배 비장'은 '계집'이 자신에게 이름을 묻자 "성명은 차차 아시지오마는"과 같이 반응하며 즉답을 피함으로써 자신의 정체를 숨기고 있다.

③ '계집'은 서울로 가는 배를 찾는 '배 비장'에게 "옳지! 가는 배 하나 있습니다.~가서 물어보시오."라며 그가 원하는 정보를 제공하고 있다.

⑤ '사공'은 부모의 병환 급보를 듣고 급히 가야 한다는 '배 비장'의 다급한 상황을 듣고 "당신 정경(사정)이 불쌍하오. 그러면 해 진 후에 다시 오시면, 부인 모르시게라도 슬며시 타고 가시게 하오리다."라며 해결책을 알려 줌으로써 '배 비장'에 대한 연민의 감정을 보이고 있다.

02

정답설명

④ 윗글에서 '배 비장'과 상대의 갈등 상황은 '배 비장'이 서울의 양반이라는 점을 들어 그들에게 하대하는 모습을 보였기 때문에 발생한다. 따라서 '배 비장'이 상대방의 기분을 풀어 주기 위해 사용한 표현은 상대방을 공손하게 대하는 표현임을 유추할 수 있다. 이에 해당하는 것은 ⓒ와 ⓔ이다. ⓒ와 ⓔ를 들은 이후 대화 상대방인 '계집'과 '사공'이 전과 다른 부드러운 태도를 보이고 있음을 통해 이를 확인할 수 있다.

오답설명

ⓐ 이후 '계집'은 '대답도 아니 하고 고개를 돌'리는 부정적인 반응을 보였다. ⓑ는 '배비장'이 '분해서 목소리를 돋우어 다시 책망 겸' 물으며 한 표현이다. ⓓ 이후 '사공이 반말에 비위가 틀'렸다고 했다.

따라서 ⓐ, ⓑ, ⓓ는 '배 비장'이 상대의 기분을 풀어 주기 위해 사용한 표현으로는 볼 수 없다.

03

정답설명

③ '배 비장'은 서울로 돌아가고 싶은 마음에 '계집'에게 방법을 물었고, '계집'은 서울로 가는 배가 어제저녁에 모두 떠나 사오 일을 기다려야 한다고 알려 주었다. 이에 '배 비장'이 곤란해 하자, '계집'은 '조그마한 돛대 세운 배'가 저녁 물에 떠난다는 정보를 전달하고 '배 비장'은 바로 그 배로 뛰어간다. 따라서 '조그마한 돛대 세운 배'는 주인공이 당일에 제주도를 떠나기

위해 타려는 대상에 해당한다.

오답설명

① '부모의 병환 소식'은 창피를 당해 서울로 돌아가고 싶은 '배 비장'이 거짓으로 꾸며낸 핑계에 해당한다. 또한 '조그마한 돛대 세운 배'에 가기 이전에 이미 "부모 병환 급보를 듣고 급히 가는 길인데"라고 말하였으므로, '배 비장'이 부모의 병환 소식을 듣게 되는 공간으로는 볼 수 없다.

② '조그마한 돛대 세운 배'는 제주 성내에 사는 부인 한 분이 친정인 해남으로 가기 위해 빌린 배이다.

④ '배 비장'은 배에 타기 위해 자신의 급박한 사정을 거짓으로 이야기하였을 뿐, 경제적 보상을 내세우고 있지는 않으므로 적절하지 않다.

⑤ '배 비장'이 행객들을 데리고 제주도를 떠나려고 한다는 내용은 윗글을 통해 확인할 수 없다.

04

정답설명

④ '배 비장'이 '계집'에게 "이 노릇을 어찌하여야 좋소?"라고 물은 것은 서울로 가는 배가 어제저녁에 다 떠나, 사오 일을 더 기다려야 하는 곤란한 상황에 빠졌기 때문이다. 따라서 이를 경직된 관념을 버리고 제주도 사람을 존중하는 방법을 고민하며 묻는 것으로 해석하기는 어렵다.

오답설명

①, ② '계집'과의 대화 초반에 '배 비장'은 '구식적 습관으로 지방이라고 한 손 놓고 하대를 하'였다. 이는 '배 비장'이 〈보기〉에서 제시한 것처럼 자신이 서울 양반이라는 우월감을 가지고 있었기 때문이다.

③ '배 비장'은 해가 점점 서산에 걸치고 앞길을 물을 사람이 없자, 어쩔 수 없이 '계집'의 도움을 받기 위해 공손한 태도를 보인다.

⑤ '배 비장'은 자신의 태도에 따라 사공의 대답이 한층 더 올라가자, "허! 내가 그저 춘몽을 못 깨고 또 실수를 하였구나!"라며 자신의 태도를 반성하는 모습을 보인다. 이는 〈보기〉에 제시된 것처럼 불가피한 선택이었지만, 그 과정에서 자신의 태도를 돌아보게 되는 것에 해당한다.

11 2022학년도 11월

작자 미상 - 박태보전

지문분석

[지문에서 체크할 것]

※ 공간

(중략) 이전 : 궐문 밖 → 형옥 → 금부

(중략) 이후 : 부인의 꿈속 → 이화촌 → 과천 → 집 → 한 곳

※ 서술자의 개입

1) 뉘 아니 낙루하리오.

2) 어찌 천신이 감동치 아니하리오.

3) 일문이 애통함을 차마 못 볼러라.

'장안 백성이 구름 뫼듯 하더라.', '대감과 판서 애통함이 측량없더라.'는 개입으로 볼 여지가 있다. 하지만 서술자의 판단이나 정서가 확연하게 드러나지 않고, 단순 정보만 전달하고 있으니 이 정도의 문장은 개입으로 찾지 않아도 된다.

[전체 줄거리]

숙종 때 박세당의 둘째 아들로 태어난 태보는 18세에 이조 판서 이경의 딸과 혼인하고 과거에 급제하여 응교(應敎)의 벼슬에 이른다. 숙종 16년, 후궁 장 씨의 계략으로 인해 숙종은 중전의 생일날 중전 폐위의 전교를 내린다. 그러자 신하들이 그 불가함을 상소한다. 이에 숙종이 노하여 상소인들을 잡아들이려 하자 박태보가 모든 책임을 지고 들어간다. 숙종 앞에서도 박태보는 소신을 다해 중전 폐위의 부당함을 간하자 숙종은 분노하여 박태보를 형틀에 올려놓고 매우 치게 하는 등 중형을 가한다. 그럼에도 박태보는 소신을 꺾지 않았으나, 숙종은 중전을 내치고 박태보를 진도로 정배한다. 박태보는 혹독한 고문에 형독이 나서 유배 가는 길에 죽고 만다. 그 후 숙종은 장 씨의 음모를 알게 되고 크게 뉘우쳐 인현 왕후를 복위시킨다. 숙종은 박태보의 죽음을 슬퍼하고 그에게 정경 대부의 벼슬을 주며, 그 가문을 충신의 가문으로 칭찬하는 한편, 박태보를 위해 서원을 세워 배향하게 한다.

문제분석 01-04번

번호	정답	정답률 (%)	선지별 선택비율(%)				
			①	②	③	④	⑤
1	②	88	2	88	5	3	2
2	①	76	76	3	5	5	11
3	③	78	10	9	78	1	2
4	⑤	68	8	7	3	14	68

01

정답설명

② '부인 한림의 손을 잡고 따라가니~학발의관을 갖춘 어린 제자 오륙 인이 분명하거늘 부인이 놀라 깨달으니 남가일몽이라.'에서 부인이 꿈에서 학발의관을 갖춘 사람들을 보고 놀라 꿈에서 깨었음을 알 수 있다.

오답설명

① 태보가 형옥에서 금부로 이송해 줄 것을 자청한 것이 아니라, 임금이 태보를 금부로 가두라고 명령한 것이다.

③ '대감이 판서 노복 등을 거느리고 즉시 과천으로 행할새,~초종례로 극진히 한 후에 채단으로 염습하고 도로 집으로 옮겨와 장사를 지내니'에서 초종례를 극진히 지낸 곳은 집이 아니라 과천임을 알 수 있다.

④ '상이 그 노래를 들으시매 심신이 산란하여 그 아이들 성명을 묻고자 하시니 아이들이 달아나는지라'라고 하였으므로, 상이 노래의 내용을 알기 위해 아이들에게 이름을 묻고자 한 것인지 지문을 통해서는 알 수 없다.

⑤ '이튿날에 형조 판서 마지못하여 위계를 갖추고 대강 직계로 올렸더니'에서 형조 판서가 태보에 대한 조사 결과를 자세히 보고하지는 않았음을 알 수 있다.

02

정답설명

① '금부'는 임금이 태보를 가두는 곳이므로, 임금이 권위를 실현하는 공간이라고 할 수 있다. 그러나 '한 곳'은 임금이 자신의 권위를 조롱하는 아이들의 노래를 들은 공간이므로, 임금의 권위를 내세우는 공간으로 볼 수 없다.

오답설명

② '상이 구태여 왕비는 내치시고 태보는 진도로 정배하라 하시니라.'에서 '진도'는 임금에게 정배받은 태보가 가야 하는 곳임을 알 수 있다. 또한 아이들의 노래에서 "우리 주상은 불명하야~민 중전은 외관에 내치시고"라고 하였으므로, '외관'은 임금에게 내쳐진 민 중전이 거처해야 하는 곳임을 알 수 있다.

③ '시부모 당하에 문안차로 나가니, 이화촌에 개 짖으며~문을 열어 보니 한림의 하인 동일이라 하는 사람이 한림의 편지를 드리거늘'에서 '이화촌'은 태보의 부인이 시부모에게 직접 문안하는 곳이자, 태보가 하인을 보내 부모에게 편지로 문안하는 곳임을 알 수 있다.

④ 태보의 편지에서 '천 리 원정에 가다가 과천의 관에서 신병과 심회가 울적하거늘 구천에 들어가오니'라고 하였으므로, 태보가 '진도'에 가기 위해 '과천'을 거쳤음을 알 수 있다. 또한 '대감이 판서 노복 등을 거느리고 즉시 과천으로 행할새'에서 태보의 사망 소식을 받은 대감이 '이화촌'을 떠나 '과천'으로 향하였음을 알 수 있다.

⑤ 아이들의 노래에서 "사백 년 사직을 뉘라서 붙들랴.~심산궁곡에 들어가 초목으로 붓을 적시고, 금수로 벗을 삼아 세월을 보내다가 성군을 기다리자."라고 하였으므로 이 노래의 화자는 '심산궁곡'에 들어가 임금을 피하려는 마음을 가지고 있음을 알 수 있다. 이는 임금이 순행하는 '성내 성외'와 대비되는 공간이다.

03

정답설명

③ [A]의 "그대는 죽기로써 간하다 어명을 입고 사경이 되었으나"에서 제원들이 칭송하는 태보의 강직함은, [B]에서 "나의 뜻은 정한 지 오래되었는지라. 하늘이 무너지고 땅이 꺼져도 변할 길이 없사오니"라며 소신을 지키겠다고 하는 태보의 다짐에서 나타난다.

오답설명

① [A]에서 제원들은 "우리도 역시 한 탓이로다.", "일은 여럿이 참여하고 죄는 그대만 혼자 당하였으니 죄스럽고 민망하기 측량없노라."라며 태보의 위기에 대해 책임을 통감하고 있다. 그러나 [B]에서 태보는 그 책임을 자신에게 돌리며 자책하고 있지 않다.

② [A]에서 제원들이 태보를 위로하고 있다고 볼 수 있지만, [B]에서 태보가 삶을 도모하여 무죄를 소명하겠다고 결심하는 부분은 나타나 있지 않다.

④ [A]에서 제원들 간의 갈등은 나타나 있지 않으며, 이로 인한 태보의 심리적 상처가 [B]에서 가족과의 만남을 통해 해소되는 부분은 나타나 있지 않다.

⑤ [A]와 [B] 모두 태보의 후회가 나타나지 않는다.

04

정답설명

⑤ '장안 백성이 뉘 아니 낙루하리오.', '어찌 천신이 감동치 아니하리오.' 등에서 태보에 대한 민심을 편집자적 논평을 통해 반복적으로 드러낸 것은 맞다. 그러나 〈보기〉에서 박태보가 부도덕한 세계와의 대결에서 패배하여 숭고한 뜻을 이루지는 못하였으나, 그럼에도 가족과 국가에 윤리적 책무를 다하는 인물로 인정받음으로써 도덕적 영웅이 되었다고 하였으므로, 박태보가 '기우는 국운을 회복한 영웅'으로 추대되지는 않았음을 알 수 있다.

오답설명

① 한림이 "내 무죄하여 탕탕한 청천이 감동하사 사생풍진을 다 버리고 전고 충신을 따라 황성에로 구경 가나니"라고 하였고, 부인의 꿈에서 학발의관을 갖춘 어린 제자 오륙 인이 서 있다고 하였으므로, 이는 하늘이 태보를 무죄로 판명하여 전고 충신을 따르게 하는 것임을 알 수 있다. 이를 통해 박태보가 윤리적 책무를 다하는 인물로 인정받은 도덕적 영웅임을 알 수 있으므로 선지의 내용은 적절하다.

② 태보는 편지에 '국은을 또한 갚지 못하옵고'라며 한탄하였는데, 이는 〈보기〉에 따르면 태보가 '임금의 부당함으로 드러나는 부도덕한 세계와의 대결에서 패배하여 숭고한 뜻을 이루지 못한' 것에 해당한다.

③ 태보는 편지에 '만세 후에 부자지정을 만분지일이나 바라나이다.'라고 하였다. 이는 〈보기〉에 따르면 가족에 윤리적 책무를 다하는 인물임을 보여주는 것에 해당한다.

④ 아이들이 부른 노래에서 "저 달은 밝다마는 우리 주상은 불명하야", "백성도 못할 일을 국가에서 행하고"라고 하였으므로, 백성들이 주상을 부도덕한 인물로 평가하며 신임하지 않았음을 알 수 있다.

12
2023학년도 6월

작자 미상 - 소현성록

지문분석

[지문에서 체크할 것]

※ 공간

청운당 → 벽운당 → 청운당 → 녹운당 → 청운당 → 취성전

※ 서술자의 개입

1) 뉘 능히 알리오?
2) 차마 보지 못할 바이러라.
3) 차마 바로 보지 못할지라.
4) 들음에 모골이 송연하더라.

문맥에 따라 2~3)은 양 부인의 반응으로, 4)는 여씨의 반응으로 해석할 여지가 있다.

[전체 줄거리]

〈1대〉 소현성은 화씨와 혼인한 후에 매파의 중매로 다시 석씨와 혼인을 하게 되는데, 화씨는 덕이 부족한 여인이며 석씨는 현숙한 여인이다. 그런데 소현성이 또 다시 여씨와 혼인을 하고, 여씨가 화씨와 석씨를 모두 시기하여 이들을 모해할 음모를 꾸미게 되면서 가정 내에 갈등이 야기된다. 그러나 소현성의 탁월한 제가(濟家 : 집안을 바로 다스림) 능력으로 여씨의 음모가 발각되면서 사건은 일단락된다.

〈2대〉 소현성의 아들 운경은 위 승상이 죽은 후에 그의 딸 위 소저와 혼인을 하는데, 위 승상의 후실인 방씨의 성격이 악독해 부부 사이를 모해하는 사건이 벌어진다. 그 결과 위 소저는 남장을 하고 달아나는 등 시련을 겪는데, 이 사건은 방씨가 병에 걸려 죽음으로써 일단락된다. 한편 소현성의 아들 운성은 이웃집에 사는 형 소저를 보고 연정을 품게 되며, 이 연정이 혼인으로 발전하자 부친인 소현성과 심각한 갈등을 겪는다. 외조부의 중재로 운성은 결국 혼인을 하게 되지만, 황제의 혼인 명령에 의해 명현 공주와도 강제로 혼인을 하며 군신 갈등을 자아내고, 명현 공주와 형 소저 사이에도 갈등이 발생하게 된다. 또한, 운명은 어사가 되어 집을 떠나 임무를 수행하던 중에 남장한 여인인 이 소저를 만나 애정을 느끼고, 이로 인해 부친인 소현성과 갈등을 겪지만 결국 혼인한다. 그러나 이후 억지 혼인으로 포악한 정 소저를 재취로 맞아들이며, 정 소저와 이 소저 사이에 갈등이 야기된다.

〈3대〉 소현성의 아들 운숙의 둘째 아들 세명은 성질이 포악하여 도적의 무리와 어울리며 역모를 일으킨다. 이에 운성이 세명을 잡아 죽인다.

문제분석 01-04번

번호	정답	정답률 (%)	선지별 선택비율(%)				
			①	②	③	④	⑤
1	④	95	1	1	2	95	1
2	③	94	1	2	94	1	2
3	④	87	8	1	2	87	2
4	⑤	61	2	20	9	8	61

01

정답설명

④ 윗글에서는 상서의 다른 부인들을 싫어하고 모함하려는 셋째 부인 '여씨'라는 한 인물과 상서, 상서의 다른 부인들, 양 부인 간의 다면적 갈등 관계를 제시하고 있으므로 선지의 설명은 적절하다.

오답설명

① 제시된 지문에서 배경 묘사는 나타나지 않았으며, 이를 통해 인물의 성격 변화를 암시하고 있지도 않다.

② "알지 못하겠도다. 누가 잃은 것인고? 필연 동료 중 잃은 것이니 임자를 찾아 주리라."에서 계성의 독백이 제시되었다. 하지만 독백이 반복되지는 않았다. 또한 계성의 독백을 통해서 갈등이 전개되고 있을 뿐, 내적 갈등의 해결 과정을 드러내고 있지도 않다.

③ 제시된 지문은 순차적 구조로 시간의 흐름에 따라 진행되고 있으며, 과거와 현재가 교차되는 부분은 나타나지 않았다.

⑤ 두 공간에서 동시에 일어나는 사건이 병렬적으로 제시되지 않았다.

02

정답설명

③ 여씨가 "부인이 여자의 행실을~생각할지어다."라는 상서의 책망에 '크게 부끄러워하'였으므로 선지의 내용은 적절하지 않다.

오답설명

① 석파가 여씨에게 "석 부인은 비단 얼굴뿐 아니라 덕행을 겸비하여 시모이신 양 부인이 더욱 사랑하시나이다."라고 말하는 부분과 여씨가 꾸민 일에 대한 실상을 밝히는 데 관여한 것을 통해, 석파가 집안사람들과 교류하며 집안의 일에 관여함을 알 수 있다.

② 상서는 중략 이전 부분에서 화씨의 방을 엿들은 여씨에게 "더욱이 다른 부인의 방을 엿들음은 금수의 행동이라 전일 말한 사람이 있어도 전혀 믿지 않았더니 내 눈에 세 번 뵈니 비로소 그 말이 사실임을 알지라."라고 하며, 남의 말의 진위를 직접 확인한 후에 판단하였다. 또한 중략 이후 부분에서도 "약을 먹더라도 부모님 남긴 몸이 달리 되랴? 네 굳이 내 얼굴이 되고자 하니, 이 무슨 괴이한 생각으로 패악을 떨려 하느뇨?"라는 화씨의 말을 듣고서도 "어지럽게 굴지 말라."며 회면단을 마시게 하였고, 화씨로 변한 여씨가 회면단을 마시고 본모습으로 돌아오게 되자 그제서야 단정히 고쳐 앉으며 여씨의 잘못을 판단하였으므로 선지의 내용은 적절하다.

④ 양 부인은 '여씨를 내치고 계성과 미양 등을 엄히 다스리고 집안을 평정하'

였으므로 선지의 내용은 적절하다.

⑤ 소씨는 회면단을 마시지 않는 여씨에게 회면단을 '우김질로 들이'부으며 의혹을 해소하고자 하였으므로 선지의 내용은 적절하다.

03

정답설명

④ ㉠은 석파가 여씨에게 석씨가 받는 총애를 자랑한 것을 두고, 석씨가 석파의 언행이 문제가 될 수 있음을 염려하며 앞으로 그렇게 말하지 말라고 당부한 것이다. 한편, ㉡은 여씨가 자신이 녹운당에 갔던 사실을 감추기 위해 상서에게 거짓말을 한 것이다. 따라서 ㉠은 석파의 경솔한 언행을 염려하는 석씨의 발화로, ㉡은 상서의 의심을 피하기 위한 여씨의 발화로 볼 수 있다.

오답설명

① ㉠ X, ㉡ X / '독선'은 '자기 혼자만이 옳다고 믿고 행동하는 일'을 말한다. 석파가 멋대로 여씨에게 석씨의 총애 받음을 자랑한 것은 맞으나, 석파가 자신만이 옳다고 믿고 그렇게 말한 것은 아니므로 ㉠을 석파의 독선을 질책한 것으로 볼 수는 없다. 한편 ㉡은 여씨가 자신이 녹운당에 갔던 사실을 감추기 위해 한 거짓말이며, 상서는 이미 여씨가 녹운당에 갔던 사실을 알고 있으므로 ㉡은 상서의 '오해'를 증폭시키는 말이 아님을 알 수 있다.

② ㉠ X, ㉡ X / ㉠은 석파의 경솔한 언행에 주의를 주는 발언이지만 석파의 안전에 위협이 있었음은 지문을 통해 알 수 없으므로, 이를 석파의 안전을 도모하기 위한 말이라고는 볼 수 없다. 한편 ㉡은 여씨가 자신의 행동을 감추기 위해 한 거짓말이므로, 이를 상서를 위험에 빠뜨리기 위한 말이라고 볼 수 없다.

③ ㉠ X, ㉡ X / ㉠은 석파의 언행에 주의를 주는 것이지, 석파에 대한 호의를 표현하는 것은 아니다. 한편 ㉡은 상서의 의심을 피하기 위해 한 말이지, 상서에 대한 불신을 표현하는 말은 아니다.

⑤ ㉠ X, ㉡ O / ㉠은 석파에게 얻은 정보를 토대로 그의 경솔한 언행을 염려하는 발언으로, 그에게서 얻은 정보를 불신하는 말이 아니다. 한편, ㉡은 상서가 녹운당에서 화씨의 방을 엿듣는 자신을 목격하였음을 몰랐기 때문에 여씨가 한 말이므로, 상서가 가진 정보를 몰라서 하는 말로 볼 수 있다.

04

정답설명

⑤ 상서는 여씨에게 "다른 부인의 방을 엿들음은 금수의 행동이라"라고 하면서도 "부인은 다시 이 행동을 말고 과실을 고쳐 나와 함께 늙어갈 일을 생각할지어다."라고 말하며 여씨를 교화하려 하였다. 하지만 양 부인은 중략 이후 '어젯밤 일'을 듣고 '여씨를 내치고~집안을 평정하'였으므로, 〈보기〉에서 말하는 음모자의 죄상을 처벌하는 데에 상서와 양 부인 간의 차이가 있음을 알 수 있다. 그러나 처벌 방법을 두고 상서와 양 부인 간의 대립은 나타나지 않았으므로 선지의 내용은 적절하지 않다.

오답설명

① '여씨는 둘째 부인 석씨의 행실과~좋은 마음이 없더라.'에서 여씨가 자신을 석씨와 견주고 있으며, '옛날 강충이란 자가 저주로써 한 무제와 여 태자를

이간했던 일을 떠올리고, 저주의 말을 꾸며 취성전을 범'하여 양 부인의 침상 밑에서 석씨의 필적으로 쓰여진 저주의 글을 발견하도록 일을 꾸민 것에서 양 부인과 석씨를 '이간'하려는 것을 알 수 있다. 〈보기〉에 따르면 음모 모티프는 인물이 욕망을 실현하기 위해 음모를 실행하는 이야기 단위로, 석씨와의 경쟁 관계를 의식한 여씨의 욕망에서 음모가 비롯됨을 알 수 있으므로 선지의 내용은 적절하다.

② '봉한 것'은 석씨의 필적으로 쓰인 '흉악'한 글로, 여씨가 꾸민 것이며 이는 양 부인의 침상을 청소하던 계성에 의해 양 부인에게 전달된다. 그 뒤 양 부인이 이를 불태우자 계성은 '누설치 못함을 조급해하'였으므로, 계성은 여씨의 조력자로 볼 수 있다. 이는 〈보기〉에 따르면 음모의 진행 과정에서 조력자가 등장해 음모자를 돕는 것에 해당한다. 또한 이를 통해 서사적 긴장이 고조되므로 선지의 내용은 적절하다.

③ 양 부인은 '그 글'을 '불을 가져다가 사르고' 시녀들에게 그 일에 대해 누설하지 말라고 당부하였다. 이는 양 부인에 의해 여씨의 음모의 실행이 저지된 것으로, 〈보기〉에 따르면 음모자의 욕망 실현이 지연되면 서사적 긴장은 일시적으로 이완되므로 선지의 내용은 적절하다.

④ [중략 부분의 줄거리]와 지문에 따르면, 여씨는 '여의개용단'을 먹고 화씨로 둔갑해 나타났다가 '회면단'을 먹고 본래 모습으로 돌아오게 된다. 여씨가 욕망의 실현을 위해 먹은 약은 〈보기〉에 따르면 음모의 진행 과정에 사용된 환상적 요소이지만, '회면단'은 오히려 여씨의 음모의 실체를 드러내는 도구로 작용하고 있으므로 선지의 내용은 적절하다.

작자 미상 – 정수정전

지문분석

[지문에서 체크할 것]

※ 공간

(중략) 이전 : 궁궐(황제가 있는 곳) → 정 상서의 집 → 귀양지(절강)의 관사 → 정 상서의 집(부인과 정수정이 정 상서의 별세 소식을 듣는 곳)

(중략) 이후 : 강서 지경 → 진량의 귀양지 → 본진 → 궁궐 → 청주 → 기주

※ 서술자의 개입

이 작품은 전지적 서술자에 의해 전개되지만 해당 지문에서는 서술자의 개입이 나타나지 않는다.

[전체 줄거리]

송나라 병부 상서 정국공은 혈육이 없어 근심을 하다가 뒤늦게 딸을 낳고 이름을 수정이라 하였다. 정국공은 장 승상의 아들 장연과 수정의 혼약을 맺는데, 이때 정국공을 모함한 진량으로 인해 정국공은 귀양을 가 죽고 부인 양 씨도 숨을 거둔다. 혈혈단신이 된 수정은 남장을 하고 무예를 닦아 장원 급제를 하고, 한림학사가 된 후 부친의 원수인 진량의 악행을 폭로한다. 대원수가 된 수정은 북적의 침공을 물리치는 공을 세우고, 이에 임금은 수정과 장연을 부마로 삼으려 한다. 그러자 수정은 남장 사실을 털어놓고 용서를 빈다. 임금은 수정을 용서하고 수정과 이전에 혼약을 맺었던 장연을 혼인하게 한다.

호왕이 침공을 하자 수정은 대원수로, 장연은 중군장으로 출전하게 된다. 군량 운반 과정에서 장연이 실수를 하고, 수정은 장연을 참수하려 하지만 주위의 만류로 곤장으로만 다스린다. 적군을 물리친 수정은 진량을 처단하여 부친의 원수를 갚고 금의환향한다. 이후 수정은 장연과 화해를 하고 여생을 행복하게 살다가 75세의 나이에 승천한다.

문제분석 01-04번

번호	정답	정답률 (%)	선지별 선택비율(%)				
			①	②	③	④	⑤
1	④	81	1	2	8	81	8
2	②	80	1	80	1	12	6
3	③	95	1	1	95	2	1
4	④	90	1	1	7	90	1

01

정답설명

④ 한복은 '철기를 거느려 결박하여 오라'라는 대원수 정수정의 명령에 따라 진량의 귀양지로 가 진량을 결박하여 본진으로 돌아온다. 하지만 '대원수 이에 진량을 잡아들여 장하에 꿇리고 노기 대발하여 부친 모해하던 죄상을 문초하니~대원수 무사를 호령하여 빨리 베라 하니'에서 알 수 있듯이, 진량의 죄를 묻고 처벌을 내리는 인물은 한복이 아니라 대원수이다.

오답설명

① '진량을 황제 가장 총애하시니'에서 황제가 진량을 총애함을 알 수 있으며, 황제는 "상서가 요사이 황제께 조회하는 것이 다르옵고~반드시 무슨 생각 있는 줄 아나이다."라는 진량의 말을 듣고 정 상서를 처벌하기로 결심하므로 선지의 내용은 적절하다.

② 황제가 정 상서를 처벌하려 하자 중관은 "정 상서의 죄 명백함이 없으니 어찌 벌로 다스리오리까?"라며, 정 상서를 처벌하기에는 그 죄가 분명하지 않음을 황제에게 주장하였다.

③ 정 상서의 "내 일찍 국은을 갚을까 하였더니 소인의 참언을 입어 이제 귀양을 가니 어찌 애달프지 않으리오."라는 말에서 자신이 소인의 참언(거짓으로 꾸며서 남을 헐뜯어 윗사람에게 고하여 바침. 또는 그런 말) 때문에 뜻하지 않게 귀양을 가게 되었다고 생각함을 알 수 있다.

⑤ 원 부인과 공주는 "저 사람 또한 대의를 알아 삼가 화목할 것이니 이제는 노하지 마소서."라며 정수정이 도리를 지켜 원만하게 지낼 것임을 내세워 태부인을 진정시켰다.

02

정답설명

② 정 상서는 중관이 전한 황명을 통해 ⓒ 이전에 자신이 귀양을 가게 될 것을 알았으므로, ⓒ으로 비보가 전해질 것을 짐작하게 되었다고 볼 수 없다.

오답설명

① 진량은 '정 상서를 해하려' 하고 있었는데, 마침 황제의 탄생일에 정 상서가 병이 있어 참석하지 못하게 되자 황제에게 정 상서를 모함하였으므로, ㉠으로 진량에게는 정 상서를 모함할 기회가 생겼음을 알 수 있다.

③ '부인과 정수정 이 말을 듣고 한마디 소리를 내며 혼절하니'에서 알 수 있듯이, 부인과 정수정은 ⓒ을 듣고 충격을 받아 정신을 잃게 되었다.

④ '황제 백관을 거느려 대원수를 맞아 치하하시고 좌각로 평북후를 봉하시니 대원수 사은하고'에서 알 수 있듯이, 정수정은 황제로부터 호왕에 승리한 것(㉣)에 대한 보답을 받게 되었다.

⑤ '전쟁에서 장연 징계한 일로 심사 답답'한 상황이었던 정수정은 태부인의 서찰을 보고 '기뻐 즉시 회답하여 보내고 익일에 행장 차려' 갔으므로, ㉤으로 걱정을 덜며 떠날 채비를 하게 되었음을 알 수 있다.

03

정답설명

③ '첩서'는 싸움에서 승리한 것을 보고하는 글이다. 본문에서 황제께 ⓑ를 올려 호왕과의 전투에서의 승전을 알렸으므로, ⓑ(첩서)는 호왕과 벌인 전쟁의 결과를 보고할 목적으로 작성되었음을 알 수 있다.

오답설명

①, ② '장계'는 왕명을 받고 지방에 나가 있는 신하가 자기 관하의 중요한 일을 왕에게 보고하던 문서이다. '절강 만호 슬퍼 놀라 황제께 장계로 보고하고'에서 알 수 있듯이, ⓐ(장계)는 정 상서가 죽었다는 사실을 황제께 알리기 위한 목적으로 절강 만호가 작성한 것이다.

④ ⓑ가 황제를 직접 만나 보고하는 것을 피할 목적으로 작성되었는지는 지문을 통해 확인할 수 없다.

⑤ '절강 만호 슬퍼 놀라 황제께 장계로 보고하고 부인께 기별하니라.~부인과 정수정 이 말을 듣고'에서 알 수 있듯이 ⓐ에 담긴 소식은 정 상서가 세상을 영결했다는 내용이며, 이는 부인과 정수정에게도 알려졌다. 또한 ⓑ에 담긴 소식은 호왕과의 전투에서의 승전으로, '황제 백관(모든 벼슬아치)을 거느려 대원수를 맞아 치하하시고'를 통해 황제 외의 사람들에게도 알려졌음을 알 수 있다.

04

정답설명

④ '장연 징계한 일로 심사 답답'한 '정수정'의 모습은 〈보기〉에 따르면 '국가적 위기를 해결하는 영웅'의 역할과 '부녀자로서의 덕목'을 지녀야 하는 역할 사이에서 갈등하는 것으로 볼 수 있다. 따라서 이를 정수정이 국가적 영웅으로 돌아가고 싶어 하는 것으로는 보기 어렵다.

오답설명

① 〈보기〉에 따르면 정수정은 '부친의 원수를 갚는 효녀'의 역할을 한다. "진량의 귀양지가 여기서 얼마나 되는가?"라고 묻는 발언에서, '진량'을 찾아 부친의 한을 풀어 주려는 '정수정'의 효녀로서의 면모가 드러난다고 할 수 있다.

② '대원수'가 '제상을 차려 부친께 제사 지내'는 모습은, '정수정'이 부친의 원수를 갚고 죽은 부친의 넋을 위로하며 〈보기〉에 제시된 효녀로서의 소임을 다하는 것이라 할 수 있다.

③ '장연'이 '전쟁터에서 부인에게 욕을 보고 돌아'온 것은 정수정이 아내의 역할보다 대원수의 역할을 중시하여 벌어진 일이다. 이러한 상황에 통분하는 '태부인'의 모습에서 '태부인'은 '정수정'이 아내의 역할보다 대원수의 역할을 중시한 것을 못마땅해한다는 것을 알 수 있다.

⑤ '정수정'이 '한복'의 '호위'를 받는 모습에서는 '국가적 위기를 해결하는 영웅'의 면모가 드러나고, '태부인께 예'하는 모습에서는 '부녀자로서의 덕목을 지녀야 하는 장씨 가문의 여성'으로서의 면모가 드러난다. 이를 통해 '정수정'이 국가적 영웅의 면모를 유지하면서 며느리로서의 역할도 수행함을 알 수 있다.

14
2023학년도 11월

조위한 – 최척전

지문분석

[지문에서 체크할 것]

※ 공간
(중략) 이전 : 최척의 집 → 만복사 → 최척의 집
(중략) 이후 : 안남 → 일본인 배 → 백사장

※ 서술자의 개입
× / '눈에서는 눈물이 다하자 피가 흘러내려 서로를 볼 수도 없을 지경이었다.' 이 부분은 장면에 대한 서술·제시일 뿐, 서술자가 개입해서 판단이나 정서를 드러낸 구절이 아니다.

[전체 줄거리]

최척은 전라도 남원의 쇠락한 양반가의 아들로, 어릴 적 어머니를 여의고 홀아버지와 살았다. 최척은 아버지의 충고로 정상사 문하에서 공부를 시작한 지 몇 달 만에 학문 수준을 크게 높였는데, 이때 최척의 글 읽는 소리를 듣게 된 옥영이 최척에게 쪽지를 건넨다. 이후 마음이 통한 최척과 옥영은 혼사를 추진하게 되는데, 최척 집안의 가난함이 혼사의 장애가 되고 만다. 옥영은 최척의 인물됨을 근거로 어머니를 설득하고, 결국 혼인날을 잡게 되었다. 그러나 남원에서 의병이 일어나자 말타기와 활쏘기에 능했던 최척은 의병으로 뽑힌다. 최척은 의병장에게 혼인을 이유로 휴가를 요구했으나, 의병장은 허가해 주지 않고 양 부자가 옥영과 자신의 혼인을 추진한다. 옥영은 어머니 심씨에게 거부 의사를 표하지만 심씨는 딸을 책망하고, 그날 옥영은 자결을 시도한다. 옥영은 겨우 목숨을 부지하고, 이후 양가와의 혼사는 무산된다. 한편 이 이야기를 서신을 통해 알게 된 최척의 병세가 위독해지자, 의병장은 최척의 귀가를 허락한다. 겨우 혼인을 올린 최척과 옥영은 대를 이을 아들을 얻기 위해 불공을 드린다. 어느 날 옥영의 꿈에 부처님이 나타나 아들을 점지하고, 아들 몽석이 태어난다.

이후 정유재란이 일어나 옥영은 왜병의 포로가 되는데, 한 늙은 왜인(돈우)이 옥영에게 친절히 대하며 자신의 집에서 생활하도록 한다. 옥영은 수차례 자결을 시도했으나, 꿈에 부처님이 나타나 죽지 말고 후일을 도모하라고 한다. 옥영은 부처님을 믿고, 남장하여 연약한 남자인 양 생활한다. 돈우는 중국을 다니며 장사하는 상인으로, 옥영은 돈우와 함께 배에서 생활한다. 그쯤 최척은 요흥부에서 여공과 함께 형제처럼 지낸다. 이후 여공이 병들어 죽자 최척은 세상을 떠돌아다니다가 도술을 배우기 위해 촉으로 가고자 한다. 그러던 중 송우라는 사람을 만나 친구가 되고, 최척은 결국 송우와 함께 안남(베트남)을 왕래하게 된다.

안남에 이르러 최척은 일본인 배에서 들려오는 구슬픈 염불 소리를 듣고, 피리를 분다. 일본인 배에 있던 옥영은 최척의 피리 소리를 듣고, 한시를 읊는다. 옥영의 시 읊는 소리를 들은 최척은 다음 날 아침 일본인 배를 찾아간다. 일본인 배에서 최척과 옥영은 재회하고, 사람들은 경탄한다. 모든 상황을 알게 된 돈우는 옥영에게 은자를 주었고, 다른 사람들도 이들에게 금은을 주며 축하한다. 최척과 옥영은 송우의

고향으로 함께 와서 살다가 둘째 몽선을 낳는다. 이후 최척은 명나라 군사로 출전하게 되고 포로가 된다. 최척은 그곳에서 몽석을 만나 조선으로 탈출한다.

최척이 죽은 줄 알았던 옥영은 또다시 죽기를 희망한다. 그러나 꿈에 부처님이 나타나 후에 반드시 좋은 일이 있을 것이라고 말하자, 옥영은 몽선 내외와 함께 배를 타고 조선으로 가기로 한다. 조선을 향해 떠난 세 가족은 해적을 만나 배를 빼앗긴다. 옥영은 자결을 결심하고, 몽선 내외는 이를 말린다. 이후 옥영의 꿈에 다시 부처님이 등장하고, 세 사람은 염불을 왼다. 이틀 후 조선의 무역선이 이들 앞에 나타나고, 이들은 그 배로 순천에 도착하게 된다. 이들은 남원의 옛집에 도착하고, 최척과 남은 가족들과 재회하게 된다. 최척과 옥영은 부모를 받들고 자녀를 돌보며 행복하게 산다.

문제분석 01-04번

번호	정답	정답률 (%)	선지별 선택비율(%)				
			①	②	③	④	⑤
1	④	92	1	1	1	92	5
2	③	98	0	1	98	1	0
3	③	95	1	1	95	2	1
4	⑤	96	1	1	1	1	96

01

정답설명

④ '매양 꽃 피는 아침과~코끝에 스며들었다.'에서 감각적인 배경 묘사가 드러난다. 이러한 배경 속에서 최척은 옥영과 함께 술을 마시고 피리를 불고 있다. 즉, 인물들의 행동이 전개되는 상황의 낭만적 분위기를 부각하고 있는 것이다.

오답설명

① '왕자진이~찾을 수 없네.'에서 시가 삽입되었음을 알 수 있다. 그러나 이 시는 옥영이 맑은 정경을 보고 드는 생각을 읊은 것이다. 따라서 해당 시는 인물 간의 갈등 양상이 구체화되는 상황을 드러낸 것이 아니다.

② '둘은 서로 마주하고 놀라 소리를 지르며 끌어안고 백사장을 뒹굴었다. 목이 메고 기가 막혀 마음을 안정할 수 없었으며, 말도 할 수 없었다.'에서 인물의 행위가 연속적으로 나열되고 있다. 그러나 이를 통해 신분의 변화 과정을 드러내고 있지는 않다.

③ 최척과 옥영의 결혼을 '친척들'이 축하해 주었으며, 정성을 다해 가족 구성원들을 대했던 옥영에 대해 '이웃 사람들'이 칭찬하고 있을 뿐, 옥영에 대한 상반된 평가가 나타나 있지 않다.

⑤ "산속에서 붙들려~어찌 되었소?", "날이 어두워진 뒤~어떻게 알겠습니까?"에서 최척과 옥영 간 대화가 오고감을 알 수 있다. 그러나 옥영이 최척의 아버지와 자신의 어머니의 안위를 알지 못한다고 하였으므로, 이전 사건에 따른 다른 인물들의 현재 행선지를 드러낸다는 설명은 적절하지 않다.

02

정답설명

③ '최척은 애초에 자기 아내가 이리 시를 잘 읊는 줄 모르고 있던 터라'를 통해 '최척'은 옥영의 시에 대한 재능을 결혼 전부터 옥영이 시를 읊기 전까지 몰랐음을 알 수 있다.

오답설명

① '처음에는 친척이나 잘 아는 친구인 줄로만 알았다. 뒤에 그들이 부부 사이라는 것을 알고 서로 돌아보며 소리쳐 말했다.'에서 '뱃사람들'이 처음에는 최척과 옥영이 부부 사이인 줄 몰랐음을 알 수 있다.

② '최척'은 강둑을 내려가 "다른 나라를 떠도는 사람"이라고 자신의 처지에 대해 말하였다. 그리고 "고국 사람을 만나는 것이 어찌 그저 기쁘기만 한 일이겠습니까?"라고 말하며, 고국 사람을 만나고 싶어 하는 자신의 심정을 드러냈다.

④ '시집에 온 옥영은~성의와 예의를 두루 갖췄다.'에서 '옥영'이 가정의 구성원들을 정성스러운 마음으로 대했음을 알 수 있다. 그리고 '최척은 결혼한 후~재산이 점차 넉넉히 불었으나'에서 옥영이 시집온 후 최척의 집안이 점차 부유해졌음을 알 수 있다.

⑤ '친척들이 축하하여 온 집안에 기쁨이 넘쳤고'에서 '친척들'이 최척의 결혼을 경사로 받아들였음을 알 수 있다. 또한 '이웃 사람들이~낮지 않을 것이라고 칭찬했다.'에서 '이웃 사람들'이 옥영의 행실을 칭찬했음을 알 수 있다.

03

정답설명

③ '매양(매 때마다) 꽃 피는 아침과 달 뜬 밤이 되면 아내 곁에서 피리를 불곤 했다.'에서 최척이 ㉣(매양 꽃 피는 아침과 달 뜬 밤)에 아내 곁에서 피리를 부는 행위를 반복적으로 했음을 알 수 있다. 그리고 ㉤(어느 봄날 밤)은 ㉣ 중 한 시점, 즉 '달 뜬 밤' 중 하나임을 나타내는 표지이므로 선지의 내용은 적절하다.

오답설명

① ㉠(매월 초하루)은 기도를 올리는 시간일 뿐, 인물의 심리적 갈등이 발생하는 시간이 아니다. 한편, ㉢(그달)은 옥영이 잉태한 달이다. 따라서 ㉢은 ㉠에서 발생한 갈등이 심화되는 시간의 표지가 아니다.

② ㉢은 옥영이 잉태한 달이고, ㉤은 옥영이 시를 읊은 날이다. ㉢과 ㉤에서 인물의 성격이 변화된다는 내용은 지문에 나오지 않았다.

④ 최척 부부는 ㉠이 되면 부처께 기도를 드렸고 다음 해 갑오년 ㉡(정월 초하루)에도 기도를 드렸다는 내용이 나오므로, 기도를 드리는 행위가 계속 이어졌음을 알 수 있다. 따라서 선지에 나오는 '㉡은 ㉠에서부터 이어진 행위를 알려 주는' 것은 맞는 설명이다. 그러나 그 행위(아이를 가질 수 있도록 기도하는 것)가 완결된 순간은 ㉤이 아니라, 옥영이 잉태한 달인 ㉢이다.

⑤ ㉡과 ㉢은 자식 갖기를 원하는 최척 부부의 소망이 실현되어 가는 과정에 포함되는 시간의 표지이다. 그러나 ㉤은 최척 부부의 소망인 자식 갖기가 이루어진 이후의 시간의 표지이므로, 소망이 좌절된 시간의 표지라는 선지의 내용은 적절하지 않다.

04

정답설명

⑤ 최척과 옥영이 '소리를 지르며 끌어안'는 것은 문제의 해결에 따른 기쁨이 맞다. 그리고 '눈에서는 눈물이 다하자 피가 흘러내려 서로를 볼 수도 없을 지경'이 된 것은 눈물을 많이 흘렸다는 것을 과장한 표현이다. 따라서 이는 '또 다른 문제 확인에 따른 인물의 불안감'과는 관련이 없다.

오답설명

① 옥영의 꿈에서 만복사의 부처가 사내아이를 점지해 주자 옥영이 자식을 갖게 되었다. 즉, 옥영이 겪고 있는 '자식을 갖지 못함'이라는 현실적인 문제를 신이한 존재인 부처가 해결하는 데 도움을 준 것이다.

② 옥영의 꿈에서 만복사의 부처는 사내아이가 태어나면 반드시 '특이한 징표'가 있을 것이라 하였다. 그리고 실제로 옥영의 아들 몽석은 등에 '붉은 점'이 있었다. 이는 만복사 부처의 예언이 실제로 이루어졌음을 확인할 수 있는 특이한 증거로 활용된 것이다.

③ 중략 이전의 공간적 배경은 조선이지만, 중략 이후의 공간적 배경은 [중략 줄거리]를 통해 안남(베트남)임을 알 수 있다. 이때 최척이 어젯밤 시를 읊던 사람을 만나기 위해 '일본인 배에 이르러 조선말로 물'어보는 것과 '고국 사람을 만나'려 하는 것은, 공간적 배경이 조선에 국한되지 않고 안남으로 확장되었음을 보여 준다. 따라서 서사 전개 과정에서 공간적 배경을 다른 나라로 확장했다는 선지의 내용은 적절하다.

④ '옥영도 생각하기를~시를 읊게 되었던 것이다.'에서 옥영이 '피리 소리'를 듣고 최척이 생각나 시를 읊게 되었다는 것을 알 수 있다. 그리고 그녀가 읊은 시를 듣고 최척이 일본인 배에 찾아와 두 사람은 재회하게 되었으므로, '피리 소리'는 이별의 상황을 해결하는 계기가 되는 소재로 작용하고 있다고 볼 수 있다.

15

2024학년도 6월

작자 미상 – 상사동기

지문분석

[지문에서 체크할 것]

※ 공간
- (중략) 이전 : 생이 있는 곳 → 미인이 머문 집
- (중략) 이후 : 미인(영영)이 머문 집

※ 서술자의 개입
- ×

[전체 줄거리]

풍류랑 생은 스무 살의 나이에 진사 제1과에 합격하여, 높은 벼슬 아치와 지체 좋은 가문에서 그에게 딸을 시집보내고 싶어 한다. 그러던 삼월의 어느 날, 생은 봄날의 흥취로 술에 취해 집으로 돌아오는 길에 우연히 본 한 미인에게 마음을 빼앗긴다. 생은 그녀가 상사동 길 가에 있는 몇 칸짜리 작은 집에 들어가는 것을 보고, 주변을 서성대다가 집에 돌아와 상사병을 앓는다. 생은 자신을 걱정하는 하인 막동에게 모든 것을 털어놓고, 막동의 꾀에 따라 손님을 기다리는 척 미인의 집주인 노파를 대접한다. 노파는 생에게 내막을 들은 후 자신이 그 미녀, 즉 영영의 이모라는 사실과 영영이 회산군 댁의 궁녀임을 알려 준다. 노파는 생을 위해 영영을 불러낼 계획을 세우고, 그 계획대로 단옷날 생과 영영은 만나게 된다. 영영은 생에게 보름날 밤에 궁에 찾아오도록 하고, 둘은 다시 만나 서로의 마음을 확인한다. 새벽이 지나 헤어져야 할 시간이 다가오자 생과 영영은 이별의 시를 주고받고 헤어진다. 영영은 슬퍼하는 생에게 자신을 잊고 입신양명에 힘쓰라고 당부한다. 생은 집으로 돌아왔으나 이별의 충격으로 넋을 잃는다. 영영의 이모가 이미 세상을 떠난 뒤이기에, 생은 영영에게 편지조차 전하지 못한다. 그 후로 3년 동안 학업에 힘쓴 생은 장원 급제한다. 생은 3일 동안의 유가(과거 급제자가 광대를 데리고 풍악을 울리면서 시가 행진을 벌이고 시험관, 선배 급제자, 친척 등을 찾아 보던 일)에서 회산군 댁을 지날 때 취한 척 말에서 떨어져 눕는다. 생은 서쪽 가옥에 누워 있다가 영영의 모습을 발견하고, 회산군 부인은 영영이 생에게 차를 대접하도록 한다. 차를 대접하는 동안 영영은 생을 아는 척할 수 없어, 편지를 몰래 떨어트려 생에게 전달한다. 집에 돌아와 영영의 편지를 읽은 생은 시름시름 앓다가 병에 걸린다. 두어 달 후 생의 친구 이정자가 문병을 와 사정을 듣고는, 회산군 부인이 자신의 고모이므로 그분께 영영을 생에게 주라는 이야기를 꺼내 보겠다고 한다. 이정자는 회산군 부인에게 생의 상태를 전하며 영영을 생에게 줄 것을 부탁하고, 회산군 부인은 영영을 출궁시켜 생의 집에 보내 준다. 그 후 생은 벼슬도 거부하고 영영과 함께 행복하게 여생을 보낸다.

문제분석　01-04번

번호	정답	정답률 (%)	선지별 선택비율(%)				
			①	②	③	④	⑤
1	①	70	70	4	18	5	3
2	②	93	1	93	2	2	2
3	④	80	1	3	15	80	1
4	⑤	90	1	1	4	4	90

01

정답설명

① '시간 표지'는 시간을 나타내는 표현을, '추이'는 '일이나 형편이 시간의 경과에 따라 변하여 나감. 또는 그런 경향'을 뜻한다. 막동이 김생에게 계책을 말하는 부분에서 "한 식경 후", "날이 저물 때쯤", "다음 날" 등의 시간 표지를 활용하여 미래에 일어날 사건의 추이를 드러내고 있다. 또한 김생이 노파에게 말하는 부분에서도 "모월 모일", "그날 이후"와 같은 시간 표지가 나타나며, 이를 통해 생이 겪은 사건의 추이가 드러나고 있으므로 선지의 설명은 적절하다.

오답설명

② 막동이 생에게 잔치의 상황을 가정하고 있으며 노파가 생에게 단옷날의 상황을 가정하고 있지만, 이를 통해 인물 간 갈등의 심화를 암시하고 있지는 않다.

③ 노파는 "자색이 고운 것은 낭군께서 이미 보셨으니 굳이 말할 것 없지만 고운 마음이며 얌전한 몸가짐은 양반집 규수와 다를 게 없지요.~부인의 시샘이 하동의 사자후보다 심하여 그렇게 못 하고 있을 뿐이옵니다."라며 영영과 회산군 부인에 대해 논평하고 있다. 하지만 이를 활용하여 갈등의 해소 방안을 제시하고 있지는 않다.

④ 생은 노파에게 "과연 모월 모일 모처에서 오다가 길에서 마침 한 낭자를 보았다네.~그래서 손님을 전별한다며 할멈을 번거롭게 한 것이네."라며 우연히 보았던 영영을 다시 만나기 위해 노파의 집에 온 내력을 요약적으로 제시하고 있다. 하지만 이를 통해 성격의 변화를 보여 주고 있지는 않다.

⑤ "부인의 시샘이 하동의 사자후보다 심하여"의 '하동의 사자후'는 성질이 사나운 여자를 비유하는 말로, 송나라의 고사에서 유래한 말이다. 이 고사를 빗댄 표현을 통해 회산군 부인의 성격을 알 수 있다. 하지만 이는 영영의 현재 상황을 제시하는 데 기여하고 있을 뿐, 사건을 새로운 국면으로 전환하지는 않으므로 선지의 설명은 적절하지 않다.

02

정답설명

② 생은 노파에게 자신의 사연을 말하며 "그래서 손님을 전별한다며 할멈을 번거롭게 한 것이네."라고 하였는데, 이는 원활한 대화를 위해 상대를 배려하는 겸양(겸손한 태도로 남에게 양보하거나 사양함.)의 표현이라고 할 수 있다. 이때 노파가 스스로 번거로움을 호소한 것은 아니므로, 선지의 내용은 적절하지 않다.

오답설명

① 막동이 생에게 "요즘에는 울적해 하시니 말 못할 근심이 있는 듯하옵니다. 사모하는 이라도 있으신지요?"라고 말하였다는 점에서 확인할 수 있다.

③ 노파가 생이 말한 사람이 누구인지 깊이 생각하다가 영영임을 깨닫고, "그런 애가 있습죠. 바로 죽은 제 언니의 딸이에요."라고 말하였다는 점에서 확인할 수 있다.

④ 노파는 영영을 본 뒤 그 모습이 잊히지 않아 상심하며 애태웠다는 생의 말을 듣고 몹시 애처로워하다가 "바로 죽은 제 언니의 딸이에요. 이름은 영영이고 자는 난향이죠.", "이 애는 회산군 댁 시비예요." 등과 같이 자신이 알고 있는 영영에 대한 정보를 알려 주었으므로 선지의 내용은 적절하다.

⑤ 생은 "할멈 말대로 된다면야 인간의 5월 5일이 천상의 7월 7일이 되겠소!"라고 말하는데, 이는 영영을 만나는 일을 천상의 견우와 직녀가 7월 7일에 만나는 칠석날에 빗댄 것으로 그만큼 영영과의 만남이 기쁜 일임을 표현한 것이라 할 수 있다.

03

정답설명

④ 막동이 "은혜를 느끼면 보답을 생각할 것이고,~이때 흉금을 털고 말하신다면 일은 거의 다 된 것입지요."라고 말한 점을 통해, ㉠(계책)이 이루어지면 생은 노파에게 속내를 드러낼 기회를 얻게 됨을 알 수 있다. 또한 노파가 생에게 ㉡(방법)을 말하자 생은 기뻐하며 "할멈 말대로 된다면야 인간의 5월 5일이 천상의 7월 7일이 되겠소!"라고 말한 점을 통해, ㉡이 이루어지면 칠석날에 만나는 견우와 직녀처럼 5월 5일에 생이 영영과 만날 기회를 얻게 됨을 알 수 있다.

오답설명

① ㉠ X, ㉡ X / ㉠과 ㉡의 실현 가능성에 대해 생이 의구심을 갖는 모습을 확인할 수 없다. 오히려 ㉠과 ㉡은 생이 영영을 만날 수 있다는 희망을 갖게 한다.

② ㉠ X, ㉡ X / "흉금을 털고 말하신다면 일은 거의 다 된 것입지요."를 통해, ㉠은 결국 생이 그 의도를 밝히려는 것이지 의도를 숨기기 위한 것은 아님을 알 수 있다. 또한 ㉠에서 상황의 급박함을 부각하는 방식은 나타나지 않는다. ㉡에서는 "이 몸이 죽은 언니를 위해~말미를 주도록 청한다면"을 통해 생의 의도를 숨김을 알 수 있지만, "낭군께선 돌아가시어 때를 기다렸다가 오시지요."에서 상황의 급박함을 찾아볼 수는 없다.

③ ㉠ O, ㉡ X / 생은 막동이 제안한 ㉠에 따라 '즉시 주효를 갖추어서 곧바로 그 집에 가 전별 자리를 마련하였'으므로, 생이 실행함으로써 ㉠이 이루어졌음을 알 수 있다. 하지만 ㉡은 생이 제안한 것이 아니라, 노파가 제안한 것이므로 선지의 설명은 적절하지 않다.

⑤ ㉠ O, ㉡ X / ㉠에서 생은 가상의 존재인 손님을 내세워 노파에게 접근하고 있으므로 적절하다. 하지만 ㉡에서 생은 제사를 이유로 영영을 만나려 하고 있을 뿐, 권력자의 위세를 내세우고 있지는 않으므로 선지의 설명은 적절하지 않다.

04

정답설명

⑤ 〈보기〉에 따르면 윗글은 남녀가 결연의 어려움을 극복하고 애정을 추구하는 서사로, 애정 성취를 가로막는 사회적 관습으로 인한 갈등이 드러난다고 하였다. 하지만 생이 회산군 부인의 허락을 구하려는 노파에게 동조하는 것은 결연의 어려움을 극복하고 애정을 추구하려는 태도에 가깝다. 이는 사회적 관습 안에서 현실적인 애정 성취 방법을 찾는 인물의 내적 갈등과는 관련이 없으므로, 선지의 내용은 적절하지 않다.

오답설명

① 생이 첫눈에 반한 영영과의 애정 추구에 적극적으로 나서는 점은, 〈보기〉에 따르면 감정에 충실하여 애정을 우선시하는 주인공의 성격을 나타낸 것으로 볼 수 있다.

② 막동과 노파가 생의 애정 성취를 돕기 위해 나서는 점은, 〈보기〉에 따르면 서사 진행에 적극 개입하는 보조적 인물이 등장한 것으로 볼 수 있다.

③ 〈보기〉에 따르면 윗글은 환상성을 벗어나 일상에 밀착된 배경을 설정하여 전대 소설보다 현실성이 강화되었다. 이를 고려할 때 생이 길을 가다 우연히 영영을 마주치고 노파의 집까지 뒤따르는 것은, 사건 전개가 일상적 공간 속에서 이루어졌음을 나타내는 것이라 할 수 있다.

④ 노파가 "이 애는 회산군 댁 시비예요. 궁에서 나고 자라 문 앞길도 밟지 못한 지 오래랍니다."라고 말한 점에서, 영영이 회산군 댁 시비인 까닭에 두 인물의 만남이 어렵다는 것을 확인할 수 있다. 이는 〈보기〉에 따르면 신분적 한계를 지닌 여성과의 결연 과정에서 애정 성취를 가로막는 사회적 관습으로 인한 갈등이 드러난 것으로 볼 수 있다.

16

2024학년도 9월

작자 미상 - 숙영낭자전

지문분석

[지문에서 체크할 것]

※ 공간

상공의 집

※ 서술자의 개입

'상공 부부 더욱 처량한 심사를 측량치 못할러라.' 부분을 서술자의 개입으로 볼 여지가 있지만, 이 정도로 선명하지 않은 서술자의 개입은 찾지 않아도 괜찮다.

[전체 줄거리]

백상공은 부인과 함께 소백산에 가서 정성스럽게 빌어 선군을 낳게 된다. 그러던 중 선군이 숙영과 사랑을 하였으나, 숙영은 선군이 아버지의 반대로 다른 배필을 맞으려 한다는 사실을 알게 된 후 선군의 꿈에 나타나 삼 년만 자신을 기다려 달라고 한다. 상사병에 걸린 선군은 숙영을 찾아 부모님의 명을 어기고 옥연동으로 간다. 드디어 선군은 숙영과의 사랑의 결실을 맺게 된다. 하지만 백상공은 선군이 과거에 급제하여 부모의 이름을 드높이기를 원했기에 과거 시험을 볼 것을 권했고, 선군은 아버지의 뜻에 따라 한양으로 공부를 하러 떠난다. 한양으로 떠난 선군은 숙영이 너무 보고 싶었던 나머지 몰래 담장을 넘어 숙영을 찾아오게 되고, 그 일로 숙영은 시아버지로부터 정절을 의심받게 된다. 의심을 받는 상황에서도 남편이 부모의 꾸중을 들을까 걱정했던 숙영은 선군이 찾아온 사실을 숨기고 사실대로 말하지 않는다. 그 일이 있은 후부터 상공은 시비 매월에게 숙영의 방을 살피게 한다. 숙영을 해코지할 계획을 세운 매월은 돌쇠를 시켜서 숙영에게 억울한 누명을 씌우게 하고, 숙영은 자신의 정절을 의심받자 자살을 하고 만다. 돌아온 선군이 숙영의 가슴에서 칼을 빼자 그 구멍에서 파랑새가 나오고 파랑새는 범인이 매월임을 알린다. 이에 매월을 죽여 숙영의 억울함을 풀어 주고 장례를 치른다. 옥황상제의 도움으로 숙영은 장례 중에 부활하고, 선군은 숙영과 함께 집으로 돌아온다. 옥황상제의 명을 받은 선군과 숙영은 상공 부부께 하직하고 자녀들과 함께 천궁으로 올라간다. 이후 상공 부부는 백세를 살다가 한날한시에 별세한다.

문제분석 01-04번

번호	정답	정답률(%)	선지별 선택비율(%)				
			①	②	③	④	⑤
1	⑤	84	3	7	3	3	84
2	②	63	3	63	11	18	5
3	③	73	6	7	73	6	8
4	③	49	3	6	49	28	14

01

정답설명

⑤ '춘양이 '그 편지를 받고 울며 동춘을 안고 방에 들어가 어미 시신을 흔들고 울며, 편지 열어 낯에 대고 통곡'하는 부분에서, 아버지의 소식을 어머니에게 전하고 싶은 마음을 행동으로 표출하고 있음을 확인할 수 있다.

오답설명

① '춘양은 어머니 영전(죽은 사람의 영혼을 모셔 놓은 자리 앞)에서 어머니에게 아버지의 편지를 전하고 있을 뿐, 아버지를 보고 싶은 심정을 언급하지는 않았다.

② '춘양은 할머니로부터 아버지의 편지를 받았으나 "글을 몰라" 어머니에게 편지를 직접 읽어 주지 못했다. 이후 할머니에게 대신 읽어 줄 것을 부탁하였으므로 선지의 설명은 적절하지 않다.

③ '춘양이 할머니와 함께 어머니 생전의 일화에 대해 이야기를 나누는 내용은 제시되지 않았다.

④ '춘양의 동생인 동춘은 "연일 젖 먹자고" 울고 있을 뿐, 어머니가 살아 있는 줄 알고 찾아가려는 모습을 보이지 않았다. 또한 '춘양은 그런 동생을 막아서지 않았으므로 선지의 설명은 적절하지 않다.

02

정답설명

② [B]에서 선군은 "낭자의 얼굴을 보고 싶어도 볼 수 없고"와 같이 받는 이인 '낭자'를 만나고 싶어 한다. 하지만 장원 급제하여 내려가야 하는 날짜가 "금월 모일"로, 당장 그럴 수 없는 처지를 언급하여 안타까운 심정을 드러내었으므로 선지의 내용은 적절하다.

오답설명

① [A]에서 선군은 "문안드립니다. 그사이 부모님께서는 평안하셨나이까?"라며 받는 이인 부모님의 안부를 묻고 있다. 그 후 "저는 부모님 덕분에 무탈하옵니다."라며 자신의 안부를 전하고 있다. 즉, 받는 이의 안부를 먼저 물은 뒤 곧이어 자신의 안부를 전하고 있으므로 선지의 내용은 적절하지 않다.

③ [B]에서 선군이 "무슨 병이 들었는지 몰라 객창 등불 아래에서 수심으로 잠들지 못하니 답답합니다."라고 한 것은 낭자의 그림의 빛이 전과 달라져 혹시 병이 든 건 아닐까 짐작하여 걱정한 것으로, 낭자의 건강에 문제가 있다는 소식을 들은 것은 아니다.

④ [A]에서 선군은 "천은을 입어 금번에 장원 급제하여 한림학사로 입조하여 도문하니"라며 자신이 뜻한 바를 이루었음을 전하고 있다. 하지만 '천은'을 입어 과거를 급제하였다고 밝혔을 뿐, 받는 이인 '부모님'에게 그 공을 돌리며 감사해하지는 않았다. 반면 [B]에서 선군은 "낭자의 지극한 정성으로 장원 급제하여 이 몸이 영화롭게 내려가니"라며 자신이 뜻한 바를 이루었음을 전하고, 받는 이인 '낭자'에게 그 공을 돌리며 감사해하고 있음을 알 수 있다.

⑤ [A]의 '당부의 말'인 "잔치는 알아서 준비해 주옵소서."에서 받는 이가 글쓴이의 노력을 알아주기를 바라는 것은 확인할 수 없지만, [B]의 '당부의 말'인 "천금 같은 옥체를 보존하소서."에서는 받는 이가 스스로 잘 처신하기를

바라는 것을 확인할 수 있다.

03

정답설명

③ ⓒ에서 낭자가 "천명이 아닌 것이 없"다고 말하는 것을 통해 자신의 운명을 하늘의 뜻이라고 밝히고 있음을 확인할 수 있다. 하지만 낭자가 "한탄치" 말라고 말한 것은 집에 온 자신을 책망하지 말 것을 부탁하기 위함이 아니라, 시아버지의 오해로 자신이 죽었다 살아나게 된 것을 슬퍼하지 말기를 바라는 마음을 드러낸 것이다.

오답설명

① ⓐ의 "이 편지는 네 어미에게 부친 편지라."에서 편지의 수신인이 누구인지 말해 주고 있다. 또한 상대인 춘양에게 "네가 잘 간수하라."라고 말하며, 편지의 중요성을 인식하게 하고 있다.

② ⓑ에서 정 씨는 손주인 '춘양'과 '동춘'을 호명하며, "슬프다, 춘양아! 가련타, 동춘아!"라며 격해진 감정을 표출한다. 또한 "너희 어미 잃고 어찌 살라 하는가?"와 같이 그들을 불쌍해하는 마음도 표출하고 있다.

④ ⓓ에서 낭자는 "옥황상제님이 우리를 올라오라 하시니 천명을 거스르지 못하여 올라가옵나이다."라며 옥황상제의 부름을 거절할 수 없다고 말한다. 이를 통해 천상으로 승천해야 하는 숙영 부부와 상공 부부의 이별이 예정되어 있음을 확인할 수 있다.

⑤ ⓔ에서 낭자는 상공 부부에게 백학선과 약주를 선물하며 "백학선과 약주를 몸에 지니시오면 백세 무양하오리다."라고 말한다. 이를 통해 상공 부부의 몸에 병이나 탈이 나지 않도록 걱정하는 마음을 드러내고 있음을 확인할 수 있다.

04

정답설명

③ 해당 문제는 〈보기〉의 정보를 파악한 후 지문과 대응하여 문제를 풀어야 한다. 〈보기〉에 따르면 '승천'은 인간 세상의 명분에 구속받지 않는 가족 사랑을 모색한다는 의의를 갖는다. 따라서 '승천'은 문제의 해결로 작용하는 것이지, 문제 현상으로 작용하는 것이 아니다. 또한, 지문에서 숙영 부부가 '부모를 위로하여 나아가 엎드려 고'하는 데에서 승천을 망설이는 모습을 확인할 수 없으므로 선지의 내용은 적절하지 않다.

오답설명

① 숙영은 "부모님 돌아가실 때 연화궁의 세계로 모셔 가오이다."라고 말하며 천상에 간 뒤에도 부모를 잘 섬기려는 모습을 보인다. 〈보기〉에 의하면 숙영 부부를 천상에 간 뒤에도 부모를 잘 섬기려는 모습으로 그려낸 것은 가족 사랑의 보편적 가치를 환기하기 위한 것이다.

② 숙영은 선군에게 "우리 올라갈 때가 급하였으니, 하직하고 올라가사이다." 라고 말하며, 천궁으로 올라가려는 모습을 보인다. 〈보기〉에 의하면 천상은 가문이라는 명분이 작동하지 않는 곳이다. 이를 통해 숙영 부부를 천상으로 보내 가문이라는 명분이 작동하지 않는 곳에서 살게 하려는 것임을 확인할 수 있다.

④ 숙영 부부는 천상으로 올라가기 전 부모에게 '하직' 인사를 전한다. 〈보기〉

에 따르면 이는 숙영 부부를 가문의 명분이 통하지 않는 천상으로 보내고, 상공 부부는 가문이라는 명분을 중시하는 인간 세상에 남게 하여 구조적 문제에 대응하는 양상을 보여 주는 것이다.

⑤ 상공 부부는 '낭자와 선군이 천궁에 올라간 후로 망연해하며 세간을 다 나누어 주'며 가족을 잃은 사실에 허망함을 느끼는 모습을 보인다. 〈보기〉에 따르면 이는 상공 부부에게 가문의 무의미함을 깨닫게 하여 구조적 문제에 대응하는 한 방식을 보여 주려는 것이다.

17 2024학년도 11월

작자 미상 – 김원전

[지문에서 체크할 것]

※ 공간

　(중략) 이전 : 궁중 → 승상의 집 → 궁중

　(중략) 이후 : 철마산 아귀의 소굴

※ 서술자의 개입

　×

[전체 줄거리]

　천상에서 남두성이란 별이 옥제에게 죄를 지어 그 벌로 지상에 적강한다. 천상으로부터 적강한 남두성은 김규의 아들인 원으로 태어나게 되는데, 그 생김새가 수박과 같은 형상이었기에 김규 내외는 근심 걱정을 하게 된다. 그러나 원은 10년 동안 고난을 겪은 후, 보자기를 씌운 것이 벗겨지면서 장부로 변신한다. 원은 천서 세 권을 읽고 지혜롭고 총명하게 되어 모르는 것이 없을 정도로 비상하였다. 또한 풍운조화의 신통술을 부리기까지 하였으므로 신인의 경지에 이르렀다.

　원이 재주를 시험하기 위해 창검궁시(창, 검, 활, 화살)를 가지고 천마산에서 무술 연습을 익히고 있을 때, 머리가 아홉이고 몸집이 집채만 한 괴물이 미인 셋을 등에 업고 가는 것을 보고 쫓아가 싸웠지만 결국 세 여인을 구하지 못한다. 괴물이 원을 잡아 죽이겠다는 말을 하고 암굴로 들어가 버리자 원도 그 입구를 봐 두고 돌아왔다.

　조정에서는 대낮에 황제의 세 공주가 괴물에게 납치되자 이들을 구할 사람을 물색하여 원을 출정시킨다. 원은 부원수 강문추를 데리고 괴물이 사라진 천마산 동굴로 들어가 세 공주를 구하여 지상으로 먼저 올려 보낸다. 원이 굴 밖으로 나갈 차례였으나, 원의 공을 시기한 부원수가 칡넝쿨을 내려 보내지 않고 그 굴을 막아 버리는 바람에 원은 동굴 속에 갇혀 버리게 된다.

　원은 탈출하기 위해 굴속을 헤매며 지나가다 괴물에게 잡힌 용자(용왕의 아들)를 구해 주게 되어 용왕의 환대를 받는다. 이후 용녀(용왕의 딸)와 결혼하여 부마(왕의 사위)가 되고 다시 인간 세계로 돌아온다. 그러나 원은 귀향 도중 용녀가 머물렀던 집의 점주를 만나 용왕이 준 연적을 빼앗기고 피살된다. 용녀는 용궁으로 도망가서 용왕에게 고하고, 왕은 즉시 점주를 찾아 엄형한 후 김원의 시체를 찾아 금강초를 얹고 병수를 입에 넣어 원을 소생시킨다. 죽었던 김원은 회생하고 용녀를 데리고 고국으로 돌아와 천자께 자신이 겪은 일을 말한다. 이에 천자는 김원을 배신한 부하를 베어 죽이고 김원을 부마로 삼는다. 김원은 황제의 부마가 된 후, 형주후로 봉해져 행복한 생활을 누리다가 신선이 되어 하늘로 올라가게 된다.

번호	정답	정답률 (%)	선지별 선택비율(%)				
			①	②	③	④	⑤
1	②	93	2	93	2	1	2
2	①	79	79	3	6	5	7
3	③	88	2	1	88	3	6
4	⑤	87	2	4	3	4	87

01

정답설명

② "짐이 여러 번~한을 씻으리오.", "소장이~황상께 바치리이다." 등에서 황상과 신하의 대화를 확인할 수 있으며, 이를 통해 군신 관계, 즉 인물 간의 위계를 확인할 수 있다. 또한 한세충이 아귀에게 "흉적은 목을 늘여 내 칼을 받으라."라고 말하자, 아귀는 "아까는 내 숨을 들이쉬니 모기 같은 것도 삼켰으니 지금은 숨을 내쉴 것이니 네 눈을 부릅뜨고 자세히 보라."라고 대답하는 부분에서도 인물 간의 적대적 관계를 확인할 수 있으므로 선지의 내용은 적절하다.

오답설명

① 서술자의 개입은 서술자가 직접 작품에 개입하여 사건이나 인물에 관한 판단이나 정서를 드러내는 것을 의미한다. [A]에서는 서술자가 개입하여 인물에 대한 평가를 제시하고 있지 않다.

③ [A]에서는 장군들이 아귀와 싸우는 사건과 아귀가 세 공주를 납치하는 사건이 시간의 흐름에 따라 전개되고 있다. 현재와 과거를 교차하여 장면의 전환을 보여 주고 있지는 않으므로 선지의 설명은 적절하지 않다.

④ [A]에서 인물의 회상은 찾을 수 없으며, 이를 통해 인물 간 갈등의 원인을 암시하고 있지도 않다.

⑤ [A]에서 황상은 세 공주가 납치된 상황을 파악한 후 크게 놀라고, 눈물을 흘리는 등 그로 인한 충격과 슬픔에서 헤어 나오지 못하는 모습을 보이고 있다. 하지만 이를 과장되게 서술하여 사건의 비극성을 완화하고 있지는 않다.

02

정답설명

① 황상은 "짐이 여러 번 전장을 지내었으되 이런 일은 보도 듣도 못하였"다고 말하며 ㉠(국변)의 심각성을 이전의 '전장'과 비교하고 있다. 하지만 그때의 경험에 근거하여 ㉠에 대한 대처 방안을 찾아내는 부분은 제시되지 않았다.

오답설명

② 이우영은 ㉠의 해결을 위해 '조정'에서 황상의 "이런 해괴한 변이 천고에 없으니 경들의 소견이 어떠하뇨?"라는 질문에 "전 좌승상 김규가 지모 넉넉하오니 불러 문의하심이 마땅할까 하나이다."라고 답한다. 즉, ㉠에 대처할 방안을 찾아줄 지모(슬기로운 꾀) 있는 인물인 '김규'를 거명하고 있으므로 선지의 내용은 적절하다.

③ 황상은 ⊙의 여파가 미치지 않은 '고향'에서 '원을 데리고 평안히 지내'던 승상에게 "공주를 잃고 종적을 모르"는 위기 상황을 알리고 있으므로 선지의 내용은 적절하다.

④ 승상은 황상에게 ⊙의 원흉인 아귀를 원이 '철마산'에서 "만나 겨루고 그 뒤를 좇아 바위 구멍으로 들어"가는 것을 본 사실에 대해 아뢰었다. 이후 승상은 황상에게 ⊙을 해결할 단서를 제공할 인물인 원을 천거하였으므로 선지의 내용은 적절하다.

⑤ 원이 백계를 생각하다가 좋은 계교를 생각해 냈으므로, ⊙의 해결 방안을 떠올렸음을 알 수 있다. 또한 공주가 원에게 '비수를 가지고 협실로 나와 원수에게 잠들었음을 이르'는 것을 통해, 원이 ⊙을 해결할 수 있는 기회가 왔음을 알게 되었음을 확인할 수 있다.

03

정답설명

③ ⓐ에서 황상은 '공주를 잃고 종적을 모르'는 상황에 대한 자신의 슬픈 감정을 상대인 김규에게 드러내고 있다. 또한 ⓓ에서 여자들은 원수의 계교에 따라 상대인 아귀를 속여 잠들게 하려는 의도를 숨기고 있다.

오답설명

① ⓐ와 ⓑ에서 상대에 대한 신뢰가 드러난다고 볼 여지는 있으나, 이를 바탕으로 숨겨 온 사실을 드러내고 있지는 않다.

② ⓑ에서는 승상이 황상에게 충언을 올리고 있을 뿐, 자신의 위세를 드러내어 상대의 복종을 이끌어 내지는 않았다. 하지만 ⓒ에서는 아귀가 "너희는 나를 위하여 마음을 위로하라."와 같이 명령조로 말하는 것을 통해, 자신의 위세를 드러내어 상대의 복종을 이끌어 내고 있다고 볼 수 있다.

④ ⓑ에서 승상은 상대의 행위를 요구하고 있으나, 당위(당연히 있어야 하거나 행해야 하는 것 ≒ 규범)를 내세워 요구하지는 않았다. 그리고 소설에서는 표면적 발화가 아닌 이면의 의도를 고려해서 판단해야 한다. ⓓ는 원수의 계교에 대한 계획적인 행동이기에, 상대의 안위를 우려하여 자제를 요청하고 있다고 볼 수 없다.

⑤ ⓒ에서 아귀는 자신의 원한을 풀고자 다짐하며 모든 시녀들에게 자신을 위하여 마음을 위로할 것을 명하고 있다. 이는 자신의 목표를 위해 행동할 것을 촉구한 것으로 볼 수 있다. 하지만 ⓓ에서 여자들은 원수의 계교에 따라 아귀를 속이고 그를 잠들게 하려는 것일 뿐, 아귀의 목표를 위해 행동할 것을 약속하고 있지는 않다.

04

정답설명

⑤ 원수는 "원수의 칼로 저 기둥을 쳐 보소서."라는 공주의 말에 자신의 칼로 기둥을 쳤으나 칼이 반쯤 부러지는 것을 확인하게 된다. 이후 아귀가 쓰던 비수로 기둥을 치니 썩은 풀이 베어지는 듯하다고 하였다. 따라서 일세에 무쌍한 무예를 갖춘 원수가 아귀의 비수로 기둥을 벤 것은 맞지만 이는 아귀를 처치하기 위해서는 아귀의 비수가 필요함을 확인하고 있는 것일 뿐, 적대자를 처치하기 위해 자신의 계획대로 초월적 능력을 시험하고 있는 것이 아니다.

오답설명

① 〈보기〉에서 해당 작품은 '적대자의 압도적 무력에 맞서는 과정에서 인물에 따라' 대응 방식을 다르게 보여 준다고 하였다. 지문에서 서경태는 입직군을 동원해 아귀와 맞서고 원수는 계교를 마련하여 아귀를 상대하는 모습을 보인다. 이를 통해 인물에 따라 압도적 무력을 지닌 적대자에 대응하는 양상이 다르게 나타남을 확인할 수 있다.

② 〈보기〉에서 해당 작품은 '당대의 보편적 가치인 충군을 주제'로 보여 준다고 하였다. 지문에서 한세충은 황상의 한을 씻고자 "소장이 비록 재주 없으나 저것을 베어 황상께 바치리이다."라며 아귀에게 대항한다. 또한 승상은 황상의 조서를 보고 '못내 슬퍼하며 상경'한다. 이를 통해 인물들이 충군의 가치를 지키고 있음을 알 수 있다.

③ 〈보기〉에서 해당 작품은 '초월적 능력을 지닌 주인공과 기이한 존재인 적대자의 필연적 대결 관계'를 보여 준다고 하였다. 지문의 '아귀가 원의 칼에 상한 머리 거의 나으니'에서 원이 아귀의 머리를 상하게 한 것을 확인할 수 있으며, "세상에 나가 남두성을 잡아 죽여 이 원한을 풀리라."에서 아귀가 남두성인 원에게 원한을 갚겠다고 다짐하는 것을 확인할 수 있다. 이를 통해 주인공과 적대자의 대결이 피할 수 없는 것임을 알 수 있다.

④ 〈보기〉에서 해당 작품은 '적대자의 압도적 무력에 맞서는 과정에서' '인물이 처한 상황에 따라' 대응 방식을 다르게 보여 준다고 하였다. 황상에게 공주는 국운의 불행으로 잃은 대상이지만 원수에게는 약속대로 아귀를 잠들게 하는 인물이다. 이를 통해 여성 인물이 사건의 피해자이자 해결을 돕는 존재임을 알 수 있다.

작자 미상 – 이대봉전

수를 갚은 대봉은 애황과 혼인하고 초왕이 되어 부귀영화로 일생을 마친다.

지문분석

[지문에서 체크할 것]

※ 공간
  (중략) 이전 : 바닷가(장 소저의 '상표'를 통해 알 수 있음.)
  (중략) 이후 : 용궁 → 황성

※ 서술자의 개입
  x

[전체 줄거리]

명나라 기주 지방에 이익이라는 사람이 있는데, 벼슬이 이부 시랑에 이르렀고 명망이 높았으나 슬하에 자식이 없었다. 이 시랑은 천축국 백운암에 시주를 많이 하고 신이한 태몽을 꾼 뒤 아들 대봉을 낳는다. 그리고 마침 같은 날 출생한 기주 장미촌 장 한림의 무남독녀 애황과 혼약을 정한다.

조정에서는 간신 왕희가 국권을 마음대로 휘두르고, 이에 이익은 직간(임금이나 웃어른에게 잘못된 일에 대하여 직접 간함을 이름)하는 상소를 올린다. 그러나 이익은 왕희의 탄핵을 받아 해도로 귀양을 가게 된다. 왕희는 뱃사공을 매수하여 이익 부자를 죽이려 하였으나 서해 용왕의 도움으로 이익은 외딴섬에 머무르고, 대봉은 서역 천축국 백운암으로 가서 팔 년간 도승에게 술법을 배운다. 한편, 장 한림은 이익 일가의 참변을 듣고 이익의 억울함과 딸에 대한 걱정, 왕희에 대한 분노가 병이 되어 죽음을 맞이하고, 그의 부인 역시 뒤따라 죽게 된다. 이후 애황만 시비들과 더불어 살아간다.

왕희는 애황의 미모가 출중하다는 말을 듣고 며느리로 맞이하고자 구혼하였으나 거절당하자 그녀를 납치하려 한다. 이것을 미리 짐작한 애황은 도주하여 장계운으로 이름을 바꾸고 희 씨라는 과부집에 의지해 지내면서 무예를 공부한다. 장계운은 과거에 응시하여 장원 급제하고 한림학사가 된다. 이즈음 선우족이 강성해져서 중원을 침공하자, 장계운은 자원하여 대원수가 되어 출전한다. 장 원수는 선우의 대군을 격파하고 교지국까지 추격하여 진군한다. 이와 동시에 북흉노가 중원을 침공하여 황성을 점령하고 천자를 핍박하여 위급한 지경에 이른다.

이때 타처(다른 곳)에 오래 있는 것이 옳지 않다는 생각을 한 대봉은 황성으로 향하고, 그곳에서 흉노가 천자의 자리를 범하여 황성을 함몰하였다는 사실을 듣게 된다. 이에 분심을 이기지 못한 대봉은 천자에게는 성명도 알리지 않은 채 흉노를 추격하여 서릉도에 들어가 흉노를 베고 적군의 항복을 받는다. 그 뒤 돌아오다가 바다에서 풍랑을 만나 무인도에 표류하게 되었는데, 그곳에서 우연히 아버지 이익을 만나 함께 도성에 이르러 천자를 뵙게 된다.

한편, 장 원수는 선우를 추격하여 항복을 받고 회군하면서 승전 보고를 천자에게 알린다. 더불어 자신이 여자라는 사실과 장 한림의 딸이라는 것을 밝힌다. 또한 하사한 직첩을 사양하고 왕희를 직접 처단할 것을 요구한다. 대봉 또한 왕희를 직접 처단할 것을 요구하여 왕희의 처형 터에서 애황과 대봉은 상봉한다. 전란을 평정하고 부모의 원

문제분석 01-04번

번호	정답	정답률 (%)	선지별 선택비율(%)				
			①	②	③	④	⑤
1	④	77	2	6	11	77	4
2	③	76	5	5	76	7	6
3	③	62	4	7	62	21	5
4	④	64	10	8	10	64	8

01

정답설명

④ 이대봉은 유배지를 가는 도중 수중에 빠지지만 서해 용왕의 도움으로 살아나 ㉣(백운암)에서 팔 년을 의탁하게 된다. 이후 이대봉은 타처에 오래 있는 것이 옳지 않다는 생각에 세상에 나와 '중원'으로 돌아가려고 하였으므로, ㉣은 이대봉이 중원으로 향하기 전에 머물던 공간으로 볼 수 있다.

오답설명

① 이대봉이 이릉의 영혼을 만나 갑옷과 투구를 얻은 공간은 ㉠(용궁)이 아닌, '중원'으로 돌아가는 길에 있는 '농서'이다. 또한 칼은 '화용도'에서 관 공의 영혼을 만나 얻게 된 것이므로 선지의 설명은 적절하지 않다.

② 흉노가 침범한 곳은 ㉡(황성)이 맞으나, 이대봉이 흉노를 처단한 공간은 '서릉도'이므로 선지의 설명은 적절하지 않다.

③ ㉢(해도)은 장 한림 부부가 아닌, 이대봉 부자가 간신의 모해로 인해 유배를 가게 된 공간이다.

⑤ 이대봉은 ㉤(금릉)에서 동돌수를 베었으므로, ㉤을 동돌수가 이대봉을 피해 달아난 공간으로 볼 수 없다.

02

정답설명

③ 장 소저는 자신의 부친이 '대인의 억울함과 소첩의 앞길이 그릇됨을 원통히 여겨 걱정과 분노가 병이 되어 중도에 세상을 버렸다고 하였다. 즉, 부친이 '세상을 버'린 이유는 이 시랑의 죽음에 대한 분노가 아니라, 이 시랑의 억울함과 장 소저의 앞길에 대한 걱정과 분노가 병이 되었기 때문이므로 선지의 내용은 적절하지 않다.

오답설명

① 장 소저는 '부친이 신기한 꿈을 꾸고는 대인과 진진지연을 깊이 맺었'다고 하였다. 이를 통해 장 소저가 자신의 부친과 이 시랑이 '진진지연'을 맺은 데에는 신기한 꿈의 영향이 미쳤을 것이라고 알고 있음을 확인할 수 있다.

② '양가 시운이 불리하여 대인은 간신의 모해를 입어 외딴섬에 유배 가시고'를 통해, 장 소저는 이 시랑이 '간신의 모해'를 입은 것은 시운(시대나 그때

의 운수)이 좋지 않았기 때문이라고 생각하였음을 확인할 수 있다.
④ '간적 왕희가 첩의 고독함을 업신여겨 혼인을 강제하옵기로 변복 도주하였다가'에서 확인할 수 있다.
⑤ '삭발 승려를 만나오니 이 곧 시랑 이익의 처 양씨라. 비록 성혼 행례는 아니 하였사오나 어찌 시어머니와 며느리 사이가 아니리잇가.'에서 장 소저가 승려가 된 양씨를 만났으며, '성혼 행례'를 하지 않았으나 그녀를 시어머니로 대했음을 확인할 수 있다.

03

정답설명

③ ⓐ(그 글)에서 글을 바치는 사람은 장 소저이며, 글을 받는 상대는 시아버지가 될 뻔한 이 공이다. 장 소저는 자신을 '소첩'으로 표현하여 스스로를 낮추고 있다. 한편 ⓑ(그 소)에서 글을 바치는 사람은 이대봉이며, 글을 받는 상대는 성상이다. 이대봉은 자신을 '죄신', '신'으로 표현하여 '신하가 임금을 상대로 자신을 지칭하는 표현'을 쓰고 있으므로, 스스로를 낮추고 있음을 알 수 있다. 따라서 ⓐ와 ⓑ 모두 스스로를 낮추는 표현이 사용되었으므로, 선지의 설명은 적절하지 않다.

오답설명

① ⓐ는 장 소저가 망자인 이부 시랑 이 공에게 바치는 제문(죽은 사람에 대하여 애도의 뜻을 나타낸 글)이며, ⓑ는 이대봉이 성상에게 바치는 표문(마음에 품은 생각을 적어서 임금에게 올리는 글)이다.
② ⓐ는 수중고혼(물에 빠져 죽은 사람의 외로운 넋)이 된 이부 시랑 이 공의 원통함을 위로하기 위해 작성된 것이며, ⓑ는 성상에게 사건 경과를 알려 난신적자(나라를 어지럽히는 불충한 무리)인 왕희에 대해 '엄형 국문하'는 특별한 조치를 요청하기 위해 작성된 것이다.
④ **고전 소설에서는 주인공과 관련된 인물이 죽었다가 다시 나타나는 설정이 빈번하게 나타난다. 가장 대표적인 것이 '비현실계'의 도움을 통한 부활과 죽은 줄 알았는데 어딘가에 살아있었다는 설정이다. 시험장에서 독해할 때 꽤나 당황하게 하는 설정이니 주의해야 한다.** ⓐ에서 장 소저는 대인과 공자가 수중고혼이 되었다고 오해했으나, 오해했던 사건의 실상이 ⓑ에서 드러나므로 선지의 설명은 적절하다.
⑤ ⓐ는 '유세차 기축 삼월 정묘 삭 십오 일에 기주 장 한림의 딸 애황은 감히 이부 시랑 이공 영위 앞에 아뢰나이다.'에서, ⓑ는 '죄신 이대봉은 황공함과 두려운 마음으로 머리를 조아려 절을 올리며 한 장 표문을 황상 용탑 하에 바치옵니다.'에서 글을 바치는 사람과 상대를 밝히고 있다.

04

정답설명

④ 〈보기〉에 따르면, 현실계나 비현실계의 존재들 또한 주인공의 문제 해결 과정에 조력한다. 하지만 〈보기〉와 선지만 보고 판단하면 정답을 찾기 쉽지 않다. '천우신조'는 '하늘과 신령의 도움'을 의미하지만, 진짜 '천상계'의 도움을 의미하는 경우보다는 하늘이 도왔을지도 모른다는 관습적인 표현으로 많이 사용되기 때문이다. 지문에 의하면, 표류하던 이대봉이 무인절도에서 이 시랑과 재회한 것은 비현실계의 존재가 이대봉을 도운 것이 아니라, 우연히 만난 것이므로 선지의 내용은 적절하지 않다. 또한 아버지를

만난 것은 사적 목표가 달성된 것으로, 공적 활약에 조력하였다고 볼 수 없다.

오답설명

① 〈보기〉에 따르면, 윗글에서 공적 가치는 국가 차원의 사건에 참여하는 당위로 제시되고, 사적 목표는 가문의 일원으로서 그 사건 해결에 가담하는 동력이 된다. 장애황이 혼약을 이루기 위해 '남자로 행세하여 용문에 올라 남적을 멸하고 대공을 이'루는 것은, 혼약이 국가 차원의 사건에 참여하는 동력이 된 것으로 볼 수 있다.
② 〈보기〉에 따르면, 윗글에서는 공적 활약을 통해 공적 가치의 권위를 인정하는 이면에 사적 목표의 추구를 배치한다. 장애황이 성상께 '폐하는 왕희 부자를 엄형 국문하사 국법'으로 다스린 후 '그 부자를 신첩에게 내어' 달라고 한 것은, 공적 권위를 존중하는 이면에 사적 목표도 실현하고자 하는 마음을 드러낸 것이다.
③ 〈보기〉에 따르면, 윗글에서 공적 가치는 국가 차원의 사건에 참여하는 당위로 제시된다. 이대봉이 '반적 흉노가 천자의 자리를 범하여 황성을 함몰하'여 어가(임금이 타던 수레)가 금릉으로 피신하였다는 소식을 듣고 '분심을 이기지 못하'여 출전하는 데에서, 국가 차원의 문제 해결에 참여하는 당위성을 확인할 수 있다.
⑤ 〈보기〉에 따르면, 공적 활약을 통해 공적 가치의 권위를 인정하는 이면에 사적 목표의 추구를 배치하는 구도는 영웅 소설이 지향하는 '충'이라는 이념을 훼손하지 않으면서도 사적 목표의 추구를 정당화한다. 이대봉이 성상께 서릉도에 들어가 흉노를 제압한 것에 대한 공을 드러낸 후 '성상은 엄형 국문하옵신 후 왕적을 내어 주시고 신의 죄를 다스리옵소서.'라며 왕희의 처벌을 요구한 것은, 충의 이념을 훼손하지 않으면서도 사적 목표의 정당성을 확보하려는 인물의 의중을 드러낸 것으로 볼 수 있다.

수산 – 광한루기

지문분석

[지문에서 체크할 것]

※ 공간

남원 광한루

※ 서술자의 개입

[A]의 해당 회에 대한 견해와 (중략) 이후 '이게 무슨 말이야?', '어찌 그렇지 않을 수 있겠는가?', '눈치 빠른 김한', '이게 누구지?', '기특한 김한'에서 인물이나 사건 등에 대한 서술자의 짤막한 평이나 감상이 제시되어 있다.

[전체 줄거리]

고려 공민왕 때 문신인 부사 이홍에게는 풍채가 빼어나고 호방한 이도린이라는 아들이 있었다. 어느 화창한 봄날 방자 김한과 함께 광한루에 간 이도린은 그곳에서 그네를 타고 있는 춘향을 보게 된다. 춘향에게 반한 이도린은 김한을 시켜 춘향을 불러오게 하고, 결국 이도린과 춘향이 만나게 된다. 이후 그들은 사랑에 빠져 행복한 시간을 보낸다.

어느 날 이도린의 아버지가 조정의 부름을 받아 한양으로 가게 되면서 춘향과 이도린은 이별을 한다. 이도린이 떠난 후 남원에는 원숭이란 사람이 새로운 부사로 부임하게 되고, 원숭은 오자마자 남원의 아름다운 기생들을 부른다. 춘향의 미모가 뛰어나다는 소식을 들은 원숭은 춘향을 불러 수청을 들라 하지만 춘향은 그 명을 거부한다. 이에 노한 원숭은 춘향을 감옥에 가둔다. 춘향은 옥에 갇혀 갖은 고초를 겪으면서도 절개를 굽히지 않고 이도린을 기다린다. 한양에 있던 이도린은 문하시중의 사위가 되고 과거에 장원 급제하여 벼슬길에 오른다.

때마침 남쪽에 사는 백성들의 생활이 어렵다는 소식을 들은 왕이 이도린을 전남의 암행어사로 제수하고(추천의 절차를 밟지 않고 임금이 직접 벼슬을 내리고) 이에 이도린은 남원으로 떠난다. 3년 만에 남원에 도착한 이도린은 어사의 신분을 숨긴 채 거지꼴을 하고 옥에 갇혀 있는 춘향을 만난다. 그때 이도린은 춘향이 부사의 생일날 처형될 것이라는 소식을 듣게 된다. 부사의 생일 잔칫날 이도린은 잔치에 참여하지 않고 부사를 풍자하는 시 한 수를 보낸 후, 어사출두를 하여 남원 부사의 악행을 처단하고 춘향과 함께 한양으로 올라간다.

문제분석 01-04번

번호	정답	정답률 (%)	선지별 선택비율(%)				
			①	②	③	④	⑤
1	①	90	90	6	1	2	1
2	③	97	1	1	97	0	1
3	⑤	88	3	2	6	1	88
4	⑤	94	1	2	1	2	94

01

정답설명

① 춘향은 '꽃그늘 속으로 들어가 숨'어 '주변을 둘러보'던 중에 이도린의 '티 없이 맑은 모습을 보고 호감을 느껴 '은연중에 찬탄하는 말을 내뱉'은 것이다. 이는 춘향이 꽃그늘 속에 숨어서 한 행동이므로, 이도린은 이 사실을 알지 못했음을 알 수 있다.

오답설명

② 춘향은 그네를 타기 위해 나들이에 나선 것이 아니라, '풍경을 즐기려는 옆집 여자 아이를 따라 나온 것'이므로 선지의 설명은 적절하지 않다.

③ 춘향을 불러오라는 이도린의 명에 김한은 "부른다 해도 저 아이는 오지 않을 것입니다."라고 답하였다. 즉, 김한은 이도린이 춘향을 부르면 그녀가 이도린을 만나러 올 것이라고 말하지 않았으므로 선지의 설명은 적절하지 않다.

④ "도련님께서는 교방 행수 기생 월매를 기억하시는지요?"라는 김한의 질문에 이도린이 "저렇게 젊고 아리따운 여인을 어떻게 반쯤은 쭈글쭈글해진 노파에다 비교할 수 있느냐?"라고 대답한 것으로 보아, 이도린은 월매가 춘향의 어머니라는 사실을 모르고 있었음을 알 수 있다.

⑤ 옆집 여자 아이는 이도린을 만나기 위해 광한루에 온 것이 아니라, '풍경을 즐기려'고 춘향과 함께 온 것이다.

02

정답설명

③ '춘향은 몸을 돌려 꽃그늘 속으로 들어가 숨고서는~춘향은 은연중에 찬탄하는 말을 내뱉었다.'에서 '꽃그늘'은 춘향이 몸을 감추고 이도린을 바라보는 장소임을 알 수 있다.

오답설명

① 그네를 타던 춘향은 '봄바람에 옷자락이 흐트러'지자 '옷매무새를 바로잡'기 위해 그네를 멈추었다가 '사람의 말소리'를 듣고 꽃그늘 속으로 들어가 숨었다. 따라서 '꽃그늘'은 춘향이 그네를 타기 위해 기다리는 장소가 아니다.

② '꽃그늘'은 춘향이 '광한루 위에서 사람의 말소리가 들리자' 몸을 숨기기 위해 들어간 곳이며, 김한이 '이리저리 찾아보다가' 춘향을 발견한 곳이다. 따라서 '꽃그늘'은 춘향이 김한을 기다리며 머물고 있는 장소가 아니다.

④ '꽃그늘'은 김한이 숨어 있던 춘향을 찾은 곳으로, 김한과 이도린이 만나

대화를 나눈 장소가 아니다.

⑤ 이도린은 광한루에 놀러 가 우연히 그네를 타는 춘향의 모습을 보고 반하여 김한을 통해 그녀를 만나고자 하였다. 이때 '꽃그늘'은 이도린의 명령을 받은 김한이 춘향을 발견한 곳이므로, 이곳을 이도린이 춘향을 만나기 위해 미리 약속한 장소로 보기 어렵다. 또한 이도린이 꽃그늘에서 춘향과 만나기 위해 미리 약속했다는 내용도 제시되지 않았다.

03

정답설명

⑤ "도련님께서 춘흥이 발한 것이 우연히 오늘이며, 낭자가 그네 뛰며 논 것도 마침 이때이니, 이는 참으로 그렇게 하지 않았는데도 그렇게 된 것이오."에서 김한은 춘향에게 이도린과의 만남은 거듭된 우연으로 이루어진 인연임을 알려 주며 이도린을 만나러 가자고 제안하고 있다. 따라서 김한은 춘향과 이도린을 만나게 하는 매개자의 역할을 한다고 볼 수 있다.

오답설명

① 이도린은 춘향의 아름다운 모습을 보고 감탄하여 "저것이 금이냐, 옥이냐?"라고 물은 것이므로, 눈앞에 보이는 것을 실제로 금과 옥이라고 생각했다고 볼 수 없다. 따라서 김한이 이도린에게 "금도 아니고 옥도 아닙니다."라고 답한 것을, 김한이 이도린에게 눈앞에 보이는 것이 금과 옥이 아니라고 알려 주어, 이도린의 무지를 일깨우는 비판자의 역할을 한 것으로 볼 수는 없다.

② "선녀 같은 아가씨가 요즘 세상에 나타났겠습니까?"라는 김한의 말은 '선녀 같은 아가씨'가 현재 나타날 수 없음을 말한 것이지, 춘향을 '선녀 같은 아가씨'라고 표현한 것이 아니다. 또한 김한이 이도린에게 춘향이 기생 월매의 딸임을 밝힌 것을 통해 춘향이 고귀한 신분이 아님을 알 수 있다. 따라서 김한이 춘향의 고귀한 신분을 알게 하는 조력자의 역할을 한다는 선지의 설명은 적절하지 않다.

③ "풍류를 즐길 만한 인연이 정말이지 다른 데 있는 것이 아니구나."라며 풍류를 즐길 만한 상대가 춘향이라고 이야기한 것은 김한이 아니라 이도린이다. 또한 김한은 춘향을 불러 오라는 이도린의 명령에 "부른다 해도 저 아이는 오지 않을 것"이라고 하였으므로, 이도린이 춘향을 부르게 하는 중개자 역할을 한다고 볼 수 없다.

④ 김한은 춘향에게 "그대는 현명하고 지혜로운 사람"이라며 춘향 자신이 지혜로운 사람임을 일깨워 주어, 춘향이 이도린과 만날 수 있도록 설득하고 있다. 이는 춘향과 이도린을 만나게 하도록 하는 말이므로, 김한이 춘향과 이도린이 만나지 못하도록 하는 방해자 역할을 한다고 볼 수 없다.

04

정답설명

⑤ 〈보기〉에 따르면 「광한루기」는 각 회의 앞부분에 해당 회에 대한 견해가, 본문 속에는 인물이나 사건 등에 대한 감상이 작은 글씨로 제시되어 있다. 하지만 '필자의 다양한 비평적 견해'를 제시하는 것과 '작품의 감상법을 다양하게 설명'하는 것은 다르다. 오히려 필자의 주관적인 견해를 제시하는 것은 필자의 관점에서 작품을 감상하도록 유도하여 독자의 다양한 감상을 방해한다. 또한 [A]를 통해 「광한루기」가 8회로 구성되었음을 알 수 있을 뿐, '8회로 구성한 이유'는 확인할 수 없으므로 선지의 내용은 적절하지 않다.

오답설명

① 〈보기〉에 따르면 「광한루기」는 각 회의 앞부분에 내용을 소개하는 시구가 제시되어 있다. [A]에서는 '오작교에선 선랑이 봄바람에 취하고 / 버드나무 언덕에선 가인이 그네를 뛰네'의 시구를 활용하여 '봄바람'과 '버드나무 언덕'이 어우러진 봄날의 분위기를 보여 주며 해당 회의 배경을 드러내고 있으므로 선지의 내용은 적절하다.

② 〈보기〉에 따르면 「광한루기」는 각 회의 앞부분에 해당 회에 대한 견해가 제시되어 있다. [A]의 '광한루 하나가 공중에 솟구쳐 있었기에~8회로 구성된 한 편의 작품이 만들어질 수밖에 없었다.'에서 해당 회의 주요 공간인 '광한루'를 소개하여, '광한루'의 역할을 드러내고 있으므로 선지의 내용은 적절하다.

③ 〈보기〉에 따르면 「광한루기」는 각 회의 앞부분에 해당 회에 대한 견해가 제시되어 있다. [A]의 '광한루가 없었더라면 이도린이 놀러 가지 않았을 것이요, 이도린이 놀러 가지 않았더라면 춘향이 이도린을 만날 수 없었을 것이요.'에서 두 인물이 만나게 되는 계기를 서술하고 있다. 이는 사건의 인과성을 드러내어 서사 전개의 개연성을 보여 주므로 선지의 내용은 적절하다.

④ 〈보기〉에 따르면 「광한루기」는 본문 속에 인물이나 사건 등에 대한 짤막한 평이나 감상이 작은 글씨로 제시되어 있다. ㉠에서 서술자는 이도린의 말에 대한 평을 통해, 독자에게 이도린의 반응이 당연하다는 점을 강조하여 보여 주고 있으므로 선지의 내용은 적절하다.

20 2025학년도 11월

작자 미상 – 정을선전

지문분석

[지문에서 체크할 것]

※ 공간

전장 → 집 → 구덩이 → 왕비전 → 궁궐

※ 서술자의 개입

그 참혹한 형상을 어디에 비하리오.

('벼락이 꼭두에 임한 듯하고 궁궐이 뒤집히는 듯하더라.' 부분은 개입으로 볼 여지가 있다. 하지만 서술자의 판단이나 정서가 확연하게 드러나지 않으므로, 이 정도의 선명하지 않은 문장은 서술자의 개입으로 찾지 않아도 괜찮다.)

[전체 줄거리]

중국 송나라 때 정 승상은 오랫동안 자식이 없다가 아들 을선을 얻고, 정 승상의 친구인 유 승상은 딸 추연을 얻는다. 유 승상의 부인은 추연을 낳고 삼일 만에 세상을 떠나고, 후실로 들어온 노 씨는 추연을 구박한다. 이후 을선과 추연은 사랑에 빠져 혼약한다. 그러나 노 씨의 음모로 을선은 추연에게 다른 남자가 있다고 의심하여 떠나고, 추연은 자신의 억울함을 혈서로 남긴 후 자결한다. 이후 천지신명의 분노로 노 씨가 죽고, 추연의 원혼이 출몰하면서 유 승상 및 인근 마을의 백성이 모두 죽게 된다. 한편 조왕의 딸과 결혼하고 승상의 자리에 오른 을선은 추연의 유모에게 그간의 사연을 듣고 선인으로부터 구한 약으로 추연을 살린다. 죽었다 살아난 추연은 을선과 결혼하여 충렬부인에 봉해지고 조왕의 딸인 정렬부인과 갈등하게 된다. 마침 서융의 반란으로 을선이 대원수로 출전하게 되자 충렬부인은 정렬부인의 모함으로 인해 옥에 갇히게 된다. 시비 금섬은 월매가 훔쳐 온 옥문 열쇠로 충렬부인을 옥에서 탈출시킨 후 충렬부인의 옷을 입고 대신 죽고 금섬의 오라비는 을선에게 충렬부인의 편지를 전한다. 충렬부인은 구덩이에 숨어 아이를 낳지만 오랫동안 굶주려 죽을 위기에 처한다. 한편 편지를 읽고 집으로 돌아온 을선은 충렬부인을 구하고 정렬부인을 처벌한다. 이후 을선과 충렬부인은 영화(몸이 귀하게 되어 이름이 세상에 빛남)를 누리다가 한날한시에 죽는다.

문제분석   01-04번

번호	정답	정답률 (%)	선지별 선택비율(%)				
			①	②	③	④	⑤
1	②	61	7	61	20	5	7
2	④	84	3	6	4	84	3
3	①	69	69	2	16	6	7
4	④	66	3	3	19	66	9

01

정답설명

② ㉠에서 '이미 아는 바'는 호첩이 전한 편지와 호첩에게 물어 알게 된 '연고(일의 까닭)'의 내용이다. 하지만 승상이 황상에게 올린 '상소'에는 월매와 왕비, 옥졸로부터 얻은 정보와 정렬부인의 시비 금연의 자백을 통해 얻은 사건의 정황이 모두 드러나 있으므로, 승상이 황상에게 올린 '상소'에 들어 있는 내용은 '이미 아는 바'와 다름을 알 수 있다.

오답설명

① 호첩이 전한 편지를 읽은 승상은 '호첩을 불러 연고'를 물은 후 집안에 문제가 생겼음을 깨닫고 집으로 향한다. 이후 왕비에게 '사연'을 전해 듣고 '이미 아는 바'라며 ㉠과 같이 말하였으므로, 승상이 호첩에게 물은 '연고'의 내용이 왕비가 말한 '사연'의 내용과 관련이 있음을 알 수 있다.

③ ㉡에서 승상은 왕비에게 '그놈'의 행위를 알게 된 경위(일이 진행되어 온 과정)를 묻고 있다. 이는 승상이 '사연'의 진상을 밝히는 데에 왕비가 '그놈'의 행위를 알게 된 경위가 중요하다고 생각했기 때문이라고 볼 수 있다.

④ "사촌 오라비가 이르기로 알았노라."라는 ㉡에 대한 왕비의 대답을 통해, 왕비에게 '그놈'의 행위에 대해 제보한 사람이 '사촌 오라비'인 '복록'임을 알 수 있다.

⑤ ㉡에 대한 왕비의 대답을 들은 승상이 복록을 찾았으나 복록은 '벌써 제 죄를 알고 후원에 올라가 이미 죽'어 있었다. 이는 복록이 자신이 지은 '죄'에 대하여 심리적 중압감을 느껴 스스로 죽음을 택한 것으로 볼 수 있다.

02

정답설명

④ 정렬부인의 시비 금연이 승상에게 실토한 내용을 통해, 정렬부인의 계략은 충렬부인의 침소에 남장한 금연을 보내고, 정렬부인의 곁에 있던 충렬부인을 억지로 침소에 돌아가게 하여 충렬부인에게 다른 남자와 정을 통했다는 누명을 씌워 왕비에게 알리는 것이었음을 알 수 있다. 따라서 누명을 씌우기 위한 계략에는 누명을 쓰는 인물인 충렬부인이 특정 장소, 즉 자신의 침소로 가게 하는 것이 포함되어 있다고 볼 수 있다.

오답설명

① 충렬부인의 누명이 벗겨지면서, 누명을 썼던 충렬부인이 자신의 어리석음을 탓하고 있는 부분은 나타나지 않는다. 자신의 어리석음을 탓하고 있는 인물은 충렬부인이 누명을 쓴 것임을 뒤늦게 알게 된 왕비이다.

② 승상이 누명을 씌운 인물인 정렬부인에게 "내 임의로는 죽이고 싶으나 황상께 아뢰고 죽게 하리라."라며 처벌을 유보한 것은 맞다. 하지만 이는 황상에게 먼저 사실을 알리기 위함이지, 누명을 쓴 인물인 충렬부인의 요청에 의한 것은 아니다.

③ 누명의 내용은 충렬부인이 남몰래 자신의 침소에서 다른 남자와 정을 통했다는 것이지, 충렬부인이 남몰래 자신의 처소에서 벗어나 구덩이에 있다는 사실이 아니다.

⑤ 충렬부인의 누명이 벗겨지게 된 계기는 승상이 정렬부인의 시비 금연을 심문하는 과정에서 금연이 정렬부인의 계략을 실토했기 때문이다. 따라서 누명이 벗겨지는 계기를 승상이 자신의 어머니인 왕비가 극단적 선택을

하겠다는 것을 만류한 것으로 볼 수 없다.

03

정답설명

① '나는 집에 변이 있어 먼저 가니 중군장은 차후에 인솔하여 오라.'에서 원수는 중군장에게 자신을 대신하여 남은 군사들을 인솔할 것을 명령하고 있다. 또한 황상께 올린 '상소'에는 승상이 서융을 쳐 사로잡고 돌아오려 할 때 집의 소식을 들었다고 하였으므로, 원수가 중군장에게 군사를 이끌고 가 서융을 사로잡으라고 명령하였다는 소통의 내용은 적절하지 않다.

오답설명

② 승상이 월매에게 "충렬부인은 어디 계시냐?", "어디 계시냐?"라며 충렬부인이 있는 곳이 어디인지 거듭 물었음을 확인할 수 있다.

③ "얼굴이 상하여 아모란 줄 모르오나 손길이 곱지 못하오매~시비 금연이 이를 듣고 문기에 자세히 이르고"에서 금연이 옥졸로부터 옥중 시신의 정체와 관련한 정보를 얻었음을 확인할 수 있다.

④ "얼굴이 상하여 아모란 줄 모르오나~필연 금연의 입을 통해 발설이 된가 하나이다."에서 옥졸이 승상에게, 금연이 옥중 시신에 대하여 발설했을 것이라는 의혹을 제기했음을 확인할 수 있다.

⑤ '정렬부인이 앓는 체하고 누웠사오매'에서 승상이 금연으로부터 정렬부인이 거짓으로 앓아누웠었다는 정보를 얻었음을 확인할 수 있다.

04

정답설명

④ 〈보기〉에 따르면, 해당 작품은 상전의 수족에 불과한 하층의 시비가 능동적인 행위자로 등장한다. 월매가 '매를' 맞는 장면에서, 충렬부인을 보호하기 위해 죽음을 각오하는 모습은 하층의 시비가 능동적인 행위자로 나타난 것으로 볼 수 있다. 그러나 월매는 자신이 모시는 왕비에게 '종시 토설(숨겼던 사실을 비로소 밝히어 말함)치 아니'하였으므로, 월매가 죽음을 각오하고 진실을 밝혔다는 선지의 내용은 적절하지 않다.

오답설명

① 〈보기〉에 따르면, 해당 작품은 영웅소설과 가정소설의 상투적인 면모가 혼재되어 나타나며, 가정 안팎의 서사는 남주인공을 매개로 연결된다. 정을선이 황상에게 올린 상소의 "대사마 대도독 대원수 정을선은~백성을 진무하고 돌아오려 할 때"에서 대원수의 모습이, "집에서 급한 소식을 듣고~세상에 이러하온 일이 있사오닛가."에서 가장으로서의 모습이 드러난다. 〈보기〉를 고려할 때 이는 가정 안팎의 사건에 남주인공이 두루 관여하고 있는 것이라고 볼 수 있다.

② 〈보기〉에 따르면, 해당 작품은 영웅소설과 가정소설의 상투적인 면모가 혼재되어 나타나는데, 이때 인물의 고난과 감정은 극대화된다. 승상이 충렬부인을 구출하는 장면에서, '슬픔에 매우 야위어 뼈가 드러'난 부인의 모습과 '통곡'하는 승상의 모습은 인물의 고난과 감정이 극대화된 형상이라고 볼 수 있다.

③ 〈보기〉에 따르면, 해당 작품은 영웅소설과 가정소설의 상투적인 면모가 혼재되어 나타나는 과정에서 일부다처제에서 비롯되는 가정 내 갈등이 개

인의 인성 문제로 축소된다. 왕비가 '앙천통곡'하며 "내 밝지 못하여 악녀의~충렬부인을 보리오."라고 한 부분에서, 충렬부인의 수난이 '악녀'의 탓이라는 인식이 드러나는데, 이는 일부다처제에서 비롯된 갈등이 개인의 인성 문제로 축소된 것으로 볼 수 있다.

⑤ 〈보기〉에 따르면, 해당 작품은 영웅소설과 가정소설의 상투적인 면모가 혼재되어 나타나는 과정에서 가정과 사회에서 상층인 인물이 희화화된다. 정렬부인이 '승상의 호통 소리'를 들은 후 '똥을 한 무더기를 싸고 자빠'지는 장면에서, 가정의 상층 인물인 정렬부인이 자신의 위엄이 실추되는 행동을 보이면서 희화화되고 있음을 확인할 수 있다.

나 없이

기출

풀지마라

| 과외식 기출 분석서, 나기출 |

나 없이
기출
풀지마라

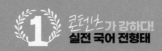

실전 국어 전형태

문학

VI

극

01

2019학년도 9월

박상연 – 공동 경비 구역 JSA

지문분석

[지문에서 체크할 것]

※ 시간
　순행

※ 공간
　팔각정 → 소피의 숙소 → 수사본부

[전체 줄거리]

판문점 공동 경비 구역 내 북측 초소에서 북한 초소병이 총상을 입고 살해되는 사건이 발생한다. 사건 이후 북한은 남한의 기습테러공격으로, 남한은 북한의 납치설로 각각 엇갈린 주장을 한다. 양국은 남북한의 실무 협조 하에 중립국 감독 위원회의 책임수사관을 기용해 수사에 착수할 것을 극적으로 합의한다.

중립국 감독 위원회에서는 책임수사관으로 한국계 스위스인이며, 군 정보단 소령인 소피를 파견한다. 소피는 비협조적인 태도를 보이는 남측과 북측으로 인해 수사 초기부터 어려움을 겪는다. 어렵게 사건 당사자인 남한의 이수혁 병장과 북한의 오경필 중사를 만나 사건 정황을 듣게 되지만, 그들은 서로 상반된 진술만을 반복해 수사는 점차 미궁으로 빠져든다.

그러던 중 최초의 목격자인 남한의 남성식 일병이 돌연 투신 자살을 시도한다. 이 사건을 계기로 상부 조직은 소피의 아버지가 과거 한국전에 참전했던 인민군이었음을 폭로하고, 중립국 감독 위원회를 사주해 소피의 수사 전권 해임을 통보한다. 소피는 진실을 파헤치기 위해 수사본부에 이수혁 병장을 부르고, 진실을 말해 주면 오경필 중사의 안전을 책임지겠다고 말한다. 소피는 북측 초소에서 북측 병사인 오경필과 정우진, 남측 병사인 이수혁과 남성식이 자주 만나 소통을 했으며, 그 현장을 북측 상관에게 들켜 총격전을 벌이다 결국 정우진 전사가 사망하게 된 것임을 알게 된다.

이후 소피는 이수혁 병장과 약속한 대로 그와 오경필 중사를 보호하는 내용의 거짓 보고서를 작성한다. 그러나 이수혁 병장은 총격전 속에서 정우진 전사를 쏜 사람이 자신이었다는 사실을 뒤늦게 알고 충격을 받아 스스로 목숨을 끊는다.

문제분석　01-03번

번호	정답	정답률 (%)	선지별 선택비율(%)				
			①	②	③	④	⑤
1	⑤	89	3	2	3	3	89
2	⑤	83	4	7	3	3	83
3	⑤	91	2	3	2	2	91

01

정답설명

⑤ S#82 소피의 대사 "이 병장이 끝까지 보호하려고 하는 사람… 오경필의 안전이에요."에서 확인할 수 있다.

오답설명

① S#79 보타의 대사 "종전되고 그들에게 선택권이 주어졌어.~바로… 자네 아버지 장연우 같은 사람이지."에서 소피의 아버지는 전쟁이 끝난 후 남이나 북으로의 귀순을 거부하고 행방이 묘연해졌음을 알 수 있다.

② S#82에서 소피는 수혁에게 디스켓 두 개를 꺼내 보이며 이 병장이 진실을 말해 준다면 후임자에게 어떤 증거나 추리도 제공하지 않겠다고 한다. 이를 통해 소피는 상부에 정확히 보고하는 것보다도 진실을 알고자 하는 마음이 더 강하다는 것을 알 수 있으므로, 진실을 조사할 의지가 있다고 볼 수 있다.

③ S#82에서 수혁은 소피가 인민군 장교의 딸이란 얘기를 듣고 친근감이 들었다고 했다. 이를 통해 수혁은 소피의 아버지의 전력을 듣고 소피를 경계하지 않았음을 알 수 있다.

④ S#82에서 소피는 "'사라진 얼굴'은 네 명의 병사가 오랫동안 친하게 지냈다는 걸 뜻하는 증거죠."라고 하였다. 이를 통해 소피는 '사라진 얼굴'이 누구인지 짐작하고 있음을 알 수 있다.

02

정답설명

⑤ ⓔ는 수혁이 소피에게 진실을 말해 줄 경우, 수혁이 얻을 수 있는 것인 '오경필의 안전'이다. 그러나 수혁은 '영문을 모르고 불려' 왔다고 했으므로 수혁이 대가를 얻기 위해 소피를 만나러 왔다고 할 수는 없다.

오답설명

① 시공간의 확인은 시나리오에서 기본적인 출제 요소다. 특히 화면 안에 들어오는 장면과 화면 밖의 장면을 예리하게 물어볼 수도 있으니 유의하자. S#79에서 판문각의 전경과 회담장 앞에서 차를 타고 현장을 떠나는 수혁, 경필 일행의 모습이 제시된다. '카메라, 후진하면서 팔각정 내부로 초점 이동하면'이라는 지시문을 통해 앞선 공간이 팔각정 외부임을 알 수 있다.

② ⓑ 전후의 보타의 대사를 통해 표 장군이 소피에게 사건을 맡기지 않으려는 이유가 ⓑ 때문이며, 이로 인해 S#82에서 소피가 직무 해제됨을 알 수 있다.

③ 소피는 ⓒ를 보고 네 명의 병사가 오랫동안 친하게 지냈다는 것을 알게 되었다.

④ S#82에서 소피는 수혁에게 ⓓ를 꺼내 보이며 "내가 뭘 제출하느냐는 이 병장한테 달렸어요."라고 하였다.

03

정답설명

⑤ 목에 나 있는 피명 자국을 관객들에게 확실히 보여 주려면 인물의 목 부분

을 클로즈업해야 한다. 실내 전체를 한 화면에 담는다면 관객들은 소피의 목에 나 있는 피멍 자국을 발견하지 못할 것이다.

오답설명

① 대치하고 있는 남북한의 상황을 상징적으로 드러내기 위해 ㉠과 ㉡의 장면을 제시하였다.

② ㉢ 앞의 '사진과 기록 영화 화면으로 편집된다.'를 통해 ㉢은 사진 혹은 기록 영화 화면으로 제시되었음을 알 수 있다. 이는 관객에게 그 당시의 상황을 더욱 생생하고, 실감나게 전달하기 위한 장면이다.

③ 보타는 소피의 아버지가 남이나 북으로의 귀순을 거부한 뒤 행방이 묘연하다고 말하고, 그 뒤 소피는 쪼그려 앉아 있는 포로들의 사진을 내려다본다. 이를 통해 ㉣은 소피의 아버지임을 알 수 있다.

④ ㉤에는 인물의 대사가 없다. 가족사진을 바라보는 소피의 행동과 소품을 통해 인물의 심리를 간접적으로 표현하고 있다.

박태원 - 천변풍경 / 이범선 - 오발탄

지문분석

(가) 천변풍경

[지문에서 체크할 것]

※ 시간
순행

※ 공간
천변(청계천 근처)

※ 서술자의 관심사

3인칭 서술자는 지문의 전반부에서 이쁜이 어머니를 주목하며 서술을 하다가, 후반부에서는 몰락하는 신전 집의 상황을 서술하고 있다. 굳이 시점을 정확하게 나눈다면, 지문의 전반부는 3인칭 제한적 시점, 지문의 후반부는 일반적인 전지적 작가 시점이다.

[전체 줄거리]

1년 동안 청계천 근처에 사는 약 70여 명의 인물들의 삶이 나온다. 민 주사와 한약국집 가족과 포목전 주인을 제외한 나머지 사람들인 재봉이, 창수, 금순이, 만돌이 가족, 이쁜이 가족, 점룡이 모자(母子)는 모두 청계천 근처에 사는 가난한 사람들이다. 점룡이 어머니, 이쁜이 어머니, 귀돌 어멈을 비롯한 동네 아낙네들은 빨래터에 모여 수다를 떤다. 이발소 집의 심부름꾼인 재봉이는 이런 바깥 풍경을 바라보며 지루함을 느끼지 않는다. 민 주사는 이발소의 거울에 비친 쭈글쭈글 늙어가는 자신의 얼굴을 바라보며 한숨짓지만, 그래도 돈이 최고라며 흐뭇해한다. 여급(심부름 등의 일을 하는 여자) 하나꼬의 일상, 한약국집에 사는 젊은 부부의 외출, 한약국집 심부름꾼인 창수의 어제와 오늘, 만돌 어멈에 대한 안방마님의 꾸지람, 이쁜이의 결혼, 이쁜이를 짝사랑하면서도 바라보기만 하는 점룡이, 신전 집의 몰락, 민 주사의 노름과 정치적 야망, 민 주사의 작은집인 안성집의 외도, 포목점 주인의 매부 출세시키기, 이쁜이의 시집살이, 민 주사의 선거 패배, 창수의 희망, 금순이의 과거와 현재, 기미꼬와 하나꼬의 여급 생활, 금순이와 동생 순동이의 만남, 하나꼬의 시집살이와 이쁜이의 속사정, 재봉이와 젊은 이발사 김 서방의 말다툼, 친정으로 돌아오는 이쁜이, 이발사 시험을 볼 재봉이 등으로 1930년대 평범한 사람들의 이야기가 다양하게 펼쳐진다.

(나) 오발탄

[지문에서 체크할 것]

※ 시간
역순행 (과거 장면 #69 : 피난민 수용소 시절 회상 장면, 교복과 신부 차림의 아내 장면)

※ 공간
산비탈 길 → 자동차 안 → 철호의 집 → 골목

[전체 줄거리]

계리사 사무실 서기인 철호는 음대 출신의 아내, 군대에서 나온 지 2년이 되도록 일자리를 구하지 못하고 방황하는 동생 영호, 그리고 양공주가 된 여동생 명숙, 전쟁통에 정신 이상이 된 어머니 등과 함께 어렵게 살고 있는 월남 가족의 가장이다.

그는 퇴근하여 산비탈에 해방촌 고개를 올라 집으로 향한다. 다 쓰러져 가는 판자집이다. 대문에 들어서면 어머니의 "가자! 가자!"라는 목소리가 새어 나온다. 철호는 삼팔선 때문에 고향에 돌아갈 수 없다는 말을 수없이 되풀이했으나 이를 알아듣지 못하는 어머니는 아들만 야속하게 생각한다.

영호가 집에 들어오자 철호는 그의 성실하지 못한 삶의 태도를 나무란다. 영호는 자기 방식대로 살겠다고 한다. 철호는 십여 년 전 대학 시절의 아름답던 아내 모습을 연상하다가 이젠 아무런 희망도 가지려 들지 않는 그녀를 흘끗 쳐다본다. 영호는 대상 없는 분노를 터뜨리면서 눈물을 흘린다. 골목 밖에서 명숙의 발자국 소리가 요란하게 들려온다. 그녀는 아무도 거들떠보지 않은 채 아랫방으로 가서 가로 눕는다. 고향으로 돌아가자는 어머니의 외침은 밤중에도 계속된다.

다음 날 경찰은 영호가 강도 혐의로 붙잡혔다는 이야기를 한다. 경찰서에서 나온 철호는 집으로 돌아간다. 아내가 위독하다는 말을 들은 철호는 명숙으로부터 돈을 받아 들고 병원으로 간다. 그러나 아내는 이미 시체가 되었다.

충치가 아파옴을 느낀 그는 의사의 만류에도 불구하고 충치를 모두 뽑는다. 철호는 택시를 잡아타고 해방촌으로 가자고 했다가 경찰서로 행선지를 바꾸고, 다시 병원으로 목적지를 바꾼다. 혼란에 빠진 철호는 방향 감각을 잃는다. 운전사는 '오발탄'과 같은 손님이 걸려들었다고 투덜거린다. 차는 목적지도 없이 차량 행렬에 끼어들고 철호의 입에서는 선지 같은 피가 흐른다.

문제분석　01-06번

번호	정답	정답률(%)	선지별 선택비율(%)				
			①	②	③	④	⑤
1	⑤	75	3	2	4	16	75
2	①	88	88	2	1	7	2
3	④	92	2	3	2	92	1
4	②	65	3	65	4	6	22
5	⑤	92	2	0	3	3	92
6	⑤	53	7	8	22	10	53

01

정답설명

⑤ (가) O, (나) O / (가)에서는 '이쁜이 어머니'가 시집가는 딸과 이별하는 장면에서 군중들의 '틈을 비집고' '딸에게 달려들어' '얼마를 멍하니 딸의 옆얼굴만 바라보다가', '그는 실신한 사람같이, 얼마를 그곳에 서 있었다.' 와 같은 행위를 제시함으로써 딸을 떠나보내는 상황을 받아들이기 어려워하는 심리를 보여 주고 있다. (나)에서는 전쟁 이후 생활고에 시달리는 아내의 모습을 보고 과거를 회상하며 황홀에 묻힌 거리를 멍하니 내려다보는 행위를 제시하여 암담한 현실을 받아들이기 어려워하는 심리를 보여 주고 있다. 또한 영호가 "지긋지긋하게 살아야 하니까 문제"라고 이야기하며 넥타이를 풀어 방구석에 던지는 모습을 통해 취직을 해서 월급을 받으며 '지긋지긋'한 인생을 살아가야 하는 상황을 받아들이기 어려워하는 심리를 제시하고 있다.

오답설명

① (가) X, (나) O / (나)에서는 철호와 영호 간의 대결 의식이 드러나지만, (가)에서는 인물 간의 대결 의식이 드러난 부분을 찾을 수 없다.

② (가) X, (나) X / (나)에서는 영호와 운전수, 철호와 영호의 대화가 드러나지만, 대화를 통해 특정 인물의 생각과 행동을 희화화하고 있지 않다. 한편 (가)의 경우 인물 간의 대화와 희화화 모두 제시되지 않았다.

③ (가) X, (나) X / (나)에는 철호가 생활고에 시달리는 아내의 모습을 보며 과거를 회상하는 #69가 제시되어 있지만, 해당 부분에서 사건 해결의 실마리를 찾고 있지는 않다. 한편 (가)에는 인물의 회상 장면이 제시되지 않았다. [A]의 '독자는, 그 수다스러운 점룡이 어머니가, 이미 한 달도 전에~기억하고 계실 것이다.'는 인물의 회상이 아니라 서술자의 개입이며, 사건 해결의 실마리도 아니다.

④ (가) X, (나) X / 갈등을 다각적으로 조명하는 것은 여러 인물의 시선에서 갈등을 바라보는 내용이 제시될 때 허용할 수 있다. (나)에는 철호와 영호 간의 갈등이 드러나기는 하지만, 그것을 다각적으로 조명하지는 않았다. 한편 (가)에는 인물 간의 갈등이라고 볼 만한 부분이 제시되지 않았다.

02

정답설명

① '이발소 소년'은 '천변에 일어나는 온갖 일에 관찰을 게을리하지 않는' 인물이라고 하였다. 그는 신전 집안 사람들이 집에서 나오는 것을 발견하고 이발소 안의 사람들에게 전달하는 역할을 하는 인물이다. 따라서 '이발소 소년'은 주변을 관찰하여 그들의 일상에서 벌어지는 변화를 포착하는 인물로 볼 수 있다.

오답설명

② '이발소 소년'은 신전 집안 사람들이 집에서 나오는 것을 발견하였을 뿐, 그들이 몰락하게 된 이유를 분석하지는 않았다.

③ '이발소 소년'은 '온갖 일에 관찰을 게을리하지 않는' 인물이므로 새로운 사건을 모은다고 볼 여지가 있으나, 사건의 진위에 대해 논평하지는 않았다.

④ '이발소 소년'은 신전 집안 사람들이 집에서 나오는 것을 발견하고 이발소 안의 사람들에게 전달하였을 뿐, 타 지역 주민에게 전해 주지는 않았다.

⑤ '이발소 소년'이 주민들 사이에 발생하는 문제를 중재하는 장면은 제시되지 않았다.

03

정답설명

④ [A]에서 서술자는 '점룡이 어머니'가 한 달도 전에 빨래터에서 신전 집이 낙향을 하리라고 말했던 것을 독자들이 기억하고 있을 것이라 언급하였다. 신전 집은 실제로 낙향을 하게 되었으므로, 정보가 실현되지 못한 원인을 독자의 망각에서 찾고 있다고 보기 어렵다.

오답설명

①, ② [A]에서 서술자는 '점룡이 어머니'가 한 달도 전에 빨래터에서 신전 집이 낙향을 하리라고 말했던 것을 독자가 기억하고 있을 것이라 언급하였다.

③ [A]에서 서술자는 자신의 목소리를 직접적으로 드러내어 독자에게 설명하고 있다.

⑤ 신전 집안 식구들의 행선지가 강원도 춘천 쪽이 아닌 경기 강화라는 정보를 독자에게 제공하였다.

04

정답설명

② (가)의 딸을 떠나보내며 눈물을 흘리는 모습에서는 가족들 간의 갈등은 드러나지 않는다. (나)의 경우 명숙이 집 밖에서 영호, 철호의 대화를 엿듣는 모습이 나왔고, 철호와 영호의 갈등 상황도 나왔다. 하지만 명숙이 둘의 대화를 엿듣는 행동 자체가 가족들의 갈등 상황을 보여 주는 것은 아니다. 갈등의 중심에 명숙이 있지 않기 때문이다. 명숙이 집 밖에서 엿듣는 모습을 통해 가족 간의 갈등을 보여 주려면, 철호와 영호가 명숙이 때문에 싸우거나 명숙과 철호 혹은 영호의 갈등 상황이 제시되어야 한다.

오답설명

① 외딸을 남 주는 홀어머니의 심정을 생각해 보렴. 조금이라도 더 보고 싶은 아쉬운 마음이겠지? (가)의 어머니에게는 딸을 떠나보내는 그 골목이 유난히 짧게 느껴졌을 것이다. (나)의 골목길은 운전수가 땀을 빼며 빠져나와야 하는 곳이다. 그만큼 정돈이 되지 않은 좁은 골목길이란 얘기지. 차로 더 이상 올라갈 수 없는 상황과 '시시한 동네'라는 영호의 말을 종합해 보면 그곳은 아주 열악한 곳이라고 볼 수 있겠지.

③ (가)에서 어머니가 딸을 보내고 실신한 사람처럼 눈물을 흘렸다고 했으니 '가족을 떠나보내는 자의 아픔' 부분은 당연히 허용할 수 있겠지. (나)에서는 '전차 값도 안 되는 월급'을 받는다는 영호의 말을 통해 철호의 월급이 넉넉하지 않음을 알 수 있다. 이러한 상황에서 철호는 아픈 어금니를 참고 있는 것이지. 쑤시고 아프지만 절약하기 위해 아픔을 견디고 있는 것이니 '가족의 생계를 꾸려 나가는 자의 견딤'을 허용할 수 있겠다.

④ (가)에서 주인 영감의 명령에 따라 언제든 서울을 떠날 수 있게 준비를 하고 있는 신전 집 가족들의 모습은 불우한 그들의 상황을 보여 준다. 또한 (나)에서 아내가 만삭의 몸으로 편히 쉬지 못하고 누더기를 꿰매고 있는

상황 역시 불우한 상황이라고 볼 수 있겠지.

⑤ (가)에서는 기울어진 가운을 이겨내지 못하고 경기 강화로 떠나는 신전 집의 모습을 통해, (나)에서는 '엉뚱한 생각'을 하며 평범한 직장에 취직하기를 거부하는 영호의 모습을 통해 현실에 적응하지 못한 인물들의 모습을 제시하고 있다.

05

정답설명

⑤ #71에서 골목길까지 운전한 택시 운전수에게 "시시한 동네까지 몰구 오느라고 수고했"다고 넉살 좋게 말하며 돈을 건네는 영호를 소심하다고 볼 수는 없겠지.

오답설명

① #68에서 철호가 길을 걷는 모습이 나오고, 그 뒤에 이어지는 #69(회상 장면)에서 철호의 목소리가 삽입되었으니 당연히 회상의 주체는 철호 아니겠니.

② #69에서 고생하는 아내를 안쓰럽게 생각하는 철호의 목소리를 통해 아내에 대한 그의 연민을 느낄 수 있다.

③ #69에서 학창 시절 강당에서 노래를 부르는 아내의 모습이 차차 사라지고, 결혼 피로연에서 노래를 부르는 아내의 모습이 겹쳐졌다. 이는 '노래'라는 매개체를 활용하여 학창 시절에서 피로연장으로 화면을 전환하고 있다.

④ 피난민 수용소 시절이나 전쟁 전을 생각하며 우울한 ⊖ 상태인 철호는 #70에서 침묵하고 있다. 반면 '시가지'는 '황홀에 묻힌 거리'의 모습이므로, 침묵하는 철호와 대비된다고 볼 수 있겠다.

06

정답설명

⑤ ㉢에서 서술자는 시간의 흐름에 따른 모든 상황을 서술하지 않고, 신전이 술집으로 변한 것과 신전 집이 하숙옥으로 변한 것만을 선택적으로 제시하였으므로 시간의 흐름을 분할하여 대상의 특징적 변화를 제시한다고 볼 수 있다. 또한 서로 다른 두 공간의 결합이 나타나지 않는다. 그러나 #75의 경우 시간의 흐름을 분할하여 대상의 특징적인 변화를 선택하여 제시하지 않았다. 또한 골목(엿듣는 명숙)과 집 안(철호와 영호의 대화)이라는 서로 다른 두 공간의 결합이 나타났다.

오답설명

① ㉠에서는 어머니와 이쁜이가 이별하는 장면에서 발생한 여러 상황들 중 자동차의 문이 소리 내어 닫히는 상황, 경적이 두어 번 울리는 상황, 어머니가 달리는 자동차 안에 앉아 있는 이쁜이를 바라보는 상황을 선택적으로 제시하여 딸을 시집보내는 어머니의 아쉬움을 암시하고 있다.

#71과 #72에서는 영호의 등장으로 '자동차 안'과 '철호의 방 안'이라는 두 공간을 연결하여 공간의 이동을 나타내고 있다.

② ㉡에서는 ㉠이 일어나던 날('바로 이날')에 개천 하나를 건너 있는 신전 집의 온 식구들이 시골로 내려가는 장면을 제시하고 있다. 한 공간에서 경사가 일어난 시점에 다른 곳에서 일어난 비극을 대조적으로 제시하여 두 사건을 결합하고 있다.

#73의 배경은 부엌 안이고, #74의 배경은 방 안이다. 서로 다른 두 공간에서 이어지는 철호와 영호의 대화를 제시하여 두 장면을 자연스럽게 결합시키고 있다.

③ ㉢에서는 신전 집이 낙향하는 과정에서 발생한 모든 상황들 중 서울에서의 살림을 거두는 상황과 온 집안이 시골로 내려가는 상황만을 선택적으로 제시하면서 애달프다는 감정을 서술하고 있다.

#73~#75에서는 철호와 영호의 대화를 매개로 부엌 안, 방 안, 골목이라는 세 공간을 결합함으로써 #73과 #75에 등장하는 민호와 명숙이 #74의 갈등 상황을 공유할 수 있도록 구성하였다.

④ ㉡은 ㉠이 일어나던 날('바로 이날')에 개천 하나를 건너 있는 신전 집에서 온 집안이 시골로 내려가는 장면을 제시한 것이다. 따라서 ㉠과 ㉡의 연결은 같은 날 서로 다른 공간에서 발생하는 사건의 연결이다. 다만 서술자가 직접적으로 제시하고 있으므로 인물의 목소리를 활용하였다고 볼 수 없다. #74와 #75는 이어지는 장면으로, 같은 날 다른 공간에서 발생한 사건이 철호와 영호의 목소리를 통해 연결되고 있다.

03 2021학년도 6월

작자 미상 – 전우치전(소설/극)

지문분석

[지문에서 체크할 것]

※ 시간
　(가) 순행

※ 공간
　(가) 여우 굴 → 집 → 궐내(대명전) → 화담과 싸운 곳(지문에는 명시 ×) → 집 → 선산

※ 서술자의 개입
　(가) 그 뒷일은 알지 못하니라.

[전체 줄거리]

　조선 초 송도(개성)의 숭인문 안에 전우치라는 뛰어난 재주를 가진 선비가 있었다. 그는 자신의 자취를 잘 감추는 신묘한 특기를 가진 자였다. 이때, 남방에는 해적들이 판치는 데다 흉년이 계속되어 백성들은 매우 힘든 삶을 살고 있었다. 이에 전우치는 선관(신선)으로 변장하여 구름을 타고 임금 앞에게 나타나, 옥황상제가 하늘에 태화궁을 지으려 황금 들보를 하나씩 구하시니 어서 만들어 바치라고 명령한다. 임금이 놀라 이를 만들어 주자 전우치는 그것을 팔아서 곡식을 장만해 빈민에게 나누어 주고 그 뜻을 널리 알렸다. 뒷날 속은 것을 안 임금은 크게 노하여 전우치를 엄벌하려고 전국에 체포령을 내렸다. 전우치는 자기를 잡으러 온 포도청 병사들을 도술로써 물리친다. 그러나 임금의 명을 어길 수 없어 호리병 속에 들어가 임금 앞에 나타나니 임금은 전우치를 죽이려고 여러 방법을 썼으나 실패한다. 전우치는 환술로써 임금을 농락하고 쉽게 탈출한다. 그는 도술을 부려 구름을 타고 사방으로 돌아다니면서 횡포와 약탈을 일삼는 탐관오리들을 단죄하거나, 교만한 사람을 골려 준다. 또한 그들로부터 탈취한 재물로 가난하고 억울한 사람들을 도와주는 일에 힘쓴다. 그러다가 스스로 임금에게 나아가 자수를 하고 무관 말직을 얻게 된 전우치는 조정에서 벼슬아치들의 비행을 벌한다. 이후 도둑의 반란을 평정하는 공을 세웠으나, 역적의 혐의를 받자 전우치는 조정에서 도망쳐 나온다. 이후 전우치는 도술로 세상을 희롱하며 다니던 끝에 친한 벗을 위해 절부(節婦)의 절개를 깨뜨리려다 강림도령에게 제지를 당하고, 서화담(徐花潭)과의 도술 대결에서 패한 뒤, 서화담과 함께 산속으로 들어가 도를 닦는다.

문제분석 　01-05번

번호	정답	정답률 (%)	선지별 선택비율(%)				
			①	②	③	④	⑤
1	①	82	82	3	8	5	2
2	②	57	8	57	12	15	8
3	④	69	4	12	9	69	6
4	⑤	89	2	2	4	3	89
5	④	51	4	24	18	51	3

01

정답설명

① (가)의 (중략) 이전을 보면 전우치는 구미호로부터 빼앗은 천서로 요술을 배워 옥황상제의 선관 행세를 하여 왕을 속이는 등 세상을 어지럽히고 있었다. 그러나 (중략) 이후에서 전우치보다 도술이 우위에 있는 화담이 전우치를 꾸짖어 전우치의 잘못을 뉘우치게 한다. 또한 자신과 함께 선도를 닦도록 전우치를 이끌고 있다.

오답설명

② 전우치의 요청이 아니라 화담의 권유로 둘은 선도를 닦기 위해 함께 간다.

③ 화담은 도술을 써서 달아나는 전우치를 공격하여 제압할 뿐이지, 전우치의 공격을 받지는 않는다.

④ 화담과 전우치는 영주산에 있는 구미호를 잡아 돌상자에 가두고 여우 굴에 불을 지를 것을 약속한다. 또한 이것이 "진실로 온 나라의 아주 다행스러운 일"이라고 한다. 그러나 둘이 영주산에서 구미호를 퇴치하였는지에 대해서는 '그 뒷일은 알지 못하니라.'라고 서술하고 있으므로 알 수 없다.

⑤ 화담과 전우치의 약속은 '버릇없는 일을 행하지 말 것', '모친을 봉양할 것', '모친이 돌아가신 후에 함께 영주산에 들어가 선도를 닦을 것'이다. '영주산에 갈 것' 또한 약속의 일부이며, 화담은 전우치와의 약속을 지키기 위해 영주산에 가자고 한 것이다.

02

정답설명

② 전우치가 화담을 만난 후에 모친을 봉양하고, 모친이 죽은 후에 선산에 안장하고 삼 년을 받드는 부분은 '효'를 실천하는 것이라 볼 수 있다. 그러나 '충'을 다하는 모습은 찾을 수 없다. 오히려 전우치는 왕을 속인 인물이기 때문에 유교적 이념을 중시하는 일반적인 영웅 소설과는 다른 면모를 보인다.

오답설명

① 전우치는 구미호로부터 천서를 빼앗아 술법을 배우고, 그것을 통해 왕을 속일 정도로 뛰어난 능력을 얻게 된다. 이는 일반적인 영웅 소설에서 병서나 무기 등을 얻어 탁월한 능력을 갖게 되는 것과 일맥상통한다.

③ '과거에 뜻이 없어 스스로 생각하되'에서 알 수 있듯이 전우치는 입신양명의 길을 선택하지 않는다. 이는 공을 세워 이름을 널리 떨치는 일반적인 영웅 소설과 다른 부분이다.

④ 전우치는 나라의 재산인 "길이 십 척 오 촌이요, 너비 삼 척 이 촌"의 황금을 왕에게서 취하려 한다. 이는 위기에 처한 나라를 구하는 일반적인 영웅 소설과는 다른 부분이다.

⑤ (가)는 전우치가 재산을 흩어 노복에게 주는 것으로 마무리된다. 이는 부귀영화를 누리는 것으로 마무리되는 일반적인 영웅 소설과 다른 부분이다.

03

정답설명

④ (나)에서 전우치는 돌아올 것을 예고하지 않았다. 또한 전우치는 말을 타고

산수화 속으로 들어가는 것이 아니라, 산수화에 들어간 후에 산수화 속에 있는 말을 타고 사라진다.

오답설명

① [A]에서는 전우치가 선관의 행세를 하여 옥황상제의 말을 전하는 척을 했기 때문에 근엄한 태도로 말을 하였으나, (나)에서는 전우치의 거만한 태도를 보여 주며 해학적인 면모를 부각하고 있다.

② [A]에서 전우치는 모친을 봉양하기 위해 벼슬을 하는 것은 오래 걸린다고 여겼기 때문에 계교를 생각해 내어 선관의 행세를 하고 왕에게 황금을 요구한다. 반면 (나)에서는 전우치는 왕에게 황금 1만 냥을 함경도 기근 지역에 보내기를 요구한다.

③ [A]에서는 "만일 그날 미치지 못하면 큰 변을 내리우시리라."라며 위협을 하고 있고, (나)에서는 "하늘에서 그대의 덕을 높이 사 그대가 하늘로 돌아올 때 7배 70배 700배로 갚아 줄 것이다."라며 보상을 약속하고 있다.

⑤ [A]에서는 전우치가 왕에게 자신의 요구를 전달하기 이전에 대명전에 등장하는 모습부터 황금을 요구하는 모습, 요구를 전하고 만남을 끝내는 모습까지 자세히 서술되고 있다. 반면 (나)에서는 전우치의 대사 "지상의 왕은 내가 시킨 대로 황금 1만 냥을 함경도 기근 지역에 보냈느냐?"와 왕의 대사 "그제 제 꿈에 나타나 하명하신 대로 한 치 틀림없이 그리했습니다."로 요구를 전하는 장면을 간략히 처리했다.

04

정답설명

⑤ (나)에서 전우치가 손짓을 하거나 손가락을 튕기는 주문에 따라 연주되는 음악이 바뀌지만, 왕은 음악에 대한 별다른 주문을 하지 않는다. 또한 해당 장면에서의 왕과 전우치 간의 대결은 도술로 인해 전우치가 일방적인 우위에 있다.

오답설명

① 왕이 전우치를 옥황상제의 아들로 인식했을 때에는 왕이 전우치의 말에 무조건적으로 순응하므로 갈등 양상이 드러나지 않는다. 그러나 전우치가 자신의 정체를 드러내자 왕이 분노하고, 상황이 새로운 국면으로 전환된다.

② 전우치의 대사 "무릇 생선은 대가리부터 썩는 법!"에서 '대가리'는 '왕과 대신들'을 비유하는 것이다. 이어지는 대사 "왕과 대신들이 기근에 시달리는 백성을 보살피지 않아 이 도사 전우치가 친히 백성들 심부름을 하고자 왔으니"에서 부패한 지배층이 제 역할을 하지 못하고 있는 것을 비판하며 자신의 행동에 대한 이유를 제시하고 있다.

③ "감히 도사 놈이 주상을 능멸해."에서 알 수 있듯이, 왕은 자신이 천하게 여기고 적개심을 품고 있던 전우치를 옥황상제의 아들로 착각하여 최고의 예우로 대한 것에 대해 분노함으로써 갈등이 증폭되고 있다.

④ 전우치가 정체를 밝히자 왕의 태도는 쩔쩔매는 것에서 적대적인 태도로 바뀌었으며, 이에 따라 호칭도 '망나니', '도사 놈' 등으로 바뀌게 된다.

05

정답설명

④ '이야기'를 전달하는 서사 문학에서 '시간성'은 중요한 출제 요소다. 시

간의 흐름에 따라 갈등의 양상이 바뀌기 때문이다. 따라서 '시·공간의 변화'에 따른 '장면의 변화'가 있는지 확인하는 훈련을 해야 한다. 전우치가 ②을 하는 공간은 '궁궐'로 고정되어 있으며, 대화를 하며 여기저기 옮겨 다녀도 장면이 바뀌고 있는 것은 아니다. 따라서 '동시에 일어나는 각각의 장면'이라는 부분에서 즉각적으로 반응했어야 한다.

형태쌤의 과외시간

장면의 변화를 출제했던 기출 선지들

[2012.6] 동시에 진행되는 사건의 병치를 통해 사건을 지연시킨다.
[2013.9] 다른 장소에서 동시에 벌어진 사건들을 병치하고 있다.
[2014.6] 동시에 진행되는 사건을 병렬하여 이야기를 입체적으로 구성하고 있다.
[2014.11] 동시에 벌어진 사건들을 나란히 배치하여 이야기의 흐름을 지연시키고 있다.
[2016.6] 동시에 일어나는 두 개의 사건을 병치하여 긴장감을 조성하고 있다.
[2018.6] 다른 장소에서 동시에 벌어진 사건을 병치하여 서사의 진행을 지연시키고 있다.
[2022.9] 행위와 표정을 하나의 장면으로 제시 / 등장인물의 수가 다른 장면으로 나누어 구현하고 있다.

오답설명

① 전우치가 위에서 지상을 내려다보는 시선이 잘 표현되려면, 전우치를 아래에서 올려다보며 촬영하는 것이 효과적이다.

② 선지의 핵심은 거울에 대한 묘사가 아니라, 거울에 대한 전우치의 관심이다. 따라서 거울에 주목하는 것이 아니라, 인물에 주목을 해야 한다. 인물을 멀리서 바라보면 그의 시선이 정확히 어디에 머무는지 효과적으로 전달하기 어렵기 때문에 '한 거울에 눈이 멈춘다.'를 효과적으로 표현하기 위해서는 전우치의 얼굴이나 눈동자를 화면 가득 담아야 한다.

학생들이 자주 묻는 질문

Q. 거울을 바라보는 인물이 나와야 하니, 거울이 화면에 나와야 하잖아요?
A. 맞다. 거울이 나온 후에 초점을 인물의 얼굴에 맞추는 것이 가장 좋다. 하지만 거울에 대한 관심을 표현해야 하기에 인물의 얼굴을 가득 담는 것도 허용할 수 있다.

③ ⓒ은 '왕'이 '전우치'의 정체를 뒤늦게 깨닫고 당황하는 부분이기 때문에 '왕'의 시점에서 장면을 전달하여 그의 당혹감을 표현하는 것이 바람직하다.

⑤ '왕'의 언짢음을 표현하는 것은 표정을 통해 시각적으로 드러낼 수 있고, 이 장면에서는 '전우치'가 이미 그림 속으로 사라진 뒤이므로 '전우치'의 웃음소리만 남았기 때문에 이는 효과음을 통해 표현해야 한다. 언짢아하는 왕의 표정을 보여 주면서 전우치의 웃음소리를 효과음으로 길게 끌면, 왕이 불쾌감을 지속적으로 느끼고 있음을 감각적(청각)으로 표현할 수 있다.

04

2022학년도 9월

오영수 – 갯마을 (소설/극)

번호	정답	정답률 (%)	선지별 선택비율(%)				
			①	②	③	④	⑤
1	①	98	98	1	1	0	0
2	②	97	2	97	1	0	0
3	⑤	97	0	1	1	1	97
4	①	96	96	2	1	1	0
5	②	97	1	97	1	1	0
6	④	95	1	1	2	95	1

지문분석

[지문에서 체크할 것]

※ 시간

　(가) 순행

※ 공간

　(가) 갯마을(바위 옆 모래톱 ➜ 뒤 언덕배기 당집 ➜ 바다)

※ 서술자의 관심사

　(가) 3인칭 전지적 작가가 여러 인물들의 행동과 내면을 묘사하고 있다.

[전체 줄거리]

　동해의 H라는 어촌은 여느 갯마을과 같으나, 유독 과부가 많은 것이 다른 마을과 다르다. 해순은 뜨내기 고기잡이와 해녀 사이에서 태어난 딸이다. 그녀는 어머니를 따라 바위 그늘과 모래밭에서 바닷바람에 그슬리고 조개껍질을 만지작거리고 갯냄새(갯내)에 절어서 성장한 여인이다. 그녀는 열아홉에 성구에게 시집을 가고, 그녀의 어머니는 자신의 고향인 제주도로 가 버린다.

　착실한 성구는 혼자 힘으로 홀어머니와 동생 그리고 아내를 부양한다. 고등어 철이 돌아오자 성구는 여덟 사람이 한패가 되어 칠성이네 배로 고등어 잡이를 나간다. 갓 시집 온 해순은 돌담에서 성구를 전송한다. 그들이 바다로 떠난 지 사흘째 되던 날 폭풍이 몰아친다. 그들의 배는 돌아오지 않는다. 해순은 성구가 돌아올 것을 믿지만 세 식구가 먹고 살아야 하기 때문에 물옷을 입고 바다로 나간다.

　그녀는 갯마을의 아낙네들에 섞여 지낸다. 어느 날 밤 해순은 종일 미역 바리를 하고 나무둥치같이 쓰러져 잠이 든다. 압박감에 눈을 뜬 그녀는 상고머리를 한 사내가 자기를 겁탈하고 있음을 발견한다. 다음 날 미역 바리를 나가서도 해순은 어젯밤의 일을 기억한다. 시어머니는 잘 때 문단속을 잘 하라고 한다. 방바위 옆에서 한천을 펴고 있는 해순에게 상수라는 남자가 나타나 고향에 가서 함께 살자고 한다. 해순은 어젯밤의 사내가 상수임을 알고 칼로 위협하나 실패한다. 아낙네들 사이에 소문이 파다해진다.

　고등어 철이 와도 배의 소식이 없자 시어머니는 해순더러 제사나 지내고 개가하라고 한다. 결국 해순은 상수를 따라 가나 상수가 징용으로 끌려가자 해순은 산골을 견디지 못하고 바다를 그리워한다. 고등어 철이 오자 두 번째로 맞는 성구의 제사를 사흘 앞두고 해순이 삼십 리 산길을 단숨에 달려온다. 그녀는 다시는 갯마을을 떠나지 않겠노라고 한다.

01

정답설명

① '윤 노인'의 며느리의 말을 인용 부사격 조사 '고'를 사용해 따옴표 없이 간접 인용하여 '윤 노인'이 돌각 담 안에서 행방불명된 행적을 요약적으로 서술하고 있다.

오답설명

② 지문의 서술자는 3인칭 전지적 작가이기 때문에 내부 인물이 내면을 서술하지도 않으며, 발화를 통해 내면을 진술하고 있지도 않다.

③ '윤 노인'의 며느리가 과거를 회상한다고 허용할 수 있지만, 인물 간의 갈등을 심화하고 있지는 않다.

④ [A]에서 인물의 외양을 묘사하거나 개성적 면모를 부각하고 있는 부분은 찾을 수 없다.

⑤ 공간의 이동은 드러나지 않으며, 지문의 서술자는 3인칭 전지적 작가로 동일하다. 또한 [A]에서는 '윤 노인'이 실종된 사건에 대한 다양한 관점을 제시하고 있지도 않다.

02

정답설명

② 지문의 내용으로 보아 인물들은 과거에도 파도로 인해 변을 당하는 경험을 했음을 추측할 수 있다. '윤 노인'과 '박 노인'은 '구름', '바람', '너울', '갯냄새'와 같은 자연 현상을 지각하며 과거와 같은 큰 변이 들이닥칠 것을 짐작하고 있는 것이다.

오답설명

① '윤 노인은 아무래도 수상해서 박 노인을 찾아갔다.'를 통해 '두 노인'이 우연히 만난 것이 아님을 알 수 있다. 또한 '두 노인'은 "저 구름발 좀 보라니?", "고기 떼를 찾아갔는데 울릉도 쪽이면 못 갈라고…."와 같이 ㉠을 암시하는 대화를 하지만, 직접적으로 ㉠을 언급하고 있지는 않으므로 선지의 내용은 적절하지 않다.

③ '두 노인'은 서로 다른 대처 방안을 제시하고 있지 않다.

④ '올 것은 기어코 오고야 말았다.'를 통해 ㉠이 틀림이 없다는 예측은 적중했음을 알 수 있으며, 따라서 '두 노인'이 이에 회의감(의심이 드는 느낌)을 갖는다고 할 수 없다.

⑤ "대마도 쪽으로 갔지?", "고기 떼를 찾아갔는데 울릉도 쪽이면 못 갈라고 …."는 고깃배의 행선지에 대하여 관심을 보이며 걱정하는 태도를 드러내는 발화이므로, 선지의 내용은 적절하지 않다.

03

정답설명
⑤ '해조를 따고, 조개를 캐다가도 문득 이마에 손을 하고 수평선을 바라보곤 아련한 돛배만 지나가도 괜히 가슴을 두근거리는 아낙네들이었다.'를 통해 아낙네들이 '돛배'를 보고 고기잡이에 나갔던 사내들이 혹시 돌아오지는 않을까 하는 희망을 가지는 것을 알 수 있지만, '돛배'가 '확신'을 제공한다고 할 수는 없다.

오답설명
① '고등어 배'가 돌아오지 않아 '마을은 더 큰 어두운 수심에 잠겼다.'라고 하였으므로 이는 마을 사람들이 겪게 되는 시련에 해당한다.
② '마을은 다시 수라장이 됐다.', '집집마다 울음소리가 그치지 않았다.'에서 마을 사람들이 많은 어선들이 행방불명됐다는 '신문'의 기사를 듣고 상황을 더욱 심각하게 여기게 된다는 것을 알 수 있다.
③ '바다에서 죽고 바다로 해서 산다.'라는 부분에서 '바다'의 이중적 면모를 집약적으로 제시하고 있다. '바다'로 인해 '고등어 배'가 행방불명되는 시련을 겪지만, 아낙네들은 '바다'로 나가 생계를 유지하고 있다.
④ '해순이도 물옷을 입고 바다로 나갔다.'에서 시련 속에서도 삶을 지켜나가기 위해 노력하는 해순의 의지를 확인할 수 있다.

04

정답설명
① 바로 전 장면인 S#20에서 기상 악화가 드러나고, 이어서 S#21에서 '해순'이 급하게 달려가는 장면을 제시함으로써 자연재해를 맞닥뜨리게 된 인물의 다급한 내면을 보여 주고 있다.

오답설명
② S#22에서 '해순'이 비틀거리면서 성황당에 오르는 것은 당목을 지키려는 것이 아니라, '서낭님'에게 고등어 배를 탄 사람들의 무사를 기원하기 위한 것이다.
③ S#22에서 '순임'은 '해순'의 행동을 말리지 않고 '같이' 절을 했으므로 선지의 내용은 적절하지 않다.
④ S#25에서 인물 간의 갈등 관계는 나오지 않는다. '해순', '순임'을 포함한 아낙들이 모두 절을 하고 있으므로 그들이 갈등 관계를 형성한다는 선지의 내용은 적절하지 않다.
⑤ '윤 노인'은 '순임' 때문에 집을 나갔다고 볼 수 없으며, S#26에서 '순임'은 '윤 노인'에게 '내일 아침'에 나가라고 만류했으므로 선지의 내용은 적절하지 않다.

05

정답설명
② S#18에서 '가족들', '사람들', '아낙들'이 각각 다른 장소에 있다고 허용할 수 있지만, 각각의 장소에서 다른 사건이 벌어지는 것이 아니라 여러 인물이 하나의 사건을 마주하는 것이므로 '여러 장소에서 벌어지는 사건들을 각각 보여' 준다는 선지는 옳지 않다. 또한, 하나의 사건만이 나오므로 '상반된 의미'도 허용할 수 없다.

오답설명
① S#18에서는 거센 파도에 대면하게 된 여러 인물들의 행동을 보여 주는 장면을 연결함으로써, 마을의 어수선한 분위기를 보여 주고 있다.
③ S#24에서는 인물의 대사가 제시되지 않으며, 표정이나 행위만이 묘사된다. 이와 더불어 '처절한 성구의 얼굴.', '무엇인가 소리치지만 들리지 않는다.'와 같은 표현을 통해, 절박한 성구의 상황을 부각하고 있다.
④ 시간과 공간이 변하지 않았다면 동일한 장면의 연속이다. S#24의 '선미의 키를 잡으며 이를 악무는 성칠.'에서 비바람에 맞서는 성칠의 모습을 확인할 수 있다.
⑤ S#24에서는 '노도 속에서 비바람과 싸우는 선원들.', '흔들리는 뱃사람들….'과 같이 위태로운 선원들의 모습을 반복적으로 제시하고 있으므로 적절하다.

06

정답설명
④ 소설과 극은 모두 '갈등의 문학'이다. 현재 갈등 양상이 '인물들과 자연의 구도'라는 것을 확인했다면, '인물들 간의 믿음이 무너진'에서 바로 체크했어야 한다.
　소설에서는 '마을은 그야말로 난장판이었다.'와 같이 서술하던 것을 시나리오로 각색할 때 '아우성치듯 흔들리는 당목. 가지가 꺾어진다.'와 같이 장면으로 제시하고 있다. 하지만 이를 통해 자연재해로 난장판이 된 마을을 구체적으로 보여 주는 것이지, '인물들 간의 믿음이 무너진 마을'을 제시하는 것은 아니다.

오답설명
① 소설에서는 서술로 제시하던 것을 시나리오에서는 인물의 대사를 통해 제시하여 인물이 느끼는 위기감을 드러내고 있으므로 적절하다.
② '바다의 아우성'이라는 비유적 표현을 S#15~S#17의 세 장면으로 제시하여 자연의 위력을 부각하고 있으므로 적절하다.
③ '마을 사람들은 뒤 언덕배기 당집으로 모여들었다.'라는 서술을 S#22, S#25의 두 장면으로 나누어 제시하고 있다. S#22에서는 '해순'과 '순임' 두 인물이 나오는 반면, S#25에서는 '해순이와 순임이 외에도 몇몇 아낙이 모였다.'와 같이 등장인물이 늘어난 것을 표현함으로써, 여러 사람들이 간절한 마음에 성황당에 모여들었음을 나타내고 있으므로 적절하다.
⑤ 'O.L.'은 오버랩을 가리키며, 이는 하나의 화면이 끝나기 전에 다음 화면이 겹치면서 먼저 화면이 차차 사라지게 하는 기법이다. S#28에서 S#29로 넘어갈 때 폭풍우가 물러간 상황을 효과적으로 드러내기 위해 이 오버랩 기법이 사용되었다. 이전 같으면 'O.L.'에 뜻풀이가 주어졌겠지

만, 이번 9평에서 주석이 주어지지 않았다. 기본적인 시나리오 용어는 알고 시험장에 들어오라는 평가원의 의도다. 나기출을 통해 자주 나오는 시나리오 용어들은 익혀 두도록 하자!

memo

Free note.

나 없이

기출

풀지마라

나 없이 기출 풀지 마라

원조는 다르다

2012년부터 강남 대성에 현장용으로 제시하던 과제를 2015년 국어 인강 강사 최초로 7개년 모든 기출을 담은 나기출로 출간했다.

그저 그런 기출분석서가 아니다

나기출의 해설은 단순한 정답지가 아니다. 기출 분석에 강의를 담았다. 기출을 분석하고, 해설지를 확인하는 순간 놀랄 것이다. 마치, 전형태 선생님에게 과외를 받는 느낌 일테니.

평가원의 경향을 읽는다

기출문제는 반드시 평가원의 입장에서 문제를 읽어야 한다. 보다 평가원적인 사고로 지문을 읽고 분석할 수 있도록, 훈련할 수 있는 나기출은 지극히 실전적인 기출 문제집이다.

수험생을 위해 더욱 강해지다

나기출은 전형태 선생님 그 자체이다. 수험생에게 전보다 더 효율적인 도움을 주기 위해 현장에서의 질문을 연구하여 모두 반영하였다. 그렇게 나기출은 전보다 더욱 강해졌다.

Coming Soon!

나 없이 EBS 풀지 마라

나 없이 EBS 풀지 마라

EBS 전작품에 대한 꼼꼼한 분석을 담은 교재로 다수의 선생님과 석박사 출제진이 집필에 참여하였다. 모든 지문과 문제는 전형태 선생님과 전형태 선생님 연구실 에서 최종 검토 했다.

출제자의 시선으로 작품을 바라본다

평가원 출제자는 전공자의 논문을 인용하여 〈보기〉와 선지를 구성한다. 본 저서에서는 논문을 통해 출제자의 시선으로 작품을 바라보고, 시험에 출제될 수 있는 포인 트를 상세하게 잡아준다.

평가원의 시선으로 바라보는 작품

지문에 대한 이해도를 높이고자 만든 OX 문제는 내용 일치 문제와 표현상의 문제로 구성된다. 이때 OX 문제는 평가원에 나왔던 선지를 이용하여 기출에서 익힌 개념과 접근법을 EBS에서 반복적으로 훈련할 수 있도록 구성했다.

고전시가는 전문 수록

고전시가 중 연시조와 가사는 EBS와 다른 파트가 출제되고 있다. 나BS는 고전시가를 대부분 전문 수록하여 수능 날 빠르고 안정 적인 풀이를 할 수 있도록 하였다.

프리미엄 국어 콘텐츠

역대급 투자를 통한 질적 차이를 경험하라!

2014
과외식
기출분석서
나기출 출시

2017
전형태
모의고사
교보문고
BEST 3

2019
3년 연속
대성마이맥
파이널 교재
완판

2020
나기출급
EBS 분석서
나BS 출시

2025
프리미엄
문제집
N제 시리즈
전격 출시

실전 국어 전형태

국어강사 전형태

메가스터디 강사

동국대 국어교육과

53700

9 791193 609163

ISBN 979-11-93609-16-3

정가 22,900원 (SET/전 2권)